# CURSO DE
# DIREITO
# ADUANEIRO

O GEN | Grupo Editorial Nacional – maior plataforma editorial brasileira no segmento científico, técnico e profissional – publica conteúdos nas áreas de concursos, ciências jurídicas, humanas, exatas, da saúde e sociais aplicadas, além de prover serviços direcionados à educação continuada.

As editoras que integram o GEN, das mais respeitadas no mercado editorial, construíram catálogos inigualáveis, com obras decisivas para a formação acadêmica e o aperfeiçoamento de várias gerações de profissionais e estudantes, tendo se tornado sinônimo de qualidade e seriedade.

A missão do GEN e dos núcleos de conteúdo que o compõem é prover a melhor informação científica e distribuí-la de maneira flexível e conveniente, a preços justos, gerando benefícios e servindo a autores, docentes, livreiros, funcionários, colaboradores e acionistas.

Nosso comportamento ético incondicional e nossa responsabilidade social e ambiental são reforçados pela natureza educacional de nossa atividade e dão sustentabilidade ao crescimento contínuo e à rentabilidade do grupo.

**SOLON SEHN**

# CURSO DE
# DIREITO
# ADUANEIRO

 3ª edição, revista, atualizada e ampliada

■ O autor deste livro e a editora empenharam seus melhores esforços para assegurar que as informações e os procedimentos apresentados no texto estejam em acordo com os padrões aceitos à época da publicação, e todos os dados foram atualizados pelo autor até a data de fechamento do livro. Entretanto, tendo em conta a evolução das ciências, as atualizações legislativas, as mudanças regulamentares governamentais e o constante fluxo de novas informações sobre os temas que constam do livro, recomendamos enfaticamente que os leitores consultem sempre outras fontes fidedignas, de modo a se certificarem de que as informações contidas no texto estão corretas e de que não houve alterações nas recomendações ou na legislação regulamentadora.

■ Fechamento desta edição: *07.02.2025*

■ O Autor e a editora se empenharam para citar adequadamente e dar o devido crédito a todos os detentores de direitos autorais de qualquer material utilizado neste livro, dispondo-se a possíveis acertos posteriores caso, inadvertida e involuntariamente, a identificação de algum deles tenha sido omitida.

■ **Atendimento ao cliente:** (11) 5080-0751 | faleconosco@grupogen.com.br

■ Direitos exclusivos para a língua portuguesa
Copyright © 2025 by
**Editora Forense Ltda.**
*Uma editora integrante do GEN | Grupo Editorial Nacional*
Travessa do Ouvidor, 11 – Térreo e 6º andar
Rio de Janeiro – RJ – 20040-040
www.grupogen.com.br

■ Reservados todos os direitos. É proibida a duplicação ou reprodução deste volume, no todo ou em parte, em quaisquer formas ou por quaisquer meios (eletrônico, mecânico, gravação, fotocópia, distribuição pela Internet ou outros), sem permissão, por escrito, da Editora Forense Ltda.

■ Capa: Carla Lemos

■ **DADOS INTERNACIONAIS DE CATALOGAÇÃO NA PUBLICAÇÃO (CIP) DE ACORDO COM ISBD**

---

S456c    Sehn, Solon

        Curso de direito aduaneiro / Solon Sehn. - 3. ed. - Rio de Janeiro : Forense, 2025.
        752 p.

        Inclui bibliografia.
        ISBN: 978-85-3099-679-6

        1. Direito. 2. Direito tributário. 3. Tributos aduaneiros. 4. Regimes aduaneiros especiais. 5. Comércio exterior I. Título.

2025-588

CDD 343.08
CDU 341:347.7

---

Elaborado por Odilio Hilario Moreira Junior - CRB-8/9949

Índice para catálogo sistemático:
1. Direito : Comércio Internacional 343.08
2. Direito : Comércio Internacional 341:347.7

*"Renda-se, como eu me rendi. Mergulhe no que você não conhece como eu mergulhei".*
(Clarice Lispector)

*À Karina, à Lara e ao Nicolas,
com amor.*

## SOBRE O AUTOR

Professor de Direito Aduaneiro e Tributário. Doutor e Mestre em Direito Tributário pela PUC-SP (Pontifícia Universidade Católica de São Paulo). Advogado, graduado em Direito pela UFPR (Universidade Federal do Paraná). Ex-conselheiro do Carf (Conselho Administrativo Federal de Recursos Fiscais) e representante da CNI (Confederação Nacional da Indústria). Currículo completo: https://linktr.ee/ssehn.

# NOTA À TERCEIRA EDIÇÃO

A terceira edição do *Curso de Direito Aduaneiro* incorpora as alterações da Reforma Tributária (Emenda Constitucional nº 132/2023), aprovada pelo Congresso Nacional; as disposições da Convenção de Quioto Revisada, que entraram em vigor no último ano; e a Lei Complementar nº 214/2025, relativa ao IBS, à CBS e ao IS. No primeiro capítulo, foi incluído o estudo da relação jurídica aduaneira, tema complexo que ainda não estava suficientemente maduro para constar nas edições anteriores. Também foram realizadas atualizações gerais para a inclusão de referências bibliográficas, outras alterações legislativas e jurisprudenciais, principalmente no estudo dos regimes aduaneiros especiais e das infrações aduaneiras. Espera-se que o livro continue cumprindo o seu propósito inicial, que é oferecer aos operadores jurídicos um material adicional para auxílio na interpretação da legislação aduaneira, servindo de estímulo para outros estudos na área. Agradeço a todos os alunos e colegas que, gentilmente, enviaram comentários, críticas e sugestões para essa terceira edição. Boa leitura a todos.

# NOTA DO AUTOR

Espera-se que o livro possa oferecer aos colegas da área aduaneira e demais operadores jurídicos um material adicional para auxílio na interpretação da legislação e na resolução dos problemas concretos de sua atuação profissional. Com sorte, talvez também desperte alguma inspiração para outros estudos, contribuindo para que, no futuro, o direito aduaneiro deixe de ocupar um espaço menor na produção teórica da doutrina brasileira. O alcance de qualquer desses objetivos, ainda que em amplitude mínima, será para nós uma missão cumprida. Desejo a todos uma boa leitura.

# LISTA DE ABREVIATURAS

| | | |
|---:|:---:|:---|
| Ac. | – | Acórdão |
| ARE | – | Agravo em Recurso Extraordinário |
| ADCT | – | Ato das Disposições Constitucionais Transitórias |
| ADI | – | Ação Direta de Inconstitucionalidade |
| AgInt | – | Agravo Interno |
| AgR | – | Agravo Regimental |
| AgRgAg | – | Agravo Regimental no Agravo |
| APLI | – | Acordo sobre Procedimentos para o Licenciamento de Importações |
| AREsp | – | Agravo em Recurso Especial |
| AVA | – | Acordo de Valoração Aduaneira |
| Cadin | – | Cadastro Informativo de Créditos Não Quitados do Setor Público Federal |
| CAM | – | Código Aduaneiro do Mercosul |
| CAMEX | – | Câmara de Comércio Exterior |
| Carf | – | Conselho Administrativo de Recursos Fiscais |
| CC | – | Conselho de Contribuintes |
| CF | – | Constituição Federal |
| CMC | – | Conselho do Mercado Comum |
| CNEP | – | Cadastro Nacional de Empresas Punidas |
| Confaz | – | Conselho Nacional de Política Fazendária |
| COSIT | – | Coordenação Geral da Tributação |
| CSRF | – | Câmara Superior de Recursos Fiscais |
| CTN | – | Código Tributário Nacional |
| CTVA | – | Comitê Técnico de Valoração Aduaneira |
| CVA | – | Código de Valoração Aduaneira |
| DECEX | – | Departamento de Operações de Comércio Exterior |
| DECOM | – | Departamento de Defesa Comercial |
| DI | – | Declaração de Importação |
| DU-E | – | Declaração Única de Exportação |

| | | |
|---:|:---:|:---|
| DUIMP | – | Declaração Única de Importação |
| ECD | – | Escrituração Contábil Fiscal |
| ED | – | Embargos de Declaração |
| EFD-ICMS/IPI | – | Escrituração Fiscal Digital do Imposto sobre Operações Relativas à Circulação de Mercadorias e sobre Prestações de Serviços de Transporte Interestadual e Intermunicipal e de Comunicação e/ou do Imposto sobre Produtos Industrializados |
| GATT | – | *General Agreement on Tariffs and Trade* (Acordo Geral sobre Tarifas e Comércio) |
| NCM | – | Nomenclatura Comum do Mercosul |
| NESH | – | Notas Explicativas do Sistema Harmonizado de Designação e Codificação de Mercadorias |
| OCDE | – | Organização para a Cooperação e Desenvolvimento Econômico |
| OMA | – | Organização Mundial das Alfândegas |
| OMC | – | Organização Mundial do Comércio |
| PGFN | – | Procuradoria-Geral da Fazenda Nacional |
| PGR | – | Procuradoria-Geral da República (PGR) |
| RA | – | Regulamento Aduaneiro |
| RE | – | Recurso Extraordinário |
| RESP | – | Recurso Especial |
| SH | – | Sistema Harmonizado |
| STF | – | Supremo Tribunal Federal |
| STJ | – | Superior Tribunal de Justiça |
| TE | – | Turma Especial |
| TFR | – | Tribunal Federal de Recursos |
| TO | – | Turma Ordinária |
| TRF | – | Tribunal Regional Federal |

# SUMÁRIO

**CAPÍTULO I – DIREITO ADUANEIRO** ............................................................ 1

1. AUTONOMIA ........................................................................................................ 1
   - 1.1 Premissas e divergências doutrinárias ................................................... 1
   - 1.2 Coesão temático-finalística da matéria aduaneira ............................... 2
     - 1.2.1 Autonomia da relação jurídica aduaneira .............................. 2
     - 1.2.2 Tributação do comércio exterior .............................................. 4
     - 1.2.3 Organicidade dos textos de direito positivo .......................... 7

2. RELAÇÃO JURÍDICA ADUANEIRA .............................................................. 9
   - 2.1 Natureza jurídica ......................................................................................... 9
   - 2.2 Fato jurídico aduaneiro ............................................................................. 11
     - 2.2.1 Materialidade .............................................................................. 11
     - 2.2.2 Produtos (bens móveis corpóreos) ......................................... 12
     - 2.2.3 Referencial geográfico ............................................................... 13
       - 2.2.3.1 Território aduaneiro ................................................. 13
       - 2.2.3.2 Zonas primária e secundária .................................. 14
     - 2.2.4 Marco temporal .......................................................................... 15
   - 2.3 Sujeitos ......................................................................................................... 15
   - 2.4 Objeto ........................................................................................................... 15

3. FONTES FORMAIS ............................................................................................ 17
   - 3.1 Constituição Federal ................................................................................. 17
     - 3.1.1 Preeminência hierárquico-normativa da Constituição ...... 17
     - 3.1.2 Natureza analítica da Constituição Federal de 1988 .......... 19
   - 3.2 Lei complementar e normas gerais de direito tributário .................. 20
     - 3.2.1 Conceito constitucional de lei complementar ..................... 20
     - 3.2.2 Hierarquia da lei complementar ............................................. 24
     - 3.2.3 Hierarquia do Código Tributário Nacional .......................... 28
     - 3.2.4 CTN e o Decreto-Lei nº 37/1966 ............................................. 28
     - 3.2.5 Conceito de normas gerais de direito tributário ................. 29
   - 3.3 Tratados internacionais ............................................................................ 31
   - 3.4 Atividade legislativa do Poder Executivo ............................................. 35
     - 3.4.1 Medidas provisórias e decretos-lei ......................................... 35

|         |       | 3.4.2   | Decretos, regulamentos e outros atos normativos ............................... | 39 |
|---------|-------|---------|--------------------------------------------------------------------------------|----|
|         |       | 3.4.3   | Poder regulamentar aduaneiro ............................................... | 40 |

## CAPÍTULO II – TRIBUTOS ADUANEIROS .................................................................. 43

1 NORMA E TRIBUTO .................................................................................................. 43
2 IMPOSTO DE IMPORTAÇÃO .................................................................................... 45
   2.1 Princípios jurídicos ............................................................................................... 45
      2.1.1 Normatividade e vinculação .................................................................... 45
      2.1.2 Legalidade e definição das alíquotas do imposto .................................... 47
      2.1.3 Anterioridade, segurança jurídica e proteção da confiança ................. 50
      2.1.4 Extrafiscalidade e isonomia ..................................................................... 51
         2.1.4.1 Limitações constitucionais ........................................................ 53
         2.1.4.2 Limitações convencionais: cláusulas da nação mais favorecida e do tratamento nacional ................................................. 56
      2.1.5 Princípio da valoração aduaneira pelo valor real .................................. 62
   2.2 Hipótese de incidência ......................................................................................... 64
      2.2.1 Função do antecedente normativo na regra-matriz do imposto .......... 64
      2.2.2 Critério material ....................................................................................... 64
         2.2.2.1 Conceito jurídico de importação ............................................. 66
            2.2.2.1.1 Avaliação crítica das diferentes concepções doutrinárias ................................................ 66
            2.2.2.1.2 Importação no direito brasileiro ....................... 70
            2.2.2.1.3 Intenção integradora ......................................... 73
            2.2.2.1.4 Título jurídico .................................................... 74
            2.2.2.1.5 Fator tempo ........................................................ 75
            2.2.2.1.6 Importação presumida: tributação do extravio ... 75
         2.2.2.2 Complemento do critério: produtos ou mercadorias ........... 77
         2.2.2.3 Tributação de intangíveis e serviços ....................................... 78
         2.2.2.4 Bens nacionais exportados: incidência na reimportação ..... 80
      2.2.3 Critério espacial: território aduaneiro ..................................................... 85
      2.2.4 Critério temporal ...................................................................................... 86
         2.2.4.1 Produtos despachados para consumo .................................... 86
         2.2.4.2 Bagagem, remessa postal e encomenda aérea internacional ........................................................................................... 88
         2.2.4.3 Mercadorias extraviadas ........................................................... 88
         2.2.4.4 Ingresso clandestino ................................................................. 88
         2.2.4.5 Retomada do despacho no abandono de mercadorias ......... 89
   2.3 Consequência tributária ...................................................................................... 90
      2.3.1 Sujeito ativo: União Federal ..................................................................... 90

| | | | |
|---|---|---|---|
| 2.3.2 | Contribuinte | | 90 |
| | 2.3.2.1 | Destinatário constitucional do tributo | 91 |
| | 2.3.2.2 | Importador e regimes de importação | 91 |
| 2.3.3 | Responsáveis | | 93 |
| | 2.3.3.1 | Limites para a definição do responsável tributário | 93 |
| | | 2.3.3.1.1 Limites materiais | 93 |
| | | 2.3.3.1.2 Limites formais | 96 |
| | | 2.3.3.1.3 Responsáveis na legislação aduaneira | 96 |
| | | 2.3.3.1.4 Transportador | 97 |
| | | 2.3.3.1.5 Depositário | 99 |
| | | 2.3.3.1.6 Adquirente ou cessionário | 99 |
| | | 2.3.3.1.7 Agente marítimo | 99 |
| 2.3.4 | Base de cálculo | | 102 |
| 2.3.5 | Alíquota | | 102 |
| | 2.3.5.1 | Alíquotas específicas e *ad valorem* | 102 |
| | 2.3.5.2 | Órgão competente para a definição das alíquotas | 103 |
| | 2.3.5.3 | Modificações na alíquota e segurança jurídica | 103 |
| | 2.3.5.4 | Classificação aduaneira | 104 |
| | 2.3.5.5 | Origem | 104 |

2.4 Imunidades e isenções ............................................................. 105
    2.4.1 Imunidades, direitos fundamentais e não intervenção .......... 105
    2.4.2 Diferenciação entre imunidades e isenções ........................... 106
    2.4.3 Pressupostos constitucionais para a regulamentação de imunidades .... 107
    2.4.4 Isenções, lei específica e extensão fundada em isonomia ..... 109
    2.4.5 Imunidades em espécie ........................................................... 110
        2.4.5.1 Imunidade recíproca das pessoas políticas ................ 111
        2.4.5.2 Imunidade dos templos de qualquer culto ................ 116
        2.4.5.3 Imunidade dos partidos políticos, entidades sindicais de trabalhadores, instituições de educação e de assistência social .................................................................. 117
        2.4.5.4 Imunidade de livros, jornais e papéis destinados à sua impressão .................................................................. 121
        2.4.5.5 Imunidade de fonogramas e videogramas musicais ... 122
    2.4.6 Isenções em espécie ................................................................ 123
        2.4.6.1 Pressupostos gerais de aplicabilidade ........................ 123
        2.4.6.2 Importações da União, dos Estados, do Distrito Federal e dos Municípios .................................................. 126
        2.4.6.3 Partidos políticos, instituições de educação ou de assistência social ............................................................ 126

|     |     |         | 2.4.6.4 | Livros, jornais, periódicos e do papel destinado à sua reprodução................................................................................ | 126 |
|-----|-----|---------|---------|---------|---------|
|     |     |         | 2.4.6.5 | Isenções diversas .................................................................. | 126 |
|     |     |         | 2.4.6.6 | Redução tarifária temporária na condição de ex-tarifário..... | 131 |
| 3   | IMPOSTO DE EXPORTAÇÃO ............................................................................................ | | | | 132 |
|     | 3.1 | Princípios jurídicos ............................................................................................... | | | 132 |
|     | 3.2 | Hipótese de incidência.......................................................................................... | | | 133 |
|     |     | 3.2.1   | Critério material ..................................................................................... | | 133 |
|     |     |         | 3.2.1.1 | Conceito jurídico de exportação........................................... | 133 |
|     |     |         | 3.2.1.2 | Operações *back-to-back*........................................................ | 134 |
|     |     |         | 3.2.1.3 | Vendas para empresas comerciais exportadoras.................. | 134 |
|     |     |         | 3.2.1.4 | Vendas para a Zona Franca de Manaus................................ | 136 |
|     |     |         | 3.2.1.5 | Mercadoria exportada que permanece no País.................... | 138 |
|     |     |         | 3.2.1.6 | Mercadoria admitida em depósito alfandegado certificado..... | 139 |
|     |     | 3.2.2   | Critério espacial...................................................................................... | | 139 |
|     |     | 3.2.3   | Critério temporal.................................................................................... | | 139 |
|     | 3.3 | Consequência tributária ....................................................................................... | | | 140 |
|     |     | 3.3.1   | Critério pessoal....................................................................................... | | 140 |
|     |     | 3.3.2   | Critério quantitativo............................................................................... | | 140 |
|     | 3.4 | Imunidades e isenções ......................................................................................... | | | 141 |
| 4   | DEMAIS TRIBUTOS INCIDENTES NO COMÉRCIO INTERNACIONAL ........... | | | | 142 |
|     | 4.1 | Imposto sobre Produtos Industrializados ........................................................... | | | 142 |
|     |     | 4.1.1   | Princípios jurídicos ................................................................................ | | 142 |
|     |     |         | 4.1.1.1 | Estrita legalidade e definição das alíquotas do imposto....... | 143 |
|     |     |         | 4.1.1.2 | Anterioridade mínima........................................................... | 143 |
|     |     |         | 4.1.1.3 | Isonomia e cláusula do tratamento nacional (artigo III do Gatt 1994)............................................................................. | 143 |
|     |     |         | 4.1.1.4 | Seletividade e extrafiscalidade .............................................. | 149 |
|     |     |         | 4.1.1.5 | Não cumulatividade.............................................................. | 149 |
|     |     | 4.1.2   | Hipótese de incidência............................................................................ | | 151 |
|     |     |         | 4.1.2.1 | Critério material.................................................................... | 151 |
|     |     |         |         | 4.1.2.1.1 Conceito de produtos industrializados .............. | 152 |
|     |     |         |         | 4.1.2.1.2 Revenda de produtos importados...................... | 156 |
|     |     |         |         | 4.1.2.1.3 Importação por pessoa física ............................. | 157 |
|     |     |         | 4.1.2.2 | Critério espacial..................................................................... | 157 |
|     |     |         | 4.1.2.3 | Critério temporal................................................................... | 158 |
|     |     | 4.1.3   | Consequência tributária ......................................................................... | | 158 |
|     |     | 4.1.4   | Imunidades e isenções ........................................................................... | | 160 |
|     |     |         | 4.1.4.1 | Imunidades tributárias gerais............................................... | 160 |

|         |       | 4.1.4.2 | Imunidades na importação de energia elétrica, derivados de petróleo, combustíveis e minerais................................ | 161 |
|---|---|---|---|---|
|         |       | 4.1.4.3 | Isenções análogas ao imposto de importação...................... | 161 |
|         | 4.1.5 | IPI após a Reforma Tributária............................................................ | | 162 |
| 4.2 | PIS-Cofins................................................................................................................... | | | 162 |
|         | 4.2.1 | Princípios jurídicos .............................................................................. | | 162 |
|         |       | 4.2.1.1 | Anterioridade nonagesimal ................................................. | 162 |
|         |       | 4.2.1.2 | Não cumulatividade............................................................. | 162 |
|         |       | 4.2.1.3 | Isonomia e tratamento nacional.......................................... | 164 |
|         | 4.2.2 | Hipótese de incidência......................................................................... | | 167 |
|         | 4.2.3 | Consequência tributária ..................................................................... | | 168 |
|         |       | 4.2.3.1 | Sujeitos ativo e passivo........................................................ | 168 |
|         |       | 4.2.3.2 | Base de cálculo..................................................................... | 168 |
|         |       | 4.2.3.3 | Alíquotas .............................................................................. | 168 |
|         |       |         | 4.2.3.3.1 Disposições gerais e especiais............................ | 168 |
|         |       |         | 4.2.3.3.2 Inconstitucionalidade superveniente da Lei nº 13.137/2015 ......................................................... | 169 |
|         |       |         | 4.2.3.3.3 Inconstitucionalidade da alíquota adicional específica para os produtos do Anexo I da Lei nº 12.546/2011 ....................................................... | 170 |
|         | 4.2.4 | Não cumulatividade............................................................................ | | 170 |
|         |       | 4.2.4.1 | Aplicabilidade e hipóteses de creditamento ...................... | 170 |
|         |       | 4.2.4.2 | Cálculo do crédito e créditos acumulados após a Lei nº 14.440/2022.......................................................................... | 171 |
|         |       | 4.2.4.3 | Questões controvertidas na jurisprudência....................... | 172 |
|         |       |         | 4.2.4.3.1 Insumos ............................................................... | 172 |
|         |       |         | 4.2.4.3.2 Insumos na venda................................................ | 174 |
|         |       |         | 4.2.4.3.3 Frete interno........................................................ | 175 |
|         |       |         | 4.2.4.3.4 Despesas com o desembaraço aduaneiro........... | 179 |
|         | 4.2.5 | Imunidades e isenções ........................................................................ | | 181 |
|         | 4.2.6 | PIS-Cofins após a Reforma Tributária............................................... | | 184 |
| 4.3 | Cide-Combustíveis..................................................................................................... | | | 184 |
| 4.4 | Taxa do Siscomex ....................................................................................................... | | | 186 |
|         | 4.4.1 | Constitucionalidade da taxa de utilização do Siscomex.................... | | 186 |
|         | 4.4.2 | Limitações convencionais aplicáveis às taxas alfandegárias................ | | 186 |
|         | 4.4.3 | Aumento do valor da taxa por meio de portarias ministeriais............. | | 187 |
| 4.5 | ICMS ............................................................................................................................ | | | 188 |
|         | 4.5.1 | Princípios jurídicos ............................................................................. | | 188 |
|         |       | 4.5.1.1 | Seletividade e extrafiscalidade ............................................ | 188 |
|         |       | 4.5.1.2 | Não cumulatividade............................................................. | 189 |
|         |       | 4.5.1.3 | Isonomia e tratamento nacional.......................................... | 190 |

|  |  |  |  |  |
|---|---|---|---|---|
| | 4.5.2 | Regra-matriz de incidência tributária............................................... | 191 | |
| | | 4.5.2.1 | Hipótese de incidência .................................................. | 191 |
| | | | 4.5.2.1.1 Critério material....................................... | 192 |
| | | | 4.5.2.1.2 Critério espacial....................................... | 195 |
| | | | 4.5.2.1.3 Critério temporal..................................... | 195 |
| | | 4.5.2.2 | Sujeito ativo: titularidade do crédito tributário.................... | 195 |
| | | | 4.5.2.2.1 Implicações dos regimes de importação ............ | 195 |
| | | | 4.5.2.2.2 Aspectos pacificados pelo STF no ARE nº 665.134........................................................ | 197 |
| | | | 4.5.2.2.3 Prevalência da substância sobre a forma............ | 200 |
| | | | 4.5.2.2.4 Interposição fraudulenta e importações irregulares................................................................. | 201 |
| | | | 4.5.2.2.5 Ingresso simbólico no estabelecimento.............. | 202 |
| | | | 4.5.2.2.6 Remessas matriz-filial................................. | 203 |
| | | 4.5.2.3 | Sujeito passivo................................................................. | 205 |
| | | 4.5.2.4 | Base de cálculo................................................................. | 206 |
| | | 4.5.2.5 | Alíquota........................................................................... | 209 |
| | 4.5.3 | ICMS após a Reforma Tributária................................................... | 211 | |
| 4.6 | IBS e CBS................................................................................................................... | | | 212 |
| | 4.6.1 | Transição e início da vigência........................................................ | 212 | |
| | 4.6.2 | Tributação do consumo e o IVA no direito comparado......................... | 214 | |
| | 4.6.3 | Caracteres constitucionais do IBS e da CBS..................................... | 215 | |
| | 4.6.4 | Princípios jurídicos ...................................................................... | 217 | |
| | | 4.6.4.1 | Neutralidade .................................................................... | 217 |
| | | 4.6.4.2 | Não cumulatividade.......................................................... | 219 |
| | | 4.6.4.3 | Isonomia e tratamento nacional......................................... | 221 |
| | | 4.6.4.4 | Anterioridade e anterioridade nonagesimal........................ | 221 |
| | 4.6.5 | Importação de bens...................................................................... | 223 | |
| | | 4.6.5.1 | Hipótese de incidência .................................................... | 224 |
| | | | 4.6.5.1.1 Critério material....................................... | 224 |
| | | | 4.6.5.1.2 Critério temporal..................................... | 225 |
| | | | 4.6.5.1.3 Critério espacial....................................... | 226 |
| | | 4.6.5.2 | Consequência tributária................................................... | 227 |
| | | | 4.6.5.2.1 Sujeito ativo............................................. | 227 |
| | | | 4.6.5.2.2 Contribuintes e responsáveis....................... | 227 |
| | | | 4.6.5.2.3 Sujeição passiva na remessa internacional......... | 228 |
| | | | 4.6.5.2.4 Base de cálculo......................................... | 229 |
| | | | 4.6.5.2.5 Alíquotas................................................. | 231 |
| | | 4.6.5.3 | Não cumulatividade.......................................................... | 231 |
| | | | 4.6.5.3.1 Hipóteses de creditamento......................... | 231 |
| | | | 4.6.5.3.2 Apuração, valor do crédito e prova de pagamento na etapa anterior ........................... | 234 |

| | | | | |
|---|---|---|---|---|
| | | 4.6.5.4 | Imunidades e isenções................................................................ | 237 |
| | 4.6.6 | Regime específico na importação de combustíveis............................ | | 239 |
| | 4.6.7 | Exportação de bens .............................................................................. | | 240 |
| 4.7 | IS ...................................................................................................................... | | | 246 |
| | 4.7.1 | Início da vigência.................................................................................. | | 246 |
| | 4.7.2 | Caracteres constitucionais................................................................... | | 246 |
| | 4.7.3 | Isonomia e tratamento nacional ......................................................... | | 246 |
| | 4.7.4 | Hipótese de incidência......................................................................... | | 247 |
| | 4.7.5 | Consequência tributária ...................................................................... | | 248 |
| | | 4.7.5.1 | Sujeições ativa e passiva.................................................... | 248 |
| | | 4.7.5.2 | Base de cálculo................................................................... | 248 |
| | | 4.7.5.3 | Alíquotas ............................................................................ | 248 |
| | 4.7.6 | Imunidades e isenções ........................................................................ | | 249 |
| | 4.7.7 | Incidência na exportação..................................................................... | | 249 |

## CAPÍTULO III – PAGAMENTO E REPETIÇÃO DO INDÉBITO............................... 251

| | | | |
|---|---|---|---|
| 1 | LANÇAMENTO TRIBUTÁRIO ................................................................................ | | 251 |
| | 1.1 | Lançamento e constituição do crédito tributário no despacho de importação....... | 251 |
| | 1.2 | Lançamento de ofício suplementar ................................................................ | 252 |
| | | 1.2.1 Interrupção do despacho aduaneiro .................................................. | 252 |
| | | 1.2.1.1 Conferência aduaneira e exigências no Siscomex................ | 252 |
| | | 1.2.1.2 Retenção de produtos, pagamento e garantia..................... | 254 |
| | | 1.2.1.3 Liberação (desembaraço aduaneiro) ................................... | 259 |
| | | 1.2.2 Revisão aduaneira (auditoria pós-despacho)...................................... | 260 |
| | 1.3 | Lançamento e pagamento do ICMS................................................................ | 261 |
| | 1.4 | Lançamento e pagamento do imposto de exportação .................................... | 262 |
| 2 | PRESCRIÇÃO E DECADÊNCIA................................................................................ | | 262 |
| | 2.1 | Diferenciação .................................................................................................. | 262 |
| | 2.2 | Decadência do poder-dever de lançar ............................................................ | 263 |
| | 2.3 | Prescrição da pretensão .................................................................................. | 265 |
| | 2.4 | Prescrição intercorrente judicial...................................................................... | 267 |
| 3 | REPETIÇÃO DO INDÉBITO..................................................................................... | | 270 |
| | 3.1 | Aplicabilidade do art. 166 do CTN ................................................................. | 270 |
| | 3.2 | Prazo prescricional.......................................................................................... | 273 |

## CAPÍTULO IV – VALORAÇÃO ADUANEIRA .............................................................. 277

| | | |
|---|---|---|
| 1 | ACORDO DE VALORAÇÃO ADUANEIRA.............................................................. | 277 |
| | 1.1 Circunstâncias, objetivos e finalidades do AVA/OMC.................................... | 277 |

|        |       | 1.1.1 | Sistemas positivos de valoração | 278 |
|--------|-------|-------|----------------------------------|-----|
|        |       | 1.1.2 | Definição de Valor de Bruxelas | 278 |
|        |       | 1.1.3 | Da Rodada Kennedy à Rodada Tóquio | 279 |
|        |       | 1.1.4 | Inversão do balanço de poder | 280 |
|        | 1.2   | Importância da adequada valoração aduaneira | | 281 |
|        | 1.3   | Realidade do direito brasileiro | | 282 |
|        | 1.4   | Dificuldades decorrentes da técnica legislativa adotada pelo AVA | | 283 |
|        | 1.5   | Atos interpretativos e decisórios dos Comitês de Valoração | | 284 |
|        | 1.6   | Métodos de valoração aduaneira | | 285 |
| 2      | MÉTODO DO VALOR DA TRANSAÇÃO | | | 285 |
|        | 2.1   | Critério-base de valoração | | 285 |
|        | 2.2   | Primazia do valor do negócio jurídico internacional | | 287 |
|        |       | 2.2.1 | Descontos comerciais | 287 |
|        |       | 2.2.2 | Venda inferior ao preço de mercado, de outras operações ou ao custo de produção | 289 |
|        |       | 2.2.3 | Operações com indícios de *dumping* | 290 |
|        |       | 2.2.4 | Vendas com subsídios ou incentivos estatais | 292 |
|        |       | 2.2.5 | Preços mínimos ou de referência (legalidade do controle no licenciamento) | 293 |
|        |       | 2.2.6 | Pagamentos indiretos, compensação e outras modalidades extintivas | 300 |
|        |       | 2.2.7 | Juros | 301 |
|        |       | 2.2.8 | *Softwares* | 303 |
|        |       | 2.2.9 | Mercadorias deterioradas, avariadas ou em desacordo com o contrato | 304 |
|        | 2.3   | Pressupostos de aplicabilidade | | 306 |
|        |       | 2.3.1 | Primeiro requisito: veracidade e exatidão | 306 |
|        |       |       | 2.3.1.1 Dúvidas ou suspeitas | 307 |
|        |       |       | 2.3.1.2 Falsidade documental comprovada: subfaturamento | 312 |
|        |       |       | 2.3.1.3 Subfaturamento e *dumping* | 314 |
|        |       | 2.3.2 | Segundo requisito: operação de compra e venda internacional | 315 |
|        |       | 2.3.3 | Terceiro requisito: cláusulas de limitação do preço, da posse ou do domínio | 316 |
|        |       | 2.3.4 | Quarto requisito: existência de dados objetivos e quantificáveis | 317 |
|        |       | 2.3.5 | Quinto requisito: ausência de vinculação ou aceitabilidade do preço nas operações entre partes vinculadas | 317 |
|        |       |       | 2.3.5.1 Caracterização da vinculação | 318 |
|        |       |       | 2.3.5.2 Consequências da vinculação entre as partes: parâmetros de aferição da aceitabilidade do preço declarado | 318 |
|        |       |       | 2.3.5.3 Exame das circunstâncias da venda | 319 |
|        |       |       | 2.3.5.4 Objeto da verificação fiscal | 319 |

|  |  | 2.3.5.5 | Valoração e preços de transferência.................................. | 321 |
|---|---|---|---|---|
|  |  | 2.3.5.6 | Aceitabilidade a partir dos valores-testes do art. 1.2.b......... | 329 |
|  | 2.4 | Ajustes do preço do produto.................................................................. | | 331 |
|  |  | 2.4.1 | Ajustes do art. 8.1 ............................................................... | 331 |
|  |  | 2.4.2 | Adições do art. 8.2............................................................... | 334 |
|  |  | 2.4.3 | Capatazia e DTHC................................................................ | 338 |
|  |  | 2.4.4 | Frete "gratuito" e transporte próprio.................................. | 343 |
| 3 | MÉTODOS SECUNDÁRIOS DE VALORAÇÃO........................................... | | | 344 |
|  | 3.1 | Método do valor da transação de mercadorias idênticas.................... | | 345 |
|  |  | 3.1.1 | Pressupostos de aplicabilidade............................................ | 345 |
|  |  | 3.1.2 | Natureza idêntica das mercadorias ..................................... | 345 |
|  |  | 3.1.3 | Nível comercial e quantitativo ............................................ | 347 |
|  |  | 3.1.4 | Fator tempo.......................................................................... | 348 |
|  |  | 3.1.5 | Valor comparável................................................................. | 348 |
|  | 3.2 | Método do valor da transação de mercadorias similares.................... | | 349 |
|  |  | 3.2.1 | Pressupostos de aplicabilidade............................................ | 349 |
|  |  | 3.2.2 | Natureza similar das mercadorias ...................................... | 350 |
|  | 3.3 | Método do valor dedutivo...................................................................... | | 350 |
|  | 3.4 | Método do valor computado ................................................................. | | 353 |
|  | 3.5 | Método do último recurso ..................................................................... | | 354 |
| 4 | CUSTOS E ENCARGOS EXCLUÍDOS DO VALOR ADUANEIRO (SERVIÇOS PÓS-IMPORTAÇÃO E CONTRATOS "TURN-KEY").................................. | | | 355 |
| 5 | REGRAS ESPECIAIS DE VALORAÇÃO......................................................... | | | 357 |
|  | 5.1 | Produtos apreendidos ............................................................................ | | 357 |
|  | 5.2 | Regime de alíquotas específicas............................................................. | | 357 |
|  | 5.3 | Regimes de tributação especial e simplificada..................................... | | 357 |
|  | 5.4 | Mercadorias extraviadas........................................................................ | | 358 |
|  | 5.5 | Subfaturamento....................................................................................... | | 360 |
|  | 5.6 | Arbitramento na subvaloração .............................................................. | | 361 |

| **CAPÍTULO V – CLASSIFICAÇÃO ADUANEIRA** ................................................... | | | | **363** |
|---|---|---|---|---|
| 1 | NOMENCLATURA COMUM DO MERCOSUL (NCM) E SISTEMA HARMONIZADO (SH)............................................................................................. | | | 363 |
|  | 1.1 | Finalidade................................................................................................ | | 363 |
|  | 1.2 | Características......................................................................................... | | 365 |
|  | 1.3 | Natureza jurídica .................................................................................... | | 365 |
|  | 1.4 | Estrutura.................................................................................................. | | 366 |
| 2 | NOTAS LEGAIS (NOTAS DE SEÇÃO, DE CAPÍTULO E DE SUBPOSIÇÕES)..... | | | 370 |
| 3 | NOTAS EXPLICATIVAS (NESH)..................................................................... | | | 372 |

| | | | |
|---|---|---|---|
| 4 | REGRAS GERAIS DE INTERPRETAÇÃO | | 374 |
| | 4.1 | Primeira regra (RGI-1): da hierarquia normativa ou regra básica | 374 |
| | 4.2 | Segunda regra (RGI-2) | 375 |
| | | 4.2.1 Artigos incompletos ou inacabados (RGI-2.a) | 375 |
| | | 4.2.2 Produtos misturados ou artigos compostos (RGI-2.b) | 379 |
| | 4.3 | Terceira regra: regra decisória | 379 |
| | | 4.3.1 Critério da posição mais específica (RGI-3.a) | 379 |
| | | 4.3.2 Critério da característica essencial (RGI-3.b) | 380 |
| | | 4.3.3 Critério da última posição na ordem numérica (RGI-3.c) | 382 |
| | 4.4 | Quarta regra: critério dos artigos semelhantes | 383 |
| | 4.5 | Quinta regra | 383 |
| | | 4.5.1 Estojos (RGI-5.a) | 383 |
| | | 4.5.2 Embalagens (RGI-5.b) | 384 |
| | 4.6 | Sexta regra: classificação nas subposições | 384 |
| 5 | REGRAS GERAIS COMPLEMENTARES (RGC) | | 385 |
| 6 | PARECERES DE CLASSIFICAÇÃO ADUANEIRA | | 386 |
| | 6.1 | Pareceres do Comitê do Sistema Harmonizado da OMA | 386 |
| | 6.2 | Ditames de classificação do Mercosul | 387 |
| | 6.3 | Divergência entre outros órgãos locais e a Receita Federal | 387 |
| 7 | ETAPAS DO PROCEDIMENTO CLASSIFICATÓRIO | | 388 |
| | 7.1 | Descrição completa do produto | 388 |
| | 7.2 | Enquadramento legal | 390 |
| 8 | RECLASSIFICAÇÃO ADUANEIRA | | 391 |
| | 8.1 | Formas de retificação no despacho aduaneiro de importação | 391 |
| | 8.2 | Impossibilidade de mudança de critério jurídico no lançamento de ofício suplementar | 392 |
| | 8.3 | Revisão do lançamento e canal de conferência | 394 |
| | 8.4 | Limitações decorrentes do princípio constitucional da proteção da confiança | 399 |

| | | | |
|---|---|---|---|
| **CAPÍTULO VI – REGIMES ADUANEIROS ESPECIAIS** | | | **407** |
| 1 | ASPECTOS GERAIS | | 407 |
| | 1.1 | Conceito | 407 |
| | 1.2 | Natureza jurídica | 408 |
| | 1.3 | Exigência de lei específica (CF, art. 195, § 6º) | 414 |
| | 1.4 | Modalidades de lançamento tributário | 415 |
| | 1.5 | Multa de ofício isolada | 417 |
| | 1.6 | Requisitos legais ("condições") | 420 |
| | 1.7 | Inadimplemento e cumprimento inexato | 421 |

| | | | |
|---|---|---|---|
| 2 | ADMISSÃO TEMPORÁRIA | | 429 |
| | 2.1 | Conceito e natureza jurídica | 429 |
| | 2.2 | Aplicabilidade, prazos e requisitos legais | 431 |
| | 2.3 | Extinção | 433 |
| | 2.4 | Descumprimento e penalidades | 434 |
| 3 | TRÂNSITO ADUANEIRO | | 438 |
| | 3.1 | Conceito, natureza jurídica e modalidades | 438 |
| | 3.2 | Manifestação de embarque para trânsito na exportação | 440 |
| | 3.3 | Despacho para trânsito de passagem e de entrada | 441 |
| | 3.4 | Exigência dos tributos em caso de extravio ou avaria | 442 |
| | 3.5 | Extinção, descumprimento e penalidades | 445 |
| 4 | *DRAWBACK* | | 446 |
| | 4.1 | Importância | 446 |
| | 4.2 | Modalidades e natureza jurídica | 448 |
| | 4.3 | *Drawback*-suspensão | 452 |
| | | 4.3.1 Competência, beneficiários, prazo e procedimentos | 452 |
| | | 4.3.2 Requisitos de habilitação e regularidade fiscal na liberação | 454 |
| | | 4.3.3 Vedações e aquisições abrangidas pela desoneração | 455 |
| | | 4.3.4 Fungibilidade e vinculação física | 459 |
| | | 4.3.5 Serviços | 464 |
| | | 4.3.6 Industrialização | 465 |
| | | 4.3.7 Fornecimento interno em decorrência de licitação internacional | 466 |
| | | 4.3.8 *Drawback* para a industrialização de embarcações | 467 |
| | | 4.3.9 Encerramento do ato concessório perante a Secex | 467 |
| | | 4.3.10 Inadimplemento e cumprimento inexato | 470 |
| | |  4.3.10.1 Fiscalização da extinção pela RFB | 470 |
| | |  4.3.10.2 Divergência jurisprudencial sobre o adimplemento | 471 |
| | |  4.3.10.3 Diferenciação entre as formas de inadimplemento | 476 |
| | | 4.3.11 Juros e multa de mora | 477 |
| | | 4.3.12 Prescrição e decadência | 479 |
| | 4.4 | *Drawback*-isenção | 481 |
| | 4.5 | *Drawback*-restituição | 481 |
| 5 | ENTREPOSTO ADUANEIRO | | 482 |
| | 5.1 | Conceito, modalidades e natureza jurídica | 482 |
| | 5.2 | Aplicabilidade, prazos e requisitos legais | 487 |
| | | 5.2.1 Entreposto aduaneiro na importação | 487 |
| | | 5.2.2 Entreposto aduaneiro na exportação | 492 |
| | 5.3 | Extinção | 493 |
| | 5.4 | Descumprimento e penalidades | 495 |

|  |  |  |  |
|---|---|---|---|
| | 5.5 | Submodalidades | 498 |
| | | 5.5.1 Loja franca | 498 |
| | | 5.5.2 Depósito especial | 498 |
| | |     5.5.2.1 Aplicabilidade, prazos e requisitos legais | 498 |
| | |     5.5.2.2 Saída temporária e a Solução de Consulta Cosit nº 121/2020 | 500 |
| | | 5.5.3 Depósito afiançado | 503 |
| | | 5.5.4 Depósito alfandegado certificado | 504 |
| | | 5.5.5 Depósito franco | 505 |
| 6 | ENTREPOSTO INDUSTRIAL (RECOF) | | 505 |
| | 6.1 | Conceito, modalidades e natureza jurídica | 505 |
| | 6.2 | Habilitação, prazos e requisitos legais | 506 |
| | 6.3 | Destinações e extinção | 509 |
| | 6.4 | Renúncia | 511 |
| | 6.5 | Mercadorias em estoque após o encerramento da vigência | 511 |
| | 6.6 | Descumprimento e penalidades | 512 |
| 7 | EXPORTAÇÃO TEMPORÁRIA | | 516 |
| | 7.1 | Conceito e natureza jurídica | 516 |
| | 7.2 | Aplicabilidade, prazos e requisitos legais | 517 |
| | 7.3 | Extinção, descumprimento e penalidades | 518 |
| 8 | ADMISSÃO TEMPORÁRIA PARA UTILIZAÇÃO ECONÔMICA | | 519 |
| | 8.1 | Conceito e natureza jurídica | 519 |
| | 8.2 | Aplicabilidade, prazos e requisitos legais | 521 |
| | 8.3 | Extinção | 524 |
| | 8.4 | Juros de mora na prorrogação e no despacho para consumo | 524 |
| | 8.5 | Descumprimento e penalidades | 529 |
| 9 | ADMISSÃO TEMPORÁRIA PARA APERFEIÇOAMENTO ATIVO | | 530 |
| | 9.1 | Conceito e natureza jurídica | 530 |
| | 9.2 | Prazos, requisitos, extinção e descumprimento | 531 |
| 10 | RECOM | | 532 |
| 11 | EXPORTAÇÃO TEMPORÁRIA PARA APERFEIÇOAMENTO PASSIVO | | 533 |
| 12 | REPETRO | | 534 |
| | 12.1 | Conceito, modalidades e natureza jurídica | 534 |
| | 12.2 | Repetro-Sped | 536 |
| | | 12.2.1 Aplicabilidade e vedações | 536 |
| | | 12.2.2 Habilitação | 539 |
| | | 12.2.3 Habilitação, requisitos e termo de responsabilidade | 540 |
| | | 12.2.4 Extinção | 543 |

|  |  | 12.2.5 | Nova admissão | 545 |
|---|---|---|---|---|
|  |  | 12.2.6 | Não conhecimento, descumprimento e penalidades | 547 |
|  | 12.3 | Repetro-Industrialização | | 549 |
|  |  | 12.3.1 | Habilitação, aplicabilidade e prazos | 549 |
|  |  | 12.3.2 | Extinção | 554 |
|  |  | 12.3.3 | Descumprimento e penalidades | 555 |
| 13 | REPEX | | | 555 |
| 14 | REPORTO | | | 557 |
| 15 | ÁREAS DE LIVRE COMÉRCIO | | | 558 |
| 16 | ZONAS DE PROCESSAMENTO DE EXPORTAÇÃO | | | 558 |

## CAPÍTULO VII – INFRAÇÕES E PENALIDADES ............................. 561

| 1 | INFRAÇÕES | | | 561 |
|---|---|---|---|---|
|  | 1.1 | Conceito | | 561 |
|  | 1.2 | Infrações omissivas e dever de agir | | 562 |
|  | 1.3 | Espécies de infrações | | 563 |
|  | 1.4 | Natureza objetiva das infrações aduaneiras | | 563 |
|  | 1.5 | Culpabilidade: culpa e dolo | | 568 |
|  | 1.6 | Responsabilidade por infrações | | 568 |
|  |  | 1.6.1 | Princípio da pessoalidade | 568 |
|  |  | 1.6.2 | Coautoria e participação | 569 |
|  |  | 1.6.3 | Beneficiários da infração | 571 |
|  |  | 1.6.4 | Proprietário e consignatário de veículos | 572 |
|  |  | 1.6.5 | Comandante ou condutor | 572 |
|  |  | 1.6.6 | Despachantes aduaneiros | 572 |
|  |  | 1.6.7 | Importador por conta e ordem ou por encomenda | 573 |
| 2 | PENALIDADES | | | 574 |
|  | 2.1 | Conceito e espécies | | 574 |
|  | 2.2 | Aplicação | | 575 |
|  |  | 2.2.1 | Competência | 575 |
|  |  | 2.2.2 | Gradação | 575 |
|  |  | 2.2.3 | Penalização do concurso de infrações e da continuidade delitiva | 576 |
|  |  | 2.2.4 | Concurso aparente | 576 |
|  |  | 2.2.5 | Vedações à penalização | 578 |
|  |  | 2.2.6 | Denúncia espontânea | 579 |
|  |  | 2.2.7 | Penalização e cobrança dos tributos | 583 |
| 3 | PENA DE PERDIMENTO | | | 583 |
|  | 3.1 | Natureza jurídica da pena | | 583 |

## 3.1.1 Não recepção pela Constituição Federal de 1988 ........ 583
### 3.1.2 Infração de aptidão ........ 584
## 3.2 Perdimento do veículo ........ 586
### 3.2.1 Veículo em situação ilegal ........ 586
### 3.2.2 Carga ou descarga em local não habilitado ........ 586
### 3.2.3 Atracação e proximidade com risco de transbordo em zona primária ........ 587
### 3.2.4 Embarcação sem nome de registro destacado e visível ........ 588
### 3.2.5 Transporte de mercadoria sujeita ao perdimento ........ 588
### 3.2.6 Desvio de rota no trânsito aduaneiro ........ 592
### 3.2.7 Abandono de veículo ........ 592
## 3.3 Perdimento da mercadoria ........ 593
### 3.3.1 Aplicabilidade em relação aos bens do ativo imobilizado ........ 593
### 3.3.2 Tipos infracionais ........ 593
### 3.3.3 Falsificação de documento de instrução obrigatória ........ 595
#### 3.3.3.1 Pressupostos de caracterização da infração ........ 595
#### 3.3.3.2 Diferenciação entre falsidade e irregularidade ........ 597
### 3.3.4 Abandono e retomada do despacho ........ 598
### 3.3.5 Interposição fraudulenta ........ 599
#### 3.3.5.1 Considerações iniciais ........ 599
#### 3.3.5.2 Objetividade jurídica do tipo infracional ........ 601
#### 3.3.5.3 Simulação como instrumento de fraude à lei ........ 601
#### 3.3.5.4 Pressupostos de caracterização da infração na importação ........ 606
##### 3.3.5.4.1 Primeiro pressuposto: ocultação subjetiva ........ 606
##### 3.3.5.4.2 Segundo pressuposto: o conluio ........ 606
##### 3.3.5.4.3 Terceiro pressuposto: o negócio simulado e negócio dissimulado ........ 607
##### 3.3.5.4.4 Quarto pressuposto: o intuito de enganar o fisco ou de afastar a incidência de preceito legal... ........ 610
#### 3.3.5.5 A questão do dano ao erário ........ 611
#### 3.3.5.6 Aspecto subjetivo da conduta (dolo) ........ 612
#### 3.3.5.7 Natureza do dispositivo violado na fraude à lei ........ 614
#### 3.3.5.8 Implicações decorrentes da natureza das regras de controle aduaneiro: proporcionalidade e ponderação ........ 615
#### 3.3.5.9 Interposição fraudulenta presumida ........ 617
#### 3.3.5.10 Interposição fraudulenta na exportação ........ 618
#### 3.3.5.11 Aspectos procedimentais ........ 621
#### 3.3.5.12 Multa de dez por cento do art. 33 da Lei nº 11.488/2007 .... 622
### 3.3.6 Perdimento de diamantes brutos ........ 626
### 3.3.7 Multa substitutiva do perdimento ........ 627
## 3.4 Perdimento de moeda ........ 627

| | | | | |
|---|---|---|---|---|
| 4 | MULTAS | | | 628 |
| | 4.1 | Multas na importação | | 628 |
| | | 4.1.1 | Tipos de infrações e penalidades | 628 |
| | | 4.1.2 | Multa no extravio | 629 |
| | | 4.1.3 | Multa pelo subfaturamento | 630 |
| | | | 4.1.3.1 Caracterização da infração: falsidade material e ideológica | 630 |
| | | | 4.1.3.2 Prova da falsidade | 630 |
| | | | 4.1.3.3 Aplicabilidade do perdimento | 631 |
| | | 4.1.4 | Multas administrativas ao controle das importações | 633 |
| | | | 4.1.4.1 Tipicidade, percentuais e limites | 633 |
| | | | 4.1.4.2 Aplicabilidade no licenciamento automático | 637 |
| | | 4.1.5 | Descumprimento dos requisitos legais da admissão temporária, da admissão temporária para aperfeiçoamento ativo e da exportação temporária | 638 |
| | | 4.1.6 | Registro especial em operações de importação de papel imune | 639 |
| | | 4.1.7 | Multa por erro no preenchimento da DI, inclusive classificação fiscal indevida de mercadorias | 640 |
| | | | 4.1.7.1 Erro sem culpa ou dolo | 640 |
| | | | 4.1.7.2 Intimação para prévia regularização | 644 |
| | | | 4.1.7.3 Multa por classificação aduaneira indevida | 645 |
| | | | 4.1.7.3.1 Pressuposto específico da demonstração do erro | 645 |
| | | | 4.1.7.3.2 Penalização em sede de revisão aduaneira | 647 |
| | | 4.1.8 | Multa pelo descumprimento do dever instrumental de conservação dos documentos de instrução obrigatória da DI | 647 |
| | 4.2 | Multas na exportação | | 648 |
| | 4.3 | Multas comuns à importação e à exportação | | 649 |
| | | 4.3.1 | Multa de ofício | 649 |
| | | | 4.3.1.1 Tipicidade e qualificação | 649 |
| | | | 4.3.1.2 Agravamento nos casos de não atendimento de intimação fiscal | 652 |
| | | | 4.3.1.3 Multa de ofício qualificada e confisco | 654 |
| | | | 4.3.1.4 Multa de ofício no lançamento para prevenir decadência | 654 |
| | | | 4.3.1.5 Multa de ofício isolada nos regimes aduaneiros especiais | 656 |
| | | 4.3.2 | Multa no comércio de diamantes brutos | 656 |
| | | 4.3.3 | Multas aduaneiras fixas | 656 |
| | | | 4.3.3.1 Tipificação e valores | 656 |
| | | | 4.3.3.2 Desacato à autoridade aduaneira | 660 |
| | | | 4.3.3.3 Embaraço à fiscalização | 661 |
| | | | 4.3.3.4 Deixar de prestar informações | 662 |

|  |  | 4.3.3.4.1 | Natureza omissiva da infração............................. | 662 |
|--|--|-----------|------------------------------------------------------|-----|
|  |  | 4.3.3.4.2 | Sujeição passiva: transportador e agente de cargas................................................................ | 663 |
|  |  | 4.3.3.4.3 | Responsabilização do agente marítimo na jurisprudência....................................................... | 666 |
|  |  | 4.3.3.4.4 | Conteúdo do dever jurídico de prestar informações....................................................................... | 670 |
|  | 4.3.3.5 | | Multa diária no *drawback* suspensão............................... | 675 |
|  | 4.3.3.6 | | Multa específica do art. 75 da Lei nº 10.833/2003 ................ | 676 |
| 4.4 | Redução das multas............................................................................. | | | 677 |

5 SANÇÕES ADMINISTRATIVAS ........................................................................ 678
   5.1 Sujeição passiva: intervenientes em operações de comércio exterior................ 678
   5.2 Tipificações e penalidades .............................................................. 678
   5.3 Ilegalidade da sanção do desalfandegamento ........................................ 680
   5.4 Competência e gradação das penalidades............................................ 681

6 RELEVAÇÃO DE PENALIDADES ...................................................................... 683

7 INFRAÇÕES PRATICADAS PELOS ÓRGÃOS DA ADMINISTRAÇÃO PÚBLICA .. 684

8 DECADÊNCIA.............................................................................................. 684

9 PRESCRIÇÃO................................................................................................ 686
   9.1 Fase judicial................................................................................. 686
   9.2 Fase administrativa........................................................................ 686

**REFERÊNCIAS** ................................................................................................. 695

*Capítulo I*
# DIREITO ADUANEIRO

## 1 AUTONOMIA

### 1.1 Premissas e divergências doutrinárias

A autonomia do direito aduaneiro é bastante debatida na doutrina. Parte dos autores sustenta com argumentos substanciais a sua existência, bem como a prevalência das disposições especiais de direito aduaneiro em relação aos demais ramos. Outros, de modo diverso, apresentam fundamentos igualmente consistentes para concluir por sua inserção no direito administrativo ou mesmo, segundo alguns, no direito tributário, no financeiro e até no direito econômico. Também há quem opere com a diferenciação entre autonomia didática, estrutural e dogmática, ou ainda legislativa e científica.[1] A rigor, o que se observa é que cada concepção tem premissas metodológicas distintas. Desde que exista coerência discursiva, não há o que objetar em relação a essas construções doutrinárias.

---

[1] Confira-se, a propósito desse debate, os seguintes estudos: TREVISAN, Rosaldo. Direito aduaneiro e direito tributário. *In*: TREVISAN, Rosaldo (org.). *Temais atuais de direito aduaneiro*. São Paulo: Lex, 2013. p. 39; DOMINGO, Luiz Roberto. Direito aduaneiro e direito tributário – regimes jurídicos distintos. *In*: PEIXOTO, Marcelo Magalhães; SARTORI, Angela; DOMINGO, Luiz Roberto (coord.). *Tributação aduaneira à luz da jurisprudência do Carf – Conselho Administrativo de Recursos Fiscais*. São Paulo: MP--Apet, 2013; COSTA, Regina Helena. Notas sobre a existência de um Direito Aduaneiro. *In*: FREITAS, Vladmir Passos de (coord.). *Importação e exportação no direito brasileiro*. São Paulo: RT, 2004. p. 15 e ss.; BASALDÚA, Ricardo Xavier. Autonomía del derecho aduanero. *In*: CARRERO, Germán Pardo (dir.); MARSILLA, Santiago Ibáñez; YEBRA, Felipe Moreno (codir.). *Derecho aduanero*. Bogotá: Universidad del Rosario; Tirant lo Blanch, 2019. t. I, p. 75-99; BASALDÚA, Ricardo Xavier. *Derecho aduanero*: parte general (sujetos). Buenos Aires: Abeledo-Perrot, 1992. p. 58 e ss.; PONCE, Andrés Rohde. Los elementos fundamentales del derecho aduanero. *In*: CARRERO, Germán Pardo (dir.); MARSILLA, Santiago Ibáñez; YEBRA, Felipe Moreno (codir.). *Derecho aduanero*. Bogotá: Universidad del Rosario; Tirant lo Blanch, 2019. t. I, p. 119-173; CARRERO, Germán Pardo. El derecho aduanero, razón de ser y relación con el derecho tributario. La aduana y sus funciones. *In*: CARRERO, Germán Pardo (dir.); MARSILLA, Santiago Ibáñez; YEBRA, Felipe Moreno (codir.). *Derecho aduanero*. Bogotá: Universidad del Rosario; Tirant lo Blanch, 2019. t. I, p. 235-279; ZOZAYA, Francisco Pelechá. *Fiscalidad sobre el comercio exterior*: el derecho aduanero tributario. Madrid: Marcial-Pons, 2009. p. 16 e ss.; RIJO, José. *Direito aduaneiro da União Europeia*: notas de enquadramento normativo, doutrinário e jurisprudencial. Coimbra: Almedina, 2020. p. 17 e ss.; PEREIRA, Tânia Carvalhais. *Direito aduaneiro europeu*: vertente tributária. Lisboa: Universidade Católica Editora, 2020. p. 20 e ss.; CONTRERAS, Máximo Carvajal. *Derecho aduanero*. 15. ed. México: Porrúa, 2009; COTTER, Juan Patricio. *Derecho aduanero*. Buenos Aires: Abeledo Perrot, 2014. t. I, p. 26 e ss.

O presente estudo parte do marco teórico do Construtivismo Lógico-Semântico, diferenciando direito positivo e dogmática jurídica.[2] O primeiro é formado pelas normas jurídicas válidas e vigentes em um determinado país voltadas à disciplina do comportamento humano em suas relações intersubjetivas. A dogmática ou ciência do direito, por sua vez, constitui uma linguagem de sobrenível ou metalinguagem que tem por objeto o estudo e a descrição do direito positivo.[3] Dentro dessa concepção, o direito positivo constitui uma unidade lógica e indecomponível. Porém, o seu estudo científico demanda a realização de um corte metodológico, em razão das limitações do sujeito cognoscente.[4] É em função disso que surgem os diversos ramos e sub-ramos voltados ao seu estudo científico. Toda autonomia, assim, é apenas científica ou dogmática.

Não há dúvidas da autonomia dogmática jurídica do direito aduaneiro. Há uma coesão temático-finalística que resulta da autonomia da relação jurídica aduaneira, das particularidades da tributação do comércio exterior e da organicidade dos textos de direito positivo. Essa "ordem interior" ou "consistência interna",[5] assim como a própria necessidade pragmática de especialização do conhecimento, demanda um corte analítico para a captação da plenitude do objeto.

## 1.2 Coesão temático-finalística da matéria aduaneira

### 1.2.1 Autonomia da relação jurídica aduaneira

Até recentemente, o direito aduaneiro foi negligenciado pela doutrina nacional, o que já foi observado por autores de outros países, a exemplo do professor argentino Ricardo Xavier Basaldúa, ao lamentar que, no Brasil, "a matéria aduaneira não atraiu até um passado recente

---

[2] CARVALHO, Paulo de Barros. *Curso de direito tributário*. 13. ed. São Paulo: Saraiva, 2000. p. 1-4; VILANOVA, Lourival. *As estruturas lógicas e o sistema do direito positivo*. São Paulo: Max Limonad, 1997. p. 40. Segundo ressalta Lourival Vilanova, a linguagem lógica pode se apresentar ocupada pela linguagem técnica do legislador. É o caso, por exemplo, do art. 1º do Código Civil: "Art. 1º Toda pessoa é capaz de direitos e deveres na ordem civil" (Vilanova, 1997, p. 70). Isso, porém, não infirma a função linguística prescrita do discurso, como também ressalta Paulo de Barros Carvalho, em estudo sobre a prescritividade do preâmbulo constitucional (Carvalho, 2000, p. 11). Na mesma linha, Irving Copi ressalta a inexistência de linguagem quimicamente pura, destacando que "a estrutura gramatical de um trecho fornece, com frequência, indícios sobre a sua função e a forma gramatical" (COPI, Irving M. *Introdução à lógica*. 2. ed. São Paulo: Mestre Jou, 1978. p. 55). Cf. ainda: CÁCERES NIETO, Enrique. *Lenguaje y derecho: las normas jurídicas como sistema de enunciados*. México: UNAM, 2000. p. 16; SCHRECKENBERGER, Waldemar. *Semiótica del discurso jurídico*. México: UNAM, 1987. p. 54 e ss.; MORCHON, Gregório Robles. *Teoria del derecho: fundamentos de teoria comunicacional del derecho*. Madrid: Civitas, 1999. v. I, p. 73.

[3] Direito positivo e dogmática jurídica sujeitam-se a lógicas específicas: as proposições prescritivas do direito positivo, aos ditames da Lógica Deôntica (do dever ser ou das normas); e as proposições descritivas da ciência do direito, aos da Lógica Apofântica (Alética ou Clássica). As proposições prescritivas, ademais, não são verdadeiras ou falsas, mas válidas ou não válidas. Isso porque, diferentemente das proposições descritivas da ciência do direito, prescrevem como os sujeitos devem se comportar (*dever ser*), por meio dos modais deônticos obrigatório (O), proibido (V) ou permitido (P) (VILANOVA, Lourival. *As estruturas lógicas e o sistema do direito positivo*. São Paulo: Max Limonad, 1997. p. 72 e ss.; CARVALHO, Paulo de Barros. *Curso de direito tributário*. 13. ed. São Paulo: Saraiva, 2000. p. 70 e ss; ENCHAVE, Delia Teresa; URQUIJO, María Eugenia; GUIBOURG, Ricardo A. *Lógica, proposición y norma*. Buenos Aires: Astrea, 1995. p. 107-144).

[4] CARVALHO, Paulo de Barros. *Curso de direito tributário*. 13. ed. São Paulo: Saraiva, 2000. p. 1-18.

[5] CANARIS, Claus Wilhelm. *Pensamento sistemático e conceito de sistema na Ciência do Direito*. Lisboa: Fundação Calouste Gulbenkian, 1989. p. 131.

o interesse que despertaram outros ramos jurídicos".[6] Isso faz com que parte dos autores, em especial os tributaristas, ainda tenha certa dificuldade em compreender a autonomia da relação jurídica aduaneira diante da obrigação tributária.

Nos dias de hoje, o controle aduaneiro não pode mais ser considerado uma simples manifestação setorial do poder de polícia administrativa ou da fiscalização tributária. A aduana moderna apresenta funções mais abrangentes que a simples percepção de receitas públicas, que compreendem a fiscalização de medidas não tarifárias (*v.g.*, quotas, proibições de importação e de exportação, licenciamento, exigências técnicas, sanitárias, fitossanitárias) e de defesa comercial (direitos *antidumping*, as medidas compensatórias e de salvaguarda).[7] A aduana também exerce papel relevante nos enfrentamentos do terrorismo, da lavagem de dinheiro, da pirataria, dos tráficos de drogas, de animais, de plantas ou de bens do patrimônio histórico-cultural, o que ocorre de forma colaborativa com as autoridades policiais e com outros órgãos da Administração Pública intervenientes no comércio exterior (*v.g.*, Ibama, Mapa, Inmetro, Iphan). O controle aduaneiro visa ainda à criação de um ambiente de segurança jurídica e de transparência regulatória favorável ao desenvolvimento do comércio exterior legítimo. O Acordo sobre a Facilitação do Comércio (AFC)[8] é expressão dessa função da aduana moderna. Nele são previstas uma série de medidas para a redução de formalidades alfandegárias, como as soluções antecipadas, a intensificação da auditoria pós-despacho, a gestão de risco dos operadores econômicos, a separação da liberação de bens e a determinação dos direitos aduaneiros, entre outras ações voltadas à redução do tempo médio da fiscalização na fronteira e a uma maior transparência na atuação estatal.[9]

Essa ampliação das funções da aduana moderna e do controle aduaneiro fez a doutrina perceber que, sob o aspecto jurídico, quando alguém promove o ingresso ou a saída de uma mercadoria do território de um país, nem sempre surge a obrigação de pagar tributos. De fato, como ninguém desconhece, há inúmeros atos de transposição de fronteira que não são tributados. Porém, mesmo sem qualquer repercussão tributária, deles resulta um vínculo jurídico entre o Estado e aquele que promove a entrada ou a saída do produto do território aduaneiro. Trata-se de uma *relação jurídica aduaneira*, autônoma da obrigação de pagar tri-

---

[6] BASALDÚA, Ricardo Xavier. Reflexiones sobre el Codigo Aduanero del Mercosur. *Revista del Instituto Argentino de Estudios Aduaneros*, Buenos Aires, n. 10, p. 119, 2. sem. 1996/1. sem. 1997. Disponível em: http://www.iaea.org.ar. Original: "En Brasil, en cambio, es de lamentar que la materia aduanera no haya concitado hasta un pasado reciente el interés que despertaron otras ramas jurídicas, como es el caso del Derecho Civil y el Comercial, donde descollaran tantos juristas, empezando por el recordado Freitas, una luz que iluminó a Vélez Sarsfield".

[7] As medidas *antidumping* e compensatórias "[...] são justificadas como sendo uma reação legalizada à concorrência 'injusta' de produtos estrangeiros. Injusta porque realizada com discriminação de preços (*dumping*) ou com auxílio estatal (subsídios). A seu turno, as medidas de salvaguarda são oponíveis às importações 'justas', mas que provocam um desajustamento no mercado produtor nacional" (BARRAL, Welber. *Dumping e comércio internacional*: a regulamentação antidumping após a Rodada Uruguai. Rio de Janeiro: Forense, 2000. p. 139).

[8] Incorporado ao direito interno por meio do Decreto Legislativo nº 01/2016, promulgado pelo Decreto nº 9.326/2018.

[9] ALAIS, Horacio Félix. *Los principios del Derecho aduanero*. Buenos Aires: Marcial Pons Argentina, 2008. p. 37 e ss. Por outro lado, como destaca Juan Patricio Cotter, "constituyen obstáculos a este proceso los requerimientos excesivos de documentación; la falta de transparencia en la forma de requerimientos poco claros en importación y exportación; la existencia de procedimientos inadecuados, caracterizados por falta de controles basados en técnicas de evaluación de riesgos y auditorías, y la falta de modernización de las aduanas y de coordinación con otras áreas del gobierno. En sentido estricto, pues, la tendencia opuesta a la facilitación es la excesiva burocratización de los procedimientos aduaneros" (COTTER, Juan Patricio. *Las infracciones aduaneras*. 2. ed. Buenos Aires: Abeledo Perrot, 2013. p. 08).

butos, porque surge e extingue-se independentemente dessa, como será analisado de forma mais detida ao longo do presente capítulo.

## 1.2.2  Tributação do comércio exterior

Apesar da autonomia da relação jurídica aduaneira, o controle aduaneiro sempre esteve relacionado, em maior ou menor medida, com a tributação do comércio internacional. Escritos cuneiformes da antiga Suméria – atual Iraque – evidenciam a existência, já no Século XXV a.C., de um sistema impositivo sobre as transações comerciais entre cidades-estados. No período Védico, na Índia Antiga, entre 1500 a.C. e 500 a.C., também foi identificado um regime de tributação do comércio exterior.[10] Na Síria, registros em tábuas de argila com mais de 3000 anos fazem referência à função estratégica e ao prestígio – só equiparável ao do Rei local – daquele que hoje seria uma espécie de inspetor de aduana, responsável pela cobrança de tributos sobre o comércio de prata, ouro, cobre, grãos e lã. Não foi diferente na Fenícia, no Egito, na Grécia, no Império Romano e na Idade Média, que contavam com regras e estruturações especificamente voltadas à fiscalização de tributos sobre o comércio de produtos com povos estrangeiros.[11]

Contudo, foi no período de consolidação do poder político dos Estados soberanos na Europa que o controle aduaneiro e a tributação do comércio exterior adquiriram maior relevância. Nessa época, os economistas começaram a teorizar a importância extrafiscal dos tributos aduaneiros.[12] Foi compreendido que, antes de simples fonte de receita, esses tributos podem constituir um relevante instrumento para a realização de políticas públicas. Por meio da modulação da carga tributária, é possível estimular ou desestimular a importação ou a exportação de determinadas mercadorias. Com isso, *v.g.*, pode-se reduzir o custo da aquisição de insumos, de máquinas e de equipamentos; ou então, tornar mais onerosa a importação de produtos acabados ou a exportação de matérias-primas, protegendo a indústria local. A redução da carga tributária da importação pode ainda servir como meio de controle inflacionário, proporcionando um aumento da oferta de determinados produtos em períodos de excesso da demanda no mercado doméstico.

---

[10] DATEY, V. S. *Customs law*: practice & procedures – as amended by Finance (Nº 2) Act 2019. New Delhi: Taxmann, 2019. p. 1.3.

[11] GONZÁLES, Ildefonso Sánchez. *Historia general aduanera de España*: edades antigua y media. Madrid: Ministerio de Hacienda y Administraciones Publicas-Instituto de Estudios Fiscales, 2004; PEREIRA, Tânia Carvalhais. *Direito aduaneiro europeu*: vertente tributária. Lisboa: Universidade Católica Editora, 2020. p. 13-15; CARRERO, Germán Pardo (dir.); MARSILLA, Santiago Ibáñez; YEBRA, Felipe Moreno (codir.). *Derecho aduanero*. Bogotá: Universidad del Rosario; Tirant lo Blanch, 2019. t. I, p. 237 e ss.; FERNANDES, Rodrigo Mineiro. *Introdução ao direito aduaneiro*. São Paulo: Intelecto, 2018. p. 3 e ss.; SOUZA, Hamilton Dias de. *Estrutura do imposto de importação no Código Tributário Nacional*. São Paulo: Resenha Tributária, 1980. p. 13 e ss.

[12] Registre-se que, antes disso, a importância extrafiscal dos tributos aduaneiros, segundo Gonzáles, já era ressaltada na Grécia Antiga: "Aristóteles aseguraba que el Estado debe conocer el valor de las exportaciones e importaciones para basar en estos datos la política financiera. Comienza a vislumbrarse aquí el primer giro em la finalidade del impuesto de adunas: la paulatina sustitución del objetivo fiscal por el económico." (GONZÁLES, Ildefonso Sánchez. *Historia general aduanera de España*: edades antigua y media. Madrid: Ministerio de Hacienda y Administraciones Publicas-Instituto de Estudios Fiscales, 2004. p. 20).

Esses e outros efeitos fazem com que hoje, salvo em países pouco desenvolvidos ou protecionistas, a obtenção de receita não seja mais o papel precípuo da tributação aduaneira.[13] Prepondera a finalidade econômica, também chamada regulatória ou interventiva. A diferença é que, no passado, não havia limites para a sua definição. O tributo podia ser empregado para fins puramente protecionistas, gerando ganhos discutíveis para o país,[14] mas que, quando adotados, não implicavam maiores consequências no plano das relações internacionais. No mundo contemporâneo, contudo, essa atividade deve observar os parâmetros constitucionais e os compromissos de livre comércio assumidos pelo Estado brasileiro frente a outras nações em tratados e acordos internacionais.[15]

Os autores clássicos reconheciam a preponderância do escopo não fiscal dos tributos aduaneiros, mas entendiam, na linha de A. D. Giannini, que dela não resultava qualquer diferença em seu regime jurídico.[16] Não há dúvidas de que, sob aspecto lógico-estrutural, a lição ainda é procedente, porquanto inexistem diferenças sintáticas entre as normas jurídicas tributárias com finalidades fiscal e extrafiscal. Ademais, nenhum tributo é inteiramente neutro.[17] Porém, sob o aspecto funcional, a doutrina mais recente aponta como nota distintiva dos tributos extrafiscais a intencionalidade do efeito regulatório, bem como a necessidade de controle de sua legitimidade constitucional de uma perspectiva diferente do que se concebia na doutrina tradicional.[18]

Destarte, no Estado Democrático de Direito, a carga tributária deve ser distribuída isonomicamente entre cidadãos e empresas, em função das respectivas capacidades contributivas. Isso, no direito brasileiro, é previsto expressamente no texto constitucional (CF, art.

---

[13] PEREIRA, Tânia Carvalhais. *Direito aduaneiro europeu*: vertente tributária. Lisboa: Universidade Católica Editora, 2020. p. 17; RIJO, José. *Direito aduaneiro da União Europeia*: notas de enquadramento normativo, doutrinário e jurisprudencial. Coimbra: Almedina, 2020. p. 19-20; CARRERO, Germán Pardo (dir.); MARSILLA, Santiago Ibáñez; YEBRA, Felipe Moreno (codir.). *Derecho aduanero*. Bogotá: Universidad del Rosario; Tirant lo Blanch, 2019. t. I, p. 236; SOUZA, Hamilton Dias de. *Estrutura do imposto de importação no Código Tributário Nacional*. São Paulo: Resenha Tributária, 1980. p. 13.

[14] Destaca-se, sobre o tema, a obra de IRWIN, Douglas I. *Free trade under fire*. 4. ed. Princeton: Princeton University Press, 2015. O estudo mostra que países liberalizantes, entre 1975 a 1989, viram seu PIB por trabalhador crescer de 15 a 20% em relação aos não liberalizantes; e que um aumento de 1% na participação comercial gera um incremento da renda per capta em cerca de 0,8%. O autor faz uma comparação entre os resultados obtidos pela política da substituição das importações adotadas no Brasil e o modelo de liberalização do Chile, evidenciando o verdadeiro insucesso econômico no fechamento comercial brasileiro ocorrido a partir da década de 1970 (IRWIN, 2015, p. 56 e ss., p. 92 e ss.).

[15] É bem verdade, contudo, que as medidas recentes de "neoprotecionismo" adotadas pelos Estados Unidos da América do Norte, intensificadas no Governo Trump, têm gerado uma preocupação mundial acerca do futuro do livre comércio internacional, mas que não interessa aprofundar nesse momento, já que, sob a perspectiva jurídica, o sistema do GATT/OMC continua válido e vigente, devendo ser seguido por todos os países.

[16] GIANNINI, Achille Donato. *Istituzioni di diritto tributario*. 8. ed. Milano: Giuffrè, 1960. p. 54. Além de Giannini, Novoa faz referência à doutrina de Hensel e Griziotti (NOVOA, César García. Los derechos de aduana y su naturaliza jurídica In: CARRERO, Germán Pardo (dir.); MARSILLA, Santiago Ibáñez; YEBRA, Felipe Moreno (codir.). *Derecho aduanero*. Bogotá: Universidad del Rosario; Tirant lo Blanch, 2020. t. II, p. 94).

[17] Como ressalta José Souto Maior Borges, "a neutralidade financeira, para alguns autores, não passa de uma utopia" (BORGES, José Souto Maior. *Introdução ao direito financeiro*. São Paulo: Max Limonad, 1998. p. 45).

[18] BIRK, Dieter. *Diritto tributario tedesco*. Trad. Enrico de Mita. Milano: Giuffrè, 2006. p. 56 e ss.; ÁVILA, Humberto. *Teoria da igualdade tributária*. 3. ed. São Paulo: Malheiros, 2015. p. 168; CORREIA NETO, Celso de Barros. *O avesso do tributo*: incentivos e renúncias. 2. ed. São Paulo: Almedina, 2016. p. 95.

145, § 1º;[19] art. 150, II[20]). Contudo, nos tributos extrafiscais essa exigência é flexibilizada, justamente porque o objetivo não é a obtenção de receita pública, mas alcançar um efeito econômico ou regulatório.[21]

Essa característica também se faz presente nos tributos aduaneiros. Porém, neles a extrafiscalidade tem um regime jurídico próprio que resulta na necessidade de observância não apenas do texto constitucional, mas dos princípios e das regras decorrentes dos tratados e acordos internacionais firmados pelo Estado brasileiro, notadamente do Gatt 1994 (*General Agreement on Tariffs and Trade*). Há, assim, restrições de ordem constitucional e convencional, fazendo com que esses tributos se particularizem em razão de sua natureza regulatória duplamente limitada.

Além disso, no direito aduaneiro, a extrafiscalidade pode ser realizada por meio de um instrumento jurídico específico: os regimes aduaneiros especiais ou suspensivos. Neles não há cobrança dos créditos tributários que, em outras circunstâncias, seriam devidos em uma operação de comércio exterior. A legislação autoriza a aquisição de produtos no mercado interno, a entrada ou a saída de bens de procedência estrangeira no território nacional, sem o pagamento de tributos ou com o recebimento de uma subvenção governamental, para fins de realização de finalidades de interesse público que decorrem de tratados internacionais ou de políticas de desenvolvimento definitivas pelo Governo Federal. É o que ocorre, por exemplo, na cobrança do crédito tributário proporcional ao tempo de permanência na admissão temporária para utilização econômica, que é vinculada ao incentivo da prestação de serviços e da produção de outros bens no território nacional; ou na desoneração da aquisição de insumos para a fabricação de produção de bens que, no *drawback*, visa ao incremento das exportações.[22]

A tributação aduaneira particulariza-se ainda em razão do direito indivisível de retenção assegurado ao Estado, que, em determinadas situações, pode condicionar a liberação das mercadorias ao pagamento do crédito tributário exigível.[23] Além disso, há especificidades

---

[19] "Art. 145. [...] § 1º Sempre que possível, os impostos terão caráter pessoal e serão graduados segundo a capacidade econômica do contribuinte, facultado à administração tributária, especialmente para conferir efetividade a esses objetivos, identificar, respeitados os direitos individuais e nos termos da lei, o patrimônio, os rendimentos e as atividades econômicas do contribuinte".

[20] "Art. 150. Sem prejuízo de outras garantias asseguradas ao contribuinte, é vedado à União, aos Estados, ao Distrito Federal e aos Municípios: [...] II – instituir tratamento desigual entre contribuintes que se encontrem em situação equivalente, proibida qualquer distinção em razão de ocupação profissional ou função por eles exercida, independentemente da denominação jurídica dos rendimentos, títulos ou direitos".

[21] Ver Cap. II, item 2.1.4. Como será oportunamente analisado, essa flexibilização deve ser constitucionalmente justificada, sob os aspectos da idoneidade, da necessidade e da proporcionalidade. Sobre o tema, cf.; HORVATH, Estevão. *O princípio do não confisco no direito tributário*. São Paulo: Dialética, 2002. p. 70 e 137; GOLDSCHIMIDT, Fabio Brun. *O princípio do não confisco no direito tributário*. São Paulo: RT, 2003. p. 146; COSTA, Regina Helena. *Princípio da capacidade contributiva*. 2. ed. São Paulo: Malheiros, 1996. p. 51 e ss.; GONÇALVES, José Artur Lima. *Isonomia na norma tributária*. São Paulo: Malheiros, 1993. p. 68. MITA, Enrico de. *Interesse fiscale e tutela del contribuente: le garanzie costituzionali*. 4. ed. Milão: Giuffrè, 2000. p. 81 e ss.; TIPKE, Klaus. *Moral tributaria del Estado y de los contribuyentes*. Madrid: Marcial Pons, 2002. p. 36 e ss.; BIRK, Dieter. *Diritto tributario tedesco*. Trad. Enrico de Mita. Milano: Giuffrè, 2006. p. 48; MOLINA, Pedro M. Herrera. *Capacidad económica y sistema fiscal*: análisis del ordenamiento español a luz del Derecho alemán. Madrid: Marcial Pons, 1998.

[22] Ver Cap. VI, item 1.

[23] NOVOA, César García. Los derechos de aduana y su naturaliza jurídica *In*: CARRERO, Germán Pardo (dir.); MARSILLA, Santiago Ibáñez; YEBRA, Felipe Moreno (codir.). *Derecho aduanero*. Bogotá: Universidad del Rosario; Tirant lo Blanch, 2020. t. II, p. 112. Sobre o tema, ver Cap. III, item 1.2.1.2.

decorrentes das limitações convencionais aplicáveis à base de cálculo, que está sujeita ao Acordo sobre a Implementação do Artigo VII do Gatt 1994 (Acordo de Valoração Aduaneira).[24] Esse estabelece uma disciplina aplicável internacionalmente aos países integrantes da OMC, da qual resulta um regime jurídico de valoração sem similaridade com qualquer outro tributo interno.

Também a identificação dos produtos objeto do controle aduaneiro está sujeita a um sistema classificatório próprio, que é composto por códigos numéricos artificialmente pactuados na Convenção Internacional do Sistema Harmonizado de Designação e Codificação de Mercadorias.[25] Nele as mercadorias são ordenadas em uma lista de códigos numéricos, 21 Seções e 97 Capítulos, divididos em posições e, em alguns casos, subposições de primeiro e de segundo nível. Essa divisão ocorre de acordo com o critério do grau de elaboração ou do valor agregado, podendo ser desdobrada regionalmente por cada país ou união aduaneira, resultando em classificações com códigos numéricos de até dez algarismos. Esse sistema visa à uniformização internacional da designação das mercadorias, facilitando a comunicação entre os agentes econômicos e as aduanas dos diversos países, bem como a elaboração de estatísticas confiáveis sobre o fluxo do comércio internacional.[26]

Enfim, a tributação do comércio exterior integra o objeto do direito aduaneiro, mas com um regime jurídico próprio que decorre de sua natureza econômica ou extrafiscal (não arrecadatória) e de regras e princípios constitucionais e convencionais próprios.

### 1.2.3 *Organicidade dos textos de direito positivo*

No campo do direito, o início de uma disciplina específica do controle aduaneiro e da tributação do comércio exterior – que, como toda evolução histórica, não foi linear nem sincrônico – é marcado pela edição das Portarias ("*Ordonnance*") do Ministro das Finanças do Rei Luís XIV, no ano de 1687.[27] Foi graças a Jean-Baptiste Colbert, considerado o "pai" da aduana moderna, que se construiu a primeira estruturação normativa do comércio exterior, contendo regras processuais, de direito tributário, administrativo e penal relacionadas ao objetivo comum de regulação do tráfego internacional de mercadorias. Nela, inclusive, ocorreu a tipificação de ilícitos especiais – o contrabando e a falsa declaração aduaneira –, ainda hoje relevantes em todos os países.[28] Essa consolidação serviu de fonte inspiradora para o Código Aduaneiro Francês de 1791 e para as diferentes codificações aduaneiras do direito

---

[24] Ver Cap. IV, item 1.
[25] Incorporada ao direito brasileiro pelo Decreto Legislativo nº 71/1988 e pelo Decreto nº 97.409/1988.
[26] Ver Cap. V, item 1.1.
[27] Antes disso, na própria França, como destaca Basaldúa, houve um antecedente de interesse voltado à ordenação das regras relativas ao pagamento de tributos aduaneiros: "[...] *durante el reino de Enrique IV*, bajo la iniciativa de su ministro Sully, se dictó el 31 de mayo de 1607 el 'Reglamento General sobre los Derechos Aduaneros' (*traites*)." BASALDÚA, Ricardo Xavier. Origen o conformación del derecho aduanero. *In*: CARRERO, Germán Pardo (dir.); MARSILLA, Santiago Ibáñez; YEBRA, Felipe Moreno (codir.). *Derecho aduanero*. Bogotá: Universidad del Rosario; Tirant lo Blanch, 2019. t. I, p. 52.
[28] BASALDÚA, Ricardo Xavier. Origen o conformación del derecho aduanero. *In*: CARRERO, Germán Pardo (dir.); MARSILLA, Santiago Ibáñez; YEBRA, Felipe Moreno (codir.). *Derecho aduanero*. Bogotá: Universidad del Rosario; Tirant lo Blanch, 2019. t. I, p. 57.

comparado.[29] Ao mesmo tempo, marcou a transição do direito aduaneiro como ferramenta arrecadatória para a função de filtro e de proteção.[30]

No Brasil, a primeira codificação aduaneira foi o Regulamento das Alfândegas do Império de 1832 (Decretos de 03.09.1833 e 27.11.1833), que substituiu o Foral da Alfândega Grande de Lisboa, do ano de 1587, vigente no período Colonial. Outro ato normativo relevante foi o Regulamento das Alfândegas e Mesas de Rendas de 1860 (Decreto nº 2.647, de 19 de setembro de 1860). Com seus 783 artigos, esse regulamento serviu de base para a Nova Consolidação das Leis das Alfândegas e Mesas de Rendas da República de 1894, revogada só anos depois pelo ainda vigente Decreto-Lei nº 37/1966 (art. 177).[31]

Atualmente, os enunciados prescritivos em matéria aduaneira são previstos em legislações esparsas, inclusive decorrentes da incorporação ao direito interno de tratados e acordos internacionais, consolidados no Regulamento Aduaneiro (Decreto nº 6.759/2009). Destacam-se, em especial, o Acordo Geral sobre Tarifas e Comércio (Gatt 1994), o Acordo sobre a Facilitação do Comércio (AFC), o Protocolo de Revisão da Convenção Internacional para a Simplificação e a Harmonização dos Regimes Aduaneiros (Convenção de Quioto Revisada) e o Tratado de Assunção entre Brasil, Argentina, Paraguai e Uruguai, constitutivo do "Mercado Comum do Sul" (Mercosul). Tais atos criam uma organicidade em torno da disciplina da relação jurídica aduaneira e dos diversos aspectos do controle estatal da entrada e da saída de produtos do território nacional, que, por sua vez, é marcada pela complexidade, pelo dinamismo e pela interação de diversas fontes formais.[32]

Essa organicidade requer o desenvolvimento de uma dogmática autônoma para a captação da plenitude do direito aduaneiro positivo. Sem uma especialização, é bastante difícil compreender adequadamente o conteúdo de regulação das normas jurídicas que disciplinam a atuação da administração pública no controle da entrada e da saída de mercadorias e de produtos do território nacional. Qualquer profissional da área jurídica, mesmo com anos de experiência em atuação no direito administrativo, econômico ou tributário, sem dúvida alguma terá uma reação imediata de estranhamento ao tentar empreender uma primeira tentativa de classificação fiscal de mercadoria na NCM/SH. Esse estado de perplexidade – que para alguns é de tal intensidade que chega ao ponto de afastar o interesse pela matéria – é apenas um exemplo da necessidade de especialização. Não é diferente o que ocorre em sede de valoração aduaneira, revisão aduaneira, entre outros institutos que serão examinados ao longo do presente estudo.

É em função dessa coesão temático-finalística que, no direito público, se identifica um regime jurídico específico e autônomo que se convencionou chamar de "direito aduaneiro".

---

[29] GONZÁLES, Ildefonso Sánchez. *Historia general aduanera de España*: edades antigua y media. Madrid: Ministerio de Hacienda y Administraciones Publicas-Instituto de Estudios Fiscales, 2004. p. 15 e ss.; ALAIS, Horacio Félix. *Los principios del Derecho aduanero*. Buenos Aires: Marcial Pons Argentina, 2008. p. 16 e ss.; BASALDÚA, Ricardo Xavier. Origen o conformación del derecho aduanero. *In*: CARRERO, Germán Pardo (dir.); MARSILLA, Santiago Ibáñez; YEBRA, Felipe Moreno (codir.). *Derecho aduanero*. Bogotá: Universidad del Rosario; Tirant lo Blanch, 2019. t. I, p. 53 e ss. No artigo desse último professor, são relacionadas todas as legislações aduaneiras (Códigos, Ordenanças ou Portarias, Leis Gerais, dentre outros atos) que se seguiram a essa codificação na Europa e na América (Basaldúa, 2019, p. 67-70).

[30] CARRERO, Germán Pardo (dir.); MARSILLA, Santiago Ibáñez; YEBRA, Felipe Moreno (codir.). *Derecho aduanero*. Bogotá: Universidad del Rosario; Tirant lo Blanch, 2019. t. I, p. 242.

[31] "Art. 177 – Ficam revogadas, a partir de 30 (trinta) dias da publicação do regulamento a que se refere o artigo anterior, as seguintes disposições legais e regulamentares: Nova Consolidação das Leis das Alfândegas e Mesas de Rendas [...]".

[32] ARMELLA, Sara. *Diritto doganale dell'Unione europea*. Milão: Egea, 2017. p. 07.

Esse faz parte de um sistema e, por conseguinte, mantém relações de coordenação e de subordinação com as demais normas jurídicas. Mas está longe de constituir um apêndice menor de outros ramos, vale dizer, de seccionamentos analíticos tradicionais do fenômeno jurídico. Seria um irrealismo metodológico ignorar a necessidade teórica de individualização, dentro do direito positivo vigente, das normas jurídicas que disciplinam a atuação da administração pública no controle da entrada e da saída de mercadorias e produtos no território nacional, definindo competências, funções, procedimentos, direitos, obrigações e deveres dos agentes públicos e dos particulares intervenientes em operações de comércio exterior.

## 2 RELAÇÃO JURÍDICA ADUANEIRA

### 2.1 Natureza jurídica

Há autores que reduzem a relação jurídica aduaneira à obrigação de pagar tributos, dentro de uma concepção que foi sustentada pelas *teorias fiscalistas* no final do Século XIX e início do Século XX.[33] Outros reconhecem a autonomia da relação jurídica aduaneira, mas a consideram um vínculo jurídico obrigacional: a *obrigação aduaneira*. Parece mais acertada, no entanto, a doutrina que a compreende como uma relação jurídica de natureza não obrigacional.[34]

Na linguagem ordinária, o termo "obrigação" é utilizado para fazer referência às mais variadas espécies de deveres e encargos, inclusive de natureza extrajurídica (*v.g.*, morais, religiosos, dentre outros). Juridicamente, porém, a *obrigação* caracteriza-se em razão da *patrimonialidade* e da correspondência a um *interesse do credor*. Trata-se de uma relação jurídica assimétrica estabelecida entre dois sujeitos, na qual uma das partes (sujeito passivo ou devedor) está vinculada à satisfação de uma prestação susceptível de valoração pecuniária (*dar, fazer* ou *não fazer* alguma coisa) no interesse da outra (sujeito ativo ou credor). As obrigações diferen-

---

[33] Sobre esse tema, cf.: PONCE, Andrés Rohde. *Derecho aduanero mexicano*: fundamentos y regulaciones de la actividad aduanera. México: Tirant Lo Blanch, 2000. t. I, p. 57. Segundo o professor mexicano, a concepção fiscalista da obrigação aduaneira foi defendida recentemente por César García Novoa, quando afirma que: "Como obligación tributaria que es, la obligación aduanera nace a partir de la realización de un presupuesto de hecho legal o hecho imponible". NOVOA, César García. Los derechos de aduana y su naturaliza jurídica. *In*: CARRERO, Germán Pardo (dir.); MARSILLA, Santiago Ibáñez; YEBRA, Felipe Moreno (codir.). *Derecho aduanero*. Bogotá: Universidad del Rosario; Tirant lo Blanch, 2020. t. II, p. 97. Não cabe aqui a defesa do pensamento de terceiros, porém, não se teve a mesma impressão da leitura do artigo do professor espanhol. Esse discorre sobre as características da obrigação de pagar os tributos aduaneiros, sem reduzir a relação aduaneira a esse objeto. Por isso, prefere-se não incluir García Novoa entre os que defendem a teoria fiscalista. Feito esse registro, cumpre destacar que, dentre os autores contemporâneos, a concepção que reduz o objeto da obrigação aduaneira ao pagamento dos tributos incidentes no comércio exterior é defendida na Itália por Fabrizio Vismara (VISMARA, Fabrizio. *Corso di diritto doganale*: diritto dell'Unione europea e diritto interno. Torino: Giappichelli, 2018. p. 115: "*L'obbligazione doganale nell'obbligo di una persona di corrispondere l'importo del dazio applicabile ad una determinata merce in forza della normativa doganale in vigore*"). O mesmo entendimento é exposto pelo autor em: VISMARA, Fabrizio. *L'Obbligazione doganale nel diritto dell'Unione europea*. Torino: Giappichelli, 2019. p. 6 e ss.

[34] Nessa linha, Piero Bellante define relação aduaneira como "a relação jurídica que se instaura, no momento da passagem da linha aduaneira, entre o detentor da mercadoria e a autoridade aduaneira. A noção de relação aduaneira é conexa com o exercício do poder de vigilância e de controle atribuído à autoridade". Traduzimos do original: "*Si definisce rapporto doganale il rapporto giuridico che si instaura, al momento dell'attraversamento della linea doganale, tra il detentore della merce e l'autorità doganale. La nozione di rapporto doganale è connessa con l'esercizio del potere di vigilanza e di controllo attribuito all'autorità*" (BELLANTE, Piero. *Il sistema doganale*. Torino: Giappichelli, 2020. p. 199). No mesmo sentido, cf: BARREIRA, Enrique C. La relación jurídica tributaria y relación jurídica aduanera. *Revista de Estudios Aduaneros*, Buenos Aires, n. 18, p. 55-74, 2007.

ciam-se dos *deveres jurídicos* em sentido estrito, porque esses, além de não apresentarem um caráter patrimonial, são estabelecidos no *interesse público* ou de uma categoria de pessoas.[35]

Não é todo ingresso ou saída de uma mercadoria do território do País que faz surgir a obrigação de pagar tributos. Há atos de transposição de fronteira que – em razão de regras de isenção, de imunidade ou de não incidência pura e simples – não são tributados. Contudo, ainda assim, implicam o surgimento de um vínculo jurídico entre aquele que os realiza e o Estado. Destarte, mesmo quando não há um crédito tributário devido, *v.g.*, as administrações aduaneiras podem exigir do particular determinados comportamentos visando à verificação da observância de medidas não tarifárias, como proibições de importação e de exportação, licenciamento, exigências técnicas, sanitárias, fitossanitárias, dentre outras. O particular, ademais, tem o dever de declarar e de descrever as mercadorias, entre outras informações exigidas pela legislação, submetendo-as ao regime aduaneiro apropriado.

A relação jurídica aduaneira é o conceito que expressa os direitos e os deveres do particular e do Estado que surgem com a transição da fronteira, que é autônoma em relação à obrigação de pagar os tributos aduaneiros ou de eventuais prestações pecuniárias relativas à defesa comercial. Trata-se de um de uma *relação jurídica-administrativa* sem natureza obrigacional, porque a prestação devida pelo sujeito passivo não é susceptível de valoração pecuniária nem visa à satisfação do interesse de um credor em particular, mas do interesse público inerente ao controle aduaneiro da operação de comércio exterior.

A afirmação de que se está diante de uma *relação jurídica* pode parecer pouco, mas, na realidade, diz muito sobre os limites da atuação estatal no exercício do controle aduaneiro das operações de comércio exterior. Trata-se de uma concepção que implica na superação da visão do controle aduaneiro como *relação de poder* fundada genericamente no *imperium* que decorre da soberania estatal. Isso porque, em uma *relação jurídica*, o Estado e os cidadãos têm *direitos* e *deveres* recíprocos limitados pelo direito.[36] Esses *direitos* do Estado-aduana são *direitos-deveres (poderes funcionais)*.[37] Daí que, ao contrário dos direitos subjetivos patrimo-

---

[35] GOMES, Orlando. *Obrigações.* 17. ed. Rio de Janeiro: Forense, 2009. p. 15 e ss.; VARELA, Antunes. *Das obrigações em geral.* 10. ed. Coimbra: Almedina, 2003. v. I, p. 51 e ss.; COSTA, Mário Júlio de Almeida. *Direito das obrigações.* 7. ed. Coimbra: Almedina, 1998. p. 53 e ss.; TEPEDINO, Gustavo; SCHREIBER, Anderson. *Fundamentos do direito civil*: obrigações. Rio de Janeiro: Forense, 2020. p. 12 e ss.

[36] Essa mesma superação, no direito tributário, tem como obra precursora a doutrina de Albert Hensel, na Alemanha (HENSEL, Albert. *Derecho tributario.* Trad. Andrés Báez Moreno, María Luisa Gonzáles-Cuéllar Serrano y Enrique Ortiz Calle. Madrid-Barcelona: Marcial Pons, 2005. Esse livro corresponde à 3ª edição da obra original, publicada no ano 1933). Entre nós, Souto Maior Borges ensina que: "No Estado constitucional moderno, o poder tributário deixa de ser um poder de fato, mera relação tributária de força (*Abgabegewaltverhältnis*) para converter-se num poder jurídico que se exerce através de normas" (BORGES, José Souto Maior. *Teoria geral da isenção tributária.* 3. ed. São Paulo: Malheiros, 2001. p. 25). Sobre o tema, cf.: DE MITA, Enrico. *Interesse fiscale e tutela del contribuente:* le garanzie costituzionali. 4. ed. Milano: Giuffrè, 2000. p. 7. Cf. ainda: LAPATZA, José Juan Ferreiro. *Curso de derecho financiero español.* 22. ed. Madrid-Barcelona: Marcial Pons, 2000. p. 13 e ss.; NOVOA, César García. *El concepto de tributo.* Buenos Aires: Marcial Pons, 2012. p. 60. Sobre o tema no direito administrativo, cf.: BAUER, Harmut. ¿Transformación radical en la doctrina del Derecho administrativo? Las formas y las relaciones jurídicas como elementos de una dogmática jurídico--administrativa actual. *Documentación administrativa*, n. 234, p. 133-160, abr./jun. 1993. Nela o professor alemão destaca que a concepção de relação está predeterminada em vários sentidos pela Constituição. Primeiro, no Estado de Direito, essa relação deve ser uma relação jurídica (e não uma relação de poder, como sustentado pelas doutrinas tradicionais que categorizavam a nação de relação geral e especial de sujeição). Segundo, não é um poder estatal prévio à Constituição, capaz de justificar uma suposta relação de subordinação pré-jurídica, abstrata e geral. Estado e cidadãos estão submetidos ao direito.

[37] Como ensina Antunes Varela, os *direitos-deveres* (poderes funcionais) correspondem às situações que a doutrina italiana denomina *potestá*: "São direitos conferidos no interesse, não do titular ou não apenas

niais, o seu exercício é subordinado ao interesse público a que se vinculam. Além disso, em decorrência da própria natureza administrativa do controle aduaneiro, sempre devem ser observados os limites formais e materiais previstos em lei, a finalidade geral e específica da competência administrativa, os princípios da administração pública e os direitos fundamentais.

## 2.2 Fato jurídico aduaneiro

### 2.2.1 Materialidade

As relações jurídicas surgem em razão da realização de um evento descrito abstratamente na *proposição antecedente* de uma norma jurídica, também chamada *hipótese de incidência*, *suporte fático* ou *pressuposto*.[38] Toda relação jurídica, assim, tem um evento ou *fato propulsor*,[39] que é um fato concreto que se ajusta ou subsume à hipótese de incidência.[40] Trata-se de um *fato jurídico* porque, em razão do nexo de imputação (*dever ser*) entre a hipótese e o consequente normativo, tem como efeito a instauração da relação jurídica. Daí que – não apenas no direito aduaneiro, mas em qualquer ramo do direito – as relações jurídicas sempre decorrem de fatos jurídicos.[41]

---

do titular, mas também de outra ou outras pessoas e que só são legitimamente exercidos quando se mantenham fiéis à função a que se encontram adstritos". Além disso, continua o ilustre professor, "[....] distinguem-se dos direitos subjetivos patrimoniais porque o titular *não é livre* no seu exercício, tendo obrigatoriamente que exercê-los, por um lado, e tendo de fazê-lo, por outro, em obediência à função social a que o direito se encontra adstrito" (VARELA, Antunes. *Das obrigações em geral*. 10. ed. Coimbra: Almedina, 2003. v. I, p. 61).

[38] A categorização de um fato jurídico aduaneiro, portanto, não é uma simples adaptação teórica do conceito de fato jurídico tributário (ou fato gerador da obrigação tributária).

[39] Essa é a denominação utilizada por Orlando Gomes, que o define como o acontecimento definido em lei, dependente ou não da vontade humana, que desencadeia a relação jurídica (GOMES, Orlando. *Introdução ao estudo do direito civil*. 13. ed. Rio de Janeiro, Forense, 1996. p. 101 e ss.).

[40] Como será mais bem examinado no estudo dos tributos aduaneiros, entende-se que a simples ocorrência do evento não é suficiente para o surgimento da obrigação. Sempre é necessário um ato de aplicação (incidência), isto é, a inserção, na ordem jurídica, de uma norma individual e concreta pelo agente competente, por meio da linguagem escrita, segundo os preceitos de direito positivo. Essa, em seu antecedente, contém o fato jurídico tributário e, no consequente, a formalização do vínculo obrigacional, com a individualização de seus sujeitos ativo e passivo e a quantificação do objeto da prestação (CARVALHO, Paulo de Barros. *Direito tributário, linguagem e método*. 6. ed. São Paulo: Noeses, 2015. p. 168 e ss.). Trata-se da concepção proposta pelo Construtivismo Lógico-Semântico, desenvolvido por Lourival Vilanova e por Paulo de Barros Carvalho, situada no marco da filosofia da linguagem e que opera com a combinação entre o método analítico e a hermenêutica, dentro de uma visão culturalista do fenômeno jurídico. Sobre o Construtivismo, cf.: CARVALHO, Paulo de Barros. Algo sobre o construtivismo lógico-semântico. In: CARVALHO, Paulo de Barros (coord.); CARVALHO, Aurora Tomazini de (org.). *Construtivismo lógico-semântico*. São Paulo: Noeses, 2014. v. I, p. 6-9; CARVALHO, Paulo de Barros. *Direito tributário*: fundamentos jurídicos da incidência. 2. ed. São Paulo: Saraiva, 1999; CARVALHO, Paulo de Barros. *Derivação e positivação no direito tributário*. São Paulo: Noeses, 2011. v. 1; CARVALHO, Paulo de Barros. *Derivação e positivação no direito tributário*. São Paulo: Noeses, 2013. v. 2; VILANOVA, Lourival. *As estruturas lógicas e o sistema do direito positivo*. São Paulo: Max Limonad, 1997; VILANOVA, Lourival. *Causalidade e relação no direito*. 4. ed. São Paulo: RT, 2000; VILANOVA, Lourival. *Escritos jurídicos e filosóficos*. São Paulo: Axis Mundi-IBET, 2003. v. 1 e 2.

[41] VILANOVA, Lourival. *As estruturas lógicas e o sistema do direito positivo*. São Paulo: Max Limonad, 1997. p. 88 e ss.; PINTO, Carlos Alberto da Mora. *Teoria geral do direito civil*. 3. ed. Coimbra: Coimbra, 1994. p. 183 e ss.; ANDRADE, Manuel A. Domingues de. *Teoria geral da relação jurídica*: facto jurídico, em especial negócio jurídico. Coimbra: Almedina, 1992. v. II, p. 14 e ss.

A materialidade do *evento* relevante para o surgimento da relação jurídica aduaneira são as condutas de *introduzir* ou de *retirar produtos* (bens móveis e corpóreos) de qualquer natureza do território aduaneiro, independentemente da finalidade, da origem, da procedência ou da previsão de incidência de tributos sobre a operação de comércio exterior. Excluem-se apenas as transposições fronteiriças desvinculadas de ações humanas, como o movimento migratório de aves ou de animais.[42]

Para o surgimento da relação jurídica aduaneira, todo evento de transposição da fronteira é relevante. Mesmo as entradas de produtos isentos ou de origem nacional em retorno ao País implicam o surgimento de direitos e de deveres para quem promove a transposição da fronteira. O *fato jurídico aduaneiro*, portanto, é mais amplo que o *fato jurídico tributário*. Como será analisado no estudo do imposto de importação, a entrada física no território é necessária, mas não suficiente para a caracterização do evento imponível do tributo.[43] O cruzamento da fronteira deve ser qualificado pela *finalidade integradora*. Daí que, diferentemente do fato jurídico aduaneiro, o fato jurídico tributário apenas se realiza quando há intenção de incorporar o produto ao mercado nacional ou, de acordo com a terminologia da Convenção de Quioto Revisada (CQR), quando a transposição da fronteira ocorre para fins de *incorporação definitiva do produto à livre circulação econômica no país de destino*.[44] O mesmo ocorre na exportação, que nada mais é do que uma importação sob a perspectiva inversa.[45]

### 2.2.2  Produtos (bens móveis corpóreos)

A doutrina estrangeira usa o termo *mercadoria* para se referir à classe de bens que são relevantes para o surgimento da relação jurídica aduaneira. Nele estão compreendidos todos os objetos passíveis de ingresso e saída do território aduaneiro, independentemente da destinação (comercialização ou uso próprio). Os *serviços* e *intangíveis*, assim, estão fora do âmbito da relação jurídica aduaneira.[46]

---

[42] PONCE, Andrés Rohde. *Derecho aduanero mexicano*: fundamentos y regulaciones de la actividad aduanera. México: Tirant Lo Blanch, 2000. t. I, p. 53-54.

[43] A hipótese de incidência do imposto de importação é analisada com detalhamento no Cap. II, item 2.2.2.1.

[44] O Protocolo de Revisão da Convenção Internacional para a Simplificação e a Harmonização dos Regimes Aduaneiros (Convenção de Quioto Revisada) foi aprovado pelo Decreto Legislativo nº 56/2019 e promulgado pelo Decreto nº 10.276/2020. Nele é definido, no Capítulo 1 do Anexo Específico B, que: "Importação definitiva: o regime aduaneiro que permite a colocação em livre circulação no território aduaneiro de mercadorias importadas, mediante o pagamento dos direitos e demais imposições de importação e o cumprimento de todas as formalidades aduaneiras necessárias".

[45] Cap. II, item 3.2.

[46] Como destaca Ricardo Xavier Basaldúa, "[...] desde o aparecimento das primeiras regulações orgânicas da matéria aduaneira o vocábulo "mercadoria" foi empregado com um alcance muito amplo, para se referir a todos os objetos susceptíveis de serem importados ou exportados". Traduzimos, do original: "[...] desde la aparición de las primeras regulaciones orgánicas de la materia aduanera el vocablo 'mercadería' fue empleado con un alcance muy amplio, para referirse a todos los objetos susceptibles de ser importados o exportados." (BASALDÚA, Ricardo Xavier. *Derecho aduanero*: parte general; sujetos. Buenos Aires: Abeledo-Perrot, 1992. p. 53). No mesmo sentido: BASALDÚA, Ricardo Xavier. *Introducción al derecho aduanero*: concepto y contenido. Buenos Aires. Abeledo-Perrot, 1988. p. 167 e ss.; BASALDÚA, Ricardo Xavier. La aduana: concepto y funciones esenciales y contingentes. *Revista de Estudios Aduaneros*, Buenos Aires, n. 18, p. 37-54, 2007; BASALDÚA, Ricardo Xavier. *Tributos al comercio exterior*. Buenos Aires: Abeledo-Perrot, 2011. p. 41 e ss.; BARRERA, Enrique C. La relación jurídica tributaria y relación jurídica aduanera. *Revista de Estudios Aduaneros*, Buenos Aires, n. 18, p. 55-74, 2007. p. 71; WITKER, Jorge. *Derecho tributario aduanero*. 2. ed. México: UNAM, 1999. p. 67; PONCE, Andrés Rohde. *Derecho*

Ocorre que, no direito brasileiro, o conceito de mercadoria tem um sentido diferente, mais restrito que no direito comparado. Uma *mercadoria* é caracterizada juridicamente a partir de três fatores. O primeiro é a natureza móvel e corpórea do bem. O segundo é a finalidade aquisitiva, que se vincula à obtenção de lucro com a comercialização do produto. Não são mercadorias os bens comprados para fins de uso ou de consumo pessoal.[47] O terceiro fator de caracterização é a qualificação do adquirente. Este deve ser uma sociedade ou um empresário comerciante, vale dizer, uma pessoa física ou jurídica que tem na mercancia a sua atuação profissional regular. Isso afasta de seu âmbito conceitual as compras com finalidade de revenda eventual, mesmo lucrativa, por quem o faz sem habitualidade.[48]

Em razão dessa particularidade de nosso ordenamento jurídico, para evitar confusões técnicas, deve-se fazer uso do conceito de *produto* para descrever a materialidade do evento relevante para o surgimento da relação jurídica aduaneira, o que abrange *todos os bens móveis e corpóreos*, com exclusão dos *serviços* e dos *intangíveis*.

## 2.2.3 Referencial geográfico

### 2.2.3.1 Território aduaneiro

O marco geográfico relevante para o surgimento da relação jurídica aduaneira é o *território aduaneiro*, conceito técnico que corresponde ao âmbito de vigência espacial da legislação aduaneira, nem sempre coincidindo com as fronteiras políticas de um Estado soberano.[49]

O território brasileiro abrange a superfície (o solo e o subsolo), o espaço aéreo sobrejacente, as águas interiores, as ilhas costeiras e o mar territorial, que constitui uma zona com extensão de 12 milhas contadas da linha de base – linha litorânea de maré baixa –, não incluindo as águas interiores. Trata-se de área que alcança as águas, o leito do mar, o respectivo subsolo e o espaço aéreo sobrejacente. Nela é assegurado o direito de passagem inocente por parte de embarcações de outras nacionalidades, desde que contínua e rápida. Adjacente ao mar territorial, em uma segunda faixa – a zona contígua, das 12 até 24 milhas marítimas – o Estado brasileiro também pode tomar medidas de fiscalização alfandegária, imigratória e de saúde pública. De acordo com a Lei nº 8.617/1993 e com a Convenção das Nações Unidas sobre o Direito do Mar de 1982, assinada em Montego Bay, na Jamaica, a soberania nacional alcança ainda a plataforma continental e a zona econômica exclusiva.[50]

---

*aduanero mexicano*: fundamentos y regulaciones de la actividad aduanera. México: Tirant Lo Blanch, 2000. t. I, p. 53-54.

[47] MENDONÇA, J. X. Carvalho de. *Tratado de direito comercial brasileiro*, Atual. Ricardo Negrão. Campinas: Bookseller, 2000. v. I, l. I, p. 543.

[48] *Mercadoria*, na definição de Fran Martins, são "as coisas móveis que os comerciantes adquirem com a finalidade específica de revender" (MARTINS, Fran. *Curso de direito comercial*. 22. ed. Rio de Janeiro: Forense, 1996. p. 129). A aquisição com finalidade de revenda eventual, por pessoa que não tenha nessa atividade a sua profissão habitual, não é considerada uma operação mercantil, porque a natureza empresarial pressupõe, nos termos do art. 966 do CC, o exercício não eventual de uma atividade econômica organizada (REQUIÃO, Rubens. *Curso de direito comercial*. 25. ed. São Paulo: Saraiva, 2003. v. 1, p. 83 e ss). Da mesma forma, a compra feita para uso pessoal, sem finalidade de revenda, que é a própria antítese do contrato de compra e venda mercantil: "a compra mercantil é para especular; a lei não diz, mas é evidente" (MENDONÇA, J. X. Carvalho de. *Tratado de direito comercial brasileiro*, Atual. Ricardo Negrão. Campinas: Bookseller, 2000. v. I, l. I, p. 542).

[49] De acordo com o Glossário da OMA (Organização Mundial das Alfândegas), o território aduaneiro é o *território no qual as disposições da legislação aduaneira de um Estado são plenamente aplicáveis*.

[50] Lei nº 8.617/1993, arts. 6º e 11.

Já o território aduaneiro compreende o âmbito de vigência espacial da legislação aduaneira no território nacional – inclusive áreas de livre comércio[51] – e as áreas de controle integrado do Mercosul situadas no território dos países-membros em regiões de fronteira. Nesses espaços, há uma extraterritorialidade da legislação nacional. Neles, as administrações aduaneiras dos países-membros exercem um controle aduaneiro conjunto, previsto no Acordo de Recife, aprovado pelo Decreto Legislativo nº 66/1981 e promulgado pelo Decreto nº 1.280/1994.[52]

### 2.2.3.2 Zonas primária e secundária

O território aduaneiro é dividido pela legislação brasileira em zonas primária e secundária, nos termos do art. 33 do Decreto-Lei nº 37/1966:

> Art. 33 – A jurisdição dos serviços aduaneiros se estende por todo o território aduaneiro, e abrange:
> I – zona primária - compreendendo as faixas internas de portos e aeroportos, recintos alfandegados e locais habilitados nas fronteiras terrestres, bem como outras áreas nos quais se efetuem operações de carga e descarga de mercadoria, ou embarque e desembarque de passageiros, procedentes do exterior ou a ele destinados;
> II – zona secundária - compreendendo a parte restante do território nacional, nela incluídos as águas territoriais e o espaço aéreo correspondente.
> Parágrafo único. Para efeito de adoção de medidas de controle fiscal, poderão ser demarcadas, na orla marítima e na faixa de fronteira, zonas de vigilância aduaneira, nas quais a existência e a circulação de mercadoria estarão sujeitas às cautelas fiscais, proibições e restrições que forem prescritas no regulamento.

O legislador não fez uso de uma boa técnica no *caput* do art. 33. Como se sabe, *jurisdição* é atividade típica do Poder Judiciário. Nela, o Estado-Juiz aplica as normas jurídicas de direito material – promove a *atuação da vontade concreta da lei* – na composição definitiva de uma lide (conflito de interesses qualificado por uma pretensão resistida) com imparcialidade e em caráter substitutivo à vontade das partes.[53] As autoridades aduaneiras não exercem atividade dessa natureza. Na realidade, nesse dispositivo o termo "jurisdição" tem o sentido de competência administrativa territorial.

---

[51] A definição referencial do Glossário da OMA exclui as zonas francas e áreas de livre comércio do território aduaneiro. Não é essa, contudo, a realidade normativa do direito brasileiro. Entre nós, o território aduaneiro compreende essas áreas, inclusive a Zona Franca de Manaus, porque a legislação nacional aplica-se plenamente, sendo devidos os tributos na importação de armas e munições, fumo, bebidas alcoólicas, automóveis de passageiros, entre outros produtos previstos no Decreto-Lei nº 288/1967.

[52] Essas áreas não constituem *enclaves*, que são áreas situadas no território estrangeiro em que se aplica a legislação aduaneira nacional (os exclaves, por sua vez, são áreas do território nacional nas quais legislação aduaneira de outro país é aplicada). A doutrina cita o exemplo do Principado de Mônaco, que integra o território aduaneiro da França desde a Convenção de União Aduaneira de 1912 (BASALDÚA, Ricardo Xavier. *Tributos al comercio exterior*. Buenos Aires: Abeledo-Perrot, 2011. p. 115).

[53] CINTRA, Antônio Carlos de Araújo; GRINOVER, Ada Pellegrini; DINAMARCO, Cândido Rangel. *Teoria geral do processo*. 13. ed. São Paulo, Malheiros, 1997. p. 279 e ss.

## 2.2.4 Marco temporal

O fato jurídico aduaneiro ocorre na chegada da remessa internacional no recinto alfandegado[54] ou na descarga pelo transportador no recinto alfandegado de zona primária. Na saída, o fator temporal relevante é a recepção da carga pelo depositário no local do despacho.[55] É a partir desses marcos temporais que se considera ocorrido o fato jurídico aduaneiro, com a consequente instauração da relação jurídica.

## 2.3 Sujeitos

A relação jurídica aduaneira tem natureza complexa. Portanto, não há apenas um, mas vários direitos e deveres contrapostos. A mesma pessoa pode ser sujeitos ativo e passivo, em uma alternância de posições, até a extinção do vínculo jurídico. Essa característica faz com que parte da doutrina rejeite a "tentação" de identificar os sujeitos passivo e ativo da relação jurídica aduaneira.[56] Não obstante, como ensina Miguel Reale, "toda pessoa que se insere em uma relação jurídica tem sempre direitos e deveres, e não apenas direitos, ou não apenas deveres".[57] Por isso, a determinação dos sujeitos ativo ou passivo deve ocorrer em função da preponderância.

Assim, dentro do critério da preponderância, o sujeito passivo da relação jurídica aduaneira é a pessoa – qualquer pessoa, nacional ou estrangeira, física ou jurídica – que promover o ingresso ou a retirada de produtos (bens móveis e corpóreos) do território aduaneiro. O sujeito ativo, por sua vez, é a União Federal, que tem como órgão específico de atuação aduaneira a Receita Federal do Brasil.

## 2.4 Objeto

Em uma relação jurídica, o objeto é a prestação (*dar, fazer ou não fazer*) que o sujeito ativo tem direito de exigir do sujeito passivo. Para identificá-la, deve-se determinar qual é a ação ou omissão que, uma vez prestada, configura o cumprimento do dever jurídico. Assim, para determinar o objeto da relação aduaneira, deve ser descrita a conduta que o sujeito ativo tem o direito de exigir e que, uma vez prestada pelo sujeito passivo, implica na extinção do vínculo jurídico entre as partes.

No estudo da relação aduaneira, a maior parte da doutrina contemporânea converge em torno da dissociação do aspecto tributário, ou seja, da não identificação do seu objeto com a obrigação de pagar tributos.[58] Entretanto, não oferece uma explicação uniforme acerca

---

[54] Regime de Tributação Simplificada (RTS), objeto da IN RFB nº 1.737/2017.
[55] IN RFB nº 1.702/2017: "Art. 54. O registro da recepção dos bens a exportar no local indicado para o despacho é pré-requisito para a exportação de bens por meio de DU-E, excetuadas as hipóteses de despacho em local sob a responsabilidade do exportador e de despacho posterior à saída dos bens para o exterior".
[56] BELLANTE, Piero. *Il sistema doganale*. Torino: Giappichelli, 2020. p. 289 e ss.
[57] REALE, Miguel. *Lições preliminares de direito*. 27. ed. São Paulo: Saraiva, 2010. p. 218.
[58] Ainda se filiam à *concepção fiscalista* Fabrizio Vismara na Itália (VISMARA, Fabrizio. *Corso di diritto doganale*: diritto dell'Unione europea e diritto interno. Torino: Giappichelli, 2018. p. 115; e VISMARA, Fabrizio. *L'Obbligazione doganale nel diritto dell'Unione europea*. Torino: Giappichelli, 2019. p. 6 e ss.) e, segundo Rodhe Ponce (PONCE, Andrés Rohde. *Derecho aduanero mexicano*: fundamentos y regulaciones de la actividad aduanera. México: Tirant Lo Blanch, 2000. t. I, p. 57), também César García Novoa na Espanha. Entretanto, como ressaltado inicialmente, não se teve a mesma impressão da leitura do artigo do professor espanhol, razão pela qual se prefere não incluí-lo entre os fiscalistas (NOVOA, César García. Los derechos de aduana y su naturaliza jurídica. *In*: CARRERO, Germán Pardo (dir.); MARSILLA, Santiago Ibáñez; YEBRA, Felipe Moreno (codir.). *Derecho aduanero*. Bogotá: Universidad del Rosario; Tirant lo Blanch, 2020. t. II, p. 97).

do objeto da relação jurídica aduaneira. Alguns entendem que seria *submeter-se ao controle aduaneiro*. Outros, por sua vez, sustentam que o objeto corresponde à ação de *apresentar as mercadorias que pretende importar ou exportar e declarar com precisão as suas características perante a aduana*. Também há doutrinadores que defendem que a obrigação consiste em *dar um destino aduaneiro à mercadoria*. Essas diferentes concepções são conjugadas por Andrés Rohde Ponce, que o faz visando à construção de uma *teoria geral da relação jurídica aduaneira*. Nela, o objeto é descrito como uma ação complexa de introduzir ou de retirar a mercadoria por um local autorizado e apresentá-la, declará-la e entregá-la à autoridade aduaneira competente, bem como realizar o despacho aduaneiro.[59] Ainda segundo Rodhe Ponce, após a conclusão do despacho, a aduana fica obrigada à *liberação*.[60] Esse mesmo direito é reconhecido em uma quinta proposta, defendida por Enrique Barreira, para quem a relação jurídica aduaneira teria por objeto o *dever de solicitar* ao Estado autorização prévia para afetar a mercadoria a uma destinação aduaneira.[61] Por fim, Piero Bellante na Itália, dentro de uma sexta vertente doutrinária, descreve o objeto como a conduta de *apresentar uma declaração aduaneira* (expressa ou tácita), escolhendo um dos regimes aduaneiros previstos em lei e submetendo-se ao poder de vigilância e controle aduaneiro. A extinção do vínculo ocorreria com a mudança do *status* aduaneiro da mercadoria (*v.g.*, de importada para nacionalizada), como resultado da atribuição de um regime aduaneiro definitivo.[62]

Essas diferentes explicações resultam da disparidade dos sistemas de referência de cada autor. A relação jurídica aduaneira é um tema de direito positivo. Logo, como não há uniformidade na disciplina normativa vigente em cada país, as conclusões doutrinárias são naturalmente diferentes. Outro fator que explica a falta de uniformidade é a natureza complexa do vínculo. Na relação jurídica aduaneira, há vários direitos e deveres correlatos, com alternância nos polos ativo e passivo. Por conseguinte, tampouco há um único objeto passível de descrição sintética. Cada autor, assim, efetua um corte simplificador próprio, sempre incompleto, mas metodologicamente necessário. Sem ele, não se teria uma enunciação analítica do objeto da relação jurídica, mas a própria descrição de todos os direitos e deveres previstos na legislação para os casos em que alguém promove o ingresso ou a saída de uma mercadoria do território, incluindo as possíveis variações decorrentes do regime aduaneiro aplicável. O resultado seria tão ou mais insatisfatório.

No presente estudo, também é realizado um corte simplificador. Nele, procura-se realçar prestação preponderante do sujeito passivo, que consiste em submeter a operação de entrada

---

[59] O autor parte da proposição de Ramiro Araújo, de Ricardo Xavier Basaldúa e de Francisco Pelechá, que correspondem às três primeiras concepções aqui expostas (PONCE, Andrés Rohde. *Derecho aduanero mexicano*: fundamentos y regulaciones de la actividad aduanera. México: Tirant Lo Blanch, 2000. t. I, p. 59 e ss.). Assim, para Rohde Ponce, *a obrigação aduaneira consiste na relação jurídica que tem por objeto a conduta* que, em língua espanhola, equivale a *aduanar*, relativo à *aduanamiento*, definido-a como a "[...] acción compleja que consiste en introducir o extraer las mercancías por un lugar autorizado y presentarlas, declararlas y entregarlas a la autoridad aduanera competente en dicho lugar y realizar el despacho aduanero de las mismas"; em tradução livre: "[...] introduzir ou extrair a mercadoria por um local autorizado e apresentá-la, declará-las e entregá-la à autoridade aduaneira competente do referido local e realizar o despacho aduaneiro das mesmas" (Ponce, 2000, p. 63).

[60] PONCE, Andrés Rohde. *Derecho aduanero mexicano*: fundamentos y regulaciones de la actividad aduanera. México: Tirant Lo Blanch, 2000. t. I. *Desaduanamiento* foi traduzido como *desembaraço aduaneiro* ou *liberação*, adotando como parâmetro as traduções oficiais para o espanhol da CQR.

[61] BARREIRA, Enrique C. La relación jurídica tributaria y relación jurídica aduanera. *Revista de Estudios Aduaneros*, Buenos Aires, n. 18, p. 55-74, 2007. p. 68-69.

[62] BELLANTE, Piero. *Il sistema doganale*. Torino: Giappichelli, 2020. p. 292-296.

ou de saída do produto ao *despacho aduaneiro*.[63] Essa é a descrição concisa de uma relação jurídica complexa que surge com a ocorrência do *fato jurídico aduaneiro*. Nela dois sujeitos de direito (o Estado-aduana e a pessoa, física ou jurídica, que promoveu a transposição da fronteira) estão ligados em torno de diversas condutas, positivas e negativas, definidas em lei como obrigatórias (*O*), permitidas (*P*) ou proibidas (*V*). Há múltiplos direitos e prestações contrapostos, de sorte que o mesmo sujeito pode ocupar os polos ativo e passivo, em uma alternância de posições, até a extinção do vínculo. Em um primeiro momento, o Estado-aduana ocupa o polo ativo, enquanto titular do direito de exigir daquele que promoveu a saída ou o ingresso do produto (o sujeito passivo) no território aduaneiro a submissão da operação ao *despacho aduaneiro* correspondente, na forma e no prazo previstos na legislação. Trata-se de uma prestação de *fazer*, descrita de forma sintética, mas que, a rigor, compreende uma série de condutas do sujeito vinculado, desde o registro da *declaração de mercadorias*,[64] a descrição completa e a classificação dos produtos, a indicação da origem, dos elementos de valoração, o regime aduaneiro pretendido, entre outras exigências legais. Também estão abrangidas as ações necessárias ao *impulso* do despacho, inclusive o atendimento das exigências apresentadas pela autoridade aduaneira no curso do procedimento. Em um segundo momento, cumpridas as formalidades necessárias para importar, exportar ou submeter a mercadoria a outro regime aduaneiro (*v.g.*, admissão temporária ou trânsito), invertem-se os polos da relação jurídica. O particular, que antes era sujeito passivo, torna-se então sujeito ativo titular do direito de exigir do Estado-aduana a *liberação* (*desembaraço aduaneiro*) dentro do prazo legal.[65]

## 3 FONTES FORMAIS

### 3.1 Constituição Federal

#### 3.1.1 *Preeminência hierárquico-normativa da Constituição*

A Constituição representa o fundamento de validade de toda a ordem jurídica. É o texto constitucional que institui e configura os poderes do Estado, estabelecendo as competências das autoridades constituídas, as prestações positivas do poder público e os direitos fundamentais dos cidadãos.[66] Ao mesmo tempo, como norma primária de produção jurídica e base de toda a ordem estatal,[67] disciplina os órgãos e procedimentos de criação de atos normativos, seus limites formais e materiais, assim como as espécies legislativas admitidas no direito positivo.[68]

---

[63] Decreto-Lei nº 37/1996: "Art. 44 – Toda mercadoria procedente do exterior por qualquer via, destinada a consumo ou a outro regime, sujeita ou não ao pagamento do imposto, deverá ser submetida a despacho aduaneiro, que será processado com base em declaração apresentada à repartição aduaneira no prazo e na forma prescritos em regulamento. (Redação dada pelo Decreto-Lei nº 2.472, de 01.09.1988)".

[64] *Liberação*, como será analisado no Cap. III, é a nova designação técnica do *desembaraço aduaneiro* introduzida pela CQR.

[65] As etapas do despacho aduaneiro são estudas no Cap. III.

[66] ENTERRÍA, Eduardo García. *La Constitución como norma y el Tribunal Constitucional*. 3. ed. Madrid: Civitas, 1994. p. 50 e ss.

[67] Como ensina Kelsen: "La Constitución es la base indispensable de las normas jurídicas que regulan la conducta recíproca de los miembros de la colectividad estatal, así como de aquellas que determinan los órganos necesarios para aplicar-las e imponerlas y la forma como estos órganos habían de proceder; es decir, la Constitución es, en suma, el asiento fundamental del orden estatal" (KELSEN, Hans. *La garantia jurisdiccional de la Constitución*: la justicia constitucional. Trad. Rolando Tamayo y Salmorán. México: UNAM, 2001. p. 20-21).

[68] GUASTINI, Ricardo. Sobre el concepto de constitución. Cuestiones Constitucionales. *Revista Mexicana de Derecho Constitucional*, n. 1, p. 161-176, jul./dic. 1999; GUASTINI, Ricardo. *Estudios de teoría constitucional*. México: UNAM, 2001. p. 47 e ss.

Após um longo período de afirmação, encontra-se definitivamente superada a doutrina que nega a vinculação do legislador à Constituição.[69] Embora se tenha presente que nem todos os preceitos constitucionais são dotados do mesmo grau de eficácia, o texto constitucional é visto como a Lei Maior do Estado e da sociedade, vinculante para o poder público e todos os cidadãos. Portanto, como fundamento de validade formal e material de toda ordem jurídica, a Constituição é hierarquicamente superior a qualquer norma jurídica do sistema. Não há outro parâmetro normativo anterior, paralelo ou superior que fundamente a validade de um ato normativo infraconstitucional incompatível com o texto constitucional.[70]

O Estado Democrático de Direito pressupõe a existência de uma Lei Fundamental normativa e vinculante para o poder público. Por isso, todas as normas jurídicas sempre devem ser *lidas à luz da Constituição*, e não o contrário.[71] A prática de *interpretar o texto constitucional a partir das leis*, ainda comum no direito aduaneiro, não se compatibiliza com a sua supremacia hierárquica. Sempre que um texto de direito positivo apresentar múltiplos sentidos semânticos, deve ser privilegiado aquele mais adequado à realização plena dos princípios e regras constitucionais, afastando-se as interpretações incompatíveis.[72]

---

[69] Sobre o tema, cf.: OTTO, Ignacio de. *Derecho constitucional: sistema de fuentes*. Barcelona: Ariel, 1998. p. 129; MIRANDA, Jorge. *Teoria do Estado e da Constituição*. Rio de Janeiro: Forense, 2002. p. 244; ENTERRÍA, Eduardo García de. *Reflexiones sobre la Ley y los principios generales del Derecho*. Madrid: Civitas, 1986. p. 21 e ss.; PFERSMANN, Otto. Carré de Malberg y la "jerarquía normativa". Cuestiones constitucionales. *Revista Mexicana de Derecho Constitucional*, n. 4, p. 184-185, ene./jun. 2001; MENÉNDEZ, Ignácio Villaverde. *La inconstitucionalidad por omisión*. Madrid: McGraw-Hill, 1997. p. 5 e ss.; BONAVIDES, Paulo. *Curso de direito constitucional*. 6 ed. São Paulo: Malheiros, 1996. p. 75-109 e 201-224; CANOTILHO, José Joaquim Gomes. *Direito Constitucional e Teoria da Constituição*. 7. ed. Coimbra: Almedina, p. 356; CANOTILHO, José Joaquim Gomes. *Constituição dirigente e vinculação do legislador*: contributo para a compreensão das normas constitucionais programáticas. Coimbra: Coimbra, 1994. p. 63 e ss.; CANOTILHO, José Joaquim Gomes; VITAL MOREIRA. *Fundamentos da Constituição*. Coimbra: Coimbra, 1991. p. 45 e ss.; HESSE, Konrad. *Elementos de direito constitucional da república federal da Alemanha*. Porto Alegre: Fabris, 1998. p. 20 e ss.; MORA-DONATTO, Cecilia. *El valor de la Constitución normativa*. México: UNAM, 2002. p. 10 e ss.; VITAL MOREIRA. O futuro da Constituição. In: GRAU, Eros Roberto; GUERRA FILHO, Willis Santiago (orgs.). *Direito constitucional*: estudos em homenagem a Paulo Bonavides. São Paulo: Malheiros, 2001. p. 317; HARO, Ricardo. *Constitución, poder y control*. México: UNAM, 2002. p. 139.

[70] CANOTILHO, José Joaquim Gomes; VITAL MOREIRA. *Fundamentos da Constituição*. Coimbra: Coimbra, 1991. p. 45. A preeminência da Constituição "[...] quer dizer, por um lado, que ela não pode ser subordinada a qualquer outro parâmetro normativo supostamente anterior ou superior e, por outro lado, que todas as outras normas hão-de conformar-se com ela".

[71] Ainda segundo Canotilho e Vital Moreira: "A principal manifestação da preeminência normativa da Constituição consiste em que toda a ordem jurídica deve ser *lida á luz dela* e passada pelo seu crivo, de modo a eliminar as normas que não se conformem com ela. São três as componentes principais desta preeminência normativa da Constituição: (a) todas as normas infraconstitucionais devem ser interpretadas no sentido mais conforme com a Constituição (princípio da *interpretação conforme à Constituição*); (b) as normas de direito ordinário desconformes com a Constituição são *inválidas*, não podendo ser aplicadas pelos tribunais e devendo ser anuladas pelo Tribunal Constitucional; (c) salvo quando não exeqüíveis por si mesmas, as normas constitucionais *aplicam-se directamente*, mesmo sem lei intermediária, ou contra ela e no lugar dela" (CANOTILHO, José Joaquim Gomes; VITAL MOREIRA. *Fundamentos da Constituição*. Coimbra: Coimbra, 1991. p. 45-46).

[72] O princípio da interpretação conforme a Constituição decorre da supremacia do texto constitucional, constituindo também uma técnica de controle de constitucionalidade. Nela, afasta-se um sentido interpretativo incompatível com o texto constitucional, preservando a higidez do enunciado prescritivo. Sobre o tema, cf.: BASTOS, Celso Ribeiro. *Hermenêutica e interpretação constitucional*. São Paulo: Celso Bastos Editor, 1997. p. 101-102; MIRANDA, Jorge. *Manual de direito constitucional*: constituição e inconstitucionalidade. 3. ed. Coimbra: Coimbra, 1996. p. 265 e ss.; BARROSO, Luís Roberto. *Interpretação*

## 3.1.2 Natureza analítica da Constituição Federal de 1988

Os textos constitucionais – por razões ligadas ao contexto histórico e à realidade sociocultural de cada país – podem assumir configurações bastantes distintas. Há, como se sabe, modelos lacônicos – v.g., a Constituição dos Estados Unidos da América do Norte – e analíticos, como a Lei Fundamental da República Federal da Alemanha[73] e a Constituição da Espanha, também denominados prolixos pela doutrina constitucionalista.[74] Essa diversidade precisa ser devidamente compreendida pelo intérprete. Do contrário, no estudo do direito aduaneiro e, em especial, dos tributos sobre as operações de comércio exterior, o operador jurídico corre o risco de promover o transplante irrefletido e descontextualizado de construções de direito comparado, com reflexos negativos para a ordem jurídico-política nacional.[75]

Nesse sentido, deve-se ter presente que a Constituição Federal de 1988 apresenta um caráter analítico bastante acentuado em matéria de tributação.[76] Há, destarte, um capítulo específico dedicado ao sistema tributário nacional. Nele o legislador constituinte não apenas promoveu uma rígida distribuição de competência impositiva, como também previu as espécies tributárias, seus respectivos regimes jurídicos básicos, as regras de imunidade, além de um amplo rol de princípios e de garantias do contribuinte.

As competências impositivas, por sua vez, são distribuídas entre as pessoas políticas mediante referências objetivas à materialidade das exações que podem ser validamente instituídas: imposto sobre a renda, de Competência da União (CF, art. 153, III); imposto municipal sobre a propriedade predial e territorial urbana (CF, art. 156, I); imposto estadual sobre a transmissão *causa mortis* e doação, de quaisquer bens ou direitos (CF, art. 155, I); e assim por diante. Dessas regras, segundo ensina a doutrina, sempre resulta – direta ou indi-

---

*e aplicação da constituição*: fundamentos de uma dogmática constitucional transformadora. São Paulo: Saraiva, 1996. p. 175; CANOTILHO, *José Joaquim Gomes. Direito Constitucional e Teoria da Constituição.* 7. ed. Coimbra: Almedina, p. 229-230.

[73] Não se utiliza, na doutrina alemã, o termo "Constituição" para se referir a tal ato normativo, por razões, em parte, expressas no art. 146 da Lei Fundamental de 1949, modificado em 31.08.1990: "A presente Lei Fundamental que, depois de consumada a unidade e a liberdade da Alemanha, é válida para todo o povo alemão, perderá sua vigência no dia em que entrar em vigor uma Constituição que tenha sido adotada por decisão livre de todo povo alemão".

[74] Sobre os diversos modelos de constituição, cf. BONAVIDES, Paulo. *Curso de direito constitucional.* 6 ed. São Paulo: Malheiros, 1996. p. 200-227.

[75] ATALIBA, Geraldo. *Sistema constitucional tributário brasileiro.* São Paulo: RT, 1968. p. 36-37.

[76] ATALIBA, Geraldo. *Sistema constitucional tributário brasileiro.* São Paulo: RT, 1968. p. 18; CARVALHO, Paulo de Barros. *Curso de direito tributário.* 13. ed. São Paulo: Saraiva, 2000. p. 141; VIEIRA, José Roberto. *A regra-matriz de incidência do IPI*: texto e contexto. Curitiba: Juruá, 1993. p. 41; CARRAZZA, Roque Antonio. *Curso de direito constitucional tributário.* 16. ed. São Paulo: Malheiros, 2001. p. 412 e ss. O caráter analítico do texto constitucional não é apenas em matéria tributária, consoante destaca BARROSO, Luís Roberto. Dez anos da Constituição de 1988 (foi bom pra você também?). In: *A Constituição Democrática Brasileira e o Poder Judiciário.* Coleção Debates. São Paulo: Fundação Konrad-Adenauer-Stiftung, 1999. n. 20, p. 27: "[...] o constituinte de 1988 optou, igualmente, por uma Carta analítica, na tradição do constitucionalismo contemporâneo, materializado nas Constituições Portuguesa e Espanhola, de 1976 e 1978, de Países que, a exemplo do Brasil, procuravam superar experiências autoritárias. O modelo oposto é o que tem como paradigma a Constituição dos Estados Unidos, exemplo típico do constitucionalismo sintético, cujo texto se contém em apenas sete artigos e vinte e seis emendas (em sua maior parte aditamentos, e não modificações, à versão original). A tradição brasileira, a complexidade do contexto em que desenvolvida a reconstitucionalização do país e as características de nosso sistema judicial inviabilizavam a opção pela fórmula do texto mínimo, cuja importação seria uma [sic] equívoco caricatural. É inevitável a constatação, todavia, de que o constituinte de 1988 caiu no extremo oposto, produzindo um texto que, mais que analítico, é casuístico e prolixo".

retamente – um *núcleo essencial* ou *arquétipo genérico* para os diferentes tributos previstos no texto constitucional, o que limita a definição das hipóteses de incidência, bases de cálculo e sujeitos passivos pelo legislador infraconstitucional.[77]

Logo, ao contrário do direito comparado, o legislador infraconstitucional não tem plena liberdade para eleger os comportamentos e os sujeitos passíveis de tributação.[78] Devem ser observados os parâmetros que decorrem das regras de competência impositiva e as limitações constitucionais ao poder de tributar.

## 3.2 Lei complementar e normas gerais de direito tributário

### 3.2.1 Conceito constitucional de lei complementar

Apesar da importância da lei complementar no direito brasileiro, os textos constitucionais têm reservado pouquíssimos artigos à disciplina de seu regime jurídico. Esse laconismo, como observou Manoel Gonçalves Ferreira Filho, acaba "forçando o intérprete a apoiar-se exclusivamente na opinião da doutrina, quando o estuda".[79] Não obstante, o tema conta com importantes construções doutrinárias, com destaque para os estudos de Miguel Reale, Pontes de Miranda, José Afonso da Silva, Geraldo Ataliba, José Souto Maior Borges, Celso Bastos, Paulo de Barros Carvalho, Hugo de Brito Machado.[80]

O primeiro aspecto relevante diz respeito ao conceito dessa espécie legislativa.[81] Inicialmente, a doutrina ligava a noção de lei complementar ao problema das normas constitucionais não autoexecutáveis. Complementares, dentro de concepção *clássica* ou *doutrinária*,[82] seriam as leis necessárias à regulamentação desses dispositivos. Porém, após a chamada "Emenda do Parlamentarismo" (Emenda Constitucional nº 04/1961), essa denominação ficou restrita a um

---

[77] CARRAZZA, Roque Antonio. *Curso de direito constitucional tributário*. 16. ed. São Paulo: Malheiros, 2001. p. 426-427.

[78] Permanecem atuais as observações de Geraldo Ataliba, formuladas ao tempo do texto constitucional pretérito, mas aplicáveis à luz da Constituição Federal de 1988: "[...] nenhum arbítrio e limitadíssima esfera de discrição foi outorgada ao legislador ordinário. A matéria tributária é exaustivamente tratada pela nossa Constituição, sendo o nosso sistema tributário todo moldado pelo próprio constituinte, que não abriu à lei a menor possibilidade de criar coisa alguma – se não expressamente prevista – ou mesmo introduzir variações não, prévia e explicitamente, contempladas. Assim, nenhuma contribuição pode a lei dar à feição do nosso sistema tributário. Tudo foi feito e acabado pelo constituinte" (ATALIBA, Geraldo. *Sistema constitucional tributário brasileiro*. São Paulo: RT, 1968. p. 18). Sobre o tema, cf.: CARVALHO, Paulo de Barros. *Curso de direito tributário*. 13. ed. São Paulo: Saraiva, 2000. p. 141.

[79] FERREIRA FILHO, Manoel Gonçalves. *Do processo legislativo*. 3. ed. São Paulo: Saraiva, 1995. p. 241.

[80] REALE, Miguel. *Parlamentarismo brasileiro*. São Paulo: Saraiva, 1962; PONTES DE MIRANDA, Francisco Cavalcanti. *Comentários à Constituição de 1946*. Rio de Janeiro: Borsoi, 1962. t. VIII; SILVA, José Afonso da. *Aplicabilidade das normas constitucionais*. 3. ed. São Paulo: Malheiros, 1998. p. 246-247; ATALIBA, Geraldo. *Lei complementar na Constituição*. São Paulo: RT, 1971; BORGES, José Souto Maior. *Lei complementar tributária*. São Paulo: RT, 1975; BASTOS, Celso. *Lei complementar*: teoria e comentários. 2. ed. São Paulo: Celso Bastos Editor, 1999; CARVALHO, Paulo de Barros. *Curso de direito tributário*. 13. ed. São Paulo: Saraiva, 2000. p. 149 e ss.; MACHADO, Hugo de Brito. Posição hierárquica da Lei Complementar. *Revista Dialética de Direito Tributário*, São Paulo, n. 14, 1996; CARVALHO, Jeferson Moreira de. *Leis complementares*. São Paulo: Themis, 2000.

[81] Sobre o tema, cf.: SEHN, Solon. Lei complementar e normas gerais de direito tributário. *In*: VALLE, Mauricio Dalri Timm do; VALADÃO, Alexsander Roberto Alves; DALLAZEM, Dalton Luiz (coord.). *Ensaios em homenagem ao Professor José Roberto Vieira*. São Paulo: Noeses, 2017. p. 1115 e ss.

[82] *Doutrinária* foi a denominação empregada por Geraldo Ataliba (ATALIBA, Geraldo. *Lei complementar na Constituição*. São Paulo: RT, 1971. p. 30) e *clássica*, por Celso Bastos (BASTOS, Celso. *Lei complementar*: teoria e comentários. 2. ed. São Paulo: Celso Bastos Editor, 1999. p. 24 e ss.).

ato legislativo específico, com âmbito material expresso na Constituição e procedimento de aprovação especial e qualificado.[83] Consolidou-se, assim, o entendimento segundo o qual as leis complementares constituem uma categoria legislativa identificável formal e materialmente: leis especiais versando sobre matéria expressamente reservada pela Constituição e submetidas a um procedimento qualificado de aprovação (maioria absoluta). Desse modo, não há discricionariedade na escolha das matérias a serem disciplinadas mediante lei complementar. As hipóteses reservadas a essa espécie legislativa encontram-se expressas no texto constitucional.

Deve-se ter presente, assim, que a lei complementar constitui uma limitação à liberdade de conformação legislativa, que só é admitida por estar expressa no texto constitucional. Trata-se de restrição que objetiva conferir maior estabilidade a certas matérias reputadas relevantes pelo constituinte. Essas, devido ao quórum de maioria absoluta, ficariam protegidas de maiorias fortuitas no Congresso Nacional.[84] Ao mesmo tempo, por exigirem um consenso entre as maiorias e minorias parlamentares, contribuem para a efetivação do princípio democrático.[85]

A Lei Fundamental fixou antecipadamente as matérias sujeitas a esse quórum restritivo. Por isso, não é dado ao legislador infraconstitucional alterá-lo, em substituição ao legislador constituinte. Qualquer ampliação representa uma restrição à atividade legislativa futura, que somente pode ser realizada pelo texto constitucional ou por emendas à Constituição. Aplica-se aqui, integralmente, a regra hermenêutica clássica segundo a qual as exceções devem ser interpretadas restritivamente: "*excepciones sunt strictissimae interpretationis* (interpretam-se as exceções estritissimamente)".[86] Desse modo, as matérias não sujeitas expressamente a reserva de lei complementar podem perfeitamente ser disciplinadas por lei ordinária.

Logo, não há fundamento para a diferenciação entre leis complementares ontológicas, voltadas à regulamentação de preceitos constitucionais não autoaplicáveis, e leis complementares formais, que receberiam tal qualificação por determinação constitucional expressa.[87] O fato de uma lei complementar também ser responsável pela regulamentação de uma norma constitucional destituída de aplicabilidade imediata não passa de mera coincidência. O campo material próprio dessa espécie legislativa é aquele definido pelo texto constitucional.[88] Assim,

---

[83] BASTOS, Celso. *Lei complementar*: teoria e comentários. 2. ed. São Paulo: Celso Bastos Editor, 1999. p. 28 e ss. BORGES, José Souto Maior. *Lei complementar tributária*. São Paulo: RT, 1975. p. 34. ATALIBA, Geraldo. *Lei complementar na Constituição*. São Paulo: RT, 1971. p. 30.

[84] A observação deve-se a Miguel Reale que, após a revogação da Emenda nº 4, recomendou o restabelecimento da lei complementar, para dar maior estabilidade a regras que, sem gozar da "rigidez dos textos constitucionais", ficariam resguardadas de "decisões ocasionais ou fortuitas que às vezes surpreendem o próprio Parlamento e a opinião pública" (Conferência. In: *Reforma do Poder Legislativo no Brasil*, s.l., s.d., p. 112).

[85] CANOTILHO, José Joaquim Gomes. *Direito Constitucional e Teoria da Constituição*. 7. ed. Coimbra: Almedina, p. 33. Ademais, como observou Geraldo Ataliba, "a exigência de quorum qualificado importa restrição ao Poder Legislativo e alteração qualitativa de sua competência, o que só a Constituição pode estabelecer. [...] Aí o principal motivo pela qual a lei complementar não pode, direta ou indiretamente, criar inibições ao legislador ordinário. Estas somente podem conter-se em disposição constitucional" (ATALIBA, Geraldo. *Lei complementar na Constituição*. São Paulo: RT, 1971. p. 38).

[86] MAXIMILIANO, Carlos. *Hermenêutica e aplicação do direito*. 18. ed. Rio de Janeiro: Forense, 2000. p. 225.

[87] Ives Gandra Martins, opinião da qual se diverge, entende que "têm natureza de lei complementar propriamente dita aquelas leis explicitadoras da Constituição e de nível hierárquico superior, sendo apenas formalmente complementares aquelas que disciplinam normas autoaplicáveis. [...] Por qualquer dos dois tipos de lei complementar, haverá sempre a necessidade de *quorum* qualificado..." (MARTINS, Ives Gandra. *Comentários à Constituição do Brasil*. São Paulo: Saraiva, 1995. v. 4, t. I, p. 296 e 297).

[88] Como bem observou Eduardo Marcial Ferreira Jardim, "no direito contemporâneo e no sentido rigorosamente jurídico, cremos que a lei complementar não se destina a completar ou a integrar a Constituição." (JARDIM, Eduardo Marcial Ferreira. *Manual de direito financeiro e tributário*. 3. ed. São Paulo: Saraiva, 1996. p. 103).

o chamado conceito clássico de lei complementar não tem mais relevância jurídica, devendo ficar bem delimitado em seu contexto histórico.[89]

O texto constitucional pressupõe um conceito ontológico-formal de lei complementar, que resulta da conjugação das regras de reserva legal qualificada, com o quórum de maioria absoluta, previsto no art. 69 da Lei Maior.[90] Exigir lei complementar para a regulamentação de preceitos constitucionais *não autoaplicáveis* equivale a impor uma limitação ao legislador ordinário sem amparo constitucional. Seria mais um entrave à efetivação daqueles direitos e garantias que, embora consagrados na Lei Fundamental, em razão da inércia do legislador infraconstitucional, acabam destituídos de qualquer eficácia.

Pela mesma razão, discorda-se da recente tendência, defendida por respeitáveis doutrinadores, segundo a qual, "[...] a rigor, não há vigente na Constituição qualquer norma, ou princípios, que expressa ou implicitamente autorize a conclusão de que a lei complementar somente pode cuidar de matérias a estas reservadas pela Constituição. Existem é certo, dispositivos que tornam determinadas matérias privativas de lei complementar, o que é coisa rigorosamente diversa".[91]

Pretende, referida doutrina, ser possível a instituição de leis complementares fora das matérias expressamente sujeitas a essa reserva legal qualificada. Basta que se trate de um projeto de lei complementar aprovado por maioria absoluta do Congresso. A tese, como se vê, conflita com o conceito jurídico-constitucional de lei complementar, que é ontológico-formal. Além disso, não há como se acolher o argumento da inexistência de norma proibitiva. Nos Estados Democráticos de Direito é a existência de normas de competência autorizadoras – e não a falta de preceitos proibitivos – que legitima a atuação do legislador. É por essa razão que, segundo ensina Hans Kelsen, mostra-se absolutamente "supérfluo proibir qualquer coisa a um órgão do Estado, pois basta não autorizá-lo a fazê-la".[92]

Admitir a edição de leis complementares fora das hipóteses constitucionalmente previstas implica conferir ao legislador infraconstitucional a faculdade de condicionar o legislador futuro. Este ficaria sujeito à observância de um quórum qualificado (para alteração ou revogação de uma lei) fora das hipóteses previstas originariamente pelo texto constitucional. Sustentar tal entendimento seria o mesmo que atribuir à vontade política circunstancial do presente um

---

[89] Como esclarece Manuel Afonso Vaz, "por muita que seja a importância dos conceitos tradicionalmente aceites para a estabilidade da dogmática jurídica geral e do próprio direito, o critério decisivo para confirmar ou estabelecer conceitos dogmáticos é a *normatividade da Constituição*" (VAZ, Manuel Afonso. *Lei e reserva de lei*: a causa da lei na Constituição Portuguesa de 1976. Porto: Universidade Católica Lusitana, 1992. p. 24). Geraldo Ataliba, em 1969, tratando da lei complementar no sistema da Carta Constitucional de 1967 (com a redação da Emenda nº 1/1969), já observava que "[...] as categorias doutrinárias devem coadjuvar a melhor compensação do sistema, facilitar sua articulação e tornar mais fácil, segura e expedita sua exegese e aplicação. Se, como no caso presente, o Direito Positivo não acompanha rigorosamente os termos da construção científica e não guarda suficiente harmonia com suas exigências, é mais prudente – cautela obviadora de perplexidades e confusões – abandonar as categorias doutrinárias e extrair diretamente do sistema suas exatas consequências" (ATALIBA, Geraldo. Normas gerais de direito financeiro e tributário e autonomia dos Estados e Municípios: limites à norma geral – Código Tributário Nacional. *RDP*, n. 10, p. 62, 1969).

[90] CARVALHO, Paulo de Barros. *Curso de direito tributário*. 13. ed. São Paulo: Saraiva, 2000. p. 149.

[91] MACHADO, Hugo de Brito. Posição hierárquica da Lei Complementar. *Revista Dialética de Direito Tributário*, São Paulo, n. 14, 1996. p. 20-21.

[92] KELSEN, Hans. *Teoria general del derecho y del Estado*. México: UNAM, 1959. p. 277: "es superfluo prohibir qualquer cosa a un órgano del Estado, pues basta con non autorizarlo a hacerla".

peso ou relevância maior do que a dos parlamentares representantes das gerações futuras, o que romperia o equilíbrio temporal de legitimação democrática concebido pelo constituinte.[93]

Essa nova interpretação – conquanto proposta por respeitáveis autores e acolhida por parte da jurisprudência[94] – não se compatibiliza com a ordem constitucional, conforme reafirmado pelo Supremo Tribunal Federal no julgamento da Ação Direta de Inconstitucionalidade nº 01/DF:

> A jurisprudência desta Corte, sob o império da Emenda Constitucional nº 1/1969 – e a atual não alterou esse sistema -, se firmou o entendimento no sentido de que só se exige lei complementar para as matérias para cuja disciplina a Constituição expressamente faz tal exigência, e, se porventura a matéria, disciplinada por lei cujo processo legislativo observado tenha sido o da lei complementar, não seja daquelas para que a Carta Magna exige essa modalidade legislativa, os dispositivos que tratam dela se têm como dispositivos de lei ordinária.[95]

Dessa forma, a caracterização jurídica da lei complementar é *ontológico-formal*. Sua utilização é predeterminada pelo texto constitucional. A lei que não trate de matéria expressamente reservada a essa espécie legislativa, ainda que aprovada nos termos do art. 69 da Constituição Federal, não pode ser considerada uma lei complementar.[96] Trata-se de uma lei complementar aparente, que, na verdade, não passa de uma lei ordinária. Por essa razão, pode perfeitamente ser revogada por uma lei ordinária posterior.[97]

Nesses casos, como esclarece Sacha Calmon Navarro Coêlho, a lei complementar sofre uma espécie de quebra de *status*, passando a valer tanto quanto uma lei ordinária federal. Considerando a identidade do órgão legislativo, aplica-se o princípio segundo o qual "não há nulidade, sem prejuízo". Afinal, "quem pode o mais pode o menos".[98]

Por fim, também parece inadequada a tentativa de caracterização da lei complementar como sendo uma lei nacional. Essas, diferentemente da lei federal *stricto sensu*, cujo âmbito de aplicação circunscreve-se à União e a seus administrados, aplica-se a todas as pessoas políticas de direito constitucional interno, enquanto fruto da atividade legislativa do Estado

---

[93] CANOTILHO, José Joaquim Gomes. *Direito Constitucional e Teoria da Constituição*. 7. ed. Coimbra: Almedina, p. 33.; ATALIBA, Geraldo. *Lei complementar na Constituição*. São Paulo: RT, 1971. p. 38.

[94] O entendimento em questão foi acolhido por alguns julgados do Superior Tribunal de Justiça, como no AGRESP nº 253.984/RS. 1ª Turma, Rel. Min. José Delgado. DJU 18.09.2000, p. 105. Na doutrina, sustentam, no mesmo sentido: NETTO, Domingos Franciulli. Cofins – A exclusão das receitas financeiras de sua base de cálculo. In: PEIXOTO, Marcelo Magalhães; FISCHER, Octávio Campos (Coord.). *PIS-Cofins*: questões atuais e polêmicas. São Paulo: Quartier Latin, 2005. p. 79; NEVES, Luís Fernando de Souza. *Cofins: Contribuição Social sobre o Faturamento – L.C. 70/91*. São Paulo: Max Limonad, 1997. p. 130; FERREIRA, Dâmares. A Cofins incide sobre as instituições particulares de ensino sem fins lucrativos? *Revista da Associação Brasileira de Direito Tributário*, n. 19, p. 18-19, 2001; MARTINS, Ives Gandra da Silva. O perfil da "receita" e do "faturamento" na Emenda Constitucional n. 20/98. In: ROCHA, Valdir de Oliveira (Coord.). *Contribuições sociais*: problemas jurídicos (Cofins, PIS, CSLL e CPMF). São Paulo: Dialética, 1999. p. 125.

[95] Voto do Min. Rel., p. 124, na ADC 1-1/DF. T. Pleno. Rel. Min. Moreira Alves. DJU 16.06.1995. No mesmo sentido, cf.: RE 138.284-8/CE. T. Pleno. Rel. Min. Carlos Velloso. DJU 28.08.1992.

[96] BORGES, José Souto Maior. *Lei complementar tributária*. São Paulo: RT, 1975. p. 26.

[97] Nesses casos, como explica Celso Bastos, "essa 'pseudo' lei complementar pode ser revogada por lei ordinária, dispensando desta maneira a necessidade de votação por maioria absoluta" (BASTOS, Celso. *Lei complementar*: teoria e comentários. 2. ed. São Paulo: Celso Bastos Editor, 1999. p. 144).

[98] COÊLHO, Sacha Calmon. *Curso de direito tributário brasileiro*. 4. ed. Rio de Janeiro: Forense, 1999. p. 99.

total ou global. Todavia, existem matérias que, apesar de não estarem sujeitas à reserva de lei complementar, constituem leis tipicamente nacionais. É o caso da competência privativa da União para legislar sobre direito civil, comercial e penal (CF, art. 22, I), que podem perfeitamente ser regulados por lei ordinária federal. Essa constatação já é suficiente para afastar as doutrinas que afirmam ser a lei complementar uma lei nacional, e não simplesmente federal.[99] Além disso, a previsão pelo texto constitucional de leis complementares estaduais, como a do § 3º do art. 25, exclui a procedência dessa generalização indiscriminada.

### 3.2.2 Hierarquia da lei complementar

A hierarquia é uma questão que se coloca apenas em relação às leis complementares propriamente ditas, isto é, aquelas que, além de aprovadas dentro do *quórum* do art. 69 da Constituição, dispõem sobre matéria reservada a essa espécie legislativa. Também há hierarquia em relação às leis ordinárias que, em razão da superveniência de uma nova ordem constitucional, são recepcionadas com eficácia de lei complementar, tema que será examinado no tópico subsequente.

Dentro da concepção clássica, negava-se a existência de hierarquia entre as leis complementares e ordinárias. Afinal, a única diferença entre tais espécies legislativas estava no fato de as primeiras serem voltadas à regulamentação de preceitos constitucionais destituídos de aplicabilidade imediata.[100] Todavia, após a Emenda nº 04/1961, grande parte da doutrina passou a considerá-las uma espécie legislativa intercalar, hierarquicamente superior à legislação ordinária. Sem ser lei constitucional, nem lei ordinária pura, seria um *tertius genus* normativo.

A superioridade hierárquica era fundamentada nos seguintes argumentos:

> I – O art. 46 da Constituição de 1967, com a redação que lhe deu a Emenda n. 1/69 (correspondente ao art. 49 da redação original) colocou logo abaixo das emendas à Constituição (item I), as leis complementares (item II), revelando a sua posição hierárquica, entre as regras jurídicas componentes do ordenamento jurídico nacional, superior à da lei ordinária (e aos atos legislativos com a mesma força desta: a lei delegada e o decreto-lei).
>
> II – A lei complementar é formalmente superior à lei ordinária porque esta não pode alterá-la ou revogá-la sendo nula a parte da lei ordinária que contravenha dispositivo de lei complementar, mas inversamente a lei complementar revoga e altera a legislação ordinária.
>
> III – O quorum especial e qualificado, estabelecido para a sua aprovação, conferiria à lei complementar uma 'superioridade formal' ou 'eficacial' com relação à lei ordinária.[101]

---

[99] Não foi outra a conclusão de José Souto Maior Borges: "[...] tanto a lei complementar, quanto a lei ordinária da União podem revestir-se ou não do caráter de leis nacionais, em função dos respectivos conteúdos e âmbitos pessoais de validade, sendo de rechaçar-se a opinião dos que sustentam indiscriminadamente ser a lei complementar uma lei essencialmente nacional" (BORGES, José Souto Maior. *Lei complementar tributária*. São Paulo: RT, 1975. p. 71-72).

[100] Era comum, inclusive, a citação, pelos doutrinadores, da seguinte passagem do texto clássico de Victor Nunes Leal: "*A designação de leis complementares não envolve, porém, como é intuitivo, nenhuma hierarquia do ponto de vista da eficácia em relação às outras leis declaradas não complementares. Tôdas as leis, complementares ou não, têm a mesma eficácia jurídica, e umas e outras se interpretam segundo as mesmas regras destinadas a resolver os conflitos de leis no tempo*" (LEAL, Victor Nunes. Leis complementares da Constituição. *Revista de Direito Administrativo*, São Paulo, n. 7, jan./mar. 1947. p. 382).

[101] BORGES, José Souto Maior. *Lei complementar tributária*. São Paulo: RT, 1975. p. 19-20.

Os principais defensores dessa tese foram José Afonso da Silva, Pinto Ferreira[102] e Geraldo Ataliba. Este último, inclusive, afirmava que seria *"próprio da técnica de elaboração legislativa inserir os mandamentos eventualmente hierarquizados em ordem tal que os superiores precedam os inferiores e vice-versa. Assim, as enumerações em regra começam pelo mais relevante ou importante, em ordem decrescente".*[103]

No entanto, com a obra de José Souto Maior Borges, tal doutrina foi rigidamente questionada. Afirmava o autor que a enumeração do art. 46 da Constituição de 1967 não expressava qualquer benefício de ordem no tocante à hierarquia. É certo que, no elenco do art. 46, a lei complementar está situada imediatamente abaixo das emendas constitucionais e logo acima das leis ordinárias. Porém, concluir que seria hierarquicamente superior apenas em razão disso seria tão descabido quanto sustentar que as leis delegadas e os decretos-leis, por estarem abaixo das leis ordinárias, seriam hierarquicamente inferiores a essas.

Borges parte da teoria de Hans Kelsen para afirmar que, no direito, só há hierarquia quando uma norma retira o fundamento de validade formal ou material de outra norma.[104] Assim, a possibilidade de ser a lei complementar revogada por lei ordinária seria um falso problema. A interpretação sistemática do sistema de repartição de competência indicaria que "se a lei complementar (a) invadir o âmbito material de validade da legislação ordinária da União, valerá quanto uma lei ordinária federal"; "se, inversamente, (b) a lei ordinária da União invadir o campo da lei complementar estará eivada de visceral inconstitucionalidade porque a matéria, no tocante ao processo legislativo, somente poderia ser apreciada com observância de um *quorum* especial e qualificado, inexistente na aprovação da lei ordinária"; "se ocorrerem as hipóteses (c) de invasão, pela lei complementar, da esfera de competência legislativa dos Estados-membros e Municípios ou (d) de a lei ordinária dos Estados-membros e Municípios invadir o campo privativo da lei complementar, estaremos diante de atos inconstitucionais do Congresso ou das Assembleias Legislativas e Câmaras de Vereadores, conforme a hipótese".[105]

Por outro lado, considerando a diferenciação entre os planos da existência, validade e eficácia, de Pontes de Miranda, Souto Maior Borges sustenta que o quórum qualificado exigido pelo art. 50 da Constituição de 1967, sendo um requisito pertinente ao plano da existência, não poderia produzir consequências em plano da eficácia da norma. Logo, a tese da superioridade hierárquica em razão do quórum qualificado não poderia ser aceita, porque representaria uma *transposição indevida da análise do plano da existência para o da eficácia da lei.*[106]

Na doutrina de Souto Maior, o regime jurídico da lei complementar não comportaria tratamento unitário. Ao contrário do sustentado pela maioria dos autores da época, o autor indica a necessidade de diferenciação de dois grupos de leis complementares: as leis complementares que fundamentam a validade de atos normativos (leis ordinárias, decretos legislativos e convênios); e as leis complementares que não fundamentam a validade de outros atos normativos.[107]

---

[102] FERREIRA, Pinto. Lei complementar na Constituição. *RMPP*, n. 1, 1989. p. 97 e ss.
[103] ATALIBA, Geraldo. *Lei complementar na Constituição*. São Paulo: RT, 1971. p. 29.
[104] BORGES, José Souto Maior. *Lei complementar tributária*. São Paulo: RT, 1975. p. 23-24.
[105] BORGES, José Souto Maior. *Lei complementar tributária*. São Paulo: RT, 1975. p. 25-27.
[106] BORGES, José Souto Maior. *Lei complementar tributária*. São Paulo: RT, 1975. p. 46-47.
[107] BORGES, José Souto Maior. *Lei complementar tributária*. São Paulo: RT, 1975. p. 83. Segundo o autor, "*a consequência a ser necessariamente extraída das antecedentes considerações é a de que, sob o ângulo analisado,* ratione materiae *a lei complementar não constitui uma categoria legislativa* unitária*, embora disciplinada pela Constituição em caráter uniforme*" (Borges, 1975, p. 84).

O impacto dessa tese na doutrina brasileira foi de tal ordem que, em artigo intitulado *Regime Constitucional e Leis Nacionais e Federais*, Geraldo Ataliba retificou seu entendimento.[108] Assim também o fez José Afonso da Silva, na terceira edição da obra *Aplicabilidade das Normas Constitucionais*:

> Na 1ª edição desta monografia dissemos, sem maior distinção, que 'as leis ordinárias são inferiores às leis complementares, pelo quê têm que respeitá-las'. Após a publicação do texto surgiram importante trabalhos sobre as leis complementares da Constituição, cabendo destacar as monografias de Geraldo Ataliba e de Souto Maior. Alguns destes trabalhos procuraram refutar a tese da relação hierárquica entre lei complementar e lei ordinária, afirmando que antes de trataria de relação de competência ratione materiae. Poder-se-ia, então, dizer que a questão é de reserva legal qualificada, na medida em que certas matérias são reservadas pela Constituição à lei complementar, vedada, assim, sua regulamentação por lei ordinária.
>
> Não se pode recusar razão a essa doutrina, mas isso não exclui uma relação hierárquica também naquelas hipóteses em que a lei complementar seja normativa, ou seja, estabeleça regra limitativa e regulatória de outras normas. O próprio Souto Maior Borges (no regime da Constituição anterior), que criticou acerbamente a doutrina da relação hierárquica, acaba reconhecendo-a em relação à maioria dos casos previstos de lei complementar, a partir de uma adequada classificação das leis complementares, que acolhemos prazerosamente.[109]

Assim, como bem observou José Afonso da Silva, embora Souto Maior Borges tenha criticado a tese da hierarquia entre as leis complementares e ordinárias, o autor não negou completamente a doutrina da posição intercalar. Geraldo Ataliba, portanto, não acompanhou inteiramente a doutrina de Borges. Ao invés disso, acabou por desenvolver uma terceira corrente, que nega a existência de hierarquia, sendo acompanhado por Celso Bastos, Roque Carrazza[110] e Michel Temer.[111]

---

[108] "Ulterior crítica à nossa posição, formulada por Souto Maior Borges, convenceu-nos cabalmente do nosso desacerto. [...]
A diferença entre ambas está no âmbito da validade de cada qual, o que é constitucionalmente discernido (e, por isso, modificável).
Assim, a lei complementar não é superior à ordinária. Por isso, esta não é inferior àquela.
Como suas áreas são distintas, não há risco de superposição" (ATALIBA, Geraldo. Regime constitucional e leis nacionais e federais. *RDP*, n. 53/54, p. 58-76, jan./jun. 1980. p. 60-61).

[109] O autor se refere à classificação que divide as leis complementares entre as que fundamentam e as que não fundamentam a validade de outros atos normativos. SILVA, José Afonso da. *Aplicabilidade das normas constitucionais*. 3. ed. São Paulo: Malheiros, 1998. p. 246-247.

[110] CARRAZZA, Roque Antonio. *O regulamento no direito brasileiro*. São Paulo: RT, 1981. p. 81.

[111] Segundo Temer, "para o desate desta questão, é preciso saber o que é *hierarquia* para o Direito. [...] Hierarquia, para o Direito, é a circunstância de uma norma encontrar sua nascente, sua fonte geradora, seu ser, seu engate lógico, seu fundamento de validade, numa norma superior. [...] Pois bem, se hierarquia assim se conceitua, é preciso indagar: lei ordinária, por acaso, encontra seu fundamento de validade, seu engate lógico, sua razão de ser, sua fonte geradora, na lei complementar? Absolutamente, não! [...] A leitura do art. 59, III, indica que as leis ordinárias encontram seu fundamento de validade, seu ser, no próprio Texto Constitucional, tal qual as leis complementares que encontram seu engate lógico na Constituição. Portanto, não há hierarquia entre a lei complementar e a lei ordinária. [...] O que há são âmbitos materiais diversos atribuídos pela Constituição a cada qual destas espécies normativas" (TEMER, Michel. *Elementos de direito constitucional*. 15. ed. São Paulo: Malheiros, 1999. p. 146 e ss.).

Em síntese, atualmente, três são as teorias a respeito da hierarquia da lei complementar. De acordo com a doutrina da posição intercalar, sempre há hierarquia entre a lei complementar e a lei ordinária. Já para os que acompanham o entendimento de José Souto Maior Borges, a preeminência hierárquica existe apenas quando a lei complementar estabelece o fundamento de validade de outras espécies legislativas. Nos demais casos, a questão seria um falso problema. Eventuais conflitos devem ser solucionados de acordo com o princípio da competência: se a lei ordinária invadir o campo reservado ao legislador complementar, será formalmente inconstitucional; se a lei complementar invadir o campo próprio da lei ordinária, será considerada uma falsa lei complementar.[112] Por fim, para a teoria que nega a relação hierárquica, a incompatibilidade deve ser resolvida a partir dos princípios da competência e da reserva legal. Em todas essas concepções, no entanto, a lei ordinária não pode contrariar validamente o conteúdo normativo da lei complementar.

De nossa parte, entende-se que nem sempre existe hierarquia entre lei complementar e lei ordinária. Ambas retiram seu fundamento de validade diretamente da Constituição. Logo, os eventuais conflitos resolvem-se pela regra da reserva legal qualificada: caso a lei complementar verse sobre matéria própria de lei ordinária, será considerada uma lei complementar aparente, podendo ser revogada por uma lei ordinária posterior; caso a lei ordinária trate de matéria reservada à lei complementar será inconstitucional, por violação ao princípio da reserva legal qualificada. No entanto, essas hipóteses são bastante excepcionais.[113] Na maioria das vezes, as leis complementares – por determinação constitucional expressa – têm a função de estabelecer normas de estrutura que disciplinam o exercício de uma competência por parte do legislador ordinário. Nessas situações, a lei ordinária estará subordinada não só aos dispositivos constitucionais, como também às limitações impostas pela lei complementar habilitada pela Lei Maior. Assim, sempre que incompatível com os limites derivados dessas normas interpostas, a lei ordinária será considerada inválida, por ofensa reflexa ou indireta à Constituição.

Essa diferenciação é relevante sob o aspecto processual. Isso porque apenas no caso de inconstitucionalidade formal é cabível o controle concentrado da constitucionalidade, isto é, o ajuizamento de uma ação direta de inconstitucionalidade ou de constitucionalidade. Ao mesmo tempo, em relação à jurisdição constitucional concreta, os recursos seriam distintos: recurso extraordinário ao STF, na hipótese de leis complementares que não fundamentam a validade de outros atos normativos, por violação ao quórum qualificado de aprovação; e, nos casos de violação de uma lei complementar que estabelece os limites para o exercício de uma competência pelo legislador ordinário, recurso especial ao STJ, com fundamento no art. 105, III, da Constituição Federal.[114]

---

[112] BORGES, José Souto Maior. *Lei complementar tributária*. São Paulo: RT, 1975. p. 25-27.

[113] SILVA, José Afonso da. *Aplicabilidade das normas constitucionais*. 3. ed. São Paulo: Malheiros, 1998. p. 246-247.

[114] Segundo tem entendido o Supremo Tribunal Federal: a "alegação de ofensa indireta à Constituição não dá margem ao cabimento do recurso extraordinário" (AgRgAg nº 210550-7/MG. 1ª Turma do STF. Rel. Min. Moreira Alves. DJ 26.06.1998, p. 5). "Não cabe ver ofensa, por via reflexa, a normas constitucionais, aos fins do recurso extraordinário. 3. Se, para dar pela vulneração de regra constitucional, mister se faz, por primeiro, verificar da negativa de vigência de norma infraconstitucional, esta última é o que conta, para os efeitos do art. 102, III, a, da Lei Maior. 4. Falta de prequestionamento do dispositivo constitucional tido como violado. 5. Agravo regimental desprovido" (AgRgAg nº 26090-4/RJ. 2ª Turma do STF. Rel. Min. Néri da Silveira. DJ 04.08.2000, p. 18. No mesmo sentido: AgRgAg nº 23744-3/SC. 2ª Turma do STF. Rel. Min. Néri da Silveira. DJ 24.09.1999, p. 32).

### 3.2.3 Hierarquia do Código Tributário Nacional

O Código Tributário Nacional foi aprovado como lei ordinária (Lei nº 5.172/1966), porque, na época, não se exigia lei complementar para dispor sobre a matéria. Porém, com o advento da Constituição de 1967, a competência para estabelecer normas gerais de direito tributário passou a ser reservada ao legislador complementar (art. 19, § 1º,[115] renumerado para art. 18, § 1º, pela Emenda nº 01/1969). Assim, as disposições do CTN foram recepcionadas com eficácia de lei complementar, apresentando, ademais, a mesma posição hierárquica ocupada por essa espécie legislativa.[116]

Também houve *recepção* expressa do CTN pelo art. 34, § 5º, do Ato das Disposições Constitucionais Transitórias da Constituição de 1988,[117] que assegurou a aplicabilidade de seus dispositivos materialmente compatíveis com a nova ordem constitucional. Esses tiveram seu conteúdo de regulação preservado, com eficácia de lei complementar ou de lei ordinária, conforme a matéria neles versada tenha sido reservada pelo novo texto constitucional a esta ou aquela espécie legislativa.

Nota-se, assim, que nem todos os dispositivos do CTN foram recepcionados com eficácia de lei complementar, sendo equivocadas as concepções generalizantes, ainda lamentavelmente presentes em parte da doutrina e da jurisprudência. A rigor, tal eficácia é restrita aos preceitos dispondo sobre matéria reservada à lei complementar pelo novo texto constitucional. Os demais continuaram com eficácia de lei ordinária, podendo ser livremente alterados por ato normativo da mesma espécie, consoante as regras de distribuição de competência. Dito de outro modo, só preceitos abrangidos pela reserva de lei complementar – normas gerais de direito tributário – têm preeminência hierárquica em relação à legislação ordinária.

### 3.2.4 CTN e o Decreto-Lei nº 37/1966

O CTN e o Decreto-Lei nº 37/1966 apresentam uma relação normativa especial relevante para fins de estudo do imposto de importação e em matéria de responsabilidade tributária e por infrações. O decreto-lei teve a sua vigência iniciada em 1º de janeiro de 1967 (art. 178)[118], a mesma do Código Tributário Nacional (art. 218).[119] Nessa época, o

---

[115] Esse dispositivo foi mantido pela Emenda nº 01/1969: "Art. 19. [...] § 1º Lei complementar estabelecerá normas gerais de direito tributário, disporá sobre conflitos de competência nessa matéria entre União, os Estados, o Distrito Federal e os Municípios e regulará as limitações constitucionais ao poder de tributar".

[116] A recepção ou novação assenta-se no *princípio da continuidade da ordem jurídica* e, por razões de economia legislativa, visa à preservação da validade das normas infraconstitucionais materialmente compatíveis com a nova ordem constitucional. Sobre o tema, cf.: MIRANDA, Jorge. *Manual de direito constitucional*: constituição e inconstitucionalidade. 3. ed. Coimbra: Coimbra, 1996. t. 2, p. 243 e ss.; BARROSO, Luís Roberto. *Interpretação e aplicação da constituição*: fundamentos de uma dogmática constitucional transformadora. São Paulo: Saraiva, 1996. p. 64 e ss.

[117] "Art. 34. O sistema tributário nacional entrará em vigor a partir do primeiro dia do quinto mês seguinte ao da promulgação da Constituição, mantido, até então, o da Constituição de 1967, com a redação dada pela Emenda nº 1, de 1969, e pelas posteriores.
[...]
§ 5º Vigente o novo sistema tributário nacional, fica assegurada a aplicação da legislação anterior, no que não seja incompatível com ele e com a legislação referida nos §3º e § 4º".

[118] "Art. 178. Este Decreto-Lei entrará em vigor em 1 de janeiro de 1967, salvo quanto às disposições que dependam de regulamentação, cuja vigência será fixada no regulamento". O Decreto-Lei nº 37 foi publicado no Diário Oficial de 21 de novembro de 1966.

[119] "Art. 218. Esta Lei entrará em vigor, em todo o território nacional, no dia 1º de janeiro de 1967, revogadas as disposições em contrário, especialmente a Lei n. 854, de 10 de outubro de 1949. (Renumerado do art. 217 pelo Decreto-lei nº 27, de 1966)".

Código – aprovado como lei ordinária (Lei nº 5.172/1966) – ainda não apresentava eficácia de lei complementar, o que permitia a previsão de regras especiais e discrepantes no texto do decreto-lei. Isso foi possível até o advento da Constituição de 1967, quando o CTN passou a ter eficácia de lei complementar (art. 19, § 1º, renumerado para art. 18, § 1º, pela Emenda nº 01/1969).[120]

Dessa forma, tem-se que: (a) até 15 de março de 1967, data do início da vigência da Constituição de 1967, o Decreto-Lei nº 37/1966 poderia revogar ou estabelecer disposições especiais em relação às normas gerais do CTN; (b) a partir dessa data, todas as alterações nos enunciados prescritivos do decreto-lei devem guardar compatibilidade com o Código; e (c) não é mais juridicamente possível – salvo por meio de lei complementar – o estabelecimento de regras especiais derrogatórias das normas gerais de direito tributário previstas no Código Tributário Nacional.

### 3.2.5 *Conceito de normas gerais de direito tributário*

A doutrina brasileira nunca chegou a um consenso acerca do conceito de normas gerais. É conhecida a antiga polêmica entre as correntes dicotômica e tricotômica, ainda atual e longe de uma definição. Não é objetivo desse estudo entrar diretamente nessa discussão, assumindo uma posição entre essa ou aquela concepção teórica. A expressão "normas gerais" apresenta uma vaguidade por gradiente. Essa caracteriza-se sempre que uma determinada palavra faz referência a uma propriedade que se apresenta em diferentes graus, como algo contínuo, sem que se saiba exatamente a partir de que momento o seu emprego deixa de ser cabível, como em "calvo", "alto" ou "baixo". Desse modo, é inócua qualquer tentativa de estabelecer um conceito definitivo de "normas gerais". A expressão apresenta um grau de indeterminação semântica impossível de ser totalmente eliminado.[121]

De nada adianta afirmar, como faz parte da doutrina, que as normas gerais *estabelecem princípios, diretrizes, linhas mestras e regras jurídicas gerais*. Com isso, apenas se substitui uma expressão indeterminada por outra, sem resolver definitivamente o problema. A vagueza de conceitos jurídicos dessa natureza pode ser apenas mitigada por meio da identificação de limitações contextuais ou pela delimitação de uma *zona de certeza positiva* e de *certeza negativa*, de inequívoca aplicabilidade ou inaplicabilidade. Sempre, todavia, haverá um espaço

---

[120] Assim, as disposições do CTN foram recepcionadas com eficácia de lei complementar, o que foi mantido pela Constituição de 1988 (ADCT, art. 34, § 5º, transcrito anteriormente).

[121] Víctor Ferreres Comela se refere à "la vaguedad por gradiente" como aquela que "...se produce cuando una palabra hace referencia a una propriedad que se da en la realidad en distintos grados, de modo que los objetos aparecen como formando parte de un continuo. Si no se estipula claramente hasta qué punto de ese continuo es apropiado emplear la palabra y a partir de qué punto deja de serlo, la palabra es vaga." (COMELA, Víctor Ferreres. *Justicia constitucional y democracia*. Madrid, Centro de Estudios Políticos y Constitucionales, 1997. p. 21). Sobre o tema, cf.: NINO, Carlos Santiago. *Fundamentos de derecho constitucional*. Buenos Aires: Atrea, 1992. p. 89-97; CARRÍO, Genaro. *Notas sobre derecho e lenguaje*. Buenos Aires, Abeledo-Perrot, 1972. p. 31-35; ALCHOURRÓN, Carlos; BULYGIN, Eugenio. *Introducción a la metodología de las Ciencias Jurídicas y Sociales*. Buenos Aires: Editorial Astrea, 1987. p. 61 e ss.; MORCHON, Gregório Robles. *Teoria del derecho*: fundamentos de teoria comunicacional del derecho. Madrid: Civitas, 1998. v. I, p. 65 e ss.; WARAT, Luiz Alberto. O Direito e sua Linguagem. 2. ed. Porto Alegre: Fabris, 1995. p. 76 e ss.; GRAU, Eros Roberto. *Direito, conceitos e normas jurídicas*. São Paulo: RT, 1988. p. 76 e ss.

de incerteza (*zona de penumbra*), no qual a abrangência do conceito será questionável ou duvidosa, podendo apenas ser resolvida no caso concreto.[122]

À luz do texto constitucional brasileiro, parece nítida a existência três limitações contextuais ou sistêmicas ao conceito de normas gerais: (i) as decorrentes do princípio federativo; (ii) da natureza rígida e analítica do sistema constitucional de repartição de competências tributárias; e (iii) do regime jurídico-constitucional da lei complementar, que, enquanto veículo introdutor, funciona como referencial para o posicionamento hierárquico das normas gerais de direito tributário no sistema tributário.

Nessa ordem de ideias, deve-se ter presente que as normas gerais se inserem no contexto de um federalismo cooperativo, no qual os entes federados legislam em níveis diversos sobre uma mesma matéria, segundo ensina Raul Machado Horta:

> As Constituições federais passaram a explorar, com maior amplitude, a *repartição vertical de competências*, que realiza a distribuição de idêntica matéria legislativa entre a União Federal e os Estados-Membros, estabelecendo verdadeiro condomínio legislativo, consoante regras constitucionais de convivência. A repartição vertical de competências conduziu à técnica da *legislação federal fundamental*, de *normas gerais* e de *diretrizes essenciais*, que recai sobre determinada matéria legislativa de eleição do constituinte federal. A legislação federal é reveladora das linhas essenciais, enquanto a legislação local buscará preencher o claro que lhe ficou, afeiçoando a matéria revelada na legislação de normas gerais às peculiaridades e às exigências estaduais. A Lei Fundamental ou de princípios servirá de molde à legislação local. É a *Rahmengesetz*, dos alemães; a *Legge-cornice*, dos italianos; a *Loi de cadre*, dos franceses; são as normas gerais do Direito Constitucional Brasileiro.[123]

O federalismo cooperativo, na feliz expressão de Raul Machado Horta, é caracterizado pelo *condomínio legislativo* entre as pessoas políticas de direito público interno, *consoante regras constitucionais de convivência*. Logo, as normas gerais pressupõem a participação ativa de todos os entes federados. A esses deve ser reservada a prerrogativa de legislar segundo suas peculiaridades, decidindo autonomamente sobre os tributos de sua competência, e não apenas escolhendo opções preestabelecidas. Não será "geral", assim, a "norma" que exclua qualquer espaço de atuação legislativa das demais pessoas políticas ou esgote o assunto legislado. Por isso, deve receber uma configuração tal que demande um desenvolvimento por parte do legislador ordinário. Não pode entrar em pormenores ou detalhes próprios do interesse local, estadual ou municipal. O exercício da competência da União, afinal, não pode excluir a competência legislativa dos demais entes federados. Do contrário, ficará descaracterizada sua natureza concorrente.[124]

Não obstante, em determinadas matérias, como forma de assegurar uma unidade mínima no território nacional, deve ser reconhecida a possibilidade de as normas gerais apresentarem um conteúdo regulatório mais denso. É o caso, por exemplo, da previsão de novas hipóteses de responsabilidade tributária pelo legislador ordinário. Ao apreciar a matéria no julgamento

---

[122] CARRIÓ, Genaro. *Notas sobre derecho y lenguaje*. Buenos Aires: Abeledo-Perrot, 1972. p. 33 e ss.; WARAT, Luiz Alberto. O Direito e sua Linguagem. 2. ed. Porto Alegre: Fabris, 1995. p. 76 e ss.

[123] HORTA, Raul Machado. *Estudos de direito constitucional*. Belo Horizonte: Del Rey, 1995. p. 366.

[124] Como ressalta Raul Machado Horta: "A legislação federal de normas gerais, como evidenciada a terminologia jurídica empregada, é legislação não exaustiva. É conceitualmente uma legislação incompleta, de forma que a legislação suplementar estadual, partido da legislação federal de normas gerais, possa expedir normas autônomas, afeiçoando as normas gerais às exigências variáveis e às peculiaridades locais de cada ordenamento jurídico estadual" (HORTA, Raul Machado. Repartição de competências na Constituição Federal de 1988. *Revista Trimestral de Direito Público*, n. 02, p. 5-20, 1993. p. 9-10).

do Recurso Extraordinário nº 562.276, o Supremo Tribunal Federal decidiu que o art. 146, III, *b*, da Constituição, não impede o legislador ordinário de *criar novos casos de responsabilidade tributária*, desde que observe os requisitos do art. 128 do Código Tributário Nacional e não desconsidere "[...] as regras matrizes de responsabilidade de terceiros estabelecidas em caráter geral pelos arts. 134 e 135 do mesmo diploma".[125] Os parâmetros adotados pelo STF nesse recurso garantem um campo de desenvolvimento para o legislador ordinário, já que este pode prever novas hipóteses de responsabilidade tributária. Ao mesmo tempo, asseguram uma uniformidade mínima no âmbito nacional, ao exigir que as novas hipóteses de sujeição passiva indireta não possam desconsiderar as regras matrizes de responsabilidade tributária estabelecidas em caráter geral pelo CTN. Essa concepção reflete a própria dualidade política presente na base dos Estados Federais, que convivem e se desenvolvem dentro de uma tensão constante entre necessidades de uniformização e de garantia de preservação das particularidades locais.[126]

### 3.3 Tratados internacionais

Os tratados internacionais, como ressalta Francisco Rezek, podem apresentar diversas designações alternativas, tais como acordo, ajuste, arranjo, ata, ato, carta, código, compromisso, constituição, contrato, convenção, convênio, declaração, estatuto, memorando, pacto, protocolo e regulamento.[127] Na Convenção de Viena sobre o Direito dos Tratados de 1969 (Decreto Legislativo nº 496/2009; Decreto nº 7.030/2009), é definido como "[...] acordo internacional concluído por escrito entre Estados e regido pelo Direito Internacional, quer conste de um instrumento único, quer de dois ou mais instrumentos conexos, qualquer que seja sua denominação específica" (Artigo 2.1.a).[128]

---

[125] Foi assentado nessa premissa que o STF declarou a inconstitucionalidade formal do art. 13 da Lei nº 8.620/1993 (Tema nº 13, de Repercussão Geral): "É inconstitucional o art. 13 da Lei 8.620/1993, na parte em que estabelece que os sócios de empresas por cotas de responsabilidade limitada respondem solidariamente, com seus bens pessoais, por débitos junto à Seguridade Social".

[126] É por isso que, em determinados ordenamentos – a exemplo da cláusula de necessidade do art. 72, 2 GG da Lei Fundamental de Bonn – a legislação federal tem como circunstância habilitadora "[...] a salvaguarda da unidade jurídica e econômica, e, em especial, para a manutenção da uniformidade das condições de vida no território de um Estado" (tradução nossa: "[...] que la legislación federal sea necesaria para la salvaguardia de la unidad jurídica y económica, y, en especial, para el mantenimiento de la uniformidad de las condiciones de vida por encima del territorio de un Land" (ROVIRA, Enoch Alberti. *Federalismo y Cooperacion en La Republica Federal Alemana*. Madrid: Centro de Estudios Constitucionales, 1986. p. 89-90).

[127] Contudo, estatisticamente, segundo Francisco Rezek, carta e constituição são preferencialmente utilizados para designação dos tratados constitutivos de organizações internacionais, ao passo que ajuste, arranjo e memorando, dos tratados bilaterais considerados de importância reduzida, todas aquelas expressões são de uso comum e aleatório. "Apenas o termo *concordata* possui, em direito das gentes, significado singular: esse nome é estritamente reservado ao tratado bilateral em que uma das partes é a Santa Sé, e que tem por objeto a organização do culto, a disciplina eclesiástica, missões apostólicas, relações entre a Igreja católica local e o Estado copactuante". Cf.: REZEK, Francisco. *Direito internacional público*: curso elementar. 17. ed. São Paulo: Saraiva, 2018. p. 40 e ss.

[128] Sobre o tema, cf. ainda: PIOVESAN, Flávia. *Direitos humanos e o direito constitucional internacional*. São Paulo: Max Limonad, 1997. p. 74; MIRANDA, Jorge. *Curso de direito internacional público*: uma visão sistemática do direito internacional dos nossos dias. 4. ed. Rio de Janeiro: Forense, 2009. p. 57 e ss.; ACCIOLY, Hildebrando. *Manual de direito internacional público*. São Paulo: Saraiva, 1985. p. 120 e ss.; XAVIER, Alberto. *Direito tributário internacional no Brasil*: tributação das operações internacionais. 5. ed. Rio de Janeiro: Forense, 2002. p. 91 e ss.; GRUPENMACHER, Betina Treiger. *Tratados internacionais em matéria tributária e a ordem interna*. São Paulo: Dialética, 1999. p. 62 e ss.; TREVISAN, Rosaldo. Tratados internacionais e o direito brasileiro. In: BRITTO, Demes; CASEIRO, Marcos Paulo (coord.) *Direito tributário internacional*: teoria e prática. São Paulo: RT, 2014. p. 363 e ss.; MARTINS, Marcelo

Dessa forma, independentemente da denominação, os tratados internacionais constituem acordos formais de vontades entre sujeitos de direito internacional público, vinculantes e obrigatórios, destinados à produção de determinados efeitos jurídicos. Podem ser bilaterais ou multilaterais.[129] Somente os Estados soberanos e as organizações internacionais possuem capacidade jurídica para sua celebração, devendo apresentar a forma escrita.[130]

Os tratados são sempre obrigatórios, razão pela qual, como ressalta Alberto Xavier, não são considerados como tal as chamadas *convenções-tipo* em matéria de tributação, como os "Modelos de convenção destinados a evitar as duplas tributações" da OCDE, porquanto não tem natureza vinculante, mas de mera *recomendação*.[131]

Os seus efeitos abrangem apenas as partes que expressamente consentiram (*pacta tertiis nec nocent nec prosunt*), salvo se os signatários tiveram a intenção de criar um direito ou uma obrigação em favor de um terceiro e esse, expressamente, o aceitar. No caso de tratados que criam direitos em favor de terceiros, o consentimento é presumido até manifestação em contrário.[132] É o que ocorre, por exemplo, com a cláusula da nação mais favorecida prevista

---

Guerra. Tratados internacionais em matéria tributária em um ambiente de economia globalizada. In: BRITTO, Demes; CASEIRO, Marcos Paulo (coord.) *Direito tributário internacional*: teoria e prática. São Paulo: RT, 2014. p. 405 e ss.; BRITTO, Demes. A problemática de conflito entre o direito interno e o direito internacional em matéria tributária. In: BRITTO, Demes; CASEIRO, Marcos Paulo (coord.) *Direito tributário internacional*: teoria e prática. São Paulo: RT, 2014. p. 439 e ss.

[129] Parte da doutrina, como ensina Rezek, ainda opera com a diferenciação proposta por Charles Rousseau entre *tratados contratuais* (por meio deles as partes realizam uma operação jurídica, tais como os acordos de comércio, de aliança e de cessão territorial) e *tratados normativos* (ou tratados-lei, porque deles resulta uma regra de direito objetivamente válida). Trata-se, no entanto, de distinção carente de sentido, já que mesmo os tratados-contratuais apresentam disposições normativas. A expressão "tratados-normativos", inclusive, mostra-se pleonástica, como bem apontou Kelsen (REZEK, Francisco. *Direito internacional público*: curso elementar. 17. ed. São Paulo: Saraiva, 2018. p. 54-55). A distinção entre ambos, como ressalta Jorge Miranda, mostra-se bastante fluida (MIRANDA, Jorge. *Curso de direito internacional público*: uma visão sistemática do direito internacional dos nossos dias. 4. ed. Rio de Janeiro: Forense, 2009. p. 63). Por isso, não se acolhe a distinção no presente estudo.

[130] REZEK, Francisco. *Direito internacional público*: curso elementar. 17. ed. São Paulo: Saraiva, 2018. p. 42-43. Em sentido contrário, Jorge Miranda entende que é prescindível a forma escrita. Nada o impõe e, ao longo da história, houve tratados não escritos, a exemplo do caso da Groenlândia Oriental, decidido pelo Tribunal Permanente de Justiça Internacional (MIRANDA, Jorge. *Curso de direito internacional público*: uma visão sistemática do direito internacional dos nossos dias. 4. ed. Rio de Janeiro: Forense, 2009. p. 58).

[131] XAVIER, Alberto. *Direito tributário internacional no Brasil*: tributação das operações internacionais. 5. ed. Rio de Janeiro: Forense, 2002. p. 92.

[132] De acordo com a Convenção de Viena sobre o Direito dos Tratados:
"Artigo 35
Tratados que Criam Obrigações para Terceiros Estados
Uma obrigação nasce para um terceiro Estado de uma disposição de um tratado se as partes no tratado tiverem a intenção de criar a obrigação por meio dessa disposição e o terceiro Estado aceitar expressamente, por escrito, essa obrigação.
Artigo 36
Tratados que Criam Direitos para Terceiros Estados
1. Um direito nasce para um terceiro Estado de uma disposição de um tratado se as partes no tratado tiverem a intenção de conferir, por meio dessa disposição, esse direito quer a um terceiro Estado, quer a um grupo de Estados a que pertença, quer a todos os Estados, e o terceiro Estado nisso consentir. Presume-se o seu consentimento até indicação em contrário, a menos que o tratado disponha diversamente.
2. Um Estado que exerce um direito nos termos do parágrafo 1 deve respeitar, para o exercício desse direito, as condições previstas no tratado ou estabelecidas de acordo com o tratado".

no Artigo I do Gatt 1994 (*General Agreement on Tariffs and Trade* ou Acordo Geral de Tarifas e Comércio),[133] que será examinada no estudo do imposto de importação.

No Brasil, adota-se a teoria dualista. Assim, a simples assinatura não gera obrigações entre as partes, significando apenas que o tratado é autêntico e definitivo. A sua incorporação na ordem jurídica nacional pressupõe o percurso das seguintes etapas: a negociação, que normalmente é realizada por membros do corpo diplomático do Ministério de Relações Exteriores e outros representantes do Poder Executivo; a assinatura pelo Presidente da República (CF, art. 84, VIII)[134], pelo Ministro das Relações Exteriores, por Embaixadores chefes de missões diplomáticas do País no exterior ou por outras autoridades com Carta de Plenos Poderes; a aprovação pelo Congresso Nacional,[135] por meio de decreto legislativo (CF, art. 49, I)[136]; a promulgação mediante decreto do Presidente da República, que é um costume constitucional desde a época da Independência de Portugal;[137] e, finalmente, a ratificação pelo Poder Executivo, mediante comunicação formal à outra parte ou ao depositário do tratado internacional.[138]

---

[133] A *cláusula de nação mais favorecida* é um "[...] caso em que terceiro sofre consequências diretas de um tratado – geralmente bilateral – por força do disposto em tratado anterior, que o vincule a uma das partes" (REZEK, Francisco. *Direito internacional público*: curso elementar. 17. ed. São Paulo: Saraiva, 2018. p. 112).

[134] "Art. 84. Compete privativamente ao Presidente da República: [...] VIII – celebrar tratados, convenções e atos internacionais, sujeitos a referendo do Congresso Nacional".

[135] Discute-se acerca da validade dos *acordos executivos* do direito brasileiros, que, como ensina Rezek, "[...] é expressão criada nos Estados Unidos para designar aquele tratado que se conclui sob a autoridade do chefe do poder Executivo, independentemente do *parecer e consentimento* do Senado" (REZEK, Francisco. *Direito internacional público*: curso elementar. 17. ed. São Paulo: Saraiva, 2018. p. 52). Parte da doutrina entende que são válidos, em razão de costume constitucional. Porém, parece mais apropriada a exegese de Rezek, que os considera uma prática inconstitucional. O autor, no entanto, ressalta que: "*Três categorias de acordos executivos* – mencionados, de resto, por Accioly, ao lado de outras mais – parecem compatíveis com o preceito constitucional: os acordos 'que consignam simplesmente interpretações de cláusulas de um tratado já vigente', os 'que decorrem, lógica e necessariamente, de algum tratado vigente e são como que o seu complemento', e os de *modus vivendi*, 'quando têm em vista apenas deixar as coisas no estado em que se encontram, ou estabelecer simples bases para negociações futuras'" (Rezek, 2018, p. 88). Sobre o tema, cf. ainda: MIRANDA, Jorge. *Curso de direito internacional público*: uma visão sistemática do direito internacional dos nossos dias. 4. ed. Rio de Janeiro: Forense, 2009. p. 99.

[136] "Art. 49. É da competência exclusiva do Congresso Nacional:
I – resolver definitivamente sobre tratados, acordos ou atos internacionais que acarretem encargos ou compromissos gravosos ao patrimônio nacional".

[137] "[...] o decreto de promulgação não constitui reclamo constitucional: ele é produto de uma praxe tão antiga quanto a Independência e os primeiros exercícios convencionais do Império" (REZEK, Francisco. *Direito internacional público*: curso elementar. 17. ed. São Paulo: Saraiva, 2018. p. 195).

[138] A *ratificação*, ensina Francisco Rezek, é um instituto que tem gerado um acentuado número de erros de entendimento. "Só se pode entender a ratificação como ato *internacional*, e como ato *de governo*. Este, o poder Executivo, titular que costuma ser da dinâmica das relações exteriores de todo Estado, aparece como idôneo para ratificar – o que no léxico significa *confirmar* –, perante outras pessoas jurídicas de direito das gentes, aquilo que ele próprio, ao término da fase negocial, deixara pendente de confirmação, ou seja, o seu consentimento em obrigar-se pelo pacto. Parlamentos nacionais não ratificam tratados, primeiro porque não têm voz exterior neste domínio, e segundo porque, justamente à conta de sua inabilidade para comunicação direta com Estados estrangeiros, nada lhes terão pronunciado, antes, por assinatura ou ato equivalente, que possam mais tarde confirmar pela ratificação" (REZEK, Francisco. *Direito internacional público*: curso elementar. 17. ed. São Paulo: Saraiva, 2018. p. 75). "Ratificação é o ato unilateral com que a pessoa jurídica de direito internacional, signatária de um tratado, exprime definitivamente, no plano internacional, sua vontade de obrigar-se" (*Rezek, 2018*, p. 76).

Ressalte-se que, de acordo com a tese fixada pelo STF na ADC 39: "A denúncia pelo Presidente da República de tratados internacionais aprovados pelo Congresso Nacional, para que produza efeitos no ordenamento jurídico interno, não prescinde da sua aprovação pelo Congresso".[139]

A hierarquia do tratado é a mesma de seu veículo introdutor na ordem jurídica nacional: o Decreto Legislativo, que tem força de lei ordinária.[140] A única exceção diz respeito aos tratados e convenções internacionais sobre direitos humanos, que, de acordo com o § 3º do art. 5º, da Constituição, são equivalentes às emendas constitucionais e passam a ser irrenunciáveis, desde que aprovados, em dois turnos, por três quintos dos votos dos membros de cada Casa do Congresso Nacional.[141] Essa previsão foi incluída pela Emenda Constitucional nº 45/2004, encerrando o debate em torno da hierarquia dos tratados.[142] Dessa forma, ressalvadas as hipóteses do § 3º, do art. 5º, eventuais conflitos devem ser resolvidos pelos critérios da temporalidade (*lex posterior derogat priori*) ou da especialidade (*lex specialis derogat generali*).

Por outro lado, deve-se ter presente que, ao celebrar um tratado internacional com um Estado estrangeiro, o Estado brasileiro pode convencionar um regime jurídico específico para a disciplina dos aspectos da incidência, da fiscalização ou da cobrança de determinado tributo ou de regime aduaneiro. Esse, como *lex posterior e specialis*, afasta a aplicabilidade das disposições anteriores e supervenientes da legislação tributária local, até que ocorra a denúncia do tratado internacional. Dessa forma, embora da mesma hierarquia, em muitos casos o tratado pode prevalecer em razão de sua especialidade. É o que estabelece o art. 98 do Código Tributário Nacional, segundo o qual "os tratados e as convenções internacionais revogam ou modificam a legislação tributária interna, e serão observados pela que lhes sobrevenha". Esse dispositivo é perfeitamente compatível com a Constituição, sendo considerado por parte da doutrina como uma previsão "virtualmente supérflua"[143] ou "preceito declaratório".[144]

Assim, o tratado internacional celebrado com Estado estrangeiro para disciplinar um determinando tributo, quando apresentar uma relação de *especialidade* com a legislação nacional, pode prevalecer em caso de discrepância.[145] Isso aplica-se não apenas no âmbito da tributação do comércio exterior, mas a todos tratados em matéria aduaneira.

---

[139] STF, Tribunal Pleno, ADC 39, Rel. Min. Dias Toffoli, *DJe* 18.08.2023.

[140] CARVALHO, Paulo de Barros. *Curso de direito tributário*. 13. ed. São Paulo: Saraiva, 2000. p. 45-78. Não há supranacionalidade dos tratados. Tanto é assim que a própria Constituição prevê a possibilidade de declaração de sua inconstitucionalidade (art. 102, III, *a*), o que evidencia sua inferioridade hierárquica em relação ao texto constitucional.

[141] "[...] é sensato crer que ao promulgar esse parágrafo na Emenda Constitucional 45, de 8 de dezembro de 2004, sem nenhuma ressalva abjuratória dos tratados sobre direitos humanos outrora concluídos mediante processo simples, o Congresso constituinte os elevou à categoria dos tratados de nível constitucional" (REZEK, Francisco. *Direito internacional público*: curso elementar. 17. ed. São Paulo: Saraiva, 2018. p. 141).

[142] PIOVESAN, Flávia. *Direitos humanos e o direito constitucional internacional*. São Paulo: Max Limonad, 1997. p. 85 e ss. Cf. ainda: GOMES, Luiz Flávio. A questão da obrigatoriedade dos tratados e convenções no Brasil: particular enfoque da Convenção Americana sobre Direitos Humanos. *RT*, n. 710, p. 21-31, 1994. p. 30.

[143] REZEK, Francisco. *Direito internacional público*: curso elementar. 17. ed. São Paulo: Saraiva, 2018. p. 131.

[144] XAVIER, Alberto. *Direito tributário internacional no Brasil*: tributação das operações internacionais. 5. ed. Rio de Janeiro: Forense, 2002. p. 123.

[145] Alberto Xavier ressalta ainda: "Observe-se, em homenagem à exatidão, que é incorreta a redação deste preceito quando se refere à 'revogação' da lei interna pelos tratados. Com efeito, não se está aqui perante um fenômeno ab-rogativo, já que a lei interna mantém a sua eficácia plena fora dos casos subtraídos à sua aplicação pelo tratado. Trata-se, isso sim, de limitação da eficácia da lei que se torna *relativamente*

## 3.4 Atividade legislativa do Poder Executivo

### 3.4.1 Medidas provisórias e decretos-lei

As medidas provisórias substituíram os decretos-lei do texto constitucional de 1967. Não obstante, aqueles editados anteriormente permanecem vigentes até ulterior revogação. Diferentemente da Constituição de 1967, a Constituição Federal de 1988 não estabeleceu um sistema de vedações explícitas a esses atos normativos do Poder Executivo. Assim, para parte da doutrina, as medidas provisórias poderiam dispor sobre qualquer matéria da competência legislativa da União,[146] inclusive tributária.[147]

---

*inaplicável* a certo círculo de pessoas e situações, limitação esta que caracteriza precisamente o instituto da *derrogação* e decorre da relação de especialidade entre tratados e leis" (XAVIER, Alberto. *Direito tributário internacional no Brasil: tributação das operações internacionais*. 5. ed. Rio de Janeiro: Forense, 2002. p. 124). No mesmo sentido, GRUPENMACHER, Betina Treiger. *Tratados internacionais em matéria tributária e a ordem interna*. São Paulo: Dialética, 1999. p. 107-108. Para esses dois autores, contudo, sempre há essa relação de especialidade.

[146] TÁCITO, Caio. *Temas de direito público*: estudos e pareceres. Rio de Janeiro: Renovar, 1997. v. 1, p. 515: "Abandona-se a qualificação específica da Constituição de 1967. Não mais há limites, em razão da matéria, à iniciativa presidencial, a ser exercida em qualquer das áreas de competência legislativa da União". Em sentido contrário, cf.: CARVALHO, Paulo de Barros. *Curso de direito tributário*. 13. ed. São Paulo: Saraiva, 2000. p. 62 e ss.; FERREIRA FILHO, Manoel Gonçalves. *Do processo legislativo*. 3. ed. São Paulo: Saraiva, 1995. p. 236; ARAUJO, Luiz Alberto David; NUNES JUNIOR, Vidal Serrano. *Curso de direito constitucional*. 6. ed. São Paulo: Saraiva, 2002. p. 311-312; LACOMBE, Américo Masset. Medidas provisórias. In: MELLO, Celso Antônio Bandeira de (Org.). *Direito administrativo e constitucional*: estudos em homenagem a Geraldo Ataliba. São Paulo: Malheiros, 1997. v. 2, p. 120. Para um estudo completo acerca dos autores, cf.: CLÈVE, Clèmerson Merlin. *Medidas provisórias*. 2. ed. São Paulo: Max Limonad, 1999. p. 75 e ss.

[147] É o caso de Marco Aurélio Greco (*Contribuições*: uma figura 'sui generis'. São Paulo: Dialética, 2000. p. 172), para quem não haveria incompatibilidade entre a natureza precária deste ato normativo e a instituição de tributos, nem tampouco impedimento constitucional, salvo nas hipóteses sob reserva de lei complementar e nos casos em que há vedação constitucional expressa (art. 246). Também se manifestaram pela possibilidade da edição de medida provisória em matéria tributária: AMARO, Luciano. *Direito tributário brasileiro*. 10. ed. São Paulo: Saraiva, 2004. p. 168 e ss.; BASTOS, Celso. *Curso de direito financeiro e de direito tributário*. 6. ed. São Paulo: Saraiva, 1998. p. 171; JARDIM, Eduardo Marcial Ferreira. *Manual de direito financeiro e tributário*. 3. ed. São Paulo: Saraiva, 1996. p. 110 e ss.; TORRES, Ricardo Lobo. *Curso de direito financeiro e tributário*. 7. ed. Rio de Janeiro-São Paulo: Renovar, 2000. p. 41. Em sentido contrário, cf.: CARVALHO, Paulo de Barros. *Curso de direito tributário*. 13. ed. São Paulo: Saraiva, 2000. p. 71 e ss.; CARRAZZA, Roque Antonio. *Curso de direito constitucional tributário*. 16. ed. São Paulo: Malheiros, 2001. p. 248 e ss.; MELO, José Eduardo Soares de. *Curso de direito tributário*. São Paulo: Dialética, 1997. p. 110; DERZI, Misabel de Abreu Machado. Medidas provisórias: sua absoluta inadequação à instituição e majoração de tributo. *Revista de Direito Tributário*, n. 45, 1977. p. 130 e ss.; ÁVILA, Humberto. *Medida provisória na Constituição de 1988*. Porto Alegre: Fabris, 1997. p. 122 e ss.; BORGES, José Souto Maior. Limitações temporais da medida provisória: a anterioridade tributária. *Revista de Direito Tributário*, n. 64, p. 192-200, 1994. p. 193 e ss.; FISCHER, Octavio Campos. *A contribuição ao PIS*. São Paulo: Dialética, 1999. p. 112 e ss. Alguns autores, quando muito, admitiam o seu cabimento apenas em relação a determinados tributos, como os empréstimos compulsórios e os impostos extraordinários de guerra: COÊLHO, Sacha Calmon. *Curso de direito tributário brasileiro*. 4. ed. Rio de Janeiro: Forense, 1999. p. 222; COÊLHO, Sacha Calmon. *Comentários à Constituição de 1988*: sistema tributário. 8. ed. Rio de Janeiro: Forense, 1999. p. 221; MACHADO, Hugo de Brito. *Curso de direito tributário*. 7. ed. São Paulo: Malheiros, 1993. p. 57 e ss.; CLÈVE, Clèmerson Merlin. *Medidas provisórias*. 2. ed. São Paulo: Max Limonad, 1999. p. 98 (impostos extraordinários).

Essa concepção foi acolhida pela jurisprudência do STF.[148] Porém, após excessos do Poder Executivo, o Congresso Nacional alterou o regime constitucional das medidas provisórias por meio da Emenda nº 32/2001, que vedou a sua edição nas seguintes hipóteses:

> Art. 62. [...]
> § 1º É vedada a edição de medidas provisórias sobre matéria:
> I – relativa a:
> a) nacionalidade, cidadania, direitos políticos, partidos políticos e direito eleitoral;
> b) direito penal, processual penal e processual civil;
> c) organização do Poder Judiciário e do Ministério Público, a carreira e a garantia de seus membros;
> d) planos plurianuais, diretrizes orçamentárias, orçamento e créditos adicionais e suplementares, ressalvado o previsto no art. 167, § 3º;
> II – que vise a detenção ou seqüestro de bens, de poupança popular ou qualquer outro ativo financeiro;
> III – reservada a lei complementar;
> IV – já disciplinada em projeto de lei aprovado pelo Congresso Nacional e pendente de sanção ou veto do Presidente da República.

A Emenda nº 32/2001 vedou a edição de medida provisória na regulamentação de artigo com redação alterada entre 1º de janeiro de 1995 e 11 de setembro de 2001, data de sua promulgação (CF, art. 246).[149] Por outro lado, admitiu o seu cabimento em matéria tributária, ao prever que "medida provisória que implique instituição ou majoração de impostos, exceto os previstos nos arts. 153, I, II, IV, V, e 154, II, só produzirá efeitos no exercício financeiro seguinte se houver sido convertida em lei até o último dia daquele em que foi editada" (CF, art. 62, § 2º).

Em síntese, portanto, as medidas provisórias são atos normativos de competência privativa do Presidente de República, editadas em casos de relevância e urgência e com eficácia de lei ordinária. Podem dispor sobre qualquer conteúdo, desde que compatível com o texto constitucional e não sujeito à reserva legal qualificada nem vedado pelo § 1º do art. 62 da Constituição Federal. Além disso, devem ser convertidas em lei no prazo de sessenta dias,[150]

---

[148] ADInMC 2.005/DF. Rel. Min. Néri da Silveira, j. 26.05.1999; RE 247243/MG. Rel. Min. Sepúlveda Pertence. DJU 14.04.2000, p. 55. AI 236976/MG. Rel. Min. Néri da Silveira. DJU 24.09.1999, p. 32. RE 232526/MG. Rel. Min. Sepúlveda Pertence. DJU 10.03.2000, p. 21. No mesmo sentido: RE-138284, RE-146733, RE-181664, RE-197790, ADIN-1417, ADIN-1667, RE-169740, RE-232896, RE-168421, RE-168243, RE-204880 e RE-181664.

[149] Cumpre ressaltar que a redação anterior do artigo já vedava a adoção de medida provisória na regulamentação de artigo da Constituição cuja redação tenha sido alterada por meio de emenda promulgada a partir de 1995 (EC nº 06/1995 e nº 07/1995).

[150] "§ 4º O prazo a que se refere o § 3º contar-se-á da publicação da medida provisória, suspendendo-se durante os períodos de recesso do Congresso Nacional".

prorrogável uma vez por igual período, vedada a reedição na mesma sessão legislativa (CF, art. 62, § 3º[151] e § 7º[152] e § 10[153]).

Outra questão interessante relacionada ao regime jurídico da medida provisória é a convalidação dos vícios originários pela lei de conversão. A doutrina majoritária entende que a inconstitucionalidade da medida provisória contamina a respectiva lei de conversão. Essa, por outro lado, não poderia ser considerada uma lei ordinária autônoma, por absoluta incompatibilidade entre o procedimento de aprovação e o procedimento legislativo ordinário.[154] Não obstante, contraditoriamente, admite-se a apresentação de emendas parlamentares ao projeto de conversão, em posição claramente contraditória.

A rigor, há duas situações que precisam ser claramente diferenciadas. A primeira consiste em saber se a inconstitucionalidade da medida provisória, pela conversão em lei, pode ser sanada pelo Congresso Nacional. A segunda diz respeito ao problema da extensão da inconstitucionalidade da medida provisória à respectiva lei de conversão. No primeiro caso, o entendimento majoritário não demanda qualquer reparo. O vício inicial jamais poderá ser convalidado pela lei de conversão, uma vez que o Congresso não pode suprir a ausência de pressupostos constitucionais autorizadores (relevância e urgência), tampouco ignorar as hipóteses em que a Lei Maior veda a edição deste ato normativo (art. 62, § 1º, e art. 246). Admitir a convalidação do vício equivale a conferir ao Congresso a autoridade para afastar retroativamente a aplicabilidade das limitações materiais e formais à edição de medidas provisórias previstas em texto normativo de hierarquia superior à lei de conversão.

Entretanto, a impossibilidade de convalidação não implica necessariamente a inconstitucionalidade da lei de conversão. Essa resulta da manifestação de uma vontade política autônoma, traduzida na confirmação expressa do conteúdo da medida provisória pelo órgão competente para legislar sem as vedações previstas nos arts. 62, § 1º, e 246, da Constituição.[155] Além disso, a objeção da incompatibilidade entre os procedimentos não pode mais ser invocada após a Emenda Constitucional nº 32/2001. Os projetos passaram a demandar expressamente a sanção ou o veto do Presidente da República (art. 62, § 12). A deliberação não é mais uni-

---

[151] "§ 3º As medidas provisórias, ressalvado o disposto nos §§ 11 e 12 perderão eficácia, desde a edição, se não forem convertidas em lei no prazo de sessenta dias, prorrogável, nos termos do § 7º, uma vez por igual período, devendo o Congresso Nacional disciplinar, por decreto legislativo, as relações jurídicas delas decorrentes".

[152] "§ 7º Prorrogar-se-á uma única vez por igual período a vigência de medida provisória que, no prazo de sessenta dias, contado de sua publicação, não tiver a sua votação encerrada nas duas Casas do Congresso Nacional".

[153] "§ 10. É vedada a reedição, na mesma sessão legislativa, de medida provisória que tenha sido rejeitada ou que tenha perdido sua eficácia por decurso de prazo".

[154] CLÈVE, Clèmerson Merlin. *Medidas provisórias*. 2. ed. São Paulo: Max Limonad, 1999. p. 133; ATALIBA, Geraldo. *O decreto-lei na Constituição de 1967*. São Paulo: RT, 1967. p. 30; MELLO, Celso Antônio Bandeira de. Perfil constitucional das medidas provisórias. *Revista de Direito Público*, n. 95, p. 28-32, 1990. p. 32; GRECO, Marco Aurélio. *Medidas Provisórias*. São Paulo: RT, 1991. p. 46; TROIANELLI, Gabriel Lacerda. A inconstitucionalidade da criação da Cofins não cumulativa por medida provisória decorrente da falta de urgência. In: PEIXOTO, Marcelo Magalhães; FISCHER, Octávio Campos (Coord.). *PIS-Cofins*: questões atuais e polêmicas. São Paulo: Quartier Latin, 2005. p. 346; FISCHER, Octavio Campos. *A contribuição ao PIS*. São Paulo: Dialética, 1999. p. 114.

[155] "A lei de conversão da medida provisória é espécie normativa primária autônoma, isto é, trata-se de uma espécie normativa que não se confunde com nenhuma das outras espécies constantes do art. 59 da Constituição de 1988, mas, sim, a essas se soma" (AMARAL JÚNIOR, José Levi Mello do. *Medida provisória e a sua conversão em lei*: a Emenda Constitucional n.º 32 e o papel do Congresso Nacional. São Paulo: RT, 2004. p. 284).

cameral, conforme previsto na Resolução nº 1/1989, CN, devendo ser apreciados em sessões separadas das Casas do Congresso Nacional, com início na Câmara dos Deputados (art. 62, § 8º), a exemplo dos projetos de lei ordinária de iniciativa do Poder Executivo (art. 64).

A convalidação só não é possível quando a medida provisória versar sobre matéria reservada à lei complementar. Em tal hipótese, a lei de conversão, por estar sujeita à aprovação por maioria simples, é incompatível com o art. 69 da Lei Maior, que, como se sabe, submete as leis complementares a um quórum qualificado de maioria absoluta.

Nada justifica aplicar à lei convertida pressupostos autorizadores (relevância e urgência) e hipóteses de vedação (art. 62, § 1º, e art. 246) que se dirigem especificamente à medida provisória. A aprovação do projeto de lei de conversão representa a assunção da anterior intenção legislativa pelo órgão legitimado.[156] Não se pode desconsiderar a decisão positiva confirmatória do Congresso Nacional. A extensão da inconstitucionalidade à lei de conversão somente seria possível diante de uma relação de interdependência entre os atos normativos. Esta, porém, não ocorre, porquanto a lei convertida não retira seu fundamento de validade da medida provisória da qual resultou, mas diretamente do texto constitucional. A declaração de inconstitucionalidade de ambos tampouco é compatível com o princípio da conservação dos atos normativos, que decorre da supremacia do texto constitucional. Em razão dele, como se sabe, os atos não deverão ser declarados inconstitucionais quando, observados seus fins, puderem ser interpretados conforme a Constituição Federal.[157]

O entendimento aqui exposto, rejeitado ao tempo do texto constitucional de 1967,[158] já foi acolhido pelo Supremo Tribunal Federal após a Constituição Federal de 1988, quando afastou, no julgamento da Ação Direta de Inconstitucionalidade nº 1.417-0/DF, a tese sustentada pelo Ministro Marco Aurélio de que "[...] *o vício inicial contamina a lei de conversão, mesmo porque sabemos que há uma diferença substancial entre a aprovação de uma lei via tramitação de projeto, no sistema bicameral, e a aprovação de medida provisória para a conversão no sistema unicameral*".[159]

---

[156] O mesmo entendimento tem sido acolhido no direito comparado. O Tribunal Constitucional de Portugal – assentado em pressupostos jurídico-positivo distintos, mas perfeitamente aplicáveis ao direito brasileiro porque se mostra muito menos rígido (cabe à Assembleia da República apenas a recusa formal de ratificação ou a ratificação com emendas, através de um procedimento legislativo específico iniciado com a apresentação de propostas de alteração ao decreto-lei) – tem entendido que: "[...] sempre será necessário ressalvar, pelo menos, a hipótese de a lei de alterações reproduzir as normas organicamente inconstitucionais do decreto-lei submetido à sua apreciação. Em tal caso, é inegável que a Assembleia da República assume ou adopta tais normas como suas ao mantê-las inalteradas de forma expressa e inequívoca. E, assim sendo, tais normas não podem mais ser arguidas de organicamente inconstitucionais, até porque se verifica, quanto a elas, uma novação da respectiva fonte. [...] Assim sendo, não se vê como se possa sustentar que seja possível continuar a invocar a inconstitucionalidade orgânica de uma tal norma depois da entrada em vigor da lei de alteração. Essa tese só poderia, com efeito, assentar em argumentos de puro formalismo jurídico, inteiramente artificial e completamente desligado da razão de ser da atribuição constitucional de uma reserva de competência legislativa ao Parlamento: é que, por essa via, se iria contrariar frontalmente a vontade política desse mesmo Parlamento, já inequivocamente manifestada" (Acórdão nº 563/2003. Processo nº 578/1998. Plenário. Rel. Conselheiro Bravo Serra. Diário da República - I Série - A nº 122, de 25 de Maio de 2004, p. 3295 e ss.).

[157] CANOTILHO, *José Joaquim Gomes. Direito Constitucional e Teoria da Constituição*. 7. ed. Coimbra: Almedina, p. 229-230.

[158] RE 62739/SP. Rel. Min. Aliomar Baleeiro. DJU 20.12.1967.

[159] ADIn 1.417-0/DF. Rel. Min. Octavio Gallotti. DJU 23.03.2001. Grifamos. Prevaleceu entendimento do Ministro Nelson Jobim, no seguinte sentido: "Na técnica legislativa do Congresso Nacional, na hipótese de uma aprovação do texto da medida provisória sem a conversão em lei, ela não é uma lei de conversão e é promulgada pelo Presidente do Congresso Nacional e não pelo Presidente da República. Como não

Por fim, deve-se ter presente que, assim como na conversão parcial, a lei de conversão confirmatória da medida provisória editada sem a observância dos pressupostos autorizadores ou em hipóteses vedadas pelo texto constitucional somente produz efeitos *ex nunc*. Afasta-se o reconhecimento de efeitos retroativos, diante da impossibilidade de convalidação do vício inicial pelo Congresso Nacional.

### 3.4.2 Decretos, regulamentos e outros atos normativos

Os decretos são os instrumentos de veiculação de atos privativos do Presidente da República no exercício da competência prevista no art. 84 da Constituição Federal. Há, assim, decretos de nomeação (inciso I), de indulto (inciso XII) e regulamentares, que são os editados para os fins previstos no inciso IV, isto é, para a fiel execução das leis.

No sistema constitucional vigente, os decretos regulamentares são subordinados e dependentes de lei, o que implica a impossibilidade de serem editados para o fim de criar, modificar ou extinguir direitos e obrigações.[160] Os regulamentos autônomos, vale dizer, aqueles que inovam na ordem jurídica, são vedados pelos arts. 5º, II[161] e 84, IV[162], da Constituição e

---

se pode suprimir o direito de emenda do Parlamentar, havendo emendas oferecidas à medida provisória é que virtualmente se faz um projeto de lei de conversão, que tem que ter a sanção do Presidente da República, porque tem alterações. Ou seja, ou a medida provisória poderia ser rejeitada na íntegra, ou aprovada na íntegra, ou se criar um caminho mais democrático, que era o caminho do sistema italiano: o de se estabelecer a possibilidade de emendar a medida provisória e dar-se a esse ser misto o que se chamou de 'lei de conversão'".

[160] CARRAZZA, Roque Antonio. *Curso de direito constitucional tributário*. 16. ed. São Paulo: Malheiros, 2001. p. 220; MELLO, Celso Antônio Bandeira de. *Curso de direito administrativo*. 18. ed. São Paulo: Malheiros, 2005. ., p. 220; XAVIER, Alberto. *Tipicidade da tributação, simulação e norma antielisiva*. São Paulo: Dialética, 2001. p. 18: "A exigência de 'reserva absoluta' transforma a lei tributária em *lex stricta* (princípio da estrita legalidade), que fornece não apenas o fim, mas também o conteúdo da decisão do caso concreto, o qual se obtém por mera dedução da própria lei, limitando-se o órgão de aplicação a subsumir o fato na norma, independentemente de qualquer valoração pessoal".

[161] "Art. 5º. [...] II – ninguém será obrigado a fazer ou deixar de fazer alguma coisa senão em virtude de lei;". Como ensina Celso Antônio Bandeira de Mello: "Nos termos do art. 5º, II, "ninguém será obrigado a fazer ou deixar de fazer alguma coisa senão em virtude de lei". Aí não se diz "em virtude de" decreto, regulamento, resolução, portaria ou quejandos. Diz-se em "virtude de lei". Logo a Administração Pública não poderá proibir ou impor comportamento algum a terceiro, salvo se estiver previamente embasada em determinada lei que lhe faculte proibir ou impor algo a quem quer seja." (MELLO, Celso Antônio Bandeira de. *Curso de direito administrativo*. 18. ed. São Paulo: Malheiros, 2005. p. 93-94).

[162] "Art. 84. Compete privativamente ao Presidente da República:
[...]
IV – sancionar, promulgar e fazer publicar as leis, bem como expedir decretos e regulamentos para sua fiel execução;"

pelo art. 25, I, do ADCT,[163] notadamente em matéria tributária, que é regida pelo princípio da estrita legalidade (CF, art. 150, I[164]).[165]

Tampouco podem inovar na ordem jurídica os atos normativos de autoridades de hierarquia inferior na administração pública, como é o caso das Portarias de Ministros de Estado, que, nos termos do art. 87, parágrafo único, II, da Constituição, são "instruções para a execução das leis, decretos e regulamentos". O mesmo se aplica às instruções normativas e outros atos regulamentares da Receita Federal, tais como os atos declaratórios interpretativos, pareceres normativos, dentre outros. Esses podem receber as designações mais variadas, o que é irrelevante, já que, em qualquer caso, não podem inovar na ordem jurídica. Além disso, devem respeitar a hierarquia administrativa interna do órgão. Assim, um servidor público não pode editar validamente um ato derrogando ou contrariando outro de seu superior, notadamente do Ministro de Estado e do Presidente da República.

### 3.4.3 Poder regulamentar aduaneiro

Nos últimos anos, tem se observado uma tendência de relativização da reserva legal em nome da efetividade do controle aduaneiro, motivada por uma suposta inércia do Congresso Nacional diante das demandas do comércio exterior. Trata-se de argumento pouco convincente. Em primeiro lugar, porque esse fato não pode ser imputado apenas ao Parlamento. O Poder Executivo, que tem iniciativa para a apresentação de projetos de lei, nunca sequer reuniu especialistas para discutir um possível código aduaneiro para o País. Em segundo lugar, porque a demora nas deliberações legislativas é inerente à diversidade representativa, vale dizer, uma realidade normal na democracia e que, de maneira alguma, pode ser invocado para a flexibilização de direitos e garantias fundamentais. Como já advertia o Ministro Vitor Nunes Leal, em 1947:

> Na medida em que os parlamentos se fazem mais representativos e se reclama deles maior soma de trabalho, as assembleias políticas, mais numerosas na sua composição e mais divididas nas correntes que as compõem, se tornam, material e organicamente, menos capazes de desempenhar as suas funções com a urgência requerida. Em vista dessa contradição fundamental, não é de estranhar que os inimigos do regime representativo tenham tirado o maior proveito da crise institucional, encobrindo os seus interesses, muitas vezes escusos, com a acusação de incapacidade, irrogada às assembleias, e com o

---

[163] "Art. 25. Ficam revogados, a partir de cento e oitenta dias da promulgação da Constituição, sujeito este prazo a prorrogação por lei, todos os dispositivos legais que atribuam ou deleguem a órgão do Poder Executivo competência assinalada pela Constituição ao Congresso Nacional, especialmente no que tange a:
I – ação normativa".

[164] "Art. 150. Sem prejuízo de outras garantias asseguradas ao contribuinte, é vedado à União, aos Estados, ao Distrito Federal e aos Municípios:
I – exigir ou aumentar tributo sem lei que o estabeleça".

[165] Portanto, segundo ensina Pontes de Miranda: "Se o regulamento cria direitos ou obrigações novas, estranhos à lei, ou faz reviver direitos, deveres, pretensões, obrigações, ações ou exceções, que a lei apagou, é inconstitucional. Por exemplo: se faz exemplificativo o que é taxativo, ou vice-versa. Tampouco pode ele limitar, ou ampliar direitos, deveres, pretensões, obrigações ou exceções à proibição, salvo se estão implícitas. Nem ordenar o que a lei não ordena [...] Sempre que no regulamento se insere o que se afasta, para mais ou para menos, da lei, é nulo, por ser contrária à lei a regra jurídica que se tentou embutir no sistema jurídico" (PONTES DE MIRANDA, Francisco Cavalcanti. *Comentários à Constituição de 1967 com a Emenda nº 1 de 1969*. 2. ed. São Paulo: RT, 1970. t. III, p. 316).

propósito, aparentemente meritório, de dar maior eficiência ao governo pela supressão dos parlamentos ou pela redução de sua participação na tarefa legislativa. [...] Nenhum escritor de tendências autoritárias deixou de tocar nessa tecla [...].[166]

Os defensores dessa tese invocam o RE nº 202.313-2/CE, no qual, supostamente, o STF teria flexibilizado os rigores do princípio da legalidade em nome do controle aduaneiro. Trata-se, porém, de entendimento inteiramente equivocado. O acórdão – da época em que ainda se operava com as guias de importação – não teve essa *ratio decidendi*. Não houve qualquer reconhecimento direto ou indireto da prerrogativa de edição de regulamentos autônomos em matéria aduaneira. O Plenário da Corte apenas entendeu que, naquele caso concreto, o Ministério da Fazenda poderia indeferir pedidos de guia de importação para evitar o ingresso de produtos nocivos à economia nacional, em razão da existência de autorização legal nesse sentido (Decreto-Lei nº 1.427/1975 e Leis nº 2.145/1953 e nº 5.025/1966):

> EMENTA: CONSTITUCIONAL. ADMINISTRATIVO. TRIBUTÁRIO. IMPORTAÇÃO: VEÍCULOS USADOS.
> I. – A importação de produtos estrangeiros sujeita-se ao controle governamental. Inocorrência de ofensa ao princípio isonômico no fato de não ter sido autorizada a importação de veículos usados, não obstante permitida a importação de veículos novos.
> II. – Competência do Ministério da Fazenda para indeferir pedidos de Guia de Importação no caso de ocorrer a possibilidade de a importação causar danos à economia nacional.[167]

O voto do Ministro Carlos Velloso afasta qualquer dúvida acerca do alcance do acórdão:

> Quanto à competência do poder público, o Ministério da Fazenda, para baixar o ato administrativo acoimado de inconstitucional, não há dúvida. Decorre ela da própria Constituição Federal, art. 237, a estabelecer que cabe ao Ministério da Fazenda a fiscalização e o controle sob o comércio exterior, essenciais à defesa dos interesses fazendários nacionais. Na esteira de tal disposição constitucional, as Leis 2.145/53, 5.023/66, o D.L. 1.427, de 02.12.75, certo que o D.L. 1.427, de 1975, art. 5º, registra a recorrente, autoriza o Ministério da Fazenda a indeferir pedidos de Guias de Importação nos casos que relaciona, hipótese em que estão incluídas as importações que possam causar danos à economia nacional.[168]

O fundamento determinante do julgado, como se vê, foi o art. 5º do Decreto-Lei nº 1.427/1975, hoje revogado, mas que, na época, apresentava a seguinte redação:

> Art. 5º – O Ministro da Fazenda poderá, em caráter temporário, segundo diretrizes do Conselho de Desenvolvimento Econômico e sem prejuízo dos compromissos negociados pelo Brasil na Associação Latino-Americana de Livre Comércio, autorizar a Carteira de Comércio Exterior do Banco do Brasil S/A. a indeferir pedidos de Guia de Importação nos seguintes casos:
> I – importações que originem a formação de estoques especulativos;

---

[166] LEAL, Victor Nunes. Leis complementares da Constituição. *Revista de Direito Administrativo*, São Paulo, n. 7, jan./mar. 1947. p. 380.
[167] STF. T. Pleno. RE nº 202.313-2/CE. Rel. Min. Carlos Velloso. DJ 19.12.1996.
[168] RE nº 202.313-2/CE. Voto do Min. Carlos Velloso, p. 2270.

II – importações que causem ou ameacem causar sérios danos à economia nacional;

III – importações originárias e/ou procedentes de países que discriminem as importações brasileiras, ouvido previamente o Ministro das Relações Exteriores.

É evidente que, ao indeferir a guia de importação com base nesse dispositivo legal, o Ministério da Fazenda agiu dentro da legalidade, exercendo uma competência prevista em lei. A referência ao art. 237 da Constituição Federal foi apenas *obiter dictum*, sem implicar qualquer flexibilização da reserva legal. Portanto, ao contrário do que se tem sustentado, foi a existência de previsão legal específica que serviu de fundamento determinante para o reconhecimento da validade do ato administrativo.

Já é tempo de se compreender que o controle aduaneiro não está acima da Constituição. Tampouco é um fim em si mesmo, capaz de afastar garantias e direitos fundamentais. O Poder Executivo tem a prerrogativa de editar medidas provisórias em casos de relevância e urgência, bem como de encaminhar projetos de lei em regime de tramitação prioritária. Esses dois mecanismos são mais do que suficientes para fazer frente às necessidades de agilidade regulatória do comércio exterior. A aduana deve organizar suas prioridades e ações dentro dos limites do Estado Democrático de Direito

*Capítulo II*
# TRIBUTOS ADUANEIROS

## 1   NORMA E TRIBUTO

Todo tributo – como obrigação *ex lege* – é instituído por uma norma jurídica, denominada norma jurídica tributária em sentido estrito ou *regra-matriz de incidência tributária*. Estudar um tributo, assim, nada mais é do que conhecer – e construir, dentro de um processo hermenêutico – o conteúdo de sua norma jurídica instituidora.[1]

Por outro lado, sabe-se, como destaca Gregório Robles, que a Teoria do Direito é marcada por uma notável – e nada desejável – ausência de acordo no tocante aos seus institutos centrais. Não é diferente com o conceito de norma jurídica. Para a visão tradicional – denominada concepção expressiva –, norma é sinônimo de texto de lei ou de enunciado de direito positivo. Já as teorias influenciadas pela Semiótica, adotam um conceito semântico ou hilético, que a identifica com o sentido ou conteúdo de significação atribuído aos enunciados prescritivos pelo intérprete.[2] Dessa forma, para evitar ambiguidades discursivas incompatíveis com a linguagem científica, deve-se precisar o conceito de norma jurídica adotado.

Assim, cabe ressaltar que os tributos aduaneiros serão analisados dentro de uma concepção semântica de norma jurídica, mais precisamente na linha da *teoria da regra-matriz de incidência tributária* de Paulo de Barros Carvalho.[3] Nessa teoria, as normas jurídicas são significações construídas a partir dos textos de direito positivo e estruturadas na forma lógica de um juízo hipotético-condicional. Não constituem sinônimo de textos de lei nem de enunciado prescritivo, mas resultado de um processo de construção de sentido realizado pelo intérprete.[4]

---

[1]   CARVALHO, *Paulo de Barros. Curso de direito tributário*. 13. ed. São Paulo: Saraiva, 2000. p. 235. Sobre a norma jurídica tributária, cf.: SEHN, Solon. *Curso de direito tributário*. Rio de Janeiro: Forense, 2024. p. 227 e ss.

[2]   MORCHON, Gregorio Robles. *As regras do direito e as regras dos jogos*: ensaio sobre a teoria analítica do direito. Trad. Pollyana Mayer. São Paulo: Noeses, 2011. p. 88. Sobre o tema, cf.: CARVALHO, Paulo de Barros. *Direito tributário, linguagem e método*. 2. ed. São Paulo: Noeses, 2008. p. 127 e ss.; ALEXY, Robert. *Teoria de los derechos fundamentales*. Madrid: Centro de Estudios Constitucionales, 1997. p. 58; CANOTILHO, José Joaquim Gomes. *Direito Constitucional e Teoria da Constituição*. 7. ed. Coimbra: Almedina, p. 205; MÜLLER, Friedrich. *Métodos de trabalho do direito constitucional*. 2. ed. São Paulo: Max Limonad, 2000. p. 53 e ss.; MÜLLER, Friedrich. *Direito, linguagem e violência*: elementos de uma teoria constitucional, I. Porto Alegre: Fabris, 1995, p. 41 e ss.; KELSEN, Hans. *Teoria pura do direito*. 6. ed. São Paulo: Martins Fontes, 1998. p. 80 e ss.; KELSEN, Hans. *Teoria geral do direito e do estado*. 3. ed. São Paulo: Martins Fontes, 1998. p. 63 e ss.; BOBBIO, Norberto. *Teoría general del derecho*. Trad. Eduardo Rozo Acuña. Madrid: Debate, 1999. p. 53 e ss.

[3]   CARVALHO, Paulo de Barros. *Teoria da norma tributária*. 4. ed. São Paulo: Max Limonad, 2002; CARVALHO, Paulo de Barros. *Direito tributário, linguagem e método*. 2. ed. São Paulo: Noeses, 2008. p. 135.

[4]   Este se desenvolve em quatro planos, isolados para fins analíticos e que correspondem aos subsistemas constitutivos do texto em sentido amplo: o plano das formulações literais ou plano dos enunciados (S1); o de suas significações ou plano das proposições (S2); o das normas jurídicas (S3); e o dos vínculos de coordenação e de subordinação estabelecidos entre as normas jurídicas, também denominado plano da sistematização (S4).

As normas jurídicas – em qualquer ordenamento legal e independentemente do ramo do direito – apresentam a estrutura de um juízo hipotético-condicional.[5] Nele uma proposição-consequente está ligada por um nexo de imputação (*dever ser*) à realização condicional de uma proposição-antecedente. Essa – também denominada hipótese, descritor ou suporte fático – descreve um evento de possível ocorrência no campo da experiência social. Exerce uma função qualificadora normativa do fático, sem constituir – como assinala Lourival Vilanova – uma proposição cognoscente do real.[6] O consequente ou mandamento, por sua vez, prescreve uma relação jurídica ligando dois ou mais sujeitos em torno de uma conduta regulada como proibida ($V$), permitida ($P$) ou obrigatória ($O$).[7]

No direito tributário, o antecedente da norma é mais conhecido como hipótese de incidência ou hipótese tributária. Trata-se da proposição que, segundo ensina Paulo de Barros Carvalho, descreve abstratamente um evento de possível ocorrência no plano social, mediante três notas ou critérios de identificação: material, espacial e temporal.[8] O critério material descreve

---

O texto em sentido estrito integra o plano de expressão do direito positivo, que constitui a base material do conhecimento (S1). É o suporte físico dos enunciados prescritivos, formado por um conjunto de morfemas, ordenados de acordo com as regras gramaticais de determinado idioma e que materializam a mensagem legislada no contexto comunicacional. A partir de sua leitura, ainda segundo lição de Paulo de Barros Carvalho, o intérprete ingressa no campo semântico, atribuindo sentido aos símbolos e construindo proposições, que são o conteúdo de significação dos enunciados prescritivos (S2). Em seguida, tais proposições são ordenadas de acordo com a estrutura sintática das normas jurídicas (S3), de modo a expressar uma unidade completa de significação deôntica. Por fim, no plano S4, são submetidas a um processo de ordenação sistêmica, no qual são estabelecidos os vínculos de subordinação e coordenação com as demais normas jurídicas. CARVALHO, Paulo de Barros. *Direito tributário, linguagem e método*. 2. ed. São Paulo: Noeses, 2008. p. 181 e ss. Sobre as estruturas sígnicas do sistema jurídico e o percurso gerador de sentido, cf. ainda: CARVALHO, *Paulo de Barros. Curso de direito tributário*. 13. ed. São Paulo: Saraiva, 2000. p. 126 e ss.; CARVALHO, Paulo de Barros. *Direito tributário*: fundamentos jurídicos da incidência. 2. ed. São Paulo: Saraiva, 1999, p. 59 e ss.

[5] Como ensina Alfredo Augusto Becker: "A regra jurídica tributária tem estrutura lógica e atuação dinâmica *idêntica* a qualquer outra regra jurídica". Em outra passagem: "A fenomenologia do 'fato gerador' (hipótese de incidência, suporte fáctico, etc.) não é especificamente do Direito Tributário e nem do Direito Penal, pois *toda e qualquer regra jurídica* (independente de sua natureza tributária, civil, comercial, processual, constitucional, etc.) tem a mesma estrutura lógica: a *hipótese de incidência* ('fato gerador', suporte fáctico, etc.) e a *regra* (norma, preceito, regra de conduta) cuja incidência sobre a hipótese de incidência fica condicionada à *realização* desta hipótese de incidência" (BECKER, Alfredo Augusto. *Teoria geral do direito tributário*. 3. ed. São Paulo: Lejus, 1998. p. 262 e 319).

[6] VILANOVA, Lourival. *As estruturas lógicas e o sistema do direito positivo*. São Paulo: Max Limonad, 1997. p. 88-89.

[7] A proposta teórica adotada neste estudo insere-se ainda no âmbito da teoria estrutural dual da norma jurídica. Entende-se, assim, que a norma jurídica completa apresenta uma bimembridade constitutiva, compreendendo duas normas jurídicas distintas e simultaneamente válidas: a norma primária, que prescreve os direitos e os deveres, ou seja, as relações deônticas; e a norma secundária, que prescreve as providências sancionatórias. Ambas apresentam uma relação de ordem não simétrica, porquanto a norma sancionatória pressupõe a definidora da conduta exigida. A aplicação da norma primária, por sua vez, afasta a aplicação da secundária no mesmo caso concreto, sendo a recíproca igualmente verdadeira. Sobre o tema, cf.: VILANOVA, Lourival. *As estruturas lógicas e o sistema do direito positivo*. São Paulo: Max Limonad, 1997. p. 112.

[8] Essas notas ou critérios da regra-matriz também são denominados "elementos" ou "aspectos" pela doutrina, sendo esta a designação mais encontrada na doutrina estrangeira e, entre nós, a utilizada por Fábio Fanucchi (FANUCCHI, Fábio. *Curso de direito tributário brasileiro*. 4. ed. São Paulo: Resenha Tributária, 1983. v. I, p. 232 e ss.). Geraldo Ataliba, porém, criticava-a por sugerir "[...] a ideia de que se está diante de algo que entra na composição doutra coisa e serve para formá-la". Por isso, entendendo que seriam "[...] simples qualidades, atributos ou relações de uma coisa una e indivisível", o autor prefere "falar em aspectos da hipótese de incidência, porque, na verdade, esta unidade conceitual pode ser encarada, examinada e estudada sob diferentes prismas, sem destituir-se de seu caráter unitário e sem que a compreensão, exame e estudo de uma possa permitir negligenciar ou ignorar os demais, partícipes da unidade e nela integrados" (ATALIBA, Geraldo. *Hipótese de incidência tributária*. 5. ed. São Paulo: Malheiros, 1997. p. 70). Opta-se, no

um comportamento humano com abstração das referências espaço-temporais. Em seu núcleo compositivo, apresenta um verbo – pessoal e de predicação incompleta – e um ou mais complementos.[9] O critério espacial, por sua vez, contém referência ao local em que o comportamento humano descrito no antecedente deverá ocorrer para que se instaurem os efeitos jurídicos. O critério temporal indica o preciso instante em que se considera ocorrido o evento imponível, o que lhe confere especial relevância no processo de positivação do direito, porquanto é a partir de então que se torna possível a constituição válida do fato jurídico e da relação jurídica tributária.[10]

Por fim, ainda de acordo com a teoria da regra-matriz de incidência tributária, a proposição-consequente ou consequência tributária apresenta um critério quantitativo (formado pela base de cálculo e pela alíquota) e outro pessoal, que estabelece o credor (sujeito ativo) e devedor (sujeito passivo) da obrigação tributária.[11]

## 2 IMPOSTO DE IMPORTAÇÃO

### 2.1 Princípios jurídicos

#### 2.1.1 Normatividade e vinculação

Não cabe, no presente estudo, um exame recapitulativo de todos os princípios constitucionais tributários. Esses serão considerados diretamente na construção da regra-matriz de incidência e na interpretação dos demais institutos de direito aduaneiro, quando aplicáveis. Nessa parte do texto serão analisadas apenas as exceções – ou, mais propriamente, as disposições especiais – aplicáveis ao imposto de importação.

Antes disso, porém, vale ressaltar que, durante muitos anos, os princípios foram vistos – na feliz expressão de Caio Tácito – como uma espécie de *direito à espera de lei*,[12] ou simples abstrações

---

presente estudo, pela proposta de Paulo de Barros Carvalho, que utiliza a palavra "critérios", por entender que as notas resultantes do seccionamento analítico da norma geral e abstrata seriam critérios de identificação do fato de possível ocorrência descrito na hipótese e das relações jurídicas que se instauram a partir destes (CARVALHO, Paulo de Barros. *Curso de direito tributário*. 13. ed. São Paulo: Saraiva, 2000. p. 251).

[9] CARVALHO, Paulo de Barros. *Teoria da norma tributária*. 4. ed. São Paulo: Max Limonad, 2002. p. 125.

[10] CARVALHO, Paulo de Barros. *Direito tributário*: fundamentos jurídicos da incidência. 2. ed. São Paulo: Saraiva, 1999. p. 258-259.

[11] A teoria da regra-matriz de incidência diferente da essa estruturação da norma jurídica encontrada em outros estudos de tributos aduaneiros, especialmente no direito comparado e em autores de língua espanhola. Esses, na linha de Albert Hensel, Dino Jarach, A. D. Giannini e de Fernando Sainz de Bujanda, incluem a base de cálculo, o devedor e o titular do crédito tributário dentre os elementos fundamentais da hipótese de incidência, dentro do que ficou conhecido como "Escola da Glorificação do Fato Gerador". É o que se tem, por exemplo, nas doutrinas de Juan Martín Queralt, Carmelo Lozano Serrano, Gabriel Casado Ollero e José M. Tejerizo López, Ferreiro Lapatza e, no direito aduaneiro, Ricardo Xavier Basaldúa e Jorge Witker. Essas diversas concepções foram analisadas em outro estudo específico de nossa autoria (SEHN, Solon. *Imposto de importação*. São Paulo: Noeses, 2016. p. 7 e ss.). Sobre o tema, cf.: HENSEL, Albert. *Derecho tributario*. Trad. Andrés Báez Moreno, María Luisa Gonzáles-Cuéllar Serrano y Enrique Ortiz Calle. Madrid-Barcelona: Marcial Pons, 2005. p. 155 (tradução da 3ª edição da obra original, publicada no ano 1933); JARACH, Dino. Estrutura e elementos da relação jurídica tributária. *Revista de Direito Público*, n. 16, 1971, p. 337 e ss. Cf. ainda: JARACH, Dino. *Finanzas públicas y derecho tributario*. 3. ed. Buenos Aires: Abeledo-Perrot, 1996. p. 381-392; QUERALT, Juan Martín; SERRANO, Carmelo Lozano; OLLERO, Gabriel Casado; LÓPEZ, José M. Tejerizo. *Curso de derecho financiero y tributario*. 9. ed. Madrid: Tecnos, 1998. p. 331 e 333; SAINZ DE BUJANDA, Fernando. Análisis jurídico el hecho imponible. *Hacienda y Derecho*, v. IV, 1966; LAPATZA, José Juan Ferreiro. *Curso de derecho financiero español*. 22. ed. Madrid-Barcelona: Marcial Pons, 2000. v. II, p. 36; BASALDÚA, Ricardo Xavier. *Tributos al comercio exterior*. Buenos Aires: 2011. p. 91-92; WITKER, Jorge. *Derecho tributario aduanero*. México: UNAM, 1999. p. 78-91.

[12] TÁCITO, Caio. O direito à espera de lei. RDA, n. 181-182, p.38-45, 1990.

resultantes do direito positivo, com aplicabilidade restrita enquanto mecanismo de *autointegração* do sistema.[13] Essa concepção encontra-se superada no constitucionalismo contemporâneo. Os princípios exercem uma *ação imediata*, podendo ser aplicados diretamente enquanto critério de solução de um caso concreto; e uma *ação mediata*, na condição de *fonte normativa subsidiária*.[14] Por outro lado, permitem um *"respirar, legitimar, enraizar e caminhar"*[15] do próprio sistema, por meio de sua *textura aberta*, que torna viável processos informais de mudança da constituição (*mutações constitucionais*) e, como ensina J.J. Gomes Canotilho, proporcionam uma "capacidade de aprendizagem" e a captação das concepções cambiantes da "verdade" e da "justiça"[16].

Alguns princípios são historicamente objetivados e progressivamente introduzidos na consciência jurídica, podendo encontrar uma recepção expressa ou implícita no texto constitucional. Outros explicitam as valorações políticas fundamentais do constituinte, formando "o cerne político" da Constituição. Também há *princípios diretivos fundamentais* ou normas programáticas, que impõem ao Estado, notadamente ao Legislador, a realização de fins e a execução de tarefas.[17] Por fim, há os *princípios-garantia*, que apresentam elevada densidade normativa e visam a instituir uma *garantia* individual aos cidadãos.[18] É o caso do princípio da legalidade (CF, art. 5º, II: "ninguém será obrigado a fazer ou deixar de fazer alguma coisa senão em virtude de lei").[19]

Os princípios jurídicos aplicáveis ao imposto de importação enquadram-se nessa última categoria. Isso equivale a dizer que apresentam uma *ação imediata* mais evidente, uma vez que podem ser aplicados diretamente enquanto critério de solução de um caso concreto. Por

---

[13] BONAVIDES, Paulo. *Curso de direito constitucional*. 6 ed. São Paulo: Malheiros, 1996p. 235-238. Dentro dessa concepção, já superada, "*os princípios necessitam, para a sua realização, da concretização através de subprincípios e de valores singulares como conteúdo material próprio*", uma vez que "não são normas e, por isso, não são capazes de aplicação imediata, antes devendo primeiro ser normativamente consolidados ou 'normatizados'" (CANARIS, Claus Wilhelm. *Pensamento sistemático e conceito de sistema na Ciência do Direito*. Lisboa: Fundação Calouste Gulbenkian, 1989. p. 96).

[14] As noções de *ação mediata* e *imediata* dos princípios são desenvolvidas pelo constitucionalista Jorge Mirante (MIRANDA, Jorge. *Manual de direito constitucional*: constituição e inconstitucionalidade. 3. ed. Coimbra: Coimbra, 1996. t. II, p. 226).

[15] CANOTILHO, José Joaquim Gomes. *Direito Constitucional e Teoria da Constituição*. 7. ed. Coimbra: Almedina, p. 170.

[16] CANOTILHO, José Joaquim Gomes. *Direito Constitucional e Teoria da Constituição*. 7. ed. Coimbra: Almedina, p. 165.

[17] CANOTILHO, José Joaquim Gomes. *Direito Constitucional e Teoria da Constituição*. 7. ed. Coimbra: Almedina, p. 171-173. O autor denomina essas três classes de princípios, respectivamente: princípios jurídicos fundamentais; *princípios políticos constitucionalmente conformadores; e princípios constitucionais impositivos*.

[18] Canotilho afirma que a densidade normativa dos princípios-garantia faz com que sejam quase uma regra jurídica. Isso, porém, não significa que o autor negue normatividade aos demais princípios constitucionais, porque, na teoria desse professor, norma é o gênero que compreende os princípios e as regras (CANOTILHO, José Joaquim Gomes. *Direito Constitucional e Teoria da Constituição*. 7. ed. Coimbra: Almedina, p. 173). Como ensina o eminente constitucionalista, "toda a Constituição é direito, toda ela é «lei positiva» e todos os princípios nela consagrados possuem alcance jurídico e compartilham da normatividade própria da Lei fundamental" (CANOTILHO, José Joaquim Gomes; VITAL MOREIRA. *Fundamentos da Constituição*. Coimbra: Coimbra, 1991. p. 73).

[19] Segundo Canotilho, também são denominados "princípios em forma de norma jurídica" (CANOTILHO, José Joaquim Gomes; VITAL MOREIRA. *Fundamentos da Constituição*. Coimbra: Coimbra, 1991. p. 173). Esses princípios, na teoria de Karl Larenz, são denominados *princípios com forma de proposição jurídica*, que permitem obter diretamente resoluções de um caso particular. O autor os diferencia dos princípios abertos, ressaltando, contudo, que "A distinção não deve, porém, ser entendida no sentido de uma separação rígida; as fronteiras entre os princípios 'abertos' e os princípios 'com forma de proposição jurídica' é antes fluida. Não pode indicar-se com exactidão o ponto a partir do qual o princípio está já tão amplamente concretizado que pode ser considerado como princípio com a forma de proposição jurídica" (LARENZ, Karl. *Metodologia da ciência do direito*. 2. ed. Lisboa: Fundação Calouste Gulbenkian, 1989 p. 584).

outro lado, embora ainda apresentem uma *textura aberta*, o grau de indeterminação de seus enunciados é menor, não comportando – ou comportando em grau reduzido – juízos de ponderação ou de relativização no caso concreto.[20]

### 2.1.2 Legalidade e definição das alíquotas do imposto

O princípio da legalidade tributária constitui uma garantia individual dos contribuintes, cláusula pétrea da Constituição Federal (art. 60, § 4º, IV).[21] Previsto no inciso I do art. 150 da Lei Fundamental, demanda lei formal para a instituição e o aumento de tributos. Trata-se de exigência inerente ao Estado Democrático de Direito que, enquanto limitação imanente ao poder de tributar, está presente em praticamente todas as ordens jurídicas civilizadas, desde a Magna Carta imposta pelos barões ingleses ao Rei João-Sem-Terra.[22]

---

[20] Para Robert Alexy, os princípios constituem-se em *mandados de otimização*, ou seja, "pueden ser cumprinos en diferente grado y que la medida de su cumplimiento no sólo depende de las posibilidades reales sino también de las jurídicas" (ALEXY, Robert. *Teoria de los derechos fundamentales*. Madrid: Centro de Estudios Constitucionales, 1997 p. 86). As regras, diferentemente, não apresentam essa flexibilidade, pois uma vez que seja válida, ela deverá ser aplicada, ou não. Assim, os princípios são razões que podem ser rechaçadas (*prima facie*) por razões diversas (envolvem uma análise de ponderação). Podem sofrer "harmonizações" (ponderações) conforme o caso concreto e as possibilidades jurídicas, sem que a sua juridicidade seja prejudicada. Já as regras, devem ser aplicadas integralmente tal como estão dispostas, ou não serão aplicadas: são razões definitivas. Além disso, os conflitos entre regras são resolvidos introduzindo-se uma cláusula de exceção ou por meio da declaração de invalidade de pelo menos uma das normas contraditórias (questão de validade). Nesse último caso, aplicam-se os critérios hermenêuticos tradicionais da *lex posterior derogat legi priori, lex specialis derogat legi generali*. Por outro lado, no caso de *colisões* de princípios não se está mais diante de uma questão de *validade*, mas de uma questão de *peso*, ou seja, diante do caso concreto, os diferentes princípios, que sempre serão válidos, irão ser avaliados conforme o seu *peso*, optando-se pela incidência daquele que tiver maior importância ao caso concreto (Alexy, 1997, p. 80-114). Nesse aspecto, a teoria de Alexy, aproxima-se das ideias de Ronald Dworkin, para quem a diferença entre princípios ("*principles*") e regras ("*rules*") seria unicamente lógica. As regras obedecem à lógica do *all-or-nothing*, segundo a qual, diante das circunstâncias do caso concreto, as regras serão aplicadas ou não serão aplicadas. Já os princípios, a lógica do *peso* ou *importância relativa*. Dessa maneira, diante da colisão de princípios, a importância relativa de cada um é que determinará qual ou quais deverão incidir, bem como qual deles sofrerá limitações. Por outro lado, diante de regras contraditórias, somente uma (e em sua integralidade) deverá incidir, devendo as demais serem afastadas segundo os critérios hierárquico, cronológico e da especialidade (DWORKIN, Ronald. *Taking rights seriously*. 16. ed. Massachusetts: Harvard University Press, 1997. p. 76 e ss.). Essa concepção oferece um instrumento teórico relevante para a compreensão da colisão de direitos fundamentais. Acolhe-se essa distinção, com ressalva de que, dentro do conceito semântico de norma, como exposto inicialmente, as normas não são sinônimo de texto de lei, mas significações que decorrem de um ou mais enunciados prescritivos ordenados dentro da estrutura sintática de um juízo hipotético-condicional. Ademais, as proposições jurídicas denominadas princípios e regras estão sujeitas a mesma lógica: a lógica deôntica. Nessa as proposições são apenas válidas ou não válidas. Não há espaço para outra valência. Assim, mesmo os princípios submetem-se a um juízo de validade, o que, de resto, também é ressaltado por Alexy, quando explica que a *lei da colisão* tem como pressuposto a validade dos princípios. O autor, inclusive, qualifica-os como conceitos *deontológicos*, que, na linha de von Wright, expressam um *dever ser* (Alexy, 1997, p. 140). Por outro lado, também podem existir princípios sem margem para qualquer ponderação, ou regras que podem ser aplicadas fora da "lógica" do "*all-or-nothing*". Isso dependerá do grau de indeterminação do enunciado prescritivo, que pode apresentar uma abertura semântica suficiente a ponto de comportar (ou mesmo exigir) uma harmonização à luz do caso concreto (ou fechado de modo a reduzir as possibilidades).

[21] Registre-se que, mesmo não previstos expressamente no art. 5º da Constituição, os princípios constitucionais tributários, como reconheceu o Supremo Tribunal Federal, na linha da melhor doutrina, no julgamento do ADI 939/DF, são "normas imutáveis", que servem de parâmetro para a declaração de inconstitucionalidade de emendas constitucionais (Rel. Min. Sydney Sancher. DJU 18.03.1994, p. 5165).

[22] De acordo com amplo estudo realizado por Victor Uckmar (UCKMAR, Victor. *Princípios comuns do direito constitucional tributário*. 2. ed. São Paulo: Malheiros, 1999. p. 34-39), das Constituições consultadas pelo autor,

Essa garantia, segundo ensina Alberto Xavier, torna obrigatória a predeterminação legislativa do critério de decisão concreta do aplicador, não deixando margens para apreciação subjetiva. Implica, dessa forma, a exigência de *tipicidade da tributação*, por meio de quatro corolários: (*i*) o *princípio da seleção*, que impede o legislador de descrever o tributo mediante o emprego de conceito ou cláusula geral, abrangendo todas as situações tributáveis;[23] (*ii*) o *princípio do "numerus clausus"*, completando o princípio da seleção, exige que, dentre as três formas de tipologia existentes (a exemplificativa, a taxativa e a delimitativa), o legislador sempre deve utilizar-se da *taxativa*;[24] (*iii*) o *princípio do exclusivismo*, segundo o qual, para a exigência de um tributo, o fato deve apresentar *implicação intensiva* com o tipo legal;[25] e (*iv*) o *princípio da determinação* ou da *tipicidade fechada*, pelo qual os elementos integrantes do tipo legal devem ser tão precisos e determinados que acabem por impedir a apreciação subjetiva do aplicador da norma.[26]

Contudo, no imposto de importação, o princípio da legalidade tem uma dimensão mitigada, uma vez que, nos termos do art. 153, § 1º, da Constituição,[27] o Poder Executivo pode alterar suas alíquotas dentro dos limites máximos e mínimos previstos em lei.[28] Essa

---

todas continham consagração expressa do princípio da legalidade tributária. Os países foram os seguintes: Albânia (1946), Argentina (1994), Áustria (1929), Bélgica (1831), Bolívia (1967), Brasil (1988), Bulgária (1947), Tcheco-Eslováquia (1948), Chile (1981), China (1982), Colômbia (1991), Costa Rica (1871), Dinamarca (1915), Equador (1998), França (1958), Alemanha (1949), Japão (1946), Jordânia (1952), Grécia (1986), Haiti (1935), Honduras (1936), Irlanda (1937), Islândia (1944), Itália (1947), Iugoslávia (1946), Líbia (1951), Liechtenstein (1921), Luxemburgo (1868), México (1917), Mônaco (1911), Nicarágua (1939), Noruega (1814), Holanda (1983), Paraguai (1992), Peru (1993), Portugal (1992), Rússia (1993), Síria (1950), Espanha (1978), Estados Unidos (1777), Suécia (1974), Turquia (1924), Uruguai (1996), Vanuatu (1988) e Venezuela (1961). Sobre o conteúdo jurídico do princípio em questão, cf.: SEHN, Solon. *Curso de direito tributário*. Rio de Janeiro: Forense, 2024. p. 146 e ss.; FALCÃO, Amílcar de Araújo. *Fato gerador da obrigação tributária*. 6. ed. Rio de Janeiro: Forense, 1999. p. 7 e ss.; CARRAZZA, Roque Antonio. *Curso de direito constitucional tributário*. 16. ed. São Paulo: Malheiros, 2001. p. 213 e ss.; BALEEIRO, Aliomar. *Limitações constitucionais ao poder de tributar*. 7. ed. Rio de Janeiro: Forense, 1999. p. 46 e ss.; XAVIER, Alberto. *Os princípios da legalidade e da tipicidade da tributação*. São Paulo: RT, 1977. p. 39 e ss.; MACHADO, Hugo de Brito. *Os princípios jurídicos da tributação na Constituição de 1988*. 4. ed. São Paulo: Dialética, 2001. p. 17 e ss.; LACOMBE, Américo Lourenço Masset. *Princípios constitucionais tributários*. São Paulo: Malheiros, 1996. p. 34 e ss.; RAYA, Francisco José Carrera. *Manual de derecho financiero*. Madrid: Tecnos, 1994. v. I, p. 100 e ss.; MITA, Enrico de. *Interesse fiscale e tutela del contribuente*: le garantie costituzionali. 4. ed. Milano: Giuffrè, 2000. p. 171 e ss.; NOVOA, César García. *El principio de seguridad jurídica en materia tributaria*. Madrid-Barcelona: Marcial-Pons, 2000. p. 95 e ss.

[23] "Pelo contrário, os tributos devem constar de uma tipologia, uma seleção, pelo legislador, das realidades que pretende tributar, dentro do quadro mais vasto das que apresentam aptidão para tanto" (XAVIER, Alberto. *Tipicidade da tributação, simulação e norma antielisiva*. São Paulo: Dialética, 2001. p. 18).

[24] XAVIER, Alberto. *Tipicidade da tributação, simulação e norma antielisiva*. São Paulo: Dialética, 2001. p. 18-19.

[25] "O *princípio do exclusivismo* exprime que a conformação das situações jurídicas aos tipos legais tributários é não só absolutamente necessária como também suficiente à tributação. É o fenômeno que em lógica jurídica se denomina de 'implicação intensiva' e que o art. 114 do Código Tributário Nacional descreve, com rara felicidade e rigor, ao definir o fato gerador da obrigação principal como a 'situação definida em lei como necessária e suficiente à sua ocorrência'" (XAVIER, Alberto. *Tipicidade da tributação, simulação e norma antielisiva*. São Paulo: Dialética, 2001. p. 19).

[26] "Por outras palavras: exige a utilização de conceitos determinados, entendendo-se por estes (e tendo em vista a indeterminação imanente a todo conceito) aqueles que não afetem a segurança jurídica dos cidadãos, isto é, a sua capacidade de previsão objetiva dos seus direitos e deveres tributários" (XAVIER, Alberto. *Tipicidade da tributação, simulação e norma antielisiva*. São Paulo: Dialética, 2001. p. 19).

[27] "§ 1º É facultado ao Poder Executivo, atendidas as condições e os limites estabelecidos em lei, alterar as alíquotas dos impostos enumerados nos incisos I, II, IV e V".

[28] Para parte da doutrina, isso seria uma exceção ao princípio da estrita legalidade. No entanto, como bem ensina Roque Carrazza, *a exceção é apenas aparente*, uma vez que o Poder Executivo não pode criar as alíquotas aplicáveis ao imposto, mas apenas alterá-las dentro dos limites legais (CARRAZZA, Roque Antonio. *Curso de direito constitucional tributário*. 16. ed. São Paulo: Malheiros, 2001. p. 259).

previsão resulta da natureza extrafiscal do imposto. Dessa forma, mediante modulação das alíquotas, o tributo pode ser utilizado como instrumento de incentivo ou de desestímulo para a importação de determinados produtos, dentro de políticas públicas e de desenvolvimento econômico definidas a partir dos parâmetros constitucionais e dos compromissos assumidos pelo Estado brasileiro em tratados e acordos internacionais.

Essa prerrogativa está restrita à definição das alíquotas. Não foi recepcionada pela Constituição Federal de 1988 a previsão do art. 21 do CTN,[29] que autorizava o Poder Executivo a alterar "as bases de cálculo do imposto, a fim de ajustá-lo aos objetivos da política cambial e do comércio exterior". A base imponível é matéria sob reserva legal, assim como a criação do tributo. Dessa forma, cabe privativamente ao legislador estabelecer os enunciados prescritivos necessários à determinação da hipótese de incidência e da consequência jurídica da regra-matriz de incidência do imposto de importação, inclusive a sujeição passiva.[30]

Esses elementos sempre devem ser previstos na lei, sem possibilidade de delegação legislativa ao Poder Executivo.[31] Isso ocorre porque, segundo destaca Ricardo Guastini, a reserva legal não só é uma limitação à regulação da matéria por meio de outras fontes formais, mas, paradoxalmente, também é uma restrição constitucional dirigida ao próprio legislador, que "[...] pode decidir não regular a matéria, mas se decide regulá-la deverá fazê-lo completamente e não pode delegar a regulação a fontes subordinadas (regulamentos do Executivo)".[32] O mesmo é ressaltado por Manoel Afonso Vaz, ao ensinar que a técnica da *reserva legal* ou *reserva de lei* tem o sentido de exclusão, *ratione materiae*, de outros atos normativos que não os do Poder Legislativo, equivalendo a uma *reserva total*.[33]

---

[29] "Art. 21. O Poder Executivo pode, nas condições e nos limites estabelecidos em lei, alterar as alíquotas ou as bases de cálculo do imposto, a fim de ajustá-lo aos objetivos da política cambial e do comércio exterior".

[30] Ademais, segundo ensina Roque Carrazza, o princípio também compreende a criação de deveres instrumentais tributários, a regulamentação da época e forma do pagamento de tributos, a definição da competência administrativa dos órgãos responsáveis pelo lançamento e fiscalização, a descrição de infrações tributárias e a cominação das respectivas penalidades (CARRAZZA, Roque Antonio. *Curso de direito constitucional tributário*. 16. ed. São Paulo: Malheiros, 2001. p. 208 e 213-214). Não obstante, a Jurisprudência do Supremo Tribunal Federal entende que a definição da data do recolhimento ou do vencimento de obrigações tributárias não está sujeita ao princípio da legalidade. Cf.: "ICMS. Fato gerador. Desembaraço aduaneiro das mercadorias importadas do exterior. Antecipação da data de recolhimento. Legitimidade por meio de decreto. Apresenta-se sem utilidade o processamento de recurso extraordinário quando o acórdão recorrido se harmoniza com a orientação desta Corte no sentido da possibilidade da cobrança do ICMS quando do desembaraço aduaneiro da mercadoria (RE 192.711, RE 193.817 e RE 194.268), bem como de não se encontrar sujeita ao princípio da legalidade a fixação da data do recolhimento do ICMS (RE 197.948, RE 253.395 e RE 140.669)" (AI 339.528 AgR. Rel. Min. Ilmar Galvão. DJ 22.02.2002); "Não se compreendendo no campo reservado à lei a definição de vencimento das obrigações tributárias, legítimo o Decreto 34.677/1992, que modificou a data de vencimento do ICMS. Improcedência da alegação no sentido de infringência ao princípio da anterioridade e da vedação de delegação legislativa" (RE 182.971. Rel. Min. Ilmar Galvão. DJ 31.10.1997).

[31] CARRAZZA, Roque Antonio. *Curso de direito constitucional tributário*. 16. ed. São Paulo: Malheiros, 2001. p. 215.

[32] Traduzimos. GUASTINI, Ricardo. *Estudios de teoría constitucional*. México: UNAM, 2001. p. 48: "Al disponer una reserva de ley, la Constitución evidentemente limita la competencia material de cualquier otra fuente, ya que, donde existe una reserva de ley, solo la ley puede regular la materia en cuestión. Paradójicamente, sin embargo, la reserva de ley – si bien se crea precisamente a favor de la ley – constituye una limitación también para el legislador. Esto sucede porque, cuando una materia está reservada a la ley, el legislador debe regular esa materia de modo completo. El mejor dicho, el legislador puede decidir no regular esa materia, pero si decide regularla deberá hacerlo él mismo completamente y no puede delegar la regulación a fuentes subordinadas (reglamentos del Ejecutivo)".

[33] VAZ, Manuel Afonso. *Lei e reserva da lei: a causa da lei na Constituição Portuguesa de 1976*. Porto: Universidade Católica Lusitana, 1992. p. 389-391.

## 2.1.3 Anterioridade, segurança jurídica e proteção da confiança

No direito brasileiro, os tributos estão sujeitos ao princípio da anterioridade, que, nos termos do art. 150, III, *b*, da Constituição, veda a cobrança do crédito tributário "no mesmo exercício financeiro em que haja sido publicada a lei que os instituiu ou aumentou".[34] Também está compreendida nessa vedação a revogação de isenções e de desonerações fiscais em geral, inclusive, nos tributos não cumulativos, a revogação de hipóteses de creditamento ou a previsão de restrições ao direito de crédito.[35]

A anterioridade, como ressalta Paulo de Barros Carvalho, implica um deslocamento do termo inicial da vigência para o primeiro dia do exercício financeiro seguinte;[36] ou, na linha de Roque Carrazza, a lei fica com a *eficácia paralisada*, de sorte que somente poderá incidir sobre fatos ocorridos a partir de então:

> [...] o princípio da anterioridade não é respeitado quando se considera *imponível* o fato ocorrido no mesmo exercício financeiro em que entrou em vigor a lei instituidora do tributo, ainda que sua cobrança administrativa se dê no exercício seguinte. O mesmo vale para a lei que aumenta tributo já existente: ela só incidirá no exercício seguinte à sua entrada em vigor. Em síntese, pelo princípio da anterioridade não é suficiente que a lei que cria ou aumenta o tributo esteja em vigor no exercício anterior ao de sua cobrança administrativa. É preciso, ainda, que ela esteja em vigor no exercício anterior ao da ocorrência do *fato imponível tributário*.[37]

O imposto de importação não está sujeito ao princípio constitucional da anterioridade tributária (CF, art. 150, § 1º[38]), podendo ser exigido de imediato. Trata-se de regra que visa a garantir ao Poder Executivo a prerrogativa de incentivar ou de desestimular a importação de determinados produtos de maneira célere, utilizando o imposto como um instrumento de regulatório ou econômico.

Contudo, essa competência não constitui um fim-em-si-mesmo nem, muito menos, um instrumento injustificado de agravamento inopinado da carga fiscal de produtos importados. Trata-se de um instrumento constitucional que visa a garantir a celeridade na implementação de medidas de extrafiscalidade, inibindo o negócio jurídico internacional colimado com o aumento da alíquota. Logo, em situações em que esse desiderato não pode ser atingido, o agravamento imediato da carga fiscal não é justificável.

A extrafiscalidade, para ser constitucionalmente legítima, pressupõe a idoneidade entre a medida e o objetivo pretendido.[39] Não há adequação entre o objetivo e a medida nos casos em

---

[34] SEHN, Solon. *Curso de direito tributário*. Rio de Janeiro: Forense, 2024. p. 170 e ss.

[35] O Supremo Tribunal Federal, no julgamento de medida liminar em Ação Direta de Inconstitucionalidade (nº 2.325/DF) contra dispositivos da Lei Complementar nº 102/2000 que modificaram os critérios de apropriação dos créditos do ICMS decorrentes de aquisições de mercadorias para o ativo permanente, de energia elétrica e de serviços de telecomunicação, entendeu que a modificação do sistema de creditamento se sujeita ao princípio da anterioridade (ADInMC 2.325/DF. Rel. Min. Marco Aurélio. J 29.11.2000).

[36] Vigência é uma propriedade da norma jurídica, que reflete a aptidão para propagar seus efeitos previstos, diante da ocorrência concreta do evento descrito em seu antecedente (CARVALHO, Paulo de Barros. *Curso de direito tributário*. 13. ed. São Paulo: Saraiva, 2000. p. 79-127).

[37] CARRAZZA, Roque Antonio. *Curso de direito constitucional tributário*. 16. ed. São Paulo: Malheiros, 2001. p. 138.

[38] "Art. 150. [...] § 1º A vedação do inciso III, *b*, não se aplica aos tributos previstos nos arts. 148, I, 153, I, II, IV e V; e 154, II; e a vedação do inciso III, *c*, não se aplica aos tributos previstos nos arts. 148, I, 153, I, II, III e V; e 154, II, nem à fixação da base de cálculo dos impostos previstos nos arts. 155, III, e 156, I (Redação dada pela Emenda Constitucional nº 42, de 19.12.2003)".

[39] BIRK, Dieter. *Diritto tributario tedesco*. Trad. Enrico de Mita. Milano: Giuffrè, 2006. p. 56; ÁVILA, Humberto. *Teoria da igualdade tributária*. 3. ed. São Paulo: Malheiros, 2015. p. 168; CORREIA NETO, Celso de Barros. *O avesso do tributo*: incentivos e renúncias. 2. ed. São Paulo: Almedina, 2016. p. 118.

que a compra e venda já foi concluída, mas o critério espacial da hipótese de incidência ainda não ocorreu, porque a mercadoria está em trânsito para o país; ou o critério temporal, pelo fato de ainda não se ter registrado a declaração de mercadorias (DI no Siscomex ou Duimp no Portal Único de Comércio Exterior).[40] Nessas hipóteses, a exigência do crédito tributário majorado representará um sacrifício inútil, inapropriado para a realização do interesse público que a justificou. Afinal, o negócio jurídico internacional que se pretendia inibir com o aumento da alíquota já não pode mais ser inibido, porque foi celebrado anteriormente. A medida atingirá apenas o importador brasileiro que – por qualquer razão, talvez até falta de sorte – estava com a mercadoria em trânsito ou ainda não havia registrado da declaração de mercadorias quando da publicação do aumento da alíquota do imposto. Dessa forma, sendo impossível atingir um efeito inibitório do negócio jurídico, a nova carga majorada deve ser aplicada apenas às compras celebradas após o aumento. As situações consolidadas devem ser preservadas, para evitar que o exercício de uma competência constitucional legítima se converta em fonte de arbítrio, de desproporção. Por conseguinte, deve ser admitida, excepcionalmente, a ultratividade da alíquota vigente na data da conclusão do negócio jurídico internacional.

## 2.1.4 Extrafiscalidade e isonomia

A Constituição Federal veda à União, aos Estados, ao Distrito Federal e aos Municípios "instituir tratamento desigual entre contribuintes que se encontrem em situação equivalente, proibida qualquer distinção em razão de ocupação profissional ou função por eles exercida, independentemente da denominação jurídica dos rendimentos, títulos ou direitos" (CF, art. 150, II). A garantia de isonomia, no entanto, sequer precisaria estar expressa no texto, porque constitui uma decorrência da forma de governo republicana.[41]

Na tributação do comércio exterior, a isonomia é um compromisso internacional. O Estado brasileiro é signatário do Acordo Geral de Tarifas e Comércio de 1994 (Gatt 1994 – *General Agreement on Tariffs and Trade*), incorporado ao direito interno pelo Decreto Legislativo nº 30/1994, promulgado pelo Decreto nº 1.355/1994. Dessa forma, como membro da Organização Mundial do Comércio, comprometeu-se a eliminar tratamentos anti-isonômicos nas relações comerciais com outros países.[42] A isonomia é operacionalizada por meio das cláusulas da nação mais favorecida (Artigo I) e do tratamento nacional (Artigo III). Esses

---

[40] A partir da segunda edição, sempre que possível, utilizam-se aqui as definições da Convenção de Quioto Revisada (Decreto Legislativo nº 56/2019, promulgado pelo Decreto nº 10.276/2020). Assim, tem-se por *declaração de mercadorias*, nos termos do Capítulo 2, Apêndice 2: "o ato executado na forma prescrita pelas Administrações Aduaneiras, mediante o qual os interessados indicam o regime aduaneiro a aplicar às mercadorias e comunicam os elementos cuja menção é exigida pelas Administrações Aduaneiras para aplicação deste regime".

[41] Sobre o conteúdo jurídico do princípio da isonomia, cf.: MELLO, Celso Antônio Bandeira de. *Conteúdo jurídico do princípio da igualdade*. São Paulo: Malheiros, 1997; ÁVILA, Humberto. *Teoria da igualdade tributária*. 3. ed. São Paulo: Malheiros, 2015; GONÇALVES, José Artur Lima. *Isonomia na norma tributária*. São Paulo: Malheiros, 1993; SEHN, Solon. *Curso de direito tributário*. Rio de Janeiro: Forense, 2024. p. 194 e ss.

[42] Como ressalta Basaldúa: "[…] el GATT, tanto el de 1947 como el de 1994, constituye un sistema normativo que procura asegurar la liberalización del comercio internacional, para lo cual impone un conjunto de obligaciones a los Miembros. Se reduce de tal forma la soberanía de los Estados para regular libremente la materia aduanera mediante el establecimiento de diversos principios que favorecen la libre circulación de las mercaderías. Así, se dispone la disminución de las barreras aduaneras (se trate de los aranceles aduaneros, como de las reglamentaciones comerciales restrictivas) y, de tal modo, se brinda previsibilidad a los protagonistas del trágico internacional (*v. gr.*, los comerciantes). Así mismo, se condena el trato discriminatorio en el comercio internacional" (BASALDÚA, Ricardo Xavier. Principios generales del derecho aduanero. *In*: CARRERO, Germán Pardo (dir.); MARSILLA, Santiago Ibáñez; YEBRA, Felipe Moreno (codir.). *Derecho aduanero*. Bogotá: Tirant lo Blanch; Universidad del Rosario, 2019. t. I, p. 113).

são princípios-garantia que visam a assegurar a paridade tarifária, protegendo não apenas os bens estrangeiros importados, mas os produtos brasileiros exportados contra privilégios e discriminações adotados por outros Estados-membros. Dentro da reciprocidade e da lógica de vantagens mútuas do acordo, constitui um dever do Estado brasileiro zelar pela sua observância. Isso incluiu os Poderes Executivo e Legislativo, na elaboração de leis, na formulação e execução das políticas de comércio exterior. Mas também o Poder Judiciário, na contenção interna de práticas abusivas e incompatíveis com o Gatt que poderiam gerar consequências gravosas para o País e para as empresas brasileiras no comércio internacional.

O Gatt considera os tributos aduaneiros os únicos instrumentos legítimos de restrição do comércio exterior,[43] vedando a instituição restrições qualitativas ou não alfandegárias (Artigo XI.1[44]), salvo quando necessárias à proteção do equilíbrio da balança de pagamentos (Artigo XII[45]) e nas seguintes situações (Artigos XI.2[46] e Artigo XIII[47]):

> (a) proibições ou restrições aplicadas temporariamente à exportação para prevenir ou remediar uma situação crítica, devido a uma penúria de produtos alimentares ou de outros produtos essenciais para a Parte Contratante exportadora;

---

[43] BASALDÚA, Ricardo Xavier. *Tributos al comercio exterior*. Buenos Aires: Abeledo-Perrot, 2011. p. 482. No mesmo sentido: ARMELLA, Sara. *Diritto doganale dell'Unione europea*. Milão: Egea, 2017. p. 12.

[44] "**Artigo XI**
**Eliminação Geral das Restrições Quantitativas**
11.1 Nenhuma Parte Contratante instituirá ou manterá, para a importação de um produto originário do território de outra Parte Contratante, ou para a exportação ou venda para exportação de um produto destinado ao território de outra Parte Contratante, proibições ou restrições a não ser direitos alfandegários, impostos ou outras taxas, quer a sua aplicação seja feita por meio de contingentes, de licenças de importação ou exportação, quer por outro qualquer processo".

[45] "**Artigo XII**
**Restrições Destinadas a Proteger o Equilíbrio da Balança de Pagamentos**
12.1 Não obstante as disposições do parágrafo primeiro do artigo XI, toda Parte Contratante, a fim de salvaguardar sua posição financeira exterior e o equilíbrio de sua balança de pagamentos, pode restringir o volume ou o valor das mercadorias cuja importação ela autoriza, sob reserva das disposições dos parágrafos seguintes do presente artigo.
12.2 (a) As restrições à importação instituídas, mantidas ou reforçadas por uma Parte Contratante em virtude do presente artigo, não ultrapassarão o que for necessário:
(i) Para opor-se à ameaça iminente de uma baixa importante de suas reservas monetárias ou para por fim a esta baixa;
(ii) Ou para aumentar suas reservas monetárias segundo uma taxa de crescimento razoável, no caso em que elas sejam muito baixas." Essas restrições estão sujeitas a consultas de Estados prejudicados e a questionamentos perante a OMC (12.4). Devem, ademais, ser justificadas tecnicamente, observar as regras dos demais parágrafos do Artigo XII, em especial o parágrafo 5: "12.5 No caso em que a aplicação de restrições à importação em virtude do presente artigo tomar um caráter durável e extenso, o que seria índice de um desequilíbrio geral no sentido de reduzir o volume das trocas internacionais, as Partes Contratantes iniciarão conversações para examinar se outras medidas poderão ser tomadas, seja pelas Partes Contratantes cujo balanço de pagamentos tende a ser excepcionalmente favorável, seja ainda por qualquer organização intergovernamental competente, a fim de fazer desaparecer as causas fundamentais deste desequilíbrio. A convite das Partes Contratantes, as Partes Contratantes tomarão a parte nas conversações acima prevista".

[46] "11.2 As disposições do parágrafo primeiro do presente Artigo não se estenderão aos casos seguintes: [...]".

[47] De acordo com o Artigo XIII, as restrições quantitativas, mesmo quando justificadas pelo enquadramento nas exceções do Gatt, não podem ser discriminatórias: "13.1 Nenhuma proibição ou restrição será aplicada por uma Parte Contratante à importação de um produto originário do território de outra Parte Contratante ou à exportação de um produto destinado ao território de outra Parte Contratante a menos que proibições ou restrições semelhantes sejam aplicadas à importação do produto similar originário de todos os outros países ou à exportação do produto similar destinado a todos os outros países".

(b) proibições ou restrições à importação e à exportação necessárias à aplicação de normas ou regulamentações referentes à classificação, controle da qualidade ou venda de produtos destinados ao comércio internacional;

(c) restrições à importação de qualquer produto agrícola ou de pescaria, seja qual for a forma de importação desses produtos, quando forem necessárias à aplicação de medidas governamentais que tenham por efeito:[48]

(i) restringir a quantidade do produto nacional similar a ser posta à venda ou produzida, ou na falta de produção nacional importante do produto similar, a quantidade de um produto nacional que o produto importado possa substituir diretamente;

(ii) reabsorver um excedente temporário do produto nacional similar ou, na falta de produção nacional importante do produto similar, de um produto nacional que o produto importado possa substituir diretamente colocando esse excedente à disposição de certos grupos de consumidores do país gratuitamente ou a preços inferiores aos correntes no mercado; ou

(iii) restringir a quantidade a ser produzida de qualquer produto de origem animal cuja produção depende diretamente, na totalidade ou na maior parte, do produto importado, se a produção nacional deste último for relativamente desprezível.

Portanto, apesar de constituir um instrumento legítimo de restrição do comércio exterior, o imposto de importação deve observar as limitações soberanamente pactuadas pelo Estado brasileiro no Gatt 1994. A essas somam-se as restrições à tributação extrafiscal que decorrem da Constituição Federal. Há, dessa maneira, duas ordens de limitações: de constitucionalidade e de convencionalidade.

### 2.1.4.1 Limitações constitucionais

No Estado Democrático de Direito, a carga tributária necessária ao custeio das despesas públicas deve ser distribuída igualitariamente entre os cidadãos e as empresas em função das respectivas capacidades contributivas (CF, art. 145, § 1º[49]; art. 150, II[50]). Contudo, nos tributos

---

[48] "Qualquer Parte Contratante que aplicar restrições à importação de um produto de acordo com as disposições da presente alínea *c* do presente parágrafo, tornará público o total do volume ou do valor do produto cuja importação for autorizada para um período ulterior determinado assim como qualquer modificação sobrevinda nesse volume ou nesse valor. Além disso, as restrições aplicadas conforme o item (i) supra não deverão ser tais que reduzam o total das importações em relação ao da produção nacional, em comparação com a proporção que se poderia razoavelmente antecipar entre ambas na ausência das ditas restrições. Para determinar essa proporção, a Parte Contratante levará devidamente em conta a que existia no correr de um período de referência anterior e todos os fatores especiais".

[49] "Art. 145. [...] § 1º Sempre que possível, os impostos terão caráter pessoal e serão graduados segundo a capacidade econômica do contribuinte, facultado à administração tributária, especialmente para conferir efetividade a esses objetivos, identificar, respeitados os direitos individuais e nos termos da lei, o patrimônio, os rendimentos e as atividades econômicas do contribuinte". Sobre o tema, cf.; HORVATH, Estevão. *O princípio do não confisco no direito tributário*. São Paulo: Dialética, 2002. p. 70 e 137; GOLDSCHIMIDT, Fabio Brun. *O princípio do não confisco no direito tributário*. São Paulo: RT, 2003. p. 146; COSTA, Regina Helena. *Princípio da capacidade contributiva*. 2. ed. São Paulo: Malheiros, 1996. p. 51 e ss.; GONÇALVES, José Artur Lima. *Isonomia na norma tributária*. São Paulo: Malheiros, 1993. p. 68. MITA, Enrico de. *Interesse fiscale e tutela del contribuente: le garanzie costituzionali*. 4. ed. Milão: Giuffrè, 2000. p. 81 e ss.; TIPKE, Klaus. *Moral tributaria del Estado y de los contribuyentes*. Madrid: Marcial Pons, 2002. p. 36 e ss.; BIRK, Dieter. *Diritto tributario tedesco*. Trad. Enrico de Mita. Milano: Giuffrè, 2006. p. 48; MOLINA, Pedro M. Herrera. *Capacidad económica y sistema fiscal*: análisis del ordenamiento español a luz del Derecho alemán. Madrid: Marcial Pons, 1998. p. 23 e ss.; SEHN, Solon. *Curso de direito tributário*. Rio de Janeiro: Forense, 2024. p. 174 e ss.

[50] "Art. 150. Sem prejuízo de outras garantias asseguradas ao contribuinte, é vedado à União, aos Estados, ao Distrito Federal e aos Municípios: [...] II – instituir tratamento desigual entre contribuintes que se encontrem em situação equivalente, proibida qualquer distinção em razão de ocupação profissional ou função por eles exercida, independentemente da denominação jurídica dos rendimentos, títulos ou direitos".

extrafiscais essa exigência é flexibilizada, justamente porque o objetivo não é obter receita, mas atingir um efeito econômico ou regulatório. Isso pode levar a uma quebra da isonomia, que, uma vez ocorrida, necessita ser constitucionalmente justificada.[51]

A legitimação dessa quebra, segundo Dieter Birk, pressupõe dois requisitos: (i) a idoneidade entre a medida e o objetivo pretendido; e (ii) que o objetivo constitua um valor constitucional reconhecido.[52] Para Pedro Manuel Herrera Molina, por sua vez, são imprescindíveis os controles da idoneidade e da necessidade, bem como a ponderação dos bens envolvidos e a proporcionalidade da medida extrafiscal.[53] O autor ressalta que a capacidade contributiva pode ceder diante de outras exigências constitucionais, tais como a promoção de condições mais favoráveis ao progresso econômico, a proteção à saúde, ao meio ambiente. Contudo, a simples menção a esses valores não implica – "como arte de magia" – o afastamento desse princípio constitucional. Deve ser demonstrado que a relativização é idônea e necessária para atingir o fim. Essa prevalência, porém, não é absoluta, mas instrumental, devendo ser ponderados os bens envolvidos. Assim, deve ser considerado se eventuais "gastos" decorrentes da medida extrafiscal são proporcionais em relação aos resultados; ou, eventualmente, se não há um favorecimento desmedido aos interesses particulares não justificável em face dos benefícios de interesse geral. Molina, por fim, entende que o mínimo existencial constitui um aspecto da capacidade contributiva que não cede em nenhum caso.[54]

Entre nós, Celso de Barros Correia Neto sustenta a necessidade de existência de aptidão extrafiscal específica, aliada a um limite de intensidade, ressaltando que: "um e outros aspectos podem ser examinados, a nosso ver, como dimensões da aplicação da proporcionalidade ao sistema tributário: (1) a adequação entre meio e fim e (2) a proibição do excesso".[55] Já Humberto Ávila, entende que o *fim externo* da tributação extrafiscal deve ser justificado e confirmado não apenas em função da *adequação* e da *proporcionalidade em sentido estrito*, mas da *necessidade* da medida do distanciamento da igualdade:

> [...] não é suficiente justificar; é preciso confirmar que a medida do distanciamento da igualdade é proporcional; e, para evidenciá-lo, é preciso comprovar que a medida produz efeitos que contribuem para a realização gradual da finalidade extrafiscal (exame da adequação), que a medida é a menos restritiva aos direitos envolvidos, dentre aquelas que poderiam ter sido utilizadas para atingir a finalidade extrafiscal (exame da necessidade), e que os efeitos positivos, decorrentes da adoção da medida, aferidos pelo grau de importância e de promoção da finalidade extrafiscal, não são desproporcionais aos seus efeitos negativos, estimados pelo grau de importância e de promoção da finalidade igualitária (exame de proporcionalidade em sentido estrito).[56]

---

[51] BALEEIRO, Aliomar. *Limitações constitucionais ao poder de tributar*. 7. ed. Rio de Janeiro: Forense, 1999. p. 546. Registre-se, no entanto, o entendimento contrário de Héctor B. Villegas, para quem: "En referencia a estas finalidades extrafiscales, dejamos sentada nuestra opinión adversa a ellas. Por lo pronto, y aplicadas estas medidas en materia tributaria, suelen estar en pugna con los principios de la capacidad contributiva y de la generalidad. Este quiebre de valores de raigambre constitucional no siempre se justifica, ya que los riesgos son muchos y las medidas extrafiscales producen más inconvenientes que ventajas" (VILLEGAS, Héctor B. *Manual de finanzas públicas*. Buenos Aires: Depalma, 2000. p. 16).

[52] BIRK, Dieter. *Diritto tributario tedesco*. Trad. Enrico de Mita. Milano: Giuffrè, 2006. p. 56.

[53] MOLINA, Pedro M. Herrera. *Capacidad económica y sistema fiscal*: análisis del ordenamiento español a luz del Derecho alemán. Madrid: Marcial Pons, 1998. p. 155.

[54] MOLINA, Pedro M. Herrera. *Capacidad económica y sistema fiscal*: análisis del ordenamiento español a luz del Derecho alemán. Madrid: Marcial Pons, 1998. p. 156-181.

[55] CORREIA NETO, Celso de Barros. *O avesso do tributo*: incentivos e renúncias. 2. ed. São Paulo: Almedina, 2016. p. 118.

[56] ÁVILA, Humberto. *Teoria da igualdade tributária*. 3. ed. São Paulo: Malheiros, 2015. p. 168.

Destarte, também conhecido como princípio do devido processo legal no sentido material, da proibição de excesso ou da razoabilidade, o princípio da proporcionalidade implica três exigências, que, no Estado de Direito, são requisitos de validade de toda ação estatal: *adequação, necessidade e proporcionalidade em sentido estrito*. A primeira requer a conformidade de meios, isto é, que a medida adotada se mostre apropriada ou apta à realização do interesse público que a justificou. A necessidade ou exigibilidade obriga a demonstração de que constitui o meio menos oneroso para o cidadão, considerando, como bem ensina Gomes Canotilho: (a) *necessidade material*: o meio deve ser o que menos prejudique os direitos fundamentais; (b) *exigibilidade espacial*: a abrangência geográfica da intervenção deve ser delimitada; (c) *exigibilidade temporal*: o tempo de intervenção deve ser igualmente limitado; e (d) *exigibilidade pessoal*: a intervenção fica circunscrita à pessoa ou às pessoas a que se dirigem e que terão seus interesses prejudicados.[57] Já a proporcionalidade, demanda a ponderação e o sopesamento do custo-benefício, para determinar se o resultado almejado justifica a carga coativa da intervenção estatal.[58]

Dessa forma, deve-se ter presente que nenhum tributo é totalmente neutro e que, sob o aspecto funcional, só há uma verdadeira extrafiscalidade diante da intencionalidade do efeito econômico ou regulatório.[59] Esse, por sua vez, deve ser identificado e isolado para fins analíticos, seguido da verificação de sua fundamentação constitucional. Não sendo possível essa apartação, não há propriamente uma extrafiscalidade, mas um efeito econômico indireto ou reflexo, que é inerente a todo e qualquer tributo. Por isso, não justifica a quebra da exigência constitucional de distribuição igualitária da carga tributária em função da capacidade contributiva. Um tributo com essas características não é compatível com os arts. 145, § 1º, e 150, II, da Constituição Federal.

Por outro lado, sendo identificado e isolado o efeito regulatório, deve-se realizar o seu controle de constitucionalidade específico, tanto sob o aspecto material quanto o formal. Assim, para ser materialmente válida, a medida extrafiscal necessita atender a um valor constitucionalmente reconhecido.[60] Também cabe o inverso, isto é, examinar se não há incompatibilidade com algum princípio ou regra constitucional. Sob o aspecto formal, por sua vez, cabe analisar se a pessoa política tem competência para regular o segmento socioeconômico abrangido pela medida. O ente, dito de um outro modo, deve ser competente para instituir o tributo e, ao mesmo tempo, intervir nesse domínio.[61]

---

[57] CANOTILHO, *José Joaquim Gomes. Direito Constitucional e Teoria da Constituição. 7. ed. Coimbra: Almedina*, p. 383.

[58] Sobre o tema, cf. ainda: BONAVIDES, Paulo. *Curso de direito constitucional*. 6 ed. São Paulo: Malheiros, 1996. p. 367; BARROSO, Luís Roberto. *Interpretação e aplicação da constituição*: fundamentos de uma dogmática constitucional transformadora. São Paulo: Saraiva, 1996. p. 204; MELLO, Celso Antônio Bandeira de. *Curso de direito administrativo. 11. ed. São Paulo: Malheiros, 1999*. p. 68; GUERRA FILHO, Willis Santiago. Sobre princípios constitucionais gerais: isonomia e proporcionalidade. *Revista dos Tribunais*, n. 719, set. 1995, p. 60; BARROS, Suzana de Toledo. *O princípio da proporcionalidade e o controle de constitucionalidade das leis restritivas de direitos fundamentais*. Brasília: Brasília Jurídica, 1996; STUMM, Raquel Denize. *Princípio da proporcionalidade no direito constitucional brasileiro*. Porto Alegre: Livraria do Advogado, 1995. No STF, o Ministro Celso de Mello, relator da ADIn 1.158-8, sintetizou o entendimento da Corte acerca do princípio da proporcionalidade: "[...] Todos sabemos que a cláusula do devido processo legal – objeto de expressa proclamação pelo art. 5º, LIV, da Constituição – deve ser entendida, *na abrangência de sua noção conceitual*, não só no aspecto meramente formal, que impõe restrições de caráter ritual à atuação do Poder Público, mas, sobretudo, em sua *dimensão material*, que atua como decisivo obstáculo à edição de atos legislativos de conteúdo arbitrário ou *irrazoável* [...] A essência do *substantive due process of law* reside na necessidade de proteger os direitos e as liberdades das pessoas contra *qualquer* modalidade de legislação que se revele opressiva ou, *como no caso, destituída do necessário coeficiente de razoabilidade*".

[59] BORGES, José Souto Maior. *Introdução ao direito financeiro*. São Paulo: Max Limonad, 1998. p. 45; CORREIA NETO, *op. cit.*, p. 95.

[60] BIRK, Dieter. *Diritto tributario tedesco*. Trad. Enrico de Mita. Milano: Giuffrè, 2006. p. 56.

[61] Esse aspecto é ressaltado por Birk (BIRK, Dieter. *Diritto tributario tedesco*. Trad. Enrico de Mita. Milano: Giuffrè, 2006. p. 55) e, entre nós, por Aliomar Baleeiro (BALEEIRO, Aliomar. *Uma introdução à ciência das finanças*. Atual. Dejalma de Campos. 15. ed. Rio de Janeiro: Forense, 1998. p. 190).

Em uma terceira etapa, segue-se para o exame da aptidão e da intensidade da medida, mediante aplicação das três exigências inerentes ao princípio da proibição de excesso: (i) *adequação*: verificar se medida tem aptidão para atingir o efeito regulatório ou econômico colimado; (ii) *necessidade*: analisar se é a medida menos restritiva aos direitos envolvidos, dentre outras que poderiam ser adotadas para alcançar o mesmo efeito; e (iii) *proporcionalidade em sentido estrito*: determinar se as vantagens que decorrem do efeito regulatório são maiores que as desvantagens, ao ponto de justificar o afastamento da exigência constitucional de distribuição igualitária da carga tributária.

Nesse sopesamento, devem ser considerados os impactos no plano internacional, já que medidas da mesma natureza podem ser adotadas em relação aos produtos brasileiros por outros países. Além disso, no âmbito interno, cabem ao menos duas verificações: avaliar se há ganhos potenciais para o interesse público e população em geral; e se não há um favorecimento desmedido aos interesses particulares não justificável em face dos benefícios de interesse geral.[62]

O protecionismo, a curto prazo, gera um aumento nos preços internos e, no longo prazo, diminui a eficiência e a competitividade da indústria local. Essas tendem a aumentar seus lucros, oferecendo produtos com qualidade inferior e tecnologicamente defasados. O insucesso da política brasileira da substituição das importações é a evidência empírica disso.[63] No início, houve um desenvolvimento industrial relevante. Porém, a sua manutenção por tempo excessivo levou ao sucateamento da indústria nascente. Os cidadãos eram obrigados a pagar preços exorbitantes por produtos manifestamente defasados. O acesso a determinados bens, como microcomputadores e equipamentos de informática, só era possível mediante aquisição clandestina em países vizinhos abertos ao mercado internacional. Havia todo um comércio de bens estrangeiros à margem do controle aduaneiro, com as implicações deletérias daí decorrentes, inclusive ilícitos como falsificação, lavagem de dinheiro e tráfico de drogas. A memória histórica dessa experiência negativa vivida pelo País não pode ser olvidada. Por isso, as medidas extrafiscais devem ser rigorosamente justificadas, notadamente sobre o aspecto temporal.

### 2.1.4.2 Limitações convencionais: cláusulas da nação mais favorecida e do tratamento nacional

Por outro lado, em relação ao controle de convencionalidade, a tributação aduaneira deve observar as cláusulas da nação mais favorecida (Artigo I) e do tratamento nacional (Artigo III). Esta, como será analisado no estudo dos demais tributos incidentes na importação, aplica-se apenas aos tributos internos cobrados como adicional do imposto de importação (Notas e Disposições Adicionais Ao Artigo III), que não podem ser utilizados para fins protecionistas. É o caso, atualmente, do ICMS, do IPI, do PIS/Pasep, da Cofins e da Cide-Combustíveis. Aquela aplica-se a esses tributos e ao imposto de importação, nos termos do Artigo I do Gatt 1994:

> Artigo I
> Tratamento Geral de Nação mais Favorecida
> 1.1 Qualquer vantagem, favor, imunidade ou privilégio concedido por uma parte contratante em relação a um produto originário de ou destinado a qualquer outro país, será

---

[62] MOLINA, Pedro M. Herrera. *Capacidad económica y sistema fiscal*: análisis del ordenamiento español a luz del Derecho alemán. Madrid: Marcial Pons, 1998. p. 156-181.

[63] Destaca-se, sobre o tema, a obra de Douglas I. Irwin (IRWIN, Douglas I. *Free trade under fire*. 4. ed. Princeton: Princeton University Press, 2015. p. 56 e ss., p. 92 e ss.). O estudo mostra que países liberalizantes, entre 1975 a 1989, viram seu PIB por trabalhador crescer de 15 a 20% em relação aos não liberalizantes; e que um aumento de 1% na participação comercial gera um incremento da renda per capta em cerca de 0,8%. O autor faz uma comparação entre os resultados obtidos pela política da substituição das importações adotadas no Brasil e o modelo de liberalização do Chile, evidenciando o verdadeiro insucesso econômico no fechamento comercial brasileiro ocorrido a partir da década de 1970.

imediata e incondicionalmente estendido ao produto similar,[64] originário do território de cada uma das outras partes contratantes ou ao mesmo destinado, Êste dispositivo se refere aos direitos aduaneiros e encargos de tôda a natureza que gravem a importação ou a exportação, ou a elas se relacionem, aos que recaiam sôbre as transferências internacionais de fundos para pagamento de importações e exportações, digam respeito ao método de arrecadação dêsses direitos e encargos ou ao conjunto de regulamentos ou formalidades estabelecidos em conexão com a importação e exportação bem como aos assuntos incluídos nos §§ 1 e 2 do art. III.[65]

De acordo com cláusula ou princípio da nação mais favorecida, sempre que concederem quaisquer vantagens, favores, imunidades ou privilégios, inclusive tributários, a produtos originários de um país,[66] os Estados-Membros da OMC são obrigados a estendê-los – imediata e incondicionalmente – para similares importados dos demais países membros.[67] A não generalização imediata do benefício – ou sua extensão em caráter condicional – implica a adoção da origem como critério discriminatório, violando o art. 1.1 do Gatt.[68]

---

[64] Na versão em língua inglesa, o Artigo I do Gatt refere-se à *"like product"* (produto similar). O mesmo também se observa na versão em língua espanhola (*"producto similar"*). Porém, na tradução em português, consta equivocadamente "produtor similar". Assim, considerando que, de acordo com as Notas Explicativas, "(c) (i) o texto do GATT 1994 será autêntico em inglês, francês e espanhol", opta-se pela substituição, no presente estudo, de "produtor" por "produto", o que reflete o efetivo conteúdo do dispositivo examinado.

[65] "1.2 As disposições do parágrafo primeiro do presente artigo não importarão na eliminação de quaisquer preferências com respeito a direitos aduaneiros ou encargos que não ultrapassem os limites fixados no § 3 dêste artigo e que se enquadrem nas seguintes descrições:
(a) preferências em vigor exclusivamente entre dois ou mais dos territórios enumerados no Anexo A, subordinadas às condições nele estipuladas;
(b) preferências em vigor exclusivamente entre dois ou mais territórios que, em 1 de julho de 1939, estavam sujeitos a uma soberania comum ou unidos por laços de proteção ou suzerania [sic.], os quais são enumerados nos Anexos B, C e D, dentro das condições nos mesmos estipulados;
(c) preferências em vigor exclusivamente entre os Estados Unidos da América e a República de Cuba;
(d) preferências em vigor exclusivamente entre países vizinhos mencionados nos Anexos E e F.
1.3 Quando não fôr fixada especificamente a margem máxima de preferência na correspondente lista anexada a êste Acôrdo, a margem de preferência sôbre qualquer produto em relação ao qual seja permitida uma, preferência, de conformidade com o § 2º do presente artigo, não poderá exceder:
(a) relativamente aos direitos ou encargos sôbre qualquer produto descrito nessa lista, a diferença entre a taxa de nação mais favorecida e a taxa preferencial, que figuram na mesma lista; se não houver estipulação da taxa preferencial, esta, para os fins de aplicação do presente parágrafo, passará a ser a que estava em vigor em 10 de abril de 1947; se nenhuma taxa de nação mais favorecida fôr fixada, a margem não ultrapassará a diferença, existente em 10 de abril de 1947, entre a taxa aplicável à nação mais favorecida e a taxa preferencial;
(b) no tocante aos direitos ou encargos sôbre qualquer produto não descrito na lista correspondente à diferença, existente em 10 de abril de 1947, entre a taxa aplicável à nação mais favorecida e a taxa preferencial".

[66] Inclusive quando o país contemplado não é membro da OMC.

[67] Sobre o tema, cf.: MEIRA, Liziane Angelotti. *Tributos sobre o comércio exterior*. São Paulo: Saraiva, 2012. p. 213 e ss.; TREVISAN, Rosaldo. *O imposto de importação e o direito aduaneiro internacional*. São Paulo: Aduaneiras, 2018. p. 93 e ss.; ARMELLA, Sara. *Diritto doganale dell'Unione europea*. Milão: Egea, 2017. , p. 12 e ss.; SANNA, Silvia. Il Gatt 1994 e gli accordi in materia doganale. *In*: VENTURINI, Gabriella (a cura di). *L'Organizzazione Mondiale del Commercio*. 3. ed. Milano: Giuffré, 2015. p. 26 e ss.; BASALDÚA, Ricardo Xavier. *Tributos al comercio exterior*. Buenos Aires: Abeledo-Perrot, 2011. p. 483 e ss.; BRANCO, Leonardo. Imposto de importação. *In*: SEHN, Solon; PEIXOTO, Marcelo Magalhães (coord.). *Direito aduaneiro e tributação do comércio exterior*. São Paulo: MP, 2023. p. 28 e ss.; BRANCO, Leonardo. *Normas tributárias niveladoras*: concreção da não discriminação por meio de ajustes tributários sobre o comércio internacional. 2023. Tese de doutorado – Faculdade de Direito, Universidade de São Paulo, São Paulo, 2023.

[68] No Relatório do Painel *"Colombia – Ports of Entry"*, já se entendeu que os procedimentos fiscais aplicáveis em função da origem também são incompatíveis com o Artigo I do Gatt. Nesse caso, as regras especiais de

A cláusula tem a sua aplicabilidade norteada pela similaridade dos produtos ("*like products*"). Apesar disso, não há uma definição desse conceito-chave no Gatt. Na vigência do Gatt 1947, ensina Silvia Sanna que foi adotado o critério da classificação tarifária para sua determinação. Porém, após 1994, o Órgão de Apelação da OMC passou a entender que seria necessária uma investigação da natureza e da extensão da relação competitiva entre os produtos em cada caso concreto, considerando especialmente quatro fatores: (**i**) características físicas; (**ii**) usos finais; (**iii**) gostos e hábitos dos consumidores; e (**iv**) a classificação tarifária.[69]

Assim, a classificação aduaneira, a aparência e os aspectos externos certamente devem ser considerados na avaliação, porém, apenas como elementos indiciários ou como fator de exclusão. O essencial é saber se há uma relação competitiva entre os produtos, em função do uso, da destinação e, sobretudo, da permutabilidade comercial sob a perspectiva do consumidor. Além disso, no conceito de produtos similares também estão abrangidos os produtos idênticos. Afinal, não faria o menor sentido vedar a discriminação entre produtos similares, mas autorizá-la em relação aos idênticos.[70]

A Jurisprudência do STF[71] entende que a cláusula da nação mais favorecida autoriza extensão pelo Judiciário do benefício fiscal para os importadores locais de produtos originários de países não contemplados. Essa interpretação foi consolidada ao longo dos anos, sobretudo das décadas de 1970 e 1980. Na época, havia por parte dos Ministros da Corte uma preocupação em garantir a observância do Gatt internamente para evitar consequências gravosas aos interesses

---

fiscalização da legislação aduaneira colombiana aplicáveis a produtos originários do Panamá (país demandante) foram consideradas contrárias ao princípio do tratamento nacional, mesmo quando justificadas pelo objetivo de controle de subfaturamento, fraude e contrabando. Destacam Vera Kanas Grytz e Felipe de Andrade Krausz que: "Nesse Relatório, o Painel reitera o posicionamento estabelecido em *Canada – Auto* quanto à proibição de discriminação da concessão de vantagens em razão da origem dos produtos. Nesse escopo, a legislação aduaneira, mesmo que com objetivo de evitar ilícitos, fica proibida de aplicar normas distintas com base na origem dos produtos importados" (GRYTZ, Vera Kanas; KRAUSZ, Felipe de Andrade. Artigo 1. *In*: THORSTENSEN, Vera; OLIVEIRA, Luciana Maria de (coord.); BADIN, Michelle Ratton Sanchez (org.). *Releitura dos acordos da OMC como interpretados pelo órgão de apelação*: efeitos na aplicação das regras de comércio internacional – Acordo Geral sobre Tarifas e Comércio 1994 – GATT 1994. São Paulo: Escola de Economia de São Paulo da Fundação Getúlio Vargas-Centro do Comércio Global de Investimento, 2013. p. 12).

[69] SANNA, Silvia. Il Gatt 1994 e gli accordi in materia doganale. *In*: VENTURINI, Gabriella (a cura di). *L'Organizzazione Mondiale del Commercio*. 3. ed. Milano: Giuffré, 2015. p. 28-29.

[70] Em "*EC – Bananas III*", por exemplo, o Órgão de Apelação da OMC entendeu que a Comunidade Europeia descumpria o Artigo I, sem que se tenha ocorrido qualquer questionamento em torno da aplicabilidade da cláusula do tratamento nacional para produtos idênticos. Cf. ainda: BASALDÚA, Ricardo Xavier. *Tributos al comercio exterior*. Buenos Aires: Abeledo-Perrot, 2011. p. 485: "El tratamiento igualitario no se limita a las mercaderías idénticas, sino que también alcanza a las similares".

[71] Após a Constituição de 1988, a competência para julgar a questão passou a ser do STJ, em sede de recurso especial. Entretanto, não há muitos julgados acerca dessa matéria. Em pesquisa realizada em 15.10.2020, com busca na modalidade "pesquisa livre", utilizando-se as palavras e conectivos "cláusula e nação e mais e favorecida e Gatt" (Disponível em: https://scon.stj.jus.br/SCON/), foi encontrado um único precedente (STJ. 2ª T. EDcl no AgRg no Ag 80.868/PR. Rel. Min. Ari Parglender. DJ 26.08.1996, p. 29666). Nele o STJ negou a extensão da vantagem, a Turma afastou a extensão da isenção desse tributo com base na exceção do Artigo XXIV do Gatt, por entender que "[...] o interessado deve provar que, em concreto, importação de natureza semelhante teve tratamento privilegiado, contrariando as normas do Gatt. Tudo porque a cláusula de nação mais favorecida não se aplica indistintamente a toda e qualquer situação, posto que algumas foram dela excepcionadas de modo expresso, v. g. as zonas de livre comércio". Essa escassez deve-se ao fato de que, até o final da década de 1980, as controvérsias julgadas pelo STF envolviam a extensão de benefícios tarifários negociados com países vizinhos, especialmente a Argentina. Porém, a partir de 1991, ano da celebração do Tratado de Assunção entre Brasil, Argentina, Paraguai e Uruguai, a discussão ficou esvaziada em decorrência do processo de integração aduaneira e econômica do país no Mercosul.

comerciais do País no âmbito internacional.[72] Essa exegese não contrasta com a interpretação mais recente que não admite ao "[...] Poder Judiciário, a pretexto de conceder tratamento isonômico, atuar como legislador positivo para estabelecer benefícios tributários não previstos em lei, sob pena de afronta ao princípio fundamental da separação dos poderes".[73] Isso porque a incondicionalidade da cláusula da nação mais favorecida implica a eficácia extensiva automática de quaisquer vantagens, favores, imunidades ou privilégios, inclusive tributários. O Poder Judiciário, ao determinar essa providência, não está inovando na ordem jurídica, mas apenas declarando um direito subjetivo do importador que decorre diretamente do art. 1.1 do Gatt.

Para se compreender esse efeito, deve-se ter presente que a cláusula da nação mais favorecida não surgiu pela primeira vez no ano de 1947, quando foi celebrado o *Acordo Geral sobre Tarifas e Comércio*. Trata-se de uma modalidade negocial que, na história das relações bilaterais, já era bastante adotada pelos países em acordos e tratados internacionais. Havia dois modelos de pactuação: o condicionado e o incondicionado. No primeiro, salvo no caso de vantagens gratuitas ou unilaterais, a extensão depende de uma compensação por parte do Estado não contemplado equivalente à negociada com o terceiro beneficiado. No segundo, como ensina Achille Cutrera, no clássico *Principii di Diritto e Politica Doganale*, a cláusula "[...] opera *ipso iure* e o Estado que a estipulou em seu favor beneficia-se imediatamente das maiores concessões comerciais ou tarifárias que o outro Contratante estipulou com outros Estados".[74] No ano de 1947, a experiência europeia já considerava o modelo condicional um "remédio pior que a doença",[75] em razão das inúmeras controvérsias que suscitava. Por isso, foi adotado no Gatt o modelo incondicionado com extensão automática da vantagem.

Por fim, vale ressaltar que a nação mais favorecida está sujeita às exceções previstas no próprio Gatt. A cláusula, destarte, não se aplica aos benefícios tarifários concedidos para países em desenvolvimento ou menos desenvolvidos (cláusula de habilitação). Dessa maneira, os países economicamente desenvolvidos, no Sistema Geral de Preferências (SGP), podem conceder tratamentos preferenciais e mais favoráveis para produtos originários de países em desenvolvimento, e esses entre si (Sistema Global de Preferências Comerciais – SGPC), sem a necessidade de extensão aos demais países membros (Artigo XXXVI). O Brasil, até que se conclua o seu processo de adesão à OCDE, é beneficiário desse regime, recebendo um

---

[72] STF. 1ª T. RE nº 69.530. Rel. Min. Aliomar Baleeiro. DJ 07.10.1970; STF. T. Pleno. RMS nº 8.927. Rel. Min. Victor Nunes Leal. DJ 11.04.1962; STF. RE 94.047-2. 1ª T. Rel. Min. Rafael Mayer. DJ 18.09.1981; STF. T. Pleno. RMS nº 14.405 (Agravo de Petição). Rel. Min. Luiz Gallotti. DJ 24.11.1965; STF. 2ª T. RE nº 93.213. Rel. Min. Moreira Alves. DJ 13.02.1981; STF. 1ª T. RE nº 56.825. Rel. Cândido Motta Filho. DJ 21.09.1966; STF. 1ª T. RE nº 69.492. Rel. Min. Djaci Falcão. DJ 14.10.1970; STF. 1ª T. RE nº 72.043-0. Rel. Min. Antonio Neder. DJ 01.09.1978; STF. 2ª T. RE 113.156-0. Rel. Min. Carlos Madeira. DJ 21.08.1987. Como ressaltado pelo Min. Carlos Madeira: "[...] não há dúvida que, em se cuidando de um acordo de comércio, o Gatt é um tratado contratual, na medida em que realiza uma operação jurídica, na qual a parte fundamental é a cláusula de igualdade entre as partes, também chamada cláusula de nação não menos favorecida, inclusive quanto à tributação. Tratando-se a acordo convencional dificilmente se justificaria a revogação da clausula, até porque dela decorreriam pesados ônus para os próprios interesses comerciais do país no exterior" (Voto do Min. Carlos Madeira, p. 3. STF. 2ª T. RE 113.156-0. Rel. Min. Carlos Madeira. DJ 21.08.1987).

[73] STF. 2ª T. RE 606.171 AgR. Rel. Min. Dias Toffoli. DJe-040 de 03.03.2017.

[74] Tradução nossa do original: "La clausola, in tal caso opera *ipso iuri* e lo Stato che l'ha stipulata in suo favore viene a beneficiare immediatamente delle maggiori concessioni commerciali o tariffarie che l'altro Contraente avesse stipulato con alti Stati" (CUTRERA, Achille. *Principii di diritto e politica doganale*. 2. ed. Padova: Cedam, 1941. p. 239).

[75] Tradução nossa do original: "un rimedio peggiore del male" (CUTRETA, Achille. *Principii di diritto e politica doganale*. 2. ed. Padova: Cedam, 1941. p. 244). É importante ressaltar que Cutrera não escrevia especificamente sobre o Gatt.

tratamento tarifário preferencial para alguns produtos por parte da União Europeia e outros países como Estados Unidos da América do Norte, Rússia, Canadá e Suíça.[76]

Também não estão sujeitos à cláusula da nação mais favorecida: as vantagens concedidas a países limítrofes para facilitar o tráfico fronteiriço;[77] os regimes tarifários diferenciados vigentes em uniões aduaneiras[78] e em zonas de livre-comércio[79] (Artigo XXIV[80]);[81] as medidas de defesa comercial (direitos *antidumping*, as medidas compensatórias e de salvaguarda[82]), a proteção tarifária necessária à criação de um ramo de produção determinado ou

---

[76] O SGP foi estabelecido pelos países desenvolvidos membros da OCDE, no âmbito da Conferência das Nações Unidas sobre Comércio e Desenvolvimento, visando à redução – total ou parcial – dos tributos incidentes sobre determinados produtos originários de países em desenvolvimento ou menos desenvolvidos, tornado permanente em 1979. Os produtos e as condições são definidos pelos países unilateralmente. Pelo SGPC, os países em desenvolvimento podem reduzir, total ou parcialmente, em operações entre si. O Brasil aderiu em bloco com o Mercosul (MEIRA, Liziane Angelotti. *Tributos sobre o comércio exterior*. São Paulo: Saraiva, 2012. p. 218-221).

[77] "24.3 As disposições do presente Acordo não deverão ser interpretadas como obstáculo:
(a) às vantagens concedidas por uma Parte Contratante a países limítrofes, para facilitar o tráfico fronteiriço".

[78] "24.8 Para fins de aplicação do presente Acordo:
(a) entende-se por união aduaneira, a substituição, por um só território aduaneiro, de dois ou mais territórios aduaneiros, de modo que:
(i) os direitos aduaneiros e outras regulamentações restritivas das trocas comerciais (com exceção, na medida necessária, das restrições autorizadas nos termos dos Artigos XI, XII, XIII, XIV, XV e XX) sejam eliminados para a maioria das trocas comerciais entre os territórios constitutivos da união, ou ao menos para a maioria das trocas comerciais relativas aos produtos originários desses territórios;
(ii) e, à exceção das disposições do parágrafo 9 os direitos aduaneiros e outras regulamentações idênticas em substância sejam aplicadas, por qualquer membro da união, no comércio com os territórios não compreendidos naqueles".

[79] "24.8 [...] (b) entende-se por zona de livre troca um grupo de dois ou mais territórios aduaneiros entre os quais os direitos aduaneiros e outras regulamentações restritivas das trocas comerciais (com exceção, na medida necessária, das restrições autorizadas nos termos dos Artigos XI, XII, XIII, XIV, XV e XX) são eliminados para a maioria das trocas comerciais relativas aos produtos originários dos territórios constitutivos da zona de livre troca".

[80] "**Artigo XXIV**
**Aplicação Territorial – Tráfico Fronteiriço – Uniões Aduaneiras e Zonas de Livre Troca**
24.1 As disposições do presente Acordo aplicar-se-ão ao território aduaneiro metropolitano das Partes Contratantes, assim como a qualquer outro território aduaneiro, a respeito do qual o presente Acordo tenha sido aceito nos termos do Artigo XXVI ou seja aplicado em virtude do Artigo XXXIII ou de Acordo com o Protocolo de Aplicação Provisória. Cada um desses territórios aduaneiros será considerado como se fosse uma parte no Acordo, exclusivamente para fins de aplicação territorial desse Acordo, com a condição de que as estipulações do presente parágrafo não serão interpretadas como estabelecendo os direitos e obrigações entre dois ou vários territórios aduaneiros, a respeito dos quais o presente Acordo tenha sido aceito nos termos do Artigo XXVI ou seja aplicado em virtude do Artigo XXXIII ou na conformidade do Protocolo de Aplicação Provisória, por uma só Parte Contratante".

[81] As uniões aduaneiras e zonas de livre comércio, como ressalta Liziane Meira, são criticadas por autores da chamada *corrente multilateralista* ou *purista*. Segundo esses, os arranjos regionais fora da OMC geram desvios no comércio internacional em razão do efeito discriminatórios dos países não membros. Já para os *regionalistas*, porém, esses acordos geram ganhos concretos para seus Estados-Partes, servindo como etapa inicial para uma liberalização comercial multilateral. Além disso, sob o aspecto pragmático, são de negociação e de implementação mais célere que os acordos da OMC (MEIRA, Liziane Angelotti. *Tributos sobre o comércio exterior*. São Paulo: Saraiva, 2012. p. 213-216).

[82] As medidas *antidumping* e compensatórias "[...] são justificadas como sendo uma reação legalizada à concorrência 'injusta' de produtos estrangeiros. Injusta porque realizada com discriminação de preços (*dumping*) ou com auxílio estatal (subsídios). A seu turno, as medidas de salvaguarda são oponíveis às importações 'justas', mas que provocam um desajustamento no mercado produtor nacional" (BARRAL, Welber. *Dumping e comércio internacional*: a regulamentação antidumping após a Rodada Uruguai. Rio de Janeiro: Forense, 2000. p. 139). Ver Artigos VI e XIX.

ao equilíbrio da balança comercial (Artigo XVIII[83]); as exceções gerais (Artigo XX[84])

---

[83] **"Artigo XVIII**
**Ajuda do Estado em Favor de Desenvolvimento Econômico**
[...]
18.2 As Partes Contratantes reconhecem além disso que pode ser necessário para as Partes Contratantes previstas no parágrafo primeiro, com o objetivo de executar seus programas e suas políticas de desenvolvimento econômico orientados para a elevação do nível geral de vida de suas populações, tomar medidas de proteção ou outras medidas que afetem as importações e que tais medidas são justificadas na medida em que elas facilitem a obtenção dos objetivos deste Acordo. Elas estimam, em consequência, que estas Partes Contratantes deveriam usufruir facilidades adicionais que as possibilitem: (a) conservar na estrutura de suas tarifas aduaneiras suficiente flexibilidade para que elas possam fornecer a proteção tarifária necessária à criação de um ramo de produção determinado, e (b) instituir restrições quantitativas destinadas a proteger o equilíbrio de suas balanças de pagamento de uma maneira que leve plenamente em conta o nível elevado e permanente da procura de importação suscetível de ser criada pela realização de seus programas de desenvolvimento econômico".

[84] **"Artigo XX**
**Exceções Gerais**
Desde que essas medidas não sejam aplicadas de forma a constituir quer um meio de discriminação arbitrária, ou injustificada, entre os países onde existem as mesmas condições, quer uma restrição disfarçada ao comércio internacional, disposição alguma do presente capítulo será interpretada como impedindo a adoção ou aplicação, por qualquer Parte Contratante, das medidas:

I. a) necessárias à proteção da moralidade pública;

b) necessárias á proteção da saúde e da vida das pessoas e dos animais e á preservação dos vegetais;

c) que se relacionem à exportação e a importação do ouro e da prata;

d) necessárias a assegurar a aplicação das leis e regulamentos que não sejam incompatíveis com as disposições do presente acordo, tais como, por exemplo, as leis e regulamentos que dizem respeito à aplicação de medidas alfandegárias, à manutenção em vigor dos monopólios administrados na conformidade do § 4º do art. II e do art. XVII à proteção das patentes, marcas de fábrica e direitos de autoria e de reprodução, e a medidas próprias a impedir as práticas de natureza a induzir em êrro;

e) relativas aos artigos fabricados nas prisões:

f) impostas para a proteção de tesouros nacionais de valor artístico, histórico ou arqueológico;

g) relativas à conservação dos recursos naturais esgotáveis, se tais medidas forem aplicadas conjuntamente com restrições à produção ou ao consumo nacionais;

h) tomadas em aplicação de compromissos contraídos em virtude de acôrdos intergovernamentais sôbre produtos básicos, concluídos dentro dos princípios aprovados pelo Conselho Econômico e Social das Nações Unidas, na sua resolução de 28 de março de 1947, que instituiu uma Comissão Provisória de Coordenação para os acôrdos Internacionais relativos aos produtos básicos;

i) que impliquem em restrições à exportação de matérias primas produzidas no interior do país e necessárias para assegurar a uma indústria nacional de transformação as quantidades essenciais das referidas matérias-primas durante os períodos nos quais o preço nacional seja mantido abaixo do preço mundial, em execução de um plano governamental de estabilização; sob reserva de que essas restrições não tenham por efeito reforçar a exportação ou a proteção concedida à referida indústria nacional e não sejam contrárias às disposições do presente acôrdo relativas à não discriminação.

II. a) essenciais à aquisição e à repartição de produtos dos quais se faz sentir uma penúria geral ou local; todavia, as referidas medidas deverão ser compatíveis com todos os acôrdos multilaterais destinados a assegurar uma repartição internacional eqüitativa dêsses produtos ou, na ausência de tais acôrdos, com o princípio segundo o qual tôdas as Partes Contratantes têm direito a uma parte equitativa do aprovisionamento internacional dos referidos produtos;

b) essenciais ao funcionamento do contrôle de preços estabelecido por uma Parte Contratante que, em conseqüência da guerra, sofra de penúria de produtos;

c) essenciais à liquidação metódica dos excedentes temporários de estoques pertencentes a qualquer Parte Contratante ou por ela controlados ou de indústrias que se tenham desenvolvido no território de uma Parte Contratante por motivo das exigências da guerra e cuja manutenção em tempo normal seja contrária à sã economia, ficando entendido que nenhuma Parte Contratante poderá instituir medidas dessa natureza, a

e relativas à segurança (Artigo XXI[85]).

## 2.1.5 Princípio da valoração aduaneira pelo valor real

A valoração aduaneira é a técnica de determinação da base de cálculo do imposto de importação, hoje disciplinada pelo Acordo sobre a Implementação do Artigo VII do Gatt 1994 (Acordo de Valoração Aduaneira).[86] Na época da celebração do Gatt 1947, havia muitas distorções em sua definição pelas administrações aduaneiras. Apesar disso, as partes contratantes não conseguiram chegar a um consenso em torno da universalização dos métodos de valoração. O Acordo Geral sobre Tarifas e Comércio, assim, limitou-se a prever o princípio geral da valoração aduaneira pelo valor real dos produtos, mantendo a disciplina da matéria ao legislador local dos países de importação:[87]

> **Artigo VII**
> **Valor para Fins Alfandegários**
> 7.1 As Partes Contratantes reconhecem, ao que diz respeito à determinação do valor para fins alfandegários, a validade dos princípios gerais que figuram nos seguintes parágrafos do presente artigo e se comprometem a aplicá-los em relação a todos os produtos submetidos a direitos alfandegários ou a outras taxas ou restrições de importação e exportação, baseadas no valor ou pelo mesmo reguladas dentro de qualquer modalidade. Além disso, cada vez que uma Parte Contratante o solicitar, as Partes Contratantes examinarão a aplicação de qualquer lei ou qualquer regulamento relativo ao valor para fins alfandegários, na base dos referidos princípios. Qualquer Parte Contratante poderá

---

não ser depois de haver consultado as outras Partes Contratantes interessadas com o fim de ser adotada uma ação internacional apropriada.

As medidas instituídas ou mantidas nos têrmos da Parte Segunda do presente artigo, incompatíveis com as outras disposições do presente Acôrdo, serão suprimidas, logo que as circunstâncias que as motivaram cessarem de existir e, em qualquer caso, a 1 de janeiro de 1951 o mais tardar, ficando entendido que, com o consentimento das Partes Contratantes, o período considerado poderá ser prorrogado no que se refere a aplicação, por qualquer Parte Contratante, de uma medida relativa a um produto determinado, para novos períodos que as Partes Contratantes fixarem".

[85] "**Artigo XXI**
**Exceções Relativas à Segurança**
Nenhuma disposição do presente Acordo será interpretada:
(a) como impondo a uma Parte Contratante a obrigação de fornecer informações cuja divulgação seja, a seu critério, contrária aos interesses essenciais de sua segurança;
(b) ou como impedindo uma Parte Contratante de tomar todas as medidas que achar necessárias à proteção dos interesses essenciais de sua segurança:
(i) relacionando-se às matérias desintegráveis ou às matérias primas que servem à sua fabricação;
(ii) relacionando-se ao tráfico de armas, munições e material de guerra e a todo o comércio de outros artigos e materiais destinados direta ou indiretamente a assegurar o aprovisionamento das forças armadas;
(iii) aplicadas em tempo de guerra ou em caso de grave tensão internacional;
(c) ou como impedindo uma Parte Contratante de tomar medidas destinadas ao cumprimento de suas obrigações em virtude da Carta das Nações Unidas, a fim de manter a paz e a segurança internacionais".

[86] O Acordo de Valoração Aduaneira (AVA) foi incorporado ao direito brasileiro pelo Decreto Legislativo nº 30/1994, promulgado pelo Decreto nº 1.355/1994.

[87] SHERMAN, Saul L.; GLASHOFF, Hinrich. *Customs valuation*: commentary on the Gatt Customs Valuation Code. Paris-New York: ICC Publications, 1980. p. 52.

pedir às demais que lhe forneçam relatórios sobre as medidas que tenham tomado de acordo com as disposições do presente artigo.

7.2 (a) O valor para fins alfandegários das mercadorias importadas deverá ser estabelecido sobre o valor real da mercadoria importada à qual se aplica o direito ou de uma mercadoria similar, e não sobre o valor do produto de origem nacional ou sobre valores arbitrários ou fictícios.

(b) O "valor real" deverá ser o preço ao qual, em tempo e lugar determinados pela legislação do país importador, as mercadorias importadas ou as mercadorias similares são vendidas ou oferecidas à venda por ocasião das operações comerciais normais efetuadas nas condições de plena concorrência. Essas mercadorias ou mercadorias similares são vendidas ou oferecidas à venda em condições de plena concorrência e através de operações comerciais normais, na medida em que o preço dessas mercadorias ou de mercadorias similares depende da quantidade sobre a qual recai uma transação determinada, o preço considerado deverá guardar relação na conformidade da escolha efetuada em definitivo pelo país importador, quer com quantidades comparáveis, quer com quantidades fixadas de forma não menos favorável ao importador do que se fosse tomado o maior volume dessas mercadorias que efetivamente tenha dado enseio a transações comerciais entre o país exportador e o país importador.

(c) No caso em que for impossível determinar o valor real em conformidade com os termos da alínea (b), do presente parágrafo, o valor para fins alfandegários deverá ser baseado na equivalência comprovável, mais próxima desse valor.

7.3 O valor para fins alfandegários de qualquer mercadoria importada não deverá compreender nenhuma taxa interna exigível no país de origem ou de proveniência, da qual a mercadoria importada tenha sido exonerada ou cuja importância tenha sido ou seja destinada a um reembolso.

[...]

7.5 Os critérios e os métodos que servirem para determinar o valor dos produtos submetidos a direitos alfandegários ou a outras taxas ou restrições baseadas no valor ou pelo mesmo reguladas, dentro de qualquer modalidade, deverão ser constante e suficientemente divulgados para habilitar os comerciantes a determinar o valor para fins alfandegários com uma aproximação satisfatória.

A universalização dos métodos de valoração apenas foi possível com a Rodada Uruguai. Dela, entre outros importantes atos, resultou o Acordo de Valoração Aduaneira (AVA),[88] que promoveu a densificação normativa do princípio, obrigando a adoção, como base de cálculo do imposto de importação, do valor efetivo da transação. Esse, por sua vez, deve ser determinado exclusivamente a partir dos métodos equitativos, uniformes e neutros do AVA,[89] vedando-se qualquer técnica que implique a adoção de preços mínimos, fictícios e arbitrários.[90]

---

[88] "No caso de conflito entre uma disposição do Gatt 1994 e uma disposição de qualquer acordo incluído no Anexo 1A ao Acordo Constitutivo da OMC (referido nos Acordos do Anexo 1A como 'Acordo Constitutivo da OMC'), a disposição deste último acordo prevalecerá no tocante ao conflito".

[89] Como será analisado no Capítulo V, a valoração aduaneira ocorre a partir de um critério-base – o método do valor da transação – e cinco critérios substitutivos, que são aplicados sucessivamente e em caráter excludente: (i) o método do valor de transação de mercadorias idênticas; (ii) o método do valor de transação de mercadorias similares; (iii) o método do valor dedutivo; (iv) o método do valor computado; e (v) o método da razoabilidade ou do último recurso ("*the fall-back method*").

[90] Sobre o tema, ver Capítulo V.

## 2.2 Hipótese de incidência

### 2.2.1 Função do antecedente normativo na regra-matriz do imposto

Na regra-matriz de incidência, a hipótese ou antecedente normativo descreve abstratamente o evento imponível do tributo, o que ocorre por meio de três notas ou critérios de identificação: material, espacial e temporal.[91] É a partir da formalização em linguagem da realização concreta desse evento que se promove a constituição válida do fato jurídico e da relação jurídica tributária.

Na legislação tributária nacional, por influência de um estudo de Gaston Jezè, a hipótese de incidência é denominada "fato gerador".[92] Essa designação, porém, não se mostra apropriada e, por isso mesmo, vem sendo abandonada pela doutrina. Trata-se de expressão ambígua, que pode se referir, ao mesmo tempo, a duas realidades distintas: a descrição hipotético-normativa do fato e a realização concreta deste. Dessa forma, ao ser utilizada sem especificação, pode gerar uma imprecisão discursiva.[93]

### 2.2.2 Critério material

Na hipótese de incidência, a identificação do evento imponível – e a constituição válida do fato jurídico tributário – parte do *critério material*, também chamado *materialidade do tributo*. Nele descreve-se um comportamento humano com abstração das referências espacial e temporal. Em seu núcleo compositivo, apresenta um verbo – pessoal e de predicação incompleta – e um ou mais complementos,[94] construídos pelo operador jurídico a partir dos enunciados prescritivos do direito posto.[95] Não se trata, portanto, de algo que se encontra

---

[91] CARVALHO, Paulo de Barros. *Curso de direito tributário*. 13. ed. São Paulo: Saraiva, 2000. p. 251.

[92] Publicado originariamente na *Revue du Droit Public et de la Science Politique*, tomo 54, ano 44, Paris, 1937, p. 618-634, traduzido por Paulo da Mata Machado, sob o título "O fato gerador do imposto (contribuição à teoria do crédito de imposto)", publicado na *Revista de Direito Administrativo*, n. 2, p. 50-63, 1945, p. 50 e ss. e na *Revista Forense*, n. 104, p. 36-42, 1945. p. 36 e ss.

[93] Essa impropriedade é amplamente reconhecida pela doutrina nacional. Rubens Gomes de Sousa foi o primeiro a criticá-la, porque daria a ideia de que o fato seria necessário e suficiente para gerar a obrigação, quando, a rigor, é apenas necessário (SOUSA, Rubens Gomes de. *Estudos de direito tributário*. São Paulo: Saraiva, 1950. p. 167, nota 12-B). Amílcar de Araújo Falcão ressaltou que "[...] não é o fato gerador quem cria, quem, digamos assim, gera a obrigação tributária. A fonte de tal obrigação, a energia ou força que a cria ou gera é a própria lei" (FALCÃO, Amílcar de Araújo. *Fato gerador da obrigação tributária*. 6. ed. Rio de Janeiro: Forense, 1999. p. 04). Apesar disso, acompanhados por Aliomar Baleeiro, os autores mantiveram a sua utilização, porquanto já teria penetrado na terminologia jurídica nacional (BALEEIRO, Aliomar. *Limitações constitucionais ao poder de tributar*. 7. ed. Rio de Janeiro: Forense, 1999. p. 116, nota 39). A ambiguidade do termo "fato gerador" foi criticada com maior contundência por Alfredo Augusto Becker. O autor, que a considerava incapaz de gerar "coisa alguma além de confusão intelectual", propôs a sua substituição por "hipótese de incidência" – para designar a descrição abstrata do evento de possível ocorrência – e por "hipótese de incidência realizada", para o fato jurídico concreto (BECKER, Alfredo Augusto. *Teoria geral do direito tributário*. 3. ed. São Paulo: Lejus, 1998. p. 318). A proposta foi acolhida por Geraldo Ataliba. Este manteve a denominação "hipótese de incidência", adotando, contudo, "fato imponível" para o fato concreto. Isso porque, com razão, uma "hipótese realizada" não poderia mais ser considerada hipótese (ATALIBA, Geraldo. *Hipótese de incidência tributária*. 5. ed. São Paulo: Malheiros, 1997. p. 49 e ss.).

[94] Excluem-se, como ensina Paulo de Barros Carvalho, os verbos impessoais, os sem sujeito e os de sentido completo, que inviabilizariam a regulação da conduta (CARVALHO, Paulo de Barros. *Teoria da norma tributária*. 4. ed. São Paulo: Max Limonad, 2002. p. 125).

[95] Conforme exposto anteriormente, adota-se a *teoria da regra-matriz de incidência tributária*, de Paulo de Barros Carvalho, referenciada anteriormente e ao longo do trabalho.

pronto e acabado no texto de lei, mas que necessita ser construído, dentro de um processo hermenêutico, a partir dos enunciados prescritivos que disciplinam um determinado tributo.[96]

No imposto de importação, o critério material da hipótese de incidência tributária deve ser construído com base no art. 153, I e § 1º, da Constituição Federal, complementado pelo art. 19 do Código Tributário Nacional e pelo art. 1º do Decreto-Lei nº 37/1966:

> Art. 153. Compete à União instituir impostos sobre:
> I – importação de produtos estrangeiros;
> [...]
> § 1º É facultado ao Poder Executivo, atendidas as condições e os limites estabelecidos em lei, alterar as alíquotas dos impostos enumerados nos incisos I, II, IV e V.
>
> Art. 19. O imposto, de competência da União, sobre a importação de produtos estrangeiros tem como fato gerador a entrada destes no território nacional.
> Art. 1º O Imposto sobre a Importação incide sobre mercadoria estrangeira e tem como fato gerador sua entrada no Território Nacional (Redação dada pelo Decreto-Lei nº 2.472, de 01.09.1988).

Esses dispositivos devem ser harmonizados com os tratados e acordos internacionais aplicáveis à tributação do comércio exterior, notadamente o Protocolo de Revisão da Convenção Internacional para a Simplificação e a Harmonização dos Regimes Aduaneiros (Convenção de Quioto Revisada), aprovado pelo Decreto Legislativo nº 56/2019 e promulgado pelo Decreto nº 10.276/2020:

> CAPÍTULO 1
> IMPORTAÇÃO DEFINITIVA
> Definições
> Para efeitos de aplicação do presente Capítulo, entende-se por:
> Mercadorias em livre circulação: as mercadorias de que se pode dispor sem restrições aduaneiras.
> Importação definitiva: o regime aduaneiro que permite a colocação em livre circulação no território aduaneiro de mercadorias importadas, mediante o pagamento dos direitos e demais imposições de importação e o cumprimento de todas as formalidades aduaneiras necessárias.

Além disso, tão logo concluída a sua incorporação ao direito interno de todos os Estados-partes fundadores,[97] também devem ser consideradas as disposições do Código Aduaneiro do Mercosul (CAM):[98]

---

[96] CARVALHO, Paulo de Barros. *Curso de direito tributário*. 13. ed. São Paulo: Saraiva, 2000. p. 235.
[97] Para entrar em vigor, o CAM deve ser incorporado ao direito interno do Brasil, da Argentina, do Uruguai e do Paraguai, o que ainda não ocorreu desses dois últimos países. O primeiro país a fazê-lo foi a Argentina, por meio da Lei nº 26.795/2012.
[98] O Código Aduaneiro do Mercosul foi aprovado pelo Decreto Legislativo nº 149/2018. Porém, ainda não foi publicado o decreto de promulgação.

TÍTULO XI – TRIBUTOS ADUANEIROS
CAPÍTULO I – DISPOSIÇÕES GERAIS
Artigo 157 – Tributos Aduaneiros
1. O presente Código regula os seguintes tributos aduaneiros:
a) o imposto ou direito de importação, cujo fato gerador é a importação definitiva de mercadoria para o território aduaneiro [...].

Do exame desses enunciados prescritivos, nota-se que o critério material do imposto compreende o verbo "importar", o que, por sua vez, pressupõe a compreensão do conteúdo jurídico desse conceito no direito positivo.

### 2.2.2.1 Conceito jurídico de importação

#### 2.2.2.1.1 Avaliação crítica das diferentes concepções doutrinárias

As teorias sobre o conceito de importação variam em função da legislação que serve de base para cada autor. As diferentes concepções doutrinárias podem ser agrupadas em duas grandes correntes: a teoria da transposição física e a teoria do ingresso finalístico. Essa, por sua vez, abrange as teorias da declaração para consumo e da nacionalização.[99]

A teoria da transposição identifica o conceito de importação com o ingresso físico ou o cruzamento da linha de fronteira. Trata-se de um critério objetivo, que tem por ocorrida a importação a partir do ato de introdução de um produto qualquer no território nacional. A sua caracterização ocorre independentemente da finalidade ou da destinação pretendida por quem a promove, inclusive da eventual incorporação ao mercado interno do país de destino ou do caráter lícito da operação.[100]

---

[99] Essa divisão foi proposta inicialmente em tese de doutorado acerca da matéria (SEHN, Solon. *Imposto de importação*. São Paulo: Noeses, 2016. p. 26 e ss.), que tem um objeto mais restrito do que a realizada por outros autores quando classificam as diferentes teorias considerando a composição integral da hipótese de incidência do tributo, inclusive no direito comparado. É o que faz Enrique Barreira, com base em classificação de Juan Sortheix, ao dividir as teorias sobre a hipótese de incidência do imposto em cinco: (a) teoria da transposição; (b) teoria da entrada; (c) teoria da declaração para consumo; (d) teoria da nacionalização; e (e) teoria da importação para consumo (BARREIRA, Enrique C. La obligación tributaria aduanera y el hecho gravado por los derechos de importación. *Revista de Estudios Aduaneros, Buenos Aires*, n. 12, 1998. p. 87 e ss. O autor faz referência à obra de SORTHEIX, Juan J. La estrutura del hecho gravado por los derechos de importación. *Revista Derecho Aduanero*, Tomo V-A, 1973, p. 386 e ss.). Nessa mesma linha, Francisco Clavijo Hernández (HERNÁNDEZ, Francisco Clavijo. Impuestos Aduaneros. *In*: HERNÁNDEZ, Francisco Clavijo; LAPATZA, José Juan Ferreiro; QUERALT, Juan Martín; LÓPES, José Manuel Tejerizo; ROYO, Fernando Pérez. *Curso de derecho tributario*: parte especial: sistema tributario: los tributos em particular. 19. ed. Madrid-Barcelona, 2003. p. 775-821) e Jorge Witker as classificam em: (a) teoria da passagem da linha aduaneira; (b) da declaração de destinação ao consumo; e (c) da nacionalização da mercadoria (WITKER, Jorge. *Derecho tributario aduanero*. 2. ed. México, UNAM, 1999. p. 79). Registre-se ainda que, entre nós, Roosevelt Baldomir Sosa acolhe a classificação proposta por Jorge Witker, aplicando-a ao direito brasileiro (SOSA, Roosevelt Baldomir. *Temas de direito aduaneiro*: estudos sobre problemas aduaneiros contemporâneos. São Paulo: Aduaneiras, 1999. p. 97 e ss.). Osiris Lopes Filho, por sua vez, analisa as diferenças entre as teorias da passagem pela linha aduaneira, da destinação de consumo da mercadoria e da nacionalização sob o aspecto do momento da ocorrência da hipótese de incidência do imposto (LOPES FILHO, Osiris de Azevedo. *Regimes aduaneiros especiais*. São Paulo: RT, 1984. p. 67-69).

[100] Podem ser incluídos nessa corrente (*teoria da transposição física*), entre outros: LIMA, Sebastião de Oliveira. *O fato gerador do imposto de importação na legislação brasileira*. São Paulo: Resenha Tributária, 1981. p. 51; LOPES FILHO, Osiris de Azevedo. *Regimes aduaneiros especiais*. São Paulo: RT, 1984. p. 57;

Essa concepção tem como vantagem a simplicidade de sua formulação e a aparente objetividade.[101] Não obstante, é criticada porque permite que se considere como importação o simples trânsito de bens pelo território nacional ou até ingressos físicos involuntários de mercadorias. É o caso de automóveis de passageiros em viagem turística ou de navio que, destinado a outro país, tem parte de sua carga levada pela corrente marítima até a costa nacional em decorrência de acidente náutico.[102] Em razão disso, a legislação da maioria dos países, nos casos de simples trânsito de mercadorias ou de ingressos não definitivos, estabelece regimes aduaneiros especiais de isenção ou de suspensão do crédito tributário. Esses, quando solicitados e devidamente cumpridos pelo interessado, afastam eventuais iniquidades decorrentes dessa concepção elastecida de importação. Todavia, nas hipóteses de não observância dos requisitos legais por simples preterições de formalidades (como, por exemplo, a ausência de vinculação ou erro de digitação do número do ato concessório na declaração de reexportação) ressurgem as distorções decorrentes da amplitude do conceito, com o sujeito passivo vendo-se obrigado a recolher o tributo diante de meros eventos de transposições temporárias da fronteira.[103]

Para a teoria do ingresso finalístico, a importação pressupõe a transposição do território aduaneiro qualificada pela intenção de incorporação do produto ao mercado nacional.[104]

---

HILÚ NETO, Miguel. *Imposto sobre importações e imposto sobre exportações*. São Paulo: Quartier Latin, 2003. p. 66; FOLLONI, André Parmo. *Tributação sobre o comércio exterior*. São Paulo: Dialética, 2005. p. 114; MANFRINATO, Paulino. *Imposto de importação*: uma análise do lançamento e fundamentos. São Paulo: Aduaneiras, 2002. p. 37; MIGUEL, Luciano Garcia. *Incidência do ICMS nas operações de importação*. São Paulo: Noeses, 2013. p. 127; LIMA, Sebastião de Oliveira. *O fato gerador do imposto de importação na legislação brasileira*. São Paulo: Resenha Tributária, 1981. p. 54; MAYER, Otto. *Derecho administrativo Alemán*. Trad. Horacio Heredia e Ernesto Krotoschin. Buenos Aires: Depalma, 1982. t. II, p. 218; VILLEGAS, Héctor B. *Curso de finanzas, derecho financiero y tributario*. 7. ed. Buenos Aires: Depalma, 2001. p. 714; FONROUGE, Carlos M. Giuliani. *Derecho Financiero*. Buenos Aires: Depalma, 1982. t. II, p. 834; FONROUGE, Carlos M. Giuliani. *Derecho financiero*. 2. ed. Buenos Aires: Depalma, 1970. v. 2, p. 886; ZOZAYA, Francisco Pelechá. *Fiscalidad sobre el comercio exterior*: el derecho aduanero tributario. Madrid – Barcelona – Buenos Aires: Marcial Pons, 2009. p. 34.

[101] BARREIRA, Enrique C. La obligación tributaria aduanera y el hecho gravado por los derechos de importación. *Revista de Estudios Aduaneros, Buenos Aires*, n. 12, 1998. p. 104. Para o autor a objetividade é apenas aparente, porquanto a aplicação oferece inúmeros obstáculos de ordem prática, notadamente no que concerne aos regimes aduaneiros especiais.

[102] SOUZA, Hamilton Dias de. *Estrutura do imposto de importação no Código Tributário Nacional*. São Paulo: Resenha Tributária, 1980. p. 21; COÊLHO, Sacha Calmon Navarro. *Curso de direito tributário brasileiro*. 4. ed. Rio de Janeiro: Forense, 1999. p. 446.

[103] Essas distorções serão examinadas no decorrer do trabalho. Ver Cap. VI, itens 1.6 e 1.7.

[104] Nesse sentido, destacam-se: XAVIER, Alberto. *Autorização para importação de regime de entreposto aduaneiro*. São Paulo: Resenha Tributária, 1978. p. 352; SOUZA, Hamilton Dias de. *Estrutura do imposto de importação no Código Tributário Nacional*. São Paulo: Resenha Tributária, 1980. p. 21; BALEEIRO, Aliomar. *Direito tributário brasileiro*. 11. ed. Atual. Misabel Abreu Machado Derzi. Rio de Janeiro: Forense, 2001. p. 215; COÊLHO, Sacha Calmon Navarro. *Curso de direito tributário brasileiro*. 4. ed. Rio de Janeiro: Forense, 1999. p. 446; SALOMÃO, Marcelo Viana. *ICMS na importação*. 2. ed. São Paulo: Atlas, 2001. p. 58; MACHADO, Hugo de Brito. *Curso de direito tributário*. 36. ed. São Paulo: Malheiros, 2015. p. 225-226; SILVA, Reginaldo da. *A regra-matriz de incidência do imposto de importação*. Tese (Doutorado em Direito) – Pontifícia Universidade Católica de São Paulo, São Paulo, 2003. p. 476; RAFFAELLI, Paulo Cesar Pimentel. Dos aspectos tributários das operações mercantis internacionais. *In*: MARTINS, Ives Gandra da Silva; BRITO, Edvaldo (org.). *Doutrinas essenciais de direito tributário*: impostos federais. São Paulo: RT, 2011. v. III, p. 128; SIMÕES, Argos Campos Ribeiro. *ICMS – Importação*: proposta de reclassificação e suas aplicações. São Paulo: Noeses, 2014. p. 133-135; MEIRA, Liziane Angelotti. *Tributos sobre o comércio exterior*. São Paulo: Saraiva, 2012. p. 318; PAULSEN, Leandro; MELO, José Eduardo Soares de. *Impostos federais, estaduais e municipais*. 2. ed. Porto Alegre: Lael, 2006. p. 12; CARRAZZA, Roque Antonio. *ICMS*. 10. ed. São Paulo: Malheiros, 2005. p. 59; CARVALHO, Paulo de Barros. Regra-matriz

Pode configurar-se mesmo nas hipóteses de passagem da fronteira à margem das repartições oficiais, independentemente do cumprimento de formalidades perante a autoridade aduaneira. Basta o *animus* do ingresso definitivo. Dentre os adeptos dessa corrente, podem ser incluídos todos os autores que vinculam a noção de importação, ainda que com algumas variações, ao objetivo de permanência, mediante referência ao escopo de destinação ao uso, consumo ou incorporação ao mercado nacional. Essa concepção é criticada por parte da doutrina, porque, ao mesmo tempo em que ressalta a importância *animus* do importador, não oferece parâmetros objetivos para sua determinação, introduzindo um certo subjetivismo na delimitação da abrangência do conceito. Ademais, não há uma definição precisa do que se entende por *uso* ou *consumo*. Tais termos são utilizados como sinônimos e em um sentido bastante geral, distinto do jurídico, que, de acordo com o art. 86 do Código Civil, restringe o conceito de *consumo* aos bens móveis destinados à alienação ou que não possam ser usados sem a destruição de sua substância.[105]

Ainda dentro dessa concepção, para a teoria da declaração para consumo,[106] a caracterização da importação pressupõe o ingresso físico e a declaração da vontade de destinar a mercadoria importada ao uso ou consumo perante as autoridades aduaneiras do país de destino.[107] Essa exegese é criticada por não oferecer uma solução satisfatória para a compreensão do conceito. Isso porque, apesar de reduzir o subjetivismo, não explica a incidência nos casos em que o ingresso dos bens ocorre clandestinamente, no extravio da mercadoria, na

---

de incidência do imposto sobre importação de produtos estrangeiros. *Revista da Receita Federal*: estudos tributários e aduaneiros, Brasília, v. 1, n. 1, ago./dez. 2014. p. 65; SOSA, Roosevelt Baldomir. *Temas de direito aduaneiro*: estudos sobre problemas aduaneiros contemporâneos. São Paulo: Aduaneiras, 1999. p. 113; SORTHEIX, Juan J. La estrutura del hecho gravado por los derechos de importación. *Revista Derecho Aduanero*, Tomo V-A, 1973 apud BARREIRA, Enrique C. La obligación tributaria aduanera y el hecho gravado por los derechos de importación. *Revista de Estudios Aduaneros, Buenos Aires*, n. 12, 1998. p. 115), Gianni de Luca (LUCA, Gianni de. *Compendio di diritto tributario*. 13. ed. Napoli: Esselibri-Simone, 2005. p. 316; GIANNINI, Achille Donato. *Istituzioni di diritto tributario*. 8. ed. Milano: Giuffrè, 1960. p. 442; BARREIRA, Enrique C. La obligación tributaria aduanera y el hecho gravado por los derechos de importación. *Revista de Estudios Aduaneros, Buenos Aires*, n. 12, 1998. p. 128; TREVISAN, Rosaldo. *O imposto de importação e o direito aduaneiro internacional*. São Paulo: Aduaneiras, 2018. p. 425.

[105] Código Civil: "Art. 86. São consumíveis os bens móveis cujo uso importa destruição imediata da própria substância, sendo também considerados tais os destinados à alienação".

[106] A teoria da declaração para consumo, se consideradas as diferenças relacionadas aos condicionantes espaço-temporais da materialidade do imposto, também pode ser classificada como uma concepção autônoma da hipótese de incidência do tributo. É assim na doutrina de Enrique Barreira (BARREIRA, Enrique C. La obligación tributaria aduanera y el hecho gravado por los derechos de importación. *Revista de Estudios Aduaneros, Buenos Aires*, n. 12, 1998. p. 87 e ss.), de Francisco Clavijo Hernández (HERNÁNDEZ, Francisco Clavijo. Impuestos Aduaneros. In: HERNÁNDEZ, Francisco Clavijo; LAPATZA, José Juan Ferreiro; QUERALT, Juan Martín; LÓPES, José Manuel Tejerizo; ROYO, Fernando Pérez. *Curso de derecho tributario*: parte especial: sistema tributario: los tributos em particular. 19. ed. Madrid-Barcelona, 2003. p. 775-821) e de Jorge Witker (WITKER, Jorge. *Derecho tributario aduanero*. 2. ed. México, UNAM, 1999. p. 81 e ss.). Todavia, sob o aspecto exclusivo do conceito de importação, parece mais apropriado considerá-la uma variação da teoria da entrada finalística.

[107] BARREIRA, Enrique C. La obligación tributaria aduanera y el hecho gravado por los derechos de importación. *Revista de Estudios Aduaneros, Buenos Aires*, n. 12, 1998. p. 111. Adotam essa concepção: GIULIANI, Giuseppe. *Diritto tributario*. 3. ed. Milano: Giuffrè, 2002. p. 292; ESCALANTE, José A. *El aforo aduanero*. Lima, 1984. p. 17 apud BARREIRA, Enrique C. La obligación tributaria aduanera y el hecho gravado por los derechos de importación. *Revista de Estudios Aduaneros, Buenos Aires*, n. 12, 1998. p. 113; CERIONI, Fabrizio. Gli elementi caratteristici dell'obbligazione doganale. In: SCUFFI, Massimo; ALBENZIO, Giuseppe; MICCINESI, Marco. *Diritto doganale, delle accise e di tributi ambientali*. Milão: Ipsoa, 2014. p. 235; CUTRERA, Achille. *Principii di diritto e politica doganale*. 2. ed. Padova: Cedam, 1941. p. 83.

importação proibida, bem como nas hipóteses em que a declaração de consumo não é aceita pelas autoridades competentes.[108]

Outra variação da teoria do ingresso finalístico,[109] a teoria da nacionalização parte da premissa de que o uso ou consumo definitivo apenas seria possível com a retirada da mercadoria do controle aduaneiro. Logo, o imposto de importação teria a sua hipótese de incidência definitivamente configurada por ocasião da nacionalização da mercadoria, após o pagamento dos tributos incidentes sobre a operação de comércio exterior. Assim, o conceito deve ser vinculado à intenção de nacionalizar o produto.[110]

---

[108] BARREIRA, Enrique C. La obligación tributaria aduanera y el hecho gravado por los derechos de importación. *Revista de Estudios Aduaneros, Buenos Aires*, n. 12, 1998. p. 113; WITKER, Jorge. *Derecho tributario aduanero*. 2. ed. México, UNAM, 1999. p. 79-80; HERNÁNDEZ, Francisco Clavijo; LAPATZA, José Juan Ferreiro; QUERALT, Juan Martín; LÓPES, José Manuel Tejerizo; ROYO, Fernando Pérez. *Curso de derecho tributario*: parte especial: sistema tributario: los tributos em particular. 19. ed. Madrid-Barcelona, 2003. p. 781-782. Procurando afastar tais inconsistências, alguns autores, como Achille Cutrera, entendem que a obrigação tributária não surge em relação às mercadorias não declaradas ou não apresentadas à Aduana (CUTRERA, Achille. *Principii di diritto e politica doganale*. 2. ed. Padova: Cedam, 1941. p. 84). Outros, de modo diverso, agregam a necessidade de aceitação da declaração pela Administração Aduaneira. Nessa linha sustentam Maurizio Ganbardella e Davide Rovetta (GANBARDELLA, Maurizio; ROVETTA, Davide. *Manuale di rimborsi e sgravi in materia doganale*. Milão: Ipsoa, 2012. p. 54), Juan Martín Queralt, Carmelo Lozano Serrano, Gabriel Casado Olero e José Tejerizo Lópes (QUERALT, Juan Martín; SERRANO, Carmelo Lozano; OLLERO, Gabriel Casado; LÓPEZ, José M. Tejerizo. *Curso de derecho financiero y tributario*. 9. ed. Madrid: Tecnos, 1998. p. 725) e Francisco Clavijo Hernández (HERNÁNDEZ, Francisco Clavijo; LAPATZA, José Juan Ferreiro; QUERALT, Juan Martín; LÓPES, José Manuel Tejerizo; ROYO, Fernando Pérez. *Curso de derecho tributario*: parte especial: sistema tributario: los tributos em particular. 19. ed. Madrid-Barcelona, 2003. p. 783). Este último, seguindo doutrina de Agulló Agüero, entende que, em decorrência da necessidade de aceitação da declaração, o crédito tributário origina-se da introdução legal da mercadoria no território aduaneiro (CERIONI, Fabrizio. Gli elementi caratteristici dell'obbligazione doganale. In: SCUFFI, Massimo; ALBENZIO, Giuseppe; MICCINESI, Marco. *Diritto doganale, dele accise e di tributi ambientali*. Milão: Ipsoa, 2014. p. 233) A proposta, entretanto, também não se aplica aos ordenamentos jurídicos em que há previsão legal de incidência do imposto de importação nos ingressos clandestinos. Isso porque, se o imposto é devido no ingresso irregular, a aceitação da declaração de consumo não pode ser considerada determinante para a caracterização da importação. Afinal, na transposição ilícita da fronteira não há declaração do sujeito passivo. A proposta, portanto, mostra-se insuficiente, porque, apesar de reduzir o subjetivismo, continua sem oferecer explicação adequada para os casos de ingressos clandestinos.

[109] A teoria da nacionalização, considerando exclusivamente o conceito de importação, é considerada uma variação da teoria do ingresso finalístico. Todavia, sob o aspecto da compostura integral da hipótese de incidência, também pode ser classificada como uma concepção autônoma. Cf.: classificações de BARREIRA, Enrique C. La obligación tributaria aduanera y el hecho gravado por los derechos de importación. *Revista de Estudios Aduaneros, Buenos Aires*, n. 12, 1998. p. 87 e ss.; HERNÁNDEZ, Francisco Clavijo. Impuestos Aduaneros. In: HERNÁNDEZ, Francisco Clavijo; LAPATZA, José Juan Ferreiro; QUERALT, Juan Martín; LÓPES, José Manuel Tejerizo; ROYO, Fernando Pérez. *Curso de derecho tributario*: parte especial: sistema tributario: los tributos em particular. 19. ed. Madrid-Barcelona, 2003. p. 775-821; WITKER, Jorge. *Derecho tributario aduanero*. 2. ed. México, UNAM, 1999. p. 81 e ss.

[110] No Brasil, essa concepção foi acolhida inicialmente por Ruy de Melo e Raul Reis (MELO, Ruy de; REIS, Raul. *Manual do imposto de importação e regime cambial correlato*. São Paulo: RT, 1970. p. 45) e, mais recentemente, em Dissertação de Mestrado na Pontifícia Universidade Católica de São Paulo, por José Augusto Lara dos Santos (SANTOS, José Augusto Lara dos. *O signo "importação" e sua influência na natureza jurídica dos regimes aduaneiros especiais*. Dissertação (Mestrado em Direito) – Pontifícia Universidade Católica de São Paulo, São Paulo, 2011. p. 104). No direito comparado, é defendida por Matías Cortés (DOMINGUEZ, Matías Cortés. *Introducción al derecho aduanero*. *Revista Aduanas*, Madrid, n. 160, 1967 *apud* WITKER, Jorge. *Derecho tributario aduanero*. 2. ed. México, UNAM, 1999. p. 82), Jorge Witker (WITKER, Jorge. *Derecho tributario aduanero*. 2. ed. México, UNAM, 1999.) e, após revisão de seu entendimento inicial, Hector Villegas (VILLEGAS, Hector. Destinatário legal tributário: contribuintes

Essa vertente, entretanto, continua sem oferecer explicação adequada para a incidência do imposto nos ingressos ilícitos de mercadoria. Além disso, apresenta um obstáculo lógico intransponível que impede a sua adoção.[111] É que a nacionalização somente ocorre após o pagamento do crédito tributário. Portanto, elencar esse evento como antecedente da norma jurídica instituidora do imposto implica o reconhecimento de um tributo com hipótese de incidência posterior à extinção da obrigação tributária. Essa particularidade foi identificada pelo professor Matías Cortés, que difundiu a teoria na Espanha. O autor, porém, não encontrava problemas na construção de uma hipótese de incidência lógica e cronologicamente posterior à extinção da obrigação tributária.[112] Trata-se, contudo, de inversão logicamente impossível. A hipótese, como proposição-antecedente da norma jurídica, constitui o pressuposto para a constituição válida do crédito tributário prescrito pelo consequente da norma jurídica. Admitir o contrário seria negar a estrutura implicacional da norma jurídica.[113]

### 2.2.2.1.2 Importação no direito brasileiro

A leitura do art. 19 do Código Tributário Nacional[114] e do art. 1º do Decreto-Lei nº 37/1966[115] poderia indicar uma opção legislativa pela teoria da transposição física. Porém, ao contrário do que decorre da exegese isolada desses dispositivos, a importação não se resume à simples transposição da fronteira geográfica do território aduaneiro. A identificação do conceito de importação com o ingresso físico do produto, concepção ainda encontrada em parte da doutrina nacional, não é compatível com o art. 5º, XV, da Constituição Federal, que consagra o princípio da liberdade de locomoção e de trânsito no território nacional, inclusive aos estrangeiros e aos respectivos bens:

> Art. 5º Todos são iguais perante a lei, sem distinção de qualquer natureza, garantindo-se aos brasileiros e aos estrangeiros residentes no País a inviolabilidade do direito à vida, à liberdade, à igualdade, à segurança e à propriedade, nos termos seguintes:
> [...]

---

e sujeitos passivos na obrigação tributária. *Revista de Direito Público*, São Paulo, v. 30, p. 271 e ss., jul./ago. 1974. p. 714) e Giuliani Fonrouge (FONROUGE, Carlos M. Giuliani. *Derecho Financiero*. Buenos Aires: Depalma, 1982. t. II, p. 834 apud BARREIRA, Enrique C. La obligación tributaria aduanera y el hecho gravado por los derechos de importación. *Revista de Estudios Aduaneros, Buenos Aires*, n. 12, 1998. p. 114).

[111] Essa crítica não se aplica à doutrina de Ruy de Melo, Raul Reis e José Augusto Lara dos Santos (MELO, Ruy de; REIS, Raul. *Manual do imposto de importação e regime cambial correlato*. São Paulo: RT, 1970. p. 45; SANTOS, José Augusto Lara dos. *O signo "importação" e sua influência na natureza jurídica dos regimes aduaneiros especiais*. Dissertação (Mestrado em Direito) - Pontifícia Universidade Católica de São Paulo, São Paulo, 2011. p. 104), porquanto tais autores agregam a finalidade de *nacionalização* ao conceito de importação.

[112] Segundo o professor Matías Cortés: "nos encontramos con que el hecho imponible aparece lógica y cronológicamente con posterioridad a la extinción de la obligación aduanera, puesto que la importación, que es un hecho jurídico, que confiere a las mercancías importadas la calidad de mercancías nacionales, no se obtiene hasta que no se extinga la obligación tributaria" (HERNÁNDEZ, Francisco Clavijo. Impuestos Aduaneros. *In*: HERNÁNDEZ, Francisco Clavijo; LAPATZA, José Juan Ferreiro; QUERALT, Juan Martín; LÓPES, José Manuel Tejerizo; ROYO, Fernando Pérez. *Curso de derecho tributario*: parte especial: sistema tributario: los tributos em particular. 19. ed. Madrid-Barcelona, 2003. p. 782).

[113] SEHN, Solon. *Imposto de importação*. São Paulo: Noeses, 2016. p. 41.

[114] "Art. 19. O imposto, de competência da União, sobre a importação de produtos estrangeiros tem como fato gerador a entrada destes no território nacional".

[115] "Art. 1º O Imposto sobre a Importação incide sobre mercadoria estrangeira e tem como fato gerador sua entrada no Território Nacional (Redação dada pelo Decreto-Lei nº 2.472, de 01.09.1988)".

XV – é livre a locomoção no território nacional em tempo de paz, podendo qualquer pessoa, nos termos da lei, nele entrar, permanecer ou dele sair com seus bens.

Esse princípio tem origem no Artigo V do Acordo Geral de Tarifas e Comércio (*General Agreement on Tariffs and Trade* – Gatt), sendo também previsto no Artigo 11 do Acordo sobre a Facilitação do Comércio.[116] Em razão dele, como destaca Ricardo Xavier Basaldúa, o evento imponível do imposto de importação nas legislações modernas compreende apenas a importação para consumo, entendida como tal aquela que autoriza o ingresso *sine die* da mercadoria, isto é, a permanência definitiva no território aduaneiro, possibilitando a sua utilização econômica irrestrita.[117]

A identificação do fato jurídico da importação com a simples transposição da fronteira tampouco é compatível com o Protocolo de Revisão da Convenção Internacional para a Simplificação e a Harmonização dos Regimes Aduaneiros (Convenção de Quioto Revisada), aprovado pelo Decreto Legislativo nº 56/2019 e promulgado pelo Decreto nº 10.276/2020. Esse, no Capítulo 1 do Anexo Específico B, *vincula o conceito de importação ao objetivo de incorporação definitiva do produto à livre circulação econômica no país de destino.*[118] Da mesma forma, o Código Aduaneiro do Mercosul, em seu art. 157, circunscreve a incidência à *importação definitiva*:[119]

---

[116] Incorporado ao direito brasileiro pelo Decreto Legislativo nº 01/2016, promulgado pelo Decreto nº 9.326/2018. Dentre os objetivos destacados no preâmbulo do AFC: "Desejando esclarecer e aperfeiçoar os aspectos relevantes dos Artigos V, VIII e X do Gatt 1994 com vistas a tornar mais ágil a circulação, a liberação e o despacho aduaneiro de bens, inclusive bens em trânsito".

[117] BASALDÚA, Ricardo Xavier. La territorialidad en los impuestos aduaneros. In: UCKMAR, Victor; ALTAMIRANO, Alejandro C.; TÔRRES, Heleno Taveira (coord.). *Impuestos sobre el comercio internacional*. 2. ed. Madrid-Barcelona-Buenos Aires: Marcial-Pons, 2008. p. 139: "[...] en las legislaciones modernas se precisa generalmente que la introducción y el egreso relevantes a los efectos de la aplicación de los derechos aduaneros son la importación y la exportación 'para consumo', es decir, aquellas que autorizan en forma definitiva – sin sujeción a plazo alguno – la permanencia de las mercaderías en el territorio aduanero de que se trate. Este ingreso *sine die* posibilita su utilización económica irrestricta, por lo que se dice que la mercadería ha ingresado a consumo de plaza o a la circulación económica interna. [...] Se procura así diferenciarlas de otras importaciones y exportaciones que no tienen la misma relevancia económica, como el mero tránsito de las mercaderías por el territorio. Se recepta de tal forma el principio de libertad de tránsito, consagrado en el orden jurídico argentino en el art. 11 de la Constitución Nacional y en el orden internacional en el art. V del GATT, que veda que se grave con derechos aduaneros esos simples hechos. Asimismo, se excluye de la aplicación del tributo la importación y la exportación temporarias, por lo menos cuando la mercadería permanece en el mismo estado y, en general, también en los casos en que se la somete a un proceso de transformación o reparación (aunque en estos supuestos, sin embargo, puede preverse la posibilidad de aplicar el tributo aduanero, aunque de forma parcial)". No mesmo sentido: BASALDÚA, Ricardo Xavier. *Tributos al comercio exterior*. Buenos Aires: Abeledo-Perrot, 2011. p. 495: "El principio de la libertad de tránsito de las mercaderías entre los territorios de los Estados Miembros, establecido en el art. V del GATT de 1994, los obliga a no gravar el ingreso y la salida de las mercaderías, incluso cuando constituyan medios de transporte, siempre que las mercaderías no pretendan incorporarse a la circulación económica interna y se limiten a atravesar el territorio del Estado de que se trate, así como que los medios de transporte no sean empleados en el tráfico interno".

[118] "Importação definitiva: o regime aduaneiro que permite a colocação em livre circulação no território aduaneiro de mercadorias importadas, mediante o pagamento dos direitos e demais imposições de importação e o cumprimento de todas as formalidades aduaneiras necessárias".

[119] Porém, não se pode deixar de ressaltar que a expressão "*importação definitiva*" se mostra pleonástica, já que, afinal, toda a importação sempre tem essa característica. O CAM, na verdade, repete a terminologia da CQR, transcrita acima. Trata-se de preceito que não teve preocupação com o rigor linguístico. Não obstante, tem o aspecto positivo de afastar – de uma vez por todas – qualquer pretensão de tributação de ingressos temporários ou do trânsito de mercadorias no território aduaneiro. Além disso, evita o

Artigo 157 - Tributos Aduaneiros

1. O presente Código regula os seguintes tributos aduaneiros:

a) o imposto ou direito de importação, cujo fato gerador é a importação definitiva de mercadoria para o território aduaneiro.[120]

Portanto, a entrada física é uma condição necessária, mas não suficiente para a configuração da importação. Essa compreende a transposição física qualificada pela intenção integradora, ou seja, a introdução de um produto no território aduaneiro com a intenção de incorporá-lo ao mercado nacional. Não há importação, destarte, na entrada de uma mercadoria em trânsito, com destino a outro país, ou a título transitório, como ocorre com o produto enviado para reparo ou para exposição em uma feira de negócios.

A doutrina faz referência à *intenção integradora* por meio de designações alternativas, que ressalvam a intenção de *uso* ou *consumo*, o objetivo de *permanência* ou de *nacionalização*. Tais termos, contudo, apresentam amplitude insuficiente para abranger todas as possíveis destinações de um produto integrado ao mercado nacional. A exigência de intenção de *uso* pouco acrescenta em relação à teoria do ingresso físico. Afinal, um automóvel de origem estrangeira em viagem turística no País, sem dúvida, ingressa com finalidade de uso no território nacional. O *consumo*, por outro lado, denota somente a etapa final do processo de circulação. Não abrange, em termos jurídicos, a aquisição para revenda, justamente uma das hipóteses mais recorrentes de integração. Também não se mostra suficiente a alusão ao objetivo de *permanência*, porque essa pode ser definitiva ou temporária. Um bem introduzido no território aduaneiro por um período determinado – apenas para participar de um evento, uma exposição em feira de negócios – ingressa com objetivo de permanência, ainda que temporária.

---

[120] que ocorreu com a definição da hipótese de incidência do imposto de importação pelo CTN (art. 19). Esse, na redação do Anteprojeto (art. 31), vinculava a incidência à entrada no território nacional de mercadoria *"para fins de consumo no referido território"*. Entretanto, como demonstrado em outro estudo, em um esforço de depuração linguística, essa parte não foi mantida na versão final, fazendo com que muitos sustentassem que o conceito de importação adotado pelo CTN seria o da simples transposição física. Seja como for, independentemente do CAM, o conceito finalístico de importação é o que mais de compatibiliza com a Constituição Federal e com a Convenção de Quioto Revisada, incorporada no ano de 2020 ao direito brasileiro (SEHN, Solon. *Imposto de importação*. São Paulo: Noeses, 2016. p. 44).

Destarte, como bem ressalta Rosaldo Trevisan: "[...] o que brota da disciplina internacional descrita, principalmente na CQR [Convenção de Quioto Revisada], é que já há regramento internacional, válido em mais de uma centena de países, e em vias de ampliação, tratando de diversas situações que nos permitem concluir ser a construção jurídica da 'importação para consumo' a que melhor descreve o fenômeno da incidência do Imposto de Importação, mundialmente. E, nesse cenário, a hipótese de incidência é afeta ao conceito jurídico-econômico, de introdução na economia, em concorrência com as mercadorias nacionais, e não ao aspecto geográfico-político de importação, de simples transposição de fronteira" (TREVISAN, Rosaldo. *O imposto de importação e o direito aduaneiro internacional*. São Paulo: Aduaneiras, 2018. p. 425). Nessa mesma linha, o autor italiano Fabrizio Vismara ressalta que, do Anexo B da CQR, "[...] se deduz que a origem da obrigação aduaneira e da tributação relativa ao ingresso das mercadorias no território aduaneiro está ligada ao fato de as mercadorias estrangeiras serem colocadas em livre prática nesse território, ou mudarem de regime aduaneiro status de mercadorias estrangeiras para mercadorias nacionais" (Traduzimos do original: "[...] Da qui si ricava come il sorgere dell'obbligazione doganale e della fiscalità connessa all'ingresso delle merci nel territorio doganale sia legato al fatto che le merci estere siano poste in libera circolazione in detto territorio, ovvero mutino posizione doganale da merci estere a merci nazionali" (VISMARA, Fabrizio. *L'Obbligazione doganale nel diritto dell'Unione europea*. Torino: Giappichelli, 2019. p. 17). O autor, entretanto, entende que a obrigação tributária surge no momento da aceitação da declaração de importação pela aduana.

Outros, de modo diverso, entendem mais adequado aludir à *intenção de nacionalização*. De todas, essa é a que mais se aproxima do conceito, porém, de maneira insuficiente. Isso porque a nacionalização pressupõe um ingresso lícito das mercadorias, com despacho realizado perante as autoridades aduaneiras e recolhimento dos tributos eventualmente incidentes na operação. Não abrange os bens objeto de descaminho, que ingressam à margem do órgão de controle aduaneiro, sem o pagamento de tributos. Nesses casos, o agente não tem a menor intenção de nacionalização. Contudo, ainda assim, o imposto de importação será devido. Trata-se, na realidade, de uma proposta teórica que não oferece uma explicação adequada para os ordenamentos jurídicos em que, a exemplo do direito brasileiro, há previsão legal de incidência do imposto nos ingressos clandestinos.

Desse modo, em face da impropriedade do termo *uso*, da incompletude de *consumo*, de *permanência* e de *nacionalização*, opta-se por *integração*. Esse tem um sentido mais amplo e, dentre suas possíveis significações, abrange a assimilação de elementos novos a um determinado sistema ("tornar-se parte"), compreendendo a nacionalização, sem, contudo, apresentar o mesmo grau restritivo dessa. Com isso, ficam compreendidos no conceito os ingressos com finalidade de consumo, de revenda ou de utilização no processo produtivo, ainda que à margem do órgão de controle aduaneiro e sem o pagamento de tributos.

Essa proposta tem as vantagens da *teoria da nacionalização*. Mas não incorre nas mesmas inconsistências, na medida em que oferece explicação adequada para a incidência do imposto nos ingressos ilícitos de mercadoria. Em síntese, portanto, entende-se que o conteúdo jurídico do verbo "importar" compreende à conduta comissiva voluntária de introduzir um produto qualquer no âmbito do território nacional, por meio da transposição física da fronteira geográfica qualificada pela intenção integradora.[121]

### 2.2.2.1.3 Intenção integradora

A intenção integradora normalmente é manifestada por meio do registro da declaração de mercadorias, que desencadeia os atos necessários à *liberação* (desembaraço aduaneiro). Todavia, a declaração formal nem sempre se mostra determinante. O agente pode declarar intenção diversa da efetivamente pretendida, promovendo o despacho para trânsito ou para admissão temporária, quando, na verdade, a finalidade originária é a venda no mercado nacional sem o recolhimento dos tributos. É possível, ademais, que sequer exista uma declaração, quando a transposição da fronteira se dá à margem do controle aduaneiro.

Destaca-se, para fins ilustrativos, um caso examinado pelo Carf no ano de 2012. Nele a mercadoria foi submetida ao regime especial de admissão temporária, ou seja, houve uma declaração oficial de intenção de não integração. Porém, a Receita Federal encontrou os produtos expostos à venda, evidenciando uma finalidade divergente da declarada:

> [...]
> O interessado através do [...] solicitou o Regime Especial de Admissão Temporária para os bens descritos na [...] pelo prazo de três meses, prorrogado por mais três meses até 30/05/2006 com a finalidade prevista no artigo 4º, parágrafo 1º, inciso II da IN SRF 285/03, que prevê a possibilidade do Regime para 'bens a serem submetidos a ensaios, testes de funcionamento ou de resistência, conserto, reparo ou restauração'. Ocorre que ficou comprovado o desvio de finalidade em 24/04/2006 com a apreensão pela Polícia Federal dos bens (veículos) que se encontravam naquele momento expostos à venda.

---

[121] SEHN, Solon. *Imposto de importação*. São Paulo: Noeses, 2016. p. 43 e ss.

O desvio de finalidade gerou a lavratura do Auto de Infração [...] com a aplicação da multa prevista no artigo 72, inciso I, da Lei 10.833/03.[122]

É por essa razão que, para fins de controle da ocorrência do fato jurídico tributário, o Decreto-Lei nº 37/1966 (art. 44) estabelece que todos os produtos, ao ingressarem no território aduaneiro nacional, devem ser submetidos ao despacho aduaneiro de importação, mesmo quando não sujeitos ao pagamento de tributos:

> Art. 44. Toda mercadoria procedente do exterior por qualquer via, destinada a consumo ou a outro regime, sujeita ou não ao pagamento do imposto, deverá ser submetida a despacho aduaneiro, que será processado com base em declaração apresentada à repartição aduaneira no prazo e na forma prescritos em regulamento (Redação dada pelo Decreto-Lei nº 2.472, de 01.09.1988).

Cumpre advertir que a intenção – que é o conteúdo da vontade – pressupõe um querer ativo do sujeito; e, ao contrário do desejo, não se resume a uma simples expectativa passiva em relação a um determinado resultado.[123] Por isso, não cabe qualquer investigação ou perquirição acerca do desejo da parte, que é inacessível. A autoridade aduaneira deve analisar o *animus* do importador objetivamente, por meio dos atos de exteriorização da vontade.

Os atos de exteriorização da vontade, por sua vez, devem ser interpretados em face das circunstâncias do caso concreto, em especial a destinação da mercadoria, suas características, quantidade, o perfil do possuidor e a frequência das viagens ao exterior. Esses elementos mitigam qualquer risco de subjetividade, porque permitem identificar – invariavelmente e com segurança – se o sujeito passivo pretende realizar um ingresso provisório ou tem a intenção de integrar o produto ao mercado nacional.[124]

### 2.2.2.1.4 Título jurídico

A importação pressupõe a introdução de um produto qualquer no território aduaneiro, por meio da transposição física da fronteira qualificada pela intenção integradora, entendida como tal a intenção de incorporá-lo ao mercado nacional. O título jurídico, a transferência da propriedade ou a existência de um contrato de compra e venda não são determinantes para a sua caracterização jurídica.

Esses fatores, porém, não são totalmente irrelevantes. Por meio deles, é possível provar ou excluir a existência de uma intenção integradora em circunstâncias duvidosas: o seu exame pode evidenciar o caráter definitivo da transposição da fronteira ou ainda, o caráter puramente transitório da operação. Assim, um comodato – vinculado, por exemplo, à exposição do produto em uma feira ou uma outra finalidade transitória qualquer – certamente evidencia a natureza provisória do ingresso do produto. Já uma compra e venda, de modo diverso, sempre implica a intenção de incorporação definitiva da mercadoria à economia nacional, uma vez que pressupõe a transferência da propriedade.[125]

---

[122] Parte transcrita do auto de infração com a supressão dos números dos processos. Carf. 3ª S. 2ª T.E. Ac. 802001.440. S. de 28.11.2012.

[123] ZAFFARONI, Eugênio Raul; PIERANGELI, José Henrique. *Manual de direito penal brasileiro*: parte geral. São Paulo: RT, 1997. p. 415.

[124] Esse aspecto mostra o equívoco da crítica que aponta um suposto subjetivismo na teoria finalista. A rigor, quem encaminha essa objeção confunde *intenção* com *desejo* e *vontade*.

[125] SEHN, Solon. *Imposto de importação*. São Paulo: Noeses, 2016. p. 61 e ss.

Ademais, como será analisado, o título jurídico é um dos fatores determinantes para a definição da base de cálculo do imposto de importação.[126]

### 2.2.2.1.5 Fator tempo

A intenção integradora não é sinônimo de ingresso *ad aeternun* ou *sine die*.[127] Também há integração no mercado nacional quando o importador promove o ingresso do produto com intenção de mantê-lo por tempo indeterminado, pelo prazo de esgotamento de sua vida útil ou depreciação integral. Logo, sempre que o bem for vinculado a uma obrigação de devolução, deve ser verificado o prazo de permanência e as características do produto. Haverá intenção integradora se, ao final do período de utilização previsto no contrato, o produto já estiver depreciado, obsoleto ou com a vida útil esgotada. O mesmo se aplica aos casos em que é prevista a aquisição por valor residual, como no *leasing* ou arrendamento mercantil.[128]

### 2.2.2.1.6 Importação presumida: tributação do extravio

O Decreto-Lei nº 37/1966 (art. 1º, § 2º) estabelece que, nas hipóteses de extravio ou de falta da mercadoria, essa será considerada "entrada" no território nacional, para efeitos de ocorrência do evento imponível do imposto, sempre que tiver constado como importada na documentação pertinente:

> Art. 1º – O Imposto sobre a Importação incide sobre mercadoria estrangeira e tem como fato gerador sua entrada no Território Nacional. (Redação dada pelo Decreto-Lei nº 2.472, de 01.09.1988).
> [...]
> § 2º – Para efeito de ocorrência do fato gerador, considerar-se-á entrada no Território Nacional a mercadoria que constar como tendo sido importada e cuja falta venha a ser apurada pela autoridade aduaneira. (Parágrafo único renumerado para § 2º pelo Decreto-Lei nº 2.472, de 01.09.1988).
> § 3º – Para fins de aplicação do disposto no § 2º deste artigo, o regulamento poderá estabelecer percentuais de tolerância para a falta apurada na importação de granéis que, por sua natureza ou condições de manuseio na descarga, estejam sujeitos à quebra ou decréscimo de quantidade ou peso (Incluído pelo Decreto-Lei nº 2.472, de 01.09.1988).

A administração aduaneira, com base nessa presunção, tem constituído o crédito tributário em "toda e qualquer falta de mercadoria",[129] inclusive por roubo, furto ou perda no

---

[126] Ver Cap. IV, item 2.3.2.
[127] É justamente por isso que não há inconstitucionalidade na cobrança proporcional do imposto no regime de admissão temporária para admissão econômica (Lei nº 9.430/1996, art. 79).
[128] Veja-se, por exemplo, o caso de um servidor de rede de informática. Este, em curto espaço de tempo, já se torna obsoleto ou perde boa parte de seu valor comercial. Sempre que isso ocorrer, haverá intenção integradora, ainda que vinculado a um contrato de arrendamento mercantil, de comodato ou de aluguel. SEHN, Solon. *Imposto de importação*. São Paulo: Noeses, 2016. p. 61 e ss.
[129] Com a inclusão do § 4º, II, no art. 1º do Decreto-Lei nº 37/1966 pela Lei nº 10.833/2003, esse problema foi parcialmente atuando: "Art. 1º [...] § 4º O imposto não incide sobre mercadoria estrangeira: [...] II – em trânsito aduaneiro de passagem, acidentalmente destruída".

percurso da viagem.[130] O crédito tributário, assim, é exigido do contribuinte (importador) e do transportador ou do depositário, que são responsáveis tributários *ex vi* do art. 32, I e II, do Decreto-Lei nº 37/1966. A única ressalva, introduzida pela Lei nº 10.833/2003, que incluiu o § 4º, II, no art. 1º do Decreto-Lei nº 37/1966, diz respeito à mercadoria estrangeira "em trânsito aduaneiro de passagem, acidentalmente destruída".[131]

Um caso que ilustra o modo como a presunção do § 2º do art. 1º do Decreto-Lei nº 37/1966 tem sido aplicada foi objeto de exame pelo Conselho Administrativo de Recursos Fiscais (Carf):

> VISTORIA ADUANEIRA. MERCADORIA EXTRAVIADA. RESPONSABILIDADE DE QUEM LHE DEU CAUSA.
> A responsabilidade pelo ressarcimento à União pelo não recolhimento do imposto de importação incidente sobre mercadoria extraviada será de quem lhe deu causa. Constatado, em procedimento de vistoria aduaneira, que o extravio da mercadoria sujeita ao regime de trânsito aduaneiro se deu quando esta se encontrava sob a responsabilidade do transportador, cabível o lançamento, contra este, do imposto incidente sobre os bens extraviados, bem como da multa capitulada no artigo 106, inciso II, alínea *d*,[132] do Decreto-lei nº 37/66.[133]

O caso envolvia mercadoria originária dos Estados Unidos da América do Norte, descarregada no Porto de Santos, mas com destino final no Paraguai. No momento da descarga, foi constatada a falta de parte dos bens que, segundo o manifesto de carga, deveriam estar no contêiner. O crédito tributário, mesmo em se tratando de mercadoria não destinada ao mercado nacional, foi constituído em face do transportador.

Parte da doutrina, na linha de Sebastião de Oliveira Lima, Paulino Manfrinato e Liziane Meira, sustenta que o art. 1º, § 2º, do Decreto-Lei nº 37/1966 seria compatível com o texto constitucional, porque estabeleceria apenas uma hipótese de entrada ou de importação presumida, sujeita à prova em contrário do interessado.[134] Entretanto, como bem demonstraram André Folloni e José Eduardo Soares de Melo, no extravio, há uma impossibilidade física de

---

[130] Acórdão 3403-001.722. 3ª T. O. 4ª C. 3ª S. S. 21.08.2012. Há inúmeros julgados nesse sentido. Exemplificativamente, cumpre destacar ainda: 2ª T.O. 2ª C. 3ª S. Acórdão 3202-000.434. S. 28.02.2012; 2ª T.O. 2ª C. 3ª S. Acórdão 3202-000.376. S. 06.10.2011. Todavia, com a alteração do art. 60, II do Decreto-Lei nº 37/1966, pela Lei nº 12.350/2010, deixou de abranger os casos de falta motivada por "erro inequívoco ou comprovado de expedição".

[131] Cf. ainda: Lei nº 10.865, de 2004, art. 2º.

[132] "Art. 106 – Aplicam-se as seguintes multas, proporcionais ao valor do imposto incidente sobre a importação da mercadoria ou o que incidiria se não houvesse isenção ou redução:
[...]
II – de 50% (cinquenta por cento):
[...]
d) pelo extravio ou falta de mercadoria, inclusive apurado em ato de vistoria aduaneira".

[133] Carf. 3ª S. 2ª TE. Ac. 3802-00.191, s. de 15.03.2010. No mesmo sentido, cf.: Acórdão 3102-00.751. 1ª T. O. 1ª C. 3ª S, s. 27.08.2010.

[134] Em sentido contrário, cf.: LIMA, Sebastião de Oliveira. *O fato gerador do imposto de importação na legislação brasileira*. São Paulo: Resenha Tributária, 1981. p. 50 e ss.; MANFRINATO, Paulino. *Imposto de importação*: uma análise do lançamento e fundamentos. São Paulo: Aduaneiras, 2002. p. 65; MEIRA, Liziane Angelotti. *Tributos sobre o comércio exterior*. São Paulo: Saraiva, 2012. p. 31.

ingresso da mercadoria no território nacional, o que descaracteriza a importação.[135] Por isso, entende-se que o dispositivo não é compatível com o conceito de importação. É que, em situações dessa natureza, não há como se cogitar de prova em sentido contrário, porquanto o fato presuntivo eleito pelo legislador já é a prova bastante da inocorrência do ingresso físico do produto extraviado.

Tampouco é válida a exigência do imposto quando o extravio se dá no trânsito aduaneiro clássico ou de "passagem", ainda que não observados os requisitos do § 4º, II, no art. 1º do Decreto-Lei nº 37/1966, na redação da Lei nº 10.833/2003 (destruição acidental).[136] Nesse regime aduaneiro especial, o ingresso do produto estrangeiro é admitido temporariamente, apenas para fins de deslocamento até o território de outro país.[137] Inexiste intenção integradora por parte de quem promove o ingresso da mercadoria no território nacional, o que é essencial para a caracterização do critério material do imposto de importação.

Nesse sentido, tem decidido a Jurisprudência do Superior Tribunal de Justiça:

> [...] É pacífico o entendimento nesta Corte de que, no caso de importação de mercadoria despachada para consumo, o fato gerador para o imposto de importação consuma-se na data do registro da Declaração de Importação. 2. Verificada a falta de mercadoria importada com destino ao Paraguai em trânsito no território nacional, é indevida a cobrança do imposto de importação. Precedentes.[138]

Logo, ocorrendo o extravio da mercadoria com destino a outro país, não há o menor fundamento para a exigência do imposto, porque o regime destina-se apenas ao controle da não incidência dos tributos aduaneiros.

### 2.2.2.2 Complemento do critério: produtos ou mercadorias

O art. 1º do Decreto-Lei nº 37/1966 tem redação semelhante à do art. 19 do Código Tributário Nacional. A única diferença está na palavra "mercadoria". Isso não significa, entretanto, que a incidência do imposto tenha sido limitada pelo decreto-lei aos bens importados para fins de revenda lucrativa.[139] O exame *a contrario sensu* das hipóteses de isenção (RA, art. 136 e ss.) evidencia que também são tributados os bens de capital, os insumos e os produtos destinados ao consumo em geral. Dessa maneira, a rigor, tem-se que o complemento do

---

[135] FOLLONI, André Parmo. *Tributação sobre o comércio exterior*. São Paulo: Dialética, 2005. p. 147-148; MELO, José Eduardo Soares de. *Impostos federais, estaduais e municipais*. 2. ed. Porto Alegre: Lael, 2006. p. 70.
[136] Cf. ainda: Lei nº 10.865, de 2004, art. 2º.
[137] Ver Cap. VI, item 3.4.
[138] Grifamos. STJ. 2º T. REsp 1.139.922. Rel. Min. Eliana Calmon. DJe 04.02.2011. No mesmo sentido, cf: 2ª T. REsp 1.759.174/SP. Rel. Min. Herman Benjamin. DJe 28.11.2018; 1ª T. REsp 1.101.814/SP. Rel. Min. Arnaldo Esteves Lima. DJe 29.05.2012; do mesmo relator: AgRg no REsp 1.090.518/RJ. DJe 24.08.2011; 2ª T. REsp 942.010/SP. Rel. Min. Mauro Campbell Marques. DJe 24.02.2011.
[139] Embora já se tenha sustentado em sentido contrário (SEHN, Solon. Regime de incidência do imposto de importação. *In*: PEIXOTO, Marcelo Magalhães; SARTORI, Angela; DOMINGO, Luiz Roberto (Coord.). *Tributação aduaneira à luz da jurisprudência do CARF – Conselho Administrativo de Recursos Fiscais*. São Paulo: MP-APET, p. 17-35, 2013), esse entendimento foi revisado na obra SEHN, Solon. *Imposto de importação*. São Paulo: Noeses, 2016. p. 99 e ss.

critério material do imposto compreende os *produtos*, isto é, *coisas móveis e corpóreas*. Aí se incluem as mercadorias, mas não os serviços e outros intangíveis.[140]

### 2.2.2.3 Tributação de intangíveis e serviços

Nos últimos anos, a eficácia dos sistemas tributários tradicionais vem sendo testada com o surgimento de novas tecnologias. Parcela expressiva da receita de grandes companhias internacionais ainda tem ficado de fora do campo da tributação, em meios às dificuldades enfrentadas pelas autoridades fiscais para fazer frente às operações de computação em nuvem, o SaaS (*software as service*) e, mais recentemente, os *over-the-air softwares updates* que, mediante pagamento de uma remuneração, acrescentam funcionalidades em produtos convencionais (*v.g.* veículos). Essas operações "invisíveis" e sem fronteiras, estimadas em mais de US$ 4 trilhões, tem gerado desequilíbrios na distribuição isonômica da carga tributária entre os agentes econômicos. Também há preocupação em torno da própria na repartição da arrecadação entre os países de origem e de consumo desses intangíveis. Diante dessas e de outras questões, o tema da chamada importação de serviços vem ganhando cada vez mais protagonismo na pauta de preocupações dos organismos internacionais.[141]

Não obstante, é problemático operar com a noção de importação no âmbito dos serviços. Isso porque, no sentido técnico-jurídico, a importação pressupõe o ingresso físico de bens provenientes do exterior no mercado nacional. No caso dos serviços, isso nem sempre ocorre, uma vez que, em geral, o objeto do contrato configura uma utilidade imaterial prestada em favor do contratante. Além disso, nos casos em que implica a entrega de uma utilidade material –por exemplo, de um projeto de engenharia – a sua entrada no território – quando e, se ocorrida – se dá por meio de um suporte físico, isto é, uma mídia eletrônica no qual o arquivo está gravado ou o papel em que se encontra impresso. Essa, contudo, é destituída de autonomia negocial, representando apenas uma consequência da obrigação de fazer executada no exterior. Em tais situações, a cobrança seria ineficaz perante cidadãos estrangeiros em seus territórios soberanos, porque dependeria de um tratado internacional – atualmente inexistente – prevendo a extraterritorialidade da legislação brasileira. O Acordo Geral sobre o Comércio de Serviços (Gats), de 1994, por sua vez, não oferece parâmetros para a tributação dessas novas tecnologias, que, aliás, sequer existiam na época de sua celebração.[142]

Em meio a essas dificuldades, o legislador brasileiro optou por tributar o pagamento do serviço pelo contratante brasileiro, nos termos da Lei nº 10.865/2004, que disciplina a cobrança das contribuições ao PIS/Pasep e da Cofins incidentes na importação. Não há, assim, previsão legal de incidência do imposto de importação sobre os serviços, o que, inclusive, tampouco seria compatível com o art. 153, I, da Constituição. Esse dispositivo limita a competência

---

[140] Sobre o tema, cf: ANDRADE, Thális. *Curso de direito aduaneiro*: jurisdição e controle. Belo Horizonte: Dialética, 2021. p. 261.

[141] ARAÚJO, Ana Clarissa Masuko dos Santos. *Princípio do destino no comércio exterior de serviços*. Rio de Janeiro: Lumen Juris, 2021.

[142] Sobre as diferentes modalidades de comércio de serviços do Gats, ver: AMARAL, Antonio Carlos Rodrigues do. A organização mundial do comércio – OMC e o acordo geral sobre o comércio de serviços. In: TÔRRES, Heleno Taveira (Coord.). *Comércio internacional e tributação*. São Paulo: Quartier Latin, 2005. p. 130-131; SEHN, Solon. *PIS-Cofins*: não cumulatividade e regimes de incidência. 2. ed. São Paulo: Noeses, 2019; BARROSO, Regina Maria Fernandes; VALADÃO, Marcos Aurélio Pereira. O PIS/Cofins na importação de serviços: parametrização da incidência e sua constitucionalidade. *Revista de Direito Internacional, Econômico e Tributário*. Brasília, v. 8, n. 1, p. 01-31, jan./jun. 2013.

da União para a instituição desse imposto a uma categoria de bens: os *produtos*, vedando a tributação de intangíveis.

Destarte, os bens incorpóreos – como os direitos autorais, de crédito e as invenções – não têm existência tangível e não estão sujeitos à tradição.[143] Por conseguinte, sendo insuscetíveis de ingresso físico no território aduaneiro, mostram-se incompatíveis com a estrutura do imposto de importação.

A tributação dos intangíveis somente poderia ocorrer por meio de lei complementar, desde que esta institua uma exação diferenciada no exercício da competência residual prevista no art. 154, I, da Constituição.[144] Ainda assim, não poderiam ser alcançados os intangíveis qualificáveis como serviço, uma vez que esses são de competência privativa dos Municípios (CF, art. 156, III[145]), do Distrito Federal e dos Estados (CF, art. 150, II).[146] Essa vedação também se aplica da definição da base de cálculo, que, como matéria tributável ou pressuposto valorativo do tributo, sempre deve refletir – na feliz expressão de Geraldo Ataliba – "uma perspectiva dimensível do aspecto material" da hipótese de incidência qualificada pelo legislador tributário.[147]

Todavia, com fundamento na Decisão nº 4.1[148] do Comitê de Valoração Aduaneira da OMC, o art. 21 da Instrução Normativa RFB nº 2.090/2022 estabelece que, nos casos de ingresso de *softwares* no território nacional, o imposto de importação deve incidir sobre o valor ou custo do suporte físico, desde que destacado no documento de aquisição:

> Art. 21. O valor aduaneiro de suporte informático que contenha dados ou instruções (software) para equipamento de processamento de dados será determinado com base unicamente no custo ou no valor do suporte propriamente dito, desde que o custo ou o valor dos dados ou instruções esteja destacado no documento de aquisição.

---

[143] VENOSA, Sílvio de Salvo. *Direito civil*: parte geral. 5. ed. São Paulo: Atlas, 2005. v. 1, p. 329.

[144] "Art. 154. A União poderá instituir:
I – mediante lei complementar, impostos não previstos no artigo anterior, desde que sejam não cumulativos e não tenham fato gerador ou base de cálculo próprios dos discriminados nesta Constituição".

[145] "Art. 156. Compete aos Municípios instituir impostos sobre:
[...]
III – serviços de qualquer natureza, não compreendidos no art. 155, II, definidos em lei complementar. (Redação dada pela Emenda Constitucional nº 3, de 1993)".

[146] "Art. 155. Compete aos Estados e ao Distrito Federal instituir impostos sobre (Redação dada pela Emenda Constitucional nº 3, de 1993):
[…]
II – operações relativas à circulação de mercadorias e sobre prestações de serviços de transporte interestadual e intermunicipal e de comunicação, ainda que as operações e as prestações se iniciem no exterior;(Redação dada pela Emenda Constitucional nº 3, de 1993)".

[147] ATALIBA, Geraldo. *Hipótese de incidência tributária*. 5. ed. São Paulo: Malheiros, 1997. p. 97: "Base imponível é uma perspectiva dimensível do aspecto material da h.i. que a lei qualifica, com a finalidade de fixar critério para a determinação, em cada obrigação tributária concreta, do *quantum debeatur*".

[148] "Na determinação do valor aduaneiro dos suportes físicos importados que contenham dados ou instruções, será considerado unicamente o custo ou valor do suporte físico propriamente dito. Portanto, o valor aduaneiro não compreenderá o custo ou valor dos dados ou instruções, desde que estes estejam destacados do custo ou valor do suporte físico. [...] Para os efeitos da presente Decisão, a expressão 'suporte físico' não compreende os circuitos integrados, os semicondutores e dispositivos similares ou os artigos que contenham tais circuitos ou dispositivos; a expressão 'dados ou instruções' não inclui as gravações de som, cinema ou vídeo".

§ 1º O suporte informático a que se refere o *caput* não compreende circuitos integrados, semicondutores e dispositivos similares ou os artigos que contenham esses circuitos ou dispositivos.

§ 2º Os dados ou instruções referidos no *caput* não compreendem gravações de som, cinema ou vídeo e tampouco programas de entretenimento produzidos em série para comercialização no varejo, inclusive jogos de vídeo destinados ao uso em consoles e máquinas de jogos de vídeo.[149]

Trata-se, contudo, de dispositivo incompatível com a Constituição Federal. No Brasil, o imposto de importação não pode incidir sobre *softwares*, porque esses, sendo bens imateriais, não se enquadram no conceito de produto. O suporte físico ou uma mídia eletrônica na qual os dados do programa de computador se encontram gravados não tem autonomia negocial, servindo apenas como meio para a transmissão do arquivo eletrônico. É como o bilhete de passagem ou de uso do metrô. Este constitui um bem móvel e de existência material. Porém, o usuário, quando o adquire, o faz apenas como meio de acesso ao serviço de transporte. Portanto, para tributar essa realidade econômica, é competente o ente a quem a Constituição deferiu a faculdade de instituir o imposto sobre serviços, e não sobre a venda de mercadorias. Não é diferente o que se dá com o *software* em relação ao suporte físico. O fato juridicamente relevante para efeitos de tributação é a cessão do direito de uso do programa de computador, sendo indiferente a existência ou não do suporte físico. Logo, se a União não tem competência para tributar a cessão, tampouco poderá fazê-lo por meio do suporte físico.

### 2.2.2.4 Bens nacionais exportados: incidência na reimportação

A locução "produtos estrangeiros", encontrada no art. 153, I, da Constituição Federal de 1988, repete o texto da Constituição de 1967, na redação originária (art. 22, I[150]) e na versão decorrente da Emenda Constitucional nº 01/1969 (art. 21, I[151]). Tem o sentido de "procedência estrangeira", expressão já empregada nas Constituições de 1946 (art. 15, I[152]), de 1937 (art. 20, I, $a$[153]) e de 1934 (art. 6º, I, $a$[154]). Ambas, contudo, implicam um pleonasmo vicioso, porquanto toda a importação pressupõe a introdução de produtos de procedência estrangeira no território nacional. Esse vício de linguagem deve-se unicamente à preocupação histórica de afastar a caracterização de operações de importação e de exportação no âmbito interestadual, isto é, entre contribuintes situados em unidades federadas distintas. Tal prática ocorreu ao tempo da Constituição de 1891, quando, a partir da regra que permitia a instituição de impostos "sobre a exportação de mercadorias de sua própria produção" (art.

---

[149] Ver Cap. IV, Item 2.2.5.
[150] "Art. 22 – Compete à União decretar impostos sobre:
I – importação de produtos estrangeiros".
[151] "Art. 22 – Compete à União decretar impostos sobre:
I – importação de produtos estrangeiros".
[152] "Art. 15 – Compete à União decretar impostos sobre:
I – importação de mercadorias de procedência estrangeira".
[153] "Art. 20 – É da competência privativa da União:
I – decretar impostos:
a) sobre a importação de mercadorias de procedência estrangeira".
[154] "Art. 6º – Compete, também, privativamente à União:
I – decretar impostos:
a) sobre a importação de mercadorias de procedência estrangeira".

9º, 1º), alguns Estados pretenderam cobrar tributos sobre a "exportação" de mercadorias para outras unidades federadas.[155] A referência a "produtos estrangeiros" foi mantida pelos textos constitucionais apenas por tradição ou talvez para evitar que, com a sua supressão, voltasse à tona essa exegese do passado.

Parte da doutrina, contudo, entende que o termo "estrangeiros" constitui um complemento necessário do critério material, para evitar a vaguidade da linguagem, inaceitável no discurso científico.[156] A sua supressão, entretanto, não implica qualquer indeterminação na aplicação do critério material, porque o conceito de importação já pressupõe a introdução de um produto de procedência estrangeira no território nacional. A enunciação do critério material desacompanhada do termo "estrangeiros" não acarreta qualquer dificuldade na compreensão de seu conteúdo de significação.

Outros autores sustentam a necessidade de manutenção do complemento para evidenciar a não incidência do imposto na importação de produtos nacionais exportados. Essa doutrina entende que os produtos nacionais, quando exportados, conservariam a origem, o que inviabilizaria sua tributação na reintrodução no mercado nacional, porquanto, nos termos do art. 153, I, da Constituição, o tributo incidiria apenas sobre a "importação de produtos estrangeiros".[157] Uma concepção intermediária, por sua vez, admite a incidência quando o produto sofrer uma transformação substancial no exterior, porque, em tais hipóteses, haveria perda da origem nacional.[158]

Contudo, deve-se ter presente que a exportação nada mais é do que uma importação sob a perspectiva do país de destino. Implica a integração do bem em caráter definitivo ao mercado local, o que o torna nacionalizado[159]. Tanto é assim que a sua comercialização subsequente, no país-importador, passa a ser considerada uma operação de venda interna. Pela mesma razão, sua alienação no comércio exterior será uma exportação para o país que vende e uma importação, sob a ótica daquele que compra. Não é por outro motivo, aliás, que a Constituição, ao dispor sobre o imposto de exportação, prevê a incidência sobre "produtos nacionais ou nacionalizados" (art. 153, II).

---

[155] HILÚ NETO, Miguel. *Imposto sobre importações e imposto sobre exportações*. São Paulo: Quartier Latin, 2003. p. 87.

[156] HILÚ NETO, Miguel. *Imposto sobre importações e imposto sobre exportações*. São Paulo: Quartier Latin, 2003. p. 88-89: "Em conclusão, é de qualificar a procedência ou o destino do produto objeto da operação de comércio exterior tributada: importar do exterior e exportar para o exterior. A ausência dessa limitação acarreta uma vaguidade por demais extensa da linguagem, inaceitável no discurso científico".

[157] SOUZA, Hamilton Dias de. *Estrutura do imposto de importação no Código Tributário Nacional*. São Paulo: Resenha Tributária, 1980. p. 31; VIEIRA, José Roberto. *A regra-matriz de incidência do IPI*: texto e contexto. Curitiba: Juruá, 1993. p. 97 e ss.; LUNARDELLI, Pedro Guilherme Accorsi. Não cumulatividade do PIS e da Cofins. Apropriação de créditos. Definição de critérios jurídicos. *Revista Dialética de Direito Tributário*, n. 180, 1995. p. 267 e ss. FOLLONI, André Parmo. *Tributação sobre o comércio exterior*. São Paulo: Dialética, 2005. p. 147 e ss.; PAULSEN, Leandro; MELO, José Eduardo Soares de. *Impostos federais, estaduais e municipais*. 2. ed. Porto Alegre: Lael, 2006. p. 15; MELO, José Eduardo Soares de. *Impostos federais, estaduais e municipais*. 2. ed. Porto Alegre: Lael, 2006. p. 49.

[158] LIMA, Sebastião de Oliveira. *O fato gerador do imposto de importação na legislação brasileira*. São Paulo: Resenha Tributária, 1981. p. 49-50; MEIRA, Liziane Angelotti. *Tributos sobre o comércio exterior*. São Paulo: Saraiva, 2012. p. 337.

[159] Nessa mesma linha, cf.: ALMEIDA, Roberto Caparroz. Do imposto sobre produtos industrializados vinculado às importações. *In*: TÔRRES, Heleno Taveira (Coord.). *Comércio internacional e tributação*. São Paulo: Quartier Latin, 2005. p. 287; HILÚ NETO, Miguel. *Imposto sobre importações e imposto sobre exportações*. São Paulo: Quartier Latin, 2003. p. 84-85.

O art. 153, I, deve ser interpretado no sentido de procedência (e não de origem), inclusive para evitar um resultado hermenêutico incompatível ao princípio da isonomia tributária. Do contrário, haveria um tratamento fiscal desfavorável aos contribuintes locais. Afinal, na maioria das vezes, a exportação não é tributada. Além disso, é contemplada com manutenção de créditos de ICMS, de PIS/Pasep e de Cofins ou com o crédito presumido de IPI.[160] Não só há incentivos, como a carga tributária é significativamente inferior a uma aquisição para revenda no mercado interno, que, por outro lado, está sujeita ao PIS/Pasep e à Cofins, ao IPI e ao ICMS. Não parece que as regras de origem[161] possam ser invocadas para legitimar um artifício dessa natureza, permitindo a desoneração de uma operação absolutamente atípica, como é o caso da importação, para o mesmo país, de produto anteriormente exportado.[162]

Não obstante, o Supremo Tribunal Federal tem precedentes reconhecendo que, diante da previsão do art. 153, I, da Constituição, o imposto de importação não pode incidir sobre produtos nacionais exportados. Isso foi decidido no RE nº 104.306/SP e, mais recentemente, no RE nº 606.102 AgR e no RE nº 483.110 AgR:

> Imposto de Importação.
>
> Ao considerar estrangeira, para efeito de incidência do tributo, a mercadoria nacional reimportada, o art. 93 do Decreto-lei nº 37-66 criou ficção incompatível com a Cons-

---

[160] A legislação federal prevê a manutenção dos créditos de PIS/Pasep e de Cofins no regime não cumulativo (Lei nº 10.833/2003) e, para as empresas exportadoras no regime cumulativo, o ressarcimento desses tributos por meio de crédito presumido de IPI equivalente a 5,37% das aquisições de matérias-primas, produto intermediário e material de embalagem utilizados no processo produtivo (Lei nº 9.363/1996) ou, alternativamente, sobre a aquisição de insumos e serviços de industrialização por encomenda, de acordo com o coeficiente da Lei nº 10.276/2001.

[161] As regras de origem nada mais são do que critérios objetivos para a determinação do país em que a mercadoria foi produzida. São estabelecidas em acordos multilaterais de comércio exterior visando, entre outras finalidades, ao controle aduaneiro de práticas abusivas de *"circumvention"*. Nessas uma empresa intermediária situada em país distinto é utilizada para elidir medidas comerciais sancionatórias ou para acessar uma área de livre comércio com tributação favorecida. Muitas vezes a triangulação envolve uma troca de etiquetas ou, em outros casos, um simples reacondicionamento da mercadoria. Daí a necessidade da adequada definição da origem por meio de exigências mínimas de transformação do produto. Cf., a propósito: VALADÃO, Marcos Aurélio Pereira. Regras de origem no âmbito da ALADI e as operações de triangulação na jurisprudência do CARF. *In*: PEIXOTO, Marcelo Magalhães; SARTORI, Angela; DOMINGO, Luiz Roberto (coord.) *Tributação aduaneira à luz da jurisprudência do CARF – Conselho Administrativo de Recursos Fiscais*. São Paulo: MP-Apet, 2013. p. 206 e ss.; GOMES, Marcelle de Sousa Gonçalves. Conceitos e definições relacionados às regras de origem. *In*: AGUIAR, Marusk (Org.) *Discussões sobre regras de origem*. São Paulo: Aduaneiras, 2007. p. 11.

[162] No ano de 2013, a Procuradoria-Geral da República (PGR) solicitou pronunciamento da Procuradoria-Geral da Fazenda Nacional (PGFN) acerca da inconstitucionalidade do § 1º do art. 1º do Decreto-lei nº 37/1966, suscitando ofensa aos arts. 146, III, a, e 153, I, da Constituição Federal de 1988. Após examinar todos os aspectos da questão, a Procuradoria da Fazenda manifestou-se pela validade da incidência do imposto sobre a importação de mercadoria nacional ou nacionalizada exportada em caráter definitivo, que reingressa no País, consoante Parecer PGFN/CAT nº 2195/2013: "Imposto sobre a Importação de Produtos Estrangeiros. Materialidade da hipótese de incidência do imposto sobre a importação. Decreto-lei nº 37, de 18 de novembro de 1966, art. 1º, § 1º, com a redação dada pelo Decreto-lei nº 2.472, de 1º de setembro de 1988. Incidência do imposto sobre a importação de mercadoria nacional ou nacionalizada exportada em caráter definitivo, que reingressa no País, com exceção das situações previstas nas alíneas do citado § 1º. Compatibilidade material da norma incursa no § 1º do art. 1º do DL nº 37, de 1966, com o Texto Constitucional vigente".

tituição de 1946 (Emenda n. 18, art. 7º, I), no dispositivo correspondente ao art. 21, i, da Carta em vigor.

Recurso extraordinário provido, para concessão da segurança e para a declaração de inconstitucionalidade do citado art. 93 do Decreto-lei nº 37-66.[163]

AGRAVO REGIMENTAL NO RECURSO EXTRAORDINÁRIO. CONSTITUCIONAL. IMPOSTO SOBRE IMPORTAÇÃO – II. LINGOTES DE ZINCO. MERCADORIA NACIONAL. INCONSTITUCIONALIDADE DO DECRETO N. 37/1966. PRECEDENTE. AGRAVO REGIMENTAL AO QUAL SE NEGA PROVIMENTO.[164]

AGRAVOS REGIMENTAIS NO RECURSO EXTRAORDINÁRIO. IMPOSTO SOBRE IMPORTAÇÃO – II. MERCADORIA NACIONAL. INCONSTITUCIONALIDADE DO DECRETO-LEI 37/1966. PRECEDENTES. DEVOLUÇÃO DOS AUTOS AO TRIBUNAL DE ORIGEM PARA CONTINUIDADE DO JULGAMENTO. VIOLAÇÃO À SÚMULA 279 DO STF. INOCORRÊNCIA. JULGAMENTO EXTRA PETITA. INEXISTÊNCIA. SÚMULA 456/STF.

1. Esta Corte declarou a inconstitucionalidade da equiparação, promovida pelo Decreto-Lei 37/1966, do produto nacional proveniente do exterior a produto estrangeiro.

2. "Ao direito da parte recorrida de ver apreciada, se for o caso, toda a matéria posta na demanda, corresponde um dever do Tribunal de examiná-la integralmente, mesmo sem provocação em contrarrazões, já que é essa a matéria que compõe o objeto do julgamento da causa a que faz referência a Súmula 456/STF" (RE 346736 AgR-ED, Dje de 18/6/2013: Min. TEORI ZAVASCKI).

3. Agravos Internos a que se nega provimento.[165]

O primeiro e o segundo acórdão reconheceram a inconstitucionalidade da incidência do imposto no retorno de mercadoria nacional remetida ao exterior sem a observância das regras de exportação temporária (Decreto-Lei nº 37/1966, art. 93).[166] No terceiro, por sua vez, aqueles precedentes foram invocados para afastar a incidência no retorno de mercadorias exportadas em caráter definitivo. O recurso foi relatado pelo Min. Alexandre de Moraes, que manteve decisão monocrática do Min. Ayres Britto, da qual se destaca o seguinte:

[...]
4. Tenho que a insurgência merece parcial acolhida. Isso porque, nos termos da jurisprudência desta nossa Casa de Justiça, que me parece juridicamente correta, a expressão produto estrangeiro contida no inciso I do art. 153 do Texto Magno restringe-se à incidência do imposto de importação sobre as mercadorias produzidas em território alienígena.

5. Com efeito, o disposto no § 1º do art. 1º do Decreto-Lei 37/1966 equipara o produto nacional proveniente do exterior ao produto estrangeiro, da mesma forma que o fez o art. 93 do mesmo decreto-lei, o qual foi declarado inconstitucional por

---

[163] STF. T. Pleno. RE 104.306. Rel. Min. Octavio Gallotti. DJ 18.04.1986.
[164] STF. 2ª T. RE 606.102 AgR. Rel. Min. Cármen Lúcia. DJe-248. DJe 19.12.2012.
[165] STF. 1ª T. RE 483.110 AgR. Rel. Min. Alexandre de Moraes. DJe 202, de 25.09.2018.
[166] "Art. 93. Considerar-se-á estrangeira, para efeito de incidência do impôsto, a mercadoria nacional ou nacionalizada reimportada, quando houver sido exportada sem observância das condições dêste artigo. (Execução suspensa pela RSF nº 436, de 1987)".

esta nossa Casa de Justiça, no julgamento do RE 104.306, da relatoria do ministro Octavio Galloti.

6. Ora, ainda que os dispositivos cuidem de situações jurídicas diversas, dado que o art. 93, cuja eficácia foi suspensa por força da Resolução 436/1987 do Senado Federal, integra o capítulo referente à exportação temporária, enquanto o § 1º do art. 1º trata da reimportação de mercadoria nacional definitivamente exportada, a interpretação conferida pelo ministro Octavio Gallotti para declarar a inconstitucionalidade do art. 93 do Decreto-Lei 37/1966 é perfeitamente aplicável à equiparação legal determinada pelo dispositivo impugnado. Confira-se o trecho do voto do ministro, na parte que interessa ao deslinde da causa:

Tem-se, na espécie, uma ficção jurídica, criada pela legislação ordinária, que inseriu, no núcleo da hipótese de incidência do imposto de importação, um novo elemento, sem observar a necessária correspondência com a previsão constitucional pertinente. O artigo 21, I, da Constituição, ao definir a tributação de mercadorias importadas, restringiu o alcance da exação aos bens estrangeiros, afastando, por conseguinte, a cobrança do imposto em questão, sobre produtos de fabricação nacional.

O sentido dessa regra constitucional é particularmente realçado, ao se ter em vista que, a partir da Emenda no 18 (art. 7º, I), à Carta de 1946, a expressão importar mercadorias de procedência estrangeira, antes utilizada, pelo constituinte, para designar o fato gerador do imposto alfandegário, foi substituída pela locução importar produtos estrangeiros de significado nitidamente limitado, em cotejo com a fórmula anterior. A Constituição em vigor mantém a limitação (art. 21, I).

[...]

Partindo-se da premissa de ser defesa, ao legislador ordinário, a utilização de qualquer expediente legal que tenha por efeito frustrar, atenuar ou modificar a eficácia de preceitos constitucionais, há de concluir-se que a equiparação preconizada pelo Dec.-Lei 37/66, ao ampliar, por um artifício, o conteúdo da regra constitucional, afrontou a própria natureza e o fundamento do gravame tributário, em detrimento dos pressupostos enunciados na Constituição.

[...]

A Constituição deve ser entendida no seu sentido comum, salvo se o texto indicar para determinada expressão, um significado estritamente técnico. De um ou de outro modo, ao individualizar o ingresso de produtos estrangeiros como fato gerador do imposto de importação, tencionou decerto, o constituinte, pelas próprias razões determinantes da criação do tributo, entre as quais sobreleva a política de proteção do mercado interno, onerar bens que, produzidos em outros países, fossem trazidos ao território nacional, para consumo.

7. De se ver, portanto, que as razões de decidir do precedente citado se amolda como luva encomendada ao presente caso. Razões que encontram ignição no princípio da tipicidade cerrada ou da taxatividade, operante no direito tributário como mecanismo de proteção aos denominados direitos humanos da tributação.

8. Há notícia nos autos (fls. 53, item 14.3-A), contudo, de uma suposta elisão, ou seja, a manipulação das formas jurídicas para dar espaço ao não pagamento de tributos (triangulações fictícias). Provas e fatos esses que, embora conexos ao provimento do recurso naquilo que diz com o direito, escapam à jurisdição deste nosso Supremo Tribunal Federal.

Ante o exposto, e frente ao § 1º-A do art. 557 do CPC, dou parcial provimento ao recurso e determino o retorno dos autos para que se prossiga no julgamento, pelas razões postas no item 8, acima.

Essa solução não parece a mais apropriada. Isso porque, na exportação temporária, a saída da mercadoria do território aduaneiro ocorre sem a perda do caráter nacional. A situação é totalmente diferente do que ocorre com a exportação definitiva. Além disso, o acórdão faz referência à elisão, que, como se sabe, tem caráter lícito, ao contrário da evasão. Ora, toda exportação, seguida de uma importação do mesmo produto, envolve uma triangulação de países e de agentes. Portanto, se mesmo a triangulação lícita autoriza a incidência, fica difícil a definição de um parâmetro aplicável a situações futuras. Espera-se que, em outra oportunidade, o Supremo Tribunal Federal altere essa interpretação, reconhecendo, para evitar uma exegese incompatível com o princípio da isonomia, a constitucionalidade da incidência do imposto na importação de produtos de origem nacional anteriormente exportados.

### 2.2.3 Critério espacial: território aduaneiro

O critério espacial da hipótese de incidência contém referência ao local em que o comportamento humano descrito no critério material deve ocorrer para que se instaurem os efeitos jurídicos previstos no consequente. Pode assumir uma configuração restrita – abrangendo um determinado local ou áreas específicas – ou ampla, caso em que será coincidente com o âmbito de vigência territorial da lei.[167]

No imposto de importação, o critério espacial é o território aduaneiro.[168] Esse, de acordo com o Glossário da OMA (Organização Mundial das Alfândegas), corresponde ao *território no qual as disposições da legislação aduaneira de um Estado são plenamente aplicáveis*. Diferencia-se do território nacional, porque nem sempre coincide com o âmbito geográfico das fronteiras políticas de um Estado soberano.

O território brasileiro compreende a superfície (o solo e o subsolo), o espaço aéreo sobrejacente, as águas interiores, as ilhas costeiras e o mar territorial, que constitui uma zona com extensão de 12 milhas contadas da linha de base – linha litorânea de maré baixa –, não incluindo as águas interiores. Trata-se de área que alcança as águas, o leito do mar, o respectivo subsolo e o espaço aéreo sobrejacente. Nela é assegurado o direito de passagem inocente por

---

[167] CARVALHO, Paulo de Barros. *Curso de direito tributário*. 13. ed. São Paulo: Saraiva, 2000. p. 256.
[168] Parte da doutrina entende que o critério espacial do imposto seria a repartição aduaneira que recebe o bem importado. Essa construção apresenta uma variação, que sustenta a existência de um critério genérico (o território nacional) e outro específico (a repartição aduaneira), na linha de LACOMBE, Américo Lourenço Masset. *Princípios constitucionais tributários*. São Paulo: Malheiros, 1996. p. 16-17. Nada impede que se proceda dessa forma. Todavia, dentro da proposta teórica de estruturação da norma jurídica adotada no presente estudo, não se opera com um critério genérico e outro específico. O critério espacial sempre deve ser específico, correspondendo ao local em que o comportamento humano descrito no critério material deve ocorrer para que se instaurem os efeitos jurídicos previstos no consequente. Assim, se o simples ingresso no território nacional ainda não realiza a hipótese de incidência, apenas o chamado "critério específico" – a repartição aduaneira – constitui o critério espacial. Por outro lado, com a edição da Medida Provisória nº 135/2003, convertida na Lei nº 10.833/2003, no ingresso clandestino há incidência de todos os tributos aplicáveis a uma operação de comércio exterior regular sempre que a mercadoria estrangeira não for localizada, tenha sido consumida ou revendida. Portanto, após essa alteração legislativa, a identificação do critério espacial com a repartição aduaneira não descreve adequadamente o condicionante espacial da materialidade do imposto, porque deixa fora as importações clandestinas, isto é, ocorridas à margem dos entrepostos de fiscalização de fronteira.

parte de embarcações de outras nacionalidades, desde que contínua e rápida. Adjacente ao mar territorial, em uma segunda faixa – a zona contígua, das 12 até 24 milhas marítimas – o Estado brasileiro também pode tomar medidas de fiscalização alfandegária, imigratória e de saúde pública. De acordo com a Lei nº 8.617/1993 e com a Convenção das Nações Unidas sobre o Direito do Mar de 1982, assinada em Montego Bay, na Jamaica, a soberania nacional alcança ainda a plataforma continental (Lei nº 8.617/1993, art. 11) e a zona econômica exclusiva (art. 6º).

Já o território aduaneiro compreende o âmbito de vigência espacial da legislação aduaneira no território nacional – inclusive áreas de livre comércio[169] – e as áreas de controle integrado do Mercosul situadas no território dos países-membros. Essas são situadas em regiões de fronteira. Nelas as administrações aduaneiras dos países-membros exercem um controle aduaneiro conjunto, previsto no Acordo de Recife, aprovado pelo Decreto Legislativo nº 66/1981 e promulgado pelo Decreto nº 1.280/1994. Não constituem enclaves,[170] uma vez que não há aplicação exclusiva da legislação brasileira. Porém, há extraterritorialidade, inclusive no tocante ao despacho de importação.[171]

### 2.2.4 Critério temporal

O critério temporal contém a indicação do preciso instante em que se considera ocorrido o evento imponível, o que lhe confere especial relevância no processo de positivação do direito, porquanto é a partir de então que se torna possível a constituição válida do fato jurídico e da relação jurídica tributária.

#### 2.2.4.1 Produtos despachados para consumo

O ingresso de produto destinado à integração no mercado nacional deve ocorrer por meio das repartições aduaneiras oficiais e submete-se ao despacho para consumo. Nessas hipóteses, nos termos do art. 23 do Decreto-Lei nº 37/1966, o evento imponível considera-se ocorrido na data do registro da declaração de mercadorias (DI no Siscomex ou Duimp no Portal Único de Comércio Exterior):

> Art. 23 – Quando se tratar de mercadoria despachada para consumo, considera-se ocorrido o fato gerador na data do registro, na repartição aduaneira, da declaração a que se refere o artigo 44.
> Art. 44 – Toda mercadoria procedente do exterior por qualquer via, destinada a consumo ou a outro regime, sujeita ou não ao pagamento do imposto, deverá ser submetida

---

[169] A definição referencial do Glossário da OMA exclui as zonas francas e áreas de livre comércio do território aduaneiro. Não é essa, contudo, a realidade normativa do direito brasileiro. Entre nós, o território aduaneiro compreende essas áreas, inclusive a Zona Franca de Manaus, porque a legislação nacional aplica-se plenamente, sendo devidos os tributos na importação de armas e munições, fumo, bebidas alcoólicas, automóveis de passageiros, entre outros produtos previstos no Decreto-Lei nº 288/1967.

[170] Os enclaves são áreas situadas no território estrangeiro em que se aplica a legislação aduaneira nacional, ao passo que os exclaves, áreas do território nacional nas quais legislação aduaneira de outro país é aplicada. A doutrina cita o exemplo do Principado de Mônaco, que integra o território aduaneiro da França desde a Convenção de União Aduaneira de 1912 (BASALDÚA, Ricardo Xavier. *Tributos al comercio exterior*. Buenos Aires: 2011. p. 115). Outro exemplo é Campione d'Italia, que é um enclave italiano na Suíça, situado nas proximidades de Lugano no Cantão Ticino.

[171] Art. 2º do Anexo do Decreto nº 3.761/2001, que dispõe sobre a execução do Segundo Protocolo Adicional ao Acordo de Alcance Parcial para a Facilitação do Comércio nº 5.

a despacho aduaneiro, que será processado com base em declaração apresentada à repartição aduaneira no prazo e na forma prescritos em regulamento (Redação dada pelo Decreto-Lei nº 2.472, de 01.09.1988).

Parte da doutrina, na linha de José Eduardo Soares de Melo, sustenta a inconstitucionalidade dessa previsão, porque o momento da ocorrência do fato jurídico tributário deveria coincidir com a data da entrada física do produto no território nacional.[172] O registro da declaração de mercadorias seria relevante apenas para efeito de liquidação do critério tributário. A mesma conclusão é defendida por Américo Lacombe e Hamilton Dias de Souza,[173] para quem deve ser aplicado o critério que decorre do art. 19 do CTN, isto é, a entrada da mercadoria no território aduaneiro.

Prevalece, contudo, a exegese contrária[174] – também acolhida pela jurisprudência do Superior Tribunal de Justiça – que admite a validade do critério eleito pelo legislador:

> PROCESSUAL CIVIL. RECURSO ESPECIAL. TRIBUTÁRIO. IMPOSTO DE IMPORTAÇÃO. MOMENTO DO FATO GERADOR. VARIAÇÃO DE ALÍQUOTA. AUSÊNCIA DE REGISTRO. SÚMULA 7 DO STJ.
> 1. O fato gerador, para o imposto de importação, consuma-se na data do registro da declaração de importação.
> 2. É cediço na jurisprudência da Corte que "No caso de importação de mercadoria despachada para consumo, o fato gerador, para o imposto de importação, consuma-se na data do registro da declaração de importação" (REsp 313.117/PE, Rel. Min. HUMBERTO GOMES DE BARROS, DJU 17.11.03). Precedentes: REsp. 670.658/RN, desta relatoria, DJU 14.09.06; REsp. 250.379/PE, Rel. Min. FRANCISCO PEÇANHA MARTINS, DJU 09.09.02; EDcl no AgRg no REsp. 170163/SP, Rel. Min. ELIANA CALMON, DJU 05.08.02; REsp. 205013/SP, Rel. Min. FRANCISCO PEÇANHA MARTINS, DJU 25.06.01; REsp. 139658/PR, Rel. Min. MILTON LUIZ PEREIRA, DJU 28.05.01; REsp. 213909/PR, Rel. Min. JOSÉ DELGADO, DJU 11.10.99 [...].[175]

Destarte, não há qualquer inconstitucionalidade no art. 23 do Decreto-Lei nº 37/1966, inclusive porque, salvo nos casos de registro antecipado, o despacho aduaneiro somente tem início após o ingresso do produto em recintos alfandegados pela Secretaria da Receita Federal, já no território nacional. Ademais, como a importação corresponde ao ingresso físico qualificado pela intenção integradora, nada mais coerente do que estabelecer como critério

---

[172] MELO, José Eduardo Soares de. *Impostos federais, estaduais e municipais*. 2. ed. Porto Alegre: Lael, 2006. p. 68.
[173] SOUZA, Hamilton Dias de. *Estrutura do imposto de importação no Código Tributário Nacional*. São Paulo: Resenha Tributária, 1980. p. 28. O autor acrescenta ainda o seguinte argumento: "A segunda, por não ter o artigo 23 do Decreto-Lei n. 37 entrado em vigor em 1º de janeiro de 1967, visto que se reportava à declaração prevista no artigo 44, cuja entrada em vigor dependia de regulamentação. Logo, só com esta norma entraria em vigor. Como o Código Tributário Nacional passou a ter eficácia de lei complementar por força da Constituição de 1967, não poderia ser alterado por norma de hierarquia inferior".
[174] LIMA, *Sebastião de Oliveira. O fato gerador do imposto de importação na legislação brasileira*. São Paulo: Resenha Tributária, 1981. p. 149-153; FOLLONI, André Parmo. *Tributação sobre o comércio exterior*. São Paulo: Dialética, 2005. p. 116-119; MEIRA, Liziane Angelotti. *Tributos sobre o comércio exterior*. São Paulo: Saraiva, 2012. p. 354-357.
[175] STJ. 1ª T. REsp 1016132/SP. Rel. Min. Luiz Fux. DJe 01.07.2009.

temporal do imposto o momento em que o importador declara essa intenção perante a autoridade aduaneira.

### 2.2.4.2 Bagagem, remessa postal e encomenda aérea internacional

O critério temporal – no regime de tributação especial de bagagens – também corresponde ao momento em que o sujeito passivo manifesta formalmente a intenção de introduzir o produto em caráter definitivo no mercado nacional. Em se tratando de bagagem acompanhada, isso ocorre por meio de declarações eletrônicas ou em papel disciplinadas por atos normativos da Receita Federal.[176] Na hipótese de bagagem desacompanhada, a legislação prevê uma declaração simplificada de importação (DSI), sujeita ao registro no Siscomex.

Regra semelhante aplica-se às remessas postais e às encomendas aéreas internacionais, que são submetidas ao regime de tributação simplificada (Decreto-Lei nº 1.804/1980), considerando-se ocorrido o evento imponível por ocasião da apresentação de declaração formal do sujeito passivo.[177]

### 2.2.4.3 Mercadorias extraviadas

No extravio de mercadorias, o art. 23, parágrafo único, I, do Decreto-Lei nº 37/1966, na redação da Lei nº 12.350/2010, prevê como critério temporal a data do lançamento do correspondente crédito tributário, o que se deve à previsão do art. 1º, § 2º, que estabelece hipótese de importação presumida nos casos de extravio ou falta:

> Art. 1º O Imposto sobre a Importação incide sobre mercadoria estrangeira e tem como fato gerador sua entrada no Território Nacional.
> § 2º Para efeito de ocorrência do fato gerador, considerar-se-á entrada no Território Nacional a mercadoria que constar como tendo sido importada e cuja falta venha a ser apurada pela autoridade aduaneira.
> Art. 23. [...]
> Parágrafo único. A mercadoria ficará sujeita aos tributos vigorantes na data em que a autoridade aduaneira efetuar o correspondente lançamento de ofício no caso de:
> I – falta, na hipótese a que se refere o § 2º do art. 1º [...].

Porém, como examinado, a incidência do imposto nessas hipóteses não é compatível com o texto constitucional. Logo, também é inválido o critério temporal previsto no art. 23, parágrafo único, I, do Decreto-Lei nº 37/1966.[178]

### 2.2.4.4 Ingresso clandestino

O ingresso clandestino constitui uma infração penalizada com o perdimento do produto estrangeiro.[179] Não há exigência dos tributos que incidiriam em uma importação regular, salvo

---

[176] A matéria encontra-se disciplinada atualmente pelas Instrução Normativa RFB nº 1.385/2013 e RFB nº 1.059/2010, que prevê a Declaração Eletrônica de Bens de Viajante (e-DBV), a Declaração de Bagagem Acompanhada (DBA), bem como a DBV-formulário.
[177] IN RFB nº 1.737/2017, arts. 21 e ss.
[178] Ver Cap. II, item 2.2.2.1.6.
[179] O perdimento e a pena substitutiva equivalente ao valor aduaneiro não são aplicados apenas no ingresso clandestino de mercadorias. Há outras infrações sujeitas a essa mesma penalidade, como é o caso da interposição fraudulenta em operações de comércio exterior (art. 105 do Decreto-Lei nº 37/1966).

quando a mercadoria já tiver sido revendida, consumida ou não puder ser localizada. Nessas situações, sempre houve dúvidas sobre o momento da ocorrência do evento imponível, até a alteração do art. 23, parágrafo único, II, do Decreto-Lei nº 37/1966, pelo art. 40 da Lei nº 12.350/2010, que passou a prever o seguinte:

> Art. 23 [...]
> Parágrafo único. A mercadoria ficará sujeita aos tributos vigorantes na data em que a autoridade aduaneira efetuar o correspondente lançamento de ofício no caso de: (Redação dada pela Lei nº 12.350, de 2010)
> [...]
> II – introdução no País sem o registro de declaração de importação, a que se refere o inciso III do § 4º do art. 1º (Incluído pela Lei nº 12.350, de 2010).

Esse preceito estabelece que o "fato gerador" deve ser considerado ocorrido no dia do lançamento do correspondente crédito tributário, o que é "*sui generis*" e de constitucionalidade duvidosa. Afinal, como se sabe, o crédito tributário surge com a sua formalização, que constitui um ato de aplicação da regra-matriz de incidência. O dispositivo faz com que o momento da ocorrência do critério material fique sujeito ao alvedrio da autoridade fiscal. Um dos efeitos dessa regra é a eternização do prazo para a constituição do crédito tributário, tornando sem aplicabilidade o art. 173, I, do Código Tributário Nacional.[180] Trata-se de preceito incompatível com o princípio constitucional da segurança jurídica e que, ademais, estabelece uma consequência jurídica contrária ao que dispõe o CTN. Por conseguinte, o critério temporal deve corresponder ao momento da exteriorização da importação, isto é, à data em que a declaração de mercadorias deveria ter sido originariamente apresentada às autoridades competentes, não fosse o ingresso clandestino dos bens. Assim, o crédito tributário deve ser constituído considerando o prazo de noventa dias da descarga da mercadoria.

### 2.2.4.5 Retomada do despacho no abandono de mercadorias

O despacho de importação deve ser iniciado dentro dos prazos previstos no art. 546 do Regulamento Aduaneiro (Decreto nº 6.759/2009), sob pena de caracterização de abandono e perdimento do bem importado:

> Art. 546. O despacho de importação deverá ser iniciado em (Decreto-Lei nº 37, de 1966, art. 44, com a redação dada pelo Decreto-Lei nº 2.472, de 1988, art. 2º):
> I – até noventa dias da descarga, se a mercadoria estiver em recinto alfandegado de zona primária;
> II – até quarenta e cinco dias após esgotar-se o prazo de permanência da mercadoria em recinto alfandegado de zona secundária; e
> III – até noventa dias, contados do recebimento do aviso de chegada da remessa postal.

---

[180] "Art. 173. O direito de a Fazenda Pública constituir o crédito tributário extingue-se após 5 (cinco) anos, contados:
I – do primeiro dia do exercício seguinte àquele em que o lançamento poderia ter sido efetuado".

Não obstante, o art. 18 da Lei nº 9.779/1999 assegura ao importador uma nova oportunidade para regularização da operação, mediante início do despacho aduaneiro.[181] A sua aplicação implica um critério temporal diferenciado para o imposto, que passa a ser a data do vencimento do prazo de permanência dos bens do recinto alfandegado, isto é, o termo final do prazo em que a declaração de mercadorias deveria ter sido originariamente apresentada.

## 2.3 Consequência tributária

### 2.3.1 Sujeito ativo: União Federal

A consequência ou proposição-consequente contém os critérios pessoal e quantitativo da regra-matriz de incidência tributária. Este é formado pela base de cálculo e pela alíquota, oferecendo os parâmetros normativos para a determinação do montante do crédito tributário devido. O devedor (sujeito passivo) e o credor (sujeito ativo), por sua vez, são prescritos pelo critério pessoal do consequente.

No imposto de importação, o sujeito ativo do imposto de importação coincide com a pessoa política competente para a instituição do tributo, isto é, a União Federal. Não há, ao contrário do modelo adotado em outros países, um órgão individualizado voltado ao controle aduaneiro. Esse é exercido pela Secretaria da Receita Federal, a quem compete a arrecadação e a fiscalização do imposto de importação e demais tributos aduaneiros.

### 2.3.2 Contribuinte

O sujeito passivo da relação jurídica tributária é a pessoa de quem o sujeito ativo tem o direito subjetivo de exigir o cumprimento da prestação pecuniária. Pode assumir a condição de contribuinte ou de responsável. O primeiro, de acordo com o parágrafo único do art. 121[182] e do art. 128[183] do Código Tributário Nacional, apresenta relação pessoal e direta com o fato jurídico tributário, ao passo que o responsável constitui um terceiro obrigado pelo legislador ao pagamento do crédito tributário, em caráter supletivo ou substitutivo do devedor originário.

---

[181] "Art. 18. O importador, antes de aplicada a pena de perdimento da mercadoria na hipótese a que se refere o inciso II do art. 23 do Decreto-Lei nº 1.455, de 7 de abril de 1976, poderá iniciar o respectivo despacho aduaneiro, mediante o cumprimento das formalidades exigidas e o pagamento dos tributos incidentes na importação, acrescidos dos juros e da multa de que trata o art. art. 61 da Lei nº 9.430, de 27 de dezembro de 1996, e das despesas decorrentes da permanência da mercadoria em recinto alfandegado.
Parágrafo único. Para efeito do disposto neste artigo, considera-se ocorrido o fato gerador, e devidos os tributos incidentes na importação, na data do vencimento do prazo de permanência da mercadoria no recinto alfandegado (Vide Lei nº 10.833, de 2003)".

[182] "Art. 121. [...]
Parágrafo único. O sujeito passivo da obrigação principal diz-se:
I – contribuinte, quando tenha relação pessoal e direta com a situação que constitua o respectivo fato gerador;
II – responsável, quando, sem revestir a condição de contribuinte, sua obrigação decorra de disposição expressa de lei".

[183] "Art. 128. Sem prejuízo do disposto neste capítulo, a lei pode atribuir de modo expresso a responsabilidade pelo crédito tributário a terceira pessoa, vinculada ao fato gerador da respectiva obrigação, excluindo a responsabilidade do contribuinte ou atribuindo-a a este em caráter supletivo do cumprimento total ou parcial da referida obrigação".

## 2.3.2.1 Destinatário constitucional do tributo

Ao definir o devedor da obrigação tributária,[184] o legislador deve observar os preceitos constitucionais de distribuição constitucional de competência. Desses sempre resulta – direta ou indiretamente – um *sujeito passivo possível*,[185] também denominado *destinatário constitucional tributário*.[186] Assim, no caso do imposto de importação (CF, art. 153, I), à luz do texto constitucional, o destinatário da carga tributária não pode ser outra pessoa que não o importador do produto estrangeiro. É esse que – na condição de titular da capacidade contributiva pressuposta pela regra de competência – deverá ter o seu patrimônio alcançado pelo imposto de importação.[187]

## 2.3.2.2 Importador e regimes de importação

O art. 31 do Decreto-Lei nº 37/1966 define como contribuinte do imposto o importador (inciso I), o destinatário de remessa postal internacional indicado pelo respectivo remetente (inciso II) e o adquirente de mercadoria entrepostada[188] (inciso III). Esses, porém, também são importadores, porque, mesmo no entreposto, embora a mercadoria fique armazenada em recinto aduaneiro no território nacional, a aquisição é realizada diretamente do proprietário dos bens no exterior.[189]

---

[184] Ao contrário do que pode sugerir a leitura apressada do art. 121 do CTN também o contribuinte – e não só o responsável – deve ser colocado na condição de sujeito passivo *por disposição expressa de lei*. O princípio constitucional da estrita legalidade impede interpretação em sentido contrário, de modo que, segundo destaca Paulo de Barros Carvalho, "[...] enfraquece-se a sugestão prescrita, ao pensarmos que a figura do sujeito que deve satisfazer à pretensão fiscal vem sempre determinada, de modo expresso, no texto de lei, não consistindo, então, um predicado do responsável ter sua menção explicitamente estipulada, porquanto o *contribuinte* também a tem" (CARVALHO, Paulo de Barros. *Curso de direito tributário*. 13. ed. São Paulo: Saraiva, 2000. p. 297) No mesmo sentido, ensina Roque Carrazza que a lei deve "conter todos os elementos e supostos da norma jurídica tributária (hipótese de incidência do tributo, seus sujeitos ativo e passivo e suas bases de cálculo e alíquota)". (CARRAZZA, Roque Antonio. *Curso de direito* constitucional *tributário*. 19. ed. São Paulo: Malheiros, 2004. p. 223).

[185] CARRAZZA, Roque Antonio. *Curso de direito* constitucional *tributário*. 19. ed. São Paulo: Malheiros, 2004. p. 275; ATALIBA, Geraldo. *Hipótese de incidência tributária*. 5. ed. São Paulo: Malheiros, 1997. p. 81 e ss.

[186] Partindo da noção de *destinatário legal tributário* exposta por Hector Villegas (VILLEGAS, Hector. Destinatário legal tributário: contribuintes e sujeitos passivos na obrigação tributária. *Revista de Direito Público*, São Paulo, v. 30, p. 271 e ss., jul./ago. 1974), Marçal Justen Filho demonstra que: "[...] no Brasil, pode-se falar não apenas em um destinatário legal tributário, mas também no *destinatário constitucional tributário*" (JUSTEN FILHO, Marçal. *Sujeição Passiva Tributária*. Belém: CEJUP, 1986. p. 262).

[187] Como destaca Renato Lopes Becho, "[...] admitir que uma lei infraconstitucional possa fixar o sujeito passivo de um tributo previsto na Constituição é o mesmo de se dizer que uma lei ordinária pode mudar a Constituição, negando-se a supremacia desta sobre todo o sistema jurídico". (BECHO, Renato Lopes. *Responsabilidade tributária de terceiros*: CTN, arts. 134 e 135. São Paulo: Saraiva, 2014. p. 21). O mesmo foi exposto por Marçal Justen Filho, ao ressaltar que, sem esses limites, o legislador pode promover uma indevida "desnaturação subjetiva do tributo" (JUSTEN FILHO, Marçal. *Sujeição Passiva Tributária*. Belém: CEJUP, 1986. p. 253-254).

[188] RA/2009: "Art. 404. O regime especial de entreposto aduaneiro na importação é o que permite a armazenagem de mercadoria estrangeira em recinto alfandegado de uso público, com suspensão do pagamento dos impostos federais, da contribuição para o PIS/PASEP-Importação e da COFINS-Importação incidentes na importação (Decreto-Lei nº 1.455, de 1976, art. 9º, com a redação dada pela Medida Provisória nº 2.158-35, de 2001, art. 69; e Lei nº 10.865, de 2004, art. 14)".

[189] RA/2009: "Art. 409. A mercadoria deverá ter uma das seguintes destinações, em até quarenta e cinco dias do término do prazo de vigência do regime, sob pena de ser considerada abandonada (Decreto-Lei

A importação pode ser realizada em três regimes distintos: importação direta, por encomenda e importação por conta e ordem. Esses têm os seus requisitos formais e materiais disciplinados em instruções normativas da Secretaria da Receita Federal, editadas com fundamento na Medida Provisória nº 2.158-35/2001, nas Leis nº 10.865/2004, nº 10.637/2002 e nº 11.281/2006.

Na importação direta, o importador promove a introdução de um produto qualquer no território aduaneiro sem a intenção de comercializá-lo a terceiros, isto é, para fins de utilização como insumo, de uso e de consumo do estabelecimento ou como ativo imobilizado. Nada impede a venda no mercado interno, desde que inexista um adquirente previamente determinado. O fechamento do câmbio ocorre em nome do importador e os recursos empregados na operação devem ser de sua titularidade. Do contrário, o art. 27 da Lei nº 10.637/2002 descaracteriza a operação, presumindo-a por conta e ordem de quem a financiou.[190]

A importação por encomenda tem os mesmos efeitos fiscais da importação direta. A diferença é que a introdução do produto no território aduaneiro ocorre para fins de revenda a um encomendante previamente determinado. Esse deve ser vinculado ao importador em requerimento específico apresentado perante a Secretaria da Receita Federal, além de identificado na declaração de mercadorias (DI ou Duimp).[191] Ambos devem estar regularmente habilitados para operar no Sistema Integrado de Comércio Exterior e vinculados no Portal Único do Comércio Exterior (Pucomex). Os recursos empregados devem ser do importador, que deverá apresentar capacidade econômico-financeira compatível com as operações.[192] Não obstante, pode-se convencionar o pagamento – total ou parcial – antecipado[193] ou a prestação de garantia, sem que isso descaracterize a operação.[194]

Ressalte-se ainda que, de acordo com a Solução de Consulta Cosit nº 158/2021, a presença do que seria uma espécie de "encomendante do encomendante" não descaracteriza a operação nem obriga a vinculação desse terceiro na declaração aduaneira:

ASSUNTO: IMPOSTO SOBRE A IMPORTAÇÃO – II
IMPORTAÇÃO POR ENCOMENDA. DISPENSABILIDADE DE IDENTIFICAÇÃO DO ENCOMENDANTE DO ENCOMENDANTE PREDETERMINADO. INFRAÇÕES

---

nº 1.455, de 1976, art. 23, inciso II, alínea *d*):
I – despacho para consumo;
[...]
§ 1º A destinação prevista no inciso I somente poderá ser efetuada pelo adquirente quando este adquirir as mercadorias entrepostadas diretamente do proprietário dos bens no exterior".

[190] "Art. 27. A operação de comércio exterior realizada mediante utilização de recursos de terceiro presume-se por conta e ordem deste, para fins de aplicação do disposto nos arts. 77 a 81 da Medida Provisória nº 2.158-35, de 24 de agosto de 2001".

[191] IN RFB nº 1.861/2018, arts. 4º e 5º.

[192] De acordo com o art. 11, § 2º, da Lei nº 11.281/2006: "§ 2º A operação de comércio exterior realizada em desacordo com os requisitos e condições estabelecidos na forma do § 1º deste artigo presume-se por conta e ordem de terceiros, para fins de aplicação do disposto nos arts. 77 a 81 da Medida Provisória nº 2.158-35, de 24 de agosto de 2001".

[193] De acordo com o § 3º do art. 3º da IN RFB nº 1.861/2018, na redação da IN RFB nº 1.937/2020: "§ 3º Consideram-se recursos próprios do importador por encomenda os valores recebidos do encomendante predeterminado a título de pagamento, total ou parcial, da obrigação, ainda que ocorrido antes da realização da operação de importação ou da efetivação da transação comercial de compra e venda".

[194] Art. 3º, § 4º, da Instrução Normativa RFB nº 1.861/2018: "§ 4º O importador por encomenda poderá solicitar prestação de garantia, inclusive mediante arras, sem descaracterizar a operação referida no *caput*".

POR FRAUDE, SIMULAÇÃO OU INTERPOSIÇÃO FRAUDULENTA. PRAZO DE ESTOQUE.

A importação por encomenda envolve, usualmente, apenas dois agentes econômicos, ou seja, o importador por encomenda e o encomendante predeterminado, que são, respectivamente, o contribuinte e o responsável solidário pelos tributos incidentes. A presença de um terceiro envolvido – o encomendante do encomendante predeterminado – não é vedada pela legislação, não descaracteriza a operação de importação por encomenda, e, portanto, não é obrigatória sua informação na Declaração de Importação, desde que as relações estabelecidas entre os envolvidos na importação indireta representem transações efetivas de compra e venda de mercadorias.

A ocorrência de relações comerciais autênticas com terceiros, nos casos de importação por encomenda, por si só, não caracteriza ocultação do real comprador mediante fraude, simulação ou interposição fraudulenta, de que trata o inciso V, do art. 23 do Decreto-Lei (DL) nº 1.455, de 1976, ou acobertamento de reais intervenientes ou beneficiários, de que trata o art. 33 da lei nº 11.488, de 2007, desde que as relações estabelecidas entre todas as partes sejam legítimas, com comprovação da origem, disponibilidade e transferência dos recursos utilizados, observado o disposto no § 2º do art. 23 do DL nº 1.455, de 1976.

A simples vinculação societária entre empresas nacionais envolvidas em operação legítima de importação por encomenda não se confunde com a figura da infração de ocultação do sujeito passivo mediante fraude, simulação ou interposição fraudulenta, de que trata o inciso V, do art. 23 do DL nº 1.455, de 1976.

A legislação aduaneira de regência não estabelece prazo mínimo para permanência de mercadoria importada em estoque, seja por parte do importador ou por parte do encomendante predeterminado. O curto tempo de permanência de mercadoria em estoque não tem o condão de, isoladamente, descaracterizar modalidade de importação indireta por encomenda, de que trata o art. 11 da Lei nº 11.281, de 2006 [...].

Na importação por conta e ordem, a empresa que promove a introdução do produto estrangeiro no território aduaneiro não o faz em nome próprio, mas enquanto mandatária do real adquirente. O importador constitui um simples prestador de serviço, limitando-se a promover em seu nome o despacho aduaneiro de importação de mercadoria adquirida por outra, em razão de contrato previamente firmado, registrado no Siscomex e vinculado na Secretaria da Receita Federal. Mandatário e mandante devem estar regulamente habilitados para operar no Siscomex e vinculados no Portal Pucomex. Todos os recursos empregados na operação necessariamente devem advir do adquirente. O faturamento da importadora restringe-se ao valor da remuneração pelos serviços prestados. A entrega do produto é documentada por meio de nota fiscal de simples remessa, já que o importador não é proprietário da mercadoria.

### 2.3.3 Responsáveis

#### 2.3.3.1 Limites para a definição do responsável tributário

##### 2.3.3.1.1 Limites materiais

Ao definir o sujeito passivo da obrigação tributária, o legislador deve observar os preceitos constitucionais de distribuição de competência. Desses, como ressaltado, sempre resulta um *destinatário constitucional tributário*, que – na condição de titular da capacidade contributiva pressuposta pela regra de competência – deverá ter o seu patrimônio alcançado pelo imposto de importação.

Esses limites também se aplicam na definição da responsabilidade tributária, isto é, quando o legislador – por razões pragmáticas[195] – desloca a sujeição passiva para um terceiro que não realiza o fato-base pressuposto pela regra de competência. Isso porque, como destaca Marçal Justen Filho, a responsabilidade tributária está assentada na "[...] regra implícita de que a nenhum convivente em sociedade é dado furtar-se a colaborar com o Estado";[196] ou, como ressaltado mais recentemente por Leandro Paulsen, no *dever fundamental de colaborar em caráter geral com a tributação*.[197] Esse dever de colaboração, entretanto, não afasta a exigência constitucional de que a carga tributária seja destinada ao titular da capacidade contributiva previsto no texto constitucional. Portanto, o responsável – na condição de simples "sujeito instrumental" ou agente colaborador do Fisco – não deve suportar a carga tributária.[198] Daí resulta que o legislador apenas pode imputar a responsabilidade tributária a quem mantenha uma relação indireta com a materialidade da hipótese de incidência do tributo ou com o titular da capacidade contributiva, suficiente para permitir a retenção do valor devido ou o acréscimo deste no preço do bem ou serviço tributado.[199]

A limitação na escolha do responsável tributário foi reafirmada pelo Supremo Tribunal Federal no RE nº 603.191. Nesse julgamento, o STF decidiu que o dever de colaboração do responsável não afasta o dever fundamental de pagar tributos do contribuinte. Assim, "[...] não sendo o substituto obrigado a contribuir, senão a colaborar com a Administração Tributária, é essencial para a validade de tal instituto jurídico que ao substituto seja assegurada a possibilidade de retenção ou ressarcimento quanto aos valores que está obrigado a recolher aos cofres públicos".

No mesmo julgado, o STF entendeu que a validade da substituição está condicionada à constitucionalidade da "[...] própria instituição do dever de colaboração que asseguram o terceiro substituto contra o arbítrio do legislador. A colaboração dele exigida deve guardar respeito aos princípios da razoabilidade e da proporcionalidade, não se lhe podendo impor deveres inviáveis, excessivamente onerosos, desnecessários ou ineficazes".

Não obstante, segundo parte da doutrina, a responsabilidade tributária também pode apresentar natureza sancionatória. Nesses casos, como ensina Maria Rita Ferragut, "[...] o caráter eminentemente punitivo da responsabilidade excepciona a necessidade de ressarci-

---

[195] Essas razões pragmáticas podem estar ligadas, entre outros fatores, à diminuição da evasão, à simplificação da fiscalização ou à facilitação no recebimento do crédito. Como ensina Maria Rita Ferragut, "a causa mais difundida para a criação das normas de responsabilidade é a arrecadatória" (FERRAGUT, Maria Rita. *Responsabilidade tributária*. 4. ed. São Paulo: Noeses, 2020. p. 32). Nessa mesma linha, Luciano Amaro ressalta que "a eleição desse terceiro, para figurar no polo passivo da obrigação tributária, decorre de razões que vão da *comodidade* até a *necessidade*. [...] Noutros casos, são razões de conveniência (para simplificar a arrecadação, ou para garantir sua eficácia) que determinam a eleição do terceiro como responsável." (AMARO, Luciano. *Direito tributário brasileiro*. 11. ed. São Paulo: Saraiva, 2005. p. 304). Sobre a responsabilidade tributária, ver: SEHN, Solon. *Curso de direito tributário*. Rio de Janeiro: Forense, 2024. p. 243 e ss.

[196] JUSTEN FILHO, Marçal. *Sujeição Passiva Tributária*. Belém: CEJUP, 1986. p. 295.

[197] PAULSEN, Leandro. *Responsabilidade e substituição tributárias*. 2. ed. Porto Alegre: Livraria do Advogado, 2014. p. 168 e ss.

[198] JUSTEN FILHO, Marçal. *Sujeição Passiva Tributária*. Belém: CEJUP, 1986. p. 98 e ss.

[199] É o que ensina Geraldo Ataliba, ao ponderar que, na sujeição passiva indireta, "[...] a carga do tributo não pode – e não deve – ser suportada pelo terceiro responsável. Por isso é rigorosamente imperioso que lhe seja objetivamente assegurado o direito de haver (percepção) ou descontar (retenção), do contribuinte, o quantum do tributo que deverá pagar por conta daquele" (ATALIBA, Geraldo. *Hipótese de incidência tributária*. 5. ed. São Paulo: Malheiros, 1997. p. 80).

mento do tributo pago".[200] É o que se tem nas hipóteses de responsabilidade por transferência disciplinadas pelos arts. 129 a 133 (*responsabilidade dos sucessores*), arts. 134 e 135 (*responsabilidade de terceiros*) e arts. 136 a 138 (*responsabilidade por infrações*) do CTN. O fundamento da responsabilização continua sendo o dever de colaboração. Porém, esse tem por base uma situação jurídica especial que permite ao terceiro responsável exigir ou verificar o cumprimento da prestação devida pelo contribuinte.[201]

Para se compreender a *ratio* da responsabilidade de natureza sancionatória, tome-se o exemplo do art. 134, VI, do CTN, aplicável aos "tabeliães, escrivães e demais serventuários de ofício, pelos tributos devidos sobre os atos praticados por eles, ou perante eles, em razão do seu ofício". O serventuário, dentro da relação jurídica que mantém com as partes do negócio jurídico tributado pelo ITBI, não tem meios para reter o crédito tributário devido ou incluí-lo no valor dos emolumentos cobrados pela lavratura da escritura de compra e venda, mas pode perfeitamente recusar-se a lavrá-la enquanto não apresentado o comprovante de recolhimento do imposto sobre a transmissão de bens imóveis *inter vivos*.

Note-se que o responsável mantém com o titular da capacidade contributiva uma relação jurídica especial que lhe permite exigir a apresentação de prova de quitação do crédito tributário. O legislador parte desse potencial de colaboração e o converte em dever jurídico. A partir de então, o sujeito é compelido a fazer uso das faculdades que decorrem de sua posição nessa relação jurídica, colocando-as em benefício do interesse público. Dessa maneira, sendo possível fazê-lo em face das circunstâncias, o responsável deve exigir a comprovação do adimplemento da obrigação tributária, sob pena de responder – como garantidor – pela inadimplência do contribuinte.[202]

Essa modalidade de responsabilização tributária foi objeto de exame no RE nº 562.276, no qual foi declarada a inconstitucionalidade do art. 13 da Lei nº 8.620/1993[203] (Tema nº 13, de Repercussão Geral[204]). Nesse recurso, não houve manifestação acerca da necessidade de reembolso do valor pago pelo responsável tributário. Porém, o STF entendeu que, nessa forma de sujeição passiva indireta, "[...] o 'terceiro' só pode ser chamado responsabilizado [sic.] na hipótese de descumprimento de deveres próprios de colaboração para com a Administração

---

[200] FERRAGUT, Maria Rita. *Responsabilidade tributária*. 4. ed. São Paulo: Noeses, 2020. p. 24. Leandro Paulsen, dentro de uma concepção intermediária, "[...] a não obtenção possível do reembolso não lhe retira automaticamente o fundamento, só o debilita" (PAULSEN, Leandro. *Responsabilidade e substituição tributárias*. 2. ed. Porto Alegre: Livraria do Advogado, 2014. p. 250).

[201] JUSTEN FILHO, Marçal. *Sujeição Passiva Tributária*. Belém: CEJUP, 1986. p. 295: "Ou seja, o legislador tributário não pode impor, arbitrariamente, o dever cujo descumprimento acarretará o nascimento da responsabilidade tributária. O máximo que lhe é dado é, encarando as situações de poder decorrentes da existência de outras normas, transformá-las em situações de dever. [...] Portanto, o destinatário da responsabilidade encontra-se em situação de poder sobre o sujeito passivo tributário, de molde a ser-lhe dado exigir ou verificar o cumprimento da prestação devida. Não se trata, evidentemente, de descrever a conduta de um funcionário do fisco (embora até seja possível). Trata-se, isto sim, de alguém que está em uma situação jurídica especial que lhe assegura, se o desejar, compelir o sujeito passivo a adimplir o dever tributário".

[202] JUSTEN FILHO, Marçal. *Sujeição Passiva Tributária*. Belém: CEJUP, 1986. p. 296.

[203] "Art. 13. O titular da firma individual e os sócios das empresas por cotas de responsabilidade limitada respondem solidariamente, com seus bens pessoais, pelos débitos junto à Seguridade Social (Revogado pela Medida Provisória nº 449, de 2008) (Revogado pela Lei nº 11.941, de 2009)".

[204] "É inconstitucional o art. 13 da Lei 8.620/1993, na parte em que estabelece que os sócios de empresas por cotas de responsabilidade limitada respondem solidariamente, com seus bens pessoais, por débitos junto à Seguridade Social".

Tributária, estabelecidos, ainda que a *contrario sensu*, na regra matriz de responsabilidade tributária, e desde que tenha contribuído para a situação de inadimplemento pelo contribuinte".

### 2.3.3.1.2 Limites formais

Como se viu, nas relações intertemporais entre as disposições do Decreto-Lei nº 37/1966 e o Código Tributário Nacional: (**a**) até 15 de março de 1967, o decreto-lei poderia revogar ou estabelecer disposições especiais em relação às normas gerais do Código Tributário; (**b**) a partir dessa data, todas as alterações nos enunciados prescritivos do decreto-lei devem guardar compatibilidade com o CTN. Logo, não é mais possível, salvo por meio de lei complementar, estabelecer regras especiais derrogatórias das normas gerais de direito tributário do CTN, no que se incluem as regras de responsabilidade tributária.

Nesse sentido, já decidiu o Supremo Tribunal Federal no RE nº 562.276/PR, quando declarou a inconstitucionalidade do art. 13 da Lei nº 8.620/1993. Esse dispositivo inovou em relação ao CTN, estabelecendo nova hipótese de responsabilidade solidária dos sócios por dívidas tributárias da pessoa jurídica. Na oportunidade, o Plenário da Corte entendeu que "a definição dos traços essenciais da figura da responsabilidade tributária, como o de exigir previsão legal específica e, necessariamente, vínculo do terceiro com o fato gerador do tributo, enquadra-se, sim, no rol de normas gerais de direito tributário que orientam todos os entes políticos".[205] Além disso, decidiu que a reserva de lei complementar do art. 146, III, *b*, impede o legislador ordinário de "[...] criar novos casos de responsabilidade tributária sem a observância dos requisitos exigidos pelo art. 128 do CTN, tampouco a desconsiderar as regras matrizes de responsabilidade de terceiros estabelecidas em caráter geral pelos arts. 134 e 135 do mesmo diploma".[206]

### 2.3.3.1.3 Responsáveis na legislação aduaneira

Os responsáveis pelo pagamento do imposto de importação encontram-se previstos no art. 32 do Decreto-Lei nº 37/1966, com as alterações do Decreto-Lei nº 2.472/1988, da Medida Provisória nº 2.158-35/2001 e da Lei nº 11.281/2006, no art. 28 da Lei nº 9.611/1998 e no art. 59 da Lei nº 10.833/2003:

> a) o transportador de mercadoria procedente do exterior ou sob controle aduaneiro, inclusive em percurso interno;[207]

---

[205] STF. T. Pleno. RE 562276/PR. Rel. Min. Ellen Gracie. *DJe* 09.02.2011.

[206] Essa exegese foi reafirmada na ADI nº 4.845/MT, na qual foi decidido que, em razão da reserva de lei complementar do art. 146, III, "b", da Constituição, a legislação ordinária – no caso, uma lei estadual – não pode disciplinar a responsabilidade de terceiros por infrações de forma diversa da matriz geral estabelecida pelo CTN: "[...] 2. Ainda que a norma impugnada trate exclusivamente de Direito Tributário (CF, art. 24, I) e não de regulamentação de profissão (CF, art. 22, XVI), há o vício de inconstitucionalidade formal. Ao ampliar as hipóteses de responsabilidade de terceiros por infrações, prevista pelos arts. 134 e 135 do Código Tributário Nacional – CTN, a lei estadual invade competência do legislador complementar federal para estabelecer as normas gerais na matéria (art. 146, III, *b*, da CF). [...] 3. A norma estadual avançou em dois pontos de forma indevida, transbordando de sua competência: (i) ampliou o rol das pessoas que podem ser pessoalmente responsáveis pelo crédito tributário; (ii) dispôs diversamente do CTN sobre as circunstâncias autorizadoras da responsabilidade pessoal do terceiro".

[207] Decreto-Lei nº 37/1966, art. 32, I, na redação do Decreto-Lei nº 2.472/1988.

b) o depositário, considerado como tal qualquer pessoa incumbida da custódia de mercadoria sob controle aduaneiro;[208]

c) em regime de solidariedade:

c.1) o adquirente ou o cessionário de mercadoria com redução do imposto;[209]

c.2) o representante domiciliado no Brasil de transportador estrangeiro;[210]

c.3) o adquirente de mercadoria importada por sua conta e ordem;[211]

c.4) o encomendante predeterminado na importação por encomenda;[212]

c.5) o expedidor, o operador de transporte multimodal ou qualquer subcontratado para a realização do transporte multimodal;[213] e

c.6) o beneficiário de regime aduaneiro "suspensivo" destinado à industrialização para exportação, nas hipóteses de admissão de mercadoria no regime por outro beneficiário, mediante sua anuência, com vistas à execução de etapa da cadeia industrial do produto a ser exportado.[214]

Dentre essas hipóteses, cumpre examinar separadamente a responsabilidade do transportador e do depositário, do adquirente ou cessionário de mercadoria beneficiada com redução do imposto e do representante de transportador estrangeiro.

### 2.3.3.1.4 Transportador

Para responsabilizar validamente um terceiro, o legislador deve eleger alguém com uma proximidade com o contribuinte ou com a materialidade da hipótese de incidência do tributo. Essa deve ser suficiente para permitir o ressarcimento do valor devido, mediante retenção ou acréscimo do montante do crédito tributário ao preço do bem ou do serviço tributado. Essa exigência é flexibilizada apenas quando a responsabilidade tributária apresentar caráter punitivo. Isso ocorre quando o legislador seleciona alguém que – em razão das particularidades da relação jurídica mantida com o titular da capacidade contributiva – pode verificar ou exigir deste a comprovação do adimplemento da obrigação tributária. Assim, caso este descumpra o dever de colaboração, responderá como garantidor pela inadimplência do contribuinte. Além disso, sob o aspecto formal, após 15 de março de 1967, com o início da vigência da reserva de lei complementar do art. 19, § 1º, da Constituição de 1967, mantida pela Constituição de 1988 (art. 146), o decreto-lei não pode mais revogar ou estabelecer disposições especiais divergentes das regras matrizes de responsabilidade estabelecidas em caráter geral pelos arts. 134 e 135 do Código Tributário Nacional.

Esses limites foram ultrapassados pelo art. 32, I, do Decreto-Lei nº 37/1966, na redação do Decreto-Lei nº 2.472/1988, em primeiro lugar, porque o transportador não tem qualquer proximidade com a materialidade da hipótese de incidência do imposto, senão pela circunstância de ter sido contratado para transportar o produto. Esta, porém, é insuficiente para permitir o ressarcimento do crédito tributário, seja por meio de retenção ou acréscimo ao valor do frete.

---

[208] Decreto-Lei nº 37/1966, art. 32, II, na redação do Decreto-Lei nº 2.472/1988.
[209] Decreto-Lei nº 37/1966, art. 32, parágrafo único, I, na redação da Medida Provisória nº 2.158-35/2001.
[210] Decreto-Lei nº 37/1966, art. 32, parágrafo único, II, na redação da Medida Provisória nº 2.158-35/2001.
[211] Decreto-Lei nº 37/1966, art. 32, parágrafo único, c, na redação da Lei nº 11.281/2006.
[212] Decreto-Lei nº 37/1966, art. 32, parágrafo único, d, na redação da Lei nº 11.281/2006.
[213] Lei nº 9.611/1998, art. 28.
[214] Lei nº 10.833/2003, art. 59.

O contrato de transporte marítimo de mercadorias em sentido estrito ou comercial, como se sabe, é uma estipulação em favor de terceiros. Dele fazem parte o transportador (*carrier*) e o embarcador (*shipper*). O importador, enquanto destinatário (consignatário), não integra a relação contratual.[215] Essa é formalizada por meio da emissão do conhecimento marítimo (*B/L* ou *Bill of Lading*) pelo transportador, já com a especificação do frete pago na origem (*freight prepaid*) ou a pagar no destino (*freight collect*). O término do contrato, por sua vez, ocorre com a entrega ou o depósito da mercadoria ao destinatário ou ao endossatário do B/L (CC, art. 750[216], 754[217] e 755[218]).

Tampouco é cabível impor ao transportador o dever de verificar ou de exigir do importador a comprovação do adimplemento da obrigação tributária. Ao entregar a mercadoria no porto de destino, o transportador esgota o objeto de sua contratação. Nem mesmo a Receita Federal realiza uma atividade fiscalizatória nesse momento. Na importação, o crédito tributário é pago no registro declaração de mercadorias, por meio do débito em conta corrente bancária do importador. A cobrança de eventual diferença – inclusive nas hipóteses de extravio – ocorre por meio de lançamento de ofício suplementar na conferência final do manifesto, na etapa intermediária da conferência aduaneira; ou, entre outras situações, após o desembaraço em sede de revisão aduaneira.[219]

Nem mesmo se poderia cogitar a responsabilização do transportador pelo extravio. Isso porque, como examinado anteriormente, a incidência dos tributos aduaneiros no extravio não é compatível com o conceito de importação. Tampouco é válida a exigência do imposto quando o extravio se dá no trânsito aduaneiro clássico ou de "passagem". Nesse regime aduaneiro especial, o ingresso do produto estrangeiro é admitido temporariamente, apenas para fins de deslocamento até o território de outro país.[220] Inexiste intenção integradora por parte de quem promove o ingresso da mercadoria no território nacional, que é essencial para a caracterização do critério material do imposto de importação. O regime destina-se apenas ao controle da não incidência dos tributos aduaneiros, visando a impedir o desvio de finalidade. Logo, ocorrendo o extravio da mercadoria com destino a outro país, não há o menor fundamento para a exigência do imposto de importação.[221]

Enfim, embora a jurisprudência ainda não tenha apreciado a questão sob o enfoque proposto no presente estudo, não há dúvidas da inconstitucionalidade da responsabilização

---

[215] ANTONINI, Alfredo. *Corso di diritto dei trasporti*. 3. ed. Milão: Giuffrè, 2015. p. 205: "Il destinatario *non è parte* del contrato di trasporto, né lo diviene".

[216] "Art. 750. A responsabilidade do transportador, limitada ao valor constante do conhecimento, começa no momento em que ele, ou seus prepostos, recebem a coisa; termina quando é entregue ao destinatário, ou depositada em juízo, se aquele não for encontrado".

[217] "Art. 754. As mercadorias devem ser entregues ao destinatário, ou a quem apresentar o conhecimento endossado, devendo aquele que as receber conferi-las e apresentar as reclamações que tiver, sob pena de decadência dos direitos".

[218] "Art. 755. Havendo dúvida acerca de quem seja o destinatário, o transportador deve depositar a mercadoria em juízo, se não lhe for possível obter instruções do remetente; se a demora puder ocasionar a deterioração da coisa, o transportador deverá vendê-la, depositando o saldo em juízo".

[219] Ver Cap. III, item 1.2.2.

[220] Ver Cap. VI, item 3.

[221] A jurisprudência do STJ, como já ressaltado, é pacífica nesse sentido, reafirmando em diversas decisões que "[...] o fato de a mercadoria ter sido extraviada é irrelevante para a configuração do fato gerador do imposto de importação, vez que continua inexistindo importação pelo Brasil de mercadoria estrangeira" (STJ. 1ª T. Ag. 836.903/SP. Rel. Min. José Delgado. DJ 13.04.2007).

do transportador pelo pagamento do imposto de importação, o que também se aplica, como será analisado, ao seu representante no território nacional.[222]

#### 2.3.3.1.5 Depositário

A regra de responsabilidade do art. 32, II, do Decreto-Lei nº 37/1966, tem natureza sancionatória. O depositário, embora não tenha meios para reter o crédito tributário devido ou incluí-lo no valor cobrado por seus serviços, pode recusar-se a liberar a mercadoria sob sua custódia, caso não demonstrado o efetivo recolhimento do crédito tributário. Assim, se for omisso no cumprimento de seu dever de colaboração, responderá como garantidor do crédito tributário não pago pelo contribuinte.

#### 2.3.3.1.6 Adquirente ou cessionário

O art. 32, parágrafo único, inciso I, do Decreto-Lei nº 37/1966, estabelece a responsabilidade solidária do adquirente ou do cessionário de mercadoria beneficiada com isenção ou redução do imposto. Essa previsão, em uma primeira análise, poderia causar perplexidade. Afinal, se a mercadoria é isenta, não há crédito tributário para ser solidariamente devido. Na verdade, isso se deve ao fato de que, nas isenções vinculadas à qualidade do importador, o beneficiário deve permanecer com o bem importado durante um prazo mínimo de três a cinco anos (Decreto-Lei nº 37/1966, art. 11;[223] Decreto-Lei nº 1.559/1977, art. 1º[224]). Logo, se aliená-lo antes disso, o crédito tributário será devido em solidariedade com o adquirente ou cessionário.

#### 2.3.3.1.7 Agente marítimo

No direito marítimo internacional, o representante convencional (mandatário) do armador-transportador (mandante) no território nacional é o *agente marítimo*, também conhecido, entre outras designações, como *agente do navio* (*shipping agent*). A validade de

---

[222] Em edições anteriores, sustentou-se que seria válida a responsabilização do transportador no regime aduaneiro de trânsito na importação. Entretanto, reflexão mais detida indica a necessidade de revisão desse entendimento. É que, nesses casos, os tributos aduaneiros serão devidos quando o importador realizar o despacho para consumo na unidade de destino, ou seja, após a conclusão do trânsito, dentro de uma etapa na qual não há mais intervenção do transportador. Esse, portanto, não pode ser definido validamente como responsável, porque não tem meios para se ressarcir do crédito tributário nem de diligenciar para que ocorra o futuro adimplemento.

[223] "Art. 11 – Quando a isenção ou redução for vinculada à qualidade do importador, a transferência de propriedade ou uso, a qualquer título, dos bens obriga, na forma do regulamento, ao prévio recolhimento dos tributos e gravames cambiais, inclusive quando tenham sido dispensados apenas estes gravames.
Parágrafo único. O disposto neste artigo não se aplica aos bens transferidos a qualquer título:
I – a pessoa ou entidades que gozem de igual tratamento fiscal, mediante prévia decisão da autoridade aduaneira;
II – após o decurso do prazo de 5 (cinco) anos da data da outorga da isenção ou redução".

[224] "Art. 1º – Na transferência de propriedade ou de uso, a qualquer título, de bens desembaraçados com isenção, como bagagem ou não, de acordo com o artigo 15, itens IV e V, do Decreto-lei nº 37, de 18 de novembro de 1966, inclusive automóveis, quando exigível o pagamento de tributos, a depreciação do valor obedecerá aos seguintes percentuais:
De mais de 12 até 24 meses ........................................ 30%
De mais de 24 até 36 meses ........................................ 70%
De mais de 36 meses ........................................ 100%".

sua responsabilização tributária já foi objeto de amplo debate no antigo Tribunal Federal de Recursos (TFR), que, no ano de 1985, editou a Súmula nº 192: "O agente marítimo, quando no uso exclusivo das atribuições próprias, não é considerável responsável tributário, nem se equipara ao transportador para efeitos do Decreto-Lei nº 37, de 1996".

Essa interpretação, desde que foi consolidada, vinha sendo acolhida em diversos julgados do STJ. Contudo, no ano de 2010, uma decisão em regime de recurso representativo de controvérsia abriu espaço para a sua revisão:

> PROCESSO CIVIL. RECURSO ESPECIAL REPRESENTATIVO DE CONTROVÉRSIA. ARTIGO 543-C, DO CPC. TRIBUTÁRIO. IMPOSTO SOBRE IMPORTAÇÃO. RESPONSABILIDADE TRIBUTÁRIA. AGENTE MARÍTIMO. ARTIGO 32, DO DECRETO-LEI 37/66. FATO GERADOR ANTERIOR AO DECRETO-LEI 2.472/88. AUSÊNCIA DE PREVISÃO LEGAL DA RESPONSABILIDADE TRIBUTÁRIA.
>
> 1. O agente marítimo, no exercício exclusivo de atribuições próprias, no período anterior à vigência do Decreto-Lei 2.472/88 (que alterou o artigo 32, do Decreto-Lei 37/66), não ostentava a condição de responsável tributário, nem se equiparava ao transportador, para fins de recolhimento do imposto sobre importação, porquanto inexistente previsão legal para tanto.
>
> [...]
>
> 12. A jurisprudência do STJ, com base na Súmula 192/TFR, consolidou a tese de que, ainda que existente termo de compromisso firmado pelo agente marítimo (assumindo encargos outros que não os de sua competência), não se lhe pode atribuir responsabilidade pelos débitos tributários decorrentes da importação, por força do princípio da reserva legal (Precedentes do STJ: AgRg no Ag 904.335/SP, Rel. Ministro Herman Benjamin, Segunda Turma, julgado em 18.10.2007, DJe 23.10.2008; REsp 361.324/RS, Rel. Ministro Humberto Martins, Segunda Turma, julgado em 02.08.2007, DJ 14.08.2007; REsp 223.836/RS, Rel. Ministro João Otávio de Noronha, Segunda Turma, julgado em 12.04.2005, DJ 05.09.2005; REsp 170.997/SP, Rel. Ministro Castro Meira, Segunda Turma, julgado em 22.02.2005, DJ 04.04.2005; REsp 319.184/RS, Rel. Ministro Franciulli Netto, Segunda Turma, julgado em 03.06.2004, DJ 06.09.2004; REsp 90.191/RS, Rel. Ministra Laurita Vaz, Segunda Turma, julgado em 21.11.2002, DJ 10.02.2003; REsp 252.457/RS, Rel. Ministro Francisco Peçanha Martins, Segunda Turma, julgado em 04.06.2002, DJ 09.09.2002; REsp 410.172/RS, Rel. Ministro José Delgado, Primeira Turma, julgado em 02.04.2002, DJ 29.04.2002; REsp 132.624/SP, Rel. Ministra Eliana Calmon, Segunda Turma, julgado em 15.08.2000, DJ 20.11.2000; e REsp 176.932/SP, Rel. Ministro Hélio Mosimann, Segunda Turma, julgado em 05.11.1998, DJ 14.12.1998).
>
> 13. Sob esse ângulo, forçoso destacar (malgrado a irrelevância no particular), que a empresa destinada ao agenciamento marítimo, não procedeu à assinatura de "nenhuma fiança, nem termo de responsabilidade ou outro qualquer, que venha acarretar qualquer tipo de solidariedade e/ou de responsabilidade com o armador (proprietário do navio), para que seja cobrada por tributos ou outros ônus derivados de falta, acréscimo ou avaria de mercadorias durante o transporte" (assertiva inserta nas contrarrazões ao recurso especial).
>
> 14. No que concerne ao período posterior à vigência do Decreto-Lei 2.472/88, sobreveio hipótese legal de responsabilidade tributária solidária (a qual não comporta benefício de ordem, à luz inclusive do parágrafo único, do artigo 124, do CTN) do "representante, no país, do transportador estrangeiro".

15. *In casu*, revela-se incontroverso nos autos que o fato jurídico tributário ensejador da tributação pelo imposto de importação ocorreu em outubro de 1985, razão pela qual não merece reforma o acórdão regional, que, fundado no princípio da reserva legal, pugnou pela inexistência de responsabilidade tributária do agente marítimo.

16. A discussão acerca do enquadramento ou não da figura do "agente marítimo" como o "representante, no país, do transportador estrangeiro" (à luz da novel dicção do artigo 32, II, *b*, do Decreto-Lei 37/66) refoge da controvérsia posta nos autos, que se cinge ao período anterior à vigência do Decreto-Lei 2.472/88.

17. Recurso especial fazendário desprovido. Acórdão submetido ao regime do artigo 543-C, do CPC, e da Resolução STJ 08/2008.[225]

Nesse julgamento, foi firmada a seguinte tese: "O agente marítimo, no exercício exclusivo de atribuições próprias, no período anterior à vigência do Decreto-Lei 2.472/88 (que alterou o artigo 32, do Decreto-Lei 37/66), não ostentava a condição de responsável tributário, nem se equiparava ao transportador, para fins de recolhimento do Imposto sobre Importação, porquanto inexistente previsão legal para tanto".

Não há dúvidas de que o preceito é inconstitucional. O agente marítimo é apenas um mandatário do armador-transportador (representante convencional), estando sujeito à regra-matriz de responsabilidade prevista no art. 135, II, do CTN:

> Art. 135. São pessoalmente responsáveis pelos créditos correspondentes a obrigações tributárias resultantes de atos praticados com excesso de poderes ou infração de lei, contrato social ou estatutos:
> [...]
> II – os mandatários, prepostos e empregados.

De acordo com esse dispositivo, a responsabilidade do mandatário pressupõe a demonstração de dolo específico, o que é incompatível com a regra de responsabilização objetiva do art. 32, parágrafo único, II, do Decreto-Lei nº 37/1966, na redação da Medida Provisória nº 2.158-35/2001 (art. 77). Assim, aplicando o mesmo critério adotado pelo STF no RE nº 562.276 e na ADI nº 4.845, não há outro encaminhamento senão reconhecer a inconstitucionalidade formal desse preceito legal.

Com efeito, o agente marítimo presta serviços de auxílio na logística e na gestão do navio durante a sua estada no porto. A sua atuação tem início com a chegada da embarcação no porto, encerrando-se com a partida. Não há – entre o agente marítimo e o importador – nenhuma relação jurídica. A remuneração auferida em razão de seus serviços – o *agency fee* – é paga pelo armador, que não é importador nem contribuinte do imposto de importação. Ao recebê-la, o agente não tem meios de se ressarcir do valor do crédito tributário, quer por retenção, quer por acréscimo ao preço do serviço prestado.[226]

O agente marítimo também não reúne condições de verificar ou de exigir do importador a comprovação do adimplemento da obrigação tributária. No momento em que desempenha suas funções, nem mesmo a Receita Federal exerce uma atividade fiscalizatória. Na importação, o crédito tributário é pago por ocasião do registro da declaração de mercadorias (DI ou Duimp), por meio do débito em conta corrente bancária do importador. A cobrança

---

[225] STJ. 1ª S. REsp 1.129.430/SP. Rel. Min. Luiz Fux. DJe 14.12.2010.
[226] Sobre a diferença entre agente marítimo e agente de cargas, ver Cap. VII, Item 4.3.3.4.

de eventual diferença do crédito tributário – inclusive nas hipóteses de extravio – ocorre por meio de lançamento de ofício suplementar na conferência final do manifesto, na etapa intermediária da conferência aduaneira ou após o desembaraço, dentro do procedimento de revisão aduaneira. No curso dessa sucessão de eventos, não há qualquer interveniência do agente marítimo. Este, além de não manter qualquer vínculo ou relação jurídica com o importador, não tem poder de polícia para exigir informações ou documentos de terceiros, tampouco pode influir para interromper ou para obstar o despacho aduaneiro, porque ele tem início e fim independentemente de sua manifestação de vontade, quando já esgotada a sua atuação. Tal fato retira qualquer legitimidade constitucional para a responsabilização tributária punitiva do agente marítimo.[227]

Entretanto, no julgamento da ADI nº 5431/DF, proposta pela Confederação Nacional do Transporte, o STF julgou constitucional a responsabilidade solidária do representante do transportador estrangeiro em relação ao imposto de importação.[228] Trata-se de uma decisão equivocada, frágil em seus fundamentos, mas que, lamentavelmente, deverá ser observada devido ao seu caráter vinculante, até eventual superação ou distinção.

### 2.3.4 Base de cálculo

No regime de alíquotas *ad valorem*, a base de cálculo do imposto de importação corresponde ao valor aduaneiro da mercadoria, que, por sua vez, é determinado em consonância com as regras do Acordo de Valoração Aduaneira (AVA), tema que será examinado no Capítulo IV.

### 2.3.5 Alíquota

#### 2.3.5.1 Alíquotas específicas e *ad valorem*

O Código Tributário Nacional, o Decreto-Lei nº 37/1966 e o art. 2º da Lei nº 11.727/2008 preveem a instituição do regime de alíquotas específicas (*ad rem*). Porém, não houve exercício dessa competência.[229] Assim, atualmente, o imposto sujeita-se apenas a alíquotas *ad valorem*, que correspondem a um número percentual aplicável à base de cálculo, de acordo com a origem e a classificação aduaneira da mercadoria.

---

[227] Segundo ensina Leandro Paulsen, "[...] não teria razoabilidade a imposição de responsabilidade a quem não tivesse relação com o fato gerador ou com o contribuinte, de modo a poder influir de algum modo para que o contribuinte fizesse o pagamento ou para facilitar a fiscalização" (PAULSEN, Leandro. *Responsabilidade e substituição tributárias*. 2. ed. Porto Alegre: Livraria do Advogado, 2014. p. 194).

[228] STF, T. Pleno, ADI 5.431, Rel. Min. Gilmar Mendes. Acórdão ainda não publicado. Ata de julgamento *DJe* 04.12.2024.

[229] Como ressalta José Rijo: "As vantagens da tributação *ad valorem* comparativamente à tributação específica parecem também irrefutáveis. Em primeiro lugar, importa destacar que a primeira daquelas modalidades confere progressividade à tributação, pois, os produtos de valor mais elevado proporcionarão arrecadar volumes de imposto mais significativo [sic.] em relação aos produtos de menor valor. Ao contrário, a aplicação de direitos específicos introduz regressividade na tributação, levando a que produtos com preços inferiores sejam mais penalizados do que os produtos similares de preço mais elevado, com as consequências negativas daí decorrentes em particular para consumidores com rendimentos mais baixos. Por outro lado, a tributação *ad valorem* acompanha os surtos inflacionistas verificados nos preços de bens [...]." (RIJO, José. *Direito aduaneiro da União Europeia*: notas de enquadramento normativo, doutrinário e jurisprudencial. Coimbra: Almedina, 2020. p. 364).

### 2.3.5.2 Órgão competente para a definição das alíquotas

A definição das alíquotas do imposto de importação, de acordo com o art. 153, § 1º, da Constituição, pode ser realizada por ato do Chefe do Poder Executivo, dentro dos limites estabelecidos em lei. Atualmente, nos termos da Lei nº 3.244/1957 e da Lei nº 8.085/1990, essa competência foi delegada à Câmara de Comércio Exterior (Camex), órgão integrante do Conselho de Governo da Presidência da República.

A constitucionalidade da competência delegada da Camex já foi questionada no RE nº 570.680/RS. Nele o Plenário do STF decidiu, em regime de repercussão geral, por sua compatibilidade com o texto constitucional:

> TRIBUTÁRIO. IMPOSTO DE EXPORTAÇÃO. ALTERAÇÃO DE ALÍQUOTA. ART. 153, § 1º, DA CONSTITUIÇÃO FEDERAL. COMPETÊNCIA PRIVATIVA DO PRESIDENTE DA REPÚBLICA NÃO CONFIGURADA. ATRIBUIÇÃO DEFERIDA À CAMEX. CONSTITUCIONALIDADE. FACULDADE DISCRICIONÁRIA CUJOS LIMITES ENCONTRAM-SE ESTABELECIDOS EM LEI. RECURSO EXTRAORDINÁRIO DESPROVIDO.
> I – É compatível com a Carta Magna a norma infraconstitucional que atribui a órgão integrante do Poder Executivo da União a faculdade de estabelecer as alíquotas do Imposto de Exportação.
> II – Competência que não é privativa do Presidente da República.
> III – Inocorrência de ofensa aos arts. 84, *caput*, IV e parágrafo único, e 153, § 1º, da Constituição Federal ou ao princípio de reserva legal. Precedentes.
> IV – Faculdade discricionária atribuída à Câmara de Comércio Exterior – Camex, que se circunscreve ao disposto no Decreto-Lei 1.578/1977 e às demais normas regulamentares.
> V – Recurso extraordinário conhecido e desprovido.[230]

Essa aparente exceção ao princípio da estrita legalidade, aliada à inaplicabilidade da anterioridade tributária, garante ao Governo Federal a prerrogativa de incentivar ou de desestimular a importação de determinados produtos, utilizando o imposto para fins extrafiscais. Foi o que ocorreu, *v. g.*, durante a recente pandemia do Covid-19, quando as alíquotas de mais de 61 produtos farmacêuticos e médico-hospitalares foram reduzidas a zero pela Resolução Camex nº 22/2020.

### 2.3.5.3 Modificações na alíquota e segurança jurídica

O imposto de importação, como ressaltado, não está sujeito ao princípio da anterioridade tributária (CF, art. 150, § 1º), o que permite a aplicação direta das alterações de alíquotas, ainda que a conclusão do negócio jurídico internacional tenha ocorrido anteriormente. A Jurisprudência do Superior Tribunal de Justiça, mesmo nessas situações, tem admitido a validade da cobrança imediata:

> [...]
> 2. O fato gerador do imposto de importação não pode ser configurado para momento outro do que o definido em lei.

---

[230] STF. T. Pleno. RE 570.680. Rel. Min. Ricardo Lewandoski. *DJe*-228 de 04.12.2009.

3. Irrelevância, para a caracterização do fato imponível em questão, da expedição da guia de importação e da formação do contrato.

4. A alíquota a ser cobrada é a vigorante no dia em que a mercadoria ingressa no território nacional, considerando-se tal ocorrência com o registro alfandegário da declaração apresentada pelo importador à autoridade fiscal competente da União.

5. O entendimento acima explicitado segue orientação assumida pelo colendo Supremo Tribunal Federal ao julgar a ADIN nº 1.293/DF, relator o eminente Ministro Celso de Mello.

6. Precedentes das 1ª Turma e 1ª Seção desta Corte Superior.

7. Recurso não provido.[231]

Contudo, essa não parece a interpretação mais apropriada. Como ressaltado anteriormente,[232] a alíquota aplicável deve ser aquela vigente no momento da ocorrência do evento imponível (CTN, art. 144). Todavia, excepcionalmente, deve ser admitida a ultratividade da alíquota vigente na data da conclusão da compra e venda internacional.

### 2.3.5.4 Classificação aduaneira

A alíquota do imposto, como ressaltado anteriormente, é determinada em função da classificação aduaneira do produto, tema que será examinado no Capítulo V.

### 2.3.5.5 Origem

A origem é relevante para a aplicação de tratamentos tarifários preferenciais ou não preferenciais para determinados produtos.[233] A sua prova deve ocorrer nos termos do tratado ou do acordo internacional que prevê a isenção ou a redução da alíquota do imposto de importação para o produto.[234] Em geral, exige-se uma certificação emitida pelo país exportador, como é o caso do Certificado de Origem Mercosul.

---

[231] De acordo com a Jurisprudência do Superior Tribunal de Justiça, as resoluções que reconhecem o direito ao ex-tarifário não possuem eficácia retroativa. Porém, podem ter seus efeitos estendidos ao momento do desembaraço aduaneiro quando o benefício foi pleiteado antes da importação: "[...] III – A jurisprudência do Superior Tribunal de Justiça é pacífica no sentido de que as resoluções da CAMEX que reconhecem o direito à redução da alíquota do imposto de importação de determinada mercadoria não possuem efeitos retroativos, mas podem ter seus efeitos estendidos ao momento do desembaraço aduaneiro quando o benefício foi postulado antes da importação do bem, como é o caso dos autos. Nesse sentido, confiram-se: REsp 1664778/PR, Rel. Min. Og Fernandes, 2ª Turma, julgado em 20.06.2017, DJe 26.06.2017 e AgRg no REsp 1464708/PR, Rel. Min. Herman Benjamin, 2ª Turma, julgado em 16.12.2014, DJe 03.02.2015 e REsp 1174811/SP, Rel. Min. Arnaldo Esteves Lima, 1ª Turma, j. 18.02.2014, DJe 28.02.2014)" (STJ. 1ª T. REsp 412.924/PR. Rel. Min. José Delgado. DJ 13.05.2002).

[232] Ver item 2.1.3.

[233] Além das regras de origem preferenciais, há as não preferenciais. Essas, como ressalta Leonardo Correia Lima Macedo, visam à "[...] aplicação do tratamento de Nação Mais Favorecida no âmbito do Gatt 1994; direitos *antidumping*; direitos compensatórios; medidas de salvaguarda; exigências de marcação de origem; adjudicação de cotas tarifárias; compras governamentais e estatísticas comerciais, de caráter unilateral ou multilateral" (MACEDO, Leonardo Correia Lima. *Direito tributário no comércio exterior*: acordos e convenções internacionais – OMC, CCA/OMA, Aladi e Mercosul. São Paulo: Lex-Aduaneiras, 2005. p. 85). É de se ressaltar ainda que, como destaca Rodrigo Mineiro Fernandes, a identificação da origem também pode acarretar "[...] algum tratamento desfavorável, decorrente de normas internas que combatem a prática abusiva de comércio internacional por algum país" (FERNANDES, Rodrigo Mineiro. *Introdução ao direito aduaneiro*. São Paulo: Intelecto, 2018. p. 42).

[234] Para fins de defesa comercial, aplicam-se as regras do art. 31 da Lei nº 12.546/2011.

Também devem ser observadas as regras da Instrução Normativa RFB nº 1.864/2018, que dispõe sobre os procedimentos de verificação de origem, inclusive relativos à sua desqualificação em práticas abusivas de *circumvention*. Nelas uma empresa intermediária situada em país distinto é utilizada para elidir medidas comerciais sancionatórias ou para acessar uma área de livre comércio com tributação favorecida.[235] Muitas vezes essa triangulação envolve uma troca de etiquetas ou, em outros casos, um simples reacondicionamento da mercadoria. Assim, no curso do despacho ou em sede de revisão aduaneira, a fiscalização deve verificar não apenas os requisitos formais e de autenticidade do certificado, mas também a observância das exigências mínimas de transformação estabelecidas no tratado ou no acordo internacional respectivo. É possível, inclusive, a realização de diligências às instalações do exportador ou do produtor.[236]

## 2.4 Imunidades e isenções

### 2.4.1 Imunidades, direitos fundamentais e não intervenção

As imunidades tributárias estão previstas na Seção II do Capítulo I do Título VI da Constituição Federal de 1988 (*Das Limitações ao Poder de Tributar*). Entretanto, somente faz sentido falar em *limitações* caso se opere com um conceito pré-constitucional de poder de tributar. Mas não é isso que se tem nos dias de hoje. No Estado Democrático de Direito, o fundamento da tributação não pode mais ser buscado unicamente na soberania nem tampouco pode ser visto como algo inerente ao conceito de Estado, desvinculado do texto constitucional. O poder público institui e cobra tributos apenas e na medida em que tenha competência constitucional para tanto. Fora dos parâmetros constitucionais, nada há além de pura arbitrariedade.[237] Por isso, a rigor, as imunidades não são propriamente *limitações cons-*

---

[235] VALADÃO, Marcos Aurélio Pereira. Regras de origem no âmbito da ALADI e as operações de triangulação na jurisprudência do CARF. In: PEIXOTO, Marcelo Magalhães; SARTORI, Angela; DOMINGO, Luiz Roberto (coord.). *Tributação aduaneira à luz da jurisprudência do CARF – Conselho Administrativo de Recursos Fiscais*. São Paulo: MP-Apet, 2013. p. 206 e ss.; GOMES, Marcelle de Sousa Gonçalves. Conceitos e definições relacionados às regras de origem. In: AGUIAR, Marusk (Org.). *Discussões sobre regras de origem*. São Paulo: Aduaneiras, 2007. p. 11. Sobre o tema, cf.: ainda WITKER, Jorge. *Derecho tributario aduanero*. 2. ed. México, UNAM, 1999. p. 211-289.

[236] IN RFB nº 1.864/2018: "Art. 18. Na hipótese de verificação de origem, observado o disposto nos arts. 14 e 19, a fiscalização aduaneira poderá:
I – requisitar à autoridade competente:
a) informação ou documento necessário à confirmação da autenticidade da prova de origem objeto da verificação e da veracidade das informações nela contidas; ou
b) a documentação apresentada pelo exportador ou produtor das mercadorias à autoridade competente, para fundamentar o requerimento de certificação da origem ou de autorização para emitir a declaração de origem;
II – requisitar ao exportador ou produtor das mercadorias informação ou documento que comprove a origem das mercadorias;
III – realizar visita às instalações do exportador ou produtor das mercadorias, para fins de inspeção de instalações, equipamentos e ferramentas utilizados ou processos empregados na produção das mercadorias, inclusive examinar os registros contábeis pertinentes; ou
IV – realizar outros procedimentos previstos no acordo celebrado entre o Brasil e o país de origem".

[237] Ver Capítulo I, item 2.1.

*titucionais ao poder de tributar*, mas sim verdadeiras regras de configuração da competência impositiva dos entes federados.[238]

Outro aspecto relevante, no estudo desse instituto, é a compreensão de que a imunidade implica um *direito subjetivo de não intervenção*[239] para o sujeito de direito abrangido pelo estado de não – competência do ente tributante.[240] Isso ocorre porque as imunidades visam a instrumentalizar a realização de um princípio constitucional ou de um direito fundamental. É o caso, *v. g.*, da imunidade dos templos de qualquer culto prevista no art. 150, VI, *b*, da Constituição,[241] que se relaciona à tutela da liberdade de crença e prática religiosa (CF, art. 5º, VI e VIII[242]). Essa relação é essencial na interpretação do conteúdo e o alcance das regras de imunidade.

### 2.4.2 Diferenciação entre imunidades e isenções

As isenções não se confundem com as imunidades.[243] Estas são normas constitucionais de estrutura que – delimitando a competência impositiva do ente tributante – estabelecem

---

[238] Sobre a crítica análoga, dirigida à expressão "limitações constitucionais ao poder de tributar", ver também: CARVALHO, Paulo de Barros. *Curso de direito tributário*. 13. ed. São Paulo: Saraiva, 2000. p. 166 e ss.; ATALIBA, Geraldo. Lei complementar em matéria tributária. *Revista de Direito Tributário*. São Paulo: RT, n. 48, p. 84-106, abr./jun. 1989. p. 88. A diferença entre imunidade, isenção e não incidência também é estudada em: SEHN, Solon. *Curso de direito tributário*. Rio de Janeiro: Forense, 2024, p. 111-114. 360 e ss.

[239] ALEXY, Robert. *Teoria de los derechos fundamentales*. Madrid: Centro de Estudios Constitucionales, 1997. p. 240.

[240] É nesse sentido que, segundo destaca Roque Carrazza, as regras constitucionais de imunidade, por um lado, delimitam negativamente o âmbito de competência tributária das pessoas políticas e, de outro, conferem aos seus beneficiários – como *efeito reflexo* – o direito público subjetivo de não serem tributados: "Em função disso, a lei, ao descrever a norma jurídica tributária, não pode, sob pena de inconstitucionalidade, colocar estas pessoas na contingência de pagar tributos, isto é, de figurar no pólo passivo de obrigações tributárias" (CARRAZZA, Roque Antonio. *Curso de direito constitucional tributário*. 19. ed. São Paulo: Malheiros, 2004. p. 453).

[241] "Art. 150. Sem prejuízo de outras garantias asseguradas ao contribuinte, é vedado à União, aos Estados, ao Distrito Federal e aos Municípios:
VI – instituir impostos sobre:
b) templos de qualquer culto;
[...]
§ 4º – As vedações expressas no inciso VI, alíneas *b* e *c*, compreendem somente o patrimônio, a renda e os serviços, relacionados com as finalidades essenciais das entidades nelas mencionadas".

[242] "Art. 5º Todos são iguais perante a lei, sem distinção de qualquer natureza, garantindo-se aos brasileiros e aos estrangeiros residentes no País a inviolabilidade do direito à vida, à liberdade, à igualdade, à segurança e à propriedade, nos termos seguintes:
[...]
VI – é inviolável a liberdade de consciência e de crença, sendo assegurado o livre exercício dos cultos religiosos e garantida, na forma da lei, a proteção aos locais de culto e a suas liturgias;
[...]
VIII – ninguém será privado de direitos por motivo de crença religiosa ou de convicção filosófica ou política, salvo se as invocar para eximir-se de obrigação legal a todos imposta e recusar-se a cumprir prestação alternativa, fixada em lei".

[243] Como demonstrado por Paulo de Barros Carvalho, no estudo crítico mais completo sobre essa matéria no direito brasileiro, falta cientificidade aos estudos sobre imunidade tributária existentes. Desvios lógicos, considerações de ordem econômica, sociológica, ética, história e política são frequentes. Ao mesmo tempo, há uma uniformidade doutrinária incompreensível em razão da complexidade do tema.

a configuração formal e material da competência tributária das pessoas políticas de direito público interno. Em linguagem formalizada, são normas de estrutura que *proíbem obrigar* (VO). Podem ser definidas, segundo ensina Paulo de Barros Carvalho, como *"a classe finita e imediatamente determinável de normas jurídicas, contidas no texto da Constituição Federal, e que estabelecem, de modo expresso, a incompetência das pessoas políticas de direito constitucional interno para expedir regras instituidoras de tributos que alcancem situações específicas e suficientemente caracterizadas".*[244]

A isenção também é uma regra de estrutura, porém, encontra-se prevista na legislação infraconstitucional do ente competente. Sua incidência, ao contrário do que ocorre com a imunidade, implica a inibição da funcionalidade da regra-matriz do tributo, o que pode ocorrer, ainda segundo Paulo de Barros Carvalho: (**i**) pela hipótese de incidência, mediante desqualificação do verbo, pela subtração do complemento ou dos critérios espacial ou temporal; ou (**ii**) por meio da proposição-consequente, atingindo o critério pessoal ou alcançando o critério quantitativo (base de cálculo ou alíquota).[245]

### 2.4.3 Pressupostos constitucionais para a regulamentação de imunidades

De acordo com o art. 146, II, da Constituição Federal, a regulamentação das limitações constitucionais ao poder de tributar[246] – no que se incluem as imunidades tributárias – está sujeita à reserva de lei complementar. O exercício dessa competência é restrito aos casos em que o próprio texto constitucional prevê a necessidade de regulamentação, ou seja, situações em que a Constituição estabelece a imunidade, mas remete ao legislador infraconstitucional a previsão de requisitos para a sua aplicação. É o que ocorre, por exemplo, no art. 150, VI, *c*, que prevê a imunidade do "patrimônio, renda ou serviços dos partidos políticos, inclusive suas fundações, das entidades sindicais dos trabalhadores, das instituições de educação e de assistência social, sem fins lucrativos, atendidos os requisitos da lei".[247] Fora dessas hipóteses, não cabe qualquer regulamentação, porque as regras de imunidade – como preceitos proibitivos – são autoaplicáveis.

Esse importante aspecto é ressaltado por Geraldo Ataliba, que chega a qualificar como abusiva uma lei complementar voltada a regulamentar um preceito proibitivo:

> E por que? Porque onde a Constituição diz NÃO é NÃO. O legislador complementar não pode aumentar o NÃO. Também não pode diminuir o NÃO; ele só pode repetir, reproduzir o NÃO, o que é ridículo. É ridículo uma norma inferior repetir a norma superior, porque

---

Para parte dos autores, a imunidade seria um instituto de caráter político, a ser interpretado segundo métodos da Ciência das Finanças. Outros sustentam tratar-se de limitações constitucionais às competências tributárias, verdadeiras hipóteses de não incidência constitucionalmente qualificadas; ou ainda, uma exclusão do poder de tributar; supressão da competência impositiva. Afirma-se, ademais, que sua aplicabilidade estaria circunscrita aos impostos, anulando a incidência da norma tributária; e que, sempre ampla e indivisível, não comportaria restrições, meios-termos ou fracionamentos (CARVALHO, Paulo de Barros. *Curso de direito tributário*. 13. ed. São Paulo: Saraiva, 2000. p. 166).

[244] CARVALHO, Paulo de Barros. *Curso de direito tributário*. 13. ed. São Paulo: Saraiva, 2000. p. 179.
[245] CARVALHO, Paulo de Barros. *Curso de direito tributário*. 13. ed. São Paulo: Saraiva, 2000. p. 164-190 e 473-496.
[246] "Art. 146. Cabe à lei complementar: [...] II – regular as limitações constitucionais ao poder de tributar".
[247] Como esclarece Roque Carrazza, "[...] tal lei só pode ser uma lei complementar, justamente porque ela vai regular imunidades tributária, que são 'limitações constitucionais ao poder de tributar'. Ora, estas, a teor do art. 146, II, da CF, só podem vir reguladas por meio de lei complementar" (CARRAZZA, Roque Antonio. *Curso de direito* constitucional *tributário*. 19. ed. São Paulo: Malheiros, 2004. p. 621-622).

não acrescenta nada à norma superior no que diz respeito a sua eficácia. Se a Constituição disse NÃO, o que é que adianta outro órgão, qualquer órgão ou instrumento dizer NÃO? Vai aumentar o NÃO? A força, a eficácia do NÃO? Vai reduzir? Não pode. [...] Quer dizer, a poesia, o espírito de imitação, a cópia apressada, a imponderação, a inconsequência brasileira levaram a colocar no Texto da Constituição essas coisas que agridem a mais elementar lógica jurídica e violam o bom senso, o senso comum, elementar de todo povo.[248]

A Jurisprudência do Supremo Tribunal Federal tem diversos precedentes reconhecendo a reserva de lei complementar.[249] Porém, tem admitido a regulamentação de aspectos procedimentais das imunidades por meio de lei ordinária:

> Imunidade. Art. 150, VI, c, da CF. [...] Com o advento da Constituição de 1988, o constituinte dedicou uma seção específica às "limitações do poder de tributar" (art. 146, II, CF) e nela fez constar a imunidade das instituições de assistência social. Mesmo com a referência expressa ao termo "lei", não há mais como sustentar que inexiste reserva de lei complementar. No que se refere aos impostos, o maior rigor do quórum qualificado para a aprovação dessa importante regulamentação se justifica para se dar maior estabilidade à disciplina do tema e dificultar sua modificação, estabelecendo regras nacionalmente uniformes e rígidas. A necessidade de lei complementar para disciplinar as limitações ao poder de tributar não impede que o constituinte selecione matérias passíveis de alteração de forma menos rígida, permitindo uma adaptação mais fácil do sistema às modificações fáticas e contextuais, com o propósito de velar melhor pelas finalidades constitucionais. Nos precedentes da Corte, prevalece a preocupação em respaldar normas de lei ordinária direcionadas a evitar que falsas instituições de assistência e educação sejam favorecidas pela imunidade. É necessário reconhecer um espaço de atuação para o legislador ordinário no trato da matéria. A orientação prevalecente no recente julgamento das ADI 2.028/DF, ADI 2.036/DF, ADI 2.228/DF e ADI 2.621/DF é no sentido de que os artigos de lei ordinária que dispõem sobre o modo beneficente (no caso de assistência e educação) de atuação das entidades acobertadas pela imunidade, especialmente aqueles que criaram contrapartidas a serem observadas pelas entidades, padecem de vício formal, por invadir competência reservada a lei complementar. Os aspectos procedimentais necessários à

---

[248] ATALIBA, Geraldo. Lei complementar em matéria tributária. *Revista de Direito Tributário*, São Paulo, n. 48, abr./jun. 1989. p. 90). No mesmo sentido, Sacha Calmon Navarro Coelho ensina que "não é toda limitação constitucional ao poder de tributar que exige complementação, por vezes desnecessária. Princípio antigo da Teoria do Constitucional, examinado magistralmente por Carlos Maximiliano, tido e havido como da ordem dos sumos hermeneutas, predica que as normas constitucionais proibitivas desnecessitam regulação" (COELHO, Sacha Calmon Navarro. *Curso de direito tributário brasileiro*. 4. ed. Rio de Janeiro: Forense, 1999. p. 105).

[249] "A Suprema Corte, guardiã da CF, indicia que somente se exige lei complementar para a definição dos seus limites objetivos (materiais), e não para a fixação das normas de constituição e de funcionamento das entidades imunes (aspectos formais ou subjetivos), os quais podem ser veiculados por lei ordinária, como sói ocorrer com o art. 55 da Lei 8.212/1991, que pode estabelecer requisitos formais para o gozo da imunidade sem caracterizar ofensa ao art. 146, II, da CF, *ex vi* dos incisos I e II:". (STF. T. Pleno. RE 636.941. Rel. Min. Luiz Fux. *DJe* de 04.04.2014, Tema 432); "[...] o art. 55 da Lei 8.212, de 1991, prevê requisitos para o exercício da imunidade tributária, versada no § 7º do art. 195 da Carta da República, que revelam verdadeiras condições prévias ao aludido direito e, por isso, deve ser reconhecida a inconstitucionalidade formal desse dispositivo no que extrapola o definido no art. 14 do CTN, por violação ao art. 146, II, da CF. Os requisitos legais exigidos na parte final do mencionado § 7º, enquanto não editada nova lei complementar sobre a matéria, são somente aqueles do aludido art. 14 do Código" (STF. T. Pleno. RE 566.622. Rel. Min. Marco Aurélio. *DJe* de 01.03.2017, Tema 32).

verificação do atendimento das finalidades constitucionais da regra de imunidade, tais como as referentes à certificação, à fiscalização e ao controle administrativo, continuam passíveis de definição por lei ordinária.[250]

Dessa forma, dentro da exegese adotada pelo STF, não há reserva de lei complementar na disciplina dos aspectos procedimentais, entendido como tal as regras destinadas à verificação do atendimento das finalidades constitucionais da imunidade.

## 2.4.4 Isenções, lei específica e extensão fundada em isonomia

As isenções, subsídios e benefícios fiscais, de acordo com o art. 150, § 6º, da Constituição Federal, dependem de lei específica para serem concedidos:

> Art. 150. [...]
> § 6º Qualquer subsídio ou isenção, redução de base de cálculo, concessão de crédito presumido, anistia ou remissão, relativos a impostos, taxas ou contribuições, só poderá ser concedido mediante lei específica, federal, estadual ou municipal, que regule exclusivamente as matérias acima enumeradas ou o correspondente tributo ou contribuição, sem prejuízo do disposto no art. 155, § 2º, XII, g (Redação dada pela Emenda Constitucional nº 3, de 1993).

Por outro lado, segundo a jurisprudência do STF, o Judiciário não pode promover a extensão de benefícios tributários com base no princípio da isonomia:

> Agravo regimental no recurso extraordinário. Precedente do Plenário. Ausência de trânsito em julgado. Possibilidade de aplicação. Tributário. Imposto de importação. Artigo 5º, da Lei nº 10.182/01. Extensão de benefício fiscal com base no princípio da isonomia. Impossibilidade de atuação do judiciário como legislador positivo.
> 1. A existência de precedente firmado pelo Tribunal Pleno da Corte autoriza o julgamento imediato de causas que versem sobre a mesma matéria, independentemente da publicação ou do trânsito em julgado do paradigma.
> 2. Não pode o Poder Judiciário, a pretexto de conceder tratamento isonômico, atuar como legislador positivo para estabelecer benefícios tributários não previstos em lei, sob pena de afronta ao princípio fundamental da separação dos poderes. Aplicação da orientação firmada no RE nº 405.579/PR, Tribunal Pleno, Rel. Min. Joaquim Barbosa, DJe de 04.08.2011.
> 3. Agravo regimental não provido.[251]

Essa exegese mostra-se acertada.[252] A instituição de isenções constitui matéria inserida na liberdade de conformação do legislador ordinário. Por outro lado, a concessão não isonômica de vantagens fiscais configura uma inconstitucionalidade por ação, submetendo-se aos efeitos jurídicos dela decorrentes. Isso porque, segundo ensina J. J. Gomes Canotilho, a inércia legislativa não é um conceito *formal-naturalístico*, uma simples abstenção: sua configuração depende da existência de um dever de legislar decorrente de uma imposição constitucional

---

[250] STF. T. Pleno. ADI 1.802. Rel. Min. Dias Toffoli. *DJe* de 03.05.2018.
[251] STF. 2ª T. RE 606.171 AgR. Rel. Min. Dias Toffoli. *DJe*-040 de 03.03.2017.
[252] Ver a exceção analisada no Item 2.1.4.

concreta e determinada – implícita ou explícita – violada pelo não fazer do legislador ordinário.[253] O princípio da igualdade, a despeito de toda sua relevância normativa, não impõe uma ordem concreta de legislar, muito menos uma ordem de isentar. Assim, o Judiciário pode apenas declarar a inconstitucionalidade do benefício fiscal anti-isonômico, mas não o estender ao contribuinte ou ao grupo de contribuintes não contemplados.[254]

Ademais, cabe ressaltar que a impossibilidade de concessão de isenções sem lei específica (CF, art. 150, § 6º) e a vedação de extensão com base em isonomia não impedem o reconhecimento da não incidência tributária. Esta tem como fundamento a não subsunção de determinado evento aos critérios da regra-matriz de incidência tributária. Por isso, não depende de lei, mas da própria norma jurídica-tributária. Dessa forma, se a introdução de um produto no território aduaneiro ocorre sem intenção integradora, tal evento não se subsume ao conceito jurídico de importação (não há, portanto, incidência da regra-matriz do tributo). Assim, em uma situação duvidosa, o sujeito passivo pode perfeitamente pleitear o reconhecimento desse fato em uma ação judicial ou requerimento administrativo. A apreciação do pedido é realizada pelo magistrado com base em juízo de subsunção, próprio da lógica jurídica. Eventual reconhecimento da não incidência não se confunde com a ampliação de uma isenção, porque nessa **há a desoneração legislativa de um evento que** está compreendido no âmbito de incidência da norma instituidora do tributo.

### 2.4.5 Imunidades em espécie

A Constituição Federal de 1988 não prevê imunidades específicas para o imposto de importação. Esse tributo está sujeito às imunidades aplicáveis aos impostos em geral, ou seja, à imunidade recíproca das pessoas políticas, dos templos de qualquer culto, dos partidos po-

---

[253] Do contrário, a omissão parcial sequer ser concebível. Afinal, se omissão fosse o simples não atuar, jamais se poderia afirmar que ao atuar insatisfatória, incompleta ou imperfeitamente o legislador tenha permanecido inerte (CANOTILHO, José Joaquim Gomes. *Constituição dirigente e vinculação do legislador*: contributo para a compreensão das normas constitucionais programáticas. Coimbra: Coimbra, 1994. p. 334-335).

[254] MI – 58/DF: "[...] O princípio da isonomia, que se reveste de autoaplicabilidade, não é – enquanto postulado fundamental de nossa ordem político-jurídica – suscetível de regulamentação ou de complementação normativa. Esse princípio – cuja observância vincula, incondicionalmente, todas as manifestações do Poder Público – deve ser considerado, em sua precípua função de obstar discriminações e de extinguir privilégios (RDA 55/114), sob duplo aspecto: (a) o da igualdade na lei e (b) o da igualdade perante a lei. A igualdade na lei – que opera numa fase de generalidade puramente abstrata – constitui exigência destinada ao legislador que, no processo de sua formação, nela não poderá incluir fatores de discriminação, responsáveis pela ruptura da ordem isonômica. A igualdade perante a lei, contudo, pressupondo lei já elaborada, traduz imposição destinada aos demais poderes estatais, que, na aplicação da norma legal, não poderão subordiná-la a critérios que ensejem tratamento seletivo ou discriminatório.
A eventual inobservância desse postulado pelo legislador imporá ao ato estatal por ele elaborado e produzido a eiva de inconstitucionalidade. Refoge ao âmbito de finalidade do mandado de injunção corrigir eventual inconstitucionalidade que infirme a validade de ato em vigor. Impõe-se refletir, no entanto, em tema de omissão parcial, sobre as possíveis soluções jurídicas que a questão da exclusão de benefício, com ofensa ao princípio da isonomia, tem sugerido no plano do direito comparado: (a) extensão dos benefícios ou vantagens as categorias ou grupos inconstitucionalmente deles excluídos; (b) supressão dos benefícios ou vantagens que foram indevidamente concedidos a terceiros; (c) reconhecimento da existência de uma situação ainda constitucional (situação constitucional imperfeita), ensejando-se ao Poder Público a edição, em tempo razoável, de lei restabelecedora do dever de integral obediência ao princípio da igualdade, sob pena de progressiva inconstitucionalização do ato estatal existente, porem insuficiente e incompleto" (Rel. Min. Carlos Velloso. Rel. do Acórdão Min. Celso de Mello. Tribunal Pleno. Votação por maioria. Publicado no DJ de 19.04.1991, p. 4580).

líticos, entidades sindicais de trabalhadores, instituições de educação e de assistência social e a imunidade dos livros, jornais e papéis destinados à sua impressão.

### 2.4.5.1 Imunidade recíproca das pessoas políticas

A imunidade recíproca das pessoas políticas de direito público interno sequer precisaria estar expressa no texto constitucional, porquanto constitui uma decorrência do Estado Federal, que tem entre seus pressupostos de caracterização a isonomia entre os entes federados.[255] Não obstante, encontra-se prevista no art. 150, VI, *a*, § 1º e § 2º, da Constituição Federal de 1988, na redação da Emenda nº 132/2023:

> Art. 150. Sem prejuízo de outras garantias asseguradas ao contribuinte, é vedado à União, aos Estados, ao Distrito Federal e aos Municípios:
> [...]
> VI – instituir impostos sobre:
> a) patrimônio, renda ou serviços, uns dos outros;
> [...]
> § 2º. A vedação do inciso VI, *a*, é extensiva às autarquias e às fundações instituídas e mantidas pelo poder público e à empresa pública prestadora de serviço postal, no que se refere ao patrimônio, à renda e aos serviços vinculados a suas finalidades essenciais ou às delas decorrentes.
> § 3º. As vedações do inciso VI, *a*, e do parágrafo anterior não se aplicam ao patrimônio, à renda e aos serviços, relacionados com exploração de atividades econômicas regidas pelas normas aplicáveis a empreendimentos privados, ou em que haja contraprestação ou pagamento de preços ou tarifas pelo usuário, nem exonera o promitente comprador da obrigação de pagar imposto relativamente ao bem imóvel.[256]

---

[255] Essa igualdade, segundo ensina Baracho, também é "[...] consagrada na maioria dos Estados federais pela regra de que, em cada Estado membro, qualquer que seja a sua população ou a extensão de seu território, terá um número igual de representantes na Câmara dos Estados" (BARACHO, José Alfredo de Oliveira. Teoria *Geral do Federalismo*. Belo Horizonte: FUMAR/UCMG, 1982. p. 48). Sobre o tema, cf.: SILVA, José Afonso da. *Curso de direito constitucional positivo*. 15. ed. São Paulo: Malheiros, 1998. p. 104 e ss.; ALMEIDA, Fernanda Dias Menezes de. *Competências na Constituição de 1988*. São Paulo: Atlas, 1991. p. 28; BASTOS, Celso Ribeiro. *Curso de direito constitucional*. 19. ed. São Paulo: Saraiva, 1998. p. 283 e ss.; HESSE, Konrad. *Elementos de direito constitucional da República Federal da Alemanha*. Trad. Luís Afonso Heck. Porto Alegre: Sérgio Antônio Fabris, 1998. p. 178 e ss.; LA PERGOLA, Antonio. *Los nuevos senderos del Federalismo*. Madrid: Centro de Estudios Constitucionales, 1994. p. 22 e ss.; CLÈVE, Clèmerson Merlin. *Temas de Direito Constitucional*. São Paulo: Acadêmica, 1993. p. 5 e ss.; LOEWENSTEIN, Karl. *Teoría de la Constitución*. Barcelona: Ariel, 1986. p. 354 e ss.

[256] "[...] a aplicabilidade da imunidade tributária recíproca (art. 150, VI, a, da Constituição) deve passar por três estágios, sem prejuízo do atendimento de outras normas constitucionais e legais: a imunidade tributária recíproca se aplica à propriedade, bens e serviços utilizados na satisfação dos objetivos institucionais imanentes do ente federado, cuja tributação poderia colocar em risco a respectiva autonomia política. Em consequência, é incorreto ler a cláusula de imunização de modo a reduzi-la a mero instrumento destinado a dar ao ente federado condições de contratar em circunstâncias mais vantajosas, independentemente do contexto. Atividades de exploração econômica, destinadas primordialmente a aumentar o patrimônio do Estado ou de particulares, devem ser submetidas à tributação, por apresentarem-se como manifestações de riqueza e deixarem a salvo a autonomia política. A desoneração não deve ter como efeito colateral relevante a quebra dos princípios da livre concorrência e do exercício de atividade profissional ou econômica lícita. Em princípio, o sucesso ou a desventura empresarial devem pautar-se por virtudes e vícios próprios do mercado e da administração, sem que a intervenção do Estado seja

A imunidade recíproca é extensiva às autarquias e fundações públicas da União, dos Estados, do Distrito Federal e dos Municípios, no tocante ao patrimônio, à renda e aos serviços vinculados a suas finalidades essenciais ou às delas decorrentes. Além disso, a Jurisprudência do STF tem estendido a imunidade às empresas públicas e sociedades de economia mista prestadoras de serviços públicos, como nas seguintes situações:

> Tema RG nº 235: "Os serviços prestados pela Empresa Brasileira de Correios e Telégrafos – ECT, inclusive aqueles em que a empresa não age em regime de monopólio, estão abrangidos pela imunidade tributária recíproca (CF, art. 150, VI, *a* e §§ 2º e 3º)".[257]
>
> Tema RG nº 412: "A Empresa Brasileira de Infraestrutura Aeroportuária – Infraero, empresa pública prestadora de serviço público, faz jus à imunidade recíproca prevista no art. 150, VI, *a*, da Constituição Federal".[258]
>
> "As sociedades de economia mista prestadoras de ações e serviços de saúde, cujo capital social seja majoritariamente estatal, gozam da imunidade tributária prevista na alínea *a* do inciso VI do art. 150 da CF".[259]

Em segundo lugar, vale ressaltar que – embora a Constituição faça referência aos impostos sobre o patrimônio, renda ou serviços – a imunidade também abrange as importações. Essa questão foi objeto de exame pelo STF no RE 203.755-9/ES:

---

favor preponderante. [...] Segundo se depreende dos autos, a Codesp é instrumentalidade estatal, pois: em uma série de precedentes, esta Corte reconheceu que a exploração dos portos marítimos, fluviais e lacustres caracteriza-se como serviço público. O controle acionário da Codesp pertence em sua quase totalidade à União (99,97%). Falta da indicação de que a atividade da pessoa jurídica satisfaça primordialmente interesse de acúmulo patrimonial público ou privado. Não há indicação de risco de quebra do equilíbrio concorrencial ou de livre iniciativa, eis que ausente comprovação de que a Codesp concorra com outras entidades no campo de sua atuação. Ressalva do ministro relator, no sentido de que "cabe à autoridade fiscal indicar com precisão se a destinação concreta dada ao imóvel atende ao interesse público primário ou à geração de receita de interesse particular ou privado" (STF. RE 253.472. Rel. p/ o Ac. Min. Joaquim Barbosa, *DJe* 01.02.2011).

[257] No mesmo sentido: RE 627.051. Rel. Min. Dias Toffoli, j. 12.11.2014, P, *DJe* de 11.2.2015, Tema RG nº 402: "Não incide o ICMS sobre o serviço de transporte de encomendas realizado pela Empresa Brasileira de Correios e Telégrafos – ECT, tendo em vista a imunidade recíproca prevista no art. 150, VI, a, da Constituição Federal". Essa interpretação foi fixada antes da Emenda nº 132/2023 (Emenda da Reforma Tributária), que, como ressaltado acima, alterou o § 2º do art. 150, para prever expressamente a aplicação da imunidade à empresa pública prestadora de serviço postal.

[258] A tese de repercussão geral resultou do seguinte julgado: "A questão suscitada neste recurso versa sobre a possibilidade de extensão da imunidade tributária recíproca, nos termos do art. 150, VI, a, da CF, à Empresa Brasileira de Infraestrutura Aeroportuária (INFRAERO), na qualidade de empresa pública prestadora de serviço público. Esta Corte possui jurisprudência firmada no sentido de que a Infraero faz jus à imunidade recíproca prevista no art. 150, VI, a, da CF" (STF. ARE 638.315 RG. Voto do Rel. Min. Cezar Peluso, j. 09.06.2011, P, *DJe* 31.08.2011).

[259] STF. RE 580.264. Rel. p/ o Ac. Min. Ayres Britto. j. 16.12.2010, P, *DJe* 06.10.2011. Nesse processo, o STF deveria definir o Tema de RG nº 115. Porém, "não foi fixada tese de repercussão geral, visto que a decisão de mérito do RE 580.264 vale apenas para o caso concreto, em razão de suas peculiaridades". Ainda segundo o STF: "As Caixas de Assistências dos Advogados prestam serviço público delegado, possuem status jurídico de ente público e não exploram atividades econômicas em sentido estrito com intuito lucrativo. A Caixa de Assistência dos Advogados de Minas Gerais encontra-se tutelada pela imunidade recíproca prevista no art. 150, VI, *a*, do Texto Constitucional, tendo em vista a impossibilidade de se conceder tratamento tributário diferenciado a órgãos da OAB, de acordo com as finalidades que lhe são atribuídas por lei" (STF. RE nº 405.267. Rel. Min. Edson Fachin. *DJe* 18.10.2018).

A questão a saber é se a imunidade em apreço – idêntica, aliás, à imunidade recíproca dos entes públicos, C.F., art. 150, VI, 'a' – abrangeria todos os impostos, ou seria restrita àqueles que, no CTN, são classificados como impostos sobre o patrimônio e a renda – CTN, Título III, Capítulo III – Impostos sobre o patrimônio e a renda: art. 2 – ITR, art. 32, IPTU, art. 35, Imposto s/a transmissão de bens imóveis e de direitos a eles relativos, art. 43, Imposto sobre a renda e proventos de qualquer natureza, e o imposto sobre serviços: CTN, arts. 68 a 73.

Como o ICMS, tal qual o IPI e o IOF, são classificados, no CTN, como impostos sobre a produção e a circulação (CTN, Título III, Capítulo IV, arts. 46 e segs.), costuma-se afirmar que não estão eles abrangidos pela imunidade do art. 150, VI, 'c', da Constituição. A objeção, entretanto, não é procedente.

É que tudo reside no perquirir se o bem adquirido, no comércio interno ou externo, é do patrimônio da entidade coberta pela imunidade. Se isto ocorrer, a imunidade tributária tem aplicação, às inteiras.

Assim decidiu Supremo Tribunal no RE 87.913-SP, Relator o Sr. Ministro Rodrigues Alckmin, ao não acolher a tese sustentada pela União, de que a imunidade em apreço não abrangeria o imposto de importação. O Supremo Tribunal Federal reconheceu, então, à Santa Casa de Misericórdia de Birigui, a imunidade do imposto de bem por esta importado. Assim a ementa do acórdão:

'Imposto de importação. Bem pertencente ao patrimônio de entidade de assistência social, beneficiada pela imunidade prevista na Constituição Federal. Não incidência do tributo. R.E. não conhecido.'

O acórdão do RE 87.913-SP, acima indicado, foi invocado como paradigma, no RE 89.173-SP, Relator o Sr. Ministro Moreira Alves, que porta a seguinte ementa:

'Imposto de importação. Imunidade.

*A imunidade a que se refere a letra 'c' do inciso III do artigo 19 da Emenda Constitucional nº 1/69 abrange o imposto de importação, quando o bem importado pertencer a entidade de assistência social que faça jus ao benefício por observar os requisitos do artigo 14 do CTN. Precedentes do STF.*

R.E. conhecido e provido.' (RTJ 92/321).

O acórdão invoca BALEEIRO, citado no RE 87.913, a lecionar que a imunidade 'deve abranger os impostos que, por seus efeitos econômicos, segundo as circunstâncias, desfalcariam o patrimônio, diminuiriam a eficácia dos serviços ou a integral aplicação das rendas aos objetivos específicos daquelas entidades presumidamente desinteressadas, por sua própria natureza.' Acrescentou o Relator, Ministro Moreira Alves, em seguida, que 'não há, pois, que aplicar critérios de classificação de impostos adotados por leis inferiores à Constituição, para restringir a finalidade a que esta visa com a concessão da imunidade.' (RTJ 92/324).[260]

Essa interpretação foi incorporada ao Ato Declaratório Interpretativo SRF nº 20, de 05 de novembro de 2002, de sorte que não há dúvidas acerca da aplicabilidade da imunidade ao imposto de importação:

O SECRETÁRIO DA RECEITA FEDERAL, no uso da atribuição que lhe confere o inciso III do art. 209 do Regimento Interno da Secretaria da Receita Federal, aprova-

---

[260] STF. 2ª T. RE 203.755-9/ES. Rel. Min. Carlos Velloso. DJ 08.11.1996.

do pela Portaria MF nº 259, de 24 de agosto de 2001, e tendo em vista o disposto no Parecer PGFN/CAT nº 748, de 12 de maio de 2000, e conforme consta do processo nº 10168.003634/2002-35, declara:

Artigo único. A vedação de instituir impostos de que trata a alínea *a* do inciso VI do art. 150 da Constituição Federal (CF) aplica-se às importações realizadas pela União, Estados, Distrito Federal e Municípios, não sendo exigível o imposto de importação e o imposto sobre produtos industrializados nessas operações.

Parágrafo único. O disposto neste artigo estende-se às importações realizadas por autarquias e fundações instituídas e mantidas pelo poder público, desde que os bens importados estejam vinculados a suas finalidades essenciais ou sejam delas decorrentes, nos termos do § 2º do art. 150 da CF.

Ademais, a imunidade recíproca alcança apenas as situações em que a União, Estado, Distrito Federal e Municípios são contribuintes de direito (e não contribuintes de fato) do imposto:

IMPOSTO SOBRE PRODUTOS INDUSTRIALIZADOS E IMPOSTO DE IMPORTAÇÃO – IMUNIDADE RECÍPROCA – ARTIGO 150, INCISO VI, ALÍNEA *A*, DA CONSTITUIÇÃO FEDERAL.

A imunidade prevista no artigo 150, inciso VI, alínea *a*, do Diploma Maior, a impedir a instituição de impostos sobre patrimônio, renda ou serviços de pessoas jurídicas de direito público – União, Estados, Distrito Federal e Municípios – está umbilicalmente ligada ao contribuinte de direito não alcançando o contribuinte de fato.[261]

Essa distinção baseia-se em premissas econômicas e visa a diferenciar o sujeito passivo da relação jurídica tributária ("contribuinte de direito") do terceiro que, sem integrar o vínculo obrigacional, suporta o encargo financeiro de tributos indiretos ("contribuinte de fato"). No RE nº 600.480, a 1ª Turma do STF definiu que, independentemente de eventual repercussão econômica do crédito tributário, a imunidade recíproca aplica-se apenas quando as pessoas políticas figuram como sujeitos passivos de obrigações tributárias.

No RE nº 831.381, reafirmando a interpretação adotada no julgamento da ADI nº 2.024, o STF decidiu que "a imunidade tributária recíproca, prevista no art. 150, VI, *a*, da CF – extensiva às autarquias e fundações públicas – tem aplicabilidade restrita a impostos, não se estendendo, em consequência, a outras espécies tributárias, a exemplo das contribuições sociais".[262] Dessa forma, a imunidade recíproca aplica-se apenas ao imposto de importação e ao IPI-Importação, sem alcançar o PIS-Pasep e a Cofins.

A exegese é criticável porque, como ressaltado, a imunidade das pessoas políticas não depende de previsão expressa no texto constitucional. Não é determinante o fato de o art. 150, VI, *a*, da Constituição, referir-se apenas aos impostos. A imunidade aplica-se **às contribuições especiais,** uma vez que a não tributação recíproca das pessoas jurídicas de direito público interno constitui uma decorrência do Estado Federal, que tem entre seus pressupostos de caracterização a isonomia entre os entes federados.

---

[261] STF. 1ª T. RE 600.480 AgR. Rel. Min. Marco Aurélio. *DJe*-160 de 16.08.2013.
[262] STF. 1ª T. RE 831.381 AgR-AgR. Rel. Min. Roberto Barroso. *DJe* 21.03.2018. No mesmo sentido: STF. T. Pleno. ADI 2.024. Rel. Min. Sepúlveda Pertence. DJ 22.06.2007; e ACO 602. Rel. Min. Dias Toffoli. *DJe* 06.08.2018.

Como será analisado adiante, a Emenda nº 132/2023 (Emenda da Reforma Tributária) prevê a revogação do PIS/Pasep e da Cofins no ano de 2027, que serão substituídos pela CBS e pelo IBS.[263] Esses novos tributos também incidirão sobre as importações, mas com regras específicas sobre as imunidades tributárias. A primeira tem caráter geral e estabelece que as imunidades do inciso VI do art. 150, quando aplicáveis ao IBS, devem ser estendidas à CBS:

> Art. 149-B. Os tributos previstos nos arts. 156-A e 195, V, observarão as mesmas regras em relação a:
> [...]
> II – imunidades;
> [...]
> Parágrafo único. Os tributos de que trata o *caput* observarão as imunidades previstas no art. 150, VI, não se aplicando a ambos os tributos o disposto no art. 195, § 7º.

A segunda regra é específica para as operações de importações e encontra-se prevista no art. 149-C. Esse dispositivo estabelece que a imunidade recíproca deve ser implementada na forma do *caput* e do § 1º, que permitem a incidência do CBS e da IBS, mas destina o produto da arrecadação ao ente federativo que realizar a operação:

> Art. 149-C. O produto da arrecadação do imposto previsto no art. 156-A e da contribuição prevista no art. 195, V, incidentes sobre operações contratadas pela administração pública direta, por autarquias e por fundações públicas, inclusive suas importações, será integralmente destinado ao ente federativo contratante, mediante redução a zero das alíquotas do imposto e da contribuição devidos aos demais entes e equivalente elevação da alíquota do tributo devido ao ente contratante (Incluído pela Emenda Constitucional nº 132, de 2023).
> § 1º As operações de que trata o *caput* poderão ter alíquotas reduzidas de modo uniforme, nos termos de lei complementar (Incluído pela Emenda Constitucional nº 132, de 2023).
> § 2º Lei complementar poderá prever hipóteses em que não se aplicará o disposto no *caput* e no § 1º (Incluído pela Emenda Constitucional nº 132, de 2023).
> § 3º Nas importações efetuadas pela administração pública direta, por autarquias e por fundações públicas, o disposto no art. 150, VI, *a*, será implementado na forma do disposto no *caput* e no § 1º, assegurada a igualdade de tratamento em relação às aquisições internas (Incluído pela Emenda Constitucional nº 132, de 2023).

Esses dispositivos desoneram as operações contratadas pela administração pública direta, por autarquias e fundações públicas, ou seja, nas quais a administração não é contribuinte da CBS e do IBS, mas acaba sofrendo o seu impacto financeiro. Com isso, em relação a esses dois tributos, mitigam-se os efeitos da jurisprudência do STF, que entende que "imunidade recíproca não beneficia o contribuinte de fato", sendo irrelevante a eventual *translação* ou *repercussão* do encargo financeiro de impostos indiretos do sujeito passivo para a União, Estado, Distrito Federal e Municípios.[264]

---

[263] Item 4.2.6, *infra*.
[264] STF, 1ª T., RE 600.480 AgR, Rel. Min. Marco Aurélio, *DJe* 16.08.2013. No mesmo sentido: "imunidade recíproca não beneficia o contribuinte de fato" (STF, 2ª T., AI 671.412 AgR, Rel. Min. Eros Grau, *DJe* 25.04.2008; e 2ª T., AI 736.607 AgR, Rel. Min. Ayres Britto, *DJe* 19.10.2011).

## 2.4.5.2 Imunidade dos templos de qualquer culto

A imunidade dos templos de qualquer culto está prevista no art. 150, VI, *b*, da Constituição Federal, e visa à tutela do princípio constitucional da liberdade de crença e prática religiosa (CF, art. 5º, VI e VIII[265]):

> Art. 150. Sem prejuízo de outras garantias asseguradas ao contribuinte, é vedado à União, aos Estados, ao Distrito Federal e aos Municípios:
> [...]
> VI – instituir impostos sobre:
> [...]
> b) entidades religiosas e templos de qualquer culto, inclusive suas organizações assistenciais e beneficentes; (Redação dada pela Emenda Constitucional nº 132, de 2023)
> [...]
> § 4º As vedações expressas no inciso VI, alíneas *b* e *c*, compreendem somente o patrimônio, a renda e os serviços, relacionados com as finalidades essenciais das entidades nelas mencionadas.

Na exegese desse dispositivo, cumpre considerar que, nos termos do art. 5º, VI e VIII, da Constituição Federal, os brasileiros e os estrangeiros residentes no País têm o direito fundamental de inviolabilidade da liberdade de crença religiosa. Por outro lado, a República Federativa do Brasil – como Estado laico – deve ter uma perspectiva neutra em relação às manifestações da religiosidade humana.[266] Assim, na interpretação do conteúdo jurídico da imunidade dos templos de qualquer culto, não cabe qualquer juízo acerca do mérito, da seriedade, da forma ou do conteúdo da religião.[267]

Por fim, a exemplo da imunidade recíproca, embora a Constituição faça referência aos impostos sobre o patrimônio, renda ou serviços, o art. 150, VI, *b*, da Constituição Federal também abrange as importações. Ademais, com a Emenda nº 132/2023, as imunidades do inciso VI do art. 150, quando aplicáveis ao IBS, devem ser estendidas à CBS, conforme estabelece o art. 149-B, II, parágrafo único, transcrito anteriormente.

---

[265] "Art. 5º Todos são iguais perante a lei, sem distinção de qualquer natureza, garantindo-se aos brasileiros e aos estrangeiros residentes no País a inviolabilidade do direito à vida, à liberdade, à igualdade, à segurança e à propriedade, nos termos seguintes:
[...]
VI – é inviolável a liberdade de consciência e de crença, sendo assegurado o livre exercício dos cultos religiosos e garantida, na forma da lei, a proteção aos locais de culto e a suas liturgias;
[...]
VIII – ninguém será privado de direitos por motivo de crença religiosa ou de convicção filosófica ou política, salvo se as invocar para eximir-se de obrigação legal a todos imposta e recusar-se a cumprir prestação alternativa, fixada em lei".

[266] Como já definiu o STF, "o Brasil é uma república laica, surgindo absolutamente neutro quanto às religiões" (STF. ADPF 54. Rel. Min. Marco Aurélio. *DJe* 30.04.2013).

[267] Por *culto religioso* deve-se entender *"todas as formas racionalmente possíveis de manifestação organizada de religiosidade, por mais estrambólicas, extravagantes ou exóticas que sejam"* (CARVALHO, Paulo de Barros. *Curso de direito tributário*. 13. ed. São Paulo: Saraiva, 2000. p. 185).

## 2.4.5.3 Imunidade dos partidos políticos, entidades sindicais de trabalhadores, instituições de educação e de assistência social

A imunidade dos partidos políticos, das entidades sindicais de trabalhadores, das instituições de educação e de assistência social encontra-se prevista no art. 150, VI, *b*, da Constituição Federal:

> Art. 150. Sem prejuízo de outras garantias asseguradas ao contribuinte, é vedado à União, aos Estados, ao Distrito Federal e aos Municípios:
> [...]
> VI – instituir impostos sobre:
> [...]
> c) patrimônio, renda ou serviços dos partidos políticos, inclusive suas fundações, das entidades sindicais dos trabalhadores, das instituições de educação e de assistência social, sem fins lucrativos, atendidos os requisitos da lei;[268]
> [...]
> § 4º – As vedações expressas no inciso VI, alíneas *b* e *c*, compreendem somente o patrimônio, a renda e os serviços, relacionados com as finalidades essenciais das entidades nelas mencionadas.

A imunidade também se aplica ao imposto de importação, conforme reconhecido pelo STF no julgamento do RE nº 243.807:

> IMUNIDADE TRIBUTÁRIA. IMPOSTO SOBRE PRODUTOS INDUSTRIALIZADOS E IMPOSTO DE IMPORTAÇÃO. ENTIDADE DE ASSISTÊNCIA SOCIAL. IMPORTAÇÃO DE "BOLSAS PARA COLETA DE SANGUE".
> A imunidade prevista no art. 150, VI, c, da Constituição Federal, em favor das instituições de assistência social, abrange o Imposto de Importação e o Imposto sobre Produtos Industrializados, que incidem sobre bens a serem utilizados na prestação de seus serviços específicos. Jurisprudência do Supremo Tribunal Federal. Recurso não conhecido.[269]

Na linha desse precedente, o Ato Declaratório PGFN nº 09, de 16 de novembro de 2006, reconhece que a aplicabilidade do at. 150, VI, *c*, ao imposto de importação:

> O PROCURADOR-GERAL DA FAZENDA NACIONAL, no uso da competência legal que lhe foi conferida, nos termos do inciso II do art. 19, da Lei nº 10.522, de 19 de julho de 2002, e do art. 5º do Decreto nº 2.346, de 10 de outubro de 1997, tendo em vista a aprovação do Parecer PGFN/CRJ/Nº 2138/2006, desta Procuradoria-Geral da Fazenda Nacional, pelo Senhor Ministro de Estado da Fazenda, conforme despacho publicado no DOU de 16 de novembro de 2006, DECLARA que ficam dispensadas a apresentação de contestação, a interposição de recursos e fica autorizada a desistência dos já interpostos, desde que inexista outro fundamento relevante:

---

[268] A aplicabilidade da imunidade do art. 150, VI, c, da Constituição Federal, às entidades filantrópicas com fundamentos religiosos será definida pelo STF no julgamento do RE nº 630.790, com repercussão geral reconhecida no Tema nº 336: "Imunidade tributária em relação ao imposto de importação para entidades que executam atividades fundadas em preceitos religiosos".

[269] STF. 1ª T. RE 243.807. Rel. Min. Ilmar Galvão. DJ 28.04.2000.

"nas ações judiciais que visem obter a declaração de que a imunidade prevista no art. 150, VI, c da Constituição da República abrange o imposto de importação e o imposto sobre produtos industrializados, desde que a instituição de assistência social, sem fins lucrativos, utilize os bens na prestação de seus serviços específicos".
JURISPRUDÊNCIA: RE nº 87913/SP (DJ de 29.12.1977), RE nº 89173/SP (DJ de 28.12.1978), RE nº 88671/RJ (DJ de 03.07.1979), RE 243807/SP (DJ de 28.04.2000), AI-AgR nº 378454/SP (DJ de 29.11.2002), RE nº 473550/PR (DJ de 15.05.2006).[270]

A imunidade do art. 150, VI, c, deve atender aos "requisitos da lei", o que, consoante ressaltado anteriormente, demanda a edição de uma lei complementar (CF, art. 146, II). Atualmente, na falta de uma legislação específica, são aplicáveis os requisitos do art. 14 do CTN:

> Art. 14. O disposto na alínea c do inciso IV do artigo 9º é subordinado à observância dos seguintes requisitos pelas entidades nele referidas:
> I – não distribuírem qualquer parcela de seu patrimônio ou de suas rendas, a qualquer título; (Redação dada pela LC nº 104, de 2001)
> II – aplicarem integralmente, no País, os seus recursos na manutenção dos seus objetivos institucionais;
> III – manterem escrituração de suas receitas e despesas em livros revestidos de formalidades capazes de assegurar sua exatidão.
> § 1º Na falta de cumprimento do disposto neste artigo, ou no § 1º do artigo 9º, a autoridade competente pode suspender a aplicação do benefício.
> § 2º Os serviços a que se refere a alínea c do inciso IV do artigo 9º são exclusivamente, os diretamente relacionados com os objetivos institucionais das entidades de que trata este artigo, previstos nos respectivos estatutos ou atos constitutivos.

O art. 12 da Lei nº 9.532/1997 repete parte dessas exigências, acrescentando, no entanto, as seguintes:

> Art. 12. Para efeito do disposto no art. 150, inciso VI, alínea c, da Constituição, considera-se imune a instituição de educação ou de assistência social que preste os serviços para os quais houver sido instituída e os coloque à disposição da população em geral, em caráter complementar às atividades do Estado, sem fins lucrativos.
> [...]
> § 2º Para o gozo da imunidade, as instituições a que se refere este artigo, estão obrigadas a atender aos seguintes requisitos:
> a) não remunerar, por qualquer forma, seus dirigentes pelos serviços prestados, exceto no caso de associações, fundações ou organizações da sociedade civil, sem fins lucrativos, cujos dirigentes poderão ser remunerados, desde que atuem efetivamente na gestão executiva e desde que cumpridos os requisitos previstos nos arts. 3º e 16 da Lei nº 9.790, de 23 de março de 1999, respeitados como limites máximos os valores praticados pelo mercado na região correspondente à sua área de atuação, devendo seu valor ser fixado pelo órgão de deliberação superior da entidade, registrado em ata, com comunicação ao Ministério Público, no caso das fundações (Redação dada pela Lei nº 13.204, de 2015);

---

[270] DOU 17.11.2006, p. 18.

b) aplicar integralmente seus recursos na manutenção e desenvolvimento dos seus objetivos sociais;

c) manter escrituração completa de suas receitas e despesas em livros revestidos das formalidades que assegurem a respectiva exatidão;

d) conservar em boa ordem, pelo prazo de cinco anos, contado da data da emissão, os documentos que comprovem a origem de suas receitas e a efetivação de suas despesas, bem assim a realização de quaisquer outros atos ou operações que venham a modificar sua situação patrimonial;

e) apresentar, anualmente, Declaração de Rendimentos, em conformidade com o disposto em ato da Secretaria da Receita Federal;

f) recolher os tributos retidos sobre os rendimentos por elas pagos ou creditados e a contribuição para a seguridade social relativa aos empregados, bem assim cumprir as obrigações acessórias daí decorrentes;

g) assegurar a destinação de seu patrimônio a outra instituição que atenda às condições para gozo da imunidade, no caso de incorporação, fusão, cisão ou de encerramento de suas atividades, ou a órgão público;

h) outros requisitos, estabelecidos em lei específica, relacionados com o funcionamento das entidades a que se refere este artigo.

§ 3º Considera-se entidade sem fins lucrativos a que não apresente superávit em suas contas ou, caso o apresente em determinado exercício, destine referido resultado, integralmente, à manutenção e ao desenvolvimento dos seus objetivos sociai. (Redação dada pela Lei nº 9.718, de 1998).

§ 4º A exigência a que se refere a alínea *a* do § 2º não impede (Incluído pela Lei nº 12.868, de 2013):

I – a remuneração aos diretores não estatutários que tenham vínculo empregatício; e (Incluído pela Lei nº 12.868, de 2013)

II – a remuneração aos dirigentes estatutários, desde que recebam remuneração inferior, em seu valor bruto, a 70% (setenta por cento) do limite estabelecido para a remuneração de servidores do Poder Executivo federal (Incluído pela Lei nº 12.868, de 2013).

§ 5º A remuneração dos dirigentes estatutários referidos no inciso II do § 4º deverá obedecer às seguintes condições: (Incluído pela Lei nº 12.868, de 2013)

I – nenhum dirigente remunerado poderá ser cônjuge ou parente até 3º (terceiro) grau, inclusive afim, de instituidores, sócios, diretores, conselheiros, benfeitores ou equivalentes da instituição de que trata o *caput* deste artigo; e (Incluído pela Lei nº 12.868, de 2013)

II – o total pago a título de remuneração para dirigentes, pelo exercício das atribuições estatutárias, deve ser inferior a 5 (cinco) vezes o valor correspondente ao limite individual estabelecido neste parágrafo. (Incluído pela Lei nº 12.868, de 2013)

§ 6º O disposto nos §§ 4º e 5º não impede a remuneração da pessoa do dirigente estatutário ou diretor que, cumulativamente, tenha vínculo estatutário e empregatício, exceto se houver incompatibilidade de jornadas de trabalho (Incluído pela Lei nº 12.868, de 2013).

O STF, no julgamento da ADI nº 1802/DF, declarou a inconstitucionalidade formal da alínea *f*, do § 2º, do art. 12, por meio de acórdão assim ementado:

> Ação direta de inconstitucionalidade. Pertinência temática verificada. Alteração legislativa. Ausência de perda parcial do objeto. Imunidade. Artigo 150, VI, c, da CF. Artigos 12, 13 e 14 da Lei nº 9.532/97. Requisitos da imunidade. Reserva de lei complementar.

Artigo 146, II, da CF. Limitações constitucionais ao poder de tributar. Inconstitucionalidades formal e material. Ação direta parcialmente procedente. Confirmação da medida cautelar.

1. Com o advento da Constituição de 1988, o constituinte dedicou uma seção específica às "limitações do poder de tributar" (art. 146, II, CF) e nela fez constar a imunidade das instituições de assistência social. Mesmo com a referência expressa ao termo "lei", não há mais como sustentar que inexiste reserva de lei complementar. No que se refere aos impostos, o maior rigor do quórum qualificado para a aprovação dessa importante regulamentação se justifica para se dar maior estabilidade à disciplina do tema e dificultar sua modificação, estabelecendo regras nacionalmente uniformes e rígidas.

2. A necessidade de lei complementar para disciplinar as limitações ao poder de tributar não impede que o constituinte selecione matérias passíveis de alteração de forma menos rígida, permitindo uma adaptação mais fácil do sistema às modificações fáticas e contextuais, com o propósito de velar melhor pelas finalidades constitucionais. Nos precedentes da Corte, prevalece a preocupação em respaldar normas de lei ordinária direcionadas a evitar que falsas instituições de assistência e educação sejam favorecidas pela imunidade. É necessário reconhecer um espaço de atuação para o legislador ordinário no trato da matéria.

3. A orientação prevalecente no recente julgamento das ADIs nº 2.028/DF, 2.036/DF, 2.228/DF e 2.621/DF é no sentido de que os artigos de lei ordinária que dispõem sobre o modo beneficente (no caso de assistência e educação) de atuação das entidades acobertadas pela imunidade, especialmente aqueles que criaram contrapartidas a serem observadas pelas entidades, padecem de vício formal, por invadir competência reservada a lei complementar. Os aspectos procedimentais necessários à verificação do atendimento das finalidades constitucionais da regra de imunidade, tais como as referentes à certificação, à fiscalização e ao controle administrativo, continuam passíveis de definição por lei ordinária.

4. São inconstitucionais, por invadir campo reservado a lei complementar de que trata o art. 146, II, da CF: (i) a alínea *f* do § 2º do art. 12, por criar uma contrapartida que interfere diretamente na atuação da entidade; o art. 13, *caput*, e o art. 14, ao prever a pena se suspensão do gozo da imunidade nas hipóteses que enumera.

5. Padece de inconstitucionalidade formal e material o § 1º do art. 12 da Lei nº 9.532/97, com a subtração da imunidade de acréscimos patrimoniais abrangidos pela vedação constitucional de tributar. 6. Medida cautelar confirmada. Ação direta julgada parcialmente procedente, com a declaração i) da inconstitucionalidade formal da alínea *f* do § 2º do art. 12; do *caput* art. 13; e do art. 14; bem como ii) da inconstitucionalidade formal e material do art. 12, § 1º, todos da Lei nº 9.532/91, sendo a ação declarada improcedente quanto aos demais dispositivos legais.[271]

Na ADI nº 1802/DF, foi declarada apenas a inconstitucionalidade formal da alínea *f*, do § 2º, do art. 12. Não houve manifestação acerca dos demais incisos. Entretanto, esses dispositivos – ressalvados os casos em que há simples repetição do art. 14 do CTN – também são formalmente inconstitucionais, em razão da reserva de lei complementar do art. 146, II, da Constituição Federal.

---

[271] STF. T. Pleno. ADI 1.802. Rel. Min. Dias Toffoli. *DJe*-085 03.05.2018.

### 2.4.5.4 Imunidade de livros, jornais e papéis destinados à sua impressão

A imunidade de livros, jornais e papéis destinados à sua impressão encontra-se prevista no art. 150, VI, *d*, da Constituição Federal:

> Art. 150. Sem prejuízo de outras garantias asseguradas ao contribuinte, é vedado à União, aos Estados, ao Distrito Federal e aos Municípios:
> [...]
> VI – instituir impostos sobre:
> [...]
> d) livros, jornais, periódicos e o papel destinado a sua impressão.

No julgamento do RE nº 595.676/RJ, em regime da repercussão geral, o STF decidiu pela extensão da imunidade aos componentes eletrônicos que integram publicações didáticas:

> IMUNIDADE – UNIDADE DIDÁTICA – COMPONENTES ELETRÔNICOS. A imunidade prevista no artigo 150, inciso VI, da Constituição Federal alcança componentes eletrônicos, quando destinados, exclusivamente, a integrar a unidade didática com fascículos periódicos impressos.

Após essa decisão, a Procuradoria Geral da Fazenda Nacional editou a Nota SEI nº 23.2018, dispensando a contestação e a interposição de recursos nessa matéria:

> Documento público. Ausência de sigilo.
> Recurso Extraordinário nº 595.676/RJ, submetido ao regime da repercussão geral. Extensão da imunidade tributária do art. 150, VI, *d*, da CF/88, aos componentes eletrônicos que acompanham material didático de curso de montagem de computadores. Tese definida em sentido desfavorável à Fazenda Nacional. Autorização para dispensa de contestar e recorrer com fulcro no art. 19, IV, da Lei nº 10.522, de 2002, e art. 1º, V, da Portaria PGFN nº 502, de 2016.
> Nota Explicativa de que trata o art. 3º da Portaria Conjunta PGFN/RFB nº 01, de 2014.

Por fim, cumpre destacar que, nos termos do art. 1º, I e II, da Lei nº 11.945/2009, as pessoas jurídicas que exercem as atividades de importação de papel imune estão sujeitas ao dever de manter registro especial na Secretaria da Receita Federal, que, nos termos do § 1º, faz prova da regularidade de sua destinação:

> Art. 1º Deve manter o Registro Especial na Secretaria da Receita Federal do Brasil a pessoa jurídica que:
> I – exercer as atividades de comercialização e importação de papel destinado à impressão de livros, jornais e periódicos, a que se refere a alínea d do inciso VI do art. 150 da Constituição Federal; e
> II – adquirir o papel a que se refere a alínea d do inciso VI do art. 150 da Constituição Federal para a utilização na impressão de livros, jornais e periódicos.
> § 1º A comercialização do papel a detentores do Registro Especial de que trata o *caput* deste artigo faz prova da regularidade da sua destinação, sem prejuízo da responsabilidade, pelos tributos devidos, da pessoa jurídica que, tendo adquirido o papel beneficiado com imunidade, desviar sua finalidade constitucional.

[...]

3º Fica atribuída à Secretaria da Receita Federal do Brasil competência para:

I – expedir normas complementares relativas ao Registro Especial e ao cumprimento das exigências a que estão sujeitas as pessoas jurídicas para sua concessão;

II – estabelecer a periodicidade e a forma de comprovação da correta destinação do papel beneficiado com imunidade, inclusive mediante a instituição de obrigação acessória destinada ao controle da sua comercialização e importação.

Como será analisado no estudo das infrações aduaneiras, o § 4º e o § 5º do art. 1º preveem a cominação de multas isoladas em caso de descumprimento da periodicidade e da forma de comprovação da correta destinação do papel imunidade.[272]

### 2.4.5.5 Imunidade de fonogramas e videogramas musicais

A imunidade de fonogramas e videogramas musicais foi estabelecida pela Emenda nº 75/2013, que incluiu a alínea *e* no inciso VI do art. 150 da Constituição Federal:

Art. 150. Sem prejuízo de outras garantias asseguradas ao contribuinte, é vedado à União, aos Estados, ao Distrito Federal e aos Municípios:
[...]
VI – instituir impostos sobre:
[...]
e) fonogramas e videofonogramas musicais produzidos no Brasil contendo obras musicais ou literomusicais de autores brasileiros e/ou obras em geral interpretadas por artistas brasileiros bem como os suportes materiais ou arquivos digitais que os contenham, salvo na etapa de replicação industrial de mídias ópticas de leitura a laser (Incluída pela Emenda Constitucional nº 75, de 15.10.2013).

Esse preceito também está sujeito ao disposto no art. 149-B, II, parágrafo único. Nele estão abrangidas as gravações de sons (fonogramas[273]) ou de sons e vídeos (videogramas) de obras musicais ou literomusicais, incluídos os respectivos suportes físicos (*CD, vinil, hard drives, flash drives*, entre outros) ou arquivos digitais, produzidos no País, desde que de autoria brasileira ou interpretada por artistas brasileiros. Estão compreendidos na imunidade todos os atos e negócios jurídicos envolvendo obras com essas características, assim como seus suportes físicos, com exceção das replicações industriais de mídias ópticas de leitura a laser (os discos do tipo CD, DVD e *Blu-ray*). Não se incluem nas exceções as outras formas de replicação (inclusive as sem caráter industrial) e aquelas realizadas em mídias não óticas (*v.g.*, fita ou banda magnética, vinil e discos magnéticos).[274] Da mesma forma, as etapas antecedentes (eventuais negócios jurídicos que tenham por objeto a fonte para as replicações ou a matriz da obra ou matriz da gravação) e as subsequentes, isto é, a distribuição, a transmissão ou a emissão, a venda ou a cessão a qualquer título, inclusive o *download* e o *streaming* mediante pagamento

---

[272] Ver Cap. VII, item 4.1.6.

[273] Lei nº 9.610/1998: "Art. 5º [...] IX – fonograma – toda fixação de sons de uma execução ou interpretação ou de outros sons, ou de uma representação de sons que não seja uma fixação incluída em uma obra audiovisual".

[274] TechLib – O dicionário de informática Lib Tech. Disponível em: https://techlib.wiki/definition/optical-media.html. Acesso em: 4 maio 2022.

único ou assinatura. Trata-se, assim, de imunidade *mista*, porque o texto constitucional indica os bens abrangidos e, ao mesmo tempo, promove uma predeterminação subjetiva.

Ressalte-se que, no julgamento do ARE 1.244.302, o STF fixou a seguinte tese de repercussão geral: "A imunidade tributária prevista no art. 150, inciso VI, alínea *e*, da Constituição Federal não se aplica às importações de suportes materiais produzidos fora do Brasil, ainda que contenham obra musical de artista brasileiro".[275]

### 2.4.6 Isenções em espécie

#### 2.4.6.1 Pressupostos gerais de aplicabilidade

As isenções do imposto de importação, salvo disposição em contrário, nos termos do art. 17, *caput* e parágrafo único, do Decreto-Lei nº 37/1966, abrangem apenas as mercadorias sem similar nacional:

> Art. 17 – A isenção do impôsto de importação sòmente beneficia produto sem similar nacional, em condições de substituir o importado.
> Parágrafo único. Excluem-se do disposto nêste artigo:
> I – Os casos previstos no artigo 13 e nos incisos IV a VIII do artigo 15 dêste decreto-lei e no artigo 4º da Lei n. 3.244, de 14 de agôsto de 1957;[276]
> II – as partes, peças, acessórios, ferramentas e utensílios:
> a) que, em quantidade normal, acompanham o aparêlho, instrumento, máquina ou equipamento;
> b) destinados, exclusivamente, na forma do regulamento, ao reparo ou manutenção de aparêlho, instrumento, máquina ou equipamento de procedência estrangeira, instalado ou em funcionamento no país.
> III – Os casos de importações resultando de concorrência com financiamento internacional superior a 15 (quinze) anos, em que tiver sido assegurada a participação da indústria nacional com uma margem de proteção não inferior a 15% (quinze por cento) sôbre o preço CIF, pôrto de desembarque brasileiro, de equipamento estrangeiro oferecido de acôrdo com as normas que regulam a matéria;
> IV – bens doados, destinados a fins culturais, científicos e assistenciais, desde que os beneficiários sejam entidades sem fins lucrativos (Incluído pela Lei nº 10.833, de 29.12.2003).

A prova da similaridade deve ocorrer em sede de licenciamento,[277] na forma da Portaria Secex nº 23/2011, que estabelece os seguintes requisitos:

---

[275] STF, Tribunal Pleno, ARE 1.244.302, Rel. Min. Gilmar Mendes, *DJe* 16.09.2024.
[276] O art. 13 compreende a isenção das bagagens, os incisos IV a VIII do art. 15 as isenções das missões diplomáticas e repartições consulares de caráter permanente, e a seus integrantes, das representações de órgãos internacionais e regionais de caráter permanente, das amostras comerciais e às remessas postais internacionais, sem valor comercial, dos materiais de reposição e conserto para uso de embarcações ou aeronaves, estrangeiras e das às sementes, espécies vegetais para plantio e animais reprodutores. Já o art. 4º da Lei nº 3.244/1957, a isenção de matéria-prima e de qualquer produto de base.
[277] "Art. 15. Estão sujeitas a Licenciamento Não Automático as importações: [...] II – efetuadas nas situações abaixo relacionadas: [...] d) sujeitas ao exame de similaridade"; "Art. 31. Estão sujeitas ao prévio exame de similaridade as importações sujeitas à isenção ou à redução do Imposto de Importação a que se refere o art. 118 do Decreto nº 6.759, de 5 de fevereiro de 2009, excetuadas as situações previstas em legislação específica (Alterado pelo art. 1º da Portaria SECEX nº 44, DOU 07.12.2012)".

> Art. 33. O exame de similaridade será feito em duas etapas: e 37 desta Portaria; e
>
> II – análise da capacidade do bem nacional substituir o bem cuja importação esteja sendo solicitada.
>
> Parágrafo único. Será considerado similar ao estrangeiro o produto nacional em condições de substituir o importado, observados os seguintes parâmetros:
>
> I – qualidade equivalente e especificações adequadas ao fim a que se destine;
>
> II – preço não superior ao custo de importação, em moeda nacional, da mercadoria estrangeira, calculado o custo com base no preço CIF (*cost, insurance and freight*), acrescido dos tributos que incidem sobre a importação e outros encargos de efeito equivalente; e
>
> III – prazo de entrega normal ou corrente para o mesmo tipo de mercadoria.
>
> Art. 34. As importações sujeitas a exame de similaridade serão objeto de licenciamento não automático previamente ao embarque dos bens no exterior.

Outro pressuposto para a aplicação da isenção, previsto no art. 2º do Decreto-Lei nº 666/1969 para o modal marítimo,[278] foi o transporte da mercadoria em navio de bandeira brasileira, que foi revogado pela Lei nº 14.195/2021.[279]

As isenções podem ser vinculadas à qualidade do importador ou à destinação dos bens. No primeiro caso, o beneficiário deve permanecer com a mercadoria pelo prazo de cinco anos,[280] nos termos do art. 11 do Decreto-Lei nº 37/1966:

> Art. 11 – Quando a isenção ou redução for vinculada à qualidade do importador, a transferência de propriedade ou uso, a qualquer título, dos bens obriga, na forma do regulamento, ao prévio recolhimento dos tributos e gravames cambiais, inclusive quando tenham sido dispensados apenas estes gravames.

---

[278] Ato Declaratório Normativos Cosit nº 53, de 28 de setembro de 1994: "3. O disposto no art. 217, inciso III, do Regulamento Aduaneiro, por conseguinte, somente se aplica na hipótese de se utilizar o transporte marítimo, não constituindo exigência de bandeira brasileira na hipótese de transporte aêreo, tampouco constitui obrigatoriedade de se utilizar unicamente a via marítima, para efeito de fruição de benefício fiscal, com exclusão de qualquer outra modalidade de transporte". Destacam, sobre essa matéria, também o Ato Declaratório Normativo CST nº 11/1990: "DECLARA, em caráter normativo, as unidades descentralizadas e aos demais interessados, que as importações efetuadas sob o regime aduaneiro especial de "*drawback*", de que trata o art. 78 do Decreto-lei nº 37, de 18 de novembro de 1966, não se sujeitam à obrigatoriedade de transporte em navio de bandeira brasileira, prevista no art. 2º do Decreto-lei nº 666, de 02 de julho de 1969, para efeito de aplicação do benefício"; e o Ato Declaratório Normativo Cosit nº 66/1994: "Declara, em caráter normativo, às Superintendências Regionais da Receita Federal e aos demais interessados, que os casos de redução de alíquotas do Imposto de Importação – II e do Imposto sobre Produtos Industrializados – IPI, por não se confundirem com hipótese de redução de imposto, não configuram benefício fiscal para efeito do que estabelece o Decreto-lei nº 666, de 2 de julho de 1969, nos seus artigos 2º e 6º, com a redação dada a este pelo Decreto nº 687, de 18 de julho de 1969, não se sujeitando, pois, à obrigatoriedade de transporte em navio de bandeira brasileira".

[279] "Art. 2º Será feito, obrigatoriamente, em navios de bandeira brasileira, respeitado o princípio da reciprocidade, o transporte de mercadorias importadas por qualquer Órgão da administração pública federal, estadual e municipal, direta ou indireta inclusive empresas públicas e sociedades de economia mista, bem como as importadas com quaisquer favores governamentais e, ainda, as adquiridas com financiamento, total ou parcial, de estabelecimento oficial de crédito, assim também com financiamento externos, concedidos a órgãos da administração pública federal, direta ou indireta".

[280] No caso das isenções de missões diplomáticas, repartições consulares e de representações de organismos internacionais (Lei nº 8.032/1990, art. 2º, I, *c* e *d*), o prazo de cinco anos é reduzido a três, conforme previsto no art. 1º do Decreto-Lei nº 1.559/1977.

Parágrafo único. O disposto neste artigo não se aplica aos bens transferidos a qualquer título:

I – a pessoa ou entidades que gozem de igual tratamento fiscal, mediante prévia decisão da autoridade aduaneira;

II – após o decurso do prazo de 5 (cinco) anos da data da outorga da isenção ou redução.

Nos casos de transferência ou de cessão de uso da mercadoria antes do prazo legal ou fora da hipótese do art. 11, I, o crédito deve ser recolhido dentro dos percentuais previstos no art. 1º do Decreto-Lei nº 1.559/1977:

> Art. 1º – Na transferência de propriedade ou de uso, a qualquer título, de bens desembaraçados com isenção, como bagagem ou não, de acordo com o artigo 15, itens IV e V, do Decreto-lei nº 37, de 18 de novembro de 1966, inclusive automóveis, quando exigível o pagamento de tributos, a depreciação do valor obedecerá aos seguintes percentuais:

| | |
|---|---|
| De mais de 12 até 24 meses .................................................... | 30% |
| De mais de 24 até 36 meses .................................................... | 70% |
| De mais de 36 meses .................................................... | 100% |

Por outro lado, segundo o art. 12 do Decreto-Lei nº 37/1966, quando a isenção do imposto de importação for vinculada destinação dos bens, o beneficiário deve cumprir as exigências regulamentares e preservar a finalidade aquisitiva:

> Art. 12 – A isenção ou redução, quando vinculada à destinação dos bens, ficará condicionada ao cumprimento das exigências regulamentares, e, quando for o caso, à comprovação posterior do seu efetivo emprego nas finalidades que motivarem a concessão.

O Regulamento Aduaneiro (Decreto nº 6.759/2009), por sua vez, autoriza a venda após o decurso de cinco anos, nos termos dos arts. 134 e 135:

> Art. 134. Perderá o direito à isenção ou à redução quem deixar de empregar os bens nas finalidades que motivaram a concessão, exigindo-se o imposto a partir da data do registro da correspondente declaração de importação (Decreto-Lei nº 37, de 1966, art. 12; Lei nº 4.502, de 1964, art. 9º, § 1º, com a redação dada pela Lei nº 9.532, de 1997, art. 37, inciso II; e Lei nº 10.865, de 2004, art. 11).
>
> Parágrafo único. Se os bens deixarem de ser utilizados nas finalidades que motivaram a concessão, em virtude de terem sido danificados por incêndio ou por qualquer outro sinistro, o pagamento do imposto devido obedecerá ao disposto no art. 127.
>
> Art. 135. Desde que mantidas as finalidades que motivaram a concessão e mediante prévia decisão da autoridade aduaneira, poderá ser transferida a propriedade ou cedido o uso dos bens antes de decorrido o prazo de cinco anos a que se refere o inciso III do parágrafo único do art. 124, contados da data do registro da correspondente declaração de importação.

O art. 60 da Lei nº 9.069/1995 estabelece que a concessão e o reconhecimento de isenções na importação dependem da apresentação de prova da regularidade fiscal do beneficiário:

> Art. 60. A concessão ou reconhecimento de qualquer incentivo ou benefício fiscal, relativos a tributos e contribuições administrados pela Secretaria da Receita Federal fica

condicionada à comprovação pelo contribuinte, pessoa física ou jurídica, da quitação de tributos e contribuições federais.

Essa previsão, como será analisado, foi objeto de polêmica em relação ao *drawback*, culminando com a aprovação da Súmula n° 569 do Superior Tribunal de Justiça: "Na importação, é indevida a exigência de nova certidão negativa de débito no desembaraço aduaneiro, se já apresentada a comprovação da quitação de tributos federais quando da concessão do benefício relativo ao regime de *drawback*".[281]

### 2.4.6.2 Importações da União, dos Estados, do Distrito Federal e dos Municípios

O art. 2°, I, *a*, da Lei n° 8.032/1990, "isenta" as importações realizadas pela União, pelos Estados, Distrito Federal, Territórios e Municípios, e suas respectivas autarquias. Essa previsão, entretanto, é carecedora de sentido. Em primeiro lugar, porque a União é o ente competente e o sujeito ativo da obrigação tributária do imposto de importação. Por razões evidentes, é desnecessária a previsão do art. 2°, I, *a* já que a confusão entre credor e devedor extingue a obrigação tributária. Em segundo lugar, sabe-se que os entes federados são reciprocamente imunes (CF, art. 150, VI, *a*). A União não tem competência para tributar os demais entes políticos, o que abrange o imposto de importação.

### 2.4.6.3 Partidos políticos, instituições de educação ou de assistência social

Também é despicienda a "isenção" do art. 2°, I, *b*, da Lei n° 8.032/1990. Os partidos políticos, as instituições de educação ou de assistência social são imunes ao imposto de importação. Aplicam-se aqui, portanto, as observações realizadas por ocasião do estudo do conteúdo jurídico do art. 150, VI, *b*, da Constituição Federal.

### 2.4.6.4 Livros, jornais, periódicos e do papel destinado à sua reprodução

A importação de livros, periódicos e do papel destinado à sua reprodução é isenta do imposto de importação, nos termos do art. 2°, II, *a*, da Lei n° 8.032/1990. Trata-se de previsão desnecessária, considerando a imunidade de livros, jornais e papéis destinados à sua impressão prevista no art. 150, VI, *d*, da Constituição Federal.

### 2.4.6.5 Isenções diversas

As isenções do imposto de importação compreendem as seguintes operações e bens, sujeitas aos requisitos legais previstos na legislação específica:

(a) Importações realizadas pelas entidades paraestatais integrantes do chamado Sistema "S", que são pessoas jurídicas de direito privado criadas por lei e sem finalidade lucrativa (Lei n° 2.613/1955, art. 12);[282]

---

[281] Ver Cap. VI, item 4.3.2.
[282] "Art. 12. Os serviços e bens do S. S. R. gozam de ampla isenção fiscal como se fôssem da própria União"; "Art. 13. O disposto nos arts. 11 e 12 desta lei se aplica ao Serviço Social da Indústria (SESI), ao Serviço Social do Comércio (SESC), ao Serviço Nacional de Aprendizagem Industrial (SENAI) e ao Serviço Nacional de Aprendizagem Comercial (SENAC) (Vide Lei n° 8.706, de 1993)".

(b) Bens importados por missões diplomáticas, repartições consulares, representações de organismos internacionais e dos seus integrantes, observadas as disposições da Convenção de Viena sobre Relações Diplomáticas e da Convenção de Viena sobre Relações Consulares (Lei nº 8.032/1990, art. 2º, I, c; Decretos nº 56.435/1965 e nº 61.078/1967);

(c) Bens importados por representações de organismos internacionais de caráter permanente (Lei nº 8.032/1990, art. 2º, I, d);

(d) Importações de instituições científicas e tecnológicas, cientistas e pesquisadores (Lei nº 8.010/1990, art. 1º; Lei nº 8.032/1990, art. 2º, I, e e f);

(e) Amostras e remessas postais internacionais, sem valor comercial[283] (Lei nº 8.032/1990, art. 2º, II, b);

(f) Remessas postais e encomendas aéreas internacionais, destinadas a pessoa física (Lei nº 8.032/1990, art. 2º, II, c);

(g) Bagagem de viajantes procedentes do exterior ou da Zona Franca de Manaus (Lei nº 8.032, de 1990, art. 2º, II, d);

(h) Bens adquiridos em loja franca no país (Lei nº 8.032/1990, art. 2º, II, e);

(i) Bens trazidos do exterior, no comércio característico das cidades situadas nas fronteiras terrestres (Lei nº 8.032/1990, art. 2º, II, f);

(j) Bens importados sob o regime aduaneiro especial de *drawback*, na modalidade de isenção (Lei nº 8.032/1990, art. 2º, II, g);

(k) Gêneros alimentícios de primeira necessidade, fertilizantes e defensivos para aplicação na agricultura ou na pecuária, e matérias-primas para sua produção no país, (Lei nº 3.244/1957, art. 4º; Lei nº 8.032/1990, art. 2º, II, h);

(l) Partes, peças e componentes, destinados ao reparo, revisão e manutenção de aeronaves e de embarcações (Lei nº 8.032/1990, art. 2º, II, j);

(m) Medicamentos destinados ao tratamento do HIV, e instrumental científico destinado à pesquisa da síndrome da deficiência imunológica adquirida (Lei nº 8.032/1990, art. 2º, II, l);

(n) Bens importados pelas áreas de livre comércio (Lei nº 8.032/1990, art. 2º, II, m);

(o) Importações efetuadas para a Zona Franca de Manaus e para a Amazônia Ocidental (Lei nº 8.032/1990, art. 4º);

(p) Mercadorias estrangeiras vendidas por entidades beneficentes em feiras, bazares e eventos semelhantes, desde que recebidas em doação de representações diplomáticas estrangeiras sediadas no país (Lei nº 8.218/1991, art. 34);

(q) Mercadorias destinadas a consumo no recinto de congressos, de feiras, de exposições internacionais e de outros eventos internacionais assemelhados (Lei nº 8.383/1991, art. 70);

---

[283] RA/2009: "Art. 153. Consideram-se sem valor comercial, para os efeitos da alínea *b* do inciso II do art. 136:
I – as amostras representadas por quantidade, fragmentos ou partes de qualquer mercadoria, estritamente necessários para dar a conhecer sua natureza, espécie e qualidade; e
II – os bens contidos em remessas postais internacionais consideradas sem valor comercial, que não se prestem à utilização com fins lucrativos e cujo valor Free On Board – FOB não exceda a US$ 10,00 (dez dólares dos Estados Unidos da América)".

(r) Objetos de arte recebidos em doação, por museus (Lei nº 8.961/1994, art. 1º);

(s) Partes, peças e componentes, importados, destinados ao emprego na conservação, modernização e conversão de embarcações registradas no Registro Especial Brasileiro (Lei nº 9.493/1997, art. 11);

(t) Bens destinados a coletores eletrônicos de votos (Lei nº 9.643/1998, art. 1º);

(u) Bens recebidos como premiação em evento cultural, científico ou esportivo oficial, realizado no exterior, ou para serem consumidos, distribuídos ou utilizados em evento esportivo oficial realizado no país (Lei nº 11.488/2007, art. 38);

(v) Bens importados por desportistas, desde que tenham sido utilizados por estes em evento esportivo oficial e recebidos em doação de entidade de prática desportiva estrangeira ou da promotora ou patrocinadora do evento (Lei nº 11.488/2007, art. 38).

Algumas dessas isenções têm caráter controvertido em razão de práticas fiscalizatórias adotadas pela Aduana brasileira. É o caso das isenções das bagagens de viajantes, que compreendem, nos termos do art. 155 do Regulamento Aduaneiro, os bens de uso pessoal, sem destinação comercial ou industrial:

> Art. 155. Para fins de aplicação da isenção para bagagem de viajante procedente do exterior, entende-se por (Regime Aduaneiro de Bagagem no Mercosul, Artigo 1º, aprovado pela Decisão CMC nº 53, de 2008, internalizada pelo Decreto nº 6.870, de 2009): (Redação dada pelo Decreto nº 7.213, de 2010).
> 
> I – bagagem: os bens novos ou usados que um viajante, em compatibilidade com as circunstâncias de sua viagem, puder destinar para seu uso ou consumo pessoal, bem como para presentear, sempre que, pela sua quantidade, natureza ou variedade, não permitirem presumir importação com fins comerciais ou industriais (Redação dada pelo Decreto nº 7.213, de 2010).

Essa definição foi estabelecida a partir do Regime Aduaneiro de Bagagem no Mercosul, aprovado pela Decisão CMC nº 53/2008. Por outro lado, também devem ser consideradas as regras do Anexo Específico J do Protocolo de Revisão da Convenção Internacional para a Simplificação e a Harmonização dos Regimes Aduaneiros, incorporada ao direito brasileiro pelo Decreto Legislativo nº 56/2019, promulgado pelo Decreto nº 10.276/2020:

> 20. Norma
> Para além do vestuário, dos artigos de toilette e de outros artigos de uso pessoal, serão também considerados bens de uso pessoal dos não residentes, os objetos seguintes:
> – joias pessoais;
> – câmeras de filmar e máquinas fotográficas acompanhadas de uma quantidade razoável de películas, cassetes e outros acessórios;
> – aparelhos portáteis de projeção de slides ou filmes e seus acessórios acompanhados de uma quantidade razoável de slides ou de filmes;
> – binóculos;
> – instrumentos portáteis de música;
> – aparelhos portáteis de reprodução de som, incluindo gravadores de cassetes, leitores de discos compactos e dita fones com cassetes e discos;
> – aparelhos portáteis receptores de rádio;
> – telefones celulares ou móveis;

- aparelhos receptores de televisão portáteis;
- máquinas de escrever portáteis;
- computadores pessoais portáteis e acessórios;
- máquinas calculadoras portáteis;
- carrinhos de bebês;
- cadeira de rodas para deficientes;
- equipamento desportivo.

Nota-se, à luz desses dispositivos, que o afastamento da isenção das bagagens somente é autorizado diante da presença de elementos que indiquem se tratar de bens com "fins comerciais ou industriais". É ilegal, portanto, a prática comum adotada no passado pela Aduana brasileira de tributar itens pessoais de viajantes apenas em razão de sua quantidade ou valor. Tais elementos são apenas indícios que, isoladamente, não provam a finalidade comercial ou industrial.

No passado, gerou controvérsia a quota de isenção aplicável ao Regime de Tributação Simplificada. De acordo com o § 2º do art. 1º da Portaria MF nº 156/1999, revogado pela Portaria MF nº 1.086/2024, as importações de bens integrantes de remessa postal ou de encomenda aérea internacional, no valor de US$ 50,00, são isentas do imposto de importação pelo RTS:

> Art. 1º [...]
>
> § 2º Os bens que integrem remessa postal internacional no valor de até US$ 50.00 (cinquenta dólares dos Estados Unidos da América) ou o equivalente em outra moeda, serão desembaraçados com isenção do Imposto de Importação, desde que o remetente e o destinatário sejam pessoas físicas.

A legalidade dos limites quantitativos (US$ 50.00) e subjetivo (remetente e destinatário devem ser pessoas físicas) estabelecidos no art. 1º, § 2º, foram questionadas com base no art. 2º, II, do Decreto-Lei nº 1.804/1980:

> Art. 2º O Ministério da Fazenda, relativamente ao regime de que trata o art. 1º deste Decreto-Lei, estabelecerá a classificação genérica e fixará as alíquotas especiais a que se refere o § 2º do artigo 1º, bem como poderá:
>
> [...]
>
> II – dispor sobre a isenção do imposto de importação dos bens contidos em remessas de valor até cem dólares norte-americanos, ou o equivalente em outras moedas, quando destinados a pessoas físicas (Redação dada pela Lei nº 8.383, de 1991).

Esse dispositivo, como se vê, estabelece um limite de US$ 100,00, que, por outro lado, é aplicável quando o destinatário for pessoa física. Por isso, alguns julgados têm declarado a ilegalidade do art. 1º, § 2º.[284] Essa matéria foi apreciada pelo STJ, que, entretanto, decidiu pela validade das restrições da portaria:

---

[284] "TRIBUTÁRIO. IMPOSTO DE IMPORTAÇÃO. ISENÇÃO. REMESSA POSTAL. PORTARIA MF Nº 156/99 e IN SRF 96/99. ILEGALIDADE.
1. Conforme disposto no Decreto-Lei nº 1.804/80, art. 2º, II, as remessas de até cem dólares, quando destinadas a pessoas físicas, são isentas do Imposto de Importação.
2. A Portaria MF 156/99 e a IN 096/99, ao exigir que o remetente e o destinatário sejam pessoas físicas, restringiram o disposto no Decreto-Lei nº 1.804/80.

RECURSO INTERPOSTO NA VIGÊNCIA DO CPC/2015. ENUNCIADO ADMINISTRATIVO Nº 3. PROCESSUAL CIVIL. TRIBUTÁRIO. AUSÊNCIA DE VIOLAÇÃO AO ART. 1.022, CPC/2015. IMPOSTO DE IMPORTAÇÃO. REGIME DE TRIBUTAÇÃO SIMPLIFICADA. ISENÇÃO. REMESSA POSTAL. ART. 1º, §2º, PORTARIA MF Nº 156/99 E ART. 2º, §2º, IN/SRF Nº 96/99. LEGALIDADE PERANTE OS ARTS. 1º, §4º E 2º, II, DO DECRETO-LEI Nº 1.804/1980.

1. Devidamente prequestionados os dispositivos legais tidos por violados, ausente a alegada violação ao art. 1.022, do CPC/2015.

2. A isenção disposta no art. 2º, II, do Decreto-lei n. 1.804/80, se trata de uma faculdade concedida ao Ministério da Fazenda que pode ou não ser exercida, desde que limitada ao valor máximo da remessa de US$ 100 (cem dólares americanos – uso da preposição "até") e que a destinação do bem seja para pessoa física (pessoa jurídica não pode gozar da isenção). Essas regras, associadas ao comando geral que permite ao Ministério da Fazenda estabelecer os requisitos e condições para a aplicação da alíquotas (art. 1º, § 4º, do Decreto-lei n. 1.804/80), permitem concluir que o valor máximo da remessa para o gozo da isenção o pode ser fixado em patamar inferior ao teto de US$ 100 (cem dólares americanos), v.g. US$ 50 (cinquenta dólares norte-americanos), e que podem ser criadas outras condições não vedadas (desde que razoáveis) para o gozo da isenção como, por exemplo, a condição de que sejam remetidas por pessoas físicas.

3. Nessa linha é que foi publicada a Portaria MF nº 156, de 24 de junho de 1999, onde o Ministério da Fazenda, no uso da competência que lhe foi atribuída, estabeleceu a isenção do Imposto de Importação para os bens que integrem remessa postal internacional no valor de até US$ 50 (cinquenta dólares dos Estados Unidos da América), desde que o remetente e o destinatário sejam pessoas físicas.

4. O art. 2º, § 2º, da Instrução Normativa SRF nº 96, de 4 de agosto de 1999, ao estabelecer que "os bens que integrem remessa postal internacional de valor não superior a US$ 50.00 (cinquenta dólares dos Estados Unidos da América) serão desembaraçados com isenção do Imposto de Importação, desde que o remetente e o destinatário sejam pessoas físicas" apenas repetiu o comando descrito no art. 1º, §2º, da Portaria MF nº 156/99, que já estava autorizado pelo art. 1º, § 4º e pelo art. 2º, II, ambos do Decreto-lei nº 1.804/80.

5. Recurso especial parcialmente provido.[285]

Examinando os dois dispositivos, nota-se que o valor de US$ 100,00 do art. 2º, II, do Decreto-Lei nº 1.804/1980 tem o caráter de limite máximo ("até cem dólares norte-americanos"). Dessa forma, nada impede a sua definição em patamar inferior pela Portaria MF nº 156/1999. O mesmo, porém, não se pode dizer do limite subjetivo encontrado nesse ato normativo. A portaria não pode ampliar a restrição do decreto-lei, exigindo que destinatário e remetente sejam pessoas físicas. Portanto, apenas o limite quantitativo de US$ 50,00 mostra-se válido.

A Portaria MF nº 612/2023 incluiu um art. 1º-B na Portaria MF nº 156/1999. Essa alteração permitiu a utilização do regime de importação nela previsto por empresa de comércio eletrônico participante de programa de conformidade da Receita Federal do Brasil. Com

---

3. Não pode a autoridade administrativa, por intermédio de ato administrativo, ainda que normativo (portaria), extrapolar os limites claramente estabelecidos em lei, pois está vinculada ao princípio da legalidade" (TRF-4. 1ª T. APELREEX: 6870 RS 2005.71.00.006870-8. Rel. Des. Fed. Álvaro Junqueira. D.E. 04.05.2010).

[285] STJ. 2ª T. REsp 1.732.276/PR. Rel. Min. Mauro Campbell Marques. *DJe* 26.02.2019.

isso, será de 20% a alíquota do imposto de importação incidente sobre a remessa postal ou a encomenda aérea internacional no valor de até US$ 50,00 destinados a pessoa física. Para as operações dessa mesma natureza entre US$ 50,01 e US$ 3.000,00, por sua vez, a alíquota é de 60%, com parcela a deduzir de US$ 20,00.

### 2.4.6.6 Redução tarifária temporária na condição de ex-tarifário

A alíquota do imposto de importação de bens de capital (BK), de informática e de telecomunicações (BIT), inclusive partes, peças e componentes, pode ser reduzida na condição de ex-tarifário, desde que sem similar nacional e observados os demais requisitos formais e materiais previstos Resolução Gecex nº 512/2023.[286] Trata-se de uma isenção do imposto, concedida por prazo certo, com fundamento no art. 4º da Lei nº 3.244/1957, na redação do Decreto-Lei nº 63/1966:

> Art. 4º – Quando não houver produção nacional de matéria-prima e de qualquer produto de base, ou a produção nacional desses bens for insuficiente para atender ao consumo interno, poderá ser concedida isenção ou redução do imposto para a importação total ou complementar, conforme o caso (Redação dada pelo Decreto-Lei nº 63, de 1966).
> § 1º – A insenção [sic.] ou redução do imposto, conforme as características de produção e de comercialização, e a critério do Conselho de Política Aduaneira, será concedida: (Redação dada pelo Decreto-Lei nº 63, de 1966)
> a) mediante comprovação da inexistência de produção nacional, e, havendo produção, mediante prova, anterior ao desembaraço aduaneiro, de aquisição de quota determinada do produto nacional na respectiva fonte, ou comprovação de recusa, incapacidade ou impossibilidade de fornecimento em prazo e a preço normal (Incluído pelo Decreto-Lei nº 63, de 1966);
> b) por meio de estabelecimento de quotas tarifárias globais e/ou por período determinado, que não ultrapasse um ano, ou quotas percentuais em relação ao consumo nacional (Incluído pelo Decreto-Lei nº 63, de 1966).

O ex-tarifário pode ser requerido por qualquer interessado, mediante formulário eletrônico protocolizado perante a Secretaria de Desenvolvimento Industrial, Inovação, Comércio e Serviços.[287] Contudo, o deferimento beneficia todos os potenciais importadores do mesmo produto.[288]

O principal requisito para a concessão do benefício é a inexistência de produção nacional. Essa, por sua vez, deve ser determinada mediante consulta pública na página eletrônica do Ministério do Desenvolvimento, Indústria, Comércio e Serviços na internet. Entre outros meios probatórios, são admitidos atestados ou declarações de entidade de classe de atuação nacional, que represente os fabricantes brasileiros do bem que se pleiteia importar; consulta direta aos fabricantes nacionais ou às suas entidades representativas; ou cadastro próprio da

---

[286] STJ. 2º T. AgInt no REsp 1697477/PP. Rel. Min. Francisco Falcão. *DJe* 08.06.2018. No mesmo sentido, cf. TRF-4. 2ª T. Ac 5003187-22.2019.4.04.7208. Rel. Des. Fed. Marina Vasques Duarte. Juntado aos autos em 18.02.2020: "[...] 1. Tendo a impetrante formalizado o pleito de ex-tarifário em tempo hábil, o importador não pode ser prejudicado pela demora da Administração Pública na análise do pedido de inclusão da mercadoria importada em benefício de ex-tarifário".

[287] Resolução Gecex nº 512/2023, art. 3º.

[288] Resolução Gecex nº 512/2023, art. 2º: "§ 1º A redução de alíquotas de Imposto de Importação de que trata esta Resolução é concedida aos bens propriamente ditos, e não a requerentes determinados".

Secretaria de bens com produção nacional.[289] No prazo de 30 dias, o pedido pode ser contestado por fabricantes nacionais, associações ou órgãos e entidades de governo.[290]

O benefício pode ser revogado antes do encerramento do prazo de vigência, por iniciativa governamental ou requerimento, sempre que demonstrada a existência de produção nacional equivalente ou de outros aspectos considerados na análise técnica do procedimento de concessão.[291]

Por fim, todos os pedidos – deferidos ou indeferidos – são divulgados na página eletrônica do Ministério do Desenvolvimento, Indústria, Comércio e Serviços na internet, com a especificação do número de protocolo, da descrição e classificação na NCM, do número da resolução e da data final de vigência.[292]

## 3 IMPOSTO DE EXPORTAÇÃO

### 3.1 Princípios jurídicos

Todos os princípios constitucionais tributários – como não poderia deixar de ser diferente – são aplicáveis ao imposto de exportação.[293] A única particularidade é que, tal como o imposto de importação, o art. 153, § 1º,[294] da Constituição, permite ao Poder Executivo a alteração das alíquotas dentro dos limites máximos e mínimos previstos em lei. Trata-se de dispositivo que visa a permitir o uso do imposto para fins extrafiscais. Não foi recepcionada pelo texto constitucional, por incompatibilidade material com essa previsão, a faculdade do art. 26 do CTN, que autorizava a alteração das bases de cálculo para fins de política cambial e de comércio exterior.[295]

O imposto de exportação também deve observar as limitações constitucionais e convencionais da extrafiscalidade, notadamente a cláusula da nação mais favorecida prevista no Artigo I do Gatt. Assim, ressalvadas as exceções previstas no acordo, quaisquer vantagens, favores, imunidades ou privilégios, inclusive tributários, concedidos a produtos destinados a um país devem ser estendidos – imediata e incondicionalmente – para os demais países membros.

---

[289] Resolução Gecex nº 512/2023, art. 13.
[290] Resolução Gecex nº 512/2023, arts. 9º e 10.
[291] Esses aspectos estão previstos no art. 15 da Resolução Gecex nº 512/2023:
"Art. 15. Além da apuração da existência de produção nacional de bem equivalente, a determinação a respeito da redução da alíquota do Imposto de Importação levará em consideração os seguintes aspectos:
I – isonomia com bens produzidos no Brasil, inclusive quanto ao atendimento às leis e regulamentos técnicos e de segurança;
II – investimentos em andamento para a produção nacional de bens equivalentes;
III – capacidade de produção nacional de bens equivalentes; e
IV – políticas públicas e medidas específicas destinadas a promover o desenvolvimento industrial".
[292] Resolução Gecex nº 512/2023, art. 24.
[293] Não cabe um exame recapitulativo de todos os princípios constitucionais tributários. Esses serão considerados diretamente na construção da regra-matriz de incidência e na interpretação dos demais institutos de direito aduaneiro, quando aplicáveis.
[294] "§ 1º É facultado ao Poder Executivo, atendidas as condições e os limites estabelecidos em lei, alterar as alíquotas dos impostos enumerados nos incisos I, II, IV e V".
[295] "Art. 26. O Poder Executivo pode, nas condições e nos limites estabelecidos em lei, alterar as alíquotas ou as bases de cálculo do imposto, a fim de ajustá-los aos objetivos da política cambial e do comércio exterior".

## 3.2 Hipótese de incidência

Não há cobrança de imposto de exportação no Brasil, ressalvados produtos especiais como cigarros, armas, munições, quando exportados para países específicos.[296] Essa política fiscal baseia-se na premissa de que, no comércio internacional, os produtos exportados devem ser tributados no país de destino.

O imposto encontra-se disciplinado pelo Decreto-Lei nº 1.578, de 11 de outubro de 1977, com as alterações decorrentes das Leis nº 9.019/1995, nº 9.716/1998, nº 10.833/2003 e da Medida Provisória nº 2.158-35/2001. Além disso, aplicam-se subsidiariamente as disposições relativas do imposto de importação.[297]

Das disposições originárias do CTN relativas a esse tributo, permanecem em vigor apenas os arts. 23 e 27. Os arts. 24[298] e 25[299] foram revogados pela Medida Provisória nº 2.158-35/2001, que alterou o art. 2º do Decreto-Lei nº 1.578/1977.[300] O art. 26, por sua vez, não é compatível com o art. 153, § 1º, da Constituição Federal de 1988.[301] O Poder Executivo, observados os limites da lei, pode aumentar apenas a alíquota – e não a base de cálculo – desvinculado de qualquer objetivo extrafiscal. Por fim, o art. 28[302] não foi recepcionado, por incompatibilidade com o princípio da não afetação (CF/1988, art. 167, IV).[303]

### 3.2.1 Critério material

#### 3.2.1.1 Conceito jurídico de exportação

O critério material ou materialidade da hipótese de incidência, como ressaltado inicialmente, descreve um comportamento humano, por meio de um verbo e um ou mais complementos, abstraídas as circunstâncias espaço-temporais. No imposto de exportação, sua construção deve partir do art. 23 do CTN e do art. 1º do Decreto-Lei nº 1.578/1977:

---

[296] Circular do Banco Central do Brasil nº 2.767/1997; Portaria Secex nº 23/2014.

[297] Decreto-Lei nº 1.578, de 1977: "Art. 8º – No que couber, aplicar-se-á, subsidiariamente, ao imposto de exportação a legislação relativa ao imposto de importação".

[298] "Art. 24. A base de cálculo do imposto é:
I – quando a alíquota seja específica, a unidade de medida adotada pela lei tributária;
II – quando a alíquota seja ad valorem, o preço normal que o produto, ou seu similar, alcançaria, ao tempo da exportação, em uma venda em condições de livre concorrência.
Parágrafo único. Para os efeitos do inciso II, considera-se a entrega como efetuada no porto ou lugar da saída do produto, deduzidos os tributos diretamente incidentes sobre a operação de exportação e, nas vendas efetuadas a prazo superior aos correntes no mercado internacional o custo do financiamento".

[299] "Art. 25. A lei pode adotar como base de cálculo a parcela do valor ou do preço, referidos no artigo anterior, excedente de valor básico, fixado de acordo com os critérios e dentro dos limites por ela estabelecidos".

[300] Não há, nessa matéria, reserva de lei complementar, o que torna válida a revogação.

[301] "Art. 26. O Poder Executivo pode, nas condições e nos limites estabelecidos em lei, alterar as alíquotas ou as bases de cálculo do imposto, a fim de ajustá-los aos objetivos da política cambial e do comércio exterior".

[302] "Art. 28. A receita líquida do imposto destina-se à formação de reservas monetárias, na forma da lei".

[303] "Art. 167. São vedados: [...] IV – a vinculação de receita de impostos a órgão, fundo ou despesa, ressalvadas a repartição do produto da arrecadação dos impostos a que se referem os arts. 158 e 159, a destinação de recursos para as ações e serviços públicos de saúde, para manutenção e desenvolvimento do ensino e para realização de atividades da administração tributária, como determinado, respectivamente, pelos arts. 198, § 2º, 212 e 37, XXII, e a prestação de garantias às operações de crédito por antecipação de receita, previstas no art. 165, § 8º, bem como o disposto no § 4º deste artigo (Redação dada pela Emenda Constitucional nº 42, de 19.12.2003)".

Art. 23. O imposto, de competência da União, sobre a exportação, para o estrangeiro, de produtos nacionais ou nacionalizados tem como fato gerador a saída destes do território nacional.

Art. 1º O Imposto sobre a Exportação, para o estrangeiro, de produto nacional ou nacionalizado tem como fato gerador a saída deste do território nacional.

Na interpretação desses dispositivos, deve-se ter presente, em primeiro lugar, que a exportação nada mais é do que uma importação sob a perspectiva do país de destino. Implica, assim, a integração do bem em caráter definitivo ao mercado local. No direito brasileiro, o produto é considerado nacionalizado após o desembaraço aduaneiro.[304] A sua comercialização subsequente é considerada uma operação de venda interna. Pela mesma razão, sua alienação no comércio exterior será considerada uma exportação para o país que vende e uma importação, sob a ótica de quem compra. Em segundo lugar, cumpre considerar que a saída do produto deve ocorrer com *animus definitivo*. Logo, a saída a título transitório ou temporário, sem que o bem reste integrado à economia do país de destino, não é considerada uma exportação.[305]

Dessa forma, a materialidade da hipótese de incidência do imposto abrange a conduta de "exportar" e o complemento "produto", entendido como tal a retirada de um bem móvel e corpóreo do território aduaneiro brasileiro, por meio da transposição física qualificada pela finalidade de integrá-lo ao país de destino.

### 3.2.1.2 Operações *back-to-back*

No *back-to-back*, a mercadoria estrangeira é adquirida por uma empresa brasileira e revendida a um terceiro em outro país, sem ingressar no território aduaneiro nacional. O bem é exportado diretamente do vendedor situado no território estrangeiro por conta e ordem da empresa brasileira. Nesse tipo de negócio, a empresa nacional aufere uma receita no exterior que implica o ingresso de divisas. Porém, para fins de comércio exterior, não constitui uma exportação brasileira, porque o produto não foi nacionalizado.[306]

### 3.2.1.3 Vendas para empresas comerciais exportadoras

As comerciais exportadoras são empresas que não têm produção própria, concentrando sua atuação na compra da produção de terceiros no mercado nacional e na revenda no

---

[304] Consoante ensina Roosevelt Baldomir Sosa: "Nacionalizar é atribuir ao produto de procedência estrangeira o mesmo *status* do produto nacional. A nacionalização, com efeito, visa colocar o produto de procedência estrangeira em condições de circular economicamente. Em outros termos, nacionalizar é incorporar o produto de procedência estrangeira no aparelho produtivo nacional. [...] **O ato administrativo que formaliza a nacionalização é o desembaraço aduaneiro**" (SOSA, Roosevelt Baldomir. *Comentários à Lei Aduaneira:* do artigo 1º ao artigo 248 do Dec. 91.030/85. São Paulo: Aduaneiras, 1992. p. 96).

[305] De acordo com o Artigo 157 do CAM: "4. O presente Código Aduaneiro não trata sobre imposto de exportação e, por essa razão, a legislação dos Estados Partes será aplicável no seu território aduaneiro preexistente à sanção deste Código, respeitando os direitos dos Estados Partes". Não obstante, estabelece que "1. A exportação definitiva é o regime pelo qual se permite a saída do território aduaneiro, com caráter definitivo, da mercadoria de livre circulação, sujeita ao pagamento dos tributos aduaneiros sobre a exportação quando aplicáveis e ao cumprimento de todas as formalidades aduaneiras exigíveis" (Artigo 81 – Definição).

[306] Não se trata de exportação brasileira. Porém, há uma receita decorrente de exportação ocorrida no exterior que implica ingresso de divisas, o que implica a aplicabilidade da imunidade prevista no art. 149, § 2º, da Constituição, como será mais bem examinado em capítulo próprio. Sobre o tema, cf.: SEHN, Solon. *PIS-Cofins:* não cumulatividade e regimes de incidência. 2. ed. São Paulo: Noeses, 2019. p. 143 e ss.

comércio internacional. Quando constituídas na forma de sociedade por ações e atendidos os demais requisitos do Decreto-Lei nº 1.248/1972, podem obter o Certificado de Registro Especial (CRE). Nesse caso, nos termos do art. 1º e parágrafo único do decreto-lei, as vendas a elas destinadas passam a ter o mesmo tratamento tributário de uma operação de exportação:

> Art. 1º – As operações decorrentes de compra de mercadorias no mercado interno, quando realizadas por empresa comercial exportadora, para o fim específico de exportação, terão o tratamento tributário previsto neste Decreto-Lei.
> Parágrafo único. Consideram-se destinadas ao fim específico de exportação as mercadorias que forem diretamente remetidas do estabelecimento do produtor-vendedor para:
> a) embarque de exportação por conta e ordem da empresa comercial exportadora;
> b) depósito em entreposto, por conta e ordem da empresa comercial exportadora, sob regime aduaneiro extraordinário de exportação, nas condições estabelecidas em regulamento.

Por outro lado, segundo o Decreto-Lei nº 1.248/1972, ao produtor são assegurados os mesmos benefícios fiscais de incentivo à exportação:

> Art. 3º – São assegurados ao produtor-vendedor, nas operações de que trata o artigo 1º deste Decreto-lei, os benefícios fiscais concedidos por lei para incentivo à exportação, à exceção do previsto no artigo 1º do Decreto-lei nº 491, de 05 de março de 1969, ao qual fará jus apenas a empresa comercial exportadora (Redação dada pelo Decreto-Lei nº 1.894, de 1981).
> [...]
> Art. 5º – Os impostos que forem devidos bem como os benefícios fiscais, de qualquer natureza, auferidos pelo produtor-vendedor, acrescidos de juros de mora e correção monetária, passarão a ser de responsabilidade da empresa comercial exportadora nos casos de:
> a) não se efetivar a exportação após decorrido o prazo de um ano a contar da data do depósito;
> b) revenda das mercadorias no mercado interno;
> c) destruição das mercadorias.

Não obstante, há comerciais exportadoras que adotam outros tipos societários e não apresentam o CRE. Apesar disso, há soluções de consulta da Receita Federal que não restringem a aplicação do tratamento tributário da exportação às operações realizadas por essas entidades. Nesse sentido, cumpre destacar, a título exemplificativo, a Solução de Consulta nº 40/2012, da Divisão de Tributação da 6ª Região Fiscal:

> Assunto: Contribuição para o Financiamento da Seguridade Social – Cofins.
> Ementa: A não incidência da Cofins de que trata o art. 6º, III, da Lei nº 10.833, de 2003, se aplica a todas as empresas comerciais exportadoras que adquirirem produtos com o fim específico de exportação. Duas são as espécies de empresas comerciais exportadoras: a constituída nos termos do Decreto-Lei nº 1.248, de 29 de novembro de 1972, e a simplesmente registrada na Secretaria de Comércio Exterior (Secex) do Ministério do Desenvolvimento, Indústria e Comércio Exterior. Considera-se fim específico de exportação a remessa direta dos produtos vendidos a embarque de exportação ou a recinto alfandegado, por conta e ordem da empresa comercial exportadora. Se a venda

for feita a comercial exportadora constituída nos termos do Decreto-Lei nº 1.248, de 1972, também se considera fim específico de exportação a remessa direta dos produtos vendidos ao recinto de uso privativo de que trata o art. 14 da Instrução Normativa SRF nº 241, de 2002.

**Dispositivos Legais:** Lei nº 10.833/2003, art. 6º, III; e Lei nº 9.532/1997, art. 39, § 2º.

Assunto: Contribuição para o PIS/Pasep.

Ementa: A não incidência do PIS/Pasep de que trata o art. 5º, III, da Lei nº 10.637, de 2002, se aplica a todas as empresas comerciais exportadoras que adquirirem produtos com o fim específico de exportação. Duas são as espécies de empresas comerciais exportadoras: a constituída nos termos do Decreto-Lei nº 1.248, de 29 de novembro de 1972, e a simplesmente registrada na Secretaria de Comércio Exterior (Secex) do Ministério do Desenvolvimento, Indústria e Comércio Exterior. Considera-se fim específico de exportação a remessa direta dos produtos vendidos a embarque de exportação ou a recinto alfandegado, por conta e ordem da empresa comercial exportadora. Se a venda for feita a comercial exportadora constituída nos termos do Decreto-Lei nº 1.248, de 1972, também se considera fim específico de exportação a remessa direta dos produtos vendidos ao recinto de uso privativo de que trata o art. 14 da Instrução Normativa SRF nº 241, de 2002.

**Dispositivos Legais:** Lei nº 10.637/2002, art. 5º, III; e Lei nº 9.532/1997, art. 39, § 2º.

Assunto: Imposto sobre Produtos Industrializados – IPI.

Ementa: A suspensão do IPI de que trata o art. 39, I, da Lei nº 9.532, de 1997, se aplica a todas as empresas comerciais exportadoras que adquirirem produtos com o fim específico de exportação. Duas são as espécies de empresas comerciais exportadoras: a constituída nos termos do Decreto-Lei nº 1.248, de 29 de novembro de 1972, e a simplesmente registrada na Secretaria de Comércio Exterior (Secex) do Ministério do Desenvolvimento, Indústria e Comércio Exterior. Considera-se fim específico de exportação a remessa direta dos produtos vendidos a embarque de exportação ou a recinto alfandegado, por conta e ordem da empresa comercial exportadora. Se a venda for feita a comercial exportadora constituída nos termos do Decreto-Lei nº 1.248, de 1972, também se considera fim específico de exportação a remessa direta dos produtos vendidos ao recinto de uso privativo de que trata o art. 14 da Instrução Normativa SRF nº 241, de 2002.

**Dispositivos Legais:** Lei nº 9.532/1997, art. 39, I, e § 2º.[307]

Por fim, no julgamento do RE nº 759.244, o Supremo Tribunal Federal decidiu o Tema nº 674 de Repercussão Geral, que trata da "aplicabilidade da imunidade referente às contribuições sociais sobre as receitas decorrentes de exportação intermediada por empresas comerciais exportadoras ('*trading companies*')". Na oportunidade, a Corte fixou a seguinte tese: "A norma imunizante contida no inciso I do § 2º do art. 149 da Constituição da República alcança as receitas decorrentes de operações indiretas de exportação caracterizadas por haver participação negocial de sociedade exportadora intermediária".

### 3.2.1.4 Vendas para a Zona Franca de Manaus

No conceito de exportação, devem ser incluídas as operações de venda para a Zona Franca de Manaus (ZFM). Isso porque, nos termos do art. 40 do ADCT,[308] a ZFM foi mantida

---

[307] DOU de 07.05.2012 (nº 87, Seção 1, pág. 23).
[308] "Art. 40. É mantida a Zona Franca de Manaus, com suas características de área livre de comércio, de exportação e importação, e de incentivos fiscais, pelo prazo de vinte e cinco anos, a partir da promulgação

pela Constituição com suas características de área de livre comércio e de incentivos fiscais até o ano de 2073 (Emendas Constitucionais nº 42/2003 e nº 83/2014), no que se incluiu a previsão do art. 4º do Decreto-Lei nº 288/1967:

> Art. 4º A exportação de mercadorias de origem nacional para consumo ou industrialização na Zona Franca de Manaus, ou reexportação para o estrangeiro, será para todos os efeitos fiscais, constantes da legislação em vigor, equivalente a uma exportação brasileira para o estrangeiro.

Esse dispositivo, segundo a interpretação consolidada pelo STF no julgamento da ADI nº 2.348, foi constitucionalizado pelo art. 40 do ADCT:

> O artigo 40 do Ato das Disposições Transitórias constitucionalizou, de forma projetada no tempo, considerados os vinte e cinco anos a partir da promulgação da Constituição Federal, a legislação ordinária reveladora da outorga de benefícios a quem viesse a estabelecer-se na Amazônia. Por isso mesmo, ganhou envergadura e respeitabilidade maior o artigo 4º do Decreto-Lei nº 288/67:
> [...]
> A jurisprudência tem-se mostrado harmônica com essa óptica. No julgamento da Ação Direta de Inconstitucionalidade nº 310.1, o Relator, Ministro Sepúlveda Pertence, entendeu pelo conflito, com a Carta da República, de toda e qualquer norma que, no prazo de vinte e cinco anos, restrinja, reduza ou elimine favores fiscais existentes, como veio a ocorrer com a edição da Medida Provisória nº 2.037/24.[309]
> [...] Decreto-Lei nº 288/67, art. 4º:
> 'Art. 4º. A exportação de mercadorias de origem nacional para consumo ou industrialização na Zona Franca de Manaus, ou reexportação para o estrangeiro' – aqui, então, refere-se ao consumo tal qual o art. 3º, consumo e exportação – 'será para todos os efeitos fiscais, constantes da legislação em vigor, equivalente a uma exportação brasileira para o estrangeiro.'
> A Zona Franca de Manaus, por força do referido Decreto, é tratada como área estrangeira. Isso significa que vendas ou remessas de mercadorias, seja para consumo, seja para reexportação ou industrialização, enviadas para a Zona Franca de Manaus, são tratadas, repito, por força do Decreto-lei nº 288, como exportação para o exterior.
> Diz, expressamente: 'será para todos os efeitos fiscais, constantes da legislação em vigor, equivalente a uma exportação brasileira para o estrangeiro'. Ou seja, toda a venda de mercadorias do território nacional, por exemplo, mercadorias originárias de São Paulo destinadas à Zona Franca de Manaus, para consumo ou industrialização na Zona Franca, ou reexportação, são tratadas, pelo Decreto, para efeitos fiscais, como uma exportação brasileira para o estrangeiro.[310]

---

da Constituição". Esse prazo foi prorrogado até o ano de 2073 pelas Emendas Constitucionais nº 42/2003 e nº 83/2014: "Art. 92. São acrescidos dez anos ao prazo fixado no art. 40 deste Ato das Disposições Constitucionais Transitórias. (Incluído pela Emenda Constitucional nº 42, de 19.12.2003)"; "Art. 92-A. São acrescidos 50 (cinquenta) anos ao prazo fixado pelo art. 92 deste Ato das Disposições Constitucionais Transitórias. (Incluído pela Emenda Constitucional nº 83, de 2014)".

[309] STF. T. Pleno. Voto Min. Marco Aurélio. DJ 07.11.2003.
[310] Voto Min. Nelson Jobim, p. 347.

Assim, na medida em que a Zona Franca de Manaus tem um regime fiscal que a equipara a uma área estrangeira, as operações de venda de mercadorias para adquirentes situadas em seu território devem ser consideradas exportação para todos os efeitos legais.[311]

### 3.2.1.5 Mercadoria exportada que permanece no País

O art. 6º da Lei nº 9.826/1999 e o art. 61 da Lei nº 10.833/2003 qualificam como exportação, para fins de fiscais e cambiais, as seguintes hipóteses de venda de mercadorias:

> Art. 6º A exportação de produtos nacionais sem que tenha ocorrido sua saída do território brasileiro somente será admitida, produzindo todos os efeitos fiscais e cambiais, quando o pagamento for efetivado em moeda nacional ou estrangeira de livre conversibilidade e a venda for realizada para: (Redação dada pela Lei nº 12.024, de 2009)
> 
> I – empresa sediada no exterior, para ser utilizada exclusivamente nas atividades de pesquisa ou lavra de jazidas de petróleo e de gás natural, conforme definidas na Lei nº 9.478, de 6 de agosto de 1997, ainda que a utilização se faça por terceiro sediado no País;
> 
> II – empresa sediada no exterior, para ser totalmente incorporado a produto final exportado para o Brasil;
> 
> III – órgão ou entidade de governo estrangeiro ou organismo internacional de que o Brasil seja membro, para ser entregue, no País, à ordem do comprador.
> 
> Art. 61. Nas operações de exportação sem saída do produto do território nacional, com pagamento a prazo, os efeitos fiscais e cambiais, quando reconhecidos pela legislação vigente, serão produzidos no momento da contratação, sob condição resolutória, aperfeiçoando-se pelo recebimento integral em moeda nacional ou estrangeira de livre conversibilidade (Redação dada pela lei nº 12.024, de 2009).
> 
> Parágrafo único. O disposto neste artigo aplica-se também ao produto exportado sem saída do território nacional, na forma disciplinada pela Secretaria da Receita Federal do Brasil, para ser: (Redação dada pela Lei nº 12.767, de 2012)
> 
> I – totalmente incorporado a bem que se encontre no País, de propriedade do comprador estrangeiro, inclusive em regime de admissão temporária sob a responsabilidade de terceiro;
> 
> II – entregue a órgão da administração direta, autárquica ou fundacional da União, dos Estados, do Distrito Federal ou dos Municípios, em cumprimento de contrato decorrente de licitação internacional;
> 
> III – entregue, em consignação, a empresa nacional autorizada a operar o regime de loja franca;
> 
> IV – entregue, no País, a subsidiária ou coligada, para distribuição sob a forma de brinde a fornecedores e clientes;
> 
> V – entregue a terceiro, no País, em substituição de produto anteriormente exportado e que tenha se mostrado, após o despacho aduaneiro de importação, defeituoso ou imprestável para o fim a que se destinava;

---

[311] Sobre o tema, cf.: MENDONÇA, Jean Cleuter Simões. Isenções tributárias no pacto federalista – Zona Franca de Manaus. *In*: PEIXOTO, Marcelo Magalhães; SARTORI, Angela; DOMINGO, Luiz Roberto (Coord.). *Tributação aduaneira à luz da jurisprudência do CARF – Conselho Administrativo de Recursos Fiscais*. São Paulo: MP-APET. p. 127-133, 2013; KERAMIDAS, Fabiola Cassiano. A zona franca de Manaus e a isenção de PIS e Cofins. *In*: SARTORI, Angela (coord.). *Questões atuais de direito aduaneiro e tributário à luz da jurisprudência dos Tribunais*. São Paulo: IOB-Sage, 2017. p. 227-258.

VI – entregue, no País, a missão diplomática, repartição consular de caráter permanente ou organismo internacional de que o Brasil seja membro, ou a seu integrante, estrangeiro; ou

VII – entregue, no País, para ser incorporado a plataforma destinada à pesquisa e lavra de jazidas de petróleo e gás natural em construção ou conversão contratada por empresa sediada no exterior, ou a seus módulos.

Essas hipóteses de exportação ficta, sem saída física do território aduaneiro, na verdade, são benefícios fiscais para o vendedor situado no território nacional, porque permitem o aproveitamento de todos os incentivos aplicáveis a uma exportação.

### 3.2.1.6 Mercadoria admitida em depósito alfandegado certificado

As mercadorias admitidas no regime aduaneiro especial do depósito alfandegado certificado, de acordo com o art. 6º do Decreto-Lei nº 2.472/1988, são consideradas exportadas para todos os efeitos fiscais, cambiais e creditícios.[312] Nesse regime, a mercadoria nacional é depositada em recinto alfandegado, vendida a pessoa sediada no exterior, mediante contrato de entrega no território nacional e à ordem do adquirente.[313]

### 3.2.2 Critério espacial

O critério espacial da hipótese de incidência contém referência ao local em que o comportamento humano descrito no critério material deve ocorrer para que se instaurem os efeitos jurídicos previstos no consequente. O imposto de exportação, assim como o imposto de importação, tem como critério espacial o território aduaneiro. Este, no direito brasileiro, compreende o âmbito de vigência espacial da legislação aduaneira no território nacional – inclusive áreas de livre comércio – e as áreas de controle integrado do Mercosul situadas no território dos países-membros.[314]

### 3.2.3 Critério temporal

O critério temporal contém a indicação do preciso instante em que se considera ocorrido o evento imponível. No imposto de exportação, encontra-se previsto no parágrafo único do art. 213 do Regulamento Aduaneiro.[315] Esse dispositivo atualiza a previsão do § 1º do art. 1º do Decreto-Lei nº 1.578/1977,[316] considerando a existência do ambiente do Siscomex e a extinção da antiga guia de exportação, mediante referência ao documento equivalente. Assim,

---

[312] "Art. 6º Considerar-se-á exportada para o exterior, para todos os efeitos fiscais creditícios e cambiais, a mercadoria em regime de depósitos alfandegado certificado, como previsto em regulamento".
[313] Ver Cap. VI, item 5.5.4.
[314] Ver Cap. II, item 2.2.3.
[315] "Art. 213. [...] Parágrafo único. Para efeito de cálculo do imposto, considera-se ocorrido o fato gerador na data de registro do registro de exportação no Sistema Integrado de Comércio Exterior (SISCOMEX) (Decreto-Lei nº 1.578, de 1977, art. 1º, § 1º)".
[316] "Art. 1º [...] "§ 1º – Considera-se ocorrido o fato gerador no momento da expedição da Guia de Exportação ou documento equivalente".

nos termos desses enunciados prescritivos, tem-se como critério temporal do imposto a data do registro da Declaração Única de Exportação (DU-E) no Siscomex.[317]

## 3.3 Consequência tributária

A consequência tributária, como se viu, contém os critérios pessoal e quantitativo da regra-matriz de incidência tributária. Este é formado pela base de cálculo e pela alíquota, oferecendo os parâmetros normativos para a determinação do montante do crédito tributário devido. O devedor (sujeito passivo) e o credor (sujeito ativo), por sua vez, são prescritos pelo critério pessoal do consequente.

### 3.3.1 Critério pessoal

O sujeito ativo do imposto de exportação coincide com a pessoa política competente para a instituição do tributo: a União Federal. O sujeito passivo, por sua vez, é o exportador ou quem a este a lei equiparar (Decreto-Lei nº 1.578/1977, art. 5º;[318] Código Tributário Nacional, art. 27[319]).

### 3.3.2 Critério quantitativo

A base de cálculo do imposto de exportação, de acordo com o art. 2º do Decreto-Lei nº 1.578/1977, consiste no preço normal do bem exportado, isto é, aquele que a mercadoria ou sua similar alcançaria, ao tempo da exportação, em uma venda em condições de livre concorrência no mercado internacional. Essa regra remete à antiga Definição de Valor de Bruxelas, que gerou uma série de distorções no comércio internacional. Por isso, ao lado de outros métodos igualmente arbitrários adotados internacionalmente, foi eliminada pelo Acordo de Valoração Aduaneira. Esse estabeleceu critérios uniformes, neutros e equitativos para a definição da base de cálculo de importação.[320] Porém, suas disposições não são obrigatórias para o imposto de exportação.[321] Apesar disso, o § 1º do art. 2º do mesmo diploma legal, acaba aproximando-se dos critérios do AVA, ao estabelecer que o preço à vista do produto, *FOB* (*Free on Board*) ou posto na fronteira, é indicativo do preço normal:

> Art. 2º A base de cálculo do imposto é o preço normal que o produto, ou seu similar, alcançaria, ao tempo da exportação, em uma venda em condições de livre concorrência no mercado internacional, observadas as normas expedidas pelo Poder Executivo,

---

[317] IN RFB nº 1.702/2017: "Art. 7º A DU-E é um documento eletrônico que:
I – contém informações de natureza aduaneira, administrativa, comercial, financeira, tributária, fiscal e logística, que caracterizam a operação de exportação dos bens por ela amparados e definem o enquadramento dessa operação; e
II – servirá de base para o despacho aduaneiro de exportação.
Parágrafo único. As informações constantes da DU-E servirão de base para o controle aduaneiro e administrativo das operações de exportação".
[318] "Art. 5º – O contribuinte do imposto é o exportador, assim considerado qualquer pessoa que promova a saída do produto do território nacional".
[319] "Art. 27. Contribuinte do imposto é o exportador ou quem a lei a ele equiparar".
[320] Ver Cap. IV, item 1.1.
[321] ROSENOW, Sheri; O'SHEA, Brian J. *A handbook on the WTO Customs Valuation Agreement*. Cambridge: Cambridge University Press, 2010. p. 773.

mediante ato da Camex – Câmara de Comércio Exterior (Redação dada pela Medida Provisória nº 2.158-35, de 2001).

§ 1º O preço à vista do produto, FOB ou posto na fronteira, é indicativo do preço normal.

§ 2º Quando o preço do produto for de difícil apuração ou for susceptível de oscilações bruscas no mercado internacional, o Poder Executivo, mediante ato da Camex, fixará critérios específicos ou estabelecerá pauta de valor mínimo, para apuração de base de cálculo (Redação dada pela Medida Provisória nº 2.158-35, de 2001).

§ 3º Para efeito de determinação da base de cálculo do imposto, o preço de venda das mercadorias exportadas não poderá ser inferior ao seu custo de aquisição ou produção, acrescido dos impostos e das contribuições incidentes e de margem de lucro de quinze por cento sobre a soma dos custos, mais impostos e contribuições (Incluído pela Lei nº 9.716, de 1998).

O conceito de mercadoria similar, em razão da aplicação subsidiária das regras do imposto de importação,[322] deve ser estabelecido de acordo com o art. 15.2 (b), (c), (d) e (e) do AVA. Assim, são considerados similares as mercadorias produzidas no mesmo país e pelo mesmo fabricante – ou, subsidiariamente, por outra empresa – que, "embora não se assemelhem em todos os aspectos, têm características e composição material semelhantes, o que lhes permite cumprir as mesmas funções e serem permutáveis comercialmente". Dentre os aspectos que devem ser considerados para avaliação da similaridade, incluem-se a qualidade, a reputação comercial e a existência de uma marca comercial. Essa, porém, não é determinante, já que o fato de os produtos apresentarem marcas distintas não implica necessariamente a ausência de similaridade.[323]

Por fim, nos termos do art. 3º do Decreto-Lei nº 1.578/1977, a alíquota-base do imposto de exportação equivale a 30%, podendo ser reduzida ou aumentadas pela Camex para atender objetivos de política cambial e de comércio exterior.[324]

## 3.4 Imunidades e isenções

As exportações são imunes ao IPI (CF, art. 153, IV, § 3º, III),[325] ao ICMS (CF, art. 155, § 2º, X, *a*)[326] e às contribuições especiais sociais e de intervenção no domínio econômico (CF,

---

[322] Decreto-Lei nº 1.578, de 1977: "Art. 8º – No que couber, aplicar-se-á, subsidiariamente, ao imposto de exportação a legislação relativa ao imposto de importação".

[323] Comentário nº 1.1, do CTVA da OMA.

[324] "Art. 3º A alíquota do imposto é de trinta por cento, facultado ao Poder Executivo reduzi-la ou aumentá-la, para atender aos objetivos da política cambial e do comércio exterior (Redação dada pela Lei nº 9.716, de 1998).
Parágrafo único. Em caso de elevação, a alíquota do imposto não poderá ser superior a cinco vezes o percentual fixado neste artigo (Redação dada pela Lei nº 9.716, de 1998)".

[325] "Art. 153. Compete à União instituir impostos sobre:
[...]
§ 3º O imposto previsto no inciso IV:
[...]
III – não incidirá sobre produtos industrializados destinados ao exterior".

[326] "Art. 155. Compete aos Estados e ao Distrito Federal instituir impostos sobre (Redação dada pela Emenda Constitucional nº 3, de 1993):
[...]

art. 149, § 2º, I).³²⁷ Logo, não há competência para a instituição desses tributos em face das exportações ou de receitas auferidas com exportações.³²⁸ Não obstante, o texto constitucional não estabelece imunidades específicas para o imposto de exportação, o que se deve ao caráter extrafiscal desse tributo. Em tese, poderiam lhe ser aplicáveis as imunidades dos impostos em geral. Essa hipótese, contudo, é apenas teórica, já que, como examinado anteriormente, não há cobrança de imposto de exportação, salvo em relação a produtos especiais como cigarros, armas e munições, quando exportados para países específicos.³²⁹ Isso torna bastante difícil – senão impossível – que se conceba alguma operação concreta em que as imunidades em geral (por exemplo, a imunidade das instituições de educação e de assistência social) poderiam ser aplicáveis ao imposto de exportação. Pela mesma razão, são ineficazes as isenções do imposto previstas na legislação especial em relação ao café (Decreto-Lei nº 2.295/1986, art. 1º), ao setor sucroalcooleiro (Lei nº 9.362/1996, art. 1º, § 7º), às bagagens (Decisão CMC nº 53/2008, internalizada pelo Decreto nº 6.870/2009) e ao comércio de subsistência em fronteira (Decreto-Lei nº 2.120/1984, art. 1º, § 2º, *b*). Por isso, não há razão para se ocupar dessa matéria no presente estudo.

## 4 DEMAIS TRIBUTOS INCIDENTES NO COMÉRCIO INTERNACIONAL

### 4.1 Imposto sobre Produtos Industrializados

#### 4.1.1 Princípios jurídicos

Os princípios constitucionais tributários aplicam-se ao IPI. Como ressaltado anteriormente, não cabe um exame recapitulativo dessa matéria. Nessa parte do texto serão analisados apenas as disposições especiais e os princípios específicos do IPI. Os demais serão considera-

---

§ 2º O imposto previsto no inciso II atenderá ao seguinte: (Redação dada pela Emenda Constitucional nº 3, de 1993).
[...]
X – não incidirá:
a) sobre operações que destinem mercadorias para o exterior, nem sobre serviços prestados a destinatários no exterior, assegurada a manutenção e o aproveitamento do montante do imposto cobrado nas operações e prestações anteriores; (Redação dada pela Emenda Constitucional nº 42, de 19.12.2003)".
É de se ressaltar que, segundo definiu o STF no julgamento do RE nº 754.917, em regime de repercussão geral: "A imunidade a que se refere o art. 155, § 2º, X, *a*, da CF não alcança operações ou prestações anteriores à operação de exportação".

³²⁷ "Art. 149. Compete exclusivamente à União instituir contribuições sociais, de intervenção no domínio econômico e de interesse das categorias profissionais ou econômicas, como instrumento de sua atuação nas respectivas áreas, observado o disposto nos arts. 146, III, e 150, I e III, e sem prejuízo do previsto no art. 195, § 6º, relativamente às contribuições a que alude o dispositivo.
[...]
§ 2º As contribuições sociais e de intervenção no domínio econômico de que trata o *caput* deste artigo: (Incluído pela Emenda Constitucional nº 33, de 2001).
I – não incidirão sobre as receitas decorrentes de exportação; (Incluído pela Emenda Constitucional nº 33, de 2001)".

³²⁸ Também há imunidade do ISS na exportação de serviços: "Art. 156. Compete aos Municípios instituir impostos sobre: [...] § 3º Em relação ao imposto previsto no inciso III do *caput* deste artigo, cabe à lei complementar: (Redação dada pela Emenda Constitucional nº 37, de 2002) [...] II – excluir da sua incidência exportações de serviços para o exterior (Incluído pela Emenda Constitucional nº 3, de 1993)".

³²⁹ Circular do Banco Central do Brasil nº 2.767/1997; Portaria Secex nº 23/2014.

dos diretamente na construção da regra-matriz de incidência e na interpretação dos demais institutos de direito aduaneiro, quando aplicáveis.

#### 4.1.1.1 Estrita legalidade e definição das alíquotas do imposto

A exemplo dos impostos de importação e de exportação, o princípio da legalidade tem uma dimensão mitigada no IPI. O art. 153, § 1º, da Constituição,[330] faculta ao Poder Executivo a alteração de suas alíquotas dentro dos limites máximos e mínimos previstos em lei. Trata-se de previsão que visa a permitir o uso do IPI como instrumento de extrafiscalidade, mediante a modulação das alíquotas.

A previsão constitucional alcança apenas a definição das alíquotas, sem abranger a hipótese de incidência e os demais critérios da consequência jurídica da regra-matriz do IPI, inclusive a base de cálculo e a sujeição passiva. Por fim, quanto às demais exigências constitucionais decorrentes desse princípio, em especial no tocante à impossibilidade de delegação legislativa e tipicidade, aplicam-se aqui as mesmas observações realizadas por ocasião do estudo do imposto de importação.

#### 4.1.1.2 Anterioridade mínima

O IPI não está sujeito ao princípio constitucional da anterioridade tributária. A Constituição, no entanto, exige a observância de um prazo mínimo de 90 dias para a aplicação do enunciado prescritivo instituidor do tributo ou do aumento da alíquota, contados da publicação da lei (CF, art. 150, § 1º[331]). Nesse período, há um deslocamento do termo inicial da vigência,[332] o que também se aplica aos preceitos que revogam isenções e desonerações fiscais em geral, as hipóteses de creditamento ou a previsão de restrições ao direito de crédito na disciplina da não cumulatividade do imposto.[333]

Esse prazo mínimo foi introduzido pela Emenda Constitucional nº 42/2003. Com ele, preserva-se o uso do IPI como instrumento de extrafiscalidade, ao mesmo tempo em que é garantida a segurança jurídica e a proteção da confiança, assegurando aos cidadãos a calculabilidade e a previsibilidade dos efeitos do aumento do tributo.

#### 4.1.1.3 Isonomia e cláusula do tratamento nacional (artigo III do Gatt 1994)

O princípio do tratamento nacional (artigo III) estabelece que, ressalvado o imposto de importação, a tributação de produtos nacionais ou de origem estrangeira não pode visar à

---

[330] "§ 1º É facultado ao Poder Executivo, atendidas as condições e os limites estabelecidos em lei, alterar as alíquotas dos impostos enumerados nos incisos I, II, IV e V".

[331] "Art. 150. [...] § 1º A vedação do inciso III, b, não se aplica aos tributos previstos nos arts. 148, I, 153, I, II, IV e V; e 154, II; e a vedação do inciso III, c, não se aplica aos tributos previstos nos arts. 148, I, 153, I, II, III e V; e 154, II, nem à fixação da base de cálculo dos impostos previstos nos arts. 155, III, e 156, I (Redação dada pela Emenda Constitucional nº 42, de 19.12.2003)".

[332] Vigência é uma propriedade da norma jurídica, que reflete a aptidão para propagar seus efeitos previstos, diante da ocorrência concreta do evento descrito em seu antecedente (CARVALHO, Paulo de Barros. *Curso de direito tributário*. 13. ed. São Paulo: Saraiva, 2000. p. 79-127).

[333] O Supremo Tribunal Federal, no julgamento de medida liminar em Ação Direta de Inconstitucionalidade (nº 2.325/DF) contra dispositivos da Lei Complementar nº 102/2000 que modificaram os critérios de apropriação dos créditos do ICMS decorrentes de aquisições de mercadorias para o ativo permanente, de energia elétrica e de serviços de telecomunicação, entendeu que a modificação do sistema de creditamento se sujeita ao princípio da anterioridade (ADInMC 2.325/DF. Rel. Min. Marco Aurélio. J. 29.11.2000).

proteção da produção local. Essa restrição aplica-se aos tributos internos, inclusive os cobrados no desembaraço como adicional do imposto de importação (Notas e Disposições Adicionais Ao Artigo III), como é o caso do IPI:[334]

> Artigo III
> Tratamento Nacional no tocante à Tributação e Regulamentação Internas
> 3.1 As Partes Contratantes reconhecem que os impostos e outros tributos internos, assim como leis, regulamentos e exigências relacionadas com a venda, oferta para venda, compra, transporte, distribuição ou utilização de produtos no mercado interno e as regulamentações sobre medidas quantitativas internas que exijam a mistura, a transformação ou utilização de produtos, em quantidade e proporções especificadas, não devem ser aplicados a produtos importados ou nacionais, de modo a proteger a produção nacional.
> 3.2 Os produtos do território de qualquer Parte Contratante, importados por outra Parte Contratante, não estão sujeitos, direta ou indiretamente, a impostos ou outros tributos internos de qualquer espécie superiores aos que incidem, direta ou indiretamente, sobre produtos nacionais. Além disso nenhuma Parte Contratante aplicará de outro modo, impostos ou outros encargos internos a produtos nacionais ou importados, contrariamente aos princípios estabelecidos no parágrafo 1.
> 3.3 Relativamente a qualquer imposto interno existente, incompatível com o que dispõe o parágrafo 2, mas expressamente autorizado por um acordo comercial, em vigor a 10 de abril de 1947, no qual se estabelece o congelamento do direito de importação que recai sobre um produto à Parte Contratante que aplica o imposto será lícito protelar a aplicação dos dispositivos do parágrafo 2 a tal imposto, até que possa obter dispensadas obrigações desse acordo comercial, de modo a lhe ser permitido aumentar tal direito na medida necessária compensar a supressão da proteção assegurada pelo imposto.
> [...]
> 3.8 (a) As disposições desse Artigo não se aplicarão às leis, regulamentos ou exigências que se refiram a aquisições, por órgãos governamentais de produtos comprados para atender às necessidades dos poderes públicos e não se destinam à revenda, no comércio, ou à produção de bens para venda no comércio.
> [...]
> Notas e Disposições Adicionais Ao Artigo III
> Qualquer imposto ou outros tributos internos, bem como qualquer lei, regulamento ou prescrição mencionados no Parágrafo 1 que se apliquem não só ao produto importado como também ao produto nacional similar e que sejam cobrados ou exigidos no caso do produto importado no momento e no local da importação, serão não obstante considerados como taxa interna ou um outro tributo interno ou como uma lei, regulamentação ou exigências regidas no Parágrafo 1 e estão consequentemente sujeitas às disposições do Artigo III.
> Parágrafo primeiro
> A aplicação do parágrafo primeiro às taxas internas cobradas pelas autoridades governamentais ou administrativas locais do território de uma Parte Contratante é regida

---

[334] Como ressalta Basaldúa, "la tributación interna aludida es fundamentalmente la indirecta, aunque también puede afectar en ciertos supuestos a la directa" (BASALDÚA, Ricardo Xavier. *Tributos al comercio exterior*. Buenos Aires: 2011. p. 486).

pelas disposições constantes do último parágrafo do Artigo XXIV. A expressão "medidas razoáveis que estejam a seu alcance" que figura nesse parágrafo não deve ser interpretada como obrigando, por exemplo uma Parte Contratante a revogar uma legislação nacional que dá às autoridades mencionadas acima, o poder de aplicar taxas internas que sejam contrárias na forma, à letra do Artigo III, sem contratarem, de fato, o espírito deste Artigo se essa extinção trouxer graves dificuldades financeiras para as autoridades locais interessadas. No que concerne às taxas cobradas por essas autoridades locais e que sejam contrárias à letra e ao espírito do Artigo III, a expressão "medidas razoáveis que estejam a seu alcance" permite a uma Parte Contratante elimina progressivamente essas taxas no curso de um período de transição, se a sua supressão imediata ameace provocar graves dificuldades administrativas e financeiras.

Parágrafo 2

Uma taxa que satisfaça às prescrições da primeira frase do parágrafo 2 somente deve ser considerada como incompatível com as prescrições da Segunda frase nos casos em que haja concorrência entre de um lado, o produto taxado e de outro, um produto diretamente competidor ou que possa ser substituto direto e que não seja taxado igualmente.

Como ressaltado anteriormente, a isonomia na tributação do comércio exterior é um compromisso internacional.[335] O Estado brasileiro é signatário do Acordo Geral de Tarifas e Comércio de 1994 (Gatt 1994 – *General Agreement on Tariffs and Trade*), incorporado ao direito interno pelo Decreto Legislativo nº 30/1994, promulgado pelo Decreto nº 1.355/1994. Assim, como membro da OMC, comprometeu-se internacionalmente a eliminar tratamentos anti-isonômicos nas relações comerciais com outros países. Dentro da reciprocidade e da lógica de vantagens mútuas do Gatt, constitui um dever do Estado brasileiro zelar pela sua observância. Isso incluiu os Poderes Executivo e Legislativo, na elaboração de leis, na formulação e execução das políticas de comércio exterior. Mas também ao Poder Judiciário, na contenção de práticas abusivas e incompatíveis com o princípio do tratamento nacional.

Alinhada a esses valores, há muitos anos a Jurisprudência do STF tem admitido a extensão de isenções com base no princípio do tratamento nacional.[336] Trata-se de matéria que foi objeto da Súmula nº 575, aprovada na Sessão Plenária de 15.12.1976: "À mercadoria importada de país signatário do Gatt, ou membro da ALALC, estende-se a isenção do imposto de circulação de mercadorias concedida a similar nacional". Precedentes mais recentes têm reafirmado essa interpretação, uma vez que "os produtos oriundos de países membros da OMC e, portanto, signatários do Gatt, devem receber tratamento tributário igualitário em face do similar nacional".[337] O STJ também entende nesse mesmo sentido, consoante as

---

[335] Ver Cap. II, item 2.1.4.

[336] É importante ressaltar que essa interpretação não contrasta com o entendimento segundo o qual "[...] não pode o Poder Judiciário, a pretexto de conceder tratamento isonômico, atuar como legislador positivo para estabelecer benefícios tributários não previstos em lei, sob pena de afronta ao princípio fundamental da separação dos poderes" (STF. 2ª T. RE 606.171 AgR. Rel. Min. Dias Toffoli. *DJe*-040 de 03.03.2017). O princípio do tratamento nacional é previsto em um acordo internacional incorporado ao direito brasileiro com força de lei. Dele já resulta o direito de extensão do benefício fiscal ao importador brasileiro de produto similar ou intersubstituível. O Judiciário, ao determinar essa providência, não está inovando na ordem jurídica, mas apenas declarando um direito que decorre do Artigo III do Gatt.

[337] STF. 1ª T. ARE 804638 AgR. Rel. Min. Luiz Fux. *DJe*-075 23.04.2015; 1ª T. REsp 533.124/SP. Rel. Min. Luiz Fux. DJ 20.10.2003. No mesmo sentido, STF. 1ª T. AI 764.951 AgR. Rel. Min. Rosa Weber. *DJe*-048 13.03.2013: "A jurisprudência desta Suprema Corte assentou-se no sentido da constitucionalidade das desonerações tributárias estabelecidas, por meio de tratado, pela República Federativa do Brasil, máxime

Súmulas nº 20 ("A Mercadoria importada de país signatário do Gatt é isenta do ICM, quando contemplado com esse favor o similar nacional") e nº 71 ("O bacalhau importado de país signatário do Gatt é isento do ICM").

No plano internacional, o princípio do tratamento nacional teve o seu conteúdo jurídico construído progressivamente pelo Órgão de Apelação da OMC. Entende-se que, do Artigo III.2 do Gatt, decorrem dois comandos distintos. O primeiro é aplicável aos produtos similares (*like products*) e o segundo, aos produtos que, embora não similares, são competidores diretos ou intersubstituíveis, conforme explicitado no parágrafo 2 da Nota e Disposições Adicionais ao Artigo III:

> Parágrafo 2
> Uma taxa que satisfaça às prescrições da primeira frase do parágrafo 2 somente deve ser considerada como incompatível com as prescrições da Segunda frase nos casos em que haja concorrência entre de um lado, o produto taxado e de outro, um produto diretamente competidor ou que possa ser substituto direto e que não seja taxado igualmente.

Em relação aos produtos similares, a cláusula do tratamento nacional implica a impossibilidade objetiva de instituição de um regime tributário diferenciando mercadorias de origem nacional e estrangeira (Artigo III.2, primeira parte). Há, como decidido no caso *Japan – Alcoholic Beverages II*, uma vedação direta de tratamento fiscal discrepante, independentemente do grau ("até mesmo a menor quantidade de excesso é muito") e da intenção de favorecimento do legislador local.[338]

Não há uma definição de "produtos similares" no Gatt. No caso *Japan – Alcoholic Beverages II*, o Órgão de Apelação da OMC ressaltou que se trata de um conceito relativo, que comporta uma certa margem de discricionariedade e deve ser determinado em função do caso concreto. A similaridade, assim, pode ser estabelecida considerando a classificação fiscal, que, quando não for excessivamente ampla, serve como critério útil de aproximação. Esta, ademais, pode ser conjugada com os parâmetros sugeridos no Relatório do Grupo de Trabalho sobre Ajustes

---

no que diz com a extensão, às mercadorias importadas de países signatários do GATT, das isenções de ICMS concedidas às similares nacionais (Súmula STF nº 575)".

[338] Como ressalta Nathalie Tiba Sato, "no tocante ao Artigo III.2, é possível constatar que sua interpretação pelo Órgão de Apelação inicia-se no caso *Japan – Alcoholic Beverages II*. De acordo com essa decisão, para o Artigo III não importa a intenção, ou seja, não importa se o Membro desenhou sua regulação interna no sentido de favorecer empresas nacionais, mas apenas se a regulação interna objetivamente concede essa proteção". Ainda segundo ressaltado pelos autores desse estudo: "No caso *Japan – Alcoholic Beverages II*, o Órgão de Apelação foi claro ao afirmar que '*even the smallest amount of excess is too much...*'; ou, em tradução direta, "até mesmo a menor quantidade de excesso é muito" (SATO, Nathalie Tiba. Artigo III. *In*: THORSTENSEN, Vera; OLIVEIRA, Luciana Maria de (coord.); BADIN, Michelle Ratton Sanchez (org.). *Releitura dos acordos da OMC como interpretados pelo órgão de apelação*: efeitos na aplicação das regras de comércio internacional – Acordo Geral sobre Tarifas e Comércio 1994 – GATT 1994. São Paulo: Escola de Economia de São Paulo da Fundação Getúlio Vargas-Centro do Comércio Global de Investimento, 2013. p. 53. Disponível em: https://ccgi.fgv.br/en/releitura-project. Acesso em: 18.07.2020). No mesmo sentido, Luciane Amaral Corrêa ressalta que, nessa hipótese, "[...] uma vez constatado que os produtos em comparação se inserem no conceito de *like product*, basta a mera tributação a maior do produto importado para que se verifique a violação da regra da primeira parte do artigo III:2 do GATT. Não existe margem de tolerância para o excesso de tributação, que, por consequência, deve ser idêntica para ambos os produtos, doméstico e importado" (CORRÊA, Luciane Amaral. A cláusula do tratamento nacional em matéria tributária do GATT/94 e o Brasil: validade e responsabilidade internacional em face do artigo 151, III, da Constituição Federal de 1988. *Revista de Informação Legislativa*, Brasília, v. 38, n. 153, jan./mar. 2002. p. 57).

na Tributação Aduaneira, também denominado Grupo de Trabalho sobre Ajustes nas Tarifas Alfandegárias (*Border Tax Adjustements*) de 20 de novembro de 1970,[339] isto é: (i) os usos finais em um determinando mercado; (ii) os gostos e os hábitos dos consumidores, que mudam de país para país; e (iii) as propriedades, a natureza e a qualidade do produto. Ademais, em *Korea – Taxes on Alcoholic Beverages*, o Órgão de Apelação entendeu que produtos similares (*like products*) são os "perfeitamente substituíveis entre si".[340]

Dessa forma, a classificação fiscal, a aparência e os aspectos externos certamente devem ser considerados na avaliação, porém, apenas como elementos indiciários ou como fator de exclusão. O essencial é saber se há uma permutabilidade comercial sob a perspectiva do consumidor, em função do uso e da destinação. Além disso, no conceito de produtos similares, estão abrangidos os produtos idênticos. Afinal, não faria o menor sentido vedar a discriminação entre produtos similares, mas autorizá-la em relação aos idênticos.

Por outro lado, quanto aos produtos não similares, mas competidores diretos ou inter-substituíveis, a cláusula do tratamento nacional veda a instituição de um regime tributário protecionista, que implique uma efetiva condição favorável aos bens nacionais[341] (Artigo III.2, segunda parte, e parágrafo 2 da Nota e Disposições Adicionais ao Artigo III). Trata-se, como ressaltado em *Korea – Taxes on Alcoholic Beverages*, de uma regra que protege os "produtos imperfeitamente substituíveis", inclusive agrupados, de uma concorrência existente ou potencial (demanda atual e latente).

---

[339] De acordo com esse Relatório: "18. With regard to the interpretation of the term '... like or similar products ...', which occurs some sixteen times throughout the General Agreement, it was recalled that considerable discussion had taken place in the past, both in GATT and in other bodies, but that no further improvement of the term had been achieved. The Working Party concluded that problems arising from the interpretation of the term should be examined on a case-by-case basis. This would allow a fair assessment in each case of the different elements that constitute a 'similar' product. Some criteria were suggested for determining, on a case-by-case basis, whether a product is 'similar': the product's end-uses in a given market; consumers tastes and habits, which change from country to country; the product's properties, nature and quality. It was observed, however, that the term '... like or similar products ...' caused some uncertainty and that it would be desirable to improve on it; however, no improved term was arrived at" (Disponível em: https://www.wto.org/gatt_docs/English/SULPDF/90840088.pdf. Acesso em: 05.08.2020). Em tradução livre: "18. No que diz respeito à interpretação do termo '...produtos similares ou similares...', que ocorre cerca de dezesseis vezes ao longo do Acordo Geral, foi lembrado que houve considerável discussão no passado, no Gatt e em outros órgãos, mas que nenhuma melhoria adicional do termo foi alcançada. O Grupo de Trabalho concluiu que os problemas advindos da interpretação do termo devem ser examinados caso a caso. Isso possibilitaria uma avaliação equitativa em cada caso dos diferentes elementos que constituem um produto 'semelhante'. Alguns critérios foram sugeridos para determinar, caso a caso, se um produto é 'semelhante': os usos finais do produto em um dado mercado; gostos e hábitos dos consumidores, que mudam de país para país; as propriedades, natureza e qualidade do produto. Observou-se, no entanto, que o termo '...produtos similares ou similares...' causou alguma incerteza e que seria desejável melhorá-lo; porém, nenhum termo aprimorado foi alcançado".

[340] WTO. *Korea – Taxes on Alcoholic Beverages*. Report of the Appellate Body, p. 33-34. Disponível em: https://www.wto.org/english/tratop_e/dispu_e/cases_e/ds75_e.htm. Acesso em: 05.08.2020.

[341] CORRÊA, Luciane Amaral. A cláusula do tratamento nacional em matéria tributária do GATT/94 e o Brasil: validade e responsabilidade internacional em face do artigo 151, III, da Constituição Federal de 1988. *Revista de Informação Legislativa*, Brasília, v. 38, n. 153, jan./mar. 2002. p. 57; SATO, Nathalie Tiba. Artigo III. *In*: THORSTENSEN, Vera; OLIVEIRA, Luciana Maria de (coord.); BADIN, Michelle Ratton Sanchez (org.). *Releitura dos acordos da OMC como interpretados pelo órgão de apelação: efeitos na aplicação das regras de comércio internacional – Acordo Geral sobre Tarifas e Comércio 1994 – GATT 1994*. São Paulo: Escola de Economia de São Paulo da Fundação Getúlio Vargas-Centro do Comércio Global de Investimento, 2013. p. 53.

Nesse precedente, o Órgão de Apelação da OMC reiterou o critério adotado em *Japan – Alcoholic Beverages II*, segundo o qual a violação da obrigação do tratamento nacional pressupõe a demonstração de que: (i) "os produtos importados e os produtos domésticos são 'produtos diretamente concorrentes ou substituíveis' que concorrem entre si";[342] (ii) "os produtos domésticos e importados diretamente concorrentes ou substituíveis *não são tributados da mesma forma*";[343] e (iii) "a tributação diferente dos produtos domésticos e importados diretamente concorrentes ou substituíveis é 'aplicada [...] de modo a dar proteção à produção doméstica'".[344] Entende-se ainda que a diferença tarifária entre os produtos diretamente concorrentes não deve ser desprezível ou insignificante (mais que o *de minimis*)[345] e que, ademais, tenha como resultado a proteção da produção nacional, ainda que essa não tenha sido a intenção de quem a implementou.[346]

Dessa maneira, em qualquer caso, o que deve ser analisado é a existência de uma relação de concorrência no mercado entre os dois produtos, que resulta de sua permutabilidade comercial e do potencial de satisfação de uma necessidade de consumo. Se um pode ser perfeitamente substituído pelo outro (porque, sob a perspectiva do consumidor, não é relevante qual deles será adquirido), então deve incidir a primeira parte do Artigo III.2. Por conseguinte, é vedada a existência de um tratamento fiscal discrepante, independentemente do grau e da intenção de favorecimento do legislador local. Por outro lado, se os produtos – embora sem a mesma intensidade ou grau de preferência – ainda apresentam um potencial para atender a mesma necessidade de consumo, há uma permutabilidade imperfeita protegida pela segunda parte do Artigo III.2. Nessa hipótese, deve ser analisado se a diferença tarifária, não sendo desprezível ou insignificante, implica uma proteção da produção nacional contra a concorrência do importado.

---

[342] "(1) the imported products and the domestic products are '*directly competitive or substitutable products*' which are in competition with each other".

[343] "(2) the directly competitive or substitutable imported and domestic products are '*not similarly taxed*'; and".

[344] "(3) the dissimilar taxation of the directly competitive or substitutable imported domestic products is 'applied ... so as to afford protection to domestic production" (*Japan – Taxes on Alcoholic Beverages*, p. 24).

[345] CORRÊA, Luciane Amaral. A cláusula do tratamento nacional em matéria tributária do GATT/94 e o Brasil: validade e responsabilidade internacional em face do artigo 151, III, da Constituição Federal de 1988. *Revista de Informação Legislativa*, Brasília, v. 38, n. 153, jan./mar. 2002. p. 58; SATO, Nathalie Tiba. Artigo III. *In*: THORSTENSEN, Vera; OLIVEIRA, Luciana Maria de (coord.); BADIN, Michelle Ratton Sanchez (org.). *Releitura dos acordos da OMC como interpretados pelo órgão de apelação*: efeitos na aplicação das regras de comércio internacional – Acordo Geral sobre Tarifas e Comércio 1994 – GATT 1994. São Paulo: Escola de Economia de São Paulo da Fundação Getúlio Vargas-Centro do Comércio Global de Investimento, 2013. p. 53: "Em primeiro lugar, a diferença no tratamento de produtos estrangeiros e nacionais está sujeita a um critério minimalista. Ou seja, para que seja proibido, será necessário demonstrar que o tratamento de produtos nacionais e importados não é similar. Em segundo lugar, como a segunda frase do Artigo III.2 faz referência expressa ao primeiro parágrafo do mesmo dispositivo, entende-se que, para que seja proibido, é imprescindível demonstrar também que a diferença de tratamento de produtos nacionais e estrangeiros é o que efetivamente confere proteção àquele".

[346] "If the measure is applied to imported or domestic products so as to afford protection to domestic production, then it does not matter that there may not have been any desire to engage in protectionism in the minds of the legislators or the regulators who imposed the measure" ou, em tradução livre: "Se a medida for aplicável a produtos importados ou domésticos de modo a proteger a produção doméstica, então não importa que não tenha havido nenhum desejo de encetar protecionismo nas mentes dos legisladores e reguladores que a impuseram" (*WTO. Japan – Taxes on Alcoholic Beverages*. Report of the Appellate Body, p. 27-28. Disponível em: https://www.wto.org/english/tratop_e/dispu_e/cases_e/ds8_e.htm. Acesso em: 05.08.2020).

## 4.1.1.4 Seletividade e extrafiscalidade

O IPI deve observar o princípio constitucional da seletividade das alíquotas, que, nos termos do art. 153, § 3º, I,[347] devem ser fixadas na razão inversa da essencialidade do produto. Segundo ensina José Roberto Vieira, essa exigência visa a realizar o princípio constitucional da capacidade contributiva,[348] impondo a adoção de alíquotas reduzidas para artigos de primeira necessidade (*v.g.*, roupas, alimentos, higiene e medicamentos)[349] e uma carga tributária mais gravosa para produtos de luxo ou de consumo prejudicial (*v.g.* fumo, cigarro, charuto, bebidas alcoólicas e similares).[350]

A seletividade limita a extrafiscalidade do IPI na importação. A competência do art. 153, § 1º, não pode ser interpretada de maneira isolada, de modo a anular a aplicabilidade do princípio constitucional da seletividade. Portanto, o Poder Executivo pode modular as alíquotas, mas sem deixar de defini-las na razão inversa da essencialidade do produto.

## 4.1.1.5 Não cumulatividade

O princípio da não cumulatividade encontra-se previsto no art. 153, § 3º, II,[351] da Constituição Federal.[352] Trata-se de um princípio que busca afastar os aspectos prejudiciais e anti-isonômicos da tributação cumulativa, que é especialmente negativo em se tratando de produtos industrializados, segundo ressalta Pierre Beltrame:

> Os **tributos cumulativos**, também chamados "em cascata", gravam o valor global de cada transação. Estes permitem obter ingressos elevados por meio de alíquotas relativamente baixas. Ademais, sua aplicação se reveste de certa simplicidade, já que gravam, sem exceção, todas as transações que afetam a um produto ao lado do processo de produção e comercialização.

---

[347] "Art. 153. [...]
§ 3º O imposto previsto no inciso IV:
I – será seletivo, em função da essencialidade do produto".

[348] "Por sem dúvida que produtos como peles especiais, peças de arte, bebidas importadas, jóias de alto valor, perfumes caríssimos e tantos outros, revelam, pelo seu grau de sofisticação, a às vezes de extravagância, elevada capacidade contributiva" (VIEIRA, José Roberto. *A regra-matriz de incidência do IPI*: texto e contexto. Curitiba: Juruá, 1993. p. 126).

[349] A essencialidade, por sua vez, pode ser estabelecida a partir do art. 7º, IV, da Constituição Federal, o que compreenderia produtos relacionados às necessidades de moradia, alimentação, educação, saúde, lazer, vestuário, higiene e transporte.

[350] Para Aliomar Baleeiro, as alíquotas devem ser estabelecidas "em razão inversa da imprescindibilidade das mercadorias de consumo generalizado. Quanto mais sejam elas necessárias à alimentação, vestuário, à moradia, ao tratamento médico e higiênico das classes mais numerosas, tanto menores devem ser" (BALEEIRO, Aliomar. *Direito tributário brasileiro*. 11. ed. Atual. por Misabel Abreu Machado Derzi. Rio de Janeiro: Forense, 2001. p. 347).

[351] "§ 3º O imposto previsto no inciso IV: [...] II – será não cumulativo, compensando-se o que for devido em cada operação com o montante cobrado nas anteriores".

[352] No Brasil, a não cumulatividade foi implementada pela primeira vez com as Leis Federais nº 297/1956 e nº 4.502/1964, relativas ao imposto sobre o consumo, precursor do atual IPI. Em 01 de dezembro de 1965, foi alçada ao patamar constitucional, por meio da Emenda nº 18 (arts. 11 e 12, § 2º), que previu a sua aplicação em relação ao IPI e ao ICM. Esse status hierárquico foi mantido na Constituição Federal de 1967 (arts. 22, § 4º, 24, § 5º), na Emenda Constitucional nº 1, de 17.10.1969, (arts. 21, § 3º, 23, II) e na Constituição Federal de 1988 (arts. 153, § 3º, II, 155, § 2º).

No entanto, se corre o risco de impor um forte gravame sobre os preços nas economias industriais onde a divisão do trabalho está muito desenvolvida. Ademais, tais tributos incidem de modo desigual sobre os distintos ciclos econômicos, e incitam as empresas a adotar processos curtos e técnicas de produção e comercialização integradas. Esta falta de neutralidade dos tributos cumulativos explica o seu praticamente desaparecimento nos sistemas fiscais dos países industrializados.[353]

Destarte, tributos com incidência plurifásica oneram diversas etapas de circulação do bem, desde a produção até o consumo final. No IPI, a incidência abrange o fornecimento de insumos e a venda do produto após a industrialização. Em alguns casos, por equiparação legal, pode alcançar a comercialização subsequente pelo adquirente. O valor devido em cada fase, sem a não cumulatividade, é calculado sobre o preço total, no qual está incorporado o tributo cobrado nas etapas anteriores, gerando o efeito "cascata" ou de "piramidização". Por conseguinte, a carga tributária fica maior conforme o aumento da complexidade e do número de etapas de circulação do bem.[354] Os produtos industrializados, assim, acabam tributados de forma mais gravosa que os semielaborados ou não industrializados.[355]

É por isso que, para evitar esses efeitos, a Constituição assegura aos contribuintes do IPI o abatimento, mediante compensação, do crédito tributário devido[356] na operação antecedente.

---

[353] Tradução nossa. "Los **tributos acumulativos**, también llamados 'en cascata', *gravan el valor global de cada transacción*. Éstos permiten obtener ingresos elevados por médio de tipos relativamente bajos. Además, su aplicación reviste cierta simplicidad, ya que gravan, sin excepción, todas las transacciones que afectan a un producto a lo largo del proceso de producción y comercialización.
En cambio, se corre el riesgo de imponer un fuerte gravamen sobre los precios en las economías industriales donde la división del trabajo está muy desarrollada. Además, tales tributos inciden de modo desigual sobre los distintos circuitos económicos, e incitan a las empresas a adoptar procesos cortos o técnicas de producción y comercialización integradas. Esta falta de neutralidad de los tributos acumulativos explica su práctica desaparición en los sistemas fiscales de los países industrializados" (BELTRAME, Pierre. *Introducción a la fiscalidad en Francia*. Barcelona: Atelier, 2004. p. 125-126).

[354] BALEEIRO, Aliomar. *Limitações constitucionais ao poder de tributar*. 7. ed. Atual. por Misabel Abreu Machado Derzi. Rio de Janeiro: Forense, 1999. p. 392: "Se, por exemplo, a alíquota for de 5%, o gravame, depois de cinco operações, é superior a 25%, porque alcança os acréscimos de despesas gerais, lucros e também as quantias representadas pelo próprio tributo".

[355] Como explica Tércio Sampaio Ferraz Junior, "...a cumulatividade em cascata nem imposto multifásico produz uma falta de uniformidade na carga tributária para todos os consumidores, os quais são os que, de fato, a suportam. Este efeito, que se torna tão mais extenso quanto mais longo é o ciclo de produção e de comercialização, acaba por gerar uma espécie de perversão da justiça tributária, fazendo com que seja menor a carga de produtos supérfluos e mais onerosa a de produtos essenciais. Compare-se, neste sentido, o ciclo de produção e comercialização de jóias com o da carne, o primeiro, por sua natureza, mais curto que o segundo" (FERRAZ JUNIOR, Tércio Sampaio. ICMS: não cumulatividade e suas exceções constitucionais. *RDT*, n. 48, 1992. p. 19). A cumulatividade favorece ainda a verticalização de empresas, que são estimuladas a concentrar todas as etapas de produção e circulação na mesma pessoa jurídica, gerando prejuízos ao consumidor. Sobre o tema, cf.: MORAES, Bernardo Ribeiro. O imposto sobre circulação de mercadorias no sistema tributário nacional. *In*: MARTINS, Ives Gandra (org.). *O fato gerador do I.C.M*. São Paulo: Resenha Tributária-Centro de Estudos de Extensão Universitária, 1978. *Caderno de Pesquisas Tributárias n. 3*, p. 38.

[356] É certo que, no art. 153, § 3º, II, o texto constitucional faz referência ao "montante cobrado". Porém, como ressalta José Souto Maior Borges, "imposto cobrado é então, no sentido mais congruente com os textos constitucionais, expressão equivalente a imposto devido, até mesmo porque da cobrança do tributo não se segue, necessariamente, venha a ser ele efetivamente pago. A tese da autonomia das operações jurídicas tributáveis, ao longo do processo econômico circulatório, não leva a outro resultado. Se fosse exigida a comprovação, pelo adquirente da mercadoria, na ocasião da entrada dela em seu estabelecimento, do efetivo pagamento do tributo, tais operações não seriam, nesse sentido, autônomas, mas, ao contrário,

Dessa maneira, dentro de um sistema de créditos e débitos, ao adquirir as matérias-primas e demais insumos, inclusive os importados, o fabricante registra como crédito o valor do IPI incidente na operação anterior. Após a industrialização, por ocasião da venda do produto final, registra como débito o valor do IPI incidente sobre o bem industrializado. No final de cada mês, verifica-se o saldo da operação: caso exista crédito, este é transferido para o período seguinte; havendo débito, a diferença é recolhida à União Federal. Isso faz com que, embora juridicamente a base de cálculo continue a ser o valor total da operação, o tributo – sob o aspecto econômico – onere apenas o valor agregado.

### 4.1.2    Hipótese de incidência

O Imposto sobre Produtos Industrializados (IPI) apresenta uma materialidade comum – importar produtos – com a do imposto de importação. A diferença é que o IPI incide apenas em operações que tenham por objeto produtos industrializados.

#### 4.1.2.1    Critério material

O critério material ou materialidade da hipótese de incidência, conforme exposto anteriormente, descreve um comportamento humano, por meio de um verbo e um ou mais complementos, abstraídas as circunstâncias espaço-temporais. No tributo em exame, o critério material resulta do art. 46, I, do Código Tributário Nacional e do art. 2º, I, da Lei nº 4.502/1964, relativa ao imposto sobre o consumo, antiga denominação do imposto sobre produtos industrializados antes da Reforma Tributária de 1965 (Decreto-Lei nº 34/1966[357]):

> Art. 46. O imposto, de competência da União, sobre produtos industrializados tem como fato gerador:
> 
> I – o seu desembaraço aduaneiro, quando de procedência estrangeira;
> 
> Art. 2º Constitui fato gerador do imposto:
> 
> I – quanto aos produtos de procedência estrangeira o respectivo desembaraço aduaneiro.

---

umbilicalmente interligadas" (BORGES, Isenções e reduções do ICM. *Revista de direito tributário*, São Paulo, n. 25-26, jul./dez. 1983. p. 208). Além disso, como ensina Paulo de Barros Carvalho "[...] a regra que estipula o nascimento do direito ao crédito goza de autonomia, relativamente à norma que cuida da imposição tributária. Portanto, se para a formação do *direito ao crédito* é irrelevante o próprio nascimento da obrigação, muito mais ainda será a circunstância de ter sido ou não extinta essa mesma relação: *a cobrança do tributo na operação anterior torna-se irrelevante para a formação do* direito de crédito" (CARVALHO, Paulo de Barros. Isenções tributárias do IPI, em face do princípio da não cumulatividade. *Revista dialética de direito tributário*, São Paulo, n. 33, 1998. p. 160). Essa interpretação, inclusive devido à dificuldade de aferição concreta do pagamento do tributo nas operações anteriores, é acolhida pela jurisprudência pacífica do STF (RE 103.102-6/SP e RE 106.701-2/SP. Rel. Min. Oscar Corrêa; e RE 111.456-8/SP. Rel. Min. Célio Borja).

[357] "Art. 1º O Impôsto de Consumo, de que trata a Lei nº 4.502, de 30 de novembro de 1964, passa a denominar-se Impôsto sôbre Produtos Industrializados". Como ressalta Vieira, a Lei nº 4.502/1964 "dispunha acerca do Imposto sobre o Consumo (Constituição de 1946, art. 15, II); mas a Emenda Constitucional n. 18/65, alterando a Constituição de 1946 e implantando a então chamada Reforma Tributária, deixou de citar esse imposto, e passou a tratar do Imposto sobre Produtos Industrializados (art. 11), permanecendo aplicável, contudo, aquela lei básica, segundo confirmação do Decreto-Lei n. 34, de 18.11.66, artigos 1º e 12" (VIEIRA, José Roberto. *A regra-matriz de incidência do IPI*: texto e contexto. Curitiba: Juruá, 1993. p. 75-76).

O legislador, nesses dois dispositivos, incorre no equívoco – ressaltado por Paulo de Barros Carvalho – de definir a hipótese de incidência com base na enunciação do critério temporal.[358] Essa imprecisão não pode ser repetida pela doutrina, que deve delimitar claramente todos os critérios da hipótese, de modo a evitar a aplicação equivocada da norma tributária. Nesse sentido, segundo ensina José Roberto Vieira, na interpretação do art. 46, II, do CTN, cumpre considerar que o art. 153, IV, da Constituição,[359] ao permitir a instituição de tributo sobre produtos (já) industrializados, deslocou a regra-matriz possível dessa exação a um momento posterior à atividade industrial. Não é essa, portanto, que será alcançada pelo tributo, e sim o produto dela resultante.[360] Ao mesmo tempo, ao prever que o IPI *"não será cumulativo, compensando-se o que for devido em cada operação com o montante cobrado nas anteriores"* (art. 153, § 3º), revelou que a incidência do imposto se vincula a uma *operação*. Desse modo, continua o eminente professor, "**a exação atinge os produtos industrializados apenas enquanto objetos daqueles atos aos quais a Constituição se reporta como operações**",[361] isto é, "as operações que têm por objeto produtos advindos de industrialização".[362]

Nas operações de importação, do exame do art. 46, I, do Código Tributário Nacional e do art. 2º, I, da Lei nº 4.502/1964, tem-se que, a rigor, o critério material do IPI é importar produtos industrializados. Isso faz com que o IPI, nessa modalidade, tenha natureza de adicional do imposto de importação, com a diferença de que sua incidência abrange apenas a importação de produtos industrializados.[363]

O conceito de importação e de produtos já foi suficientemente esclarecido no estudo do imposto de importação. Resta determinar o conceito de produto industrializado, essencial para a compreensão da hipótese de incidência do imposto.

### 4.1.2.1.1 Conceito de produtos industrializados

O art. 46 do CTN e o art. 4º do Decreto nº 7.212/2010 (Regulamento do IPI) definem produto industrializado da seguinte maneira:[364]

> Art. 46. O imposto, de competência da União, sobre produtos industrializados tem como fato gerador:

---

[358] CARVALHO, Paulo de Barros. *Curso de direito tributário*. 13. ed. São Paulo: Saraiva, 2000. p. 239-276.

[359] *"Compete à União instituir impostos sobre [...] produtos industrializados".*

[360] "Ora, ao facultar à União o instituir gravame sobre **os produtos já industrializados**, parece-nos claro o foco constitucional num momento ulterior à atividade industrial. Donde depreendemos que não é a industrialização em si que será alcançada mas, isto sim, o resultado dela decorrente." (VIEIRA, José Roberto. *A regra-matriz de incidência do IPI*: texto e contexto. Curitiba: Juruá, 1993. p. 73).

[361] VIEIRA, José Roberto. *A regra-matriz de incidência do IPI*: texto e contexto. Curitiba: Juruá, 1993. p. 73.

[362] VIEIRA, José Roberto. *A regra-matriz de incidência do IPI*: texto e contexto. Curitiba: Juruá, 1993. p. 74.

[363] Trata-se, portanto, de hipótese de *bis-in-idem*. Como ensina José Roberto Vieira: "Para fora de dúvida que a importação de produtos industrializados estrangeiros (materialidade do pseudo IPI) está, por todos os lindes, perfeitamente contida na importação de produtos estrangeiros (materialidade do Imposto de Importação); inexistindo aqui duas hipóteses de incidência, mas tão somente uma, de índole inegavelmente aduaneira, porque a mais ampla das duas materialidades" (VIEIRA, José Roberto. *A regra-matriz de incidência do IPI*: texto e contexto. Curitiba: Juruá, 1993. p. 120). Sobre o tema, cf. ainda: MEIRA, Liziane. Tributos incidentes na importação. *In*: SEHN, Solon; PEIXOTO, Marcelo Magalhães (coord.). *Direito aduaneiro e tributação do comércio exterior*. São Paulo: MP, 2023. p. 40 e ss.

[364] Nesta edição do Curso, foi realizada uma reformulação do conceito de industrialização. Não se trata, contudo, de uma mudança de interpretação, mas de exposição mais clara do entendimento exposto nas edições anteriores.

[...]
Parágrafo único. Para os efeitos deste imposto, considera-se industrializado o produto que tenha sido submetido a qualquer operação que lhe modifique a natureza ou a finalidade, ou o aperfeiçoe para o consumo.

Art. 4º Caracteriza industrialização qualquer operação que modifique a natureza, o funcionamento, o acabamento, a apresentação ou a finalidade do produto, ou o aperfeiçoe para consumo, tal como (Lei nº 4.502, de 1964, art. 3º, parágrafo único, e Lei nº 5.172, de 25 de outubro de 1966, art. 46, parágrafo único):
I – a que, exercida sobre matérias-primas ou produtos intermediários, importe na obtenção de espécie nova (transformação);
II – a que importe em modificar, aperfeiçoar ou, de qualquer forma, alterar o funcionamento, a utilização, o acabamento ou a aparência do produto (beneficiamento);
III – a que consista na reunião de produtos, peças ou partes e de que resulte um novo produto ou unidade autônoma, ainda que sob a mesma classificação fiscal (montagem);
IV – a que importe em alterar a apresentação do produto, pela colocação da embalagem, ainda que em substituição da original, salvo quando a embalagem colocada se destine apenas ao transporte da mercadoria (acondicionamento ou reacondicionamento);
V – a que, exercida sobre produto usado ou parte remanescente de produto deteriorado ou inutilizado, renove ou restaure o produto para utilização (renovação ou recondicionamento).
Parágrafo único. São irrelevantes, para caracterizar a operação como industrialização, o processo utilizado para obtenção do produto e a localização e condições das instalações ou equipamentos empregados.

Todas as operações previstas no dispositivo podem caracterizar uma industrialização, desde que presentes determinados requisitos.[365] O primeiro é previsto no parágrafo único do art. 46 do CTN: para ser considerada uma industrialização, a operação deve implicar a modificação da natureza ou da finalidade do produto, ou o seu aperfeiçoamento para o consumo. Isso significa que, para identificar um processo fabril, devem ser considerados os *produtos iniciais* utilizados na atividade (*input*) e os produtos finais resultantes (*output*). Estes devem constituir *espécies novas*, como na transformação, a forma clássica e mais evidente de fabricação (*v.g.*, quando a matéria-prima *borracha* é transformada no produto final *pneu*).

---

[365] Alguns autores sustentam que o art. 4º do Decreto nº 7.212/2010 (Regulamento do IPI) não teria sido preciso ao definir como industrialização as operações de acondicionamento ou reacondicionamento, de renovação e recondicionamento. Essas teriam natureza de prestação de serviços, escapando, portanto, do âmbito de incidência do IPI. Registre-se, nesse sentido, que a doutrina do eminente Professor José Roberto Vieira, para quem apenas a *transformação* seria industrialização. O acondicionamento, o reacondicionamento, a renovação e o recondicionamento seriam prestação de serviço, não podendo ser alcançadas pela incidência do IPI. O beneficiamento e montagem, por sua vez, estariam situados em uma "zona nebulosa", que dependeria do exame das particularidades do caso concreto (VIEIRA, José Roberto. *A regra-matriz de incidência do IPI*: texto e contexto. Curitiba: Juruá, 1993. p. 95-96). Essa interpretação é acolhida por Maurício Timm do Valle, que acrescenta: "[...] o item 14.05 da Lista de Serviços anexa à Lei Complementar 116/2003 estabelece que, aquilo que o Regulamento do IPI diz ser industrialização, é, em verdade, prestação de serviços" (VALLE, Maurício Dalri Timm do. *Princípios constitucionais e regras-matrizes de incidência do imposto sobre produtos industrializados – IPI*. São Paulo: Noeses, 2016. p. 544). Nessa linha, apenas a *transformação* seria industrialização, enquanto o acondicionamento, o reacondicionamento, a renovação e o recondicionamento seriam prestação de serviço.

Mas também podem ser produtos da mesma espécie, desde que contenham certas qualidades, funcionalidades ou mesmo apresentação que os tornem infungíveis com os produtos iniciais. Dito de um outro modo, o *output* não pode mais ser substituído por bens da mesma espécie, qualidade e quantidade do *input*, não apresentando a mesma permutabilidade comercial. Entretanto, só isso não é suficiente para a caracterização de uma industrialização. Os alimentos em estado natural em um restaurante não apresentam a mesma permutabilidade comercial do prato preparado pelo chefe de cozinha. Apesar da infungibilidade, evidentemente, não se trata de uma industrialização.

Dessa forma, como ensina Marçal Justen Filho, deve-se ter presente que a industrialização é uma atividade realizada em massa, em série, estandardizada, resultando em produtos homogêneos dentro de uma classe ou série:

> Por industrialização compreendem-se as atividades materiais de produção ou beneficiamento de bens, realizadas em massa, em série, estandardizadamente. Os bens industrializados surgem como espécies idênticos dentro de uma classe ou de uma série intensivamente produzida (ou produtível). Diríamos que industrialização denota homogeneidade não personificada nem personificável de produtos.
> 
> Industrializar, em suma, é conceito que reúne dois requisitos (aspectos) básicos e necessários, quais sejam:
> 
> a) alteração da configuração de um bem material; e
> 
> b) padronização e massificação.[366]

Essa característica diferencia a industrialização das atividades artísticas, artesanais e extrativas.[367] Assim, por exemplo, utilizando a argila como matéria-prima, um artista pode produzir uma estátua, que é uma espécie nova. Nem por isso será industrial, porque não há uma atividade em série, mecanizada e padronizada. O produto resultante é destituído de homogeneidade. Uma segunda estátua produzida pelo mesmo artista jamais será equivalente à primeira, ao contrário dos bens resultantes de uma linha de produção.

A industrialização muitas vezes é confundida com a prestação de serviços. Isso ocorre porque, nessa modalidade contratual, o contratado (prestador) obriga-se a praticar de um ato ou a realizar de uma tarefa em benefício do contratante (tomador), que pode substanciar uma utilidade imaterial ou material.[368] Nesse último caso, o cumprimento da prestação pressupõe a entrega de um bem ao tomador, o que, dependendo do grau de elaboração do produto, pode ser confundido com uma industrialização. Nos serviços, entretanto, há uma *obrigação de fazer*, da qual a entrega da coisa é simples consequência. É o que ocorre, *v.g.*, com a obrigação de pintar um quadro ou de elaborar um lado pericial. Nesses e em outros serviços que pressupõem a entrega final de um bem móvel e corpóreo, *o dar é sempre consequência do fazer*, como ressaltado em lição clássica de Washington de Barros Monteiro:

---

[366] JUSTEN FILHO, Marçal. *O imposto sobre serviços na Constituição*. São Paulo: RT, 1985. p. 115.

[367] "[...] *não é produto industrializado* a produção artística, artesanal, extrativa. Exclui-se, desse conceito, o produto pecuário, agrícola, pesqueiro, os demais produtos extrativos e as obras de arte, à luz de uma conceituação comum" (MELO, José Eduardo Soares de. *IPI*: teoria e prática. São Paulo: Malheiros, 2009. p. 74).

[368] RODRIGUES, Silvio. *Direito civil*: parte geral das obrigações. 25. ed. São Paulo: Saraiva, 1997. v. 2, p. 33 e ss.

O *substractum* da diferenciação está em verificar se o *dar* ou o *entregar* é ou não consequência do *fazer*. Assim, se o devedor tem de dar ou de entregar alguma coisa, não tendo, porém, de fazê-la, previamente, a obrigação é de dar; todavia, se primeiramente, tem ele de confeccionar a coisa, para depois entregá-la, se tem ele de realizar algum ato, do qual será mero corolário o de dar, tecnicamente a obrigação é de fazer.[369]

Alguns serviços, assim como atividades de natureza artística, artesanal e extrativa, são excluídos do conceito de industrialização pelo art. 5º do Regulamento do IPI, que não tem caráter taxativo:

Art. 5º Não se considera industrialização:

I – o preparo de produtos alimentares, não acondicionados em embalagem de apresentação:

a) na residência do preparador ou em restaurantes, bares, sorveterias, confeitarias, padarias, quitandas e semelhantes, desde que os produtos se destinem a venda direta a consumidor; ou

b) em cozinhas industriais, quando destinados a venda direta a pessoas jurídicas e a outras entidades, para consumo de seus funcionários, empregados ou dirigentes;

II – o preparo de refrigerantes, à base de extrato concentrado, por meio de máquinas, automáticas ou não, em restaurantes, bares e estabelecimentos similares, para venda direta a consumidor (Decreto-lei nº 1.686, de 26 de junho de 1979, art. 5º, § 2º);

III – a confecção ou preparo de produto de artesanato, definido no art. 7º;

IV – a confecção de vestuário, por encomenda direta do consumidor ou usuário, em oficina ou na residência do confeccionador;

V – o preparo de produto, por encomenda direta do consumidor ou usuário, na residência do preparador ou em oficina, desde que, em qualquer caso, seja preponderante o trabalho profissional;

VI – a manipulação em farmácia, para venda direta a consumidor, de medicamentos oficinais e magistrais, mediante receita médica (Lei nº 4.502, de 1964, art. 3º, parágrafo único, inciso III, e Decreto-lei nº 1.199, de 27 de dezembro de 1971, art. 5º, alteração 2ª);

VII – a moagem de café torrado, realizada por estabelecimento comercial varejista como atividade acessória (Decreto-lei nº 400, de 30 de dezembro de 1968, art. 8º);

VIII – a operação efetuada fora do estabelecimento industrial, consistente na reunião de produtos, peças ou partes e de que resulte:

a) edificação (casas, edifícios, pontes, hangares, galpões e semelhantes, e suas coberturas);

b) instalação de oleodutos, usinas hidrelétricas, torres de refrigeração, estações e centrais telefônicas ou outros sistemas de telecomunicação e telefonia, estações, usinas e redes de distribuição de energia elétrica e semelhantes; ou

c) fixação de unidades ou complexos industriais ao solo;

IX – a montagem de óculos, mediante receita médica (Lei nº 4.502, de 1964, art. 3º, parágrafo único, inciso III, e Decreto-lei nº 1.199, de 1971, art. 5º, alteração 2 a);

---

[369] BARROS MONTEIRO, Washington de. *Curso de direito civil*: direito das obrigações. 27. ed. São Paulo: Saraiva, 1994. v. 4, 1ª parte, p. 87.

X – o acondicionamento de produtos classificados nos Capítulos 16 a 22 da TIPI, adquiridos de terceiros, em embalagens confeccionadas sob a forma de cestas de natal e semelhantes (Decreto-lei nº 400, de 1968, art. 9º);

XI – o conserto, a restauração e o recondicionamento de produtos usados, nos casos em que se destinem ao uso da própria empresa executora ou quando essas operações sejam executadas por encomenda de terceiros não estabelecidos com o comércio de tais produtos, bem como o preparo, pelo consertador, restaurador ou recondicionador, de partes ou peças empregadas exclusiva e especificamente naquelas operações (Lei nº 4.502, de 1964, art. 3º, parágrafo único, inciso I);

XII – o reparo de produtos com defeito de fabricação, inclusive mediante substituição de partes e peças, quando a operação for executada gratuitamente, ainda que por concessionários ou representantes, em virtude de garantia dada pelo fabricante (Lei nº 4.502, de 1964, art. 3º, parágrafo único, inciso I);

XIII – a restauração de sacos usados, executada por processo rudimentar, ainda que com emprego de máquinas de costura;

XIV – a mistura de tintas entre si, ou com concentrados de pigmentos, sob encomenda do consumidor ou usuário, realizada em estabelecimento comercial varejista, efetuada por máquina automática ou manual, desde que fabricante e varejista não sejam empresas interdependentes, controladora, controlada ou coligadas (Lei nº 4.502, de 1964, art. 3º, parágrafo único, inciso IV, e Lei nº 9.493, de 10 de setembro de 1997, art. 18); e

XV – a operação de que resultem os produtos relacionados na Subposição 2401.20 da TIPI, quando exercida por produtor rural pessoa física (Lei nº 11.051, de 29 de dezembro de 2004, art. 12, e Lei nº 11.452, de 27 de fevereiro de 2007, art. 10).

Parágrafo único. O disposto no inciso VIII não exclui a incidência do imposto sobre os produtos, partes ou peças utilizados nas operações nele referidas.

Dessa maneira, a *industrialização* deve ser caracterizada a partir dos seguintes elementos: (a) há um bem móvel e corpóreo final; (b) que constitui uma espécie nova; ou com qualidades, funcionalidades ou apresentação que a tornem infungível com os produtos do início do processo (o *output* não pode mais ser substituído por bens da mesma espécie, qualidade e quantidade do *input*, perdendo a permutabilidade comercial); (c) com características homogêneas resultantes (i) de um atividade padronizada e em série, (ii) de *transformação* (obtenção de espécie nova), *beneficiamento* (alteração do funcionamento, da utilização, do acabamento ou da aparência), *montagem* (reunião de produtos, peças ou partes, resultando em um novo produto ou unidade autônoma), *acondicionamento ou reacondicionamento* (alteração da apresentação pela colocação da embalagem, ainda que em substituição da original), *renovação ou recondicionamento* (renovação ou restauração de produto usado ou parte remanescente de produto deteriorado ou inutilizado), (iii) sem caráter artístico, artesanal ou extrativa; e (iv) não caracterizada como prestação de serviço (obrigação de fazer).

### 4.1.2.1.2 Revenda de produtos importados

Os produtos industrializados importados, após a nacionalização, estão sujeitos a uma nova incidência do IPI. Isso se dá porque a legislação equipara o comerciante a estabelecimento industrial (Regulamento do IPI, Decreto nº 7.212/2010, art. 9º, I, II e IX; art. 4º, I e II, da Lei nº 4.502/1964, art. 79 da Medida Provisória nº 2.158-35/2001; e do art. 13 da Lei nº 11.281/2006). Em razão dessa previsão, a incidência do IPI ocorre sem que o sujeito passivo realize qualquer ato de industrialização. Trata-se de dispositivo inválido, porquanto a

Constituição Federal (art. 153, IV), vincula a incidência e a sujeição passiva do tributo a uma operação de industrialização.[370]

A Primeira Seção do STJ, inicialmente, decidiu que "[...] tratando-se de empresa importadora o fato gerador ocorre no desembaraço aduaneiro, não sendo viável nova cobrança do IPI na saída do produto quando de sua comercialização, ante a vedação ao fenômeno da bitributação".[371] Todavia, no ERESP nº 1.403.532, passou a admitir a incidência: "Os produtos importados estão sujeitos a uma nova incidência do IPI quando de sua saída do estabelecimento importador na operação de revenda, mesmo que não tenham sofrido industrialização no Brasil" (Tema Repetitivo nº 912).[372] Posteriormente, no julgamento do RE nº 946.648, em sede de repercussão geral, o STF decidiu que "é constitucional a incidência do Imposto sobre Produtos Industrializados – IPI no desembaraço aduaneiro de bem industrializado e na saída do estabelecimento importador para comercialização no mercado interno" (Tema Repetitivo nº 906).[373] Com isso, foi consumado um dos maiores equívocos de interpretação em matéria de tributação, permitindo que, se assim desejar, a União amplie a sua competência, realizando toda a sorte de equiparações de comerciantes à estabelecimento industrial.

#### 4.1.2.1.3 Importação por pessoa física

Também foi objeto de controvérsia a incidência do IPI na importação por pessoas físicas. O STJ, nos primeiros julgados acerca dessa matéria, entendeu que "não incide IPI sobre veículo importado para uso próprio, tendo em vista que o fato gerador do referido tributo é a operação de natureza mercantil ou assemelhada e, ainda, por aplicação do princípio da não cumulatividade". Contudo, posteriormente, passou a decidir em sentido contrário,[374] aplicando a interpretação definida pelo STF em sede de repercussão geral no RE nº 723.651/PR (Tema nº 643: "Incide o imposto de produtos industrializados na importação de veículo automotor por pessoa natural, ainda que não desempenhe atividade empresarial e o faça para uso próprio").[375]

### 4.1.2.2 Critério espacial

O critério espacial da hipótese de incidência contém referência ao local em que o comportamento humano descrito no critério material deve ocorrer para que se instaurem os efeitos jurídicos previstos no consequente. No IPI-Importação, esse local é o território aduaneiro, que, por sua vez, conforme já examinado, compreende o âmbito de vigência espacial da legislação aduaneira no território nacional – inclusive áreas de livre comércio – e as áreas de controle integrado do Mercosul situadas no território dos países-membros.[376]

---

[370] Sobre o tema, na doutrina, cf: BOTTALLO, Eduardo. *IPI*: princípios e estrutura. São Paulo: Dialética, 2009. p. 24-26. No mesmo sentido: PAULSEN, Leandro; MELO, José Eduardo Soares. *Impostos federais, estaduais e municipais*. 2. ed. Porto Alegre: LAEL, 2006. p. 75: "Assim, o IPI incide nas operações de que participa o industrial que industrializou o produto, mas não, e.g., na venda por comerciante ao consumidor porque, embora possa se tratar de produto industrializado (como qualidade do produto), não se trata de operação com produto que tenha sido industrializado pelo comerciante".

[371] STJ. 1ª S. EREsp 1.411.749. Rel. Min. Sérgio Kukina. Rel. p/ Ac. Min. Ari Pargendler. *DJe* 18.12.2014.

[372] STJ. EREsp 1.403.532. Rel. Min. Napoleão Nunes Maia Filho. Rel. p/ Ac. Min. Mauro Campbell Marques. *DJe* 18.12.2015.

[373] STF. T. Pleno. RE 946.648. Rel. Min. Marco Aurélio. *DJe* 16.11.2020.

[374] STJ. 1ª S. REsp nº 1.396.488/SC. Rel. Min. Francisco Falcão. *DJe* 30.09.2019.

[375] STF. T. Pleno. RE nº 723.651. Rel. Min. Marco Aurélio. *DJe* 05.08.2016.

[376] Ver Cap. II, item 2.2.3.

## 4.1.2.3 Critério temporal

O critério temporal contém a indicação do preciso instante em que se considera ocorrido o evento imponível. Esse momento, nos termos do art. 46, I, do Código Tributário Nacional e do art. 2º, I, da Lei nº 4.502/1964,[377] corresponde ao desembaraço aduaneiro do produto importado, ato final da conferência aduaneira, após o qual a mercadoria se considera nacionalizada para todos os efeitos legais.

A compreensão desse aspecto é relevante, porque o art. 242 do Regulamento Aduaneiro[378] estabelece a obrigação de pagamento antecipado do IPI por ocasião do registro de declaração de mercadorias. Essa regra visa a manter uma uniformidade com o momento do pagamento dos demais tributos incidentes sobre a importação. Porém, apesar da antecipação, o fato jurídico tributário somente ocorre com o desembaraço. Logo, se ocorrer o perecimento da mercadoria ou a cominação da pena de perdimento[379] após o pagamento e antes desse ato, o sujeito passivo deve ter o direito de repetição do indébito. O mesmo se aplica em caso de alterações no regime tributário.

### 4.1.3 Consequência tributária

A consequência tributária prescreve, por meio do critério pessoal, os sujeitos ativo (credor) e passivo (devedor) da obrigação tributária. Além disso, estabelece em seu critério quantitativo a alíquota e a base de cálculo do imposto.

No IPI-Importação, o sujeito ativo é a União Federal e o sujeito passivo, o importador.[380] As Leis nº 4.502/1964 e nº 10.833/2003 definem como responsáveis: (a) o transportador, em relação aos produtos tributados que transportar desacompanhados da documentação comprobatória de sua procedência; (b) qualquer possuidor, quanto aos produtos tributados cuja posse mantiver para fins de venda ou industrialização, nas mesmas condições da hipótese anterior;[381] e o (c) o beneficiário de regime aduaneiro suspensivo destinado à industrialização para exportação, pelas obrigações tributárias decorrentes da admissão de mercadoria no regime por outro beneficiário.[382]

O Decreto nº 7.212/2010 (Regulamento do IPI) prevê duas hipóteses adicionais de responsabilidade: (a) do adquirente de mercadoria de procedência estrangeira, no caso de importação realizada por sua conta e ordem, por intermédio de pessoa jurídica importadora, pelo pagamento do imposto e acréscimos legais; (b) o encomendante predeterminado que adquire mercadoria de procedência estrangeira de pessoa jurídica importadora, na importação por encomenda. Essas duas hipóteses de responsabilidade foram introduzidas pelo art. 77 da Medida Provisória nº 2.158-35/2001 e pelo art. 12 da Lei nº 11.281/2006, que alteraram o art. 32 do Decreto-Lei nº 37/1966. Esse último, entretanto, disciplina apenas o imposto de

---

[377] Dispositivos já transcritos anteriormente.
[378] RA/1999: "Art. 242. O imposto será recolhido por ocasião do registro da declaração de importação (Lei nº 4.502, de 1964, art. 26, inciso I)".
[379] Parecer PGFN nº 1337/2017: "A aplicação da pena de perdimento da mercadoria estrangeira em momento posterior ao desembaraço aduaneiro não afasta a incidência do IPI-Importação. Por outro lado, não incide o IPI-Importação nos casos em que, iniciado o despacho aduaneiro, a pena de perdimento da mercadoria é aplicada antes da efetiva ocorrência do fato gerador".
[380] Lei nº 4.502/1964, art. 35, I, *b*.
[381] Lei nº 4.502/1964, art. 35, I, *b*, e II, *a* e *b*.
[382] Lei nº 10.833, de 2003, art. 59.

importação, de sorte que, nesse ponto, houve uma extensão ilegal de suas disposições para outro tributo.

A alíquota do IPI, de acordo com o art. 13 da Lei nº 4.502/1964, é determinada a partir da origem, da classificação fiscal e o do enquadramento do produto importado na TIPI (Tabela de Incidência do Imposto sobre Produtos Industrializados), aprovada por Decreto nº 8.950/2016, observados os limites do Decreto-Lei nº 1.199/1971.[383] Trata-se de uma exceção aparente ao princípio da estrita legalidade (CF, art. 153, IV, § 1º[384]), que deve observar o princípio da seletividade em razão da essencialidade do produto (CF, art. 153, § 3º, I[385]) e o anteriormente mínimo de 90 dias (CF, art. 150, III, c).[386]

A base de cálculo do IPI é a mesma do imposto de importação (valor aduaneiro), com os acréscimos previstos no art. 14, I, b, da Lei nº 4.502/1964:

> Art. 14. Salvo disposição em contrário, constitui valor tributável: (Redação dada pela Lei nº 7.798, de 1989)
>
> I – quanto aos produtos de procedência estrangeira, para o cálculo efetuado na ocasião do despacho;
>
> [...]
>
> b) o valor que servir de base, ou que serviria se o produto tributado fôsse para o cálculo dos tributos aduaneiros, acrescido de valor dêste e dos ágios e sobretaxas cambiais pagos pelo importador;

---

[383] "Art. 4º O Poder Executivo, em relação ao Impôsto sôbre Produtos Industrializados, quando se torne necessário atingir os objetivos da política econômica governamental, mantida a seletividade em função da essencialidade do produto, ou, ainda, para corrigir distorções, fica autorizado:
I – a reduzir alíquotas até 0 (zero);
II – a majorar alíquotas, acrescentando até 30 (trinta) unidades ao percentual de incidência fixado na lei;
III – a alterar a base de cálculo em relação a determinados produtos, podendo, para êsse fim, fixar-lhes valor tributável mínimo".

[384] "Art. 153. Compete à União instituir impostos sobre:
[...]
IV – produtos industrializados;
§ 1º É facultado ao Poder Executivo, atendidas as condições e os limites estabelecidos em lei, alterar as alíquotas dos impostos enumerados nos incisos I, II, IV e V".

[385] "Art. 153. [...]
§ 3º O imposto previsto no inciso IV:
I – será seletivo, em função da essencialidade do produto".

[386] "Art. 150. Sem prejuízo de outras garantias asseguradas ao contribuinte, é vedado à União, aos Estados, ao Distrito Federal e aos Municípios:
[...]
III – cobrar tributos:
[...]
c) antes de decorridos noventa dias da data em que haja sido publicada a lei que os instituiu ou aumentou, observado o disposto na alínea b; (Incluído pela Emenda Constitucional nº 42, de 19.12.2003).
[...]
§ 1º A vedação do inciso III, b, não se aplica aos tributos previstos nos arts. 148, I, 153, I, II, IV e V; e 154, II; e a vedação do inciso III, c, não se aplica aos tributos previstos nos arts. 148, I, 153, I, II, III e V; e 154, II, nem à fixação da base de cálculo dos impostos previstos nos arts. 155, III, e 156, I (Redação dada pela Emenda Constitucional nº 42, de 19.12.2003).

O Regulamento do IPI (Decreto nº 7.212/2010), por sua vez, estabelece que:

> Art. 190. Salvo disposição em contrário deste Regulamento, constitui valor tributável:
> I – dos produtos de procedência estrangeira:
> a) o valor que servir ou que serviria de base para o cálculo dos tributos aduaneiros, por ocasião do despacho de importação, acrescido do montante desses tributos e dos encargos cambiais efetivamente pagos pelo importador ou dele exigíveis (Lei nº 4.502, de 1964, art. 14, inciso I, alínea *b*).[387]

Esses dispositivos determinam a adição de todos os tributos aduaneiros na base de cálculo, o que não é compatível com o princípio da capacidade contributiva (art. 145, § 1º). A Constituição estabelece apenas duas exceções. A primeira é relativa ao IPI, que pode ser inserido na base de cálculo do ICMS nas operações com consumidor final não contribuinte do imposto estadual ou quando a mercadoria for adquirida para integração ao ativo permanente, uso ou consumo do estabelecimento (CF, art. 155, § 2º, XI).[388] A segunda é o cálculo "por dentro" do ICMS. Esse – e somente esse – pode compor a própria base imponível, em razão de previsão do art. 155, § 2º, XII, *i*, da Constituição, incluída pela Emenda nº 33/2001.[389]

### 4.1.4 Imunidades e isenções

#### 4.1.4.1 Imunidades tributárias gerais

A exemplo do que ocorre com o imposto de importação, o IPI também está sujeito às imunidades tributárias aplicáveis aos impostos em geral, ou seja, à imunidade recíproca das pessoas políticas, dos templos de qualquer culto, dos partidos políticos, entidades sindicais de trabalhadores, instituições de educação e de assistência social, e a imunidade dos livros, jornais e papéis destinados à sua impressão. Assim, aplicam-se a esses impostos as mesmas observações já realizadas no tocante ao imposto de importação.

---

[387] Esse dispositivo foi posterior ao Regulamento Aduaneiro (Decreto nº 6.759/2009), que dispõe acerca dessa matéria nos seguintes termos: "Art. 239. A base de cálculo do imposto, na importação, é o valor que servir ou que serviria de base para cálculo do imposto de importação, por ocasião do despacho aduaneiro, acrescido do montante desse imposto e dos encargos cambiais efetivamente pagos pelo importador ou dele exigíveis (Lei nº 4.502, de 1964, art. 14, inciso I, alínea *b*)".

[388] "XI – não compreenderá, em sua base de cálculo, o montante do imposto sobre produtos industrializados, quando a operação, realizada entre contribuintes e relativa a produto destinado à industrialização ou à comercialização, configure fato gerador dos dois impostos".

[389] "Art. 155. [...]
§ 2º O imposto previsto no inciso II atenderá ao seguinte: [...]
XII – cabe à lei complementar: [...]
i) fixar a base de cálculo, de modo que o montante do imposto a integre, também na importação do exterior de bem, mercadoria ou serviço".

4.1.4.2    Imunidades na importação de energia elétrica, derivados de petróleo, combustíveis e minerais

A Constituição Federal prevê uma imunidade específica para o IPI incidente na importação,[390] que abrange as operações com importação de energia elétrica, derivados de petróleo, combustíveis e minerais:

> Art. 155. Compete aos Estados e ao Distrito Federal instituir impostos sobre: (Redação dada pela Emenda Constitucional nº 3, de 1993).
> [...]
> § 3º À exceção dos impostos de que tratam o inciso II do *caput* deste artigo e o art. 153, I e II, nenhum outro imposto poderá incidir sobre operações relativas a energia elétrica, serviços de telecomunicações, derivados de petróleo, combustíveis e minerais do País (Redação dada pela Emenda Constitucional nº 33, de 2001).

Assim, em razão desse dispositivo constitucional, apenas o ICMS – e nenhum outro imposto – pode incidir na importação de energia elétrica, derivados de petróleo, combustíveis e minerais.[391]

4.1.4.3    Isenções análogas ao imposto de importação

As isenções do imposto de importação, em razão de previsão expressa no art. 3º, I, da Lei nº 8.032/1990,[392] são aplicáveis ao IPI incidente na importação. Portanto, em relação a essa matéria, remetem-se às observações apresentadas por ocasião do estudo do imposto de importação.[393]

---

[390] A Constituição também prevê uma imunidade específica do IPI na exportação de produtos industrializados: "Art. 153. [...] § 3º O imposto previsto no inciso IV: [...] III – não incidirá sobre produtos industrializados destinados ao exterior".

[391] Como ressalta Carrazza, "este artigo explicitou que 'apenas' o ICMS, o imposto sobre a importação e o imposto sobre a exportação poderão incidir sobre 'operações relativas à energia elétrica, serviços de telecomunicações, derivados de petróleo, combustíveis e minerais do País. Portanto, o constituinte teve o cuidado de declarar que as precitadas operações, dependendo do caso, serão alcançadas tão somente pelos referidos impostos" (CARRAZZA, Roque Antonio. *ICMS*. São Paulo: Malheiros, 2000. p. 315). A Receita Federal, por sua vez, tem se manifestado em soluções de consulta que, por força desse preceito constitucional: "São imunes da incidência do IPI os derivados de petróleo, assim entendidos os produtos decorrentes da transformação do petróleo, por meio do conjunto de processos genericamente denominado refino ou refinação, classificados quimicamente como hidrocarbonetos. Tais produtos encontram-se relacionados na Tipi em vigor, aprovada pelo Decreto nº 4.542, de 2002, como não tributados, "NT". Outros produtos compostos de petróleo, os quais não atendam a essa definição, não se beneficiam da imunidade e encontram-se relacionados na Tipi com alíquota, positiva ou zero, sujeitando-se à incidência do imposto, conforme a respectiva alíquota que lhes for atribuída" (Solução de Consulta nº 332, de 29 de novembro de 2004).

[392] "Art. 3º Fica assegurada a isenção ou redução do Imposto sobre Produtos Industrializados, conforme o caso:
I – nas hipóteses previstas no art. 2º desta lei, desde que satisfeitos os requisitos e condições exigidos para a concessão do benefício análogo relativo ao Imposto de Importação".

[393] Ver Item 2.3.5.

## 4.1.5 IPI após a Reforma Tributária

A Emenda nº 132/2023 (Emenda da Reforma Tributária) prevê a unificação do IPI, do ICMS, do ISS, do PIS/Pasep e da Cofins em dois novos tributos: a CBS (Contribuição sobre Bens e Serviços), da União; e o IBS (Imposto sobre Bens e Serviços), dos Estados, do Distrito Federal e dos Municípios. Também foi criado um imposto sobre a produção, extração, comercialização e a importação de bens e serviços prejudiciais à saúde ou ao meio ambiente. Esse imposto federal seletivo (IS), que abrange parte do âmbito de incidência do atual IPI, terá incidência monofásica, podendo apresentar o mesmo *fato gerador e base de cálculo de outros tributos*.[394] Na versão original da PEC 45/2009, o IPI seria extinto em 2033. Porém, acabou sendo mantido para os produtos com industrialização incentivada na Zona Franca de Manaus (ZFM) fabricados em outras regiões do País. Assim, com exceção desses, para todos os demais produtos, a partir de 2027, as alíquotas do IPI serão reduzidas à zero.[395]

## 4.2 PIS-Cofins

### 4.2.1 Princípios jurídicos

Como ressaltado anteriormente, os princípios constitucionais tributários serão considerados diretamente na construção da regra-matriz de incidência e na interpretação dos demais institutos de direito aduaneiro, quando aplicáveis. Nessa parte do texto, contudo, serão analisados apenas os princípios da anterioridade nonagesimal, da não cumulatividade e do tratamento nacional.

#### 4.2.1.1 Anterioridade nonagesimal

O PIS-Cofins não está sujeito ao princípio da anterioridade tributária previsto no art. 150, III, *b*. Deve observar, no entanto, a anterioridade nonagesimal prevista no art. 195, § 6º,[396] da Constituição, que, por sua vez, desloca o termo inicial da vigência[397] das leis que a instituem ou a aumentam para noventa dias da data da respectiva publicação.

#### 4.2.1.2 Não cumulatividade

A não cumulatividade do PIS-Cofins está prevista no art. 195, § 12, da Constituição, na redação da introduzida pela Emenda nº 42/2003.[398] Esse preceito, no entanto, limita-se a prever que *a lei definirá os setores de atividade econômica para os quais as contribuições serão não cumulativas*.

---

[394] CF, art. 153, VIII, § 6º, 156-A, § 1º; art. 195, V, § 16.

[395] ADCT, art. 126, I, *a* e *b*, II e III, *a* e *b*.

[396] "§ 6º As contribuições sociais de que trata este artigo só poderão ser exigidas após decorridos noventa dias da data da publicação da lei que as houver instituído ou modificado, não se lhes aplicando o disposto no art. 150, III, *b*".

[397] Vigência é uma propriedade da norma jurídica, que reflete a aptidão para propagar seus efeitos previstos, diante da ocorrência concreta do evento descrito em seu antecedente (CARVALHO, Paulo de Barros. *Curso de direito tributário*. 13. ed. São Paulo: Saraiva, 2000. p. 79-127).

[398] "Art. 195. [...]
§ 12. A lei definirá os setores de atividade econômica para os quais as contribuições incidentes na forma dos incisos I, b; e IV do *caput*, serão não cumulativas".

No julgamento do RE nº 841.979, o STF definiu as teses de repercussão geral (Tema nº 756) relacionadas à interpretação desse dispositivo constitucional:

> I. O legislador ordinário possui autonomia para disciplinar a não cumulatividade a que se refere o art. 195, § 12, da Constituição, respeitados os demais preceitos constitucionais, como a matriz constitucional das contribuições ao PIS e Cofins e os princípios da razoabilidade, da isonomia, da livre concorrência e da proteção à confiança; II. É infraconstitucional, a ela se aplicando os efeitos da ausência de repercussão geral, a discussão sobre a expressão insumo presente no art. 3º, II, das Leis nºs 10.637/02 e 10.833/03 e sobre a compatibilidade, com essas leis, das IN SRF nºs 247/02 (considerada a atualização pela IN SRF nº 358/03) e 404/04. III. É constitucional o § 3º do art. 31 da Lei nº 10.865/04.[399]

Dessa maneira, ao contrário do que ocorre com o IPI e com o ICMS, o legislador infraconstitucional pode escolher os segmentos em que será aplicável. É possível – sem qualquer violação da norma constitucional – afastar a não cumulatividade para um ou mais setores da economia, o que, por conseguinte, implica a competência para definir o método de operacionalização[400] e, principalmente, a amplitude do direito ao crédito. Isso porque, em matéria de competência, "quem pode o mais, pode o menos" (*"cui licet quod est plus, licet utique quod est minus"*). Logo, se o legislador pode o mais – que é excluir por completo a aplicabilidade do regime para um determinado segmento –, certamente também pode o menos, isto é, restringir o alcance da não cumulatividade.[401]

Há uma razão para essa flexibilização. O PIS/Pasep e a Cofins são tributos que não incidem sobre operações de circulação de bens ou de serviços, mas sobre a receita bruta auferida pelo sujeito passivo. Esta abrange todos os acréscimos ao patrimônio líquido do contribuinte, que podem resultar da prestação de serviços e da venda de mercadorias, mas também de outros atos jurídicos, como o perdão de uma dívida, o recebimento de juros, a cessão de direitos, entre outros atos e negócios jurídicos que não acarretam os efeitos negativos da incidência plurifásica (ou geram em menor medida). Além disso, há setores – como a prestação de serviços – que têm um volume bastante reduzido de insumos, insuficiente para justificar a

---

[399] STF. T. Pleno. RE 841.979. Rel. Min. Dias Toffoli. *DJe* 09.02.2023.

[400] Registre o entendimento divergente de Ricardo Lodi Ribeiro, para quem "[...] a única possibilidade constitucionalmente viável de se conjugar não cumulatividade e tributação sobre o faturamento é a adoção do sistema 'base sobre base', a partir da tributação das receitas após a dedução das despesas indispensáveis à sua produção, pois outra coisa não tributa a Cofins e o PIS – e isto é uma decisão constitucional que não restou modificada pela EC nº 42/03 – do que o faturamento ou a receita" (RIBEIRO, Ricardo Lodi. A não cumulatividade das contribuições incidentes sobre o faturamento na Constituição e nas leis. *Revista Dialética de Direito Tributário*, n. 111, 1995. p. 102).

[401] Nessa linha, cf.: OLIVEIRA, Ricardo Mariz de. Aspectos relacionados à "não cumulatividade" da COFINS e da contribuição ao PIS. *In*: PEIXOTO, Marcelo Magalhães; FISCHER, Octavio Campos (Coord.) *PIS-COFINS*: questões atuais e polêmicas. São Paulo: Quartier Latin, 2005. p. 33; FISCHER, Octavio Campos. PIS-COFINS, não cumulatividade a Emenda Constitucional nº 42/03. *In*: PEIXOTO, Marcelo Magalhães; FISCHER, Octavio Campos (Coord.) *PIS-COFINS: questões atuais e polêmicas*. São Paulo: Quartier Latin, 2005. p. 190 (para quem o § 12 não estabeleceu um direito subjetivo à não cumulatividade. Em sentido contrário, cf. LUNARDELLI, Pedro Guilherme Accorsi. Não cumulatividade do PIS e da Cofins. Apropriação de créditos. Definição de critérios jurídicos. *Revista Dialética de Direito Tributário*, n. 180, 1995. p. 132-133; BERGAMINI, Adolpho. Créditos de PIS/Cofins sobre gastos com vale-alimentação, vale-refeição, fardamento e uniformes fornecidos a empregados: apontamentos relevantes sobre a irretroatividade da Lei nº 11.898/09, a ofensa ao princípio da isonomia, ao conceito de insumos aplicável às contribuições e à não plena do PIS/Cofins. *Revista de Direito Tributário da APET*, n. 23, ano VI, set. 2009, p. 28.

aplicação da não cumulatividade. Os benefícios são menores que as desvantagens decorrentes da complexidade do regime. É considerando diferenciações materiais dessa natureza que o legislador deve exercer a competência prevista no art. 195, § 12, da Constituição Federal. Não cabe uma restrição arbitrária ao direito ao crédito em segmentos nos quais há um inequívoco efeito *cascata* da incidência plurifásico-cumulativa. Da mesma forma, o legislador não pode promover a exclusão de setores econômicos do regime não cumulativo sem uma justificação assentada na igualdade material e na praticabilidade da tributação.[402]

### 4.2.1.3 Isonomia e tratamento nacional

O princípio do tratamento nacional (Artigo III) estabelece que, ressalvado o imposto de importação e demais exceções previstas no Gatt 1994, a tributação de produtos nacionais ou de origem estrangeira não pode visar à proteção da produção local. Essa restrição aplica-se aos tributos internos cobrados como adicional do imposto de importação (Notas e Disposições Adicionais Ao Artigo III). É o caso, atualmente, do ICMS, do IPI, do PIS/Pasep, da Cofins e da Cide-Combustíveis.

Entretanto, a 2ª Turma do STJ tem diversos julgados que afastam a aplicabilidade do princípio do tratamento nacional ao PIS/Pasep e à Cofins. Essas decisões são assentadas no precedente do RE nº 1.437.172/RS:

> PROCESSUAL CIVIL E TRIBUTÁRIO. MANDADO DE SEGURANÇA. DILAÇÃO PROBATÓRIA. INCOMPATIBILIDADE. PIS-IMPORTAÇÃO E COFINS-IMPORTAÇÃO. APLICAÇÃO DO BENEFÍCIO DA SUSPENSÃO DA INCIDÊNCIA, PREVISTA NO ART. 9º DA LEI 10.925/2004 EM RELAÇÃO AO PIS E À COFINS CONVENCIONAIS. 'OBRIGAÇÃO DE TRATAMENTO NACIONAL'. ART. 7º DO DECRETO 350/1991 (TRATADO DO MERCOSUL). IMPOSSIBILIDADE.
> 1. Trata-se de Mandado de Segurança impetrado por empresa que importou soja de estabelecimento sediado no Paraguai. A adquirente do produto alega que, no mercado interno, a empresa vendedora não recolhe PIS e COFINS sobre a respectiva alienação (art. 9º da Lei 10.925/2004), razão pela qual, diante do art. 7º do Decreto 350/1991 (Tratado do Mercosul), deve ser afastada a incidência do PIS-Importação e da Cofins-Importação.
> 2. O e. Ministro Relator entende que: a) a denominada cláusula de "Obrigação de Tratamento Nacional", prevista no art. 7º do Decreto 350/1991, é aplicável "justamente nas situações em que o importador intenta equivaler a tributação na importação à tributação que o mesmo produto se submeteria acaso por si adquirido no mercado interno"; e b) a impetrante, no mercado interno, é contribuinte de fato do PIS e da Cofins, e é essa situação que deve ser comparada para que se aplique o art. 7º do Decreto 350/1991, uma vez que, na importação, figura como contribuinte de fato e de direito, devendo ser reconhecida a não incidência da exação, por se tratar de tributação indireta sobre o consumo.
> 3. Diante dos condicionamentos prescritos no art. 9º da Lei 10.925/2004, referentes a circunstâncias fáticas, o Relator dá provimento ao Recurso Especial para anular o acórdão recorrido, com a consequente devolução dos autos para que a Corte local examine, à luz das premissas acima estabelecidas, a comprovação do preenchimento de todos os requisitos para a concessão do benefício, a saber: a) que a importação tem por objeto produtos de cerealista exportadora que esteja nas mesmas condições de empresa

---

[402] SEHN, Solon. *Curso de direito tributário*. Rio de Janeiro: Forense, 2024. p. 587 e ss.

vendedora no mercado interno, ou seja, que exerça cumulativamente as atividades de limpar, padronizar, armazenar e comercializar os produtos in natura de origem vegetal classificados nos códigos 09.01, 10.01 a 10.08, exceto os dos códigos 1006.20, 1006.30 e 18.01, todos da Nomenclatura Comum do Mercosul (NCM); b) ser a importadora pessoa jurídica tributada com base no lucro real; c) não estar a pessoa jurídica cerealista estrangeira enquadrada nas hipóteses dos §§ 6º e 7º do art. 8º da Lei 10.925/2004 (art. 9º, § 1º, II, da Lei 10.925/2004), considerando a data de revogação dos dispositivos pela Lei 12.599/2012; d) haver disciplinamento dado pela Secretaria da Receita Federal para a suspensão na tributação interna, a qual será objeto de equiparação; e) submissão da cláusula de "Obrigação de Tratamento Nacional" ao denominado "Teste de Duas Fases".

4. Com a devida vênia, diverge-se pelos seguintes fundamentos: a) PIS-Importação e Cofins-Importação não se enquadram nos termos definidos no art. 7º do Decreto 350/1991, isto é, constituem modalidades de contribuição previdenciária, inconfundível com a definição de imposto, taxa ou gravame interno; b) ainda que se admita que o termo impostos, mencionado no art. 7º do Decreto 350/1991 possua amplitude genérica, de modo a abranger outras espécies tributárias (o que tornaria desnecessária a referência, na norma, às taxas), é essencial destacar que o PIS-Importação e a Cofins--Importação são tributos distintos do PIS e da Cofins denominados convencionais, pois, enquanto estes têm por fato gerador o faturamento, aqueles são originados de substrato inteiramente diverso, isto é, a importação de bens ou o "pagamento, crédito, a entrega, o emprego ou a remessa de valores a residentes ou domiciliados no exterior como contraprestação por serviço prestado" (art. 3º, I e II, da Lei 10.865/2004); c) a suspensão da incidência do PIS e da Cofins convencionais, prevista no art. 9º da Lei 10.925/2004, representa medida de política fiscal específica, destinada a beneficiar exclusivamente um segmento restrito de empresas que procedam à venda de determinados produtos, sob as condições nele previstas; d) em razão da proibição da interpretação extensiva para as hipóteses de suspensão ou exclusão do crédito tributário (art. 111 do CTN) e do princípio da legalidade tributária (art. 97 do CTN), não há como ampliar a concessão do benefício relativo ao PIS e à Cofins convencionais, disciplinados pelas Leis 10.637/2002 e 10.833/2003, para abranger, à margem do texto da lei, a contribuição ao PIS-Importação e à Cofins-Importação, tributos inteiramente diversos, disciplinados na Lei 10.865/2004; e) dessa forma, a tese de incidência da 'Obrigação de Tratamento Nacional' somente poderia ser pleiteada se houvesse demonstração de que idênticos tributos estivessem recebendo tratamento desigual; f) por último, no Mandado de Segurança deve haver prova pré-constituída do direito líquido e certo, cuja ausência inviabiliza a anulação do acórdão para a dilação probatória sugerida pelo e. Ministro Relator.

5. Recurso Especial não provido.[403]

Esse acórdão teve por base o Artigo 7 do Tratado de Assunção[404] (Decreto Legislativo nº 197/1991, promulgado pelo Decreto nº 350/1991), que tem um conteúdo de regulação diferente do Artigo III do Gatt 1994. Não obstante, tem sido perigosamente invocado de forma

---

[403] STJ. 2ª T. REsp 1437172/RS. Rel. Min. Mauro Campbell Marques. Rel. p/ Acórdão Min. Herman Benjamin. *DJe* 15.02.2016.

[404] "Artigo 7
Em matéria de impostos, taxas e outros gravames internos, os produtos originários do território de um Estado Parte gozarão, nos outros Estados Partes, do mesmo tratamento que se aplique ao produto nacional".

generalizada em outros julgados, criando o risco da consolidação de uma jurisprudência incompatível com o compromisso de não discriminação assumido pelo Estado brasileiro perante os países membros da OMC. Espera-se que o STJ não tarde a promover uma indispensável correção de rumos, para evitar consequências gravosas para os interesses econômicos do País no comércio internacional.

A isonomia na tributação do comércio exterior é um compromisso internacional. O Estado brasileiro é signatário do Acordo Geral de Tarifas e Comércio de 1994 (Gatt 1994 – *General Agreement on Tariffs and Trade*), incorporado ao direito interno pelo Decreto Legislativo nº 30/1994, promulgado pelo Decreto nº 1.355/1994. Dessa forma, como membro da OMC, comprometeu-se internacionalmente a eliminar tratamentos anti-isonômicos nas relações comerciais com outros países. Dentro da reciprocidade e da lógica de vantagens mútuas do Gatt, constitui um dever do Estado brasileiro zelar pela sua observância. Isso incluiu os Poderes Executivo e Legislativo, na elaboração de leis, na formulação e execução das políticas de comércio exterior. Mas também ao Poder Judiciário, na contenção de práticas abusivas e incompatíveis com o princípio do tratamento nacional.

A possibilidade de extensão de isenções com base no princípio do tratamento nacional é matéria há muito superada no STF. Trata-se de matéria que foi objeto da Súmula nº 575, aprovada na Sessão Plenária de 15.12.1976: "À mercadoria importada de país signatário do Gatt, ou membro da ALALC, estende-se a isenção do imposto de circulação de mercadorias concedida a similar nacional". Precedentes mais recentes têm reafirmado que "os produtos oriundos de países membros da OMC e, portanto, signatários do Gatt, devem receber tratamento tributário igualitário em face do similar nacional".[405] O próprio STJ já acolheu essa exegese nas Súmulas nº 20 ("A Mercadoria importada de país signatário do Gatt é isenta do ICM, quando contemplado com esse favor o similar nacional") e nº 71 ("O bacalhau importado de país signatário do Gatt é isento do ICM").

Essa interpretação não contrasta com o entendimento segundo o qual "[...] não pode o Poder Judiciário, a pretexto de conceder tratamento isonômico, atuar como legislador positivo para estabelecer benefícios tributários não previstos em lei, sob pena de afronta ao princípio fundamental da separação dos poderes".[406] O princípio do tratamento nacional é previsto em um acordo internacional incorporado ao direito brasileiro com força de lei. Dele já resulta o direto de extensão do benefício fiscal ao importador brasileiro de produto similar ou intersubstituível. O Judiciário, ao determinar essa providência, não está inovando na ordem jurídica, mas apenas declarando um direito subjetivo do importador que decorre do Artigo III do Gatt.

Ademais, ao contrário do que se entendeu no RE nº 1.437.172, deve-se ter presente que o princípio do tratamento nacional não autoriza que se adotem medidas de política fiscal destinadas a beneficiar um segmento restrito de empresas nacionais que procedam à venda de determinados produtos, ainda que sob condições. Essa vedação, de acordo com as Notas e

---

[405] STF. 1ª T. ARE 804638 AgR. Rel. Min. Luiz Fux. DJe-075 23.04.2015; 1ª T. REsp 533.124/SP. Rel. Min. Luiz Fux. DJ 20.10.2003. No mesmo sentido, STF. 1ª T. AI 764.951 AgR. Rel. Min. Rosa Weber. *DJe*-048 13.03.2013: "A jurisprudência desta Suprema Corte assentou-se no sentido da constitucionalidade das desonerações tributárias estabelecidas, por meio de tratado, pela República Federativa do Brasil, máxime no que diz com a extensão, às mercadorias importadas de países signatários do GATT, das isenções de ICMS concedidas às similares nacionais (Súmula STF nº 575)".

[406] STF. 2ª T. RE 606.171 AgR. Rel. Min. Dias Toffoli. *DJe*-040 de 03.03.2017. Essa exegese, como será examinado por ocasião do estudo das isenções do imposto de importação, mostra-se acertada. A instituição de isenções constitui matéria inserida na liberdade de conformação do legislador ordinário. Por outro lado, a concessão não isonômica de vantagens fiscais configura uma inconstitucionalidade por ação, submetendo-se aos efeitos jurídicos dela decorrentes.

Disposições Adicionais Ao Artigo III do Gatt, aplica-se *a qualquer imposto ou outros tributos internos* incidentes sobre o *produto importado* e sobre *o produto nacional similar, cobrados ou exigidos no momento e no local da importação*. Não há como excepcionar dessa regra o PIS/Pasep e a Cofins.[407]

## 4.2.2 Hipótese de incidência

As contribuições ao PIS/Pasep e a Cofins na importação – que aqui nos referimos de maneira abreviada como PIS-Cofins – foram instituídas pela Lei nº 10.865/2004, com fundamento no art. 149, § 2º, II,[408] e no art. 195, IV,[409] da Constituição, na redação da Emenda nº 42/2003. São tributos que visam à equiparação entre a carga tributária dos bens e dos serviços nacionais com os estrangeiros. Por isso, apresentam um âmbito mais amplo que o do imposto de importação, porque também incidem sobre os serviços.

Na importação de produtos, a hipótese de incidência do PIS/Pasep e da Cofins é a mesma do imposto de importação (Lei nº 10.865/2004, art. 3º, I[410]). Portanto, aplicam-se aqui as mesmas observações apresentadas por ocasião do estudo daquele imposto, inclusive no tocante aos critérios espacial e temporal.[411]

A tributação dos serviços, por sua vez, não está incluída no objeto que resulta do corte epistemológico direito aduaneiro. Por isso, não será analisada no presente estudo.[412]

---

[407] Destaca-se, acerca dessa controvérsia, a recente tese de doutorado deferida na USP por Leonardo Branco, que também critica o equívoco da interpretação adotada pelo STJ: BRANCO, Leonardo. *Normas tributárias niveladoras*: concreção da não discriminação por meio de ajustes tributários sobre o comércio internacional. 2023. Tese (Doutorado em Direito Econômico, Financeiro e Tributário) – Faculdade de Direito, Universidade de São Paulo, São Paulo, 2023.

[408] "Art. 149. Compete exclusivamente à União instituir contribuições sociais, de intervenção no domínio econômico e de interesse das categorias profissionais ou econômicas, como instrumento de sua atuação nas respectivas áreas, observado o disposto nos arts. 146, III, e 150, I e III, e sem prejuízo do previsto no art. 195, § 6º, relativamente às contribuições a que alude o dispositivo.
[...]
§ 2º As contribuições sociais e de intervenção no domínio econômico de que trata o *caput* deste artigo:
[...]
II – incidirão também sobre a importação de produtos estrangeiros ou serviços".

[409] "Art. 195. A seguridade social será financiada por toda a sociedade, de forma direta e indireta, nos termos da lei, mediante recursos provenientes dos orçamentos da União, dos Estados, do Distrito Federal e dos Municípios, e das seguintes contribuições sociais:
[...]
IV – do importador de bens ou serviços do exterior, ou de quem a lei a ele equiparar".

[410] "Art. 3º O fato gerador será:
I – a entrada de bens estrangeiros no território nacional [...]".

[411] Ver itens 2.2.3 e 2.2.4.

[412] Sobre o tema, cf.: SEHN, Solon. *PIS-Cofins*: não cumulatividade e regimes de incidência. 2. ed. São Paulo: Noeses, 2019 e SEHN, Solon. Materialidade da hipótese de incidência das contribuições ao PIS/Pasep e Cofins incidentes na importação. *Revista de Direito Internacional, Econômico e Tributário*, Brasília v. 6, p. 213-232, 2011; BARROSO, Regina Maria Fernandes; VALADÃO, Marcos Aurélio Pereira. O PIS/Cofins na importação de serviços: parametrização da incidência e sua constitucionalidade. *Revista de Direito Internacional, Econômico e Tributário*. Brasília, v. 8, n. 1, p. 01-31, jan./jun. 2013.

## 4.2.3 Consequência tributária

### 4.2.3.1 Sujeitos ativo e passivo

O sujeito ativo do PIS-Cofins é União Federal. Na importação de produtos, os contribuintes e responsáveis encontram-se definidos nos arts. 5º e 6º da Lei nº 10.865/2004, que definem a mesma sujeição passiva do imposto de importação.[413]

### 4.2.3.2 Base de cálculo

O art. 7º, I, da Lei nº 10.865/2004, em sua redação originária, criou um conceito especial de "valor aduaneiro", formado pelo valor aduaneiro propriamente dito (base de cálculo do imposto de importação), acrescido do ICMS e do valor da própria contribuição:

> Art. 7º A base de cálculo será:
> I – o valor aduaneiro, assim entendido, para os efeitos desta Lei, o valor que servir ou que serviria de base para o cálculo do imposto de importação, acrescido do valor do Imposto sobre Operações Relativas à Circulação de Mercadorias e sobre Prestação de Serviços de Transporte Interestadual e Intermunicipal e de Comunicação – ICMS incidente no desembaraço aduaneiro e do valor das próprias contribuições, na hipótese do inciso I do *caput* do art. 3º desta Lei [...].

Esse dispositivo foi declarado inconstitucional pelo STF no RE nº 559.937 (Repercussão Geral, Tema 01: "**É inconstitucional a parte do art. 7º, I, da Lei 10.865/2004 que acresce à base de cálculo da denominada PIS/Cofins-Importação o valor do ICMS incidente no desembaraço aduaneiro e o valor das próprias contribuições**").

Depois disso, o art. 7º, I, foi alterado pela Lei nº 12.865/2013, de sorte que, atualmente, a base de cálculo do PIS-Cofins é a mesma do imposto de importação, ou seja, o valor aduaneiro da mercadoria determinado em consonância com as regras do Acordo de Valoração Aduaneira (AVA), incorporado ao direito brasileiro pelo Decreto Legislativo nº 30/1994, promulgado pelo Decreto nº 1.355/1994.

### 4.2.3.3 Alíquotas

#### 4.2.3.3.1 Disposições gerais e especiais

De acordo com o art. 8º da Lei nº 10.865/2004, as alíquotas são de 2,1% (PIS/Pasep) e de 9,65% (Cofins) do valor aduaneiro. Também são previstas isenções mediante alíquota zero (art. 8º, §§ 11 e 12) e disposições especiais aplicáveis ao produtos farmacêuticos (art. 8º, § 1º), de perfumaria, toucador e higiene pessoal (§ 2º), máquinas e veículos (§§ 3º e 4º), pneus novos de borracha e câmaras de ar de borracha (§ 5º), de autopeças (§ 9º), entre outros, que se submetem a alíquotas concentradas na importação, variáveis de 3,2% a 10,8%, com desoneração das demais etapas de circulação (regime monofásico).

---

[413] Ver itens 2.3.2 e 2.3.3.

### 4.2.3.3.2 Inconstitucionalidade superveniente da Lei nº 13.137/2015

Na importação de produtos, as alíquotas originárias eram de 1,65% (PIS/Pasep) e 7,6% (Cofins). Estas foram aumentadas para 2,1% (PIS/Pasep) e 9,65% (Cofins) pela Medida Provisória nº 668/2015, convertida na Lei nº 13.137/2015. Isso se deu em função da declaração de inconstitucionalidade da parte final do art. 7º, I, da Lei nº 10.865/2004 pelo STF, que excluiu o ICMS na base de cálculo nas importações. Contudo, essa decisão não alcançou as operações internas, o que levou o Ministério da Fazenda a propor ao Chefe do Poder Executivo a equalização da carga tributária com a das empresas nacionais:

> [...]
> 2. Em face da recente decisão do Supremo Tribunal Federal – STF que entendeu inconstitucional parcela da base de cálculo da Contribuição para o PIS/PASEP-Importação e da COFINS-Importação incidente na importação de mercadorias, faz-se necessário adequar o marco legal de regência dessas contribuições. Ressalte-se, preliminarmente, que a decisão do STF já se encontra plasmada na legislação tributária federal. A Lei nº 12.865, de 9 de outubro de 2013, alterou a base de cálculo da Contribuição para o PIS/PASEP-Importação e da COFINS-Importação, adequando-a aos ditames do acordão exarado.
> 3. Com o intuito de evitar-se que a importação de mercadorias passe a gozar de tributação mais favorecida do que aquela incidente sobre os produtos nacionais, desprotegendo as empresas instaladas no País, torna-se necessário elevar as alíquotas da Contribuição para o PIS/PASEP-Importação e da COFINS-Importação. O aumento proposto apenas repõe a arrecadação dessas contribuições ao patamar existente previamente à decisão do STF e à consequente alteração legislativa.
> 4. A urgência e a relevância dos dispositivos decorrem da necessidade de garantir o equilíbrio entre a tributação de produtos importados e nacionais, mediante alteração das alíquotas da Contribuição para o PIS/PASEP-Importação e da COFINS-Importação. A assimetria nesta tributação pode causar sérios prejuízos à indústria nacional, devendo ser corrigida o quanto antes tal situação.[414]

Ocorre que, tempo depois, a inclusão do ICMS nas operações internas também foi declarada inconstitucional pelo STF no RE nº 574.706[415] ("**o ICMS não compõe a base de cálculo para a incidência do PIS e da Cofins**" – Tema nº 69 de Repercussão Geral). Dessa maneira, o desequilíbrio – que antes atingia as operações internas – agora atinge os importadores, inclusive os produtores nacionais que dependem de insumos importados para o exercício de suas atividades.

Trata-se de disparidade incompatível com os princípios da isonomia (CF, art. 150, II) e do tratamento nacional. Portanto, após a decisão do STF no RE nº 574.706, deve ser reconhecida a inconstitucionalidade superveniente da Lei nº 13.137/2015, com o consequente restabelecimento da alíquota originária da Lei nº 10.865/2004.

---

[414] Exposição de Motivos nº 021/2015 MF.
[415] STF. T. Pleno. RE 574.706/PR. Rel. Min. Cármen Lúcia. J. 15.03.2017. *DJe*-223, div. 29.09.2017, pub. 02.10.2017.

### 4.2.3.3.3 Inconstitucionalidade da alíquota adicional específica para os produtos do Anexo I da Lei nº 12.546/2011

O § 21 do art. 8º da Lei nº 10.865/2004 foi alterado pelo art. 53 da Lei nº 12.715/2012, que estabeleceu uma alíquota adicional de 1% aplicável aos produtos de origem estrangeira relacionados no Anexo I da Lei nº 12.546/2011.

A cobrança do adicional de Cofins foi prorrogada até 31 de dezembro de 2024 pela Lei nº 14.973/2024, que também prevê a sua redução proporcional a partir de 2025:

> Art. 2º O art. 8º da Lei nº 10.865, de 30 de abril de 2004, passa a vigorar com a seguinte redação:
> "Art. 8º [...]
> § 21. Até 31 de dezembro de 2024, as alíquotas da Cofins-Importação de que trata este artigo ficam acrescidas de 1 (um) ponto percentual na hipótese de importação dos bens classificados na Tipi, aprovada pelo Decreto nº 11.158, de 29 de julho de 2022, nos códigos:
> [...]
> § 21-A. O acréscimo percentual nas alíquotas da Cofins-Importação de que trata o § 21 deste artigo será de:
> I – 0,8% (oito décimos por cento) de 1º de janeiro até 31 de dezembro de 2025;
> II – 0,6% (seis décimos por cento) de 1º de janeiro até 31 de dezembro de 2026; e
> III – 0,4% (quatro décimos por cento) de 1º de janeiro até 31 de dezembro de 2027.

Essa alíquota adicional não é compatível com os princípios da isonomia e do tratamento nacional. O Estado brasileiro, como qualquer outro país integrante da OMC, não pode impor aos produtos importados um tratamento tributário mais gravoso que o aplicável aos produtos nacionais.[416] Porém, sem examinar a compatibilidade com o Gatt, no julgamento do RE nº 1.178.310, o STF definiu que: "I- É constitucional o adicional de alíquota da Cofins-Importação previsto no § 21 do artigo 8º da Lei nº 10.865/2004; II- A vedação ao aproveitamento do crédito oriundo do adicional de alíquota, prevista no artigo 15, § 1º-A, da Lei nº 10.865/2004, com a redação dada pela Lei 13.137/2015, respeita o princípio constitucional da não cumulatividade" (Tema nº 1.047[417]).

### 4.2.4 Não cumulatividade

#### 4.2.4.1 Aplicabilidade e hipóteses de creditamento

Nas importações de bens e serviços, as empresas sujeitas à não cumulatividade[418] do PIS-Cofins têm direito ao crédito nas hipóteses previstas no art. 15 da Lei nº 10.865/2004, que compreendem os seguintes itens:

---

[416] STJ. 2ª T. REsp nº 1.021.267/SP. Rel. Min. Eliana Calmon. *DJe* 26.02.2009; 1ª T. REsp nº 965.627/SP. Rel. Min. Teori Albino Zavascki. *DJe* 04.02.2009: "[...] 2. O acordo do GATT tem prevalência sobre a legislação tributária superveniente".

[417] STJ. T. Pleno. RE nº 1.178.310. Rel. Min. Marco Aurélio. Rel. p/ ac. Min. Alexandre de Moraes. *DJe* 05.10.2020.

[418] As Leis nº 10.637/2002 e nº 10.833/2003 disciplinam a não cumulatividade do PIS-Cofins, que, ressalvadas as exceções do art. 10, é aplicável aos contribuintes do imposto sobre a renda da pessoa jurídica no regime do lucro real.

(a) bens adquiridos para revenda;

(b) bens e serviços utilizados como insumo na prestação de serviços e na produção ou fabricação de bens ou produtos destinados à venda, inclusive de combustíveis e lubrificantes;

(c) energia elétrica consumida nos estabelecimentos da pessoa jurídica;

(d) aluguéis e contraprestações de arrendamento mercantil de prédios, máquinas e equipamentos, embarcações e aeronaves, utilizados na atividade da empresa;

(e) máquinas, equipamentos e outros bens incorporados ao ativo imobilizado, adquiridos para locação a terceiros ou para utilização na produção de bens destinados à venda ou na prestação de serviços.

As regras sobre o crédito do PIS-Cofins previstas na Lei nº 10.865/2004 são aplicáveis aos gastos incorridos até o desembaraço aduaneiro, momento em que, para todos os efeitos legais, a mercadoria é considerada nacionalizada. A partir daí, a análise do direito ao crédito deve considerar as Leis nº 10.637/2002 e nº 10.833/2003.

Vale ressaltar ainda que, na importação por conta e ordem de terceiros, o crédito cabe ao encomendante da mercadoria (Lei nº 10.865/2004, art. 18).[419] Outra particularidade é que também há direito ao crédito nas importações isentas, salvo se a operação subsequente estiver sujeita à alíquota zero, for isenta ou não alcançada pela incidência da contribuição (art. 16, § 1º).

### 4.2.4.2 Cálculo do crédito e créditos acumulados após a Lei nº 14.440/2022

Para fins de apuração do crédito, o art. 15, § 3º, da Lei nº 10.865/2004, estabelece que:

> Art. 15. [...]
> § 3º O crédito de que trata o *caput* será apurado mediante a aplicação das alíquotas previstas no art. 8º sobre o valor que serviu de base de cálculo das contribuições, na forma do art. 7º, acrescido do valor do IPI vinculado à importação, quando integrante do custo de aquisição (Redação dada pela Lei nº 13.137, de 2015).

Esse dispositivo parece indicar que o crédito, diferentemente das operações do mercado interno, não teria por base o custo de aquisição, mas apenas o valor aduaneiro da mercadoria importada ("o valor que serviu de base de cálculo das contribuições"). Todavia, a parte final do art. 15, § 3º, mostra que, a rigor, o cálculo deve considerar o custo de aquisição. Afinal, se não fosse assim, não haveria motivo para prever a inclusão do IPI apenas "quando integrante do custo".

Não é esse, contudo, o entendimento da Receita Federal. Após diferentes soluções de consulta, a Coordenação Geral da Tributação (Cosit) definiu que apenas os gastos que integraram a base imponível do PIS/Pasep e da Cofins podem ser considerados no cálculo do crédito (Solução de Divergência nº 07/2012, transcrita a seguir).

Além disso, cumpre destacar que a Lei nº 14.440/2022 incluiu o § 2º-A no art. 15 da Lei nº 10.865/2004, para permitir o aproveitamento de créditos acumulados em razão da diferença das alíquotas na importação e interna do PIS/Pasep e da Cofins:

---

[419] "Art. 18. No caso da importação por conta e ordem de terceiros, os créditos de que tratam os arts. 15 e 17 desta Lei serão aproveitados pelo encomendante".

Art. 15. [...]

§ 2º-A. A partir de 1º de janeiro de 2023, na hipótese de ocorrência de acúmulo de crédito remanescente, resultante da diferença da alíquota aplicada na importação do bem e da alíquota aplicada na sua revenda no mercado interno, conforme apuração prevista neste artigo e no art. 17 desta Lei, a pessoa jurídica importadora poderá utilizar o referido crédito remanescente para fins de restituição, ressarcimento ou compensação com débitos próprios, vencidos ou vincendos, relativos a tributos e a contribuições administrados pela Secretaria Especial da Receita Federal do Brasil, observada a legislação específica aplicável à matéria (Incluído pela Lei nº 14.440, de 2022).

O § 2º-A do art. 15 resolveu um sério problema dos importadores, sobretudo daqueles que importam matérias-primas e insumos industriais. Esses têm um valor agregado reduzido, o que se reflete em margens de lucro menores que a importação de produtos acabados. Assim, como as alíquotas da entrada (importação) são maiores que a saída (venda interna), acaba ocorrendo um acúmulo significativo de créditos que, antes da Lei nº 14.440/2022, não poderiam ser objeto de compensação com outros tributos federais nem de pedido de ressarcimento em dinheiro. Portanto, transformavam-se em custo e, enquanto tais, eram incorporados ao preço do produto, onerando os adquirentes no mercado nacional. O efeito prejudicava, sobretudo, as indústrias locais, de sorte que foi salutar a iniciativa do legislador.

Os direitos de restituição, ressarcimento ou compensação abrangem apenas os créditos acumulados a partir de 1º de janeiro de 2023. Isso significa que se restringem às operações ocorridas após essa data. Entretanto, há uma particularidade que deve ser observada pelas empresas que têm créditos acumulados relativos a períodos anteriores: de acordo com o § 2º do art. 15 da Lei nº 10.865/2004, "o crédito não aproveitado em determinado mês poderá sê-lo nos meses subsequentes". Em razão desse preceito, primeiro devem ser deduzidos os créditos dos períodos antecedentes. Assim, v.g., se no início de janeiro a empresa tem um crédito acumulado (ou sobra de crédito) de R$ 10.000,00, resultante do não aproveitamento no mês de dezembro, esses devem ser deduzidos dos débitos do mês de janeiro em primeiro lugar. Isso deve ser realizado sucessivamente, até o esgotamento do crédito acumulado. Daí que, até o esgotamento da sobra de crédito anterior à Lei nº 14.440/2022, nos meses subsequentes, todo o crédito de PIS/Pasep e de Cofins deverá ser acumulado, podendo ser objeto de restituição, ressarcimento ou compensação.

### 4.2.4.3 Questões controvertidas na jurisprudência

#### 4.2.4.3.1 Insumos

As Instruções Normativas SRF nº 247/2002 e nº 404/2004, hoje revogadas,[420] estenderam ao PIS-Cofins o mesmo conceito de insumo da legislação do IPI, de modo a abranger apenas as aquisições de matéria-prima, de produto intermediário e material de embalagem. Essa equiparação foi considerada inválida pela doutrina, uma vez que a contribuição não incide apenas sobre operações que tenham por objeto produtos industrializados, mas a totalidade da receita bruta do sujeito passivo.[421]

---

[420] As INs SRF nº 247/2002 e nº 404/2004 foram revogadas pela IN RFB nº 1.911/2019 e essa pela IN RFB nº 2.121/2022, que disciplina a matéria atualmente.

[421] MARTINS, Natanael. O conceito de insumos na sistemática não cumulativa do PIS e da COFINS. In: PEIXOTO, Marcelo Magalhães; FISCHER, Octavio Campos (Coord.) *PIS-COFINS*: questões atuais e

Essa questão foi apreciada pela 1ª Seção do STJ no RESP nº 1.221.170-PR. Na decisão, o STJ declarou a ilegalidade das Instruções Normativas SRF nº 247/2002 e nº 404/2004. Além disso, definiu que o conceito de insumo deve ser determinado a partir dos critérios de essencialidade ou da relevância no desenvolvimento da atividade econômica desempenhada pelo sujeito passivo:

> **(a)** "é ilegal a disciplina de creditamento prevista nas Instruções Normativas da SRF ns. 247/2002 e 404/2004, porquanto compromete a eficácia do sistema de não cumulatividade da contribuição ao PIS e da COFINS, tal como definido nas Leis 10.637/2002 e 10.833/2003"; e
>
> **(b)** "o conceito de insumo deve ser aferido à luz dos critérios de essencialidade ou relevância, ou seja, **considerando-se a imprescindibilidade ou a importância de determinado item – bem ou serviço – para o desenvolvimento da atividade econômica desempenhada pelo Contribuinte**".

Os conceitos de essencialidade e de relevância, por sua vez, foram assim delineados pela Ministra Regina Helena Costa:

> Demarcadas tais premissas, tem-se que o critério da **essencialidade** diz com o item do qual dependa, intrínseca e fundamentalmente, o produto ou o serviço, constituindo elemento estrutural e inseparável do processo produtivo ou da execução do serviço, ou, quando menos, a sua falta lhes prive de qualidade, quantidade e/ou suficiência.
>
> Por sua vez, a **relevância**, considerada como critério definidor de insumo, é identificável no item cuja finalidade, embora não indispensável à elaboração do próprio produto ou à prestação do serviço, integre o processo de produção, seja pelas singularidades de cada cadeia produtiva (*v.g.*, o papel da água na fabricação de fogos de artifício difere daquele desempenhado na agroindústria), seja por imposição legal (*v.g.*, equipamento de proteção individual – EPI), distanciando-se, nessa medida, da acepção de pertinência, caracterizada, nos termos propostos, pelo emprego da aquisição na produção ou na execução do serviço.
>
> Desse modo, sob essa perspectiva, **o critério da relevância revela-se mais abrangente do que o da pertinência**.[422]

Essa parte da decisão teve a complementação do Voto do Ministro Mauro Campbell Marques, para quem o critério da relevância abrange os bens e serviços que – uma vez subtraídos do processo – implicam a perda substancial da qualidade do produto ou serviço, ao passo que, no critério da essencialidade, aqueles que, dentro do "teste de subtração", impossibilitam

---

polêmicas. São Paulo: Quartier Latin, 2005. p. 203; BERGAMINI, Adolpho. Créditos de PIS/Cofins sobre gastos com vale-alimentação, vale-refeição, fardamento e uniformes fornecidos a empregados: apontamentos relevantes sobre a irretroatividade da Lei nº 11.898/09, a ofensa ao princípio da isonomia, ao conceito de insumos aplicável às contribuições e à não plena do PIS/Cofins. *Revista de Direito Tributário da APET*, n. 23, ano VI, set. 2009. p. 303; YAMASHITA, Douglas. Da não cumulatividade do PIS e da Cofins e o conceito de insumos. In: GAUDÊNCIO, Samuel Carvalho; PEIXOTO, Marcelo Magalhães (coords.). *Fundamentos do PIS e da Cofins e o regime jurídico da não cumulatividade*. São Paulo: MP, 2007. p. 113; BERGAMINI, Adolpho. PIS/Cofins não cumulativo: análise jurídica do modelo de não cumulatividade adotado; natureza jurídica dos créditos das contribuições; e teste de constitucionalidade da sistemática. *Revista de Direito Tributário da APET*, n. 21, ano VI, mar. 2009. p. 26.

[422] REsp nº 1.221.170/PR, p. 80.

o exercício da atividade da empresa. Daí a seguinte proposta de definição de insumo para efeitos de PIS/Pasep e de Cofins:

> Em resumo, é de se definir como insumos, para efeitos do art. 3º, II, da Lei nº 10.637/2002, e art. 3º, II, da Lei nº 10.833/2003, todos aqueles bens e serviços pertinentes ao, ou que viabilizam o processo produtivo e a prestação de serviços, que neles possam ser direta ou indiretamente empregados e cuja subtração importa na impossibilidade mesma da prestação do serviço ou da produção, isto é, cuja subtração obsta a atividade da empresa, ou implica em substancial perda de qualidade do produto ou serviço daí resultantes.[423]

Portanto, nessa linha, devem ser considerados insumos os bens e os serviços essenciais ou relevantes para o desenvolvimento da atividade econômica do sujeito passivo, vale dizer, aqueles que não podem ser suprimidos sem impossibilitar a atividade da empresa (critério da essencialidade) ou implicar a perda substancial da qualidade do produto ou do serviço (critério da relevância).

Na importação, diversos são os gastos essenciais à luz do "teste de subtração". Têm gerado dúvidas, por exemplo, o *ISPS CODE* (*International Ship and Port Facility Security Code*), que, apesar da referência ao Código Internacional para Proteção de Navios e Instalações Portuárias, é um valor pago ao operador portuário em função do número de contêineres movimentados; e a "taxa" de emissão e liberação do *B/L*, devida ao agente marítimo para fins de liberação da carga transportada e que integra o frete total informado no Siscomex. Esses gastos geram direito ao crédito para o importador, porque, sem a sua realização, não é possível a descarga da mercadoria do navio.

Outro gasto essencial é a fumigação, que constitui um tratamento fitossanitário indispensável para a liberação de produtos transportados em embalagens de madeira, exigido pelo Mapa (Ministério da Agricultura, Pecuária e Abastecimento) e pela FAO (Organização das Nações Unidas para a Alimentação e a Agricultura). Sem a fumigação, a mercadoria não pode ser introduzida no mercado nacional, o que evidencia a sua inequívoca essencialidade.

### 4.2.4.3.2 Insumos na venda

Um importante aspecto que não foi suficientemente esclarecido na decisão do STJ diz respeito ao crédito das despesas de venda. Após a publicação do acórdão, a Receita Federal editou o Parecer Normativo Cosit nº 05/2018, manifestando-se pela inexistência de crédito na atividade comercial:

> 2. INEXISTÊNCIA DE INSUMOS NA ATIVIDADE COMERCIAL
> 40. Nos termos demonstrados acima sobre o conceito definido pela Primeira Seção do Superior Tribunal de Justiça, somente há insumos geradores de créditos da não cumulatividade da Contribuição para o PIS/Pasep e da Cofins nas atividades de produção de bens destinados à venda e de prestação de serviços a terceiros.
> 41. Destarte, para fins de apuração de créditos das contribuições, não há insumos na atividade de revenda de bens, notadamente porque a esta atividade foi reservada a apuração de créditos em relação aos bens adquiridos para revenda (inciso I do *caput* do art. 3º da Lei nº 10.637, de 2002, e da Lei nº 10.833, de 2003).

---

[423] REsp nº 1.221.170/PR, p. 61.

A legalidade dessa interpretação foi apreciada em estudo específico sobre PIS-Cofins, ao qual nos reportamos, porque interessa apenas na aquisição de produtos no mercado interno.[424] No que concerne à atuação das importadoras, a discussão não é relevante, porquanto essas não são exclusivamente comerciais.

Com efeito, as importadoras são empresas habilitadas para atuar no comércio exterior nos regimes de importação direta, por encomenda ou por conta e ordem de terceiros, que prestam serviços aos seus clientes.[425] Esses podem compreender atividades diversas relacionadas à assessoria e ao planejamento comercial de importação. Na importação por conta e ordem, inclusive, a Instrução Normativa SRF nº 1.861/2018 estabelece expressamente que o importador atua como simples prestador de serviços, limitando-se a promover em seu nome o despacho aduaneiro de importação de mercadoria adquirida por outra empresa.[426]

### 4.2.4.3.3 Frete interno

A Receita Federal entende que, na importação, o crédito deve considerar o valor aduaneiro da mercadoria. Esse, por sua vez, compreende apenas o frete devido até o porto, aeroporto ou no ponto de fronteira alfandegado onde devam ser cumpridas as formalidades de entrada no território aduaneiro (RA, art. 77, I[427]). Em razão disso, não se reconhece o crédito do frete interno pago ao prestador de serviço brasileiro para o transporte do produto nacionalizado até o estabelecimento do importador, conforme assentado na Solução de Consulta Cosit (Coordenação-Geral de Tributação) nº 121/2017:

> NÃO CUMULATIVIDADE. DIREITO DE CREDITAMENTO. SERVIÇOS ADUANEIROS. FRETE INTERNO NA IMPORTAÇÃO DE MERCADORIAS. ARMAZENAGEM DE MERCADORIA IMPORTADA.
>
> No regime de apuração não cumulativa, não é admitido o desconto de créditos em relação ao pagamento de serviços aduaneiros e de frete interno referente ao transporte de mercadoria importada do ponto de fronteira, porto ou aeroporto alfandegado até

---

[424] Na oportunidade, entendemos que essa interpretação não é compatível com o art. 3º, II, das Leis nº 10.637/2002 e nº 10.833/2003. Estes dispositivos, ao vedarem o crédito de insumos, fazem referência a uma modalidade específica de despesa de venda: a comissão do art. 2º, da Lei nº 10.485/2002, paga aos concessionários pelos fabricantes ou importadores na venda direta ao consumidor de automóveis classificados nas posições 87.03 e 87.04. Ora, se os insumos de venda já estivessem excluídos, não haveria motivos para essa exceção. A parte final do inciso, portanto, mostra que a legislação assegurou ao contribuinte o direito de crédito em relação às despesas de venda, o que, a rigor, é absolutamente coerente com a amplitude da hipótese de incidência da contribuição. Para um exame mais aprofundado dessas reflexões no mercado interno, cf.: SEHN, Solon. *PIS-Cofins*: não cumulatividade e regimes de incidência. 2. ed. São Paulo: Noeses, 2019. p. 260 e ss.

[425] Ver Item 2.2.2.2.1 – B.

[426] "Art. 2º Considera-se operação de importação por conta e ordem de terceiro aquela em que a pessoa jurídica importadora é contratada para promover, em seu nome, o despacho aduaneiro de importação de mercadoria estrangeira, adquirida no exterior por outra pessoa jurídica".

[427] "Art. 77. Integram o valor aduaneiro, independentemente do método de valoração utilizado (Acordo de Valoração Aduaneira, Artigo 8, parágrafos 1 e 2, aprovado pelo Decreto Legislativo no 30, de 1994, e promulgado pelo Decreto nº 1.355, de 1994; e Norma de Aplicação sobre a Valoração Aduaneira de Mercadorias, Artigo 7º, aprovado pela Decisão CMC nº 13, de 2007, internalizada pelo Decreto nº 6.870, de 4 de junho de 2009):
I – o custo de transporte da mercadoria importada até o porto ou o aeroporto alfandegado de descarga ou o ponto de fronteira alfandegado onde devam ser cumpridas as formalidades de entrada no território aduaneiro [...]".

o estabelecimento da pessoa jurídica no território nacional. É possível o desconto de crédito em relação a despesas com armazenagem do produto importado.

Dispositivos Legais: Lei nº 10.637, de 2002, art. 3º; Lei nº 10.833, de 2003, art. 3º, IX, e art. 15, II; Lei nº 10.865, de 2004, art. 7º e art. 15; IN SRF nº 327, de 2003, art. 4º e 5º.

Essa interpretação, contudo, mostra-se equivocada. Não se pode confundir o crédito decorrente da importação, disciplinado pela Lei nº 10.865/2004, com o crédito decorrente de gastos relacionados ao *produto já nacionalizado*, sujeito às regras da Lei nº 10.833/2003. Após o desembaraço aduaneiro, a mercadoria perde o *status* de importada, tornando-se nacional para todos os efeitos legais. A partir desse momento, como o produto já está nacionalizado, o crédito deve ser apurado considerando as disposições da Lei nº 10.833/2003. Logo, o art. 15, § 3º, da Lei nº 10.865/2004, não se aplica ao *frete nacional*.

No mesmo sentido, ensina Luís Eduardo Barbieri que:

> Não há como aceitar a tese de que na importação de insumos, o contribuinte possui direito de crédito *apenas* sobre o valor dos bens importados (base de cálculo = valor aduaneiro) que sofreram incidência e pagamento de PIS/Cofins – importação.
> 
> A nosso ver, uma coisa são os custos incidentes sobre o *produto importado*, outra coisa são os custos incidentes sobe o *produto já nacionalizado*, incorridos no território nacional. Os primeiros darão direito a crédito em relação aos custos incorridos até o momento do *desembaraço aduaneiro*, isto não se discute; contudo, podem existir ainda outros custos/despesas, a partir do desembaraço, que também precisam ser considerados para efeito de creditamento das contribuições. As despesas incorridas com transporte no território nacional parecem-nos ser exatamente um desses custos, desde o que ônus pelo pagamento do frete seja arcado pelo adquirente do insumo, obviamente.
> 
> O desembaraço aduaneiro é o ato pelo qual é registrada a conclusão da conferência aduaneira (Decreto Lei n. 37, de 1966, art. 51, *caput*, com a redação dada pelo Decreto-Lei n. 2.472, de 1988, art. 2º), quando estão será emitido o documento comprobatório da importação. Juridicamente, após o desembaraço aduaneiro a mercadoria importada é considerada *nacionalizada*, ou seja, uma mercadoria estrangeira que adentrou regularmente no território nacional. A partir desse momento, a mercadoria nacionalizada deve receber o mesmo tratamento tributário de uma mercadoria nacional. Importante demarcara que o desembaraço aduaneiro demarca cronologicamente os momentos de incidência das contribuições: antes dele, incidem PIS-importação e Cofins – importação; após, o PIS-receita e Cofins-Receita.[428]

Essa interpretação foi acolhida em diversos julgados do Conselho Administrativo de Recursos Fiscais (Carf). Em acórdão recente, da relatoria da Conselheira Mariel Orsi Gameiro, o crédito foi reconhecido em razão da vinculação do frete ao transporte de insumos:

> ASSUNTO: CONTRIBUIÇÃO PARA O FINANCIAMENTO DA SEGURIDADE SOCIAL (COFINS)

---

[428] BARBIERI, Luís Eduardo. Direito ao crédito do PIS e da Cofins sobre o valor do frete pago no transporte no território nacional de bens importados. In: MOREIRA JUNIOR, Gilberto Castro; PEIXOTO, Marcelo Magalhães (coord.). *PIS e Cofins à luz da Jurisprudência do Conselho Administrativo de Recursos Fiscais*. São Paulo: MP, 2014. v. 3, p. 349.

Período de apuração: 01/01/2008 a 31/12/2010
NÃO CUMULATIVIDADE. CRÉDITOS. FRETE. PROCESSO DE INDUSTRIALIZAÇÃO. IMPORTAÇÃO.

Comprovada a essencialidade no processo de industrialização de bens destinados à venda, é possível a apuração de crédito da não cumulatividade da Cofins, na modalidade aquisição de insumos, dos dispêndios da pessoa jurídica com fretes dos insumos importados do recinto alfandegário até o estabelecimento industrial.[429]

Não obstante, por voto de qualidade, a Câmara Superior de Recursos Fiscais (CSRF) do Carf já decidiu no sentido contrário:

ASSUNTO: NORMAS GERAIS DE DIREITO TRIBUTÁRIO
Período de apuração: 01/07/2006 a 30/09/2006
REGIME NÃO CUMULATIVO. GASTOS COM ARMAZENAMENTO E FRETE INTERNO NO TRANSPORTE DE PRODUTO IMPORTADO. DIREITO DE APROPRIAÇÃO DE CRÉDITO. IMPOSSIBILIDADE.

Os gastos com armazenamento e frete relativos ao transporte de bens importados, realizados após o desembaraço aduaneiro, não geram direito a crédito da Cofins, pelo crédito do tributo importado estar limitado ao valor das contribuições efetivamente pagas na importação.[430]

A divisão dos integrantes da CSRF, só resolvida pelo voto de qualidade, mostra o quanto a matéria é controversa no âmbito do Carf. Em breve, a Câmara Superior deverá revisitar o assunto, definindo a interpretação que será adotada no Conselho. No Judiciário, por sua vez, o entendimento da Cosit foi mantido em recente acórdão da 6ª Turma do Tribunal Regional Federal (TRF) da 3ª Região:

APELAÇÃO EM MANDADO DE SEGURANÇA. TRIBUTÁRIO. FRETE. IMPORTAÇÃO E OPERAÇÃO INTERNA. PIS/COFINS IMPORTAÇÃO E PIS/COFINS INTERNO. REGIME NÃO CUMULATIVO. EXIGÊNCIA DE MÚLTIPLA INCIDÊNCIA TRIBUTÁRIA. CONCEITO DE INSUMO. FRETE E CUSTO OPERACIONAL. LEGALIDADE DO ART.551 DA IN RFB 1.911/19. RECURSO DESPROVIDO.

1. A presente causa tem por objeto a possibilidade de a impetrante se creditar do PIS/Cofins quanto ao custo: do frete de serviços de transporte em importações, independentemente de o produto importado possuir algum benefício fiscal, afastando-se a normativa do art. 551 da IN 1.911/19; do frete de importação incidente a partir do desembaraço aduaneiro até o parque fabril, mesmo lançado autonomamente; e do frete interno de serviços de transporte de insumos, independentemente do produto gozar de benefício fiscal.

---

[429] Carf. 3ª S. 2ª T. E. Ac. 3002-001.832. Rel. Con. Mariel Orsi Gameiro. S. de 18.03.2021. No mesmo sentido: 3ª S. 2ª C. 2ª T.O. Acórdão nº 3202-001.003. Rel. Cons. Luís Eduardo Garrossino Barbieri. S. de 26.11.2013; 3ª S. 3ª C. 1ª T. O. Ac. 3301-008.948. Rel. Ari Vendramini. S. de 20.10.2020. No mesmo sentido: 3ª S. 2ª C. 1ª T.O. Ac. 3201-007.474. Rel. designado Cons. Laércio Cruz Uliana Junior. S. de 18.11.2020; 3ª S. 2ª C. 1ª T.O. Ac. 3201-007.484. Rel. Cons. Paulo Roberto Duarte Moreira. S. de 18.11.2020.

[430] CRSF. 3ª T. Ac. 9303-010.727. Rel. Des. Cons. Luiz Eduardo de Oliveira Santos. S. de 17.09.2020.

2. O art. 7º da Lei 10.865/04 institui o valor aduaneiro como base de cálculo do PIS/Cofins incidente na importação de bens estrangeiros no território nacional, na forma do art. 195, IV, da CF. O art. 77 do Decreto 6.759/09 define que o custo de transporte da mercadoria importada até a alfândega está incluído no conceito de valor aduaneiro e, consequentemente, é parte da base de cálculo do PIS/Cofins importação.

3. O art. 15, *caput* e incisos, da Lei 10.865/04 garante às "pessoas jurídicas sujeitas à apuração da contribuição para o PIS/Pasep, nos termos dos arts. 2º e 3º das Leis 10.637/02 e 10.833/03, o direito de descontar créditos de PIS/Cofins quanto à importação de bens voltada para a revenda no mercado interno, ou de insumos para a produção de mercadorias. Ou seja, incidente o PIS/Cofins na operação interna, pode o importador se creditar do PIS/Cofins já recolhido quando da importação, de forma a neutralizar a nova incidência com o dispêndio já realizado.

4. Por decorrência lógica do regime não cumulativo pode o contribuinte do PIS/Cofins, agora na venda do bem importado, tomar créditos das contribuições tendo por base o frete internacional das mercadorias até a alfândega nacional, já que é componente da base de cálculo do PIS/Cofins devido na importação – o valor aduaneiro. Como dito, o creditamento somente será possível se a receita oriunda daquela venda for tributável pelo PIS/Cofins.

5. A sistemática difere daquela prevista nas Leis 10.637/02 e 10.833/03, voltadas para a cadeia operacional interna, com múltipla incidência das contribuições sobre as diferentes pontas daquela cadeia – a partir da receita obtida – permitindo o creditamento de determinadas despesas. Aqui, o custo do frete somente é admitido como fato gerador de créditos no caso do frete destinado à venda da mercadoria sujeita ao PIS/Cofins (art. 3º, IX), e, por força de interpretação administrativa, na qualidade de componente do custo de aquisição de insumos de mercadorias destinadas a venda também sujeita às contribuições (Solução de Divergência Cosit 07/16).

6. No ponto, tem-se uma correlação necessária entre o insumo e o frete utilizado para seu transporte. Ausente previsão legal específica – reservada somente ao frete destinado à venda –, o custo do frete fica atrelado ao custo da aquisição de insumos, na forma do art. 3º, II, e, consequentemente, ao regime tributário imposto àqueles insumos.

7. Nada obstante ter o STJ solidificado o conceito de insumo enquanto bem ou serviço essencial ou relevante para o processo produtivo (REsp 1.221.170), afastando-se a conceituação restritiva contidas nas IN's SRF 247/02 e 404/04 (atinentes ao IPI), fez-se expressa menção à impossibilidade de tal conceito acabar por travestir o conceito de receita e de faturamento em renda, afastando-se a equiparação do que seja insumo ao que seja custo e despesa.

8. Consequentemente, o frete, por si só, não se coaduna ao conceito de insumo, enquanto custo operacional de transporte dos bens utilizados na produção ou na venda das mercadorias produzida. Por força do art. 3º, II, somente quando integrante ao custo de aquisição de um insumo, poderá ser base de cálculo dos créditos de PIS/Cofins, ressalvada a hipótese do inciso IX. Nesse sentido: ApCiv 5011674-68.2018.4.03.6100/TRF3 – SEXTA TURMA/DES. FED. JOHONSOM DI SALVO/13.12.2019.

9. Em ambas as situações citadas, exige-se que a pessoa contratada para o frete seja pessoa jurídica domiciliada no Brasil (art. 3º, § 3º, I), porquanto a não cumulatividade e a assunção de créditos toma por pressuposto que a receita obtida com o frete seja submetida também ao PIS/Cofins, evitando-se, assim, a incidência em cascata das contribuições. A exigência não tem razão de ser para a aquisição de créditos derivados

da incidência do PIS/Cofins importação e do PIS/Cofins na revenda interna, já que o contribuinte é a mesma pessoa, como importadora e revendedora da mercadoria.

10. Mais precisamente, o crédito com o frete não é justificado pela incidência do PIS/Cofins sobre as receitas obtidas pela transportadora – até porque inexistente, caso seja pessoa estrangeira –, mas sim pelo fato de aquele valor ter sido incluído na base de cálculo do PIS/Cofins importação de mercadorias cuja receita de venda sujeitar-se-á ao PIS/Cofins cobrado na operação interna (Solução de Consulta Cosit 350/17).

11. Nestes termos, observada a necessidade de múltipla incidência tributária para o reconhecimento do direito ao creditamento previsto no regime não cumulativo do PIS/Cofins, e explicitando entendimento administrativo já exarado e aplicado anteriormente, editou-se o art. 551 da IN 1.911/19.

12. A norma apenas explicita a lógica do sistema não cumulativo. Se o custo da aquisição de um insumo, incluindo aqui o valor de seu frete, não se sujeitou à tributação do PIS/Cofins, veda-se ao adquirente a possibilidade de se creditar daquelas contribuições a partir daquele custo. Não se vulnera qualquer direito titularizado pelo contribuinte, mas apenas se obedece ao que se propõe a não cumulatividade – evitar a carga tributária em cascata. Muito menos se vulnera a anterioridade tributário, pois, como dito, apenas explicita interpretação já adotada pela Fazenda Nacional e decorrente do regime legal não cumulativo do PIS/Cofins.[431]

Não houve interposição de recurso especial ou extraordinário em face dessa decisão, de sorte que a discussão foi encerrada sem a manifestação do STJ ou do STF. Espera-se que, em decisões posteriores, seja reconhecido o direito ao crédito. Afinal, com o desembaraço aduaneiro, ocorre a nacionalização da mercadoria. Assim, as regras relativas ao crédito do PIS-Cofins na importação, previstas na Lei nº 10.865/2004, aplicam-se apenas aos gastos incorridos até o desembaraço aduaneiro. Após esse ato administrativo, é emitido o comprovante de importação e a mercadoria já nacionalizada é entregue ao seu proprietário para livre circulação. As eventuais aquisições posteriores de bens ou de serviços de pessoa jurídica domiciliada no País já não se referem à operação de comércio exterior, uma vez que essa foi encerrada com o desembaraço aduaneiro. Incidem as disposições das Leis nº 10.637/2002 e nº 10.833/2003, que preveem o direito ao crédito nas aquisições de serviços utilizados como insumos (art. 3º, II), aferidos "[...] considerando-se a imprescindibilidade ou a importância de determinado item – bem ou serviço – para o desenvolvimento da atividade econômica desempenhada pelo Contribuinte" (REsp 1.221.170/PR). Por conseguinte, na medida em que a receita auferida pela transportadora brasileira é onerada pela contribuição, é evidente que deve ser reconhecido o crédito em relação aos gastos com o transporte da mercadoria do recinto alfandegado para o estabelecimento empresarial.

### 4.2.4.3.4 Despesas com o desembaraço aduaneiro

Inicialmente, como os gastos com o desembaraço aduaneiro integram o custo de aquisição,[432] houve divergência nas soluções de consulta da Receita Federal acerca da existência do direito ao crédito. Porém, a Solução de Divergência Cosit nº 07/2012 entendeu que não haveria amparo legal para esse creditamento, uma vez que tais gastos não integravam a base

---

[431] TRF 3ª R. 6ª T. ApCiv nº 5005997-36.2019.4.03.6128. Rel. Des. Fed. Luis Antonio Johonsom Di Salvo. J. 10.08.2020.

[432] Regulamento do Imposto de Renda (RIR/2018) – Decreto nº 9.580/2018: "Art. 301. [...] § 2º Os gastos com desembaraço aduaneiro integram o custo de aquisição".

de cálculo do PIS-Cofins na importação. O Ato Declaratório Interpretativo RFB nº 04/2012 oficializou essa interpretação:

> ATO DECLARATÓRIO INTERPRETATIVO RFB Nº 4, DE 26 DE JUNHO DE 2012
> Dispõe sobre a impossibilidade do desconto de créditos da Contribuição para o PIS/Pasep e da Contribuição para o Financiamento da Seguridade Social (Cofins) em relação aos gastos com desembaraço aduaneiro.
> O SECRETÁRIO DA RECEITA FEDERAL DO BRASIL, no uso da atribuição que lhe confere o inciso III do art. 273 do Regimento Interno da Secretaria da Receita Federal do Brasil, aprovado pela Portaria MF nº 587, de 21 de dezembro de 2010, e tendo em vista o disposto nos arts. 15 a 18 Lei nº 10.865, de 30 de abril de 2004, e na Solução de Divergência Cosit nº 7, de 24 de maio de 2012, declara:
> Artigo único. Os gastos com desembaraço aduaneiro na importação de mercadorias não geram direito ao desconto de créditos da Contribuição para o PIS/Pasep e da Contribuição para o Financiamento da Seguridade Social (Cofins), por falta de amparo legal.
> Solução de Divergência nº 7 – Cosit, de 24 de maio de 2012
> Assunto: Contribuição para o PIS/Pasep
> REGIME DE APURAÇÃO NÃO CUMULATIVA. CRÉDITOS. IMPORTAÇÃO. GASTOS COM DESEMBARAÇO ADUANEIRO.
> A pessoa jurídica sujeita ao regime de apuração não cumulativa da Contribuição para o PIS/Pasep não pode descontar créditos calculados em relação aos gastos com desembaraço aduaneiro, relativos a serviços prestados por pessoa jurídica domiciliada no País, decorrentes de importação de mercadorias, por falta de amparo legal.
> Dispositivos Legais: Lei nº 10.865, de 2004, art. 7º, I e art. 15.
> Assunto: Contribuição para o Financiamento da Seguridade Social – Cofins
> REGIME DE APURAÇÃO NÃO CUMULATIVA. CRÉDITOS. IMPORTAÇÃO. GASTOS COM DESEMBARAÇO ADUANEIRO.
> A pessoa jurídica sujeita ao regime de apuração não cumulativa da Cofins não pode descontar créditos calculados em relação aos gastos com desembaraço aduaneiro, relativos a serviços prestados por pessoa jurídica domiciliada no País, decorrentes de importação de mercadorias, por falta de amparo legal.
> Dispositivos Legais: Lei nº 10.865, de 2004, art. 7º, I e art. 15.

Essa exegese foi justificada pelo fato de não existir previsão textual da inclusão dos gastos com o desembaraço nas bases de cálculo do PIS/Pasep e da Cofins. Entretanto, sabe-se que muitas empresas adotam a rubrica "gastos com o desembaraço" como conta de totalização de diversos outros custos e despesas que efetivamente compõem a base de cálculo dessas contribuições. Antes do ADI RFB nº 04/2012, isso era irrelevante. Porém, após a sua edição, para ter o direito ao crédito sobre essas despesas, o contribuinte deve segregar os pagamentos, "abrindo" a conta geral. Demonstrado que o item integrou a base de cálculo da contribuição, não é aplicável a restrição do ato declaratório.

Além disso, não se pode confundir o *crédito que decorre da importação*, previsto na Lei nº 10.865/2004, com o *crédito do importador* que advém do exercício de sua atividade empresarial, regido pelas Leis nº 10.637/2002 e nº 10.833/2003. Os insumos da atividade econômica desempenhada pelo importador – quando pagos a pessoas jurídicas dentro do território nacional – podem gerar direito ao crédito, desde que atendidos os demais requisitos previstos na legislação do regime não cumulativo.

## 4.2.5 Imunidades e isenções

As imunidades tributárias gerais, segundo a Jurisprudência do Supremo Tribunal Federal, não são aplicáveis às contribuições especiais, salvo disposição em contrário no texto constitucional.[433] Por outro lado, não há imunidades específicas para o PIS-Cofins na importação,[434] de sorte que nada impede a cobrança da contribuição de entidades imunes a impostos, como os Estados e Municípios. Não obstante, parte destas são isentas pela legislação do tributo.

Com efeito, atualmente, nos termos do art. 9º da Lei nº 10.865/2004, são isentas do PIS-Cofins as seguintes operações:

> a) importações realizadas pela União,[435] Estados, Distrito Federal e Municípios, suas autarquias e fundações instituídas e mantidas pelo poder público;
> 
> b) importações realizadas pelas Missões Diplomáticas e Repartições Consulares de caráter permanente e pelos respectivos integrantes;
> 
> c) importações realizadas pelas representações de organismos internacionais de caráter permanente, inclusive os de âmbito regional, dos quais o Brasil seja membro, e pelos respectivos integrantes;
> 
> d) amostras e remessas postais internacionais, sem valor comercial;
> 
> e) remessas postais e encomendas aéreas internacionais, destinadas a pessoa física;
> 
> f) bagagem de viajantes procedentes do exterior e bens importados a que se apliquem os regimes de tributação simplificada ou especial;
> 
> g) bens adquiridos em loja franca no País;
> 
> h) bens trazidos do exterior, no comércio característico das cidades situadas nas fronteiras terrestres, destinados à subsistência da unidade familiar de residentes nas cidades fronteiriças brasileiras;
> 
> i) bens importados sob o regime aduaneiro especial de *drawback*, na modalidade de isenção;
> 
> j) objetos de arte, classificados nas posições 97.01, 97.02, 97.03 e 97.06 da NCM, recebidos em doação, por museus instituídos e mantidos pelo poder público ou por outras entidades culturais reconhecidas como de utilidade pública; e
> 
> k) máquinas, equipamentos, aparelhos e instrumentos, e suas partes e peças de reposição, acessórios, matérias-primas e produtos intermediários, importados por instituições científicas e tecnológicas e por cientistas e pesquisadores, conforme o disposto na Lei nº 8.010/1990.[436]

---

[433] STF. 1ª T. RE 831.381 AgR-AgR. Rel. Min. Roberto Barroso. *DJe* de 21.03.2018. No mesmo sentido: STF. T. Pleno. ADI 2.024. Rel. Min. Sepúlveda Pertence. DJ 22.06.2007; e ACO 602. Rel. Min. Dias Toffoli. *DJe* 06.08.2018.

[434] A Constituição, como ressaltado anteriormente, imuniza as receitas de exportação (CF, art. 149, § 2º, I: "Art. 149. [...] § 2º As contribuições sociais e de intervenção no domínio econômico de que trata o *caput* deste artigo: [...] I – não incidirão sobre as receitas decorrentes de exportação; (Incluído pela Emenda Constitucional nº 33, de 2001)". Essa, contudo, não é uma imunidade do PIS-Cofins devido na importação.

[435] Nessa hipótese, conforme destacado por ocasião do estudo de importação, a isenção é carecedora de sentido, já que a União é o sujeito ativo da obrigação tributária.

[436] Na alienação de produtos com isenção vinculada à qualidade do importador ou à destinação dos bens, os arts. 10 a 12 da Lei nº 10.865/2004 estabelece restrições temporais e finalísticas semelhantes das previstas para o imposto de importação, vedando a transferência antes do decurso de três anos.

Por fim, os § 12 e § 14 do art. 8º da Lei nº 10.865/2004 estabelecem as seguintes isenções mediante alíquota zero do PIS-Cofins:[437]

a) materiais e equipamentos, inclusive partes, peças e componentes, destinados ao emprego na construção, conservação, modernização, conversão ou reparo de embarcações registradas ou pré-registradas no Registro Especial Brasileiro;

b) embarcações construídas no Brasil e transferidas por matriz de empresa brasileira de navegação para subsidiária integral no exterior, que retornem ao registro brasileiro como propriedade da mesma empresa nacional de origem;

c) papel destinado à impressão de jornais, pelo prazo de quatro anos a contar da data de vigência da Lei nº 10.865/2004, ou até que a produção nacional atenda 80% do consumo interno;

d) papéis classificados nos códigos 4801.00.10, 4801.00.90, 4802.61.91, 4802.61.99, 4810.19.89 e 4810.22.90, todos da TIPI, destinados à impressão de periódicos pelo prazo de quatro anos a contar da data de vigência da Lei nº 10.865/2004 ou até que a produção nacional atenda 80% do consumo interno;

e) máquinas, equipamentos, aparelhos, instrumentos, suas partes e peças de reposição, e películas cinematográficas virgens, sem similar nacional, destinados à indústria cinematográfica e audiovisual, e de radiodifusão;

f) aeronaves, classificadas na posição 88.02 da NCM;

g) partes, peças, ferramentais, componentes, insumos, fluidos hidráulicos, lubrificantes, tintas, anticorrosivos, equipamentos, serviços e matérias-primas a serem empregados na manutenção, reparo, revisão, conservação, modernização, conversão e industrialização das aeronaves classificadas na posição 88.02 da NCM, de seus motores, suas partes, peças, componentes, ferramentais e equipamentos;

h) gás natural destinado ao consumo em unidades termelétricas integrantes do Programa Prioritário de Termelétricas – PPT;

i) produtos hortícolas e frutas, classificados nos Capítulos 7 e 8, e ovos, classificados na posição 04.07, todos da TIPI; e

j) sêmens e embriões da posição 05.11, da NCM.

k) livros, conforme definido no art. 2º da Lei nº 10.753/2003[438];

---

[437] O § 13, por sua vez, autoriza o Poder Executivo a estabelecer isenções mediante alíquota zero para os bens definidos no § 11 do art. 8º, que compreendem: (a) produtos químicos e farmacêuticos classificados nos Capítulos 29 e 30 da NCM; (b) produtos destinados ao uso em hospitais, clínicas e consultórios médicos e odontológicos, campanhas de saúde realizadas pelo Poder Público e laboratórios de anatomia patológica, citológica ou de análises clínicas, classificados nas posições 30.02, 30.06, 39.26, 40.15 e 90.18 da NCM.

[438] "Art. 2º Considera-se livro, para efeitos desta Lei, a publicação de textos escritos em fichas ou folhas, não periódica, grampeada, colada ou costurada, em volume cartonado, encadernado ou em brochura, em capas avulsas, em qualquer formato e acabamento.
Parágrafo único. São equiparados a livro:
I – fascículos, publicações de qualquer natureza que representem parte de livro;
II – materiais avulsos relacionados com o livro, impressos em papel ou em material similar;
III – roteiros de leitura para controle e estudo de literatura ou de obras didáticas;
IV – álbuns para colorir, pintar, recortar ou armar;
V – atlas geográficos, históricos, anatômicos, mapas e cartogramas;

l) material de emprego militar classificado nas posições 87.10.00.00 e 89.06.10.00 da Tipi, partes, peças, componentes, ferramentais, insumos, equipamentos e matérias-primas a serem empregados na industrialização, manutenção, modernização e conversão desse material de emprego militar;

m) gás natural liquefeito – GNL;

n) produtos classificados no código 8402.19.00 NCM, para utilização em Usinas Termonucleares – UTN geradoras de energia elétrica para o Sistema Interligado Nacional;

o) produtos classificados na posição 87.13 da NCM;

p) artigos e aparelhos ortopédicos ou para fraturas classificados no código 90.21.10 da NCM;

q) artigos e aparelhos de próteses classificados no código 90.21.3 da NCM;

r) almofadas antiescaras classificadas nos Capítulos 39, 40, 63 e 94 da NCM;

s) projetores para exibição cinematográfica, classificados no código 9007.2 da NCM, e suas partes e acessórios, classificados no código 9007.9 da NCM;

t) produtos classificados nos códigos 8443.32.22, 8469.00.39 Ex 01, 8714.20.00, 9021.40.00, 9021.90.82 e 9021.90.92 da Tipi;

u) calculadoras equipadas com sintetizador de voz classificadas no código 8470.10.00 Ex 01 da Tipi, teclados com adaptações específicas para uso por pessoas com deficiência, classificados no código 8471.60.52 da Tipi, indicador ou apontador – mouse – com adaptações específicas para uso por pessoas com deficiência, classificado no código 8471.60.53 da Tipi;

v) linhas braile classificadas no código 8471.60.90 Ex 01 da Tipi, digitalizadores de imagens – scanners – equipados com sintetizador de voz classificados no código 8471.90.14 Ex 01 da Tipi, duplicadores braile classificados no código 8472.10.00 Ex 01 da Tipi, acionadores de pressão classificados no código 8471.60.53 Ex 02 da Tipi, lupas eletrônicas do tipo utilizado por pessoas com deficiência visual classificadas no código 8525.80.19 Ex 01 da Tipi;

w) implantes cocleares classificados no código 9021.40.00 da Tipi, próteses oculares classificadas no código 9021.39.80 da Tipi;

x) programas – *softwares* – de leitores de tela que convertem texto em voz sintetizada para auxílio de pessoas com deficiência visual, aparelhos contendo programas – *softwares* – de leitores de tela que convertem texto em caracteres braile, para utilização de surdos-cegos;

y) neuroestimuladores para tremor essencial/Parkinson, classificados no código 9021.90.19, e seus acessórios, classificados nos códigos 9018.90.99, 9021.90.91 e 9021.90.99, todos da Tipi; e produtos classificados no Ex 01 do código 8503.00.90 da Tipi, exceto pás eólicas (Redação dada pela Lei nº 13.169, de 2015);

z) valor pago, creditado, entregue, empregado ou remetido à pessoa física ou jurídica residente ou domiciliada no exterior, referente a aluguéis e contraprestações de arrendamento mercantil de máquinas e equipamentos, embarcações e aeronaves utilizados na atividade da empresa.

---

VI – textos derivados de livro ou originais, produzidos por editores, mediante contrato de edição celebrado com o autor, com a utilização de qualquer suporte;

VII – livros em meio digital, magnético e ótico, para uso exclusivo de pessoas com deficiência visual;

VIII – livros impressos no Sistema Braille".

## 4.2.6 PIS-Cofins após a Reforma Tributária

Como ressaltado anteriormente,[439] a Emenda nº 132/2023 (Emenda da Reforma Tributária) prevê a unificação do IPI, o ICMS, o ISS e as Contribuições ao PIS/Pasep e a Cofins em dois tributos: a CBS e o IBS. Também foi estabelecida a competência da União para a instituição de um *imposto seletivo* (IS), que incidirá sobre a produção, extração, comercialização e a importação de bens e serviços prejudiciais à saúde ou ao meio ambiente.[440]

A substituição ocorrerá em fases, com duração total de sete anos. A primeira será em 2026, quando terá início a cobrança da CBS e do IBS com alíquotas de *teste* ou de *calibração* de 0,9% e 0,1%, respectivamente. O valor pago será compensável com o PIS/Pasep e a Cofins.[441] O objetivo é medir de forma mais precisa os reais efeitos arrecadatórios do novo tributo, permitindo a definição do percentual necessário para manter o patamar atual da carga tributária. As alíquotas de referência serão fixadas anualmente pelo Senado Federal, com base em cálculo realizado pelo Tribunal de Contas da União. A segunda fase terá início em 2027, com a cobrança da CBS e do IS. Ao mesmo tempo, serão extintos o PIS/Pasep e a Cofins, com redução a zero das alíquotas do IPI, ressalvados os produtos com industrialização incentivada na Zona Franca de Manaus fabricados em outras regiões do País.[442]

## 4.3 Cide-Combustíveis

A Cide-Combustíveis constitui uma contribuição de intervenção no domínio econômico que tem como hipótese de incidência a conduta de importar e comercializar no mercado interno os combustíveis e derivados definidos no art. 3º da Lei nº 10.336/2001 (gasolinas e suas correntes, diesel e suas correntes, querosene de aviação e outros querosenes, óleos combustíveis – "*fuel-oil*", gás liquefeito de petróleo, inclusive o derivado de gás natural e de nafta e álcool etílico combustível):

> Art. 3º A Cide tem como fatos geradores as operações, realizadas pelos contribuintes referidos no art. 2º, de importação e de comercialização no mercado interno de:
> I – gasolinas e suas correntes;
> II – diesel e suas correntes;
> III – querosene de aviação e outros querosenes;
> IV – óleos combustíveis (*fuel-oil*);
> V – gás iquefeito de petróleo, inclusive o derivado de gás natural e de nafta; e
> VI – álcool etílico combustível.

O critério espacial da Cide-Combustíveis é o território aduaneiro e o temporal, o registro da declaração de mercadorias (DI ou Duimp).[443]

---

[439] Item 4.1.5.
[440] CF, art. 153, VIII, § 6º, 156-A, § 1º; art. 195, V, § 16.
[441] ADCT, art. 125, *caput*. De acordo com o § 2º do art. 125, "§ 2º Caso o contribuinte não possua débitos suficientes para efetuar a compensação de que trata o § 1º, o valor recolhido poderá ser compensado com qualquer outro tributo federal ou ser ressarcido em até 60 (sessenta) dias, mediante requerimento".
[442] ADCT, art. 126, I, *a*, *b*, II, e III, *a* e *b*.
[443] Lei nº 10.336/2001: "Art. 6º Na hipótese de importação, o pagamento da Cide deve ser efetuado na data do registro da Declaração de Importação".

Apesar de ser um tributo partilhado com os Estados, Distrito Federal e Municípios,[444] apenas a União é sujeito ativo do crédito tributário. Os contribuintes são os importadores dos produtos definidos no art. 3º, pessoas físicas ou jurídicas,[445] sendo responsáveis solidários os adquirentes na importação realizada por sua conta e ordem.[446]

Trata-se de um tributo que, ao contrário do PIS-Cofins, do IPI e do II, tem alíquotas específicas, variáveis em função da espécie do tributo, nos termos definidos no art. 5º da Lei nº 10.336/2001, na redação da Lei nº 10.636/2002:

> Art. 5º A Cide terá, na importação e na comercialização no mercado interno, as seguintes alíquotas específicas:
> I – gasolina, R$ 860,00 por m³;
> II – diesel, R$ 390,00 por m³;
> III – querosene de aviação, R$ 92,10 por m³;
> IV – outros querosenes, R$ 92,10 por m³;
> V – óleos combustíveis com alto teor de enxofre, R$ 40,90 por t;
> VI – óleos combustíveis com baixo teor de enxofre, R$ 40,90 por t;
> VII – gás liquefeito de petróleo, inclusive o derivado de gás natural e da nafta, R$ 250,00 por t;
> VIII – álcool etílico combustível, R$ 37,20 por m³.

Por fim, ressalte-se que, nos termos do art. 1º, § 1º, da Lei nº 10.636/2002, o produto da arrecadação da Cide-Combustíveis é vinculado ao pagamento de subsídios a preços ou

---

[444] "Art. 1º-A. A União entregará aos Estados e ao Distrito Federal, para ser aplicado, obrigatoriamente, no financiamento de programas de infraestrutura de transportes, o percentual a que se refere o art. 159, III, da Constituição Federal, calculado sobre a arrecadação da contribuição prevista no art. 1º desta Lei, inclusive os respectivos adicionais, juros e multas moratórias cobrados, administrativa ou judicialmente, deduzidos os valores previstos no art. 8º desta Lei e a parcela desvinculada nos termos do art. 76 do Ato das Disposições Constitucionais Transitórias. (Incluído pela Lei nº 10.866, de 2004)
§ 1º Os recursos serão distribuídos pela União aos Estados e ao Distrito Federal, trimestralmente, até o 8º (oitavo) dia útil do mês subsequente ao do encerramento de cada trimestre, mediante crédito em conta vinculada aberta para essa finalidade no Banco do Brasil S.A. ou em outra instituição financeira que venha a ser indicada pelo Poder Executivo federal. (Incluído pela Lei nº 10.866, de 2004)
§ 2º A distribuição a que se refere o § 1º deste artigo observará os seguintes critérios: (Incluído pela Lei nº 10.866, de 2004)
I – 40% (quarenta por cento) proporcionalmente à extensão da malha viária federal e estadual pavimentada existente em cada Estado e no Distrito Federal, conforme estatísticas elaboradas pelo Departamento Nacional de infraestrutura de Transportes – DNIT; (Incluído pela Lei nº 10.866, de 2004)
II – 30% (trinta por cento) proporcionalmente ao consumo, em cada Estado e no Distrito Federal, dos combustíveis a que a Cide se aplica, conforme estatísticas elaboradas pela Agência Nacional do Petróleo – ANP; (Incluído pela Lei nº 10.866, de 2004)
III – 20% (vinte por cento) proporcionalmente à população, conforme apurada pela Fundação Instituto Brasileiro de Geografia e Estatística – IBGE; (Incluído pela Lei nº 10.866, de 2004)
IV – 10% (dez por cento) distribuídos em parcelas iguais entre os Estados e o Distrito Federal. (Incluído pela Lei nº 10.866, de 2004)".

[445] "Art. 2º São contribuintes da Cide o produtor, o formulador e o importador, pessoa física ou jurídica, dos combustíveis líquidos relacionados no art. 3º".

[446] "Art. 11. É responsável solidário pela Cide o adquirente de mercadoria de procedência estrangeira, no caso de importação realizada por sua conta e ordem, por intermédio de pessoa jurídica importadora".

transporte de álcool combustível, de gás natural, seus derivados e de derivados de petróleo, ao financiamento de projetos ambientais relacionados à indústria do petróleo e gás e programas de infraestrutura de transportes.[447]

### 4.4 Taxa do Siscomex

#### 4.4.1 Constitucionalidade da taxa de utilização do Siscomex

A taxa de utilização do Siscomex, prevista no art. 3º da Lei nº 9.716/1998, não se mostra compatível com a ordem constitucional. O registro no Siscomex dá início ao despacho de mercadorias (DI ou Duimp). As informações prestadas pelo sujeito passivo permitem a conferência aduaneira, etapa que antecede ao desembaraço. Nela a autoridade fiscal promove a verificação das informações relativas à natureza da mercadoria, classificação fiscal, quantificação e valor, bem como do cumprimento de todas as obrigações exigíveis em razão da importação. O Poder Público tem competência para exigir a prestação dessas informações, mas não pode exigir um tributo para que o contribuinte as preste por meio do sistema informatizado oficial. Uma exação dessa natureza é tão inconcebível como seria, no imposto de renda, uma taxa para o registro da declaração de ajuste anual nos sistemas da Receita Federal. Não há uma prestação de um serviço público específico e divisível nem, muito menos, o exercício do poder de polícia – pressupostos para a instituição de taxas (CF, art. 145, II) – no registro de uma declaração de importação no Siscomex. Apesar disso, a sua constitucionalidade foi reconhecida pelo STF.[448]

#### 4.4.2 Limitações convencionais aplicáveis às taxas alfandegárias

A taxa do Siscomex está sujeita às limitações convencionais prevista no Artigo VIII do Gatt 1994:

> Artigo VIII
>
> Formalidades Relativas à importação e à exportação
> 8.1 (a) Todos os emolumentos e encargos de qualquer natureza que sejam exceto os direitos de importação e de exportação e as taxas mencionadas no artigo III, percebidas pelas Partes Contratantes na importação ou na exportação ou por ocasião da importação ou da exportação serão limitadas ao custo aproximado dos serviços prestados e não deverão constituir uma proteção indireta dos produtos nacionais ou das taxas de caráter fiscal sobre a importação ou sobre a exportação.

Dessa maneira, nos termos do Artigo VIII do Gatt 1994, as taxas alfandegárias: (a) não podem constituir um instrumento de proteção indireta de produtos nacionais; (b) devem ser limitadas ao custo aproximado do serviço; e (c) não podem apresentar natureza arrecadatória ou fiscal.

---

[447] "Art. 1º. [...] § 1º O produto da arrecadação da Cide será destinada, na forma da lei orçamentária, ao:
I – pagamento de subsídios a preços ou transporte de álcool combustível, de gás natural e seus derivados e de derivados de petróleo;
II – financiamento de projetos ambientais relacionados com a indústria do petróleo e do gás; e
III – financiamento de programas de infraestrutura de transportes".

[448] STF. RE 1.258.934/RG. Rel. Min. Dias Toffoli – Tema nº 1085 de Repercussão Geral.

### 4.4.3 Aumento do valor da taxa por meio de portarias ministeriais

Os valores da taxa do Siscomex foram definidos na Lei nº 9.716/1998 (art. 3º, § 1º), que, por sua vez, delegou ao Ministro da Fazenda a competência para o seu reajuste anual. Foi com base nessa previsão que, no ano de 2011, a Portaria MF nº 257/2011 promoveu a sua elevação em cerca de 500% do valor original, para R$ 185,00 (RA, art. 306, inciso I) e R$ 29,50 (inciso II). O STF reconheceu a invalidade do aumento no julgamento do RE nº 1.258.934. Porém, ao mesmo tempo, definiu em regime de repercussão geral (Tema nº 1085) que "a inconstitucionalidade de majoração excessiva de taxa tributária fixada em ato infralegal a partir de delegação legislativa defeituosa não conduz à invalidade do tributo nem impede que o Poder Executivo atualize os valores previamente fixados em lei de acordo com percentual não superior aos índices oficiais de correção monetária".[449]

Nessa decisão, o STF não legitimou a cobrança atualizada dos valores previstos na Lei nº 9.716/1998. Foi apenas ressalvada a possibilidade de o Poder Executivo atualizar a Taxa Siscomex pelos índices oficiais de inflação. É necessário, contudo, a edição de um ato normativo nesse sentido, que, por outro lado, não poderia retroagir para alcançar fatos pretéritos. Não obstante, decisões mais recentes da Primeira Turma do STF têm entendido que, na repetição do indébito, os contribuintes apenas poderiam receber a diferença entre os valores da Portaria MF nº 257/2011 e os da Lei nº 9.716/1998 corrigidos pelo INPC de janeiro de 1999 a abril de 2011, o que corresponde a 131,60%.

Destaca-se, nesse sentido, o seguinte acórdão:

> DIREITO TRIBUTÁRIO. TERCEIRO AGRAVO INTERNO EM RECURSO EXTRAORDINÁRIO. TAXA SISCOMEX. INCONSTITUCIONALIDADE DA MAJORAÇÃO POR ATO INFRALEGAL. POSSIBILIDADE DE ATUALIZAÇÃO MONETÁRIA. ÍNDICES OFICIAIS.
>
> 1. O Supremo Tribunal Federal, ao apreciar o Tema 1085 da sistemática da repercussão geral, fixou a seguinte tese: *"A inconstitucionalidade de majoração excessiva de taxa tributária fixada em ato infralegal a partir de delegação legislativa defeituosa não conduz à invalidade do tributo nem impede que o Poder Executivo atualize os valores previamente fixados em lei de acordo com percentual não superior aos índices oficiais de correção monetária"*. Dessa orientação não divergiu o acórdão recorrido, uma vez que declarou a validade da exação e permitiu a atualização monetária do valor inicial pelos índices oficiais do período, glosando o excesso estabelecido pela Portaria MF nº 257/2011.
>
> 2. Inaplicável o art. 85, § 11, do CPC/2015, uma vez que não é cabível, na hipótese, condenação em honorários advocatícios (art. 25 da Lei nº 12.016/2009 e Súmula 512/STF).
>
> 3. Agravo interno a que se nega provimento.[450]

Essa decisão é criticável, porque não foi editado um ato normativo do Poder Executivo atualizando a taxa pelos índices oficiais de inflação. Ignorou-se, destarte, o comando do art.

---

[449] Cf. ainda: "[...] é inconstitucional a majoração de alíquotas da Taxa de Utilização do SISCOMEX por ato normativo infralegal. Não obstante a lei que instituiu o tributo tenha permitido o reajuste dos valores pelo Poder Executivo, o Legislativo não fixou balizas mínimas e máximas para uma eventual delegação tributária" (STF. 1ª T. RE nº 959.274 AgR. Rel. Min. Roberto Barroso. *DJe*-234 13.10.2017).

[450] Terceiro Ag.Reg. no RE nº 1.169.123/RS. Rel. Min. Roberto Barroso. S.V. de 22.05.2020 a 28.05.2020.

3º, § 1º, da Lei nº 9.716/1998, que delega a competência para o reajuste ao Ministro do Estado da Economia. A adequação dos valores, mediante glosa do excesso estabelecido na Portaria MF nº 257/2011, foi realizada retroativamente pela própria sentença recorrida,[451] o que não parece o encaminhamento mais apropriado.

Atualmente, os valores da taxa foram definidos pela Portaria ME nº 4.131/2021, que atualizou os valores originários pelo IPCA, nos seguintes termos:

> Art. 1º A Taxa de Utilização do Sistema Integrado de Comércio Exterior (Siscomex), instituída pelo art. 3º da Lei nº 9.716, de 26 de novembro de 1998, fica alterada para:
> I – R$ 115,67 (cento e quinze reais e sessenta e sete centavos), devida por Declaração de Importação (DI); e
> II – R$ 38,56 (trinta e oito reais e cinquenta e seis centavos), devida em relação a cada adição de mercadorias às DI, observados os limites fixados pela Secretaria Especial da Receita Federal do Brasil do Ministério da Economia.
> Parágrafo único. A alteração promovida no *caput* abrange a correção monetária pelo Índice Nacional de Preços ao Consumidor (IPCA) para o período de dezembro de 1998 a fevereiro de 2021.

O resultado da arrecadação desses novos valores deve ser avaliado considerando o custo dos serviços, em razão das restrições previstas no Artigo VIII do Gatt 1994. Não pode ocorrer um descasamento entre esse custo e o montante cobrado após a atualização.

## 4.5 ICMS

### 4.5.1 Princípios jurídicos

#### 4.5.1.1 Seletividade e extrafiscalidade

A Constituição Federal estabelece que o ICMS "poderá ser seletivo, em função da essencialidade das mercadorias e dos serviços" (CF, art. 155, § 2º, III[452]). Porém, isso não significa que a seletividade é facultativa. Como ensina Roque Carrazza, "quando a Constituição confere a uma pessoa política um 'poder' ela, '*ipso facto*' lhe impõe um 'dever'". Dessa maneira, continua o eminente professor, "[...] este singelo 'poderá' equivale, na verdade, a um peremptório 'deverá'. Não se está, aí, diante de uma mera faculdade do legislador, mas de uma norma cogente, de observância obrigatória".[453]

---

[451] A Procuradoria-Geral da Fazenda Nacional, por meio da Nota SEI 73/2018/CRJ/PGACET/PGFN-MF nº 73/2018, recomendou internamente o estudo da dispensa de contestação e da interposição de recursos acerca dessa matéria: "Análise de inclusão de tema na lista de dispensa de contestação e recursos de que trata o art. 2º, VII e §§ 4º e 5º, da Portaria PGFN nº 502, de 2016.
Entendimento pacífico e reiterado do STF no sentido de que o art. 3º, § 2º, da Lei nº 9.716/98 violou a legalidade tributária ao, não prescrevendo nenhum teto, permitir que ato normativo infralegal reajustasse o valor da taxa de acordo com a variação dos custos de operação e dos investimentos no SISCOMEX" (Processo SEI nº 10951.105252/2018-76).

[452] "§ 2º O imposto previsto no inciso II atenderá ao seguinte: (Redação dada pela Emenda Constitucional nº 3, de 1993) [...] III – poderá ser seletivo, em função da essencialidade das mercadorias e dos serviços".

[453] CARRAZZA, Roque Antonio. *ICMS*. 6. ed. São Paulo: Malheiros, 2000. p. 255.

A alíquota do ICMS, portanto, deve variar na razão inversa da essencialidade do produto ou serviço,[454] isto é, reduzida para artigos de primeira necessidade (*v.g.*, roupas, alimentos, higiene e medicamentos) e mais gravosa para produtos de luxo ou de consumo prejudicial (*v.g.* fumo, cigarro, charuto, bebidas alcoólicas e similares).[455]

No julgamento do RE nº 714.139, o STF entendeu que "a Constituição Federal não obriga os entes competentes a adotar a seletividade no ICMS. Não obstante, é evidente a preocupação do constituinte de que, uma vez adotada a seletividade, haja a ponderação criteriosa das características intrínsecas do bem ou serviço em razão de sua essencialidade com outros elementos, tais como a capacidade econômica do consumidor final, a destinação do bem ou serviço e, ao cabo, a justiça fiscal, tendente à menor regressividade desse tributo indireto". Dessa forma, as alíquotas sobre bens e serviços essenciais não podem ser superiores às das operações em geral: "Adotada, pelo legislador estadual, a técnica da seletividade em relação ao Imposto sobre Circulação de Mercadorias e Serviços – ICMS, discrepam do figurino constitucional alíquotas sobre as operações de energia elétrica e serviços de telecomunicação em patamar superior ao das operações em geral, considerada a essencialidade dos bens e serviços" (Tema nº 745).[456]

Trata-se de interpretação acertada, porém, o Tribunal poderia ter simplesmente reconhecido a doutrina que defende o caráter obrigatório do princípio. Isso porque, como se sabe, *quem pode o mais, pode o menos* (*a maiori, ad minus*). A decisão, entretanto, cria a impressão de que, em relação à seletividade do ICMS, o legislador *pode o mais* (não adotar a seletividade), mas *não pode o menos* (mitigá-la em relação a determinados bens). Com isso, fica aberto um perigoso espaço para que o legislador revogue totalmente a seletividade do imposto, estabelecendo uma alíquota uniforme para todas as mercadorias e os serviços, ou seja, para uma solução que frustraria ainda mais a realização dos princípios e valores constitucionais que motivaram a decisão.

### 4.5.1.2 Não cumulatividade

O ICMS, nos termos do art. 155, § 2º, I, da Constituição, deve ser não cumulativo. Trata-se, como ressaltado no estudo do IPI, de exigência que visa a afastar os aspectos prejudiciais e anti-isonômicos da incidência em *cascata*, proporcionando, sob o aspecto econômico, a oneração do valor agregado em cada operação.[457] Isso ocorre por meio de um sistema de *compensação obrigatória*,[458] no qual o contribuinte se credita do ICMS incidente na operação anterior, destacado na nota fiscal de aquisição, descontando-o do crédito tributário na ope-

---

[454] Segundo Carrazza, é possível o controle judicial da não observância ao princípio da seletividade, sempre que o legislador conferir tratamento menos gravoso à um produto suntuário do que a um gênero de primeira necessidade: "Com efeito, o Poder Judiciário não está menos autorizado do que o Poder Legislativo a investigar qual o alcance das expressões 'essencialidade das mercadorias e dos serviços'. Não estamos sustentando que o Judiciário vai legislar, no lugar do Legislativo, mas averiguar se os critérios adotados por este Poder foram adequados e racionais. Se concluir que a legislação ultrapassou os critérios de razoabilidade e bom senso ao revogar, por exemplo, uma isenção sobre a venda de remédios, tornando-a mais tributada que a comercialização de ração para gatos, poderá perfeitamente restabelecer o benefício fiscal" (CARRAZZA, Roque Antonio. *ICMS*. 6. ed. São Paulo: Malheiros, 2000. p. 258).

[455] Cf. referências indicadas no estudo da seletividade do IPI no Item 4.2.1.4.

[456] STF. T. Pleno. RE nº 714.139. Rel. Min. Marco Aurélio. *DJe* 15.03.2022.

[457] Cf. comentários e referências indicadas no estudo da não cumulatividade do IPI no Item 4.2.1.5.

[458] CARRAZZA, Roque Antonio. *ICMS*. 6. ed. São Paulo: Malheiros, 2000. p. 207.

ração que realizar. Caso exista crédito, este é transferido para o período seguinte. Havendo débito, a diferença é recolhida à Fazenda Pública.[459]

### 4.5.1.3 Isonomia e tratamento nacional

O ICMS está sujeito ao princípio do tratamento nacional (Notas e Disposições Adicionais Ao Artigo III do Gatt 1994). Portanto, as pessoas políticas de direito interno que integram o Estado Federal brasileiro não podem impor aos produtos importados um tratamento tributário mais gravoso que o aplicável aos produtos nacionais. Essa interpretação foi consolidada no STF por meio da Súmula nº 575, aprovada na Sessão Plenária de 15.12.1976: "À mercadoria importada de país signatário do Gatt, ou membro da ALALC, estende-se a isenção do imposto de circulação de mercadorias concedida a similar nacional". Não foi diferente no STJ: Súmulas nº 20 ("A mercadoria importada de país signatário do Gatt é isenta do ICM, quando contemplado com esse favor o similar nacional"); e nº 71 ("O bacalhau importado de país signatário do Gatt é isento do ICM").

Ocorre que, após a Constituição Federal de 1988, a União foi proibida de conceder isenções de tributos estaduais, o que levou a um questionamento dessa interpretação. O Plenário do STF, porém, reafirmou o entendimento anterior:

> EMENTA: DIREITO TRIBUTÁRIO. RECEPÇÃO PELA CONSTITUIÇÃO DA REPÚBLICA DE 1988 DO ACORDO GERAL DE TARIFAS E COMÉRCIO. ISENÇÃO DE TRIBUTO ESTADUAL PREVISTA EM TRATADO INTERNACIONAL FIRMADO PELA REPÚBLICA FEDERATIVA DO BRASIL. ARTIGO 151, INCISO III, DA CONSTITUIÇÃO DA REPÚBLICA. ARTIGO 98 DO CÓDIGO TRIBUTÁRIO NACIONAL. NÃO CARACTERIZAÇÃO DE ISENÇÃO HETERÔNOMA. RECURSO EXTRAORDINÁRIO CONHECIDO E PROVIDO.
> 1. A isenção de tributos estaduais prevista no Acordo Geral de Tarifas e Comércio para as mercadorias importadas dos países signatários quando o similar nacional tiver o mesmo benefício foi recepcionada pela Constituição da República de 1988.
> 2. O artigo 98 do Código Tributário Nacional "possui caráter nacional, com eficácia para a União, os Estados e os Municípios" (voto do eminente Ministro Ilmar Galvão).
> 3. No direito internacional apenas a República Federativa do Brasil tem competência para firmar tratados (art. 52, § 2º, da Constituição da República), dela não dispondo a União, os Estados-membros ou os Municípios. O Presidente da República não subscreve tratados como Chefe de Governo, mas como Chefe de Estado, o que descaracteriza a existência de uma isenção heterônoma, vedada pelo art. 151, inc. III, da Constituição.
> 4. Recurso extraordinário conhecido e provido.[460]

Como se vê, o STF entendeu que, nas relações bilaterais e multilaterais no âmbito internacional, não há atuação da União, dos Estados-membros ou dos Municípios, mas da República Federativa do Brasil como Estado-total. Essa concepção de Federação baseia-se na

---

[459] A única exceção a esse *direito público subjetivo* do contribuinte encontra-se prevista no art. 155, § 2º, II, da Constituição, segundo o qual *a isenção ou não incidência, salvo determinação em contrário da legislação: a) não implicará crédito para compensação com o montante devido nas operações ou prestações seguintes; e b) acarretará a anulação do crédito relativo às operações anteriores.*

[460] STF. T. Pleno. RE 229.096. Rel. Min. Ilmar Galvão. Rel. p/ Acórdão, Min. Cármen Lúcia. J. 16.08.2007. DJe-065 de 11.04.2008.

doutrina de Haenel, Gierke, Kelsen e de Nawiasky,[461] que, entre nós, é acolhida por José Souto Maior Borges,[462] Betina Grupenmacher[463] e Alberto Xavier.[464] Assim, a vedação para isenções heterônomas não se aplica aos tratados internacionais.

Não há o que objetar em relação a essa interpretação. Porém, no caso da cláusula do tratamento nacional do Gatt, não há uma isenção heterônoma de tributo estadual. O que se tem, a rigor, é uma obrigação de tratamento isonômico entre produtos nacionais aos estrangeiros, que, entre outros efeitos, implica a extensão automática da isenção concedida pelo Estado aos produtos importados. Logo, não é a União nem o tratado que isenta a operação, mas a própria legislação estadual. Tanto é assim que, diferentemente do que ocorre na isenção heterônoma, o Estado pode revogá-la, desde que também o faça em relação ao similar nacional.

### 4.5.2  Regra-matriz de incidência tributária

#### 4.5.2.1  Hipótese de incidência

O ICMS é um imposto de competência estadual que, de acordo com o art. 155, II, da Constituição, incide sobre as *"operações relativas à circulação de mercadoria e sobre prestações de serviços de transporte interestadual e intermunicipal e de comunicação, ainda que as operações e as prestações se iniciem no exterior"*.[465] Na importação, por sua vez, o art. 155, § 2º, IX, *a*, na redação da Emenda Constitucional nº 33/2001, prevê que o imposto incidirá *"sobre a entrada de bem ou mercadoria importados do exterior por pessoa física ou jurídica, ainda que*

---

[461] Teoria das três entidades estatais (Haenel, Gierke, Nawiasky e Kelsen). Sobre o tema, cf: BARACHO, José Alfredo de Oliveira. *Teoria geral do federalismo*. Belo Horizonte: FUMAR/UCMG, 1982. p. 63. No mesmo sentido: ROVIRA, Enoch Alberti. *Federalismo y Cooperacion en La Republica Federal Alemana*. Madrid: Centro de Estudios Constitucionales, 1986. p. 64: "Algunos autores, destacadamente Kelsen y Nawiasky, así como una primera jurisprudencia del BverfG consideran que el Estafo federal se construye en tres escalones diversos, a partir de la unión de tres miembros distintos: los Estados particulares, los órganos del Bund, o Estado central o superior, y como resultante de la unión de ambos, aparece el Estado del conjunto, con órganos asimismo propios". Esta, ainda segundo o mesmo autor, se opõe à concepção adotada pela maioria dos autores daquele mesmo país: "La mayoría de los autores alemanes [Stern, Hesse, Maunz, Zippelius, Stein, Scheuner, Herzog, entre outros[ considera sin embargo que el Estado federal responde a una construcción de sólo dos miembros: los Estado particulares y el Bund, y éste no debe ser considerado como un Estado central, que requiera una instancia superior para constituir el 'Estado de la totalidad' (Gesamtstaat), sino que es propiamente la organización superior de la Federación, que al mismo tiempo constituye y representa al Estado federal en su conjunto (Bundesstaat, y concretamente en el caso alemán actual, la Bundesrepublik)". (*Rovira, 1986*, p. 65-66).

[462] BORGES, José Souto Maior. Isenções em tratados internacionais de impostos dos Estados-Membros e Municípios. *In*: MELLO, Celso Antônio Bandeira de (org.). *Estudos em homenagem a Geraldo Ataliba*. São Paulo: Malheiros, 1997.

[463] GRUPENMACHER, Betina Treiger. *Tratados internacionais em matéria tributária e a ordem interna*. São Paulo: Dialética, 1999. p. 124.

[464] XAVIER, Alberto. *Direito tributário internacional no Brasil*: tributação das operações internacionais. 5. ed. Rio de Janeiro: Forense, 2002. p. 136: "A voz da União, nas relações internacionais, não é a voz de uma entidade com interesses próprios e específicos, potencialmente conflitantes com os dos Estados e dos Municípios, mas a voz de uma entidade que a todos eles engloba – a República Federativa do Brasil".

[465] A sigla "ICMS", segundo ensina Roque Carrazza, engloba pelo menos cinco impostos diferentes: "*a*) o imposto sobre operações mercantis (operações relativas a circulação de mercadorias); *b*) o imposto sobre serviços de transporte interestadual e intermunicipal; *c*) o imposto sobre serviços de comunicação; *d*) o imposto sobre produção, importação, circulação, distribuição ou consumo de lubrificantes e combustíveis líquidos e gasosos e de energia elétrica; e, *e*) o imposto sobre a extração, circulação, distribuição ou consumo de minerais" (CARRAZZA, Roque Antonio. *ICMS*. 6. ed. São Paulo: Malheiros, 2000. p. 32-33).

*não seja contribuinte habitual do imposto, qualquer que seja a sua finalidade, assim como sobre o serviço prestado no exterior, cabendo o imposto ao Estado onde estiver situado o domicílio ou o estabelecimento do destinatário da mercadoria, bem ou serviço".* Os demais critérios da regra-matriz de incidência são determinados a partir da legislação de cada ente federado, observadas as disposições da Lei Complementar nº 87/1996, editada na forma do art. 155, § 2º, XII, da Constituição, para fins de uniformização dos aspectos nucleares do imposto.[466]

#### 4.5.2.1.1 Critério material

O critério material do ICMS-Importação decorre do art. 155, § 2º, IX, *a*, da Constituição, e do art. 2º, § 1º, I, da Lei Complementar nº 87/1996:

> Art. 155. Compete aos Estados e ao Distrito Federal instituir impostos sobre (Redação dada pela Emenda Constitucional nº 3, de 1993):
> [...]
> II – operações relativas à circulação de mercadorias e sobre prestações de serviços de transporte interestadual e intermunicipal e de comunicação, ainda que as operações e as prestações se iniciem no exterior (Redação dada pela Emenda Constitucional nº 3, de 1993);
> [...]
> § 2º O imposto previsto no inciso II atenderá ao seguinte (Redação dada pela Emenda Constitucional nº 3, de 1993):
> [...]
> IX – incidirá também:
> a) sobre a entrada de bem ou mercadoria importados do exterior por pessoa física ou jurídica, ainda que não seja contribuinte habitual do imposto, qualquer que seja a sua finalidade, assim como sobre o serviço prestado no exterior, cabendo o imposto ao Estado onde estiver situado o domicílio ou o estabelecimento do destinatário da mercadoria, bem ou serviço (Redação dada pela Emenda Constitucional nº 33, de 2001);
> Art. 2º O imposto incide sobre:

---

[466] "Art. 155. [...] § 2º [...]
XII – cabe à lei complementar:
a) definir seus contribuintes;
b) dispor sobre substituição tributária;
c) disciplinar o regime de compensação do imposto;
d) fixar, para efeito de sua cobrança e definição do estabelecimento responsável, o local das operações relativas à circulação de mercadorias e das prestações de serviços;
e) excluir da incidência do imposto, nas exportações para o exterior, serviços e outros produtos além dos mencionados no inciso X, *a*.
f) prever casos de manutenção de crédito, relativamente à remessa para outro Estado e exportação para o exterior, de serviços e de mercadorias;
g) regular a forma como, mediante deliberação dos Estados e do Distrito Federal, isenções, incentivos e benefícios fiscais serão concedidos e revogados.
h) definir os combustíveis e lubrificantes sobre os quais o imposto incidirá uma única vez, qualquer que seja a sua finalidade, hipótese em que não se aplicará o disposto no inciso X, *b* (Incluída pela Emenda Constitucional nº 33, de 2001).
i) fixar a base de cálculo, de modo que o montante do imposto a integre, também na importação do exterior de bem, mercadoria ou serviço. (Incluída pela Emenda Constitucional nº 33, de 2001)".

[...]

§ 1º O imposto incide também:

I – sobre a entrada de mercadoria ou bem importados do exterior, por pessoa física ou jurídica, ainda que não seja contribuinte habitual do imposto, qualquer que seja a sua finalidade (Redação dada pela Lcp 114, de 16.12.2002);

II – sobre o serviço prestado no exterior ou cuja prestação se tenha iniciado no exterior.

Apesar da redação ampla do art. 2º, II, da Lei Complementar nº 87/1996, deve-se ter presente que o ICMS incidente apenas sobre os serviços previstos no art. 155, II, da Constituição, vale dizer, serviços de transporte interestadual e intermunicipal e de comunicação. Portanto, o critério material da hipótese de incidência do ICMS-Importação abrange as condutas de *"importar"* (verbo) *"bens"* (complemento), e *"prestar"* (verbo) *"serviços de comunicação e de transporte interestadual e intermunicipal iniciados no exterior"* (complementos). Dentro do corte epistemológico do direito aduaneiro, interessa apenas a primeira materialidade do tributo estadual.[467]

O tributo apresenta uma amplitude maior que a do ICMS do mercado interno, que, como se sabe, compreende apenas as operações com mercadorias, isto é, negócios jurídicos que implicam a transferência do domínio[468] de uma coisa móvel, adquirida por aqueles que têm na mercancia sua profissão habitual (comerciantes), com a finalidade específica de revender.[469] Na importação, a Emenda nº 33/2001 alterou o art. 155, § 2º, IX, *a*, da Constituição,

---

[467] O conceito de importação já foi analisado no estudo do imposto de importação. Ver *supra*.

[468] Está superado, na doutrina e na jurisprudência, o entendimento de que hipótese tributária do ICMS incidente sobre *"operações relativas à circulação de mercadorias"* (originário do antigo ICM, da Constituição de 1967/1969) seria a simples circulação de mercadorias. Como ressaltado por Aliomar Baleeiro, *"essa arrojada tese, grata ao Fisco estadual, porque até a saída pelo furto ou roubo seria fato gerador, não alcançou o sufrágio dos tributaristas e tribunais brasileiros"* (BALEEIRO, Aliomar. *Direito tributário brasileiro*. 11. ed. Atual. por Misabel Abreu Machado Derzi. Rio de Janeiro: Forense, 2001. p. 223). Na verdade, como ressalta José Eduardo Soares de Melo, por *circulação*, deve-se entender a "passagem das mercadorias de uma pessoa para outra, sob o manto de um título jurídico, equivale a declarar, à sombra de um ato ou de um contrato, nominado ou inominado. Movimentação, com mudança de patrimônio (Paulo de Barros Carvalho)" (MELO, José Eduardo Soares de. *ICMS: teoria e prática*. 4. ed. São Paulo: Dialética, 2000. p. 16). No mesmo sentido, Geraldo Ataliba e Cleber Giardino ensinam que "circular significa, para o Direito mudar de titular" (ATALIBA, Geraldo; GIARDINO, Cleber. Núcleo da definição constitucional do ICM. *Revista de Direito Tributário*, São Paulo, v. 25/26, 1983. p. 14). Deve, como ressalta Aliomar Baleeiro, resultar de um "negócio jurídico que transfere a mercadoria desde o produtor até o consumidor final" (BALEEIRO, Aliomar. *Direito tributário brasileiro*. 11. ed. Atual. por Misabel Abreu Machado Derzi. Rio de Janeiro: Forense, 2001. p. 223) ou, no dizer de Alcidez Jorge Costa, "qualquer negócio jurídico ou ato jurídico material, que seja relativo à circulação de mercadorias" (COSTA, Alcidez Jorge. *ICM na Constituição e na lei complementar*. São Paulo: Resenha Tributária, 1978. p. 96). Não é diferente o entendimento de Roque Carrazza: "[...] Sem mudança da titularidade da mercadoria, não há falar em tributação por meio de ICMS" (CARRAZZA, Roque Antonio. *ICMS*. 10. ed. São Paulo: Malheiros, 2005. p. 34); e Sacha Calmon Navarro Coêlho e Misabel Abreu Abreu Machado Derzi, para quem *"circulação de mercadoria será sempre movimentação como forma de transferir o domínio como mudança de patrimônio, como execução de um contrato translativo da titularidade da mercadoria"* (COÊLHO, Sacha Calmon Navarro; DERZI, Misabel Abreu Machado. *Direito tributário aplicado*. Belo Horizonte: Del Rey, 1997. p. 166-167).

[469] ATALIBA, Geraldo. ICMS. Incorporação ao ativo – empresa que loca, oferece em "leasing" seus produtos – descabimento do ICMS. *Revista de Direito Tributário*, São Paulo, v. 52, 1977. p. 78; CARRAZZA, Roque Antonio. *ICMS*. 10. ed. São Paulo: Malheiros, 2005. p. 33 e ss.; CARVALHO, Paulo de Barros. Hipótese de incidência e base de cálculo do ICM. *Caderno de Pesquisas Tributárias*: o fato gerador do ICM, São Paulo, v. 3, 1978. p. 331.

para autorizar a tributação de bens ou mercadorias procedentes no exterior para qualquer finalidade e por qualquer pessoa, mesmo sem habitualidade.

O objetivo da emenda foi ampliar o âmbito do imposto, para alcançar outras modalidades negociais, além das operações mercantis em sentido estrito. Entretanto, ao analisar a constitucionalidade da incidência de imposto sobre o arrendamento mercantil internacional, o STF entendeu que, mesmo após a nova redação do texto constitucional, o imposto só pode ser exigido quando há um negócio jurídico internacional que implique a transferência do domínio. O Tribunal afastou a interpretação mais ampla – sustentada por alguns julgadores na oportunidade – que votaram para "garantir a incidência do ICMS na importação de bem e mercadoria do exterior, independentemente do contrato internacional celebrado".[470] Foi fixada, assim, a seguinte tese: "Não incide o ICMS na operação de arrendamento mercantil internacional, salvo na hipótese de antecipação da opção de compra, quando configurada a transferência da titularidade do bem" (Tema nº 297).

Convém destacar, para uma melhor compreensão da controvérsia, a ementa do julgado:

> RECURSO EXTRAORDINÁRIO. CONSTITUCIONAL E TRIBUTÁRIO. ICMS. ENTRADA DE MERCADORIA IMPORTADA DO EXTERIOR. ART. 155, II, CF/88. OPERAÇÃO DE ARRENDAMENTO MERCANTIL INTERNACIONAL. NÃO--INCIDÊNCIA. RECURSO EXTRAORDINÁRIO A QUE SE NEGA PROVIMENTO.
>
> 1. O ICMS tem fundamento no artigo 155, II, da CF/88, e incide sobre operações relativas à circulação de mercadorias e sobre prestações de serviços de transporte interestadual e intermunicipal e de comunicação, ainda que as operações e as prestações se iniciem no exterior.
>
> 2. A alínea *a* do inciso IX do § 2º do art. 155 da Constituição Federal, na redação da EC 33/2001, faz incidir o ICMS na entrada de bem ou mercadoria importados do exterior, somente se de fato houver circulação de mercadoria, caracterizada pela transferência do domínio (compra e venda).
>
> 3. Precedente: RE 461968, Rel. Min. EROS GRAU, Tribunal Pleno, julgado em 30.05.2007, Dje 23.08.2007, onde restou assentado que o imposto não é sobre a entrada de bem ou mercadoria importada, senão sobre essas entradas desde que elas sejam atinentes a operações relativas à circulação desses mesmos bens ou mercadorias.
>
> 4. Deveras, não incide o ICMS na operação de arrendamento mercantil internacional, salvo na hipótese de antecipação da opção de compra, quando configurada a transferência da titularidade do bem. Consectariamente, se não houver aquisição de mercadoria, mas mera posse decorrente do arrendamento, não se pode cogitar de circulação econômica.
>
> 5. *In casu*, nos termos do acórdão recorrido, o contrato de arrendamento mercantil internacional trata de bem suscetível de devolução, sem opção de compra.
>
> 6. Os conceitos de direito privado não podem ser desnaturados pelo direito tributário, na forma do art. 110 do CTN, à luz da interpretação conjunta do art. 146, III, combinado com o art. 155, inciso II e § 2º, IX, *a*, da CF/88.
>
> 8. Recurso extraordinário a que se nega provimento."[471]

No RE nº 439.796, por sua vez, o STF decidiu que: "Após a Emenda Constitucional 33/2001, é constitucional a incidência de ICMS sobre operações de importação efetuadas

---

[470] Voto do Ministro Gilmar Mendes no RE 540.829.
[471] STF. T. Pleno. RE nº 540.829. Rel. Gilmar Mendes. Rel. p/ Ac. Min. Luiz Fux. DJu 18.11.2014.

por pessoa, física ou jurídica, que não se dedica habitualmente ao comércio ou à prestação de serviços" (Tema nº 171).[472] Nesse julgamento, o Ministro Dias Toffoli ressaltou que esse entendimento não implica a desvinculação do ICMS da mudança de titularidade: "o novo texto constitucional não pode ser interpretado desvinculado do elemento 'circulação', ou seja, não é todo e qualquer bem importado que pode ser objeto de tributação pelo ICMS. [...] Assim, a materialidade do ICMS deve envolver operações de circulação de bens e mercadorias, ou seja, a prática de um negócio jurídico que configure transferência de domínio".

Portanto, o núcleo da hipótese de incidência do ICMS abrange a introdução de um *bem* qualquer no território aduaneiro, mediante transposição da fronteira geográfica qualificada pela intenção de incorporá-lo ao mercado nacional (intenção integradora).

#### 4.5.2.1.2 Critério espacial

O critério espacial do ICMS-Importação é o território aduaneiro, ainda que o recinto alfandegado esteja situado no território de outro Estado, como será mais bem examinado no estudo do sujeito ativo do tributo.

#### 4.5.2.1.3 Critério temporal

O critério temporal do ICMS-Importação encontra-se definido da seguinte forma pelos incisos VI, IX e X do art. 12 da Lei Complementar nº 87/1996:

> Art. 12. Considera-se ocorrido o fato gerador do imposto no momento:
> [...]
> VI – do ato final do transporte iniciado no exterior;
> [...]
> IX – do desembaraço aduaneiro de mercadorias ou bens importados do exterior (Redação dada pela Lcp 114, de 16.12.2002);
> X – do recebimento, pelo destinatário, de serviço prestado no exterior.

Na importação de bens e mercadorias, tal como ocorre no IPI e diferentemente do que se dá no imposto de importação, o critério temporal do ICMS é o desembaraço aduaneiro, ato final da conferência aduaneira, após o qual a mercadoria se considera nacionalizada para todos os efeitos legais.

### 4.5.2.2 Sujeito ativo: titularidade do crédito tributário

#### 4.5.2.2.1 Implicações dos regimes de importação

A titularidade do crédito tributário de ICMS, de acordo com o art. 155, § 2º, IX, *a*, da Constituição, cabe à unidade da Federação onde estiver situado o domicílio ou o estabelecimento do destinatário da mercadoria importada:

> Art. 155. Compete aos Estados e ao Distrito Federal instituir impostos sobre (Redação dada pela Emenda Constitucional nº 3, de 1993):
> [...]

---

[472] STF. T. Pleno. RE nº 439.796. Rel. Min. Joaquim Barbosa. *DJe* 17.03.2014.

II – operações relativas à circulação de mercadorias e sobre prestações de serviços de transporte interestadual e intermunicipal e de comunicação, ainda que as operações e as prestações se iniciem no exterior (Redação dada pela Emenda Constitucional nº 3, de 1993);

[...]

§ 2º O imposto previsto no inciso II atenderá ao seguinte (Redação dada pela Emenda Constitucional nº 3, de 1993):

[...]

IX – incidirá também:

[...]

a) sobre a entrada de bem ou mercadoria importados do exterior por pessoa física ou jurídica, ainda que não seja contribuinte habitual do imposto, qualquer que seja a sua finalidade, assim como sobre o serviço prestado no exterior, cabendo o imposto ao Estado onde estiver situado o domicílio ou o estabelecimento do destinatário da mercadoria, bem ou serviço (Redação dada pela Emenda Constitucional nº 33, de 2001).

Por outro lado, no exercício da competência prevista no art. 155, § 2º, XII, *d*, da Constituição Federal,[473] a Lei Complementar nº 87/1996 estabeleceu que o local da operação, para efeitos de cobrança do imposto, corresponde ao *estabelecimento onde ocorrer a entrada física* ou, na falta deste, o *domicílio do adquirente*:

Art. 11. O local da operação ou da prestação, para os efeitos da cobrança do imposto e definição do estabelecimento responsável, é:
I – tratando-se de mercadoria ou bem:
[...]
d) importado do exterior, o do estabelecimento onde ocorrer a entrada física;
e) importado do exterior, o do domicílio do adquirente, quando não estabelecido.

Apesar de o ICMS ser um imposto estadual, na interpretação desses dispositivos, deve ser considerado o disposto no art. 22, VIII, da Constituição. Esse preceito, para garantir uma uniformidade nacional na disciplina da matéria, atribui à União Federal a competência privativa para legislar sobre comércio exterior.[474] Dessa forma, a titularidade do crédito tributário deve ser determinada em função dos diferentes regimes de importação previstos na legislação aduaneira.[475]

Durante muito tempo, apenas os Estados de São Paulo e do Espírito Santo reconheciam a validade dos regimes de importação definidos na legislação aduaneira federal (Protocolo ICMS nº 23/2009). Os demais, inclusive o Distrito Federal, entendiam que a diferenciação

---

[473] "Art. 155. [...]
XII – cabe à lei complementar:
[...]
d) fixar, para efeito de sua cobrança e definição do estabelecimento responsável, o local das operações relativas à circulação de mercadorias e das prestações de serviços".

[474] "Art. 22. Compete privativamente à União legislar sobre:
[...]
VIII – comércio exterior e interestadual".

[475] Ver item 2.2.3.2.

entre os regimes de importação não era aplicável ao ICMS,[476] conforme enunciado na cláusula primeira do Convênio Confaz nº 135/2002:

> Cláusula primeira. Para efeito de cumprimento das obrigações tributárias relativas ao ICMS, na saída promovida, a qualquer título, por estabelecimento importador de mercadoria ou bem por ele importado do exterior, ainda que tida como efetuada por conta e ordem de terceiros, não tem aplicação o disposto nas Instruções Normativas SRF nº 247, de 21 de novembro de 2002, nos artigos 12 e 86 a 88, e SRF nº 225, de 18 de outubro de 2002, e no Ato Declaratório Interpretativo SRF nº 7 de 13 de junho de 2002, ou outros instrumentos normativos que venham a substituí-los.

Dessa maneira, essas unidades federadas passaram a exigir o recolhimento do ICMS em função do que definiam internamente como *importação indireta*. É o caso, *v.g.*, da Lei nº 6.763/1975, do Estado de Minas Gerais:

> Art. 33. O imposto e seus acréscimos serão recolhidos no local da operação ou da prestação, observadas as normas estabelecidas pela Secretaria de Estado de Fazenda.
> § 1º Considera-se local da operação ou da prestação, para os efeitos de pagamento do imposto:
> 1. tratando-se de mercadoria ou bem:
> [...]
> i) importados do exterior:
> i.1) o do estabelecimento:
> i.1.1) que, direta ou indiretamente, promover a importação.

Todavia, como ressaltado, a competência para legislar sobre comércio exterior é privativa da União Federal (CF, art. 22, VIII). Essa estabeleceu três – e apenas três – modalidades ou regimes de importação: a importação direta; a importação por conta e ordem de terceiros; e importação por encomenda. Não há uma quarta modalidade nem, menos ainda, um *nomen iuris* equivalente à "importação indireta".

### 4.5.2.2.2 Aspectos pacificados pelo STF no ARE nº 665.134

Até recentemente, não havia parâmetros objetivos para fins de caracterização da importação indireta, o que, em parte, foi resolvido pelo no julgamento do ARE nº 665.134, em regime de repercussão geral:

> RECURSO EXTRAORDINÁRIO COM AGRAVO. REPERCUSSÃO GERAL RECONHECIDA. DIREITO TRIBUTÁRIO. IMPOSTO SOBRE CIRCULAÇÃO DE MERCADORIAS E SERVIÇOS – ICMS. IMPORTAÇÃO. ART. 155, §2º, IX, *A*, DA

---

[476] Nesse sentido, *v. g.*, a Solução de Consulta nº 066/2008, da Secretaria do Estado de Santa Catarina: "[...] o regramento previsto na Instrução Normativa emitida pela Secretaria da Receita Federal além de afrontar o disposto na Lei Complementar nº 87, de 1996, diploma que cuida de estabelecer normas gerais para o ICMS, confunde o contribuinte e gera dúvidas em relação aos valores que devem ser incluídos na base de cálculo do ICMS, mesmo não possuindo competência para tal. [...] Sendo assim, para elucidar a questão é de bom alvitre destacar que em consonância com o Convênio ICMS 135, de 2000, para fins de cobrança do ICMS – importador é quem realiza a operação de importação, seja ela por conta própria ou por conta e ordem de terceiro" (Consulta nº 066/2008. SEF/SC. DOE 16.12.2008).

CONSTITUIÇÃO DA REPÚBLICA. ART. 11, I, *D* E *E*, DA LEI COMPLEMENTAR 87/96. AS PECTO PESSOAL DA HIPÓTESE DE INCIDÊNCIA. DESTINATÁRIO LEGAL DA MERCADORIA. DOMICÍLIO. ESTABELECIMENTO. TRANSFERÊNCIA DE DOMÍNIO. IMPORTAÇÃO POR CONTA PRÓPRIA. IMPORTAÇÃO POR CONTA E ORDEM DE TERCEIRO. IMPORTAÇÃO POR CONTA PRÓPRIA, SOB ENCOMENDA.

1. Fixação da seguinte tese jurídica ao Tema 520 da sistemática da repercussão geral: "O sujeito ativo da obrigação tributária de ICMS incidente sobre mercadoria importada é o Estado-membro no qual está domiciliado ou estabelecido o destinatário legal da operação que deu causa à circulação da mercadoria, com a transferência de domínio".

2. A jurisprudência desta Corte entende ser o sujeito ativo do ICMS-importação o Estado-membro no qual estiver localizado o destinatário final da operação, logo é irrelevante o desembaraço aduaneiro ocorrer na espacialidade de outro ente federativo. Precedentes.

3. Em relação ao significante "destinatário final", para efeitos tributários, a disponibilidade jurídica precede a econômica, isto é, o sujeito passivo do fato gerador é o destinatário legal da operação da qual resulta a transferência de propriedade da mercadoria. Nesse sentido, a forma não prevalece sobre o conteúdo, sendo o sujeito tributário quem dá causa à ocorrência da circulação de mercadoria, caracterizada pela transferência do domínio. Ademais, não ocorre a prevalência de eventuais pactos particulares entre as partes envolvidas na importação, quando da definição dos polos da relação tributária.

4. Pela tese fixada, são os destinatários legais das operações, em cada hipótese de importação, as seguintes pessoas jurídicas: a) na importação por conta própria, a destinatária econômica coincide com a jurídica, uma vez que a importadora utiliza a mercadoria em sua cadeia produtiva; b) na importação por conta e ordem de terceiro, a destinatária jurídica é quem dá causa efetiva à operação de importação, ou seja, a parte contratante de prestação de serviço consistente na realização de despacho aduaneiro de mercadoria, em nome próprio, por parte da importadora contratada; c) na importação por conta própria, sob encomenda, a destinatária jurídica é a sociedade empresária importadora (*trading company*), pois é quem incorre no fato gerador do ICMS com o fito de posterior revenda, ainda que mediante acerto prévio, após o processo de internalização.

5. Na aplicação da tese ao caso concreto, colhem-se equívocos na qualificação jurídica do conjunto fático-probatório, tal como estabelecido pelas instâncias ordinárias e sob as luzes da jurisprudência do Supremo Tribunal Federal, pelas seguintes razões: a) não se considerou a circulação simbólica da mercadoria como aspecto material do fato gerador; b) a destinação da mercadoria importada como matéria-prima para a produção de defensivos agrícolas em nada interfere a fixação do sujeito ativo do tributo, porque não cabe confundir o destinatário econômico com o jurídico; e c) não se verifica qualquer indício de "importação indireta", uma vez que, no caso, trata-se de filiais de uma mesma sociedade empresária.

6. Faz-se necessária a utilização de técnica de declaração de inconstitucionalidade parcial, sem redução de texto, ao art. 11, I, *d*, da Lei Complementar federal 87/96, com o fito de afastar o entendimento de que o local da operação ou da prestação, para os efeitos da cobrança do imposto e definição do estabelecimento responsável pelo tributo, é apenas e necessariamente o da entrada física de importado.

7. Recurso extraordinário a que se nega provimento.[477]

---

[477] STF. ARE 665134/RG. Rel. Min. Edson Fachin. *DJe*-123 de 19.05.2020.

Houve oposição de dois embargos de declaração em face do acórdão, que, por sua vez, foram decididos na mesma assentada, nos seguintes termos:

> EMBARGOS DE DECLARAÇÃO NO RECURSO EXTRAORDINÁRIO COM AGRAVO. DIREITO TRIBUTÁRIO. IMPOSTO SOBRE CIRCULAÇÃO DE MERCADORIAS E SERVIÇOS – ICMS. IMPORTAÇÃO. ART. 155, §2º, IX, *A*, DA CONSTITUIÇÃO DA REPÚBLICA. ART. 11, I, *D* E *E*, DA LEI COMPLEMENTAR 87/96. ASPECTO PESSOAL DA HIPÓTESE DE INCIDÊNCIA. DESTINATÁRIO LEGAL DA MERCADORIA. DOMICÍLIO. ESTABELECIMENTO. TRANSFERÊNCIA DE DOMÍNIO. IMPORTAÇÃO ENVOLVENDO MAIS DE UM ESTABELECIMENTO DA MESMA EMPRESA. SITUAÇÃO ABRANGIDA PELAS HIPÓTESES DEFINIDAS NO ACÓRDÃO EMBARGADO. IMPORTAÇÃO POR CONTA PRÓPRIA. IMPORTAÇÃO POR CONTA E ORDEM DE TERCEIRO. IMPORTAÇÃO POR CONTA PRÓPRIA, SOB ENCOMENDA. INEXISTÊNCIA DE OMISSÃO, CONTRADIÇÃO OU OBSCURIDADE. REJEIÇÃO DOS EMBARGOS. HOMOLOGAÇÃO DE RENÚNCIA À PRETENSÃO FORMULADA NA AÇÃO (ART. 487, III, C, DO CPC/2015). IMPOSSIBILIDADE DE JULGAMENTO DO CASO CONCRETO. CONTRADIÇÃO VERIFICADA. EMBARGOS ACOLHIDOS EM PARTE.
>
> 1. Tese jurídica fixada para o Tema 520 da sistemática da repercussão geral: "O sujeito ativo da obrigação tributária de ICMS incidente sobre mercadoria importada é o Estado-membro no qual está domiciliado ou estabelecido o destinatário legal da operação que deu causa à circulação da mercadoria, com a transferência de domínio".
>
> 2. Em relação ao significante "destinatário final", para efeitos tributários, a disponibilidade jurídica precede a econômica, isto é, o sujeito passivo do fato gerador é o destinatário legal da operação da qual resulta a transferência de propriedade da mercadoria. Nesse sentido, a forma não prevalece sobre o conteúdo, sendo o sujeito tributário quem dá causa à ocorrência da circulação de mercadoria, caracterizada pela transferência do domínio. Ademais, não ocorre a prevalência de eventuais pactos particulares entre as partes envolvidas na importação, quando da definição dos polos da relação tributária.
>
> 3. Pela tese fixada, são os destinatários legais das operações, em cada hipótese de importação, as seguintes pessoas jurídicas: a) na importação por conta própria, a destinatária econômica coincide com a jurídica, uma vez que a importadora utiliza a mercadoria em sua cadeia produtiva; b) na importação por conta e ordem de terceiro, a destinatária jurídica é quem dá causa efetiva à operação de importação, ou seja, a parte contratante de prestação de serviço consistente na realização de despacho aduaneiro de mercadoria, em nome próprio, por parte da importadora contratada; c) na importação por conta própria, sob encomenda, a destinatária jurídica é a sociedade empresária importadora (*trading company*), pois é quem incorre no fato gerador do ICMS com o fito de posterior revenda, ainda que mediante acerto prévio, após o processo de internalização.
>
> 4. Hipóteses de importação definidas no acórdão embargado que abrangem as importações envolvendo mais de um estabelecimento de uma mesma sociedade empresarial. Inexistência de omissão.
>
> 5. Independência nos provimentos jurisdicionais prestados por esta Corte no julgamento do feito em questão, no que diz respeito a resolução do mérito do caso concreto, com a homologação do pedido de renúncia à pretensão formulada na ação, de um lado, e o julgamento de mérito em abstrato da questão jurídica da questão jurídica com repercussão geral reconhecida, de outro.

6. Impossibilidade jurídica da aplicação da tese fixada em repercussão geral para o caso concreto. Contradição verificada.

7. Embargos de declaração da empresa acolhido. Embargos de declaração do ente estatal acolhido em parte.[478]

Dessa forma, foi definido pelo STF que, independentemente do local do desembaraço aduaneiro, na importação por conta e ordem, o ICMS deve ser recolhido em favor da unidade onde estiver situado o estabelecimento do real adquirente, isto é, da empresa contratante (mandante) dos serviços da importadora (mandatário). Já na importação direta (denominada "importação por conta própria" no ARE nº 665.134), o imposto cabe à Fazenda Pública de onde estiver situado o estabelecimento da importadora. O mesmo se aplica à importação por encomenda (ou "importação por conta própria, sob encomenda"), ainda que o encomendante localize-se em outra unidade da Federação.

Esses pontos foram pacificados no julgamento do ARE nº 665.134, ficando sem efeito disposições como a do Convênio Confaz nº 135/2002. As Fazenda Públicas dos Estados e do Distrito Federal não podem mais negar aplicabilidade aos regimes de importação definidos pelo legislador federal. Também já não é possível operar com o conceito equivocado e impreciso de "importação indireta". Esse deve ser definitivamente abandonado e substituído pelas designações técnicas do direito aduaneiro.

#### 4.5.2.2.3 Prevalência da substância sobre a forma

O STF definiu que a disponibilidade jurídica precede à econômica, de sorte que o fator determinante para a definição da titularidade do crédito deve ser o local do domicílio ou do estabelecimento do destinatário legal da operação. Ademais, a Corte teve especial preocupação em enfatizar a irrelevância de eventuais pactos particulares e que, sobretudo, a forma não prevalece sobre o conteúdo. Assim, deve ser examinado quem deu causa à circulação ou à operação da qual resulta a transferência do domínio da mercadoria, o que foi mais bem esclarecido no julgamento dos embargos de declaração:

> No entanto, é de se atentar que o aspecto formal não prevalece sobre o conteúdo, sendo o sujeito passivo quem dá causa à ocorrência da circulação de mercadoria, caracterizada pela transferência do domínio. Em outras palavras, eventuais vícios ou defeitos do negócio jurídico tributado (a exemplo da falsidade, erro, omissão, inexatidão, dolo, fraude, simulação), não devem influenciar na definição do destinatário final.[479]

Portanto, o estabelecimento sempre deve ser real ou efetivo. Dito de um outro modo, não têm relevância os estabelecimentos de "papel" ou aparentes, criados apenas para deslocar artificialmente a titularidade do crédito tributário. Tais casos normalmente envolvem empresas que, para auferir ganhos com benefícios fiscais concedidos por uma unidade da Federação, promovem a constituição de filiais fictícias, sem substância econômica, que realizam a importação e, ato contínuo, após o desembaraço aduaneiro, remetem as mercadorias para os estabelecimentos reais, onde serão consumidos, utilizados como insumo (matéria-prima,

---

[478] STF. T. Pleno. ARE 665134/ED. Rel. Min. Edson Fachin. *DJe*-285 de 03.12.2020; STF. T. Pleno. ARE 665134/ED-segundos. Rel. Min. Edson Fachin. *DJe*-285 de 03.12.2020. Ambos apresentam a mesma ementa.

[479] Voto do Min. Edson Fachin no ARE 665134/ED, p. 23.

produto intermediário ou material de embalagem), revendidos ou integrados ao ativo imobilizado. Assim, na importação direta ou por encomenda, sendo identificado que a importadora mantém apenas um simulacro de estabelecimento na unidade em que foi realizada a importação, o ICMS caberá à Fazenda Pública em que estiver situado o estabelecimento real.

Nesse ponto, cabe ressaltar que a constituição de filiais em Estados com carga tributária reduzida não constitui ato ilícito nem configura fraude ou simulação, desde que exista um estabelecimento real e com substância econômica. O que não pode ocorrer é constituição de filiais fictícias, inexistentes de fato, sem operações efetivas. Nesses casos anômalos e excepcionais, a substância prevalece sobre a forma.

#### 4.5.2.2.4 Interposição fraudulenta e importações irregulares

Na definição da titularidade do crédito tributário do ICMS, cumpre considerar que, de acordo com a legislação aduaneira, são consideradas por conta e ordem as importações diretas e por encomenda realizadas sem a observância das normas aduaneiras ou com o emprego de recurso de terceiros. Nessas hipóteses, a operação é descaracterizada, sendo considerada uma importação por conta e ordem presumida, nos termos do art. 11, § 1º, I, e § 2º, da Lei nº 11.281/2006, e do art. 27 da Lei nº 10.637/2002:

> Art. 11. A importação promovida por pessoa jurídica importadora que adquire mercadorias no exterior para revenda a encomendante predeterminado não configura importação por conta e ordem de terceiros.
> § 1º A Secretaria da Receita Federal:
> I – estabelecerá os requisitos e condições para a atuação de pessoa jurídica importadora na forma do *caput* deste artigo; e
> [...]
> § 2º A operação de comércio exterior realizada em desacordo com os requisitos e condições estabelecidos na forma do § 1º deste artigo presume-se por conta e ordem de terceiros, para fins de aplicação do disposto nos arts. 77 a 81 da Medida Provisória nº 2.158-35, de 24 de agosto de 2001.
> Art. 27. A operação de comércio exterior realizada mediante utilização de recursos de terceiro presume-se por conta e ordem deste, para fins de aplicação do disposto nos arts. 77 a 81 da Medida Provisória nº 2.158-35, de 24 de agosto de 2001.

O mesmo se aplica à importação mediante ocultação fraudulenta, que é definida pelo art. 23, V, § 3º, do Decreto-Lei nº 1.455/1976, na redação da Lei nº 10.637/2002:

> Art. 23. Consideram-se dano ao Erário as infrações relativas às mercadorias:
> [...]
> V – estrangeiras ou nacionais, na importação ou na exportação, na hipótese de ocultação do sujeito passivo, do real vendedor, comprador ou de responsável pela operação, mediante fraude ou simulação, inclusive a interposição fraudulenta de terceiros.
> § 1º O dano ao erário decorrente das infrações previstas no *caput* deste artigo será punido com a pena de perdimento das mercadorias.
> [...]
> § 3º As infrações previstas no *caput* serão punidas com multa equivalente ao valor aduaneiro da mercadoria, na importação, ou ao preço constante da respectiva nota fiscal

ou documento equivalente, na exportação, quando a mercadoria não for localizada, ou tiver sido consumida ou revendida, observados o rito e as competências estabelecidos no Decreto nº 70.235, de 6 de março de 1972 (Redação dada pela Lei nº 12.350, de 20 de dezembro de 2010).

Como será mais bem examinado no Capítulo VII, a *interposição fraudulenta de terceiros* nada mais é do que uma espécie de simulação, caracterizada pela presença de um *testa de ferro* que adquire, extingue ou modifica direitos para um terceiro oculto. No ICMS, isso pode ocorrer quando uma empresa situada em um determinado Estado ou no Distrito Federal, visando a obter um ganho econômico (em razão, por exemplo, da incidência de uma alíquota reduzida ou de um benefício fiscal), faz uso de uma empresa situada em outra unidade da Federação, que age como simples *presta-nome* ou importador aparente. Uma operação simulada dessa natureza não é oponível à Fazenda Pública. O ente prejudicado com a ocultação será o titular do crédito tributário. A hipótese é semelhante aos casos em que o importador mantém um estabelecimento fictício onde pretende direcionar artificialmente o recolhimento do crédito tributário reduzido. A diferença é que, nesse caso, a fraude é mais elaborada, porque envolve a triangulação com uma terceira pessoa jurídica.

4.5.2.2.5 Ingresso simbólico no estabelecimento

No julgamento do ARE nº 665.134, foi declarada a inconstitucionalidade parcial, sem redução do texto, do art. 11, I, *d*, da Lei Complementar nº 87/1996. A Corte, porém, não chegou a afastar o critério do ingresso físico. O objetivo dessa parte da decisão, como ressaltado pelo Min. Luiz Edson Fachin, foi garantir a legalidade da entrada simbólica de mercadorias, para além das movimentações físicas:

> Na verdade, a meu ver, a única interpretação impassível de acolhimento é aquela de literalidade acachapante, isto é, entender que o local da operação ou da prestação, para os efeitos da cobrança do imposto e definição do estabelecimento responsável pelo tributo, é apenas e necessariamente o da entrada física de importado. Isso porque a ordem jurídico-constitucional também agasalha a hipótese de entrada simbólica da mercadoria importada, desde que haja efetivamente um negócio jurídico internacional. Desse modo, recomenda-se a utilização da técnica interpretativa da declaração parcial de inconstitucionalidade, sem redução de texto, ao art. 11, I, *d*, da LC 87/96, justamente para garantir a legalidade da circulação simbólica de mercadorias, para além das movimentações físicas.[480]

Na entrada simbólica, o produto não ingressa fisicamente no estabelecimento do contribuinte, sendo armazenada em estabelecimentos de terceiros, notadamente armazéns gerais ou depósitos de prestadores de serviços logísticos não constituídos na forma do Decreto nº 1.102/1903. Após a concretização da venda, a mercadoria depositada é remetida diretamente para o adquirente. A entrada e o retorno simbólicos no estabelecimento do importador são documentados mediante observância de requisitos que podem variar em função da legislação estadual. A decisão do STF assegura a legalidade dessas operações, definindo a titularidade do ICMS em função de onde ocorrer a entrada simbólica.

---

[480] Voto do Min. Edson Fachin no ARE nº 665.134, p. 21.

Vale ressaltar que a Corte não dispensou a existência de um estabelecimento real. É o ingresso que pode ser simbólico ou documental, e não o estabelecimento. Assim, em outros termos, nada impede que a importadora remeta as mercadorias para um estabelecimento de um terceiro depositário, desde que mantenha uma unidade de negócios efetiva na unidade da Federação onde será recolhido o imposto.

Por fim, não houve autorização para a remessa direta da mercadoria do recinto alfandegado para o destinatário final. É necessário, em qualquer caso, o ingresso físico ou simbólico no estabelecimento do importador, porque o art. 11, I, *d* e *e*, da Lei Complementar nº 87/1996, não foi invalidado pela decisão do STF. Dessa forma, mesmo na importação direta ou por encomenda, o ICMS será devido ao Estado do destino se não ocorrer um ingresso prévio do produto no estabelecimento de origem.

### 4.5.2.2.6 Remessas matriz-filial

No julgamento dos embargos de declaração no ARE nº 665.134, teria sido conveniente uma definição mais clara da titularidade do crédito tributário nos casos em que o sujeito passivo, após importar a mercadoria pelo estabelecimento situado em uma unidade da Federação, a remete para filial ou matriz situada em outro Estado ou para o Distrito Federal. Foram opostos dois embargos de declaração para essa finalidade. O primeiro – do sujeito passivo – indicava uma possível contradição entre a tese fixada pela Corte e a sua aplicação ao caso concreto. O segundo, manejado pelo Estado de Minas Gerais, pretendia a supressão de "[...] omissão na apreciação da quarta modalidade de importação, ilustrada nos autos, com a prevalência da orientação segundo a qual na importação efetivada por estabelecimento matriz, com o direcionamento das mercadorias importadas a estabelecimento filial situado em estado diverso da federação, é a este Estado que deve ser recolhido o ICMS".

O STF acolheu os embargos do sujeito passivo, suprimindo o capítulo do acórdão intitulado "APLICAÇÃO DA TESE AO CASO CONCRETO". Com isso, ficou prejudicado o exame da possível contradição entre a tese fixada pela Corte.[481] Ao mesmo tempo, foram rejeitados os embargos de declaração do Estado de Minas Gerais, assentado nos seguintes fundamentos:

> [...] entende-se que o sujeito ativo da obrigação tributária de ICMS incidente sobre mercadoria importada é o Estado-membro no qual está domiciliado ou estabelecido o destinatário legal da operação que deu causa à circulação da mercadoria, com a transferência de domínio.
> 
> Nas situações envolvendo estabelecimentos do mesmo proprietário, é de se atentar, como ressaltado durante todo o julgamento embargado, que a forma não prevalece sobre o conteúdo.
> 
> Em outras palavras, independentemente de quem constar formalmente como estabelecimento importador (matriz ou filial), o que deve definir o destinatário final para fins de tributação é o tipo de importação (importação por conta própria; importação por conta e ordem de terceiro; e importação por conta própria, sob encomenda) e o papel jurídico e materialmente desempenhado por cada estabelecimento envolvido na operação, inclusive a partir da finalidade pretendida com a aquisição do bem importado e afastando eventuais vícios ou defeitos do negócio jurídico.

---

[481] "Dessa forma, reconheço o vício de contradição apontado e voto no sentido de acolher a pretensão das embargantes, para retirar do voto em que proferi no acórdão embargado:
i) o capítulo intitulado 'APLICAÇÃO DA TESE AO CASO CONCRETO' (eDOC 116, p. 27-28)".

Vê-se, portanto, que em relação a este último vício apontado pelo Estado de Minas Gerais não há como reconhecer omissão, contradição ou obscuridade no aresto embargado. São incabíveis, no ponto, os presentes embargos.

Nota-se que, por um lado, a Corte parece ter privilegiado o critério dos regimes de importação: "[...] independentemente de quem constar formalmente como estabelecimento importador (matriz ou filial), o que deve definir o destinatário final para fins de tributação é o tipo de importação (importação por conta própria; importação por conta e ordem de terceiro; e importação por conta própria, sob encomenda) [...]". Contudo, do exame da parte final do mesmo parágrafo, tem-se a impressão de que o fator determinante teria sido "[...] o papel jurídico e materialmente desempenhado por cada estabelecimento envolvido na operação, inclusive a partir da finalidade pretendida com a aquisição do bem importado e afastando eventuais vícios ou defeitos do negócio jurídico".

De acordo com o voto, "nas situações envolvendo estabelecimentos do mesmo proprietário, é de se atentar, como ressaltado durante todo o julgamento embargado, que a forma não prevalece sobre o conteúdo". Porém, a única parte do acórdão em que houve apreciação inequívoca da questão foi justamente o capítulo suprimido:

> [...] entende-se por conveniente reproduzir os excertos da sentença e do acórdão recorrido pertinentes ao deslinde da controvérsia. De início, constata-se que o juízo da Vara das Execuções Fiscais, de Falências e Concordatas e de Registros Públicos da Comarca de Uberaba asseverou o seguinte:
> 
> "Portanto, a despeito do registro contábil no controle de estoque do estabelecimento de Igarapava/SP, não ocorreu a entrada física da mercadoria naquele estabelecimento. A entrada física ocorreu no estabelecimento industrial localizado no território mineiro, no qual ocorreu a única entrega efetivada pelo transportador.
> 
> Não bastasse, é fundada a alegação de que a mercadoria era destinada desde o início à unidade fabril mineira, dada sua utilidade como matéria-prima para o fabrico de defensivos agrícolas, estes sim destinados à loja de revenda localizada no território paulista" (fl. 269).
> 
> Demais disso, o Tribunal de origem assim assentou:
> 
> "(...) o conjunto probatório dos autos não deixa margem à dúvida, permitindo concluir, com segurança, que o produto importado estava previamente destinado para a unidade fabril mineira, haja vista a sua utilidade como matéria-prima para 'fabricação de defensivos agrícolas, que seriam, posteriormente, destinados à loja de revenda localizada no território paulista, configurando a denominada 'importação indireta' (...). O estabelecimento filial localizado em Igarapava, no Estado de São Paulo, figurou, portanto, como mero intermediador da importação" (fls. 341-342).
> 
> Do conjunto fático-probatório, tal como estabelecido pelas instâncias ordinárias, colhe-se escorreita qualificação jurídica dos fatos, de modo que nos parece evidente a convergência entre o acórdão recorrido e a jurisprudência desta Corte.
> 
> Compulsando-se os autos, verifica-se que a destinação da mercadoria importada como matéria-prima para a produção de defensivos agrícolas é elemento definidor da fixação do sujeito ativo da obrigação tributária. Isto porque o negócio jurídico em tela tem como vetor a industrialização, por sua vez levada a efeito na territorialidade da parte Recorrida, o Estado de Minas Gerais.
> 
> Em suma, conclui-se que o acórdão recorrido não destoa das orientações jurisprudenciais desta Corte, de modo que a irresignação da parte Recorrente não merece prosperar.

Caso esse capítulo não tivesse sido retirado do acórdão, não haveria dúvidas. Porém, com a supressão e, sobretudo, após a rejeição dos embargos de declaração do Estado de Minas Gerais, fica difícil determinar a *ratio decidendi* do julgado. Não obstante, ao destacar a necessidade de verificação da finalidade aquisitiva, o STF parece ter pretendido ressaltar que o crédito tributário deve ser recolhido em favor da Fazenda Pública onde a mercadoria importada encontrar a destinação final.

Porém, não é qualquer transferência que implica o deslocamento da titularidade do crédito tributário para a unidade da Federação de destino. Essa, por um lado, deve ser contemporânea ou em tempo aproximado ao da importação. Por outro, é necessária uma inequívoca predeterminação de revenda, de consumo, de integração no ativo imobilizado ou de utilização como insumo no estabelecimento situado no outro Estado ou no Distrito Federal.

Tais elementos devem ser aferidos por meio do exame das circunstâncias do caso concreto, uma vez que o *animus* do importador sempre pode ser identificado objetivamente, por meio dos atos de exteriorização da vontade.[482] Dessa maneira, havendo uma predeterminação – contemporânea ou em tempo aproximado ao da importação – de revenda, de consumo, de integração no ativo imobilizado ou de utilização como insumo no estabelecimento de destino, a titularidade do crédito tributário será da unidade da Federação correspondente.

### 4.5.2.3  Sujeito passivo

A sujeição passiva do ICMS-Importação é definida no *caput* e no parágrafo único, inciso I, do art. 4º da Lei Complementar nº 87/1996:

> Art. 4º Contribuinte é qualquer pessoa, física ou jurídica, que realize, com habitualidade ou em volume que caracterize intuito comercial, operações de circulação de mercadoria ou prestações de serviços de transporte interestadual e intermunicipal e de comunicação, ainda que as operações e as prestações se iniciem no exterior.
> Parágrafo único. É também contribuinte a pessoa física ou jurídica que, mesmo sem habitualidade ou intuito comercial (Redação dada pela Lcp 114, de 16.12.2002):
> I – importe mercadorias ou bens do exterior, qualquer que seja a sua finalidade (Redação dada pela Lcp 114, de 16.12.2002).

A Lei Complementar nº 87/1996 também estabelece critérios para atribuição legal da responsabilidade tributária do ICMS:

> Art. 5º Lei poderá atribuir a terceiros a responsabilidade pelo pagamento do imposto e acréscimos devidos pelo contribuinte ou responsável, quando os atos ou omissões daqueles concorrerem para o não recolhimento do tributo.
> Art. 6º Lei estadual poderá atribuir a contribuinte do imposto ou a depositário a qualquer título a responsabilidade pelo seu pagamento, hipótese em que assumirá a condição de substituto tributário (Redação dada pela Lcp 114, de 16.12.2002).

Dessa forma, na importação, ao invés de definir os responsáveis tributários, a lei complementar estabeleceu parâmetros para que o legislador de cada unidade federada o faça,

---

[482] Ver item 2.2.1.1.3.

inclusive de natureza sancionatória. Aplicam-se aqui as mesmas observações realizadas por ocasião do estudo da sujeição passiva do imposto de importação.[483]

#### 4.5.2.4 Base de cálculo

Ao definir a base de cálculo de um tributo, o legislador deve observar os preceitos constitucionais de distribuição constitucional de competência. Destes sempre resulta – direta ou indiretamente – uma regra-matriz possível ou *limite* para cada exação.[484] No ICMS, deve-se ter presente que a Constituição autorizou a instituição de um imposto sobre *"operações relativas à circulação de mercadorias e sobre prestações de serviços de transporte interestadual e intermunicipal e de comunicação, ainda que as operações e as prestações se iniciem no exterior"* (art. 155, II); e que também deve incidir *"sobre a entrada de bem ou mercadoria importados do exterior por pessoa física ou jurídica"* (art. 155, § 2º, IX, *a*). Logo, ao definir a hipótese de incidência do imposto, o legislador deve necessariamente descrever as condutas de *importar bem* ou *mercadoria*.

Essa limitação estende-se à base de cálculo, que, segundo ensina Rubens Gomes de Sousa, "deve ser definida pelo pressuposto material de incidência, com ele se confundindo ou dele decorrendo".[485] Assim, em sua função confirmadora, sempre deve guardar uma relação de pertinência com a hipótese de incidência do tributo.[486] Daí que a base de cálculo deve corresponder ao valor do bem importado.[487]

A base de cálculo na importação de bens foi assim disciplinada pelo inciso V e pelo § 1º do art. 13 da Lei Complementar nº 87/1996:

> Art. 13. A base de cálculo do imposto é:
> [...]
> V – na hipótese do inciso IX do art. 12, a soma das seguintes parcelas:

---

[483] Ver itens 2.3.2 e 2.3.3.
[484] De fato, como ressalta Roque Carrazza, "*o constituinte, nesse passo, descreveu objetivamente fatos, que podem ser colocados, pelos legisladores ordinários (federais, estaduais, municipais ou distritais), nas hipóteses de incidência (fatos geradores 'in abstracto') dos impostos de suas pessoas políticas*" (CARRAZZA, Roque Antonio. *ICMS*. 10. ed. São Paulo: Malheiros, 2005. p. 31). CARRAZZA, Roque Antonio. *Curso de direito constitucional tributário*. 19. ed. São Paulo: Malheiros, 2004. p. 275; ATALIBA, Geraldo. *Hipótese de incidência tributária*. 5. ed. São Paulo: Malheiros, 1997. p. 81 e ss.
[485] SOUSA, Rubens Gomes de. Parecer sobre o imposto de indústrias e profissões. In: *Imposto de indústrias e profissões*: razões e pareceres. Porto Alegre: Globo, 1957. p. 228-229.
[486] A base de cálculo, segundo ensina Paulo de Barros Carvalho, tem uma tríplice função: mede as proporções reais do fato (função mensuradora); compõe a específica determinação da dívida (função objetiva); e posta em comparação com o critério material da hipótese, é capaz de confirmá-lo, infirmá-lo ou afirmar aquilo que consta no texto da lei, de modo obscuro (função comparativa). Sobre o tema, cf: CARVALHO, Paulo de Barros. *Curso de direito tributário*. 13. ed. São Paulo: Saraiva, 2000. p. 329.
[487] MELO, José Eduardo Soares de. *ICMS*: teoria e prática. 4. ed. São Paulo: Dialética, 2000. p. 160-161: "Nesse cálculo, não devem ser incluídos elementos estranhos ao preço, como seguros, juros e quaisquer outras importâncias recebidas ou debitadas (como multas e indenizações), pois tais verbas têm natureza jurídica diversa dos respectivos valores, e porque, também, o ICMS não incide sobre meras entradas ou créditos". No mesmo sentido, cf: CARRAZZA, Roque Antonio. *ICMS*. 10. ed. São Paulo: Malheiros, 2005. p. 165.

a) o valor da mercadoria ou bem constante dos documentos de importação, observado o disposto no art. 14;[488]

b) imposto de importação;

c) imposto sobre produtos industrializados;

d) imposto sobre operações de câmbio;

e) quaisquer outros impostos, taxas, contribuições e despesas aduaneiras (Redação dada pela Lcp 114, de 16.12.2002);

[...]

§ 1º Integra a base de cálculo do imposto, inclusive na hipótese do inciso V do *caput* deste artigo (Redação dada pela Lcp 114, de 16.12.2002):

I – o montante do próprio imposto, constituindo o respectivo destaque mera indicação para fins de controle;

II – o valor correspondente a:

a) seguros, juros e demais importâncias pagas, recebidas ou debitadas, bem como descontos concedidos sob condição;

b) frete, caso o transporte seja efetuado pelo próprio remetente ou por sua conta e ordem e seja cobrado em separado.

§ 2º Não integra a base de cálculo do imposto o montante do Imposto sobre Produtos Industrializados, quando a operação, realizada entre contribuintes e relativa a produto destinado à industrialização ou à comercialização, configurar fato gerador de ambos os impostos.

Portanto, a base de cálculo parte do valor do bem ou mercadoria informado na declaração de mercadorias registrada no Siscomex. A esse somam-se o montante do imposto de importação, do IPI, do IOF e de outros tributos e despesas aduaneiras, além do próprio ICMS (calculado "por dentro"), do seguro, dos juros e demais importâncias pagas, recebidas ou debitadas, dos descontos condicionais e do frete, quando cobrado em separado e na hipótese de transporte prestado pelo remetente ou por sua conta e ordem.

A constitucionalidade do inciso II do § 1º do art. 13 da Lei Complementar nº 87/1996 é questionada pela doutrina. Muitos sustentam que o seguro, os juros e outras despesas acessórias previstas nesse dispositivo não podem ser incluídos na base de cálculo.[489] A observação é procedente e, apesar de realizada em relação à tributação das operações internas, também se aplica ao ICMS incidente na importação. O princípio da capacidade contributiva, como pressuposto e limite para o dimensionamento da imposição, demanda uma coerência lógica ou interna do tributo, ou seja, que os critérios de valoração se mostrem compatíveis com a manifestação de disponibilidade econômica gravada. Por isso, tudo que for estranho ao preço de venda não deve compor a base de cálculo.

---

[488] "Art. 14. O preço de importação expresso em moeda estrangeira será convertido em moeda nacional pela mesma taxa de câmbio utilizada no cálculo do imposto de importação, sem qualquer acréscimo ou devolução posterior se houver variação da taxa de câmbio até o pagamento efetivo do preço".

[489] Destarte, como ensina José Eduardo Soares de Melo que "somente devem integrar a base de cálculo os valores inerentes às mercadorias e/ou serviços de transporte e comunicação, bem como os reajustes e acréscimos intrinsecamente vinculados a tais valores. [...] Nesse cálculo, não devem ser incluídos elementos estranhos ao preço, como seguros, juros e quaisquer outras importâncias recebidas ou debitadas (como multas e indenizações), pois tais verbas têm natureza jurídica diversa dos respectivos valores, e porque, também, o ICMS não incide sobre meras entradas ou créditos" (MELO, José Eduardo Soares de. *ICMS*: teoria e prática. 4. ed. São Paulo: Dialética, 2000. p. 160-161).

A Jurisprudência do STJ tem diversos precedentes vinculantes admitindo a exclusão de algumas das despesas previstas nesse dispositivo, desde que pagas a terceiros desvinculados do vendedor.[490] Esses, entretanto, referem-se a operações internas de compra e venda de mercadoria, distinção que não permite a sua aplicação no ICMS-Importação.[491] Nele, a determinação da base imponível tem como ponto de partida o valor do bem ou da mercadoria informado na declaração de mercadorias registrada no Siscomex, ou seja, o valor aduaneiro. Assim, todas as despesas e gastos acessórios o integram, nos termos do Acordo de Valoração Aduaneira, devem ser incluídos na base do ICMS.[492]

Esse mesmo critério deve ser aplicado na exegese da parte final da alínea *e* do art. 13 da Lei Complementar nº 87/1996, que prevê a inclusão das "despesas aduaneiras". Estas, portanto, apenas podem ser incluídas na base de cálculo quando previstas no art. 8º do Acordo de Valoração Aduaneira, uma vez que, nos termos do parágrafo 4, "na determinação do valor aduaneiro, nenhum outro acréscimo será feito ao preço efetivamente pago ou a pagar, se não estiver previsto neste Artigo".

Outro preceito polêmico é o inciso I do § 1º do art. 13: "*§ 1º Integra a base de cálculo do imposto* [...] *I – o montante do próprio imposto, constituindo o respectivo destaque mera indicação para fins de controle*". A inclusão do ICMS na própria base de cálculo é conhecida como cálculo "por dentro". Dela resulta uma inequívoca dissociação entre os elementos de valoração e a manifestação de capacidade contributiva, o que não é compatível com o art. 145, § 1º, da Constituição. O imposto perde coerência interna e transparência. Para determinar o valor do devido, o comerciante deve recorrer a um artificialismo, aplicando sobre o preço da mercadoria um percentual diferente da alíquota do tributo. Assim, por exemplo, em uma venda sujeita a uma alíquota de 17%, o valor do crédito tributário não resulta da aplicação desse percentual sobre o preço de venda, mas do quociente da divisão de 1.700 por 83, ou seja, de uma alíquota efetiva de 20,49%. Já para uma alíquota de 25%, a alíquota real será uma dízima periódica de 33,3333% (2.500 dividido por 75).[493] Esse expediente tem amparo no art. 155, § 2º, XII, *i*, da Constituição, incluído pela Emenda nº 33/2001, que submete ao legislador complementar a atribuição de "fixar a base de cálculo, de modo que o montante

---

[490] No mercado interno, o STJ tem entendido ainda que: (i) "É ilegal a cobrança de ICMS com base no valor da mercadoria submetido ao regime de pauta fiscal" (Súmula nº 431); (ii) "É indevida a incidência de ICMS sobre a parcela correspondente à demanda de potência elétrica contratada mas não utilizada" (Tema nº 63); (iii) "Os descontos incondicionais nas operações mercantis não se incluem na base de cálculo do ICMS" (Súmula nº 457; essa foi originada no julgamento do REsp nº 1.111.156 (Rel. Min. Humberto Martins. DJe 22.10.2009), que também admite a exclusão das bonificações (Tema Repetitivo nº 144); (iv) "Nas operações com cartão de crédito, os encargos relativos ao financiamento não são considerados no cálculo do ICMS" (Súmula nº 237); a tese jurídica fixada no REsp nº 1.106.462 (STJ. 1ª S. Rel. Min. Luiz Fux. DJe 13.10.2009), entretanto, faz a ressalva em relação aos *acréscimos da venda a prazo cobrados diretamente pelo vendedor*: "O ICMS incide sobre o preço total da venda quando o acréscimo é cobrado pelo próprio vendedor (venda a prazo)" (Tema Repetitivo nº 183) Ver ainda a Súmula nº 395: "O ICMS incide sobre o valor da venda a prazo constante da nota fiscal". Interpretação similar foi adotada pela 1ª Turma do STJ em relação ao **seguro de garantia estendida**: "O valor pago pelo consumidor final a título de 'seguro de garantia estendida', regulamentado pelo Conselho Nacional de Seguros Privados (Resoluções 122/05 e 296/13), não integra a base de cálculo do ICMS incidente sobre a operação de compra e venda da mercadoria" (STJ. 1ª T. REsp 1.346.749. Rel. Min. Benedito Gonçalves. DJe 04.03.2015).

[491] Registre-se, contudo, que, de acordo com a Súmula nº 80 do STJ: "A taxa de melhoramento dos portos não se inclui na base de cálculo do ICMS".

[492] Essa matéria será examinada no Capítulo IV, da Valoração Aduaneira, ao qual nos reportamos.

[493] Para determinar os percentuais dessa alíquota virtual ou artificial que decorre do cálculo "por dentro", pode-se recorrer à fórmula seguinte: *alíquota virtual = (alíquota real prevista em lei x 100) ÷ (100 – alíquota real prevista em lei)*.

do imposto a integre, também na importação do exterior de bem, mercadoria ou serviço". Entretanto, mesmo antes desse dispositivo, o cálculo "por dentro" teve a sua constitucionalidade reconhecida pelo STF no RE nº 212.209: "Constitucional. Tributário. Base de cálculo do ICMS: inclusão no valor da operação ou da prestação de serviço somado ao próprio tributo. Constitucionalidade. Recurso desprovido".[494] Mais recentemente, essa exegese foi confirmada no julgamento do RE nº 582.461: "I – É constitucional a inclusão do valor do Imposto sobre Circulação de Mercadorias e Serviços - ICMS na sua própria base de cálculo" (Tema nº 214[495]).

O art. 13, § 1º e § 2º,[496] da LC nº 87 prevê ainda a inclusão do imposto de importação, do IPI, do IOF e de outros tributos na base de cálculo do ICMS. É de se lamentar que o legislador tenha optado por esse caminho, em vez de aumentar a alíquota de forma transparente. Com isso, houve um agravamento da falta de sintonia entre o pressuposto de incidência e os elementos de valoração que já resulta do cálculo "por dentro", admitido pelo STF antes de ser previsto no art. 155, § 2º, XII, *i*, pela Emenda nº 33/2001. O ICMS, ademais, foi convertido em um tributo sem transparência, em que a carga tributária efetiva da operação é mascarada do consumidor final. A jurisprudência, infelizmente, tem admitido essas iniciativas. Porém, não se pode deixar de ressaltar que a inclusão de um tributo na base de cálculo de outro viola o princípio da capacidade contributiva (art. 145, § 1º). Apenas o cálculo "por dentro" do imposto é autorizado pelo texto constitucional (art. 155, § 2º, XI), sendo inconstitucional a previsão de inclusão do imposto de importação, do IOF e demais tributos na base de cálculo do ICMS.

### 4.5.2.5 Alíquota

A Lei Complementar nº 87/1996, dentro das funções definidas no art. 155, § 2º, XII, da Constituição, disciplina apenas os aspectos nucleares do imposto, sem se ocupar das alíquotas do ICMS. Estas são fixadas pela legislação da unidade federada competente, observados os parâmetros da Resolução nº 13/2012, do Senado Federal.

Essa resolução foi editada no exercício da competência prevista no art. 155, § 2º, V, *a*,[497] visando à redução da "guerra fiscal" na atração de empresas importadoras. Nela foi estabelecida uma alíquota interestadual de 4% para produtos acabados importados:

> Art. 1º A alíquota do Imposto sobre Operações Relativas à Circulação de Mercadorias e sobre Prestação de Serviços de Transporte Interestadual e Intermunicipal e de Comunicação (ICMS), nas operações interestaduais com bens e mercadorias importados do exterior, será de 4% (quatro por cento).
>
> § 1º O disposto neste artigo aplica-se aos bens e mercadorias importados do exterior que, após seu desembaraço aduaneiro:
>
> I – não tenham sido submetidos a processo de industrialização;

---

[494] STF. T. Pleno. RE nº 212.209. Rel. Min. Marco Aurélio. Rel. p/ ac. Min. Nelson Jobim. DJ 14.02.2003.

[495] STF. T. Pleno. RE nº 582.461. Rel. Min. Gilmar Mendes. *DJe* 18.08.2011.

[496] O § 2º prevê a exclusão do IPI apenas quando a operação, realizada entre contribuintes e relativa a produto destinado à industrialização ou à comercialização, configurar fato gerador de ambos os impostos. Portanto, *a contrario sensu*, é prevista a inclusão do IPI nas demais hipóteses.

[497] "Art. 155. [...] V – é facultado ao Senado Federal:
a) estabelecer alíquotas mínimas nas operações internas, mediante resolução de iniciativa de um terço e aprovada pela maioria absoluta de seus membros;
b) fixar alíquotas máximas nas mesmas operações para resolver conflito específico que envolva interesse de Estados, mediante resolução de iniciativa da maioria absoluta e aprovada por dois terços de seus membros".

II – ainda que submetidos a qualquer processo de transformação, beneficiamento, montagem, acondicionamento, reacondicionamento, renovação ou recondicionamento, resultem em mercadorias ou bens com Conteúdo de Importação superior a 40% (quarenta por cento).

§ 2º O Conteúdo de Importação a que se refere o inciso II do § 1º é o percentual correspondente ao quociente entre o valor da parcela importada do exterior e o valor total da operação de saída interestadual da mercadoria ou bem.

[...]

§ 4º O disposto nos §§ 1º e 2º não se aplica:

I – aos bens e mercadorias importados do exterior que não tenham similar nacional, a serem definidos em lista a ser editada pelo Conselho de Ministros da Câmara de Comércio Exterior (Camex) para os fins desta Resolução;

II – aos bens produzidos em conformidade com os processos produtivos básicos de que tratam o Decreto-Lei nº 288, de 28 de fevereiro de 1967, e as Leis nºs 8.248, de 23 de outubro de 1991, 8.387, de 30 de dezembro de 1991, 10.176, de 11 de janeiro de 2001, e 11.484, de 31 de maio de 2007.

Art. 2º O disposto nesta Resolução não se aplica às operações que destinem gás natural importado do exterior a outros Estados.

Os produtos abrangidos pela Resolução nº 13/2012 ficam sujeitos às alíquotas previstas na Resolução nº 22/1989 para os produtos nacionais: 12% para operações e prestações interestaduais em geral (art. 1º, *caput*[498]) e 7% nas realizadas nas Regiões Sul e Sudeste, destinadas às Regiões Norte, Nordeste e Centro-Oeste e ao Estado do Espírito Santo (art. 1º, parágrafo único, II[499]).

Ressalte-se que os incisos VII e VIII do § 2º do art. 155 da Constituição preveem a cobrança de um diferencial de alíquotas de ICMS (Difal) nas operações e nas prestações que destinem bens e serviços a consumidor final, contribuinte ou não do imposto, localizado em outro Estado ou no Distrito Federal:

Art. 155. [...]

§ 2º O imposto previsto no inciso II atenderá ao seguinte:

[...]

VII – nas operações e prestações que destinem bens e serviços a consumidor final, contribuinte ou não do imposto, localizado em outro Estado, adotar-se-á a alíquota interestadual e caberá ao Estado de localização do destinatário o imposto correspondente à diferença entre a alíquota interna do Estado destinatário e a alíquota interestadual (Redação dada pela Emenda Constitucional nº 87, de 2015);

---

[498] "Art. 1º A alíquota do Imposto sobre Operações Relativas à Circulação de Mercadorias e sobre Prestação de Serviços de Transporte Interestadual e Intermunicipal e de Comunicação, nas operações e prestações interestaduais, será de doze por cento".

[499] "Parágrafo único. Nas operações e prestações realizadas nas Regiões Sul e Sudeste, destinadas às Regiões Norte, Nordeste e Centro-Oeste e ao Estado do Espírito Santo, as alíquotas serão:
I – em 1989, oito por cento;
II – a partir de 1990, sete por cento".

VIII – a responsabilidade pelo recolhimento do imposto correspondente à diferença entre a alíquota interna e a interestadual de que trata o inciso VII será atribuída (Redação dada pela Emenda Constitucional nº 87, de 2015):

a) ao destinatário, quando este for contribuinte do imposto (Incluído pela Emenda Constitucional nº 87, de 2015);

b) ao remetente, quando o destinatário não for contribuinte do imposto (Incluído pela Emenda Constitucional nº 87, de 2015).

Portanto, a unidade de origem fica com o crédito tributário decorrente da aplicação da alíquota interestadual e a unidade de destino, com o correspondente à diferença entre a alíquota interestadual e a alíquota interna vigente no seu território. A responsabilidade pelo recolhimento cabe: (a) ao destinatário, quando este for contribuinte do ICMS; ou (b) ao remetente, quando o destinatário não for contribuinte.

O diferencial de alíquotas foi previsto originariamente pelo texto constitucional para as operações em que o destinatário era contribuinte do ICMS.[500] A conformação atual do Difal decorre da Emenda Constitucional nº 87/2015. Porém, as normas gerais definindo o contribuinte, atualmente previstas na Lei Complementar nº 87/1996 (art. 4º, § 2º, I e II), o local (art. 11, V, § 7º e § 8º) e o momento da ocorrência da hipótese de incidência (art. 12, XIV, XV e XVI), a base de cálculo (art. 13, IX e X, § 1º, § 3º, § 6º e § 7º) e o creditamento (art. 20-A) apenas foram introduzidas pela Lei Complementar nº 190/2022. Isso ocorreu após o julgamento do RE 1.287.019, quando o STF decidiu que a cobrança não poderia ocorrer sem a definição prévia desses aspectos em lei complementar: "A cobrança do diferencial de alíquota alusivo ao ICMS, conforme introduzido pela Emenda Constitucional nº 87/2015, pressupõe edição de lei complementar veiculando normas gerais" (Tema nº 1.093).[501]

### 4.5.3 *ICMS após a Reforma Tributária*

Com a Reforma Tributária (Emenda nº 132/2023), o IPI, o ICMS, o ISS, o PIS/Pasep e da Cofins serão progressivamente unificados em dois novos tributos: a CBS (Contribuição sobre Bens e Serviços) da União; e o IBS (Imposto sobre Bens e Serviços) dos Estados, do

---

[500] Redação originária do texto constitucional:
"Art. 155. [...] § 2º [...]
VII – em relação às operações e prestações que destinem bens e serviços a consumidor final localizado em outro Estado, adotar-se-á:
a) a alíquota interestadual, quando o destinatário for contribuinte do imposto;
b) a alíquota interna, quando o destinatário não for contribuinte dele;
VIII – na hipótese da alínea a do inciso anterior, caberá ao Estado da localização do destinatário o imposto correspondente à diferença entre a alíquota interna e a interestadual".

[501] "Recurso extraordinário. Repercussão geral. Direito tributário. Emenda Constitucional nº 87/2015. ICMS. Operações e prestações em que haja a destinação de bens e serviços a consumidor final não contribuinte do ICMS localizado em estado distinto daquele do remetente. Inovação constitucional. Matéria reservada a lei complementar (art. 146, I e III, a e b; art. 155, § 2º, XII, *a, b, c, d* e *i*, da CF/88). [...] Convênio interestadual não pode suprir a ausência de lei complementar dispondo sobre obrigação tributária, contribuintes, bases de cálculo/alíquotas e créditos de ICMS nas operações ou prestações interestaduais com consumidor final não contribuinte do imposto, como fizeram as cláusulas primeira, segunda, terceira e sexta do Convênio ICMS nº 93/15. [...] Tese fixada para o Tema nº 1.093: "A cobrança do diferencial de alíquota alusivo ao ICMS, conforme introduzido pela Emenda Constitucional nº 87/2015, pressupõe edição de lei complementar veiculando normas gerais [...]" (STF. T. Pleno. RE nº 1.287.019. Rel. Min. Marco Aurélio. Rel. p/ Ac. Min. Dias Toffoli. DJe 25.05.2021).

Distrito Federal e dos Municípios. Também foi estabelecida a competência da União para a instituição de um *imposto seletivo* (IS), que incidirá sobre a produção, extração, comercialização e a importação de bens e serviços prejudiciais à saúde ou ao meio ambiente.[502] A substituição ocorrerá em fases. Entre 2029 e 2032, as alíquotas do ICMS serão reduzidas um décimo por ano, acompanhadas do aumento do IBS na mesma proporção. A extinção ocorrerá em 2033, com a revogação da regra de competência do imposto.[503]

## 4.6 IBS e CBS

### 4.6.1 Transição e início da vigência

A vigência plena do IBS e da CBS ocorrerá ao final do período de transição da Reforma Tributária, que, por sua vez, compreende as seguintes etapas:

**(i) Ano de 2026:**
(a) início da cobrança dos novos tributos sobre o consumo com alíquotas de *teste* ou de *calibração* de 0,9% de CBS e 0,1% de IBS, compensando-se o valor pago com o PIS/Pasep e a Cofins devidos no período;[504] e
(b) definição da alíquota de referência da CBS pelo Senado Federal para os anos de 2027 em diante, que será aplicada se outra não for fixada na legislação do ente federativo.[505]

**(ii) Ano de 2027:**
(a) cobrança da CBS pela alíquota de referência, se outra não for estabelecida em lei ordinária federal,[506] reduzida em 0,1%;[507]
(b) cobrança de IBS com alíquota estadual de 0,05% e alíquota municipal de 0,05%;[508]
(c) extinção do PIS/Pasep,[509] ressalvada a contribuição devida pelas pessoas jurídicas de direito público interno;[510]
(d) extinção da Cofins;[511]
(e) redução a zero das alíquotas do IPI, com exceção dos produtos com industrialização incentivada na Zona Franca de Manaus fabricados em outras regiões do País;[512] e
(f) definição das alíquotas de referência do IBS para o ano de 2029 pelo Senado Federal.[513]

---

[502] CF, art. 153, VIII, § 6º, 156-A, § 1º; art. 195, V, § 16.
[503] Item 4.2.6.
[504] ADCT, art. 125, *caput*. De acordo com o § 2º do art. 125, "§ 2º Caso o contribuinte não possua débitos suficientes para efetuar a compensação de que trata o § 1º, o valor recolhido poderá ser compensado com qualquer outro tributo federal ou ser ressarcido em até 60 (sessenta) dias, mediante requerimento".
[505] Art. 156-A, § 1º, XII; Art. 195, § 15 e § 16; ADCT, art. 130, § 1º.
[506] Art. 195, § 15.
[507] ADCT, art. 127, parágrafo único.
[508] ADCT, art. 127, *caput*.
[509] ADCT, art. 126, II.
[510] Ver art. 20 da Emenda nº 132/2023.
[511] ADCT, art. 126, II.
[512] ADCT, art. 126, III, *a*.
[513] Art. 156-A, § 1º, XII; ADCT, art. 130, § 1º. As alíquotas de referência devem ser fixadas no percentual necessário à compensação da redução do ICMS, de contribuições aos fundos estaduais e do ISS (ADCT, art. 130, II).

(iii) **Ano de 2029**:
(a) extinção da redução em 0,1% da alíquota da CBS;[514]
(b) redução de 10% das alíquotas estaduais do ICMS e municipais do ISS vigentes em 2028;[515]
(c) fim das alíquotas estadual de 0,05% e municipal de 0,05% de IBS;[516]
(d) cobrança do IBS com base nas alíquotas de referência fixadas no ano anterior pelo Senado Federal ou, se existentes, pelas alíquotas previstas nas legislações dos Estados, do Distrito Federal e dos Municípios;[517] e
(e) definição das alíquotas de referência do IBS para o ano de 2030 pelo Senado Federal.[518]

(iv) **Ano de 2030**:
(a) redução de 20% das alíquotas do ICMS e do ISS vigentes em 2028;[519]
(b) cobrança do IBS com base nas alíquotas de referência estabelecidas no ano anterior pelo Senado Federal ou, se existentes, pelas alíquotas previstas nas legislações de cada ente federativo;[520] e
(c) definição das alíquotas de referência do IBS para o ano de 2031 pelo Senado Federal.[521]

(v) **Ano de 2031**:
(a) redução de 30% das alíquotas do ICMS e do ISS vigentes em 2028;[522]
(b) cobrança do IBS com base nas alíquotas de referência fixadas no ano anterior pelo Senado Federal ou, se existentes, pelas alíquotas previstas nas legislações de cada ente federativo;[523] e
(c) definição das alíquotas de referência do IBS para o ano de 2032 pelo Senado Federal.[524]

(vi) **Ano de 2032**:
(a) redução de 40% das alíquotas do ICMS e do ISS vigentes em 2028;[525]

---

[514] ADCT, art. 127, parágrafo único.
[515] ADCT, art. 128, I.
[516] ADCT, art. 127, *caput*.
[517] Art. 156-A, § 1º, XII.
[518] Art. 156-A, § 1º, XII; ADCT, art. 130, § 1º. As alíquotas de referência devem ser fixadas no percentual necessário à compensação da redução do ICMS, de contribuições aos fundos estaduais e do ISS (ADCT, art. 130, II).
[519] ADCT, art. 128, II.
[520] Art. 156-A, § 1º, XII.
[521] Art. 156-A, § 1º, XII; ADCT, art. 130, § 1º. As alíquotas de referência devem ser fixadas no percentual necessário à compensação da redução do ICMS, de contribuições aos fundos estaduais e do ISS (ADCT, art. 130, II).
[522] ADCT, art. 128, III.
[523] Art. 156-A, § 1º, XII.
[524] Art. 156-A, § 1º, XII; ADCT, art. 130, § 1º. As alíquotas de referência devem ser fixadas no percentual necessário à compensação da redução do ICMS, de contribuições aos fundos estaduais e do ISS (ADCT, art. 130, II).
[525] ADCT, art. 128, IV.

(b) cobrança do IBS com base nas alíquotas de referência definidas no ano anterior pelo Senado Federal ou, se existentes, pelas alíquotas previstas nas legislações de cada ente federativo;[526] e
(c) definição das alíquotas de referência do IBS pelo Senado Federal para os anos de 2033 em diante,[527] que devem ser fixadas no percentual necessário à compensação da extinção do ICMS, de contribuições aos fundos estaduais e do ISS.[528]

**(vii) Ano de 2033:**
(a) extinção do ICMS e do ISS;[529] e
(b) cobrança do IBS com base nas alíquotas de referência definidas no ano anterior pelo Senado Federal ou, se existentes, pelas alíquotas previstas nas legislações de cada ente federativo.[530]

*4.6.2 Tributação do consumo e o IVA no direito comparado*

No Brasil, a Emenda nº 132/2023 procurou estruturar o IBS e a CBS com as características do IVA (Imposto sobre o Valor Agregado), porém, mais próximo da experiência do IBS da Nova Zelândia (*Goods and Services Tax – GST*), a exemplo das reformas da tributação do consumo do Canadá e da África do Sul. Esse modelo é assentado em uma base de incidência tributária ampla e um número reduzido de desonerações, sendo considerado menos complexo que o IVA tradicional europeu.[531]

---

[526] Art. 156-A, § 1º, XII.
[527] Art. 156-A, § 1º, XII; ADCT, art. 130, II, § 1º.
[528] ADCT, art. 130, II.
[529] ADCT, art. 129.
[530] Art. 156-A, § 1º, XII.
[531] Sobre o tema, cf.: PEIXOTO, Marcelo Magalhães; TAKANO, Caio Augusto Takano; ESCÓRCIO FILHO, Abel (coord.). *Tributação do valor agregado*: experiência internacional e a EC n. 132/2023. São Paulo: MP, 2024. Sobre esse ponto em especial, cf. os seguintes estudos: BERGAMINI, Adolpho. Análise comparada entre os regimes não cumulativos do Brasil e da África do Sul. *In*: PEIXOTO, Marcelo Magalhães; TAKANO, Caio Augusto Takano; ESCÓRCIO FILHO, Abel (coord.). *Tributação do valor agregado*: experiência internacional e a EC n. 132/2023. São Paulo: MP, 2024. p. 109-131; BOTEON, Mariana Veiga. África do Sul: imposto sobre valor agregado – características gerais e norma de incidência. *In*: PEIXOTO, Marcelo Magalhães; TAKANO, Caio Augusto Takano; ESCÓRCIO FILHO, Abel (coord.). *Tributação do valor agregado*: experiência internacional e a EC n. 132/2023. São Paulo: MP, 2024. p. 133-151; PEIXOTO, Marcelo Magalhães; ESCÓRCIO FILHO, Abel; PINTO, Alexandre Evaristo. A tributação do consumo no Canadá. Um breve comparativo com a Reforma Tributária Brasileira – EC n. 132/2023. *In*: PEIXOTO, Marcelo Magalhães; TAKANO, Caio Augusto Takano; ESCÓRCIO FILHO, Abel (coord.). *Tributação do valor agregado*: experiência internacional e a EC n. 132/2023. São Paulo: MP, 2024. p. 193-215; HORTA, Nereida. A tributação do valor agregado na Índia: desafios e controvérsias. *In*: PEIXOTO, Marcelo Magalhães; TAKANO, Caio Augusto Takano; ESCÓRCIO FILHO, Abel (coord.). *Tributação do valor agregado*: experiência internacional e a EC n. 132/2023. São Paulo: MP, 2024. p. 217-247; BARROS, Maurício; RODRIGUES, Raphael Alessandro Penteado. *Goods and services tax* na Nova Zelândia – fato gerador, base de cálculo e contribuintes. *In*: PEIXOTO, Marcelo Magalhães; TAKANO, Caio Augusto Takano; ESCÓRCIO FILHO, Abel (coord.). *Tributação do valor agregado*: experiência internacional e a EC n. 132/2023. São Paulo: MP, 2024. p. 273-291.

## 4.6.3 Caracteres constitucionais do IBS e da CBS

A Constituição Federal, nos arts. 149-B, 156-A, *caput* e § 1º, 195, V e § 16, estabelece os caracteres essenciais do IBS e da CBS: (**i**) legislação única; (**ii**) alíquota uniforme; (**iii**) vedação para a concessão de benefícios fiscais e de tratamentos tributários diferenciados;[532] (**iv**) base de incidência ampla; (**v**) cobrança "por fora", ou seja, sem a inclusão do tributo em sua própria base imponível; (**vi**) princípio do destino; (**vii**) pagamento compensatório em dinheiro, conhecido como *cashback*, que constitui uma técnica relevante de proteção do mínimo vital e de concretização do princípio constitucional da capacidade contributiva; (**viii**) a neutralidade; e (**ix**) não cumulatividade ampla.[533]

A alíquota definida por cada ente federativo deverá ser a mesma para todas as operações tributadas,[534] com redução em 60%[535] ou em 30%[536] nos regimes diferenciados de tributação.[537] Entretanto, deve ser observada a alíquota de referência fixada pelo Senado Federal, que, ademais, será aplicável sempre que outra não for estabelecida pelo ente competente.

A base de incidência ampla do IBS e da CBS decorre da abertura semântica dos incisos I e II do § 1º e do § 8º do art. 156-A da Constituição Federal[538]:

> Art. 156-A. Lei complementar instituirá imposto sobre bens e serviços de competência compartilhada entre Estados, Distrito Federal e Municípios.
>
> § 1º O imposto previsto no *caput* será informado pelo princípio da neutralidade e atenderá ao seguinte:
>
> I – incidirá sobre operações com bens materiais ou imateriais, inclusive direitos, ou com serviços;
>
> II – incidirá também sobre a importação de bens materiais ou imateriais, inclusive direitos, ou de serviços realizada por pessoa física ou jurídica, ainda que não seja sujeito passivo habitual do imposto, qualquer que seja a sua finalidade;

---

[532] Como ressalta Pierre Beltrame: "O IVA tem uma vocação hegemónica uma vez que, para funcionar satisfatoriamente, deve ser aplicado a todas as atividades económicas e reconhecer apenas muito poucas isenções" (Traduzimos, do original: "El IVA tiene una vocación hegemónica ya que, para operar de forma satisfactoria, debe aplicarse a todas las actividades económicas y no reconocer sino muy pocas exenciones"). (BELTRAME, Pierre. *Introducción a la fiscalidad en Francia*. Barcelona: Atelier, 2004. p. 128).

[533] "Art. 69. As leis complementares serão aprovadas por maioria absoluta".

[534] CF, art. 156-A, § 1º, IV, V, VI e XII; art. 195, V, § 16.

[535] Serviços de educação; serviços de saúde; dispositivos médicos; dispositivos de acessibilidade para pessoas com deficiência; medicamentos; produtos de cuidados básicos à saúde menstrual; serviços de transporte coletivo de passageiros rodoviário, metroviário de caráter urbano, semiurbano e metropolitano; alimentos destinados ao consumo humano; produtos de higiene pessoal e limpeza majoritariamente consumidos por famílias de baixa renda; produtos agropecuários, aquícolas, pesqueiros, florestais e extrativistas vegetais *in natura*; insumos agropecuários e aquícolas; produções artísticas, culturais, jornalísticas e audiovisuais nacionais, atividades desportivas e comunicação institucional; bens e serviços relacionados à soberania e segurança nacional, segurança da informação e segurança cibernética.

[536] Prestação de serviços de profissão intelectual, de natureza científica, literária ou artística, desde que sejam submetidas à fiscalização por conselho profissional.

[537] Emenda nº 132/2023, art. 9º.

[538] CF, art. 195: "§ 15. Aplica-se à contribuição prevista no inciso V o disposto no art. 156-A, § 1º, I a VI, VIII, X a XII, § 3º, § 5º, II, III, V, VI e IX, e §§ 6º a 10". Ademais, de acordo com o art. 149-B, os fatos geradores, bases de cálculo, hipóteses de não incidência e sujeitos passivos, imunidades, regimes específicos, diferenciados ou favorecidos de tributação, regras de não cumulatividade e de creditamento devem ser os mesmos para o IBS e para a CBS.

[...]

§ 8º Para fins do disposto neste artigo, a lei complementar de que trata o *caput* poderá estabelecer o conceito de operações com serviços, seu conteúdo e alcance, admitida essa definição para qualquer operação que não seja classificada como operação com bens materiais ou imateriais, inclusive direitos.

O § 8º do art. 156-A constitui uma exceção à regra que decorre da *reserva de constituição* em matéria de competência impositiva, enunciada no art. 110 do CTN: "*Art. 110. A lei tributária não pode alterar a definição, o conteúdo e o alcance de institutos, conceitos e formas de direito privado, utilizados, expressa ou implicitamente, pela Constituição Federal, pelas Constituições dos Estados, ou pelas Leis Orgânicas do Distrito Federal ou dos Municípios, para definir ou limitar competências tributárias*". Dessa forma, diferentemente do que ocorre nos demais tributos, ao estabelecer o conceito de operações com serviços, o legislador infraconstitucional não é limitado pelas regras de direito privado. Qualquer operação poderá ser considerada como tal para fins do IBS e da CBS, desde que, dentro de uma limitação residual prevista no § 8º do art. 156-A, não constitua uma "operação com bens".[539]

No comércio exterior, o IBS e a CBS incidirão na importação de bens e de serviços por pessoa física ou jurídica. Ademais, no § 5º do art. 156-A, foi previsto que a lei complementar deverá dispor sobre: "*VI – as hipóteses de diferimento e desoneração do imposto aplicáveis aos regimes aduaneiros especiais e às zonas de processamento de exportação*".

Observe-se que, apesar da base de incidência ampla, o IBS e a CBS não podem apresentar as mesmas hipóteses de incidência ou bases de cálculo de outros tributos. Na Reforma da Tributação do Consumo, decorrente da Emenda nº 132/2023, nos termos do inciso V do § 6º do art. 153 da Constituição, apenas o imposto seletivo foi concebido com essa característica.[540]

O IBS e a CBS, ademais, são tributos neutros e sujeitos a uma não cumulatividade ampla. Para evitar o efeito cascata, a Constituição Federal estabelece que o direito ao creditamento deve compreender todas as aquisições de bens ou de serviços tributos. Foram ressalvados apenas os bens e os serviços de uso ou de consumo pessoal, definidos em lei complementar, além das exceções previstas no texto constitucional. Esse é um aspecto bastante positivo da Reforma Tributária. O inciso VIII do § 1º do art. 156-A reverte uma distorção histórica do sistema tributário brasileiro, que nunca teve uma não cumulatividade efetiva, capaz de garantir a neutralidade. Desde as Leis nº 2.974/1956 e nº 4.502/1964, relativas ao antigo imposto sobre o consumo, precursor do IPI, até as Leis nº 10.637/2002, nº 10.833/2003 e nº 10.865/2004, que disciplinam o PIS/Pasep e a Cofins, a concretização normativa desse princípio sempre foi errática, inadequada e não uniforme.

Por fim, de acordo com o § 6º do art. 156-A, a lei complementar pode prever regimes específicos de tributação para os seguintes segmentos: combustíveis e lubrificantes; serviços

---

[539] Ver Cap. III, item 1.3.5, da Parte Geral.

[540] Como ressalta Humberto Ávila: "Ao vedar tanto o *alargamento* quanto a *sobreposição* ordinária de competências a Constituição proíbe que os Estados, o Distrito Federal e os Municípios possam exercer sua competência compartilhada sobre fatos já abrangidos pela competência privativa de outros entes federados. Seria, por conseguinte, inconstitucional a lei complementar que, a pretexto de instituir o IBS, dispusesse, por exemplo, que o imposto incidiria sobre as doações, objeto de competência privativa ordinária dos Estados e do Distrito Federal, ou sobre os empréstimos, objeto de competência privativa ordinária da União. Se assim procedesse, tal lei complementar terminaria por fazer exatamente aquilo que a Constituição proibiu os entes federados de fazer: alargar e sobrepor competências". ÁVILA, Humberto. Limites Constitucionais à Instituição do IBS e da CBS. *Revista Direito Tributário Atual*, São Paulo, v. 56, ano 42, p. 701-730, 2024. p. 270.

financeiros; sociedades cooperativas; serviços de hotelaria, parques de diversão e parques temáticos, agências de viagem e turismo, bares e restaurantes, atividade esportiva desenvolvida por Sociedade Anônima do Futebol e aviação regional; operações alcançadas por tratado ou convenção internacional; serviços de transporte coletivo de passageiros rodoviários intermunicipal e interestadual, ferroviário e hidroviário.

### 4.6.4 Princípios jurídicos

Como ressaltado no início do capítulo, no presente estudo os princípios constitucionais tributários serão considerados diretamente na construção da regra-matriz de incidência e na interpretação dos demais institutos de direito aduaneiro, quando aplicáveis. Assim, nesta parte do texto, serão analisados apenas os princípios da neutralidade, da não cumulatividade, do tratamento nacional, da anterioridade e anterioridade nonagesimal.

### 4.6.4.1 Neutralidade

O IBS e a CBS estão submetidos ao princípio constitucional da *neutralidade* (art. 156-A, § 1º,[541] art. 195, § 16[542]), que, por sua vez, abrange a *neutralidade interna*, a *equidade horizontal* e a *neutralidade no comércio exterior*. Esses três aspectos da neutralidade, ainda de forma implícita, estão compreendidos no art. 2º da Lei Complementar nº 214/2025:

> Art. 2º O IBS e a CBS são informados pelo princípio da neutralidade, segundo o qual esses tributos devem evitar distorcer as decisões de consumo e de organização da atividade econômica, observadas as exceções previstas na Constituição Federal e nesta Lei Complementar.

A neutralidade de tributos do modelo IVA, como é o caso do IBS e da CBS, tem diversas dimensões. A primeira e mais relevante é a neutralidade em relação aos operadores econômicos intermediários[543] ou neutralidade intermediária.[544] Também conhecido como *no charge on business*,[545] esse aspecto do princípio é enunciado na Diretriz 2.1 da OCDE para o IVA/IBS: "*O ônus dos impostos sobre o valor agregado em si não deve recair sobre empresas tributáveis, exceto quando explicitamente previsto na legislação*".[546]

---

[541] "Art. 156-A. [...] § 1º O imposto previsto no *caput* será informado pelo princípio da neutralidade e atenderá ao seguinte: (Incluído pela Emenda Constitucional nº 132, de 2023)".

[542] "Art. 195. [...] § 16. Aplica-se à contribuição prevista no inciso V do *caput* o disposto no art. 156-A, § 1º, I a VI, VIII, X a XIII, § 3º, § 5º, II a VI e IX, e §§ 6º a 11 e 13. (Incluído pela Emenda Constitucional nº 132, de 2023)".

[543] RUSSO, Pasquale; FRANSONI, Guglielmo; CASTALDI, Laura. *Istituzioni di diritto tributario*. 2. ed. Milano: Giuffrè, 2016. p. 489.

[544] FALSITTA, Gaspare. *Manuale di diritto tributario – parte speciale*: il sistema delle imposte in Italia. 30 ed. Milano: Wolters Kluwer Italia, 2021. p. 852.

[545] HERBAIN, Charlène Adline. *VAT neutrality*. Éditions Larcier, Kindle Edition, 2015. loc. 1504.

[546] Traduzimos. "The burden of value added taxes themselves should not lie on taxable businesses except where explicitly provided for in legislation" (Guideline 2.1). OECD (2017), International VAT/GST Guidelines, OECD Publishing, Paris. Disponível em: http://dx.doi.org/10.1787/9789264271401-en. Acesso em: 07.08.2024.

O IBS e a CBS são *tributos gerais sobre o consumo com pagamento fracionado*.[547] Neles, o ônus financeiro deve ser repassado pelos contribuintes legalmente obrigados ao seu pagamento ao longo do ciclo de produção ou de circulação, até ser suportado definitivamente pelo consumidor final. Esse processo de passagem da carga fiscal (*"passing through" process*)[548] resulta de dois mecanismos de atuação dos tributos: a não cumulatividade e a repercussão obrigatória, que são princípios fundamentais do IBS e da CBS. Pela repercussão ou translação, o fornecedor deve repassar o encargo financeiro dos tributos devidos em suas operações ao adquirente dos bens ou dos serviços. A não cumulatividade, por outro lado, faz com que o montante transladado pelo fornecedor não represente um custo para o contribuinte-adquirente, já que esse pode deduzi-lo dos créditos tributários de IBS e CBS devidos em suas operações.[549] Assim, deduzindo os tributos repercutidos por seus fornecedores e transladando o que for devido em suas operações para a etapa subsequente, os contribuintes no meio da cadeia não sofrem o impacto financeiro.[550] O IBS e a CBS acabam suportados financeiramente por quem está na última etapa do ciclo, isto é, pelo consumidor final dos bens e dos serviços.[551]

A segunda dimensão do princípio da neutralidade é *equidade horizontal*, que obriga o legislador tributário a estabelecer um tratamento isonômico para o fornecimento de bens ou de serviços idênticos ou semelhantes.[552] No direito brasileiro, esse aspecto do princípio já foi

---

[547] BELTRAME, Pierre. Introducción a la fiscalidad en Francia. Barcelona: Atelier, 2004. p. 125; GROSCLAUDE, Jacques; MARCHESSOU, Philippe. *Diritto tributario francese*: le imposte – le procedure. Trad. Enrico de Mita. Milano: Giuffre, 2006. p. 254.

[548] HERBAIN, Charlène Adline. *VAT neutrality*. Éditions Larcier, Kindle Edition, 2015. loc. 1451.

[549] Em casos de acumulação de créditos, não sendo possível a compensação com o saldo devedor do tributo, para manter a neutralidade, a legislação deve prever o ressarcimento em dinheiro, o que, no IBS e na CBS, é disciplinado pelo art. 39 da Lei Complementar nº 214/2025.

[550] Portanto, como ressalta Charlène Adline Herbain, o valor do IVA não é custo nem receita ("[...] counted neither as revenue nor as a cost"). A receita do fornecedor deve ser calculada livre do imposto ("The revenue should be calculated free of VAT [...]"). HERBAIN, Charlène Adline. *VAT neutrality*. Éditions Larcier, Kindle Edition, 2015. loc. 1466.

[551] LAPATZA, José Juan Ferrero; HERNÁNDEZ, Francisco Clavijo; QUERALT, Juan Martín; ROYO, Fernando Pérez; LÓPES, José Manuel Tejerizo. *Curso de derecho financiero español*: derecho tributario (parte especial. Sistema tributario. Los tributos en particular). 22. ed. Madrid-Barcelona, 2000. v. III, p. 672; LAPATZA, José Juan Ferrero. *Curso de derecho financiero español*: derecho tributario (parte especial. Sistema tributario. Los tributos en particular). 22. ed. Madrid-Barcelona, 2000. v. III, p. 104; QUERALT, Juan Martín; SERRANO, Carmelo Lozano; OLLERO, Gabriel Casado; LÓPEZ, José M. Tejerizo. *Curso de derecho financiero y tributario*. 9. ed. Madrid: Tecnos, 1998. p. 707; GROSCLAUDE, Jacques; MARCHESSOU, Philippe. *Diritto tributario francese*: le imposte – le procedure. Trad. Enrico de Mita. Milano: Giuffre, 2006. p. 255 e ss.; HERBAIN, Charlène Adline. *VAT neutrality*. Éditions Larcier, Kindle Edition, 2015. loc. 1541; BIRK, Dieter. *Diritto tributario tedesco*. Trad. Enrico de Mita. Milano: Giuffrè, 2006. p. 385; MENCARELLI, Silvia; SCALESSE, Rosa Rita; TINELLI, Giuseppe. *Introduzione allo studio giuridico dell'imposta sul valore aggiunto*. 2. ed. Torino: G. Giappichelli Editore, 2018. p. 13-14; RUSSO, Pasquale; FRANSONI, Guglielmo; CASTALDI, Laura. *Istituzioni di diritto tributario*. 2. ed. Milano: Giuffrè, 2016. p. 490; FALSITTA, Gaspare. *Manuale di diritto tributario – parte speciale*: il sistema delle imposte in Italia. 30 ed. Milano: Wolters Kluwer Italia, 2021. p. 843 e ss.; GIULIANI, Giuseppe. *Diritto tributario*. 3. ed. Milano: Giuffrè, 2002. p. 250; LUPI, Raffaello. *Diritto tributario*: parte speciali: i sistemi dei singoli tributi. 8. ed. Milano: Giuffrè, 2005. p. 291.

[552] De acordo com a Exposição de Motivos do Projeto de Lei Complementar nº 68/2024: "25. A experiência internacional e as diretrizes da Organização para a Cooperação e Desenvolvimento Econômico – OCDE apontam outros desdobramentos do princípio da neutralidade. Contribuintes em situações semelhantes que realizam operações semelhantes devem estar sujeitos a tributação semelhante pelo IVA. Isso significa que o IVA deve ser isonômico em circunstâncias semelhantes, o que é conhecido na literatura como equidade horizontal" (EM nº 00038/2024 MF, Brasília, 24 de abril de 2024, p. 04). Sobre esse aspecto da neutralidade, cf.: HERBAIN, Charlène Adline. *VAT neutrality*. Éditions Larcier, Kindle

assegurado em boa parte pelo texto constitucional. De acordo com os arts. 156-A, § 1º, VI e X, e 195, V, § 16, da Lei Maior, o IBS e a CBS devem apresentar alíquotas uniformes para todos os bens e serviços tributáveis, vedada a concessão de benefícios fiscais e de tratamentos tributários diferenciados. Os regimes diferenciados de tributação, com redução em 60%[553] ou em 30%,[554] por sua vez, são apenas os previstos diretamente na Constituição Federal.[555]

O terceiro e último aspecto do princípio consagrado no § 1º do art. 156-A da Constituição é a *neutralidade no comércio exterior*. Essa dimensão visa a afastar distorções concorrenciais decorrentes do uso do IBS e da CBS como fator de estímulo ou de desestímulo para a aquisição de produtos locais ou importados, afetando as possibilidades de escolha do consumidor. O principal mecanismo para esse fim é o *princípio do destino*, pelo qual a exportação deve ser desonerada na origem, com incidência do imposto apenas no país de consumo, observadas as mesmas bases e alíquotas das operações internas.[556]

Destarte, como estabelece a Diretriz 2.4 da OCDE para o IVA/IBS: *"No que diz respeito ao nível de tributação, as empresas estrangeiras não devem ser prejudicadas ou beneficiadas em comparação com as empresas nacionais na jurisdição onde o imposto é devido ou pago"*.[557] Portanto, os bens e os serviços nacionais e importados devem receber o mesmo tratamento fiscal no país de consumo, circunstância que, em certa medida, aproxima-se do conteúdo da cláusula do tratamento nacional do Artigo III do Acordo Geral sobre Tarifas e Comércio (*General Agreement on Tariffs and Trade – Gatt* 1994), já analisada anteriormente.[558]

### 4.6.4.2 Não cumulatividade

O IBS e a CBS são tributos plurifásicos que incidem sobre todas as etapas de produção e de circulação do bem e do serviço. Assim, para evitar distorções decorrentes de efeito *cascata*,

---

Edition, 2015. loc. 2216. Ressalte-se ainda que equidade horizontal é prevista na Diretriz 2.2 da OCDE para o IVA/IBS: *"As empresas em situações semelhantes que realizam transações semelhantes devem estar sujeitas a níveis de tributação semelhantes"*. Traduzimos, do original: "Businesses in similar situations carrying out similar transactions should be subject to similar levels of taxation" (Guideline 2.2). OECD (2017), International VAT/GST Guidelines, OECD Publishing, Paris. Disponível em: http://dx.doi.org/10.1787/9789264271401-en. Acesso em: 07.08.2024.

[553] Serviços de educação; serviços de saúde; dispositivos médicos; dispositivos de acessibilidade para pessoas com deficiência; medicamentos; produtos de cuidados básicos à saúde menstrual; serviços de transporte coletivo de passageiros rodoviário, metroviário de caráter urbano, semiurbano e metropolitano; alimentos destinados ao consumo humano; produtos de higiene pessoal e limpeza majoritariamente consumidos por famílias de baixa renda; produtos agropecuários, aquícolas, pesqueiros, florestais e extrativistas vegetais *in natura*; insumos agropecuários e aquícolas; produções artísticas, culturais, jornalísticas e audiovisuais nacionais, atividades desportivas e comunicação institucional; bens e serviços relacionados à soberania e segurança nacional, segurança da informação e segurança cibernética.

[554] Prestação de serviços de profissão intelectual, de natureza científica, literária ou artística, desde que sejam submetidas a fiscalização por conselho profissional.

[555] Emenda nº 132/2023, art. 9º.

[556] GROSCLAUDE, Jacques; MARCHESSOU, Philippe. *Diritto tributario francese*: le imposte – le procedure. Trad. Enrico de Mita. Milano: Giuffre, 2006. p. 256.

[557] Traduzimos, do original: "With respect to the level of taxation, foreign businesses should not be disadvantaged or advantaged compared to domestic businesses in the jurisdiction where the tax may be due or paid." (Guideline 2.4). OECD (2017), International VAT/GST Guidelines, OECD Publishing, Paris. Disponível em: http://dx.doi.org/10.1787/9789264271401-en. Acesso em: 07.08.2024.

[558] Ver Item 2.1.4.2.

o inciso VIII do § 1º do art. 156-A da Constituição Federal[559] estabelece uma não cumulatividade ampla para esses tributos, por meio de um sistema de *dedução* ou de *compensação obrigatória* que abrange *todas as aquisições de bens* ou *de serviços tributados*, ressalvados apenas os de uso ou de consumo pessoal, definidos em lei complementar, e as exceções previstas do texto constitucional:

> Art. 156-A. Lei complementar instituirá imposto sobre bens e serviços de competência compartilhada entre Estados, Distrito Federal e Municípios (Incluído pela Emenda Constitucional nº 132, de 2023).
> § 1º O imposto previsto no *caput* será informado pelo princípio da neutralidade e atenderá ao seguinte (Incluído pela Emenda Constitucional nº 132, de 2023):
> [...]
> VIII – será não cumulativo, compensando-se o imposto devido pelo contribuinte com o montante cobrado sobre todas as operações nas quais seja adquirente de bem material ou imaterial, inclusive direito, ou de serviço, excetuadas exclusivamente as consideradas de uso ou consumo pessoal especificadas em lei complementar e as hipóteses previstas nesta Constituição.

As exceções constitucionais abrangem as operações isentas e imunes, em relação às quais não é assegurado o direito ao crédito, ressalvadas as operações de exportação[560] e outras previstas em lei complementar:

> Art. 156-A. [...]
> § 7º A isenção e a imunidade (Incluído pela Emenda Constitucional nº 132, de 2023):
> I – não implicarão crédito para compensação com o montante devido nas operações seguintes (Incluído pela Emenda Constitucional nº 132, de 2023);
> II – acarretarão a anulação do crédito relativo às operações anteriores, salvo, na hipótese da imunidade, inclusive em relação ao inciso XI do § 1º, quando determinado em contrário em lei complementar (Incluído pela Emenda Constitucional nº 132, de 2023).

Por fim, cabe à lei complementar dispor sobre o regime de compensação da CBS e do IBS, a forma e o prazo para ressarcimento de créditos acumulados. Também foi permitido estabelecer hipóteses em que o creditamento será condicionado à verificação do efetivo recolhimento do imposto na operação anterior:

> Art. 156-A. [...]
> § 5º Lei complementar disporá sobre (Incluído pela Emenda Constitucional nº 132, de 2023):
> [...]

---

[559] As regras da não cumulatividade do IBS, previstas no art. 156-A, são aplicáveis à CSB: "Art. 195. [...] § 16. Aplica-se à contribuição prevista no inciso V do *caput* o disposto no art. 156-A, § 1º, I a VI, VIII, X a XIII, § 3º, § 5º, II a VI e IX, e §§ 6º a 11 e 13 (Incluído pela Emenda Constitucional nº 132, de 2023)".

[560] "Art. 156-A. [...] § 1º O imposto previsto no *caput* será informado pelo princípio da neutralidade e atenderá ao seguinte: (Incluído pela Emenda Constitucional nº 132, de 2023) [...] III – não incidirá sobre as exportações, assegurados ao exportador a manutenção e o aproveitamento dos créditos relativos às operações nas quais seja adquirente de bem material ou imaterial, inclusive direitos, ou serviço, observado o disposto no § 5º, III (Incluído pela Emenda Constitucional nº 132, de 2023)".

II – o regime de compensação, podendo estabelecer hipóteses em que o aproveitamento do crédito ficará condicionado à verificação do efetivo recolhimento do imposto incidente sobre a operação com bens materiais ou imateriais, inclusive direitos, ou com serviços, desde que (Incluído pela Emenda Constitucional nº 132, de 2023):

a) o adquirente possa efetuar o recolhimento do imposto incidente nas suas aquisições de bens ou serviços (Incluído pela Emenda Constitucional nº 132, de 2023); ou

b) o recolhimento do imposto ocorra na liquidação financeira da operação (Incluído pela Emenda Constitucional nº 132, de 2023);

III – a forma e o prazo para ressarcimento de créditos acumulados pelo contribuinte (Incluído pela Emenda Constitucional nº 132, de 2023).

O regime da não cumulatividade do IBS e da CBS previsto na lei complementar será analisado adiante, após o estudo da regra-matriz de incidência desses tributos.

### 4.6.4.3 Isonomia e tratamento nacional

A CBS e o IBS estão sujeitos ao princípio do tratamento nacional (Gatt 1994, Artigo III), que, como ressaltado anteriormente, veda a proteção da produção local por meio de tributos internos cobrados como adicional do imposto de importação (Notas e Disposições Adicionais Ao Artigo III). Por isso, no comércio de exterior de bens, a incidência do IBS e da CBS deve ter finalidade eminentemente niveladora, isto é, visar à equiparação da carga tributária dos produtos importados com os similares nacionais.

### 4.6.4.4 Anterioridade e anterioridade nonagesimal

O princípio da anterioridade promove o deslocamento do *termo inicial de vigência* das leis que instituírem ou aumentarem tributos para o exercício financeiro seguinte (CF, art. 150, III, alínea *b*), observado o mínimo de 90 dias (alínea *c*).[561] Essa exigência aplica-se não apenas aos aumentos *diretos*, mas também aos *indiretos*, assim considerados, de acordo com precedentes do STF, a revogação de regras de redução da base de cálculo,[562] a supressão e a redução de benefícios ou de incentivos fiscais, de descontos para pagamento antecipado[563] e a alteração dos critérios de creditamento de tributos não cumulativos:[564]

---

[561] Sobre esse tema, cf.: SEHN, Solon. *Curso de direito tributário*. Rio de Janeiro: Forense, 2024. p. 170 e ss.

[562] "Segundo a firme jurisprudência do Supremo Tribunal Federal, não só a majoração direta de tributos atrai a necessidade de observância do princípio da anterioridade, mas também a majoração indireta decorrente de revogação de benefícios fiscais e de redução de base de cálculo" (STF, 1ª T., ARE 1318351 AgR, Rel. Min. Dias Toffoli, *DJe* 07.10.2021).

[563] "Precedentes recentes de ambas as Turmas desta Corte estabelecem que se aplica o princípio da anterioridade tributária, geral e nonagesimal, nas hipóteses de redução ou de supressão de benefícios ou de incentivos fiscais, haja vista que tais situações configuram majoração indireta de tributos. 3. Ressalva do ponto de vista pessoal do Relator, em sentido oposto, na linha do decidido na ADI 4016 MC, no sentido de que 'a redução ou a extinção de desconto para pagamento de tributo sob determinadas condições previstas em lei, como o pagamento antecipado em parcela única, não pode ser equiparada à majoração do tributo em questão, no caso, o IPVA. Não-incidência do princípio da anterioridade tributária'" (STF, Tribunal Pleno, RE 564225 AgR-EDv-AgR, Rel. Min. Alexandre de Moraes, *DJe* 04.12.2019). "A redução ou a supressão de benefício fiscal deve observar a anterioridade nonagesimal, prevista na alínea *c* do inciso III do artigo 150 da CF/1988" (STF, 1ª T., RE 1.237.982 AgR, Rel. Min. Marco Aurélio, Rel. p/ Ac. Min. Alexandre de Moraes, *DJe* 27.05.2020).

[564] "O Tribunal, por unanimidade, apreciando a questão do princípio da anterioridade, deferiu, em parte, a cautelar para, mediante interpretação conforme à Constituição e sem redução de texto, afastar a eficácia

> Art. 150. Sem prejuízo de outras garantias asseguradas ao contribuinte, é vedado à União, aos Estados, ao Distrito Federal e aos Municípios:
> [...]
> III – cobrar tributos:
> [...]
> b) no mesmo exercício financeiro em que haja sido publicada a lei que os instituiu ou aumentou (Vide Emenda Constitucional nº 3, de 1993);
> c) antes de decorridos noventa dias da data em que haja sido publicada a lei que os instituiu ou aumentou, observado o disposto na alínea *b* (Incluído pela Emenda Constitucional nº 42, de 19.12.2003).
> [...]
> § 1º A vedação do inciso III, *b*, não se aplica aos tributos previstos nos arts. 148, I, 153, I, II, IV e V; e 154, II; e a vedação do inciso III, *c*, não se aplica aos tributos previstos nos arts. 148, I, 153, I, II, III e V; e 154, II, nem à fixação da base de cálculo dos impostos previstos nos arts. 155, III, e 156, I.

As contribuições para a seguridade social previstas no art. 195 da Constituição Federal, por sua vez, estão sujeitas à anterioridade nonagesimal ou mitigada, podendo ser exigidas *após 90 dias da data da publicação da lei que as houver instituído ou modificado*:

> Art. 195. A seguridade social será financiada por toda a sociedade, de forma direta e indireta, nos termos da lei, mediante recursos provenientes dos orçamentos da União, dos Estados, do Distrito Federal e dos Municípios, e das seguintes contribuições sociais:
> [...]
> § 6º As contribuições sociais de que trata este artigo só poderão ser exigidas após decorridos noventa dias da data da publicação da lei que as houver instituído ou modificado, não se lhes aplicando o disposto no art. 150, III, *b*.

Portanto, nas hipóteses de instituição ou aumento do IBS, o termo inicial da vigência da lei é deslocado para o exercício financeiro seguinte (art. 150, III, *b*), observado o prazo mínimo de 90 dias (alínea *c*). Nesse período, como não há incidência, fica vedada a cobrança do crédito tributário. Já no caso da CBS, que tem natureza de contribuição para a seguridade social, aplica-se a anterioridade nonagesimal ou mitigada. Assim, nos termos do § 6º do art. 195, o tributo pode ser exigido *após 90 dias da data da publicação da lei que as houver instituído ou aumentado*, independentemente do exercício financeiro.

---

do artigo 7º da Lei Complementar 102, de 11 de julho de 2000, no tocante à inserção do § 5º do artigo 20 da Lei Complementar 87/96 e às inovações introduzidas no artigo 33, II, da referida lei, bem como à inserção do inciso IV. Observar-se-á, em relação a esses dispositivos, a vigência consentânea com o dispositivo constitucional da anterioridade, vale dizer, terão eficácia a partir de 1º de janeiro de 2001" (ADInMC 2.325, Rel. Min. Marco Aurélio, DJ 06.10.2006). Isso foi reafirmado em liminar deferida na ADI 7181STF, Tribunal Pleno, ADI 7.181 MC, Rel. Min. Dias Toffoli, DJe 09.08.2022. O Tribunal, entretanto, interpreta que não é necessária a observância da anterioridade nas prorrogações de regras restritivas do creditamento. Essa foi a *ratio decidendi* do RE 601.967 (DJe 04.09.2020) e do RE 603.917 (DJe 18.11.2019), julgados em regime de repercussão geral, para afastar a anterioridade em relação (i) "às normas que prorrogam a data de início da compensação de crédito tributário" (Tese II, Tema 346), e (ii) "a postergação do direito do contribuinte do ICMS de usufruir de novas hipóteses de creditamento" (Tema 382). Ademais, entende a Corte que "norma legal que altera o prazo de recolhimento de obrigação tributária não se sujeita ao princípio da anterioridade" (Súmula Vinculante nº 50).

O § 1º do art. 130 do ADCT, incluído pela Emenda nº 132/2003, estabelece que, durante o período de transição da Reforma Tributária, as alíquotas de referência da CSB e do IBS serão fixadas por Resolução do Senado Federal "*no ano anterior ao de sua vigência, não se aplicando o disposto no art. 150, III, c, da Constituição Federal*". Foi prevista, assim, uma exceção à anterioridade da alínea *c* do inciso III do art. 150, dispensando a observância do prazo mínimo de 90 dias para o início da cobrança dos novos tributos.

Ocorre que, como já reconheceu o STF no julgamento da ADI 939, o princípio da anterioridade é uma cláusula pétrea do texto constitucional (CF, art. 60, § 4º, II[565]):

> [...] A Emenda Constitucional nº 3, de 17.03.1993, que, no art. 2º, autorizou a União a instituir o I.P.M.F., incidiu em vício de inconstitucionalidade, ao dispor, no parágrafo 2º desse dispositivo, que, quanto a tal tributo, não se aplica 'o art. 150, III, *b* e VI', da Constituição, porque, desse modo, violou os seguintes princípios e normas imutáveis (somente eles, não outros): 1. o princípio da anterioridade, que é garantia individual do contribuinte (art. 5º, par. 2º, art. 60, par. 4º, inciso IV, e art. 150, III, *b* da Constituição).[566]

No julgamento da ADI 939, foi declarada a inconstitucionalidade de dispositivo da Emenda nº 03/1993 que permitia a cobrança imediata do Imposto Provisório sobre Movimentação Financeira (IPMF), ou seja, sem observar o princípio da anterioridade (art. 150, III, *b*). Tal como ocorreu com esse imposto, a exceção à anterioridade nonagesimal do § 1º do art. 130 do ADCT, incluído pela Emenda nº 132/2003, não é compatível com a Constituição. Portanto, para que a cobrança das alíquotas de *teste* ou de *calibração* de 0,9% de CBS e 0,1% de IBS possa ocorrer a partir de 1º de janeiro de 2027, a Resolução do Senado Federal com a alíquota de referência deve ser publicada até 02 de outubro de 2026. O mesmo aplica-se às alíquotas de referência dos anos seguintes, até o fim da transição em 2033, que devem ser fixadas nessa mesma data do ano anterior.

### 4.6.5 Importação de bens

Nas operações de importação, são previstos dois regimes de incidência do IBS e da CBS: um aplicável na "importação de bens imateriais e serviços" (Seção II) e outro na "importação de bens materiais" (Seção III). Entretanto, como a tributação dos serviços e de intangíveis não está incluída no objeto que resulta do corte epistemológico do direito aduaneiro, apenas a importação de bens materiais será analisada no presente estudo.[567]

---

[565] "Art. 60. A Constituição poderá ser emendada mediante proposta: [...] § 4º Não será objeto de deliberação a proposta de emenda tendente a abolir: [...] IV – os direitos e garantias individuais".
[566] STF, Tribunal Pleno, ADI 939, Rel. Min. Sydney Sanches, DJ 18.03.1994.
[567] Sobre o tema, cf.: SEHN, Solon. *PIS-Cofins*: não cumulatividade e regimes de incidência. 2. ed. São Paulo: Noeses, 2019; e SEHN, Solon. Materialidade da hipótese de incidência das contribuições ao PIS/Pasep e Cofins incidentes na importação. *Revista de Direito Internacional, Econômico e Tributário*, Brasília,, v. 6, p. 213-232, 2011; BARROSO, Regina Maria Fernandes; VALADÃO, Marcos Aurélio Pereira. O PIS/Cofins na importação de serviços: parametrização da incidência e sua constitucionalidade. *Revista de Direito Internacional, Econômico e Tributário*, Brasília, v. 8, n. 1, p. 01-31, jan./jun. 2013.

### 4.6.5.1 Hipótese de incidência

#### 4.6.5.1.1 Critério material

O critério material da hipótese de incidência do IBS e da CBS pode ser construído a partir do art. 65 da Lei Complementar nº 214/2025:

> Art. 65. Para fins do disposto no art. 63 desta Lei Complementar, o fato gerador da importação de bens materiais é a entrada de bens de procedência estrangeira no território nacional.
>
> Parágrafo único. Para efeitos do disposto no *caput* deste artigo, presumem-se entrados no território nacional os bens que constem como tendo sido importados e cujo extravio venha a ser apurado pela autoridade aduaneira, exceto quanto às malas e às remessas postais internacionais.[568]

Na interpretação desse dispositivo, deve-se ter presente, como analisado anteriormente, que a identificação da importação com a simples transposição de fronteira contraria o texto constitucional. Tampouco há compatibilidade com a Convenção de Quioto Revisada (Decreto Legislativo nº 56/2019; Decreto nº 10.276/2020), que vincula a caracterização da importação ao objetivo de incorporação definitiva do produto à livre circulação econômica no país de destino (Capítulo 1 do Anexo Específico B). A entrada física é apenas uma condição necessária, mas não suficiente para a configuração da importação. Essa pressupõe uma transposição física qualificada pela *intenção integradora*, ou seja, a introdução de um produto no território aduaneiro com o *animus* de incorporá-lo ao mercado nacional. Portanto, não pode ser qualificado como importação o simples ingresso de bens estrangeiros em trânsito ou em caráter transitório no País (*v.g.*, viagem turística).[569]

A *intenção integradora* não se confunde com a *finalidade aquisitiva*. Essa expressa um desdobramento ou especificação da intenção integradora, ou seja, a destinação que o importador pretende dar ao produto após a incorporação ao mercado doméstico. Pode ser a revenda, o uso e o consumo do estabelecimento, a utilização como insumo ou a integração ao ativo imobilizado. Nenhum desses fatores têm influência na caracterização da importação, como estabelecem o inciso II do art. 156-A da Constituição Federal ("incidirá também sobre a importação [...] qualquer que seja a sua finalidade"). Para a caracterização da importação, destarte, basta o objetivo de incorporação definitiva do bem à livre circulação econômica no país de destino.

Ademais, cumpre considerar que o inciso II do art. 156-A da Constituição Federal faz referência apenas à "importação de bens". Não foi repetição o complemento pleonástico "estrangeiros", como no inciso I do art. 153, que gerou (e ainda gera) uma série de equívocos na interpretação do âmbito de incidência do imposto de importação.[570] A palavra "estrangeira" é encontrada apenas no *caput* do art. 65 da Lei Complementar nº 214/2025, mas em alusão à *procedência*, e não à *origem*. Logo, o âmbito de incidência do IBS e da CBS também abrange a reimportação de bens de origem nacional anteriormente exportados.

---

[568] O parágrafo único prevê a incidência do IBS e da CBS sobre o extravio de bens, repetindo as regras aplicáveis ao imposto de importação, já analisadas anteriormente. Portanto, em relação a essa matéria, nada há a acrescentar em relação aos comentários e observações apresentadas anteriormente (Ver item 2.2.2.1.6).

[569] Ver item 2.2.2.1.

[570] Sobre a natureza pleonástica da palavra "estrangeiros", ver item 2.2.2.4.

*Bens materiais*, por outro lado, nada mais são que *bens móveis corpóreos*, isto é, *coisa móvel e corpórea*, o que corresponde ao conceito de *produto*.[571] Portanto, a *materialidade* ou *critério material* da hipótese de incidência do IBS e da CBS corresponde a conduta de *importar produtos*.

### 4.6.5.1.2 Critério temporal

O critério temporal da hipótese de incidência do IBS e da CBS encontra-se previsto no art. 67 da Lei Complementar nº 214/2025:

> Art. 67. Para efeitos de cálculo do IBS e da CBS, considera-se ocorrido o fato gerador do IBS e da CBS na importação de bens materiais:
> I – na liberação dos bens submetidos a despacho para consumo;
> II – na liberação dos bens submetidos ao regime aduaneiro especial de admissão temporária para utilização econômica;
> III – no lançamento do correspondente crédito tributário, quando se tratar de:
> a) bens compreendidos no conceito de bagagem, acompanhada ou desacompanhada;
> b) bens constantes de manifesto ou de outras declarações de efeito equivalente, cujo extravio tenha sido verificado pela autoridade aduaneira; ou
> c) bens importados que não tenham sido objeto de declaração de importação.
> § 1º Para efeitos do inciso I do *caput* deste artigo, entende-se por despacho para consumo na importação o despacho aduaneiro a que são submetidos os bens importados a título definitivo.
> § 2º O disposto no inciso I do *caput* deste artigo aplica-se, inclusive, no caso de despacho para consumo de bens sob regime suspensivo de tributação e de bens contidos em remessa internacional ou conduzidos por viajante, sujeitos ao regime de tributação comum.

Ao contrário do que sugere o título da Subseção II, o art. 67 não dispõe sobre o "momento da apuração", mas sobre o momento em que "*considera-se ocorrido o fato gerador*", isto é, estabelece o critério temporal da hipótese de incidência da norma jurídica tributária.

Outra observação relevante é que, ao invés de *desembaraço aduaneiro*, os incisos I e II do art. 67 já utilizam o termo *liberação*, que substituiu o primeiro após a incorporação ao direito interno da Convenção de Quioto Revisada. Assim, no despacho para consumo e no despacho para admissão em regime aduaneiro especial, o momento da ocorrência do evento imponível será a liberação (desembaraço aduaneiro), que é o ato final da fase de conferência aduaneira. Essa sistemática, entretanto, complica desnecessariamente o regime de incidência dos tributos. O legislador complementar poderia ter definido como critério temporal o registro da declaração de mercadorias, mantendo uma simetria com o imposto de importação. Ao invés disso, apenas facultou a antecipação do pagamento na data do registro da declaração, prevendo a cobrança de eventuais diferenças ao final:

---

[571] RODRIGUES, Silvio. *Direito civil*: parte geral. 34. ed. São Paulo: Saraiva, 2003. v. 1, p. 141; DE PLÁCIDO E SILVA. *Vocabulário jurídico*. 26. ed. Atual. Nagib Slaibi Filho e Gláucia Carvalho. Rio de Janeiro: Forense, 2005. p. 1106; VENOSA, Sílvio de Salvo. *Direito civil*: parte geral. 5. ed. São Paulo: Atlas, 2005. v. 1, p. 328-329.

Art. 76. O IBS e a CBS devidos na importação de bens materiais deverão ser pagos até a entrega dos bens submetidos a despacho para consumo, ainda que esta ocorra antes da liberação dos bens pela autoridade aduaneira.

§ 1º O sujeito passivo poderá optar por antecipar o pagamento do IBS e da CBS para o momento do registro da declaração de importação.

§ 2º Eventual diferença de tributos gerada pela antecipação do pagamento será cobrada do sujeito passivo na data de ocorrência do fato gerador para efeitos de cálculo do IBS e da CBS, sem a incidência de acréscimos moratórios.

Assim, *v.g.*, se ocorrer o aumento das alíquotas ou algum evento que impacte a base de cálculo da IBS e da CBS após o registro da declaração de mercadorias e antes da liberação, as diferenças do crédito tributário devem ser recolhidas pelo sujeito passivo. Note-se que, no § 2º do art. 76, não é prevista a restituição quando ocorrer o inverso, ou seja, a redução do valor devido. Não obstante, aqui o legislador complementar "escreveu menos do que queria dizer" (*minus scripsit quam voluit*). Tributo é uma obrigação *ex lege*, e não *ex voluntate*. O que legitima a sua cobrança é a ocorrência da hipótese de incidência definida em lei. É irrelevante a manifestação de vontade do obrigado. Mesmo tendo este optado pela antecipação do pagamento, se o valor do crédito tributário recolhido for maior que o devido, é evidente que o sujeito passivo terá direito à repetição do indébito.

O § 3º do art. 76 autoriza o regulamento a *diferir* o pagamento do IBS e da CBS para as empresas certificadas no Programa OEA: "Art. 76. [...] § 3º O regulamento poderá estabelecer hipóteses em que o pagamento do IBS e da CBS possa ocorrer em momento posterior ao definido no *caput* deste artigo, para os sujeitos passivos certificados no Programa Brasileiro de Operador Econômico Autorizado (Programa OEA) estabelecido na forma da legislação específica". Esse preceito aplica ao IBS e à CBS o disposto no Artigo 7.3 do Acordo sobre a Facilitação do Comércio (Decreto Legislativo nº 01/2016; Decreto nº 9.326/2018), que autoriza, dentre as medidas de facilitação para operadores autorizados, o "(d) pagamento diferido de direitos, tributos e encargos" (Artigo 7.3). Trata-se, no entanto, de simples postergação da data do vencimento, sem implicar a modificação do critério temporal. Logo, havendo alterações no regime tributário após a ocorrência da liberação, estas não terão repercussão do tributo diferido. Assim, por exemplo, se ocorrer um aumento ou uma redução superveniente da alíquota ou da base de cálculo, o valor devido pelo contribuinte permanecerá o mesmo.

As alíneas *a*, *b* e *c* do inciso III do art. 67, por sua vez, aplicam-se ao regime de tributação especial de bagagens, ao extravio e ao ingresso clandestino de bens no território nacional. O conteúdo desses enunciados é o mesmo das regras aplicáveis ao imposto de importação. Assim, quanto a esse ponto, remete-se ao que foi estudado anteriormente.[572]

### 4.6.5.1.3 Critério espacial

O art. 68 da Lei Complementar nº 214/2025 (Subseção III) – que dispõe sobre o "local da importação de bens materiais" – não tem relação com o critério espacial da hipótese de incidência. Trata-se de dispositivo que, a rigor, disciplina a sujeição ativa da obrigação tributária do IBS e da CBS. O critério espacial, tal como no imposto de importação e nos demais tributos incidentes na importação, corresponde ao território aduaneiro, que, como analisado anteriormente, compreende o âmbito de vigência espacial da legislação aduaneira no território

---

[572] Ver itens 2.2.4.2, 2.2.4.3 e 2.2.4.4.

nacional – inclusive áreas de livre comércio – e as áreas de controle integrado do Mercosul situadas no território dos países-membros.[573]

### 4.6.5.2 Consequência tributária

#### 4.6.5.2.1 Sujeito ativo

O sujeito ativo da CBS é a União Federal e do IBS, os entes federativos (Estado, Distrito Federal e Município) do *local da importação*, definido de acordo com as regras do art. 68:

> Art. 68. Para efeitos do IBS e da CBS incidentes sobre as importações de bens materiais, o local da importação de bens materiais corresponde ao:
> I – local da entrega dos bens ao destinatário final, nos termos do art. 11 desta Lei Complementar, inclusive na remessa internacional;
> II – domicílio principal do adquirente de mercadoria entrepostada; ou
> III – local onde ficou caracterizado o extravio.

Na interpretação do inciso I do art. 68, cumpre considerar que, em toda importação, independentemente do regime, a mercadoria proveniente do exterior é *entregue* pelo transportador ao realizar a descarga no local ou no recinto alfandegado. A partir desse momento, a carga fica sob custódia do depositário até o registro da declaração pelo *consignatário* indicado no conhecimento de transporte. Na importação própria ou direta, essa é a primeira e única *entrega de bens* que pode ocorrer. Na *importação por encomenda* e na *conta e ordem*, por sua vez, ocorre uma segunda: a entrega da mercadoria nacionalizada ao encomendante; e a entrega ao real adquirente na importação realizada por sua conta e ordem. A diferença é que, na importação por encomenda, a entrega decorre de uma compra e venda no mercado interno após a nacionalização, sendo caracterizada pela onerosidade e pela transferência do domínio do bem. Na conta e ordem, por sua vez, a mercadoria já pertence ao real adquirente, sendo objeto de simples remessa, com a cobrança de remuneração pela prestação de serviços por parte do importador. Para efeitos de definição do *local da importação de bens materiais*, a entrega a que se refere o inciso I do art. 68 só pode ser a primeira, porque é a única que ocorre nesses três regimes. O critério não pode ser um para a importação direta (local da entrega do transportador ao importador) e outro para a encomenda e a conta e ordem (local da entrega do importador ao encomendante). Para isso, seria necessária uma previsão expressa excepcionando a uniformidade do regime de incidência do IBS e da CBS previsto na lei complementar.

Por fim, em relação aos incisos II (mercadoria entrepostada) e III (extravio), remete-se ao que foi estudado anteriormente em relação ao imposto de importação.[574]

#### 4.6.5.2.2 Contribuintes e responsáveis

Os contribuintes do IBS e da CBS, de acordo com o art. 72 da Lei Complementar nº 214/2025, são o importador na importação direta e por encomenda (inciso I e parágrafo único), o real adquirente na importação realizada por sua conta e ordem (parágrafo único) e o adquirente de mercadoria entrepostada (inciso II).[575]

---

[573] Ver item 2.2.3.
[574] Ver itens 2.3.2.2 e 2.2.2.1.6.
[575] Esse, como analisado anteriormente, também é um importador (item 2.3.2.2). Sobre o regime de entreposto, Cap. VI, item 5.

Os *responsáveis por substituição*, nos termos do art. 73, compreendem: (**i**) o transportador, quando constatado o extravio antes da descarga (inciso I[576]); (**ii**) o depositário, em relação aos bens sob sua custódia, na hipótese de extravio após a descarga (inciso II); (**iii**) o beneficiário de regime aduaneiro especial que (incisos III e IV): (**a**) não tenha promovido a entrada dos bens estrangeiros em território nacional; e (**b**) der causa ao descumprimento de regime aduaneiro destinado à industrialização para exportação, no caso de admissão de mercadoria por fabricante-intermediário (*v.g.*, *Drawback* e Repetro[577]).

Além disso, de acordo com o art. 74, são *responsáveis solidários* com os contribuintes do IBS e da CBS: (**i**) a pessoa que registra, em seu nome, a declaração de importação de bens de procedência estrangeira adquiridos no exterior por outra pessoa, ou seja, o *importador por conta e ordem* (inciso I); (**ii**) o encomendante na importação por encomenda (inciso II); (**iii**) o representante do transportador estrangeiro (inciso III); (**iv**) o expedidor, o operador de transporte multimodal ou qualquer subcontratado para a realização do transporte multimodal (inciso IV); e (**v**) o tomador de serviço ou o contratante de afretamento de embarcação ou aeronave, em contrato internacional, em relação aos bens admitidos em regime aduaneiro especial por terceiro (inciso V).[578]

### 4.6.5.2.3 Sujeição passiva na remessa internacional

**Na remessa internacional, os arts. 95 a 97 da** Lei Complementar nº 214/2025 estabelecem as seguintes regras especiais sobre a sujeição passiva: (**i**) no regime de tributação simplificada, o fornecedor dos bens materiais de procedência estrangeira, mesmo residente ou domiciliado no exterior, é *responsável solidário* pelo IBS e pela CBS, devendo inscrever-se no regime regular desses tributos; e (**ii**) na hipótese de intermediação de *plataforma digital*,[579] esta é *responsável por substituição*, quando o fornecedor é residente ou domiciliado no exterior. O destinatário da remessa, por sua vez, será responsável solidário na hipótese de fornecedor estrangeiro não inscrito ou com cadastro regular que não pagar o IBS e a CBS.

---

[576] Sobre a constitucionalidade da responsabilidade do transportador, ver item 2.3.3.1.4.

[577] Cap. VI, itens 4 e 12.1.

[578] "Art. 75. Os sujeitos passivos a que se referem os arts. 72 a 74 desta Lei Complementar devem se inscrever para cumprimento das obrigações relativas ao IBS e à CBS sobre importações, nos termos do regulamento".

[579] "Art. 22. [...] § 1º Considera-se plataforma digital aquela que:
I – atua como intermediária entre fornecedores e adquirentes nas operações e importações realizadas de forma não presencial ou por meio eletrônico; e
II – controla um ou mais dos seguintes elementos essenciais à operação:
a) cobrança;
b) pagamento;
c) definição dos termos e condições; ou
d) entrega.
§ 2º Não é considerada plataforma digital aquela que executa somente uma das seguintes atividades:
I – fornecimento de acesso à internet;
II – serviços de pagamentos prestados por instituições autorizadas a funcionar pelo Banco Central do Brasil;
III – publicidade; ou
IV – busca ou comparação de fornecedores, desde que não cobre pelo serviço com base nas vendas realizadas".

### 4.6.5.2.4 Base de cálculo

A base de cálculo do IBS e da CBS, de acordo com o art. 69 da Lei Complementar nº 214/2025, corresponde ao valor aduaneiro do produto importador, acrescido dos seguintes tributos e direitos devidos até a liberação (desembaraço aduaneiro):

> Art. 69. A base de cálculo do IBS e da CBS na importação de bens materiais é o valor aduaneiro acrescido de:
> I – Imposto de Importação;
> II – Imposto Seletivo (IS);
> III – taxa de utilização do Sistema Integrado do Comércio Exterior (Siscomex);
> IV – Adicional ao Frete para Renovação da Marinha Mercante (AFRMM);
> V– Contribuição de Intervenção no Domínio Econômico incidente sobre a importação e a comercialização de petróleo e seus derivados, gás natural e seus derivados, e álcool etílico combustível (Cide-Combustíveis);
> VI – direitos **antidumping**;
> VII – direitos compensatórios;
> VIII – medidas de salvaguarda; e
> IX – quaisquer outros impostos, taxas, contribuições ou direitos incidentes sobre os bens importados até a sua liberação.
> § 1º A base de cálculo do IBS e da CBS na hipótese de que trata o § 2º do art. 71[580] desta Lei Complementar será o valor que servir ou que serviria de base para o cálculo do Imposto de Importação acrescido dos valores de que tratam o *caput*, ressalvado o disposto no § 2º deste artigo.
> § 2º Não compõem a base de cálculo do IBS e da CBS:
> I – O Imposto sobre Produtos Industrializados (IPI), previsto no inciso IV do *caput* do art. 153 da Constituição Federal;
> II – o Imposto sobre operações relativas à Circulação de Mercadorias e sobre prestações de Serviços de Transporte Interestadual e Intermunicipal e de Comunicação (ICMS), previsto no inciso II do *caput* do art. 155 da Constituição Federal; e
> III – o Imposto sobre Serviços de Qualquer Natureza (ISS), previsto no inciso III do *caput* do art. 156 da Constituição Federal.

> Art. 70. Para efeitos de apuração da base de cálculo, os valores expressos em moeda estrangeira deverão ser convertidos em moeda nacional pela taxa de câmbio utilizada para cálculo do Imposto de Importação, sem qualquer ajuste posterior decorrente de eventual variação cambial.
> Parágrafo único. Na hipótese de não ser devido o Imposto de Importação, deverá ser utilizada a taxa de câmbio que seria empregada caso houvesse tributação.

---

[580] O § 2º do art. 71 diz respeito à tributação do extravio: "§ 2º Na impossibilidade de identificação do bem material importado, em razão de seu extravio ou consumo, e de descrição genérica nos documentos comerciais e de transporte disponíveis, serão aplicadas, para fins de determinação do IBS e da CBS incidentes na importação, as alíquotas-padrão do destino da operação". Entretanto, assim como no imposto de importação, é inconstitucional a incidência do IBS e da CBS nessas hipóteses. Sobre o tema, ver Cap. I, item 1.4.1.2., da Parte Especial.

Como será analisado no Capítulo IV, o *valor aduaneiro* constitui a base de cálculo do imposto de importação, que, por sua vez, é determinada a partir de métodos previstos no Acordo de Valoração Aduaneira da Organização Mundial do Comércio (AVA/OMC) ou *WTO Customs Valuation Agreement*, formalmente denominado *Acordo sobre a Implementação do Artigo VI do Acordo Geral sobre Tarifas e Comércio* 1994.[581] Esse acordo prevê um critério-base e preferencial – o método do valor da transação – e cinco critérios substitutivos e subsidiários, que são aplicados sucessivamente e em caráter excludente: (**i**) o método do valor de transação de mercadorias idênticas; (**ii**) o método do valor de transação de mercadorias similares; (**iii**) o método do valor dedutivo; (**iv**) o método do valor computado; e (**v**) o método da razoabilidade ou do último recurso (*the fall-back method*).

A maior parte das operações no comércio internacional sujeita-se ao primeiro método de valoração. Nele, a base de cálculo do imposto de importação corresponde ao *preço efetivamente pago ou a pagar pelas mercadorias* em uma venda para exportação para o país de importação, acrescidos dos ajustes previstos nos §§ 1º e 2º do art. 8º do AVA, o que, na maior parte das operações, resume-se ao preço da mercadoria acrescido de frete e de seguro (preço *CIF – Cost, Insurance and Freight*).[582]

Em síntese, portanto, a base de cálculo do IBS e da CBS é composta pelo *valor aduaneiro* (preço *CIF* do produto importado, entre outras adições previstas nos §§ 1º e 2º do art. 8º do AVA), acrescido dos tributos e prestações pecuniárias relacionadas à defesa comercial eventualmente incidentes até a liberação: (**a**) incluindo, por previsão expressa no art. 69, o imposto de importação, o IS, a taxa do Siscomex, o AFRMM, a Cide-Combustíveis, os direitos *antidumping*, compensatórios e medidas de salvaguarda; e (**b**) excluindo, em face do disposto no art. 156-A, IX,[583] e no art. 133 do ADCT,[584] o próprio IBS e a CBS (vedação do cálculo "por dentro"), o IPI e, durante o período de transição, o PIS/Pasep e a Cofins,[585] o ICMS e o ISS.[586]

Em relação ao IS, há previsão constitucional para a inclusão na base de cálculo de outros tributos: "Art. 153. [...] § 6º O imposto previsto no inciso VIII do *caput* deste artigo: [...] IV – integrará a base de cálculo dos tributos previstos nos arts. 155, II, 156, III, 156-A e 195, V". Ressaltada essa hipótese, a inclusão de um tributo na base de cálculo de outro não é compatível com o princípio da capacidade contributiva. O imposto de importação, a taxa do Siscomex, o AFRMM, a Cide-Combustíveis, os direitos *antidumping*, compensatórios e as medidas de salvaguarda são *custos dos importadores*, que não representam a manifestação de capacidade contributiva que o texto constitucional pretende gravar com o IBS e a CBS, ou seja,

---

[581] O AVA/OMC foi incorporado ao direito interno ocorreu por meio do Decreto Legislativo nº 30/1994, promulgado pelo Decreto nº 1.355/1994.

[582] Sobre esses acréscimos, ver Cap. IV, item 2 e ss.

[583] "Art. 156-A. [...] IX – não integrará sua própria base de cálculo nem a dos tributos previstos nos arts. 153, VIII, e 195, I, *b*, IV e V, e da contribuição para o Programa de Integração Social de que trata o art. 239; (Incluído pela Emenda Constitucional nº 132, de 2023)".

[584] "Art. 133. Os tributos de que tratam os arts. 153, IV, 155, II, 156, III, e 195, I, *b*, e IV, e a contribuição para o Programa de Integração Social a que se refere o art. 239 não integrarão a base de cálculo do imposto de que trata o art. 156-A e da contribuição de que trata o art. 195, V, todos da Constituição Federal" (Incluído pela Emenda Constitucional nº 132, de 2023).

[585] "Art. 126. A partir de 2027: [...] II – serão extintas as contribuições previstas no art. 195, I, *b*, e IV, e a contribuição para o Programa de Integração Social de que trata o art. 239, todos da Constituição Federal, desde que instituída a contribuição referida na alínea 'a' do inciso I" (Incluído pela Emenda Constitucional nº 132, de 2023).

[586] "Art. 129. Ficam extintos, a partir de 2033, os impostos previstos nos arts. 155, II, e 156, III, da Constituição Federal" (Incluído pela Emenda Constitucional nº 132, de 2023).

o valor da contraprestação pecuniária recebida pelo fornecedor do bem ou do serviço. Para manter a coerência lógica ou interna do tributo, se a hipótese de incidência é *importar bens materiais*, a base de cálculo deveria corresponder ao valor aduaneiro do produto importado, sem o acréscimo de tributos e de prestações pecuniárias relacionadas à defesa comercial.[587]

### 4.6.5.2.5 Alíquotas

Ainda não foram estabelecidas as alíquotas do IBS e da CBS. Ao longo do período de transição, o Senado Federal definirá as alíquotas de referência, que serão aplicadas se outras não forem previstas nas legislações de cada ente federativo. Porém, quando fixadas, as alíquotas na importação serão as mesmas aplicáveis nas operações internas (art. 71), inclusive por exigência dos princípios da neutralidade e do tratamento nacional.[588] Até lá, de acordo com as regras de transição analisadas anteriormente, no ano de 2026, serão adotadas alíquotas de *teste* ou de *calibração* de 0,9% de CBS e 0,1% de IBS. Em 2027, será fixada a alíquota de referência da CBS, que deverá ser aplicada se outra não for estabelecida em lei ordinária federal,[589] reduzida em 0,1%.[590] Também haverá cobrança do IBS com alíquota estadual de 0,05% e alíquota municipal de 0,05%,[591] até o ano 2029, quando, então, terá início a cobrança do IBS com base nas alíquotas de referência definidas no ano anterior pelo Senado Federal ou, se existentes, pelas alíquotas das legislações dos entes federados.[592]

### 4.6.5.3 Não cumulatividade

#### 4.6.5.3.1 Hipóteses de creditamento

O inciso VIII do art. 156-A da Constituição Federal[593] estabeleceu uma não cumulatividade ampla para o IBS e a CBS, por meio de um sistema de *dedução* ou de *compensação obrigatória*, que abrange *todas as aquisições de bens* ou *de serviços tributados*, ressalvados apenas os de uso ou de consumo pessoal, definidos em lei complementar, e as exceções previstas no próprio texto constitucional, já analisadas anteriormente.

O direito ao crédito decorre de duas normas jurídicas distintas: uma para a CBS e outra para o IBS. Ambas têm a mesma hipótese de incidência (ou hipótese de creditamento): a *aquisição de bens ou de serviços tributados*, inclusive de optante do Simples Nacional.[594] Foram

---

[587] Sobre o princípio da capacidade contributiva e suas implicações jurídicas, ver: Cap. V, item 5, da Parte Geral.
[588] Ressalte-se que, de acordo com o art. 71: "§ 2º Na impossibilidade de identificação do bem material importado, em razão de seu extravio ou consumo, e de descrição genérica nos documentos comerciais e de transporte disponíveis, serão aplicadas, para fins de determinação do IBS e da CBS incidentes na importação, as alíquotas-padrão do destino da operação".
[589] Art. 195, § 15.
[590] ADCT, art. 127, parágrafo único.
[591] ADCT, art. 127, *caput*.
[592] Art. 156-A, § 1º, XII.
[593] As regras da não cumulatividade do IBS, previstas no art. 156-A., são aplicáveis à CSB: "Art. 195. [...] § 16. Aplica-se à contribuição prevista no inciso V do *caput* o disposto no art. 156-A, § 1º, I a VI, VIII, X a XIII, § 3º, § 5º, II a VI e IX, e §§ 6º a 11 e 13 (Incluído pela Emenda Constitucional nº 132, de 2023)".
[594] "Art. 47. [...] § 3º O disposto neste artigo aplica-se, inclusive, nas aquisições de bem ou serviço fornecido por optante pelo Simples Nacional".

ressalvadas exclusivamente as operações de aquisição de bens ou de serviços de uso ou de consumo pessoal,[595] assim definidas pelo art. 57 da Lei Complementar nº 214/2025:

> Art. 57. Consideram-se de uso ou consumo pessoal:
> I – os seguintes bens e serviços:
> a) joias, pedras e metais preciosos;
> b) obras de arte e antiguidades de valor histórico ou arqueológico;
> c) bebidas alcoólicas;
> d) derivados do tabaco;
> e) armas e munições;
> f) bens e serviços recreativos, esportivos e estéticos;
> II – os bens e serviços adquiridos ou produzidos pelo contribuinte e fornecidos de forma não onerosa ou a valor inferior ao de mercado para:
> a) o próprio contribuinte, quando este for pessoa física;
> b) as pessoas físicas que sejam sócios, acionistas, administradores e membros de conselhos de administração e fiscal e comitês de assessoramento do conselho de administração do contribuinte previstos em lei;
> c) os empregados dos contribuintes de que tratam as alíneas *a* e *b* deste inciso; e
> d) os cônjuges, companheiros ou parentes, consanguíneos ou afins, até o terceiro grau, das pessoas físicas referidas nas alíneas *a*, *b* e *c* deste inciso.
> § 1º Para fins do inciso II do *caput* deste artigo, consideram-se bens e serviços de uso ou consumo pessoal, entre outros:
> I – bem imóvel residencial e os demais bens e serviços relacionados à sua aquisição e manutenção; e
> II – veículo e os demais bens e serviços relacionados à sua aquisição e manutenção, inclusive seguro e combustível.
> § 2º No caso de sociedade que tenha como atividade principal a gestão de bens das pessoas físicas referidas no inciso II do *caput* deste artigo e dos ativos financeiros dessas pessoas físicas (*family office*), os bens e serviços relacionados à gestão serão considerados de uso e consumo pessoal.
> § 3º Não se consideram bens e serviços de uso ou consumo pessoal aqueles utilizados preponderantemente na atividade econômica do contribuinte, de acordo com os seguintes critérios:
> I – os bens previstos nas alíneas *a* a *d* do inciso I do *caput* deste artigo que sejam comercializados ou utilizados para a fabricação de bens a serem comercializados;
> II – os bens previstos na alínea *e* do inciso I do *caput* deste artigo que cumpram o disposto no inciso I deste parágrafo ou sejam utilizados por empresas de segurança;
> III – os bens previstos na alínea *f* do inciso I do *caput* deste artigo que cumpram o disposto no inciso I deste parágrafo ou sejam utilizados exclusivamente em estabelecimento físico pelos seus clientes;
> IV – os bens e serviços previstos no inciso II do *caput* deste artigo que consistam em:

---

[595] "Art. 47. O contribuinte sujeito ao regime regular poderá apropriar créditos do IBS e da CBS quando ocorrer a extinção por qualquer das modalidades previstas no art. 27 dos débitos relativos às operações em que seja adquirente, excetuadas exclusivamente aquelas consideradas de uso ou consumo pessoal, nos termos do art. 57 desta Lei Complementar, e as demais hipóteses previstas nesta Lei Complementar".

a) uniformes e fardamentos;

b) equipamentos de proteção individual;

c) alimentação e bebida não alcoólica disponibilizada no estabelecimento do contribuinte para seus empregados e administradores durante a jornada de trabalho;

d) serviços de saúde disponibilizados no estabelecimento do contribuinte para seus empregados e administradores durante a jornada de trabalho;

e) serviços de creche disponibilizados no estabelecimento do contribuinte para seus empregados e administradores durante a jornada de trabalho;

f) serviços de planos de assistência à saúde e de fornecimento de vale-transporte, de vale-refeição e vale-alimentação destinados a empregados e seus dependentes em decorrência de acordo ou convenção coletiva de trabalho, sendo os créditos na aquisição desses serviços equivalentes aos respectivos débitos do fornecedor apurados e extintos de acordo com o disposto nos regimes específicos de planos de assistência à saúde e de serviços financeiros;

g) benefícios educacionais a seus empregados e dependentes em decorrência de acordo ou convenção coletiva de trabalho, inclusive mediante concessão de bolsas de estudo ou de descontos na contraprestação, desde que esses benefícios sejam oferecidos a todos os empregados, autorizada a diferenciação em favor dos empregados de menor renda ou com maior núcleo familiar; e

V – outros bens e serviços que obedeçam a critérios estabelecidos no regulamento.

§ 4º Os bens e serviços que não estejam relacionados ao desenvolvimento de atividade econômica por pessoa física caracterizada como contribuinte do regime regular serão consideradas de uso ou consumo pessoal.

§ 5º Em relação aos bens e serviços de uso ou consumo pessoal de que trata este artigo, fica vedada a apropriação de créditos.

§ 6º Caso tenha havido a apropriação de créditos na aquisição de bens ou serviços de uso ou consumo pessoal, serão exigidos débitos em valores equivalentes aos dos créditos, com os acréscimos legais de que trata o § 2º do art. 29, calculados desde a data da apropriação.

§ 7º Na hipótese de fornecimento de bem do contribuinte para utilização temporária pelas pessoas físicas de que trata o inciso II do *caput* deste artigo, serão exigidos débitos em valores equivalentes aos dos créditos, calculados proporcionalmente ao tempo de vida útil do bem em relação ao tempo utilizado pelo contribuinte, com os acréscimos legais de que trata o § 2º do art. 29, na forma do regulamento.

§ 8º O regulamento disporá sobre a forma de identificação da pessoa física destinatária dos bens e serviços de que trata este artigo.

Não há direito ao crédito nas aquisições de bens e de serviços imunes (salvo na exportação[596] e nas operações previstas nos incisos IV e VI do art. 9º[597]) e isentos, devendo ser

---

[596] "Art. 51. A imunidade e a isenção acarretarão a anulação dos créditos relativos às operações anteriores.
§ 1º A anulação dos créditos de que trata o *caput* deste artigo será proporcional ao valor das operações imunes e isentas sobre o valor de todas as operações do fornecedor.
§ 2º O disposto no *caput* e no § 1º deste artigo não se aplica às:
I – exportações; e
II – operações de que tratam os incisos IV e VI do *caput* do art. 9º desta Lei Complementar".

[597] "Art. 9º São imunes também ao IBS e à CBS os fornecimentos:
[...]

anulados os créditos relativos às operações anteriores. Também não é admitido o creditamento nos casos sujeitos ao diferimento, suspensão ou à alíquota zero,[598] com a diferença de que, nessa hipótese, são mantidos os créditos das operações anteriores.[599] Na suspensão, por sua vez, a apropriação dos créditos é admitida somente no momento da extinção dos débitos.[600]

### 4.6.5.3.2 Apuração, valor do crédito e prova de pagamento na etapa anterior

A apuração do crédito deve ocorrer de forma segregada para o IBS e para a CBS, sendo vedada a *compensação cruzada*, isto é, de créditos de IBS com débitos de CBS, e vice-versa.[601] Os créditos acumulados são intransferíveis, salvo fusão, cisão ou incorporação.[602] Além disso, ao final do período de apuração, se o contribuinte não optar pela compensação com créditos tributários futuros, podem ser objeto de pedido de ressarcimento em dinheiro.[603]

O direito ao creditamento deve ser exercido no prazo prescricional de cinco anos, contados do último dia do período de apuração em que ocorreu a apropriação.[604] A lei complementar veda a atualização monetária.[605] Porém, também deve ser aplicado à hipótese o

---

IV – de livros, jornais, periódicos e o papel destinado a sua impressão;
V – de fonogramas e videofonogramas musicais produzidos no Brasil contendo obras musicais ou literomusicais de autores brasileiros e/ou obras em geral interpretadas por artistas brasileiros, bem como os suportes materiais ou arquivos digitais que os contenham, salvo na etapa de replicação industrial de mídias ópticas de leitura a **laser**;
VI – de serviço de comunicação nas modalidades de radiodifusão sonora e de sons e imagens de recepção livre e gratuita [...]".

[598] "Art. 49. As operações imunes, isentas ou sujeitas a alíquota zero, a diferimento ou a suspensão não permitirão a apropriação de créditos pelos adquirentes dos bens e serviços".

[599] "Art. 52. No caso de operações sujeitas a alíquota zero, serão mantidos os créditos relativos às operações anteriores".

[600] "Art. 50. Nas hipóteses de suspensão, caso haja a exigência do crédito suspenso, a apropriação dos créditos será admitida somente no momento da extinção dos débitos por qualquer das modalidades previstas no art. 27 desta Lei Complementar, vedada a apropriação de créditos em relação aos acréscimos legais".

[601] "Art. 47. [...] § 1º A apropriação dos créditos de que trata o *caput* deste artigo:
I – será realizada de forma segregada para o IBS e para a CBS, vedadas, em qualquer hipótese, a compensação de créditos de IBS com valores devidos de CBS e a compensação de créditos de CBS com valores devidos de IBS [...]".

[602] "Art. 55. É vedada a transferência, a qualquer título, para outra pessoa ou entidade sem personalidade jurídica, de créditos do IBS e da CBS.
Parágrafo único. Na hipótese de fusão, cisão ou incorporação, os créditos apropriados e ainda não utilizados poderão ser transferidos para a pessoa jurídica sucessora, ficando preservada a data original da apropriação dos créditos para efeitos da contagem do prazo de que trata o art. 54 desta Lei Complementar".

[603] "Art. 53. Os créditos do IBS e da CBS apropriados em cada período de apuração poderão ser utilizados, na seguinte ordem, mediante:
[...]
III – compensação, respectivamente, com os débitos do IBS e da CBS decorrentes de fatos geradores de períodos de apuração subsequentes, observada a ordem cronológica de que trata o inciso I do parágrafo único do art. 27 desta Lei Complementar.
§ 1º Alternativamente ao disposto no inciso III, o contribuinte poderá solicitar ressarcimento, nos termos da Seção X deste Capítulo".

[604] "Art. 54. O direito de utilização dos créditos extinguir-se-á após o prazo de 5 (cinco) anos, contado do primeiro dia do período subsequente ao de apuração em que tiver ocorrido a apropriação do crédito".

[605] "Art. 53. [...] § 2º. Os créditos do IBS e da CBS serão apropriados e compensados ou ressarcidos pelo seu valor nominal, vedadas correção ou atualização monetária, sem prejuízo das hipóteses de acréscimos de juros relativos a ressarcimento expressamente previstas nesta Lei Complementar".

entendimento firmado pelo STJ em relação ao ICMS, IPI, PIS/Pasep e Cofins, que admite a correção de perdas inflacionárias quando há resistência injustificada das autoridades fiscais no reconhecimento do direito.[606]

Os créditos da não cumulatividade, de acordo com os incisos I e II do § 2º do art. 47 da Lei Complementar nº 214/2025, devem corresponder aos valores dos débitos do IBS e da CBS destacados no documento fiscal de aquisição e extintos por qualquer das modalidades previstas no art. 27 (compensação, pagamento, *split playment* ou recolhimento pelo adquirente):

> Art. 27. Os débitos do IBS e da CBS decorrentes da incidência sobre operações com bens ou com serviços serão extintos mediante as seguintes modalidades:
> I – compensação com créditos, respectivamente, de IBS e de CBS apropriados pelo contribuinte, nos termos dos arts. 47 a 56 e das demais disposições desta Lei Complementar;
> II – pagamento pelo contribuinte;
> III – recolhimento na liquidação financeira da operação (**split payment**), nos termos dos arts. 31 a 35 desta Lei Complementar;
> IV – recolhimento pelo adquirente, nos termos do art. 36 desta Lei Complementar; ou
> V – pagamento por aquele a quem esta Lei Complementar atribuir responsabilidade.

O inciso I do § 2º do art. 47 reabre uma discussão do passado há muito superada na doutrina e na jurisprudência. Não é juridicamente possível condicionar o creditamento ao efetivo pagamento do tributo na etapa anterior. Em primeiro lugar, porque o adquirente não tem poder fiscalizatório para auditar as operações do fornecedor, em especial quando o pagamento ocorre mediante compensação com créditos de IBS e de CBS. Para cumprir essa exigência, o contribuinte teria que analisar a escrita fiscal do seu fornecedor para garantir que, entre todos os créditos e os débitos da apuração não cumulativa, o crédito tributário específico devido na sua operação foi efetivamente pago ou compensado. O vendedor ou o prestador de serviços contratado, por outro lado, teria que franquear a terceiros documentos fiscais que podem relevar informações sensíveis de sua atividade econômica, desde a identificação de seus fornecedores, até margens de lucro. Nenhuma legislação pode obrigá-lo a isso, sob pena de violação do princípio da proibição de excesso ou da razoabilidade. Dele decorre, entre outras exigências indispensáveis para a validade de qualquer lei, o requisito da *necessidade* ou da *exigibilidade* que, sob o aspecto da necessidade material, exige que as medidas estabelecidas pelo legislador para atingir um determinado fim de interesse público constituam a menor ingerência possível, causando o mínimo prejuízo possível aos direitos fundamentais. É evidente, portanto, que o Estado não pode impor um dever legal com esse conteúdo ao contribuinte, compelindo-o a verificar a apuração e o recolhimento de tributos de terceiros, sem que tenha meios legais ou prerrogativas fiscalizatórias para tanto.[607]

---

[606] Súmula nº 411/IPI: "É devida a correção monetária ao creditamento do IPI quando há oposição ao seu aproveitamento decorrente de resistência ilegítima do Fisco". STJ. 1ª S. AgInt nos EREsp 440.370, Rel. Min. Manoel Erhardt, Desembargador Convocado do TRF5, *DJe* 22.10.2021; STJ. 2ª T. AgInt no REsp 1.407.187, Rel. Min. Assusete Magalhães, *DJe* 27.08.2018; 2ª T., AgRg no AgRg no REsp 1.386.032, Rel. Min. Herman Benjamin, *DJe* 18.06.2014; 1ª T., AgRg no Ag 1.157.925, Rel. Min. Benedito Gonçalves, *DJe* 25.11.2009.

[607] Como ressalta Humberto Ávila, para quem a exigência com esse conteúdo não é compatível com o princípio da proporcionalidade: "[...] os contribuintes não possuem poder de polícia para forçar os fornecedores de bens ou serviços a apresentar documentação fiscal comprobatória do recolhimento de impostos. Tampouco possuem instrumentos hábeis para verificar o efetivo recolhimento do tributo, tanto porque não têm acesso aos dados da receita que efetivamente ingressa nos cofres públicos, quanto

Em segundo lugar, a não cumulatividade está prevista em uma norma jurídica que decorre diretamente do inciso VIII do art. 156-A da Constituição Federal. Esta não se confunde com a norma jurídica tributária (regra matriz de incidência do tributo), que é construída a partir dos enunciados prescritivos da legislação complementar. A incidência da primeira implica uma relação jurídica autônoma, de natureza financeira, que confere ao contribuinte um direito de crédito passível de dedução na liquidação, mediante compensação, de débitos próprios do IBS e da CSB ou de ressarcimento ao final do período de apuração. O fato jurídico relevante para o surgimento desse direito, de acordo com o texto constitucional, é a efetiva aquisição do bem ou do serviço, e não o pagamento do tributo devido por terceiros na etapa anterior de circulação, algo que o sujeito passivo sequer tem meios de verificação. É por isso que, para vedar o crédito nas operações isentas e imunes, foi necessária uma disposição expressa no § 7º do art. 156-A. Sem ela, nada impediria o surgimento do direito ao crédito. Por isso, o direito ao crédito deve ser reconhecido sempre que o IBS e a CBS forem *devidos*[608] ou *cabíveis em tese*.[609]

Em terceiro lugar, deve-se ter presente que, nos termos do inciso II do § 5º do art. 156-A da Constituição Federal, o legislador complementar pode condicionar o creditamento ao efetivo pagamento, mas desde que: (**i**) o adquirente possa efetuar o pagamento da CBS e do IBS nas suas aquisições de bens ou serviços; ou (**ii**) quando o recolhimento ocorrer na liquidação financeira da operação. Logo, só há autorização constitucional para esse condicionamento nas hipóteses previstas nos incisos III e IV do art. 27, ou seja, no *split payment* e quando o pagamento é efetuado pelo adquirente.

Ressalte-se que, no direito comparado, a doutrina reconhece que o direito ao creditamento surge quando o IVA é devido na operação de fornecimento, desde que destacado na fatura ou na declaração aduaneira.[610] O Tribunal de Justiça da União Europeia, inclusive, tem diversos precedentes reafirmando que "[...] o artigo 17.º, n.º 2, alínea *a*, da Sexta Diretiva, que, como resulta do nº 19 do presente acórdão, também usa os termos "devido ou pago", deve ser entendido no sentido de que a questão de saber se o IVA devido sobre as vendas anteriores ou posteriores dos bens em causa foi ou não pago à Administração Fiscal é irrelevante para

---

porque o recolhimento depende de uma série de ajustes que podem impossibilitar a sua verificação. Sendo assim, embora tal possibilidade conste do texto constitucional, ela só poderá ser prevista pela lei complementar naqueles casos em que não houver outro meio menos restritivo aos direitos de liberdade dos contribuintes para os entes federados procederem à mencionada verificação e tal obrigação de verificação, pelos recursos humanos, financeiros e temporais, quando procedida pelos contribuintes, não provocar mais efeitos negativos do que positivos na promoção dos princípios constitucionais" (ÁVILA, Humberto. Limites Constitucionais à Instituição do IBS e da CBS. *Revista Direito Tributário Atual*, São Paulo, v. 56, ano 42, p. 701-730, 2024. p. 726-727).

[608] BORGES, José Souto Maior. Isenções em tratados internacionais de impostos dos Estados-Membros e Municípios. *In*: BANDEIRA DE MELLO, Celso Antônio (org.). *Estudos em homenagem a Geraldo Ataliba*. São Paulo: Malheiros, 1997. p. 208.

[609] ATALIBA, Geraldo; GIARDINO, Cléber. PIS – Exclusão do ICM de sua base de cálculo. *Revista de Direito Tributário*, São Paulo, n. 35, p. 119, jan./mar. 1986. Registre-se ainda o entendimento de Hugo de Brito Machado, para quem a expressão "cobrado" deveria ser entendida como "relativo" às operações anteriores (MACHADO, Hugo de Brito. *Aspectos fundamentais do ICMS*. 2. ed. São Paulo: Dialética, 1999. p. 140). Sobre o tema, cf. ainda: GRECO, Marco Aurélio; LORENZO, Anna Paola Zonari de. ICMS - Materialidade e características constitucionais. *In*: MARTINS, Ives Gandra (org.). *Curso de direito tributário*. 2. ed. Belém: CEJUP, 1995. v. 2, p. 551; CHIESA, Clélio. *ICMS*: sistema constitucional: algumas inconstitucionalidades da LC 87/96, São Paulo: LTr, 1997. p. 119; MATTOS, Aroldo Gomes de. *ICMS*: comentários à legislação nacional. São Paulo: Dialética, 2006. p. 287.

[610] FALSITTA, Gaspare. *Manuale di diritto tributario – parte speciale*: il sistema delle imposte in Italia. 30 ed. Milano: Wolters Kluwer Italia, 2021. p. 981.

efeitos do direito a dedução do sujeito passivo (v., neste sentido, acórdão de 12 de janeiro de 2006, *Optigen e o.*, C-354/03, C-355/03 e C-484/03, Colet. p. I-483, nº 54)".[611]

Por fim, a autonomia do direito ao crédito não impede a fiscalização da veracidade das operações. Há casos em que, agindo em conluio, alguns contribuintes criam esquemas fraudulentos de notas fiscais falsas ("notas frias"), que não correspondem a operações efetivamente ocorridas, emitidas unicamente para gerar créditos indevidos ao comprador. O inciso VIII do § 1º do art. 156-A da Constituição não oferece abrigo para operações dessa natureza. Isso se reflete na previsão do art. 47, § 1º, II, que condiciona o crédito à comprovação da operação por meio de documento fiscal eletrônico hábil e idôneo. Em situações dessa natureza, o direito ao crédito não deve ser reconhecido porque, como há uma simulação absoluta (inexiste um negócio jurídico real subjacente), não há que se falar em IBS e CBS *cobrados* nem, menos ainda, *devidos* ou *cabíveis em tese*.

A esse propósito, recorde-se que, em relação ao ICMS, o STJ definiu que: "O comerciante de boa-fé que adquire mercadoria, cuja nota fiscal (emitida pela empresa vendedora) posteriormente seja declarada inidônea, pode engendrar o aproveitamento do crédito do ICMS pelo princípio da não cumulatividade, uma vez demonstrada a veracidade da compra e venda efetuada, porquanto o ato declaratório da inidoneidade somente produz efeitos a partir de sua publicação" (Tema Repetitivo nº 272).[612] Esse julgamento originou a Súmula nº 509: "é lícito ao comerciante de boa-fé aproveitar os créditos de ICMS decorrentes de nota fiscal posteriormente declarada inidônea, quando demonstrada a veracidade da compra e venda". Essa mesma *ratio decidendi* deve ser aplicada ao IBS e à CBS. Portanto, em casos de declaração de inidoneidade do fornecedor, para ter o direito ao crédito reconhecido, o adquirente deve demonstrar que pagou o preço ou a remuneração. Além disso, deve provar que recebeu o bem ou que houve efetiva prestação de serviço, que são os elementos mínimos necessários para evidenciar que houve um negócio jurídico real.

### 4.6.5.4 Imunidades e isenções

Na Emenda nº 132/2023 (Emenda da Reforma Tributária), foi previsto que as imunidades do inciso VI do art. 150, quando aplicáveis ao IBS, devem ser estendidas à CBS:

> Art. 149-B. Os tributos previstos nos arts. 156-A e 195, V, observarão as mesmas regras em relação a:
> [...]
> II – imunidades;
> [...]
> Parágrafo único. Os tributos de que trata o *caput* observarão as imunidades previstas no art. 150, VI, não se aplicando a ambos os tributos o disposto no art. 195, § 7º.

Em relação às importações, a Emenda nº 132/2023 estabeleceu que a imunidade recíproca será implementada na forma do *caput* e do § 1º do art. 149-C, que permite a incidência do CBS e da IBS, mas destina o produto da arrecadação ao ente federativo:

> Art. 149-C. O produto da arrecadação do imposto previsto no art. 156-A e da contribuição prevista no art. 195, V, incidentes sobre operações contratadas pela administração

---

[611] C-414/10. ECLI:EU:C:2012:183.
[612] STJ, 1ª S., REsp 1.148.444, Rel. Min. Luiz Fux, *DJe* 27.04.2010.

pública direta, por autarquias e por fundações públicas, inclusive suas importações, será integralmente destinado ao ente federativo contratante, mediante redução a zero das alíquotas do imposto e da contribuição devidos aos demais entes e equivalente elevação da alíquota do tributo devido ao ente contratante.

§ 1º As operações de que trata o *caput* poderão ter alíquotas reduzidas de modo uniforme, nos termos de lei complementar.

§ 2º Lei complementar poderá prever hipóteses em que não se aplicará o disposto no *caput* e no § 1º.

§ 3º Nas importações efetuadas pela administração pública direta, por autarquias e por fundações públicas, o disposto no art. 150, VI, *a*, será implementado na forma do disposto no *caput* e no § 1º, assegurada a igualdade de tratamento em relação às aquisições internas.

Esses dispositivos desoneram as operações contratadas pela administração pública direta, por autarquias e fundações públicas, ou seja, nas quais a administração não é contribuinte da CBS e do IBS, mas acaba sofrendo o seu impacto financeiro em razão de repercussão ou translação no preço do produto ou na remuneração do serviço prestado. Com isso, mitigam-se os efeitos da jurisprudência do STF, que entende que "imunidade recíproca não beneficia o contribuinte de fato", sendo irrelevante a eventual *translação* ou *repercussão* do encargo financeiro de impostos indiretos do sujeito passivo para a União, Estado, Distrito Federal e Municípios.[613]

A Lei Complementar nº 214/2025 prevê as seguintes hipóteses de não incidência:

Art. 66. Não constituem fatos geradores do IBS e da CBS sobre a importação os bens materiais:

I – que retornem ao País nas seguintes hipóteses:

a) enviados em consignação e não vendidos no prazo autorizado;

b) devolvidos por motivo de defeito técnico, para reparo ou para substituição;

c) por motivo de modificações na sistemática de importação por parte do país importador;

d) por motivo de guerra ou de calamidade pública; ou

e) por outros fatores alheios à vontade do exportador;

II – que, corretamente descritos nos documentos de transporte, cheguem ao País por erro inequívoco ou comprovado de expedição e que sejam redestinados ou devolvidos para o exterior;

III – que sejam idênticos, em igual quantidade e valor, e que se destinem à reposição de outros anteriormente importados que se tenham revelado, após sua liberação pela autoridade aduaneira, defeituosos ou imprestáveis para o fim a que se destinavam, nos termos do regulamento;

IV – que tenham sido objeto de pena de perdimento antes de sua liberação pela autoridade aduaneira;

V – que tenham sido devolvidos para o exterior antes do registro da declaração de importação;

---

[613] STF, 1ª T., RE 600.480 AgR, Rel. Min. Marco Aurélio, *DJe* 16.08.2013. No mesmo sentido: "imunidade recíproca não beneficia o contribuinte de fato" (STF, 2ª T., AI 671.412 AgR, Rel. Min. Eros Grau, *DJe* 25.04.2008; e 2ª T., AI 736.607 AgR, Rel. Min. Ayres Britto, *DJe* 19.10.2011).

VI – que sejam considerados como pescado capturado fora das águas territoriais do País por empresa localizada no seu território, desde que satisfeitas as exigências que regulam a atividade pesqueira;

VII – aos quais tenha sido aplicado o regime de exportação temporária;

VIII – que estejam em trânsito aduaneiro de passagem, acidentalmente destruídos; e

IX – que tenham sido destruídos sob controle aduaneiro, sem ônus para o poder público, antes de sua liberação pela autoridade aduaneira.

Por fim, quanto às bagagens (inciso I) e às remessas internacionais entre pessoas físicas fora de plataforma digital (inciso II), o art. 94 da Lei Complementar nº 214/2025 estabelece isenção para o IBS e da CBS na mesma medida em que as operações sejam isentas do imposto de importação.

### 4.6.6 Regime específico na importação de combustíveis

Nos regimes específicos do IBS e da CBS, a Lei Complementar nº 214/2025 prevê a incidência monofásica na importação de combustíveis (art. 172), com vedação à apropriação de créditos da não cumulatividade dos produtos (art. 180):

> Art. 172. O IBS e a CBS incidirão uma única vez sobre as operações, ainda que iniciadas no exterior, com os seguintes combustíveis, qualquer que seja a sua finalidade:
> I – gasolina;
> II – etanol anidro combustível (EAC);
> III – óleo diesel;
> IV – biodiesel (B100);
> V – gás liquefeito de petróleo (GLP), inclusive o gás liquefeito derivado de gás natural (GLGN);
> VI – etanol hidratado combustível (EHC);
> VII – querosene de aviação;
> VIII – óleo combustível;
> IX – gás natural processado;
> X – biometano;
> XI – gás natural veicular (GNV); e
> XII – outros combustíveis especificados e autorizados pela Agência Nacional do Petróleo, Gás Natural e Biocombustíveis (ANP), relacionados em ato conjunto do Comitê Gestor do IBS e do Poder Executivo da União.

A hipótese de incidência do IBS e da CBS na importação de combustíveis tem a seguinte conformação: (a) critério material: *importar combustíveis* descritos no art. 172; (b) critério espacial: o *território aduaneiro*; e (c) critério temporal: a *liberação* (desembaraço aduaneiro).[614] No consequente tributário, por sua vez, a base de cálculo corresponde à "quantidade de combustível objeto da operação",[615] com alíquotas específicas[616] uniformes no território nacional

---

[614] Arts. 304 e 67, I.
[615] Art. 173.
[616] Art. 174.

e diferenciadas por produto,[617] fixadas de forma a assegurar um diferencial competitivo para os biocombustíveis consumidos na sua forma pura e para o hidrogênio de baixa emissão de carbono.[618] Os importadores são os contribuintes,[619] com previsão de responsabilidade solidária[620] dos demais participantes da cadeia econômica que concorrerem para o não pagamento do IBS e da CBS.[621]

### 4.6.7 Exportação de bens

A Lei Complementar nº 214/2025 estabelece disposições acerca da incidência do IBS e da CBS nas *exportações fictas* e *indiretas*. Essas regras devem ser analisadas com cautela, já que, nos termos da Constituição Federal (art. 156-A, § 1º, III, e art. 195, § 16[622]), as operações de exportação são imunes ao IBS e à CBS, o que abrange, nos termos do art. 40 do ADCT,[623] as vendas para a Zona Franca de Manaus até o ano de 2073.[624]

No art. 81, a Lei Complementar nº 214/2025 dispõe sobre a *exportação ficta*, sem a saída do território nacional, que, a rigor, tem natureza jurídica de isenção:

> Art. 81. A imunidade do IBS e da CBS sobre a exportação de bens materiais a que se refere o art. 79 desta Lei Complementar aplica-se às exportações sem saída do território nacional, na forma disciplinada no regulamento, quando os bens exportados forem:
>
> I – totalmente incorporados a bem que se encontre temporariamente no País, de propriedade do comprador estrangeiro, inclusive em regime de admissão temporária sob a responsabilidade de terceiro;
>
> II – entregues a órgão da administração direta, autárquica ou fundacional da União, dos Estados, do Distrito Federal ou dos Municípios, em cumprimento de contrato decorrente de licitação internacional;
>
> III – entregues no País a órgão do Ministério da Defesa, para ser incorporados a produto de interesse da defesa nacional em construção ou fabricação no território nacional, em decorrência de acordo internacional;
>
> IV – entregues a empresa nacional autorizada a operar o regime de loja franca;

---

[617] Art. 174, I.
[618] Art. 175.
[619] Art. 171, VI e § 1º
[620] Art. 172.
[621] Embora o presente estudo não tenha por objeto a importação de serviços, cumpre destacar que também é prevista na lei complementar a incidência da IBS e da CBS na importação e exportação de serviços financeiros, na importação e na exportação de serviços de concursos de prognósticos e na importação de direitos desportivos de atletas por sociedade anônima de futebol.
[622] "Art. 195. [...] § 16. Aplica-se à contribuição prevista no inciso V do *caput* o disposto no art. 156-A, § 1º, I a VI, VIII, X a XIII, § 3º, § 5º, II a VI e IX, e §§ 6º a 11 e 13 (Incluído pela Emenda Constitucional nº 132, de 2023)".
[623] "Art. 40. É mantida a Zona Franca de Manaus, com suas características de área livre de comércio, de exportação e importação, e de incentivos fiscais, pelo prazo de vinte e cinco anos, a partir da promulgação da Constituição". Esse prazo foi prorrogado até o ano de 2073 pelas Emendas Constitucionais 42/2003 e 83/2014: "Art. 92. São acrescidos dez anos ao prazo fixado no art. 40 deste Ato das Disposições Constitucionais Transitórias (Incluído pela Emenda Constitucional 42, de 19.12.2003)"; "Art. 92-A. São acrescidos 50 (cinquenta) anos ao prazo fixado pelo art. 92 deste Ato das Disposições Constitucionais Transitórias. (Incluído pela Emenda Constitucional 83, de 2014)".
[624] Ver item 3.2.1.4.

V – vendidos para empresa sediada no exterior, quando se tratar de aeronave industrializada no País e entregue a fornecedor de serviços de transporte aéreo regular sediado no território nacional;

VI – entregues no País para ser incorporados a embarcação ou plataforma em construção ou conversão contratada por empresa sediada no exterior ou a seus módulos, com posterior destinação às atividades de exploração, de desenvolvimento e de produção de petróleo, de gás natural e de outros hidrocarbonetos fluidos previstas na legislação específica; e

VII – destinados exclusivamente às atividades de exploração, de desenvolvimento e de produção de petróleo, de gás natural e de outros hidrocarbonetos fluidos previstas na legislação específica, quando vendidos a empresa sediada no exterior e conforme definido em legislação específica, ainda que se faça por terceiro sediado no País.

Nas exportações indiretas, o art. 82 prevê a *suspensão* do IBS e da CBS na venda para comerciais exportadoras, que se converte em *alíquota zero* após a efetiva exportação dos bens, se atendidos os seguintes requisitos:

Art. 82. Poderá ser suspenso o pagamento do IBS e da CBS no fornecimento de bens materiais com o fim específico de exportação a empresa comercial exportadora que atenda cumulativamente aos seguintes requisitos:

I – seja certificada no Programa OEA;

II – possua patrimônio líquido igual ou superior ao maior entre os seguintes valores:

a) R$ 1.000.000,00 (um milhão de reais); e

b) uma vez o valor total dos tributos suspensos;

III – faça a opção pelo DTE, na forma da legislação específica;

IV – mantenha escrituração contábil e a apresente em meio digital; e

V – esteja em situação de regularidade fiscal perante as administrações tributárias federal, estadual ou municipal de seu domicílio.

§ 1º Para fins do disposto no *caput* deste artigo, a empresa comercial exportadora deverá ser habilitada[625] em ato conjunto do Comitê Gestor do IBS e da RFB.[626]

§ 2º Para fins da suspensão do pagamento do IBS, a certificação a que se refere o inciso I do *caput* deste artigo será condicionada à anuência das administrações tributárias estadual e municipal de domicílio da empresa.

§ 3º Consideram-se adquiridos com o fim específico de exportação os bens remetidos para embarque de exportação ou para recintos alfandegados, por conta e ordem da empresa comercial exportadora, sem que haja qualquer outra operação comercial ou industrial nesse interstício.

---

[625] O art. 83 estabelece que a habilitação poderá ser cancelada nas hipóteses de: (a) descumprimento dos requisitos estabelecidos nos incisos do *caput* do art. 82; ou (b) pendência no pagamento a que se refere o § 5º do art. 82. No mesmo dispositivo são previstos requisitos para a intimação do ato de cancelamento, bem como procedimento para o seu questionamento administrativo.

[626] O § 9º do art. 82 delega ao regulamento a definição: (a) dos requisitos específicos para o procedimento de habilitação; (b) da periodicidade para apresentação da escrituração contábil a que se refere o inciso IV do *caput*; (c) hipóteses em que os bens possam ser remetidos para locais diferentes daqueles previstos no § 3º, sem que reste descaracterizado o fim específico de exportação; (d) requisitos e condições para a realização de operações de transbordo, baldeação, descarregamento ou armazenamento no curso da remessa a que se refere o § 3º. O § 10, por sua vez, delega ao regulamento o estabelecimento de prazo estendido para aplicação do disposto no inciso I do § 5º, em razão do tipo de bem.

§ 4º A suspensão do pagamento do IBS e da CBS prevista no *caput* converte-se em alíquota zero após a efetiva exportação dos bens, desde que observado o prazo previsto no inciso I do § 5º deste artigo.[627]

Deve-se ter presente que, nos termos do inciso II do art. 146 da Constituição Federal, cabe ao legislador complementar "regular as limitações constitucionais ao poder de tributar". O exercício dessa competência, entretanto, só pode ocorrer validamente quando o próprio texto constitucional estabelece a necessidade de regulamentação.[628] É o caso, por exemplo, do art. 150, VI, *c*, que submete a aplicabilidade da imunidade dos partidos políticos, das entidades sindicais dos trabalhadores, das instituições de educação e de assistência social aos "requisitos da lei".[629] Fora dessa hipótese, não cabe qualquer regulação, porque as limitações ao poder de tributar – como ocorre com todo e qualquer preceito proibitivo – sempre são autoaplicáveis.[630] Por outro lado, de acordo com a jurisprudência do STF, é possível a previsão em lei ordinária de aspectos formais ou subjetivos de imunidades tributárias, tais como normas de constituição e de funcionamento das entidades imunes,[631] certificação, fiscalização e

---

[627] A comercial exportadora, de acordo com o § 5º do art. 82, fica responsável pelo pagamento do IBS e da CBS que foram suspensos no fornecimento de bens para a empresa comercial exportadora, nas seguintes hipóteses: (i) decurso de 180 dias da data da emissão da nota fiscal pelo fornecedor, não houver sido efetivada a exportação; e (ii) redestinação dos bens para o mercado interno; (iii) os bens forem submetidos a processo de industrialização; ou (iv) ocorrer a destruição, o extravio, o furto ou roubo antes da efetiva exportação dos bens.

[628] Pontes de Miranda, discorrendo à luz do texto constitucional pretérito, porém, em lições que se aplicam em face da Constituição Federal de 1988, ensina que: "[...] regular limitações constitucionais – limitações que constam da Constituição – não é legislar com a criação ou mantença de limites. [...] Lei complementar pode regular limitações constitucionais; não *criar* limitações. Lei que cria limitações não está a regular limitações constitucionais, está a limitar. As limitações seriam suas, e a Constituição de 1967 não as permitiu" (PONTES DE MIRANDA, Francisco Cavalcanti. *Comentários à Constituição de 1967 com a Emenda n. 1 de 1969*. 3. ed. Rio de Janeiro: Forense, 1987. t. II, p. 384-385).

[629] CARRAZZA, Roque Antonio. *Curso de direito constitucional tributário*. 16. ed. São Paulo: Malheiros, 2001. p. 621-622. A esse propósito, já decidiu o STF que: "Mesmo com a referência expressa ao termo 'lei', não há mais como sustentar que inexiste reserva de lei complementar" (STF. T. Pleno. ADI 1.802. Rel. Min. Dias Toffoli. *DJe* 03.05.2018).

[630] Esse importante aspecto é ressaltado por Geraldo Ataliba, que chega a qualificar como abusiva uma lei complementar voltada a regulamentar um preceito proibitivo: "[...] onde a Constituição diz NÃO é NÃO. O legislador complementar não pode aumentar o NÃO. Também não pode diminuir o NÃO; ele só pode repetir, reproduzir o NÃO, o que é ridículo. É ridículo uma norma inferior repetir a norma superior, porque não acrescenta nada à norma superior no que diz respeito a sua eficácia. Se a Constituição disse NÃO, o que é que adianta outro órgão, qualquer órgão ou instrumento dizer NÃO? Vai aumentar o NÃO? A força, a eficácia do NÃO? Vai reduzir? Não pode" (ATALIBA, Geraldo. Lei complementar em matéria tributária. *Revista de Direito Tributário*, São Paulo, n. 48, p. 90, abr./jun. 1989). No mesmo sentido, COELHO, Luiz Fernando. *Curso de introdução ao direito*: em 13 aulas. 4. ed. Santana de Parnaíba: Manole, 2022. p. 105). Ressalte-se que, também segundo José Afonso da Silva, são de eficácia plena as normas constitucionais que: a) contenham vedações ou proibições; b) confiram isenções, imunidades e prerrogativas [...]" (SILVA, José Afonso da Silva. *Aplicabilidade das normas constitucionais*. 3. ed. São Paulo: Malheiros, 1998. p. 101).

[631] "A Suprema Corte, guardiã da CF, indicia que somente se exige lei complementar para a definição dos seus limites objetivos (materiais), e não para a fixação das normas de constituição e de funcionamento das entidades imunes (aspectos formais ou subjetivos), os quais podem ser veiculados por lei ordinária, como sói ocorrer com o art. 55 da Lei 8.212/1991, que pode estabelecer requisitos formais para o gozo da imunidade sem caracterizar ofensa ao art. 146, II, da CF, *ex vi* dos incisos I e II" (STF. T. Pleno. RE 636.941. Rel. Min. Luiz Fux. *DJe* 04.04.2014, Tema 432). No mesmo sentido: STF. T. Pleno. RE 566.622. Rel. Min. Marco Aurélio. *DJe* 01.03.2017 (Tema 32).

controle administrativo, assim como procedimentos de verificação do atendimento de suas finalidades constitucionais.[632]

Recorde-se ainda que, nas operações com comerciais exportadoras, o STF já decidiu que são aplicáveis as regras de imunidade de exportação. Essa foi a *ratio decidendi* do RE 759.244, quando foi fixada a seguinte tese de repercussão geral: "A norma imunizante contida no inciso I do § 2º do art. 149 da Constituição da República alcança as receitas decorrentes de operações indiretas de exportação caracterizadas por haver participação negocial de sociedade exportadora intermediária" (Tema 674).[633] Essa mesma exegese aplica-se ao IBS e à CBS, não havendo qualquer razão para estabelecer distinções.

À luz dessas observações, nota-se que, no IBS e na CBS, a Constituição Federal estabelece a imunidade das exportações de forma direta, sem qualquer espaço para regulamentação (art. 156-A, § 1º, III,[634] e art. 195, § 16[635]). Logo, o legislador complementar não pode restringir a imunidade às comerciais exportadoras com patrimônio líquido acima de R$ 1.000.000,00 ou em valor igual ao total dos tributos "suspensos". As imunidades são regras de competência negativa que implicam uma proibição de tributar dirigida ao poder público e um direito de não sujeição em benefício de uma pessoa física ou jurídica.[636] O inciso II do art. 82 desnatura juridicamente o instituto, qualificando-o como suspensão do crédito tributário condicionada a uma garantia de patrimônio mínimo. Essa medida, ademais, contraria os princípios da isonomia tributária, da razoabilidade e o art. 146, III, *d*, da Constituição Federal. A exigência de patrimônio mínimo, afinal, priva os pequenos exportadores do benefício da imunidade, submetendo-os a uma tributação não exigível de grandes e médias empresas. Não há qualquer justificativa para uma restrição dessa natureza.

Com efeito, de acordo com o art. 146, III, *d*, da Constituição, cabe ao legislador complementar a "definição de tratamento diferenciado e favorecido para as microempresas e para as empresas de pequeno porte, inclusive regimes especiais ou simplificados no caso dos impostos previstos nos arts. 155, II, e 156-A, das contribuições sociais previstas no art. 195, I e V, e § 12 e da contribuição a que se refere o art. 239".[637] À luz desse dispositivo, no julgamento da ADI 4.033, o STF ressaltou que "o fomento da micro e da pequena empresa foi elevado à condição de princípio constitucional, de modo a orientar todos os entes federados a conferir

---

[632] "[...] Os aspectos procedimentais necessários à verificação do atendimento das finalidades constitucionais da regra de imunidade, tais como as referentes à certificação, à fiscalização e ao controle administrativo, continuam passíveis de definição por lei ordinária" (STF. T. Pleno. ADI 1.802. Rel. Min. Dias Toffoli. *DJe* 03.05.2018).

[633] STF. T. Pleno. RE 759.244. Rel. Min. Edson Fachin. *DJe* 12.02.2020.

[634] "Art. 156. [...] § 1º [...] III – não incidirá sobre as exportações, assegurados ao exportador a manutenção e o aproveitamento dos créditos relativos às operações nas quais seja adquirente de bem material ou imaterial, inclusive direitos, ou serviço, observado o disposto no § 5º, III (Incluído pela Emenda Constitucional nº 132, de 2023)".

[635] "Art. 195. [...] § 16. Aplica-se à contribuição prevista no inciso V do *caput* o disposto no art. 156-A, § 1º, I a VI, VIII, X a XIII, § 3º, § 5º, II a VI e IX, e §§ 6º a 11 e 13 (Incluído pela Emenda Constitucional nº 132, de 2023)".

[636] Ver Cap. IV, item 1, da Parte Geral.

[637] A partir de 2027, de acordo com o art. 3º da Emenda 132/2023, o art. 146, III, *d*, terá a seguinte redação: "d) definição de tratamento diferenciado e favorecido para as microempresas e para as empresas de pequeno porte, inclusive regimes especiais ou simplificados no caso dos impostos previstos nos arts. 155, II, e 156-A e das contribuições previstas no art. 195, I e V". Em 2033, por sua vez, a redação será (art. 4º): "d) definição de tratamento diferenciado e favorecido para as microempresas e para as empresas de pequeno porte, inclusive regimes especiais ou simplificados no caso do imposto previsto no art. 156-A e das contribuições sociais previstas no art. 195, I e V".

tratamento favorecido aos empreendedores que contam com menos recursos para fazer frente à concorrência".[638] Esse preceito tem uma *eficácia mínima derrogatória* ou *eficácia jurídica de vinculação*. Isso significa que, apesar de não obrigar o legislador a definir o tratamento diferenciado e favorecido para as micro e pequenas empresas, impede-o de tomar medidas incompatíveis com essa exigência constitucional.[639] Não é compatível com esse preceito, portanto, exigir um patrimônio mínimo de empresas de menor porte, colocando-as em situação de desvantagem competitiva com os grandes contribuintes.

Também é inconstitucional o inciso I do art. 82, que limita a aplicabilidade da imunidade às empresas com certificação OEA. Este constitui um programa de conformidade aduaneira previsto no Acordo sobre a Facilitação do Comércio, incorporado ao direito brasileiro pelo Decreto Legislativo nº 01/1996, promulgado pelo Decreto nº 9.326/2018. Trata-se de uma medida *facultativa* de facilitação do comércio, que pode contemplar, nos termos do parágrafo 7.3, pelo menos três dos seguintes benefícios à empresa certificada: (**a**) menor exigência de documentação e informação; (**b**) menor índice de inspeções e exames físicos; (**c**) tempo de liberação agilizado; (**d**) pagamento diferido de direitos, tributos e encargos; (**e**) utilização de garantias globais ou garantias reduzidas; (**f**) uma declaração aduaneira única para todas as importações ou exportações realizadas em um determinado período; e (**g**) despacho aduaneiro dos bens nas instalações do operador autorizado ou em outro lugar autorizado pela aduana. O OEA, portanto, não é uma certificação para constituição e funcionamento de entidade imune, que é admitida pelo STF quando estabelecida para verificação do atendimento das finalidades constitucionais[640] ou para evitar que "'**falsas instituições de assistência e educação sejam favorecidas pela imunidade**', em fraude à Constituição".[641] O Programa OEA permite que o legislador de cada país-membro da OMC conceda às empresas certificadas os benefícios de facilitação previstos no AFC. Esse relevante instrumento do direito aduaneiro não pode ser empregado para suprimir ou para condicionar o exercício de direitos do exportador, ainda mais em se tratando de um direito público subjetivo que decorre diretamente do texto constitucional.

Outra inconstitucionalidade é a subordinação da aplicação da imunidade à regularidade fiscal (art. 82, V). As imunidades não são benefícios fiscais discricionários, mas regras constitucionais de competência negativa que implicam uma proibição de tributar dirigida ao poder público. Logo, diante do art. 156-A, § 1º, III, e art. 195, § 16 da Constituição, a União, os Estados, o Distrito Federal e os Municípios não têm competência para tributar a expor-

---

[638] STF. T. Pleno. ADI 4.033. Rel. Min. Joaquim Barbosa. *DJe* 07.02.2011. Em outro julgado, por sua vez, a Suprema Corte entendeu que "o regime foi criado para diferenciar, em iguais condições, os empreendedores com menor capacidade contributiva e menor poder econômico, sendo desarrazoado que, nesse universo de contribuintes, se favoreçam aqueles em débito com os fiscos pertinentes, os quais participariam do mercado com uma vantagem competitiva em relação àqueles que cumprem pontualmente com suas obrigações". Com base nisso, foi definido em sede de repercussão geral que: "É constitucional o art. 17, V, da Lei Complementar 123/2006, que veda a adesão ao Simples Nacional à microempresa ou à empresa de pequeno porte que possua débito com o Instituto Nacional do Seguro Social – INSS ou com as Fazendas Públicas Federal, Estadual ou Municipal, cuja exigibilidade não esteja suspensa" (Tema 363) – STF. RE 627.543. Rel. Min. Dias Toffoli. *DJe* 29.10.2014.

[639] CLÈVE, Clèmerson Merlin. *Fiscalização abstrata de constitucionalidade no direito brasileiro*. 2. ed. São Paulo: RT, 2000. p. 320-321; BARROSO, Luís Roberto. *O direito constitucional e a efetividade de suas normas*: limites e possibilidades da Constituição brasileira. Rio de Janeiro: Renovar, 1990. p. 110).

[640] "[...] Os aspectos procedimentais necessários à verificação do atendimento das finalidades constitucionais da regra de imunidade, tais como as referentes à certificação, à fiscalização e ao controle administrativo, continuam passíveis de definição por lei ordinária" (STF. T. Pleno. ADI 1.802. Rel. Min. Dias Toffoli. *DJe* 03.05.2018).

[641] STF. T. Pleno. ADI 1.802. Rel. Min. Dias Toffoli. *DJe* 03.05.2018.

tação. Eventual inadimplência do sujeito passivo não altera essa realidade jurídica. Os entes tributantes têm prerrogativas, privilégios e meios processuais apropriados para a cobrança de seus créditos tributários. Converter a regularidade fiscal em requisito de aplicabilidade de uma imunidade tributária equivale à institucionalização de um meio coercitivo para cobrança de tributos (sanção política), violando os princípios do devido processo legal (CF, art. 5º, LIV).[642]

No passado, já houve tentativa similar no mesmo sentido declarada inconstitucional pelo STF na ADI 1.802:[643] o art. 12, § 2º, *f*, da Lei nº 9.532/1997, que condicionou a aplicabilidade da imunidade do art. 150, VI, *c*, ao recolhimento dos "tributos retidos sobre os rendimentos por elas pagos ou creditados e a contribuição para a seguridade social relativa aos empregados, bem assim cumprir as obrigações acessórias daí decorrentes". Entretanto, como destacado pelo Ministro Sepúlveda Pertence, a suspensão da imunidade não pode ser utilizada com esse objetivo:

> Cuida-se de norma sancionatória de responsabilidade e obrigações tributárias, principais e acessórias, das entidades imunes de imposto e que, nada tendo a ver com os limites objetivos da imunidade – de regulamentação, aliás, só permitida à lei complementar –, nem com a sua identificação como instituições de educação ou assistência social sem fins lucrativos, a que se reduz o âmbito material dos requisitos subjetivos do gozo da imunidade cuja fixação se remeteu à lei ordinária.
>
> Creio mesmo que, tratando-se de imunidade constitucional, não há falar propriamente em suspensão. Ou estão reunidos, em determinado momento, os seus pressupostos objetivos e subjetivos, ou não se aplica a regra de imunidade. Mas, até onde a regra de imunidade alcançar, a sua suspensão não pode ser usada como sanção de coisa alguma.

Por fim, é inconstitucional a exigência de habilitação em ato conjunto da RFB e do Comitê Gestor do IBS, assim como de anuência das Administrações Tributárias Estadual e Municipal de domicílio da empresa, previstas nos §§ 1º e 2º do art. 82. As imunidades são regras de competência negativa que implicam uma proibição de tributar dirigida ao poder público. O legislador complementar não pode convertê-la em suspensão do crédito tributário nem, menos ainda, condicionar a sua aplicabilidade à prévia manifestação do ente tributante.

Os únicos requisitos compatíveis com a Constituição são os previstos nos incisos III e IV. Esses preceitos estabelecem deveres formais para a verificação do atendimento das finalidades das imunidades, o que, a rigor, sequer precisaria de lei complementar.

---

[642] Há inúmeros precedentes do STF que vedam a cobrança indireta de tributos: "É inadmissível a interdição de estabelecimento como meio coercitivo para cobrança de tributo" (Súmula nº 70/STF); "É inadmissível a apreensão de mercadorias como meio coercitivo para pagamento de tributos" (Súmula nº 323/STF); "Não é lícito à autoridade proibir que o contribuinte em débito adquira estampilhas, despache mercadorias nas alfândegas e exerça suas atividades profissionais" (Súmula nº 547/STF); "II – É inconstitucional a restrição ilegítima ao livre exercício de atividade econômica ou profissional, quando imposta como meio de cobrança indireta de tributos", tese fixada no Tema 856 (STF. T. Pleno. ARE 914.045 RG. Rel. Min. Edson Fachin. *DJe* 19.11.2015)"; "É inconstitucional o uso de meio indireto coercitivo para pagamento de tributo – "sanção política" –, tal qual ocorre com a exigência, pela Administração Tributária, de fiança, garantia real ou fidejussória como condição para impressão de notas fiscais de contribuintes com débitos tributários", tese fixada no Tema 31 (STF. T. Pleno. RE 565.048. Rel. Min. Marco Aurélio. *DJe* 09.10.2014).

[643] STF. T. Pleno. ADI 1.802. Rel. Min. Dias Toffoli. *DJe* 03.05.2018.

## 4.7 IS

### 4.7.1 Início da vigência

O início da cobrança do imposto seletivo (IS), de acordo com o art. 126, I, *b*, do ADCT, será em 1º de janeiro de 2027,[644] quando o IPI terá as suas alíquotas reduzidas a zero, ressalvados os produtos com industrialização incentivada na Zona Franca de Manaus fabricados em outras regiões do País.[645]

### 4.7.2 Caracteres constitucionais

O IS foi criado pela Reforma Tributária do Consumo (Emenda nº 132/2023) para incidir sobre a produção, a extração, a comercialização ou a importação de bens e de serviços *prejudiciais à saúde ou ao meio ambiente*, nos termos de lei complementar. Trata-se de um imposto de competência da União similar com os *impostos especiais sobre o consumo* do direito comparado (como, *v.g.*, o *accise* da Itália e o *excise tax* dos Estados Unidos da América do Norte).[646] Apresenta, de acordo com o § 6º do art. 153 da Constituição Federal, as seguintes características conformadoras: (**i**) imunidades de exportações, de operações com energia elétrica e de telecomunicações (inciso I); (**ii**) incidência monofásica (inciso II); (**iii**) calculado "por fora", sem integrar a própria base imponível (inciso III); (**iv**) inclusão na base de cálculo do IBS e da CBS e, durante o período de transição, do ICMS e do ISS (inciso IV); (**v**) pode apresentar o mesmo "fato gerador" e base de cálculo de outros tributos (inciso V); (**vi**) alíquotas específicas ou *ad valorem* fixadas em lei ordinária (inciso VI); e (**vii**) a incidência na extração de minerais, independentemente da destinação do produto, com alíquota máxima de 1% e base de cálculo o valor de mercado do bem (inciso VII).

### 4.7.3 Isonomia e tratamento nacional

O IS deve observar o princípio do tratamento nacional (Gatt 1994, Artigo III), que, como exposto anteriormente, veda a proteção da produção local por meio de tributos internos cobrados como adicional do imposto de importação (Notas e Disposições Adicionais Ao Artigo III). Dessa forma, a incidência do IS deve ocorrer para fins niveladores, ou seja, apenas para equiparar a carga tributária entre produtos importados e similares nacionais.

---

[644] ADCT: "Art. 126. A partir de 2027: [...]
I – serão cobrados:
[...]
b) o imposto previsto no art. 153, VIII, da Constituição Federal (Incluído pela Emenda Constitucional nº 132, de 2023)".

[645] ADCT, art. 126, III, *a*.

[646] Sobre o tema, cf.: ANDRADE, José Maria Arruda de. *Imposto seletivo e pecado*: juízos críticos sobre tributação saudável. São Paulo: IBDT, 2024; ANDRADE, José Maria Arruda de; PEIXOTO, Marcelo Magalhães; BRANCO, Leonardo Ogassawara de Araújo. *Imposto seletivo na reforma tributária*. São Paulo: MP Editora, 2024; FIORILLO, Celso Antonio Pacheco; FIORILLO, João Antonio Ferreira Pacheco. *Os impostos do pecado*: a reforma tributária no Brasil e os impostos sobre produção, extração, comercialização ou importação de bens e serviços prejudiciais à saúde ou ao meio ambiente em face do direito ambiental constitucional. Rio de Janeiro: Lumen Juris, 2024. No direito comparado: GAFFURI, Gianfranco. *Diritto tributario*: parte generale e parte speciale. 9. ed. Milano: Cedam, 2019. p. 540 e ss.; FALSITTA, Gaspare. *Corso istituzionale di diritto tributario*. 8. ed. Milano: Cedam, 2022. p. 589 e ss.; GROSCLAUDE, Jacques; MARCHESSOU, Philippe. *Diritto tributario francese*: le imposte – le procedure. Trad. Enrico de Mita. Milano: Giuffre, 2006. p. 304 e ss.

## 4.7.4 Hipótese de incidência

O art. 409 da Lei Complementar nº 214/2025 estabelece que o imposto seletivo incide sobre a *importação de bens e serviços prejudiciais à saúde ou ao meio ambiente* definidos taxativamente no § 1º e no Anexo XVII.

> Art. 409. Fica instituído o Imposto Seletivo, de que trata o inciso VIII do art. 153 da Constituição Federal, incidente sobre a produção, extração, comercialização ou importação de bens e serviços prejudiciais à saúde ou ao meio ambiente.
>
> § 1º Para fins de incidência do Imposto Seletivo, consideram-se prejudiciais à saúde ou ao meio ambiente os bens classificados nos códigos da NCM/SH e o carvão mineral, e os serviços listados no Anexo XVII, referentes a:
>
> I – veículos;
>
> II – embarcações e aeronaves;
>
> III – produtos fumígenos;
>
> IV – bebidas alcoólicas;
>
> V – bebidas açucaradas;
>
> VI – bens minerais;
>
> VII – concursos de prognósticos e *fantasy sport*.
>
> § 2º Os bens a que se referem os incisos III e IV do § 1º estão sujeitos ao Imposto Seletivo quando acondicionados em embalagem primária, assim entendida aquela em contato direto com o produto e destinada ao consumidor final.

Portanto, na importação de bens materiais, o critério material da hipótese de incidência do imposto equivale à importação de carvão mineral e outros bens prejudiciais à saúde ou ao meio ambiente ou descritos nos incisos I a VII, com classificação na NCM especificada no Anexo XVII, que compreendem veículos,[647] embarcações e aeronaves,[648] produtos fumígenos,[649] bebidas alcoólicas,[650] bebidas açucaradas[651] e bens minerais.[652]

O critério temporal, por sua vez, de acordo com o inciso III do art. 434, é o mesmo do IBS e da CBS (art. 67): (i) a liberação dos bens sujeitos a despacho para consumo e submetidos ao regime aduaneiro especial de admissão temporária para utilização econômica; e (ii) o lançamento do crédito correspondente, nas hipóteses de bens compreendidos no conceito de bagagem, no extravio e no ingresso clandestino. Já o critério espacial da hipótese de incidência, coincide com o domínio de vigência espacial da lei, ou seja, abrange o território nacional.

---

[647] "87.03; 8704.21 (exceto os caminhões); 8704.31 (exceto os caminhões); 8704.41.00 (exceto os caminhões); 8704.51.00 (exceto os caminhões); 8704.60.00 (exceto os caminhões); 8704.90.00 (exceto os caminhões); ressalvados os veículos com características técnicas específicas para uso operacional das Forças Armadas ou dos órgãos de Segurança Pública".

[648] "8802, exceto o código 8802.60.00; e embarcações com motor classificadas na posição 8903; ressalvadas as aeronaves e embarcações com características técnicas específicas para uso operacional das Forças Armadas ou dos órgãos de Segurança Pública".

[649] "2401; 2402; 2403; 2404".

[650] "2203; 2204; 2205; 2206; 2208".

[651] "2202.10.00".

[652] "2601; 2709.00.10; 2711.11.00; 2711.21.00".

### 4.7.5 Consequência tributária

#### 4.7.5.1 Sujeições ativa e passiva

O sujeito ativo da obrigação tributária é a União Federal. Os contribuintes e os responsáveis do IS, nos termos do inciso IV do art. 434, são os mesmos dos IBS e da CBS, já analisados anteriormente.[653]

#### 4.7.5.2 Base de cálculo

O § 2º do art. 434 estabelece que, na importação de bens sujeitos à alíquota *ad valorem*, a base de cálculo do imposto seletivo será o *valor aduaneiro* acrescido do imposto de importação.[654]

#### 4.7.5.3 Alíquotas

As alíquotas do imposto seletivo, de acordo com o § 6º do art. 153 da Constituição Federal, devem ser fixadas em lei ordinária, podendo ser específicas ou *ad valorem* (inciso VI), observada a alíquota máxima de 1% na extração (inciso VII).[655]

O § 2º do art. 422 da Lei Complementar nº 214/2025 estabelece que: "As alíquotas do Imposto Seletivo estabelecidas nas operações com bens minerais extraídos respeitarão o percentual máximo de 0,25% (vinte e cinco centésimos por cento)". Trata-se, no entanto, de disposição sem eficácia de lei complementar, vale dizer, que dispõe sobre matéria não reservada ao texto constitucional por essa espécie legislativa. Por isso, pode ser revogada pela lei ordinária que estabelecer as alíquotas do imposto seletivo.

Em relação aos veículos, por sua vez, o art. 419 da Lei Complementar nº 214/2025 estabelece que devem ser observados os seguintes parâmetros para a sua definição:

> Art. 419. As alíquotas do Imposto Seletivo aplicáveis aos veículos classificados nos códigos da NCM/SH relacionados no Anexo XVII serão estabelecidas em lei ordinária.
> Parágrafo único. As alíquotas referidas no *caput* deste artigo serão graduadas em relação a cada veículo conforme enquadramento nos seguintes critérios, nos termos de lei ordinária:
> I – potência do veículo;
> II – eficiência energética;
> III – desempenho estrutural e tecnologias assistivas à direção;
> IV – reciclabilidade de materiais;
> V – pegada de carbono;
> VI – densidade tecnológica;

---

[653] Ver item 4.6.5.2.
[654] A valoração aduaneira será estudada no Cap. V.
[655] A Lei Complementar nº 214/2025 estabelece que "Art. 422. [...] § 2º As alíquotas do Imposto Seletivo estabelecidas nas operações com bens minerais extraídos respeitarão o percentual máximo de 0,25% (vinte e cinco centésimos por cento)". Trata-se de disposição sem eficácia de lei complementar, vale dizer, que dispõe sobre matéria não reservada ao texto constitucional por essa espécie legislativa. Por isso, pode ser revogada pela lei ordinária que estabelecer as alíquotas do imposto seletivo, que está sujeita apenas à alíquota máxima de 1% prevista no inciso VII do § 6º do art. 153 da Constituição.

VII – emissão de dióxido de carbono (eficiência energético-ambiental), considerado o ciclo do poço à roda;
VIII – reciclabilidade veicular;
IX – realização de etapas fabris no País; e
X – categoria do veículo.

Nas aeronaves e nas embarcações, o art. 421 estabelece que as alíquotas estabelecidas em lei ordinária poderão ser graduadas conforme critérios de sustentabilidade ambiental. O art. 422 da Lei Complementar nº 214/2025, autoriza a previsão de alíquotas *ad valorem* cumuladas com específicas para produtos fumígenos classificados na posição 24.02 da NCM e para bebidas alcoólicas, que, nessa última hipótese, podem ser diferenciadas por categoria de produto e progressivas em virtude do teor alcoólico.

## 4.7.6  Imunidades e isenções

O imposto seletivo deve observar as imunidades gerais aplicáveis aos impostos, já analisadas anteriormente por ocasião do estudo do imposto de importação.[656] Além disso, aplicam-se ao IS as imunidades específicas de exportações, de operações com energia elétrica e de telecomunicações, previstas no inciso I do § 6º do art. 153 da Constituição Federal, e de bens ou serviços com redução em 60% da alíquota padrão do IBS e da CBS nos regimes diferenciados (Emenda nº 132/2023, art. 9º, § 9º).

A Lei Complementar nº 214/2025, nos incisos I e II do art. 435, estabelece isenção do IS: (a) para as bagagens de viajantes e de tripulantes, acompanhadas ou desacompanhadas, quando submetidas ao regime de tributação especial; e (b) remessas internacionais, quando submetidas ao regime de tributação simplificada. Também há isenções por meio de alíquota zero e de não incidência legalmente qualificada, aplicáveis: (i) ao gás natural importado destinado à utilização como insumo em processo industrial (art. 423); e (ii) aos veículos de passageiros adquiridos por pessoas com deficiência ou com transtorno do espectro autista e por motoristas de táxi (art. 420).

## 4.7.7  Incidência na exportação

Em razão da imunidade prevista no inciso I do § 6º do art. 153 da Constituição, a União não tem competência para prever a incidência do imposto seletivo sobre exportações, o que abrange as operações realizadas por meio de empresas comerciais exportadoras. Nas exportações indiretas, entretanto, o art. 426 da Lei Complementar nº 214/2025 submeteu a aplicabilidade da imunidade às mesmas restrições previstas nos §§ 1º e 2º do art. 82, que são inconstitucionais, como analisado anteriormente.

---

[656] Ver itens 2.4.5.1 a 2.4.5.5.

*Capítulo III*
# PAGAMENTO E REPETIÇÃO DO INDÉBITO

## 1 LANÇAMENTO TRIBUTÁRIO

### 1.1 Lançamento e constituição do crédito tributário no despacho de importação

Os produtos procedentes do exterior, ao ingressarem no território aduaneiro nacional, devem ser submetidos a um procedimento de fiscalização denominado *despacho aduaneiro de importação*,[1] inclusive quando não sujeitos ao pagamento de tributos.[2] Este tem início com o registro de *declaração de mercadorias*, termo que foi introduzido pela Convenção de Quioto Revisada (CQR) e que abrange a DI (Declaração de Importação), a Duimp (Declaração Única de Importação) e a DSI (Declaração Simplificada de Importação).[3]

O registro da declaração de mercadorias no Siscomex ou no Portal Único de Comércio Exterior pode ser realizado pelo importador diretamente ou por um despachante aduaneiro, que nada mais é do que um mandatário com poderes especiais. Trata-se de um ato jurídico relevante, porque, por meio dele, o declarante insere na ordem jurídica uma norma individual e concreta constitutiva do fato jurídico e da obrigação jurídico-tributária. Os tributos incidentes sobre a importação estão sujeitos ao lançamento por homologação,[4] de sorte que, desde logo, os créditos tributários são pagos automaticamente, por meio de Documento de Arrecadação de Receitas Federais (Darf) eletrônico, mediante débito direto em conta corrente bancária.[5]

---

[1] Decreto-Lei nº 37/1996: "Art. 44 – Toda mercadoria procedente do exterior por qualquer via, destinada a consumo ou a outro regime, sujeita ou não ao pagamento do imposto, deverá ser submetida a despacho aduaneiro, que será processado com base em declaração apresentada à repartição aduaneira no prazo e na forma prescritos em regulamento (Redação dada pelo Decreto-Lei nº 2.472, de 01.09.1988)".

[2] Regulamento Aduaneiro: "Art. 547. Está dispensada de despacho de importação a entrada, no País, de mala diplomática, assim considerada a que contenha tão-somente documentos diplomáticos e objetos destinados a uso oficial (Convenção de Viena sobre Relações Diplomáticas, Artigo 27, promulgada pelo Decreto nº 56.435, de 1965)".

[3] A partir da segunda edição, sempre que possível, utilizam-se aqui as definições da Convenção de Quioto Revisada (Decreto Legislativo nº 56/2019, promulgado pelo Decreto nº 10.276/2020). Assim, tem-se por *declaração de mercadorias*, nos termos do Capítulo 2, Apêndice 2: "o ato executado na forma prescrita pelas Administrações Aduaneiras, mediante o qual os interessados indicam o regime aduaneiro a aplicar às mercadorias e comunicam os elementos cuja menção é exigida pelas Administrações Aduaneiras para aplicação deste regime".

[4] Sobre o lançamento tributário e suas modalidades, cf.: SEHN, Solon. *Curso de direito tributário*. Rio de Janeiro: Forense, 2024. p. 303 e ss.

[5] Já no caso do ICMS, a modalidade de lançamento aplicável depende da legislação de cada Estado, como será oportunamente examinado.

O registro da declaração é prova de pagamento, sendo vedada, nos termos do art. 74, § 3º, II, da Lei nº 9.430/1996, a liquidação do débito mediante compensação.[6]

## 1.2 Lançamento de ofício suplementar

### 1.2.1 Interrupção do despacho aduaneiro

#### 1.2.1.1 Conferência aduaneira e exigências no Siscomex

Após o registro da declaração de mercadorias, segue-se a uma etapa intermediária do despacho aduaneiro de importação, denominada *conferência aduaneira*. Nela há uma análise fiscal da declaração pela autoridade aduaneira, o que pode ocorrer em diferentes graus de profundidade e de detalhamento, na forma disciplinada pelo art. 21 da Instrução Normativa (IN) SRF nº 680/2006:

> Art. 21. Após o registro, a DI será submetida a análise fiscal e selecionada para um dos seguintes canais de conferência aduaneira:
>
> I – verde, pelo qual o sistema registrará o desembaraço automático da mercadoria, dispensados o exame documental e a verificação da mercadoria;
>
> II – amarelo, pelo qual será realizado o exame documental, e, não sendo constatada irregularidade, efetuado o desembaraço aduaneiro, dispensada a verificação da mercadoria;
>
> III – vermelho, pelo qual a mercadoria somente será desembaraçada após a realização do exame documental e da verificação da mercadoria; e
>
> IV – cinza, pelo qual será realizado o exame documental, a verificação da mercadoria e a apuração de elementos indiciários de fraude.

A parametrização em um desses canais de conferência não é aleatória.[7] A seleção ocorre em função de um gerenciamento de riscos que considera a regularidade fiscal do importador; a habitualidade; a natureza, volume ou valor da importação; os impostos incidentes ou que incidiriam na operação; a origem, procedência, destinação e características da mercadoria; o tratamento tributário; a capacidade organizacional, operacional e econômico-financeira do importador; e as ocorrências anteriores.[8]

A maioria das operações submete-se ao canal verde, quando o desembaraço aduaneiro é automático, sem exame documental ou verificação física da mercadoria. No canal amarelo há um exame documental, inclusive no tocante à classificação aduaneira adotada e, no vermelho, também uma análise física do produto importado. O canal cinza, por sua vez, envolve

---

[6] "Art. 74. [...] § 3º Além das hipóteses previstas nas leis específicas de cada tributo ou contribuição, não poderão ser objeto de compensação mediante entrega, pelo [sic.] sujeito passivo, da declaração referida no § 1º (Redação dada pela Lei nº 10.833, de 2003):

[...]

II – os débitos relativos a tributos e contribuições devidos no registro da Declaração de Importação (Incluído pela Lei nº 10.637, de 2002)".

[7] Sobre o tema, cf.: GOULART, Paula Jacques. Revisão aduaneira e reclassificação fiscal de mercadorias. *In*: PEREIRA, Cláudio Augusto Gonçalves; REIS, Raquel Segalla (Coord.). *Ensaios de direito aduaneiro*. São Paulo: Intelecto, 2015. p. 23; TREVISAN, Rosaldo. Despacho aduaneiro. *In*: SEHN, Solon; PEIXOTO, Marcelo Magalhães (coord.). *Direito aduaneiro e tributação do comércio exterior*. São Paulo: MP, 2023. p. 101-129.

[8] IN SRF nº 680/2006, art. 21, § 1º.

casos de suspeitas de fraude, com instauração de um procedimento especial voltado a uma fiscalização mais aprofundada.

Na conferência aduaneira, a autoridade aduaneira realiza, sob o aspecto tributário da operação de comércio exterior, uma fiscalização inicial da validade da norma individual e concreta inserida pelo sujeito passivo no sistema jurídico por meio do registro da declaração de mercadorias. Se não estiver de acordo com a regularidade formal e material do ato jurídico de constituição do crédito tributário realizado pelo importador, a diferença deve ser objeto de lançamento de ofício suplementar[9] no curso de despacho.[10]

Contudo, antes de lavrar o lançamento suplementar, a IN SRF nº 680/2006 autoriza a interrupção do despacho aduaneiro[11] e a formalização da exigência fiscal diretamente no Siscomex, que, em caso de concordância do sujeito passivo, deve ser paga independentemente de procedimento administrativo fiscal:

> Formalização de Exigências e Retificação da DI
> Art. 42. As exigências formalizadas pela fiscalização aduaneira e o seu atendimento pelo importador, no curso do despacho aduaneiro, deverão ser registrados no Siscomex.
> § 1º Sem prejuízo do disposto no *caput*, na hipótese de a exigência referir-se a crédito tributário ou direito comercial, o importador poderá efetuar o pagamento correspondente, independentemente de formalização de processo administrativo fiscal.

Não há, na formalização da exigência no Siscomex, violação do devido processo legal ou do direito de questionamento da interpretação aduaneira por parte do sujeito passivo. O pagamento direto, sem procedimento administrativo fiscal, é uma faculdade do contribuinte, caso considere devida a exigência formalizada no despacho. Em caso de discordância, o sujeito passivo tem assegurado o direito de apresentação de uma manifestação de inconformidade, quando a autoridade aduaneira poderá reconsiderar a exigência ou lavrar o auto de lançamento no prazo de oito dias:

> Art. 42. [...]
> § 2º Havendo manifestação de inconformidade, por parte do importador, em relação à exigência de que trata o § 1º, o crédito tributário ou direito comercial será constituído mediante lançamento em auto de infração, que será lavrado em até 8 (oito) dias (Redação dada pelo(a) Instrução Normativa RFB nº 1813, de 13 de julho de 2018).

---

[9] "O *lançamento suplementar* é o ato pelo qual o Fisco, verificando que foi definida uma prestação inferior à legal, fixa o quantitativo que a esta deve acrescer para que se verifique uma absoluta conformidade com a lei" (XAVIER, Alberto. *Do lançamento no direito tributário brasileiro*. 3. ed. Rio de Janeiro: Forense, 2005. p. 257).

[10] Ainda nessa etapa, eventual extravio de cargas deverá ser apurado em um procedimento fiscalizatório incidental denominado conferência final do manifesto de carga, documento que, entre outras as informações, contém a descrição da quantidade e o peso dos volumes transportados. Decreto nº 6.759/2009: "Art. 658. A conferência final do manifesto de carga destina-se a constatar extravio ou acréscimo de volume ou de mercadoria entrada no território aduaneiro, mediante confronto do manifesto com os registros, informatizados ou não, de descarga ou armazenamento (Decreto-Lei nº 37, de 1966, art. 39, § 1º)".

[11] "Art. 43. Interrompido o despacho para o atendimento da exigência, inicia-se a contagem do prazo para caracterização do abandono da mercadoria, conforme legislação específica, e, se for o caso, suspende-se a contagem do prazo previsto no art. 41-B".

Esse auto de lançamento, como qualquer outro, pode ser impugnado na forma do Decreto nº 70.235/1972, o que instaura a fase contenciosa perante a Delegacia da Receita Federal de Julgamento e, em segunda instância, após interposição de recurso voluntário ou de ofício, no âmbito do Conselho Administrativo de Recursos Fiscais.

A formalização de exigências, a manifestação de inconformidade e, após a lavratura de auto de infração, a impugnação pelo sujeito passivo também podem ocorrer no despacho simplificado de importação. A diferença é que, ao contrário do despacho regular, não há diferenciação entre canais de conferência. A liberação (desembaraço) pode ser realizada com ou sem conferência aduaneira e, sempre que esta ocorrer, o Auditor Fiscal deve promover uma verificação física e documental.[12]

Nas edições anteriores, foi afirmado que a dinâmica fiscalizatória da conferência aduaneira não difere da presente nos demais tributos. No imposto de renda, por exemplo, ao examinar uma declaração de ajuste anual, o auditor pode realizar uma fiscalização sumária ou exauriente. Assim, a diferença seria que, no despacho aduaneiro de importação, há denominações para os canais de conferência, em referência à natureza das verificações e ao grau de profundidade fiscalizatória. Entretanto, uma reflexão mais aprofundada – resultado do estudo da relação jurídica aduaneira como categoria autônoma da obrigação tributária – indica a impropriedade dessa afirmação. Na verdade, a diferença é significativa. O controle aduaneiro apresenta funções mais abrangentes que a simples percepção de tributos. Nele estão compreendidas a fiscalização de medidas não tarifárias (*v.g.*, quotas, proibições de importação e de exportação, licenciamento, exigências técnicas, sanitárias e fitossanitárias) e de defesa comercial (direitos *antidumping*, as medidas compensatórias e de salvaguarda). A aduana, ademais, exerce papel relevante no enfrentamento do terrorismo, da lavagem de dinheiro, da pirataria, do tráfico de drogas, de animais, de plantas ou de bens do patrimônio histórico-cultural. O controle aduaneiro também visa à criação de um ambiente de segurança jurídica e de transparência regulatória favorável ao desenvolvimento do comércio exterior legítimo, o que se traduz, entre outras medidas, na intensificação da auditoria pós-despacho, na gestão de risco dos operadores econômicos, na separação da liberação de bens e na determinação dos direitos aduaneiros, entre outras ações voltadas à redução do tempo médio da fiscalização na fronteira e a uma maior transparência na atuação estatal.[13] É na conferência aduaneira e nos seus diferentes canais que todos esses aspectos relevantes do controle aduaneiro se materializam na prática do comércio exterior. Trata-se, portanto, de um procedimento com finalidade mais ampla, que não se reduz ao aspecto tributário e, muitas vezes, ocorre mesmo quando não há tributo devido.

### 1.2.1.2 Retenção de produtos, pagamento e garantia

O art. 51, § 1º, do Decreto-Lei nº 37/1966, estabelece que, na hipótese de exigência fiscal no curso da conferência aduaneira, o desembaraço deve ocorrer após a adoção das cautelas fiscais *na forma do regulamento:*

> Art. 51 – Concluída a conferência aduaneira, sem exigência fiscal relativamente a valor aduaneiro, classificação ou outros elementos do despacho, a mercadoria será desembaraçada e posta à disposição do importador (Redação dada pelo Decreto-Lei nº 2.472, de 01.09.1988).

---

[12] IN SRF nº 611/2006, art. 13.
[13] Ver Cap. I, itens 1.1, 1.2 e 2.

§ 1º – Se, no curso da conferência aduaneira, houver exigência fiscal na forma deste artigo, a mercadoria poderá ser desembaraçada, desde que, na forma do regulamento, sejam adotadas as indispensáveis cautelas fiscais (Incluído pelo Decreto-Lei nº 2.472, de 01.09.1988).

O Regulamento Aduaneiro (Decreto nº 6.759/2009), por sua vez, estabelece que a autoridade aduaneira pode condicionar a liberação da mercadoria ao pagamento do crédito tributário ou à prestação de garantia:

> Art. 570. Constatada, durante a conferência aduaneira, ocorrência que impeça o prosseguimento do despacho, este terá seu curso interrompido após o registro da exigência correspondente, pelo Auditor-Fiscal da Receita Federal do Brasil responsável.
> [...]
> § 2º Na hipótese de a exigência referir-se a crédito tributário ou a direito *antidumping* ou compensatório, o importador poderá efetuar o pagamento correspondente, independente de processo. (Redação dada pelo Decreto nº 8.010, de 2013)
> [...]
> § 4º Quando exigível o depósito ou o pagamento de quaisquer ônus financeiros ou cambiais ou o cumprimento de obrigações semelhantes, o despacho será interrompido até a satisfação da exigência.

Essa exigência foi bastante questionada no Poder Judiciário. Alguns contribuintes sustentaram que a autoridade aduaneira não poderia reter as mercadorias para compelir o importador a pagar ou a garantir o crédito tributário. Isso seria, de acordo com essa exegese, uma cobrança por meios coercitivos indiretos, incompatível com o princípio do devido processo legal (CF, art. 5º, LIV). Após anos de debate, o STF finalmente definiu a questão. No julgamento do RE nº 1.090.591, decidiu – em regime de repercussão geral – que "é constitucional vincular o despacho aduaneiro ao recolhimento de diferença tributária apurada mediante arbitramento da autoridade fiscal" (Tema nº 1042).

Na doutrina, o direito de retenção remonta à teoria dos tributos aduaneiros como direito real do Estado. Dentro dessa concepção, defendida por Laband na Alemanha e por Meucci na Itália, a obrigação não recairia sobre um devedor determinado, mas sobre a própria mercadoria importada. Haveria, dessa forma, uma relação jurídica entre o Estado e a coisa, da qual resultariam os poderes de retenção e de apreensão das mercadorias, bem como a própria impossibilidade de circulação no comércio interno sem o pagamento dos tributos.[14] Essa teoria acabou sendo superada com a afirmação da natureza *ex lege* da obrigação e da teoria intersubjetiva da relação jurídica, defendida por Otto Mayer, Cutrera, Giannini, entre outros.[15]

---

[14] CUTRERA, Achille. *Principii di diritto e politica doganale*. 2. ed. Padova: Cedam, 1941. p. 45. Para Laband: "Lo Stato, – egli dice – non permette che una merce sia posta nel commercio interno se il dazio doganale non gli è stato pagato. Il pagamento di questo dazio è la condizione sotto la quale lo Stato ne permette il traffico; perciò non vi è obbligazione che in questo senso, che ogni persona che vuol mettere in commercio una merce deve prima soddisfare questa obbligazione". "Perciò l'obbligazione doganale non pesa, alla maniera di un'obbligazione, sopra un debitore determinato, ma alla maniera di un diritto reale, sopra una merce determinata".

[15] CUTRERA, Achille. *Principii di diritto e politica doganale*. 2. ed. Padova: Cedam, 1941. p. 43. Esse debate, como ressalta Giannini, também era colocado em relação aos tributos que gravam a posse de coisas, a exemplo do imposto sobre automóveis (GIANNINI, Achille Donato. *Istituzioni di diritto tributario*. 8. ed. Milano: Giuffrè, 1960. p. 64). Sobre o tema, cf.: CARRERO, Germán Pardo. El derecho aduanero, razón

Porém, permaneceu a noção de que o pagamento dos tributos aduaneiros é um requisito indispensável para a nacionalização e que, para exigi-lo, o Estado tem o poder de retenção e de exigência de garantias no recebimento do crédito tributário.

César García Novoa, após ressaltar que a existência desse *ius retentiones* oponível *erga omnes* é uma particularidade do direito aduaneiro,[16] manifesta algumas dúvidas acerca de sua validade nos dias de hoje. O eminente professor apresenta suas objeções à luz do direito espanhol.[17], porém, também aqui essas preocupações são pertinentes. Afinal, diferentemente do que ocorrida nos primórdios do comércio internacional, o importador já não é mais um viajante sem vínculos com o País. Trata-se de empresa estabelecida no território nacional, previamente habilitada perante a autoridade aduaneira, com existência de fato e capacidade financeira-operacional comprovadas. A Fazenda Nacional, ademais, dispõe de outros meios igualmente eficazes não apenas para cobrar, mas também para afastar o risco de frustação do recebimento do crédito tributário. É inevitável, assim, questionar a *adequação*, a *necessidade* e a *proporcionalidade em sentido estrito* da exigência.

Ocorre que os tributos aduaneiros não têm finalidade arrecadatória. A cobrança e o recebimento do crédito tributário não visam à satisfação de necessidades orçamentárias, mas, sim, aos objetivos econômicos ou regulatórios definidos pelo Poder Público.[18] Por meio da modulação das alíquotas, o Estado pode incentivar ou desestimular a importação ou a exportação de determinados produtos, o que, por sua vez, pressupõe a cobrança imediata do crédito tributário. Foi por esse motivo que a Constituição autorizou a alteração de suas alíquotas mediante decreto (CF, art. 153, § 1º),[19] sem a necessidade de observância da anterioridade tributária (CF, art. 150, § 1º[20]). Essa é a mesma *ratio* que justifica o direito de retenção, que, por sua vez, é apropriado para fins do recebimento do crédito ou da garantia. Também há proporcionalidade na exigência. Afinal, após a nacionalização, o produto pode ser comercializado, consumido, enfim, circular livremente no mercado doméstico. Até que

---

de ser y relación con el derecho tributario. La aduana y sus funciones. In: Germán Pardo (dir.); MARSILLA, Santiago Ibáñez; YEBRA, Felipe Moreno (codir.). *Derecho aduanero*. Bogotá: Tirant lo Blanch; Universidad del Rosario, 2019. t. I, p. 254 e ss.; e NOVOA, César García. Los derechos de aduana y su naturaliza jurídica In: CARRERO, Germán Pardo (dir.); MARSILLA, Santiago Ibáñez; YEBRA, Felipe Moreno (codir.). *Derecho aduanero*. Bogotá: Universidad del Rosario; Tirant lo Blanch, 2020. t. II, p. 95.

[16] NOVOA, César García. Los derechos de aduana y su naturaliza jurídica In: CARRERO, Germán Pardo (dir.); MARSILLA, Santiago Ibáñez; YEBRA, Felipe Moreno (codir.). *Derecho aduanero*. Bogotá: Universidad del Rosario; Tirant lo Blanch, 2020. t. II, p. 112. Essa particularidade também foi apontada alguns anos antes por Cutrera "Il potere di ritenzione [...] è un istituto giuridico previsto dalla sola legislazione doganale [...]" (CUTRERA, Achille. *Principii di diritto e politica doganale*. 2. ed. Padova: Cedam, 1941. p. 52), que também ressalva a característica de *indivisibilidade* do direito de retenção: o importador não pode requerer a retirada de parte das mercadorias, mesmo que a quantia remanescente mostre-se suficiente para fazer frente ao crédito tributário devido (Cutrera, 1941, p. 53-54).

[17] "No obstante, la pervivencia de esta singular garantía dentro de la Ley General Tributaria es algo discutible. Es dudosa su naturaleza, pues no está claro que se trate de una garantía real, ni que conceda realmente un privilegio. Se trata de una garantía peculiar, por circunscribirse su campo de aplicación a la gestión aduanera y, respecto a cual, las pretensiones de extenderla a otros tributos – por ejemplo, el IVA en relación con el hecho imponible importación – se ha venido encontrando con reticencias – resolución del TEAR de Madrid de 27 de febrero de 1995." (NOVOA, César García. Los derechos de aduana y su naturaliza jurídica In: CARRERO, Germán Pardo (dir.); MARSILLA, Santiago Ibáñez; YEBRA, Felipe Moreno (codir.). *Derecho aduanero*. Bogotá: Universidad del Rosario; Tirant lo Blanch, 2020. t. II, p. 113).

[18] Ver Cap. I, item 1.2.1.
[19] Ver Cap. II, item 2.1.2.
[20] Ver Cap. II, item 2.1.3.

o Poder Público consiga receber o crédito tributário por meio de um processo de execução, ficaria absolutamente frustrada a realização do efeito regulatório ou extrafiscal do imposto.

Essa prerrogativa, porém, não constitui um valor absoluto. Há um limite a partir do qual o direito de retenção torna-se excessivo e desproporcional, que é a exigibilidade do crédito tributário. Não cabe a retenção se o sujeito passivo adotar algumas das providências suspensivas previstas no art. 151 do CTN, notadamente o parcelamento, o depósito, a impugnação do lançamento ou, em sede judicial, for deferida uma liminar ou tutela provisória nesse sentido. Do contrário, a afirmação do direito de retenção implicará um retrocesso sem precedentes no direito brasileiro, com retorno da exigência de *solvere et repete*, que é incompatível com o Estado de Direito.

Como ensina Aliomar Baleeiro, o direito brasileiro é infenso ao *solve et repete* desde o Império. Historicamente, inclusive, a Jurisprudência do STF sempre entendeu que "[...] não é lícito à autoridade tributária, para forçar o depósito, apreender mercadorias ou proibir de adquirir estampilhas o sujeito em débito, despachar mercadorias nas Alfândegas e exercer atividades profissionais". A única exceção foi a ditadura de 1937:

> [...] a ditadura de 1937, nos albores de sua inauguração, instituiu no Brasil o regime da regra solve et repete, provavelmente por imitação do Direito Fiscal italiano, que, àquele tempo, foi fonte de inspiração do novo "Estado Autoritário": o contribuinte deverá pagar e depois acionar a União para anulação do débito e repetição do tributo indevidamente pago.[21]

Portanto, aplicar a interpretação definida pelo STF no RE nº 1.090.591 aos casos em que o crédito tributário se encontra com exigibilidade suspensa seria submeter os contribuintes ao regime autoritário de inspiração fascista. Haveria um afastamento do Estado de Direito, com retorno ao Estado de Polícia. Assim, nessas hipóteses, o despacho aduaneiro deve seguir o seu curso regular, porque só é possível condicionar o desembaraço aduaneiro ao pagamento de crédito tributário exigível.

O mesmo se aplica à garantia, como também decorre do Protocolo de Revisão da Convenção Internacional para a Simplificação e a Harmonização dos Regimes Aduaneiros (Convenção de Quioto Revisada), incorporado ao direito interno pelo Decreto Legislativo nº 56/2019 e promulgado pelo Decreto nº 10.276/2020:

> CAPÍTULO 5
> GARANTIAS
> [...]
> 5.6. Norma
> Quando seja exigida uma garantia, o respectivo montante deverá ser o mais baixo possível e, relativamente a direitos e demais imposições, não deverá exceder o montante eventualmente exigível.

Destarte, a Norma 5.6 da Convenção de Quioto Revisada limita a exigência de garantia ao crédito *eventualmente exigível*. Logo, se este teve a sua exigibilidade suspensa, não é lícito condicionar o desembaraço aduaneiro à prestação de uma garantia.

---

[21] BALEEIRO, Aliomar. *Direito tributário brasileiro*. 11. ed. Atual. Misabel Abreu Machado Derzi. Rio de Janeiro: Forense, 2001. p. 879.

Com efeito, mostra-se totalmente desproposital exigir a prestação de garantia quando, *v.g.*, o sujeito passivo parcelou o crédito tributário. Esse ato jurídico, conforme estabelece o art. 151, VI, do CTN, implica a suspensão da exigibilidade, independentemente da prestação de garantia, como já decidiu o STF no RE nº 917.285, julgado em regime de repercussão geral:

> Recurso extraordinário. Repercussão geral. Normas gerais de Direito Tributário. Artigo 146, III, *b*, da CF. Artigo 170 do CTN. Norma geral em matéria de compensação. Compensação de ofício. Artigo 73, parágrafo único (incluído pela Lei nº 12.844/13), da Lei nº 9.430/96. Débitos parcelados sem garantia. Suspensão da exigibilidade do crédito (art. 151, VI, do CTN). Impossibilidade de compensação unilateral. Inconstitucionalidade da expressão "ou parcelados sem garantia".
> [...]
> 4. O art. 151, VI, do CTN, ao prever que o parcelamento suspende a exigibilidade do crédito tributário, não condiciona a existência ou não de garantia. O parágrafo único do art. 73 da Lei nº 9.430/96 (incluído pela Lei nº 12.844/13), ao permitir que o Fisco realize compensação de ofício de débito parcelado sem garantia, condiciona a eficácia plena da hipótese de suspensão do crédito tributário – no caso, o 'parcelamento' (CTN – art. 151, VI) – a condição não prevista em lei complementar.
> 5. Recurso extraordinário a que se nega provimento, mantendo-se o acórdão em que se declarou a inconstitucionalidade da expressão "ou parcelados sem garantia", constante do parágrafo único do art. 73 da Lei nº 9.430/96, incluído pela Lei nº 12.844/13, por afronta ao art. 146, III, b, da Constituição Federal.
> 6. Tese do Tema nº 874 de repercussão geral: "É inconstitucional, por afronta ao art. 146, III, b, da CF, a expressão 'ou parcelados sem garantia' constante do parágrafo único do art. 73, da Lei nº 9.430/96, incluído pela Lei nº 12.844/13, na medida em que retira os efeitos da suspensão da exigibilidade do crédito tributário prevista no CTN.[22]

Isso é válido para todas as hipóteses de suspensão da exigibilidade do crédito tributário previstas no art. 151 do CTN, inclusive quando o sujeito passivo apresenta um recurso administrativo questionando a exigência fiscal. A interposição suspende a exigibilidade diretamente, sem a necessidade de prestação de garantia ou de qualquer outra exigência. Foi isso, aliás, que serviu de fundamento para os julgados que levaram o STF a aprovar a Súmula Vinculante nº 21: "É inconstitucional a exigência de depósito ou arrolamento prévios de dinheiro ou bens para admissibilidade de recurso administrativo". Ocorre, da mesma forma, quando é proferida uma decisão judicial – liminar em mandado de segurança ou tutela provisória em ação ordinária – suspendendo a exigibilidade do crédito tributário; ou realizado o depósito judicial do montante cobrado pela autoridade aduaneira em ação questionando a exigência fiscal.

O Judiciário, em decisões recentes, já está adotando essa interpretação. Destaca-se, nesse sentido, a seguinte decisão monocrática do Desembargador Federal Alexandre Luna Freire, do TRF da 5ª Região:

> "[...]
> A considerar que a Tese fixada pelo Supremo Tribunal Federal no Recurso Extraordinário no 1090591/SC sobre a possibilidade de retenção de mercadorias em Desembaraço Aduaneiro quando o Importador não questiona, na via administrativa, o(s) motivo(s)

---

[22] STF. T. Pleno. RE nº 917.285/SC. Rel. Min. Dias Toffoli. *DJe*-243, d. 05.10.2020, p. 06.10.2020.

que ensejou(ram) a retenção não se aplica à hipótese discutida no Processo de origem, porquanto o Impetrante, ora Agravante, apresentou Manifestação de Inconformidade assim como Impugnação ao Auto de Infração, de modo a suspender a exigibilidade de que trata o artigo 151, III, do Código Tributário Nacional e nos termos do Decreto-Lei nº 37/1966.

ISTO POSTO, defiro o Pedido de Antecipação da Tutela Recursal para determinar o Desembaraço Aduaneiro das mercadorias objeto da Declaração de Importação nº 20/1876188-8, facultado ao Fisco a cobrança, *a posteriori*, de Multa em razão de irregularidade na importação, apurada em Processo Administrativo Fiscal, e, também, se houver, das diferenças dos Tributos incidentes.[23]

Destarte, não se aplica o direito de retenção se o crédito estiver com exigibilidade suspensa. A mercadoria deve ser entregue ao importador, sendo certo que, em caso de fundado receio de frustação no futuro recebimento do crédito e atendidos os demais pressupostos legais, a Receita Federal deve promover o arrolamento de bens do devedor ou, eventualmente, representar à Procuradoria da Fazenda Nacional para fins de ajuizamento de medida cautelar fiscal em face do sujeito passivo. Isso é válido para todas as hipóteses previstas no art. 151 do CTN, inclusive quando o sujeito passivo apresentar um recurso administrativo questionando a exigência fiscal.

### 1.2.1.3 Liberação (desembaraço aduaneiro)

O desembaraço aduaneiro – ou, dentro da nova designação jurídica que decorre da CQR, *liberação* – encerra a fase de conferência aduaneira. Dele resulta um efeito jurídico relevante: a nacionalização do produto, que, a partir desse momento, é formalmente integrado ao mercado doméstico para todos os efeitos legais, podendo circular livremente no território nacional.[24] Mesmo quando a declaração é parametrizada nos canais amarelo, vermelho ou cinza, isso não implica a homologação do ato jurídico de constituição do crédito tributário realizado pelo sujeito passivo por meio do registro da declaração de mercadorias. A homologação, quando não resulta do decurso do prazo de cinco anos previsto no art. 150, § 4º, do CTN, é um ato administrativo formal e expresso. A *liberação* não tem esse conteúdo nem finalidade.[25] A

---

[23] TRF-5ª Região. 1ª T. AI no 0802545-96.2021.4.05.0000. Rel. Des. Fed. Alexandre Luna Freire, em 10.03.2021.

[24] FERNANDES, Rodrigo Mineiro. *Introdução ao direito aduaneiro*. São Paulo: Intelecto, 2018. p. 239; NASCIMENTO, José Fernandes do. Despacho aduaneiro de importação. In: PEIXOTO, Marcelo Magalhães; SARTORI, Angela; DOMINGO, Luiz Roberto (coord.). *Tributação aduaneira à luz da jurisprudência do Carf – Conselho Administrativo de Recursos Fiscais*. São Paulo: MP, 2013. p. 137; SOSA, Roosevelt Baldomir. *Comentários à Lei Aduaneira*: do artigo 1º ao artigo 248 do Dec. 91.030/85. São Paulo: Aduaneiras, 1992p. 96: "Nacionalizar é atribuir ao produto de procedência estrangeira o mesmo *status* do produto nacional. A nacionalização, com efeito, visa colocar o produto de procedência estrangeira em condições de circular economicamente. Em outros termos, nacionalizar é incorporar o produto de procedência estrangeira no aparelho produtivo nacional. [...] O ato administrativo que formaliza a nacionalização é o desembaraço aduaneiro." No mesmo sentido, cf.: MEIRA, Liziane Angelotti. *Tributos sobre o comércio exterior*. São Paulo: Saraiva, 2012. p. 332-335; e ARAÚJO, Ana Clarissa Masuko dos Santos; SARTORI, Angela. *Drawback e o comércio exterior*: visão jurídica e operacional. São Paulo: Aduaneiras, 2003. p. 160.

[25] "O desembaraço aduaneiro não é instituto homologatório do lançamento e a realização do procedimento de "revisão aduaneira", com fundamento no art. 54 do Decreto-Lei nº 37/1966, não implica "mudança de critério jurídico" vedada pelo art. 146 do CTN, qualquer que seja o canal de conferência aduaneira" (Súmula Carf nº 216).

homologação só ocorre em sede de auditoria pós-despacho (revisão aduaneira) ou após o esgotamento do prazo para sua realização.[26]

### 1.2.2 Revisão aduaneira (auditoria pós-despacho)

O deslocamento da fiscalização para uma etapa pós-desembaraço não pode ocorrer em prejuízo do interesse público. Por isso, servindo-se da abertura semântica do art. 54 do Decreto-Lei nº 37/1966, alterado pelo Decreto-Lei nº 2.472/1988,[27] o art. 638 do Decreto nº 6.759/2009 prevê o instituto da revisão aduaneira:

> Art. 638. Revisão aduaneira é o ato pelo qual é apurada, após o desembaraço aduaneiro, a regularidade do pagamento dos impostos e dos demais gravames devidos à Fazenda Nacional, da aplicação de benefício fiscal e da exatidão das informações prestadas pelo importador na declaração de importação, ou pelo exportador na declaração de exportação (Decreto-Lei nº 37, de 1966, art. 54, com a redação dada pelo Decreto-Lei nº 2.472, de 1988, art. 2º; e Decreto-Lei nº 1.578, de 1977, art. 8º).
> 
> § 1º Para a constituição do crédito tributário, apurado na revisão, a autoridade aduaneira deverá observar os prazos referidos nos arts. 752 e 753.
> 
> § 2º A revisão aduaneira deverá estar concluída no prazo de cinco anos, contados da data:
> I – do registro da declaração de importação correspondente (Decreto-Lei nº 37, de 1966, art. 54, com a redação dada pelo Decreto-Lei nº 2.472, de 1988, art. 2º); e
> II – do registro de exportação.
> 
> § 3º Considera-se concluída a revisão aduaneira na data da ciência, ao interessado, da exigência do crédito tributário apurado.[28]

Na revisão aduaneira, são fiscalizados todos os aspectos do despacho aduaneiro, inclusive a exatidão das informações prestadas pelo declarante e a regularidade do pagamento dos tributos e demais gravames devidos à Fazenda Nacional. Trata-se de um procedimento típico do direito aduaneiro, com conteúdo mais amplo que o de uma revisão do lançamento. Porém, ao realizá-la, o Auditor Fiscal também pode revisar o ato jurídico de constituição do crédito tributário realizado pelo sujeito passivo ao registrar a declaração de mercadorias, ou mesmo um lançamento de ofício anterior. Nesse último caso, devem ser observados os limites temporais do art. 638, § 2º, do RA e os materiais dos arts. 146 e 149 do CTN.

---

[26] Ver Cap. V, item 8.3.

[27] "Art. 54 – A apuração da regularidade do pagamento do imposto e demais gravames devidos à Fazenda Nacional ou do benefício fiscal aplicado, e da exatidão das informações prestadas pelo importador será realizada na forma que estabelecer o regulamento e processada no prazo de 5 (cinco) anos, contado do registro da declaração de que trata o art. 44 deste Decreto-Lei (Redação dada pelo Decreto-Lei nº 2.472, de 01.09.1988)".

[28] Previsão semelhante é encontrada no art. 50 do Código Aduaneiro do Mercosul:
"Artigo 50 – Revisão posterior da declaração de mercadoria
A Administração Aduaneira poderá, depois da liberação da mercadoria, efetuar a análise dos documentos, dados e informações apresentados e relativos ao regime aduaneiro solicitado, bem como realizar a verificação da mercadoria e revisar sua classificação tarifária, origem e valoração aduaneira, com o objetivo de comprovar a exatidão da declaração, o fundamento do regime autorizado, o tributo pago ou o benefício concedido".

Nas edições anteriores, com fundamento no art. 571 do Decreto nº 6.759/2009,[29] foi ressaltado que a revisão aduaneira constitui o ato final do despacho aduaneiro de importação, com concepção que é acolhida pela maior parte da doutrina.[30] Essa exegese, entretanto, deve ser revista em razão do Acordo sobre a Facilitação do Comércio da OMC. Dentro do regime jurídico que decorre do AFC, a revisão aduaneira deve ser categorizada como uma *auditoria pós-despacho*, que visa a tornar mais célere a liberação, mas sem prejudicar a eficácia do controle aduaneiro:

> 5. Auditoria pós-despacho aduaneiro
> 5.1. Com vistas a tornar mais ágil a liberação dos bens, cada Membro adotará ou manterá mecanismo de auditoria posterior ao despacho aduaneiro para assegurar o cumprimento das leis e regulamentos aduaneiros aplicáveis.
> 5.2 Cada Membro selecionará uma pessoa ou carga para auditoria pós-despacho aduaneiro com base no risco, que poderá incluir critérios de seleção adequados. Cada Membro realizará auditorias pós-despacho aduaneiro de forma transparente. Quando uma pessoa estiver envolvida no processo de auditoria e forem obtidos resultados conclusivos, o Membro notificará, sem demora, a pessoa cujos registros foram auditados a respeito dos resultados, dos seus direitos e obrigações, e das razões para os resultados.
> 5.3 A informação obtida na auditoria pós-despacho aduaneiro poderá ser usada em processos administrativos ou judiciais posteriores.
> 5.4 Os Membros usarão, sempre que viável, o resultado de auditoria pós-despacho aduaneiro na aplicação de gestão de riscos.

Portanto, na medida em que a revisão consiste em uma auditoria pós-despacho, a liberação (desembaraço) deve ser compreendida como o ato final do despacho aduaneiro. Trata-se, entretanto, apenas de uma precisão terminológica, que não implica a alteração da natureza jurídica do instituto. A liberação continua sendo o ato final da conferência e, com o AFC, do próprio despacho aduaneiro, sem caráter homologatório do lançamento.

## 1.3 Lançamento e pagamento do ICMS

O lançamento e o pagamento do ICMS são definidos pela legislação do Estado competente ou do Distrito Federal. Em regra, o tributo é lançado por homologação e o pagamento deve

---

[29] "Art. 571. Desembaraço aduaneiro na importação é o ato pelo qual é registrada a conclusão da conferência aduaneira (Decreto-Lei nº 37, de 1966, art. 51, *caput*, com a redação dada pelo Decreto-Lei nº 2.472, de 1988, art. 2º)".

[30] A revisão aduaneira tem sido objeto de escassa preocupação doutrinária. Registre-se, contudo, os excelentes estudos de GOULART, Paula Jacques. Revisão aduaneira e reclassificação fiscal de mercadorias. In: PEREIRA, Cláudio Augusto Gonçalves; REIS, Raquel Segalla (Coord.). *Ensaios de direito aduaneiro*. São Paulo: Intelecto, 2015. p. 20-46; CURI, Bruno M. M. Da inviabilidade de retificação do lançamento em virtude de erro na classificação fiscal de mercadorias. In: PEREIRA, Cláudio Augusto Gonçalves; REIS, Raquel Segalla (Coord.). *Ensaios de direito aduaneiro*. São Paulo: Intelecto, 2015. p. 47-60; TREVISAN, Rosaldo. A revisão aduaneira de classificação de mercadorias na importação e a segurança jurídica: uma análise sistemática. *In*: BRANCO, Paulo Gonet; MEIRA, Liziane Angelotti; CORREITA NETO, Celso de Barros (org.) *Tributação e direitos fundamentais*. São Paulo: Saraiva, 2012; FERNANDES, Rodrigo Mineiro. *Revisão aduaneira e segurança jurídica*. São Paulo: Intelecto, 2016; MACHADO, Corintho Oliveira. A modificação de critérios jurídicos adotados no lançamento tributário aduaneiro. Disponível: http://www.fiscosoft.com.br/a/5bjy/a-modificacao-de-criterios-juridicos-dotados-o-lancamento-tributario--aduaneiro-corintho-oliveira-machado#ixzz1p77gHwxN. Acesso em: 10.10.2018.

ser realizado no desembaraço aduaneiro por meio de GNRE (Guia Nacional de Recolhimento de Tributos estaduais) vinculada ao número do registro da declaração. Porém, alguns Estados, a exemplo de Santa Catarina, estabelecem um tratamento tributário diferenciado para operações de natureza comercial e industrial, autorizando o diferimento do imposto para a etapa subsequente da circulação.[31]

## 1.4 Lançamento e pagamento do imposto de exportação

Como já ressaltado, não há cobrança de imposto de exportação no Brasil, ressalvados produtos especiais como cigarros, armas e munições, quando exportados para países específicos.[32] O imposto é lançado por homologação, devendo ser recolhido por meio de Darf (Documento de Arrecadação de Receitas Federais) no prazo de 15 dias do registro da declaração única de exportação (DU-E).[33]

## 2 PRESCRIÇÃO E DECADÊNCIA

### 2.1 Diferenciação

A prescrição é explicada pela doutrina de diferentes maneiras. Alguns autores entendem que seria a *perda do direito de ação* em razão do não exercício no prazo legal. Outros, de forma mais precisa e considerando as disposições do Código Civil de 2002,[34] observam que, diante da autonomia do direito de ação em relação ao direito material, a prescrição opera a *extinção da pretensão*, que nasce com a violação do direito, ou seja, da faculdade de poder exigir a sua satisfação em juízo.[35] Já a decadência ou caducidade extingue o próprio direito material, atingindo tipicamente direitos protestativos ou formativos, que são desprovidos de pretensão. Esses direitos não se contrapõem a uma prestação de um devedor ou obrigado. Sua implementação ocorre mediante simples manifestação da vontade do titular, o que, em certos casos, pode demandar a propositura de uma ação de natureza constitutiva. A extinção, assim, resulta do não exercício tempestivo ou, quando necessária uma ação, do não ajuizamento no prazo legal.[36]

---

[31] Lei Estadual/SC nº 17.763/2019; e Regulamento do ICMS/SC (Decreto nº 2.870/2001), art. 10, Anexo III; e art. 53, § 7º, I.

[32] Ver Cap. II, item 3.

[33] Portaria MF nº 674/1994.

[34] "Art. 189. Violado o direito, nasce para o titular a pretensão, a qual se extingue, pela prescrição, nos prazos a que aludem os arts. 205 e 206".

[35] Em relação ao tema da prescrição, destacam-se: AMORIM FILHO, Agnelo. Critério científico para distinguir a prescrição da decadência e para identificar as ações imprescritíveis. *Revista dos Tribunais*, v. 49, n. 300, p. 7-37, 1960; THEODORO JÚNIOR, Humberto. *Prescrição e decadência*. 2. ed. Rio de Janeiro: Forense, 2020. Sobre a diferenciação entre *ação* e *pretensão*, cf.: SILVA, Ovídio Baptista da. *Curso de processo civil*: processo de conhecimento. 3. ed. Porto Alegre, Fabris, 1996. p. 59 e ss. Sobre a prescrição e a decadência no direito tributário, cf.: SEHN, Solon. *Curso de direito tributário*. Rio de Janeiro: Forense, 2024. p. 353 e ss.

[36] Essa sutil, mas relevante distinção, é assim explicada por Agnelo Amorim Filho, ao ressaltar que: "[...] há uma terceira categoria de direitos potestativos que só podem ser exercidos por meio de ação. A ação, aqui, já não tem caráter simplesmente subsidiário, ou facultativo, mas obrigatório, como forma de exercício do direito. Consequentemente, nessa terceira categoria não se dispensa a propositura da ação nem mesmo quando todos os interessados, inclusive aqueles que sofrem *sujeição*, estão de acordo em que o direito seja exercitado por outra forma" (AMORIM FILHO, Agnelo. Critério científico para distinguir a prescrição da decadência e para identificar as ações imprescritíveis. *Revista dos Tribunais*, v. 49, n. 300,

## 2.2 Decadência do poder-dever de lançar

O CTN não foi preciso ao prever a decadência como modalidade de extinção do crédito tributário (art. 156, V).[37] Este, como todo direito de crédito, não tem naturezas potestativa ou formativa, porque há uma prestação contraposta do devedor. Também não houve precisão no art. 138 do Decreto-Lei nº 37/1966, que faz referência à extinção do "direito de exigir o tributo". Na realidade, a caducidade extingue o direito ou poder-dever que a Administração Pública tem de efetuar o lançamento tributário, isto é, de constituir o crédito tributário por meio desse ato administrativo.[38]

Portanto, a decadência é a perda do direito de efetuar o lançamento tributário em razão de seu não exercício no prazo de cinco anos contados, nos termos do art. 173 do CTN e do art. 138 do Decreto-Lei nº 37/1966: (i) do primeiro dia do exercício seguinte àquele em que o lançamento poderia ter sido efetuado; (ii) da data em que se tornar definitiva a decisão que houver anulado, por vício formal, o lançamento anterior; e (iii) da data da notificação do sujeito passivo acerca de qualquer medida preparatória indispensável do lançamento.

Nos tributos sujeitos ao lançamento por homologação, o art. 173, I, do CTN estabelece que o prazo decadencial é de cinco anos contados do *primeiro dia do exercício seguinte àquele em que o lançamento poderia ter sido efetuado*. No julgamento do RE nº 58.918-5/RJ, a 1ª Turma do STJ entendeu que o termo inicial do prazo seria a data da homologação do autolançamento. Assim, nas hipóteses em que isso ocorre tacitamente pelo decurso do tempo, haveria um prazo total de 10 anos para a lavratura do lançamento de ofício suplementar.[39]

Após divergências doutrinárias e jurisprudenciais,[40] o STJ definiu em sede de recurso repetitivo que o termo inicial é o primeiro do exercício seguinte ao da ocorrência do fato

---

1960. p. 14). É o caso, por exemplo, de alguns direitos potestativos relativos ao estado civil das pessoas. A ação, ademais, será sempre de natureza constitutiva, ao contrário da prescrição, que envolve ação condenatória.

[37] Para a decadência nas penalidades aduaneiras, ver Cap. VII, item 8.

[38] Como ensina Marçal Justen Filho que: "A perda de direitos em virtude da ausência tempestiva do seu exercício no relacionamento direto entre Administração e particular *não* configura hipótese de prescrição. Assim se passa porque não se trata de ausência de exercício do direito de ação, mas do não exercício de direitos e poderes de direito material. Portanto, trata-se de hipótese de decadência, não de prescrição" (JUSTEN FILHO, Marçal. *Curso de direito administrativo*. 13. ed. São Paulo: RT, 2018. p. 1347). No mesmo sentido: MELLO, Celso Antônio Bandeira de. *Curso de direito administrativo*. 18. ed. São Paulo: Malheiros, 2005. p. 969.

[39] "TRIBUTÁRIO – CONTRIBUIÇÃO PREVIDENCIÁRIA – CONSTITUIÇÃO DO CRÉDITO TRIBUTÁRIO – DECADÊNCIA – PRAZO (CTN ART. 173).
I – O art. 173, I do CTN deve ser interpretado em conjunto com seu art. 150, par. 4.
II – O Termo inicial da decadência prevista no art. 173, I do CTN não e a data em que ocorreu o fato gerador.
III – A decadência relativa ao direito de constituir crédito tributário somente ocorre depois de cinco anos, contados do exercício seguinte aquele em que se extinguiu o direito potestativo de o estado rever e homologar o lançamento (CTN, art. 150, par. 4.).
IV – Se o fato gerador ocorreu em outubro de 1974, a decadência opera-se em 1. de janeiro de 1985" (STJ. 1ª T. REsp 58.918/RJ. Rel. Min. Humberto Gomes de Barros. DJ 19.06.1995).

[40] Essa exegese foi questionada na doutrina. Como demonstrado por Eurico Marcos Diniz de Santi, a interpretação da 1ª Turma desvirtuava a finalidade do instituto, que é extinguir o débito, e não o eternizar. O termo "poderia", encontrado no art. 150, § 4º, é simples modalizador deôntico da conduta. Não pode ser interpretado como a própria conduta de lançar, razão pela qual não é idôneo para demarcar o prazo decadencial. Do contrário, acabaria por gerar uma recursividade do discurso, permitindo a dilação ainda maior desse prazo, para quinze anos, vinte, vinte e cinco e assim sucessivamente. Afinal, mesmo

jurídico tributário, na forma do art. 173, I, quando não há pagamento antecipado; e a data do pagamento parcial de boa-fé, nos termos do art. 150, § 4º, ainda que em valor menor do que o considerado devido pela fiscalização:

> O prazo decadencial quinquenal para o Fisco constituir o crédito tributário (lançamento de ofício) conta-se do primeiro dia do exercício seguinte àquele em que o lançamento poderia ter sido efetuado, nos casos em que a lei não prevê o pagamento antecipado da exação ou quando, a despeito da previsão legal, o mesmo inocorre, sem a constatação de dolo, fraude ou simulação do contribuinte, inexistindo declaração prévia do débito (Tema Repetitivo nº 163).[41]

Assim, de acordo com o art. 173, I, do CTN, como o registro da declaração de mercadorias só ocorre após o pagamento dos créditos tributários, o prazo decadencial para o lançamento de ofício suplementar dos tributos aduaneiros tem início nesse momento. Por outro lado, nos casos de dolo, fraude ou simulação, o termo inicial deveria contar do primeiro dia do exercício financeiro seguinte ao do registro:

> Art. 150. [...]
> § 4º Se a lei não fixar prazo a homologação, será ele de cinco anos, a contar da ocorrência do fato gerador; expirado esse prazo sem que a Fazenda Pública se tenha pronunciado, considera-se homologado o lançamento e definitivamente extinto o crédito, salvo se comprovada a ocorrência de dolo, fraude ou simulação.

Não obstante, o Decreto-Lei nº 37/1966 não prevê a diferenciação entre o pagamento de boa-fé e os casos de dolo, fraude ou simulação, estabelecendo que, em qualquer caso, o termo inicial é a data do pagamento parcial:

---

ao cabo do prazo decadencial de 10 anos, preconizado pelos defensores dessa exegese, o lançamento poderia ter sido efetivado. Sobre o tema, cf.: SANTI, Eurico Marcos Diniz de. *Decadência e prescrição no direito tributário*. São Paulo: Max Limonad, 2000. p. 163 e ss.; XAVIER, Alberto. *Do lançamento no direito tributário*. 3. ed. Rio de Janeiro: Forense, 2005. p. 91 e ss.; MELO, José Eduardo Soares de. *Curso de Direito Tributário*. São Paulo: Dialética, 2000. p. 233 e ss.; CARVALHO, *Paulo de Barros. Curso de direito tributário*. 13. ed. São Paulo: Saraiva, 2000. p. 443-472; CARVALHO, Aurora Tomazine de (org.). *Decadência e prescrição em direito tributário*. 2. ed. São Paulo: MP, 2010. Sobre a diferença entre prescrição e decadência na teoria do direito: AMORIM FILHO, Agnelo. *Critério científico para distinguir a prescrição da decadência e para identificar as ações imprescritíveis*. Revista dos Tribunais, v. 49, n. 300, 1960. p. 07 e ss.

[41] STJ. 1ª S. REsp 973.733/SC. Rel. Min. Luiz Fux. *DJe* 18.09.2009. Registre-se ainda que, de acordo com o Tema Repetitivo nº 604: "A decadência, consoante a letra do art. 156, V, do CTN, é forma de extinção do crédito tributário. Sendo assim, uma vez extinto o direito, não pode ser reavivado por qualquer sistemática de lançamento ou auto-lançamento, seja ela via documento de confissão de dívida, declaração de débitos, parcelamento ou de outra espécie qualquer (DCTF, GIA, DCOMP, GFIP, etc.)" (STJ. 1ª S. REsp 1355947/SP. Rel. Min. Mauro Campbell Marques. *DJe* 21.06.2013); STJ. 1ª T. AgInt no AREsp 1071400/RS. Rel. Min. Napoleão Nunes Maia Filho. *DJe* 08.10.2020: "[...] a obrigação tributária não declarada pelo contribuinte em tempo e modo determinados pela legislação de regência está sujeita ao procedimento de constituição do crédito pelo fisco por meio do lançamento substitutivo, o qual deve se dar no prazo decadencial previsto no art. 173, I do CTN, quando não houver pagamento antecipado, ou no art. 150, § 4º do CTN, quando ocorrer o recolhimento de boa-fé, ainda que em valor menor do que aquele que a Administração entende devido, pois, nesse caso, a atividade exercida pelo contribuinte, de apurar, pagar e informar o crédito tributário, está sujeita à verificação pelo ente público, sem a qual ela é tacitamente homologada. Essa orientação também tem aplicação quando o pagamento parcial do tributo decorre de creditamento tido pelo fisco como indevido".

Art. 138 – O direito de exigir o tributo extingue-se em 5 (cinco) anos, a contar do primeiro dia do exercício seguinte àquele em que poderia ter sido lançado. (Redação dada pelo Decreto-Lei nº 2.472, de 01/09/1988)

Parágrafo único. Tratando-se de exigência de diferença de tributo, contar-se-á o prazo a partir do pagamento efetuado (Redação dada pelo Decreto-Lei nº 2.472, de 01.09.1988).

Poderia ser questionada a constitucionalidade dessa regra especial. Afinal, na época da edição do Decreto-Lei nº 2.472/1988, o texto constitucional já previa a reserva de lei complementar sobre normas gerais de direito tributário.[42] Mas essa discussão é carente de efeito prático, porque eventual inconstitucionalidade formal implicaria o efeito repristinatório da redação originária do parágrafo único do art. 138 do Decreto-Lei nº 37/1966, que também estabelece a data do pagamento parcial como termo inicial.[43] Logo, como até 15 de março de 1967, data do início da vigência da Constituição de 1967, o Decreto-Lei nº 37/1966 poderia revogar ou estabelecer disposições especiais em relação às normas gerais do CTN, não há o que objetar em relação a essa previsão.[44]

Recorde-se, no entanto, que o Decreto-Lei nº 37/1966 aplica-se apenas ao imposto de importação. Logo, o art. 138 do CTN não abrange o IPI, o PIS/Pasep e a Cofins, que ficam submetidos às regras do art. 150, § 4º, e do art. 173, I, do CTN.

## 2.3 Prescrição da pretensão

Também não houve precisão na disciplina da prescrição pelo CTN, que a definiu como modalidade de extinção do próprio direito de crédito (art. 156, V), e não da ação ou da pretensão.[45] Não obstante, o que se tem, a rigor, é a extinção da pretensão ou da faculdade de poder exigir a satisfação do crédito tributário inadimplido em juízo, o que resulta, nos termos do art. 174, do não ajuizamento da execução fiscal no prazo de cinco anos contados de sua constituição definitiva: "Art. 174. A ação para a cobrança do crédito tributário prescreve em cinco anos, contados da data da sua constituição definitiva".[46]

O prazo prescricional é interrompido nas seguintes hipóteses previstas no art. 174 do CTN: (i) pelo despacho do juiz que ordenar a citação em execução fiscal; (ii) pelo protesto judicial; (iii) por qualquer ato judicial que constitua em mora o devedor; ou por qualquer ato inequívoco ainda que extrajudicial, que importe em reconhecimento do débito pelo devedor. Além disso, de acordo com o art. 141 do Decreto-Lei nº 37/1966, não corre a prescrição: (i)

---

[42] Sobre o conteúdo da reserva de lei complementar em matéria de prescrição e decadência, cf: CARRAZZA, Roque Antonio. *Curso de direito constitucional tributário*. 16. ed. São Paulo: Malheiros, 2001. p. 816-817; BALERA, Wagner. Decadência e prescrição das contribuições de seguridade social. In: ROCHA, Valdir de Oliveira (coord.). *Contribuições sociais – questões polêmicas*. São Paulo: Dialética, 1995. p. 96; ESTEVES, Maria do Rosário. *Normas gerais de direito tributário*. São Paulo: Max Limonad, 1997. p. 111; CANAZARO, Fábio. *Lei complementar tributária na Constituição de 1988*: normas gerais em matéria de legislação tributária e autonomia federativa. Porto Alegre: Livraria do Advogado, 2005.

[43] "Art. 138. [...] Parágrafo único. Em se tratando de cobrança de diferença de tributos, conta-se, o prazo a partir do pagamento efetuado".

[44] Ver *infra*: prescrição e decadência em matéria de infrações; e o termo inicial da decadência no *drawback*.

[45] Sobre a prescrição nas penalidades aduaneiras, ver Cap. VII, item 9.

[46] De acordo com a Súmula nº 622 do STJ: "A notificação do auto de infração faz cessar a contagem da decadência para a constituição do crédito tributário; exaurida a instância administrativa com o decurso do prazo para a impugnação ou com a notificação de seu julgamento definitivo e esgotado o prazo concedido pela Administração para o pagamento voluntário, inicia-se o prazo prescricional para a cobrança judicial".

enquanto a cobrança depender de exigência a ser satisfeita pelo contribuinte; e (ii) até que a autoridade aduaneira seja diretamente informada da revogação de ordem ou de decisão judicial que tenha suspendido, anulado ou modificado a exigência, inclusive no caso de sobrestamento do processo.[47]

A jurisprudência do STJ tem os seguintes entendimentos consolidados acerca da interpretação das causas de interrupção previstas no CTN:

a) "O pedido de parcelamento fiscal, ainda que indeferido, interrompe o prazo prescricional, pois caracteriza confissão extrajudicial do débito" (Súmula nº 653);

b) "Em execução fiscal, a prescrição ocorrida antes da propositura da ação pode ser decretada de ofício (art. 219, § 5º, do CPC)" (Súmula nº 409);

c) "A notificação do auto de infração faz cessar a contagem da decadência para a constituição do crédito tributário; exaurida a instância administrativa com o decurso do prazo para a impugnação ou com a notificação de seu julgamento definitivo e esgotado o prazo concedido pela Administração para o pagamento voluntário, inicia-se o prazo prescricional para a cobrança judicial" (Súmula nº 622);

d) "O prazo prescricional quinquenal para o Fisco exercer a pretensão de cobrança judicial do crédito tributário conta-se da data estipulada como vencimento para o pagamento da obrigação tributária declarada (mediante DCTF, GIA, entre outros), nos casos de tributos sujeitos a lançamento por homologação, em que, não obstante cumprido o dever instrumental de declaração da exação devida, não restou adimplida a obrigação principal (pagamento antecipado), nem sobreveio quaisquer das causas suspensivas da exigibilidade do crédito ou interruptivas do prazo prescricional" (Tema Repetitivo nº 383).[48]

Ressalte-se que, para fins de redirecionamento da execução fiscal, ao julgar o Tema Repetitivo nº 444, o STJ fixou as seguintes teses jurídicas:

> (i) o prazo de redirecionamento da Execução Fiscal, fixado em cinco anos, contado da diligência de citação da pessoa jurídica, é aplicável quando o referido ato ilícito, previsto no art. 135, III, do CTN, for precedente a esse ato processual;
>
> (ii) a citação positiva do sujeito passivo devedor original da obrigação tributária, por si só, não provoca o início do prazo prescricional quando o ato de dissolução irregular for a ela subsequente, uma vez que, em tal circunstância, inexistirá, na aludida data (da citação), pretensão contra os sócios-gerentes (conforme decidido no REsp 1.101.728/SP, no rito do art. 543-C do CPC/1973, o mero inadimplemento da exação não configura ilícito atribuível aos sujeitos de direito descritos no art. 135 do CTN). O termo inicial do prazo prescricional para a cobrança do crédito dos sócios-gerentes infratores, nesse contexto, é a data da prática de ato inequívoco indicador do intuito de inviabilizar a satisfação do crédito tributário já em curso de cobrança executiva promovida contra a empresa contribuinte, a ser demonstrado pelo Fisco, nos termos do art. 593 do CPC/1973 (art. 792 do novo CPC – fraude à execução), combinado com o art. 185 do CTN (presunção de fraude contra a Fazenda Pública); e,

---

[47] SEHN, Solon. *Curso de direito tributário*. Rio de Janeiro: Forense, 2024. p. 355 e ss.
[48] STJ, 1ª S., REsp 1.120.295, Rel. Min. Luiz Fux, *DJe* 21.05.2010.

(iii) em qualquer hipótese, a decretação da prescrição para o redirecionamento impõe seja demonstrada a inércia da Fazenda Pública, no lustro que se seguiu à citação da empresa originalmente devedora (REsp 1.222.444/RS) ou ao ato inequívoco mencionado no item anterior (respectivamente, nos casos de dissolução irregular precedente ou superveniente à citação da empresa), cabendo às instâncias ordinárias o exame dos fatos e provas atinentes à demonstração da prática de atos concretos na direção da cobrança do crédito tributário no decurso do prazo prescricional.[49]

Esse precedente vinculante refere-se ao redirecionamento da execução fiscal nas hipóteses do inciso III do art. 135 do CTN, ou seja, quando se pretende cobrar o crédito tributário de diretores, gerentes ou representantes de pessoas jurídicas de direito privado. Trata-se de uma responsabilização direta, vale dizer, sem caráter solidário nem subsidiário. Porém, deve ser demonstrada a prática de atos com excesso de poderes ou infração à lei, ao contrato social ou aos estatutos.

## 2.4 Prescrição intercorrente judicial

A prescrição intercorrente é uma figura *sui generis* criada pela doutrina e hoje prevista em algumas disposições legais. A sua natureza jurídica tem sido fonte de controvérsia, já que, por ocorrer no curso do processo, não seria propriamente uma prescrição.[50] Trata-se de figura anômala assemelhada à preclusão, para alguns, ou perempção, para outros. Essa última interpretação parece mais acertada, porque, tal como a perempção, a prescrição intercorrente constitui uma sanção cominada ao demandante desidioso que abandona o feito, desde que em razão de inércia processual a ele imputável.[51]

Após o ajuizamento da execução fiscal, o art. 40 da Lei nº 6.830/1980 estabelece a *prescrição intercorrente* em cinco anos após a suspensão do feito pela não localização de bens penhoráveis:[52]

> Art. 40 – O Juiz suspenderá o curso da execução, enquanto não for localizado o devedor ou encontrados bens sobre os quais possa recair a penhora, e, nesses casos, não correrá o prazo de prescrição.
>
> § 1º Suspenso o curso da execução, será aberta vista dos autos ao representante judicial da Fazenda Pública.
>
> § 2º Decorrido o prazo máximo de 1 (um) ano, sem que seja localizado o devedor ou encontrados bens penhoráveis, o Juiz ordenará o arquivamento dos autos.
>
> § 3º Encontrados que sejam, a qualquer tempo, o devedor ou os bens, serão desarquivados os autos para prosseguimento da execução.

---

[49] STJ, 1ª S., REsp 1.201.993, Rel. Min. Herman Benjamin, *DJe* 12.12.2019.

[50] MARINONI, Luiz Guilherme; ARENHART, Sérgio Cruz; MITIDIERO, Daniel. *Novo curso processo civil*: tutela dos direitos mediante procedimento comum. São Paulo: RT, 2015. v. 2, p. 809.

[51] Humberto Theodoro Júnior, embora entenda que se trate de modalidade excepcional de prescrição, assinala que, para o seu acolhimento: "[...] é indispensável que a inércia processual seja de exclusiva responsabilidade do credor. Se o processo se imobilizou por deficiência do serviço forense, por manobra do devedor ou por qualquer outro motivo alheio ao autor, não se poderá cogitar da prescrição intercorrente, por longo que seja o retardamento da marcha do feito" (THEODORO JÚNIOR, Humberto. *Prescrição e decadência*. 2. ed. Rio de Janeiro: Forense, 2020. p. 179).

[52] Sobre a prescrição intercorrente administrativa nas penalidades aduaneiras, ver Cap. VII, item 8.

§ 4º Se da decisão que ordenar o arquivamento tiver decorrido o prazo prescricional, o juiz, depois de ouvida a Fazenda Pública, poderá, de ofício, reconhecer a prescrição intercorrente e decretá-la de imediato (Incluído pela Lei nº 11.051, de 2004).

No REsp nº 1.340.553, a 1ª Seção do STJ definiu critérios relevantes para a aplicação desse dispositivo:

> **RECURSO ESPECIAL REPETITIVO. ARTS. 1.036 E SEGUINTES DO CPC/2015 (ART. 543-C, DO CPC/1973). PROCESSUAL CIVIL. TRIBUTÁRIO. SISTEMÁTICA PARA A CONTAGEM DA PRESCRIÇÃO INTERCORRENTE (PRESCRIÇÃO APÓS A PROPOSITURA DA AÇÃO) PREVISTA NO ART. 40 E PARÁGRAFOS DA LEI DE EXECUÇÃO FISCAL (LEI Nº 6.830/80).**
> 1. O espírito do art. 40, da Lei n. 6.830/80 é o de que nenhuma execução fiscal já ajuizada poderá permanecer eternamente nos escaninhos do Poder Judiciário ou da Procuradoria Fazendária encarregada da execução das respectivas dívidas fiscais.
> 2. Não havendo a citação de qualquer devedor por qualquer meio válido e/ou não sendo encontrados bens sobre os quais possa recair a penhora (o que permitiria o fim da inércia processual), inicia-se **automaticamente** o procedimento previsto no art. 40 da Lei nº 6.830/80, e respectivo prazo, ao fim do qual restará prescrito o crédito fiscal. Esse o teor da Súmula nº 314/STJ: *"Em execução fiscal, não localizados bens penhoráveis, suspende-se o processo por um ano, findo o qual se inicia o prazo da prescrição quinquenal intercorrente".*
> 3. Nem o Juiz e nem a Procuradoria da Fazenda Pública são os senhores do termo inicial do prazo de 1 (um) ano de suspensão previsto no *caput*, do art. 40, da LEF, somente a lei o é (ordena o art. 40: "[...] o juiz **suspenderá** [...]"). Não cabe ao Juiz ou à Procuradoria a escolha do melhor momento para o seu início. **No primeiro momento em que constatada a não localização do devedor e/ou ausência de bens pelo oficial de justiça e intimada a Fazenda Pública, inicia-se automaticamente o prazo de suspensão, na forma do art. 40,** *caput,* **da LEF.** Indiferente aqui, portanto, o fato de existir petição da Fazenda Pública requerendo a suspensão do feito por 30, 60, 90 ou 120 dias a fim de realizar diligências, sem pedir a suspensão do feito pelo art. 40, da LEF. Esses pedidos não encontram amparo fora do art. 40 da LEF que limita a suspensão a 1 (um) ano. Também indiferente o fato de que o Juiz, ao intimar a Fazenda Pública, não tenha expressamente feito menção à suspensão do art. 40, da LEF. **O que importa para a aplicação da lei é que a Fazenda Pública tenha tomado ciência da inexistência de bens penhoráveis no endereço fornecido e/ou da não localização do devedor. Isso é o suficiente para inaugurar o prazo,** *ex lege.*
> 4. Teses julgadas para efeito dos arts. 1.036 e seguintes do CPC/2015 (art. 543-C, do CPC/1973):
> **4.1.)** O prazo de 1 (um) ano de suspensão do processo e do respectivo prazo prescricional previsto no art. 40, §§ 1º e 2º da Lei nº 6.830/80 - LEF tem início **automaticamente na data da ciência da Fazenda Pública** a respeito da não localização do devedor ou da inexistência de bens penhoráveis no endereço fornecido, havendo, **sem prejuízo dessa contagem automática**, o dever de o magistrado declarar ter ocorrido a suspensão da execução;[53]

---

[53] "O prazo de 1 (um) ano de suspensão do processo e do respectivo prazo prescricional previsto no art. 40, §§ 1º e 2º da Lei n. 6.830/80 - LEF tem início automaticamente na data da ciência da Fazenda Pública a

**4.1.1.)** Sem prejuízo do disposto no item 4.1., nos casos de execução fiscal para cobrança de dívida ativa de natureza tributária (cujo despacho ordenador da citação tenha sido proferido antes da vigência da Lei Complementar nº 118/2005), depois da citação válida, ainda que editalícia, **logo após a primeira tentativa infrutífera de localização de bens penhoráveis, o Juiz declarará suspensa a execução.**

**4.1.2.)** Sem prejuízo do disposto no item 4.1., em se tratando de execução fiscal para cobrança de dívida ativa de natureza tributária (cujo despacho ordenador da citação tenha sido proferido na vigência da Lei Complementar nº 118/2005) e de qualquer dívida ativa de natureza não tributária, **logo após a primeira tentativa frustrada de citação do devedor ou de localização de bens penhoráveis, o Juiz declarará suspensa a execução.**

**4.2.)** Havendo ou não petição da Fazenda Pública e havendo ou não pronunciamento judicial nesse sentido, **findo o prazo de 1 (um) ano de suspensão inicia-se automaticamente o prazo prescricional aplicável**[54] (de acordo com a natureza do crédito exequendo) durante o qual o processo deveria estar arquivado sem baixa na distribuição, na forma do art. 40, §§ 2º, 3º e 4º da Lei nº 6.830/80 – LEF, findo o qual o Juiz, **depois de ouvida a Fazenda Pública**, poderá, de ofício, reconhecer a prescrição intercorrente e decretá-la de imediato;

**4.3.)** A efetiva **constrição patrimonial** e a efetiva **citação** (ainda que por edital) são aptas a interromper o curso da prescrição intercorrente, **não bastando para tal o mero peticionamento em juízo**, requerendo, *v.g.*, a feitura da penhora sobre ativos financeiros ou sobre outros bens.[55] **Os requerimentos feitos pelo exequente, dentro da soma do prazo máximo de 1 (um) ano de suspensão mais o prazo de prescrição aplicável (de acordo com a natureza do crédito exequendo) deverão ser processados, ainda que para além da soma desses dois prazos, pois, citados (ainda que por edital) os devedores e penhorados os bens, a qualquer tempo – mesmo depois de escoados os referidos prazos –, considera-se interrompida a prescrição intercorrente, retroativamente, na data do protocolo da petição que requereu a providência frutífera.**

**4.4.)** A **Fazenda Pública**, em sua primeira oportunidade de falar nos autos (art. 245 do CPC/73, correspondente ao art. 278 do CPC/2015), ao alegar nulidade pela falta de qualquer intimação dentro do procedimento do art. 40 da LEF, **deverá demonstrar o prejuízo que sofreu (exceto a falta da intimação que constitui o termo inicial – 4.1., onde o prejuízo é presumido)**, por exemplo, deverá demonstrar a ocorrência de qualquer causa interruptiva ou suspensiva da prescrição.[56]

---

respeito da não localização do devedor ou da inexistência de bens penhoráveis no endereço fornecido, havendo, sem prejuízo dessa contagem automática, o dever de o magistrado declarar ter ocorrido a suspensão da execução" (Tema Repetitivo nº 566).

[54] "Havendo ou não petição da Fazenda Pública e havendo ou não pronunciamento judicial nesse sentido, findo o prazo de 1 (um) ano de suspensão inicia-se automaticamente o prazo prescricional aplicável" (Tema Repetitivo nº 567 e nº 569).

[55] "A efetiva constrição patrimonial e a efetiva citação (ainda que por edital) são aptas a interromper o curso da prescrição intercorrente, não bastando para tal o mero peticionamento em juízo, requerendo, *v.g.*, a feitura da penhora sobre ativos financeiros ou sobre outros bens" (Tema Repetitivo nº 568).

[56] "A Fazenda Pública, em sua primeira oportunidade de falar nos autos (art. 245 do CPC/73, correspondente ao art. 278 do CPC/2015), ao alegar nulidade pela falta de qualquer intimação dentro do procedimento do art. 40 da LEF, deverá demonstrar o prejuízo que sofreu (exceto a falta da intimação que constitui o termo inicial – 4.1., onde o prejuízo é presumido), por exemplo, deverá demonstrar a ocorrência de qualquer causa interruptiva ou suspensiva da prescrição" (Tema Repetitivo nº 570 e nº 571).

**4.5.)** O magistrado, ao reconhecer a prescrição intercorrente, deverá fundamentar o ato judicial por meio da **delimitação dos marcos legais que foram aplicados na contagem do respectivo prazo**, inclusive quanto ao período em que a execução ficou suspensa.
**5.** Recurso especial não provido. Acórdão submetido ao regime dos arts. 1.036 e seguintes do CPC/2015 (art. 543-C, do CPC/1973).[57]

No RE nº 636.562, por sua vez, o STF definiu que: "É constitucional o art. 40 da Lei nº 6.830/1980 (Lei de Execuções Fiscais LEF), tendo natureza processual o prazo de 1 (um) ano de suspensão da execução fiscal. Após o decurso desse prazo, inicia-se automaticamente a contagem do prazo prescricional tributário de 5 (cinco) anos" (Tema nº 390).[58]

## 3    REPETIÇÃO DO INDÉBITO

### 3.1    Aplicabilidade do art. 166 do CTN

A restituição de tributos que comportem, por sua natureza, transferência do respectivo encargo financeiro, de acordo com o art. 166 do CTN,[59] apenas pode ser deferida a quem prove haver assumido o referido encargo ou, no caso de tê-lo transferido a terceiro, estar por esse expressamente autorizado a recebê-la.[60] No passado, já houve discussão acerca da aplicabilidade desse preceito ao imposto de importação, o que, entretanto, foi afastado pela Jurisprudência do STJ:

> TRIBUTÁRIO. IMPOSTO DE IMPORTAÇÃO. RESTITUIÇÃO. ART. 166 DO CTN. INAPLICABILIDADE.
> 
> 1. O STJ já decidiu: "especificamente acerca do Imposto de Importação, considerando sua natureza, observa-se que, ainda que se admita a transferência do encargo ao consumidor final, tal repercussão é meramente econômica, decorrente das circunstâncias de mercado, e não jurídica, razão pela qual sua restituição não se condiciona às regras previstas no art. 166 do CTN" (REsp 755.490/PR, Rel. Ministra Denise Arruda, Primeira Turma, j. 04.11.2008, DJe 03.12.2008).
> 
> 2. Recurso Especial não provido.[61]

Não obstante, nas operações por conta e ordem, a Fazenda Nacional tem questionado a legitimidade das importadoras para pleitear a repetição do indébito. De acordo com essa exegese, a devolução do tributo apenas poderia ser pleiteada nos regimes da importação direta e por encomenda. Isso porque, na conta e ordem, a empresa que promove a introdução do produto estrangeiro no território aduaneiro não o faz em nome próprio, mas enquanto mandatária do real adquirente.[62] Logo, apenas este teria legitimidade para pleitear a devolução dos valores pagos indevidamente.

---

[57] STJ. 1ª S. REsp 1.340.553. Rel. Min. Mauro Campbell Marques. *DJe* 16.10.2018. Os grifos são originais.
[58] STF. T. Pleno. RE 636.562. Rel. Min. Roberto Barroso. Ata publicada no *DJe* 01.03.2023.
[59] "Art. 166. A restituição de tributos que comportem, por sua natureza, transferência do respectivo encargo financeiro somente será feita a quem prove haver assumido o referido encargo, ou, no caso de tê-lo transferido a terceiro, estar por este expressamente autorizado a recebê-la".
[60] Sobre o tema, cf.: SEHN, Solon. *Curso de direito tributário*. Rio de Janeiro: Forense, 2024. p. 337 e ss.
[61] STJ. 2ª T. REsp 1672431/SP, Rel. Min. Herman Benjamin. *DJe* 12.09.2017.
[62] Ver Cap. II, item 2.3.2.2.

Há julgados do TRF da 4ª Região que já reconheceram a procedência dessa alegação:

> TRIBUTÁRIO. PROCESSO CIVIL. IMPORTAÇÃO POR CONTA E ORDEM DE TERCEIROS. REPETIÇÃO DO INDÉBITO. ILEGITIMIDADE ATIVA.
> 1. Na importação por conta e ordem de terceiro, o importador de fato é a adquirente, que efetiva a compra internacional, ainda que nesse caso o faça por via de interposta pessoa – a importadora por conta e ordem –, que é mera mandatária.
> 2. O direito da importadora à restituição/compensação de valores se limita às operações de importação realizadas por conta própria, não tendo ela legitimidade para formular tal pretensão em relação às importações por conta e ordem de terceiros, uma vez que nesse caso o contribuinte de fato dos tributos é o adquirente da mercadoria.[63]

Não há dúvidas de que a legislação aduaneira considera o importador por conta e ordem um simples mandatário do adquirente. Porém, isso não altera a legitimidade ativa para a repetição do indébito. Os regimes de importação não são imposições legais. A escolha entre um ou outro cabe às partes, que estabelecem por livre vontade uma relação jurídica contratual. Por conseguinte, também tem natureza contratual a disposição que prevê o custeio dos tributos e outras despesas da operação por parte do adquirente. Essa convenção particular não modifica a definição legal do sujeito passivo da obrigação tributária correspondente (CTN, art. 123[64]). Para fins fiscais, o adquirente não é sujeito passivo direto, mas apenas responsável solidário. O importador continua sendo o contribuinte do imposto de importação, independentemente do regime de importação pactuado entre as partes.[65]

O art. 166 do CTN aplica-se apenas aos tributos indiretos, isto é, aqueles que – a exemplo do ICMS e do IPI – comportam a transferência de seu encargo em razão de sua própria natureza jurídica, e não de disposição voluntária das partes. Não é esse o caso do imposto de importação, conforme reconhecido no Parecer Cosit nº 47/2003:

> Assunto: Imposto sobre a Importação – II
> Ementa: IMPOSTO DE IMPORTAÇÃO. ART. 166 DO CÓDIGO TRIBUTÁRIO NACIONAL. INAPLICABILIDADE.
> O Imposto de Importação não se constitui tributo que, por sua natureza, comporta transferência do respectivo encargo financeiro. O sujeito passivo do Imposto de Importação não necessita comprovar à Secretaria da Receita Federal que não repassou seu encargo financeiro a terceira pessoa para ter direito à restituição do imposto pago indevidamente ou em valor maior que o devido.
> Reforma do Parecer CST/DAA nº 1.965, de 18 de julho de 1980.
> Dispositivos Legais: Lei nº 5.172, de 1966, art. 166.

Ressalte-se que esse parecer também considerou o regime de importação por conta e ordem:

> 14. O Imposto de Importação não se caracteriza tributo cuja natureza jurídica comporta a transferência do respectivo encargo financeiro – inexistem, para o Imposto de

---

[63] TRF4. 1ª T. Ac. 5000755-44.2016.404.7205/SC. Rel. Des. Fed. Jorge Antonio Maurique. J. 19.10.2016.
[64] "Art. 123. Salvo disposições de lei em contrário, as convenções particulares, relativas à responsabilidade pelo pagamento de tributos, não podem ser opostas à Fazenda Pública, para modificar a definição legal do sujeito passivo das obrigações tributárias correspondentes".
[65] Ver Cap. II, itens 2.3.2. e 2.3.3.1.6.

Importação (inclusive nos casos de importação de determinado bem por conta e ordem de terceiros), as figuras do contribuinte de fato e do contribuinte de direito.

15. Nas hipóteses em que se pode cogitar a ocorrência da transferência do encargo financeiro do tributo, referida transferência dá-se não em decorrência da natureza jurídica do tributo, mas sim da natureza jurídica do importador ou de sua atividade econômica, a qual pressupõe o auferimento de receita suficiente para cobrir seus custos e despesas (inclusive tributárias).

16. Muitas vezes, a aludida transferência do encargo financeiro do tributo sequer existe, como nas importações de mercadorias por pessoas físicas não comerciantes e que não prestam serviços utilizando-se dos bens por ela importados, bem assim nas importações destinadas ao ativo permanente.

17. Assim, não sendo o Imposto de Importação um tributo que, por sua natureza, comporta transferência do respectivo encargo financeiro, o sujeito passivo do imposto não necessita comprovar à Secretaria da Receita Federal (SRF) que não repassou seu encargo financeiro a terceira pessoa para ter direito à restituição do imposto pago indevidamente ou em valor maior que o devido.

18. Esclareça-se, por oportuno, que tratamento diverso do atribuído ao Imposto de Importação merece ser dado ao IPI vinculado à importação, haja vista, conforme anteriormente afirmado, que o IPI constitui-se um tributo cuja natureza jurídica comporta a transferência do respectivo encargo financeiro.

Nesse mesmo sentido, em relação ao PIS-Cofins, destaca-se o seguinte acórdão do Carf:

ASSUNTO: OUTROS TRIBUTOS OU CONTRIBUIÇÕES
Data do fato gerador: 30.10.2009
PIS/Cofins Importação. Restituição. Artigo 166 do Código Tributário Nacional. Inaplicabilidade.
Os tributos incidentes na importação por conta própria não comportam transferência do respectivo encargo financeiro. O sujeito passivo dos tributos não necessita comprovar à Secretaria da Receita Federal que não repassou seu encargo financeiro à terceira pessoa para ter direito à restituição do imposto pago indevidamente ou em valor maior que o devido.[66]

Contudo, em decisão criticável, a 1ª Turma do STJ já decidiu pelo afastamento da legitimidade para a restituição do PIS/Pasep e da Cofins pelo importador por conta e ordem:

PROCESSUAL CIVIL E TRIBUTÁRIO. RECURSO ESPECIAL. SÚMULA 325/STJ. DEVOLUÇÃO DA MATÉRIA AO TRIBUNAL. AUSÊNCIA DE VIOLAÇÃO AOS ARTS. 128 E 460 DO CPC/1973. PIS E COFINS-IMPORTAÇÃO. OPERAÇÕES POR CONTA E ORDEM DE TERCEIROS. TRIBUTO PAGO A MAIOR. REPETIÇÃO DE INDÉBITO. IMPOSSIBILIDADE. PROVIMENTO NEGADO.
[...]
3. Na importação por conta e ordem de terceiros, uma empresa (importadora por conta e ordem) é contratada para viabilizar (na definição mais recente, promover ao despacho

---

[66] Carf. 3ª S. 4ª C. 1ª T.O. Ac. 3401-009.170. Rel. Cons. Ronaldo Souza Dias. S. de 22.06.2021.

aduaneiro), em seu nome, a importação de mercadoria adquirida no exterior por outra pessoa (que assume os encargos financeiros da operação), atuando como mandatário.
4. O art. 18 da Lei 10.865/2004 dispõe que os créditos de que tratam os arts. 15 e 17 dessa lei serão aproveitados pelo adquirente, não sendo legítimo o importador por conta e ordem de terceiro para repetir o indébito (Precedente AgRg no REsp 1.573.681/SC, Rel. Min. Mauro Campbell Marques, 2ª Turma, j. 03.03.2016, DJe 10.03.2016).
Recurso especial conhecido e improvido.[67]

Portanto, ressalvado o IPI e o ICMS, a restituição do imposto de importação, da taxa Siscomex e do PIS-Cofins não demanda a comprovação dos requisitos do art. 166 do CTN.

## 3.2 Prazo prescricional

O devedor tem um prazo prescricional de cinco anos para pleitear a repetição do indébito, contados na forma do art. 168 do CTN:

> Art. 168. O direito de pleitear a restituição extingue-se com o decurso do prazo de 5 (cinco) anos, contados:
> I – nas hipóteses dos incisos I e II do art. 165, da data da extinção do crédito tributário;
> II – na hipótese do inciso III do art. 165, da data em que se tornar definitiva a decisão administrativa ou passar em julgado a decisão judicial que tenha reformado, anulado, revogado ou rescindido a decisão condenatória.

O STJ entende que a prescrição nas ações em que se pleiteia o reconhecimento de um crédito no regime não cumulativo de tributos (ICMS, IPI e PIS-Cofins) não está sujeita ao art. 168 do CTN: "É assente na jurisprudência do Superior Tribunal de Justiça que o prazo para o exercício da pretensão de creditamento de imposto, no regime não cumulativo, é de cinco anos, nos termos do Decreto 20.910/32".[68] Trata-se de interpretação acertada, uma vez que o crédito tem natureza financeira, devendo, por conseguinte, incidir o disposto no art. 1º do Decreto nº 20.910/1932:

> Art. 1º As dívidas passivas da União, dos Estados e dos Municípios, bem assim todo e qualquer direito ou ação contra a Fazenda federal, estadual ou municipal, seja qual for a sua natureza, prescrevem em cinco anos contados da data do ato ou fato do qual se originarem.

A Corte entende, ainda, que o prazo prescricional das ações declaratórias de nulidade de lançamentos tributários de ofício é quinquenal, nos moldes do art. 1º do Decreto nº 20.910/1932. No entanto, se houver cumulação com pedido de repetição de indébito, sendo este o principal, o termo inicial será a data da extinção do crédito tributário. Essa interpretação foi objeto do Tema Repetitivo nº 229, no qual foi fixada a seguinte tese jurídica: "A ação de repetição de indébito (...) visa à restituição de crédito tributário pago indevidamente ou a maior, por isso que o termo *a quo* é a data da extinção do crédito tributário, momento em que exsurge o direito de ação contra a Fazenda Pública, sendo certo que, por tratar-se de

---

[67] STJ. 1ª T. REsp nº 1.552.605/SC. Rel. Min. Paulo Sérgio Domingues. *DJe* 18.06.2024.
[68] STJ, 2ª T., AgRg no REsp 1.079.241, Rel. Min. Eliana Calmon, *DJe* 26.02.2009. No mesmo sentido: STJ, 1ª S., AgRg nos EREsp 875.056, Rel. Min. Eliana Calmon, *DJe* 02.06.2008; e 1ª S., AgRg nos EREsp 885.050, Rel. Min. Castro Meira, *DJ* 08.08.2007.

tributo sujeito ao lançamento de ofício, o prazo prescricional é quinquenal, nos termos do art. 168, I, do CTN".

Para a compreensão da *ratio decidendi* do julgado, porém, é necessário o exame da ementa do acórdão:

> **Processo civil e tributário. Recurso especial representativo de controvérsia. Art. 543-C do CPC. IPTU, TCLLP e TIP. Inconstitucionalidade da cobrança do IPTU progressivo, da TCLLP e da TIP. Ação anulatória de lançamento fiscal. Cumulada com repetição de indébito. Prescrição. Termo *a quo*. Ilegitimidade do novo adquirente que não suportou o ônus financeiro. Violação ao artigo 535 do CPC. Inocorrência. Redução dos honorários advocatícios. Súmula 7 do STJ.**
>
> 1. O prazo prescricional adotado em sede de **ação declaratória de nulidade de lançamentos tributários** é quinquenal, nos moldes do art. 1º do Decreto 20.910/32.
>
> (Precedentes: AgRg no REsp 814.220/RJ, Rel. Min. Eliana Calmon, 2ª Turma, j. 19.11.2009, *DJe* 02.12.2009; AgRg nos EDcl no REsp 975.651/RJ, Rel. Min. Mauro Campbell Marques, 2ª Turma, j. 28.04.2009, *DJe* 15.05.2009; REsp 925.677/RJ, Rel. Min. Luiz Fux, 1ª Turma, j. 21.08.2008, *DJe* 22.09.2008; AgRg no Ag 711.383/RJ, Rel. Min. Denise Arruda, *DJ* 24.04.2006; REsp 755.882/RJ, Rel. Min. Francisco Falcão, *DJ* 18.12.2006).
>
> 2. Isto porque o escopo da demanda é a anulação total ou parcial de um crédito tributário constituído pela autoridade fiscal, mediante lançamento de ofício, em que o direito de ação contra a Fazenda Pública decorre da notificação desse lançamento.
>
> 3. A **ação de repetição de indébito**, ao revés, visa à restituição de crédito tributário pago indevidamente ou a maior, por isso que **o termo *a quo* é a data da extinção do crédito tributário**, momento em que exsurge o direito de ação contra a Fazenda Pública, sendo certo que, por tratar-se de tributo sujeito ao lançamento de ofício, o prazo prescricional é quinquenal, nos termos do art. 168, I, do CTN.
>
> (Precedentes: REsp 1086382/RS, Rel. Mini. Luiz Fux, 1ª Seção, j. 14.04.2010, *DJe* 26.04.2010; AgRg nos EDcl no REsp 990.098/SP, Rel. Min. Benedito Gonçalves, 1ª Turma, j. 09.02.2010, *DJe* 18.02.2010; AgRg no REsp 759.776/RJ, Rel. Min. Herman Benjamin, 2ª Turma, j. 17.03.2009, *DJe* 20.04.2009; AgRg no REsp 1072339/SP, Rel. Min. Castro Meira, 2ª Turma, j. 03.02.2009, *DJe* 17.02.2009).
>
> 4. *In casu*, os ora Recorridos ajuizaram ação anulatória dos lançamentos fiscais que constituíram créditos tributários relativos ao IPTU, TCLLP e TIP, **cumuladamente com ação de repetição de indébito** relativo aos mesmos tributos, referente aos exercícios de 1995 a 1999, **sendo certo que o pedido principal é a restituição dos valores pagos indevidamente, razão pela qual resta afastada a regra do Decreto 20.910/32**. É que a demanda foi ajuizada em **31.05.2000**, objetivando a repetição do indébito referente ao IPTU, TCLLP, TIP e TCLD, dos exercícios de **1995 a 1999**, ressoando inequívoca a inocorrência da prescrição quanto aos **pagamentos efetuados** posteriormente a 31.05.1995, consoante decidido na sentença e confirmado no acórdão recorrido.
> [...]
> Acórdão submetido ao regime do art. 543-C do CPC e da Resolução STJ 08/2008. Embargos de declaração dos recorridos prejudicados.[69]

Durante algum tempo, parte da doutrina e da jurisprudência entenderam que o art. 1º do Decreto nº 20.910/1932 seria aplicável aos casos de repetição de tributos declarados inconsti-

---

[69] STJ, 1ª S., REsp 947.206, Rel. Min. Luiz Fux, *DJe* 26.10.2010. Os grifos são originais.

tucionais em controle concentrado. Dessa forma, o termo inicial do prazo quinquenal seria a data da publicação da decisão, e não a extinção do crédito tributário. Essa exegese, entretanto, foi afastada pela tese fixada no REsp nº 1.110.578/SP: "O prazo de prescrição quinquenal para pleitear a repetição tributária, nos tributos sujeitos ao lançamento de ofício, é contado da data em que se considera extinto o crédito tributário, qual seja, a data do efetivo pagamento do tributo. A declaração de inconstitucionalidade da lei instituidora do tributo em controle concentrado, pelo STF, ou a Resolução do Senado (declaração de inconstitucionalidade em controle difuso) é despicienda para fins de contagem do prazo prescricional tanto em relação aos tributos sujeitos ao lançamento por homologação, quanto em relação aos tributos sujeitos ao lançamento de ofício" (Tema Repetitivo nº 142).[70]

Outra discussão igualmente superada diz respeito ao termo inicial nos tributos sujeitos ao lançamento por homologação. Alguns autores e o próprio STJ interpretavam que, nessa modalidade de lançamento, a extinção do crédito tributário só ocorre com a homologação do pagamento antecipado realizado pelo sujeito passivo. Daí que, no caso de homologação tácita, o contribuinte teria um prazo de 10 anos para a propositura da ação: cinco anos para a homologação e cinco para a prescrição. Essa exegese foi afastada pelo art. 3º da Lei Complementar nº 118/2005, que, no art. 4º, fez referência ao disposto no inciso I do art. 106[71] do CTN, visando a alcançar fatos pretéritos:

> Art. 3º Para efeito de interpretação do inciso I do art. 168 da Lei nº 5.172, de 25 de outubro de 1966 – Código Tributário Nacional, a extinção do crédito tributário ocorre, no caso de tributo sujeito a lançamento por homologação, no momento do pagamento antecipado de que trata o § 1º do art. 150 da referida Lei.
> Art. 4º Esta Lei entra em vigor 120 (cento e vinte) dias após sua publicação, observado, quanto ao art. 3º, o disposto no art. 106, inciso I, da Lei nº 5.172, de 25 de outubro de 1966 – Código Tributário Nacional.

No julgamento do RE nº 566.621, o STF entendeu que deve ser considerada *lei nova* aquela que afasta uma interpretação consolidada na jurisprudência. Em razão disso, declarou inconstitucional a aplicação retroativa da "interpretação autêntica" da Lei Complementar nº 118/2005, fixando a seguinte tese de repercussão geral: "É inconstitucional o art. 4º, segunda parte, da Lei Complementar nº 118/2005, de modo que, para os tributos sujeitos a homologação, o novo prazo de 5 anos para a repetição ou compensação de indébito aplica-se tão somente às ações ajuizadas após o decurso da *vacatio legis* de 120 dias, ou seja, a partir de 9 de junho de 2005".[72] Em razão disso, a partir do REsp nº 1.269.570, foram revisadas as teses firmadas nos Temas Repetitivos nº 137 e nº 138, de modo que, atualmente, o STJ entende que: "Para as ações ajuizadas a partir de 09.06.2005, aplica-se o art. 3º, da Lei Complementar n. 118/2005, contando-se o prazo prescricional dos tributos sujeitos a lançamento por homologação em cinco anos a partir do pagamento antecipado de que trata o art. 150, § 1º, do CTN".[73]

Por outro lado, se o sujeito passivo optar por apresentar um pedido administrativo prévio, de acordo com o art. 169 do CTN, prescreve em dois anos a ação anulatória da decisão que denegar a restituição:

---

[70] STJ, 1ª S., REsp 1.110.578, Rel. Min. Luiz Fux, *DJe* 21.05.2010.
[71] "Art. 106. A lei aplica-se a ato ou fato pretérito:
I – em qualquer caso, quando seja expressamente interpretativa, excluída a aplicação de penalidade à infração dos dispositivos interpretados".
[72] STF, Tribunal Pleno, RE 566.621, Rel. Min. Ellen Gracie, *DJe* 11.10.2011.
[73] Tese firmada pela 1ª Seção do STJ no REsp 1.269.570, Rel. Min. Mauro Campbell Marques, *DJe* 04.06.2012.

Art. 169. Prescreve em dois anos a ação anulatória da decisão administrativa que denegar a restituição.

Parágrafo único. O prazo de prescrição é interrompido pelo início da ação judicial, recomeçando o seu curso, por metade, a partir da data da intimação validamente feita ao representante judicial da Fazenda Pública interessada.

O dispositivo faz referência à *ação anulatória da decisão administrativa que denegar a restituição*. Isso apenas faz sentido na repetição do indébito operacionalizada por meio de pedido de compensação com tributo administrado pela Secretaria da Receita Federal, que, entretanto, não é cabível nos tributos aduaneiros. Nesses casos, conforme estabelece o § 2º do art. 74 da Lei nº 9.430/1994, a compensação declarada por meio do PER/Dcomp extingue o crédito tributário, sob condição resolutória de sua ulterior homologação.[74] Assim, a sentença que anula o despacho decisório que não homologou a compensação implica o reconhecimento da extinção do crédito tributário. Contudo, se houve apenas a negativa de restituição, a parte não obtém qualquer proveito com a simples anulação da decisão administrativa. O contribuinte, na verdade, deve pleitear a anulação da decisão e a condenação da Fazenda Pública a restituir o valor pago indevidamente ou a declaração do direito à compensação, sob pena de extinção do processo sem resolução do mérito, por falta de interesse de agir (CPC, art. 485, VI[75]). Para julgar procedente o pedido, por sua vez, o Magistrado deve analisar se houve um pagamento indevido e, em função disso, condenar a Fazenda Pública a restituir o valor recebido.

Por fim, ressalte-se que, de acordo com a Súmula nº 625 do STJ: "O pedido administrativo de compensação ou de restituição não interrompe o prazo prescricional para a ação de repetição de indébito tributário de que trata o art. 168 do CTN nem o da execução de título judicial contra a Fazenda Pública".[76] Portanto, após o indeferimento administrativo, o sujeito passivo que pretender questionar a decisão deve observar o prazo do art. 169 do CTN.[77]

---

[74] "Art. 74. O sujeito passivo que apurar crédito, inclusive os judiciais com trânsito em julgado, relativo a tributo ou contribuição administrado pela Secretaria da Receita Federal, passível de restituição ou de ressarcimento, poderá utilizá-lo na compensação de débitos próprios relativos a quaisquer tributos e contribuições administrados por aquele Órgão (Redação dada pela Lei nº 10.637, de 2002). [...] § 2º A compensação declarada à Secretaria da Receita Federal extingue o crédito tributário, sob condição resolutória de sua ulterior homologação (Incluído pela Lei nº 10.637, de 2002)".

[75] "Art. 485. O juiz não resolverá o mérito quando: [...] VI – verificar ausência de legitimidade ou de interesse processual".

[76] A Súmula nº 625 não é aplicável quando o contribuinte pleiteia o reconhecimento de um crédito no regime não cumulativo de tributos (ICMS, IPI e PIS-Cofins), uma vez que, nesses casos, o STJ entende que, em razão da natureza financeira do crédito, o prazo prescricional está sujeito ao Decreto nº 20.910/1932. Esse decreto, por sua vez, estabelece que "não corre a prescrição durante a demora que, no estudo, ao reconhecimento ou no pagamento da dívida, considerada líquida, tiverem as repartições ou funcionários encarregados de estudar e apurá-la" (art. 4º) e que "A suspensão da prescrição, neste caso, verificar-se-á pela entrada do requerimento do titular do direito ou do credor nos livros ou protocolos das repartições públicas, com designação do dia, mês e ano" (parágrafo único).

[77] O STJ entende que incide o prazo de dois anos "em ação que pleiteia, também, a anulação da decisão administrativa denegatória da restituição (art. 169 do CTN)". Por outro lado, já decidiu que: "Merece reforma o acórdão recorrido, que aplicou diretamente o prazo prescricional para repetição do indébito (art. 168 do CTN) em ação que pleiteia, também, a anulação da decisão administrativa denegatória da restituição (art. 169 do CTN). Precedentes" (STJ, 2ª T., AgInt no REsp 1.683.673, Rel. Min. Francisco Falcão, Rel. p/ ac. Min. Mauro Campbell Marques, *DJe* 10.11.2022).

*Capítulo IV*
# VALORAÇÃO ADUANEIRA

## 1 ACORDO DE VALORAÇÃO ADUANEIRA

No regime de alíquotas *ad valorem*,[1] a base de cálculo do imposto de importação é disciplinada pelo Acordo de Valoração Aduaneira da Organização Mundial do Comércio (AVA/OMC) ou *WTO Customs Valuation Agreement*, formalmente denominado *Acordo sobre a Implementação do Artigo VII do Acordo Geral sobre Tarifas e Comércio* 1994.[2] No Brasil, o AVA/OMC também se aplica na definição das bases de cálculo do PIS-Cofins, do IPI e, indiretamente, do ICMS.[3] A sua incorporação ao direito interno ocorreu por meio do Decreto Legislativo nº 30/1994, promulgado pelo Decreto nº 1.355/1994.

### 1.1 Circunstâncias, objetivos e finalidades do AVA/OMC

A interpretação de acordos internacionais, conforme estabelecem os Artigos 31[4] e 32[5] da Convenção de Viena sobre o Direito dos Tratados,[6] deve ser realizada à luz de seus objetivos

---

[1] Conforme ressaltado anteriormente (Cap. II, item 2.3.5.1), o CTN, o Decreto-Lei nº 37/1966 e o art. 2º da Lei nº 11.727/2008 preveem a instituição do regime de alíquotas específicas (*ad rem*). Porém, atualmente, a cobrança ocorre apenas por meio de alíquotas *ad valorem*, que correspondem a um número percentual aplicável à base de cálculo, de acordo com a origem e a classificação aduaneira da mercadoria.

[2] ROSENOW, Sheri; O'SHEA, Brian J. *A handbook on the WTO Customs Valuation Agreement*. Cambridge: Cambridge University Press, 2010. p. 304 e ss.

[3] Decreto-Lei nº 37/1966, art. 2º, II; Lei nº 4.502/1964, art. 14, I, *b*; Lei nº 10.865/2004, no art. 7º, I; Lei Complementar nº 87/1996, art. 13, V, *a*.

[4] "1. Um tratado deve ser interpretado de boa-fé segundo o sentido comum atribuível aos termos do tratado em seu contexto e à luz de seu objetivo e finalidade.
2. Para os fins de interpretação de um tratado, o contexto compreenderá, além do texto, seu preâmbulo e anexos:
a) qualquer acordo relativo ao tratado e feito entre todas as partes em conexão com a conclusão do tratado;
b) qualquer instrumento estabelecido por uma ou várias partes em conexão com a conclusão do tratado e aceito pelas outras partes como instrumento relativo ao tratado".

[5] "Pode-se recorrer a meios suplementares de interpretação, inclusive aos trabalhos preparatórios do tratado e às circunstâncias de sua conclusão, a fim de confirmar o sentido resultante da aplicação do artigo 31 ou de determinar o sentido quando a interpretação, de conformidade com o artigo 31:
a) deixa o sentido ambíguo ou obscuro; ou
b) conduz a um resultado que é manifestamente absurdo ou desarrazoado".

[6] Artigos 31 e 32 da Convenção, que, por sua vez, foi incorporada ao direito brasileiro por meio do Decreto Legislativo nº 496/2009, promulgado pelo Decreto nº 7.030/2009. Esses artigos fazem referência à interpretação de tratados internacionais. Contudo, "1. Para os fins da presente Convenção: [...] a) "tratado"

e finalidades, considerando, como elemento complementar, os trabalhos preparatórios e as circunstâncias de sua conclusão. Por isso, para aplicar adequadamente o AVA/OMC, é necessária a compreensão das razões e das necessidades históricas que levaram à sua celebração.

### 1.1.1 Sistemas positivos de valoração

No Acordo Geral sobre Tarifas e Comércio (*General Agreement on Tariffs and Trade* – Gatt 1947), o tema da valoração aduaneira ficou submetido ao legislador dos países de importação. O Gatt 1947 limitou-se a estabelecer uma diretriz básica: o princípio da valoração aduaneira pelo valor real, previsto no Artigo VII.[7] Entretanto, isso não foi suficiente para garantir uma uniformidade nos critérios de definição da base de cálculo do imposto.

Na década de 1950, após iniciativa da Câmara de Comércio Internacional (ICC – *International Chamber of Commerce*), o Gatt realizou um estudo sobre os diferentes critérios de valoração aplicados no comércio internacional. Nele foi identificado que, de um lado, muitos países adotavam sistemas *positivos* de valoração, assim denominados porque, de uma forma ou de outra, consideravam um valor real para a definição da base de cálculo do imposto. A diferença é que, em alguns ordenamentos, o critério era o preço de mercadorias comparáveis vendidas no mercado interno do exportador (*current domestic value*). Em outros, a valoração considerava o preço do produto no país do importador (*import market value*) ou o valor da transação internacional (*transaction value*). Também havia casos de uso de critérios conjugados, como no caso dos Estados Unidos da América do Norte, onde o método preferencial era *export value*, isto é, o preço do produto no momento da venda ou oferta de venda para exportação ao mercado americano. Porém, para fins protecionistas, a legislação interna previa a valoração aduaneira pelo preço no mercado local (*American Selling Price valuation method*). Outro exemplo foi o método utilizado na Austrália, que adotava como base de cálculo o maior valor apurado na comparação entre o preço pago pelo importador e o preço de venda no mercado local do país exportador.[8]

### 1.1.2 Definição de Valor de Bruxelas

Contudo, a maioria dos países adotava um modelo *conceitual* ou *teórico*, resultante da Convenção sobre o Valor Aduaneiro das Mercadorias, celebrada em Bruxelas, no dia 15 de dezembro de 1950. Nele a base de cálculo do imposto de importação correspondia ao *preço normal* do produto, isto é, ao preço que a mercadoria importada, ou produto similar, alcançaria em uma venda realizada por partes independentes e em condições de livre concorrência.[9] Por

---

significa um acordo internacional concluído por escrito entre Estados e regido pelo Direito Internacional, quer conste de um instrumento único, quer de dois ou mais instrumentos conexos, qualquer que seja sua denominação específica;". Sobre o tema, REZEK, Francisco. *Direito internacional público*: curso elementar. 17. ed. São Paulo: Saraiva, 2018. p. 123; MIRANDA, Jorge. *Curso de direito internacional público*: uma visão sistemática do direito internacional dos nossos dias. 4. ed. Rio de Janeiro: Forense, 2009. p. 114 e ss.

[7] SHERMAN, Saul L.; GLASHOFF, Hinrich. *Customs valuation*: commentary on the Gatt Customs Valuation Code. Paris-New York: ICC Publications, 1980. p. 52. Sobre o princípio da valoração aduaneira pelo *valor real*, ver Cap. II, item 2.1.5.

[8] Gatt Contracting Parties 9th Session, Comparative Study of Methods of Valuation for Customs Purposes G/88 (02.03.1955). Sobre o tema, cf.: ROSENOW, Sheri; O'SHEA, Brian J. *A handbook on the WTO Customs Valuation Agreement*. Cambridge: Cambridge University Press, 2010. p. 407-422.

[9] ROSENOW, Sheri; O'SHEA, Brian J. *A handbook on the WTO Customs Valuation Agreement*. Cambridge: Cambridge University Press, 2010. p. 395 e ss. Ver ainda: MARSILLA, Santiago Ibánez. El precio pactado como base de la valoración. *In*: CARRERO, Germán Pardo (dir.). *Relevancia tributaria del valor*

meio dessa metodologia, que ficou conhecida como Definição de Valor de Bruxelas (*Brussels Definition of Value – BDV*), buscava-se encontrar um preço ideal da mercadoria que poderia ser aplicado de maneira uniforme em todas as transações.[10]

O objetivo do *BDV* era simplificar a determinação da base de cálculo por meio de uma técnica objetiva e certa, capaz de evitar arbitrariedades e possíveis fraudes de valor. Assim, esperava-se tutelar os legítimos interesses da aduana e dos importadores honestos frente à concorrência desleal.[11] Porém, entre a intenção e a ação, a falibilidade do fator humano acarretou a ineficácia do método. O agente de fiscalização aduaneira nem sempre tinha a formação necessária para captar a realidade do mercado ou, quando não era esse o caso, muitas vezes a ignorava deliberadamente, premido por metas governamentais de arrecadação ou fins protecionistas. Por isso, na prática, o *BDV* produziu uma série de distorções no comércio internacional, sobretudo porque permitia ajustes arbitrários na base de cálculo pelas administrações aduaneiras.[12] Com isso, aumentavam-se artificialmente os custos de importação, criando insegurança para os agentes econômicos e comprometendo a eficácia dos acordos internacionais de limitação e de redução tarifária.[13]

## 1.1.3 Da Rodada Kennedy à Rodada Tóquio

Em novembro de 1967, após a Rodada Kennedy (1964-1967), foi realizado um balanço dos 20 anos do Gatt 1947. Na oportunidade, o Comitê de Comércio de Produtos Industriais do Gatt identificou as seguintes intercorrências geradas pela falta de um método uniforme

---

*en aduana de la mercancia importada*. Bogotá: Instituto Colombiano de Derecho Tributário, 2015. p. 87 e ss.; TÔRRES, Heleno Taveira. Base de cálculo do imposto de importação e o acordo de valoração aduaneira. In: TÔRRES, Heleno Taveira. *Comércio internacional e tributação*. São Paulo: Quartier Latin, 2005. p. 225; SHERMAN, Saul L.; GLASHOFF, Hinrich. *Customs valuation*: commentary on the Gatt Customs Valuation Code. Paris-New York: ICC Publications, 1980. p. 51 e ss.; BASALDÚA, Ricardo Xavier. *Tributos al comercio exterior*. Buenos Aires: Abeledo-Perrot, 2011. p. 160; TREVISAN NETO, Antenori. *Aplicação do acordo sobre valoração aduaneira no Brasil*. São Paulo: Aduaneiras, 2010. p. 51 e ss.; CARVALHO, Marcelo Pimentel de. *Valor aduaneiro*: princípios, métodos e fraude. São Paulo: Aduaneiras, 2007. p. 59 e ss; ZOZAYA, Francisco Pelechá. *Fiscalidad sobre el comercio exterior*: el derecho aduanero tributario. Madrid: Marcial Pons, 2009. p. 126; RIJO, José. *Direito aduaneiro da União Europeia*: notas de enquadramento normativo, doutrinário e jurisprudencial. Coimbra: Almedina, 2020. p. 368-370; PAGTER, Henk de; RAAN, Richard Van. *The valuations of goods for customs purposes*. Nova York: Springer Science-Business Media, 1981. p. 5 e ss.; ANDRADE, José Maria Arruda de. *Imposto seletivo e pecado*: juízos críticos sobre tributação saudável. São Paulo: IBDT, 2024. p. 176 e ss.

[10] Gatt Contracting Parties 9th Session, Comparative Study of Methods of Valuation for Customs Purposes G/88 (02.03.1955). Sobre o tema, cf.: ROSENOW, Sheri; O'SHEA, Brian J. *A handbook on the WTO Customs Valuation Agreement*. Cambridge: Cambridge University Press, 2010. p. 421-422; SHERMAN, Saul L.; GLASHOFF, Hinrich. *Customs valuation*: commentary on the Gatt Customs Valuation Code. Paris-New York: ICC Publications, 1980. p. 105.

[11] MARSILLA, Santiago Ibánez. El precio pactado como base de la valoración. In: CARRERO, Germán Pardo (dir.). *Relevancia tributaria del valor en aduana de la mercancia importada*. Bogotá: Instituto Colombiano de Derecho Tributário, 2015. p. 89 e ss.; PAGTER, Henk de; RAAN, Richard Van. *The valuations of goods for customs purposes*. Nova York: Springer Science-Business Media, 1981. p. 49 e ss.

[12] ZOZAYA, Francisco Pelechá. *Fiscalidad sobre el comercio exterior*: el derecho aduanero tributario. Madrid – Barcelona – Buenos Aires: Marcial Pons, 2009. p. 126-127; SBANDI, Ettore. La valorizzazione delle merci in dogana. FERRONI, Bruno; MAYR, Siegfried; SANTACROCE, Benedetto. Le valorizzazione delle merci: problematiche e soluzioni. In: MAYR, Siegfried; SANTACROCE (*a cura di*). *Valore in dogana e transfer pricing*. Milão: Wolter Kluwer, 2014. p. 239.

[13] ROSENOW, Sheri; O'SHEA, Brian J. *A handbook on the WTO Customs Valuation Agreement*. Cambridge: Cambridge University Press, 2010. p. 346.

de valoração: (a) a utilização de preços domésticos do país de exportação como base para a valoração aduaneira, criando possíveis desvantagens para países em desenvolvimento (isso ocorria porque, muitas vezes, devido a desiquilíbrios estruturais, escassez de oferta e pressões inflacionárias, os países em desenvolvimento apresentam preços internos maiores, comparados aos de exportação); (b) adoção de valores arbitrários pelas autoridades aduaneiras; (c) valoração baseada em preços de produtos domésticos similares no país de importação, a exemplo do *US ASP (American Selling Price) valuation method*, aplicado na importação de determinados produtos para fins protecionistas; (d) o uso de valores "oficiais" ou "mínimos"; (e) emprego da valoração aduaneira para combater o *dumping*; (f) a falta de transparência dos métodos e dos procedimentos de valoração; e (g) meios inadequados para a interposição de recursos em face de decisões administrativas nessa matéria.[14]

A Rodada Tóquio de 1973-1979 procurou fazer frente a todas essas dificuldades. Dela resultou o Código de Valoração Aduaneira (CVA). Porém, em razão da falta de consenso entre os países contratantes, sua eficácia foi bastante reduzida, com baixa adesão, especialmente por parte dos países em desenvolvimento. No início dos anos 1980, as práticas arbitrárias de valoração identificadas no estudo de 1950 e no balanço dos 20 anos do Gatt 1947 ainda eram amplamente empregadas, inclusive no Brasil. Nessa época, a Definição de Valor de Bruxelas, com todas as suas fragilidades e distorções, vigorava oficialmente em 33 países e, extraoficialmente, em cerca de mais 65.[15] Apenas tempos depois, com a Rodada Uruguai de Negociações Comerciais Multilaterais de 1994, que os países conseguiram concluir o Acordo sobre a Implementação do Artigo VI do Acordo Geral sobre Tarifas e Comércio 1994 (AVA/OMC).

### 1.1.4 Inversão do balanço de poder

O AVA/OMC proporcionou um grande avanço no comércio internacional. A técnica do *single undertaking* – uma espécie de adesão do tipo "tudo ou nada" – adotada na Rodada Uruguai levou os Estados membros a assinarem todos os acordos multilaterais dela resultantes. Isso afastou o risco de repetição da baixa adesão e da ineficácia dos Códigos da Rodada Tóquio. Evitando uma espécie de "*GATT à la carte*",[16] os países finalmente convergiram em torno de marco regulatório apropriado, capaz de fazer frente a todas as dificuldades históricas identificadas desde a década de 1950, com a primeira iniciativa de regulamentação do Artigo VII do Gatt 1947 proposta pela Câmara de Comércio Internacional. Após muitos anos de estudos e de negociações, foi afastada a legitimidade da adoção de preços mínimos, entre outros critérios de valoração fictícios e arbitrários. Além disso, houve uma separação entre a valoração e a

---

[14] ROSENOW, Sheri; O'SHEA, Brian J. *A handbook on the WTO Customs Valuation Agreement*. Cambridge: Cambridge University Press, 2010. p. 484 e ss.

[15] PAGTER, Henk de; RAAN, Richard Van. *The valuations of goods for customs purposes*. Nova York: Springer Science-Business Media, 1981. p. 47 e ss.

[16] Como ressaltam Rosenow e O'shea, a Rodada Tóquio permitia a escolha dos acordos multilaterais que as partes pretendiam assinar, o que levou a uma baixa adesão ao CVA. Na Rodada Uruguai, o princípio do *single undertaking* estabeleceu uma técnica de adesão do tipo "tudo ou nada", forçando a assinatura de todos os acordos multilaterais resultantes dela (ROSENOW, Sheri; O'SHEA, Brian J. *A handbook on the WTO Customs Valuation Agreement*. Cambridge: Cambridge University Press, 2010. p. 682). Isso permitiu que os países frustrassem a efetividade do acordo, criando o que seria uma espécie de "GATT à la carte" (WTO – Legal Affairs Division and the Rules Division of the WTO Secretariat, and the Appellate Body Secretariat. *A handbook on the WTO dispute settlement system*. Cambridge: Cambridge University Press, 2011. p. 17).

defesa comercial, com a submissão do *dumping*[17] a regras e procedimentos distintos previstos em outro acordo resultante da Rodada Uruguai: o Acordo sobre a Implementação do Artigo VI do Gatt 1994 (*Acordo Antidumping*). Também foi celebrado um Acordo sobre Subsídios e Medidas Compensatórias (ASMC).

O principal efeito do *WTO Customs Valuation Agreement*, contudo, foi a inversão no balanço de poder entre o importador e as administrações aduaneiras. A partir de sua implementação, não é mais o importador que deve provar a compatibilidade entre o preço pago e um valor teórico ou conceitual. O preço da transação informado na declaração de mercadorias é considerado verdadeiro, devendo ser aceito pelas autoridades aduaneiras, a menos que possa ser afastado a partir dos parâmetros objetivos, equitativos e neutros estabelecidos no acordo de valoração.[18]

## 1.2 Importância da adequada valoração aduaneira

A adequada valoração aduaneira das mercadorias potencializa a redução de distorções no comércio internacional. De um lado, evita que as autoridades aduaneiras – premidas por metas arrecadatórias ou por finalidades protecionistas – promovam o aumento artificial e indevido da base de cálculo do imposto de importação, frustrando a eficácia de acordos internacionais de reduções ou de limitações tarifárias. De outro, permite o controle de práticas abusivas de modulação de preços, notadamente em operações entre partes relacionadas.

Segundo levantamentos mais recentes, estima-se que, em termos de valor, entre 60% e 70% das operações globais de importação e de exportação envolvem partes relacionadas.[19] Essa particularidade dificulta a precificação das mercadorias, já que nem sempre há bases objetivas para alocação adequada das margens de geração ou de agregação de valor entre diferentes unidades da mesma empresa.[20] Além disso, abre espaço para práticas abusivas de

---

[17] O AVA – em sua *Introdução Geral* – estabelece que "os procedimentos de valoração não devem ser utilizados para combater o *dumping*".

[18] A observação é do Relatório Especial nº 23/2010, do Tribunal de Contas Europeu. Sobre o tema, cf.: LYONS, Timothy. *EC Customs law*. 2. ed. Nova York: Oxford University Press, 2010. p. 286-287. Como destaca Tânia Carvalhais Pereira: "A declaração do preço pelo importador passou, assim, a beneficiar de uma presunção (ilidível) de veracidade, cabendo às autoridades aduaneiras o ônus da prova em sentido contrário" (PEREIRA, Tânia Carvalhais. *Direito aduaneiro europeu*: vertente tributária. Lisboa: Universidade Católica Editora, 2020. p. 155).

[19] Jornal Valor Econômico, São Paulo, dia 09.03.2015. Disponível em: http://www.valor.com.br. Acesso em: 09.03.2015. GALVAÑ, Gemma Sala. *Los precios de transferencia internacionales*: su tratamiento tributario. Valencia: Tirant lo Blanch, 2003. p. 41. Segundo Tânia Carvalhais Pereira, "[...] as transações entre entidades relacionadas representam mais de 60% do comércio internacional, em termos de valor [...]" (PEREIRA, Tânia Carvalhais. *Direito aduaneiro europeu*: vertente tributária. Lisboa: Universidade Católica Editora, 2020. p. 165).

[20] Tome-se o seguinte exemplo: uma empresa tem uma central de aquisição de matérias-primas em um determinado país, que compra e distribui os insumos para diversas fábricas do mesmo grupo em países diferentes. Essa é uma realidade em muitos setores e, em geral, ocorre por razões comerciais (a concentração das compras aumenta o volume e permite uma negociação melhor com o fornecedor) ou financeiras (as instituições do país onde está situado a central de compras podem oferecer condições mais favoráveis de acesso ao crédito, o que permite o financiamento da compra de insumos a custos financeiros reduzidos). Nesses casos, a pessoa jurídica que atua como central de compras deve ter uma margem de lucro compatível com sua atuação, o que, inclusive, pode repercutir na parte variável da remuneração de seus executivos. Porém, as filiais industriais também necessitam lucrar em suas operações, o que, por outro lado, depende da redução do custo de aquisição dos insumos. Daí que, não raras vezes, surge uma tensão interna entre os executivos, porque os responsáveis pela gestão das indústrias desejam aumentar a sua margem (não só em razão de sua remuneração variável, mas para a demonstração de eficiência e

manipulação do preço da importação e da exportação. O controle comum, afinal, permite a redução artificial da base de cálculo do imposto ou, por meio do superfaturamento, o aumento do custo de aquisição do produto, com o consequente deslocamento de lucros do grupo econômico para países com tributação favorecida.[21]

Os métodos de valoração aduaneira, aliados às regras aplicáveis ao subfaturamento ou fraude de valor, permitem reduzir os efeitos dessas distorções nos tributos sobre o comércio exterior. Já no caso da tributação da renda, ainda se estuda, no âmbito de organismos internacionais (OMC, OMA, Câmara de Comércio Internacional de Paris e OCDE), a convergência das regras de valoração aduaneira e de controle dos preços de transferência. Alguns países, como Austrália, Estados Unidos, Canadá e China, já apresentam disciplina interna nesse sentido.[22]

### 1.3 Realidade do direito brasileiro

Nosso País ainda não experimentou todas as potencialidades que poderiam advir da aplicação plena do AVA/OMC. Em um primeiro momento, porque não havia instrumentos normativos para um controle eficiente da classificação aduaneira e para a identificação do real destinatário das importações. Isso foi resolvido em parte com a Medida Provisória nº 2.158-35/2001 e com a Lei nº 10.637/2002, que estabeleceram sanções para a classificação indevida e para a interposição fraudulenta de terceiros em operações de comércio exterior. Não obstante, as dificuldades ainda permanecem.

Atualmente, o problema reside na falta de compreensão dos objetivos e dos métodos de valoração pelos operadores do direito aduaneiro. O AVA – em sua *Introdução Geral* – tem a preocupação de enunciar que "os procedimentos de valoração não devem ser utilizados para combater o *dumping*". As medidas *antidumping* devem observar os parâmetros de outro acordo da OMC: o Acordo sobre a Implementação do Artigo VI do Gatt 1994 (Acordo *Antidumping*). Porém, ainda é lamentavelmente comum o uso da valoração aduaneira como mecanismo anômalo de defesa comercial. O mesmo ocorre com a exigência de preços mínimos no licenciamento de importações pelo Decex (Departamento de Operações de Comércio Exterior), prática ilícita mantida há mais de 70 anos entre nós, ao arrepio dos acordos internacionais firmados pelo Estado brasileiro.[23]

Também é frequente a confusão entre subvaloração e subfaturamento, o que faz com que simples casos de inadequação de critérios de valoração ou de inaceitabilidade de preços recebam o tratamento punitivo exacerbado de uma fraude de valor. Além disso, muitos Auditores da Receita Federal ainda insistem em fiscalizar o subfaturamento – e a subvaloração indevidamente

---

de resultados operacionais aos acionistas). Tais fatores fazem com que, mesmo em se tratando de empresas do mesmo grupo, surja uma dificuldade na precificação das operações, criando a necessidade de definição interna de bases objetivas de alocação de margens de geração ou de agregação de valor, com repercussão na temática dos preços de transferência e na valoração aduaneira.

[21] Sobre o tema, cf.: SEHN, Solon. *Imposto de importação*. São Paulo: Noeses, 2016. p. 141 e ss.; SEHN, Solon. Valoração aduaneira. *In*: SEHN, Solon; PEIXOTO, Marcelo Magalhães (coord.). *Direito aduaneiro e tributação do comércio exterior*. São Paulo: MP. p. 57-79, 2023.

[22] SEHN, Solon. *Imposto de importação*. São Paulo: Noeses, 2016. p. 150 e ss.

[23] Essa prática, como ressalta Thális Andrade, foi criada no final dos anos 1950, "[...] por meio da atuação do extinto Conselho de Política Aduaneira (CPA)" (ANDRADE, Thális. *Curso de direito aduaneiro*: jurisdição e controle. Belo Horizonte: Dialética, 2021. p. 177). Sobre o tema, cf. a matéria do Jornal Estadão, segundo à qual a prática vigora no "[...] País por mais de 70 anos e é proibida pela Organização Mundial do Comércio (OMC)". Disponível em: https://economia.estadao.com.br/noticias/geral,camara-retira-proibicao-de-barreira-comercial-a-importados-em-mp-que-facilita-abertura-de--empresas,70003757085. Acesso em: 05.09.2021.

qualificada como subfaturamento – na zona primária, em sede de conferência aduaneira. No âmbito internacional, as aduanas modernas há tempo já perceberam que, tecnicamente, o momento mais apropriado para auditorias dessa natureza é a revisão aduaneira (*post-release control*). Nesse momento, é possível ter a imagem completa da operação, sem a pressão do tempo para a liberação da mercadoria, levando a resultados muito mais satisfatórios.[24] O resultado não poderia ser pior: proliferam autos de infração deficientes, reiteradamente cancelados por sua fragilidade probatória pelas DRJ e pelo Carf, levando à desoneração punitiva de operações que, em uma investigação mais aprofundada, poderiam ter o seu caráter ilícito evidenciado. Além disso, as empresas que operam licitamente acabam penalizadas com custos adicionais decorrentes da demora excessiva do tempo no desembaraço aduaneiro.

É necessário, portanto, compreender adequadamente os métodos de valoração e os objetivos do acordo, reafirmando a ilicitude do controle de preços mínimos, a impossibilidade do uso das regras do AVA para a defesa comercial e, sobretudo, delineando uma linha divisória clara entre a subvaloração e o subfaturamento. *De lege ferenda*, também seria apropriada a edição de um novo regulamento aduaneiro, contendo uma caracterização mais precisa desses conceitos, bem como regras procedimentais que permitam aos Auditores Fiscais, no exercício de sua atividade vinculada, deslocar de forma estratégica a fiscalização para a revisão aduaneira, sem o receio de que a liberação de operações suspeitas em sede de conferência possa vir a ser interpretada em seu desfavor em correições funcionais.

## 1.4 Dificuldades decorrentes da técnica legislativa adotada pelo AVA

As regras do AVA foram elaboradas adotando-se uma técnica diferente da encontrada em nossa legislação. Os enunciados são mais extensos e prolixos, sendo acompanhados de notas interpretativas. Essas, por outro lado, não são adotadas no País. Aqui os textos legais são redigidos em frases curtas e concisas, articuladas sucessivamente em artigos, parágrafos, incisos, alíneas e itens. Isso, evidentemente, não significa que a legislação brasileira seja referência internacional em termos de boa técnica nem que o acordo seja destituído dessa característica. O que se pretende ressaltar é que linguagem e o formato são diferenciados, dificultando a compreensão por parte de operadores não especializados.

Por isso, seria oportuna a consolidação dessas regras, já com o formato de consolidação previsto na Lei Complementar nº 95/1998, conforme determina o parágrafo único do art. 59 da Constituição Federal.[25] Essa tarefa, contudo, não foi empreendida pela edição mais recente do Regulamento Aduaneiro (Decreto nº 6.759/2009) nem pela IN SRF nº 327/2003, hoje revogada. Porém, cumpre reconhecer o salutar avanço decorrente da IN RFB nº 2.090/2022, que estabelece normas e procedimentos para a declaração e o controle do valor aduaneiro de mercadoria importada.[26]

---

[24] WALSH, James T. Customs valuation. In: KEEN, Michael (ed.). *Changing customs: challenges and strategies for the reform of customs administration*. Washington, D.C.: International Monetary Fund, 2003. p. 90-91.

[25] "Art. 59. [...] Parágrafo único. Lei complementar disporá sobre a elaboração, redação, alteração e consolidação das leis".

[26] O CAM não dispõe sobre a valoração aduaneira (art. 163.1), salvo no que se refere à previsão da inclusão dos custos do art. 8.2 do AVA (frete, carga, descarga, manuseio e seguro) na base de cálculo dos tributos aduaneiros para todos os países do bloco (arts. 78 e 164). As Decisões CMC nº 13/2007 e nº 16/2010, por sua vez, estabeleceram diretrizes operacionais comuns e regras de uniformização da aplicação da valoração aduaneira para as Aduanas dos Estados Partes, sem, contudo, nada acrescentar de relevante ao que já está previsto em nossa regulamentação local.

## 1.5 Atos interpretativos e decisórios dos Comitês de Valoração

As regras do AVA e suas Notas Interpretativas são aplicadas em consonância com os demais enunciados prescritivos vigentes no ordenamento jurídico de cada país. Também devem ser consideradas as decisões do Comitê de Valoração Aduaneira da OMC, bem como as notas explicativas, comentários, opiniões consultivas, estudos e estudos de caso do Comitê Técnico de Valoração Aduaneira da OMA. Essas, porém, não têm efeito vinculante, constituindo uma espécie de *soft law*[27] ou, de acordo com as disposições do Anexo II do AVA,[28] informações e orientações para os países-membros. Apesar disso, representam um importante parâmetro técnico de uniformização dos critérios de valoração.

No Brasil, a Secretaria da Receita Federal estabeleceu que as interpretações relacionadas no anexo único da IN SRF nº 318/2003, hoje revogada, deveriam ser observadas na valoração aduaneira.[29] Atualmente, a matéria é disciplinada na IN RFB nº 2.090/2020, que estabelece o seguinte:

> Art. 29. Na apuração do valor aduaneiro serão observados ainda os seguintes atos internacionais:
> I – as Decisões 3.1, 4.1 e 6.1 do Comitê de Valoração Aduaneira (CVA), da Organização Mundial do Comércio (OMC);
> II – o parágrafo 8.3 da Decisão sobre Temas e Preocupações Relacionados à Implementação do Artigo VII do GATT de 1994, emanado da IV Conferência Ministerial da OMC;
> III – as Notas Explicativas 1.1, 2.1, 3.1, 4.1, 5.1 e 6.1, do Comitê Técnico de Valoração Aduaneira (CTVA), da Organização Mundial das Aduanas (OMA);
> IV – os Comentários 1.1, 2.1, 3.1, 4.1, 5.1, 6.1, 7.1, 8.1, 9.1, 10.1, 11.1, 12.1, 13.1, 14.1, 15.1, 16.1, 17.1, 18.1, 19.1, 20.1, 21.1, 22.1, 23.1, 24.1, 25.1 e 26.1, do CTVA;
> V – as Opiniões Consultivas 1.1, 2.1, 3.1, 4.1, 4.2, 4.3, 4.4, 4.5, 4.6, 4.7, 4.8, 4.9, 4.10, 4.11, 4.12, 4.13, 4.14, 4.15, 4.16, 4.17, 4.18, 4.19, 5.1, 5.2, 5.3, 6.1, 7.1, 8.1, 9.1, 10.1, 11.1,

---

[27] ARMELLA, Sara. *Diritto doganale dell'Unione europea*. Milão: Egea, 2017. p. 229.

[28] "1. Segundo as disposições do Artigo 18 deste Acordo, o Comitê Técnico será criado sob os auspícios do CCA, com a finalidade de conseguir, no nível técnico, uniformidade na interpretação e aplicação deste Acordo.
2. As responsabilidades do Comitê Técnico compreenderão:
(a) examinar problemas técnicos específicos surgidos na administração quotidiana dos sistemas de valoração aduaneira dos Membros, e emitir pareceres sobre soluções apropriadas, com base nos fatos apresentados;
(b) estudar, quando solicitado, as leis, procedimentos e práticas de valoração no que se relacionem com o Acordo, e preparar relatórios sobre os resultados de tais estudos;
(c) preparar e distribuir relatórios anuais sobre os aspectos técnicos do funcionamento e do *status* deste Acordo.
(d) prestar informações e orientação sobre quaisquer assuntos referentes à valoração aduaneira de mercadorias importadas, que sejam solicitadas por qualquer Membro ou pelo Comitê. Estas informações e orientações poderão tomar a forma de pareceres, comentários ou notas explicativas;
(e) facilitar, quando solicitado, a prestação de assistência técnica aos Membros com a finalidade de promover a aceitação internacional deste Acordo;
(f) examinar matéria a ele submetida por um grupo especial conforme o Artigo 19 deste Acordo; e (g) executar outras funções que o Comitê lhe designe".

[29] "Art. 1º Na apuração do valor aduaneiro serão observadas as Decisões 3.1, 4.1 e 6.1 do Comitê de Valoração Aduaneira, da Organização Mundial de Comércio (OMC); o parágrafo 8.3 das Questões e Interesses Relacionados à Implementação do Artigo VII do GATT de 1994, emanado da IV Conferência Ministerial da OMC; e as Notas Explicativas, Comentários, Opiniões Consultivas, Estudos e Estudos de Caso, emanados do Comitê Técnico de Valoração Aduaneira, da Organização Mundial de Aduanas (OMA), constantes do Anexo a esta Instrução Normativa".

12.1, 12.2, 12.3, 13.1, 14.1, 15.1, 16.1, 17.1, 18.1, 19.1, 20.1, 21.1, 22.1, 23.1, 24.1 e 25.1 do CTVA; e

VI – os Estudos de Caso 1.1, 2.1, 2.2, 3.1, 4.1, 5.1, 5.2, 6.1, 7.1, 8.1, 8.2, 9.1, 10.1, 11.1, 12.1, 13.1, 13.2, 14.1 e 14.2, e os Estudos 1.1, e seu suplemento, e 2.1, do CTVA.

Parágrafo único. A tradução oficial para a língua portuguesa dos atos a serem observados na apuração do valor aduaneiro consta do Anexo Único a esta Instrução Normativa e estará disponível no site da RFB na internet, no endereço https://www.gov.br/receitafederal/pt-br.

Não há inconstitucionalidade formal na instrução normativa.[30] As interpretações dos Comitês não são normas internacionais, mas apenas informações e orientações de ordem técnica. Por outro lado, ao dispor que "serão observadas" para efeitos de valoração aduaneira, a IN RFB nº 2.090/2022 não parece ter lhes atribuído um efeito distinto do que já decorre do Anexo II do AVA/OMC.

### 1.6 Métodos de valoração aduaneira

A valoração aduaneira ocorre a partir de um critério-base e preferencial – o método do valor da transação – e cinco critérios substitutivos e subsidiários, que são aplicados sucessivamente e em caráter excludente: (i) o método do valor de transação de mercadorias idênticas; (ii) o método do valor de transação de mercadorias similares; (iii) o método do valor dedutivo; (iv) o método do valor computado; e (v) o método da razoabilidade ou do último recurso (*the fall-back method*).[31]

## 2 MÉTODO DO VALOR DA TRANSAÇÃO

### 2.1 Critério-base de valoração

O método do valor da transação *é aplicado em mais de 90% das operações de comércio exterior no âmbito mundial*.[32] Nele a base de cálculo do imposto deve corresponder ao preço efetivamente pago ou a pagar pelas mercadorias, em uma venda para exportação para o país de importação, acrescidos dos ajustes previstos nos §§ 1º e 2º do art. 8 do AVA e em suas Notas Interpretativas:[33]

---

[30] Registre-se, contudo, que parte da doutrina entende que a IN SRF nº 318/2003 seria formalmente inconstitucional, uma vez que um ato normativo dessa natureza não pode servir de veículo introdutor de textos internacionais no direito brasileiro. Assim, "[...] dentro da operacionalização do AVA, estes comitês somente podem ser citados apenas enquanto fontes psicológicas para auxiliar a forma de interpretação e aplicação dos métodos de valoração aduaneira" (VITA, Jonathan Barros. *Valoração aduaneira e preços de transferência: pontos de conexão e distinções sistêmico-aplicáveis*. Tese (Doutorado em Direito) – Pontifícia Universidade Católica de São Paulo, São Paulo, 2010. p. 52). No mesmo sentido, TÔRRES, Heleno Taveira. *Comércio internacional e tributação*. São Paulo: Quartier Latin, 2005. p. 233-235.

[31] SEHN, Solon. *Imposto de importação*. São Paulo: Noeses, 2016. p. 141 e ss.

[32] "Currently more than 90% of world trade is valued on the basis of the transaction value method which provides more predictability, uniformity and transparency for the business community". Disponível em: http://www.wcoomd.org/en/topics/valuation/overview/what-is-customs-valuation.aspx. Acesso em: 05.09.2021.

[33] As Notas Interpretativas do AVA não se confundem com as manifestações técnicas dos Comitês Técnicos da OMC e da OMA. Estas, conforme já examinado, não têm natureza normativa nem vinculante, substanciando simples orientações. Aquelas, por sua vez, integram o Acordo de Valoração Aduaneira, constituindo, portanto, enunciados prescritivos aplicáveis à valoração aduaneira.

Artigo 1

1. O valor aduaneiro de mercadorias importadas será o valor de transação, isto é, o preço efetivamente pago ou a pagar pelas mercadorias, em uma venda para exportação para o país de importação,[34] ajustado de acordo com as disposições do Artigo 8, desde que:

(a) não haja restrições à cessão ou à utilização das mercadorias pelo comprador, ressalvadas as que:

(i) sejam impostas ou exigidas por lei ou pela administração pública do país de importação;

(ii) limitem a área geográfica na qual as mercadorias podem ser revendidas; ou

(iii) não afetem substancialmente o valor das mercadorias;[35]

(b) a venda ou o preço não estejam sujeitos a alguma condição ou contra-prestação para a qual não se possa determinar um valor em relação às mercadorias objeto de valoração;[36]

(c) nenhuma parcela do resultado de qualquer revenda, cessão ou utilização subsequente das mercadorias pelo comprador beneficie direta ou indiretamente o vendedor, a menos que um ajuste adequado possa ser feito, de conformidade com as disposições do Artigo 8; e

(d) não haja vinculação entre comprador e o vendedor ou, se houve, que o valor da transação seja aceitável para fins aduaneiros, conforme as disposições do parágrafo 2 deste Artigo.

Como será examinado, os ajustes do art. 8.1 decorrem diretamente da incorporação do acordo ao direito interno. Neles o AVA/OMC enuncia uma série de dispêndios que, em uma operação de compra e venda, integram o preço pago ou a pagar pela mercadoria, prevendo

---

[34] A versão oficial do AVA, em língua inglesa, prevalece sobre a traduzida para o português. Assim, chama a atenção na redação do art. 1 a presença da palavra *"when"*: *"1. The customs value of imported goods shall be the transaction value, that is the price actually paid or payable for the goods when sold for export to the country of importation [...]"* (g.n.). Esse termo – que tem o sentido de "quando" ou "no tempo em que" – não consta no texto traduzido do dispositivo. Apesar disso, não há qualquer prejuízo porque, segundo ressaltam Saul L. Sherman e Hinrich Glashoff, o "when" deve ser interpretado como "if", sem o sentido temporal, apenas evidenciando que o preço deve ser relativo à operação de venda para exportação ao país de importação (SHERMAN, Saul L.; GLASHOFF, Hinrich. *Customs valuation*: commentary on the Gatt Customs Valuation Code. Paris-New York: ICC Publications, 1980. p. 99). O Comitê Técnico de Valoração Aduaneira da OMA também entende dessa maneira, ressaltando, na Nota Explicativa nº 1.1, que o termo serve apenas para indicar o tipo da transação: "3. Segundo o método de valoração estabelecido no Artigo 1 do Acordo, a base para determinar o valor aduaneiro é o preço efetivo da venda que deu origem à importação, sendo irrelevante o momento em que tenha ocorrido a transação. A esse respeito, a expressão 'em uma venda' no Artigo 1.1, não deve ser entendida como indicação do momento a ser levado em consideração para determinar a validade de um preço, para os efeitos do Artigo 1; esse termo somente serve para indicar o tipo da transação de que se trata, a saber uma transação segundo a qual as mercadorias foram vendidas para sua exportação ao país de importação".

[35] Nota ao Artigo 1, Parágrafo 1(a)(iii): "Entre as restrições que não tornam inaceitável um preço pago ou a pagar, figuram as que não afetam substancialmente o valor das mercadorias. Um exemplo de tais restrições seria o caso em que um vendedor de automóveis exigisse de um comprador que não os vendesse nem os exibisse antes de uma certa data, que representasse o início do ano para os modelos dos automóveis em questão".

[36] A Nota ao Artigo 1, Parágrafo 1(b) oferece os seguintes exemplos: "(a) o vendedor fixa o preço das condição do comprador adquirir quantidades especificadas"; "(b) o preço das mercadorias importadas depende do preço ou preços pelos quais o seu comprador vende outras mercadorias ao vendedor das mercadorias importadas"; "(c) o preço é fixado com base em uma forma de pagamento alheia às mercadorias importadas, tal como quando estas são mercadorias semiacabadas que tenham sido fornecidas pelo vendedor sob a condição de lhe ser enviada uma determinada quantidade das mercadorias acabadas".

que, acaso segregados pelas partes, devem ser adicionados ao valor da transação. Já os ajustes do art. 8.2, dependem de previsão específica na legislação de cada país, isto é, podem ser incluídos ou excluídos da base de cálculo, conforme decisão política interna.[37] Isso permite que cada Estado-membro opte entre os modelos de valoração "livre a bordo" (*FOB – Free on Board*) ou "custo, frete e seguro" (*CIF – Cost, Insurance and Freight*), constituindo uma exceção ao objetivo de uniformidade do acordo.[38]

## 2.2 Primazia do valor do negócio jurídico internacional

O método do valor da transação baseia-se, de um lado, na presunção de que – na constância das relações comerciais – importador e exportador definem o preço livremente, visando à realização de seus próprios interesses econômicos, dentro da lei da oferta e da procura. De outro, assenta-se na constatação de que, no passado, quando tinham a prerrogativa de avaliar se o preço era definido em condições de livre concorrência, as autoridades aduaneiras nunca chegaram a resultados satisfatórios. A realidade do mercado simplesmente não era captada, isso quando não era propositalmente distorcida para fins arrecadatórios ou protecionistas. Todos os efeitos negativos decorrentes dessa experiência histórica criaram a percepção de que, com a manutenção de regras permitindo a busca inatingível de preços ideais pela aduana, muito se tem a perder e pouco a ganhar.[39]

Daí a primazia do valor do negócio internacional, que deve ser aceito pelas autoridades aduaneiras, ainda que a venda tenha ocorrido com descontos comerciais, ou diante de divergências com os preços de mercado, com o valor de bens comparáveis em outras operações ou com o custo de produção.[40] Nem mesmo a suspeita de *dumping* ou o recebimento de subsídios estatais pelo exportador autoriza o afastamento do valor da transação.[41]

### 2.2.1 Descontos comerciais

No âmbito internacional, os descontos comerciais podem resultar do pagamento à vista ou antecipado, em razão do volume negociado, da regularidade da operação ou de outras particularidades do negócio jurídico. Quem compra com frequência um grande volume de produtos, por exemplo, certamente obtém preços melhores do que quem compra uma única

---

[37] Tôrres diferencia os elementos previstos nos §§ 1º e 2º em obrigatórios e facultativos (TÔRRES, Heleno Taveira. *Comércio internacional e tributação*. São Paulo: Quartier Latin, 2005. p. 245). Em sentido contrário, Vita sustenta que "[...] as disposições do art. 8º do AVA não podem ser consideradas e diferenciadas em obrigatórias ou facultativas, como citado em Tôrres, pois o único fator de determinação da obrigatoriedade ou não de um ajuste está relacionado com o fato de este ter sido ou não positivado na incorporação do tratado. [...] É dizer, o que pode ser dito é que as disposições do § 2º podem ou não ser positivadas (não enquanto obrigatórias ou facultativas), perfazendo reservas ao tratado" (VITA, Jonathan Barros. *Valoração aduaneira e preços de transferência*: pontos de conexão e distinções sistêmico-aplicáveis. Tese (Doutorado em Direito) – Pontifícia Universidade Católica de São Paulo, São Paulo, 2010. p. 94-95).

[38] Ver item 2.4.2.

[39] Como ressaltam Sherman e Glashoff, em lições realizadas ao tempo do CVA que se aplicam igualmente ao AVA/OMC, "the theory of the code is that there is much to be lost and little to be gained by inviting customs authorities, in effect, to tell businessmen what their prices should have been or would have been" (SHERMAN, Saul L.; GLASHOFF, Hinrich. *Customs valuation*: commentary on the Gatt Customs Valuation Code. Paris-New York: ICC Publications, 1980. p. 106).

[40] ROSENOW, Sheri; O'SHEA, Brian J. *A handbook on the WTO Customs Valuation Agreement*. Cambridge: Cambridge University Press, 2010. p. 1007.

[41] SHERMAN, Saul L.; GLASHOFF, Hinrich. *Customs valuation*: commentary on the Gatt Customs Valuation Code. Paris-New York: ICC Publications, 1980. p. 107-108.

vez, ou em pouca quantidade. Independentemente do motivo ou do percentual, a redução do preço não pode ser rejeitada pelas autoridades aduaneiras.

O Comitê Técnico de Valoração Aduaneira da OMA, por meio da Opinião Consulta nº 5.1, já teve a oportunidade de se manifestar acerca das implicações do desconto na definição da base de cálculo:

> OPINIÃO CONSULTIVA 5.1
> **TRATAMENTO APLICÁVEL AOS DESCONTOS POR PAGAMENTO À VISTA SEGUNDO O ACORDO**
> 1. Quando um comprador tiver se beneficiado, anteriormente à valoração das mercadorias importadas, de um desconto por pagamento à vista oferecido pelo vendedor, esse desconto deve ser aceito na determinação do valor de transação das mercadorias?
> 2. O Comitê Técnico de Valoração Aduaneira emitiu a seguinte opinião:
> Posto que, segundo o Artigo 1 do Acordo, o valor de transação é o preço efetivamente pago ou a pagar pelas mercadorias importadas, o desconto por pagamento à vista deve ser aceito para determinar o valor de transação.

O valor da transação, de acordo com o Art. 1 do AVA/OMC, compreende não apenas o valor efetivamente pago, mas também a pagar. Portanto, como consignado nas Opiniões Consultivas nº 5.2 e nº 5.3 do Comitê Técnico, a exclusão do desconto deve ocorrer sempre que for previsto na fatura ou em outro documento idôneo, mesmo que o pagamento ainda não tenha sido realizado no momento da valoração.[42] Essa, aliás, é uma das diferenças essenciais em relação ao *BDV*. Na Definição de Valor de Bruxelas, a base de cálculo era o preço teórico ou conceitual que a mercadoria, ou produto similar, alcançaria em uma venda realizada por partes independentes e em condições de livre concorrência (*preço normal*). Nesse modelo havia discussões acerca da *descontos máximos* ou de sua *aceitabilidade*.[43] Na vigência do AVA/OMC, nada mais disso é cabível.[44]

Não obstante, o art. 5º da IN RFB nº 2.090/2022 estabelece que: "§ 2º Para fins de apuração do valor aduaneiro com base no método do valor de transação, o desconto relativo a transações anteriores deve ser considerado como integrante do preço efetivamente pago pelas mercadorias valoradas às quais tenha sido imputado, independentemente do seu destaque na fatura comercial". Trata-se de preceito ilegal, incompatível com o Artigo 1 do AVA/

---

[42] Há ainda outras manifestações acerca das implicações dos descontos na valoração. A Opinião Consulta nº 5.2 assevera que: "O fato de o comprador, no momento da valoração, não ter ainda se beneficiado do desconto por pagamento à vista, porque este ainda não foi efetuado, não implica que sejam aplicáveis as disposições do Artigo 1.1 b). Por conseguinte, não há nada que impeça a utilização do preço de venda para o estabelecimento do valor de transação com base no Acordo". Por outro lado, de acordo com a Opinião Consulta nº 5.3: "Quando o comprador puder se beneficiar de um desconto por pagamento à vista, porém no momento da valoração o pagamento ainda não tiver sido efetuado, aceitar-se-á como base para o valor de transação, conforme o Artigo 1, o montante que o importador tenha que pagar pelas mercadorias. Podem ser diferentes as maneiras de determinar o montante a ser pago; poder-ia aceitar como prova suficiente, por exemplo, uma menção na própria fatura, ou poderia servir de base para a decisão uma declaração do importador sobre o montante que tem que pagar, sem prejuízo da comprovação e eventual aplicação dos Artigos 13 e 17 do Acordo".

[43] SHERMAN, Saul L.; GLASHOFF, Hinrich. *Customs valuation*: commentary on the Gatt Customs Valuation Code. Paris-New York: ICC Publications, 1980. p. 1020.

[44] Aqui, mas uma vez, cabe a advertência anterior: a aceitabilidade do valor declaração pressupõe a presença de todos os pressupostos de aplicabilidade do método do valor da transação, que serão analisados ao longo do capítulo.

OMC. A base de cálculo deve corresponder ao valor efetivamente pago ou a pagar, sendo absolutamente indiferente saber se o desconto foi concedido em razão da operação atual ou de negócio jurídico anterior.

### 2.2.2 Venda inferior ao preço de mercado, de outras operações ou ao custo de produção

Nas transações comerciais regulares, uma vez presentes todos os pressupostos de aplicabilidade do método do valor da transação, as autoridades aduaneiras devem aceitar o preço ajustado no negócio jurídico internacional, ainda que esse se mostre diferente dos preços de mercado, do custo de produção ou do valor de bens comparáveis em outras operações.

De acordo com a Opinião Consulta nº 2.1, do Comitê Técnico de Valoração Aduaneira da OMA, o simples fato de um preço ser inferior aos preços correntes não constitui motivo válido para sua rejeição:

> OPINIÃO CONSULTIVA 2.1
> **ACEITABILIDADE DE UM PREÇO INFERIOR AOS PREÇOS CORRENTES DE MERCADO PARA MERCADORIAS IDÊNTICAS**
> 1. Foi formulada a questão acerca da aceitabilidade de um preço inferior aos preços correntes de mercadorias idênticas quando da aplicação do Artigo 1 do Acordo sobre a Implementação do Artigo VII do Acordo Geral sobre Tarifas Aduaneiras e Comércio.
> 2. O Comitê Técnico de Valoração Aduaneira examinou esta questão e concluiu que o simples fato de um preço ser inferior aos preços correntes de mercado para mercadorias idênticas não poderia ser motivo para sua rejeição para os fins do Artigo 1, sem prejuízo, no entanto, do estabelecido no Artigo 17 do Acordo.[45]

Essa mesma orientação aplica-se às vendas por preço inferior ao custo de produção, conforme consignado pelo Comitê Técnico no *Estudo de Caso nº 12.1*.[46] Nele foram analisados os efeitos jurídicos de uma venda entre partes não relacionadas, em condições de livre concorrência, por preço 40% abaixo do custo de produção. A operação foi motivada pelas circunstâncias econômicas globais e pela perspectiva de ingresso em um novo mercado.[47] Como estavam presentes os demais pressupostos de aplicabilidade do método do valor da transação: "7. Conclui-se, portanto, que não existem motivos, segundo as disposições fornecidas pelo Artigo 1 do Acordo de Valoração, para rejeitar o valor de transação e aplicar outro artigo para a determinação do valor aduaneiro".

---

[45] "Artigo 17
Nenhuma disposição deste Acordo poderá ser interpretada como restrição ou questionamento dos direitos que têm as administrações aduaneiras de se assegurarem da veracidade ou exatidão de qualquer afirmação, documento ou declaração apresentados para fins de valoração aduaneira".

[46] Foi consignado na fundamentação do Estudo que: "8. A Opinião Consultiva 2.1 conclui que o simples fato de um preço ser inferior aos preços correntes de mercado para mercadorias idênticas não é motivo suficiente para sua rejeição para os fins do Artigo 1. Similarmente, o simples fato do preço, neste caso, estar abaixo do custo de produção e não gerar um lucro ao vendedor, não é motivo suficiente para a rejeição do valor de transação".

[47] "2. As circunstâncias econômicas globais forçaram o exportador S a vender os artigos conservados em estoque a preços que estão em média 30% abaixo de seu custo de produção a fim gerar fluxo de caixa. Os componentes encomendados pelo Importador A se incluem nesta categoria. Entretanto, por causa da oportunidade de expansão de mercado, o exportador S concordou em vendê-los a um preço 40% abaixo de seu custo de produção".

É preciso compreender que, no AVA/OMC, houve uma decisão multilateral de Estados soberanos pela primazia do valor da transação, dentro de uma concepção positiva de valoração que implica uma renúncia a quaisquer parâmetros ideais ou conceituais. Ainda que inferior ao custo de produção ou ao preço praticado em operações com produtos comparáveis, o valor transacionado pelas partes deve ser aceito pelas autoridades aduaneiras, a menos que não se mostrem presentes os demais pressupostos de aplicabilidade do método do valor da transação.

### 2.2.3 Operações com indícios de dumping

O AVA/OMC realizou uma separação entre valoração aduaneira e defesa comercial.[48] Na *Introdução Geral* do Acordo, foi previsto que "os procedimentos de valoração não devem ser utilizados para combater o *dumping*".[49] As medidas *antidumping* foram disciplinadas em outro acordo multilateral específico resultante da Rodada Uruguai: o Acordo sobre a Implementação do Artigo VI do Gatt 1994 (*Acordo Antidumping*). Dessa forma, ainda que encontre indícios de que o exportador estrangeiro está comercializando as mercadorias por preço inferior ao praticado em operações normais com produto similar em seu próprio país (*dumping*),[50] a autoridade aduaneira não tem outro caminho senão aceitar o valor declarado.

---

[48] As medidas *antidumping* e compensatórias "[...] são justificadas como sendo uma reação legalizada à concorrência 'injusta' de produtos estrangeiros. Injusta porque realizada com discriminação de preços (dumping) ou com auxílio estatal (subsídios). A seu turno, as medidas de salvaguarda são oponíveis às importações 'justas', mas que provocam um desajustamento no mercado produtor nacional" (BARRAL, Welber. *Dumping e comércio internacional*: a regulamentação antidumping após a Rodada Uruguai. Rio de Janeiro: Forense, 2000. p. 139). Ver Artigos VI e XIX.

[49] De acordo com a Convenção de Viena sobre o Direito dos Tratados (Artigo 31): "1. Um tratado deve ser interpretado de boa fé segundo o sentido comum atribuível aos termos do tratado em seu contexto e à luz de seu objetivo e finalidade"; e "2. Para os fins de interpretação de um tratado, o contexto compreenderá, além do texto, seu preâmbulo e anexos: [...]".

[50] Segundo o art. 2º ("Determinação do Dumping") do Acordo sobre a Implementação do Artigo VI do Acordo Geral sobre Tarifas e Comércio 1994: "1. Para as finalidades do presente Acordo considera-se haver prática de *dumping*, isto é, oferta de um produto no comércio de outro país a preço inferior a seu valor normal, no caso de o prego [sic.] de exportação do produto ser inferior àquele praticado no curso normal das atividades comerciais para o mesmo produto quando destinado ao consumo no país exportador". Como destaca Enrique C. Barreira: "[...] 1) cuando el precio en el mercado interno del país de exportación 2) fuere superior al precio de exportación, 3) y esa diferencia (llamada margen de dumping) causara daño importante a la producción del producto similar en el país de importación, 4) el Estado del país de importación puede aplicar un derecho anti-dumping, 5) cuyo monto no puede superar al margen del dumping" (BARREIRA, Enrique C. Función y estructura normativa del derecho antidumping. *In*: CARRERO, Germán Pardo (dir.); MARSILLA, Santiago Ibáñez; YEBRA, Felipe Moreno (codir.). *Derecho aduanero*. Bogotá: Universidad del Rosario; Tirant lo Blanch, 2020. t. II, p. 481). Sobre o tema, cf.: BARRAL, Welber. *Dumping e comércio internacional*: a regulamentação antidumping após a Rodada Uruguai. Rio de Janeiro: Forense, 2000. p. 139; 177 e ss.; BARRAL, Welber; BROGINI, Gilvan. *Manual prática de defesa comercial*. São Paulo: Lex-Aduaneiras, 2007. p. 38; DI SENA JÚNIOR, Roberto; PIZZOL, Scheron Dal. *Dumping* e comércio internacional: uma perspectiva em prol do multilateralismo. *In*: CASTRO JUNIOR, Osvaldo Agripino de (org.). *Temas atuais de direito do comércio internacional*. Florianópolis: Editora OAB/SC, 2005. p. 289-318; PARDO, Gabriel Ibarra. Las medidas de defesa comercial. *In*: CARRERO, Germán Pardo (dir.); MARSILLA, Santiago Ibáñez; YEBRA, Felipe Moreno (codir.). *Derecho aduanero*. Bogotá: Universidad del Rosario; Tirant lo Blanch, 2020. t. II, p. 385-419; TREVISAN, Rosaldo; VALLE, Mauricio Dalri Timm do. Medidas de defesa comercial. *In*: CARRERO, Germán Pardo (dir.); MARSILLA, Santiago Ibáñez; YEBRA, Felipe Moreno (codir.). *Derecho aduanero*. Bogotá: Universidad del Rosario; Tirant lo Blanch, 2020. t. II, p. 421-461.

Como ressaltam Rosenow e O'Shea, por mais estranho que isso possa parecer, foi esse o propósito do AVA/OMC.[51] É por essa razão que, nos termos do Comentário nº 3.1 do Comitê Técnico de Valoração Aduaneira da OMA, não é lícito afastar o valor da transação nem adicionar eventual margem de *dumping* na base de cálculo do imposto de importação:

> COMENTÁRIO 3.1
> **MERCADORIAS OBJETO DE *DUMPING***
> 1. O Artigo VI do Acordo Geral sobre Tarifas Aduaneiras e Comércio de 1994 define o *dumping* como a introdução de produtos de um país no comércio de outro país a um preço inferior ao seu valor normal; estipula, igualmente, que o *dumping* deve ser condenado e pode ser neutralizado ou evitado quando causar ou ameace causar um prejuízo importante a uma indústria estabelecida no território de uma Parte contratante ou quando retardar sensivelmente o estabelecimento de uma indústria nacional.
> 2. Em conformidade com a Introdução Geral do Acordo de Valoração, as Partes reconhecem "que os procedimentos de valoração não devem ser utilizados para combater o *dumping*". Portanto, quando for presumida ou demonstrada a existência de *dumping*, o procedimento adequado para combatê-lo será a aplicação das normas *antidumping* vigentes no país de importação. Portanto, não há possibilidade de:
> a) rejeitar o valor de transação como base para a valoração aduaneira das mercadorias objeto de *dumping*, a menos que não seja preenchida uma das condições enunciadas no Artigo 1.1;
> b) acrescer ao valor de transação uma quantia que leve em conta a margem de *dumping*.
> 3. Do exposto, resulta que o tratamento aplicável na valoração objeto de *dumping* é o mesmo reservado às mercadorias importadas a um preço inferior aos preços correntes de mercado para mercadorias idênticas.

Isso foi ressaltado em sentença da 6ª Vara Cível Federal de São Paulo, transcrita em acórdão do TRF da 3ª Região:

> O mercado chinês é o que apresenta maiores índices de crescimento mundial e que tem o maior potencial para crescimento econômico. É cediço que os produtos provenientes da República Popular da China são comercializados a preços extremamente inferiores aos praticados no mercado mundial. Embora questionáveis, não são objetos deste processo e nem poderiam, os fatores que determinam os preços chineses, como por exemplo, o valor irrisório da mão de obra chinesa, a inexistência de legislação trabalhista que efetivamente garanta condições mínimas de trabalho, o valor dos tributos e encargos trabalhistas daquele país, e muitos outros fatores que refletem a formação do preço dos produtos destinados à exportação.
> Não é sem razão que no preâmbulo do Acordo de Valoração Aduaneira: se reconhece a necessidade de um sistema eqüitativo, uniforme e neutro para a valoração de mercadorias para fins aduaneiros; exclui a utilização de valores aduaneiros arbitrários ou fictícios; determina que a base de valoração de mercadorias para fins aduaneiros deve ser, tanto quanto possível, o valor de transação das mercadorias a serem valoradas; que o valor aduaneiro deve basear-se em critérios simples e equitativos, condizentes com as práticas comerciais e que os procedimentos de valoração devem ser de aplicação geral,

---

[51] ROSENOW, Sheri; O'SHEA, Brian J. *A handbook on the WTO Customs Valuation Agreement*. Cambridge: Cambridge University Press, 2010. p. 786.

sem distinção entre fontes de suprimento; e que os procedimentos de valoração não devem ser utilizados para combater o *dumping*.

Por esse motivo, o Brasil tem adotado medidas para proteger o mercado interno, dentre outras, o estabelecimento de direitos antidumping sobre diversos produtos importados da China e, como no caso do setor têxtil, a formulação de acordo para limitação das importações (fls. 195/197). O que não se pode admitir é que, por meios indiretos (como o caso ora tratado), se imponham obstáculos ao comércio exterior.[52]

Não obstante, o Auditor Fiscal deve representar ao órgão competente da Secretaria de Comércio Exterior – Decom (Departamento de Defesa Comercial) – para a deflagração de investigações de defesa comercial da economia brasileira, observado o devido processo legal e as regras especiais que norteiam essa atividade administrativa.

### 2.2.4 Vendas com subsídios ou incentivos estatais

Outra consequência da separação entre valoração aduaneira e defesa comercial, prevista no Comentário nº 2.1 do Comitê Técnico de Valoração Aduaneira da OMA, é a irrelevância da venda com subsídios na definição da base de cálculo do imposto de importação:

> COMENTÁRIO 2.1
> **MERCADORIAS OBJETO DE SUBSÍDIOS OU DE INCENTIVOS A EXPORTAÇÃO**
> [...]
> 3. Trata-se, em primeiro lugar, de determinar se um preço subsidiado pode de fato ser aceito para fins de estabelecer um valor de transação nos termos do Artigo 1. No caso de mercadorias subsidiadas, como em qualquer outro caso, o valor de transação pode ser rejeitado se descumprida alguma das condições enunciadas no Artigo 1.1. A questão é saber se um subsídio pode ser considerado como uma condição ou contraprestação de que dependam a venda ou o preço e cujo valor não pode ser determinado. Entretanto, dado que o conceito básico do Acordo se refere a transação entre o comprador e o vendedor e tudo o mais que ocorra, direta ou indiretamente, entre ambos, uma condição ou contraprestação neste contexto deve ser interpretada como uma obrigação entre o comprador e o vendedor. Por via de consequência, o simples fato de que a venda seja subsidiada não é suficiente para que seja aplicável o Artigo 1.1 b).
> 4. Outra questão é a de se estabelecer se o montante do subsídio pode ser considerado como parte do pagamento total. A Nota Interpretativa ao Artigo 1 do Acordo de Valoração estipula que o preço efetivamente pago ou a pagar é o pagamento total efetuado ou a ser efetuado pelo comprador ao vendedor ou em benefício deste, pelas mercadorias importadas. Um subsídio recebido pelo vendedor de seu governo não é um pagamento efetuado pelo comprador e, portanto, não faz parte do preço efetivamente pago ou a pagar.
> 5. Uma última questão a ser respondida, a propósito do tratamento aplicável aos subsídios, é se o preço efetivamente pago ou a pagar pelo comprador pode ser acrescido do montante do subsídio para os efeitos de determinação do valor de transação. O Artigo

---

[52] TRF3. 6ª T. Apelação e Remessa Necessária nº 1614540/SP. Red. Des. Fed. Johonsom Di Salvo. Data de publicação: 06.11.2016. Autos originários nº 0005274-46.2006.4.03.6100. Sentença disponibilizada no D.E. de 07.10.2010, p. 104-161. Infelizmente, mesmo consultando o DE e a consulta processual do Tribunal e da Justiça Federal de São Paulo, não foi possível identificar o nome do Magistrado responsável pela passagem citada.

8.4 do Acordo estabelece que, na determinação do valor aduaneiro, nenhum elemento pode ser adicionado ao preço efetivamente pago ou a pagar, a exceção daqueles previstos no referido artigo; ora, dado que um subsídio não pode ser considerado como equivalente a qualquer dos elementos mencionados no Artigo 8, não é possível fazer um ajuste a esse título.

6. Do exposto, decorre que o tratamento aplicável na valoração de mercadorias subsidiadas é o mesmo que aquele aplicado às outras mercadorias.

Portanto, o fato de a venda ter sido subsidiada: (a) não autoriza o afastamento do valor da transação com base no Art. 1.1 b) do AVA;[53] (b) não constitui uma parte do pagamento total; e (c) não pode ser adicionado ao valor da transação. Daí que eventuais medidas compensatórias devem ser adotadas na forma do Acordo sobre Subsídios e Medidas Compensatórias (ASMC).

### 2.2.5 Preços mínimos ou de referência (legalidade do controle no licenciamento)

O afastamento do valor da transação assentado em pautas de preços mínimos não é compatível com o AVA/OMC.[54] Trata-se de prática vedada, ainda que em situações excepcionais ou como último recurso diante da impossibilidade de aplicação dos métodos antecedentes. Destarte, mesmo quando autoriza o emprego de critério flexível de valoração (*the fall-back method*), o Art. 7.2.f) afasta qualquer possibilidade de determinação da base imponível a partir de "valores aduaneiros mínimos".[55] Isso já foi reafirmado em diversas oportunidades pelo Órgão de Solução de Controvérsias da OMC. Em *Colombia – Ports of entry* (DS366), foi declarada a ilicitude do regime de preços indicativos adotados para produtos têxteis e calçados. O mesmo ocorreu em *Chile – Price Band System* (DS207), quando o Órgão de Apelação entendeu que o mecanismo de banda de preços utilizado na valoração de *commodities* agrícolas, por configurar uma prática de *minimum prices* ou *reference price*, não era compatível com as regras e os princípios da OMC.[56]

Tampouco é lícito o controle de preços mínimos por meio do licenciamento de importações. Essa prática, como ressalta Thális Andrade, foi criada no final de 1950,[57] sendo que, atualmente, é conduzida pelo Departamento de Operações de Comércio Exterior (Decex) nas importações sujeitas ao "Licenciamento Não Automático". Trata-se de uma ação ilegal, anômala e sem nenhuma transparência, que, de resto, sequer é autorizada pela legislação.

---

[53] Ver item 2.2.3.

[54] A valoração a partir de preços mínimos só foi autorizada para países em desenvolvimento, dentro de um período transitório previsto no parágrafo segundo do Anexo III do AVA/OMC. Porém, não é mais possível a aplicação dessa exceção: "2. Os países em desenvolvimento que valoram atualmente as mercadorias com base em valores mínimos oficialmente estabelecidos podem desejar fazer uma reserva ao Acorda que lhes permita manter em vigor tais valores mínimos, em bases limitadas e transitórias, sob condições aceitas pelas Partes no Acordo".

[55] Ver item 3.5.

[56] Sobre esse caso e outros semelhantes, ver: THOSETENSEN, Vera; RAMOS, Daniel; MÜLLER, Carolina. *Estudo do CCGI nº 1: reference price – Estudo de compatibilidade com a OMC*. São Paulo: FGV, fev. 2011. Disponível em: https://ccgi.fgv.br/sites/ccgi.fgv.br/files/file/Estudos%20do%20CCGI%20-%20reference%20price%20-%20estudo%20de%20compatibilidade%20com%20a%20OMC.pdf. Acesso em: 29.09.2021.

[57] ANDRADE, Thális. *Curso de direito aduaneiro: jurisdição e controle*. Belo Horizonte: Dialética, 2021. p. 177. Sobre o tema, cf. a matéria do Jornal Estadão, segundo à qual a prática vigora no "[...] País por mais de 70 anos e é proibida pela Organização Mundial do Comércio (OMC)". Disponível em: https://economia.estadao.com.br/noticias/geral,camara-retira-proibicao-de-barreira-comercial-a-importados--em-mp-que-facilita-abertura-de-empresas,70003757085. Acesso em: 05.09.2021.

Até julho de 2023, o controle de preços era realizado com fundamento na Portaria Secex nº 23/2011, que previa apenas o acompanhamento dos preços pelo Decex e o indeferimento do licenciamento diante de indícios de fraude documental:

> Art. 30. O DECEX efetuará o acompanhamento dos preços praticados nas importações, utilizando-se, para tal, de diferentes meios para fins de aferição do nível praticado, entre eles, cotações de bolsas internacionais de mercadorias; publicações especializadas; listas de preços de fabricante estrangeiros; contratos de bens de capital fabricados sob encomenda; estatísticas oficiais nacionais e estrangeiras e quaisquer outras informações porventura necessárias, com as respectivas traduções para o vernáculo.
> § 1º O DECEX poderá, a qualquer época, solicitar ao importador informações ou documentação pertinente a qualquer aspecto comercial da operação.
> Art. 21. Não será autorizado licenciamento quando verificados erros significativos em relação à documentação que ampara a importação, indícios de fraude ou patente negligência.

Como se vê, na Portaria Secex nº 23/2011, nunca houve um preceito autorizando o indeferimento da licença de importação motivado pela discrepância do valor da transação com a pauta de preços mínimos ou por divergência com o valor de mercado. O que estava previsto era apenas o acompanhamento dos preços praticados nas importações, inclusive mediante a exigência de documentos e cotações de preço do interessado. A licença só poderia ser indeferida quando verificados erros significativos em relação à documentação, indícios de fraude ou patente negligência. Não obstante, no plano pragmático, o Decex efetivamente indeferia o licenciamento nos casos de importação por valor inferior aos preços mínimos que entendia devidos. Esses, por sua vez, eram totalmente desconhecidos, já que não ocorria uma divulgação prévia nem no ato de indeferimento da licença.

Essa prática, sem dúvida, não era compatível com o Estado Democrático de Direito, a começar pela violação ao princípio constitucional da estrita legalidade. Uma portaria não pode atribuir uma competência dessa natureza a um órgão do Poder Executivo, violando acordos internacionais com força de lei (CF, art. 5º, II). Ademais, a falta de motivação e de publicidade dos preços mínimos viola os princípios da motivação e da publicidade dos atos administrativos, previstos no *caput* do art. 37 da Constituição Federal.[58]

No Judiciário, algumas decisões afastavam a exigência de preço mínimo por ausência de fundamentação do ato de indeferimento da licença pelo Decex. Destaca-se, nesse sentido, o julgado do TRF da 3ª Região:

> TRIBUTÁRIO. MANDADO DE SEGURANÇA. OBTENÇÃO PRÉVIA DE LICENÇA DE IMPORTAÇÃO E OBSERVÂNCIA NO PAÍS DE ORIGEM DE PREÇOS MÍNIMOS DITADOS PELO DECEX.
> 1. As mercadorias objetos da demanda não estão sujeitas a Licenciamento de Importação não Automático, pois a importação procedida foi realizada em regime aduaneiro especial de entreposto aduaneiro (art. 404 e seguintes do RA).
> 2. As informações da autoridade impetrada nada menciona sobre os critérios empregados para a fixação do valor mínimo em relação ao produto objeto da ação. Na verdade,

---

[58] "Art. 37. A administração pública direta e indireta de qualquer dos Poderes da União, dos Estados, do Distrito Federal e dos Municípios obedecerá aos princípios de legalidade, impessoalidade, moralidade, publicidade e eficiência e, também, ao seguinte (Redação dada pela Emenda Constitucional nº 19, de 1998) [...]".

às fls. 159, o DECEX informa que na atribuição de acompanhamento e fiscalização de preços "podem ser utilizadas listas de preços expedidas pelos fabricantes estrangeiros, publicações especializadas de notória aceitação no exterior, ou informações obtidas por representações do Governo Brasileiro no país de procedência das mercadorias".

3. Nenhum documento foi juntado pela apelada que comprovasse a publicidade das novas exigências feitas, que até podem ser legítimas e necessárias o que não se discute. Mas é certo que o importador tem todo o direito de conhecer detalhadamente as situações jurídicas que se exige para o procedimento de importação e conseqüente desembaraço aduaneiro das mercadorias.

4. Ausente a publicidade, não há como negar à empresa recorrente a licença de importação, desde que os demais requisitos legais estejam implementados.

5. O poder-dever da Administração pública não fica coartado na realização dos procedimentos para o correto alinhamento da balança aduaneira – importação e exportação. Deve buscar sim, o melhor caminho para impedir que importações realizadas fora dos parâmetros éticos e legais imprimam desvantagem à indústria nacional, mas sempre dentro da legalidade e com observâncias de todos os princípios que regem a Administração Pública.

6. Apelação a que se dá provimento.[59]

Porém, infelizmente, a maior parte das decisões admite a validade do controle de preço mínimo, como se depreende dos seguintes julgados do TRF da 4ª Região e da 1ª Turma do STJ:

ADMINISTRATIVO. DECEX. LICENÇA DE IMPORTAÇÃO. EXIGÊNCIA DE COMPROVAÇÃO DO PREÇO NEGOCIADO. LEGALIDADE. MAJORAÇÃO DA VERBA HONORÁRIA.

1. A atuação do DECEX no controle de preços sobre as operações de comércio exterior, como requisito para a emissão da Licença de Importação, não se confunde com as atribuições da Secretaria da Receita Federal do Brasil, e do DECOM, que, embora também se dediquem à semelhante atividade fiscalizatória, o fazem, respectivamente, com vistas ao procedimento de valoração aduaneira e à aplicação de medidas *antidumping*.

2. A averiguação de eventual prática de subfaturamento ou dumping pelo importador não compete ao DECEX, mas isso não significa que o mesmo não possa obstar a importação quando, procedendo ao controle dos valores declarados para a operação, apurar incongruências não justificadas em relação aos preços praticados no comércio exterior.

3. O DECEX tem plena competência para exercer a fiscalização de preços declarados na importação de produtos sujeitos a licenciamento não automático, de modo que, constatando que estes são injustificadamente inferiores aos usualmente observados no mercado internacional, está autorizado a pedir explicações ao importador e, reputando-as insuficientes, indeferir a Licença de Importação pleiteada [...].[60]

---

[59] TRF-3ª R. 4ª T. AC 0007152-79.2001.4.03.6100/SP. Rel. Des. Fed. Marli Ferreira. DE 23.03.2011. No mesmo sentido, porém, envolvendo hipótese de cancelamento de licença, TRF-5ª R. 1ª T. Apelreex 200883000121264. Rel. Des. Fed. Frederico Pinto de Azevedo. Data de publicação: 21.10.2010: "[...] não é razoável que o agravado tenha suas licenças de importação canceladas sem ao menos ser informado sobre quais exigências deveria ter cumprido, pelo que observo bastante prudência na decisão vergastada ao conceder novo prazo para apresentação das referidas exigências, não merecendo, portanto, qualquer reforma".

[60] TRF-4ª R. 3ª T. AC 2007.70.00.002606-0/PR. Rel. Des. Fed. Maria Lúcia Luz Leiria. DE 01.02.2011.

> AÇÃO ORDINÁRIA. LEI 9.019/95. LICENÇA DE IMPORTAÇÃO. PRÁTICA DE DUMPING. PROCESSO ADMINISTRATIVO. DESNECESSIDADE NO CASO. COMPETÊNCIA DO DECEX. LICENCIAMENTO NÃO AUTOMÁTICO.
> 1. A Constituição Federal dispõe que dentre os objetivos da República Federativa do Brasil, esteio de garantir o desenvolvimento nacional; sendo que um dos instrumentos para garantia desse desenvolvimento é exatamente o que vem previsto no art. 237 da Constituição Federal e consiste na: Fiscalização e o controle sobre o comércio exterior, essenciais à defesa e aos interesses fazendários nacionais, serão exercidos pelo Ministério da Fazenda.
> 2. O dumping evidente, aferido pelo DECEX, cuja atribuição é realizar o acompanhamento dos preços praticados nas importações, em sendo a mercadoria sujeita ao regime de licenciamento não automático, impõe a negativa da licença requerida. Precedente: (REsp 855881/RS, j. 15.03.2007, DJ 02.08.2007 p. 380, unânime).
> 3. A Lei nº 9.019/95, que dispõe sobre a aplicação dos direitos previstos no Acordo Antidumping, não contém comandos impositivos à instauração de processo administrativo para a apuração do fato relativo à prática de dumping prima facie evidente.
> 4. A constatação, por si só, da prática lesiva concorrencial possui o condão de afastar a necessidade do prévio procedimento administrativo, isto porque até que se desenvolva o processo e ocorra a liberação de mercadoria, evidentemente, a situação consolidar-se-á.
> 5. *In casu*, houve a constatação de diferença de preço (para menor) entre o valor considerado normal em importações de cabos de aço e cadeados e aquele declarado nas faturas comerciais referentes às mercadorias importadas pela autora, consoante trecho da sentença à fl. 207.
> 6. Recurso Especial provido.[61]

Do exame dessas decisões, nota-se que a validade do controle exercido pelo Decex é fundamentada no APLI. Todavia, o fato é que inexiste nesse acordo qualquer preceito prevendo ou autorizando, direta ou indiretamente, a exigência de preços mínimos no licenciamento. Por isso, veio em boa hora a Medida Provisória nº 1.040/2021, que, em seu art. 7º, vedou essa prática na importação:

> CAPÍTULO IV
> DA FACILITAÇÃO DO COMÉRCIO EXTERIOR
> Seção I
> Das licenças, autorizações ou exigências administrativas para importações ou exportações
> Art. 7º Fica vedado aos órgãos e às entidades da administração pública federal direta e indireta estabelecer limites aos valores de mercadorias ou de serviços correlatos praticados nas importações ou nas exportações ou deixar de autorizar ou de licenciar operações de importação ou de exportação em razão dos valores nelas praticados.
> Parágrafo único. O disposto no *caput* não se aplica aos regulamentos ou aos procedimentos de natureza tributária ou aduaneira de competência da Secretaria Especial da Receita Federal do Brasil do Ministério da Economia.

Lamentavelmente, porém, a Câmara dos Deputados retirou o art. 7º do projeto de lei de conversão, com base nos seguintes fundamentos:

---

[61] STJ. 1ª T. REsp 1048470/PR. Rel. Min. Luiz Fux. *DJe* 03.05.2010.

A necessidade de aprimoramento do art. 7º da MPV inicialmente nos veio à atenção pelo elevado número de emendas que solicitam a sua modificação (Emendas nº 2, 11, 12, 91, 104, 143, 146, 189, 193 e 248) ou mesmo sua exclusão. O texto que apresentamos no PLV é fruto de amplo diálogo com o governo e com associações do setor industrial e, nesta segunda versão do Parecer à MPV nº 1040, de 2021, decide-se pela supressão do dispositivo. Isso não significa, de modo algum que estamos aqui a reavivar o mecanismo de controle de preços nas importações. Antes, após decisão tomada em acordo com diversos líderes, optamos por seguir a discussão desse tema no âmbito de projeto de lei à parte, ocasião em que todas as partes interessadas terão oportunidade de se manifestar, sem os limites temporais impostos pelo célere trâmite de uma Medida Provisória.

Apesar da não conversão em lei, o Poder Executivo poderia ter alterado a Portaria Secex nº 23/2011, para prever que o acompanhamento dos preços nas importações não autoriza o indeferimento do licenciamento em razão dos valores nelas praticados. Não haverá qualquer prejuízo à economia nacional, uma vez que continuará sendo possível a deflagração de investigações de defesa comercial dentro do devido processo legal. É até recomendável a adoção dessa providência, uma vez que, no passado, essa prática ilícita já ensejou consultas de outros Estados perante a OMC (*Dispute Settlement – DS183: Brazil – Measures on Import Licensing and Minimum Import Prices*).[62]

Em 04 de julho de 2023, o art. 30 da Portaria Secex nº 23/2011 foi finalmente revogado pela Portaria Secex nº 249/2023. Esta instituiu um procedimento de *combate à fraude de valor nas importações*, que será exercida pelo Grupo de Inteligência de Comércio Exterior (GI-CEX) no Decex, superpondo-se a uma fiscalização da base de cálculo dos tributos aduaneiros já realizada pela Receita Federal do Brasil:

> Seção VIII
> Do Combate à Fraude
> Art. 43. Em casos de indícios de infração à legislação de comércio exterior vinculados a condições comerciais declaradas no processo de importação, o Decex poderá, no uso da competência prevista no inciso III do art. 21 do Anexo I ao Decreto nº 11.427, de 2 de março de 2023, mediante denúncia apresentada ou de ofício, sujeitar a regime de licenciamento não automático importações determinadas ou todas as importações a serem realizadas por importador suspeito de ter cometido a infração.
> § 1º A aplicação do regime de licenciamento de que trata o *caput*:
> I – será precedida de análise técnica promovida pelo Decex no âmbito do Grupo de Inteligência de Comércio Exterior (GI-CEX) a que se refere a Portaria Conjunta Secint/RFB nº 22.676, de 22 de outubro de 2020;

---

[62] Essa medida foi proposta pela representação permanente da Comunidade Europeia, sob a alegação – absolutamente acertada, aliás – de que a imposição de preços mínimos no licenciamento viola os arts. 2, 7, 9 e 11 do AVA e os arts. 1, 3, 5 e 8 do APLI. Também houve adesão ao procedimento por parte do Governo dos Estados Unidos da América do Norte:
"Complaint by the European Communities.
This request, dated 14 October 1999, is in respect of a number of Brazilian measures, particularly Brazil's non-automatic licensing system and the minimum pricing practice, which allegedly restrict EC exports – notably of textile products, Sorbitol and Carboxymethylcellulose (CMC). The EC claimed that those Brazilian measures violate, in particular, Articles II, VIII, X and XI of the GATT 1994; Article 4.2 of the Agreement on Agriculture; Articles 1, 3, 5 and 8 of the Agreement on Import Licensing Procedures; and Articles 1 through 7 of the Agreement on Implementation of Article VII of the GATT 1994".

II – levará em consideração a gestão de riscos para a imposição de exigências e controles comerciais sobre as operações de importação, afastando-se do alcance do licenciamento importações para as quais inexistam elementos indiciários que justifiquem a adoção da medida;

III – terá por objetivo a verificação da autenticidade, veracidade e exatidão das informações e dos documentos apresentados durante a instrução do licenciamento;

IV – não se confunde com os procedimentos aduaneiros, de defesa comercial, ou qualquer outro tratamento adotado por órgão ou entidade da administração pública interveniente no comércio exterior; e

V – vigerá por prazo determinado de, no máximo, 180 (cento e oitenta) dias.

§ 2º O Decex deverá notificar a imposição do regime de licenciamento ao importador sujeito a medida, informando-o dos motivos respectivos.

§ 3º Para fins do disposto no inciso III do §1º, o Decex poderá solicitar ao importador a apresentação dos seguintes documentos, sem prejuízo de outros que venham a ser requeridos para o regular licenciamento da importação:

I – fatura proforma e fatura comercial;

II – catálogos e manuais do produto a ser importado;

III – conhecimento de embarque; e

IV – contrato de câmbio.

§ 4º A atuação do Decex baseada neste artigo poderá envolver cooperação com outros órgãos e entidades da administração pública e abranger o exame de:

I – cotações de bolsas internacionais de mercadorias;

II – publicações especializadas;

III – listas de preços de fabricantes estrangeiros;

IV – contratos de bens de capital fabricados sob encomenda;

V – estatísticas oficiais nacionais e estrangeiras; e

VI – quaisquer outras informações porventura necessárias.

§ 5º Serão indeferidos pedidos de licença de importação em caso de não atendimento de exigência formulada pelo Decex no prazo de 30 (trinta) dias ou na hipótese de verificação de divergências quanto à autenticidade, veracidade e exatidão das informações ou dos documentos apresentados.

§ 6º O regime de licenciamento de que trata este artigo deverá cessar sempre que os indícios de infração se mostrarem infundados.

No momento, ainda não é possível saber se o Decex continuará exigindo preços mínimos após a Portaria Secex nº 249/2023. Esta não prevê a sua realização, o que, entretanto, não significa que deixará de ocorrer. O controle do preço mínimo, afinal, sempre foi uma prática administrativa, não prevista na legislação revogada, mas efetuada no plano pragmático. Portanto, é necessário aguardar um tempo para entender como serão pautadas as ações do Grupo de Inteligência de Comércio Exterior (GI-CEX).

De qualquer modo, independentemente disso, cumpre ressaltar a absoluta ilegalidade do controle de preços mínimos. Os acordos internacionais sempre devem ser interpretados à luz de seus objetivos e finalidades, considerando, como elemento complementar, os trabalhos preparatórios e as circunstâncias de sua conclusão. Essa diretiva – enunciada na

Convenção de Viena sobre o Direito dos Tratados[63] – obriga o intérprete a realizar um esforço de recuperação histórica. Nesse sentido, deve-se ter presente que, no balanço dos 20 anos do Gatt 1947, o Comitê de Comércio de Produtos Industriais do Gatt realizou um levantamento dos principais obstáculos ao livre comércio. Dentre os fatores críticos, o estudo identificou o uso de valores "oficiais" ou "mínimos", o emprego da valoração aduaneira para combater o *dumping* e a falta de transparência nos métodos e procedimentos de valoração. Após muitos anos de negociações, o AVA/OMC foi concebido justamente para fazer frente a essas distorções. Ao mesmo tempo, foi celebrado o Acordo sobre a Implementação do Artigo VI do Gatt 1994 (Acordo *Antidumping*), o Acordo sobre Subsídios e Medidas Compensatórias (ASMC) e o Acordo sobre Procedimentos para o Licenciamento de Importações (APLI). Todos esses acordos multilaterais integram o Anexo 1A da Ata Final da Rodada Uruguai, formando uma unidade normativa. Por isso, não é viável defender a validade do uso do licenciamento como instrumento legítimo para o controle de preços mínimos. Não há no APLI ou em qualquer desses acordos um dispositivo que, direta ou indiretamente, autorize um controle dessa natureza. Nem poderia existir, por total incompatibilidade com a própria razão de ser da Rodada de Negociações Comerciais Multilaterais. É como se os Estados-membros da OMC, após anos negociando uma solução para fazer frente a essa prática arbitrária, tivessem consagrado a inutilidade de seu próprio esforço, autorizando exatamente o mesmo ato abusivo que pretendiam eliminar.

Também não é compatível com a ordem jurídica a fiscalização de fraudes de valor pelo Decex. A fiscalização da veracidade do valor da transação nas operações de importação compete privativamente à Receita Federal do Brasil. É o que prevê o art. 6º, I, *c*, da Lei nº 10.593/2002,[64] dispositivo hierarquicamente superior ao art. 21, III, Anexo I, do Decreto nº 11.427/2023,[65] que fundamenta o art. 43 da portaria. É ilegal, portanto, a competência fiscalizatória do Grupo de Inteligência de Comércio Exterior (GI-CEX).

A Portaria Secex nº 249/2023 procura contornar essa vedação, prevendo, nos incisos III e IV do § 1º do art. 43, que a fiscalização terá "por objetivo a verificação da autenticidade, veracidade e exatidão das informações e dos documentos apresentados durante a instrução do licenciamento" e que "não se confunde com os procedimentos aduaneiros". Entretanto, o regime de licenciamento não automático do *caput* do art. 43 só é exigido do importador suspeito de ter cometido a infração. Trata-se, portanto, de uma verdadeira fiscalização da autenticidade, da veracidade e da exatidão das *condições comerciais* declaradas no processo de importação, ou seja, de um controle que tem por objeto a própria base de cálculo dos tributos aduaneiros e que visa a apurar infrações de *subfaturamento* ou *fraude de valor*. Logo,

---

[63] Ver item 1.1.

[64] "Art. 6º São atribuições dos ocupantes do cargo de Auditor-Fiscal da Receita Federal do Brasil: (Redação dada pela Lei nº 11.457, de 2007)
I – no exercício da competência da Secretaria da Receita Federal do Brasil e em caráter privativo: (Redação dada pela Lei nº 11.457, de 2007)
[...]
c) executar procedimentos de fiscalização, praticando os atos definidos na legislação específica, inclusive os relacionados com o controle aduaneiro, apreensão de mercadorias, livros, documentos, materiais, equipamentos e assemelhados (Redação dada pela Lei nº 11.457, de 2007)".

[65] "Art. 21. Ao Departamento de Operações de Comércio Exterior compete: [...] III – fiscalizar preços, pesos, medidas, classificação, qualidades e tipos, declarados nas operações de exportação e importação, diretamente ou em articulação com outros órgãos da administração pública federal, observadas as competências das repartições aduaneiras".

sob os aspectos finalístico e objetivo, o Decex realizará uma fiscalização concorrente com a competência privativa da Receita Federal do Brasil.

Outro problema é que, nos termos do § 5º do art. 43 da Portaria Secex nº 249/2023, a consequência jurídica da constatação da fraude pelo Decex será o indeferimento da licença de importação. Com isso, o preceito acaba imprimindo um viés sancionatório ao licenciamento, sem previsão ou respaldo no APLI, que é fundado no princípio da neutralidade (Artigo 1.3: "3. As regras sobre os procedimentos para o licenciamento de importações serão neutras em sua aplicação e administradas justa e equitativamente"). Ademais, a legislação brasileira já estabelece sanções específicas para os casos de fraude de valor: a multa de 100% quando há falsidade ideológica (MP nº 2.158-35/2001, art. 88, parágrafo único); e a pena de perdimento, na falsidade material (Decreto-Lei nº 37/1967, art. 105, VIII).[66] A criação de uma penalização indireta pela Portaria Secex nº 249/2023 amplia as sanções previstas em lei, violando os princípios da estrita legalidade e da proibição de *bis in idem*.

O Judiciário brasileiro, que tem entre suas marcas a defesa intransigente da Constituição e do Estado Democrático de Direito, cedo ou tarde, haverá de reconhecer a ilicitude do controle arbitrário e sem transparência realizado pelo Decex.

### 2.2.6 Pagamentos indiretos, compensação e outras modalidades extintivas

Nas compras e vendas internacionais, o pagamento pode ocorrer de forma antecipada (*advance payment*, *down payment* ou *cash in advance*), por meio de cobrança (*collection*) à vista (*sight draft*) ou a prazo (*time draft*). Nessas modalidades, há uma movimentação de recursos diretamente do comprador para o vendedor, mediante transferência bancária internacional antecedida de operação de câmbio. Também é possível o adimplemento da operação por meio de uma carta de crédito (*letter of credit*). Nesse caso, o pagamento é efetuado pela instituição financeira emitente do título, que se obriga a pagar o exportador beneficiário em caráter irrevogável.[67]

Todas essas modalidades estão compreendidas no conceito de preço efetivamente pago ou a pagar, que, de acordo com a nota interpretativa do art. 1.1 do AVA/OMC, abrange o pagamento total efetuado ou a ser efetuado pelo vendedor ao comprador ou em benefício deste:

> *Nota ao Artigo 1*
> *Preço Efetivamente Pago ou a Pagar*
> 1. O preço efetivamente pago ou a pagar é o pagamento total efetuado ou a ser efetuado pelo comprador ao vendedor, ou em benefício deste, pelas mercadorias importadas. O pagamento não implica, necessariamente, em uma transferência de dinheiro. Poderá ser feito por cartas de crédito ou instrumentos negociáveis, podendo ser efetuado direta ou indiretamente. Exemplo de pagamento indireto seria a liquidação pelo comprador, no todo ou em parte, de um débito contraído pelo vendedor.

A Nota ao Artigo 1 estabelece que o pagamento não implica necessariamente uma transferência de dinheiro, o que abrange os *pagamentos indiretos*, a exemplo das operações em que se tem uma liquidação de um débito do vendedor pelo comprador, ou seja, um pagamento

---

[66] Ver Cap. VII, item 4.1.3.4.
[67] Sobre o tema, cf.: MARTINS, Eliane M. Octavio. *Curso de direito marítimo*: vendas marítimas. 2. ed. Barueri: Manole, 2013. v. II, p. 33 e ss.

com sub-rogação.⁶⁸ Essa previsão abrange todas as formas de extinção de obrigações, inclusive a compensação,⁶⁹ desde que vinculadas ao ato de aquisição da mercadoria. Dito de um outro modo, independentemente da modalidade do adimplemento, ou de quem o realizou, o fator relevante é saber se o ato efetivamente extinguiu a obrigação do comprador decorrente do contrato de compra e venda internacional.⁷⁰

Não obstante, deve-se ter presente que, no comércio internacional, há operações denominadas "compensação" que, a rigor, não têm essa natureza jurídica nem configuram um pagamento indireto. É o caso, por exemplo, da troca (*barter*), que constitui uma permuta simples de mercadorias, sem o pagamento em dinheiro;⁷¹ da compra de compensação (*counterpurchase*), uma espécie de permuta com torna; da troca compensada (*compensation* ou *buyback*): venda de maquinário, equipamentos, tecnologia ou de uma fábrica de produção ou de transformação em troca de uma determinada quantidade do produto final como pagamento total ou parcial. Esses são contratos diversos da compra e venda não sujeitos ao método do valor da transação.⁷² O que está compreendido é apenas a compensação em sentido estrito, isto é, de uma modalidade extintiva na qual importador e exportador desobrigam-se mutuamente de dívidas recíprocas, líquidas e vencidas.

## 2.2.7 Juros

No ano de 1984, ainda na vigência do CVA, a Decisão nº 3.1 do Comitê de Valoração Aduaneira entendeu que, presentes determinados requisitos, os juros não devem ser incluídos no valor aduaneiro:

---

[68] CC, art. 346 e ss.

[69] CC, art. 368. Vale ressaltar que, no direito brasileiro, o art. 10 do Decreto nº 9.025/1946 veda a realização de compensação privada de créditos ou valores de qualquer natureza ("Art. 10. É vedada a realização de compensação privada de créditos ou valores de qualquer natureza, exceto nas situações expressamente previstas em regulamento do Banco Central do Brasil, estando os responsáveis sujeitos às penalidades previstas em lei (Redação dada pela Lei nº 13.506, de 2017)"). Porém, esse dispositivo – que não tem aplicação extraterritorial – não impede a inclusão do valor compensado na base de cálculo do imposto de importação, uma vez que, como se sabe, de acordo com o art. 118 do Código Tributário Nacional, a definição legal do evento imponível deve ser interpretada abstraindo-se a validade jurídica dos atos praticados pelo sujeito passivo da obrigação tributária.

[70] DE DEO, Vincenzo. Valore in dogana delle merci. In: MARRELLA, Fabrizio; MAROTTA, Pasquale. *Codice doganale dell'Unione Europea commentato*. Milão: Giuffrè, 2019. p. 219: "[...] per '*prezzo effettivamente pagato o da pagare*' deve intendersi il pagamento totale che è stato o deve essere effettuato (con qualsiasi modalità), per le merci importate: dal compratore nei confronti del venditore; o dal compratore ad un terzo, a beneficio del venditore; o ancora dal compratore ad un terzo collegato al venditore; o infine dal compratore ad un terzo per soddisfare un obbligo del venditore".

[71] "Define-se a troca ou permuta como o contrato pelo qual as partes se obrigam a dar uma coisa por outra, que não seja dinheiro. Grande é a semelhança com a compra e venda, mas, distingue Enneccerus, naquela não há contraprestação em dinheiro, 'sino en otra cosa o en un derecho. Así, pues, respecto a la permuta no procede distinguir entre precio y mercancia. [...] Justamente aí aparece a diferença. As prestações dos permutantes são em espécies, o que é bem diferente na compra e venda" (RIZZARDO, Arnaldo. *Contratos*. 2. ed. Rio de Janeiro: Forense, 2001. p. 321).

[72] A existência de uma compra e venda internacional é pressuposto de aplicabilidade do método do valor da transação. Ver item 2.3.2. É o que estabelece a Opinião Consultiva nº 6.1 do Comitê Técnico da OMA: "Deixando de lado a questão sobre a existência ou não de uma venda, nos casos de operações de troca, em sua forma pura, quando a transação não for expressa em termos monetários, nem paga em dinheiro, e quando não se dispuser de um valor de transação, nem de dados objetivos e quantificáveis para determiná-lo, o valor aduaneiro deve ser determinado com base em um dos demais métodos previstos no Acordo, na ordem de prioridade nele prescrita".

DECISÃO 3.1
**TRATAMENTO DOS JUROS NO VALOR ADUANEIRO DAS MERCADORIAS IMPORTADAS**

Em sua Nona Reunião, celebrada em 26 de abril de 1984, o Comitê de Valoração Aduaneira adotou a seguinte Decisão:

As Partes no Acordo sobre a Implementação do Artigo VII do GATT acordam o seguinte:

Os juros devidos em virtude de acordo de financiamento contratado pelo comprador e relativo à compra de mercadorias importadas não serão considerados como parte do valor aduaneiro, desde que:

a) os juros sejam destacados do preço efetivamente pago ou a pagar pelas mercadorias;

b) o acordo de financiamento tenha sido firmado por escrito;

c) quando requerido, o importador possa comprovar que:

– tais mercadorias são efetivamente vendidas ao preço declarado como o preço efetivamente pago ou por pagar; e

– a taxa de juros estabelecida não excede o nível usualmente praticado nesse tipo de transação no momento e no país em que tenha sido concedido o financiamento.

Esta Decisão será aplicada nas situações em que o financiamento for concedido pelo vendedor, por entidade bancária ou outra pessoa física ou jurídica. Será também aplicada, quando couber, nos casos em que as mercadorias sejam valoradas por método distinto daquele baseado no valor de transação.

Cada Parte deverá notificar o Comitê sobre a data de início da vigência desta Decisão.

Essa decisão foi aprovada pelo Comitê de Valoração Aduaneira da OMC em reunião do dia 13 de outubro de 1995 (G/VAL/5), de sorte que, desde então, também é aplicável na interpretação do AVA.[73] Entre nós, isso está expressamente previsto no art. 11 da IN RFB nº 2.090/2022.[74] Dessa forma, os juros não devem ser incluídos no valor aduaneiro, desde que: (i) destacados do preço das mercadorias; (ii) previstos em contrato escrito; e, quando demandado para este fim; (iii) o importador apresentar provas de que as mercadorias são realmente vendidas pelo preço declarado, além da usualidade da taxa de juros para a modalidade de transação, considerando o tempo e o lugar.

---

[73] WTO/Gatt Valuation Committee Decisions: **G/VAL/5**, 13 October 1995: "**DECISIONS CONCERNING THE INTERPRETATION AND ADMINISTRATION OF THE AGREEMENT ON IMPLEMENTATION OF ARTICLE VII OF THE GATT 1994 (CUSTOMS VALUATION)**". Disponível em: https://docs.wto.org/. Acesso em: 05.09.2021.

[74] "Art. 11. Os juros devidos em razão de acordo de financiamento contratado pelo comprador, relativo à compra de mercadorias importadas, não serão considerados como parte do valor aduaneiro, desde que:
I – sejam destacados do preço efetivamente pago ou a pagar pelas mercadorias;
II – o acordo de financiamento tenha sido firmado por escrito; e
III – quando requerido, o importador possa comprovar que:
a) tais mercadorias são vendidas realmente ao preço declarado como preço efetivamente pago ou a pagar; e
b) a taxa de juros estabelecida não excede o nível usualmente praticado nesse tipo de transação no momento e no país em que tenha sido concedido o financiamento.
Parágrafo único. O disposto neste artigo será aplicado nas situações em que o financiamento seja concedido pelo vendedor, por entidade bancária ou outra pessoa física ou jurídica e, quando couber, nos casos em que as mercadorias sejam valoradas por método distinto daquele baseado no valor de transação".

*2.2.8 Softwares*

Assim como ocorreu em relação aos juros, em 13 de outubro de 1995 (G/VAL/5), o Comitê de Valoração Aduaneira da OMC aprovou a Decisão nº 4.1, proferida na vigência do CVA, que dispõe sobre a base imponível na importação de *softwares*:

DECISÃO 4.1

**VALORAÇÃO DOS SUPORTES FÍSICOS CONTENDO SOFTWARE PARA EQUIPAMENTOS DE PROCESSAMENTO DE DADOS**

Em sua Décima Reunião, celebrada em 24 de setembro de 1984, o Comitê de Valoração Aduaneira adotou a seguinte decisão:

O Comitê de Valoração Aduaneira DECIDE o seguinte:

1. Reafirma-se que o valor de transação constitui a base primeira de valoração, segundo o Acordo sobre a Implementação do Artigo VII do GATT (doravante denominado "Acordo"), e que sua aplicação com respeito aos dados ou instruções (*software*) registrados em suportes físicos para equipamentos de processamento de dados está em plena conformidade com o Acordo.

2. Dada a situação única do gênero em que se encontram os dados ou instruções (*software*) registrados em suportes físicos para equipamentos de processamento de dados, e dado que algumas Partes têm buscado uma abordagem diferente, estaria também em conformidade com o Acordo que as Partes que assim o desejarem possam adotar a seguinte prática:

Na determinação do valor aduaneiro dos suportes físicos importados que contenham dados ou instruções, será considerado unicamente o custo ou valor do suporte físico propriamente dito. Portanto, o valor aduaneiro não compreenderá o custo ou valor dos dados ou instruções, desde que estes estejam destacados do custo ou valor do suporte físico.

Para os efeitos da presente Decisão, a expressão "suporte físico" não compreende os circuitos integrados, os semicondutores e dispositivos similares ou os artigos que contenham tais circuitos ou dispositivos; a expressão "dados ou instruções" não inclui as gravações de som, cinema ou vídeo.

3. As Partes que adotarem a prática mencionada no parágrafo 2 desta Decisão deverão notificar o Comitê sobre a data de início de sua aplicação.

4. As Partes que adotarem a prática mencionada no parágrafo 2 da presente Decisão deverão aplicá-la com base no princípio da nação mais favorecida (NMF), sem prejuízo de que qualquer Parte possa seguir recorrendo à prática do valor de transação.

Como ressaltado anteriormente, o art. 21 da IN RFB nº 2.090/2022 estabelece que, nos casos de ingresso de *softwares* no território nacional, o imposto de importação deve incidir sobre o valor ou custo do suporte físico, desde que destacado no documento de aquisição.[75] Trata-se, contudo, de dispositivo com aplicabilidade restrita nos dias de hoje.

---

[75] "Art. 21. O valor aduaneiro de suporte informático que contenha dados ou instruções (software) para equipamento de processamento de dados será determinado com base unicamente no custo ou no valor do suporte propriamente dito, desde que o custo ou o valor dos dados ou instruções esteja destacado no documento de aquisição.

§ 1º O suporte informático a que se refere o *caput* não compreende circuitos integrados, semicondutores e dispositivos similares ou os artigos que contenham esses circuitos ou dispositivos.

Afinal, em geral, os *softwares* podem ser transferidos pela rede mundial de computadores, por meio de *download* direto no *hardware* do usuário. Dificilmente, podendo operar nesses termos, alguma empresa comercializaria programas de computador em uma mídia. O tempo despendido e, sobretudo, os custos de gravação, de embalagem e de transporte físico para outro país nem sempre se mostram economicamente viáveis. A Decisão nº 4.1 é aplicável apenas em situações excepcionais, quando, por exemplo, o programa de computador ocupa um grande espaço de armazenamento, gerando uma demora excessiva no *download* e a necessidade de *upgrade* do *hardware* do usuário. Nesses e em outros casos semelhantes, talvez faça sentido remeter o *software* gravado em uma unidade de armazenamento dedicada.[76]

### 2.2.9 Mercadorias deterioradas, avariadas ou em desacordo com o contrato

Na valoração de mercadorias deterioradas, avariadas ou em desacordo com as disposições do contrato,[77] deve-se partir da premissa de que a operação já não é mais a mesma na qual foi ajustado o preço pago ou pagar.[78] Assim, de acordo com a Nota Explicativa nº 3.1, do Comitê Técnico, nas hipóteses de *mercadorias totalmente avariadas, sem nenhum valor,*[79] e *de mercadorias em desacordo com as estipulações do contrato*, se o importador resolver reexportar, abandonar ou destruir o produto, não deve incidir o imposto de importação.[80] Isso também se

---

§ 2º Os dados ou instruções referidos no *caput* não compreendem gravações de som, cinema ou vídeo e tampouco programas de entretenimento produzidos em série para comercialização no varejo, inclusive jogos de vídeo destinados ao uso em consoles e máquinas de jogos de vídeo".

[76] Cap. II, item 2.2.1.3.

[77] De acordo com a Nota Explicativa nº 3.1: "3 A expressão 'mercadorias em desacordo com as especificações do contrato' pode ter significados diversos segundo as diferentes legislações nacionais. Por exemplo, algumas administrações consideram que essa expressão abarca as mercadorias avariadas, enquanto outras somente a aplicam a mercadorias em bom estado, porém em desacordo com as estipulações do contrato, e tratam as mercadorias avariadas segundo procedimentos específicos ou outras disposições. Portanto, o presente documento distingue diferentes situações com o fim de facilitar a adoção de uma solução uniforme no contexto do Acordo [...]".

[78] ZOLEZZI, Daniel. Casos especiales de valoración. In: CARRERO, Germán Pardo (dir.). *Relevancia tributaria del valor en aduana de la mercancia importada*. Bogotá: Instituto Colombiano de Derecho Tributário, 2015. p. 291-292.

[79] Nesses casos, como destacam Rosenow e O'Shea, tem-se uma espécie de "não importação", de sorte que o problema da valoração aduaneira não se coloca: "If some or all of a consignment is discovered prior to customs clearance to have been completely destroyed – without commercial value – or lost at the time of importation, national customs rules often treat the damaged goods as if they had never arrived – a 'non-importation'. In that case, because the destroyed or lost goods are not imported, the question of their customs value does not arise" (ROSENOW, Sheri; O'SHEA, Brian J. *A handbook on the WTO Customs Valuation Agreement*. Cambridge: Cambridge University Press, 2010. p. 1211-1212).

[80] "5. Na medida em que a legislação nacional preveja a reexportação, o abandono ou a destruição das mercadorias, não haverá obrigação de pagar direitos e impostos de importação (ver igualmente a Norma 6 do Anexo F.6 da Convenção de Quioto)". Também deve ser observado o disposto nas seguintes normas da Convenção de Quioto Revisada:
"4.19. Norma
O reembolso será concedido relativamente às mercadorias importadas ou exportadas desde que se reconheça que, no momento da importação ou da exportação, estavam defeituosas ou não conformes, por qualquer outra causa, às características convencionadas e sejam devolvidas quer ao fornecedor, quer a outra pessoa designada por este, desde que:
– as mercadorias não tenham sido objeto de qualquer operação de complemento de fabricação ou reparo nem utilizadas no país de importação, e sejam reexportadas num prazo razoável;
– as mercadorias não tenham sido objeto de qualquer operação de complemento de fabricação ou reparo nem utilizadas no país para onde foram exportadas, e sejam reimportadas num prazo razoável.

aplica quando o importador faz o mesmo em relação às *mercadorias parcialmente avariadas, com um valor puramente residual, como desperdícios*. Porém, se forem aceitas, mantém-se o preço originário em relação à parte não avariada.[81] Os produtos avariados, por sua vez, devem ser valorados por um dos critérios substitutivos, com exceção do método do valor computado.[82]

O valor da transação não se aplica quando o importador decide permanecer com mercadorias recebidas *em desacordo com as estipulações do contrato* em decorrência de *erro na remessa*. Contudo, ao contrário da avaria parcial, não se exclui a aplicabilidade do método do valor computado. Já quando não há erro na remessa, não é previsto o afastamento direto do método do valor da transação, devendo ser consideradas as particularidades do caso concreto.[83]

Por fim, ocorrendo a remessa de mercadorias em substituição, são previstas duas situações: (i) se os produtos forem encaminhados em remessa subsequente faturada pelo preço inicial ou a título gratuito, adota-se o preço inicial para fins de valoração (a remessa inicial e o preço ajustado para o pagamento dos produtos inicialmente recebidos devem ser objeto de valoração em separado); e (ii) se os produtos são enviados na mesma remessa, deve ser aceito o preço transacionado, sem considerar eventuais adições gratuitas. Assim, por exemplo, a valoração de 1.000 taças de cristal pelo preço total de 5.000 unidades monetárias, não é alterado pelo fato de o exportador remeter gratuitamente um número adicional de 100 taças, na expectativa de cobertura de possível quebra durante o transporte.[84]

---

Contudo, a utilização das mercadorias não impede o reembolso quando tal utilização tenha sido indispensável para verificar os seus defeitos ou qualquer outro fato justificativo da sua reexportação ou reimportação.

Em vez de reexportadas ou reimportadas, as mercadorias poderão ser, mediante decisão das Administrações Aduaneiras, abandonadas em favor da Fazenda Pública, destruídas ou tratadas de maneira a retirar-lhes todo o valor comercial, sob controle aduaneiro. Este abandono ou esta destruição não devem dar origem a quaisquer encargos para a Fazenda Pública."

"13. Norma

Será permitido que as mercadorias deterioradas ou avariadas por motivo de acidente ou força maior, enquanto se encontrarem sob o regime de depósito aduaneiro, sejam declaradas para a importação definitiva como se tivessem sido importadas nesse estado de deterioração ou avaria, desde que devidamente comprovado perante as Administrações Aduaneiras".

[81] "*Artigo 1*: O preço efetivamente pago ou a pagar não se reporta às mercadorias avariadas efetivamente importadas, e, portanto, o Artigo 1 não pode ser aplicado. No entanto, se somente uma parte da remessa está avariada, poderia ser aceito como valor de transação o percentual do preço total correspondente à quantidade de mercadorias não avariadas em relação ao total das mercadorias compradas. A parte avariada da remessa será valorada segundo um dos demais métodos especificados no Acordo, na ordem de aplicação prescrita, tal como indicado a seguir".

[82] "*Artigo 6*: Este artigo não pode ser aplicado, visto que as mercadorias avariadas não são assim produzidas".

[83] "Podem ocorrer diversas situações segundo o grau de entendimento ou desentendimento entre o comprador e o vendedor. Por exemplo, o vendedor pode empreender ações, diretamente ou através de terceiros, para restabelecer a conformidade das mercadorias, ou pode conceder ao comprador uma indenização alheia as próprias mercadorias. Por outro lado, o vendedor pode manifestar sua discordância quanto a falta de conformidade com as estipulações, ou, também o comprador pode exigir do vendedor uma compensação, mais pelo prejuízo sofrido por causa da falta de conformidade do que pela discordância entre as mercadorias pedidas e aquelas entregues. Entretanto, do ponto de vista da valoração aduaneira, subsiste o preço efetivamente pago ou a pagar e, visto que o Acordo não prevê disposições especificas para essas situações, o valor será determinado, desde que atendidas as demais condições, com base no valor de transação segundo o Artigo 1. Nada do conteúdo deste item impede considerar as "mercadorias em desacordo com as estipulações do contrato" como "mercadorias remetidas por erro" e de aplicar-lhes o tratamento previsto no item i) anterior)".

[84] "Para certos tipos de mercadorias é uma prática comercial comum incorporar a remessa uma quantidade de artigos 'gratuitos' em substituição de mercadorias que, conforme tem demonstrado a experiência,

## 2.3 Pressupostos de aplicabilidade

A incidência do método do valor da transação demanda a coalescência de cinco requisitos: (**i**) segurança sobre a veracidade e a exatidão das afirmações, documentos ou declarações apresentadas pelo interessado; (**ii**) a operação deve constituir uma compra e venda internacional; (**iii**) ausência de qualquer das cláusulas de limitação do preço, da posse ou do domínio previstas no art. 1.1 (*a*, *b* e *c*) do AVA; (**iv**) existência de dados objetivos e quantificáveis relativos aos ajustes do art. 8º (Nota Interpretativa ao Art. 8.3); e (**v**) não vinculação entre importador e exportador ou, caso constituam partes relacionadas, a aceitabilidade do preço pago ou a pagar na operação, determinada: (***a***) a partir do exame das circunstâncias da venda (art. 1.2.a); ou (***b***) da proximidade do preço adotado com um dos *valores-critério* ou de *teste* do AVA (art. 1.2.b).

### 2.3.1 Primeiro requisito: veracidade e exatidão

O primeiro pressuposto de aplicabilidade do método do valor da transação – de acordo com a interpretação do art. 17[85] e do § 6º do Anexo III[86] adotada pelo CTVA/OMA na Opinião Consultiva nº 10.1 – consiste na veracidade e na exatidão das afirmações, das declarações e dos documentos apresentados pelo interessado para fins de valoração do produto:

> OPINIÃO CONSULTIVA 10.1
> **TRATAMENTO APLICÁVEL AOS DOCUMENTOS FRAUDULENTOS**
> 1. O Acordo obriga que as administrações aduaneiras levem em conta documentos fraudulentos?
> 2. O Comitê Técnico de Valoração Aduaneira emitiu a seguinte opinião:
> Segundo o Acordo, as mercadorias importadas devem ser valoradas com base nos elementos de fato reais. Portanto, qualquer documentação que proporcione informações inexatas sobre esses elementos estaria em contradição com as intenções do Acordo. Cabe observar, a este respeito, que o Artigo 17 do Acordo e o parágrafo 6 do Anexo III enfatizam o direito das administrações aduaneiras de comprovar a veracidade ou exatidão de qualquer informação, documento ou declaração apresentados para fins de valoração aduaneira. Consequentemente, não se pode exigir que uma administração leve em conta uma documentação fraudulenta. Ademais, quando uma documentação for comprovada fraudulenta, após a determinação do valor aduaneiro, a invalidação desse valor dependerá da legislação nacional.

---

estejam sujeitas a deterioração, dano ou avaria durante o transporte; do mesmo modo, na remessa pode ser excedida um pouco a quantidade das mercadorias pedidas, porque, por exemplo, se sabe que as extremidades podem ser danificadas durante o transporte. Nesses casos, há que se aceitar que o preço de venda cobre a quantidade total expedida, sem proceder a nenhuma valoração diferente em relação as 'adições gratuitas', nem levar em conta na valoração a quantidade excedente".

[85] "Artigo 17
Nenhuma disposição deste Acordo poderá ser interpretada como restrição ou questionamento dos direitos que têm as administrações aduaneiras de se assegurarem da veracidade ou exatidão de qualquer afirmação, documento ou declaração apresentados para fins de valoração aduaneira".

[86] "[...] 6. O Artigo 17 reconhece que, ao aplicar o Acordo, as administrações aduaneiras podem ter necessidades de averiguar a veracidade ou a exatidão de qualquer afirmação, documento ou declaração que lhes for apresentada para fins de valoração aduaneira. As Partes concordam ainda que o Artigo admite igualmente que se proceda a investigações para, por exemplo, verificar se os elementos para a determinação do valor apresentados ou declarados às autoridades aduaneiras alfandegárias são completos e corretos. Os Membros, nos termos de suas leis e procedimentos nacionais, têm o direito de contar com a cooperação plena dos importadores para tais investigações".

Em síntese, portanto, interpreta-se que: (**a**) as mercadorias importadas devem ser valoradas com base em elementos de fato reais; (**b**) qualquer documentação que proporcione informações inexatas contrariam as intenções do AVA; e (**c**) quando uma documentação for comprovadamente fraudulenta, após a determinação do valor aduaneiro, a invalidação dependerá da legislação de cada país.[87]

Dessa forma, ao realizar a fiscalização das operações, as autoridades aduaneiras têm duas possibilidades: (**i**) em caso de **dúvida** acerca da veracidade e da exatidão das afirmações, das declarações e dos documentos apresentados pelo interessado para fins de valoração, após cientificar o importador de seus motivos, deve afastar o método do valor da transação, apurando o crédito tributário mediante aplicação de um dos critérios sucessivos previstos no AVA (método do valor de transação de mercadorias idênticas, método do valor de transação de mercadorias similares, método do valor dedutivo, o método do valor computado ou método da razoabilidade ou do último recurso); e (**ii**) nas hipóteses de falsidade comprovada, a legislação aduaneira local estabelece que o crédito tributário deve ser apurado considerando: (a) o preço efetivamente praticado na operação de importação; ou (b) não sendo possível conhecer o valor da transação, uma base de cálculo arbitrada dentro dos parâmetros do art. 88 da Medida Provisória nº 2.158-35/2001. O mesmo se aplica quando o importador não observar o dever instrumental previsto no *caput* do art. 70 da Lei nº 10.833/2003, deixando de conservar – em boa guarda e ordem – qualquer dos documentos de instrução obrigatória da declaração de mercadorias (RA, art. 553), especialmente a fatura comercial.[88]

### 2.3.1.1 Dúvidas ou suspeitas

A dúvida da veracidade ou da exatidão não pode ser assentada em critérios fictícios, arbitrários ou subjetivos da autoridade fiscal,[89] devendo ser demonstrada[90] por meio de provas e de dados objetivos.[91] O parágrafo único do art. 28 da IN RFB nº 2.090/2022 oferece alguns parâmetros exemplificativos para esse fim:

---

[87] No direito brasileiro, essa matéria encontra-se disciplinada no art. 88 da Medida Provisória nº 2.158-35/2001, que será examinada a seguir.

[88] Ver item 5.5.

[89] Como destaca Horacio Félix Alais: "[...] la existencia de motivos para dudar acerca del valor manifestado en la declaración, no puede constituir un elemento que sólo se localice en la mente del funcionario decidor [...]" (ALAIS, Horacio Félix. *Los principios del Derecho aduanero*. Buenos Aires: Marcial Pons Argentina, 2008. p. 225).

[90] É necessária a fundamentação do ato fiscal, conforme ressaltado no seguinte precedente do Carf: "Caso haja motivos para duvidar da veracidade ou exatidão dos dados ou documentos apresentados como prova de uma declaração de valor (e o fato de as matérias constitutivas terem valor inferior ao produto final nos soa como suficiente para demonstrar a dúvida, se devidamente fundamentada a verificação), a autoridade aduaneira poderá decidir, com base em parecer fundamentado, pela impossibilidade de aplicação do primeiro método (valor de transação, obtido a partir da fatura comercial, com os ajustes previstos no AVA-GATT) [...]" (Carf. 3ª. 4ª C. 1ª T.O. Ac. 3401-003.259. Rel. Cons. Rosaldo Trevisan. S. 28.09.2016).

[91] "Base de Cálculo. Acordo de Valoração Aduaneira, Adoção de Método Substitutivo em Razão da Incompletude das Informações e Documentos Disponibilizados. Cabimento. Não se revela ilegal a apuração do valor aduaneiro com base em método substitutivo ao do valor de transação quando demonstrado justo motivo para se duvidar da exatidão das informações prestadas, o importador não apresenta qualquer informação capaz de esclarecer tal dúvida, por meio da apresentação dos documentos comprobatórios daquelas informações, da correspondência comercial ou dos respectivos registros contábeis. Aplicação do Artigo 17 do Acordo, regulamentado pelo artigo 82 do Regulamento Aduaneiro Aprovado pelo Decreto nº 4.543, de 2002, combinado com o art. 86 da Medida Provisória nº 2.158-35, de 2001" (Carf. 3ª S. 1ª C. 2ª T.O. Ac. 3102-00.704. Rel. Con. Luis Marcelo Guerra de Castro. S. 28.07.2010).

Art. 28. [...]
Parágrafo único. As dúvidas da fiscalização aduaneira poderão ser fundamentadas, entre outros elementos, na incompatibilidade do preço declarado com:
I – os usualmente declarados em importações de mercadorias idênticas ou similares;
II – os relativos a mercadorias idênticas ou similares apurados pela fiscalização aduaneira;
III – os preços, para mercadorias idênticas ou similares, indicados em cotações de preços internacionais, publicações especializadas, faturas comerciais pró-forma e ofertas de venda;
IV – os custos de produção de mercadorias idênticas ou similares;
V – o preço de revenda da mercadoria importada ou de idêntica ou similar; ou
VI – o preço parâmetro da mercadoria objeto de valoração, determinado conforme dispõe a legislação nacional sobre preços de transferência.

Entretanto, cumpre considerar que, como ressaltado pelo Comitê Técnico na Opinião Consultiva nº 2.1, *o simples fato de um preço ser inferior aos preços correntes de mercado para mercadorias idênticas não poderia ser motivo para sua rejeição para os fins do Artigo 1*, o que, conforme consignado pelo Comitê da OMA no *Estudo de Caso nº 12.1*, também se aplica às vendas por preço inferior ao custo de produção.[92] Por isso, para afastar o valor da transação, a autoridade aduaneira pode partir da discrepância com os preços correntes, mas sem se limitar a essa constatação. A partir dela, deve aprofundar o exame do caso concreto, só afastando o valor declarado quando encontrar algum outro elemento adicional para desacreditá-lo.[93]

Além disso, o importador deve ser intimado para apresentar explicações ou provas adicionais de que o valor declarado representa o preço efetivamente pago ou a pagar. Também deve ser oportunizado o conhecimento e a manifestação acerca das operações paradigmas. Podem existir informações relevantes que justifiquem a diferença de preço ou, eventualmente, afastem a comparabilidade dos dados. Uma venda realizada na entressafra, por exemplo, não

---

No mesmo sentido, destaca-se:
"VALOR ADUANEIRO. VALOR DE TRANSAÇÃO. REJEIÇÃO. UTILIZAÇÃO DE CRITÉRIOS RAZOÁVEIS.
A informação em declaração de importação do valor da mercadoria importada inferior ao seu custo de produção é motivo para duvidar da veracidade ou exatidão do valor declarado, o que, acompanhado da falta de explicações, documentos ou provas complementares para justificar o valor, quando solicitado a fazê-lo, bem como da não refutação dos fundamentos da solicitação, enseja a rejeição do primeiro método de valoração aduaneira.
Se o valor aduaneiro das mercadorias importadas não puder ser determinado com base no disposto nos Artigos 1 a 6, inclusive, será determinado, usando-se critérios razoáveis, condizentes com os princípios e disposições gerais do Acordo de Valoração Aduaneira e com o Artigo VII do GATT 1994, e com base em dados disponíveis no país de importação
Recurso Voluntário Negado" (Carf. 3ª S. 2ª C. 1ª T.O. Ac. 3201-001.226. Rel. Con. Paulo Sérgio Celani. S. 19.03.2013). Entre outros julgados, cf. ainda: Carf. 3ª S. 1ª C. 1ª T.O. Ac. nº 3101-00.468. S. de 29.07.2010; e 3ª S. 1ª C. 2ª T.O. Ac. 3102-00.903. S. 04.02.2011.

[92] Ver item 2.2.2.
[93] Como adverte o Professor José Rijo, que "[...] não pode a administração aduaneira, sem mais, recursar tal valor com base em argumentos de que o mesmo é inferior aos preços correntes de mercado de mercadorias idênticas" (RIJO, José. *Direito aduaneiro da União Europeia*: notas de enquadramento normativo, doutrinário e jurisprudencial. Coimbra: Almedina, 2020. p. 380). Ainda segundo o autor: "não serão, assim, 'quaisquer dúvidas' que despoletarão este mecanismo preventivo, mas apenas aquelas que, do ponto de vista das autoridades aduaneiras, revistam uma suspeita consistente de variabilidade entre o preço pago ou a pagar e o montante transacional declarado aquando da importação das mercadorias".

pode ser contrastada validamente com o preço negociado na safra, assim como os preços estabelecidos em função de um volume diferenciado ou para produtos com diferenças qualitativas.

Não obstante, o *caput* do art. 28 da IN RFB nº 2.090/2022[94] estabelece que o Auditor Fiscal *poderá* solicitar explicações, documentos ou outras provas ao importador. Porém, isso não significa que se está diante de uma faculdade da autoridade aduaneira. Trata-se de um verdadeiro *poder-dever* imposto pelo AVA/OMC. A obrigatoriedade de intimação do importador resulta do caráter sucessivo e excludente dos métodos de valoração: a incidência do método subsequente só ocorre diante do esgotamento das possibilidades de aplicação do antecedente. Toda transação comercial tem particularidades, inclusive discrepâncias de preços ou, até mesmo, casos legítimos de venda abaixo do custo de produção. Por isso, antes de formar um juízo conclusivo, é necessário intimar aquele que conhece o produto e negociou o preço, assim como examinar as razões e os documentos apresentados para justificar a disparidade. Do contrário, há um avanço prematuro para o método subsequente, implicando a nulidade do lançamento.[95]

Vale lembrar que, em 21 de abril de 1995, o Comitê de Valoração da OMC proferiu a Decisão nº 6.1, na qual foi reafirmou que, antes de tomar uma decisão definitiva, a aduana deve comunicar as razões da dúvida, dando oportunidade razoável para o importador responder:

DECISÃO 6.1

**CASOS EM QUE AS ADMINISTRAÇÕES ADUANEIRAS TENHAM MOTIVOS PARA DUVIDAR DA VERACIDADE OU EXATIDÃO DO VALOR DECLARADO**

*O Comitê de Valoração Aduaneira,*

*Reafirmando* que o valor de transação é a base principal de valoração em conformidade com o Acordo sobre a Implementação do Artigo VII do GATT 1994 (doravante denominado "Acordo");

*Reconhecendo* que a Administração Aduaneira pode ter que tratar casos em que tenha motivo para duvidar da veracidade ou exatidão das informações ou dos documentos apresentados pelos negociantes para justificar um valor declarado;

*Enfatizando* que, ao atuar assim, a Administração Aduaneira não deve causar prejuízo aos interesses comerciais legítimos dos negociantes;

*Tendo em conta* o Artigo 17 do Acordo, o parágrafo 6 do Anexo III ao Acordo e as decisões pertinentes do Comitê Técnico de Valoração Aduaneira;

DECIDE o seguinte:

1. Quando tiver sido apresentada uma declaração e a Administração Aduaneira tiver motivo para duvidar da veracidade ou exatidão das informações ou dos documentos apresentados para justificar essa declaração, a Administração Aduaneira poderá solicitar ao importador o fornecimento de uma explicação adicional, bem assim documentos ou outras provas, de que o valor declarado representa o montante efetivamente pago ou a pagar pelas mercadorias importadas, ajustado em conformidade com as disposições do Artigo 8. Se, após o recebimento de informação adicional, ou na falta de resposta, a Administração Aduaneira ainda tiver dúvidas razoáveis sobre a veracidade ou exatidão do valor declarado,

---

[94] "Art. 28. Caso haja motivos para duvidar da veracidade ou exatidão do valor aduaneiro declarado, das informações ou dos documentos apresentados para justificar esse valor, a fiscalização aduaneira poderá solicitar, ao importador ou comprador, o fornecimento de explicações, documentos ou outras provas de que o valor declarado representa o preço efetivamente pago ou a pagar pelas mercadorias importadas, ajustado em conformidade com as disposições do Artigo 8 do AVA/GATT".

[95] Ver item 3.

poderá decidir, tendo em conta as disposições do Artigo 11, que o valor aduaneiro das mercadorias importadas não pode ser determinado com base nas disposições do Artigo 1. Antes de tomar uma decisão definitiva, a Administração Aduaneira comunicará ao importador, por escrito, quando solicitado, suas razões para duvidar da veracidade ou exatidão das informações ou dos documentos apresentados e lhe dará oportunidade razoável para responder. Quando for tomada uma decisão definitiva, a Administração Aduaneira comunicará ao importador, por escrito, os motivos que a embasaram.

2. Ao aplicar o Acordo é inteiramente apropriado que um Membro assista outro Membro em condições mutuamente acordadas.

Destarte, a primazia do valor da transação não pode ser afastada de maneira açodada, com base em impressões subjetivas e destituídas de devido lastro probatório. O Comitê Técnico da OMA, por meio do *Estudo de Caso n° 13.1*, exemplifica como isso deve ocorrer. Nele a autoridade aduaneira constatou que o preço declarado por um determinado importador era bastante inferior ao de mercadorias idênticas importadas por outras empresas.[96] Após se certificar de que as operações ocorreram no mesmo tempo ou em tempo aproximado, nas mesmas condições de pagamento e em quantitativos comparáveis, a fiscalização consultou outros importadores[97] e realizou pesquisas na internet,[98] confirmando a existência de discrepâncias consideráveis. Assim, considerando ainda que os fornecedores estrangeiros não responderam aos pedidos de informações,[99] a aduana afastou o método do valor da transação, apurando a base de cálculo com base no método subsequente, nos seguintes termos:

[...]

7. A administração aduaneira informou ao importador ICO, por escrito, que havia dúvidas quanto à veracidade da declaração do valor de transação, fundamentadas nos fatos expostos anteriormente e, principalmente, fundamentadas no baixo valor declarado. A administração solicitou ao importador que apresentasse alguma prova adicional, ou seja, correspondência comercial e/ou algum outro documento que confirmasse que o preço da fatura comercial correspondia ao preço total efetivamente pago ou a pagar pelas mercadorias importadas.

8. ICO respondeu que:

i) todas as particularidades da transação tinham sido detalhadas na fatura comercial apresentada;

---

[96] "O preço unitário constante na fatura comercial para as mercadorias importadas foi de 9.30 unidades monetárias (u.m.) (FOB)". Já nas outras operações, "os preços unitários das mercadorias idênticas variaram entre 69.09 u.m e 85.00 u.m. (FOB)".

[97] "4. A administração aduaneira consultou outros importadores e obteve listas de preços de diversos fornecedores do país de exportação X. O preço unitário das mercadorias idênticas nessas listas variava entre 80.00 a 140.00 u.m. (FOB), dependendo da quantidade vendida. Todas as mercadorias importadas eram originárias do país M, embora os principais fornecedores destas mercadorias importadas pelo país I fossem domiciliados no país de exportação X".

[98] "6. A administração aduaneira pesquisou fornecedores na Internet e encontrou inúmeras ofertas de venda de mercadorias idênticas, cujos preços unitários em vendas a varejo para exportação variavam entre 123.99 e 148.00 u.m.".

[99] "5. A administração aduaneira do país I não possui acordo de cooperação com as administrações dos países X e M. A administração aduaneira enviou correspondência ao fornecedor XCO e ao fabricante MCO solicitando informações sobre o preço das mercadorias. Nenhuma resposta foi recebida".

ii) não houve nenhuma condição especial de comércio como as referidas no Artigo 1 do Acordo que se aplicassem à transação;

iii) a transação ocorreu com base em oferta usual de XCO;

iv) não havia contrato de compra e venda por escrito e nenhuma correspondência comercial;

v) a venda foi ajustada por telefone;

9. A administração aduaneira decidiu realizar uma auditoria nas dependências da empresa ICO. Na sua primeira visita, a administração aduaneira obteve as seguintes informações:

i) não havia nenhuma correspondência comercial com XCO;

ii) ICO vendeu todas as mercadorias para a empresa BCO, no país I, ao preço unitário de 281.00 u.m.;

iii) a contabilidade da empresa não se encontrava em ordem nem atualizada e não poderia comprovar o valor pago pelas mercadorias importadas em questão.

10. A administração aduaneira concedeu um período razoável que permitisse à empresa ICO atualizar e colocar em ordem sua contabilidade. Quando os registros contábeis foram apresentados, a auditoria não encontrou nenhuma prova adicional acerca do preço efetivamente pago ou a pagar pelas mercadorias, ajustado de acordo com as disposições do Artigo 8. A única informação apresentada foi aquela que anteriormente já havia sido fornecida à aduana.

11. A auditoria revelou que um pagamento em cartão de crédito tinha sido feito por um dos empregados da companhia ICO a uma terceira pessoa no país X durante a negociação, registrado na contabilidade como uma despesa administrativa. O importador não forneceu nenhuma explicação razoável a respeito da natureza deste pagamento. Consequentemente, foram levantadas dúvidas a respeito do baixo lucro auferido, levando em consideração que o preço de revenda dos bens era muito mais elevado do que o preço declarado na importação e também acerca da quantia registrada a título de despesas administrativas.

12. O relatório da auditoria concluiu que:

i) o importador não forneceu nenhuma informação adicional que demonstrasse que o valor declarado representava o preço total efetivamente pago ou a pagar pelos bens importados, ajustado segundo as disposições do Artigo 8 do Acordo;

ii) a auditoria não revelou nenhuma nova informação e não dissipou as dúvidas da aduana a respeito da veracidade ou exatidão do valor de transação declarado.

Como se vê, a comprovação da dúvida, além de bastante criteriosa, demanda tempo de auditoria. É por isso que, dentro das melhores práticas de eficiência fiscalizatória, deve ser realizada após o desembaraço aduaneiro. Com isso, as autoridades aduaneiras podem ter acesso e conhecimento de eventos e de registros contábeis posteriores, proporcionando a visualização da operação completa.[100] Essa é a razão pela qual, entre nós, a legislação aduaneira prevê que

---

[100] Com efeito, segundo ressalta James T. Walsh, "[...] as administrações aduaneiras estão aceitando cada vez mais que não é mais necessário ou eficiente concentrar todos os seus controles nas fronteiras. Essa mudança de abordagem, muitas vezes resistida pelos tradicionalistas da alfândega, é de particular benefício para o controle da valoração. O trabalho de valoração sempre foi ideal para controles pós-liberação (*post-release controls*), porque a imagem completa (*the complete picture*) que proporciona a base para a valoração só está totalmente disponível a partir dos registros do importador". Tradução nossa. Original:

os procedimentos fiscais para verificação da conformidade do valor aduaneiro declarado com o AVA devem ocorrer preferencialmente em sede de revisão aduaneira.[101]

### 2.3.1.2 Falsidade documental comprovada: subfaturamento

Os casos de falsidade da fatura comercial são designados pela doutrina por meio de um *nomen iuris* específico: **subfaturamento**, também chamado *fraude de valor*. Neles a fiscalização constata a falsidade material ou ideológica desse documento, que é realizada visando à redução indevida da base de cálculo do imposto, mediante encobrimento do preço efetivamente pago ou a pagar pelo produto importado. A parte, dito de um outro modo, apresenta um documento que não reflete a realidade negocial, realizando dois pagamentos para o exportador: um oficial e outro em paralelo. A diferença é que, na falsidade material, o agente forja o documento ou adultera fisicamente a fatura original. Na falsidade ideológica, o exportador – em conluio com o importador – emite uma fatura genuína, mas com conteúdo falso, ou seja, especificando um preço que não é aquele efetivamente pago ou a pagar. Em qualquer caso, não há dúvidas nem suspeitas da veracidade. O que se tem é uma fraude de valor devidamente comprovada.[102]

A hipótese não se confunde com as situações em que o valor declarado é rejeitado diante de dúvidas sobre a veracidade ou a exatidão das afirmações, das declarações e dos documentos apresentados pelo interessado. Nesses casos, denominados **subvaloração** por alguns autores, há o afastamento do método do valor da transação, com aplicação de um dos critérios de valoração sucessivos (método do valor de transação de mercadorias idênticas, método do valor de transação de mercadorias similares, método do valor dedutivo, o método do valor computado ou método da razoabilidade ou do último recurso). Já no subfaturamento ou fraude de valor, nos termos da Opinião Consultiva nº 10.1 do CTVA/OMA, incide a legislação local, que, por sua vez, prevê a desconsideração do ilícito, com a tributação do valor efetivo da transação identificado pela autoridade aduaneira (Medida Provisória nº 2.158-35/2001, art. 88).[103]

---

"[...] customs administrations are increasingly accepting that it is no longer necessary or effective to concentrate all their controls at frontiers. This change in approach, often resisted by customs traditionalists, is of particular benefit for valuation control. Valuation work has always been ideally suited to post-release controls, because the complete picture that provides the basis for valuation is only fully available from an importer's records" (WALSH, James T. Customs valuation. In: KEEN, Michael (ed.). *Changing customs: challenges and strategies for the reform of customs administration*. Washington, D.C.: International Monetary Fund, 2003. p. 90-91).

[101] IN RFB nº 2.090/2022: "Art. 25. A verificação da adequação do valor aduaneiro declarado às disposições estabelecidas na legislação será realizada preferencialmente após o desembaraço aduaneiro, no período destinado à apuração da regularidade e conclusão do despacho, nos termos do art. 54 do Decreto-Lei nº 37, de 18 de novembro de 1966".

[102] Ver Cap. VII, item 4.1.3.3.

[103] TREVISAN NETO, Antenori. *Aplicação do acordo sobre valoração aduaneira no Brasil*. São Paulo: Aduaneiras, 2010. p. 287 e ss.; CARVALHO, Marcelo Pimentel de. *Valor aduaneiro: princípios, métodos e fraude*. São Paulo: Aduaneiras, 2007. p. 208; PONCIANO, Vera Lúcia Feil. Sanção aplicável ao subfaturamento na importação: pena de perdimento ou pena de multa? In: TREVISAN, Rosaldo (Org.). *Temas atuais de direito aduaneiro*. São Paulo: Lex, 2013. p. 245-294; NASCIMENTO, José Fernandes do. Despacho aduaneiro de importação. In: PEIXOTO, Marcelo Magalhães; SARTORI, Angela; DOMINGO, Luiz Roberto (Coord.). *Tributação aduaneira na jurisprudência do CARF* – Conselho Administrativo de Recursos Fiscais. São Paulo: MP-APET, 2013. p. 135-156, p. 151 e ss.; FERNANDES, Rodrigo Mineiro. Valoração aduaneira e subfaturamento. In: PEIXOTO, Marcelo Magalhães; SARTORI, Angela; DOMINGO, Luiz Roberto (Coord.). *Tributação aduaneira na jurisprudência do*

Note-se que, no subfaturamento, não basta a simples constatação de que o preço foi inferior ao adotado por outros importadores ou ao custo de produção. Há, como assinala Enrique C. Barreira, "um simulacro de preço tendente a ocultar outro real".[104] Portanto, salvo nos casos de falsidade material, o Auditor Fiscal deve demonstrar que o valor pago (verdadeiro) difere daquele que consta na fatura comercial (falso). Esse importante aspecto foi ressaltado em acórdão da 1ª T.O. da 2ª C. do Carf, relatado pelo Conselheiro Paulo Roberto Duarte Moreira. No caso, a fiscalização apresentou como prova do subfaturamento um quadro comparativo do preço *CIF* das declarações de importação do contribuinte e as registradas por outras empresas. Porém, a Turma entendeu que, apesar de significativa, "a diferença de preço é apenas o ponto de partida para aprofundamento da análise de provável subfaturamento", decidindo cancelar o auto de infração pelos seguintes fundamentos:

> O SUBFATURAMENTO. COMPROVAÇÃO DE FRAUDE.
> A comprovação de subfaturamento depende da desconstituição da fatura comercial que instruiu o despacho, ou seja, depende da prova de que o real valor transacionado difere do valor declarado. Não existente a prova da falsidade da fatura, não fica caracterizado o subfaturamento e, por esta razão, fica afastada aplicação da pena de perdimento e sua respectiva multa substitutiva.[105]

No mesmo sentido, destacam-se os seguintes precedentes:

> SUBFATURAMENTO. VALORAÇÃO ADUANEIRA. PENALIDADE.
> A desconstituição da fatura comercial que instrui despacho motivada por constatação de subfaturamento exige a comprovação de que o real valor da transação difere do valor faturado e, portanto, declarado.
> O simples fato de um preço ser inferior aos preços correntes de mercado para mercadorias idênticas não é motivo para sua rejeição, conforme expresso na Opinião Consultiva 2.1. [...].[106]
> SUBFATURAMENTO. INDÍCIOS. CANCELAMENTO AUTO DE INFRAÇÃO.
> As acusações de subfaturamento dependem da desconstituição da fatura comercial que instruiu o despacho, ou seja, dependem de prova de que o real valor da transação difere do valor declarado.
> O simples fato de um preço ser inferior aos preços correntes de mercado para mercadorias idênticas não é motivo para sua rejeição, conforme expresso na Opinião Consultiva 2.1,

---

CARF – Conselho Administrativo de Recursos Fiscais. São Paulo: MP-APET, 2013. p. 241-281; SEHN, Solon. Do subfaturamento na importação. *Revista Direito Aduaneiro, Marítimo e Portuário*, v. 7, p. 9-22, 2017; PEREIRA, Cláudio Augusto Gonçalves. Subfaturamento e subvaloração no comércio exterior: algumas considerações conceituais. *Revista de Direito Aduaneiro, Marítimo e Portuário*, v. 10, n. 59, nov./dez. 2020. p. 86-95; ANDRADE, Thális. *Curso de direito aduaneiro: jurisdição e controle*. Belo Horizonte: Dialética, 2021. p. 222 e ss.

[104] Traduzimos. BARREIRA, Enrique C. Los "precios de transferencia" en las transacciones internacionales entre empresas vinculadas: dos enfoques ante un mismo fenómeno. *Revista de Estudios Aduaneros*, Buenos Aires, n. 15, 2001/2002. p. 122: "[...] la 'subfacturación' implica la existencia de un simulacro de precio tendiente a ocultar otro real".

[105] Carf. 2ª C. 1ª T.O. Ac. 3201-005.482. Rel. Paulo Roberto Duarte Moreira. S. 19.06.2019.

[106] Carf. 3ª S. 2ª C. 1ª T.O. Ac. 3201-001.927. Rel. Cons. Carlos Alberto Nascimento e Silva Pinto. S. 19.03.2015.

integrante das regras de interpretação do Acordo de Valoração Aduaneira (Instrução Normativa nº 318/2003).

Recurso Voluntário Provido.[107]

Esses acórdãos contrastam com algumas decisões do Judiciário que, de modo diverso, têm admitido a caracterização do subfaturamento quando o valor da importação for abaixo do custo de produção (*pela comparação entre o preço declarado e o custo de produção apurado em Laudo de Estimativa de Custo da Mercadoria*[108]) ou em casos de *preço declarado inferior ao de operações com produtos similares.*[109] Porém, a rigor, nada disso prova a ocorrência de um pagamento diferente daquele que consta na fatura comercial, pressuposto essencial para a configuração do subfaturamento. Para demonstrar que o valor declarado é falso, a autoridade aduaneira deve necessariamente identificar o valor real da transação. Sem isso, não é possível afirmar que o preço indicado na fatura não corresponde à realidade. A rigor, a teor da Opinião Consulta nº 2.1 e do Estudo de Caso nº 12.1, do CTVA/OMA, a discrepância com preços de mercado, custo de produção ou o valor de bens comparáveis sequer é suficiente para justificar a existência de dúvidas acerca da veracidade. Logo, com maior razão, não pode ser considerada uma prova de falsidade.

### 2.3.1.3   Subfaturamento e *dumping*

No *dumping*, o exportador estrangeiro comercializa a mercadoria por preço inferior ao praticado em operações normais com produto similar em seu próprio país. Trata-se de conduta igualmente ilícita, mas que não se confunde com o subfaturamento, porque não há um pagamento em paralelo subtraído do conhecimento da autoridade aduaneira. Aliás, se existisse, esse pagamento extraoficial repercutiria no preço final, de sorte que, em última análise, o exportador certamente não atingiria o efeito comercial pretendido com a prática do *dumping*.

O subfaturamento e o *dumping* são ações ilícitas, porém, com pressupostos de configuração e consequências jurídicas distintos. Caracterizar o subfaturamento apenas em função da importação abaixo do custo ou do preço de produtos similares constitui uma grave atecnia conceitual, que leva ao desvirtuamento do fim pretendido pela norma aduaneira sancionatória. Ademais, punir o *dumping* com as sanções do subfaturamento viola as regras internacionais que estabelecem um procedimento próprio para a imposição de direitos *antidumping*, inclusive para fins de prova do dano à indústria doméstica.

Como ressaltado anteriormente, as autoridades aduaneiras, mesmo diante de indícios de *dumping*, não podem rejeitar o valor declarado, tampouco adicionar eventual margem de *dumping* na base de cálculo do imposto (Comentário nº 3.1 do CTVA/OMA).[110] Deve-se, contudo, representar ao órgão competente da Secretaria de Comércio Exterior para a deflagração de investigações de defesa comercial da economia brasileira. A compreensão dessas diferenças é fundamental para que o País avance no comércio exterior, afastando, de uma vez por todas, a mancebia que ainda se observa entre a defesa comercial anômala, o combate às fraudes de valor e a subvaloração.

---

[107] Carf. 3ª S. 4ª C. 2ª T.O. Ac. 3402-004.003. Rel. Cons. Maysa de Sá Pittondo Deligne. S. 30.03.2017.
[108] TRF-4ª Região. 2ª T. AC 5002724-45.2012.404.7008, j. 25.09.2017, e AC 5016157-59.2016.404.7208, j. 13.07.2017.
[109] STJ. 1ª T. REsp 1218798/PR. DJe 01.10.2015.
[110] Ver item 2.2.3.
"b) acrescer ao valor de transação uma quantia que leve em conta a margem de *dumping*".

### 2.3.2 Segundo requisito: operação de compra e venda internacional

O segundo requisito de aplicabilidade do método do valor da transação resulta da primeira parte do art. 1.1 do AVA/OMC. Este – quando faz referência ao preço praticado *em uma venda para exportação para o país de importação* – pressupõe uma operação de compra e venda internacional para fins de aplicação do critério.[111]

Não há uma definição específica de "venda internacional" no AVA, o que, de acordo com a Opinião Consultiva nº 1.1, do CTVA/OMA, não impede a sua caracterização a partir dos arts. 1º e 8º:

> Opinião Consultiva 1.1
> **CONCEITO DE "VENDA" CONSTANTE DO ACORDO**
> O Comitê Técnico de Valoração Aduaneira emitiu a seguinte opinião:
> a) O Acordo sobre a Implementação do Artigo VII do GATT, doravante designado "Acordo", não contém a definição do termo "venda". O Artigo 1.1 dispõe apenas sobre uma operação comercial específica, que satisfaça certas exigências e condições;
> b) Não obstante, em conformidade com a intenção básica do Acordo de que o valor de transação das mercadorias importadas deve ser usado, tanto quanto possível, para fins de valoração aduaneira, a uniformidade de interpretação e aplicação pode ser atingida tomando o termo "venda" no sentido mais amplo, para ser determinado somente segundo as disposições dos Artigos 1 e 8, considerados em conjunto;
> c) Entretanto, seria útil preparar uma lista de casos não suscetíveis de constituir vendas que satisfaçam as exigências e condições dos Artigos 1 e 8 tomados conjuntamente. Nesses casos, o método de valoração a ser usado deve obviamente ser determinado de acordo com a ordem de prioridade estabelecida no Acordo.
> A lista preparada em consonância com esta Opinião encontra-se a seguir. Não é exaustiva e será acrescentada à luz da experiência.

Assim, considerando os parâmetros do direito civil e da Convenção das Nações Unidas sobre Contratos de Compra e Venda Internacional,[112] tem-se que a aplicação do método do valor da transação pressupõe: **(a)** a existência de um contrato por meio do qual alguém

---

[111] "VALORAÇÃO ADUANEIRA. AUSÊNCIA DE COMPRA E VENDA INTERNACIONAL. DESCONSIDERAÇÃO DO VALOR DE TRANSAÇÃO.
Demonstrado que as transações realizadas não constituem operações de "compra e venda", primeira condição para a aplicação do princípio do valor da transação para a valoração aduaneira, correto o procedimento de adoção dos métodos substitutivos previsto no AVA-GATT 1994. [...]" (Carf. 3ª S. 4ª C. 2ª T.O. Ac. 3402-007.015. Rel. Cons. Thais De Laurentiis Galkowicz. S. 22.10.2019).

[112] Esta Convenção foi aprovada pelo Decreto Legislativo nº 538/2012 e promulgada pelo Decreto nº 8.327/2014. Zozaya entende que o conceito de compra e venda internacional deve ser estabelecido de Convenção das Nações Unidas sobre Contratos de Compra e Venda Internacional de Mercadorias, celebrada em Viena, em 11 de abril de 1980: "En la medida en que el primer método de valoración se aplica a las mercancías vendidas para su exportación a la Comunidad, es de suponer que tal venta deberá ser una venta internacional, en el sentido de que reúna las características contempladas en la Convención de Viena sobre la compra-venta internacional de mercancías. No parece ser que esta cuestión haya preocupado mucho – más bien nada – a la doctrina y menos aún a la Administración aduanera" (ZOZAYA, Francisco Pelechá. *Fiscalidad sobre el comercio exterior*: el derecho aduanero tributario. Madrid – Barcelona – Buenos Aires: Marcial Pons, 2009. p. 132, nota 15).

(exportador); **(b)** mediante recebimento de um preço certo e determinado;[113] **(c)** obriga-se a transferir o domínio de um produto a outrem (importador),[114] situado em outro território aduaneiro. Sem mudança da titularidade ou se tratando de outra modalidade contratual (permuta, empréstimo, doação ou depósito), a apuração da base de cálculo deve ocorrer em consonância com os métodos sucessivos de valoração.

### 2.3.3 Terceiro requisito: cláusulas de limitação do preço, da posse ou do domínio

O terceiro pressuposto de aplicabilidade encontra-se previsto no art. 1.1. De acordo com esse preceito, a compra e venda não deve estar submetida a qualquer das cláusulas de limitação do preço, da posse ou do domínio previstas no § 1º, ressalvadas as exceções expressas no mesmo dispositivo:

> Artigo 1
> 1. O valor aduaneiro de mercadorias importadas será o valor de transação, isto é, o preço efetivamente pago ou a pagar pelas mercadorias, em uma venda para exportação para o país de importação, ajustado de acordo com as disposições do Artigo 8, desde que:
> [...]
> (a) não haja restrições à cessão ou à utilização das mercadorias pelo comprador, ressalvadas as que:
> (i) sejam impostas ou exigidas por lei ou pela administração pública do país de importação;
> (ii) limitem a área geográfica na qual as mercadorias podem ser revendidas; ou
> (iii) não afetem substancialmente o valor das mercadorias;
> (b) a venda ou o preço não estejam sujeitos a alguma condição ou contra-prestação para a qual não se possa determinar um valor em relação às mercadorias objeto de valoração;
> (c) nenhuma parcela do resultado de qualquer revenda, cessão ou utilização subsequente das mercadorias pelo comprador beneficie direta ou indiretamente o vendedor, a menos que um ajuste adequado possa ser feito, de conformidade com as disposições do Artigo 8 [...].

Essas restrições abrangem as limitações decorrentes de lei ou de ato da Administração Pública do país de importação, as relativas à área de venda do produto ou que não afetem substancialmente o preço.[115] A presença de qualquer uma delas implica o afastamento do

---

[113] Convenção de Viena (art. 53): "O comprador deverá pagar o preço das mercadorias e recebê-las nas condições estabelecidas no contrato e na presente Convenção".

[114] Art. 30: "O vendedor estará obrigado, nas condições previstas no contrato e na presente Convenção, a entregar as mercadorias, a transmitir a propriedade sobre elas e, sendo o caso, a remeter os respectivos documentos".

[115] As notas interpretativas do AVA estabelecem alguns exemplos de aplicação dessas cláusulas restritivas:
"*Parágrafo 1(a) (iii)*
Entre as restrições que não tornam inaceitáveis um preço pago ou a pagar, figuram as que não afetam substancialmente o valor das mercadorias. Um exemplo de tais restrições seria o caso em que um vendedor de automóveis exigisse de um comprador que não os vendesse nem os exibisse antes de uma certa data, que representasse o início do ano para os modelos dos automóveis em questão.
*Parágrafo 1(b)*

método do valor da transação, com apuração da base de cálculo por meio de um dos métodos substitutivos.[116]

### 2.3.4 Quarto requisito: existência de dados objetivos e quantificáveis

O preço efetivamente pago ou a pagar pelo produto importado, nos termos do art. 1.1, deve ser ajustado mediante agregação dos valores previstos nos §§ 1º e 2º do art. 8 do AVA.[117] Daí decorre o quarto pressuposto, previsto no art. 8.3, que é justamente a existência de dados objetivos e quantificáveis acerca desses acréscimos.

### 2.3.5 Quinto requisito: ausência de vinculação ou aceitabilidade do preço nas operações entre partes vinculadas

O quinto requisito de aplicabilidade do método do valor da transação, de acordo com o art. 1.1(d) do AVA,[118] é a ausência de vinculação entre importador e exportador ou, em

---

1. Se a venda ou o preço estiverem sujeitos a alguma condição ou contraprestação, da qual não se possa determinar um valor em relação às mercadorias objeto de valoração, o valor de transação não será aceitável para fins aduaneiros. Como exemplo, temos:
(a) o vendedor fixa o preço das mercadorias importadas sob a condição de o comprador adquirir também outras mercadorias em quantidades especificadas;
(b) o preço das mercadorias importadas depende do preço ou preços pelos quais o seu comprador vende outras mercadorias ao vendedor das mercadorias importadas;
(c) o preço é fixado com base em uma forma de pagamento alheia às mercadorias importadas, tal como quando estas são mercadorias semi-acabadas que tenham sido fornecidas pelo vendedor sob a condição de lhe ser enviada uma determinada quantidade das mercadorias acabadas.
2. No entanto, condições ou contraprestações relacionadas com a produção ou a comercialização das mercadorias importadas não devem resultar na rejeição do valor da transação. Por exemplo, o fato de o comprador fornecer ao vendedor projetos de engenharia e planos elaborados no país de importação não deve resultar na rejeição do valor da transação para os fins do Artigo 1. Do mesmo modo, se o comprador tomar a seu cargo, por sua própria conta, ainda que mediante acordo com o vendedor, as atividades relacionadas com a comercialização das mercadorias importadas, o valor dessas atividades não fará parte do valor aduaneiro, nem resultarão essas atividades na rejeição do valor da transação".

[116] Cumpre acrescentar que, de acordo com o Comentário nº 12.1 do CTVA/OMA: "4. Por outro lado, uma restrição que poderia afetar substancialmente o valor das mercadorias importadas seria aquela que não fosse usual em dado ramo de comércio. É o caso de um aparelho vendido a um preço simbólico, sob a condição de que o comprador somente o utilize em finalidades beneficentes".

[117] "Nota ao Artigo 8 [...] 3. Inexistindo dados objetivos e quantificáveis com relação aos acréscimos previstos pelas disposições do Artigo 8, o valor de transação não poderá ser determinado de acordo com o disposto no Artigo 1. Como ilustração disto, um *royalty* é pago com base no preço de venda, no país de importação, de um litro de um dado produto que foi importado por quilograma e transformado em solução após importado. Se o *royalty* basear-se parcialmente nas mercadorias importadas e parcialmente em outros fatores independentes das mercadorias importadas (como quando as mercadorias importadas são misturadas com ingredientes nacionais e não podem ser mais identificadas separadamente, ou quando não se pode distinguir o *royalty* dos acordos financeiros especiais entre comprador e vendedor), seria inadequado tentar proceder a um acréscimo relativo ao *royalty*. No entanto, se o montante desse *royalty* basear-se somente nas mercadorias importadas e puder ser facilmente quantificado, um acréscimo ao preço efetivamente pago ou a pagar poderá ser feito".

[118] "Artigo 1
1. O valor aduaneiro de mercadorias importadas será o valor de transação, isto é, o preço efetivamente pago ou a pagar pelas mercadorias, em uma venda para exportação para o país de importação, ajustado de acordo com as disposições do Artigo 8, desde que:
[...]
(d) não haja vinculação entre comprador e o vendedor ou, se houve, que o valor da transação seja aceitável para fins aduaneiros, conforme as disposições do parágrafo 2 deste Artigo".

caso de partes relacionadas, a demonstração da aceitabilidade do preço pago ou a pagar na operação de comércio exterior.

#### 2.3.5.1 Caracterização da vinculação

A vinculação entre as partes caracteriza-se nas seguintes hipóteses descritas nos §§ 4º e 5º do art. 15 do AVA:

> 4. Para os fins deste Acordo, as pessoas serão consideradas vinculadas somente se:
> (a) uma delas ocupar cargo de responsabilidade ou direção em empresa da outra;
> (b) forem legalmente reconhecidas como associadas em negócios;
> (c) forem empregador e empregado;
> (d) qualquer pessoa, direta ou indiretamente, possuir, controlar ou deter 5% ou mais das ações ou títulos emitidos com direito a voto de ambas;
> (e) uma delas, direta ou indiretamente, controlar a outra;
> (f) forem ambas, direta ou indiretamente, controladas por uma terceira pessoa; ou
> (g) juntos, controlarem direta ou indiretamente uma terceira pessoa;
> (h) forem membros da mesma família.
> 5. As pessoas que forem associadas em negócios, pelo fato de uma ser o agente, o distribuidor ou o concessionário exclusivo da outra, qualquer que seja a denominação utilizada, serão consideradas vinculadas para os fins deste Acordo, desde que se enquadrem em algum dos critérios do parágrafo 4 deste Artigo.

No exame da vinculação devem ser considerados os diferentes regimes de importação existentes no direito brasileiro: a importação direta, por encomenda e por conta e ordem. Assim, na primeira deve ser avaliado apenas o vínculo entre o exportador e o importador. Na importação por encomenda, entre o exportador, o importador e o encomendante. No regime de conta e ordem, entre o exportador e o real destinatário, uma vez que o importador não atua por conta própria, mas como mandatário do primeiro.[119]

#### 2.3.5.2 Consequências da vinculação entre as partes: parâmetros de aferição da aceitabilidade do preço declarado

A vinculação, por si só, não implica a inaceitabilidade do preço (art. 1.2.a). Também não basta a demonstração da eventual discrepância entre o valor declarado e os preços de mercado (Opinião Consultiva nº 2.1) ou ao custo de produção (Estudo de Caso nº 12.1).[120] Uma operação entre partes relacionadas representa um fator objetivo de alerta. Seu efeito é apenas o de desencadear a necessidade de uma verificação adicional.[121] Assim, deve ser examinado se a vinculação influenciou na definição do preço pago ou a pagar pela mercadoria importada. Isso, por sua vez, pode ocorrer de duas maneiras: (**a**) pelo exame das circunstâncias da venda

---

[119] Ver Cap. II, item 2.3.2.2.
[120] Reproduzidos acima. Item 2.2.2.
[121] Como destaca ZOLEZZI, Daniel. Las empresas vinculadas y el valor en aduana. *Revista de Estudios Aduaneros*, Buenos Aires, n. 9, p. 73-76, 1996. p. 73: "La vinculación crea un clima de expectativa (una luz roja en el tablero fiscal), pero el preciso se presume inocente en tanto no se demuestre lo contrario. Todos sabemos que ya un precio no se rechaza por ser inferior a lo usual en el mercado (conf. O.C. 2.1 del Comité Técnico de Valoración en Aduana de la Organización Mundial de Aduanas). Esto es la esencia del Acuerdo".

(art. 1.2.a); ou (**b**) mediante demonstração da proximidade com um dos *valores-critério* ou de *teste* estabelecidos no AVA (art. 1.2.b).

### 2.3.5.3 Exame das circunstâncias da venda

A avaliação das circunstâncias da venda (*circumstances surrounding the sale*) ocorre em uma fase colaborativa ou conciliatória da valoração.[122] Nela a autoridade aduaneira deve verificar se o preço foi determinado de forma livre e independente, isto é, sem que a relação existente entre as partes tenha influenciado a sua definição. Trata-se de uma etapa de verificação que somente pode ser dispensada caso o importador opte por demonstrar a aceitabilidade do preço diretamente a partir dos valores-critério (art. 1.2.c) ou se a administração aduaneira já estiver convencida de que o preço não foi influenciado pela vinculação, em decorrência de procedimentos anteriores ou de exame prévio.

Não há um procedimento específico definindo a forma como deve ocorrer a colaboração entre o importador e a administração aduaneira. A nota interpretativa do art. 1.2.(a) do AVA estabelece apenas que – se não for possível aceitar o valor de transação sem investigações complementares – deverá ser aberto ao importador uma oportunidade de fornecer informações mais detalhadas, necessárias para capacitar o exame das circunstâncias da venda pela autoridade aduaneira.

### 2.3.5.4 Objeto da verificação fiscal

O exame das circunstâncias da venda não ocorre a partir de um critério fechado. Ao contrário da hipótese do art. 1.2.(b), o AVA não estabelece um parâmetro de aceitabilidade, limitando-se a prever, na nota interpretativa do art. 1.2, que a administração aduaneira deverá estar preparada para examinar os aspectos relevantes da transação, inclusive a maneira como o comprador e o vendedor organizam suas relações comerciais, com a finalidade de determinar se a vinculação influenciou a definição do preço:

> Nota ao Artigo I, Parágrafo 2:
> [...]
> 3. Se a administração aduaneira não puder aceitar o valor de transação sem investigações complementares, deverá dar ao importador uma oportunidade de fornecer informações mais detalhadas, necessárias para capacitá-la a examinar as circunstâncias da venda. Nesse contexto, a administração aduaneira deverá estar preparada para examinar os aspectos relevantes da transação, inclusive a maneira pela qual o comprador e o vendedor organizam suas relações comerciais e a maneira pela qual o preço em questão foi definido, com a finalidade de determinar se a vinculação influenciou o preço. Quando ficar demonstrado que o comprador e o vendedor, embora vinculados conforme as disposições do Artigo 15, compram e vendem um do outro como se não fossem vinculados, isto comprovará que o preço não foi influenciado pela vinculação. Como exemplo, se o preço tivesse sido determinado de maneira compatível com as práticas normais de fixação de preços do setor industrial em questão ou com a maneira pela qual o vendedor fixa seus preços para compradores não vinculados a ele, isto demonstrará que o preço não foi influenciado pela vinculação. Como outro exemplo, quando ficar demonstrado

---

[122] ZOLEZZI, Daniel. Las empresas vinculadas y el valor en aduana. *Revista de Estudios Aduaneros,* Buenos Aires, n. 9, p. 73-76, 1996. p. 74.

que o preço é suficiente para cobrir todos os custos e assegurar um lucro representativo do lucro global obtido pela firma durante um período de tempo também representativo (por exemplo anual), em vendas de mercadorias da mesma classe ou espécie, estará comprovado que o preço não foi influenciado pela vinculação.

Portanto, o objetivo é identificar se a vinculação foi determinante para o preço reduzido adotado na operação de importação analisada. Justamente por isso, conforme prevê a Nota ao Artigo I, Parágrafo 2, do AVA, os interessados devem demonstrar ao Auditor Fiscal que *compram e vendem um do outro como se não fossem vinculados*.

O Carf, em diversos precedentes, tem mantido o valor da transação sempre que demonstrada a ausência de influência na definição do preço:

> VALORAÇÃO ADUANEIRA. VINCULAÇÃO ENTRE COMPRADOR E VENDEDOR. NÃO AFETAÇÃO DO PREÇO.
> O preço praticado não foi influenciado pela vinculação entre exportador e importador.
> O preço praticado nas operações de importação já estava pautado por fato concreto e relevante externo a essa relação: Acordo global estabelecido entre empresas não vinculadas para fornecimento de matéria-prima do elastano.[123]
> [...]
> VALOR ADUANEIRO.
> Havendo vinculação entre comprador e vendedor, não quer dizer que não possa ser utilizado o valor de transação, porém há que ser demonstrado que o valor de transação não foi influenciado pela vinculação, e tal mister cabe ao importador, que no caso dos autos não se desincumbiu a contento de tal mister; ao revés, admitiu que a redução do preço visou a equilibrar os custos do produto final nos diferentes países em que é produzido.
> Recurso Voluntário Negado.[124]
> VALOR ADUANEIRO. MERCADORIAS IDÊNTICAS VENDIDAS A PREÇOS DISTINTOS. VINCULAÇÃO ENTRE EXPORTADOR E UM DOS IMPORTADORES.
> Cabe ao importador o ônus de provar a distinção entre as diferentes remessas de produtos sob a mesma denominação, classificação, descrição, origem e fabricante, com transação comercial realizada no mesmo período, mas vendidos a preços distintos, uma vez constatada vinculação entre exportador e um dos importadores.
> Aplica-se ao caso concreto o art. 2º do Acordo de Valoração Aduaneira para apuração do real valor aduaneiro (valor de transação de mercadoria idêntica).
> Recurso Voluntário Negado.[125]

A título ilustrativo, cumpre destacar ainda o seguinte julgado no ano de 2018, pelo TRF da 4ª Região:

> TRIBUTÁRIO. IMPOSTO DE IMPORTAÇÃO. VALOR ADUANEIRO. EMPRESAS VINCULADAS. DESCONTOS ESPECIAIS. LAUDO PERICIAL.
> 1. Em se tratando de operações de importação feitas por empresas vinculadas, cujas evidências demonstram ter havido influência nos preços, o método valorativo a ser

---

[123] Carf. 3ª S. 3ª C. 2ª T.O. Ac. 3302-005.390. Rel. Cons. Maria do Socorro Ferreira Aguiar. S. 18.04.2018.
[124] Carf. 3ª S. 1ª C. 1ª T.O. Ac. 3101-000.443. Rel. Cons. Corintho Oliveira Machado. S. 25.05.2010.
[125] Carf. 3ª S. 1ª C. 2ª T.O. Ac. 3102-000.515. Rel. Cons. Beatriz Veríssimo de Sena. S. 19.10.2009.

empregado para obter o valor aduaneiro está calcado no preço de revenda de tais mercadorias, sujeito a deduções, nos moldes previstos no art. 5 do AVA-GATT, não sendo aceitável a adoção do valor da transação.

2. A concessão de descontos especiais a representantes exclusivos pertine às partes contratantes, não se traduzindo em disposição que tenha o condão de alterar a composição do valor aduaneiro, o qual deve corresponder ao valor real das mercadorias importadas. Deveras, os métodos de valoração aduaneira previstos no AVA-GATT não preveem a consideração de tais descontos para o efeito de redução da base de cálculo do valor aduaneiro.

3. Não se admite a impugnação ao laudo pericial com base na inconformidade da parte com o seu teor, mormente considerando que foi produzido com observância aos requisitos técnicos pertinentes, de forma imparcial e equidistante dos interesses das partes.[126]

Assim, ao contrário do que ocorreu nesse caso, o importador deve demonstrar que a vinculação não foi determinante para o preço reduzido adotado na operação.

### 2.3.5.5 Valoração e preços de transferência

Os preços de transferência são aqueles praticados por determinadas empresas que, em razão de um vínculo de interdependência, podem não refletir os preços correntes em operações de comércio exterior de produtos ou de intangíveis economicamente comparáveis, inclusive na prestação de serviços.[127] Atualmente, transações dessa natureza representam entre 60% e

---

[126] TRF4. 2ª T. AC nº 5018088-48.2012.4.04.7108. Rel. Juiz Fed. Andrei Pitten Velloso. Data de publicação: 07.05.2018.

[127] Sobre o tema, cf.: ROSENOW, Sheri; O'SHEA, Brian J. *A handbook on the WTO Customs Valuation Agreement*. Cambridge: Cambridge University Press, 2010. p. 2301 e ss.; GALVAÑ, Gemma Sala. *Los precios de transferencia internacionales*: su tratamiento tributario. Valencia: Tirant lo Blanch, 2003. p. 27 e ss.; BARRERA, Enrique C. Los "precios de transferencia" en las transacciones internacionales entre empresas vinculadas: dos enfoques ante un mismo fenómeno. *Revista de Estudios Aduaneros*, Buenos Aires, n. 15, 2001/2002. p. 113 e ss.; HILÚ NETO, Miguel. Preços de transferência e valor aduaneiro: a questão da vinculação à luz dos princípios tributários. In: SCHOUERI, Luís Eduardo; ROCHA, Valdir de Oliveira (coords.). *Tributos e preços de transferência*. São Paulo: Dialética, 1999. v. 2, p. 259-276; HILÚ NETO, Miguel. O elo jurídico entre a valoração aduaneira e os preços de transferência. In: FERNANDES, Edison Carlos (coord.) *Preços de transferência*. São Paulo: Quartier Latin, 2007. p. 63-86; MELO, José Eduardo Soares de. *Importação e exportação no direito tributário*. 3. ed. São Paulo: RT-Fiscosoft, 2014. p. 73-76; VITA, Jonathan Barros. *Valoração aduaneira e preços de transferência*: pontos de conexão e distinções sistêmico-aplicáveis. Tese (Doutorado em Direito) – Pontifícia Universidade Católica de São Paulo, São Paulo, 2010. p. 699 e ss.; FERRONI, Bruno. Transfer pricing e valore doganale. In: SCUFFI, Massimo; ALBENZIO, Giuseppe; MICCINESI, Marco. *Diritto doganale, dele accise e di tributi ambientali*. Milão: Ipsoa, 2014. p. 807-860; MASSIMO, Fabio. Il valore della merce in dogana. In: SCUFFI, Massimo; ALBENZIO, Giuseppe; MICCINESI, Marco. *Diritto doganale, dele accise e di tributi ambientali*. Milão: Ipsoa, 2014. p. 771-806; FERRONI, Bruno; MAYR, Siegfried; SANTACROCE, Benedetto. Le valorizzazione delle merci: problematiche e soluzioni. In: MAYR, Siegfried; SANTACROCE (a cura di). *Valore in dogana e transfer pricing*. Milão: Wolter Kluwer, 2014. p. 16 e ss.; PIRES, Adilson Rodrigues. Controle do preço de transferência e as operações de comércio exterior. In: SCHOUERI, Luís Eduardo; ROCHA, Valdir de Oliveira (coords.). *Tributos e preços de transferência*. São Paulo: Dialética, 1999. v. 2, p. 9-22; SCHOUERI, Luís Eduardo. *Preços de transferência no direito tributário brasileiro*. 3. ed. São Paulo: Dialética, 2013. p. 19 e ss.; AVOLIO, Diego; DE ANGELIS, Enrico. Transfer princing e valore in dogana: analisi comparata ed esperienze a confronto. In: MAYR, Siegfried; SANTACROCE (a cura di). *Valore in dogana e transfer pricing*. Milão: Wolter Kluwer, versão "E-Book, Apple", p. 433-495, 2014. p. 433 e ss.; PEREIRA, Cláudio Augusto Gonçalves. Subfaturamento e subvaloração no comércio exterior: algumas considerações conceituais. *Revista de Direito Aduaneiro, Marítimo e Portuário*, v. 10, n. 59, nov./dez. 2020. p. 164-193.

70% do valor das operações globais de importação e de exportação.[128] Nelas os preços são definidos dentro de critérios diferentes da lógica de mercado. É esperado que, dentro de um objetivo de maximização de resultados, ocorram alocações dirigidas das margens de lucro entre as unidades globais de uma mesma empresa multinacional. As principais causas que podem levar a isso são estratégias de expansão para novos mercados, medidas de defesa contra práticas equivalentes adotadas pela concorrência, políticas governamentais locais, ganhos comerciais ou financeiros, além, evidentemente, da economia fiscal.[129]

Há uma preocupação comum por parte dos legisladores tributário e aduaneiro em fazer frente a essas operações. A diferença é que, no Acordo de Valoração Aduaneira da OMC, a exigência de aceitabilidade dos preços visa a evitar a subvaloração, vale dizer, uma redução da base de cálculo do imposto de importação. Já na tributação da renda, o objetivo é afastar o superfaturamento, ou seja, um aumento artificial do custo de aquisição do produto, com o consequente deslocamento de lucros do grupo econômico para países com tributação favorecida.[130] Assim, embora com métodos diferentes e ainda sem a mesma uniformidade internacional da legislação aduaneira, são previstos critérios para aferir se o preço transacionado foi estabelecido nos mesmos patamares (preço sem interferência) que teria sido em uma operação em condições de livre concorrência entre partes independentes (princípio *arm's lenght*).[131]

É natural e esperada, portanto, uma convergência entre as regras de valoração aduaneira e de controle dos preços de transferência, o que, como ressaltado anteriormente,[132] é estudado no âmbito de organismos internacionais (OMC, da OMA, da Câmara de Comércio Internacional de Paris e OCDE). Alguns países, como Austrália, Estados Unidos, Canadá e China, já apresentam disciplina interna nesse sentido. Porém, ainda se está muito distante de uma disciplina uniforme acerca dessa matéria no âmbito mundial, inclusive porque sequer há um acordo internacional sobre preços de transferência.

Não obstante, o Comentário nº 23.1 do Comitê Técnico de Valoração Aduaneira da OMA permite que a autoridade aduaneira utilize informações encontradas em estudos de preços de transferência elaborados pelo importador para avaliar as circunstâncias da venda. Até recentemente, não havia uma tradução oficial desse ato interpretativo, o que, entretanto, foi suprido pela IN RFB nº 2.090/2022:[133]

> COMENTÁRIO 23.1
> SIGNIFICADO DA EXPRESSÃO "CIRCUNSTÂNCIAS DA VENDA" NOS TERMOS DO ARTIGO 1.2 a) EM RELAÇÃO À UTILIZAÇÃO DE ESTUDOS SOBRE PREÇOS DE TRANSFERÊNCIA
> 1. O presente Comentário busca proporcionar diretrizes para a utilização de um estudo sobre preços de transferência elaborado em conformidade com as Diretrizes da OCDE sobre preços de transferência, e oferecido pelos importadores como base para o exame "das circunstâncias da venda" com base no disposto no Artigo 1.2 a) do Acordo.

---

[128] Ver item 1.2.
[129] GALVAÑ, Gemma Sala. *Los precios de transferencia internacionales*: su tratamiento tributario. Valencia: Tirant lo Blanch, 2003. p. 44 e ss.
[130] Sobre o tema, cf.: SEHN, Solon. *Imposto de importação*. São Paulo: Noeses, 2016. p. 141 e ss.
[131] BARRETO, Paulo Ayres. *Imposto sobre a renda e preços de transferência*. São Paulo: Dialética, 2001. p. 102-103.
[132] Item 1.2.
[133] Em razão disso, nas edições anteriores do Curso, adotava-se uma tradução direta do autor. Com a versão oficial, essa deve ser substituída e adotada no presente estudo.

2. Segundo o Artigo 1, o valor de transação é aceitável como valor aduaneiro quando não existir vinculação entre o comprador e o vendedor ou, caso exista, sempre que a vinculação não tenha influenciado o preço.

3. Quando o comprador e o vendedor forem vinculados, o Artigo 1.2 do Acordo prevê distintas formas de estabelecer a aceitabilidade do valor de transação:

as circunstâncias da venda serão examinadas para determinar se a vinculação influenciou o preço (Artigo 1.2 (a));

o importador tem a oportunidade de demonstrar que o preço se aproxima muito de um dos três valores critério (Artigo 1.2 (b)).

4. A Nota Interpretativa ao Artigo 1.2 do Acordo prevê que:

"Não se pretende que se faça um exame de tais circunstâncias em todos os casos em que exista uma vinculação entre o comprador e o vendedor. Esse exame somente será necessário quando existirem dúvidas quanto à aceitabilidade do preço. Quando a Administração Aduaneira não tiver dúvidas acerca da aceitabilidade do preço, deve aceitá-lo sem solicitar informação adicional ao importador.

5. Por via de consequência, quando a Administração Aduaneira tiver dúvidas quanto à aceitabilidade do preço, a Administração examinará as circunstâncias da venda, com base na informação prestada pelo importador.

6. A Nota Interpretativa ao Artigo 1.2 estabelece que quando a Administração Aduaneira não puder aceitar o valor de transação sem uma investigação adicional, deverá dar ao importador a oportunidade de fornecer essa informação detalhada adicional, caso seja necessária ao exame das circunstâncias da venda. A Nota também contém exemplos ilustrativos sobre como determinar se a vinculação existente entre o comprador e o vendedor não influencia o preço.

7. A questão que então se coloca é saber se um estudo sobre preços de transferência elaborado para fins tributários, e fornecido pelo importador, pode ser utilizado pela Administração Aduaneira como base para o exame das circunstâncias da venda.

8. Por um lado, um estudo sobre preços de transferência apresentado por um importador pode constituir uma boa fonte de informação, se contiver informação relevante sobre as circunstâncias da venda. Por outro lado, um estudo sobre preços de transferência pode não ser relevante ou adequado para o exame das circunstâncias da venda devido às substanciais e significativas diferenças que existem entre os métodos do Acordo para determinar o valor das mercadorias importadas e aqueles das Diretrizes da OCDE sobre Preços de Transferência.

9. Por conseguinte, a utilização de um estudo sobre preços de transferência como uma base possível para examinar as circunstâncias da venda deve ser considerada caso a caso. Em conclusão, qualquer informação e documentos relevantes fornecidos por um importador pode ser utilizado para examinar as circunstâncias da venda. Um estudo sobre preços de transferência poderia constituir uma fonte dessa informação.

No direito brasileiro, até recentemente, o art. 18 da Lei nº 9.430/1996 estabelecia que, na apuração do lucro real, a dedutibilidade de custos de aquisição de produtos importados de empresa vinculada será limitada ao preço determinado em função de três métodos, que, por sua vez, incidem de acordo com a opção do sujeito passivo formalizada no início do ano-calendário:[134] o Método dos

---

[134] De acordo com a IN RFB nº 1.312/2012: "Art. 40. A partir do ano-calendário de 2012, a opção por um dos métodos previstos nos Capítulos II e III será efetuada para o ano-calendário e não poderá ser alte-

Preços Independentes Comparados (PIC);[135] Método do Preço de Revenda menos Lucro (PRL);[136] e o Método do Custo de Produção mais Lucro (CPL).[137] Neles são empregados diferentes critérios para evitar que, por meio do superfaturamento de preços, ocorra a redução do lucro tributável da unidade importadora local,[138] com consequente alocação artificial do rendimento na unidade exportadora sediada no exterior. Diferentemente do que ocorre em outros países, a Lei nº 9.430/1996 prevê margens de lucro presumidas para determinadas operações e segmentos econômicos. Esses podem ser alterados mediante requerimento instruído com relatórios ou notas explicativas de preços de transferência.[139] O afastamento das margens presumidas, porém, é uma medida excepcional e de difícil obtenção.

---

rada pelo contribuinte uma vez iniciado o procedimento fiscal, salvo quando, em seu curso, o método ou algum de seus critérios de cálculo venha a ser desqualificado pela fiscalização, situação esta em que deverá ser intimado o sujeito passivo para, no prazo de 30 (trinta) dias, apresentar novo cálculo de acordo com qualquer outro método previsto na legislação".

[135] "Art. 18. [...] I – Método dos Preços Independentes Comparados – PIC: definido como a média aritmética ponderada dos preços de bens, serviços ou direitos, idênticos ou similares, apurados no mercado brasileiro ou de outros países, em operações de compra e venda empreendidas pela própria interessada ou por terceiros, em condições de pagamento semelhantes; (Redação dada pela Lei nº 12.715, de 2012)".

[136] "Art. 18. [...] II – Método do Preço de Revenda menos Lucro – PRL: definido como a média aritmética ponderada dos preços de venda, no País, dos bens, direitos ou serviços importados, em condições de pagamento semelhantes e calculados conforme a metodologia a seguir: (Redação dada pela Lei nº 12.715, de 2012)

a) preço líquido de venda: a média aritmética ponderada dos preços de venda do bem, direito ou serviço produzido, diminuídos dos descontos incondicionais concedidos, dos impostos e contribuições sobre as vendas e das comissões e corretagens pagas; (Redação dada pela Lei nº 12.715, de 2012) (Vigência)

b) percentual de participação dos bens, direitos ou serviços importados no custo total do bem, direito ou serviço vendido: a relação percentual entre o custo médio ponderado do bem, direito ou serviço importado e o custo total médio ponderado do bem, direito ou serviço vendido, calculado em conformidade com a planilha de custos da empresa; (Redação dada pela Lei nº 12.715, de 2012)

c) participação dos bens, direitos ou serviços importados no preço de venda do bem, direito ou serviço vendido: aplicação do percentual de participação do bem, direito ou serviço importado no custo total, apurada conforme a alínea b, sobre o preço líquido de venda calculado de acordo com a alínea a; (Redação dada pela Lei nº 12.715, de 2012)

d) margem de lucro: a aplicação dos percentuais previstos no § 12, conforme setor econômico da pessoa jurídica sujeita ao controle de preços de transferência, sobre a participação do bem, direito ou serviço importado no preço de venda do bem, direito ou serviço vendido, calculado de acordo com a alínea c; e (Redação dada pela Lei nº 12.715, de 2012)

1. (revogado); (Redação dada pela Lei nº 12.715, de 2012)

2. (revogado); (Redação dada pela Lei nº 12.715, de 2012)

e) preço parâmetro: a diferença entre o valor da participação do bem, direito ou serviço importado no preço de venda do bem, direito ou serviço vendido, calculado conforme a alínea c; e a "margem de lucro", calculada de acordo com a alínea d; e (Redação dada pela Lei nº 12.715, de 2012)".

[137] "Art. 18. [...] III – Método do Custo de Produção mais Lucro – CPL: definido como o custo médio ponderado de produção de bens, serviços ou direitos, idênticos ou similares, acrescido dos impostos e taxas cobrados na exportação no país onde tiverem sido originariamente produzidos, e de margem de lucro de 20% (vinte por cento), calculada sobre o custo apurado (Redação dada pela Lei nº 12.715, de 2012)".

[138] Na exportação, por sua vez, os métodos são os seguintes, previstos no art. 19, § 3º, da Lei nº 9.430/1996: Método do Preço de Venda nas Exportações (PVEx); Método do Preço de Venda por Atacado no País de Destino, Diminuído do Lucro (PVA); Método do Preço de Venda a Varejo no País de Destino, Diminuído do Lucro (PVV); Método do Custo de Aquisição ou de Produção mais Tributos e Lucro (CAP).

[139] Portaria MF nº 222/2008: "Art. 3º As solicitações de alteração de percentuais, nas importações, deverão ser instruídas por relatórios ou notas explicativas embasados por estudo ou pesquisa que demonstre, observados os requisitos que assegurem a comparabilidade das transações pesquisadas com as da pessoa jurídica interessada, que a margem de lucro pleiteada é praticada por outras pessoas jurídicas independentes, em transações com não vinculadas; e é incompatível com a margem estabelecida pela

Essas regras foram alteradas pela Lei nº 14.596/2023, resultante da conversão da Medida Provisória nº 1.152/2002, que visa a adequar a legislação brasileira aos parâmetros da OCDE. Não há mais margens de lucros fixas. A legislação prevê a realização de *ajustes* (*espontâneos*,[140] *compensatórios*[141] e *primários*[142] na base de cálculo do IRPJ e da CSLL, resultantes da seleção do método mais apropriado entre o PIC,[143] PRL,[144] MCL,[145] MLT[146] e MDL.[147] Admite-se ainda o emprego de metodologia alternativa que produza resultado consistente com aquele que seria alcançado em transações comparáveis entre partes não relacionadas.[148]

---

legislação". Por outro lado, de acordo com a IN RFB nº 1.312/2012: "Art. 45. Os percentuais de que tratam os Capítulos II e III poderão ser alterados por determinação do Ministro de Estado da Fazenda"; "§ 1º As alterações de percentuais a que se refere este artigo serão efetuadas em caráter geral, setorial ou específico, de ofício ou em atendimento a solicitação de entidade de classe representativa de setor da economia, em relação aos bens, serviços ou direitos objeto de operações por parte das pessoas jurídicas representadas, ou, ainda, em atendimento a solicitação da própria pessoa jurídica interessada"; "§ 2º Aos pedidos de alteração de percentuais, efetuados por setor econômico ou por pessoa jurídica, aplicam-se as normas relativas aos processos de consulta de que trata o Decreto nº 70.235, de 6 de março de 1972, – Processo Administrativo Fiscal (PAF)"; "Art. 46. A Cosit fica incumbida da análise dos pleitos de alteração de percentual a que se refere o § 2º do art. 45, devendo, para cada caso, propor, ao Secretário da Receita Federal do Brasil, a solução a ser submetida à aprovação do Ministro de Estado da Fazenda".

[140] "Art. 17. Para fins do disposto nesta Lei, considera-se: [...] I – ajuste espontâneo: aquele efetuado pela pessoa jurídica domiciliada no Brasil diretamente na apuração da base de cálculo dos tributos a que se refere o parágrafo único do art. 1º, com vistas a adicionar o resultado que seria obtido caso os termos e as condições da transação controlada tivessem sido estabelecidos de acordo com o princípio previsto no art. 2º desta Lei".

[141] "Art. 17. Para fins do disposto nesta Lei, considera-se: [...] ajuste compensatório: aquele efetuado pelas partes da transação controlada até o encerramento do ano-calendário em que for realizada a transação, com vistas a ajustar o seu valor de tal forma que o resultado obtido seja equivalente ao que seria obtido caso os termos e as condições da transação controlada tivessem sido estabelecidos de acordo com o princípio previsto no art. 2º desta Lei".

[142] "Art. 17. Para fins do disposto nesta Lei, considera-se: [...] ajuste primário: aquele efetuado pela autoridade fiscal, com vistas a adicionar à base de cálculo dos tributos a que se refere o parágrafo único do art. 1º os resultados que seriam obtidos pela pessoa jurídica domiciliada no Brasil caso os termos e as condições da transação controlada tivessem sido estabelecidos de acordo com o princípio previsto no art. 2º desta Lei".

[143] "Art. 11. [...] Preço Independente Comparável (PIC), que consiste em comparar o preço ou o valor da contraprestação da transação controlada com os preços ou os valores das contraprestações de transações comparáveis realizadas entre partes não relacionadas".

[144] "Art. 11. [...] II – Preço de Revenda menos Lucro (PRL), que consiste em comparar a margem bruta que um adquirente de uma transação controlada obtém na revenda subsequente realizada para partes não relacionadas com as margens brutas obtidas em transações comparáveis realizadas entre partes não relacionadas".

[145] "Art. 11. [...] III – Custo mais Lucro (MCL), que consiste em comparar a margem de lucro bruto obtida sobre os custos do fornecedor em uma transação controlada com as margens de lucro bruto obtidas sobre os custos em transações comparáveis realizadas entre partes não relacionadas".

[146] "Art. 11. [...] Margem Líquida da Transação (MLT), que consiste em comparar a margem líquida da transação controlada com as margens líquidas de transações comparáveis realizadas entre partes não relacionadas, ambas calculadas com base em indicador de rentabilidade apropriado".

[147] "Art. 11. [...] Divisão do Lucro (MDL), que consiste na divisão dos lucros ou das perdas, ou de parte deles, em uma transação controlada de acordo com o que seria estabelecido entre partes não relacionadas em uma transação comparável, consideradas as contribuições relevantes fornecidas na forma de funções desempenhadas, de ativos utilizados e de riscos assumidos pelas partes envolvidas na transação [...]".

[148] "Art. 11. [...] VI – outros métodos, desde que a metodologia alternativa adotada produza resultado consistente com aquele que seria alcançado em transações comparáveis realizadas entre partes não relacionadas".

O método será *mais apropriado*, de acordo com do §1º do art. 11, quando fornecer *a determinação mais confiável dos termos e das condições que seriam estabelecidos entre partes não relacionadas em uma transação comparável*, considerados inclusive os seguintes aspectos: (a) os fatos e as circunstâncias da transação controlada e a adequação do método em relação à natureza da transação, determinada especialmente a partir da análise das funções desempenhadas, dos riscos assumidos e dos ativos utilizados pelas partes envolvidas na transação controlada; (b) a disponibilidade de informações confiáveis de transações comparáveis realizadas entre partes não relacionadas necessárias à aplicação consistente do método; e (c) o grau de comparabilidade entre a transação controlada e as transações realizadas entre partes não relacionadas, incluídas a necessidade e a confiabilidade de se efetuar ajustes para eliminar os efeitos de eventuais diferenças entre as transações comparadas.[149]

A IN RFB nº 2.090/2022, dentro do que permite o Comentário nº 23.1 do Comitê Técnico de Valoração Aduaneira da OMA, prevê o recurso aos parâmetros da legislação de preços de transferência para determinar se a vinculação influenciou os preços na importação, o que deve ocorrer no âmbito do exame das *circunstâncias da venda*:

> Art. 4º [...]
> § 6º A caracterização de que a vinculação entre as partes influenciou os preços praticados na importação poderá basear-se, entre outros elementos, nas informações contidas nos demonstrativos de cálculo do custo dos bens importados nas operações efetuadas com pessoa vinculada, para fins de determinação do lucro real, conforme dispõe a legislação nacional sobre preços de transferência.

Também é compatível com o Comentário nº 23.1 do CTVA/OMA, o uso da legislação nacional sobre preços de transferência como fator para determinar a existência de dúvidas sobre a veracidade do valor declarado, desde que a operação envolva partes relacionadas:

> Art. 28. Caso haja motivos para duvidar da veracidade ou exatidão do valor aduaneiro declarado, das informações ou dos documentos apresentados para justificar esse valor, a fiscalização aduaneira poderá solicitar, ao importador ou comprador, o fornecimento de explicações, documentos ou outras provas de que o valor declarado representa o preço efetivamente pago ou a pagar pelas mercadorias importadas, ajustado em conformidade com as disposições do Artigo 8 do AVA/GATT.
> Parágrafo único. As dúvidas da fiscalização aduaneira poderão ser fundamentadas, entre outros elementos, na incompatibilidade do preço declarado com:
> [...]
> VI – o preço parâmetro da mercadoria objeto de valoração, determinado conforme dispõe a legislação nacional sobre preços de transferência.

A IN RFB nº 2.090/2022 autoriza ainda a aplicação da legislação de preços de transferência para determinação do valor aduaneiro no método do valor computado:

---

[149] "Art. 11. [...] § 2º O método PIC, previsto no inciso I do *caput* deste artigo, será considerado o mais apropriado quando houver informações confiáveis de preços ou valores de contraprestações decorrentes de transações comparáveis realizadas entre partes não relacionadas, a menos que se possa estabelecer que outro método previsto no *caput* deste artigo seja aplicável de forma mais apropriada, com vistas a se observar o princípio previsto no art. 2º desta Lei".

Art. 17. Na determinação do valor aduaneiro mediante a aplicação do método do valor computado, nos termos do Artigo 6 do AVA/GATT, poderão ser utilizadas informações contidas nos demonstrativos de cálculo do custo dos bens importados nas operações efetuadas com pessoa vinculada, para fins de determinação do lucro real, conforme dispõe a legislação nacional sobre preços de transferência.

Como será analisado, no método do valor computado, a determinação do valor aduaneiro tem por base o somatório do custo de produção das mercadorias importadas, acrescido, na forma prevista no art. 6.1.(a), (b) e (c) do AVA, da margem de lucro e despesas gerais usualmente praticadas em operações com produtos da mesma classe ou espécie,[150] entendidas como tal, de acordo com o art. 15.3, aquelas integrantes de um mesmo grupo ou categorias de uma indústria ou de setor industrial determinado, abrangendo produtos idênticos ou similares.[151]

A aplicação dos estudos de preços de transferência justifica-se porque, entre outras informações, permitem conhecer o valor da venda, o custo das mercadorias vendidas, o lucro bruto, as despesas operacionais, o lucro operacional e a margem das vendas. Essas informações, quando devidamente escrituradas e lastreadas documentalmente, podem ser adotadas para determinar o valor computado, desde que dentro da metodologia da Lei nº 14.596/2023. Não é possível adotar essa providência mediante aplicação das regras da Lei nº 9.430/1996, porque esta apresenta margens presumidas.

O AVA tem entre seus princípios-base a vedação da definição da base de cálculo dos tributos aduaneiros a partir de valores fictos e arbitrários. Isso é incompatível com margens de lucro presumidas, ainda que restritas a determinadas operações e segmentos econômicos. Por isso, o Fisco não pode promover a revisão aduaneira e readequar a base de cálculo dos tributos aduaneiros considerando as regras de preços de transferência. Isso dependeria não apenas de previsão legislativa, mas da própria alteração do acordo internacional e da uniformização dos métodos de preços de transferência em nível mundial. Da mesma forma, o importador não pode pleitear a repetição do indébito dos tributos aduaneiros, caso – em decorrência da aplicação da legislação de preços de transferência – a autoridade fiscal limite o custo de aquisição a um valor inferior ao adotado na valoração aduaneira. Tampouco cabe o inverso. O AVA/OMC, como assinala Timothy Lyons, estabelece critérios de *valuation for customs duty only*.[152] Portanto, não é viável pretender aumentar o custo de aquisição do produto importado porque a autoridade aduaneira, nesta ou naquela fiscalização, afastou o método do valor da transação, apurando uma base de cálculo superior aos limites de dedutibilidade da legislação de preços de transferência.

---

[150] "Artigo 6
1. O valor aduaneiro das mercadorias importadas, determinado segundo as disposições deste artigo, basear-se-á num valor computado. O valor computado será igual à soma de:
(a) o custo ou o valor dos materiais e da fabricação, ou processamento, empregados na produção das mercadorias importadas;
(b) um montante para lucros e despesas gerais, igual àquele usualmente encontrado em vendas de mercadorias da mesma classe ou espécie que as mercadorias objeto de valoração, vendas estas para exportação, efetuadas por produtores no país de exportação, para o país de importação;
(c) o custo ou o valor de todas as demais despesas necessárias para aplicar a opção de valoração escolhida pela Parte, de acordo com o parágrafo 2 do Artigo 8".

[151] "3. Neste acordo, entenda-se por 'mercadoria da mesma classe ou espécie', as que se enquadram num grupo ou categorias de mercadorias produzidas por uma indústria ou setor industrial determinado, e abrange mercadorias idênticas ou similares".

[152] LYONS, Timothy. *EC Customs law*. 2. ed. Nova York: Oxford University Press, 2010. p. 290.

Contudo, isso não implica a total imprestabilidade dos parâmetros da legislação de preços de transferência para fins de valoração aduaneira. O Auditor Fiscal, em moldes semelhantes ao que estabelece o Comentário nº 23.1 do CTVA/OMA, pode determinar a aceitabilidade do preço da transação a partir da mesma documentação de suporte, das memórias de cálculo e do método utilizado pela empresa na forma da Lei nº 14.596/2023. Assim, nada impede o afastamento de eventuais dúvidas acerca da aceitabilidade considerando sua proximidade ou identidade do preço da transação com os limites de dedutibilidade dos métodos da legislação de preços de transferência. A Nota ao Artigo 1 do Parágrafo 2.2 do AVA dispensa o exame das circunstâncias da venda quando a autoridade aduaneira não tem dúvidas acerca da aceitabilidade do preço praticado entre as partes relacionadas, autorizando, inclusive, que se considerem outros elementos na formação desse convencimento.[153] Os parâmetros da legislação nacional de preços de transferência, como prevê o § 6º do art. 4º da IN RFB nº 2.090/2022, são um fator legítimo para esse fim.

Por fim, cumpre destacar que, em recente decisão, a 1ª Turma Ordinária da 2ª Câmara da 3ª Seção do Carf entendeu que, dentro do método da razoabilidade ou do último recurso, a autoridade aduaneira pode aplicar as regras da legislação brasileira dos preços de transferência:

ASSUNTO: PROCESSO ADMINISTRATIVO FISCAL
Período de apuração: 01.01.2010 a 31.12.2013
LANÇAMENTO. NULIDADE. INEXISTÊNCIA.
Inexiste nulidade no lançamento fundamentado na legislação tributária e aduaneira de regência, regularmente cientificado ao sujeito passivo, permitindo-lhe o exercício das garantias constitucionais do contraditório e ampla defesa, e que se tenha revestido das formalidades previstas no art. 10 do Decreto nº 70.235, de 1972, com alterações posteriores.
INDÍCIOS CONVERGENTES. PROVA INDIRETA. INOCORRÊNCIA DE INVERSÃO DO ÔNUS DA PROVA.
É pacífica a aceitação pela jurisprudência administrativa da utilização da prova indireta na demonstração do fato jurídico tributário, desde que derivada da reunião de elementos indiciários coerentes, harmoniosos e convergentes.
ASSUNTO: NORMAS DE ADMINISTRAÇÃO TRIBUTÁRIA
Período de apuração: 01.01.2010 a 31.12.2013
MULTAS DE OFÍCIO E ISOLADA. PREVISÃO LEGAL. ARGUIÇÃO DE EFEITO CONFISCATÓRIO. APRECIAÇÃO DE INCONSTITUCIONALIDADE NA INSTÂNCIA ADMINISTRATIVA DE JULGAMENTO. DESCABIMENTO.
A autoridade administrativa na atividade de lançamento é plenamente vinculada, sob pena de responsabilidade funcional. É, portanto, dever de ofício efetuar o lançamento correspondente à ocorrência do fato gerador previsto na norma instituidora. O princí-

---

[153] "Parágrafo 2
2. O parágrafo 2 (a) estabelece que, quando o comprador e o vendedor forem vinculados, as circunstâncias que envolvem a venda serão examinadas e o valor de transação será aceito coma valor aduaneiro, desde que a vinculação não tenha influenciado o preço. Com isso não se pretende que seja feito um exame de tais circunstâncias em todos os casos em que o comprador e o vendedor forem vinculados. Tal exame só será exigido quando houver dúvidas quanto aceitabilidade do preço. Quando a administração aduaneira não tiver dúvidas quanto aceitabilidade do preço, ele devera ser aceito sem que outras informações sejam solicitadas ao importador. Por exemplo, a administração aduaneira pode ter examinado previamente a vinculação, ou pode ter informações detalhadas a respeito do comprador e do vendedor, e pode, diante de tais exames e informações, estar convencida de que a vinculação não influenciou o preço".

pio da legalidade estrita e a presunção relativa de constitucionalidade dos dispositivos normativos excluem da autoridade administrativa a competência para apreciação de alegação de inconstitucionalidade de lei ou ato normativo, cujo controle é exercido com exclusividade pelo Poder Judiciário.
ASSUNTO: IMPOSTO SOBRE A IMPORTAÇÃO (II)
Período de apuração: 01.01.2010 a 31.12.2013
VALORAÇÃO ADUANEIRA. DESCLASSIFICAÇÃO DO VALOR DE TRANSAÇÃO. UTILIZAÇÃO DE MÉTODOS SUBSTITUTOS DO ACORDO DE VALORAÇÃO ADUANEIRA - AVA/GATT.
A influência da vinculação entre importador e fornecedores estrangeiros no preço declarado de mercadorias importadas, não justificada pelo importador, autoriza o afastamento do 1º método de valoração aduaneira (Valor de Transação), e a aplicação de método substitutivo de determinação do valor aduaneiro, observada a ordem sequencial estabelecida no AVA/GATT.
ASSUNTO: IMPOSTO SOBRE PRODUTOS INDUSTRIALIZADOS (IPI)
Período de apuração: 01.01.2010 a 31.12.2013
LANÇAMENTO IPI. AUTONOMIA DOS ESTABELECIMENTOS.
Para o IPI, impera o princípio da autonomia dos estabelecimentos. O Auto de Infração lavrado em face do estabelecimento matriz não pode alcançar fatos geradores realizados pelos estabelecimentos filiais.[154]

Esse encaminhamento não parece o mais apropriado. Em primeiro lugar, porque o Comentário nº 23.1 do CVA da OMA autoriza a aplicação dos parâmetros da legislação de preços de transferência apenas para fins de exame das circunstâncias da venda no método do valor da transação, ou seja, como critério para aferir a aceitabilidade do preço praticado entre partes relacionadas. Em segundo lugar, porque, de acordo com o art. 7.2 do AVA, o método da razoabilidade não pode implicar a apuração do valor aduaneiro com base em "(g) - em valores arbitrários ou fictícios", o que é incompatível com as margens presumidas da Lei nº 9.430/1996, vigente na época dos fatos.

2.3.5.6    Aceitabilidade a partir dos valores-testes do art. 1.2.b

Se a administração aduaneira concluir que a vinculação efetivamente influenciou o preço, os motivos deverão ser comunicados ao importador, abrindo-se prazo razoável para contestação (art. 1.2.a). Segue-se, assim, para uma etapa na qual o importador poderá demonstrar a aceitabilidade com base na proximidade imediata ("que tal valor se aproxima em muito") com os *valores-critério* do art. 1.2.b do AVA. Esses são parâmetros de teste e resultam do valor da transação de mercadorias idênticas ou similares em operações entre partes não vinculadas, determinados por meio da aplicação de parte dos métodos substitutivos do valor da transação. Além disso, devem ser considerados fatores como a natureza das mercadorias importadas e o setor industrial, além da época do ano em que foram importadas, partindo-se preferencialmente de uma operação no mesmo nível comercial e quantitativo:

Artigo 1
2. [...] (b) no caso de venda entre pessoas vinculadas, o valor de transação será aceito e as mercadorias serão valoradas segundo as disposições do parágrafo 1, sempre que o

---
[154]    CARF. 3ª S. 2ª C. 1º T.O. Ac. 3201-009.605. S. 14.12.2021.

importador demonstrar que tal valor se aproxima muito de um dos seguintes, vigentes ao mesmo tempo ou aproximadamente ao mesmo tempo:

(i) o valor de transação em vendas a compradores não vinculados, de mercadorias idênticas ou similares destinadas a exportação para o mesmo país de importação;

(ii) o valor aduaneiro de mercadorias idênticas ou similares, tal como determinado com base nas disposições do Artigo 5;

(iii) o valor aduaneiro de mercadorias idênticas ou similares, tal como determinado com base nas disposições do Artigo 6;

Na aplicação dos critérios anteriores, deverão ser levadas na devida conta as diferenças comprovadas nos níveis comerciais e nas quantidades, os elementos enumerados no Artigo 8 e os custos suportados pelo vendedor, em vendas nas quais ele e o comprador não sejam vinculados, e que não são suportados pelo vendedor em vendas nas quais ele e o comprador não sejam vinculados, e que não são suportados pelo vendedor em vendas nas quais ele o comprador sejam vinculados.

(c) Os critérios estabelecidos no parágrafo 2(b) devem utilizados por iniciativa do importador e exclusivamente fins de comparação. Valores substitutivos não poderão estabelecidos com base nas disposições do parágrafo 2 (b).

Nesse ponto, nota-se que o AVA estabelece uma exceção à regra do art. 14 do Decreto nº 70.235/1972, que dispõe sobre o procedimento administrativo fiscal. Esse dispositivo prevê que "a impugnação da exigência instaura a fase litigiosa do procedimento". Assim, segundo entende a Jurisprudência do Carf, "só se discute cerceamento do direito de defesa a partir do momento em que tal direito pode ser exercido. Ou seja, a partir da etapa de impugnação".[155] Portanto, não há "[...] nulidade do auto de infração sob a alegação de que a autoridade autuante deixara de oferecer prazo para que o sujeito passivo ofereça contrarrazões às conclusões consignadas no laudo técnico produzido no curso da ação fiscal".[156] Contudo, em matéria de valoração, esse entendimento não é aplicável. A autoridade aduaneira deve necessariamente comunicar os motivos ao importador, abrindo prazo razoável para fins de contestação (AVA, art. 1.2.a) antes da constituição do crédito tributário, sob pena de nulidade do auto de lançamento.

Por fim, como será analisado, é importante ressaltar que a comparação de preços sempre deve partir de uma importação que tenha sido objeto de valoração por parte da autoridade aduaneira.[157] Do contrário, não há segurança da veracidade do preço adotado na operação paradigma. Isso é essencial, porque a valoração aduaneira deve considerar valores reais, sendo vedada a adoção de bases de cálculo arbitrárias e fictícias (Gatt 1994, Artigo VII.2.*a*).[158] Por outro lado, a exigência de veracidade e de exatidão é uma garantia dúplice: da mesma forma que a aduana não está obrigada a aceitar o valor declarado quando há dúvidas nesse sentido, não pode exigir diferenças de crédito tributário a partir de operações paradigmas que padeçam do mesmo problema. No direito brasileiro, a fiscalização da valoração ocorre

---

[155] Ac. nº 310200.676. 3ª S. 1ª C. 2ª TO. Rel. Cons. Luis Marcelo Guerra de Castro. S. 25.05.2010. No mesmo sentido, cf.: Acórdãos nº 20181498, 10517234, 30.133707, 10615779, 10195473 e 10421003.

[156] Carf. 3ª S. 1ª C. 2ª T.O. Ac. Nº 3102410.625. 3a S. 1a C. 2a. TO. Rel. Cons. Luis Marcelo Guerra de Castro. S. de 18.03.2010.

[157] Item 3.1.5.

[158] "7.2 (a) O valor para fins alfandegários das mercadorias importadas deverá ser estabelecido sobre o valor real da mercadoria importada à qual se aplica o direito ou de uma mercadoria similar, e não sobre o valor do produto de origem nacional ou sobre valores arbitrários ou fictícios".

preferencialmente após a liberação (desembaraço aduaneiro[159]). Essa, por sua vez, encerra a fase de conferência aduaneira sem implicar a homologação do lançamento, mesmo quando a mercadoria é submetida ao canal amarelo, vermelho ou cinza.[160] Logo, a conferência anterior ou a liberação não são suficientes para garantir a exatidão e a veracidade do valor aduaneiro da importação *paradigma*. *Só há essa presunção – e, ainda assim, sujeita à prova em contrário –* se a operação que se pretende adotar para fins comparativos teve a sua base de cálculo fiscalizada e efetivamente confirmada pela autoridade aduaneira.

## 2.4 Ajustes do preço do produto

Uma vez determinado o "preço efetivamente pago ou pagar", este deve ser submetido à etapa final de ajustes positivos e negativos previstos nos §§ 1º e 2º do art. 8 do Acordo de Valoração Aduaneira (AVA) e em suas Notas Interpretativas. Nenhum outro acréscimo, de acordo com o art. 8.4,[161] poderá ser realizado, o que implica a natureza taxativa dos §§ 1º e 2º do art. 8. do AVA.[162]

### 2.4.1 Ajustes do art. 8.1

Ao contrário das adições do art. 8.2, os ajustes do art. 8.1 do AVA não dependem de previsão específica na legislação de cada país. Decorrem diretamente da incorporação do Acordo de Valoração ao direito interno:

> Artigo 8
> 1. Na determinação do valor aduaneiro, segundo as disposições do Artigo 1, deverão ser acrescentados ao preço efetivamente pago ou a pagar pelas mercadorias importadas:
> (a) os seguintes elementos na medida em que sejam suportados pelo comprador mas não estejam incluídos no preço efetivamente pago ou a pagar pelas mercadorias:
> (i) comissões e corretagens, excetuadas as comissões de compra;[163]
> (ii) o custo de embalagens e recipientes considerados, para fins aduaneiros, como formando um todo com as mercadorias em questão;
> (iii) o custo de embalar, compreendendo os gastos com mão de obra e com materiais.
> (b) o valor devidamente atribuído dos seguintes bens e serviços, desde que fornecidos direta ou indiretamente pelo comprador, gratuitamente ou a preços reduzidos, para serem

---

[159] IN RFB nº 2.090/2022: "Art. 25. A verificação da adequação do valor aduaneiro declarado às disposições estabelecidas na legislação será realizada preferencialmente após o desembaraço aduaneiro, no período destinado à apuração da regularidade e conclusão do despacho, nos termos do art. 54 do Decreto-Lei nº 37, de 18 de novembro de 1966 (Redação dada pelo(a) Instrução Normativa RFB nº 2238, de 04 de dezembro de 2024)".

[160] Ver Cap. III, Item 1.2.1.

[161] "4. Na determinação do valor aduaneiro, nenhum outro acréscimo será feito ao preço efetivamente pago ou a pagar, se não estiver previsto neste Artigo".

[162] TÔRRES, Heleno Taveira. *Comércio internacional e tributação*. São Paulo: Quartier Latin, 2005. p. 246; VITA, Jonathan Barros. *Valoração aduaneira e preços de transferência*: pontos de conexão e distinções sistémico-aplicáveis. Tese (Doutorado em Direito) – Pontifícia Universidade Católica de São Paulo, São Paulo, 2010. p. 96; TREVISAN NETO, Antenori. *Aplicação do acordo sobre valoração aduaneira no Brasil*. São Paulo: Aduaneiras, 2010. p. 156.

[163] *Notas ao Artigo 8, Parágrafo 1(a)(i)*: "Entende-se por "comissões de compra" os pagamentos por um importador ao seu agente pelos serviços de representá-lo no exterior na compra das mercadorias objeto de valoração".

utilizados na produção e na venda para exportação das mercadorias importadas e na medida em que tal valor não tiver sido incluído no preço efetivamente pago ou a pagar:

(i) materiais, componentes, partes e elementos semelhantes incorporados às mercadorias importadas;

(ii) ferramentas, matrizes, moldes e elementos semelhantes empregados na produção das mercadorias importadas;

(iii) materiais consumidos na produção das mercadorias importadas;

(iv) projetos da engenharia, pesquisa e desenvolvimento, trabalhos de arte e de design e planos e esboços necessários à produção das mercadorias importadas e realizados fora do país de importação.

(c) royalties e direitos de licença relacionados com as mercadorias objeto de valoração que o comprador deve pagar, direta ou indiretamente, como condição de venda dessas mercadorias, na medida em que tais royalties e direitos de licença não estejam incluídos no preço efetivamente pago ou a pagar;

(d) o valor de qualquer parcela do resultado de qualquer revenda, cessão ou utilização subsequente das mercadorias importadas que reverta direta ou indiretamente ao vendedor.

Esses ajustes referem-se a valores que, em uma operação de compra e venda, integram o preço pago ou a pagar pela mercadoria. O dispositivo limita-se a prever que, sendo suportados pelo comprador e quando já não incluídos no preço, devem ser agregados à base de cálculo do imposto de importação. Trata-se, com bem observado por Jonathan Barros Vita, de uma regra antielisiva automática que implica a "[...] necessidade de modificar os pressupostos da precificação da transação praticada para adequá-la àquelas contidas no AVA".[164]

Com efeito, apenas por artificialismo poderia se cogitar uma autonomia negocial entre a operação de compra da mercadoria, o fornecimento das respectivas embalagens pelo vendedor e o custo de acondicionamento. Esses de forma alguma poderiam ser considerados estranhos ao preço pago ou a pagar pelo produto importado. Portanto, caso já não incluídos no preço, devem ser adicionados à base de cálculo do imposto de importação.

O mesmo ocorre com a comissão e a corretagem, que são despesas de venda já incluídas no preço do produto cobrado pelo exportador, representando um custo de aquisição do importador. A discriminação na fatura ou o pagamento em separado, diretamente ao agente ou ao comissário do vendedor, não altera a sua natureza jurídica. Nada impede que as partes disponham sobre essa obrigação, atribuindo-a inteiramente ao importador ou dividindo-a em proporções, igualitárias ou não. Esse ajuste faz parte do contrato de compra e venda, representando um acréscimo do preço da mercadoria. Não interfere na relação jurídica de prestação de serviços existente entre o vendedor e seu agente ou comissário nem transforma o importador em contratante desse. A prestação devida pelo contratado, além de já ter se aperfeiçoado por ocasião da previsão de repasse ou de divisão do ônus financeiro, continua sendo a venda do produto sob as ordens e instruções do comitente originário. O gasto, portanto, nada mais é do que um preço a pagar pela mercadoria.[165]

---

[164] VITA, Jonathan Barros. *Valoração aduaneira e preços de transferência*: pontos de conexão e distinções sistêmico-aplicáveis. Tese (Doutorado em Direito) – Pontifícia Universidade Católica de São Paulo, São Paulo, 2010. p. 393.

[165] O tema foi objeto da Nota Explicativa nº 2.1 do Comitê Técnico de Valoração Aduaneira da OMA, que, após discorrer sobre os aspectos comuns da distinção entre agente e corretor, reproduz a previsão do art. 8.1.a): "15 Em resumo, para determinar o valor de transação das mercadorias importadas, deverão ser

Também devem ser adicionados os valores previstos no art. 8.1.b). O dispositivo estabelece que os insumos, as ferramentas, os moldes e os projetos descritos nos incisos (i), (ii), (iii) e (iv) devem ser incluídos no preço pago ou a pagar, quando fornecidos pelo comprador ao vendedor para utilização na produção e na venda dos bens importados. Esses não deveriam ser segregados na fatura, porque não há autonomia entre os insumos incorporados às mercadorias importadas e o preço de venda. Não é diferente com os projetos e moldes. Logo, caso já não tenham sido incluídos no preço, para que se garanta a fidelidade com o valor transacionado, devem ser adicionados à base de cálculo do imposto.[166]

A mesma providência deve ser adotada em relação aos *royalties* e aos direitos de licença da mercadoria importada, desde que o pagamento tenha sido definido como "condição" de venda. A hipótese não trata de condição no sentido técnico, porque o pagamento, além de depender do arbítrio exclusivo do comprador, não constitui um evento futuro e incerto. Uma disposição contratual que vincula a venda ao pagamento de um valor ao vendedor nada mais é do que uma cláusula de preço. O fato de as partes terem alterado a sua denominação não modifica essa natureza jurídica. Portanto, o que estabelece o AVA, a rigor, é a obrigatoriedade de inclusão dos *royalties* direta e exclusivamente vinculados à compra e venda internacional, isto é, que constituam contraprestação devida ao exportador pela transferência do domínio da mercadoria

Cumpre destacar que, de acordo com a Nota ao Artigo 8:

*Parágrafo 1(c):*
1. Os *royalties* e direitos de licença referidos no parágrafo 1(c) do Artigo 8 poderão incluir, entre outros, pagamentos relativos a patentes, marcas registradas e direitos de autor. No entanto, na determinação do valor aduaneiro, os ônus relativos ao direito de

---

nele incluídas as comissões e gastos de corretagem que corram a cargo do comprador, salvo as comissões de compra. Por conseguinte, a questão de saber se as remunerações pagas a intermediários pelo comprador e não incluídas no preço efetivamente pago ou a pagar devem ser a este acrescidas dependerá, em última análise, do papel desempenhado pelo intermediário e não da denominação (agente ou corretor) sob a qual é conhecido. Depreende-se, igualmente, das disposições do Artigo 8, que as comissões ou as corretagens incorridas pelo vendedor, porém não cobradas do comprador, não poderão ser adicionadas ao preço efetivamente pago ou a pagar". O art. 12, parágrafo único, da Instrução Normativa SRF nº 327/2003, estabelece requisitos para a caracterização do agente de compras.

[166] *Notas ao Artigo 8, Parágrafo 1(b)(ii):*
"1. Há dois fatores que influenciam a atribuição dos elementos especificados no parágrafo 1(b) (ii) do Artigo 8 entre as mercadorias importadas: o próprio valor do elemento e a maneira pela qual este valor deve ser alocado às mercadorias. A atribuição desses elementos deverá ser feita de maneira razoável, adequada às circunstâncias e em conformidade com os princípios de contabilidade geralmente aceitos.
2. Quanto ao valor do elemento, se o importador comprá-lo de um vendedor não vinculado a ele por um dado preço, o valor do elemento será este preço. Se o elemento foi produzido pelo importador ou por uma pessoa vinculada a ele, seu valor seria o seu custo de produção. Se o elemento tiver sido previamente utilizado pelo importador, quer tenha sido adquirido quer produzido por tal importador, o custo original de aquisição ou de produção terá que ser diminuído, tendo em conta sua utilização, para se determinar o valor de tal elemento.
3. Tendo sido determinado o valor do elemento, é necessário atribuir tal valor às mercadorias importadas. Existem várias alternativas. Por exemplo, o valor poderia ser atribuído à primeira remessa, caso o importador deseje pagar tributos sobre o valor global de uma só vez. Noutro exemplo, o importador poderia solicitar a atribuição do valor em relação ao número de unidades produzidas até o momento da primeira remessa. Ou então ele poderia solicitar que o valor seja atribuído à produção total prevista, caso existam contratos ou compromissos firmes para tal produção. O método de atribuição utilizado dependerá da documentação apresentada pelo importador".

reproduzir as mercadorias importadas no país de importação não serão acrescentados ao preço efetivamente pago ou a pagar por elas.

2. Os pagamentos feitos pelo comprador pelo direito de distribuir ou revender as mercadorias importadas não serão acrescidos ao preço efetivamente pago ou a pagar por elas, caso não sejam tais pagamentos uma condição da venda, para exportação para o país de importação, das mercadorias importadas.

Por fim, integram preço – e devem ser incluídas na base de cálculo (art. 8.1.d) – as parcelas do resultado de qualquer revenda, cessão ou utilização subsequente das mercadorias importadas que reverta direta ou indiretamente ao vendedor (art. 8.1.d).

### 2.4.2 Adições do art. 8.2

O art. 8.2 prevê adições ao preço do produto importado que dependem de previsão legal específica na legislação de cada país, isto é, podem ser incluídas ou excluídas (ajustes negativos[167]) na base de cálculo, conforme decisão política interna de cada Estado:

> Artigo 8
> [...]
> 2. Ao elaborar sua legislação, cada Membro deverá prever a inclusão ou a exclusão, no valor aduaneiro, no todo ou em parte, dos seguintes elementos:
> (a) o custo de transporte das mercadorias importadas até o porto ou local de importação;
> (b) os gastos relativos ao carregamento descarregamento e manuseio associados ao transporte das mercadorias importadas até o porto ou local de importação; e
> (c) o custo do seguro.

Esse preceito constitui uma exceção ao objetivo de uniformidade do acordo. A sua manutenção ocorreu porque as partes não encontraram um consenso na escolha entre os modelos europeu e estadunidense, este que, ao contrário do primeiro, adotava o preço FOB (*Free on Board*) como base de cálculo dos tributos aduaneiros.[168] Atualmente, Austrália, Canadá e os Estados Unidos da América do Norte excluem os custos de frete e de seguro da base de cálculo do imposto de importação,[169] adotando a chamada valoração aduaneira "livre a bordo" (*FOB*). Essa exclusão favorece o produtor local que importa matérias-primas e produtos intermediários, uma vez que esses têm parcela significativa do seu custo de aquisição dependente do valor do frete internacional.

No Brasil, a inclusão dos elementos de valoração do art. 8.2 do AVA foi determinada pelo art. 4º da IN SRF nº 327/2003, revogada pela IN RFB nº 2.090/2022, e pelo art. 77 do Regulamento Aduaneiro, na redação do Decreto nº 7.213/2010:

---

[167] TÔRRES, Heleno Taveira. *Comércio internacional e tributação*. São Paulo: Quartier Latin, 2005. p. 246.
[168] MARSILLA, Santiago Ibáñez. Valor en aduana. In: MARSILLA, Santiago Ibáñez; YEBRA, Felipe Moreno. *Derecho aduaneiro*. Bogotá: Universidade del Rosario-Tirant lo banch, 2020. t. II, p. 212-213; SHERMAN, Saul L.; GLASHOFF, Hinrich. *Customs valuation*: commentary on the Gatt Customs Valuation Code. Paris-New York: ICC Publications, 1980. p. 159 e ss.
[169] PIKE, Damon V.; FRIEDMAN, Lawrence M. *Customs law*. Durham: Carolina Academic Press, 2012. p. 4665, nota 3.

Art. 77. Integram o valor aduaneiro, independentemente do método de valoração utilizado (Acordo de Valoração Aduaneira, Artigo 8, parágrafos 1 e 2, aprovado pelo Decreto Legislativo nº 30, de 1994, e promulgado pelo Decreto nº 1.355, de 1994; e Norma de Aplicação sobre a Valoração Aduaneira de Mercadorias, Artigo 7º, aprovado pela Decisão CMC nº 13, de 2007, internalizada pelo Decreto nº 6.870, de 4 de junho de 2009):

I – o custo de transporte da mercadoria importada até o porto ou o aeroporto alfandegado de descarga ou o ponto de fronteira alfandegado onde devam ser cumpridas as formalidades de entrada no território aduaneiro;

II – os gastos relativos à carga, à descarga e ao manuseio, associados ao transporte da mercadoria importada, até a chegada aos locais referidos no inciso I; e

III – o custo do seguro da mercadoria durante as operações referidas nos incisos I e II.

Essa previsão, entretanto, foi estabelecida em caráter autônomo pela instrução normativa e pelo regulamento, isto é, sem que tenha sido editada uma lei formal autorizando a inclusão. Ocorre que, no sistema de repartição de poderes vigente no País, não é admitida a edição de regulamentos autônomos.[170] Esses, de acordo com os arts. 5º, II, e 84, IV, da Constituição e o art. 25, I, do ADCT, são subordinados e dependentes de lei. Não podem criar, modificar ou extinguir direitos e obrigações.[171]

Parte da doutrina sustenta que a opção pela inclusão dos ajustes na base de cálculo teria sido realizada pelo Decreto nº 92.930/1986, que, antes da Constituição Federal de 1988, poderia dispor de forma autônoma sobre a base de cálculo do imposto de importação.[172]

A interpretação, contudo, não pode ser acolhida. Em primeiro lugar, porque no ano de 1986 o AVA não existia: o Acordo de Valoração Aduaneira resultou da Rodada Uruguai de Negociações Comerciais Multilaterais de 1994. O Decreto nº 92.360/1986 se referia a outro ato internacional sobre valoração aduaneira celebrado no ano de 1979, que foi o Código de Valoração Aduaneira (CVA), decorrente da Rodada Tóquio. Em segundo lugar, porque todas as decisões e atos normativos relativos à valoração aduaneira na vigência do CVA apenas são aplicados ao AVA depois de aprovados em nova reunião deliberativa do Comitê de Valoração da Organização Mundial de Comércio. Foi o que ocorreu, por exemplo, com a Decisão nº 3.1, de 26.04.1984, que só foi aplicada ao AVA após a decisão da OMC proferida em reunião do Comitê de Valoração Aduaneira em 13.10.1995.[173] Em terceiro lugar, porque o art. 21 do CTN[174] tem conteúdo semelhante ao do art. 22, I, § 2º, da Constituição Federal

---

[170] CARRAZZA, Roque Antonio. *Curso de direito constitucional tributário*. 16. ed. São Paulo: Malheiros, 2001. p. 220; MELLO, Celso Antônio Bandeira de. *Curso de direito administrativo*. 11. ed. São Paulo: Malheiros, 1999. p. 220; XAVIER, Alberto. *Tipicidade da tributação, simulação e norma antielisiva*. São Paulo: Dialética, 2001. p. 18: "A exigência de 'reserva absoluta' transforma a lei tributária em *lex stricta* (princípio da estrita legalidade), que fornece não apenas o fim, mas também o conteúdo da decisão do caso concreto, o qual se obtém por mera dedução da própria lei, limitando-se o órgão de aplicação a subsumir o fato na norma, independentemente de qualquer valoração pessoal".

[171] Ver Cap. I, item 2.4.2.

[172] MACEDO, Leonardo Correia Lima. *Direito tributário no comércio internacional*. São Paulo: Lex, 2005. p. 73-74.

[173] WTO/Gatt Valuation Committee Decisions: **G/VAL/5**, 13 October 1995: **"DECISIONS CONCERNING THE INTERPRETATION AND ADMINISTRATION OF THE AGREEMENT ON IMPLEMENTATION OF ARTICLE VII OF THE GATT 1994 (CUSTOMS VALUATION)"**. Disponível em: https://docs.wto.org/. Acesso em: 05.09.2021.

[174] "Art. 21. O Poder Executivo pode, nas condições e nos limites estabelecidos em lei, alterar as alíquotas ou as bases de cálculo do imposto, a fim de ajustá-lo aos objetivos da política cambial e do comércio exterior".

de 1967,[175] inclusive na redação decorrente da Emenda Constitucional nº 01/1969.[176] Nenhum desses dispositivos autorizava a edição de decretos autônomos. A competência para alterar a base de cálculo do imposto de importação deveria ser exercida "nas condições e nos limites estabelecidos em lei". Não se trata, assim, de exceção ao princípio da estrita legalidade, a exemplo da faculdade prevista no art. 153, § 1º, da Constituição Federal de 1988.[177] Logo, na falta de lei em sentido formal, o decreto não poderia disciplinar a matéria de forma autônoma.[178]

Ademais, os decretos são os instrumentos de veiculação de atos privativos do Presidente da República no exercício da competência prevista no art. 84 da Constituição Federal. Há, assim, decretos de nomeação (inciso I), de indulto (inciso XII) e regulamentares, que são os editados para os fins previstos no inciso IV (fiel execução da lei). Também há decretos de promulgação de tratados e acordos internacionais aprovados pelo Congresso Nacional. Esse é o caso do Decreto nº 92.930/1986, que visa a promulgar "[...] o Acordo sobre a Implementação do artigo VII do Acordo Geral sobre Tarifas Aduaneiras e Comércio (Código de Valoração Aduaneira) e seu Protocolo Adicional". Não se trata, portanto, de um decreto regulamentar, mas um decreto de promulgação de um acordo internacional específico. Entre ambos, há uma relação de interdependência, de sorte que a revogação ou a extinção de um implica a do outro.[179] A Convenção de Viena sobre Direito dos Tratados (Decreto Legislativo nº 496/2009; Decreto nº 7.030/2009) estabelece que a celebração ulterior de tratado sobre a mesma matéria

---

[175] "Art. 22. Compete à União decretar impostos sobre:
I – importação de produtos estrangeiros;
[...]
§ 2º – É facultado ao Poder Executivo, nas condições e limites estabelecidos em lei, alterar as alíquotas ou as bases de cálculo dos impostos a que se referem os nºs I, II e VI, a fim de ajustá-los aos objetivos da política Cambial e de comércio exterior, ou de política monetária".

[176] "Art. 21. Compete à União instituir impôsto sôbre:
I – importação de produtos estrangeiros, facultado ao Poder Executivo, nas condições e nos limites estabelecidos em lei, alterar-lhe as alíquotas ou as bases de cálculo".

[177] "Art. 153. [...] § 1º É facultado ao Poder Executivo, atendidas as condições e os limites estabelecidos em lei, alterar as alíquotas dos impostos enumerados nos incisos I, II, IV e V".

[178] "Alterar, como é cediço, pressupõe algo preexistente. Só se altera o que já está posto. No caso, só se alteram as alíquotas dentro dos limites e condições que a lei previamente traçou. Se a lei não estabelecer limites mínimo e máximo para as alíquotas, o Executivo nada poderá fazer, neste particular" (CARRAZZA, Roque Antonio. *Curso de direito constitucional tributário*. 16. ed. São Paulo: Malheiros, 2001. p. 259). O autor refere-se à alíquota do imposto, porque o art. 153, § 1º, ao contrário do art. 22, I, § 2º, da Constituição de 1967, autoriza apenas a alteração da alíquota. Porém, as lições são perfeitamente aplicáveis, porque em ambos os textos a competência para "alterar" deve ser exercida "nas condições e nos limites estabelecidos em lei".

[179] Efeito semelhante ocorre com a declaração de inconstitucionalidade de uma lei que, por *arrastamento*, também implica a invalidação do respectivo regulamento. A propósito, cf.: "INCONSTITUCIONALIDADE. Ação Direta. Lei nº 2.749, de 23 de junho de 1997, do Estado do Rio de Janeiro, e Decreto Regulamentar nº 23.591, de 13 de outubro de 1997. Revista íntima em funcionários de estabelecimentos industriais, comerciais e de serviços com sede ou filiais no Estado. Proibição. Matéria concernente a relações de trabalho. Usurpação de competência privativa da União. Ofensa aos arts. 21, XXIV, e 22, I, da CF. Vício formal caracterizado. Ação julgada procedente. Inconstitucionalidade por arrastamento, ou consequência lógico-jurídica, do decreto regulamentar. É inconstitucional norma do Estado ou do Distrito Federal que disponha sobre proibição de revista íntima em empregados de estabelecimentos situados no respectivo território" (STF. T. Pleno. ADI 2947. Rel. Min. Cezar Peluso. *DJe*-168 de 10.09.2010).

implica a extinção do anterior (art. 59).[180] Logo, na medida em que o CVA foi revogado em bloco nos planos internacional e interno pelo Acordo de Valoração Aduaneira (AVA), não há uma relação de continuidade entre o Decreto nº 92.930/1986, a IN RFB nº 2.090/2022 e o Decreto nº 6.759/2009 (RA/2009).[181]

Essas são as regras que, em qualquer regime democrático, presidem o balanço e a distribuição de competências entre os Poderes Legislativo e Executivo. Não é diferente no direito brasileiro (CF, arts. 5º, II, e 85, IV; ADCT, art. 25, I). A Receita Federal – como órgão de execução das decisões legislativas – está subordinada ao princípio da estrita legalidade (CF, art. 150, I). Deve, portanto, agir de acordo com a ordem jurídica, o que, segundo ensina Celso Antônio Bandeira de Mello, demanda não apenas a "ausência de oposição à lei, mas pressupõe autorização dela, como condição da ação".[182]

Em 2007, com a Decisão CMC nº 13, internalizada pelo Decreto nº 6.870, de 04 de junho de 2009, foi realizada uma tentativa de convalidação da cobrança. Entretanto, esse ato executivo emanado de técnicos aduaneiros do Mercosul é carente de representatividade e de legitimação constitucional, apresentando a mesma eficácia hierárquica de seu ato introdutor na ordem jurídica nacional: o Decreto.

Uma última medida de validação foi inserida no CAM. Esse, tão logo concluída a sua incorporação ao direito brasileiro, terá eficácia de lei ordinária:

**CAPÍTULO III – DETERMINAÇÃO DO IMPOSTO DE IMPORTAÇÃO**
**Artigo 164 – Elementos de valoração**
No valor aduaneiro da mercadoria serão incluídos os seguintes elementos:
a) os gastos de transporte da mercadoria importada até o local de sua entrada no território aduaneiro;
b) os gastos de carga, descarga e manuseio, relativos ao transporte da mercadoria importada até o local de sua entrada no território aduaneiro; e
c) o custo do seguro da mercadoria.

---

[180] "Artigo 59
Extinção ou Suspensão da Execução de um Tratado em Virtude da Conclusão de um Tratado Posterior
1. Considerar-se-á extinto um tratado se todas as suas partes concluírem um tratado posterior sobre o mesmo assunto e:
a) resultar do tratado posterior, ou ficar estabelecido por outra forma, que a intenção das partes foi regular o assunto por este tratado; ou
b) as disposições do tratado posterior forem de tal modo incompatíveis com as do anterior, que os dois tratados não possam ser aplicados ao mesmo tempo".

[181] Há uma revogação em bloco – também denominada revogação total ou de sistema – sempre que o novel ato normativo discipline a integralidade da matéria do diploma legal anterior. Afinal, se o propósito da codificação é justamente a unificação legislativa, esta restaria totalmente frustrada com a coexistência de dois ou mais códigos sobre a mesma matéria, ainda que não conflitantes. Assim, é princípio geral do direito que a lei nova implica a revogação da anterior sempre que disciplinar a totalidade da matéria por ela regulada. Sobre o tema, cf. estudo de Luís Roberto Barroso, que discorre sobre a relação intertemporal entre textos constitucionais, diferenciando a revogação global ou de sistema da revogação stricto sensu ou norma a norma (BARROSO, Luís Roberto. *Interpretação e aplicação da constituição*: fundamentos de uma dogmática constitucional transformadora. São Paulo: Saraiva, 1996. p. 54-59).

[182] MELLO, Celso Antônio Bandeira de. *Curso de direito administrativo*. 11. ed. São Paulo: Malheiros, 1999. p. 36.

Ocorre que, de acordo com o art. 153, I, da Constituição, o imposto de importação somente pode incidir sobre operações relativas a uma categoria específica de bens: os produtos (coisas móveis e corpóreas). A União não tem competência para instituir um imposto de importação sobre serviços. Esses somente podem ser onerados por meio de contribuições sociais e de intervenção no domínio econômico, nas hipóteses autorizadas pelos incisos II, § 2º, do art. 149, e IV do art. 195, na redação da Emenda nº 42/2003. Isso também abrange a previsão da base de cálculo, que, por se tratar da perspectiva dimensível da materialidade da hipótese de incidência, não pode ser composta por serviços e outros intangíveis.

Logo, para exercer a faculdade prevista no art. 8.2, é necessária uma emenda constitucional que amplie a competência impositiva da União. Sem isso, a valoração aduaneira *FOB* é obrigatória. O Código Aduaneiro do Mercosul – que não tem eficácia de norma constitucional – não pode alterar as regras de distribuição de competência previstas na Constituição. Portanto, mesmo quando o CAM for incorporado ao direito interno, a cobrança continuará sendo indevida.

### 2.4.3 Capatazia e DTHC

A capatazia, nos termos do art. 40, § 1º, I, da Lei nº 12.815/2013, abrange a "atividade de movimentação de mercadorias nas instalações dentro do porto, compreendendo o recebimento, conferência, transporte interno, abertura de volumes para a conferência aduaneira, manipulação, arrumação e entrega, bem como o carregamento e descarga de embarcações, quando efetuados por aparelhamento portuário". Essa designação, na prática forense brasileira, é utilizada indistintamente para se referir à movimentação de qualquer tipo de carga. Porém, no costume do comércio internacional, é mais utilizada para carga geral ou granéis. Para contêineres, adota-se o termo inglês *Terminal Handling Charge (THC)*, ou *Origin Terminal Handling Charges (OTHC)* para fazer referência aos gastos de movimentação na origem e *Destination Terminal Handling Charge (DTHC)*, no porto de destino.

De acordo com o art. 4º, § 3º, da IN SRF nº 327/2003, hoje revogada, tais gastos deveriam ser incluídos no valor aduaneiro do produto:

> Art. 4º [...]
> § 3º Para os efeitos do inciso II, os gastos relativos à descarga da mercadoria do veículo de transporte internacional no território nacional serão incluídos no valor aduaneiro, independentemente da responsabilidade pelo ônus financeiro e da denominação adotada.

A legalidade do art. 4º, § 3º, da IN SRF nº 327/2003, foi objeto de divergência no Carf.[183] Prevaleceu a interpretação que admite a inclusão na base de cálculo, consoante decisão da 3ª Turma da CSRF:

> VALORAÇÃO ADUANEIRA. VALOR DA TRANSAÇÃO. AJUSTES DO ART. 8º. DESPESAS COM A DESCARGA DA MERCADORIA. PORTO DE DESCARGA. INCLUSÃO.

---

[183] Essa divergência é exposta na Coluna "Direto do Carf", no artigo "Carf diverge sobre despesas de capatazia no cálculo de PIS e Cofins Importação", de 27 de março de 2019, escrito por Diego Diniz Ribeiro e Leonardo Ogassawara de Araújo Branco. Disponível em: https://www.conjur.com.br/2019-mar-27/direto-carf-carf-diverge-gastos-capatazia-pis-cofins-importacao. Acesso em: 12.03.2020.

Em cumprimento às disposições do Acordo de Valoração Aduaneira, no Brasil, decidiu-se que os gastos relativos a carga, descarga e manuseio, associados ao transporte das mercadorias importadas, até o porto ou local de importação integram a base de cálculo dos tributos aduaneiros.

Em decorrência dessa decisão, devem ser acrescidos ao valor da transação os gastos com capatazia incorrido no porto de descarga da mercadoria no país.

Recurso Especial do Contribuinte Negado.[184]

No Judiciário, o STJ vinha reconhecendo a incompatibilidade do art. 4º, § 3º, da IN SRF nº 327/2003 com o art. 8.2. do AVA.[185] Porém, no julgamento dos REsps nº 1.799.306/RS, nº 1.799.308/SC e nº 1.799.309/PR (Tema nº 1014), a Corte mudou a orientação, passando a entender que a capatazia pode ser incluída no valor aduaneiro:

RECURSO ESPECIAL REPETITIVO. ARTS. 1.036 E SEGUINTES DO CPC/2015 (ART. 543-C, DO CPC/1973). PROCESSUAL CIVIL. TRIBUTÁRIO. IMPOSTO DE IMPORTAÇÃO. COMPOSIÇÃO DO VALOR ADUANEIRO. INCLUSÃO DAS DESPESAS COM CAPATAZIA.

I – O acordo Geral Sobre Tarifas e Comércio (GATT 1994), no art. VII, estabelece normas para determinação do "valor para fins alfandegários", ou seja, "valor aduaneiro" na nomenclatura do nosso sistema normativo e sobre o qual incide o imposto de importação. Para implementação do referido artigo e, de resto, dos objetivos do acordo GATT 1994, os respectivos membros estabeleceram acordo sobre a implementação do acima referido artigo VII, regulado pelo Decreto nº 2.498/1998, que no art. 17 prevê a inclusão no valor aduaneiro dos gastos relativos a carga, descarga e manuseio, associados ao transporte das mercadorias importadas até o porto ou local de importação. Esta disposição é reproduzida no parágrafo 2º do art. 8º do AVA (Acordo de Valoração Aduaneira.

II – Os serviços de carga, descarga e manuseio, associados ao transporte das mercadorias importadas até o porto ou local de importação, representam a atividade de capatazia, conforme a previsão da Lei nº 12.815/2013, que, em seu art. 40, definiu essa atividade como de movimentação de mercadorias nas instalações dentro do porto, compreendendo o recebimento, conferência, transporte interno, abertura de volumes para a conferência aduaneira, manipulação, arrumação e entrega, bem como o carregamento e descarga de embarcações, quando efetuados por aparelho portuário.

III – Com o objetivo de regulamentar o valor aduaneiro de mercadoria importada, a Secretaria da Receita Federal editou a Instrução Normativa SRF 327/2003, na qual ficou explicitado que a carga, descarga e manuseio das mercadorias importadas no território nacional estão incluídas na determinação do "valor aduaneiro" para o fim da incidência tributária da exação. Posteriormente foi editado o Decreto nº 6.759/2009, regulamentando as atividades aduaneiras, fiscalização, controle e tributação das importações, ocasião em que ratificou a regulamentação exarada pela SRF.

IV – Ao interpretar as normas acima citadas, evidencia-se que os serviços de capatazia, conforme a definição acima referida, integram o conceito de valor aduaneiro, tendo em

---

[184] Carf. CSRF. Ac. 9303-009.204. Rel. Cons. Rodrigo da Costa Possas. S. 18.07.2019.

[185] STJ. 1ª T. AgInt no AREsp 1.415.794/SC. Rel. Min. Sérgio Kukina. DJe 05.04.2019. Cf. ainda: STJ. 1ª T. REsp 1.239.625/SC. Rel. Min. Benedito Gonçalves. DJe 04.11.2014; 2ª T. REsp 1734773/RS. Rel. Min. Og Fernandes. DJe 26.09.2018; 2ª T. REsp 1.645.852/SC. Rel. Min. Herman Benjamin. DJe 09.10.2017.

vista que tais atividades são realizadas dentro do porto ou ponto de fronteira alfandegado na entrada do território aduaneiro. Nesse panorama, verifica-se que a Instrução Normativa nº 327/2003 encontra-se nos estreitos limites do acordo internacional já analisado, inocorrendo a alegada inovação no ordenamento jurídico pátrio.

V – Tese julgada para efeito dos arts. 1.036 e seguintes do CPC/2015 (art. 543-C, do CPC/1973): Os serviços de capatazia estão incluídos na composição do valor aduaneiro e integram a base de cálculo do imposto de importação.

VI – Recurso provido. Acórdão submetido ao regime dos arts. 1.036 e seguintes do CPC/2015 (art. 543-C, do CPC/1973).[186]

Em geral, quem defende a inclusão dessa despesa na base de cálculo parte de uma interpretação gramatical do art. 8.2 do AVA. Há quem sustente que o termo "até" estaria sendo empregado no sentido inclusivo, o que compreenderia a capatazia. Outros entendem que "até" seria ambíguo, podendo apresentar um sentido inclusivo ou limitativo. Assim, diante da inexistência de comando no AVA obrigando ou proibindo expressamente a inclusão dessa despesa na base de cálculo, o art. 4º, § 3º, da IN SRF nº 327/2003 seria válido.

De todos os argumentos, esse último é o mais frágil. Isso porque, em primeiro lugar, um ato normativo da Receita Federal não pode criar direitos e obrigações. Por outro lado, como ensina Hans Kelsen, é "supérfluo proibir qualquer coisa a um órgão do Estado, pois basta não autorizá-lo a fazê-la".[187] No Estado Democrático de Direito, é a existência de normas de competência autorizadoras – e não a falta de preceitos proibitivos – que legitima a atuação do legislador. Logo, a falta de previsão implica a ausência de autorização ou, dito de outro modo, a proibição para a inclusão dos gastos na base de cálculo.

Resta, assim, examinar o acerto da exegese gramatical, isto é, da interpretação que vê um sentido dúbio ou inclusivo no termo "até" do art. 8.2. do AVA.

Essa análise confirma que o método gramatical é mesmo o pior de todos, sobretudo quando manifestamente equivocado. Não é correto afirmar que, no art. 8.2 do AVA, o termo "até" seria ambíguo ou teria o sentido inclusivo. No idioma português, "até" pode ser advérbio ou preposição. A função de advérbio existe quando o seu uso visa a ressaltar algo já pertencente a um conjunto, expressando uma informação surpreendente ou inesperada. Nessa hipótese, tem o sentido de "até mesmo", podendo ser substituído por outros advérbios focalizadores inclusivos – como "também" ou "inclusive" – sem alteração do sentido. Assim, v. g., considere-se a frase seguinte: "Na sessão de hoje, o STF julgou todos os processos pautados, até os casos mais complexos". Nela o "até" pode ser substituído, sem perda ou alteração do sentido, por: "Na sessão de hoje, o STF julgou todos os processos pautados, **até mesmo** os casos mais complexos"; "Na sessão de hoje, o STF julgou todos os processos pautados, **inclusive** os casos mais complexos"; e "Na sessão de hoje, o STF julgou todos os processos pautados, **também** os casos mais complexos". Já enquanto preposição, o "até" indica um limite espacial ou temporal, ligando dois elementos da oração, sendo o segundo (regido) subordinado ao primeiro (regente). Por exemplo: "A sessão de julgamento durou até o final da tarde".

Não há uso do "até-advérbio" no art. 8.2 do AVA. A substituição por outros focalizadores inclusivos altera a conteúdo da frase de tal maneira que a deixa sem sentido algum.

---

[186] STJ. 1ª S. REsp 1799306/RS. Rel. Min. Gurgel de Faria. Rel. p/ Acórdão Min. Francisco Falcão. *DJe* 19.05.2020.

[187] Tradução nossa. "[...] es superfluo prohibir cualquier cosa a un órgano del Estado, pues basta con non autorizarlo a hacerla" (KELSEN, Hans. *Teoría general del derecho y del Estado*. México: UNAM, 1959. p. 277).

Veja-se: "o custo de transporte das mercadorias importadas **até mesmo** o porto ou aeroporto alfandegado de descarga [...]"; "o custo de transporte das mercadorias importadas **também** o porto ou aeroporto alfandegado de descarga [...]"; ou "o custo de transporte das mercadorias importadas **inclusive** o porto ou aeroporto alfandegado de descarga [...]". Na verdade, no § 2º do art. 8, o "até" aparece como preposição, ligando "porto ou aeroporto" e "transporte" para indicar o lugar de destino e o limite da ação, o que é confirmado pela versão oficial do AVA, em língua inglesa, que prevalece sobre a traduzida para o português.

Na língua inglesa, o "até-advérbio" é traduzido como "*even*" e o "até-preposição", como "*to*" ou "*into*". É por essa razão que, no texto do acordo, usa-se a preposição "*to*" (e não o advérbio "*even*"):

> [...]
> 2. In framing its legislation, each Member shall provide for the inclusion in or the exclusion from the customs value, in whole or in part, of the following:
> (a) the cost of transport of the imported goods to the port or place of importation;
> (b) loading, unloading and handling charges associated with the transport of the imported goods to the port or place of importation [...].

O mesmo pode ser observado no art. 71 do Código Aduaneiro da Comunidade Europeia, que reproduz as disposições do art. 8.2 do AVA. Nele, comparando as versões dos idiomas de Shakespeare ("*into*") e de Camões ("*até*"), fica evidente o uso como preposição:

> Article 71
> Elements of the transaction value
> [...]
> (e) the following costs up to the place where goods are brought *into* the customs territory of the Union:
> (i) the cost of transport and insurance of the imported goods; and
> (ii) loading and handling charges associated with the transport of the imported goods.
> Artigo 71.
> Elementos do valor transacional
> [...]
> e) As seguintes despesas, *até* ao local onde as mercadorias são introduzidas no território aduaneiro da União:
> i) as despesas de transporte e de seguro das mercadorias importadas, e
> ii) as despesas de carga e de manutenção conexas com o transporte das mercadorias importadas.

Essa é a razão pela qual, desde o Regulamento (CEE) nº 1.224/1980,[188] a legislação europeia não faz referência às despesas de descarregamento.[189] Dessa maneira, não há nenhuma

---

[188] Tradução nossa. "Poiché l'imposizione doganale ha per presupposto il valore della merce nel momento esatto in cui attraversa il confine unionale, il legislatore ha previsto che, ove in beni siano movimentati con lo stesso mezzo di trasporto fina a un punto interno al territorio doganale, va compresa nel valore doganale soltanto la quota del costo del trasporto proporzionale alla tratta fino al luogo di introduzione nell'Ue (art. 138 RE)" (ARMELLA, Sara. *Diritto doganale dell'Unione europea*. Milão: Egea, 2017. p. 262).

[189] No mesmo sentido, discorrendo acerca de previsão semelhante no CVA, SHERMAN, Saul L.; GLASHOFF, Hinrich. *Customs valuation*: commentary on the Gatt Customs Valuation Code. Paris-New York: ICC

ambiguidade ou sentido inclusivo no art. 8.2. As despesas que podem ser incluídas na base de cálculo são as incorridas até (no sentido de "*to*" ou "*into*", e não "*even*") o porto de destino, sem incluir a capatazia, a *THC* ou a *DTHC*. O objetivo dessa previsão, segundo ensina Sara Armella, é fazer com que a imposição tenha por base *o valor da mercadoria no momento exato em que atravessa a fronteira.*[190]

No mesmo sentido, discorrendo acerca da inclusão das despesas de carregamento e manuseio, Vincenzo De Deo ensina que:

> Também as "despesas de carregamento e manuseio" relacionadas ao transporte das mercadorias importadas até o local de introdução no território da UE devem ser incluídas no valor aduaneiro, entendendo-se como tal todas aquelas de qualquer forma relacionadas ao carregamento e à movimentação da mercadoria objeto da importação, independentemente do fato de terem sido pagas diretamente pelo importador ou por outro sujeito (p.ex., o vendedor) por sua conta, na medida que estejam relacionadas a serviços prestados em portos (ou aeroportos) anteriores à introdução efetiva no território aduaneiro (p.ex., custos de manuseio de contêineres em portos estrangeiros).[191]

---

Publications, 1980. p. 165: "The mention of unloading cost may raise certain doubts because unloading normally takes place after the goods have arrived in the country of importation and very often (e.g., in case of transportation by truck or railway) after the goods have been cleared. In these cases unloading costs are not 'associated with the transport of the imported goods to the port or place o importation'. Only unloading in case of a change of the carrier before the arrival at the place of importation can be meant. Therefore the ECC, applying the CIF system, in its legislation has reduced this provision to 'loading and handling charges associated with the transport of the imported goods'".

[190] "ARTICLE 8
1. IN DETERMINING THE CUSTOMS VALUE UNDER ARTICLE 3, THERE SHALL BE ADDED TO THE PRICE ACTUALLY PAID OR PAYABLE FOR THE IMPORTED GOODS:
[...]
(II) LOADING AND HANDLING CHARGES ASSOCIATED WITH THE TRANSPORT OF THE IMPORTED GOODS". Essa previsão é repetida no Artigo 71 da Resolução (EU) nº 952/2013: "1. In determining the customs value under Article 70, the price actually paid or payable for the imported goods shall be supplemented by: [...] (e) the following costs up to the place where goods are brought into the customs territory of the Union: [...] (ii) loading and handling charges associated with the transport of the imported goods".

[191] Tradução nossa. "Anche le 'spese di carico e movimentazione' connesse con il trasporto delle merci importate, fino al luogo di introduzione delle merci nel territorio UE vanno incluse nel valore in dogana, intendendosi per tal tutte quelle comunque connesse al carico e alla movimentazione della merce oggetto di importazione indipendentemente dal fatto che siano state pagate direttamente dall'importatore o da altri soggetti (es., venditore) per suo conto, nella misura in cui siano correlate a prestazioni rese in scali portuali (o aeroportuali) precedenti rispetto a quello di effettiva introduzione nel territorio doganale (es. spese di movimentazione dei container in porti esteri)" (DE DEO, Vincenzo. Valore in dogana delle merci. *In*: MARRELLA, Fabrizio; MAROTTA, Pasquale. *Codice doganale dell'Unione Europea commentato*. Milão: Giuffrè, 2019. p. 237). Registre-se, ainda, que, na edição de 2018 do Compêndio de Valoração Aduaneira, o Comitê do Código Aduaneiro e o Grupo de Peritos Aduaneiros da Comissão Europeia analisaram a questão da inclusão de determinados gastos relacionados ao transporte e cobrados separadamente, realizados a título de movimentação no terminal (*THC surcharge*), transferência" (*transfer fees*), manuseio (*handling fee*) e descarga (*discharging*). O entendimento técnico, exposto na Conclusão nº 32, foi pela inclusão desses gastos, desde que relacionados diretamente ao transporte e incorridos "**antes da entrada da mercadoria no território aduaneiro**": "[...] Therefore, the main analysis to be carried out is whether these costs are directly linked to the transport of the goods and meant to cover no other service that the transport of goods into the EU customs territory. Also, it has to be considered whether these costs actually occurred before the entry of the goods in the EU customs territory. [...] Should both these conditions be met, then these costs must be included in the customs value of the imported goods,

Não é diferente, por fim, a interpretação adotada na Decisão nº 378, da Comissão do Acordo de Cartagena, aplicável na Bolívia, Colômbia, Chile, Equador e Peru:

> Artigo 5º – Todos os elementos descritos no parágrafo 2º do Artigo 8º do Acordo de Valor do GATT 1994 farão parte do valor aduaneiro, exceto as despesas de desembarque e manuseio no porto ou local de importação, desde que se distingam dos custos totais de transporte.[192]

Faz todo o sentido interpretar o preceito dessa maneira, porque, segundo lição de Rubens Gomes de Sousa, "a base de cálculo deve ser definida pelo pressuposto material de incidência, com ele se confundindo ou dele decorrendo".[193] Assim, em sua função confirmadora, sempre deve guardar uma relação de pertinência com a hipótese de incidência do tributo.[194] Na importação, o núcleo da materialidade do tributo (importar produto) é exteriorizado por meio do ingresso físico no território aduaneiro. Logo, nada mais coerente do que limitar a base imponível ao valor do produto no momento em que ocorre esse ingresso.

Dessa forma, nos termos do art. 8.2 do AVA, o que pode ser adicionado ao valor aduaneiro são os gastos precedentes e intermediários à introdução da mercadoria no território aduaneiro, isto é, os gastos de carga, de descarga e de manuseio em portos ou aeroportos estrangeiros, seja na origem ou em escalas internacionais. A inclusão da capatazia interna, do *THC* ou da *DTHC* no valor aduaneiro é uma jabuticaba indigesta introduzida indevidamente pela Receita Federal no art. 4º, § 3º, da IN SRF nº 327/2003. Felizmente, essa previsão foi revogada pela IN RFB nº 2.090/2022.

### 2.4.4   Frete "gratuito" e transporte próprio

O § 1º do art. 4º da IN SRF nº 327/2003 estabelecia que "quando o transporte for gratuito ou executado pelo próprio importador, o custo de que trata o inciso I deve ser incluído no valor aduaneiro, tomando-se por base os custos normalmente incorridos, na modalidade de transporte utilizada, para o mesmo percurso". Tratava-se de uma cópia do art. 15 do Regulamento (CEE) nº 1.224/1980, revogada no ano de 1994: "(C) *Where transport is free or provided by the buyer, transport costs to the place of introduction, calculated in accordance with the schedule of freight rates normally applied for the same modes of transport, shall be included in the customs value*".

Essa previsão insere-se em uma zona cinzenta, na qual há uma linha divisória tênue entre a observância e a violação do AVA/OMC. O primeiro problema está na introdução de um elemento teórico na valoração, algo que não se coaduna com os propósitos do acordo. A segunda dificuldade é que o art. 8.2 (a) faz referência aos "custos de transporte", o que é

---

under Article 71, paragraph 1, letter e) of the Union Customs Code". Disponível em: https://ec.europa.eu. Acesso em: 14.03.2020.

[192] Traduzimos do original: "Artículo 5. – Todos los elementos descritos en el numeral 2 del artículo 8 del Acuerdo del Valor del GATT de 1994 formarán parte del valor en aduana, excepto los gastos de descarga y manipulación en el puerto o lugar de importación, siempre que se distingan de los gastos totales de transporte".

[193] SOUSA, Rubens Gomes de. Parecer sobre o imposto de indústrias e profissões. In: *Imposto de indústrias e profissões*: razões e pareceres. Porto Alegre: Globo, 1957. p. 228-229.

[194] A base de cálculo, segundo ensina Paulo de Barros Carvalho, tem uma tríplice função: mede as proporções reais do fato (função mensuradora); compõe a específica determinação da dívida (função objetiva); e posta em comparação com o critério material da hipótese, é capaz de confirmá-lo, infirmá-lo ou afirmar aquilo que consta no texto da lei, de modo obscuro (função comparativa). Sobre o tema, cf: CARVALHO, Paulo de Barros. *Curso de direito tributário*. 13. ed. São Paulo: Saraiva, 2000. p. 329.

diferente dos "custos normalmente incorridos, na modalidade de transporte utilizada, para o mesmo percurso".[195]

O problema foi resolvido pelo § 1º do art. 9º IN RFB nº 2.090/2022. Esse dispositivo estabelece que *serão incluídos* no valor aduaneiro, "*os custos efetivamente incorridos, inclusive nos casos de [...] I – transporte gratuito ou executado pelo próprio importador*". O importador, portanto, deve manter a prova desses custos, porque, do contrário, não será aplicável o método do valor da transação, na forma do art. 8.3. do AVA, pela falta de dados objetivos e quantificáveis a esse respeito.

## 3 MÉTODOS SECUNDÁRIOS DE VALORAÇÃO

Não sendo aplicável o método do valor da transação, incidem os métodos secundários, também chamados substitutivos ou alternativos. Geralmente, isso ocorre na valoração de operações distintas da compra e venda (doação, permuta e *leasing*[196]), nos casos de inaceitabilidade do preço adotado entre partes relacionadas, bem como nas hipóteses em que não se tem segurança acerca da veracidade e da exatidão das afirmações, das declarações e dos documentos apresentados pelo interessado.[197]

Os métodos devem ser aplicados de forma sucessiva e excludente: a incidência do método subsequente pressupõe o esgotamento das possibilidades jurídicas de aplicação do critério de valoração antecedente. Eventual inversão da ordem implica o vício material do lançamento.[198] A única exceção é o método do valor computado, que pode ser aplicado preferencialmente ao método do valor dedutivo, a pedido do importador, mediante concordância da autoridade aduaneira.[199]

---

[195] "It is true that Article 8 mentions cost of and not payment for transport. Therefore, it may be adequate to include the 'cost' of transportation even if the buyer, for example, uses his own carriers. But in such case the actual costs of the buyer would most probably be lower than the normal rates; otherwise, the buyer would have decided for transport by third parties al transport tariff rates" (SHERMAN, Saul L.; GLASHOFF, Hinrich. *Customs valuation*: commentary on the Gatt Customs Valuation Code. Paris-New York: ICC Publications, 1980. p. 166).

[196] Ver o Estudo nº 2.1, do Comitê Técnico de Valoração Aduaneira da OMA, sobre o "Tratamento aplicável a mercadorias arrendadas ou objeto de arrendamento mercantil (*leasing*)".

[197] ROSENOW, Sheri; O'SHEA, Brian J. *A handbook on the WTO Customs Valuation Agreement*. Cambridge: Cambridge University Press, 2010. p. 2713.

[198] "VALORAÇÃO ADUANEIRA. DESCLASSIFICAÇÃO DO VALOR DE TRANSAÇÃO. UTILIZAÇÃO DE MÉTODOS SEQUENCIAIS DO AVA – ACORDO DE VALORAÇÃO ADUANEIRA.
O valor aduaneiro deverá ser determinado com base nos métodos subsequentes previstos, observada a ordem sequencial estabelecida no Acordo de Valoração Aduaneira, sob pena de acarretar a nulidade material do lançamento administrativo [...]" (Carf. 3ª S. Ac. 3302-003.197. Rel. Cons. Walker Araujo. S. 17.05.2016). No mesmo sentido: Carf. 1ª T.O. 1ª C. 3ª S. Acórdão nº 3101-00.468. S. de 29.07.2010; Acórdão 3102-00.903. 2ª T.O. 1ª C. 3ª S. S. 04.02.2011.

[199] IN SRF nº 2.090/2022:
"Art. 14. Na aplicação dos métodos substitutivos de valoração deverão ser observadas:
I – a ordem sequencial estabelecida no AVA/GATT, até que se chegue ao primeiro que permita determinar o valor aduaneiro, observando-se, ainda, as cautelas necessárias para a preservação do sigilo fiscal; e
II – as seguintes reservas feitas pelo Brasil, nos termos dos parágrafos 4 e 5 da Parte I do Protocolo ao Acordo sobre a Implementação do Artigo VII do Acordo Geral sobre Tarifas e Comércio - GATT 1979, mantidas no AVA/GATT:
a) a inversão da ordem de aplicação dos métodos previstos nos Artigos 5 e 6 do AVA/GATT somente poderá ser aplicada quando houver a aquiescência do Auditor-Fiscal da Receita Federal do Brasil; e

## 3.1 Método do valor da transação de mercadorias idênticas

### 3.1.1 Pressupostos de aplicabilidade

A aplicabilidade do método do valor da transação de mercadorias idênticas apresenta oito requisitos. Os dois primeiros, obviamente, são a natureza idêntica das mercadorias e a inaplicabilidade do primeiro método, o que decorre da vedação de inversão dos critérios de valoração (art. 4). Além disso, de acordo com o art. 2.1.(a) e (b), 2.2 e 2.3 do AVA,[200] o valor comparável: (**i**) deve resultar de uma venda para exportação; (**ii**) com destino ao mesmo país importador; (**iii**) contemporânea à importação valorada; (**iv**) ajustada aos níveis comercial e quantitativo; (**v**) descontadas as diferenças decorrentes das distâncias e dos meios de transporte, caso o valor da transação tenha incluído o frete, o seguro e as despesas de carga e descarga (art. 8.2.); e (**vi**) havendo mais de um valor comparável, adota-se o menor.

### 3.1.2 Natureza idêntica das mercadorias

Não é fácil definir quando duas mercadorias são idênticas. A classificação aduaneira, a aparência e os aspectos externos do produto são apenas indiciários, representando, quando muito, um fator de exclusão. Devem ser examinados os elementos constitutivos ou componentes interiores, o que pode demandar um conhecimento técnico específico. Além disso, pressupõe informações que nem sempre podem ser resgatadas por meio do acesso à base de dados do histórico de operações mantidas pela administração aduaneira. Alguns parâmetros foram estabelecidos pelo art. 15.2 (a), (c), (d) e (e) do AVA:

> Artigo 15
> 2. a) – Neste Acordo, entende-se por "mercadorias idênticas" as mercadorias que são iguais em tudo, inclusive nas características físicas, qualidade e reputação comercial. Pequenas diferenças na aparência não impedirão que sejam consideradas idênticas mercadorias que em tudo o mais se enquadram na definição;
> [...]

---

b) as disposições do parágrafo 2 do Artigo 5 do AVA/GATT serão aplicadas em conformidade com a respectiva nota interpretativa, independentemente de solicitação do importador".

[200] "Artigo 2
1. (a) Se o valor aduaneiro das mercadorias importadas não puder ser determinado segundo as disposições do Artigo 1, será ele o valor da transação de mercadorias idênticas vendidas para exportação para o mesmo país de importação e exportadas ao mesmo tempo que as mercadorias objeto de valoração, ou em tempo aproximado;
(b) Na aplicação deste Artigo será utilizado, para estabelecer o valor aduaneiro, o valor de transação de mercadorias idênticas, numa venda do mesmo nível comercial e substancialmente na mesma quantidade das mercadorias objeto de valoração. Inexistindo tal venda, será utilizado o valor de transação de mercadorias idênticas vendidas em um nível comercial diferente e/ou em quantidade diferente, ajustado para se levar em conta diferenças atribuíveis aos níveis comerciais e/ou às quantidades diferentes, desde que tais ajustes possam ser efetuados com base em evidência comprovada que claramente demonstre que os ajustes são razoáveis e exatos, quer conduzam a um aumento quer a uma diminuição no valor.
2. Quando os custos e encargos referidos no parágrafo 2 do Artigo 8 estiverem incluídos no valor da transação, este valor deverá ser ajustado para se levar em conta diferenças significativas de tais custos e encargos entre as mercadorias importadas e as idênticas às importadas, resultantes de diferenças nas distâncias e nos meios de transporte.
3. Se, na aplicação deste Artigo, for encontrado mais de um valor de transação de mercadorias idênticas, o mais baixo deles será o utilizado na determinação do valor aduaneiro das mercadorias importadas".

(c) – as expressões "mercadorias idênticas" e "mercadoria similares" não abrangem aquelas mercadorias que incorporem ou comportem, conforme o caso, elementos de engenharia, desenvolvimento, trabalhos de arte e de design, e planos e esboços, para os quais não tenham sido feitos ajustes segundo as disposições do parágrafo 1 (b) (iv) do Artigo 8, pelo fato de terem sido tais elementos executados no país de importação.

(d) – somente poderão ser consideradas "idênticas" ou "similares", as mercadorias produzidas no mesmo país que as mercadorias objeto de valoração;

(e) – somente serão levadas em conta mercadorias produzidas por uma pessoa diferente, quando não houve mercadorias idênticas ou similares, conforme o caso, produzidas pela mesma pessoa que produziu as mercadorias objeto de valoração.

Esse dispositivo promoveu uma restrição da abrangência do conceito, considerando como mercadorias idênticas aquelas produzidas no mesmo país e pelo mesmo fabricante – ou, subsidiariamente, por outra empresa –, quando "iguais em tudo, inclusive nas características físicas, qualidade e reputação comercial", admitidas "pequenas diferenças na aparência".

O exame desses aspectos é difícil abstratamente. O termo "pequenas" apresenta uma vaguidade de gradiente. Essa é caracterizada sempre que uma palavra faz referência a uma propriedade que se apresenta em diferentes graus, como algo contínuo, sem que se saiba exatamente a partir de que momento o seu emprego deixa de ser cabível, como nas palavras "calvo", "alto" ou "baixo".[201] Logo, inevitavelmente, haverá um espaço de incerteza, no qual a abrangência do conceito será questionável ou duvidosa no plano abstrato. Todavia, a aplicabilidade sempre pode ser definida à luz do caso concreto.[202]

Por outro lado, de acordo com o Comentário nº 1.1, do CTVA da OMA, não são "iguais em tudo" as mercadorias com marcas comerciais distintas. Para ilustrar o tema, é citado o caso de câmaras de ar importadas de dois fabricantes distintos, do mesmo tipo, qualidade, reputação comercial e uso. Essas, na medida em que "apresentam marcas registradas diferentes, não são iguais sob todos os aspectos e, portanto, não devem ser consideradas como idênticas".[203]

---

[201] Víctor Ferreres Comela se refere à "la vaguedad por gradiente" como aquela que "...se produce cuando una palabra hace referencia a una propiedad que se da en la realidad en distintos grados, de modo que los objetos aparecen como formando parte de un continuo. Si no se estipula claramente hasta qué punto de ese continuo es apropiado emplear la palabra y a partir de qué punto deja de serlo, la palabra es vaga" (COMELA, Víctor Ferreres. *Justicia constitucional y democracia*. Madrid: Centro de Estudios Políticos y Constitucionales, 1997. p. 21). Sobre o tema, cf.: NINO, Carlos Santiago. *Fundamentos de derecho constitucional*. Buenos Aires: Atrea, 1992. p. 89-97; CARRIÓ, Genaro. *Notas sobre derecho e lenguaje*. Buenos Aires, Abeledo-Perrot, 1972. p. 31-35; ALCHOURRÓN, Carlos; BULYGIN, Eugenio. *Introducción a la metodología de las Ciencias Jurídicas y Sociales*. Buenos Aires: Editorial Astrea, 1987. p. 61 e ss.; MORCHON, Gregório Robles. *Teoria del derecho: fundamentos de teoria comunicacional del derecho*. Madrid: Civitas, 1999. v. I, p. 65 e ss.; WARAT, Luiz Alberto. *O Direito e sua Linguagem*. 2. ed. Porto Alegre: Fabris, 1995. p. 76 e ss.; GRAU, Eros Roberto. *Direito, conceitos e normas jurídicas*. São Paulo: RT, 1988. p. 76 e ss.

[202] CARRIÓ, Genaro. *Notas sobre derecho y lenguaje*. Buenos Aires: Abeledo-Perrot, 1972. p. 33 e ss.; WARAT, Luiz Alberto. *O Direito e sua Linguagem*. 2. ed. Porto Alegre: Fabris, 1995. p. 76 e ss.

[203] "Exemplo 5
Câmaras de ar importadas de dois fabricantes distintos.
Câmaras de ar da mesma faixa de dimensões são importadas de dois fabricantes diferentes estabelecidos no mesmo país. Mesmo que os fabricantes utilizem marcas registradas diferentes, as câmaras de ar produzidas por ambos são do mesmo tipo, da mesma qualidade, gozam da mesma reputação comercial e são utilizadas por fabricantes de veículos automotores no país de importação.

Também não devem ser consideradas idênticas as mercadorias que sequer são similares. Isso porque, se não se "assemelham em todos os aspectos", as mercadorias certamente não são "iguais em tudo". Assim, desde logo, devem ser considerados os requisitos da identidade funcional e da permutabilidade comercial. O exame prévio desses aspectos tem relevância como fator de exclusão e de simplificação, na medida em que são de fácil determinação. Logo, se as mercadorias não são permutáveis comercialmente e não cumprem as mesmas funções, não são similares nem tampouco idênticas.

### 3.1.3 Nível comercial e quantitativo

Sempre que não for possível selecionar uma operação paradigma com as mesmas características da importação valorada, o preço deve ser ajustado em função dos níveis comercial ou quantitativo diferenciados (art. 2.1.b e suas notas interpretativas):

> Nota ao Artigo 2
> 1. Na aplicação do Artigo 2, a administração aduaneira se baseará, sempre que possível, numa venda de mercadorias idênticas efetuadas no mesmo nível comercial e substancialmente nas mesmas quantidades das mercadorias objeto de valoração. Inexistindo tal venda, recorrer-se-á a uma venda de mercadorias idênticas, efetuada de acordo com qualquer uma das três seguintes:
> (a) uma venda no mesmo nível comercial, mas em quantidades diferentes;
> (b) uma venda em um nível comercial diferente, mas substancialmente nas mesmas quantidades; ou
> (c) uma venda em um nível comercial diferente e em quantidades diferentes;
> 2. Existindo uma venda de acordo com qualquer uma dessas três condições, serão feitos ajustes, conforme o caso, para:
> (a) somente fatores relativos à quantidade;
> (b) somente fatores relativos ao nível comercial; ou
> (c) fatores relativos ao nível comercial e a quantidade.
> 3. A expressão e/ou confere flexibilidade para utilizar as vendas e para fazer os ajustes necessários em qualquer uma das três condições descritas acima.
> 4. Para os fins do Artigo 2, entende-se por valor de transação de mercadorias importadas idênticas, um valor aduaneiro ajustado conforme as determinações dos parágrafos 1 (b) e 2 desse Artigo, e que já tenha sido aceito com base no Artigo l.

O AVA não define o que se entende por "nível comercial". Depreende-se, a partir do Comentário nº 10.1, do CTVA/OMA, que têm essa natureza as diferenças decorrentes de vendas para atacadistas e para varejistas.[204] O mesmo se aplica na comparação entre um importador regular e outro eventual. Afinal, como ninguém desconhece, a frequência nas aquisições per-

---

Uma vez que as câmaras de ar apresentam marcas registradas diferentes, não são iguais sob todos os aspectos e, portanto, não devem ser consideradas como idênticas segundo o Artigo 15.2 a)".

[204] "[...] 2. Quando a Aduana for informada de uma transação que possa ser utilizada para estabelecer um valor-critério segundo o Artigo 1.2 b) ou o valor de transação de mercadorias idênticas ou similares segundo os Artigos 2 e 3, deve-se determinar, em primeiro lugar, se essa transação foi realizada no mesmo nível comercial e substancialmente na mesma quantidade que a mercadoria objeto de valoração. Se o nível comercial e as quantidades são comparáveis para os efeitos dessa transação, não há que se efetuar qualquer ajuste em relação a esses fatores.

mite um giro de estoque maior por parte do fornecedor e uma redução da margem de lucro operacional, compensada com um volume maior de vendas. Dessa forma, o preço de quem importa com regularidade de um mesmo exportador dificilmente será igual ao de quem compra uma única vez, o que, quando for o caso, deve ser considerado na comparação das operações.

### 3.1.4 Fator tempo

O método do valor da transação de mercadorias idênticas tem o fator tempo como requisito de aplicabilidade. O valor comparável deve resultar, nos termos do art. 2.1.(a) do AVA, de uma venda contemporânea à operação valorada, isto é, ocorrida ao mesmo tempo ou em tempo aproximado:

> Artigo 2
> 1. (a) Se o valor aduaneiro das mercadorias importadas não puder ser determinado segundo as disposições do Artigo 1, será ele o valor de transação de mercadorias idênticas vendidas para exportação para o mesmo país de importação e exportadas ao tempo que as mercadorias objeto de valoração, ou em aproximado;

Por outro lado, de acordo com a Nota Explicativa nº 1.1, do CTVA da OMA:

> [...] 13. Os requisitos relativos ao elemento tempo não podem, de modo algum, alterar a ordem hierárquica na aplicação do Acordo que exige sejam esgotadas todas as possibilidades nos termos do Artigo 2 antes de poder aplicar o Artigo 3. Assim, o fato de que o momento em que se exportam mercadorias similares (em contraposição a mercadorias idênticas) seja mais próximo ao das mercadorias objeto de valoração nunca será suficiente para que se inverta a ordem de aplicação dos Artigos 2 e 3.

Por fim, ainda de acordo com a Nota Explicativa nº 1.1, do CTVA da OMA, a expressão "em tempo aproximado", deve ser interpretada em cada caso concreto, de modo a abranger "[...] um período, tão próximo à data da exportação quanto possível, durante o qual as práticas comerciais e as condições de mercado que afetem o preço permanecem idênticas". Assim, por exemplo, não podem ser consideradas as operações ocorridas em período de entressafra, de escassez de mercadorias, de excesso de oferta ou de qualquer outro fator relevante de mercado.

### 3.1.5 Valor comparável

Deve-se ter presente que a exigência de veracidade e de exatidão é uma garantia dúplice: da mesma forma que a aduana não está obrigada a aceitar o valor declarado quando há dúvidas nesse sentido, não pode exigir diferenças de crédito tributário a partir de operações paradigmas que padeçam do mesmo problema. Assim, o valor comparável sempre deve resultar de uma importação que tenha sido objeto de valoração por parte da autoridade aduaneira. Do

---

3. Em contrapartida, se comprovadas diferenças no nível comercial e nas quantidades, será necessário determinar se essas diferenças afetam o preço ou o valor. É importante ter presente que a existência de uma diferença no nível comercial ou nas quantidades não implica obrigatoriamente a realização de um ajuste, o qual se torna necessário somente se da diferença no nível comercial ou na quantidade resulta diferença no preço ou no valor; o ajuste será então efetuado com base nos elementos de prova que demonstrem claramente que aquele é razoável e exato. Se não satisfeita essa condição, não poderá ser efetuado o ajuste".

contrário, não há segurança da veracidade do preço adotado na operação paradigma. Isso é essencial, porque a valoração aduaneira deve considerar valores reais, sendo vedada a adoção de bases de cálculo arbitrárias e fictícias (Gatt 1994, Artigo VII.2.*a*).[205]

É por isso que, de acordo com a Nota 4 ao Artigo 2º do AVA/OMC, a autoridade aduaneira deve partir de um valor paradigma que "[...] já tenha sido aceito com base no Artigo 1". O mesmo é previsto no art. 15 da IN RFB nº 2.090/2022: "§ 1º A determinação do valor aduaneiro, de acordo com os métodos previstos nos Artigos 2 ou 3 do AVA/GATT, será realizada com base no valor de transação de mercadoria importada idêntica ou similar, que tenha sido ratificado por Auditor Fiscal da Receita Federal do Brasil".

No direito brasileiro, valor aduaneiro *aceito* ou *ratificado* é aquele que já foi efetivamente fiscalizado e confirmado pela autoridade aduaneira. Isso, entre nós, ocorre preferencialmente após a liberação (desembaraço), em sede de auditoria pós-despacho (revisão aduaneira).[206] Esta encerra a fase de conferência aduaneira sem implicar a homologação do lançamento, mesmo quando nos canais amarelo, vermelho ou cinza. Logo, a conferência anterior ou o desembaraço não são suficientes para garantir a exatidão e a veracidade do valor aduaneiro da importação paradigma, salvo se ocorreu uma efetiva fiscalização da base de cálculo. Só há essa presunção – e, ainda assim, sujeita à prova em contrário – se a operação que se pretende adotar para fins comparativos teve a sua base de cálculo fiscalizada e confirmada pela autoridade aduaneira.

## 3.2 Método do valor da transação de mercadorias similares

### 3.2.1 *Pressupostos de aplicabilidade*

O segundo método substitutivo consiste no método do valor de transação de mercadorias similares. Esse apresenta praticamente os mesmos requisitos de aplicabilidade do método do valor da transação das mercadorias idênticas. A diferença está na natureza das mercadorias. Assim, o valor comparável, nos termos do art. 3.1. (a) e (b), 3.2. e 3.3 do AVA:[207] (i) deve

---

[205] "7.2 (a) O valor para fins alfandegários das mercadorias importadas deverá ser estabelecido sobre o valor real da mercadoria importada à qual se aplica o direito ou de uma mercadoria similar, e não sobre o valor do produto de origem nacional ou sobre valores arbitrários ou fictícios".

[206] IN RFB nº 2.090/2022: "Art. 25. A verificação da adequação do valor aduaneiro declarado às disposições estabelecidas na legislação será realizada preferencialmente após o desembaraço aduaneiro, no período destinado à apuração da regularidade e conclusão do despacho, nos termos do art. 54 do Decreto-Lei nº 37, de 18 de novembro de 1966".

[207] "Artigo 3
1. (a) Se o valor aduaneiro das mercadorias importadas não puder ser determinado segundo as disposições dos Artigos 1 e 2, será ele o valor de transação de mercadorias similares vendidas para exportação para o mesmo país de importação e exportados ao mesmo tempo que as mercadorias objeto de valoração ou em tempo aproximado.
(b) Na aplicação deste Artigo será utilizado para estabelecer o valor o valor de transação de mercadorias similares numa venda no mesmo nível comercial e substancialmente na mesma quantidade das mercadorias objeto de valoração. Inexistindo tal venda, será utilizado o valor de transação de mercadorias similares vendidas em um nível comercial diferente e/ou em quantidade diferente, ajustado para se levar em conta diferenças atribuíveis aos níveis comerciais e/ou às quantidades, desde que tais ajustes possam ser efetuados com base em evidência comprovada que claramente demonstre que os ajustes são razoáveis e exatos, quer estes conduzam a um aumento quer a uma diminuição no valor.
2. Quando os custos e encargos referidos no parágrafo 2 do Artigo 8 estiverem incluídos no valor da transação, este valor deverá ser ajustado para se levar em conta diferenças significativas de tais custos e encargos entre as mercadorias importadas e as idênticas às importadas, resultantes de diferenças nas distâncias e nos meios de transporte.

resultar de uma venda para exportação; (ii) com destino ao mesmo país importador; (iii) contemporânea à importação valorada; (iv) ajustada aos níveis comercial e quantitativo; (v) descontadas as diferenças decorrentes das distâncias e dos meios de transporte, caso o valor da transação tenha incluído o frete, o seguro e as despesas de carga e descarga (art. 8.2.); e (vi) adota-se o menor dentre os valores comparáveis existentes.

### 3.2.2 Natureza similar das mercadorias

De acordo com o art. 15.2 (b), (c), (d) e (e), são consideradas similares as mercadorias produzidas no mesmo país e pelo mesmo fabricante – ou, subsidiariamente, por outra empresa – que, "embora não se assemelhem em todos os aspectos, têm características e composição material semelhantes, o que lhes permite cumprir as mesmas funções e serem permutáveis comercialmente". Dentre os aspectos que devem ser considerados para avaliação da similaridade, incluem-se a qualidade, a reputação comercial e a existência de uma marca comercial. Esta, porém, não é determinante, já que o fato de os produtos apresentarem marcas distintas não implica necessariamente a ausência de similaridade.[208]

### 3.3 Método do valor dedutivo

No método do valor dedutivo, a base de cálculo do imposto deve corresponder ao preço unitário de revenda da mercadoria importada no mercado interno na maior quantidade total, deduzidos o lucro, os custos e as despesas de venda previstos no art. 5.1 (a), (i), (ii), (iii) e (iv) do AVA, inclusive os tributos devidos em decorrência da importação:

> Artigo 5
> 1. (a) Se as mercadorias importadas ou mercadorias idênticas ou similares importadas forem vendidas no país de importação no estado em que são importadas, o seu valor aduaneiro, segundo as disposições deste Artigo, basear-se-á no preço unitário pelo qual as mercadorias importadas ou as mercadorias idênticas ou similares importadas são vendidas desta forma na maior quantidade total ao tempo da importação ou aproximadamente ao tempo da importação das mercadorias objeto de valoração a pessoas não vinculadas àquelas de quem compram tais mercadorias, sujeito tal preço às seguintes deduções:
> (i) as comissões usualmente pagas ou acordadas em serem pagas ou os acréscimos usualmente efetuados a título de lucros e despesas gerais, relativos a vendas em tal país de mercadorias importadas da mesma classe ou espécie;
> (ii) os custos usuais de transporte e seguro bem como os custos associados incorridos no país de importação;
> (iii) quando adequado, os custos e encargos referidos no parágrafo 2 do Artigo 8; e
> (iv) os direitos aduaneiros e outros tributos nacionais pagáveis no país de importação em razão da importação venda das mercadorias.

Na dedução dos itens enumerados no Artigo 5.1., deve ser observada ainda a Nota Interpretativa do Artigo 5:

---

3. Se na aplicação deste Artigo for encontrado mais de um valor de transação de mercadorias similares, o mais baixo deles será utilizado na determinação do valor aduaneiro das mercadorias importadas".

[208] Comentário nº 1.1, do CTVA da OMA.

Nota ao Artigo 5
[...]
6. Observe-se que "lucros e despesas gerais" referidos no parágrafo 1 do Artigo 5 devem ser considerados em conjunto. Seu valor, para fins de dedução, será determinado com base em informações fornecidas pelo importador, ou em seu nome, a menos que tais números sejam incompatíveis com valores observados em vendas, no país de importação, de mercadorias importadas da mesma classe ou espécie. Quando este for o caso, o montante para lucros e despesas gerais poderá basear-se em informações pertinentes, distintas daquelas fornecidas pelo importador, ou em seu nome.
7. "Despesas gerais" englobam custos diretos e indiretos de comercialização das mercadorias em questão.
8. Impostos internos pagáveis em razão da venda das mercadorias, e que não dêem margem a deduções com base no parágrafo 1(a) (iv) Artigo 5, deverão ser deduzidos de conformidade com as disposições do parágrafo 1(a)(i) do Artigo 5.
9. Para determinar as comissões ou os lucros e despesas gerais usuais, previstos no parágrafo 1 do Artigo 5, o fato de as mercadorias serem "da mesma classe ou espécie" das demais, deverá ser verificado caso a caso, considerando-se as circunstâncias pertinentes. Deverão ser examinadas as vendas no país de importação do mais restrito grupo ou linha de mercadorias importadas da mesma classe ou espécie, que inclua as mercadorias objeto de valoração, e para as quais as informações necessárias podem ser obtidas. Para os fins do Artigo 5, "mercadorias da mesma classe ou espécie", incluem tanto as mercadorias importadas do mesmo país das mercadorias objeto de valoração quanto as mercadorias importadas de outros países.

A venda interna deve envolver empresa não vinculada, podendo ser selecionadas – caso não se mostre possível encontrar uma operação que tenha por objeto a mesma mercadoria – vendas com produtos idênticos ou similares.[209] O Comentário nº 15.1 do Comitê Técnico de Valoração Aduaneira da OMA estabelece que há uma margem de flexibilidade para que as autoridades aduaneiras decidam se devem ser consideradas apenas as vendas do importador ou por outras empresas. Ademais, existe uma ordem de preferência entre mercadorias idênticas e similares:

Comentário 15.1
Aplicação do método do valor dedutivo
[...]
3. Na determinação das vendas na maior quantidade total, a primeira questão que pode ser colocada é se a aplicação do Artigo 5.1 restringe-se às vendas das mercadorias importadas e das mercadorias idênticas ou similares importadas efetuadas pelo importador das mercadorias importadas ou se esse artigo permite que sejam levadas em conta as vendas de mercadorias idênticas ou similares importadas por outros importadores.
4. O Artigo 5.1 a) e suas Notas Interpretativas parecem não proibir que sejam levadas em conta as vendas de mercadorias idênticas ou similares importadas por outros importadores, entretanto, como medida prática, se foram realizadas, pelo importador, vendas das mercadorias importadas ou das mercadorias idênticas ou similares, é possível que

---

[209] Aplicam-se ao presente método as mesmas observações realizadas em relação ao segundo e ao terceiro método, sobre a contemporaneidade e sobre os conceitos de produtos idênticos e similares.

não seja necessário buscar as vendas das mercadorias idênticas ou similares efetuadas por outros importadores.

5. Tendo em conta as circunstâncias de cada caso, às Aduanas é facultado decidir se podem ser levadas em consideração as vendas efetuadas por outros importadores, mesmo quando o importador das mercadorias objeto de valoração efetuar vendas das mercadorias importadas ou vendas das mercadorias idênticas ou similares importadas.

6. Outra questão, estreitamente ligada à primeira, é se existe, na aplicação do Artigo 5.1, alguma hierarquia ao serem utilizadas as vendas das mercadorias importadas ou das mercadorias idênticas ou similares importadas para a determinação do preço unitário.

7. A aplicação prática do Artigo 5.1 a), supõe que se existem vendas das mercadorias importadas, é possível que não devam ser levadas em consideração as vendas das mercadorias idênticas ou similares importadas para a determinação do preço unitário na maior quantidade total. Quando as mercadorias importadas não forem vendidas, poderão ser utilizadas as vendas das mercadorias idênticas ou similares, nesta ordem de prioridade.

É necessária, ademais, a contemporaneidade entre a venda adotada como parâmetro e a operação de importação valorada. Não sendo identificadas operações ocorridas "ao tempo ou aproximadamente ao tempo da importação", deverá ser considerada, de acordo com o art. 5.1.(b), a venda interna mais próxima dentre as realizadas no período de até 90 dias da importação.[210] Na falta de mercadorias vendidas no estado em que são importadas, o importador poderá solicitar a valoração considerando as operações de venda após a etapa de transformação ou de processamento. Nesse caso, além do lucro, dos custos e das despesas previstas no art. 5.1, também deverá ser deduzido o valor adicionado na operação (art. 5.2),[211] caracterizando, para parte da doutrina, uma variação do critério de valoração, denominada método *superdedutivo*.[212]

---

[210] "(b) Se nem as mercadorias importadas nem as mercadorias idênticas ou similares importadas são vendidas ao tempo ou aproximadamente ao tempo da importação das mercadorias objeto de valorarão, o valor aduaneiro que em circunstâncias diversas estaria sujeito às disposições do parágrafo 1 (a) deste Artigo, será baseado no preço unitário pelo qual as mercadorias importadas ou as mercadorias idênticas ou similares importadas são vendidas no país de importação, no estado em que foram importadas, na data mais próxima posterior à importação das mercadorias objeto de valoração, mas antes de completados noventa dias após tal importação".

[211] "2. Se nem as mercadorias importadas, nem mercadorias idênticas ou similares importadas são vendidas no país de importação no estado em que foram importadas, e se assim solicitar o importador, o valor aduaneiro será baseado no preço unitário pelo qual as mercadorias importadas e posteriormente processadas são vendidas no país de importação, na maior quantidade total, a pessoas não vinculadas, àquelas de quem compram tais mercadorias, levando-se devidamente em conta o valor adicionado em decorrência de tal processamento, e as deduções previstas no parágrafo 1 (a) deste Artigo".

[212] VITA, Jonathan Barros. *Valoração aduaneira e preços de transferência*: pontos de conexão e distinções sistêmico-aplicáveis. Tese (Doutorado em Direito) – Pontifícia Universidade Católica de São Paulo, São Paulo, 2010. p. 117-119; TREVISAN NETO, Antenori. *Aplicação do acordo sobre valoração aduaneira no Brasil*. São Paulo: Aduaneiras, 2010. p. 219. De acordo com as notas interpretativas do AVA, a sua aplicação depende da presença de dados objetivos e quantificáveis:
"Nota ao Artigo 5
11. Quando o método previsto no parágrafo 2 do Artigo 5 for utilizado, a dedução do valor adicionado por processamento ulterior basear-se-á em dados objetivos e quantificáveis, relacionados com o custo deste processamento. Os cálculos desse custo terão como base fórmulas, receitas, métodos de cálculo e outras práticas aceitas no setor industrial em questão.

Outro aspecto relevante é que o levantamento deve partir do preço unitário *das vendas na maior quantidade total*, e não *da venda em maior quantidade*. Essa diferença é exemplificada na Nota ao Artigo 5 do AVA:

(a) Vendas

| Quantidade Vendida | Preço Unitário |
|---|---|
| 40 unidades | 100 |
| 30 unidades | 90 |
| 15 unidades | 100 |
| 50 unidades | 95 |
| 25 unidades | 105 |
| 35 unidades | 90 |
| 5 unidades | 100 |

(b) Totais

| Quantidade Total Vendida | Preço Unitário |
|---|---|
| 65 | 90 |
| 50 | 95 |
| 60 | 100 |
| 25 | 105 |

A maior venda foi de 50 unidades, resultando em um preço unitário de 95. Porém, conforme a Nota ao Artigo 5, "o maior número de unidades vendidas a um dado preço é 65; consequentemente, o preço unitário a que se vende a maior quantidade total é 90". O cálculo do valor dedutivo, portanto, deve considerar o preço unitário de 90, e não 95.

### 3.4 Método do valor computado

No método do valor computado, a determinação do valor aduaneiro tem por base o somatório do custo de produção das mercadorias importadas, acrescido, na forma prevista no art. 6.1.(a), (b) e (c) do AVA, da margem de lucro e despesas gerais usualmente praticadas em operações com produtos da mesma classe ou espécie, entendidas como tal as mercadorias

---

12. Reconhece-se que o método de valoração previsto no parágrafo 2 do Artigo 5 não será normalmente aplicável quando, como resultado de processamento ulterior, as mercadorias importadas perdem sua identidade. No entanto, pode haver casos em que, embora as mercadorias importadas percam a identidade, o valor adicionado pelo processamento ulterior pode ser determinado com precisão sem muita dificuldade. Por outro lado, há casos em que, embora mantendo sua identidade, o valor adicionado pelo processamento ulterior pode ser determinado com precisão sem muita dificuldade. Por outro lado, há casos em que, embora mantendo sua identidade, as mercadorias importadas contribuem para uma parcela tão pequena na constituição das mercadorias vendidas no país de importação que a utilização desse método de valoração não se justificaria. Em vista do exposto acima, cada uma dessas situações deverá ser considerada individualmente".

idênticas ou similares integrantes de um mesmo grupo ou categorias de bens produzidos por uma indústria ou de setor industrial determinado:[213]

> Artigo 6
> 1. O valor aduaneiro das mercadorias importadas, determinado segundo as disposições deste artigo, basear-se-á num valor computado. O valor computado será igual à soma de:
> (a) o custo ou o valor dos materiais e da fabricação, ou processamento, empregados na produção das mercadorias importadas;
> (b) um montante para lucros e despesas gerais, igual àquele usualmente encontrado em vendas de mercadorias da mesma classe ou espécie que as mercadorias objeto de valoração, vendas estas para exportação, efetuadas por produtores no país de exportação, para o país de importação;
> (c) o custo ou o valor de todas as demais despesas necessárias para aplicar a opção de valoração escolhida pela Parte, de acordo com o parágrafo 2 do Artigo 8.

Trata-se de um método de substitutivo de difícil operacionalização, que depende do acesso a informações, demonstrações contábeis e documentos relacionados ao custo de produção no país exportador.[214] Por isso, como reconhece a Nota ao Artigo 6, a sua utilização restringe-se, em geral, "àqueles casos em que o comprador e o vendedor são vinculados, e o produtor se dispõe a fornecer às autoridades do país de importação os dados relacionados com os custos, e a facilitar quaisquer verificações subsequentes que possam ser necessárias".

### 3.5 Método do último recurso

O art. 7.1 prevê que, diante da inaplicabilidade dos demais métodos, a apuração do valor aduaneiro deve ocorrer em consonância com critérios razoáveis, desde que se mostrem compatíveis com os princípios e disposições gerais do AVA. Trata-se de critério de valoração conhecido como método flexível, da razoabilidade ou do último recurso (*the fall-back method*). Nele é permitido que se retroceda aos métodos anteriores, construindo-se variações dos demais critérios de valoração, tal como exemplificado na Nota ao art. 7:

> 3. Seguem-se alguns exemplos de flexibilidade razoável:
> (a) mercadorias idênticas – a exigência de que as mercadorias idênticas devem ser exportadas no mesmo tempo ou aproximadamente no mesmo tempo que as mercadorias objeto de valoração poderá ser interpretada de maneira flexível; mercadorias importadas idênticas, produzidas num país diferente do país de exportação das mercadorias sendo valoradas poderão servir de base para a valoração aduaneira; os valores aduaneiros de mercadorias importadas idênticas, já determinados conforme as disposições dos Artigos 5 e 6, poderão ser utilizados;

---

[213] "3. Neste acordo, entenda-se por "mercadoria da mesma classe ou espécie", as que se enquadram num grupo ou categorias de mercadorias produzidas por uma indústria ou setor industrial determinado, e abrange mercadorias idênticas ou similares".

[214] "2. O 'custo ou o valor' a que se refere o parágrafo 1(a) do Artigo 6 deve ser determinado com base em informações relacionadas com a produção das mercadorias objeto de valoração, informações estas fornecidas pelo produtor, ou em seu nome. Tais informações devem basear-se nos registros contábeis do produtor, desde que tais registros sejam compatíveis com os princípios de contabilidade geralmente aceitos e aplicados no país em que as mercadorias são produzidas".

(b) mercadorias similares – a exigência de que as mercadorias similares devem ser exportadas no mesmo tempo ou aproximadamente no mesmo tempo que as mercadorias objeto de valoração poderá ser interpretada de maneira flexível; mercadorias importadas similares, produzidas num país diferente do país de exportação das mercadorias sendo valoradas poderão servir de base para a valoração aduaneira; os valores aduaneiros de mercadorias importadas similares, já determinados conforme as disposições dos Artigos 5 e 6, poderão ser utilizados;

(c) método dedutivo – a exigência de que as mercadorias devem ter sido vendidas no "estado em que são importadas", conforme o parágrafo 1(a) do Artigo 5, poderá ser interpretada de maneira flexível; a exigência de "noventa dias" poderá ser aplicada de maneira flexível.

O art. 7.2 do AVA estabelece limites ao método da razoabilidade, vedando a apuração do valor aduaneiro a partir: (**a**) do preço de venda de mercadorias nacionais produzidas no país importador; (**b**) do critério de seleção pelo maior valor entre bases de cálculos alternativas; (**c**) do preço de venda de mercadorias no mercado interno do país exportador; (**d**) do custo de produção diferente dos valores computados, apurados em consonância com o quinto método substitutivo; (**e**) do preço de venda de exportação para outros territórios aduaneiros adotado no país de procedência da mercadoria; (**f**) de valores aduaneiros mínimos; e (**g**) de valores arbitrários ou fictícios.

Essas limitações têm origem nos critérios arbitrários de valoração identificados no estudo realizado pelo Gatt na década de 1950 e no balanço dos 20 anos do Gatt 1947, após a Rodada Kennedy de 1967, (*current domestic value, import market value, American Selling Price valuation method*, o método australiano do maior valor entre os comparáveis e os preços mínimos brasileiros).[215] A eliminação dessas práticas abusivas, mantidas por diversos países até recentemente, foi o objetivo principal perseguido pelo AVA/OMC. Por isso, ao permitir a aplicação subsidiária e excepcional de um método flexível, o acordo teve a cautela de vedar expressamente o uso dessas metodologias pretéritas, estancando qualquer risco de retrocessos no comércio internacional.

## 4 CUSTOS E ENCARGOS EXCLUÍDOS DO VALOR ADUANEIRO (SERVIÇOS PÓS-IMPORTAÇÃO E CONTRATOS "TURN-KEY")

De acordo com a Nota Interpretativa do art. 1 do AVA, não integram o valor aduaneiro, quando destacados do preço, os seguintes custos e encargos:[216]

Nota ao Artigo I
3. O valor aduaneiro não incluirá os seguintes encargos ou custos, desde que estes sejam destacados do preço efetivamente pago ou a pagar pelas mercadorias importadas:

---

[215] Ver item 1.1.
[216] Tais custos, como destaca Antenori Trevisan Neto, devem ser excluídos do valor aduaneiro, independentemente do método de valoração aplicado: "Vale notar que o § 3º da Nota Interpretativa ao art. 1º faz referência ao *valor aduaneiro* e não ao *valor da transação*. Assim sendo, na medida em que os valores mencionados nesta Nota não devem ser adicionados ao valor aduaneiro, esta não adição deve se aplicar não apenas à apuração do valor aduaneiro com base no 1º método, mas também de acordo com quaisquer dos métodos previstos no AVA" (TREVISAN NETO, Antenori. *Aplicação do acordo sobre valoração aduaneira no Brasil*. São Paulo: Aduaneiras, 2010. p. 111).

(a) encargos relativos à construção, instalação, montagem, manutenção ou assistência técnica executados após a importação, relacionados com as mercadorias importadas, tais como instalações, máquinas ou equipamentos industriais;
(b) o custo de transporte após a importação;
(c) direitos aduaneiros e impostos incidentes no país de importação.

Os encargos relativos à construção, instalação, montagem, manutenção ou assistência técnica executados após a importação também compreendem as chamadas despesas de *comissionamento*, que constituem uma etapa de testes da adequação técnica e operacional dos equipamentos e máquinas com os projetos de engenharia e com o objeto da contratação. O mesmo aplica-se aos serviços prestados na execução dos contratos do tipo *turn-key*,[217] também chamados *EPC (Engineering, Procurement and Construction), turnkey contract, clé en main* ou *llave a mano*, que, independentemente do método de valoração adotado, devem ter a parcela relativa aos serviços excluídas do valor aduaneiro.[218]

---

[217] ROSENOW, Sheri; O'SHEA, Brian J. *A handbook on the WTO Customs Valuation Agreement*. Cambridge: Cambridge University Press, 2010. p. 1156.

[218] Os contratos de EPC, devido a sua importância na redução potencial dos riscos relacionados à variação do preço e ao prazo de execução, são modelos frequentes nos grandes projetos de investimento, inclusive por exigência de agências oficiais de fomento e de financiadores privados. Neles o contratante (proprietário) participa da definição das especificações gerais do projeto e do cronograma da obra, podendo acompanhar e auditar a respectiva execução. A responsabilidade pela elaboração do projeto e pela execução da obra, porém, cabe exclusivamente ao contratado (denominado *contractor* ou contratante), que também se obriga ao fornecimento dos materiais de construção, das máquinas e equipamentos necessários à operação da unidade industrial, diretamente ou mediante subcontratação. A obrigação do contratado, por sua vez, não se limita à construção da obra ou disponibilização dos equipamentos, porque está vinculada à entrega da unidade industrial em operação, dentro de um prazo determinado e em consonância com padrões de performance previstos no contrato, mediante recebimento de um preço global fixo, reajustável apenas em circunstâncias excepcionais. Em razão disso, a doutrina o qualifica como uma espécie de empreitada mista ou global, uma vez que o contratado não apenas executa o trabalho, sem subordinação, como também fornece os materiais necessários, assumindo os riscos do preço até o momento da conclusão integral da obra (GOMES, Orlando. *Contratos*. 21. Ed. Rio de Janeiro: Forense, 2000. p. 466 e ss.; DINIZ, Maria Helena. *Tratado teórico e prático dos contratos*. 4. ed. São Paulo: Saraiva, 2002. p. 93 e ss.; RIZZARDO, Arnaldo. *Contratos*. 2. ed. Rio de Janeiro: Forense, 2001. p. 1010 e ss.). A aplicação desse entendimento à valoração aduaneira implica o afastamento do método do valor da transação, que, como anteriormente analisado, pressupõe uma operação de compra e venda. Não obstante, o Comentário nº 6.1, do Comitê de Valoração, quando dispõe sobre o tratamento aplicável às remessas fracionadas segundo o Artigo 1 do Acordo, prevê que, *no fracionamento de uma instalação ou planta industrial*: "4. O valor aduaneiro de cada remessa será baseado no preço efetivamente pago ou a pagar, ou seja, na proporção correspondente do pagamento total efetuado ou a efetuar pelo comprador ao vendedor, ou em benefício deste, pelas mercadorias importadas, conforme a transação concluída entre as partes". Todavia, como os métodos sucessivos são igualmente de difícil aplicação, os parâmetros definidos nesse comentário podem ser aproveitados dentro de uma abertura proporcionada pela Nota Interpretativa ao Artigo 7 do AVA (método do último recurso). Sobre esse tema, dentro de uma perspectiva diferenciada, cf. ainda: BARREIRA, Enrique C. Valoración aduanera para las importacíon de plantas industriales "llave em mano". *In*: CARRERO, Germán Pardo (dir.). *Relevancia tributaria del valor en aduana de la mercancia importada*. Bogotá: Instituto Colombiano de Derecho Tributário, 2015. p. 337-355.

## 5 REGRAS ESPECIAIS DE VALORAÇÃO

### 5.1 Produtos apreendidos

Os incisos I e III do art. 20 do CTN preveem bases de cálculo aplicáveis à importação de produtos sujeitos a alíquotas específicas e no leilão de mercadorias apreendidas ou abandonadas:

> Art. 20. A base de cálculo do imposto é:
> I – quando a alíquota seja específica, a unidade de medida adotada pela lei tributária;
> [...]
> III – quando se trate de produto apreendido ou abandonado, levado a leilão, o preço da arrematação.

Todavia, a incidência do imposto de importação no leilão de produtos apreendidos ou abandonados, prevista na redação originária do Decreto-Lei nº 37/1966, foi revogada pelo Decreto-Lei nº 2.472/1988. Tais bens, de acordo com o art. 29 do Decreto-Lei nº 1.455/1976, quando não destruídos ou inutilizados, são destinados à incorporação ao patrimônio público, doados a entidades sem fins lucrativos ou alienados mediante procedimento licitatório, sem incidência do imposto.[219]

### 5.2 Regime de alíquotas específicas

O art. 2º da Lei nº 11.727/2008 autoriza a edição de ato normativo do Poder Executivo prevendo alíquotas específicas ("*ad rem*") de até R$ 15,00 (quinze reais) por quilograma líquido ou unidade de medida estatística de determinadas mercadorias.[220] Essa competência, entretanto, não foi exercida pelo Governo Federal, de sorte que a cobrança do imposto de importação no direito brasileiro se dá unicamente por meio de alíquotas *ad valorem*.

### 5.3 Regimes de tributação especial e simplificada

No regime de tributação especial (RTE), a base de cálculo do imposto corresponde ao valor de aquisição do bem no exterior, apurado a partir da fatura ou de documento de efeito equivalente.[221] Regra semelhante aplica-se às remessas postais e às encomendas aéreas

---

[219] "Art. 29. [...] § 12. Não haverá incidência de tributos federais sobre o valor da alienação, mediante licitação, das mercadorias de que trata este artigo (Incluído pela Lei nº 12.350, de 2010)".

[220] "Art. 2º O Poder Executivo poderá definir alíquotas específicas (*ad rem*) para o Imposto de Importação, por quilograma líquido ou unidade de medida estatística da mercadoria, estabelecer e alterar a relação de mercadorias sujeitas à incidência do Imposto de Importação sob essa forma, bem como diferenciar as alíquotas específicas por tipo de mercadoria.
Parágrafo único. A alíquota de que trata este artigo fica fixada em R$ 15,00 (quinze reais) por quilograma líquido ou unidade de medida estatística da mercadoria, podendo ser reduzida por ato do Poder Executivo nos termos do *caput* deste artigo".

[221] RA/2009: "Art. 101. O regime de tributação especial é o que permite o despacho de bens integrantes de bagagem mediante a exigência tão somente do imposto de importação, calculado pela aplicação da alíquota de cinquenta por cento sobre o valor do bem, apurado em conformidade com o disposto no art. 87 (Decreto-Lei nº 2.120, de 1984, art. 2º, *caput*; Lei nº 10.865, de 2004, art. 9º, inciso II, alínea *c*; e Regime Aduaneiro de Bagagem no Mercosul, Artigos 12, inciso 1, e 13, aprovado pela Decisão CMC nº 53, de 2008, internalizada pelo Decreto nº 6.870, de 2009) (Redação dada pelo Decreto nº 7.213, de 2010)". Por outro lado, de acordo com o art. 87: "Art. 87. Para fins de determinação do valor dos bens

internacionais sujeitas ao regime de tributação simplificada (RTS), previsto no Decreto-Lei nº 1.804/1980, que estabelece um critério simplificado de valoração, equivalente ao método do valor da transação.[222]

## 5.4 Mercadorias extraviadas

Nas hipóteses de extravio ou de consumo, o art. 67 da Lei nº 10.833/2003 estabelece que – não sendo possível identificar a mercadoria em razão de descrição genérica nos documentos comerciais ou de transporte disponíveis – o crédito tributário deve ser calculado considerando uma alíquota única de 80%, em regime de tributação simplificada, relativa ao imposto de importação, ao IPI, ao PIS-Cofins e ao Adicional ao Frete para a Renovação da Marinha Mercante (AFRMM). Além disso, a base de cálculo será arbitrada em montante equivalente à média dos valores por quilograma de todas as mercadorias importadas a título definitivo, pela mesma via de transporte internacional, constantes de declarações registradas no semestre anterior, incluídos os custos do transporte e do seguro internacionais:

> Art. 67. Na impossibilidade de identificação da mercadoria importada, em razão de seu extravio ou consumo, e de descrição genérica nos documentos comerciais e de transporte disponíveis, será aplicada, para fins de determinação dos impostos e dos direitos incidentes na importação, alíquota única de 80% (oitenta por cento) em regime de tributação simplificada relativa ao Imposto de Importação – II, ao Imposto sobre Produtos Industrializados – IPI, à Contribuição para os Programas de Integração Social e de Formação do Patrimônio do Servidor Público – PIS/Pasep, à Contribuição Social para o Financiamento da Seguridade Social – COFINS e ao Adicional ao Frete para a Renovação da Marinha Mercante – AFRMM (Redação dada pela Lei nº 13.043, de 2014).
>
> § 1º A base de cálculo da tributação simplificada prevista neste artigo será arbitrada em valor equivalente à mediana dos valores por quilograma de todas as mercadorias importadas a título definitivo, pela mesma via de transporte internacional, constantes de declarações registradas no semestre anterior, incluídas as despesas de frete e seguro internacionais (Redação dada pela Lei nº 13.043, de 2014).
>
> § 2º Na falta de informação sobre o peso da mercadoria, adotar-se-á o peso líquido admitido na unidade de carga utilizada no seu transporte.

Esse dispositivo é de constitucionalidade duvidosa. Em primeiro lugar, porque a tributação de mercadorias extraviadas não é compatível com o conceito de importação.[223] Em segundo lugar, porque, a rigor, o que se tem no art. 67 é uma penalização do sujeito passivo. Esse, em razão da descrição genérica do produto, fica sujeito a uma alíquota e a uma base de cálculo majoradas. Ocorre que a descrição da mercadoria nos documentos comerciais ou de transporte não é realizada pelo importador, mas pelo exportador e pelo transportador, respectivamente. Assim, ressalvado o concurso de agentes, a penalização deveria ser dirigia

---

que integram a bagagem, será considerado o valor de sua aquisição, à vista da fatura ou documento de efeito equivalente (Regime Aduaneiro de Bagagem no Mercosul, Artigo 4º, inciso 1, aprovado pela Decisão CMC nº 53, de 2008, internalizada pelo Decreto nº 6.870, de 2009) (Redação dada pelo Decreto nº 7.213, de 2010)".

[222] Instrução Normativa RFB nº 1.737/2017, arts. 21, § 1º, e 25.
[223] Ver Cap. II, item 2.2.1.1.6.

ao autor da conduta. Ninguém, afinal, pode ser punido por fato de terceiros. Ademais, o uso de tributo como sanção de ato ilícito é incompatível com o art. 3º do CTN.[224]

Na parte em que dispõe sobre o arbitramento, o art. 67 tampouco é compatível com o Acordo de Valoração Aduaneira (AVA, art. 17, § 6º do Anexo III). A base de cálculo dos tributos incidentes na importação sempre deve corresponder ao preço efetivamente pago ou a pagar pelas mercadorias importadas, acrescido dos ajustes dos §§ 1º e 2º do art. 8º do AVA. Esse preço é o declarado e reflete o valor da fatura comercial emitida pelo vendedor. A autoridade fiscal apenas pode desconsiderá-lo nos casos de falsidade ou de dúvida fundada acerca da veracidade e da exatidão das afirmações, das declarações e dos documentos apresentados pelo interessado (Comitê Técnico de Valoração Aduaneira da OMA, Opinião Consultiva nº 10.1; Medida Provisória nº 2.158-35/2001, art. 88). A descrição genérica do produto não prejudica o conhecimento do *preço pago ou a pagar* pela mercadoria, bem como os demais elementos que devem ser agregados para efeitos de composição do valor aduaneiro. Não há razões para o afastamento do preço declarado, que é o critério primário para a valoração aduaneira de qualquer mercadoria.

A verificação física do produto é prescindível na valoração aduaneira. Essa, dentro das melhores práticas de eficiência fiscalizatória[225] e por força de previsão expressa na legislação aduaneira nacional,[226] ocorre preferencialmente após o desembaraço aduaneiro, em sede de revisão aduaneira. Nesse momento, como se sabe, o produto já foi entregue ao importador para consumo ou para comercialização.

O Auditor Fiscal pode conhecer as características do produto por outras fontes igualmente eficazes. Mesmo que a descrição na fatura comercial se mostre genérica, ainda restará o conhecimento de embarque para verificação. Na excepcional hipótese de ambos apresentarem o mesmo problema, o contribuinte pode ser intimado para disponibilizar outros documentos, como a fatura *proforma* e o *packing list* (romaneio de embarque), que, como se sabe, registra a relação de produtos embarcados (volumes, quantidades, dimensões e peso, entre outros). Também é possível o exame dos registros contábeis, dos manuais do produto, licenças, certificado de origem ou da correspondência comercial, ou seja, a mesma ampla gama de documentos que permitem a fiscalização do valor aduaneiro na auditoria pós-despacho (revisão aduaneira). A própria nota fiscal de venda no mercado interno pode servir para a identificação. Ademais, pode-se intimar o adquirente para prestar esclarecimentos ou realizar diligências para a identificação do produto. O contribuinte – que

---

[224] "Art. 3º Tributo é toda prestação pecuniária compulsória, em moeda ou cujo valor nela se possa exprimir, que não constitua sanção de ato ilícito, instituída em lei e cobrada mediante atividade administrativa plenamente vinculada".

[225] Com efeito, segundo ressalta James T. Walsh, "[...] as administrações aduaneiras estão aceitando cada vez mais que não é mais necessário ou eficiente concentrar todos os seus controles nas fronteiras. Essa mudança de abordagem, muitas vezes resistida pelos tradicionalistas da alfândega, é de particular benefício para o controle da valoração. O trabalho de valoração sempre foi ideal para controles pós-liberação (*post-release controls*), porque a imagem completa (*the complete picture*) que proporciona a base para a valoração só está totalmente disponível a partir dos registros do importador". Tradução nossa. Original: "[...] customs administrations are increasingly accepting that it is no longer necessary or effective to concentrate all their controls at frontiers. This change in approach, often resisted by customs traditionalists, is of particular benefit for valuation control. Valuation work has always been ideally suited to post-release controls, because the complete picture that provides the basis for valuation is only fully available from an importer's records" (WALSH, James T. Customs valuation. In: KEEN, Michael (ed.). *Changing customs: challenges and strategies for the reform of customs administration*. Washington, D.C.: International Monetary Fund, 2003. p. 90-91).

[226] IN RFB nº 2.090/2022: "Art. 25. A verificação da adequação do valor aduaneiro declarado às disposições estabelecidas na legislação será realizada preferencialmente após o desembaraço aduaneiro, no período destinado à apuração da regularidade e conclusão do despacho, nos termos do art. 54 do Decreto-Lei nº 37, de 18 de novembro de 1966".

não foi o causador do fato, já que não emitiu os documentos com a descrição genérica – certamente não se furtará a colaborar. O risco do agravamento da exigência fiscal é mais do que suficiente para motivá-lo a munir a fiscalização de todos os elementos necessários à valoração.

Registre-se, a propósito, que, antes da Lei nº 10.833/2003, o 3º Conselho de Contribuintes – atual Terceira Seção de Julgamento do Carf – já decidiu que, desconhecida a detalhada especificação da mercadoria, o valor aduaneiro deve ser determinado com base no valor de mercadorias similares (terceiro método de valoração):

> Imposto de importação. Base de cálculo. Terceiro método de valoração aduaneira.
> Quando restar impossibilitada a demonstração do verdadeiro valor da transação (v.g.: peso das mercadorias para o correto rateio do frete pago pelo importador) e desconhecida a detalhada especificação das mercadorias (modelos, tipos, marcas ou fabricantes), o valor aduaneiro deve ser determinado com base no valor de transação de mercadorias similares importadas: terceiro método definido no Acordo de Valoração Aduaneira (AVA).
> Recurso Voluntário Provido em Parte.[227]

Portanto, se a autoridade aduaneira continuar com dúvidas fundadas sobre a veracidade ou a exatidão dos valores declarados, o AVA estabelece as consequências jurídicas aplicáveis, ou seja, deve-se afastar o método do valor da transação, com apuração do crédito tributário mediante aplicação de um dos critérios sucessivos de valoração, inclusive o método da razoabilidade ou do último recurso (*the fall-back method*).

## 5.5 Subfaturamento

No *subfaturamento*,[228] o crédito tributário deve ser apurado de acordo com o art. 88 da Medida Provisória nº 2.158-35/2001:

> Art. 88. No caso de fraude, sonegação ou conluio, em que não seja possível a apuração do preço efetivamente praticado na importação, a base de cálculo dos tributos e demais direitos incidentes será determinada mediante arbitramento do preço da mercadoria, em conformidade com um dos seguintes critérios, observada a ordem sequencial:
> I – preço de exportação para o País, de mercadoria idêntica ou similar;
> II – preço no mercado internacional, apurado:
> a) em cotação de bolsa de mercadoria ou em publicação especializada;
> b) de acordo com o método previsto no Artigo 7 do Acordo para Implementação do Artigo VII do GATT/1994, aprovado pelo Decreto Legislativo nº 30, de 15 de dezembro de 1994, e promulgado pelo Decreto nº 1.355, de 30 de dezembro de 1994, observados os dados disponíveis e o princípio da razoabilidade; ou
> c) mediante laudo expedido por entidade ou técnico especializado.

O dispositivo estabelece duas alternativas: (**i**) se a autoridade aduaneira conhece qual foi o preço efetivamente praticado, esse deve ser adotado como base de cálculo; (**ii**) se não é conhecido o preço real, a base de cálculo deve ser arbitrada, de acordo com os seguintes critérios de aplicação sequencial e obrigatória: (***a***) o preço de exportação para o país de mercadoria idêntica ou similar; (***b***) o preço no mercado internacional apurado mediante: (**b.1**) cotação

---

[227] 3º CC. 3ª T. Ac. 303-34.865. Rel. Cons. Tarásio Campelo Borges. S. 06.11.2007.
[228] Ver item 2.3.1.3 e Cap. VII, item 4.1.3.3.

de bolsa de mercadoria ou em publicação especializada; (**b.2**) método do último recurso do AVA, observados os dados disponíveis e o princípio da razoabilidade; ou (**b.3**) mediante laudo expedido por entidade ou técnico especializado.

Dessa maneira, quando o subfaturamento decorre de falsidade ideológica, não cabe o arbitramento, por absoluta falta de necessidade, já que a caracterização da infração resulta da própria demonstração da discrepância entre o valor declarado e o preço real.[229] Logo, se a autoridade fazendária conhece o preço efetivamente praticado na importação, deve adotá-lo como base de cálculo para a exigência da diferença do crédito tributário, sob pena de nulidade do auto de infração por vício material.

O arbitramento tem lugar apenas na falsidade material, salvo se a autoridade fazendária, além de constatar a falsificação da fatura, tiver como determinar o preço real praticado na operação. Isso ocorre quando o importador – sem o conluio ou mesmo aquiescência do exportador – promove a adulteração da fatura por este emitida, registrando na declaração de importação um preço que não corresponde à realidade.

A Medida Provisória nº 2.158-35/2001, no *caput* do art. 88, só permite o arbitramento quando não for conhecido o valor efetivo da operação. Portanto, sempre que identificar a ocorrência de um pagamento "por fora", discrepante do que consta na fatura comercial, a autoridade aduaneira deve constituir o crédito tributário considerando essa diferença. Com isso, prestigia-se o princípio da valoração aduaneira pelo valor real, consagrado no Artigo VII do Gatt 1994 e no Acordo de Valoração Aduaneira.[230]

## 5.6 Arbitramento na subvaloração

O direito brasileiro estabelece uma regra especial que determina o arbitramento da base de cálculo quando o importador viola o dever instrumental previsto no art. 70 da Lei nº 10.833/2003:

> Art. 70. O descumprimento pelo importador, exportador ou adquirente de mercadoria importada por sua conta e ordem, da obrigação de manter, em boa guarda e ordem, os documentos relativos às transações que realizarem, pelo prazo decadencial estabelecido na legislação tributária a que estão submetidos, ou da obrigação de os apresentar à fiscalização aduaneira quando exigidos, implicará:
> 
> [...]
> 
> II – se relativo aos documentos obrigatórios de instrução das declarações aduaneiras: a) o arbitramento do preço da mercadoria para fins de determinação da base de cálculo, conforme os critérios definidos no art. 88 da Medida Provisória nº 2.158-35, de 24 de agosto de 2001, se existir dúvida quanto ao preço efetivamente praticado; e

Assim, mesmo que não se tenha uma fraude comprovada, o arbitramento é aplicável quando o importador violar o dever instrumental do *caput* do art. 70 da Lei nº 10.833/2003, deixando de conservar – em boa guarda e ordem – qualquer dos documentos de instrução obrigatória da DI (RA, art. 553[231]), inclusive a fatura comercial. São inaplicáveis os métodos sucessivos de valoração previstos no AVA.

---

[229] Ver item 2.3.1.2.
[230] Ver Cap. II, item 2.1.5.
[231] "Art. 553. A declaração de importação será obrigatoriamente instruída com (Decreto-Lei nº 37, de 1966, art. 46, *caput*, com a redação dada pelo Decreto-Lei nº 2.472, de 1988, art. 2º): (Redação dada pelo Decreto nº 8.010, de 2013)

Sob o aspecto do direito interno, não há ilegalidade nem inconstitucionalidade nessa previsão. A hierarquia dos acordos internacionais é a mesma de seu veículo introdutor: o Decreto Legislativo, que tem força de lei ordinária. A única exceção diz respeito aos tratados e convenções internacionais sobre direitos humanos. Esses, de acordo com o § 3º do art. 5º, da Constituição Federal, são equivalentes às emendas constitucionais, desde que aprovados, em dois turnos, por três quintos dos votos dos membros de cada Casa do Congresso Nacional. Portanto, como não é esse o caso das regras de valoração do AVA, eventuais conflitos devem ser resolvidos pelos critérios cronológico e da especialidade.

Não parece que o Estado brasileiro possa vir a ser responsabilizado no contencioso da OMC em decorrência desse preceito. Isso porque, nos termos do art. 17 do AVA, "nenhuma disposição deste Acordo poderá ser interpretada como restrição ou questionamento dos direitos que têm as administrações aduaneiras de se assegurarem da veracidade ou exatidão de qualquer afirmação, documento ou declaração apresentados para fins de valoração aduaneira". Daí que, nos termos do Anexo III (6), "os Membros, nos termos de suas leis e procedimentos nacionais, têm o direito de contar com a cooperação plena dos importadores para tais investigações".

O art. 70 da Lei nº 10.833/2003 abrange hipóteses de impossibilidade de fiscalização decorrente de atos desidiosos ou dolosos do contribuinte. São situações excepcionais em que esse – mesmo tendo ciência de seu dever legal de conservar os documentos – frustra a atividade fiscal, *v.g.*, porque descartou ou então rasurou a fatura comercial, ou outro documento previsto no art. 553 do RA (Decreto nº 6.759/2009). É princípio geral do direito que ninguém pode se beneficiar da própria torpeza (*nemo auditur propriam turpitudinem allegans*). Isso é reconhecido no Brasil, no direito anglo-saxão (*no one can be heard to invoke his own turpitude*), no direito francês (*nul ne peut se prévaloir de sa propre turpitude*), no italiano (*nessuno viene ascoltato se espone una propria immoralità*) e em qualquer outro ordenamento jurídico que tenha a boa-fé e a moralidade entre seus valores fundamentais. Assim, se o contribuinte causou a impossibilidade de fiscalização, é perfeitamente razoável que suporte as consequências de seu próprio ato. Não há incompatibilidade entre o AVA e o arbitramento, inclusive porque este, da forma como disciplinado pela Medida Provisória nº 2.158-35/2001, não tem caráter abusivo nem sancionatório, constituindo apenas uma técnica indireta e objetiva de aferição da base de cálculo, bastante próxima, aliás, dos critérios do Acordo de Valoração Aduaneira.

---

I – a via original do conhecimento de carga ou documento de efeito equivalente;
II – a via original da fatura comercial, assinada pelo exportador; e
III – o comprovante de pagamento dos tributos, se exigível.
Parágrafo único. Poderão ser exigidos outros documentos instrutivos da declaração aduaneira em decorrência de acordos internacionais ou por força de lei, de regulamento ou de outro ato normativo (Incluído pelo Decreto nº 8.010, de 2013)".

*Capítulo V*
# CLASSIFICAÇÃO ADUANEIRA

## 1 NOMENCLATURA COMUM DO MERCOSUL (NCM) E SISTEMA HARMONIZADO (SH)

### 1.1 Finalidade

A classificação aduaneira é determinada a partir do enquadramento da mercadoria na Nomenclatura Comum do Mercosul (NCM). Essa, por sua vez, tem por base a Nomenclatura do Sistema Harmonizado (SH), instituída pela Convenção Internacional do Sistema Harmonizado de Designação e Codificação de Mercadorias de 1983, incorporada ao direito brasileiro pelo Decreto Legislativo nº 71/1988, promulgado pelo Decreto nº 97.409/1988.[1] Trata-se de um sistema classificatório composto por códigos numéricos artificialmente convencionados pelos Estados signatários da convenção. Seu objetivo foi uniformizar a designação das mercadorias no âmbito internacional, constituindo uma linguagem comum na negociação de acordos comerciais e, sobretudo, para a comunicação entre os agentes econômicos e as aduanas dos diversos países.[2]

---

[1] Essa nomenclatura foi elaborada por um Comitê previsto na Convenção de Bruxelas de 1950, dentro de um esforço de uniformização concluído no ano de 1983, mas que apenas foi aplicado no plano internacional a partir de 1º de janeiro de 1988. A sua construção teve como referência a Nomenclatura do Conselho de Cooperação Aduaneira (NCCA). Porém, também considera aspectos da Classificação Tipo para o Comércio Exterior (CTCI), da Tarifa Aduaneira do Japão, do Canadá e dos Estados Unidos, da Nomenclatura de Mercadorias para as Estatísticas do Comércio Internacional da Comunidade Europea e do Comércio entre seus Estados-Membros (Nimexe), da Nomenclatura Uniforme de Mercadorias da União Internacional de Ferrovias, do *Worldwide Air Cargo Commodity Classification* (WAXC) da União Internacional de Transportes Aéreos, da Tarifa de Fretes da Associação de Linhas de Navegação Transatlântica das Índias Orientais (WIFT) e do *Standard Transportation Commodity Code* (STCC). Sobre o tema, cf. WCO. *HS Classification Handbook*. Bruxelas: WCO, 2013, p. A/8.

[2] Sobre o tema, cf.: ARMELLA, Sara. *Diritto doganale dell'Unione europea*. Milão: Egea, 2017, p. 208-226; ASSIS JUNIOR, Milton Carmo de. *Classificação fiscal de mercadorias*: NCM/SH: seus reflexos no direito tributário. São Paulo: Quartier Latin, 2015, p. 109; BIZELLI, João dos Santos. *Classificação fiscal de mercadorias*. 2. ed. São Paulo: Aduaneiras, 2020, p. 45 e ss.; CARVALHO, Paulo de Barros. IPI – Comentários sobre as regras gerais de interpretação da tabela NBM/SH (TIPI/TAB). *Revista Dialética de Direito Tributário*. São Paulo: Dialética, nº 12, p. 42-60, nov. 1996; CONTRERAS, Máximo Carvajal. *Derecho aduanero*. 15. ed. México: Porrúa, 2009, p. 268 e ss.; DALSTON, Cesar Olivier. Classificando mercadorias: uma abordagem didática da ciência da classificação de mercadorias. 2. ed. São Paulo: Aduaneiras, 2014, p. 251 e ss.; FERNANDES, Rodrigo Mineiro. *Introdução ao direito aduaneiro*. São Paulo: Intelecto, 2018, p. 25 e ss.; LABANDERA, Pablo. El sistema harmonizado y la nomenclatura arancelaria. Análisis jurídico y práctico. *In*: CARRERO, Germán Pardo (dir.); MARSILLA, Santiago Ibáñez; YEBRA, Felipe Moreno (codir.). Derecho aduanero. Bogotá: Universidad del Rosario; Tirant lo Blanch, tomo I, 2019, p. 481-510; MARIÑO, Juan David Barbosa. El arancel de aduanas (la nomenclatura arancelaria). *In*: CARRERO,

O SH proporciona uma redução do custo das transações, além de oferecer uma maior precisão nas estatísticas sobre o fluxo do comércio internacional.[3] Não apresenta finalidade arrecadatória ou fiscal,[4] inclusive porque também serve de referencial para a aplicação de medidas não tarifárias (quotas, proibições de importação e de exportação, licenciamento, exigências técnicas, sanitárias, fitossanitárias e medidas de defesa comercial[5]). Por isso, mostra-se mais apropriado substituir a denominação tradicional encontrada na prática forense brasileira – "classificação fiscal" – por "classificação aduaneira", que reflete melhor os objetivos desse instrumento.[6]

---

Germán Pardo (dir.); MARSILLA, Santiago Ibáñez; YEBRA, Felipe Moreno (codir.). *Derecho aduanero*. Bogotá: Universidad del Rosario; Tirant lo Blanch, tomo I, 2019, p. 511-546; OSORIO C. H., Marco Antonio. El sistema armonizado de designación y codificación de mercancías. In: CARRERO, Germán Pardo (dir.); MARSILLA, Santiago Ibáñez; YEBRA, Felipe Moreno (codir.). Derecho aduanero. Bogotá: Universidad del Rosario; Tirant lo Blanch, tomo I, 2019, p. 435-479; ZOZAYA, Francisco Pelechá. *Fiscalidad sobre el comercio exterior*: el derecho aduanero tributario. Madrid: Marcial Pons, 2009, p. 157 e ss.; FLORIANO, Daniela. A atividade de classificar mercadorias. In: SEHN, Solon; PEIXOTO, Marcelo Magalhães (coord.). *Direito aduaneiro e tributação do comércio exterior*. São Paulo: MP, p. 81-100, 2023.

[3] O SH é adotado em 211 países (sendo 158 deles signatários da convenção). Esses, por sua vez, segundo a doutrina, abrangendo 98% do comércio internacional (ARMELLA, Sara. *Diritto doganale dell'Unione europea*. Milão: Egea, 2017, p. 210; OSORIO C. H., Marco Antonio. El sistema armonizado de designación y codificación de mercancías. *In*: CARRERO, Germán Pardo (dir.); MARSILLA, Santiago Ibáñez; YEBRA, Felipe Moreno (codir.). Derecho aduanero. Bogotá: Universidad del Rosario; Tirant lo Blanch, tomo I, 2019, p. 447; ASSIS JUNIOR, Milton Carmo de. *Classificação fiscal de mercadorias*: NCM/SH: seus reflexos no direito tributário. São Paulo: Quartier Latin, 2015, p. 108. Ver ainda: http://www.wcoomd.org/en/topics/nomenclature/instrument-and-tools/hs-nomenclature-2022-edition/amendments-effective-from-1-january-2022.aspx. Acesso em: 18 set. 2021.

[4] Conforme estabelece o Artigo 9 da Convenção: "As Partes Contratantes não assumem, pela presente Convenção, qualquer compromisso em matéria de direitos aduaneiros".

[5] As medidas de defesa comercial compreendem os direitos *antidumping*, as medidas compensatórias e de salvaguarda. As primeiras, como ensina Welber Barral, "[...] são justificadas como sendo uma reação legalizada à concorrência 'injusta' de produtos estrangeiros. Injusta porque realizada com discriminação de preços (*dumping*) ou com auxílio estatal (subsídios). A seu turno, as medidas de salvaguarda são oponíveis às importações 'justas', mas que provocam um desajustamento no mercado produtor nacional" (BARRAL, Welber. *Dumping e comércio internacional: a regulamentação antidumping após a Rodada Uruguai*. Rio de Janeiro: Forense, 2000 , p. 139).

[6] É certo que "as palavras não são mais que rótulos nas coisas. [...] A garrafa conterá exatamente a mesma substância, ainda que coloquemos nela um rótulo distinto, assim como a coisa seria a mesma ainda que usássemos uma palavra diferente para designá-la" (GORDILLO, Agustín. *Tratado de derecho administrativo*, t. 1: parte general. 8. ed. Buenos Aires: F.D.A., 2003, p. I-14. O autor argentino, na passagem transcrita, faz referência ao filósofo John Hospers). Contudo, é igualmente certo que – para evitar equívocos e, até mesmo, acidentes – convém utilizar um rótulo adequado ao conteúdo. A falta da compreensão da finalidade aduaneira (e não fiscal) da classificação tem gerado uma série de distorções. Algumas autoridades brasileiras, ao invés de determinar a NCM aplicável dentro de parâmetros técnicos e neutros, têm realizado verdadeiros malabarismos e contorcionismos hermenêuticos em matéria classificatória. Tudo para direcionar o enquadramento legal do produto para a carga tributária mais gravosa. As Regras Gerais de Interpretação do SH são solenemente ignoradas. No lugar delas, aplica-se o critério do ganho fiscal a todo custo: na dúvida, adote a NCM que implicar a maior alíquota; se não tiver dúvidas, faça uso de recursos retóricos para criá-la, sempre visando à maior arrecadação, ainda que em prejuízo das regras do SH ou da própria realidade. É cômico, se não fosse trágico. Por sorte, essa prática vem diminuindo progressivamente. Contudo, lamentavelmente, ainda é uma triste realidade no País.

## 1.2 Características

A nomenclatura do SH tem a pretensão de *neutralidade*, no sentido de que não visa a favorecer nem a prejudicar as relações comerciais.[7] Ademais, tem entre suas características a *completude* e a *exatidão*. A completude significa que nela podem ser classificadas todas as mercadorias susceptíveis de comercialização no âmbito internacional. Isso é alcançado, por um lado, pela própria abrangência do sistema classificatório, que compreende 21 Seções e 97 Capítulos divididos em posições e, em alguns casos, em subposições de primeiro e de segundo nível. De outro, pelo emprego de recursos linguísticos, como a enunciação de posições residuais (35.04 [...] *outras matérias proteicas e seus derivados, não especificados nem compreendidos noutras posições*).[8] A exatidão, por sua vez, resulta da impossibilidade de um mesmo produto estar sujeito a mais de uma classificação.[9] Diante de eventuais conflitos, há regras decisórias que encaminham para a aplicabilidade de apenas uma dentre as classificações concorrentes.

Apesar disso, ao longo dos anos, para fazer frente ao surgimento de novos produtos, a nomenclatura já sofreu sete alterações. A última – em vigor no dia 1º de janeiro de 2022 – contém, em meio a diversas modificações, enunciados classificatórios especiais para produtos da área de tecnologia, como *drones* e *smartphones*.[10] Além disso, devido às dificuldades encontradas na categorização de produtos destinados ao enfrentamento da pandemia do novo coronavírus (Covid-19), foram inseridas disposições visando à simplificação da classificação de placebos, kits de diagnóstico, culturas celulares e kits de ensaios clínicos para pesquisas médicas.[11]

## 1.3 Natureza jurídica

A classificação aduaneira não visa à descrição da realidade. Os enunciados do SH e da NCM têm natureza prescritiva, vale dizer, integram o direito positivo e articulam-se, em relações de coordenação e de subordinação, com as demais normas do ordenamento jurídico. Dessa forma, não descrevem o modo como os sujeitos atuam em suas relações sociais (*ser*),

---

[7] MARIÑO, Juan David Barbosa. El arancel de aduanas (la nomenclatura arancelaria). *In*: CARRERO, Germán Pardo (dir.); MARSILLA, Santiago Ibáñez; YEBRA, Felipe Moreno (codir.). *Derecho aduanero*. Bogotá: Universidad del Rosario; Tirant lo Blanch, tomo I, 2019, p. 513.

[8] Como ressalta Pablo Labandera, as posições residuais funcionam como *válvula de escape* do sistema (LABANDERA, Pablo. El sistema harmonizado y la nomenclatura arancelaria. Análisis jurídico y práctico. *In*: CARRERO, Germán Pardo (dir.); MARSILLA, Santiago Ibáñez; YEBRA, Felipe Moreno (codir.). Derecho aduanero. Bogotá: Universidad del Rosario; Tirant lo Blanch, tomo I, 2019, p. 490: "[...] se trata de un 'sistema' *omnicomprensivo*, que permite la clasificación de todos los productos o mercaderías (con las limitaciones conceptuales ya analizadas al respecto) que sob objeto de un intercambio a través de las *fronteras aduaneras*, y que – llegado el caso – siempre cuenta con una 'válvula de escape' como lo es la existencia de una 'partida arancelaria residual', que incluye a 'los demás' bienes que no han podido ser clasificados de manera contundente en las otras posiciones arancelarias existentes. Es esa partida 'residual', que funciona como una especie de 'cajón de sastre', donde finalmente se clasificarán – casi por descarte – las mercaderías que generen dudas conceptuales al respecto".

[9] MARIÑO, Juan David Barbosa. El arancel de aduanas (la nomenclatura arancelaria). *In*: CARRERO, Germán Pardo (dir.); MARSILLA, Santiago Ibáñez; YEBRA, Felipe Moreno (codir.). *Derecho aduanero*. Bogotá: Universidad del Rosario; Tirant lo Blanch, tomo I, 2019, p. 515.

[10] Ver Resolução Gecex nº 272, de 19.11.2021, que "Altera a Nomenclatura Comum do Sul – NCM e a Tarifa Externa Comum – TEC para adaptação às modificações do Sistema Harmonizado (SH-2022)".

[11] Sobre o tema, cf.: http://www.wcoomd.org/en/topics/nomenclature/instrument-and-tools/hs-nomenclature-2022-edition/amendments-effective-from-1-january-2022.aspx. Acesso em: 18 set. 2021.

mas regulam condutas, estabelecendo como devem se comportar (*dever ser*).[12] Dito de um modo mais preciso, são proposições prescritivas que determinam um código numérico que deve ser obrigatoriamente adotado na designação formal dos produtos objeto de operações de comércio exterior. O descumprimento desse dever instrumental, em razão de sua relevância para a ordem jurídica, é penalizado com a multa isolada prevista no art. 84 da Medida Provisória nº 2.158-35/2001 e no art. 69 da Lei nº 10.833/2003.[13]

As proposições do SH/NCM, destarte, não estão sujeitas aos juízos de verdade ou de falsidade, e sim de validade ou de não validade. Por isso, *v.g.*, um bem classificado juridicamente (plano do *dever ser*) como *produto da indústria alimentar* (Seção IV) ou *calçado* (Seção XII) pode não ser assim considerado na realidade social (plano do *ser*). Ademais, mercadorias classificadas como *câmeras de televisão, câmeras fotográficas digitais e câmeras de vídeo* (8525.80.2[14]), por exemplo, podem ser consideradas *aeronaves* ou *veículos aéreos não tripulados* à luz do Código de Aeronáutica (Lei nº 7.565/1986, art. 106[15]). É o que ocorreu com os *drones*, antes da sétima alteração do SH, sem que isso tenha implicado qualquer antinomia. Isso porque, como se sabe, no direito um mesmo fato pode receber qualificações jurídicas distintas. Em razão do critério da especialidade, os enunciados do SH/NCM prevalecem para fins de classificação aduaneira.

### 1.4 Estrutura

No SH, as mercadorias são ordenadas em uma lista de códigos numéricos, constituída por 21 Seções e por 97 Capítulos separados em posições e, em alguns casos, subposições de primeiro e de segundo nível. Há ainda dois capítulos finais (98 e 99) na Seção XXI que são reservados para usos especiais pelas Partes Contratantes. Essa divisão ocorre de acordo com o critério do valor agregado ou do grau de elaboração, iniciando pelos produtos *in natura*, matérias-primas, semielaborados, produtos intermediários e industrializados, culminando com os objetos de arte, coleção e antiguidades.

As seções do SH apresentam a seguinte ordenação:

| | |
|---|---|
| Seção I | **Animais Vivos e Produtos do Reino Animal** |
| Seção II | **Produtos do Reino Vegetal** |
| Seção III | **Gorduras e Óleos Animais ou Vegetais; Produtos da sua Dissociação; Gorduras Alimentícias Elaboradas; Ceras de Origem Animal ou Vegetal** |
| Seção IV | **Produtos das Indústrias Alimentares; Bebidas, Líquidos Alcoólicos e Vinagres; Tabaco e seus Sucedâneos Manufaturados** |
| Seção V | **Produtos Minerais** |

---

[12] VILANOVA, Lourival. *As estruturas lógicas e o sistema do direito positivo*. São Paulo: Max Limonad, 1997, p. 72 e ss.; CARVALHO, Paulo de Barros. *Direito tributário*: fundamentos jurídicos da incidência. 10. ed. São Paulo: Saraiva, 2015, p. 70 e ss; ENCHAVE, Delia Teresa; URQUIJO, María Eugenia; GUIBOURG, Ricardo A. *Lógica, proposición y norma*. Buenos Aires: Astrea, 1995, p. 107-144.
[13] Ver Cap. VII, Item 4.1.7.
[14] "CUSTOMS CODE COMMITTEE
TARIFF AND STATISTICAL NOMENCLATURE SECTION
Minutes of the 184th meeting of the Customs Code Committee".
[15] "Art. 106. Considera-se aeronave todo aparelho manobrável em voo, que possa sustentar-se e circular no espaço aéreo, mediante reações aerodinâmicas, apto a transportar pessoas ou coisas."

| | |
|---|---|
| Seção VI | Produtos das Indústrias Químicas ou das Indústrias Conexas |
| Seção VII | Plástico e suas Obras; Borracha e suas Obras |
| Seção VIII | Peles, Couros, Peles com Pelo e Obras destas Matérias; Artigos de Correeiro ou de Seleiro; Artigos de Viagem, Bolsas e Artigos Semelhantes; Obras de Tripa |
| Seção IX | Madeira, Carvão Vegetal e Obras de Madeira; Cortiça e suas Obras; Obras de Espartaria ou de Cestaria |
| Seção X | Pastas de Madeira ou de Outras Matérias Fibrosas Celulósicas; Papel ou Cartão para Reciclar (Desperdícios e Aparas); Papel ou Cartão e Suas Obras |
| Seção XI | Matérias Têxteis e Suas Obras |
| Seção XII | Calçado, Chapéus e Artigos de Uso Semelhante, Guarda-Chuvas, Guarda-Sóis, Bengalas, Chicotes, e suas Partes; Penas Preparadas e suas Obras; Flores Artificiais; Obras de Cabelo |
| Seção XIII | Obras de Pedra, Gesso, Cimento, Amianto, Mica ou de Matérias Semelhantes; Produtos Cerâmicos; Vidro E Suas Obras |
| Seção XIV | Pérolas Naturais ou Cultivadas, Pedras Preciosas ou Semipreciosas e Semelhantes, Metais Preciosos, Metais Folheados ou Chapeados de Metais Preciosos (Plaquê), e suas Obras; Bijuterias; Moedas |
| Seção XV | Metais Comuns e suas Obras |
| Seção XVI | Máquinas e Aparelhos, Material Elétrico, e suas Partes; Aparelhos de Gravação ou de Reprodução de Som, Aparelhos de Gravação ou de Reprodução de Imagens e de Som em Televisão, e suas Partes e Acessórios |
| Seção XVII | Material de Transporte |
| Seção XVIII | Instrumentos e Aparelhos de Óptica, de Fotografia, de Cinematografia, de Medida, de Controle ou de Precisão; Instrumentos e Aparelhos Médico-Cirúrgicos; Artigos de Relojoaria; Instrumentos Musicais; suas Partes e Acessórios |
| Seção XIX | Armas e Munições; suas Partes e Acessórios |
| Seção XX | Mercadorias e Produtos Diversos |
| Seção XXI | Objetos de Arte, de Coleção e Antiguidades |

Cada uma dessas seções, por sua vez, é dividida em capítulos, conforme o exemplo a seguir:

SEÇÃO XV
**METAIS COMUNS E SUAS OBRAS**

| | |
|---|---|
| 72 | Ferro fundido, ferro e aço. |
| 73 | Obras de ferro fundido, ferro ou aço. |
| 74 | Cobre e suas obras. |
| 75 | Níquel e suas obras. |
| 76 | Alumínio e suas obras. |
| 77 | (Reservado para uma eventual utilização futura no Sistema Harmonizado) |
| 78 | Chumbo e suas obras. |
| 79 | Zinco e suas obras. |

80 Estanho e suas obras.
81 Outros metais comuns; *cermets*; obras dessas matérias.
82 Ferramentas, artigos de cutelaria e talheres, e suas partes, de metais comuns.
83 Obras diversas de metais comuns.

Em algumas seções, há espaços para novas inserções, como no Capítulo 77 da Seção XV, que é *reservado para uma eventual utilização futura no Sistema Harmonizado*. Todos os capítulos, por sua vez, recebem uma numeração contínua, iniciando com o Capítulo 1 (*Animais Vivos*) na Seção I (*Animais Vivos e Produtos do Reino Animal*) e finalizando com o Capítulo 97 (*Objetos de arte, de coleção e antiguidades*) na Seção XXI (*Objetos de Arte, de Coleção e Antiguidades*):

SEÇÃO I
**ANIMAIS VICOS E PRODUTOS DO REINO ANIMAL**

1 Animais Vivos

SEÇÃO XXI
**METAIS COMUNS E SUAS OBRAS**

97 Objetos de arte, de decoração e antiguidades.

As posições abrangem os quatro primeiros dígitos da nomenclatura: os dois primeiros fazem referência ao capítulo e os dois últimos correspondem à ordem ocupada pela posição. Assim, desde logo, é possível saber que a posição 01.04 (*Animais vivos das espécies ovina e caprina*) é a quarta no Capítulo 1 (*Animais vivos e produtos do reino animal*). Da mesma forma, que a posição 02.01 (*Carnes de animais da espécie bovina, frescas ou refrigeradas*) é a primeira do Capítulo 2 (*Carnes e miudezas, comestíveis*).

SEÇÃO I
**ANIMAIS VIVOS E PRODUTOS DO REINO ANIMAL**
Capítulo 1
**Animais Vivos**

01.01 Cavalos, asininos e muares, vivos.
01.02 Animais vivos da espécie bovina.
01.03 Animais vivos da espécie suína.
01.04 Animais vivos das espécies ovina e caprina.
01.05 Aves da espécie *Gallus domesticus*, patos, gansos, perus, peruas e galinhas-d'angola (pintadas), das espécies domésticas, vivos. [...]

Capítulo 2
**Carnes e miudezas, comestíveis**

02.01 Carnes de animais da espécie bovina, frescas ou refrigeradas
02.02 Carnes de animais da espécie bovina, congeladas.
02.03 Carnes de animais da espécie suína, frescas, refrigeradas ou congeladas. [...]

Há três tipos de posições: as *específicas*, as *genéricas* e as *residuais*. As primeiras fazem referência direta a uma categoria de produtos, por meio da composição, da função ou da destinação. Um exemplo é a posição 84.34 (*Máquinas de ordenhar e máquinas e aparelhos para a indústria de laticínios*). As genéricas, por sua vez, apresentam uma descrição mais aberta, sendo normalmente identificadas com a palavra *outras* ou equivalente. É o caso, v.g., da posição 01.06 (*Outros animais vivos*) e da 84.28 – *Outras máquinas e aparelhos de elevação, de carga, de descarga ou de movimentação (por exemplo, elevadores, escadas rolantes, transportadores, teleféricos)*. Já as posições residuais, consideradas por parte da doutrina como espécie de posição genérica,[16] proporcionam a completude do sistema, garantindo que todos os produtos possam ser classificados.[17] Por exemplo, a posição 38.15 (*Iniciadores de reação, aceleradores de reação e preparações catalíticas, não especificados nem compreendidos noutras posições*).

Os códigos numéricos da nomenclatura do SH podem ser desdobrados regionalmente por cada país ou união aduaneira, resultando em classificações com até dez algarismos. No Brasil e nos demais países do Mercosul, adota-se a NCM, que contém dois dígitos adicionais representando o item e o subitem, com uma classificação de oito códigos numéricos:

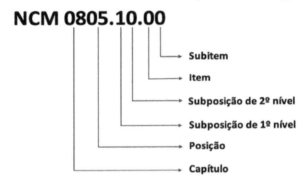

As subposições de primeiro nível abertas têm a sua descrição iniciada com um travessão (–) e as de segundo nível, por dois (–). Assim, por exemplo, na posição 02.03 (*Carnes de animais da espécie suína, frescas, refrigeradas ou congeladas*), tem-se a subposição de primeiro nível 0203.1 (*– Frescas ou refrigeradas*) e as subposições de segundo nível 0203.11 (*– Carcaças e meias-carcaças*), 0203.12 (*– Pernas, pás e respectivos pedaços, não desossados*) e 0203.19 (*– Outras*).

As subposições residuais são identificadas pelo número nove (09 ou 90) ou oito (08 ou 80), nesse último caso, quando a última subposição for destinada a partes ou peças. Em tais hipóteses, há um salto na ordem numérica para futuras inserções:[18]

---

[16] MARIÑO, Juan David Barbosa. El arancel de aduanas (la nomenclatura arancelaria). *In*: CARRERO, Germán Pardo (dir.); MARSILLA, Santiago Ibáñez; YEBRA, Felipe Moreno (codir.). *Derecho aduanero*. Bogotá: Universidad del Rosario; Tirant lo Blanch, tomo I, 2019, p. 517.

[17] LABANDERA, Pablo. El sistema harmonizado y la nomenclatura arancelaria. Análisis jurídico y práctico. *In*: CARRERO, Germán Pardo (dir.); MARSILLA, Santiago Ibáñez; YEBRA, Felipe Moreno (codir.). *Derecho aduanero*. Bogotá: Universidad del Rosario; Tirant lo Blanch, tomo I, 2019, p. 490.

[18] MARIÑO, Juan David Barbosa. El arancel de aduanas (la nomenclatura arancelaria). *In*: CARRERO, Germán Pardo (dir.); MARSILLA, Santiago Ibáñez; YEBRA, Felipe Moreno (codir.). *Derecho aduanero*. Bogotá: Universidad del Rosario; Tirant lo Blanch, tomo I, 2019, p. 454.

84.12 – Outros motores e máquinas motrizes.
8412.10.00 – Propulsores a reação, excluindo os turborreatores
8412.2 – Motores hidráulicos:
8412.21 – De movimento retilíneo (cilindros)
8412.29 – Outros
8412.3 – Motores pneumáticos:
8412.31 – De movimento retilíneo (cilindros)
8412.39 – Outros
8412.80 – Outros
8412.90 – Partes
64.05 – Outro calçado.
6405.10 – Com parte superior de couro natural ou reconstituído
6405.20 – Com parte superior de matérias têxteis
6405.90 – Outro

O número zero, no lugar da suposição de primeiro nível, indica a ausência de desdobramentos (posição fechada). Exemplo: 0501.00 (*Cabelo em bruto, mesmo lavado ou desengordurado; desperdícios*). Se o zero estiver no lugar da posição de segundo nível, há uma subposição de primeiro nível fechada (0505.10 – *Penas do tipo utilizado para enchimento ou estofamento; penugem*).

Essa mesma técnica é aplicada aos desdobramentos regionais (item e subitem), com exceção dos travessões, que não são adotados. Por outro lado, nada impede que uma posição ou subposição de primeiro nível fechada no SH encontre-se desdobrada na NCM. Assim, *v.g.*, a posição fechada 0504.00: *Tripas, bexigas e estômagos, de animais, inteiros ou em pedaços, exceto de peixes, frescos, refrigerados, congelados, salgados ou em salmoura, secos ou defumados (fumados)*. Essa é fechada no SH, mas regionalmente desdobrada em 0504.00.1 (*Tripas*), que compreende 0504.00.11 (*De bovinos*), 0504.00.12 (*De ovinos*), 0504.00.13 (*De suínos*) e 0504.00.19 (*Outras*); e 0504.00.90 (*Outros*).

Por fim, o SH também prevê seis Regras Gerais de Interpretação, Notas de Seção, de Capítulo e de Subposição, que serão analisadas no decorrer do presente capítulo.

## 2 NOTAS LEGAIS (NOTAS DE SEÇÃO, DE CAPÍTULO E DE SUBPOSIÇÕES)

As notas de seção, de capítulo e de subposições são conhecidas como *notas legais*, constituindo, ao lado dos textos das posições e de subposições, uma ordenação coerente de enunciados prescritivos. É a partir delas que o intérprete deve construir a norma jurídica classificatória, determinando o código numérico obrigatório na designação formal do produto para fins aduaneiros.

Essas notas apresentam a seguinte estruturação, por exemplo:

Capítulo 10
**Cereais**

**Notas.**

1.– A) Os produtos mencionados nos textos das posições do presente Capítulo só se incluem nessas posições quando se apresentem em grãos, mesmo nas espigas ou caules.

B) O presente Capítulo não compreende os grãos descascados (mesmo com película) ou trabalhados de outro modo. Todavia, o arroz descascado, branqueado, polido, brunido (glaceado*), parboilizado (estufado*) ou quebrado (em trincas*) inclui-se na posição 10.06.

2.– A posição 10.05 não compreende o milho doce (Capítulo 7).

Nota de subposição.

1.– Considera-se "trigo duro" o trigo da espécie *Triticum durum* e os híbridos derivados do cruzamento interespecífico do *Triticum durum* que apresentem o mesmo número (28) de cromossomas que este.

Parte da doutrina entende que as notas legais, segundo sua *função*, podem ser separadas em *definidoras, declaratórias, classificadoras, ampliadoras, restritivas, excludentes, includentes* e *mistas* ou *combinadas*.[19] Algumas realmente ostentam essas características. Por exemplo, no Capítulo 38 (*Produtos diversos das indústrias químicas*), há notas que excluem os *produtos de constituição química definida* (Nota 1.a) e incluem *na posição 38.24, e não em qualquer outra posição da Nomenclatura "os produtos para apagar tintas de escrever, acondicionados em embalagens para venda a retalho"* (Nota 3.c). Também há notas de caráter exemplificativo, como a Nota 2.q, que exclui do Capítulo 39 (*Plásticos e suas obras*) "*os artigos da Seção XII (por exemplo, calçado e suas partes, chapéus e artigos de uso semelhante e suas partes, guarda-chuvas, guarda-sóis, bengalas, chicotes, e suas partes)*". Outras esclarecem o conteúdo de determinadas posições ou subposições, como a Nota 1 do Capítulo 17;[20] ou podem ainda apresentar caráter *restritivo* (Capítulo 17, Nota 2[21]), *ampliativo* (Capítulo 20, Nota 6[22]), *classificador* (Capítulo 25, Nota 3[23]) ou *misto* (Capítulo 22, Nota 3[24]).

Também há, por fim, notas que estabelecem definições, como a Nota 1.f (Fios) do Capítulo 74:[25]

---

[19] OSORIO C. H., Marco Antonio. El sistema armonizado de designación y codificación de mercancías. In: CARRERO, Germán Pardo (dir.); MARSILLA, Santiago Ibáñez; YEBRA, Felipe Moreno (codir.). Derecho aduanero. Bogotá: Universidad del Rosario; Tirant lo Blanch, tomo I, 2019, p. 460; MARIÑO, Juan David Barbosa. El arancel de aduanas (la nomenclatura arancelaria). In: CARRERO, Germán Pardo (dir.); MARSILLA, Santiago Ibáñez; YEBRA, Felipe Moreno (codir.). Derecho aduanero. Bogotá: Universidad del Rosario; Tirant lo Blanch, tomo I, 2019, p. 520. Contreras, por sua vez, as divide em *principais, definidoras, ilustrativas, definitivas, excludentes, segundo suas características físicas, científicas, especiais* e *eliminatórias* (CONTRERAS, Máximo Carvajal. Derecho aduanero. 15. ed. México: Porrúa, 2009, p. 276).

[20] "Na acepção das subposições 1701.12, 1701.13 e 1701.14, considera-se 'açúcar bruto' o açúcar que contenha, em peso, no estado seco, uma percentagem de sacarose que corresponda a uma leitura no polarímetro inferior a 99,5°."

[21] "A subposição 1701.13 abrange unicamente o açúcar de cana obtido sem centrifugação, cujo conteúdo de sacarose, em peso, no estado seco, corresponda a uma leitura no polarímetro igual ou superior a 69°, mas inferior a 93°."

[22] "Na acepção da posição 20.09, consideram-se 'sucos (sumos) não fermentados e sem adição de álcool', os sucos (sumos) cujo teor alcoólico, em volume (ver Nota 2 do Capítulo 22), não exceda 0,5 % vol."

[23] "Qualquer produto suscetível de se incluir na posição 25.17 e noutra posição deste Capítulo classifica-se na posição 25.17."

[24] "Na acepção da posição 22.02, consideram-se 'bebidas não alcoólicas' as bebidas cujo teor alcoólico, em volume, não exceda 0,5 % vol. As bebidas alcoólicas classificam-se, conforme o caso, nas posições 22.03 a 22.06 ou na posição 22.08."

[25] "Os produtos laminados, extrudados, estirados ou trefilados, em rolos, cuja seção transversal, maciça e constante em todo o comprimento, tenha a forma circular, oval, quadrada, retangular, de triângulo equilátero ou de polígono convexo regular (incluindo os 'círculos achatados' e os 'retângulos modificados', em que dois dos

### f) Fios

Os produtos laminados, extrudados, estirados ou trefilados, em rolos, cuja seção transversal, maciça e constante em todo o comprimento, tenha a forma circular, oval, quadrada, retangular, de triângulo equilátero ou de polígono convexo regular (incluindo os "círculos achatados" e os "retângulos modificados", em que dois dos lados opostos tenham a forma de arco de círculo convexo e os dois outros sejam retilíneos, iguais e paralelos). Os produtos de seção transversal quadrada, retangular, triangular ou poligonal podem apresentar ângulos arredondados ao longo de todo o comprimento. A espessura dos produtos de seção transversal retangular (incluindo os produtos de seção "retangular modificada") excede a décima parte da largura.

Porém, além de pouco útil, essa divisão não se mostra cientificamente precisa, porque confunde a função com a forma da linguagem. Nos textos de lei, a forma frásica pode ser declaratória ou qualquer outra dentre as propostas por quem acolhe essa divisão. Contudo, isso não interfere na função linguística, que continua sempre a mesma: prescritiva de condutas.[26] Em qualquer caso, todas as notas legais têm uma única função prescritiva, independentemente de sua forma linguística.

## 3 NOTAS EXPLICATIVAS (NESH)

As Notas Explicativas do Sistema Harmonizado de Designação e Codificação de Mercadorias (Nesh) são comentários sobre o SH elaborados pelo Comitê do Sistema Harmonizado (CSH) e adotados pela OMA. Por meio delas, é veiculada a interpretação oficial da nomenclatura no âmbito internacional, constituindo um relevante instrumento para a compreensão do conteúdo e do alcance das posições e da subposições, das Regras Gerais Interpretativas, das Notas de Seções, de Capítulos e Subposições.

Assim, por exemplo, considerando somente as Notas do Capítulo 8 e os textos das posições e de subposições, o intérprete certamente encontrará dificuldades em classificar o produto cítrico *limão-cravo*:

Capítulo 8
**Fruta; cascas de citros (citrinos\*) e de melões**

**Notas.**

1.– O presente Capítulo não compreende os frutos não comestíveis.

2.– A fruta refrigerada classifica-se na mesma posição da fruta fresca correspondente.

---

lados opostos tenham a forma de arco de círculo convexo e os dois outros sejam retilíneos, iguais e paralelos). Os produtos de seção transversal quadrada, retangular, triangular ou poligonal podem apresentar ângulos arredondados ao longo de todo o comprimento. A espessura dos produtos de seção transversal retangular (incluindo os produtos de seção 'retangular modificada') excede a décima parte da largura."

[26] Como ensina Paulo de Barros Carvalho, "as funções de que se utiliza a linguagem não se prendem a formas determinadas, de modo que o emissor poderá escolher esta ou aquela, a que melhor lhe aprouver, para transmitir seu comunicado, dependendo dos fatores extralinguísticos que fizer acompanhar a manifestação verbal. O registro impede que identifiquemos a função pelo reconhecimento do enunciado textual. Façamos então uma experiência, firmando a estrutura da frase declarativa e procurando ver a que funções pode prestar-se: [...] *Toda pessoa é capaz de direitos e deveres na ordem civil* (art. 1º do Código Civil) – forma declarativa e função prescritiva" (CARVALHO, Paulo de Barros. *Direito tributário*: fundamentos jurídicos da incidência. 10. ed. São Paulo: Saraiva, 2015, p. 54).

3.- A fruta seca do presente Capítulo pode estar parcialmente reidratada ou tratada para os seguintes fins:

a) Melhorar a sua conservação ou estabilidade (por exemplo, por tratamento térmico moderado, sulfuração, adição de ácido sórbico ou de sorbato de potássio);

b) Melhorar ou manter o seu aspecto (por exemplo, por meio de óleo vegetal ou por adição de pequenas quantidades de xarope de glicose), desde que conservem as características de fruta seca.

**NCM DESCRIÇÃO**

| NCM | DESCRIÇÃO |
|---|---|
| 08.05 | Citros (Citrinos*), frescos ou secos. |
| 0805.10.00 | – Laranjas |
| 0805.2 | – Mandarinas (incluindo as tangerinas e as *satsumas*); clementinas, *wilkings* e outros citros (citrinos*) híbridos semelhantes: |
| 0805.21.00 | – Mandarinas (incluindo as tangerinas e as *satsumas*) |
| 0805.22.00 | – Clementinas |
| 0805.29.00 | – Outros |
| 0805.40.00 | – Toranjas e pomelos |
| 0805.50.00 | – Limões (*Citrus limon, Citrus limonum*) e limas (*Citrus aurantifolia, Citrus latifolia*) |
| 0805.90.00 | – Outros |

Apenas considerando esses elementos, poderia se ter dúvidas acerca da subposição aplicável, especialmente entre a 0805.50.00 e a 0805.90.00. Porém, sem que o intérprete tenha qualquer conhecimento técnico ou empírico acerca do cítrico classificado, a consulta da Nesh permite a constatação de que, na realidade, o *limão-cravo* insere-se na Subposição 0805.29:

**Notas Explicativas de Subposições.**
**Subposição 0805.29**

Esta subposição compreende as *wilkings* e outros citros (citrinos*) híbridos semelhantes. As *wilkings* são híbridos com os pais pertencentes a dois grupos de mandarinas diferentes ("Willowleaf" e "King"). São de tamanho pequeno a médio e de forma ligeiramente achatada. A casca é de cor laranja na maturidade, de aspecto brilhante e um pouco granulada. É de espessura média a fina, um pouco frágil, pouco aderente, mas facilmente descascável. A carne é de cor laranja escuro, e tem mais sementes. As *wilkings* são muito suculentas e têm um sabor rico, aromático e distinto.

Os outros principais híbridos são os tangelos (híbridos de tangerina com toranja ou pomelo), tangores (híbridos da tangerina com a laranja doce), *calamondins, lyos* e limão-cravo.

Esse e outros exemplos mostram a importância das notas explicativas como fator auxiliar para a compreensão do conteúdo e do alcance das posições e das subposições, das Regras Gerais Interpretativas, das Notas de Seções, de Capítulos e Subposições. Apesar disso, diferentemente do que ocorre no Brasil, alguns dos signatários da Convenção Internacional não incorporaram a Nesh aos seus respectivos ordenamentos jurídicos.[27] Entre nós, isso foi efetuado por meio

---

[27] MARIÑO, Juan David Barbosa. El arancel de aduanas (la nomenclatura arancelaria). *In*: CARRERO, Germán Pardo (dir.); MARSILLA, Santiago Ibáñez; YEBRA, Felipe Moreno (codir.). *Derecho aduanero*. Bogotá: Universidad del Rosario; Tirant lo Blanch, tomo I, 2019, p. 527.

do Decreto nº 435/1992, na condição de *elemento subsidiário de caráter fundamental para a correta interpretação do conteúdo das posições e subposições, bem como das Notas de Seção, Capítulo, posições e subposições da Nomenclatura do SH* (art. 1º, parágrafo único).[28] Esse decreto também delegou ao Ministério da Economia, atual Ministério da Fazenda, a aprovação das alterações da Nesh e da nomenclatura (art. 2º).[29] A versão mais recente das notas explicativas encontra-se no Anexo Único da IN RFB nº 2.169/2023.

## 4 REGRAS GERAIS DE INTERPRETAÇÃO

### 4.1 Primeira regra (RGI-1): da hierarquia normativa ou regra básica

A primeira regra geral de interpretação (RGI-1) – denominada *regra básica (basic rule)*[30] ou *regra da hierarquia normativa*[31] – determina que:

REGRAS GERAIS PARA INTERPRETAÇÃO DO SISTEMA HARMONIZADO
A classificação das mercadorias na Nomenclatura rege-se pelas seguintes regras:
1. Os títulos das Seções, Capítulos e Subcapítulos têm apenas valor indicativo. Para os efeitos legais, a classificação é determinada pelos textos das posições e das Notas de Seção e de Capítulo c, desde que não sejam contrárias aos textos das referidas posições e Notas, pelas Regras seguintes:

A RGI-1 estabelece a premência hierárquica dos textos das posições e das Notas de Seção e de Capítulo. Esses prevalecem em relação: (a) aos títulos das Seções, Capítulos e Subcapítulos, que têm natureza indicativa; e (b) às demais regras gerais de interpretação (RGI-1, RGI-2, RGI-3, RGI-4 e RGI-5).[32]

---

[28] "Art. 1º São aprovadas as Notas Explicativas do Sistema Harmonizado de Designação e de Codificação de Mercadorias, do Conselho de Cooperação Aduaneira, com sede em Bruxelas, Bélgica, na versão luso-brasileira, efetuada pelo Grupo Binacional Brasil/Portugal, anexas a este Decreto.
Parágrafo único. As Notas Explicativas do Sistema Harmonizado constituem elemento subsidiário de caráter fundamental para a correta interpretação do conteúdo das posições e subposições, bem como das Notas de Seção, Capítulo, posições e subposições da Nomenclatura do Sistema Harmonizado, anexas à Convenção Internacional de mesmo nome". Por outro lado, de acordo com o parágrafo único do art. 94 do Regulamento Aduaneiro, "para fins de classificação das mercadorias, a interpretação do conteúdo das posições e desdobramentos da Nomenclatura Comum do Mercosul será feita com observância das Regras Gerais para Interpretação, das Regras Gerais Complementares e das Notas Complementares e, subsidiariamente, das Notas Explicativas do Sistema Harmonizado de Designação e de Codificação de Mercadorias, da Organização Mundial das Aduanas (Decreto-Lei nº 1.154, de 1º de março de 1971, art. 3º, *caput*)."

[29] "Art. 2º As alterações introduzidas na Nomenclatura do Sistema Harmonizado e nas suas Notas Explicativas pelo Conselho de Cooperação Aduaneira (Comitê do Sistema Harmonizado), devidamente traduzidas para a língua portuguesa pelo referido Grupo Binacional, serão aprovadas pelo Ministro da Economia, Fazenda e Planejamento, ou autoridade a quem delegar tal atribuição."

[30] MARIÑO, Juan David Barbosa. El arancel de aduanas (la nomenclatura arancelaria). *In*: CARRERO, Germán Pardo (dir.); MARSILLA, Santiago Ibáñez; YEBRA, Felipe Moreno (codir.). *Derecho aduanero*. Bogotá: Universidad del Rosario; Tirant lo Blanch, tomo I, 2019, p. 521.

[31] LABANDERA, Pablo. El sistema harmonizado y la nomenclatura arancelaria. Análisis jurídico y práctico. *In*: CARRERO, Germán Pardo (dir.); MARSILLA, Santiago Ibáñez; YEBRA, Felipe Moreno (codir.). Derecho aduanero. Bogotá: Universidad del Rosario; Tirant lo Blanch, tomo I, p. 500, 2019.

[32] A parte final da RGI-1 prevê que a classificação pode ser determinada com base nas regras gerais interpretativas sucessivas. Porém, isso deve ser igualmente compatível com os dizeres das posições e das notas, que, conforme esclarecido na Nesh, prevalecem sobre qualquer outra consideração: "V) Na dis-

Na maioria dos casos, os títulos de Seções, Capítulos e Subcapítulos conduzem para a posição aplicável. Assim, por exemplo, o título do Capítulo 60 (*Tecidos de malha*) em relação aos *veludos e pelúcias (incluindo os tecidos denominados "felpa longa" ou "pelo comprido") e tecidos de anéis, de malha (60.01)*; o Capítulo 73 (*Obras de ferro fundido, ferro ou aço*), quanto aos *Tubos e perfis ocos, de ferro fundido* (73.03); ou o Capítulo 74 (*Cobre e suas obras*) e o *Cobre refinado (afinado) e ligas de cobre em formas brutas* (74.03). Porém, essa indicação não é determinante, devendo sempre ser confirmada ou infirmada pelos textos das posições e das Notas de Seção e de Capítulo. É o que ocorre, *v.g.*, com as *partes de borracha endurecida para uso em aparelhos elétricos*. O título do Capítulo 40 (*Borracha e suas obras*) indica uma possível aplicabilidade, que, entretanto, é afastada pelo texto da Nota 2.d ("*2. – O presente Capítulo não compreende[...] d) As partes de borracha endurecida, para[...] aparelhos[...] elétricos[...]*").[33]

## 4.2 Segunda regra (RGI-2)

### 4.2.1 Artigos incompletos ou inacabados (RGI-2.a)

A regra geral de interpretação (RGI-2.a) aplica-se aos artigos incompletos ou inacabados:

> 2. a) Qualquer referência a um artigo em determinada posição abrange esse artigo mesmo incompleto ou inacabado, desde que apresente, no estado em que se encontra, as características essenciais do artigo completo ou acabado. Abrange igualmente o artigo completo ou acabado, ou como tal considerado nos termos das disposições precedentes, mesmo que se apresente desmontado ou por montar.

A primeira parte da RGI-2.a estabelece que, na interpretação da abrangência de uma determinada posição, as referências aos artigos completos ou acabados devem ser aplicadas aos incompletos ou inacabados.[34] É necessário, porém, que apresentem as características essenciais do produto final. Assim, a posição 87.12 (*Bicicleta e outros ciclos, incluindo triciclos, sem motor*) abrange as bicicletas montadas e as incompletas, como, por exemplo, uma bicicleta sem pneus ou selim. Isso porque, apesar da falta desses componentes, o artigo não perde sua identidade. Mesmo sem selim ou sem pneu, a bicicleta continua sendo perfeitamente identificável como tal. Diferente, porém, seria o caso dessas mesmas ou outras peças desacompanhadas do quadro, que é o núcleo do equipamento. Sem ele, todos os demais competentes perdem o sentido

---

posição III) b): [...] a) A frase "desde que não sejam contrárias aos textos das referidas posições e Notas", destina-se a precisar, sem deixar dúvidas, que os dizeres das posições e das Notas de Seção ou de Capítulo prevalecem, para a determinação da classificação, sobre qualquer outra consideração. Por exemplo, no Capítulo 31, as Notas estabelecem que certas posições apenas englobam determinadas mercadorias. Consequentemente, o alcance dessas posições não pode ser ampliado para englobar mercadorias que, de outra forma, aí se incluiriam por aplicação da Regra 2 b)".

[33] "2. – O presente Capítulo não compreende: [...] d) As partes de borracha endurecida, para máquinas e aparelhos mecânicos ou elétricos, bem como todos os objetos ou partes de objetos de borracha endurecida, para usos eletrotécnicos, da Seção XVI;"

[34] De acordo com a Nesh: "III) Tendo em vista o alcance das posições das Seções I a VI, a presente parte da Regra não se aplica, normalmente, aos produtos dessas Seções". Essas, por sua vez, abrangem: os *Animas vivos e produtos do reino animal* (Seção I), *Produtos do reino vegetal* (Seção II), *Gorduras e óleos aninais ou vegetais; produtos da sua dissociação; gorduras alimentícias elaboradas* (Seção III), *Produtos das indústrias alimentares; bebidas, líquidos alcoólicos e vinagres, tabaco e seus sucedâneos manufaturados* (Seção IV), *Produtos minerais* (Seção V) e *Produtos das indústrias químicas ou das indústrias conexas* (Seção VI).

de conjunto, permanecendo identificáveis apenas como peças individuais de reposição, de montagem ou de melhoramentos (*upgrades*).

Logo se vê que a dificuldade maior, na aplicação dessa regra, é determinar quando o produto apresenta as características essenciais do artigo acabado ou completo, o que, invariavelmente, dependerá das particularidades do caso concreto. O Carf, por exemplo, já entendeu que a falta da placa de circuito interno não impede a classificação das demais peças de *mouses* como produtos completos:

> [...] uma vez identificado que as peças declaradas e classificadas isoladamente compunham 70.560 *mouses* desmontados, mesmo inacabados/incompletos, correta a reclassificação para o código correspondente ao produto acabado.
>
> O fato de faltar-lhe peças essenciais, como as placas de circuito interno, ou mesmo a necessidade de outros processos para sua finalização, não operam em favor do recorrente, porquanto, pela mencionada regra, a classificação como produto final se estendem às partes desmontadas ou por montar, ainda que incompletos, mas desde que identificáveis como tais.
>
> Na situação dos autos, é inequívoco que as partes importadas permitem identificar que se trata de mouses desmontados.[35]

Em um segundo julgado, as peças de uma balança dosadora receberam a mesma classificação do artigo completo, em razão da comprovação, mediante perícia técnica, de que são partes essenciais do produto importado:

> De acordo com o disposto na RGI/SH 2. "a", a seguir transcrita, mesmo que incompletos e desmontados, desde que apresentem as características essenciais da máquina completa, as partes e peças assim apresentadas devem ser classificadas na posição da máquina pronta:
>
> [...]
>
> Em conclusão ao trabalho pericial demandado por esta Câmara, afirma o perito designado pela Repartição Fiscal de origem (fl. 264) que os componentes importados pela recorrente constituem o núcleo central da balança dosadora e, como tais, conferem as características do referido equipamento, nos seguintes termos, que passo a transcrever:
>
> *"Pelo descrito acima se pode concluir que a parte importada da balança dosadora é seu núcleo central, conferindo a balança dosadora suas características de comandar a alimentação da máquina automaticamente, comandar através dos 'radial feeder' a distribuição para o primeiro recipiente, pesar e dosar, pois comanda os diversos 'driver wegh' para*

---

[35] Voto do Relator (3ª S. 4ª C. 1ª T.O. Ac. 3401-004.423. Rel. Cons. Robson José Bayerl. S. de 21.03.2018.
A ementa do julgado, por sua vez, foi a seguinte:
"ASSUNTO: CLASSIFICAÇÃO DE MERCADORIAS
Data do fato gerador: 28.11.2007
CLASSIFICAÇÃO FISCAL. PRODUTO INCOMPLETO E DESMONTADO. REGRA APLICÁVEL.
O produto importado desmontado e incompleto, mas que, no estado em que se encontra, apresenta as características essenciais do artigo completo e acabado, deve ser classificado no código tarifário específico, e não de acordo com as peças que o compõem, por força da Regra 2.a do sistema de Regras Gerais para Interpretação do Sistema Harmonizado RGI/SH.
Recurso voluntário negado".

*compor o peso final de um produto. Como, por exemplo, o peso das balas no caso da visita realizada a [sic.] fábrica Vepê".*[36]

Em outro caso, relativo a garrafas térmicas incompletas (faltando o bico, copo e outros acessórios), o Carf entendeu que o corpo da garrafa com a tampa já apresentava as características essenciais do produto completo:

> CLASSIFICAÇÃO DE MERCADORIAS. REGRAS GERAIS DE INTERPRETAÇÃO SH. GARRAFA TÉRMICA. ARTIGO DESMONTADO OU POR MONTAR. REGRA 2. APLICAÇÃO PARA POSIÇÃO E SUBPOSIÇÃO DA NOMENCLATURA.
> O Acordo Internacional estabelece que as regras de interpretação do sistema harmonizado devem ser utilizadas sucessivamente. Ou seja, somente se utiliza uma regra após esgotadas as possibilidades de aplicação da regra imediatamente anterior.
> Se com base nas características do produto importado, estamos diante de garrafas térmicas incompletas, mas que, no estado em que se apresentam (corpo da garrafa térmica, em inox e a vácuo, e tampa), possuem as características essenciais do artigo completo, apenas faltando a sua montagem, devem como tal ser classificadas na Posição 9617 (posição do artigo completo primeira parte do texto da Posição), ao amparo da Regra Geral de Interpretação 2, "a" (artigos desmontados ou por montar); e dentro dessa Posição, no Item 9617.00.10, como Garrafas térmicas, ao amparo da Regra Geral de Interpretação n. 1 combinada com as Notas Explicativas da Regra Geral de Interpretação n. 2, "a", não havendo espaço, assim, para a utilização da Regra n. 3.[37]

A RGI-2.a aplica-se ainda aos *esboços* de artigos completos, que compreendem, como esclarecido na Nesh, os produtos com a forma ou perfil aproximado da peça ou do produto acabado destinados à sua fabricação:

> II) As disposições desta Regra aplicam-se aos **esboços** de artigos, exceto no caso em que estes estão expressamente especificados em determinada posição. Consideram-se "**esboços**" os artigos não utilizáveis no estado em que se apresentam e que tenham aproximadamente a forma ou o perfil da peça ou do objeto acabado, não podendo ser utilizados, salvo em casos excepcionais, para outros fins que não sejam os de fabricação desta peça ou deste objeto (por exemplo, os esboços de garrafas de plástico, que são produtos intermediários de forma tubular, fechados numa das extremidades e com a outra aberta e munida de uma rosca sobre a qual irá adaptar-se uma tampa roscada, devendo a parte abaixo da rosca ser transformada, posteriormente, para se obter a dimensão e forma desejadas).
> Os produtos semimanufaturados que ainda não apresentam a forma essencial dos artigos acabados (como é, geralmente, o caso das barras, discos, tubos etc.) não são considerados esboços.

---

[36] Voto do Relator. 3º CC. 3ª C. Ac. 303-29.384. Rel. Cons. José Fernandes do Nascimento. S., de 16.08.2000.
[37] Carf. 3ª S. 4ª C. 2ª T.O. Ac. 3402-004.755. Rel. Cons. Thais de Laurentiis Galkowicz, S. de 24.10.2017. No mesmo sentido: Carf. 3ª S. 3ª C. 1ª T.O. Ac. 3301-008.957. Rel. Cons. Semíramis de Oliveira Duro, S. de 20.10.2020.

A segunda parte da RGI-2.a abrange os artigos completos ou acabados apresentados desmontados ou por montar.[38] Esses, segundo as notas explicativas, são usualmente encontrados nesse estado por necessidade ou por conveniência de embalagem, manipulação ou transporte.[39] Assim, *v.g.*, a posição 87.12 (*Bicicleta e outros ciclos, incluindo triciclos, sem motor*) abrange as bicicletas desmontadas que já apresentam todos os seus componentes apresentados no mesmo despacho (rodas, pneus, câmbios, cranque ou pedivela, freios, guidão e selim).

Essa regra tem aplicabilidade recorrente na importação de máquinas de grande porte, sendo incidente, como esclarecem as notas explicativas, independentemente da complexidade do método utilizado na operação:

> VII) Deve considerar-se como artigo apresentado no estado desmontado ou por montar, para a aplicação da presente Regra, o artigo cujos diferentes elementos destinam-se a ser montados, quer por meios de parafusos, cavilhas, porcas etc., quer por rebitagem ou soldagem, por exemplo, desde que se trate de simples operações de montagem.
>
> Para este efeito, não se deve ter em conta a complexidade do método da montagem. Todavia, os diferentes elementos não podem receber qualquer trabalho adicional para complementar a sua condição de produto acabado.
>
> Os elementos por montar de um artigo, em número superior ao necessário para montagem de um artigo completo, seguem o seu próprio regime.

Esse critério foi aplicado pelo Carf em julgado envolvendo a classificação aduaneira de um sistema de supressão de incêndio desmontado:

> ASSUNTO: CLASSIFICAÇÃO DE MERCADORIAS
> Data do fato gerador: 22.12.2000
> EQUIPAMENTO INCOMPLETO E DESMONTADO. CLASSIFICAÇÃO. REGRAS GERAIS PARA INTERPRETAÇÃO DO SISTEMA HARMONIZADO. REGRA Nº 02.
> Conforme Regra Geral nº 02 para Interpretação do Sistema Harmonizado de Classificação de Mercadorias, qualquer referência a um artigo abrange esse artigo mesmo incompleto, desde que apresente as características essenciais do artigo completo. Aplica-se o mesmo critério para os artigos apresentados desmontados ou por montar.
> UNIDADE FUNCIONAL. SEÇÃO XVI. NOTA 4. CLASSIFICAÇÃO. CRITÉRIO. FUNÇÃO PRINCIPAL.
> Quando uma máquina ou combinação de máquinas seja constituída de elementos distintos de forma a desempenhar conjuntamente determinada função, o conjunto classifica-se na posição correspondente à função que desempenha.
> PARTES E PEÇAS. MÁQUINAS DESMONTADAS. APRESENTAÇÃO. QUANTIDADE EM NÚMERO SUPERIOR. REGIME PRÓPRIO.

---

[38] Nesh: "IX) Tendo em vista o alcance das posições das Seções I a VI, esta parte da Regra não se aplica, normalmente, aos produtos destas Seções".

[39] Nesh: "V) A segunda parte da Regra 2 a) classifica na mesma posição do artigo montado o artigo completo ou acabado que se apresente desmontado ou por montar. As mercadorias apresentam-se neste estado principalmente por necessidade ou por conveniência de embalagem, manipulação ou de transporte".

Os elementos em número superior ao necessário para formar uma máquina completa ou incompleta com as características da máquina completa seguem o seu próprio regime de classificação fiscal.

Recurso Voluntário Provido.[40]

Em síntese, portanto, a RGI-2.a estabelece que as referências aos artigos completos ou acabados devem ser aplicadas: (i) aos incompletos ou inacabados que apresentam as características essenciais do artigo completo ou acabado (primeira parte); e (ii) aos desmontados ou por montar, independentemente da complexidade do método utilizado (segunda parte).

### 4.2.2 Produtos misturados ou artigos compostos (RGI-2.b)

A segunda regra geral de interpretação (RGI-2.b) compreende os produtos misturados e os artigos compostos:

> b) Qualquer referência a uma matéria em determinada posição diz respeito a essa matéria, quer em estado puro, quer misturada ou associada a outras matérias. Da mesma forma, qualquer referência a obras de uma matéria determinada abrange as obras constituídas inteira ou parcialmente por essa matéria. A classificação destes produtos misturados ou artigos compostos efetua-se conforme os princípios enunciados na Regra 3.

Assim, salvo disposição em contrário dos enunciados prescritivos das posições e das notas de seção ou de capítulo, pela RGI-2.b, as referências: (i) a uma matéria em estado puro abrangem as matérias misturadas ou associadas a outras; e (ii) às obras compostas por uma determinada matéria não se restringem aos produtos por ela inteiramente constituídos.

## 4.3 Terceira regra: regra decisória

### 4.3.1 Critério da posição mais específica (RGI-3.a)

A terceira regra geral de interpretação (RGI-3.a) aplica-se aos casos em que, em um primeiro exame, o intérprete depara-se com um produto passível de enquadramento em duas ou mais posições:

> 3. Quando pareça que a mercadoria pode classificar-se em duas ou mais posições por aplicação da Regra 2 b) ou por qualquer outra razão, a classificação deve efetuar-se da forma seguinte:
> a) A posição mais específica prevalece sobre as mais genéricas. Todavia, quando duas ou mais posições se refiram, cada uma delas, a apenas uma parte das matérias constitutivas de um produto misturado ou de um artigo composto, ou a apenas um dos componentes de sortidos acondicionados para venda a retalho, tais posições devem considerar-se, em relação a esses produtos ou artigos, como igualmente específicas, ainda que uma delas apresente uma descrição mais precisa ou completa da mercadoria.

Em situações dessa natureza, diante de duas ou mais posições potencialmente aplicáveis, prevalece a mais específica. Assim, *v.g.*, uma *tesoura de poda de plantas ornamentais* deve ser

---

[40] Carf. 3ª S. 1ª C. 2ª T.O. Ac. 3102-01.508. Rel. Cons. Ricardo Paulo Rosa, S. de 24.05.2012.

enquadrada na posição 82.01, relativa às *tesouras de podar de todos os tipos*, e não na posição geral da *Tesoura e suas lâminas* (82.13).

Nem sempre, porém, é fácil determinar qual das posições concorrentes mostra-se a mais específica, o que, como esclarece a Nesh, depende das circunstâncias fáticas:

> IV) Não é possível estabelecer princípios rigorosos que permitam determinar se uma posição é mais específica que uma outra em relação às mercadorias apresentadas; pode, contudo, dizer-se de modo geral:
>
> a) Que uma posição que designa nominalmente um artigo em particular é mais específica que uma posição que compreenda uma família de artigos: por exemplo, os aparelhos ou máquinas de barbear e as máquinas de tosquiar, com motor elétrico incorporado, classificam-se na posição 85.10 e não na 84.67 (ferramentas com motor elétrico incorporado, de uso manual) ou na posição 85.09 (aparelhos eletromecânicos com motor elétrico incorporado, de uso doméstico).
>
> b) Que deve considerar-se como mais específica a posição que identifique mais claramente, e com uma descrição mais precisa e completa, a mercadoria considerada.
>
> Podem citar-se como exemplos deste último tipo de mercadorias:
>
> 1) Os tapetes tufados de matérias têxteis reconhecíveis como próprios para automóveis devem ser classificados não como acessórios de automóveis da posição 87.08, mas na posição 57.03, onde se incluem mais especificamente.
>
> 2) Os vidros de segurança que consistam em vidros temperados ou formados por folhas contracoladas, não encaixilhados, com formato apropriado, reconhecíveis para serem utilizados como para-brisas de aviões, devem ser classificados não na posição 88.03, como partes dos aparelhos das posições 88.01 ou 88.02, mas na posição 70.07, onde se incluem mais especificamente.

Por fim, quanto aos produtos misturados, artigos compostos e produtos sortidos acondicionados para venda a retalho, as posições relativas a cada uma das respectivas matérias constitutivas ou componentes devem ser consideradas igualmente específicas. Logo, em uma mistura de centeio (50%) e cevada (50%),[41] não se aplica o critério da especialidade, devendo ser determinada a classificação aduaneira de acordo com a RGI 3b ou 3c.[42]

### 4.3.2 Critério da característica essencial (RGI-3.b)

A Regra Geral de Interpretação 3.b estabelece o critério da característica essencial, que é aplicável aos produtos misturados, às obras compostas de matérias diferentes, às obras constituídas da reunião de artigos distintos e aos sortidos para venda a retalho:

---

[41] U.S. Customs and Border Protection. *What every member the trade community should know about*: tariff classification. May 2004, p. 20. Disponível em: http: www.cbp.gov. Acesso em: 18 set. 2021. O mesmo exemplo é citado em: CARSTEN, Weerth. Basic principles of customs classification under the Harmonized System. *Global Trade and Customs Journal*. Alphen aan den Rijn: Wolters Kluwer International, v. 3, Iss. 2, p. 63 e ss.

[42] De acordo com a Nesh: "V) Contudo, quando duas ou mais posições se refiram cada qual a uma parte somente das matérias que constituam um produto misturado ou um artigo composto, ou a uma parte somente dos artigos no caso de mercadorias apresentadas em sortidos acondicionados para venda a retalho, essas posições devem ser consideradas, em relação a esse produto ou a esse artigo, como igualmente específicas, mesmo que uma delas dê uma descrição mais precisa ou mais completa. Neste caso, a classificação dos artigos será determinada por aplicação da Regra 3 b) ou 3 c)".

b) Os produtos misturados, as obras compostas de matérias diferentes ou constituídas pela reunião de artigos diferentes e as mercadorias apresentadas em sortidos acondicionados para venda a retalho, cuja classificação não se possa efetuar pela aplicação da Regra 3 a), classificam-se pela matéria ou artigo que lhes confira a característica essencial, quando for possível realizar esta determinação.

Essa regra, de acordo com as notas explicativas, abrange os produtos com elementos fixados uns aos outros, de modo a formar um todo praticamente inseparável. Se forem separáveis, os elementos devem estar "[...] adaptados uns aos outros e sejam complementares uns dos outros e que a sua reunião constitua um todo que não possa ser normalmente vendido em elementos separados" (Nesh, IX). Na nota explicativa são citados os seguintes exemplos: cinzeiros constituídos por um suporte no qual se insere um recipiente amovível que se destina a receber as cinzas; e prateleiras do tipo doméstico para especiarias, constituídas por um suporte (geralmente de madeira) especialmente projetado para esse fim e por um número apropriado de frascos para especiarias de forma e dimensões adequadas.[43]

Já em relação aos sortidos acondicionados para venda a retalho, a Nesh estabelece que as mercadorias devem apresentar os seguintes requisitos:

X) De acordo com a presente Regra, as mercadorias que preencham, simultaneamente, as condições a seguir indicadas devem ser consideradas como "apresentadas em sortidos acondicionados para venda a retalho":

a) Serem compostas, pelo menos, de dois artigos diferentes que, à primeira vista, seriam suscetíveis de serem incluídos em posições diferentes. Não seriam, portanto, considerados sortido, na acepção desta Regra, seis garfos, por exemplo, para *fondue*;

b) Serem compostas de produtos ou artigos apresentados em conjunto para a satisfação de uma necessidade específica ou o exercício de uma atividade determinada;

c) Serem acondicionadas de maneira a poderem ser vendidas diretamente aos utilizadores finais sem reacondicionamento (por exemplo, em latas, caixas, panóplias).

A expressão "venda a retalho" não inclui as vendas de mercadorias que se destinam a ser revendidas após a sua posterior fabricação, preparação ou reacondicionamento, ou após incorporação ulterior com ou noutras mercadorias.

Em consequência, a expressão "mercadorias apresentadas em sortidos acondicionados para venda a retalho" compreende apenas os sortidos que se destinam a ser vendidos ao utilizador final quando as mercadorias individuais se destinam a ser utilizadas em conjunto. Por exemplo, diferentes produtos alimentícios destinados a serem utilizados conjuntamente na preparação de um prato ou uma refeição, pronto-a-comer, embalados em conjunto e destinados ao consumo pelo comprador, constituem um "sortido acondicionado para venda a retalho".[44]

---

[43] De acordo com a Nesh: "Os diferentes elementos que compõem esses conjuntos são, em geral, apresentados numa mesma embalagem". Além disso, "XI) A presente Regra não se aplica às mercadorias constituídas por diferentes componentes acondicionados separadamente e apresentados em conjunto (mesmo em embalagem comum), em proporções fixas, para a fabricação industrial de bebidas, por exemplo".

[44] "Podem citar-se como exemplos de sortidos cuja classificação pode ser determinada pela aplicação da Regra Geral Interpretativa 3 b):
1) a) Os sortidos constituídos por um sanduíche composto de carne bovina, mesmo com queijo, num pequeno pão (posição 16.02), apresentado numa embalagem com uma porção de batatas fritas (posição 20.04): Classificação na posição 16.02.

Esses produtos normalmente são apresentados na mesma embalagem. Porém, nem sempre isso é determinante,[45] como já decidiu o Carf:

> BASES DE BEBIDAS CONSTITUÍDAS POR DIFERENTES COMPONENTES. COMPONENTES DEVEM SER CLASSIFICADOS SEPARADAMENTE.
>
> Bases de bebidas constituídas por diferentes componentes embalados em conjunto em proporções fixas e pretendidos para a fabricação de bebidas, mas não capazes de serem usados para consumo direto sem processamento posterior, não poderão ser classificados tendo como referência a Norma 3 (b), uma vez que eles não podem nem ser considerados como produtos compostos, nem como produtos colocados em sortidos para venda a varejo. Os componentes individuais deveriam ser classificados separadamente.[46]

Ressalta-se que, ainda de acordo com as notas explicativas, a classificação deve considerar o objeto ou objetos que, em conjunto, confiram ao sortido a sua característica essencial. Essa, por sua vez, varia em função do tipo da mercadoria, podendo ser determinada considerando a "natureza da matéria constitutiva ou dos componentes, pelo volume, quantidade, peso ou valor, pela importância de uma das matérias constitutivas tendo em vista a utilização das mercadorias" (Nesh, VIII).

### 4.3.3  Critério da última posição na ordem numérica (RGI-3.c)

A Regra Geral de Interpretação 3.c estabelece que, não sendo aplicáveis a RGI-3a e a RGI-3b, a mercadoria deve ser classificada na posição situada em último lugar na ordem numérica, dentre as suscetíveis de validamente se tomarem em consideração. É o que ocorre no exemplo anterior da mistura de centeio (50%) e cevada (50%). Devido à igualdade das

---

b) Os sortidos cujos componentes se destinam a ser utilizados em conjunto para a preparação de um prato de espaguete, constituídos por um pacote de espaguete não cozido (posição 19.02), por um saquinho de queijo ralado (posição 04.06) e por uma pequena lata de molho de tomate (posição 21.03), apresentados numa caixa de cartão:
Classificação na posição 19.02.
Contudo, não se devem considerar como sortidos certos produtos alimentícios apresentados em conjunto que compreendam, por exemplo:
– camarões (posição 16.05), pasta (patê) de fígado (posição 16.02), queijo (posição 04.06), bacon em fatias (posição 16.02) e salsichas de coquetel (posição 16.01), cada um desses produtos apresentados numa lata metálica;
– uma garrafa de bebida espirituosa da posição 22.08 e uma garrafa de vinho da posição 22.04.
No caso destes dois exemplos e de produtos semelhantes, cada artigo deve ser classificado separadamente, na posição que lhe for mais apropriada. Isto aplica-se também, por exemplo, ao café solúvel num frasco de vidro (posição 21.01), uma xícara (chávena) de cerâmica (posição 69.12) e um pires de cerâmica (posição 69.12), acondicionados em conjunto para venda a retalho numa caixa de cartão.
2) Os conjuntos de cabeleireiro constituídos por uma máquina de cortar cabelo elétrica (posição 85.10), um pente (posição 96.15), um par de tesouras (posição 82.13), uma escova (posição 96.03), uma toalha de matéria têxtil (posição 63.02), apresentados em estojo de couro (posição 42.02):
Classificação na posição 85.10.
3) Os estojos de desenho, constituídos por uma régua (posição 90.17), um disco de cálculo (posição 90.17), um compasso (posição 90.17), um lápis (posição 96.09) e um apontador de lápis (apara-lápis) (posição 82.14), apresentados em um estojo de folha de plástico (posição 42.02):
Classificação na posição 90.17."

[45] De acordo com a Nesh: "Os diferentes elementos que compõem esses conjuntos são, em geral, apresentados numa mesma embalagem". Além disso, "XI) A presente Regra não se aplica às mercadorias constituídas por diferentes componentes acondicionados separadamente e apresentados em conjunto (mesmo em embalagem comum), em proporções fixas, para a fabricação industrial de bebidas, por exemplo".

[46] Carf. 3ª S. 2ª C. 1ª T.O. Ac. 3201-006.666. Rel. Cons. Charles Mayer de Castro Souza, S. de 17.03.2020.

proporções, não há como aplicar a RGI-3a nem a RGI-3b. Assim, dentre as duas posições passíveis de serem consideradas – 10.02 (*Centeio*) e 10.03 (*Cevada*) – será aplicável a última.[47]

### 4.4 Quarta regra: critério dos artigos semelhantes

A quarta regra geral de interpretação tem incidência restrita,[48] sendo normalmente aplicada quando surgem produtos novos no mercado. Conhecida como *catch-all rule*,[49] a RGI-4 estabelece que os produtos não classificados a partir das regras precedentes devem se submeter à posição correspondente aos artigos *mais semelhantes*. A similaridade, de acordo com as notas explicativas do SH, pode basear-se em vários elementos, tais como a denominação, as características, a utilização. A doutrina costuma lembrar o exemplo dos parapentes, que, antes da criação da alteração do texto da posição 88.04, eram considerados análogos aos paraquedas.[50] Mais recentemente, os quadriciclos foram enquadrados por similaridade na posição 87.03: *Automóveis de passageiros e outros veículos automóveis principalmente concebidos para transporte de pessoas (exceto os da posição 87.02), incluindo os veículos de uso misto (station wagons) e os automóveis de corrida.*[51]

### 4.5 Quinta regra

#### 4.5.1 Estojos (RGI-5.a)

A quinta regra geral de interpretação (RGI-5a) aplica-se aos estojos de determinados produtos:

> 5. Além das disposições precedentes, as mercadorias abaixo mencionadas estão sujeitas às Regras seguintes:
>
> a) Os estojos para aparelhos fotográficos, para instrumentos musicais, para armas, para instrumentos de desenho, para joias e receptáculos semelhantes, especialmente fabricados para conterem um artigo determinado ou um sortido, e suscetíveis de um uso prolongado, quando apresentados com os artigos a que se destinam, classificam-se com estes últimos, desde que sejam do tipo normalmente vendido com tais artigos. Esta Regra, todavia, não diz respeito aos receptáculos que confiram ao conjunto a sua característica essencial.

Os estojos, de acordo com a Nesh, devem apresentar os seguintes requisitos:

REGRA 5 a)

(Estojos e artigos semelhantes)

---

[47] CARSTEN, Weerth. Basic principles of customs classification under the Harmonized System. *Global Trade and Customs Journal*. Alphen aan den Rijn: Wolters Kluwer International, v. 3, Iss. 2, p. 64.

[48] CARSTEN, Weerth. Basic principles of customs classification under the Harmonized System. *Global Trade and Customs Journal*. Alphen aan den Rijn: Wolters Kluwer International, v. 3, Iss. 2, p. 65.

[49] MARIÑO, Juan David Barbosa. El arancel de aduanas (la nomenclatura arancelaria). *In*: CARRERO, Germán Pardo (dir.); MARSILLA, Santiago Ibáñez; YEBRA, Felipe Moreno (codir.). *Derecho aduanero*. Bogotá: Universidad del Rosario; Tirant lo Blanch, tomo I, 2019, p. 525.

[50] OSORIO C. H., Marco Antonio. El sistema armonizado de designación y codificación de mercancías. *In*: CARRERO, Germán Pardo (dir.); MARSILLA, Santiago Ibáñez; YEBRA, Felipe Moreno (codir.). *Derecho aduanero*. Bogotá: Universidad del Rosario; Tirant lo Blanch, tomo I, 2019, p. 469, nota 43.

[51] LABANDERA, Pablo. El sistema harmonizado y la nomenclatura arancelaria. Análisis jurídico y práctico. *In*: CARRERO, Germán Pardo (dir.); MARSILLA, Santiago Ibáñez; YEBRA, Felipe Moreno (codir.). *Derecho aduanero*. Bogotá: Universidad del Rosario; Tirant lo Blanch, tomo I, 2019, p. 504.

I) A presente Regra deve ser interpretada como de aplicação exclusiva aos recipientes (receptáculos) que, simultaneamente:

1) Sejam especialmente fabricados para receber um determinado artigo ou sortido, isto é, sejam preparados de tal forma que o artigo contido se acomoda exatamente no seu lugar, podendo alguns recipientes (receptáculos), além disso, ter a forma do artigo que devam conter;

2) Sejam suscetíveis de um uso prolongado, isto é, sejam concebidos, especificamente, no que se refere à resistência ou ao acabamento, para ter uma duração de utilização comparável à do conteúdo. Estes recipientes (receptáculos) servem, frequentemente, para proteger o artigo a que se referem fora dos momentos de utilização (por exemplo, transporte, armazenamento etc.). Estas características permitem diferenciá-los das simples embalagens;

3) Sejam apresentados com os artigos aos quais se referem, quer estes estejam ou não acondicionados separadamente, para facilitar o transporte. Os recipientes (receptáculos) apresentados isoladamente seguem o seu próprio regime;

4) Sejam do tipo normalmente vendido com os mencionados artigos;

5) Não confiram ao conjunto a sua característica essencial.

As notas explicativas mencionam os seguintes exemplos: estojos para joias (guarda-joias) (71.13); estojos para aparelhos ou máquinas de barbear elétricos (85.10); estojos para binóculos, estojos para miras telescópicas (90.05); caixas e estojos para instrumentos musicais (92.02); e estojos para espingardas (93.03).[52]

### 4.5.2 Embalagens (RGI-5.b)

A quinta regra geral de interpretação (RGI-5b) aplica-se às embalagens contendo mercadorias:

b) Sem prejuízo do disposto na Regra 5 a), as embalagens contendo mercadorias classificam-se com estas últimas quando sejam do tipo normalmente utilizado para o seu acondicionamento. Todavia, esta disposição não é obrigatória quando as embalagens sejam claramente suscetíveis de utilização repetida.[53]

Essa regra, de acordo com as notas explicativas, não se aplica quando a embalagem é claramente suscetível de utilização repetida, tais como, por exemplo, certos tambores metálicos ou recipientes de ferro ou de aço para gases comprimidos ou liquefeitos.

## 4.6 Sexta regra: classificação nas subposições

A sexta regra geral de interpretação estabelece que, assim como na determinação da posição, a aplicabilidade das subposições submete-se aos respectivos textos e notas, bem como às demais regras gerais de interpretação:

---

[52] "III) Pelo contrário, como exemplos de recipientes (receptáculos) que não entram no campo de aplicação desta Regra, citam-se as caixas de chá, de prata, que contenham chá ou as tigelas decorativas de cerâmica, que contenham doces" (Nesh).

[53] "V) Dado que a presente Regra está subordinada à aplicação das disposições da Regra 5 a), a classificação dos estojos e recipientes (receptáculos) semelhantes, do tipo mencionado na Regra 5 a), rege-se pelas disposições desta última Regra" (Nesh).

6. A classificação de mercadorias nas subposições de uma mesma posição é determinada, para efeitos legais, pelos textos dessas subposições e das Notas de Subposição respectivas, assim como, *mutatis mutandis*, pelas Regras precedentes, entendendo-se que apenas são comparáveis subposições do mesmo nível.[54] Para os fins da presente Regra, as Notas de Seção e de Capítulo são também aplicáveis, salvo disposições em contrário.[55]

Por fim, de acordo com a Nesh, "o alcance de uma subposição de dois travessões não deverá exceder o da subposição de um travessão à qual pertence; do mesmo modo, uma subposição de um travessão não terá abrangência superior à da posição à qual pertence". Assim, como não poderia deixar de ser diferente, a posição limita a abrangência da subposição de primeiro nível aberta (–), do mesmo modo que essa, a da subposição de segundo nível (–). Dessa forma, por exemplo, o alcance da subposição de segundo nível 0203.21 *(– Carcaças e meias-carcaças)* não pode abranger a carcaça de suíno congelada, que está compreendida em outra subposição de um travessão: 0203.2 *(– Congeladas)*.

## 5 REGRAS GERAIS COMPLEMENTARES (RGC)

As regras gerais complementares (RGC), por fim, estabelecem que:

REGRAS GERAIS COMPLEMENTARES (RGC)
1. (RGC-1) As Regras Gerais para Interpretação do Sistema Harmonizado se aplicarão, "mutatis mutandis", para determinar dentro de cada posição ou subposição, o item aplicável e, dentro deste último, o subitem correspondente, entendendo-se que apenas são comparáveis desdobramentos regionais (itens e subitens) do mesmo nível.
2. (RGC-2) As embalagens contendo mercadorias e que sejam claramente suscetíveis de utilização repetida, mencionadas na Regra 5 b), seguirão seu próprio regime de classificação sempre que estejam submetidas aos regimes aduaneiros especiais de admissão temporária ou de exportação temporária. Caso contrário, seguirão o regime de classificação das mercadorias.

Essas regras de interpretação são complementadas pelos pareceres de classificação aduaneira da OMA, que, no direito brasileiro, têm caráter vinculante para a Receita Federal.

---

[54] "II) Com vista à aplicação da Regra 6, entende-se:
a) Por 'subposição do mesmo nível', as subposições de um travessão (nível 1), ou as subposições de dois travessões (nível 2).
Assim, se dentro de uma posição, duas ou mais subposições de um travessão puderem ser tomadas em consideração em conformidade com a Regra 3 a), a especificidade de cada uma dessas subposições de um travessão em relação a um artigo determinado deve ser apreciada exclusivamente em função dos seus próprios dizeres. Se tiver sido escolhida a subposição mais específica e se ela mesma estiver subdividida, então, e só então, se tem em consideração os dizeres das subposições de dois travessões para se determinar qual dessas subposições deve ser, finalmente, selecionada" (Nesh).

[55] "b) Por 'disposições em contrário', as Notas ou os dizeres de subposições que sejam incompatíveis com esta ou aquela Nota de Seção ou de Capítulo.
Assim, por exemplo, pode citar-se a Nota de subposições 2 do Capítulo 71, que dá ao termo 'platina' um alcance diferente do definido pela Nota 4 B) do mesmo Capítulo, e que é a única Nota aplicável para a interpretação das subposições 7110.11 e 7110.19" (Nesh).

## 6 PARECERES DE CLASSIFICAÇÃO ADUANEIRA

### 6.1 Pareceres do Comitê do Sistema Harmonizado da OMA

A elaboração de pareceres de classificação aduaneira por parte do Comitê do Sistema Harmonizado da OMA encontra-se prevista no art. 7-1b da Convenção. A versão mais recente da coletânea, atualizada até junho de 2023, foi aprovada pela IN RFB nº 2.171/2024, com caráter vinculante para a Secretaria da Receita Federal:

> Art. 1º Fica aprovada a tradução para a língua portuguesa da coletânea dos pareceres de classificação do Comitê do Sistema Harmonizado (CSH) da Organização Mundial das Alfândegas (OMA) atualizada até junho de 2023, nos termos do Anexo Único.
>
> Art. 2º Os pareceres a que se refere o art. 1º terão caráter vinculativo para a Secretaria Especial da Receita Federal do Brasil (RFB) e para os demais intervenientes no comércio internacional, e serão adotados como elemento subsidiário fundamental para a classificação de mercadorias com características semelhantes às das mercadorias objeto de sua análise.

Dessa forma, mesmo que exista um entendimento consolidado no sentido contrário, a superveniência de um parecer do Comitê deve ser obrigatoriamente adotada. Além disso, os pareceres constituem elemento subsidiário fundamental para a classificação aduaneira de mercadorias semelhantes.

No ano de 2017, a Câmara Superior de Recursos Fiscais do Carf adotou o parecer de classificação relativo à barra de gergelim com mel como argumento auxiliar para a classificação de barras de cereais:

> [...]
> Consta da Coletânea dos Pareceres de Classificação da Organização Mundial das Aduanas (OMA), organismo responsável pelo Sistema Harmonizado e pela classificação de mercadorias em nível mundial, entre várias outras competências, a classificação da barra de gergelim com mel (conhecida como halvá ou halwa) na posição 1704, o que reforça o raciocínio aqui exposto. A Coletânea dos Pareceres de Classificação da OMA encontra-se publicada no site da Receita Federal.
> Por todo o exposto, a barra de cereal, do tipo Neston Banana, Neston Morango, Neston Coco Tostado, Neston Light Damasco, Pêssego e Maçã, Neston Light Frutas Silvestres, classifica-se como 1704.90.90, com base na RG1 (texto da posição 1704), RG6 (texto da subposição 1704.90) e RGC1 (texto do item 1704.90.90) da TEC do Mercosul, aprovada pelo Decreto nº 2.376/1997, e subsídio das Nesh das posições 1704 e 1904.[56]

Contudo, é preciso ter cautela na aplicação subsidiária da classificação aduaneira de produtos semelhantes. Para que isso ocorra de forma apropriada, não se mostra suficiente a conclusão ou a ementa do parecer. Deve ser examinado o seu inteiro teor, a fim de determinar em que medida o seu fundamento determinante pode ser aplicável ao produto similar. Ademais, a semelhança entre os produtos não pode ser apenas nominal. A denominação é apenas indicativa da classificação, assim como também o são os títulos das Seções, Capítulos e Subcapítulos do SH (RGI-1). É necessário comparar as características fáticas, tais como a

---

[56] Carf. CSRF. 3ª T. Ac. 9303-005.856. Rel. Desig. Cons. Andrada Márcio Canuto Natal. S., de 18.10.2017.

forma, dimensões, peso, apresentação, material constitutivo, função, aplicação, enfim, todos os elementos considerados no parecer da OMA e os relevantes no caso concreto.

### 6.2 Ditames de classificação do Mercosul

Os ditames de classificação aduaneira emitidos pelo Mercosul são veiculados em atos declaratórios e atos declaratórios executivos da Receita Federal. Assim, por exemplo, em 10 de novembro de 2020, foi editado o Ato Declaratório Executivo RFB nº 03, que estabelece a classificação de diversos produtos, dentre os quais as *buchas de plástico para fixação de parafusos* (3926.90.90). Esses devem ser observados pelas autoridades aduaneiras e pelos intervenientes de operações de comércio exterior, apresentando a mesma hierarquia normativa de seus respectivos atos introdutores, ou seja, enquanto atos normativos secundários passíveis de controle de legalidade.[57]

### 6.3 Divergência entre outros órgãos locais e a Receita Federal

O Parecer Normativo Cosit nº 06/2018 estabelece que, em caso de divergência entre órgãos públicos locais, a classificação da mercadoria adotada pela RFB prevalece para fins aduaneiros e tributários:

> Assunto: Normas de Administração Tributária
> CLASSIFICAÇÃO FISCAL DE MERCADORIAS. TRATAMENTO TRIBUTÁRIO E ADUANEIRO. COMPETÊNCIA DA SECRETARIA DA RECEITA FEDERAL DO BRASIL.
> A legislação brasileira determina o cumprimento das normas internacionais sobre classificação fiscal de mercadorias. Nos países que internalizaram em seu ordenamento jurídico a Convenção Internacional sobre o Sistema Harmonizado de Designação e de Codificação de Mercadorias, a interpretação das normas que regulam a classificação fiscal de mercadorias é de competência de autoridades tributárias e aduaneiras. No Brasil, tal atribuição é exercida pelos Auditores-Fiscais da RFB.
> As características técnicas (assim entendidos aspectos como, por exemplo, matérias constitutivas, princípio de funcionamento e processo de obtenção da mercadoria) descritas em laudos ou pareceres elaborados na forma prescrita nos artigos 16, inciso IV, 18, 29 e 30 do Decreto nº 70.235, de 1972, devem ser observadas, salvo se comprovada sua improcedência, devendo ser desconsideradas as definições que fujam da competência dos profissionais técnicos.
> Para fins tributários e aduaneiros, os entendimentos resultantes da aplicação da legislação do Sistema Harmonizado devem prevalecer sobre definições que tenham sido adotadas por órgãos públicos de outras áreas de competência, como, por exemplo, a proteção da saúde pública ou a administração da concessão de incentivos fiscais. [...]

Entretanto, no julgamento do REsp nº 1.555.004/SC, a Primeira Turma do STJ já reconheceu que a classificação de agências reguladoras deve prevalecer sobre a interpretação adotada pela Receita Federal:

---

[57] Sobre a hierarquia dos atos normativos do Poder Executivo, ver Cap. I, item 2.4.

TRIBUTÁRIO. PRODUTO IMPORTADO. SABÃO ANTIACNE. CLASSIFICAÇÃO PERANTE A ANVISA COMO COSMÉTICO. AUTORIDADE ADUANEIRA QUE ENTENDE SER MEDICAMENTO. IMPOSSIBILIDADE. ATRIBUIÇÃO DA AUTORIDADE SANITÁRIA (ANVISA) NA CLASSIFICAÇÃO DO PRODUTO. RECURSO ESPECIAL PROVIDO.

1. Incumbe à Anvisa regulamentar, controlar e fiscalizar os produtos e serviços que envolvam à saúde pública (art. 8º da Lei nº 9.782/1999).

2. Não pertence às atribuições fiscais e aduaneiras, alterar a classificação de um produto, inclusive porque os seus agentes não dispõem do conhecimento técnico-científico exigido para esse mister.

3. Produto classificado pela Anvisa como cosmético. Atribuição privativa da Autoridade Sanitária, que refoge à competência da Autoridade Aduaneira.

4. Recurso Especial do contribuinte provido para restabelecer a sentença de fls. 974/975.[58]

No caso concreto, a Nesh qualifica como *sabonete medicinal* os produtos *que contêm substâncias medicamentosas, tais como ácido bórico, ácido salicílico, enxofre e sulfamidas* (I-d). Não obstante, para a Anvisa, os produtos com essa composição seriam *cosméticos*. Diante dessas duas alternativas, o STJ decidiu pela prevalência da segunda. Todavia, com anteriormente ressaltado, os códigos numéricos do SH/NCM são signos artificialmente convencionados visando à uniformização internacional da designação das mercadorias. Sua função não é descrever a realidade. Para efeitos classificatórios, uma vez determinada a composição química do produto, é relevante apenas a qualificação que essa recebe na legislação aduaneira. Não faz sentido atribuir ao produto uma classificação distinta – *cosmético*, e não *sabonete medicinal* – apenas em razão do entendimento da agência reguladora local ou porque um ato normativo editado para outra finalidade o qualifica de maneira distinta.[59] No direito, um mesmo fato pode receber qualificações jurídicas distintas. Em razão do critério da especialidade, os enunciados do SH prevalecem para fins de classificação aduaneira.

## 7 ETAPAS DO PROCEDIMENTO CLASSIFICATÓRIO

### 7.1 Descrição completa do produto

A classificação aduaneira tem início com a descrição completa do produto pelo declarante, o que, por sua vez, deve ocorrer na *declaração de mercadorias* vinculada às operações de importação, de exportação ou de admissão em regime aduaneiro especial.[60]

---

[58] STJ. REsp 1.555.004/SC, 1ª Turma, Rel. Min. Napoleão Nunes Maia Filho, DJe 25.02.2016.

[59] Sobre o tema, cf.: BRITTO, Lucas Galvão de. *Tributar na era da técnica*: como as definições feitas pelas agências reguladoras vêm interpretando as normas tributárias. São Paulo: Noeses, 2018, p. 163. O autor sustenta que "[...] '*tratando-se de termo que não é referido no texto constitucional, é permitido o uso da definição técnica da agência reguladora se não houver lei específica tributária definindo o conceito (cf. art. 109 do CTN)*. Com efeito, a prevalecer as disposições específicas tributárias, deveria o produto ter sido classificado como *sabão medicinal*, tal como as autoridades aduaneiras haviam procedido e, posteriormente, o Tribunal Regional Federal da 4ª Região".

[60] Ver Cap. IV. Recorde-se que o termo *declaração de mercadorias* foi introduzido pela Convenção de Quioto Revisada – CQR, constituindo, nos termos do Capítulo 2, Apêndice 2, abrange: "O ato executado na forma prescrita pelas Administrações Aduaneiras, mediante o qual os interessados indicam o regime aduaneiro a aplicar às mercadorias e comunicam os elementos cuja menção é exigida pelas Administrações Aduaneiras para aplicação deste regime". Trata-se, portanto, do gênero que compreende a DI

Nessa etapa, havendo dúvidas relacionadas à determinação da matéria fática, pode ser necessário recorrer a especialistas de outros ramos do saber.[61] Veja-se, por exemplo, a classificação dos *produtos químicos orgânicos*. De acordo com as Notas do Capítulo 29, as posições nele previstas compreendem "os compostos orgânicos de constituição química definida apresentados isoladamente, mesmo contendo impurezas" (Nota 1.a). Também abrangem as respectivas soluções, desde que "[...] constituam um modo de acondicionamento usual e indispensável, determinado exclusivamente por razões de segurança ou por necessidades de transporte, e que o solvente não torne o produto particularmente apto para usos específicos de preferência à sua aplicação geral" (Nota 1.e). Se essas informações não estiverem suficientemente especificadas nos manuais e na documentação técnica do produto, ou caso existam dúvidas acerca de sua autenticidade, não há outro encaminhamento possível senão a realização de uma perícia técnica.

A perícia deve se limitar aos aspectos fáticos.[62] Seu único objetivo, por meio de esclarecimentos técnicos e de resposta objetiva aos quesitos, é proporcionar ao intérprete-aplicador os elementos necessários para que esse promova a *descrição completa* do produto. Nada impede, entretanto, que a descrição completa constitua um dos quesitos do trabalho pericial.

Alguns exemplos de uma descrição com essas características podem ser encontrados na Coletânea de Pareceres de Classificação Aduaneira do Comitê do Sistema Harmonizado da OMA:[63]

**Queijo fresco**, composto de leite desnatado fermentado concentrado (80%), preparação à base de fruta (morango) (10 %), açúcar (7,6 %), amido modificado, sementes de morango, concentrado de suco (sumo) de cenoura preta, aromatizante natural, espessante, concentrado de minerais do leite, concentrado de suco (sumo) de limão e de reguladores de acidez. Contém igualmente duas culturas de bactérias lácticas, a saber, *Lactobacillus bulgaricus* e *Streptococcus thermophilus*. O teor de proteínas da parte (porção) láctea do produto é de 9,5 % (8,4 % no total do produto). Durante o processo de produção, o produto sofre um ligeiro "choque térmico" e um separador *quark* é utilizado para remover o soro. Além disso, um processo de suavização é aplicado para melhorar a consistência do produto. O produto é embalado para venda a retalho num recipiente de plástico com um conteúdo líquido de 160 g e consiste em duas camadas – a camada inferior é uma preparação à base de fruta (morango) e a camada superior tem o aspeto de um produto lácteo de cor branca.

**Produto denominado "Aloe Vera Tablets"** acondicionado para venda a retalho em frascos de plástico (de 60 comprimidos, por exemplo) e composto de 3% de pó de aloés (contendo 0,11 % de aloína) e excipientes: hidrogenofosfato de cálcio, talco purificado, estearato de magnésio, *hypromellose* e propilenoglicol. É empregado como complemento alimentar; está indicado na embalagem e na documentação que o produto permite ao corpo resistir a afecções comuns como bronquites, constipação e indigestões.

---

(Declaração de Importação), a Duimp (Declaração Única de Importação), a DSI (Declaração Simplificada de Importação) e a DU-E (Declaração Única de Exportação).

[61] IN RFB º 1.800/2018: "Art. 15. A perícia será solicitada por:
I – Auditor-Fiscal da Receita Federal do Brasil no exercício de atividade fiscal; ou
II – importador, exportador, transportador ou depositário da mercadoria".

[62] Nos termos do art. 32, § 1º, da IN RFB nº 1.800/2018, "os laudos não poderão conter quaisquer indicações sobre posições, subposições, itens ou códigos da Nomenclatura Comum do Mercosul (NCM)".

[63] Ver item 6.1., acima.

Apesar de desejável e de tecnicamente recomendável, a descrição não precisa apresentar o mesmo formato dos pareceres da OMA. Porém, para não gerar equívocos nem comprometer a adequação da classificação aduaneira, sempre deve ser completa. É um dever jurídico do declarante realizá-la nesses termos, indicando todas as suas características, espécie, marca comercial, modelo, nome comercial ou científico e outros atributos estabelecidos pela Secretaria da Receita Federal que confiram sua identidade comercial.[64] A omissão, inexatidão ou incompletude da descrição é definida como infração aduaneira, punida com multa isolada prevista no art. 69 da Lei nº 10.833/2003.[65]

## 7.2 Enquadramento legal

A partir da descrição completa, a etapa seguinte é o enquadramento legal do produto, dentro de uma operação lógica de subsunção. Primeiro, como fator indicativo, são considerados os títulos das Seções do SH, dentre os quais, por exemplo: animais vivos e produtos do reino animal (Seção I); produtos do reino vegetal (Seção II); produtos minerais (Seção V); produtos das indústrias químicas ou das indústrias conexas (Seção VI); metais comuns e suas obras (Seção XV); material de transporte (Seção XVII), e assim por diante. Definida a seção, segue-se ao capítulo, posição, subposição, item e subitem. Na medida em que se avança nessa análise, sempre dentro dos critérios previstos nas Regras Gerais de Interpretação e das Regras Gerais Complementares do SH, devem ser considerados os textos das posições e das subposições e as notas legais (Notas de Seção, de Capítulo e de Subposições). Além disso, como fator auxiliar, podem ser consultadas as notas explicativas (Nesh). Esses enunciados indicam possíveis enquadramentos e excluem outras opções, levando a um avanço progressivo que acaba por conduzir à classificação aduaneira aplicável.

Nesse processo, é construída uma norma jurídica classificatória, que tem a mesma estrutura sintática de qualquer outra norma. Trata-se de um juízo hipotético-condicional que, em seu antecedente, descreve abstratamente as notas de identificação de um produto e, em seu consequente, prescreve o comportamento obrigatório de designá-lo com um determinado código numérico da nomenclatura. O sujeito vinculado a esse dever instrumental é o declarante. O sujeito ativo, por sua vez, é a União, que – por meio da Receita Federal – pode exigir o uso dessa designação formal na declaração de mercadorias ou em outro documento previsto pela legislação aduaneira.

---

[64] Nas consultas de classificações aduaneiras, a IN nº 1.464/2014 requer a disponibilização das seguintes informações, quando aplicáveis: (a) nome vulgar, comercial, científico e técnico; (b) marca registrada, modelo, tipo e fabricante; (c) descrição; (d) forma ou formato (líquido, pó, escamas, blocos, chapas, tubos, perfis, entre outros); (e) dimensões e peso líquido; (f) apresentação e tipo de embalagem (a granel, tambores, caixas, sacos, doses, entre outros), com as respectivas capacidades em peso ou em volume; (g) matéria ou materiais de que é constituída a mercadoria e suas percentagens em peso ou em volume, ou ainda seus componentes; (h) função principal e secundária; (i) princípio e descrição do funcionamento; (j) aplicação, uso ou emprego; (k) forma de acoplamento de motor a máquinas ou aparelhos; (l) processo detalhado de obtenção; (m) imagens nítidas (art. 6º). Além disso, nas mercadorias passíveis de enquadramento nos Capítulos 27 a 40, é necessário ainda o conhecimento da composição qualitativa e quantitativa, da fórmula química bruta e estrutural, do peso molecular, ponto de fusão e densidade e dos componentes ativos e suas funções (§ 1º). Na consulta sobre classificação de bebidas, o consulente deverá informar a respectiva graduação alcoólica (§ 2º). Sobre esse tema na doutrina, cf.: DALSTON, Cesar Olivier. *Classificando mercadorias*: uma abordagem didática da ciência da classificação de mercadorias. 2. ed. São Paulo: Aduaneiras, 2014, p. 177.

[65] Ver Cap. VII, Item 4.1.7.

É em razão da designação formal do produto prevista na norma jurídica classificatória que se determina a alíquota empregada na operação ou, eventualmente, a aplicabilidade de desonerações fiscais. Também é em função dela que se fiscaliza o cumprimento dos requisitos legais de eventuais regimes aduaneiros especiais e a incidência de medidas não tarifárias, no que se incluem as quotas, as proibições de importação e de exportação, o licenciamento, as exigências técnicas, sanitárias, fitossanitárias e medidas de defesa comercial.

Essa atividade se desenvolve dentro de um processo de positivação, envolvendo atos de interpretação e de aplicação de enunciados prescritivos do direito posto.[66] O primeiro é realizado pelo próprio declarante, quando indica a NCM aplicável ao produto na declaração de mercadorias. O segundo resulta de atividade administrativa de fiscalização, que, por sua vez, é destinada à verificação da procedência da classificação aduaneira adotada e, entre outros aspectos tarifários e não tarifários, a regularidade da constituição do crédito tributário pelo sujeito passivo.

## 8 RECLASSIFICAÇÃO ADUANEIRA

### 8.1 Formas de retificação no despacho aduaneiro de importação

A reclassificação do produto importado pode ser realizada por resolução do declarante ou da autoridade aduaneira. No primeiro caso, presentes os requisitos do art. 102 do Decreto-Lei nº 37/1966,[67] pode configurar uma denúncia espontânea, afastando, por conseguinte, a multa pela classificação aduaneira indevida.[68] Quando a iniciativa for do Auditor-Fiscal, pode ocorrer em sede de conferência aduaneira ou dentro do prazo de revisão aduaneira.[69] Na conferência, a fiscalização promove a interrupção do despacho de importação, formalizando a exigência no Siscomex.[70] Se concordar com a medida, o declarante deve retificar a classificação aduaneira na declaração de mercadorias, recolhendo a multa correspondente e eventual diferença do crédito tributário. Do contrário, pode apresentar uma manifestação de

---

[66] Como destacado pela Conselheira Maria Eduarda Alencar Câmara Simões, em acórdão do Carf: "A classificação de mercadorias é atividade jurídica, a partir de informações técnicas. O perito, técnico em determinada área (mecânica, elétrica etc.) informa, se necessário, quais são as características e a composição da mercadoria, especificando-a, e o especialista em classificação (conhecedor das regras do SH e de outras normas complementares), então, classifica a mercadoria, seguindo tais disposições normativas" (Carf. 3ª S. 4ª C. 1ª T.O. Ac. 3401-008.043, S. de 27.08.2020).

[67] Os pressupostos de caracterização da denúncia espontânea em matéria aduaneira encontram-se expostos no Cap. VII, Item 2.2.6.

[68] Ver Cap. VII, item 4.1.7.

[69] IN SRF nº 680/2006: "Art. 45. A retificação da declaração após o desembaraço aduaneiro, qualquer que tenha sido o canal de conferência aduaneira ou regime tributário pleiteado, será realizada:
I – de ofício, na unidade da RFB onde for apurada, em ato de procedimento fiscal, a incorreção; ou (Redação dada pela Instrução Normativa RFB nº 1.759, de 13 de novembro de 2017).
II – pelo importador, que registrará diretamente no Siscomex as alterações necessárias, e efetuará o recolhimento dos tributos apurados na retificação, calculados pelo próprio Sistema, por meio de débito automático em conta ou Darf. (Redação dada pela Instrução Normativa RFB nº 1.813, de 13 de julho de 2018).
[...]
§ 7º A retificação a que se refere o *caput* independe do procedimento de revisão aduaneira de toda a declaração de importação que, caso necessário, poderá ser proposta à unidade da RFB com jurisdição para fins de fiscalização dos tributos incidentes no comércio exterior, sobre o domicílio do importador. (Redação dada pela Instrução Normativa RFB nº 1.759, de 13 de novembro de 2017)".

[70] Ver Cap. III, item 1.2.

inconformidade que, ao ser apreciada pela autoridade aduaneira, resultará na reconsideração da exigência ou na lavratura de um auto de infração.[71]

O problema é que, como se sabe, nem sempre é fácil realizar a classificação aduaneira de uma mercadoria, mesmo para profissionais especializados e habituados em trabalhar com a matéria. Há casos – especialmente quando surgem produtos novos, como as pulseiras esportivas (*smart watch*),[72] entre outros – em que as próprias autoridades demoram alguns anos para formar uma interpretação consolidada acerca da NCM aplicável. Apesar disso, as importações e as fiscalizações não são interrompidas, o que faz com que o declarante, por vezes, acabe surpreendido com a constatação de que empregou uma classificação divergente da pacificada pela aduana. Há casos, inclusive, em que a classificação indevida anteriormente adotada resultou de um lançamento de ofício de um Auditor-Fiscal, ou de soluções de consulta da Coana revisadas após a superveniência de pareceres de classificação do Comitê do Sistema Harmonizado da OMA. Atualmente, uma das discussões mais recorrentes no direito aduaneiro diz respeito aos limites para a reclassificação em situações dessa natureza.

## 8.2 Impossibilidade de mudança de critério jurídico no lançamento de ofício suplementar

Na auditoria pós-despacho (revisão aduaneira), são fiscalizados todos os aspectos do despacho de importação, inclusive a exatidão das informações prestadas pelo declarante e a regularidade do pagamento dos tributos e demais gravames devidos à Fazenda Nacional. Trata-se de um procedimento típico do direito aduaneiro, com conteúdo mais amplo que o de uma revisão do lançamento.[73] Apesar disso, ao realizar esse ato administrativo, o Auditor-Fiscal também pode revisar o lançamento de ofício anterior, caso em que, além do prazo decadencial de cinco anos,[74] deve observar especificamente os limites previstos nos arts. 146 e 149 do CTN:

> Art. 146. A modificação introduzida, de ofício ou em consequência de decisão administrativa ou judicial, nos critérios jurídicos adotados pela autoridade administrativa no exercício do lançamento somente pode ser efetivada, em relação a um mesmo sujeito passivo, quanto a fato gerador ocorrido posteriormente à sua introdução.

---

[71] Ver Cap. III, item 1.2.2.
[72] Nas pulseiras esportivas ou *smart watch*, a divergência envolvia o enquadramento no Capítulo 91 ("Artigos de relojoaria") ou no Capítulo 85 ("Máquinas, aparelhos e materiais elétricos, e suas partes; aparelhos de gravação ou de reprodução de som, aparelhos de gravação ou de reprodução de imagens e de som em televisão, e suas partes e acessórios"). Ao final, definiu-se pela subposição 8517.62, na linha da Solução de Consulta Coana nº 75/2017: "EMENTA: Código NCM 8517.62.77 Mercadoria: Dispositivo à bateria, na forma de um relógio de pulso, denominado comercialmente "smart watch", que incorpora uma tela retina OLED ("diodo emissor de luz orgânico"), com *single touch*, vidro de íon X (reforçado), de 272 x 340 pixels (38 mm) ou de 312 x 390 pixels (42 mm); processador dual core; memória RAM de 512 MB; memória flash de 8 GB; microfone; alto-falante; motor de vibração; acelerômetro; giroscópio; sensor de batimento cardíaco e transceptor de rádio Wi-Fi, NFC e Bluetooth, com taxa de transmissão de 54 Mbp/s e frequência de operação de 2,4 GHz. O transceptor de rádio permite que o dispositivo se comunique com telefones celulares compatíveis por meio de rede sem fio (Wi-Fi, NFC e Bluetooth). O dispositivo executa as seguintes funções independentemente de qualquer outro dispositivo: monitoramento de treinos e de metas de atividades; medição de frequências cardíacas; exibição da hora e demais informações incorporadas no módulo relógio; reprodução de músicas já sincronizadas; exibição de fotos já sincronizadas; realização de compras".
[73] FERNANDES, Rodrigo Mineiro. *Introdução ao direito aduaneiro*. São Paulo: Intelecto, 2018, p. 70-71.
[74] Ver Cap. III, Item 2.

Art. 149. O lançamento é efetuado e revisto de ofício pela autoridade administrativa nos seguintes casos:

I – quando a lei assim o determine;

II – quando a declaração não seja prestada, por quem de direito, no prazo e na forma da legislação tributária;

III – quando a pessoa legalmente obrigada, embora tenha prestado declaração nos termos do inciso anterior, deixe de atender, no prazo e na forma da legislação tributária, a pedido de esclarecimento formulado pela autoridade administrativa, recuse-se a prestá-lo ou não o preste satisfatoriamente, a juízo daquela autoridade;

IV – quando se comprove falsidade, erro ou omissão quanto a qualquer elemento definido na legislação tributária como sendo de declaração obrigatória;

V – quando se comprove omissão ou inexatidão, por parte da pessoa legalmente obrigada, no exercício da atividade a que se refere o artigo seguinte;

VI – quando se comprove ação ou omissão do sujeito passivo, ou de terceiro legalmente obrigado, que dê lugar à aplicação de penalidade pecuniária;

VII – quando se comprove que o sujeito passivo, ou terceiro em benefício daquele, agiu com dolo, fraude ou simulação;

VIII – quando deva ser apreciado fato não conhecido ou não provado por ocasião do lançamento anterior;

IX – quando se comprove que, no lançamento anterior, ocorreu fraude ou falta funcional da autoridade que o efetuou, ou omissão, pela mesma autoridade, de ato ou formalidade especial.

Parágrafo único. A revisão do lançamento só pode ser iniciada enquanto não extinto o direito da Fazenda Pública.

O art. 149 do CTN encerra três fundamentos para a revisão: a fraude, o vício de forma e o erro. É o que ensina Alberto Xavier, na obra clássica sobre o lançamento:

> São três os fundamentos da revisão do lançamento: (*i*) fraude ou falta funcional da autoridade que o praticou; (*ii*) a omissão de ato ou formalidade essencial; (*iii*) a existência de fato não conhecido ou não provado por ocasião do lançamento anterior. Pode, assim, dizer que os vícios que suscitam a anulação ou reforma do ato administrativo do lançamento são a *fraude*, o *vício de forma* e o *erro*.[75]

Dentre essas hipóteses, a mais controversa é a do erro, porque envolve a polêmica em torno da possibilidade de revisão do lançamento nos casos de "erro de direito", em face da previsão do art. 146 do CTN. A exegese desse dispositivo, como ressalta Alberto Xavier, "tem feito, entre nós, correr rios de tinta", sem que se tenha obtido algum consenso doutrinário.[76] Não cabe aqui a revisão de todas as diferentes propostas interpretativas. Para efeitos deste estudo, basta ressaltar que o preceito estabelece uma proibição para a revisão do lançamento assentada em mudança do referencial normativo de validade adotado no ato administrativo

---

[75] XAVIER, Alberto. *Do lançamento no direito tributário brasileiro*. 3. ed. Rio de Janeiro: Forense, 2005, p. 264.

[76] XAVIER, Alberto. *Do lançamento no direito tributário brasileiro*. 3. ed. Rio de Janeiro: Forense, 2005, p. 264.

anterior[77] ou em exercício de opção legal, isto é, quando a autoridade fiscal, ao realizar o segundo lançamento, pretende adotar uma providência diferente dentre os possíveis encaminhamentos alternativos previstos em lei. A hipótese mais comum, contudo, é a nova interpretação dos enunciados prescritivos considerados no primeiro lançamento, com ou sem alteração da qualificação jurídica do evento imponível. Outra possibilidade, igualmente vedada, é a aplicação de enunciados prescritivos anteriormente ignorados, inclusive quando, no seu lugar, foi aplicado um ato normativo revogado, declarado inconstitucional, sem eficácia ou vigência.[78]

Daí que, na revisão aduaneira, não estão abrangidos pelo art. 146 os erros de fato, ou seja, aqueles decorrentes de omissão, de inexatidão ou de incompletude na descrição do produto na etapa que – dentro do procedimento classificatório – antecede ao enquadramento legal. Nesses casos, observado o prazo decadencial, o Auditor-Fiscal pode promover a revisão de um lançamento de ofício.

## 8.3 Revisão do lançamento e canal de conferência

O art. 146 do CTN pressupõe um lançamento anterior efetuado por uma autoridade administrativa. O preceito não se aplica quando a revisão tem por objeto o ato de constituição do crédito pelo sujeito passivo ao registrar a declaração de mercadorias. A liberação (desembaraço aduaneiro)[79] – mesmo quando a declaração é parametrizada nos canais amarelo, vermelho ou cinza – não tem natureza homologatória.

A homologação, quando não resulta do decurso do prazo de cinco anos previsto no art. 150, § 4º, do CTN,[80] é um ato administrativo formal e expresso. O desembaraço ou liberação

---

[77] Assim, como ensina Paulo de Barros Carvalho, o erro de direito envolve um problema de subsunção, um equívoco no enquadramento legal ou, em outras palavras, uma distorção entre o enunciado protocolar da norma individual e concreta (o lançamento) e seu referencial de validade representado pelo enunciado conotativo da norma geral e abstrata (regra-matriz de incidência). Trata-se de um desajuste externo (internormativo), ao passo que o erro de fato consiste em um desajuste de linguagem interna (intranormativo), vale dizer, uma falha no processo de relato do consequente ou do antecedente na norma individual e concreta do lançamento (CARVALHO, Paulo de Barros. *Curso de direito tributário*. 26. ed. São Paulo: Saraiva, 2014, p. 419).

[78] Parte da doutrina entende que a aplicação de preceito legal revogado ou declarado inconstitucional seria um erro de direito, também insusceptível de retificação em razão do caráter taxativo do art. 149 do CTN (XAVIER, Alberto. *Do lançamento no direito tributário brasileiro*. 3. ed. Rio de Janeiro: Forense, 2005, p. 270). Contudo, também aqui há uma mudança de critério jurídico. Por exemplo, ao lançar um crédito tributário aplicando o adicional de 1% da Cofins (§ 21 do art. 8º da Lei nº 10.865/2004) a fatos jurídicos ocorridos após 31 de dezembro de 2021, quando encerrou o período de vigência previsto na Lei nº 13.670/2018, o auditor promove a construção de uma norma geral e abstrata (parâmetro de validade do ato de lançamento) com um critério quantitativo (alíquota) de 10,65%. No segundo lançamento, para corrigir o equívoco, aplica-se o inciso II do art. 8º da Lei nº 10.865/2004. Isso implica a mudança do referencial de validade, porque a subsunção será realizada a partir de nova norma geral e abstrata construída pelo intérprete, dessa vez, porém, com um critério quantitativo (alíquota) de 9,65%.

[79] Ver Cap. III, item 1.2.1.3.

[80] "Art. 150. O lançamento por homologação, que ocorre quanto aos tributos cuja legislação atribua ao sujeito passivo o dever de antecipar o pagamento sem prévio exame da autoridade administrativa, opera-se pelo ato em que a referida autoridade, tomando conhecimento da atividade assim exercida pelo obrigado, expressamente a homologa.
[...]
§ 4º Se a lei não fixar prazo a homologação, será ele de cinco anos, a contar da ocorrência do fato gerador; expirado esse prazo sem que a Fazenda Pública se tenha pronunciado, considera-se homologado o lançamento e definitivamente extinto o crédito, salvo se comprovada a ocorrência de dolo, fraude ou simulação."

não tem esse conteúdo nem finalidade. A rigor, sequer poderia, já que, durante a conferência aduaneira, muitas vezes sequer ocorre a fiscalização de um dos aspectos essenciais da incidência – a valoração aduaneira do produto –, que é realizada preferencialmente após a liberação.[81] A homologação do lançamento só ocorre em sede de revisão aduaneira ou, tacitamente, com o esgotamento do prazo para sua realização.

Esse regime jurídico – que, a propósito, é expresso na legislação aduaneira (Decreto-Lei nº 37/1966, art. 51, § 1º[82]) – parte da constatação de que a fiscalização do comércio exterior constitui uma atividade complexa. Abrange verificações de ordem tarifária e não tarifária que, apesar do seu grau de dificuldade, não podem ser negligenciadas. Por isso, sempre há uma tensão entre o tempo exigido para um exame adequado e a necessidade de rapidez na liberação. A demora gera custos adicionais para o importador. Esses resultam das despesas de armazenagem da mercadoria no recinto alfandegado e da sobrestadia (*demurrage*) eventualmente devida pelo atraso na devolução das unidades de carga (contêineres). Não é por outra razão que, dentro das melhores práticas de gestão de riscos, a falta de celeridade na liberação é considerada um indício de primitivismo das técnicas de controle aduaneiro vigentes em um país. Modernamente, no direito comparado, as aduanas estão cada vez mais compreendendo que não é necessário nem eficiente concentrar o controle na fronteira, sobretudo porque, em muitos casos, só um exame *a posteriori* pode fornecer a imagem completa da operação.[83]

Por isso, o legislador não atribuiu um efeito jurídico homologatório ao desembaraço aduaneiro. Essa solução obrigaria o Auditor-Fiscal, no exercício de atividade administrativa vinculada, a realizar uma fiscalização exauriente na zona primária. Afinal, de outra forma, não teria outra oportunidade para reexaminar todos os aspectos do despacho aduaneiro.

Há classificações aduaneiras que, devido a sua complexidade, demandam bastante tempo para serem realizadas. Ademais, não raro, diante de produtos novos ou pouco usuais, a própria aduana controverte acerca da NCM aplicável. Imagine-se o atraso que situações dessa natureza acarretariam, com todos os custos decorrentes para a atividade econômica produtiva. Não seria razoável, acaso fosse realmente previsto, um procedimento dessa natureza. Por sorte, bem analisada, não é isso que estabelece a legislação aduaneira nacional.

---

[81] IN RFB nº 2.090/2022: "Art. 25. A verificação da adequação do valor aduaneiro declarado às disposições estabelecidas na legislação será realizada preferencialmente após o desembaraço aduaneiro, no período destinado à apuração da regularidade e conclusão do despacho, nos termos do art. 54 do Decreto-Lei nº 37, de 18 de novembro de 1966".

[82] "Art. 51. Concluída a conferência aduaneira, sem exigência fiscal relativamente a valor aduaneiro, classificação ou outros elementos do despacho, a mercadoria será desembaraçada e posta à disposição do importador. (Redação dada pelo Decreto-Lei nº 2.472, de 1º.09.1988)."

[83] Com efeito, segundo ressalta James T. Walsh, "[...] as administrações aduaneiras estão aceitando cada vez mais que não é mais necessário ou eficiente concentrar todos os seus controles nas fronteiras. Essa mudança de abordagem, muitas vezes resistida pelos tradicionalistas da alfândega, é de particular benefício para o controle da valoração. O trabalho de valoração sempre foi ideal para controles pós-liberação ("*post-release controls*"), porque a imagem completa ("*the complete picture*") que proporciona a base para a valoração só está totalmente disponível a partir dos registros do importador". Tradução nossa. Original: "[...] customs administrations are increasingly accepting that it is no longer necessary or effective to concentrate all their controls at frontiers. This change in approach, often resisted by customs traditionalists, is of particular benefit for valuation control. Valuation work has always been ideally suited to post-release controls, because the complete picture that provides the basis for valuation is only fully available from an importer's records". WALSH, James T. Customs valuation. In: KEEN, Michael (ed.). *Changing customs*: challenges and strategies for the reform of customs administration". Washington, D.C.: *International Monetary Fund*, 2003, p. 90-91.

Esse entendimento é amplamente acolhido na Jurisprudência do Carf:

> REVISÃO ADUANEIRA. LANÇAMENTO DE OFÍCIO DE DIFERENÇA DE CRÉDITO TRIBUTÁRIO E APLICAÇÃO DE PENALIDADE. PREVISÃO EXPRESSA EM LEI APÓS O ATO DE DESEMBARAÇO ADUANEIRO. POSSIBILIDADE. No âmbito do procedimento do despacho aduaneiro de importação, o ato de desembaraço aduaneiro da mercadoria encerra a fase de conferência aduaneira mediante a liberação da mercadoria importada, dando início a fase de revisão aduaneira, expressamente autorizada em lei, em que, enquanto não decaído o direito de constituir o crédito tributário e na eventual apuração de irregularidade quanto ao pagamento de tributos, à aplicação de benefício fiscal e à exatidão de informações prestadas pelo importador na DI, proceder o lançamento da diferença de crédito tributário apurada e, se for o caso, aplicar as penalidades cabíveis.[84]

Durante algum tempo, teve-se a impressão de que, diferentemente da Jurisprudência do Carf, a Primeira Seção do STJ entendia que o desembaraço aduaneiro implicava a homologação do "autolançamento" realizado pelo sujeito passivo, o que, por sua vez, impedia a reclassificação assentada em mudança de critério jurídico. Contudo, no ano de 2021, o Tribunal evidenciou justamente o contrário:

> RECURSO INTERPOSTO NA VIGÊNCIA DO CPC/1973. ENUNCIADO ADMINISTRATIVO Nº 2. PROCESSUAL CIVIL. ADUANEIRO. TRIBUTÁRIO. AUSÊNCIA DE VIOLAÇÃO AO ART. 535, CPC/1973. REVISÃO ADUANEIRA REALIZADA NA VIGÊNCIA DO DECRETO Nº 6.759/2009 (RA-2009) DENTRO DA SISTEMÁTICA DE LANÇAMENTO POR HOMOLOGAÇÃO. ALTERAÇÃO DE CLASSIFICAÇÃO TARIFÁRIA. POSSIBILIDADE. INTELIGÊNCIA DOS ARTS. 50, 51, 52, 54, DO DECRETO-LEI Nº 37/1966, E DOS ARTS. 149, V, E 150, § 4º, DO CTN. APLICABILIDADE DA SÚMULA Nº 227 DO EXTINTO TFR[85] APENAS PARA AS DECLARAÇÕES DE IMPORTAÇÃO DENTRO DA SISTEMÁTICA DE LANÇAMENTO POR DECLARAÇÃO (ART. 147 DO CTN), OU SEJA, DECLARAÇÕES REGISTRADAS DURANTE A VIGÊNCIA DO DECRETO Nº 91.030/1985 (RA-85).
> 1. Ausente a alegada violação ao art. 535 do CPC/1973, tendo em vista a manifestação suficiente sobre os artigos de lei e teses invocados pelo recorrente.
> 2. O "Despacho Aduaneiro" é um procedimento que se inicia com o registro da "Declaração de Importação" (art. 44 do Decreto-Lei nº 37/1966), passa pela "Conferência Aduaneira" nos chamados canais "Verde", "Amarelo", "Vermelho" e "Cinza" (art. 50 do Decreto-Lei nº 37/1966 e art. 21 da IN/SRF nº 680/2006), depois pelo "Desembaraço Aduaneiro" onde se libera a mercadoria importada (art. 51 do Decreto-Lei nº 37/1966) e pode ter sua conclusão submetida a condição resolutória por 5 (cinco) anos, em razão da homologação ("Conclusão do Despacho" via "Revisão Aduaneira") prevista no art. 54 do Decreto-Lei nº 37/1966 e art. 638 do Decreto nº 6.759/2009 – RA-2009).
> 3. Assim, o lançamento efetuado pela autoridade fiscal e aduaneira no procedimento de "Revisão Aduaneira" tem por base o art. 54 do Decreto-Lei nº 37/1966, o art. 150, §

---

[84] Carf. 3ª S. Ac. 3102-002.348, S. de 28.01.2015. No mesmo sentido: Carf. 3ª S. Ac. 3201-001.992, S. de 18.03.2015; Ac. 3801-005.231, S. 18.03.2015.

[85] "A mudança de critério jurídico adotado pelo Fisco não autoriza a revisão do lançamento" (Súmula TFR nº 227).

4°, do CTN, e o art. 638 do Decreto n° 6.759/2009 (RA-2009) que permitem a reclassificação fiscal da mercadoria na NCM. Sua autorização legal está nos incisos I, IV e V do art. 149 do CTN.

4. São inconfundíveis a "Conferência Aduaneira" e o "Desembaraço Aduaneiro" e a "Conclusão do Despacho" ("Revisão Aduaneira") que pode se dar 5 (cinco) anos depois, tendo em vista a condição resolutória prevista tanto no art. 54 do Decreto-Lei n° 37/1966 quanto no art. 150, § 4°, do CTN, e no art. 638 do Decreto n° 6.759/2009 (RA-2009) que adotaram a sistemática do lançamento por homologação.

5. É pacífica a jurisprudência desta Casa no sentido de que a "Conferência Aduaneira" e o posterior "Desembaraço Aduaneiro" (arts. 564 e 571 do Decreto n° 6.759/2009) não impedem que o Fisco realize o procedimento de "Revisão Aduaneira", respeitado o prazo decadencial de cinco anos da sistemática de lançamento por homologação (art. 638 do Decreto n° 6.759/2009). Precedentes: REsp 1.201.845/RJ, Rel. Min. Mauro Campbell Marques, 2ª Turma. J. 18.11.2014; REsp 1.656.572/RS, 2ª Turma, Rel. Min. Herman Benjamin. J. 18.04.2017; AgRg no REsp 1.494.115/SC, 2ª Turma, Rel. Min. Herman Benjamin. J. 03.03.2015; REsp 1.452.531/SP, 2ª Turma, Rel. Min. Humberto Martins. J. 12.08.2014; REsp 1.251.664/PR, 2ª Turma, Rel. Min. Herman Benjamin. J. 18.08.2011.

6. Indiferente os canais adotados para a "Conferência Aduaneira" ("Verde", "Amarelo", "Vermelho" ou "Cinza"), somente há que se falar em lançamento efetuado no ato de "Conferência Aduaneira" se houver a apresentação da Manifestação de Inconformidade a que se refere o art. 42, § 2°, da IN/SRF n° 680/2006. Não ocorrendo esse lançamento, as retificações de informações constantes da Declaração de Importação – DI são atos praticados pelo próprio contribuinte na condição de "autolançamento", dentro da sistemática de lançamento por homologação, apenas se cogitando da incidência do art. 146 do CTN (modificação de "critérios jurídicos adotados pela autoridade administrativa"), se esses atos se deram em razão de orientação expressa dada pelo Fisco no momento de sua feitura que há de ser comprovada nos autos.

7. A partir do advento do Decreto n° 4.543/2002 (RA-2002), a classificação da mercadoria passou a ser ato praticado pelo CONTRIBUINTE importador na "Declaração de Importação", o que passou a caracterizar portanto, a figura do "autolançamento" ou lançamento por homologação, e não mais o lançamento por declaração que vigorava anteriormente na vigência do Decreto n° 91.030/1985 (RA-85), pois o contribuinte passou a apontar todos os elementos constitutivos do fato gerador e a adiantar o pagamento. Neste mesmo momento, a inserção da "Revisão Aduaneira" dentro da sistemática do lançamento por homologação se deu também com o advento do art. 570, § 2°, I, do Decreto n° 4.543/2002 (RA-2002), que passou a fazer alusão ao prazo do art. 54, do Decreto-Lei n° 37/66 (lançamento por homologação) e não mais ao do art. 149, parágrafo único (revisão de ofício de lançamento), como o fazia o art. 456 do Decreto n° 91.030/1985 (RA-85).

8. O registro é importante porque invariavelmente os contribuintes invocam jurisprudência deste STJ, respaldada na Súmula n° 227 do extinto TFR ("A mudança de critério jurídico adotado pelo Fisco não autoriza a revisão do lançamento") construída para a situação anterior [vigência do Decreto n° 91.030/1985 (RA-85)] onde o lançamento era por declaração para as situações que tais (art. 147 do CTN), o que impossibilitava a realização de lançamento suplementar pelo Fisco para corrigir a classificação fiscal, já que seria um segundo lançamento efetuado com base no art. 149, parágrafo único, do CTN, havendo, portanto, o óbice do art. 146 do mesmo CTN.

Contudo, em se tratando de Declaração de Importação registrada após a revogação do Decreto nº 91.030/1985 (RA-85), na "Revisão Aduaneira" o que existe é o lançamento em si efetuado por vez primeira dentro da sistemática do lançamento por homologação (art. 150, § 4º, do CTN), e não uma revisão de lançamento já efetuado, que seria um segundo lançamento realizado consoante o art. 149, parágrafo único, do CTN.

9. Assim, para as Declarações de Importação registradas após a revogação do Decreto nº 91.030/1985 (RA-85) é inaplicável a Súmula nº 227 do extinto TFR ("A mudança de critério jurídico adotado pelo Fisco não autoriza a revisão do lançamento") e, por conseguinte, são inaplicáveis os precedentes: REsp 1.112.702/SP, 1ª Turma, Rel. Min. Luiz Fux. J. 20.10.2009; AgRg no REsp 1.347.324/RS, 2ª Turma, Rel. Min. Eliana Calmon. J. 06.08.2013; REsp 1.079.383/SP, 2ª Turma, Rel. Min. Eliana Calmon. J. 18.06.2009; AgRg no REsp 478.389/PR, 2ª Turma, Rel. Min. Humberto Martins. J. 25.09.2007; REsp 654.076/RJ, 2ª Turma, Rel. Min. Eliana Calmon. J. 19.04.2005; REsp 412.904/SC, 1ª Turma, Rel. Min. Luiz Fux. J. 07.05.2002; REsp 27.564/RJ, 2ª Turma, Rel. Ari Pargendler. J. 02.05.1996; dentre outros que se referem à sistemática de lançamento anterior.

10. Recurso especial não provido.[86]

Essa decisão foi seguida pela 1ª Turma do STJ,[87] afastando recente interpretação que vinculava a possibilidade de revisão aos diferentes canais de conferência. Dentro dessa exegese, a revisão aduaneira seria permitida no canal verde e, ressalvados os casos de dolo, vedada no amarelo, vermelho ou cinza:

EMBARGOS À EXECUÇÃO FISCAL. IMPORTAÇÃO DE MERCADORIA. CANAIS VERMELHO E AMARELO. CLASSIFICAÇÃO FISCAL. REVISÃO ADUANEIRA. IMPOSSIBILIDADE. HONORÁRIOS ADVOCATÍCIOS. CORREÇÃO MONETÁRIA. IPCA-E.

1. Tendo a mercadoria sido selecionada para os canais amarelo, vermelho ou cinza de conferência aduaneira (hipóteses em que a autoridade aduaneira analisa a documentação fiscal e a verificação física da própria mercadoria), não se admite posterior revisão aduaneira (excetuados os casos de dolo), uma vez que, em tais casos, a autoridade fiscal anui com as informações prestadas pelo importador.

2. Os honorários de sucumbência devem ser corrigidos monetariamente pelo IPCA-E, sendo indevida a utilização da taxa SELIC para sua atualização.[88]

Não há objeções ao entendimento do STJ. A vinculação da possibilidade de revisão aduaneira ao canal de conferência não parece a melhor interpretação. O grau de profundidade da fiscalização nesses diferentes canais apresenta uma dinâmica que não difere da que ocorre com os demais tributos. No imposto de renda, por exemplo, ao examinar uma declaração de ajuste

---

[86] STJ. 2ª Turma. REsp 1.576.199/SC. Rel. Min. Mauro Campbell Marques, j. 13.04.2021, DJe 19.04.2021. Essa exegese também foi acolhida pela 1ª Turma (STJ. 1ª Turma. REsp 1.826.124/SC. Rel. Min. Gurgel de Faria. J. 14.12.2021, DJe 1º.02.2022).

[87] STJ. 1ª Turma. REsp 1.826.124/SC. Rel. Min. Gurgel de Faria. J. 14.12.2021, DJe 1º.02.2022.

[88] TRF4. 2ª Turma. Apelação/Remessa Necessária 5003541-95.2015.404.7205. Des. Fed. Rômulo Pizzolatti. J. 14.09.2016. No mesmo sentido, cf.: TRF4. 2ª Turma. Apelação/Reexame Necessário 5008216-33.2012.404.7100. Rel. Juíza Federal Carla Evelise Justino Hendges. J. 17.06.2014; TRF4. 2ª Turma. Apelação/Reexame Necessário 5003948-03.2016.404.7000. Rel. Juíza Federal Cláudia Maria Dadico. J. 30.11.2016; RF4. 2ª Turma. AC 5004159-15.2016.4.04.7202. Rel. Des. Fed. Andrei Pitten Velloso. J. 28.09.2018.

anual, o auditor pode realizar uma fiscalização sumária ou exauriente. A única particularidade é que, no despacho de importação, a legislação aduaneira atribuiu denominações próprias e definiu critérios para cada um desses diferentes graus. Não obstante, independentemente da profundidade da fiscalização, o ato administrativo final é sempre o mesmo: a liberação (desembaraço aduaneiro). E este produz apenas os efeitos jurídicos previstos na legislação: a nacionalização da mercadoria. Não há enunciado prescritivo algum atribuindo um efeito homologatório à liberação ou vinculando esse efeito ao canal de parametrização. Por isso, em qualquer caso, a vedação do art. 146 do CTN não incide quando a revisão tem por objeto o ato de constituição do crédito tributário pelo sujeito passivo ao registrar a declaração de mercadorias.

Porém, não se pode deixar de reconhecer que, dependendo das particularidades do caso concreto, há situações-limite em que, apesar da inaplicabilidade do art. 146 do CTN, é necessária a preservação de expectativas legítimas do declarante, em razão do princípio constitucional da proteção da confiança.

## 8.4 Limitações decorrentes do princípio constitucional da proteção da confiança

O controle aduaneiro é um *múnus público* que deve ser exercido com a estrita observância dos princípios e regras constitucionais. Assim, a auditoria pós-despacho (revisão aduaneira) não pode ocorrer ao arrepio da proteção da confiança. Esse princípio, que é inerente ao Estado Democrático de Direito, garante aos cidadãos a estabilidade de orientação, mediante preservação de expectativas legítimas resultantes de atos do Poder Público, ainda que estes venham a ser declarados inválidos.[89]

Foi inspirada nesse princípio que a Lei nº 13.655/2018 incluiu o art. 24 na Lei de Introdução às Normas do Direito Brasileiro (LINDB):

> Art. 24. A revisão, nas esferas administrativa, controladora ou judicial, quanto à validade de ato, contrato, ajuste, processo ou norma administrativa cuja produção já se houver completado levará em conta as orientações gerais da época, sendo vedado que, com base em mudança posterior de orientação geral, se declarem inválidas situações plenamente constituídas.
>
> Parágrafo único. Consideram-se orientações gerais as interpretações e especificações contidas em atos públicos de caráter geral ou em jurisprudência judicial ou adminis-

---

[89] Sobre o tema, cf.: NOVOA, César García. *El principio de seguridad jurídica en materia tributaria*. Madrid, 2000, p. 24 e ss.; CANOTILHO, José Joaquim Gomes. *Direito constitucional*. 7. ed. Coimbra: Almedina, 2003, p. 257; ÁVILA, Humberto. *Teoria da segurança jurídica*. 5. ed. São Paulo: Malheiros, 2019, p. 381 e ss.; ÁVILA, Humberto. Benefícios inválidos e a legítima expectativa dos contribuintes. *RIDT*, v. 5, p. 98; ÁVILA, Humberto. *Segurança jurídica*: entre permanência, mudança e realização no direito tributário. 2. ed. São Paulo: Malheiros, 2012, p. 293 e ss.; MELO, Celso Antônio Bandeira. *Curso de direito administrativo*. 18. ed. São Paulo: Malheiros, 2005, p. 109-110; COTTER, Juan Patricio. *Las infracciones aduaneras*. 2. ed. Buenos Aires: Abeledo Perrot, 2013, p. 132 e ss.; COTTER, Juan Patricio. *Derecho aduanero*. Buenos Aires, Abeledo Perrot, tomo I, 2014, p. 527 e ss.; DERZI, Misabel Abreu Machado. *Modificações da jurisprudência no direito tributário*. São Paulo: Noeses, 2009, p. 316 e ss.; TÔRRES, Heleno Taveira. *Direito constitucional tributário e segurança jurídica*: metódica da segurança jurídica do sistema constitucional tributário. 3. ed. São Paulo: RT, 2019; BONETTA, Francesco. *L'addifamento nel diritto amministrativo dei tributi*. Milano: Wloters Kluwer-Cedam, 2021; MERUSI, Fabio. *Buona fede e affidamento nel diritto pubblico: dagli anni "trenta" all'"alternanza"*. Milano: Giuffrè, 2001.

trativa majoritária, e ainda as adotadas por prática administrativa reiterada e de amplo conhecimento público.

Antes disso, o art. 100 do Código Tributário Nacional já previa que:

> Art. 100. São normas complementares das leis, dos tratados e das convenções internacionais e dos decretos:
> I – os atos normativos expedidos pelas autoridades administrativas;
> II – as decisões dos órgãos singulares ou coletivos de jurisdição administrativa, a que a lei atribua eficácia normativa;
> III – as práticas reiteradamente observadas pelas autoridades administrativas;
> IV – os convênios que entre si celebrem a União, os Estados, o Distrito Federal e os Municípios.
> Parágrafo único. A observância das normas referidas neste artigo exclui a imposição de penalidades, a cobrança de juros de mora e a atualização do valor monetário da base de cálculo do tributo.

Em matéria de sanções aduaneiras, por sua vez, o art. 101 do Decreto-Lei nº 37/1966 estabelece as seguintes regras:

> Art. 101. Não será aplicada penalidade – enquanto prevalecer o entendimento – a quem proceder ou pagar o imposto:
> I – de acordo com interpretação fiscal constante de decisão irrecorrível de última instância administrativa, proferida em processo fiscal inclusive de consulta, seja o interessado parte ou não;
> II – de acordo com interpretação fiscal constante de decisão de primeira instância proferida em processo fiscal, inclusive de consulta, em que o interessado for parte;
> III – de acordo com interpretação fiscal constante de circular, instrução, portaria, ordem de serviço e outros atos interpretativos baixados pela autoridade fazendária competente.

Esses atos normativos infraconstitucionais são relevantes para a concretização do princípio da proteção da confiança. Contudo, devem ser interpretados com cautela, já que podem levar à conclusão equivocada de que o alcance do princípio seria limitado ao disposto no art. 24 da LINDB, ao art. 100 do CTN e ao art. 101 do Decreto-Lei nº 37/1966.

É importante compreender que esses dispositivos não esgotam nem limitam o conteúdo do princípio da proteção da confiança. Em primeiro lugar, porque, como ninguém desconhece, são as leis que devem ser interpretadas a partir da Constituição, e não o contrário. Em segundo lugar, porque, no constitucionalismo contemporâneo, encontra-se definitivamente superada a concepção que, diminuindo a relevância normativa dos princípios, os considerava uma espécie de *direito à espera de lei*.[90] Os princípios têm força normativa própria e desempenham uma *ação imediata*, isto é, podem ser aplicados diretamente enquanto critério de solução para um caso concreto.[91] Assim, a proteção da confiança não implica apenas o afastamento

---

[90] TÁCITO, Caio. O direito à espera de lei. *RDA* 181-2:38-45.
[91] As noções de *ação mediata* e *imediata* dos princípios são desenvolvidas pelo constitucionalista Jorge Miranda (MIRANDA, Jorge. *Manual de direito constitucional*: constituição e inconstitucionalidade. 3. ed. Coimbra: Coimbra Editora, 1996, tomo II, p. 226).

da multa ou dos acréscimos legais, mas a própria estabilização da orientação pretérita, com a preservação de todas as consequências jurídicas correspondentes. Logo, se a interpretação anterior autorizava a aplicação de uma alíquota reduzida ou, eventualmente, a desoneração da operação, esses efeitos jurídicos devem ser inteiramente preservados.[92] Ademais, não são apenas as interpretações adotadas em atos de caráter geral, em jurisprudência ou em práticas administrativas reiteradas que devem ser preservadas. O princípio também se aplica aos atos administrativos individuais e concretos.

Com efeito, segundo ensina o Professor Humberto Ávila:[93]

> A base da confiança traduz-se nas normas que serviram de fundamento para a (in)ação individual. Essa base tanto pode ser geral e abstrata, como uma lei, quanto individual e concreta, como um ato administrativo ou uma decisão judicial. Ela também pode ser *positiva*, por meio de atos voluntários e ativos, a exemplo do que ocorre com uma decisão judicial clara e precisa, com um ato administrativo concludente e portador de uma promessa ou com uma prática reiterada e uniforme da Administração ou, ainda, com um ato normativo legislativo. A base também pode ser *negativa*, passiva e, por vezes, involuntária, como, por exemplo, a tolerância administrativa ou a longa ausência de exercício de uma prerrogativa administrativa, cujo uso não seja submetido a prazo decadencial.[94]

Outro aspecto relevante, ressaltado por J. J. Gomes Canotilho, é que, na atual *sociedade de risco*, há um uso crescente de *atos provisórios* e *precários* por parte do Estado. Isso proporciona uma capacidade de reação e de reorientação do interesse público diante da alteração das circunstâncias fáticas e de novos conhecimentos técnicos e científicos. Porém, essa necessidade também deve ser articulada "[...] com a salvaguarda de outros princípios constitucionais, entre os quais se conta a protecção da confiança, a segurança jurídica, a boa-fé dos administrados e os direitos fundamentais".[95]

---

[92] Como destaca César García Novoa, "obviamente, en ocasiones la aplicación de la seguridad jurídica pude tener que garantizarse a través de la afirmación de situaciones aparentemente injustas, y ello está en la esencia de determinadas *instituciones* – como la prescripción o la caducidad –, o la imposibilidad de revisar situaciones consolidadas aun cuando conste que las mismas son ilegales o manifiestamente injustas" (NOVOA, César García. *El principio de seguridad jurídica en materia tributaria*. Madrid-Barcelona: Marcial-Pons, 2000, p. 25-26).

[93] ÁVILA, Humberto. *Teoria da segurança jurídica*. 5. ed. São Paulo: Malheiros, 2019, p. 417.

[94] ÁVILA, Humberto. *Teoria da segurança jurídica*. 5. ed. São Paulo: Malheiros, 2019, p. 392. O autor ressalta que: "Quanto maior for o grau de permanência da base, maior deve ser a proteção da confiança nela depositada. Isso porque há: *atos com pretensão de permanência*, como uma lei sem prazo final de vigência; *atos meramente provisórios*, cuja eficácia definitiva depende de outro ato subsequente, como uma medida provisória ou uma decisão administrativa intermediária; e *atos carentes de definitividade*, dada a existência de competência para a sua modificação por questões de política econômica, como alterações de tributos, que podem ter a sua alíquota modificada por decreto do Presidente da República. Ora, esses atos não têm o mesmo grau de permanência – alguns nascem para durar e outros são destinados, desde o início, a uma existência provisória, quando não efêmera" (ÁVILA, Humberto. *Teoria da segurança jurídica*. 5. ed. São Paulo: Malheiros, 2019, p. 406). Assim, "[...] sendo a aptidão para gerar confiança o critério distintivo da base, também não se pode igualar a eficácia constitutiva de confiança de um ato com pretensão de permanência com a de um ato meramente transitório e circunstancial" (ÁVILA, Humberto. *Teoria da segurança jurídica*. 5. ed. São Paulo: Malheiros, 2019, p. 406-407). Ver ainda: ÁVILA, Humberto. *Segurança jurídica*: entre permanência, mudança e realização no direito tributário. 2. ed. São Paulo: Malheiros, 2012, p. 373 e ss.

[95] CANOTILHO, José Joaquim Gomes. *Direito constitucional*. 7. ed. Coimbra: Almedina, 2003, p. 266.

Ressalte-se ainda que, para parte da doutrina, a proteção da confiança não seria aplicável diante de normas obscuras e contraditórias. Porém, como ensina Humberto Ávila, essa interpretação não pode ser acolhida, porque implica um resultado paradoxal, fazendo com que o Estado, a despeito de não ter cumprido com o seu dever constitucional de proporcionar "segurança de orientação" aos cidadãos, acabe por se beneficiar da própria falha.[96] Ademais, nos dias de hoje, como pondera Ernest Benda, vive-se um autêntico estado de *aluvião de leis*, marcado por uma abundância cada vez maior de atos normativos complexos e confusos.[97] Portanto, afastar a proteção da confiança em situações dessa natureza, implicaria uma progressiva e injustificada redução da garantia constitucional, justamente em um período no qual os cidadãos e as empresas necessitam de uma maior segurança jurídica.

Não há uma rigidez nem um caráter absoluto nos fatores que podem desencadear uma expectativa legítima do sujeito passivo. A proteção da confiança é um princípio constitucional e, como todo princípio, é um *mandado de otimização*. Assim, como ensina Robert Alexy, apresenta uma flexibilidade de aplicação em diferentes graus, dependendo de uma ponderação (harmonização) diante do caso concreto e das possibilidades jurídicas.[98] Dito de um modo, na linha de Ronald Dworkin, diferentemente das regras jurídicas, os princípios não são aplicados dentro de uma lógica de *all-or-nothing*, mas de *peso* ou *importância relativa*.[99] Portanto, só no caso concreto será possível determinar quando se tem uma relação de lealdade e, por conseguinte, uma *pretensão de permanência* digna de tutela.

Porém, em matéria classificatória, alguns parâmetros podem ser delineados:

a) Limites de aplicabilidade

Há limites para a aplicação do princípio da proteção da confiança. Em primeiro lugar, o ato do Poder Público não pode ser manifestamente inválido nem ter resultado da participação do particular na produção do vício, o que compreende o dolo, a coação, o suborno e, entre outras hipóteses, a disponibilização de dados inexatos ou falsos.[100] Em matéria de classificação aduaneira, isso significa que o declarante não pode ter faltado com a verdade ao descrever o produto nem violado o dever jurídico de promover a descrição completa. Em segundo lugar, não há que se falar em proteção de confiança que não foi exercida, ou seja, o particular deve ter praticado atos concretos de execução. No direito público, o exemplo lembrado pela doutrina em situações dessa natureza é a obtenção da licença para construir, que pressupõe, para fins protetivos, o início da construção.[101] Essa lição, aplicada ao direito aduaneiro, significa que não há expectativa de manutenção de uma determinada classificação se a importação

---

[96] ÁVILA, Humberto. *Segurança jurídica*: entre permanência, mudança e realização no direito tributário. 2. ed. São Paulo: Malheiros, 2012, p. 384.

[97] BENDA, Ernest. El Estado social de derecho. In: BENDA, Ernest; MAIHOFER, Werner; VOGEL, Hans-Jochen; HESSE, Konrad; HEYDE, Wolfgang. *Manual de derecho constitucional*. Trad. Antonio López Pina. 2. ed. Madrid-Barcelona: Marcial Pons, 2001, p. 516-517. A expressão "aluvião de leis" também é utilizada pelo professor italiano Erik Longo, em monografia acerca da matéria (LONGO, Erik. *La legge precária*: le trasformazioni della funzione legislativa nell'età dell'accelerazione. Torino: G. Giappichelli, 2017, p. 85).

[98] ALEXY, Robert. *Teoria de los derechos fundamentales*. Madrid: Centro de Estúdios Constitucionales, 1997, p. 86 e ss.

[99] DWORKIN, Ronald. *Taking rights seriously*. 16. ed. Massachusetts: Harvard University Press, 1997, p. 76 e ss.

[100] ÁVILA, Humberto. *Segurança jurídica*: entre permanência, mudança e realização no direito tributário. 2. ed. São Paulo: Malheiros, 2012, p. 382-383.

[101] ÁVILA, Humberto. *Segurança jurídica*: entre permanência, mudança e realização no direito tributário. 2. ed. São Paulo: Malheiros, 2012, p. 405.

sequer foi iniciada. Dessa forma, se alteração ocorrer antes do sujeito passivo iniciar os atos necessários à introdução da mercadoria com intenção integradora no território aduaneiro, não há confiança passível de ser tutelada.

b) Liberação da mercadoria

O fato de ter ocorrido o desembaraço sem oposição quanto à classificação aduaneira, isoladamente considerado, não é apto para criar uma expectativa de estabilização. De acordo com a legislação aduaneira vigente, o desembaraço ou liberação não implica a homologação do lançamento. Nos canais de conferência aduaneira, não há uma fiscalização exauriente, e nem poderia, justamente para evitar uma demora excessiva prejudicial ao próprio declarante. O encerramento do despacho de importação não impede a auditoria pós-despacho (revisão aduaneira), que pode ocorrer em até cinco anos. Nela são fiscalizados todos os aspectos das fases precedentes do despacho, inclusive a classificação aduaneira. Quem resolve empreender no ramo da importação, sabe – ou deveria saber – que esse é o regime jurídico aplicável no exercício de sua atividade.

c) Canal de conferência

O canal de conferência é apenas mais um elemento a ser considerado na avaliação. O tipo do canal não implica uma autorização nem, menos ainda, uma vedação absoluta para a revisão aduaneira. Não há dúvidas de que, nos canais amarelo, vermelho e cinza, há um aprofundamento progressivo da cognição fiscalizatória. Por isso, não sendo apresentadas objeções acerca da classificação aduaneira, o declarante tem um motivo razoável para acreditar que está agindo em conformidade com a legislação. Todavia, ao contrário do que se imagina, no canal verde, o desembaraço automático não configura uma tolerância administrativa ou ausência de fiscalização. A parametrização está longe de ser aleatória. Tudo se passa dentro de uma técnica moderna e avançada de controle aduaneiro. A seleção para o canal ocorre em função de um gerenciamento de riscos. Nele são considerados a regularidade fiscal do importador, a habitualidade, a natureza, o volume ou valor da importação, os impostos incidentes ou que incidiriam na operação, a origem, procedência, destinação e características da mercadoria, o tratamento tributário, a capacidade organizacional, operacional e econômico-financeira do importador, bem como as ocorrências anteriores.[102] Por isso, o importador que, ao longo do tempo, tem as suas declarações parametrizadas no canal verde e desembaraçadas sem oposição é um interveniente com alto grau de *compliance* aduaneira. Também ele tem razões plausíveis, sem dúvida maiores até, para julgar estar atuando em alinhamento com as exigências legais. Assim, a depender das circunstâncias, mesmo no canal verde é possível emergir uma pretensão de permanência.

d) Orientações gerais e práticas reiteradas

Há pretensão de permanência quando a classificação aduaneira foi realizada com base em *orientações gerais* nas esferas administrativa ou judicial, ou seja, interpretações contidas em atos públicos de caráter geral ou em jurisprudência judicial ou administrativa majoritária, e ainda as adotadas por prática administrativa reiterada e de amplo conhecimento público. Isso está previsto no parágrafo único do art. 24 da LINDB, que reflete uma das dimensões do princípio da proteção da confiança, sem, entretanto, esgotar o seu conteúdo jurídico.

---

[102] Cap. III, Item 1.2.1.1.

Perceba-se que, nesses casos, é irrelevante o canal de conferência. A parametrização no canal verde muitas vezes ocorre porque, ao adotar determinada classificação aduaneira, o sujeito passivo o fez considerando a jurisprudência administrativa ou outra orientação geral acerca da NCM aplicável ao produto.[103] Um exemplo que pode ilustrar essa situação-limite envolve a classificação aduaneira dos *drones*. Em um primeiro momento, alguns Auditores-Fiscais da Receita Federal exigiam o seu enquadramento na NCM 9503.00.97 (*Outros – Outros brinquedos, com motor elétrico*).[104] Posteriormente, a Coordenação-Geral Aduaneira (Coana) entendeu que a classificação correta seria no Capítulo 88 da NCM (*Aeronaves, aparelhos espaciais, e suas partes*).[105] Em uma terceira fase, o Comitê do Sistema Harmonizado da OMA consolidou internacionalmente a orientação de que o enquadramento seria na subposição 8525.80 (*Câmeras de televisão, câmeras fotográficas digitais e câmeras de vídeo*).[106]

Os pareceres de classificação aduaneira da OMA são adotados como vinculativos pela SRF (Instrução Normativa RFB nº 2.171/2024, art. 2º).[107] No caso do *drone*, o novo enquadramento foi incorporado à *Quarta Edição da Coletânea de Pareceres de Classificação Fiscal*.[108] Não obstante, é evidente que essa nova orientação não pode ser aplicada retroativamente em prejuízo do sujeito passivo que confiou na exegese pretérita. Seria absolutamente atentatório ao

---

[103] Na mesma linha, discorrendo especificamente sobre a matéria aduaneira, Juan Patricio Cotter ressalta que: "El principio de confianza legítima, se encuentra directamente relacionado con la debida tutela que merece el accionar del administrado, conforme una serie de comportamientos coincidentes por parte de organismo aduanero que llevaron a la convicción de la validez del procedimiento fiscal hasta entonces seguido" (COTTER, Juan Patricio. *Las infracciones aduaneras*. 2. ed. Buenos Aires: Abeledo Perrot, 2013, p. 138).

[104] RFB – DI nº 15/ 1025570-4. Cf. TRF-3ª Região – AI 00200950720154030000.

[105] "Os VANTS (ou Drones) estão sujeitos a registro na ANAC por requisitos de aeronavegabilidade, e são projetadas para transportar uma carga ou equipamento de filmagem/fotografia para uso diverso de recreativo, equipamento esse, não essencial a voo, logo, enquadrando-se na definição legal de AERONAVE".

[106] "CUSTOMS CODE COMMITTEE
TARIFF AND STATISTICAL NOMENCLATURE SECTION
Minutes of the 184th meeting of the Customs Code Committee
(Textiles and Mechanical/Miscellaneous Sub-section)
**8525 80 91    Video camera recorders**
**and**
**8525 80 99**
*the following paragraph is added after the existing text:*
'These subheadings include remotely controlled apparatus for capturing and recording video and still images which are specifically designed to be used with multi-rotor helicopters (so-called drones), for example, through dedicated contact elements. These apparatus are used for capturing video and aerial still images of the environment and allow the user to visually control the flight of the drone. Such apparatus are always classified under these subheadings regardless of the length of the video recording as the video recording is the principal function. See also the HS classification opinion 8525.80/3'".

[107] Ver Item 6.1., acima.

[108] Aprovada pelo art. 1º da IN RFB nº 1.859/2018, hoje revogada, mas repetida no Anexo Único da IN RFB nº 2.171/2024 "**1. Câmera digital (14 MP) integrada a um helicóptero de quatro rotores teleguiado**, também chamado de 'drone' ou 'quadricóptero' (dimensões: 29 cm de comprimento x 29 cm de largura x 18 cm de altura; peso: 1.160 g) apresentado como um sortido para venda a retalho numa única caixa de cartão com radiotelecomando, repetidor Wi-Fi e um suporte para o telefone celular.
O alcance do repetidor Wi-Fi é de cerca de 300 metros e o voo dura aproximadamente 25 minutos antes de ter que recarregar a bateria. O operador pode usar um programa separado (aplicativo) do fabricante para controlar a câmera através de um telefone celular.
**Aplicação das RGI 1 (Nota 1 do Capítulo 88) e 6**".

Estado de Direito e ao princípio constitucional da proteção da confiança imaginar o contrário. Afinal, como ressalta Ana Clarissa Masuko dos Santos Araujo, como órgão público que deve nortear e orientar as condutas dos intervenientes, a Receita Federal não pode adotar "postura cambiante e desnorteada, especialmente se causar prejuízos ao contribuinte".[109]

O exemplo dos *drones*, com todo o seu didatismo, mostra o quanto pode ser insuficiente, em termos de proteção da confiança, a interpretação que admite a revisão no canal verde, mas nega a sua realização no amarelo, vermelho ou cinza. O declarante que adotou a classificação indicada pela Coordenação-Geral Aduaneira certamente teve todas as suas declarações de mercadoria (DI ou Duimp) parametrizadas no canal verde. Nem por isso, contudo, deixou de ter uma expectativa digna de tutela, já que, antes da definição da classificação por parte da OMA, pautou a sua conduta pelo entendimento oficial da Coana.

e) Formalização de exigência e lançamento anterior

Há casos em que, em outro despacho relativo a produto idêntico, o declarante teve questionada a procedência da classificação aduaneira adotada por meio da formalização de exigência no Siscomex ou da lavratura de um auto de infração e lançamento. Porém, ao invés de impugnar o ato, submeteu-se à interpretação oficial, passando a adotá-la nos despachos subsequentes. Em situações dessa natureza, também há uma expectativa legítima que deve ser preservada nas importações posteriores. O ato administrativo do Auditor-Fiscal, pelo princípio da impessoalidade, não é considerado uma iniciativa isolada de um servidor público federal. Trata-se, ao contrário, de um ato oficial obrigatório imputado à União Federal, que, ademais, goza de presunção de veracidade e de legalidade. Não há dúvidas, portanto, de que representa um fator jurídico idôneo para criar uma *pretensão de permanência,* com grau forte de intensidade, suficiente preservar os atos posteriores, independentemente do canal de parametrização.

f) Decisão proferida em procedimento administrativo contencioso

Também há expectativa legítima, com grau ainda maior de intensidade, se a classificação aduaneira foi baseada em decisão proferida em procedimento administrativo contencioso em que o sujeito passivo foi parte. Logo, se a DRJ ou o Carf, ao julgar a impugnação ou o recurso, manteve o auto de infração que impôs uma determinada classificação aduaneira, é legítima a expectativa do sujeito passivo que passa a adotá-la nos despachos subsequentes. O mesmo se aplica na hipótese de provimento da impugnação ou do recurso, quando o importador volta a adotar a classificação inicial. Sabe-se que as decisões do Carf e da DRJ não são vinculantes para a Receita Federal nos despachos seguintes. Todavia, criam uma base de confiança positiva para o particular.[110] Esse, após ter sido parte de um procedimento de controle de legalidade realizado por um órgão colegiado especializado na matéria, tem todos os motivos para confiar na classificação aduaneira aplicada ao produto. Seria incompatível com qualquer ideia de Estado de Direito e de segurança jurídica imaginar o contrário.

---

[109] ARAÚJO, Ana Clarissa Masuko dos Santos. O princípio da boa-fé e as multas por erro de classificação fiscal de mercadorias na importação. *In:* PEIXOTO, Marcelo Magalhães; SARTORI, Angela; DOMINGO, Luiz Roberto (Coord.). *Tributação aduaneira à luz da jurisprudência do CARF – Conselho Administrativo de Recursos Fiscais.* São Paulo: MP-APET, 2013, p. 26.

[110] Nas decisões judiciais, a questão da proteção da confiança nem sempre se coloca. A classificação aduaneira reconhecida em sentença deve ser necessariamente cumprida em razão da natureza mandamental da decisão e da eficácia vinculante da coisa julgada.

*Capítulo VI*
# REGIMES ADUANEIROS ESPECIAIS

## 1 ASPECTOS GERAIS

### 1.1 Conceito

Nos regimes aduaneiros especiais, não há cobrança dos créditos tributários que, em outras circunstâncias, seriam devidos na operação de comércio internacional. Por essa razão, são tidos por parte da doutrina como exceções ao regime aduaneiro comum de tributação. Essa concepção, apesar de tradicional, cria a impressão de que a disciplina jurídico-tributária da importação e da exportação não teria exceções. Porém, não é esse caso, uma vez que, como se sabe, são muitas as disposições especiais aplicáveis na tributação dessas operações. Por outro lado, diante das finalidades de interesse público vinculadas aos regimes aduaneiros especiais, focalizar o aspecto fiscal acaba diminuindo o papel desse importante instituto. Essa perspectiva já teve lugar no passado, em uma época na qual o direito aduaneiro era visto com um simples apêndice do sistema fiscal-arrecadatório, mas não tem mais cabimento nos dias de hoje.

A percepção de tributos nas entradas e nas saídas de mercadorias nos regimes aduaneiros especiais representa apenas uma finalidade mediata. Na admissão temporária para utilização econômica, por exemplo, há cobrança de crédito tributário proporcional ao tempo de permanência. Mas a finalidade imediata do regime não é fiscal, e sim extrafiscal, vale dizer, incentivar a prestação de serviços e a produção de bens no território nacional por meio de uma isenção parcial. Fora essa hipótese, a exigência de tributos é uma questão que se apresenta apenas em casos de desvio de finalidade ou de descumprimento dos requisitos legais da desoneração fiscal. A grande maioria dos regimes aduaneiros especiais tem os seus requisitos legais regularmente cumpridos pelos beneficiários. É isso que permite a realização das finalidades de interesse público a ele vinculadas, que, quando não decorrem de tratados internacionais firmados pela Estado brasileiro, são definitivas pelo Governo Federal dentro de uma política de desenvolvimento nacional.

Destarte, são as empresas que, *v.g.*, cumprem os requisitos legais do *drawback* que tornaram esse regime aduaneiro especial responsável por mais de 20% das exportações brasileiras.[1] O mesmo se aplica ao entreposto industrial (Recof-Sped) em relação a segmentos econômicos relevantes, notadamente a indústria aeronáutica. Não é diferente o papel do Repetro e do Repetro-Sped para as atividades de exploração, desenvolvimento e produção de petróleo e gás natural no País.

---

[1] De acordo com relatório do Ministério da Economia (atual Ministério da Fazenda), em março de 2020, "nos últimos 12 meses, as exportações com *drawback* atingiram US$ 46,9 bilhões, representando 21% do total exportado". Disponível em: http://www.siscomex.gov.br/wp-content/uploads/2020/07/202003.pdf. Acesso em: 14 ago. 2020.

Não há dúvidas, destarte, que a finalidade fiscal é apenas secundária. Os objetivos primários da existência jurídica de regimes aduaneiros especiais resultam das finalidades de interesse público a ele vinculadas. Essas – e não a cobrança de tributos em situações patológicas – é que refletem a essência do instituto.

Dessa maneira, em uma definição preliminar, os regimes especiais devem ser compreendidos como procedimentos diferenciados de controle aduaneiro, aplicáveis em situações nas quais a legislação autoriza a aquisição de produtos no mercado interno, a entrada ou a saída de bens estrangeiros no território nacional, com redução, sem o pagamento de tributos ou com o recebimento de uma subvenção governamental, para a realização de finalidades de interesse público que decorrem de tratados internacionais ou de políticas de desenvolvimento nacional definidas pelo Governo Federal.

## 1.2 Natureza jurídica

A doutrina se divide na tentativa de determinar a natureza jurídica dos regimes aduaneiros especiais. De um lado, a teoria da suspensão entende que, após a transposição da fronteira e tão logo registrada a declaração aduaneira, há incidência regular dos tributos sobre a importação. O crédito tributário – constituído mediante termo de responsabilidade firmado pelo interessado – fica com exigibilidade suspensa, sob a condição resolutiva (*conditio iuris*) do cumprimento dos prazos e dos requisitos do regime aduaneiro.[2] Outra explicação, que se opõe à primeira, sustenta que as hipóteses de suspensão de exigibilidade previstas no art. 151 do Código Tributário Nacional são taxativas.[3] Assim, na medida em que os regimes aduaneiros especiais não estão arrolados nesse dispositivo, não seria apropriado qualificá-los como suspensão. Questiona-se ainda o fato de que, na hipótese de cumprimento das condições do regime pelo beneficiário, haveria uma inconcebível suspensão *ad aeternum* do crédito tributário. Por isso, entende-se que seriam isenções condicionais, pela mutilação parcial do critério temporal da regra-matriz de incidência dos tributos aduaneiros. O termo de responsabilidade, por sua vez, não passaria de uma garantia prestada pelo beneficiário.[4] Uma terceira proposta

---

[2] LOPES FILHO, Osíris de Azevedo. *Regimes aduaneiros especiais*. São Paulo: RT, 1984, p. 85.

[3] "Art. 151. Suspendem a exigibilidade do crédito tributário:

I – moratória;

II – o depósito do seu montante integral;

III – as reclamações e os recursos, nos termos das leis reguladoras do processo tributário administrativo;

IV – a concessão de medida liminar em mandado de segurança.

V – a concessão de medida liminar ou de tutela antecipada, em outras espécies de ação judicial; (Incluído pela Lei Complementar nº 104, de 2001)

VI – o parcelamento. (Incluído pela Lei Complementar nº 104, de 2001)".

[4] MEIRA, Liziani Angelotti. *Regimes aduaneiros especiais*. São Paulo: IOB, 2002, p. 325. Em obra posterior, a autora passou a entender que os regimes teriam natureza de não incidência, pela não realização do critério temporal (MEIRA, Liziane Angelotti. *Tributos sobre o comércio exterior*. São Paulo: Saraiva, 2012, p. 359-360), salvo o *drawback*, à admissão temporária para utilização econômica e às áreas de livre comércio). Na mesma linha: MELO, Ruy de; REIS, Raul. *Manual do imposto de importação e regime cambial correlato*. São Paulo: RT, 1970, p. 45 e ss. (no trânsito aduaneiro); e, em relação ao *drawback*: ARAÚJO, Ana Clarissa Masuko dos Santos; SARTORI, Angela. *Drawback* e o comércio exterior: visão jurídica e operacional. São Paulo: Aduaneiras, 2003, p. 87 e ss., p. 209 (essas mesmas autoras, entretanto, entendem que a admissão temporária e trânsito clássico); BARBIERI, Luís Eduardo Garrossino. A natureza jurídica do regime aduaneiro *drawback*. In: PEIXOTO, Marcelo Magalhães; SARTORI, Angela; DOMINGO, Luiz Roberto (Coord.). *Tributação aduaneira à luz da jurisprudência do Carf – Conselho Administrativo de Recursos Fiscais*. São Paulo: APET-MP, 2013, p. 174; HOLANDA, Flávia. *Aspectos tributários do entreposto aduaneiro*: regimes especiais e o setor do óleo e gás. São Paulo: IOB Sage, 2016, p. 215; HOLANDA GA-

entende que a natureza jurídica dos regimes aduaneiros especiais seria de não incidência pela não realização do critério temporal. Há autores que conjugam essas duas concepções, de sorte que alguns regimes seriam isenções tributárias – como o *drawback*-suspensão – e outros, não incidência, notadamente a admissão temporária e o trânsito aduaneiro.[5]

Já acompanhamos essa interpretação. Porém, com duas diferenças. A primeira é que, a rigor, não são propriamente os regimes aduaneiros especiais que têm natureza jurídica de não incidência. É o ingresso do produto estrangeiro no território aduaneiro – ou a saída de produto nacional ou nacionalizado – nas situações controladas pelos regimes que não se subsume à regra-matriz de incidência dos tributos aduaneiros. A segunda é que a não incidência não resulta da falta de realização do critério temporal, mas do critério material da norma jurídica tributária.[6] É que, nos regimes aduaneiros, a entrada da mercadoria no território não se amolda ao conceito de importação, pela falta de intenção integradora[7] ou porque a saída que a

---

ETA, Flávia. Recof-Sped. In: SEHN, Solon; PEIXOTO, Marcelo Magalhães (Coord.). *Direito aduaneiro e tributação do comércio exterior*. São Paulo: MP, p. 151-164, 2023; ARAÚJO, Ana Clarissa Masuko dos Santos. Regimes aduaneiros especiais. In: SEHN, Solon; PEIXOTO, Marcelo Magalhães (Coord.). *Direito aduaneiro e tributação do comércio exterior*. São Paulo: MP, p. 131-150, 2023.

[5] SOSA, Roosevelt Baldomir. *A aduana e o comércio exterior*. São Paulo: Aduaneiras, 1995, p. 149; CARLUCCI, José Lence. *Uma introdução ao direito aduaneiro*. São Paulo: Aduaneiras, 1996, p. 467; ARAÚJO, Ana Clarissa Masuko dos Santos; SARTORI, Angela. *Drawback e o comércio exterior: visão jurídica e operacional*. São Paulo: Aduaneiras, 2003, p. 209 (salvo o "*drawback*" suspensão); BARBIERI, Luís Eduardo Garrossino. O novo *drawback* "flex". *In*: SARTORI, Angela (Coord.). *Questões atuais de direito aduaneiro e tributário à luz da jurisprudência dos Tribunais*. São Paulo: IOB-Sage, 2017, p. 174 (em relação ao *drawback*); e MEIRA, Liziane Angelotti. *Tributos sobre o comércio exterior*. São Paulo: Saraiva, 2012, p. 359-360 (salvo o *drawback*, à admissão temporária para utilização econômica e às áreas de livre comércio).

[6] Essa conclusão não é alterada pelo fato de o ingresso da mercadoria estar sujeita, por previsão em instrução normativa da Receita Federal, ao despacho para consumo nem, muito menos, ao fato de a saída do produto final ser denominada exportação, ao invés de reexportação. Afinal, no direito, há tempo já se sabe que as palavras não determinam a substância, o que se reflete na máxima latina *verba non mutant substantiam rei*. Assim, a natureza jurídica dos institutos não pode ser determinada em função do *nomen iuris*. Logo, se o ingresso no território nacional não se subsume ao conceito de importação, é indiferente a denominação atribuída pela autoridade administrativa. Afinal, no direito, como ensina Agustín Gordillo, "[...] as palavras não são mais que rótulos nas coisas: colocamos rótulos nas coisas para que possamos falar delas e, daí por diante as palavras não têm mais relação com as coisas, do que as que têm rótulos de garrafas com as próprias garrafas. Qualquer rótulo é conveniente à medida que nos ponhamos de acordo com ele e o usemos de maneira consequente. A garrafa conterá exatamente a mesma substância, ainda que coloquemos nela um rótulo distinto, assim como a coisa seria a mesma ainda que usássemos uma palavra diferente para designá-la" (GORDILLO, Agustín. *Princípios gerais de direito público*. São Paulo: RT, 1977, p. 2. O autor cita John Hospers, como também consta em: GORDILLO, Agustín. *Tratado de derecho administrativo*, t. 1: parte general. 8. ed. Buenos Aires: F.D.A., 2003, p. I-14).

[7] SEHN, Solon. *Imposto de importação*. São Paulo: Noeses, 2016, p. 66 e ss. Na oportunidade, foi analisada apenas a natureza jurídica da admissão temporária e do trânsito clássico. No mesmo sentido, porém, entendendo que não há intenção de nacionalização, cf.: SANTOS, José Augusto Lara dos. *O signo "importação" e sua influência na natureza jurídica dos regimes aduaneiros especiais*. Dissertação (Mestrado em Direito). Pontifícia Universidade Católica de São Paulo. São Paulo, 2011, p. 164 e 171. Roosevelt Baldomir Sosa também reconhece essa particularidade. Porém, continua vinculando a não incidência ao aspecto temporal: "Dar aos regimes de ingressos temporários caráter tributariamente suspensivo é, com efeito, trazê-lo ao campo da tributação, quando em verdade pareceria que muitos desses ingressos colocam-se aquém do fenômeno de imposição tributária. E isto pela singular razão que certas mercadorias ingressadas sob égide desses regimes não se destinam a consumo. O fenômeno de imposição fiscal, destarte, condiciona-se à apresentação de uma declaração para consumo, nos termos da legislação vigente (art.

antecedeu ocorreu sem a desnacionalização do produto. Em outras situações, embora se tenha uma importação, há uma regra de isenção que afasta a incidência da norma jurídica tributária.

Durante algum tempo, essa nos pareceu a explicação mais apropriada. Afinal, nos regimes aduaneiros especiais não há cobrança, total ou parcial, do crédito tributário que normalmente seria devido em uma operação de importação ou de exportação. Por outro lado, o que se observa é que isso invariavelmente resulta da não incidência da regra-matriz dos tributos aduaneiros, seja por motivo de isenção ou de não incidência pura e simples. Afinal, diante do ingresso de uma mercadoria estrangeira no território aduaneiro ou da saída de mercadoria nacional ou desnacionalizada, duas são alternativas: incidência ou não incidência. Essa, por sua vez, pode resultar de uma regra de isenção ou da não subsunção do evento de transposição de fronteira à regra-matriz dos tributos aduaneiros. É nesse ponto que se concentram aqueles que sustentam a natureza de isenção ou de não incidência dos regimes aduaneiros especiais.

O problema é que, no direito positivo brasileiro, parece induvidoso que, ainda assim, há um crédito tributário validamente constituído no ato de admissão (*ex vi* do Decreto-Lei nº 37/1966, arts. 71-72). Há, portanto, incidência (aplicação) da regra-matriz dos tributos aduaneiros. Apenas excepcionalmente isso é dispensado, como, *v.g.*, no entreposto aduaneiro na importação. Aqueles que sustentam a natureza jurídica suspensiva dos regimes aduaneiros especiais, não sem razão, focam nesse aspecto.

Em meio a essa controvérsia, nota-se que nenhuma doutrina é capaz de oferecer uma explicação completa. Ao focalizar no crédito tributário constituído, a teoria suspensiva deixa sem resposta a natureza jurídica dos regimes aduaneiros em que não há essa formalização. Além disso, o que nos parece mais problemático, não oferece uma solução satisfatória para o que seria um crédito suspenso *ad aeternum*, mesmo quando a operação é isenta ou não realiza os pressupostos da regra-matriz de incidência tributária.

As teorias da isenção e da não incidência, por outro lado, não explicam a que título se admite a validade do crédito tributário formalizado no termo de responsabilidade. Alguns até negam a existência de um crédito tributário nesse momento, o que, entretanto, não se mostra realista diante do disposto no § 1º do art. 72 do Decreto-Lei nº 37/1966. Outros, como já o fizemos, afirmam que se trata de uma garantia prestada pelo beneficiário, que não dispensa a lavratura de auto de lançamento na hipótese de descumprimento. Porém, isso leva a outras dificuldades, uma vez que, na maioria dos regimes aduaneiros especiais, também há exigência de garantia. Seria necessário, assim, uma explanação adicional para a validade do que seria uma dupla garantia de um crédito tributário que sequer existiria juridicamente. Nenhum autor enfrenta essas indagações, abrindo um vazio doutrinário em torno de pontos essenciais do instituto.

Tampouco é oferecida uma explicação para as situações em que, configurado o descumprimento do regime, o beneficiário paga voluntariamente o montante consignado no termo de responsabilidade. Nessas hipóteses, haveria um pagamento da obrigação acessória (garantia) sem que sequer tenha existido a obrigação principal (crédito tributário formalizado). Qualquer tentativa de compreensão desses desdobramentos leva à inevitável constatação de que a teoria, que já acolhemos anteriormente, está longe de ser satisfatória, sobretudo porque os arts. 71 e 72, §§ 1º e 2º, do Decreto-Lei nº 37/1966, não apenas preveem a constituição do crédito tributário por meio do termo de responsabilidade, mas o diferenciam da garantia exigida do beneficiário:

---

87 do RA), o que caracteriza o elemento temporal do fato gerador" (SOSA, Roosevelt Baldomir. *Temas aduaneiros*: estudos sobre problemas aduaneiros contemporâneos. São Paulo: Aduaneiras, 1999).

Art. 72. Ressalvado o disposto no Capítulo V deste Título, as obrigações fiscais relativas à mercadoria sujeita a regime aduaneiro especial serão constituídas em termo de responsabilidade. (Redação dada pelo Decreto-Lei nº 2.472, de 1º.09.1988)

§ 1º No caso deste artigo, a autoridade aduaneira poderá exigir garantia real ou pessoal. (Incluído pelo Decreto-Lei nº 2.472, de 01.09.1988)

§ 2º O termo de responsabilidade é título representativo de direito líquido e certo da Fazenda Nacional com relação às obrigações fiscais nele constituídas. (Incluído pelo Decreto-Lei nº 2.472, de 01.09.1988).

Como se vê, não é fácil a solução dessa *vexata quaestio*. Por isso, alguns autores entendem que qualquer dessas propostas teóricas seria satisfatória.[8] Outros sustentam que a natureza jurídica dos regimes aduaneiros não seria uniforme, podendo apresentar o caráter de não incidência, de suspensão, isenção ou outra forma desoneratória, tudo a depender da disciplina legal aplicável em cada caso.[9] Em estudo anterior, não resistimos a essa tentadora solução.[10] Porém, a verdade é que ela apenas desloca o problema, que é retirado da parte geral, mas reaparece, com a mesma intensidade, na parte especial do estudo dos regimes aduaneiros. Nesse momento, voltam as questões não respondidas.

Por isso, o problema deve ser enfrentado desde logo. Nesse sentido, o que se observa é que, nos regimes especiais, o legislador permite a entrada ou a saída de mercadorias do território aduaneiro sem o pagamento de tributos, total ou parcialmente, mediante a observância de determinados requisitos legais por parte do beneficiário. Isso pode ocorrer porque a operação não configura uma importação (ou exportação) ou, mesmo sendo, o legislador entende apropriado isentá-la. Há ainda uma terceira possibilidade: o legislador pode não pretender isentar, mas conceder uma subvenção governamental ao beneficiário do regime, por meio de um crédito financeiro passível de compensação e de ressarcimento em dinheiro. Em qualquer desses casos, o objetivo imediato não é a desoneração ou a subvenção, mas garantir a realização dos fins de interesse público a ele vinculados, seja os decorrentes de tratados internacionais ou de políticas de desenvolvimento nacional definitivas pelo Governo Federal.

Assim, *v.g.*, no *drawback*-suspensão, a intenção imediata do legislador não é apenas desonerar a aquisição de insumos por empresas brasileiras, mas garantir que a matéria-prima, o produto intermediário e o material de embalagem serão realmente empregados em um processo industrial e que, após a agregação de valor, o produto final será exportado, gerando renda, empregos, desenvolvimento e divisas internacionais. Se o Poder Público simplesmente desonerasse as aquisições, esses objetivos possivelmente seriam alcançados no longo prazo. Porém, o interesse público envolvido é tão relevante que se entendeu por bem criar um procedimento especial de controle aduaneiro da operação, para garantir o atingimento daqueles objetivos de maneira efetiva e rápida.

Dessa forma, o que se sustenta é que os regimes aduaneiros especiais são procedimentos de controle diferenciado da entrada e da saída de mercadorias do território aduaneiro, que visam a assegurar a realização de determinadas finalidades de interesse público que decorrem de tratados internacionais ou de políticas de desenvolvimento nacional definitivas pelo Governo Federal (finalidade imediata) e a adequada aplicação da regra-matriz de incidência

---

[8] TREVISAN, Rosaldo. *A atuação estatal no comércio exterior, em seus aspectos tributário e aduaneiro*. Dissertação (Mestrado em Direito). Pontifícia Universidade Católica do Paraná, 2008, p. 200-201.

[9] FOLLONI, André Parmo. *Tributação sobre o comércio exterior*. São Paulo: Dialética, 2005, p. 185 e 188.

[10] SEHN, Solon. *Comentários ao regulamento aduaneiro*: infrações e penalidades. São Paulo: Aduaneiras, 2019, p. 190.

dos tributos aduaneiros, de isenções ou de subvenções governamentais a elas vinculadas (finalidade mediata).

Para tanto, o legislador submete o beneficiário da desoneração fiscal ou da subvenção governamental ao cumprimento de requisitos legais. Um deles pode ser a constituição prévia do crédito tributário por meio de termo de responsabilidade. Quando essa formalização é exigida, há incidência da regra-matriz dos tributos, mas o crédito fica com exigibilidade suspensa até que se verifique, no âmbito do controle aduaneiro inerente ao regime especial, se a incidência se mostra válida ou não, isto é, se foram cumpridos os requisitos legais da subvenção,[11] da isenção ou se realmente o ingresso da mercadoria caracterizou uma não incidência pura e simples.

Por exemplo, para fins de admissão temporária sem o pagamento de tributos, o interessado pode declarar formalmente que pretende utilizar o produto temporariamente em um evento científico no território nacional e reexportá-lo ao final. A autoridade aduaneira, nesse momento, não sabe se isso é verdadeiro. Pode ser o caso de uma declaração falsa: não há um evento científico real e a mercadoria é desviada ao mercado interno. Mas não é possível retardar indefinidamente o desembaraço para se certificar disso nem, o que seria ainda pior, negar a admissão fundado em risco imaginário. É por isso que se exige a constituição prévia do crédito tributário, que, na hipótese de descumprimento, será devido desde a declaração de admissão. Isso porque, a despeito do que foi indevidamente informado no despacho aduaneiro, a transposição da fronteira realiza os critérios de incidência da regra-matriz dos tributos aduaneiros. Por outro lado, se a declaração for verdadeira, não há que se falar em incidência, pela falta de intenção integradora no mercado local, isto é, pela não ocorrência de uma importação.

Isso é ainda mais nítido quando o regime aduaneiro especial visa ao controle dos requisitos legais de uma isenção fiscal. É o que ocorre, *v.g.*, no Repetro-Sped, regime no qual se prevê uma isenção dos tributos devidos na importação vinculada à destinação do produto final às atividades de exploração, desenvolvimento e produção de petróleo e gás natural, definidas nas Leis nº 9.478/1997, nº 12.276/2010 e nº 12.351/2010. No momento da admissão, não é possível saber se esta destinação será observada. Daí a necessidade de submissão da operação a um procedimento especial de controle aduaneiro, para fins de confirmação do cumprimento dos requisitos legais da isenção fiscal.

Em qualquer caso, se houve constituição prévia do crédito tributário, uma vez constatada a observância dos demais requisitos legais, o lançamento deve ser invalidado, por meio do ato administrativo de "baixa" do termo de responsabilidade. Isso ocorre porque, no controle aduaneiro inerente aos regimes aduaneiros especiais, é constatado que não houve subsunção ao conceito de importação ou que foram atendidos os requisitos da isenção. Por outro lado, descumprido o regime, se a entrada ou a saída da mercadoria configurar uma operação tributada, o crédito tributário será devido, acrescido de juros e multa desde o momento em que foi prestada a declaração aduaneira correspondente, sem prejuízo da cominação das penalidades cabíveis.

Também pode ocorrer a invalidação do termo de responsabilidade em caso de descumprimento. Isso é exigido sempre que for necessário um ajuste no cálculo do crédito tributário, como, *v.g.*, no cumprimento parcial. Nessas situações, a autoridade aduaneira deve lavrar um

---

[11] Isso quando a subvenção é concedida antes da extinção do regime. Na maioria dos casos, porém, a subvenção só é deferida após a extinção do regime, sem a formalização de termo de responsabilidade.

lançamento de ofício revisional ou substitutivo do ato de constituição do crédito tributário realizado pelo sujeito passivo.[12]

Outra hipótese de invalidação é o descumprimento sem subsunção da transposição da fronteira aos critérios da regra-matriz de incidência dos tributos aduaneiros. O lançamento do crédito tributário no termo de responsabilidade deve ser invalidado, sem prejuízo da cominação das penalidades previstas em lei para o descumprimento.

Até encontrar um desses desfechos, o crédito tributário fica com exigibilidade suspensa. A falta de previsão dessa hipótese suspensiva no art. 151 do Código Tributário Nacional não invalida essa conclusão. Em primeiro lugar, porque a suspensão do crédito foi prevista já na redação originária do Decreto-Lei nº 37/1966. Nessa época, o CTN ainda não apresentava eficácia de lei complementar (Lei nº 5.171/1966), o que só ocorreu com o art. 19, § 1º, da Constituição de 1967, renumerado para art. 18, § 1º, pela Emenda nº 01/1969. Destarte, nada impedia a previsão de disposições especiais ou mesmo derrogatórias por parte do decreto-lei.[13] Em segundo lugar, o art. 151 do CTN não é *numerus clausus*. A reserva de lei complementar para estabelecer normas gerais (CF, art. 146, III) não exclui a competência do legislador ordinário para definir outras hipóteses de suspensão da exigibilidade do crédito tributário para atender às peculiaridades presentes na tributação do comércio exterior.

Reconhecer essa particularidade não é o mesmo que se alinhar à doutrina tradicional, para a qual os regimes aduaneiros especiais têm natureza jurídica de suspensão. Essa concepção parte da premissa de que o fato jurídico da importação se materializa com o simples ingresso físico da mercadoria no território aduaneiro, independentemente da intenção de integrá-la ao mercado local. Assim, após a transposição da fronteira, tão logo apresentada a declaração aduaneira correspondente, haveria incidência regular dos tributos sobre a importação. Um conceito de importação com tamanha amplitude não é compatível com o art. 5º, XV, da Constituição Federal, nem com o Artigo V do Gatt, com a Convenção de Quioto Revisada e o Código Aduaneiro do Mercosul. A entrada física deve ser tida como uma condição necessária, mas não suficiente para a configuração da importação. Esta compreende a transposição física qualificada pela finalidade integradora, ou seja, a intenção de incorporar o produto ao mercado nacional.[14]

Tampouco há aceitação da explicação oferecida pela teoria da isenção ou da não incidência, seja pela falta de realização do critério temporal ou material. A rigor, não são propriamente os regimes aduaneiros especiais que podem ter natureza jurídica de não incidência, de isenção ou de subvenção. É a entrada ou a saída da mercadoria nas situações controladas pelos regimes que não se subsumem à hipótese de incidência dos tributos aduaneiros. Os regimes aduaneiros especiais, destarte, não são isenções, não incidência ou subvenções, mas procedimentos de controle aduaneiro das destinações de interesse público decorrentes de tratados internacionais ou de políticas de desenvolvimento nacional a elas vinculadas.

A assimilação do instituto a partir dessa perspectiva proporciona uma ferramenta teórica para a compreensão de que, como procedimento, o regime aduaneiro especial tem um início, um desenvolvimento e um encerramento disciplinados por normas jurídicas. Permite ainda – o que parece mais relevante – perceber que o regime não é um fim em si mesmo, mas um instrumento jurídico de realização de um objetivo imediato (as finalidades de interesse público que decorrem de tratados internacionais ou de políticas de desenvolvimento nacional

---

[12] RA, art. 766.
[13] Ver Cap. I, item 2.2.4.
[14] Ver Cap. II, item 2.2.1.4.

definidas pelo Governo Federal) e outro mediato (adequada aplicação da regra-matriz de incidência dos tributos aduaneiros, de isenções ou de subvenções governamentais vinculadas).

## 1.3 Exigência de lei específica (CF, art. 195, § 6º)

A maior parte dos regimes aduaneiros especiais não são disciplinados por lei específica, mas em atos normativos da Receita Federal editados com fundamento na previsão geral do art. 71 do Decreto-Lei nº 37/1966.[15] Outros decorrem de tratados internacionais incorporados à ordem jurídica ou estão inseridos em leis que dispõem sobre matérias diversas, e não apenas sobre o regime aduaneiro especial. Essa realidade poderia ser questionada em face do disposto no art. 150, § 6º, da Constituição Federal, na redação da Emenda nº 03/1993:

> Art. 150. [...]
> § 6º Qualquer subsídio ou isenção, redução de base de cálculo, concessão de crédito presumido, anistia ou remissão, relativos a impostos, taxas ou contribuições, só poderá ser concedido mediante lei específica, federal, estadual ou municipal, que regule exclusivamente as matérias acima enumeradas ou o correspondente tributo ou contribuição, sem prejuízo do disposto no art. 155, § 2º, XII, g.

Contudo, esse preceito aplica-se apenas em casos de *subsídio ou isenção, redução de base de cálculo, concessão de crédito presumido, anistia ou remissão*. Os regimes aduaneiros especiais, por sua vez, são procedimentos especiais de controle aduaneiro de eventos de aquisição interna, de entrada ou de saída de mercadorias não sujeitos ao pagamento de tributos aduaneiros ou com direito ao recebimento de uma subvenção governamental. O art. 150, § 6º, da Constituição Federal, incide apenas nesse último caso ou quando a desoneração decorre de isenção. Não há exigência de lei específica se a desoneração decorre da não incidência pura e simples, vale dizer, da não subsunção do evento à regra-matriz dos tributos aduaneiros. Ademais, em se tratando de pressuposto de validade formal de elaboração do ato normativo, a exigência de lei específica não se aplica retroativamente. Em razão do princípio do *tempus regit actum*, os regimes aduaneiros instituídos antes da Emenda nº 03/1993 não estão sujeitos a esse requisito.

Por fim, cumpre considerar que o art. 150, § 6º, faz referência à necessidade de "*lei específica, federal, estadual ou municipal*", o que remete aos incentivos e isenções fiscais decorrentes do exercício da competência dos entes federativos no plano interno.[16] Contudo, nas relações bilaterais e multilaterais no âmbito internacional, não há atuação da União, dos Estados-membros ou dos Municípios, mas da República Federativa do Brasil como Estado-total.[17] Daí resulta a inaplicabilidade da exigência de lei específica federal aos regimes aduaneiros especiais decorrentes de tratados internacionais. Esses, tão logo incorporados à

---

[15] "Art. 71. Poderá ser concedida suspensão do imposto incidente na importação de mercadoria despachada sob regime aduaneiro especial, na forma e nas condições previstas em regulamento, por prazo não superior a 1 (um) ano, ressalvado o disposto no § 3º deste artigo. (Redação dada pelo Decreto-Lei nº 2.472, de 01.09.1988)."

[16] Ver Cap. II, item 4.5.1.3.

[17] "[...] No direito internacional apenas a República Federativa do Brasil tem competência para firmar tratados (art. 52, § 2º, da Constituição da República), dela não dispondo a União, os Estados-membros ou os Municípios" (STF. T. Pleno. RE nº 229.096. Rel. Min. Ilmar Galvão. Rel. p/ Acórdão Min. Cármen Lúcia. *DJe*-065, 11.04.2008).

ordem jurídica, são válidos independentemente de lei específica. Do contrário, o art. 150, § 6º, anularia a competência prevista no art. 21, I, da Lei Maior.[18]

## 1.4 Modalidades de lançamento tributário

Nas modalidades não automáticas, é exigido do interessado a formalização do crédito tributário por meio de um termo de responsabilidade. Apenas excepcionalmente isso é dispensado.[19] Nele, o sujeito passivo constitui, por meio de lançamento por homologação, os créditos tributários devidos em caso de descumprimento dos demais requisitos legais do regime. Há, desde logo, a incidência da regra-matriz dos tributos aduaneiros. Porém, os créditos tributários ficam com exigibilidade suspensa até a verificação do atendimento das finalidades legais, inclusive se os eventos de entrada ou de saída da mercadoria estão dentro do domínio de incidência da regra-matriz dos tributos aduaneiros ou, conforme o caso, se foram cumpridos os pressupostos da isenção. Se os requisitos legais do regime são observados, a autoridade aduaneira deve anular o lançamento tributário anterior, por meio do ato administrativo de "baixa" do termo de responsabilidade. Já na hipótese de descumprimento, deve ser verificado se a entrada ou a saída da mercadoria configura uma operação passível de tributação. Sendo esse o caso, os créditos tributários previamente constituídos serão devidos, acrescidos de juros e multa desde o momento em que foi prestada a declaração aduaneira correspondente, sem prejuízo da cominação das penalidades cabíveis para a hipótese de descumprimento.[20] Por outro lado, se não são passíveis de tributação, porque a transposição da fronteira não se subsume à regra-matriz de incidência dos tributos aduaneiros, o lançamento do crédito tributário no termo de responsabilidade deve ser invalidado, com ou sem cominação das penalidades pelo descumprimento, dependendo do que for tipificado na legislação.

Nessa etapa, de acordo com o art. 761 do Decreto nº 6.759/2009 (Regulamento Aduaneiro), a autoridade aduaneira deve intimar previamente o interessado para manifestação.[21] Uma

---

[18] Como ressalta Alberto Xavier, "a União é pessoa jurídica de *direito público interno*, mas não pessoa jurídica de *direito internacional público*. A personalidade internacional cabe, isso sim, à República Federativa do Brasil 'formada pela União indissolúvel dos Estados e municípios e do Distrito Federal' (art. 1º da Constituição).
Ora, é essa unidade indissolúvel (o Estado federal) que é representada organicamente, nas relações com os Estados estrangeiros e as organizações internacionais, por um dos seus elementos constitutivos (a União) em virtude de uma competência exclusiva expressamente atribuída pelo art. 21, inciso I, da Constituição Federal" (XAVIER, Alberto. *Direito tributário internacional no Brasil*: tributação das operações internacionais. 5. ed. Rio de Janeiro: Forense, 2002, p. 135-136). Sobre o tema, cf. *supra* o item "Isonomia e tratamento nacional" na parte em que é examinado o ICMS incidente na importação.

[19] Por exemplo, a IN SRF nº 241/2002: "Art. 28. A suspensão do pagamento dos impostos, decorrente da aplicação do regime de entreposto aduaneiro, dispensa a formalização de termo de responsabilidade e a prestação de garantia".

[20] Decreto-Lei nº 37/1966, arts. 71 e 72, §§ 1º e 2º.

[21] RA/2009: "Art. 761. A exigência do crédito tributário constituído em termo de responsabilidade deve ser precedida de:
I – intimação do responsável para, no prazo de dez dias, manifestar-se sobre o descumprimento, total ou parcial, do compromisso assumido; e
II – revisão do processo vinculado ao termo de responsabilidade, à vista da manifestação do interessado, para fins de ratificação ou liquidação do crédito.
§ 1º A exigência do crédito, depois de notificada a sua ratificação ou liquidação ao responsável, deverá ser efetuada mediante:
I – conversão do depósito em renda da União, na hipótese de prestação de garantia sob a forma de depósito em dinheiro; ou

vez caracterizado o descumprimento, o auditor-fiscal poderá se ver diante de seis possíveis encaminhamentos:

(a) Quando o descumprimento implica a subsunção da entrada ou da saída mercadoria à regra-matriz de incidência dos tributos aduaneiros:
(1) Cobrança direta do crédito constituído em termo de responsabilidade, com a cominação de sanção específica para o descumprimento prevista em lei;
(2) Cobrança direta do crédito constituído em termo de responsabilidade, sem a cominação de sanção específica para o descumprimento, pela falta de previsão legal de penalização;
(3) Constituição de crédito tributário substitutivo por meio de lançamento de ofício, com a cominação de sanção específica para o descumprimento prevista em lei; ou
(4) Constituição de crédito tributário substitutivo por meio de lançamento de ofício, sem a cominação de sanção específica para o descumprimento, pela falta de previsão legal de penalização;
(b) Quando, apesar do descumprimento do regime, da entrada ou da saída da mercadoria, não forem realizados pressupostos de incidência da regra-matriz dos tributos aduaneiros:
(1) Cancelamento do crédito tributário eventualmente constituído em termo de responsabilidade, com a cominação de sanção específica para o descumprimento prevista em lei;
(2) Cancelamento do crédito tributário eventualmente constituído em termo de responsabilidade, sem a cominação de sanção específica para o descumprimento, pela falta de previsão legal de penalização.

O descumprimento não é fato imponível dos tributos aduaneiros. Por isso, nem sempre implica a exigência do crédito tributário constituído no termo de responsabilidade ou em lançamento de ofício. Assim, além do descumprimento, é necessário demonstrar que a entrada ou a saída da mercadoria nas circunstâncias controladas pelo regime se subsomem aos critérios da regra-matriz de incidência dos tributos sobre o comércio exterior ou, conforme o caso, que não foram observados os pressupostos de aplicabilidade da isenção fiscal vinculada.

Quando exigível, o crédito tributário deve ser adimplido no prazo legal. Na falta de não pagamento voluntário, a autoridade aduaneira deve encaminhar o termo de responsabilidade a Procuradoria da Fazenda Nacional, para inscrição em dívida ativa e cobrança judicial.[22]

---

II – intimação do responsável para efetuar o pagamento, no prazo de trinta dias, na hipótese de dispensa de garantia, ou da prestação de garantia sob a forma de fiança idônea ou de seguro aduaneiro.
§ 2º Quando a exigência for efetuada na forma prevista no inciso II do § 1º, será intimado também o fiador ou a seguradora."

[22] RA/2009: "Art. 763. Não efetuado o pagamento do crédito tributário exigido, o termo será encaminhado à Procuradoria da Fazenda Nacional, para cobrança". Dessa maneira, em caso de não pagamento, já tendo sido constituído o crédito tributário, o termo de responsabilidade deve ser inscrito em dívida ativa e encaminhado para a cobrança por meio de execução fiscal. Esta, nos termos do art. 174 do Código Tributário Nacional, deve ser proposta no prazo de cinco anos, contados do decurso do prazo de 30 dias para pagamento voluntário (RA/2009, art. 761, § 1º, II). Se ao invés disso, a autoridade aduaneira, por equívoco, lavra um lançamento de ofício, este será nulo de pleno direito, porque não há autorização legal para o duplo lançamento de créditos tributários em relação ao mesmo fato jurídico. Ao declarar essa nulidade, caso já decorrido o prazo prescricional, a mesma decisão deve reconhecer a extinção do crédito tributário.

Ao mesmo tempo, deve ser exigida a garantia eventualmente prestada pelo beneficiário do regime especial.[23]

O art. 72, § 3º, do Decreto-Lei nº 37/1966, prevê a formalização de termo de responsabilidade sem a especificação de uma quantia certa. Nesses casos, a autoridade aduaneira deve liquidar o crédito tributário *à vista dos elementos constantes do despacho aduaneiro a que estiver vinculado,*[24] por meio do lançamento de ofício (CTN, art. 142).[25]

Isso também resulta do art. 766 do Decreto nº 6.759/2009, que exige a lavratura de auto de infração para a exigência de crédito tributário apurado em procedimento posterior à apresentação do termo de responsabilidade:

> Art. 766. A exigência de crédito tributário apurado em procedimento posterior à apresentação do termo de responsabilidade, em decorrência de aplicação de penalidade ou de ajuste no cálculo de tributo devido, será formalizada em auto de infração, lavrado por Auditor-Fiscal da Receita Federal do Brasil, observado o disposto no Decreto nº 70.235, de 1972.

Daí que, nessas situações, uma vez notificado da liquidação, o sujeito passivo pode impugnar o lançamento tributário na forma do Decreto nº 70.235/1972, o que suspende a exigibilidade do crédito tributário e da garantia, enquanto obrigação acessória.[26] Não havendo impugnação ou após a manutenção do lançamento, o crédito deve ser exigido na forma dos §§ 1º e 2º do art. 761 do Regulamento Aduaneiro.

### 1.5 Multa de ofício isolada

Nos regimes aduaneiros especiais, quando o crédito tributário é constituído por meio de termo de responsabilidade, não cabe a imposição da multa prevista no art. 44, I, da Lei nº 9.430/1996, na redação da Lei nº 10.892/2004:

> Art. 44. Nos casos de lançamento de ofício, serão aplicadas as seguintes multas:
> I – de 75% (setenta e cinco por cento) sobre a totalidade ou diferença de imposto ou contribuição nos casos de falta de pagamento ou recolhimento, de falta de declaração e nos de declaração inexata;

Não obstante, tem sido comum – mesmo quando o termo de responsabilidade é inscrito em dívida ativa e encaminhando para execução judicial – a lavratura de um auto de infração para a exigência em separado da multa de ofício, com fundamento no § 2º do art. 758 do Regulamento Aduaneiro (Decreto nº 6.759/2009): "§ 2º As multas por eventual descumprimento do compromisso assumido no termo de responsabilidade não integram o crédito tributário

---

[23] RA/2009, art. 761, §§ 1º e 2º.
[24] "§ 3º O termo de responsabilidade não formalizado por quantia certa será liquidado à vista dos elementos constantes do despacho aduaneiro a que estiver vinculado. (Incluído pelo Decreto-Lei nº 2.472, de 01.09.1988)".
[25] "Art. 142. Compete privativamente à autoridade administrativa constituir o crédito tributário pelo lançamento, assim entendido o procedimento administrativo tendente a verificar a ocorrência do fato gerador da obrigação correspondente, determinar a matéria tributável, calcular o montante do tributo devido, identificar o sujeito passivo e, sendo caso, propor a aplicação da penalidade cabível."
[26] VENOSA, Sílvio de Salvo. *Direito civil*: teoria geral das obrigações e teoria geral dos contratos. 5. ed. São Paulo: Atlas, v. 2, 2005, p. 149.

nele constituído". Em alguns regimes, inclusive, há previsão regulamentar de lançamento da multa de ofício, como na IN RFB nº 1.600/2015, que dispõe sobre a admissão temporária: "Art. 11. [...] § 2º Do TR não constarão valores de penalidades pecuniárias decorrentes da aplicação de multas de ofício, que serão objeto de lançamento específico, no caso de descumprimento do regime pelo beneficiário".

O § 2º do art. 758 do Regulamento Aduaneiro, no entanto, diz respeito apenas às multas específicas ou isoladas previstas na legislação aduaneira, como, por exemplo, na hipótese do art. 72, I, da Lei nº 10.833/2003, relativo ao descumprimento dos requisitos legais do regime de admissão temporária. A multa prevista no inciso I do art. 44 da Lei nº 9.430/1996 somente é cabível "nos casos de lançamento de ofício". Logo, se o crédito tributário foi constituído por meio de termo de responsabilidade, é indevida a imposição dessa penalidade.

O Carf, em julgado de nossa relatoria, já afastou o cabimento da multa de ofício:

> MULTA DE OFÍCIO. AUSÊNCIA DE LANÇAMENTO DE OFÍCIO DO CRÉDITO TRIBUTÁRIO. NÃO CABIMENTO.
> Se crédito tributário suspenso, constituído através do Termo de Responsabilidade, não foi objeto de lançamento de ofício, incabível a imposição da multa de ofício por falta de pagamento do imposto, nos termos do art. 44, I, da Lei nº 9.430/1996.[27]

Há, por outro lado, outra decisão da mesma Turma Julgadora em que se adotou o entendimento contrário:

> [...] nos casos de descumprimento das condições estabelecidas para o regime aduaneiro especial de admissão temporária, o Regulamento Aduaneiro estabelece procedimento próprio ao prever a execução do termo de responsabilidade para cobrança do crédito tributário principal, a par do lançamento da multa prevista no art. 44, I, da Lei nº 9.430, de 1996.
> Anote-se que nenhum óbice legal haveria à opção normativa regulamentar pelo lançamento de ofício do crédito tributário principal acompanhado da respectiva multa de ofício. Entretanto, a opção adotada pelo Regulamento Aduaneiro foi outra – com o mesmo resultado final: cobrança do crédito tributário principal por meio de execução do termo de responsabilidade e lançamento de ofício da multa.[28]

O primeiro acórdão foi objeto de recurso especial, que, entretanto, não foi conhecido em razão da propositura de uma ação judicial questionando a penalidade.[29] A partir do andamento desse processo, que é reproduzido na decisão da CSRF, nota-se que o TRF da 3ª

---

[27] Carf. 3ª S. 2ª T.E. Ac. 3802-00.642. S. 10.08.2011.
[28] Carf. 3ª S. 2ª T.E. Ac. 3802-001.440. S. 28.11.2012.
[29] "Assunto: Processo Administrativo Fiscal
Data do fato gerador: 20.01.2004
CONCOMITÂNCIA. SÚMULA CARF Nº 1. DEFINITIVIDADE DO LANÇAMENTO.
Importa renúncia às instâncias administrativas a propositura pelo sujeito passivo de ação judicial por qualquer modalidade processual, antes ou depois do lançamento de ofício, com o mesmo objeto do processo administrativo, sendo cabível apenas a apreciação, pelo órgão de julgamento administrativo, de matéria distinta da constante do processo judicial.
Cabe declarar, nesse caso, a definitividade do lançamento, em razão de concomitância da discussão nas esferas administrativa e judicial" (Carf. CSRF. 3ª T. Ac. 9303-008.397. S. 21.03.2019).

Região também entendeu incabível a multa de ofício quando o crédito já está constituído em termo de responsabilidade:

> [...]
> *Assim, não havendo lançamento de ofício do tributo, pois já constituído através do "Termo de responsabilidade", e com suspensão da exigibilidade enquanto vigente o regime de admissão temporária, é manifesta a inexistência do fato gerador da multa de ofício, prevista no art. 44, I, da Lei nº 9.430/1996.*
>
> *Neste mesmo sentido, o voto proferido pelo relator no Conselho Administrativo de Recursos Fiscais no julgamento do recurso voluntário interposto pelo agravante, em que se afastou referida multa em relação a uma das cinco mercadorias importadas (os demais recursos encontram-se pendentes de julgamento) (f. 987/94):*
>
> [...]
> **Essa multa não foi objeto de REsp pela autoridade tributária (f. 996/1005), o que demonstra que a constituição dessa penalidade não mais subsiste. Ora, os autos de infração com imposição dessa multa em relação às demais mercadorias possuem suporte fático idêntico à hipótese julgada pelo CARF,** *sendo necessário que, assim, em hipóteses idênticas, sejam aplicadas as mesmas decisões, sob pena de ofensa à isonomia. Dessa forma, é manifestamente plausível o afastamento, também, da multa do art. 107, IV, c, do DecretoLei nº 37/1966.*
>
> *Ante o exposto, com fundamento no art. 557 do CPC, dou parcial provimento ao agravo de instrumento, apenas para afastar a cobrança das multas previstas no art. 44, I, da Lei nº 9.430/1996 e art. 107, IV, c, do DecretoLei nº 37/1966.*[30]

A Procuradoria da Fazenda Nacional interpôs recurso especial em face do acórdão do TRF da 3ª Região, que, entretanto, não foi conhecido por decisão monocrática da Ministra Assusete Magalhães.[31]

Em outra decisão recente, relativa ao *drawback*, a 6ª Turma do Tribunal Regional Federal da 3ª Região decidiu novamente pelo não cabimento da multa isolada de ofício, evidenciando uma tendência de consolidação dessa orientação:

> [...] a imposição das penalidades previstas nas MPs 297 e 298, no art. 4º da Lei nº 8.218/1991 e no art. 44, I, da Lei nº 9.430/1996, normas identificadas no auto de infração, derivam justamente da necessidade da autuação fiscal e do lançamento de ofício para a cobrança dos tributos devidos. Reputada a desnecessidade do ato, dado o efeito constitutivo do termo de responsabilidade, na forma inclusive do art. 758 do Regulamento, padece o cabimento das próprias multas.[32]

Trata-se, sem dúvida, da interpretação mais acertada, já que, como ressaltado, não cabe a multa do art. 44, I, da Lei nº 9.430/1996 quando o crédito tributário não foi constituído por meio de lançamento de ofício.

---

[30] TRF3. AI 002577915.2012.4.03.000/SP. Rel. Des. Fed. Carlos Muta. *Apud* Carf. CSRF. 3ª T. Ac. 9303-008.397. S. 21.03.2019.

[31] Decisão monocrática. STJ. REsp 1.637.541/SP. Rel. Min. Assusete Magalhães. *DJe* 22.11.2022.

[32] TRF3. 6ª T. ApCiv 5004203-71.2018.4.03.6109. Rel. Des. Fed. Luis Antonio Johonsom di Salvo. *DJe* 14.07.2022.

## 1.6 Requisitos legais ("condições")

Os requisitos legais das desonerações e das subvenções controladas por meio dos regimes aduaneiros especiais, de acordo com a doutrina e a jurisprudência, seriam "condições" da suspensão ou, conforme o caso, da isenção do crédito tributário. Desse modo, caso não implementadas – ainda que relacionadas apenas aos aspectos formais ou deveres instrumentais do regime – o crédito tributário deve ser exigido pela autoridade competente, acrescido de multa e de juros de mora, desde a data do registro da declaração. As decisões do Carf têm seguido essa interpretação. Dessa forma, na linha do Acórdão CSRF n° 9303-003.062, entende-se que "[...] as exigências contidas no regulamento muito mais do que 'meras obrigações acessórias', são sim condições para fruição do benefício; logo, seu descumprimento tem como consequência inexorável a perda do benefício por descumprimento de suas condições".[33]

Essa exegese, porém, mostra-se equivocada. Trata-se de uma construção assentada em um erro histórico doutrinário, que, sem maiores reflexões, tem considerado os requisitos legais como se fossem uma condição no sentido técnico-jurídico.[34]

Como se sabe, a condição constitui um elemento acidental de um negócio jurídico que subordina a produção de efeitos a um evento futuro e incerto (CC, art. 121). Não está sujeita ao cumprimento por uma das partes: a condição, por constituir um evento falível, não se cumpre nem se descumpre, mas se implementa ou não, objetivamente, tão logo verificada a ocorrência do evento.[35] Os regimes aduaneiros especiais não são contratos ou negócios jurídicos celebrados entre o particular e o Poder Público. O evento futuro está sujeito ao cumprimento e ao arbítrio exclusivo do agente. A incerteza existe apenas para a administração aduaneira. O beneficiário do regime, antes do vencimento do prazo legal para a exportação ou reexportação, não apenas sabe que não se realizará o evento, como opta por permanecer com o bem no território nacional, assumindo o risco de não promover o despacho para consumo.

É bem verdade que a palavra "condição" pode ser utilizada em outras acepções. Como destaca Sílvio de Salvo Venosa, esse vocábulo pode ser tomado no sentido de requisito do ato, como sinônimo de *condição de validade* ou *condição de capacidade*. Também pode ser usado como *conditio juris* ou pressuposto do ato, denominada *condição imprópria*. Em sentido técnico, entretanto, o termo deve ser reservado para designar a determinação da vontade das partes que subordina os efeitos de um negócio jurídico a um evento futuro e incerto.[36] Assim, apesar de não recomendável – já que a doutrina deve primar pela precisão da linguagem – nada impede o emprego do termo no sentido impróprio. Todavia, ao proceder dessa maneira, deve-se ter presente que já não se está mais diante de uma condição no sentido técnico. Logo, quando "condição" tem o sentido de requisito legal, não se pode mais operar com a noção de implemento, devendo as consequências da não observância da *conditio iuris* ser interpretadas à luz da teoria geral do inadimplemento.

---

[33] CSRF. 3ª T. Ac. 9303-003.062, S. de 25.09.2014. No mesmo sentido: Carf. CSRF. 3ª T. Ac. 9303-002.174, S. de 18.10.2012.

[34] BARREIRA, Enrique C. La obligación tributaria aduanera y el hecho gravado por los derechos de importación. *Revista de Estudios Aduaneros* n° 12, primer y segundo semestre de 1998. Buenos Aires: Instituto Argentino de Estudios Aduaneros, p. 109: "um las destinaciones o regímenes suspensivos la supeditación surge de la propia norma, constituyendumna condición legal ('condictio juris') que posee características diferentes a lume una simples condición: pues la 'condictio jumposto umesa otum cosa que un requisito de la ley para que el hecho se produzca, por lo cuum constituye un elemento mas del presupuesto de hecho de la ley".

[35] VENOSA, Sílvio de Salvo. *Direito civil*. 5. ed. São Paulo: Atlas, v. 1, 2005, p. 501. No mesmo sentido, cf.: TELLES, Inocêncio Galvão. *Manual dos contratos em geral*. Coimbra: Coimbra, 2002, p. 261 e ss.

[36] VENOSA, Sílvio de Salvo. *Direito civil*. 5. ed. São Paulo: Atlas, v. 1, 2005, p. 501-502.

A distinção é relevante, porque, uma vez que não se tem propriamente uma condição no sentido técnico, tampouco há que se falar em implemento de "condição", mas em adimplemento dos requisitos legais, ou mais, propriamente das obrigações e deveres instrumentais que deles decorrem. Há grande diferença entre essas categorias, porquanto a condição não comporta implemento parcial. Não se pode cogitar de realização parcial do evento futuro e incerto que a caracteriza: ou esse se realiza, com todos os seus elementos, ou não se realiza, caso em que não se implementa a condição. Já as *conditio iuris*, estão sujeitas ao cumprimento do beneficiário.

No direito brasileiro, a doutrina dos regimes aduaneiros especiais encontrou o seu melhor estudo na obra de Osiris Lopes Filho. Este reconheceu que se tratava de *condictio iuris* ou condição imprópria. Porém, não se ateve à necessidade de abandonar a noção de implemento:

> Uma das soluções para explicar a natureza jurídica dos regimes aduaneiros especiais é a que se baseia na teoria da obrigação tributária condicional, de natureza suspensiva ou resolutiva. Trata-se, no caso, da *condictio iuris*; vale dizer, não se verifica manifestação de vontade das partes, para o efeito de submeter a eficácia do ato à ocorrência de acontecimento futuro e incerto, mas a própria lei estabelece a condição, como integrante da relação jurídica, de modo que esta somente se integralizará no momento em que se verificar o implemento da condição imprópria.[37]

Assim, o que se sustenta é que, nos regimes aduaneiros especiais, não há "condição" nem "condições", mas requisitos legais, isto é, deveres instrumentais e obrigações que devem ser cumpridos pelo sujeito passivo.

Os deveres instrumentais[38] são condutas positivas e negativas, sem expressão econômica, prescritas ao beneficiário do regime no interesse do adequado controle aduaneiro. Podem assumir conteúdos variáveis em função da modalidade do regime aduaneiro especial. É o caso, *v.g.*, do dever de promover a vinculação do número do ato concessório na declaração de exportação ou da indicação da descrição das mercadorias e dos respectivos códigos da NCM nas notas fiscais de venda de insumos nacionais no *drawback* suspensão. Já as obrigações, diferenciam-se dos deveres porque são susceptíveis de valoração pecuniária. O seu conteúdo também varia em cada regime aduaneiro especial. Porém, em geral, todos apresentam ao menos duas obrigações: uma obrigação de fazer, que tem por objeto a exportação ou a reexportação do produto temporariamente admitido no território aduaneiro; e uma obrigação de não fazer, que consiste na proibição de desviar a finalidade concessória durante o período de vigência. Mas podem existir outras com diferentes conteúdos, a exemplo da obrigação de fabricação do produto ou da obtenção de faturamento mínimo com a exportação.

## 1.7 Inadimplemento e cumprimento inexato

Os requisitos legais devem ter as consequências jurídicas do seu descumprimento analisadas a partir dos parâmetros da teoria geral do inadimplemento. A própria legislação aduaneira já indica esse encaminhamento. Isso porque, embora faça referência às "condições" dos regimes (*v.g.*, Decreto nº 6.759/2009, art. 353), dispõe sobre as consequências do "inadimplemento" (art. 390, I) e sobre o "descumprimento, total ou parcial" (art. 761). O mesmo pode

---

[37] LOPES FILHO, Osiris de Azevedo. *Regimes aduaneiros especiais*. São Paulo: RT, 1984, p. 80.
[38] A expressão "deveres instrumentais" é proposta por Paulo de Barros Carvalho, em substituição às "obrigações acessórias". Cf. CARVALHO, Paulo de Barros. *Curso de direito tributário*. 26. ed. São Paulo: Saraiva, 2014, p. 227-349.

ser observado no Código Aduaneiro do Mercosul (CAM), que, na admissão temporária, trata do "descumprimento de obrigações substanciais impostas como condição para concessão do regime" (art. 61). É nítido o uso de "condição" no sentido de requisito legal ou *conditio iuris*, porque apenas essas são passíveis de cumprimento ou descumprimento.

É necessária, assim, a superação da concepção tradicional, mediante a aplicação dos avanços da teoria do inadimplemento na resolução das questões jurídicas que emergem da não observância dos requisitos legais dos regimes aduaneiros especiais. Trata-se de tarefa trabalhosa, proposta inicialmente no ano 2015, em tese de doutorado apresentada na Pontifícia Universidade Católica de São Paulo, publicada com o título *Imposto de Importação*.[39] Na oportunidade, como o tema não constituía o objeto central do trabalho, o seu enfrentamento se deu apenas em caráter incidental. Agora, portanto, cabe um desenvolvimento específico, inclusive com retificações exigidas pela aplicação da teoria da violação positiva das prestações, não considerada naquele momento.

Como destacado acima, as autoridades aduaneiras entendem que os requisitos legais são "condições" dos regimes especiais. Dessa maneira, sempre que essas não são implementadas no prazo legal, o crédito tributário é exigido, acrescido de multa e de juros, desde a data do registro da primeira declaração aduaneira. As decisões do Carf, na linha do Acórdão CSRF nº 9303-003.062, reproduzido anteriormente, têm seguido essa mesma interpretação.[40] Não é diferente no Judiciário.

Um caso que ilustra a dimensão do problema foi decidido pela 4ª Turma do TRF de 2ª Região. O interessado teve deferida pela administração aduaneira a admissão temporária de salva-vidas de navio de bandeira estrangeira, para fins de reparos no território nacional. Os bens foram retirados do país, sem, contudo, a chancela da autoridade aduaneira. Foi apresentada prova de que os bens retornaram ao exterior, inclusive declaração do comandante de que, sem os botes salva-vidas, o navio não poderia zarpar. Entretanto, a exigência do crédito tributário foi mantida, assentado nos seguintes fundamentos:

> EMBARGOS À EXECUÇÃO. II E IPI. ADMISSÃO TEMPORÁRIA. DESCUMPRIMENTO DE CONDIÇÃO PELO IMPORTADOR.
> [...]
> II – Existe um regime aduaneiro especial, a admissão temporária, que dispensa o pagamento do tributo, caso a mercadoria retorne ao exterior, no prazo e condições concedidos e fixados pela autoridade aduaneira.
> III – A obrigação de comunicar ao fisco a saída do bem, ou efetuar pedido de prolongamento de prazo para saída, é afeta ao contribuinte, consistindo, inclusive, em condição *sine qua non* para que a admissão temporária seja levada a efeito.
> IV – Recurso de Apelação a que se nega provimento.[41]

O produto, no caso em exame, foi introduzido em caráter temporário, sem qualquer finalidade integradora. Houve o efetivo retorno dos bens ao exterior. A exigência do crédito tributário foi mantida unicamente porque o beneficiário do regime aduaneiro especial deixou de comunicar à administração aduaneira a saída do bem do território nacional, o que seria uma condição *sine qua non* da admissão temporária.

---

[39] SEHN, Solon. *Imposto de importação*. São Paulo: Noeses, 2016, p. 66.
[40] CSRF. 3ª T. Ac. nº 9303-003.062, S. de 25.09.2014. No mesmo sentido: Carf. CSRF. 3ª T. Ac. 9303-002.174, S. de 18.10.2012.
[41] TRF-2ª R. 4ª T. AC 9702433746. Rel. Des. Fed. Lana Regueira, *DJU* 25.11.2009.

Essas e outras questões teriam um encaminhamento diferenciado se aplicada a teoria geral do inadimplemento, o que, a propósito, está longe de constituir uma opção hermenêutica ou escolha discricionária da autoridade aduaneira. Ao contrário, trata-se de uma exigência dogmática inafastável decorrente da natureza jurídica das "condições", vale dizer, da compreensão de que, a rigor, são requisitos legais.

Na verdade, mesmo sem saber, as autoridades aduaneiras assim já o fazem sob o aspecto quantitativo. Apesar de ainda considerarem se tratar de condição, no plano pragmático, não exigem a totalidade do crédito tributário nos casos de não "implemento" parcial. Assim, por exemplo, no *drawback*, se o sujeito passivo se comprometeu a exportar dez unidades de um produto industrializado, mas só conseguiu cumprir essa obrigação em relação a oito deles, o crédito tributário é cobrado considerando apenas a diferença. Veja-se, nesse sentido, o seguinte aresto da CRSF:

**ASSUNTO: NORMAS GERAIS DE DIREITO TRIBUTÁRIO**
Exercício: 2007, 2008
*DRAWBACK* SUSPENSÃO. DESCUMPRIMENTO PARCIAL DO COMPROMISSO DE EXPORTAR. EXIGÊNCIA DOS TRIBUTOS SUSPENSOS NA OPERAÇÃO DE IMPORTAÇÃO. POSSIBILIDADE.
No âmbito do regime *drawback* suspensão, além do cumprimento de outros requisitos, a conversão da suspensão dos tributos em isenção depende do cumprimento do compromisso de exportar assumido no ato de concessão do regime, logo, se houver descumprimento parcial do referido compromisso, na mesma proporção, passa a ser devida a cobrança dos tributos suspensos na correspondente operação de importação realizada ao amparo do regime. Após o registro de exportação, somente é permitida as alterações dentro dos limites previstos no § 3º do art. 124 da Portaria Secex nº 36/2007.

Se os requisitos legais do *drawback* fossem realmente "condições" no sentido técnico, como quer parte da doutrina, essa interpretação não seria admissível. A exportação de parte da produção seria juridicamente irrelevante, já que as condições não são passíveis de implemento parcial: ou o evento futuro e incerto se realiza, ou não se realiza. *Tertium non datur*. Contudo, não há nada de ilegal na decisão da CSRF, porque, em se tratando de condições impróprias (*conditio iuris* ou requisitos legais), o cumprimento parcial é perfeitamente possível. Resta apenas avançar nessa interpretação e o que se propõe, no presente estudo, é que isso ocorra sob o roteiro seguro da teoria geral do inadimplemento.

Nessa ordem de ideias, convém destacar que as obrigações e os deveres jurídicos sempre surgem para serem cumpridos. A grande maioria, aliás, acaba tendo esse destino – por assim dizer – normal e esperado. O inadimplemento é um evento excepcional e indesejado, que tem sido objeto de reflexão da dogmática jurídica há muitos anos. Dentro da doutrina tradicional, é dividido em duas categorias: o inadimplemento absoluto ou total, quando a prestação não é realizada pelo devedor; e a mora, também denominada inadimplemento relativo, parcial ou temporário, quando a prestação não é realizada no tempo previsto ou, nos termos do art. 394 do Código Civil, no tempo, no lugar e na forma estabelecidos pela lei ou convencionados pelas partes. Essas são modalidades de violação negativa, às quais a doutrina tem acrescentado o *cumprimento defeituoso* ou *imperfeito*.[42]

---

[42] Sobre o tema, cf. MARTINEZ, Pedro Romano. *Cumprimento defeituoso*: em especial na compra e venda e na empreitada. Coimbra: Almedina, 1994; ASSIS, Araken de. *Resolução do contrato por inadimplemento*. 6. ed. São Paulo: RT, 2020; STEINER, Renata C. *Descumprimento contratual*: boa-fé e violação positiva do contrato. São Paulo: Quartier Latin, 2014; CATALAN, Marcos Jorge. *Descumprimento contratual*:

No direito comparado, a mora está vinculada ao aspecto temporal, abrangendo apenas a intempestividade da prestação. Em nosso ordenamento jurídico, porém, tem um conteúdo mais amplo, em razão do disposto no art. 394 do Código Civil: "Considera-se em mora o devedor que não efetuar o pagamento e o credor que não quiser recebê-lo no tempo, lugar e forma que a lei ou a convenção estabelecer". Para efeitos do presente estudo, interessa apenas a mora do devedor. Nela o objeto da obrigação – a prestação, que pode ser um dar, fazer ou não fazer – não é realizado pelo devedor no tempo, lugar ou forma previstos, por fato a ele imputável.[43] Não obstante, o cumprimento ainda é possível e útil ao credor, que pode exigir a sua observância, acrescida de perdas e danos. A mora, ademais, pode ser purgada ou emendada, mediante oferecimento da prestação e dos acréscimos, até o ajuizamento da ação pelo credor ou, segundo parte da doutrina, até a contestação. Já no inadimplemento absoluto, o devedor não realizou a prestação nem tampouco pode fazê-lo, porque essa não é mais útil ao credor ou em razão de ter se tornado impossível, inclusive sob o aspecto jurídico. Nas obrigações de não fazer, o descumprimento sempre é absoluto, salvo quando a prestação tiver caráter continuativo.[44] Por isso, uma vez caracterizado o descumprimento absoluto ou definitivo, o credor tem o direito de resolução do vínculo, bem como de promover a execução específica ou a conversão no equivalente pecuniário.[45]

A mora também pode ser denominada *inadimplemento parcial* e o descumprimento absoluto, *inadimplemento total*. Em outros estudos, já fizemos uso dessas designações. Convém,

---

modalidades, consequências e hipóteses de exclusão do dever de indenizar. Curitiba: Juruá, 2012; TEPEDINO, Gustavo; SCHREIBER, Anderson. *Fundamentos do direito civil*: obrigações. Rio de Janeiro: Forense, v. 2, 2020, p. 319 e ss.; NEVES, José Roberto de Castro. *Direito das obrigações*. 7. ed. Rio de Janeiro: LMJ Mundo Jurídico, 2017; COUTO E SILVA, Clóvis V. do. *A obrigação como processo*. Rio de Janeiro: FGV, 2006; TARTUCE, Flávio. *Manual de direito civil*. 10. ed. São Paulo: Método, 2020, p. 401 e ss.; MARTINS-COSTA, Judith. *A boa-fé no direito privado*: critérios para sua aplicação. 2. ed. São Paulo: Saraiva, 2018; ZOPPINI, Andrea (Coord.). *Diritto civile*: il rapporto obbligatorio. Milano: Giùffre, 2009; IORO, Giovanni. *Ritardo nell'adempimento e risoluzione del contratto*. Milano: Giùffre, 2012; COLLURA, Giorgio. *Importanza dell'inadempimento e teoria del contrato*. Milano: Giùffre, 1992; STOLL, Heinrich; FAVALE, Rocco; FEOLA, Maria; DI LAURO, Antonino Procida Mirabelli. *L'obbligazione come rapporto complesso*. Torino: G. Giappichelli Editore, 2016.

[43] Discute-se na doutrina se a culpa seria um pressuposto da mora. Acompanha-se, nesse particular, o entendimento de Araken de Assis (ASSIS, Araken de. *Resolução do contrato por inadimplemento*. 6. ed. São Paulo: RT, 2020, p. 97) e de Pontes de Miranda, que entendem suficiente a imputabilidade ou nexo de imputação (atribuição), isto é, "o não prestar, por impossibilitação que foi causada pelo devedor [...]" (PONTES DE MIRANDA, Francisco Cavalcanti. *Tratado de direito privado*. Atual. Ruy Rosado de Aguiar Júnior e Nelson Nery Jr. São Paulo: RT, tomo XXVI, 2012, p. 59). A culpa, portanto, só é exigida quando prevista em lei. Cf. ainda: PONTES DE MIRANDA, Francisco Cavalcanti. *Tratado de direito privado*. Campinas: Bookseller, tomo XXIII 2003, p. 158.

[44] PONTES DE MIRANDA, Francisco Cavalcanti. *Tratado de direito privado*. Campinas: Bookseller, tomo XXIII 2003, p. 133 e ss.; TEPEDINO, Gustavo; SCHREIBER, Anderson. *Fundamentos do direito civil*: obrigações. Rio de Janeiro: Forense, v. 2, 2020, p. 329.

[45] VENOSA, Sílvio de Salvo. *Direito civil*: teoria geral das obrigações e teoria geral dos contratos. 5. ed. São Paulo: Atlas, v. 2, 2005, 351 e ss.; GOMES, Orlando. *Obrigações*. 17. ed. Rio de Janeiro: Forense, 2009, p. 143 e ss.; RODRIGUES, Silvio. *Direito civil*: responsabilidade civil. 16. ed. São Paulo: Saraiva, v. 4, 1998, p. 261 e ss.; MARTINEZ, Pedro Romano. *Cumprimento defeituoso*: em especial na compra e venda e na empreitada. Coimbra: Almedina, 1994, p. 107-118; TEPEDINO, Gustavo; SCHREIBER, Anderson. *Fundamentos do direito civil*: obrigações. Rio de Janeiro: Forense, v. 2, 2020, p. 312 e ss.; MARTINS-COSTA, Judith. *A boa-fé no direito privado*: critérios para sua aplicação. 2. ed. São Paulo: Saraiva, 2018, p. 746 e ss.; ASSIS, Araken de. *Resolução do contrato por inadimplemento*. 6. ed. São Paulo: RT, 2020, p. 83 e ss.; STEINER, Renata C. *Descumprimento contratual*: boa-fé e violação positiva do contrato. São Paulo: Quartier Latin, 2014, p. 125 e ss.

no entanto, abandoná-las para evitar confusões de ordem interpretativa. É que, se o objeto da obrigação for divisível e sendo útil ao credor, o inadimplemento absoluto e o relativo, sob o aspecto quantitativo, podem recair sobre apenas parte da prestação.[46] Assim, a empresa que, *v.g.*, se comprometeu a entregar 50 contêineres de determinado produto, terá cumprido a prestação parcialmente se disponibilizar apenas 45 no prazo convencionado. Esse inadimplemento parcial poderá ser relativo ou absoluto, caso o cumprimento da parte remanescente seja ou não possível e útil.

A configuração do inadimplemento absoluto pressupõe a exigibilidade da prestação. Contudo, em circunstâncias excepcionais, admite-se a sua caracterização antecipada – a *anticipatory breach* da *common law*[47] – ou inadimplemento anterior ao termo.[48] Isso ocorre quando o devedor declara não querer ou não poder cumprir[49] ou a pedido do credor, em casos de impossibilidade ou de probabilidade do descumprimento.[50]

Uma segunda construção da *common law* – positivada em alguns ordenamentos jurídicos e acolhida em outros por construção jurisprudencial, como é o caso brasileiro[51] – é a *substancial performance*.[52] Essa teoria afasta a configuração do inadimplemento absoluto em situações

---

[46] CC: "Art. 258. A obrigação é indivisível quando a prestação tem por objeto uma coisa ou um fato não suscetíveis de divisão, por sua natureza, por motivo de ordem econômica, ou dada a razão determinante do negócio jurídico"; "Art. 314. Ainda que a obrigação tenha por objeto prestação divisível, não pode o credor ser obrigado a receber, nem o devedor a pagar, por partes, se assim não se ajustou."

[47] Essa figura tem origem na jurisprudência inglesa de 1853, no caso *Hochster v. De la Tour*. Sobre o tema, cf. MARTINS-COSTA, Judith. *A boa-fé no direito privado*: critérios para sua aplicação. 2. ed. São Paulo: Saraiva, 2018, p. 765.

[48] TEPEDINO, Gustavo; SCHREIBER, Anderson. *Fundamentos do direito civil*: obrigações. Rio de Janeiro: Forense, v. 2, 2020, p. 332. Os autores fazem referência à designação proposta por Aline de Miranda Valverde Terra na obra *Inadimplemento anterior ao termo* (Rio de Janeiro: Renovar, 2009).

[49] ASSIS, Araken de. *Resolução do contrato por inadimplemento*. 6. ed. São Paulo: RT, 2020, p. 87.

[50] TEPEDINO, Gustavo; SCHREIBER, Anderson. *Fundamentos do direito civil*: obrigações. Rio de Janeiro: Forense, v. 2, 2020, p. 334. Os autores citam um caso julgado pelo TJRS, envolvendo a obrigação de construção de um hospital. Nele foi autorizada a rescisão antecipada, porque não foi tomada "'a mínima providência para construir o prometido hospital, e as promessas ficaram no plano das miragens'" (TJRS. AC 582000378. Rel. Athos Gusmão Carneiro. J. 08.12.1983. *RJTJRS*, v. 97, p. 397). Registre-se que, para Judith Martins-Costa, a caracterização do descumprimento antecipado pressupõe a natureza grave da violação, conjugada com elementos que evidenciem a culpa do devedor e a certeza de que não será possível o cumprimento dentro do prazo convencionado (MARTINS-COSTA, Judith. *A boa-fé no direito privado*: critérios para sua aplicação. 2. ed. São Paulo: Saraiva, 2018, p. 769).

[51] Como ressaltado pelo Ministro Antonio Carlos Ferreira no REsp 1.581.505/SC: "Essa doutrina irradiou-se também para países que adotam o sistema de *civil law*, com especial destaque para o Direito italiano, que prestigiou a *substancial performance* por meio de disposições expressas de seu Código Civil, com destaque para a 'importanza dell'inadempimento' anotada no art. 1.455. Seguindo esse influxo, o Direito português impede a resolução do negócio 'se o não cumprimento parcial, atendendo ao seu interesse [do credor], tiver escassa importância' (art. 802, 2, do Código Civil). Por sua vez, a 'Convenção das Nações Unidas sobre os Contratos de Compra e Venda Internacional de Mercadorias' (Viena, 1980) autoriza que o comprador declare resolvido o contrato, mas apenas se 'a inexecução pelo vendedor (...) constituir uma infração essencial (...)' (art. 49, 1, *a*)". (STJ. 4ª T. REsp 1.581.505/SC. Rel. Min. Antonio Carlos Ferreira. *DJe* 28.09.2016). De acordo com o Enunciado nº 361 da IV Jornada de Direito Civil do Conselho da Justiça Federal: "Arts. 421, 422 de 475. O adimplemento substancial decorre dos princípios gerais contratuais, de modo a fazer preponderar a função social do contrato e o princípio da boa-fé objetiva, balizando a aplicação do art. 475".

[52] Sobre o tema, cf.: MARTINS-COSTA, Judith. *A boa-fé no direito privado*: critérios para sua aplicação. 2. ed. São Paulo: Saraiva, 2018, p. 758 e ss.; TEPEDINO, Gustavo; SCHREIBER, Anderson. *Fundamentos do direito civil*: obrigações. Rio de Janeiro: Forense, v. 2, 2020, p. 336; ASSIS, Araken de. *Resolução do contrato por inadimplemento*. 6. ed. São Paulo: RT, 2020, p. 104 e ss.

nas quais o descumprimento parcial da prestação mostra-se inexpressivo ou, como previsto no Código Civil Italiano (art. 1.455), de *scarsa importanza*. Sua caracterização, de acordo com a jurisprudência do STJ, pressupõe três requisitos: a insignificância do inadimplemento; a satisfação do interesse do credor; e diligência por parte do devedor no desempenho de sua prestação.[53] Trata-se, assim, de um cumprimento parcial da prestação bastante próximo do devido, qualitativa ou quantitativamente, que apenas *formalmente* não pode ser tido como integral. Por isso, autoriza o afastamento do direito de resolução contratual, da exceção pelo contrato não cumprido e a execução de garantias, que são substituídas por consequências jurídicas menos gravosas, notadamente a execução específica da parte não adimplida.[54]

Por fim, o cumprimento imperfeito, inexato ou defeituoso, caracteriza-se quando o devedor cumpre o dar, o fazer ou o não fazer a que estava obrigado no tempo, modo e lugar previstos, mas deixa de observar os deveres laterais, instrumentais ou anexos vinculados à prestação[55]. No direito alemão, é igualmente denominada *violação positiva da pretensão*, o que é mais linguisticamente preciso, já que essa categoria conceitual também é aplicável às obrigações *ex lege*. Exige-se, também aqui, a relevância do defeito no caso concreto.[56] Nessa modalidade de violação, como bem ensina Romano Martinez, são verificados "[...] prejuízos distintos daqueles que o credor poderia sofrer em caso de não cumprimento definitivo ou de mora".[57] Por isso, acrescenta Renata C. Steiner que, "no caso de violação positiva por quebra de deveres laterais, não há de se cogitar a pretensão à prestação, já que esta foi prestada no tempo, modo e formas corretos e exigíveis".[58]

O cumprimento defeituoso muitas vezes é confundido pela doutrina com os casos em que a prestação não é cumprida no tempo, modo ou lugar devidos, ou ainda por meio da entrega de produto diverso, com qualidade ou em quantidade inferior. Daí afirmarem que a hipótese já estaria compreendida no conceito de mora do art. 394 do Código Civil, que compreende *tempo, lugar* e *forma*.[59] Parte-se da premissa de que aquele que realiza a prestação no tempo previsto, mas não no lugar ou na forma convencionados, a cumpre de maneira imperfeita ou

---

[53] STJ. 4ª T. REsp 1.581.505/SC. Rel. Min. Antonio Carlos Ferreira. *DJe* 28.09.2016; STJ. 4ª T. REsp 1.051.270/RS. Rel. Min. Luis Felipe Salomão. *DJe* 05.09.2011; STJ. 3ª T. REsp 1.255.179/RJ. Rel. Min. Ricardo Villas Bôas Cueva. *DJe* 18.11.2015.

[54] TEPEDINO, Gustavo; SCHREIBER, Anderson. *Fundamentos do direito civil*: obrigações. Rio de Janeiro: Forense, v. 2, 2020, p. 338-341. Esses autores sustentam que "em leitura mais contemporânea, contudo, impõe-se reservar ao adimplemento substancial papel mais abrangente, qual seja, o de impedir que a resolução – e outros efeitos igualmente drásticos que poderiam ser deflagrados pelo inadimplemento – não venham à tona sem a ponderação judicial entre (i) utilidade da extinção da relação obrigacional para o credor e (ii) o prejuízo que adviria para o devedor e para terceiros a partir da resolução".

[55] MARTINS-COSTA, Judith. *A boa-fé no direito privado*: critérios para sua aplicação. 2. ed. São Paulo: Saraiva, 2018, p. 771; STEINER, Renata C. *Descumprimento contratual*: boa-fé e violação positiva do contrato. São Paulo: Quartier Latin, 2014, p. 217 e ss.

[56] MARTINEZ, Pedro Romano. *Cumprimento defeituoso*: em especial na compra e venda e na empreitada. Coimbra: Almedina, 1994, p. 119 e ss.

[57] MARTINEZ, Pedro Romano. *Cumprimento defeituoso*: em especial na compra e venda e na empreitada. Coimbra: Almedina, 1994, p. 125.

[58] STEINER, Renata C. *Descumprimento contratual*: boa-fé e violação positiva do contrato. São Paulo: Quartier Latin, 2014, p. 232.

[59] TARTUCE, Flávio. *Manual de direito civil*. 10. ed. São Paulo: Método, 2020, p. 401 e ss.; TEPEDINO, Gustavo; SCHREIBER, Anderson. *Fundamentos do direito civil*: obrigações. Rio de Janeiro: Forense, v. 2, 2020, p. 327.

inexata. Porém, o que se tem nesses casos não é cumprimento imperfeito, mas verdadeiro descumprimento da prestação.[60]

Contudo, a aplicação dessa construção aos regimes aduaneiros especiais demanda algumas observações. A primeira resulta da natureza objetiva da responsabilidade tributária. Assim, se no direito privado a doutrina diverge acerca da necessidade da culpa para a caracterização do inadimplemento, nos regimes aduaneiros especiais esse problema não se coloca. Basta a presença da imputabilidade ou nexo de imputação (atribuição), isto é, o não prestar por impossibilitação causada pelo devedor.[61]

A segunda é que, no direito aduaneiro, as consequências do descumprimento ou do cumprimento inexato são tipificadas em lei. Pode substanciar a exigência do crédito tributário, a aplicação de penalidades específicas, ou ambas. Não há que se falar, destarte, em direito de resolução ou de indenização.

A terceira diferença é que o interesse a ser preservado é aquele que o próprio regime aduaneiro especial visa a assegurar: a finalidade imediata (que decorre de tratados internacionais ou de políticas de desenvolvimento nacional definidas pelo Governo Federal); e a finalidade mediata (adequada aplicação da regra-matriz dos tributos aduaneiros, de isenções ou de subvenções governamentais vinculadas).[62] Daí resulta a quarta e última observação: justamente porque se busca preservar esses objetivos mediatos e imediatos, é sempre *útil* e proveitoso o cumprimento tardio, salvo quando impossível. Por sua vez, é juridicamente impossível o adimplemento quando, após o prazo legal, já foi iniciada uma fiscalização para apurar o fato. Não há que se falar, assim, em possibilidade de purgação da mora até o ajuizamento da ação ou da contestação, porque o início da ação fiscal afasta a espontaneidade.

De outro lado, deve-se ter presente que os requisitos legais ("condição" ou *conditio iuris*) podem compreender obrigações de fazer (*v.g.*, exportar ou reexportar), de não fazer (*v.g.*, não desviar a finalidade concessória) e deveres instrumentais (*v.g.*, vinculação do ato concessório). A não realização das obrigações de fazer e de não fazer no tempo, no lugar ou no modo devidos configura um descumprimento do regime aduaneiro especial. Não há cumprimento imper-

---

[60] STEINER, Renata C. *Descumprimento contratual*: boa-fé e violação positiva do contrato. São Paulo: Quartier Latin, 2014, p. 218 e ss. Na mesma linha, Judith Martins-Costa assevera que: "[...] a distinção entre deveres anexos e deveres de proteção (ou deveres laterais) aqui já tantas vezes mencionada, é imprescindível para a adequada compreensão da figura da violação positiva do contrato. Quem iguala ou confunde os interesses à prestação (inclusivos da obrigação principal, dos deveres secundários e dos anexos) com os interesses à proteção, tenderá a considerar que a figura da violação positiva do contrato é inútil entre nós, pois o conceito de mora no Direito brasileiro é amplo (Código Civil, art. 394), englobando tempo, lugar e modo da prestação. Essa posição é equivocada, pois tempo, lugar e modo atingem à prestação (interesses à prestação), sejam principais, secundários ou anexos, e não diretamente aos interesses à proteção ('deveres laterais'). É a violação desses interesses que é apanhada pela noção de 'violação positiva do contrato'". (MARTINS-COSTA, Judith. *A boa-fé no direito privado*: critérios para sua aplicação. 2. ed. São Paulo: Saraiva, 2018, p. 772).

[61] PONTES DE MIRANDA, Francisco Cavalcanti. *Tratado de direito privado*. Atual. Ruy Rosado de Aguiar Júnior e Nelson Nery Jr. São Paulo: RT, t. XXVI, 2012, p. 59: "Quando é que a falta pelo cumprimento não é imputável ao devedor? A resposta é simples: *a)* se houve impossibilitação por força maior ou caso fortuito; *b)* se foi causada pelo próprio credor a impossibilitação; *c)* se foi terceiro que a causou, caso em que tem esse de indenizar. Em nenhum desses três eventos, há 'fato ou omissão imputável ao devedor' (cf. Tomo XXIII, §§ 2.795, 5, 13, 2.800, 2, 2.803, 4, e 2.806, 1, 4)".

[62] Mesmo no direito privado, "[...] aquilo que o adimplemento exige não é tanto a satisfação do interesse subjetivo do credor, mas o atendimento da causa do contrato" (TEPEDINO, Gustavo; SCHREIBER, Anderson. *Fundamentos do direito civil*: obrigações. Rio de Janeiro: Forense, v. 2, 2020, p. 319). Daí, portanto, a vinculação com os objetivos mediatos e imediatos que constituem a causa do regime.

feito ou inexato nessas hipóteses. Essa categoria é restrita aos casos em que o adimplemento das obrigações do regime é desacompanhado da observância dos deveres instrumentais.[63]

O descumprimento absoluto pode ser total ou parcial. O regime aduaneiro visa a assegurar a realização de determinadas finalidades de interesse público que decorrem de tratados internacionais ou de políticas de desenvolvimento nacional (objetivo imediato) e a adequada aplicação da regra-matriz de incidência dos tributos aduaneiros, de isenções ou de subvenções governamentais vinculadas (objetivo mediato). Essas são finalidades que certamente comportam divisão. Assim, em um *drawback* suspensão, por exemplo, mesmo que o beneficiário tenha se comprometido a exportar 100 automóveis, há interesse público na exportação de apenas parte deles, inclusive porque haverá cobrança do crédito tributário relativo aos insumos não utilizados na industrialização.

Por outro lado, não cabe a caracterização do inadimplemento antecipado. Isso porque, até o termo final da vigência, a legislação faculta ao beneficiário o emprego de meios alternativos de extinção. Dentre eles, a destruição da mercadoria sob controle aduaneiro, medida extrema que sempre poderá ser implementada. Ademais, a legislação prevê consequências jurídicas específicas, diversas do inadimplemento, para os casos em que o beneficiário declara não querer ou não poder cumprir. É o caso, por exemplo, da renúncia no entreposto industrial (Recof) ou do *drawback* suspensão.

Ademais, o descumprimento das obrigações de fazer e de não fazer no tempo, no lugar ou no modo devidos sempre deve ser substancial. *De minimis non curat praetor*: não há inadimplemento absoluto nos casos em que o descumprimento parcial é inexpressivo ou de escassa importância, sob os aspectos qualitativo ou quantitativo. O interessado, contudo, deve demonstrar que foi diligente e envidou os esforços esperados para cumprir a prestação. Dessa forma, no Recof-Sped, quando o beneficiário assume a obrigação de manter uma receita anual de exportações não inferior a US$ 500.000,00, não haverá inadimplemento substancial se esta for de US$ 499.000,00, por exemplo. De igual modo, a avaliação da natureza substancial é cabível na exportação ou na reexportação fora do prazo ou sem a observância do modo previsto na legislação ou no ato concessório. É o que se tem, *v.g.*, quando a saída do produto é efetivada fora do tempo exigido, poucos dias após a expiração do prazo.

Em casos dessa natureza, não há uma solução única. As hipóteses passíveis de aplicação do conceito são inúmeras. Contudo, não se pode converter a *substancial performance* em panaceia. A avaliação deve ser bastante criteriosa para evitar uma inconveniente relativização desmedida das obrigações impostas pela legislação aduaneira aos beneficiários de regimes especiais.

Por fim, resta examinar o cumprimento inexato ou imperfeito, isto é, quando o beneficiário cumpre as obrigações de fazer e de não fazer no tempo, no lugar ou no modo, mas sem observar os deveres instrumentais impostos pela legislação. A hipótese abrange situações recorrentes no plano pragmático, quando, por exemplo, o produto é exportado, mas não há a vinculação ao ato concessório na declaração de exportação, ou se tem um erro de digitação ou de indicação da numeração do ato concessório. Casos dessa natureza, em princípio, não têm reflexos fiscais. Podem, no entanto, ter consequências no plano sancionatório, desde que a não observância do dever instrumental encontre-se tipificada como infração.

Destarte, não cabe a aplicação das penalidades previstas para o descumprimento das obrigações de fazer ou não fazer do regime, porque essas foram cumpridas no tempo, no

---

[63] Destarte, cumpre retificar o entendimento anterior, quando se sustentou, equivocadamente, que a exportação intempestiva no *drawback* seria um cumprimento imperfeito. A rigor, em situações dessa natureza há verdadeiro descumprimento da prestação (SEHN, Solon. Efeitos jurídicos do descumprimento do *drawback* – tributos e penalidades. *In*: CARVALHO, Paulo de Barros (Coord.); SOUZA, Priscila de (Org.). *50 anos do Código Tributário Nacional*. São Paulo: Noeses, 2016, p. 1211-1237).

lugar ou no modo. Do contrário, não há que se falar em cumprimento imperfeito ou inexato, mas descumprimento. Aqui, vale ressaltar, o que se tem é um cumprimento das obrigações principais desacompanhado da observância os deveres instrumentais.

Quanto ao crédito tributário, como já analisado, esse só é cabível quando o descumprimento for relacionado às obrigações de fazer e de não fazer, que, no cumprimento inexato, são cumpridas pelo beneficiário. A exigência do crédito, ademais, não é uma consequência direta do descumprimento, mas da incidência da regra-matriz dos tributos aduaneiros. Dessa forma, além do inadimplemento, é necessário que a entrada ou a saída da mercadoria nas circunstâncias controladas pelo regime configurem operações passíveis de tributação.

## 2 ADMISSÃO TEMPORÁRIA

### 2.1 Conceito e natureza jurídica

O regime aduaneiro da admissão temporária encontra-se previsto nos arts. 88[64] e 434,[65] § 4º, da Lei Complementar nº 214/2025, nos arts. 75 a 78 do Decreto-Lei nº 37/1966, com regulamentação no Decreto nº 6.759/2009 (arts. 353 a 372) e na Instrução Normativa RFB nº 1.600/2015.[66] Nele o ingresso de produtos de origem estrangeira no território nacional é autorizado sem o pagamento do imposto de importação, do IPI, do PIS-Cofins, do AFRMM e do ICMS,[67] do IBS, da CBS e do IS, em caráter temporário, para fins de participação em eventos, realização de ensaios, testes de funcionamento e resistência, de promoção comercial, entre outras finalidades previstas na legislação local e na Convenção de Istambul, incorporada ao direito brasileiro por meio do Decreto Legislativo nº 563/2010, promulgado pelo Decreto nº 7.545/2011. O beneficiário tem a obrigação de não desviar a finalidade que fundamenta a não incidência tributária, além de reexportar o produto ao final do prazo legal.

O não pagamento do crédito tributário na admissão temporária não resulta de uma isenção tributária[68] nem de suspensão de exigibilidade[69]. Trata-se, a rigor, de um não incidência

---

[64] "Art. 88. Fica suspenso o pagamento do IBS e da CBS incidentes na importação enquanto os bens materiais estiverem submetidos a regime aduaneiro especial de permanência temporária no País ou de saída temporária do País, observada a disciplina estabelecida na legislação aduaneira."

[65] "Art. 434. [...] § 4º Fica suspenso o pagamento do Imposto Seletivo incidente na importação de bens materiais quando admitidos nos regimes a que se referem os Capítulos I e II do Título II do Livro I, observada a disciplina estabelecida na legislação aduaneira."

[66] Essas disposições devem ser harmonizadas com o Código Aduaneiro do Mercosul (arts. 53 a 55), tão logo iniciada a sua vigência.

[67] IN RFB nº 1.600/2015, art. 2º, I a VI; Lei nº 10.893/2004, art. 14, V, *c*, e 15; Convênio ICMS-Confaz nº 58/1999, cláusula primeira.

[68] MELO, Ruy de; REIS, Raul. *Manual do imposto de importação e regime cambial correlato*. São Paulo: RT, 1970, p. 45 e ss.

[69] A natureza suspensiva é acolhida, entre outros, por LOPES FILHO, Osiris de Azevedo. *Regimes aduaneiros especiais*. São Paulo: RT, 1984, p. 84; FOLLONI, André Parmo. *Tributação sobre o comércio exterior*. São Paulo: Dialética, 2005, p. 185, 194 e 196; TREVISAN, Rosaldo. *A atuação estatal no comércio exterior, em seus aspectos tributário e aduaneiro*. Dissertação (Mestrado em Direito). Pontifícia Universidade Católica do Paraná, 2008, p. 200-201. É de ressaltar que Trevisan, em obra mais recente, apesar de manter a concepção anterior, reconhece um caminho para possível revisão: "[...] o Brasil, com sucessivas alterações legislativas efetuadas na última década e com o advento do Código Aduaneiro do Mercosul, apesar de ele ainda não estar em vigor, caminha para a teoria da importação 'para consumo', pela qual não incide o Imposto de Importação no caso de mercadorias que não ingressem no País, efetivamente, 'para consumo'" (TREVISAN, Rosaldo. *O imposto de importação e o direito aduaneiro internacional*. São Paulo: Aduaneiras, 2018, p. 345).

pela não subsunção do ingresso do produto à regra-matriz dos tributos devidos na importação. É o que ensina Roosevelt Baldomir Sosa, ao ressaltar que os ingressos temporários de bens no território aduaneiro – não sendo destinados ao consumo – estariam aquém do fenômeno da importação.[70] Essa concepção também é acolhida por José Lence Carlucci,[71] Ana Clarissa Masuko dos Santos Araújo, Angela Sartori[72] e Liziane Meira.[73] Esses autores, no entanto, sustentam que a não incidência resulta da não realização do critério temporal, uma vez que não se tem o registro da declaração para consumo.[74] Além disso, entendem que é o próprio regime aduaneiro especial que tem natureza jurídica de não incidência.

Porém, como anteriormente ressaltado, a rigor, não é propriamente o regime aduaneiro que tem essa natureza. É a entrada da mercadoria nas situações controladas pela admissão temporária que não se subsome à hipótese de incidência dos tributos sobre a importação. Essa não incidência resulta da não realização do critério material, em razão da não subsunção do ingresso temporário ao conceito jurídico de importação.

Com efeito, a importação não se resume à simples transposição da fronteira geográfica do território aduaneiro. A entrada física é uma condição necessária, mas não suficiente para a configuração da importação. Esta compreende a transposição física qualificada pela finalidade integradora, ou seja, a introdução de um produto no território aduaneiro com a intenção de incorporá-lo ao mercado nacional. Não deve ser considerada importação a entrada de uma mercadoria a título temporário ou transitório.[75] Se o ingresso da mercadoria no território nacional não se subsome ao conceito de importação, é desimportante eventual ocorrência das circunstâncias espaço-temporais descritas nos critérios espacial e temporal da norma tributária. O registro da declaração para consumo somente tem relevância, para fins de incidência tributária, quando também ocorrido o critério material. Tanto é assim que, se o importador – por equívoco – promover o registro na DI de uma mercadoria sem que se tenha realizado o critério material, terá o direito à repetição do indébito. Logo, a falta de registro da declaração para consumo não constitui a causa, mas a consequência da não incidência, vale dizer, da não subsunção dessa modalidade de ingresso ao conceito jurídico de importação.

---

[70] SOSA, Roosevelt Baldomir. *A aduana e o comércio exterior*. São Paulo: Aduaneiras, 1995, p. 149.

[71] CARLUCCI, Jose Lence. *Uma introdução ao sistema aduaneiro*. São Paulo: Aduaneiras, 1996, p. 467.

[72] ARAÚJO, Ana Clarissa Masuko dos Santos; SARTORI, Angela. *Drawback* e o comércio exterior: visão jurídica e operacional. São Paulo: Aduaneiras, 2003, p. 209.

[73] Em obra anterior, como já ressaltado, a autora defendia se tratar de isenção (MEIRA, Liziane Angelotti. *Regimes aduaneiros especiais*. São Paulo: IOB, 2002, p. 324). Porém, mudou de orientação para entender que seria hipótese de não incidência pela não realização do critério temporal (MEIRA, Liziane Angelotti. *Tributos sobre o comércio exterior*. São Paulo: Saraiva, 2012, p. 360).

[74] Como ressalvam ARAÚJO, Ana Clarissa Masuko dos Santos; SARTORI, Angela. *Drawback* e o comércio exterior: visão jurídica e operacional. São Paulo: Aduaneiras, 2003, p. 87 e ss.: "[...] a simples entrada em território aduaneiro não se reveste dos elementos necessários e suficientes para tornar certa a exigência da obrigação tributária enumerada na lei, pois, nos casos que não ocorre o aspecto temporal da regra-matriz do Imposto de Importação, não haverá as condições jurídicas necessárias para produzir os efeitos que lhe são próprios, tratando-se, portanto, de hipótese de não incidência tributária". Roosevelt Baldomir Sosa também vincula a não incidência ao aspecto temporal: "Dar aos regimes de ingressos temporários caráter tributariamente suspensivo é, com efeito, trazê-lo ao campo da tributação, quando em verdade pareceria que muitos desses ingressos colocam-se aquém do fenômeno de imposição tributária. E isto pela singular razão que certas mercadorias ingressadas sob égide desses regimes não se destinam a consumo. O fenômeno de imposição fiscal, destarte, condiciona-se à apresentação de uma declaração para consumo, nos termos da legislação vigente (art. 87 do RA), o que caracteriza o elemento temporal do fato gerador" (SOSA, Roosevelt Baldomir. *A aduana e o comércio exterior*. São Paulo: Aduaneiras, 1995, p. 149).

[75] Ver Cap. II, item 2.2.1.1.

Interpretação semelhante é defendida por José Augusto Lara dos Santos, para quem, na admissão temporária, não há propriamente uma importação, pela falta de intenção de nacionalização dos produtos.[76] Entretanto, não se mostra adequado vincular a não incidência à ausência de intenção de nacionalização. A teoria da nacionalização é incompleta para explicar o fenômeno da importação, porque pressupõe um ingresso lícito de mercadorias, com despacho para consumo realizado perante as autoridades aduaneiras e recolhimento dos tributos eventualmente incidentes na operação. Não abrange os bens objeto de descaminho, que são introduzidos no território nacional à margem do órgão de controle aduaneiro e sem o pagamento de tributos. Nesses há objetivo de permanência definitiva, porém, sem a intenção de nacionalização.

Essa incompletude se reflete na compreensão da natureza jurídica dos regimes aduaneiros. Isso porque, ao vincular o conceito de importação à intenção de nacionalização, a teoria não oferece explicação satisfatória para a exigência do imposto no desvio de finalidade. Veja-se, por exemplo, o caso do importador que, após submeter a mercadoria ao despacho de admissão, promove a sua venda no território nacional. Este, em razão do desvio da finalidade, é obrigado a pagar os tributos. Porém, jamais teve qualquer intenção de nacionalizar a mercadoria desviada. Por outro lado, se não houve tal intenção, tampouco se tem uma importação. Isso faz com que os autores que defendem a teoria, para explicar o fundamento da exigência do imposto, acabem negando as premissas do próprio conceito de importação adotado, ao admitir que nem sempre há intenção de nacionalização. Ora, se é admitida a exigência do imposto da data do ingresso irregular, significa que a intenção de nacionalização não é determinante para a caracterização da importação. A explicação para a exigência do imposto no descumprimento do regime aduaneiro, portanto, infirma o próprio conceito de importação adotado, gerando uma contradição entre a conclusão e a premissa. Logo, não há como adotá-la para explicar a natureza do regime aduaneiro especial.

Dessa forma, o que se tem na admissão temporária é um procedimento especial de controle aduaneiro da entrada e da saída de mercadorias do território, que, por um lado, visa a assegurar a realização de finalidades que decorrem da legislação e da Convenção de Istambul (finalidade imediato) e, de outro, busca confirmar se se encontram presentes os pressupostos necessários à configuração da não incidência tributária (finalidade mediata).

## 2.2 Aplicabilidade, prazos e requisitos legais

A admissão do produto estrangeiro no regime especial – quando não for *automática*, como na hipótese dos veículos utilizados no transporte internacional de carga ou de passageiro (IN nº RFB 1.600/2015, art. 5º[77]) – ocorre no curso de despacho aduaneiro. O interessado deve instruir a declaração de mercadorias[78] com um Requerimento de Admissão Temporária

---

[76] SANTOS, José Augusto Lara dos. *O signo "importação" e sua influência na natureza jurídica dos regimes aduaneiros especiais*. Dissertação (Mestrado em Direito). Pontifícia Universidade Católica de São Paulo. São Paulo, 2011, p. 164 e 171.

[77] IN RFB nº 1.600/2015, art. 5º, I a XII.

[78] IN RFB nº 1.600/2015: "Art. 14. O despacho aduaneiro de admissão temporária com suspensão total do pagamento de tributos poderá ser processado com base em Declaração de Importação (DI), registrada no Sistema Integrado de Comércio Exterior (Siscomex), ou em Declaração Única de Importação (Duimp), registrada no Portal Único de Comércio Exterior (Portal Siscomex). (Redação dada pela Instrução Normativa RFB nº 1.989, de 10 de novembro de 2020) (*Vide* Instrução Normativa RFB nº 1.989, de 10 de novembro de 2020)

(RAT), bem como, entre outros documentos, com o termo de responsabilidade constitutivo dos créditos tributários suspensos.[79]

Nesse momento, deve cumprir os seguintes requisitos:[80]

a) demonstrar, por qualquer meio idôneo, a natureza temporária do ingresso;
b) ausência de cobertura cambial;
c) comprovar a adequação dos bens a uma das finalidades concessórias;
d) utilização dos bens exclusivamente nos fins previstos, observado o termo final de vigência do regime; e
e) identificação dos bens (descrição completa, com todas as características necessárias à sua classificação fiscal, espécie, marca comercial, modelo, nome comercial ou científico e outros atributos).

As finalidades concessórias, por sua vez, encontram-se descritas no art. 3º da Instrução Normativa RFB nº 1.600/2015:

1) participação em eventos científicos, técnicos, políticos, educacionais, esportivos, religiosos, comerciais ou industriais;
2) montagem, manutenção, conserto ou reparo de bens estrangeiros ou nacionalizados, autorizada a aplicação do regime a partes e peças destinadas à substituição exclusivamente em bens estrangeiros;
3) homologação, ensaios, perícia, testes de funcionamento ou resistência, ou ainda a serem utilizados no desenvolvimento de produtos ou protótipos;
4) reposição temporária de bens importados, em virtude de garantia;
5) reprodução de fonogramas e de obras audiovisuais, importados sob a forma de matrizes;
6) produção de obra audiovisual;
7) promoção comercial, inclusive amostras sem destinação comercial e mostruários de representantes comerciais;
8) animais para exposições, feiras, pastoreio, adestramento, trabalho, cobertura e cuidados da medicina veterinária;
9) veículos terrestres e embarcações de esporte e recreio, inclusive motos aquáticas, destinados ao uso particular de viajante não residente, transportados ao amparo de conhecimento de carga; e
10) selos de controle fiscal emitidos por países estrangeiros para serem utilizados em produtos nacionais ou nacionalizados destinados à exportação para esses países.

A admissão temporária pode ser concedida pelo prazo de até um ano ou, mediante requerimento, até o limite de cinco anos.[81] Podem requerê-la aquele que promove o ingresso temporário da mercadoria, a pessoa jurídica contratada como responsável pela logística e despacho aduaneiro dos bens e demais entes previstos no art. 8º da IN RFB nº 1.600/2015:

---

[79] IN RFB nº 1.600/2015, art. 14, § 2º.
[80] Decreto-Lei nº 37/1966, art. 75, § 1º; Decreto nº 6.759/2009, art. 358; IN RFB 1.600/2015, art. 6º.
[81] IN RFB nº 1.600/2015, art. 9º.

Art. 8º O regime será concedido a pessoa física ou jurídica que promova a importação do bem.

§ 1º O regime poderá ser concedido também aos seguintes beneficiários:

I – entidade promotora do evento a que se destinam os bens;

II – pessoa jurídica contratada como responsável pela logística e despacho aduaneiro dos bens;

III – órgão de saúde da administração pública direta que promover a ação humanitária ou a entidade não governamental por ele autorizada, na hipótese de importação dos bens previsto no inciso V do *caput* do art. 4º; ou

IV – tomador de serviços no País.

O Regulamento Aduaneiro (Decreto nº 6.759/2009, art. 364) faculta a exigência de garantia das obrigações fiscais constituídas no termo de responsabilidade. Porém, atualmente, ela é dispensada pelo art. 12 da IN RFB nº 1.600/2015.

Por fim, a IN RFB nº 2.036/2021 dispõe sobre a aplicação do regime aduaneiro especial de admissão temporária de bens ao amparo do "Carnê ATA". Este consiste em um título de admissão temporária com valor de declaração aduaneira. Trata-se de um documento aduaneiro internacional válido por um ano, prorrogável até o limite de cinco, que visa a facilitar o despacho aduaneiro de admissão de bens destinados à apresentação ou uso em exposição, feira, congresso ou evento similar, para materiais profissionais, educacionais, científicos ou culturais, desportivos e de uso pessoal.

## 2.3 Extinção

A extinção da admissão temporária ocorre por meio da reexportação do produto estrangeiro dentro do prazo de vigência do ato concessório. Não obstante, a legislação aduaneira permite que a extinção tempestiva ocorra por meio de uma das seguintes providências alternativas, sem a necessidade de recolhimento dos tributos:[82] (a) entrega à Receita Federal, livre de quaisquer despesas; (b) destruição sob controle aduaneiro, às expensas do beneficiário, mediante apresentação de licença ambiental, de comprovante de sua solicitação ou de documento de dispensa; ou (c) transferência para outro regime aduaneiro especial.

Também é facultado o despacho para consumo do produto. Nesse caso, o critério temporal da norma jurídica tributária será o registro da declaração de nacionalização de admissão temporária no Siscomex. O cálculo do crédito tributário, bem como as exigências legais e regulamentares, deve considerar as regras vigentes na data da ocorrência desse evento.[83]

Na admissão temporária não automática, a aferição da tempestividade da reexportação não exige que se completem os procedimentos do despacho aduaneiro. Basta que o beneficiário registre a DU-E e apresente a carga para despacho.[84]

Já nos casos de adoção das providências alternativas à reexportação, dentro do prazo de vigência do regime, o beneficiário deve: (a) requerer a entrega do bem à Receita Federal ou a destruição, indicando a respectiva localização; (b) registrar a declaração correspondente ao novo regime que se pretende transferir o bem; (c) registrar a declaração de despacho para

---

[82] IN RFB nº 1.600/2015 (art. 44), o que também se aplica à admissão temporária ao amparo do "Carnê ATA" (IN RFB nº 1.639/2016, art. 29).

[83] RA, art. 73, I e parágrafo único; IN RFB nº 1.600/2015, art. 47.

[84] IN RFB nº 1.600/2015, art. 45, I.

consumo, quando a importação for dispensada de licenciamento, ou, do contrário, registrar o pedido de licença[85]. Após o deferimento da licença, a declaração deve ser registrada em até 10 dias ou, não sendo deferida, o interessado deve optar por uma das outras modalidades de extinção do regime aduaneiro, inclusive reexportação.[86]

## 2.4 Descumprimento e penalidades

O art. 51 da IN RFB nº 1.600/2015 estabelece que, nos casos de descumprimento total ou parcial dos requisitos legais, o beneficiário deve ser intimado para manifestar-se no prazo de dez dias, nas seguintes hipóteses:

> (a) Não adoção de uma das providências de extinção tempestiva (reexportação, entrega à Receita Federal, destruição sob controle aduaneiro, transferência para outro regime aduaneiro ou despacho para consumo):
> (a.1) após o vencimento do prazo de vigência sem a apresentação de pedido de prorrogação;
> (a.2) em até 30 dias após o indeferimento:
> (i) de pedido de prorrogação, salvo se o prazo de vigência remanescente for superior; ou
> (ii) de requerimento de modalidade de extinção sem a reexportação ou requerida modalidade de extinção diversa da anterior.
> (b) Não efetivação de medida extintiva requerida e autorizada pela Receita Federal ou em prazo determinado pela autoridade aduaneira;
> (c) Apresentação, para fins de adoção das providências extintivas, de bens diversos dos admitidos no regime;
> (d) Utilização dos bens em finalidade diversa da que justificou a concessão do regime (desvio de finalidade);
> (e) Destruição ou perecimento dos bens, por culpa ou dolo do beneficiário.

Vencido o prazo de 10 dias, deve ocorrer uma nova intimação, nos termos do § 1º do art. 51 da IN RFB nº 1.600/2015, com abertura de novos 30 dias para que o beneficiário promova a reexportação ou despacho para consumo:

> Art. 51. [...]
> § 1º Vencido o prazo de 10 (dez) dias estabelecido no *caput*, sem atendimento da intimação ou a comprovação do cumprimento do regime, o beneficiário será intimado a promover, no prazo de 30 (trinta) dias, a reexportação ou o despacho para consumo do bem admitido.
> § 2º Em qualquer caso, comprovado o descumprimento do regime, é exigível o recolhimento da multa de 10% (dez por cento) do valor aduaneiro da mercadoria, prevista no inciso I do *caput* do art. 72 da Lei nº 10.833, de 29 de dezembro de 2003.
> § 3º A reexportação só poderá ser efetuada depois do pagamento da multa referida no § 2º.

Na hipótese de despacho para consumo, o art. 52 da IN RFB nº 1.600/2015 prevê a incidência de juros de mora desde a declaração de admissão:

---

[85] IN RFB nº 1.600/2015, art. 45, II a IV.
[86] IN RFB nº 1.600/2015, art. 45, parágrafo único, I e II.

Art. 52. Na hipótese prevista no § 1º do art. 51, o beneficiário que optar pelo despacho para consumo deverá registrar a declaração de importação, mediante o pagamento dos tributos, acrescidos de juros de mora, contados a partir da data do registro da declaração que serviu de base para a concessão do regime, e da multa prevista no § 2º do art. 51.

§ 1º Em caso de bem sujeito a emissão de licença de importação, o registro do pedido no sistema deverá ser efetuado no prazo de 30 (trinta) dias previsto no § 1º do art. 51.

§ 2º No prazo de até 10 (dez) dias da manifestação do órgão competente sobre o pedido de licença, o beneficiário deverá:

I – registrar a declaração de importação, no caso de deferimento do pedido; ou

II – registrar a declaração de exportação, no caso de indeferimento do pedido.

§ 3º O crédito tributário eventualmente pago, relativo aos tributos suspensos, será aproveitado no registro da declaração de que trata o *caput*.

Esse dispositivo estabelece uma consequência jurídica distinta da prevista para a hipótese de despacho para consumo do art. 44, V, da IN RFB nº 1.600/2015, vale dizer, daquele realizado antes do esgotamento do prazo da vigência do ato concessório e independentemente de intimação da autoridade aduaneira. Isso porque, ao invés da data do registro da declaração de nacionalização, os juros de mora passam a ser devidos desde o registro da declaração de admissão. Trata-se, contudo, de uma medida de cunho sancionatório de validade duvidosa. Afinal, ninguém pode ser penalizado por ter realizado uma conduta permitida e, nesse caso, é a própria regulamentação da admissão temporária que faculta ao sujeito passivo o despacho para consumo nessa etapa final.

A distinção realizada pelo art. 52 não é encontrada no Decreto nº 6.759/2009 (Regulamento Aduaneiro). Este, em seu art. 73, I e parágrafo único, limita-se a prever que, no "regime suspensivo de tributação", o fato jurídico tributário deve ser considerado ocorrido na data do registro da DI no despacho para consumo. Há, portanto, uma neutralidade fiscal em relação ao momento da ocorrência do fato jurídico tributário, sem qualquer viés sancionatório, dentro do que preconiza o art. 3º do CTN:

Art. 73. Para efeito de cálculo do imposto, considera-se ocorrido o fato gerador (Decreto-Lei nº 37, de 1966, art. 23, *caput* e parágrafo único, este com a redação dada pela Lei nº 12.350, de 2010, art. 40): (Redação dada pelo Decreto nº 8.010, de 2013)

I – na data do registro da declaração de importação de mercadoria submetida a despacho para consumo;

[...]

Parágrafo único. O disposto no inciso I aplica-se, inclusive, no caso de despacho para consumo de mercadoria sob regime suspensivo de tributação, e de mercadoria contida em remessa postal internacional ou conduzida por viajante, sujeita ao regime de importação comum.

Logo, não é válida a previsão do art. 52 da IN RFB nº 1.600/2015. Para efeitos de cálculo do crédito tributário, deve ser mantida a neutralidade do art. 73, I e parágrafo único, do Decreto nº 6.759/2009, considerando como ocorrido o fato jurídico tributário na data do registro da declaração de consumo.

Isso não significa que o descumprimento inicial do regime fique isento de consequências. Seria inapropriado atribuir a quem promove a extinção tempestiva o mesmo tratamento jurídico daquele que só o faz após intimado pela autoridade aduaneira. Por isso, em que pese a nova oportunidade para regularização, o beneficiário – como prevê o art. 51, § 2º, da IN RFB nº 1.600/2015[87] – ficará sujeito à multa de 10% do art. 72, I, da Lei nº 10.833/2003, inclusive na hipótese de reexportação:

> Art. 72. Aplica-se a multa de:
> I – 10% (dez por cento) do valor aduaneiro da mercadoria submetida ao regime aduaneiro especial de admissão temporária, ou de admissão temporária para aperfeiçoamento ativo, pelo descumprimento de condições, requisitos ou prazos estabelecidos para aplicação do regime; e
> [...]
> § 1º O valor da multa prevista neste artigo será de R$ 500,00 (quinhentos reais), quando do seu cálculo resultar valor inferior.
> § 2º A multa aplicada na forma deste artigo não prejudica a exigência dos impostos incidentes, a aplicação de outras penalidades cabíveis e a representação fiscal para fins penais, quando for o caso.

A multa do art. 72, I, de acordo com o § 2º, não "*prejudica a exigência dos impostos incidentes*". Contudo, é evidente que a lei disse menos do que pretendia (*lex minus scripsit, plus voluit*). Não há justificativa para cobrar o imposto de importação, o IPI e o ICMS, exonerando o beneficiário inadimplente do PIS-Cofins, da Cide-Combustíveis e do AFRMM. Logo, são exigíveis todos os tributos aduaneiros incidentes que deixaram de ser cobrados em razão do deferimento do regime aduaneiro especial.

Cabe ressaltar, nesse dispositivo, a palavra "incidentes". Ela denota que a exigência dos tributos não é uma consequência direta do descumprimento dos requisitos legais do regime aduaneiro especial. Isso porque, na admissão temporária, o ingresso da mercadoria no território nacional ocorre a título temporário, isto é, sem intenção integradora. Assim, quando cumpridos os requisitos legais, a operação não se subsome ao conceito de importação, núcleo da hipótese de incidência dos tributos aduaneiros. O não pagamento dos tributos na admissão resulta dessa não incidência e, entre outras finalidades, o regime aduaneiro visa a assegurar a presença dos pressupostos necessários à sua configuração.

O descumprimento dos requisitos legais do regime não é fato imponível dos tributos aduaneiros. Por isso, nem sempre implica a exigência do crédito tributário constituído no termo de responsabilidade. É necessário demonstrar que houve subsunção aos critérios da regra-matriz de incidência dos tributos sobre o comércio exterior, inclusive ao conceito de importação. Assim, *v.g.*, o caso julgado pelo Carf no ano de 2012, em que houve desvio de finalidade por parte do sujeito passivo:

> [...]
> O interessado através do [...] solicitou o Regime Especial de Admissão Temporária para os bens descritos na [...] pelo prazo de três meses, prorrogado por mais três meses até 30.05.2006 com a finalidade prevista no art. 4º, parágrafo 1º, inciso II da IN SRF 285/2003, que prevê a possibilidade do Regime para 'bens a serem submetidos a ensaios, testes de funcionamento ou de resistência, conserto, reparo ou restauração'. Ocorre que

---

[87] "Art. 51. [...] § 2º Em qualquer caso, comprovado o descumprimento do regime, é exigível o recolhimento da multa de 10% (dez por cento) do valor aduaneiro da mercadoria, prevista no inciso I do *caput* do art. 72 da Lei nº 10.833, de 29 de dezembro de 2003.
§ 3º A reexportação só poderá ser efetuada depois do pagamento da multa referida no § 2º."

ficou comprovado o desvio de finalidade em 24.04.2006 com a apreensão pela Polícia Federal dos bens (veículos) que se encontravam naquele momento expostos à venda. O desvio de finalidade gerou a lavratura do Auto de Infração [...] com a aplicação da multa prevista no art. 72, inciso I, da Lei 10.833/2003.[88]

Como se vê, é evidente a intenção integradora. Os tributos são devidos não em função do descumprimento dos requisitos legais do regime, isoladamente considerado. Mas porque o ingresso do produto no território aduaneiro amolda-se inteiramente aos critérios da regra--matriz de incidência dos tributos sobre o comércio exterior.

Também pode ocorrer o contrário: o sujeito passivo descumpre os requisitos legais, mas os tributos aduaneiros não são devidos. Assim, por exemplo, na reexportação fora do prazo, do lugar ou do modo devidos, como no caso anteriormente referido, da admissão temporária dos bote salva-vidas, em que a saída do produto do território aduaneiro ocorreu sem a observância do modo exigido pela legislação.[89] Nesses casos, o beneficiário do regime estará sujeito à multa de 10% do art. 72, I, da Lei nº 10.833/2003. Mas não há tributos "incidentes" a que alude o mesmo dispositivo. É que, a despeito do descumprimento dos requisitos legais, a entrada do produto ocorreu sem finalidade integradora, o que também foi confirmado pela retirada – ainda que tardia – do território aduaneiro. Não se encontram presentes os pressupostos de incidência da regra-matriz dos tributos na importação.

Ademais, como ressaltado na parte geral, para a caracterização do inadimplemento, a não prestação das obrigações de fazer e de não fazer que decorrem dos requisitos legais do regime aduaneiro sempre deve ser substancial. *De minimis non curat praetor*. Não há inadimplemento nos casos em que o descumprimento parcial é inexpressivo ou de escassa importância, sob os aspectos qualitativo ou quantitativo. O interessado, contudo, deve demonstrar que foi diligente e envidou os esforços esperados para cumprir a prestação.

O Código Aduaneiro do Mercosul, quando dispõe sobre a admissão temporária para exportação no mesmo estado (Artigo 53[90]), corrobora a diferenciação preconizada neste estudo, reservando a exigência dos tributos e a cominação de penalidades apenas para os casos de "descumprimento de obrigações substanciais do regime":

> Artigo 55 – Descumprimento de obrigações substanciais do regime
> 1. Verificado o descumprimento de obrigações substanciais impostas como condição para concessão do regime, a mercadoria submetida ao regime de admissão temporária para reexportação no mesmo estado será considerada importada definitivamente.

Contudo, como já advertido na parte geral, é necessário aplicar o conceito de *substancial performance* de forma bastante criteriosa, em situações excepcionalíssimas, como, por exemplo, seria o caso de quem promove uma providência extintiva do regime poucos dias depois do esgotamento do prazo e, ainda assim, mesmo tendo envidado esforços razoáveis

---

[88] Parte transcrita do auto de infração com a supressão dos números dos processos. CARF. 3ª S. 2ª T.E. Ac. 802001.440. S. de 28.11.2012.
[89] TRF-2ª R. 4ª T. AC 9702433746. Rel. Des. Fed. Lana Regueira, *DJU* 25.11.2009.
[90] "Artigo– Definição
1. A admissão temporária para reexportação no mesmo estado é o regime por meio do qual a mercadoria é importada com finalidade e prazo determinados, com a obrigação de ser reexportada no mesmo estado, salvo sua depreciação pelo uso normal, sem pagamento ou com pagamento parcial dos tributos aduaneiros que incidem sobre a importação definitiva, com exceção das taxas."

para cumprir a obrigação. Do contrário, sem essa aplicação *cum grano salis* do conceito, haverá uma inconveniente relativização desmedida das obrigações impostas pela legislação aduaneira aos beneficiários de regime especial.

Por fim, há ainda o cumprimento inexato ou imperfeito, isto é, quando o beneficiário cumpre as obrigações de fazer e de não fazer no tempo, no lugar ou no modo, mas sem observar os deveres instrumentais impostos pela legislação. A hipótese abrange situações recorrentes no plano pragmático, quando, por exemplo, o produto é exportado, mas não há a vinculação ao ato concessório na declaração de reexportação, ou se tem um erro de digitação ou de indicação da numeração do ato concessório. Casos dessa natureza podem ter reflexos apenas no plano sancionatório, desde que a não observância do dever instrumental encontre-se tipificada como uma infração específica.

## 3 TRÂNSITO ADUANEIRO

### 3.1 Conceito, natureza jurídica e modalidades

O trânsito aduaneiro encontra-se previsto nos arts. 84[91] e 434, § 4º,[92] da Lei Complementar nº 214/2025 e nos arts. 73 e 74 do Decreto-Lei nº 37/1966, que, por sua vez, são regulamentados pelo Decreto nº 6.759/2009 (arts. 315 a 352) e pelas Instruções Normativas SRF nº 248/2002 e RFB nº 1.702/2017. Trata-se de um regime especial que visa ao controle aduaneiro do transporte de produtos entre repartições ou locais alfandegados no território nacional, sem o pagamento de tributos, incluído o IS, o IBS e a CBS, para serem submetidos a despacho para consumo ou admissão em outro regime (trânsito de importação ou de entrada), ou para nova transposição da fronteira com destino a outro país (trânsito clássico ou de passagem). Aplica-se ainda na saída de bens despachados para exportação ou para reexportação, autorizando o transporte da mercadoria até a unidade aduaneira em que ocorrerá a saída com destino ao exterior ou a armazenagem em recinto alfandegado para posterior embarque (trânsito de exportação)[93].

Ainda de acordo com o Regulamento Aduaneiro:

> Art. 321. Poderá ser beneficiário do regime:
> I – o importador, nas modalidades referidas nos incisos I e VI do art. 318;
> II – o exportador, nas modalidades referidas nos incisos II, III e VII do art. 318;
> III – o depositante, na modalidade referida no inciso IV do art. 318;
> IV – o representante, no País, de importador ou exportador domiciliado no exterior, na modalidade referida no inciso V do art. 318;
> V – o depositário de recinto alfandegado, exceto na modalidade referida no inciso V do *caput* do art. 318; e
> VI – em qualquer caso:
> a) o operador de transporte multimodal;
> b) o transportador, habilitado nos termos da Seção III; e

---

[91] "Art. 84. Fica suspenso o pagamento do IBS e da CBS incidentes na importação enquanto os bens materiais estiverem submetidos ao regime aduaneiro especial de trânsito aduaneiro, em qualquer de suas modalidades, observada a disciplina estabelecida na legislação aduaneira."

[92] "Art. 434. [...] § 4º Fica suspenso o pagamento do Imposto Seletivo incidente na importação de bens materiais quando admitidos nos regimes a que se referem os Capítulos I e II do Título II do Livro I, observada a disciplina estabelecida na legislação aduaneira."

[93] Regulamento Aduaneiro (Decreto nº 6.759/2009), art. 318, I a VII.

c) o agente credenciado a efetuar operações de unitização ou desunitização da carga em recinto alfandegado.

No trânsito clássico ou de passagem, a transposição da fronteira geográfica ocorre como meio de acesso a um território do país de destino da mercadoria. Não há intenção integradora por parte de quem promove o ingresso da mercadoria no território aduaneiro, o que implica a não subsunção ao conceito jurídico de importação. O regime aduaneiro especial destina-se apenas ao controle da não incidência dos tributos aduaneiros, visando a realizar o princípio da liberdade de locomoção e de trânsito no território nacional.

A não incidência de tributos sobre o trânsito, entre nós, decorre do art. 5º, XV, da Constituição, que consagra o princípio da liberdade de locomoção e de trânsito no território nacional, inclusive aos estrangeiros e aos respectivos bens.[94] Trata-se de um objetivo consagrado já no Acordo Geral de Tarifas e Comércio (*General Agreement on Tariffs and Trade* – Gatt) de 1967 (Artigo V) e, mais recentemente, na Convenção de Quioto Revisada. Em razão dele, segundo ensina Ricardo Xavier Basaldúa, o evento imponível do imposto de importação nas legislações modernas compreende apenas a importação para consumo, entendida como tal aquela que autoriza o ingresso *sine die* da mercadoria, isto é, a permanência definitiva no território aduaneiro, possibilitando a sua utilização econômica irrestrita.[95] Não parece apropriada, assim, a exegese que vê, nesse regime especial, uma suspensão da exigibilidade do crédito tributário[96] ou uma isenção tributária sob condição resolutiva.[97] O ingresso de um produto no território aduaneiro sem finalidade integradora não se subsume ao conceito jurídico de importação, que é o núcleo da hipótese de incidência dos tributos aduaneiros que podem ser exigidos nessa operação. O não pagamento decorre da não incidência.

Portanto, nessa modalidade, o regime especial constitui um procedimento de controle aduaneiro que visa a assegurar a realização do princípio constitucional da liberdade de locomoção e de trânsito no território nacional (CF, art. 5º, XV) e a confirmar a presença dos pressupostos necessários à configuração da não incidência tributária.

No trânsito de importação ou de entrada, a natureza da desoneração tributária dependerá do novo despacho que se pretende submeter a mercadoria após a conclusão do trânsito. Quando o trânsito for vinculado a uma transferência para outro regime aduaneiro especial, a natureza será a mesma deste. Assim, *v.g.*, se o beneficiário pretende submeter a mercadoria transportada a uma admissão temporária, o não pagamento do tributo será a título de não incidência pura e simples. Por outro lado, na transferência para fins de despacho para consumo, o que se tem é uma isenção, por meio do critério temporal da regra-matriz de incidência tributária.[98] Isso porque já há uma intenção integradora na transposição da fronteira. O le-

---

[94] "Art. 5º Todos são iguais perante a lei, sem distinção de qualquer natureza, garantindo-se aos brasileiros e aos estrangeiros residentes no País a inviolabilidade do direito à vida, à liberdade, à igualdade, à segurança e à propriedade, nos termos seguintes:
[...]
XV – é livre a locomoção no território nacional em tempo de paz, podendo qualquer pessoa, nos termos da lei, nele entrar, permanecer ou dele sair com seus bens;"

[95] BASALDÚA, Ricardo Xavier. *Tributos al comercio exterior*. Buenos Aires: Abeledo-Perrot, 2011, p. 495.

[96] LOPES FILHO, Osiris de Azevedo. *Regimes aduaneiros especiais*. São Paulo: RT, 1984, p. 84; FOLLONI, André Parmo. *Tributação sobre o comércio exterior*. São Paulo: Dialética, 2005, p. 185, 194 e 196; TREVISAN, Rosaldo. *A atuação estatal no comércio exterior, em seus aspectos tributário e aduaneiro*. Dissertação (Mestrado em Direito). Pontifícia Universidade Católica do Paraná, 2008, p. 200-201.

[97] MEIRA, Liziane Angelotti. *Regimes aduaneiros especiais*. São Paulo: IOB, 2002, p. 324.

[98] MEIRA, Liziane Angelotti. *Regimes aduaneiros especiais*. São Paulo: IOB, 2002, p. 325.

gislador poderia, desde logo, tornar devido e exigíveis os tributos incidentes na importação. Porém, por decisão política, estabelece uma isenção com prazo de duração e que tem como requisito legal a realização do transporte da mercadoria, com zelo, para outro recinto ou local alfandegado, no peso, volume ou quantidade, onde será realizado o despacho para consumo dentro do prazo legal.

Por fim, como atualmente não há cobrança de imposto de exportação,[99] no trânsito na exportação há apenas uma antecipação do despacho. Não obstante, o regime também pode visar ao controle de não incidência, como ocorre na reexportação de bens admitidos em regime aduaneiro especial e na exportação de bens procedentes da Zona Franca de Manaus com indicação de embarque fora de seus limites geográficos.

### 3.2 Manifestação de embarque para trânsito na exportação

Na exportação, ressalvadas as exceções previstas na IN RFB nº 1.702/2017, o deferimento do trânsito para cargas despachadas em Declaração Única de Exportação (DU-E)[100] ocorre por meio do Documento de Acompanhamento de Trânsito (DAT) ou manifesto internacional de carga pelo transportador no módulo Controle de Carga e Trânsito (CCT) do Siscomex. Após o registro da manifestação de embarque para trânsito aduaneiro, há uma análise de risco que pode resultar na autorização automática, com ou sem exigência de aplicação de dispositivos de segurança.[101]

Não há exigência de exigência de termo de responsabilidade, salvo na exportação de bens procedentes da Zona Franca de Manaus com indicação de embarque fora de seus limites geográficos e na reexportação de bens admitidos em regime aduaneiro especial. Essas são as duas hipóteses em que, ressalvada a admissão temporária, o exportador e pelo transportador são obrigados a assinar termo de responsabilidade para garantia dos tributos devidos, que, por sua vez, é extinto na conclusão do trânsito[102].

---

[99] Como examinado anteriormente, não há cobrança de imposto de exportação, ressalvados produtos especiais como cigarros, armas, munições, quando exportados para países específicos.

[100] IN RFB nº 1.702/2017: "Art. 7º A DU-E é um documento eletrônico que:
I – contém informações de natureza aduaneira, administrativa, comercial, financeira, tributária, fiscal e logística, que caracterizam a operação de exportação dos bens por ela amparados e definem o enquadramento dessa operação; e
II – servirá de base para o despacho aduaneiro de exportação.
Parágrafo único. As informações constantes da DU-E servirão de base para o controle aduaneiro e administrativo das operações de exportação".

[101] "Art. 72. [...] § 3º Para dispensar a aplicação dos elementos de segurança a que se refere o § 1º, o Auditor-Fiscal da Receita Federal do Brasil ou, sob a sua supervisão, o Analista-Tributário da Receita Federal do Brasil, deverá levar em conta a natureza e o valor dos bens, as características ou condições de embalagem e acondicionamento, o meio de transporte e o trajeto, e fazer os pertinentes registros no Portal Siscomex."

[102] IN SRF nº 1.702/2017: "Art. 73. Além dos procedimentos previstos no art. 72, será exigido Termo de Responsabilidade, a ser firmado pelo exportador e pelo transportador, para garantia dos tributos devidos, e a ser baixado quando da conclusão do trânsito:
I – na internação de bens procedentes da Zona Franca de Manaus (ZFM), na hipótese de não se confirmar o embarque ou a transposição de fronteira, em despacho de exportação realizado na ZFM, com indicação de embarque em unidade da RFB sediada fora de seus limites geográficos; e
II – na importação, no caso de reexportação de bens importados a título não definitivo, admitidos em regime aduaneiro especial, exceto no regime de admissão temporária".

## 3.3 Despacho para trânsito de passagem e de entrada

Para serem admitidas no regime do trânsito aduaneiro de passagem e de entrada, quando esse não for automático ou direto[103], as mercadorias devem ser submetidas a um despacho (despacho para o regime de trânsito aduaneiro) operacionalizado por meio do Siscomex, módulo "trânsito" ("Siscomex Trânsito"). Esse tem início com o registro de uma declaração do beneficiário e que, no trânsito aduaneiro de entrada e de passagem, é denominada Declaração de Trânsito Aduaneiro (DTA). Nela são informados o beneficiário, o transportador, a modalidade, a rota e o prazo pretendidos, o tipo de carga, volume, peso, descrição da mercadoria, os países de origem e de destino, entre outros dados previstos no Anexo X da IN SRF nº 248/2002. Dependendo do caso, em substituição à DTA, são previstas declarações específicas, como o Manifesto Internacional de Carga – Declaração de Trânsito Aduaneiro, o Manifesto Internacional de Carga – Declaração de Trânsito Aduaneiro, o Conhecimento-Carta de Porte Internacional – Declaração de Trânsito Aduaneiro, a Declaração de Trânsito de Transferência, a Declaração de Trânsito de Contêiner e a Declaração de Transbordo ou Baldeação Internacional.[104]

A declaração de trânsito deve ser instruída com os documentos previstos no art. 37 da IN SRF nº 248/2002, dentre os quais a fatura comercial e o conhecimento de transporte. Havendo seleção e conferência, o deferimento cabe ao Auditor-Fiscal da Receita Federal responsável pelo despacho na unidade de origem.[105] Quando a declaração não é selecionada para conferência, a concessão é automática. As etapas seguintes são o carregamento da mercadoria no veículo – que deve ser informado no Siscomex Carga pelo transportador e delimita o momento a

---

[103] IN SFR nº 248/2002: "Art. 2º Independe de qualquer procedimento administrativo a operação de trânsito aduaneiro relativa aos seguintes bens, desde que regularmente declarados e mantidos a bordo:
I – as provisões, sobressalentes, equipamentos e demais materiais de uso e consumo de veículos em viagem internacional, nos limites quantitativos e qualitativos da necessidade do serviço e da manutenção do veículo e de sua tripulação e passageiros;
II – os pertences pessoais da tripulação e a bagagem de passageiros em trânsito pelo País, nos veículos referidos no inciso I;
III – as mercadorias conduzidas por embarcação ou aeronave em viagem internacional, com escala intermediária no território aduaneiro; e
IV – as provisões, sobressalentes, materiais, equipamentos, pertences pessoais, bagagens e mercadorias conduzidas por embarcações e aeronaves arribadas, condenadas ou arrestadas, até que lhes seja dada destinação legal".

[104] Ver art. 5º da IN SRF nº 248/2002.

[105] IN SRF nº 248/2002: "Art. 46. O Auditor-Fiscal da Receita Federal do Brasil poderá indeferir a solicitação de trânsito, no sistema, apresentando a devida fundamentação. (Redação dada pela Instrução Normativa RFB nº 1.630, de 01 de abril de 2016)
§ 1º O indeferimento poderá referir-se a toda a declaração ou a um ou mais conhecimentos de transporte internacional nela incluídos.
§ 2º O conhecimento de transporte internacional com trânsito indeferido será automaticamente excluído da declaração de trânsito, ficando impedido de ser vinculado a outra declaração de trânsito.
§ 3º No caso de indeferimento do trânsito para todos os conhecimentos de transporte internacional da declaração, esta será automaticamente cancelada pelo sistema.
§ 4º Indeferido o trânsito, o beneficiário poderá interpor recurso ao titular da unidade de origem, no prazo de dez dias, contado da ciência do indeferimento. (Redação dada pela Instrução Normativa SRF nº 262, de 20 de dezembro de 2002)
§ 5º Provido o recurso, a fiscalização excluirá o indeferimento no sistema, a fim de possibilitar nova solicitação de trânsito para carga. (Redação dada pela Instrução Normativa SRF nº 262, de 20 de dezembro de 2002)".

partir do qual esse se torna responsável pela carga – e o desembaraço para trânsito, quando inicia a contagem do prazo para a sua conclusão.

Após o desembaraço, o transporte, a eventual mudança de modal, a manipulação de carga, a interrupção e o redirecionamento devem ocorrer na forma disciplinada pela IN SRF nº 248/2002, para evitar o desvio de finalidade, notadamente por meio da integração clandestina no mercado nacional.

Na unidade de destino, a chegada deverá ser informada pelo depositário no Siscomex ou, na falta de depositário ou em caso de omissão deste, pela unidade da Receita Federal com jurisdição sobre o local ou recinto alfandegado. A mercadoria, então, será descarregada, movimentada e fiscalizada mediante verificação, entre outros aspectos, da integralidade dos dispositivos de segurança e da existência de eventuais divergências.

O depositário deve informar no sistema o armazenamento das cargas. Nesse momento, não sendo identificadas divergências nem indícios de violação, o trânsito aduaneiro será automaticamente concluído, com liberação das mercadorias para novo despacho. Já em caso de suspeitas de desvio ou de rompimento dos dispositivos de segurança, a unidade de destino deverá verificar a carga[106] e informar no sistema o valor do crédito tributário corresponde ao eventual extravio ou avaria, seguido da execução do Termo de Responsabilidade para Trânsito Aduaneiro.[107] Nessa hipótese, a conclusão do trânsito dependerá do pagamento do crédito tributário.

### 3.4 Exigência dos tributos em caso de extravio ou avaria

No trânsito de entrada e de passagem, a legislação prevê a cobrança do crédito tributário sobre a carga extraviada ou avariada, o que, segundo tem entendido a administração aduaneira, abrange "toda e qualquer falta de mercadoria"[108], inclusive por roubo, furto ou perda no percurso da viagem.[109] A única ressalva, como se viu, diz respeito à mercadoria estrangeira em trânsito aduaneiro de passagem, acidentalmente destruída. O crédito tributário, assim, é

---

[106] IN SRF nº 248/2002: "Art. 65. [...] § 1º A apuração e informação referidas neste artigo caberão à unidade de origem caso nenhum dos veículos da operação de trânsito chegue ao destino".

[107] IN SRF nº 248/2002: "Art. 20. A responsabilidade pelo cumprimento das obrigações fiscais suspensas em decorrência da aplicação do regime de trânsito aduaneiro será formalizada em Termo de Responsabilidade para Trânsito Aduaneiro (TRTA), com validade de três anos, firmado pelo transportador, conforme modelo constante do Anexo VII, a ser apresentado à unidade de fiscalização aduaneira acompanhado de prova de poderes do signatário, complementado por:
I – aditivo, conforme modelo constante do Anexo VIII, no caso de obrigatoriedade de prestação de garantia, a ser apresentado à unidade de fiscalização aduaneira para registro da garantia no sistema; e
II – anexo, firmado no sistema pelo transportador, por meio de senha própria, em cada declaração de trânsito.
§ 1º Dentro da validade do TRTA, o transportador poderá suplementar o valor da garantia prestada, ou repor a garantia vencida, apresentando novo aditivo.
§ 2º A dispensa da garantia não implica dispensa da formalização do TRTA".

[108] Com a inclusão do § 4º, II, no art. 1º do Decreto-Lei nº 37/1966 pela Lei nº 10.833/2003, esse problema foi parcialmente atuando: "Art. 1º [...] § 4º O imposto não incide sobre mercadoria estrangeira: [...] II – em trânsito aduaneiro de passagem, acidentalmente destruída;".

[109] Acórdão 3403-001.722. 3ª T. O. 4ª C. 3ª S. S. 21.08.2012. Há inúmeros julgados nesse sentido. Exemplificativamente, cumpre destacar ainda: 2ª T.O. 2ª C. 3ª S. Acórdão 3202-000.434. S. 28.02.2012; 2ª T.O. 2ª C. 3ª S. Acórdão 3202-000.376. S. 06.10.2011. Todavia, com a alteração do art. 60, II, do Decreto-Lei nº 37/1966, pela Lei nº 12.350/2010, deixou de abranger os casos de falta motivada por "erro inequívoco ou comprovado de expedição".

exigido do contribuinte (importador) e do transportador ou do depositário, que são responsáveis tributários *ex vi* do art. 32, I e II, do Decreto-Lei nº 37/1966.[110]

A responsabilidade será do transportador até a conclusão da descarga da mercadoria no local ou recinto alfandegado e, a partir de então, do depositário, nos termos do art. 60 do Decreto-Lei nº 37/1966, na redação da Lei nº 12.350/2010:

> Art. 60. Considerar-se-á, para efeitos fiscais:
> 
> I – dano ou avaria – qualquer prejuízo que sofrer a mercadoria ou seu envoltório;
> 
> II – extravio – toda e qualquer falta de mercadoria, ressalvados os casos de erro inequívoco ou comprovado de expedição. (Redação dada pela Lei nº 12.350, de 2010)
> 
> § 1º Os créditos relativos aos tributos e direitos correspondentes às mercadorias extraviadas na importação serão exigidos do responsável mediante lançamento de ofício. (Incluído pela Lei nº 12.350, de 2010)
> 
> § 2º Para os efeitos do disposto no § 1º, considera-se responsável: (Incluído pela Lei nº 12.350, de 2010)
> 
> I – o transportador, quando constatado o extravio até a conclusão da descarga da mercadoria no local ou recinto alfandegado, observado o disposto no art. 41;[111] ou (Incluído pela Lei nº 12.350, de 2010)
> 
> II – o depositário, quando o extravio for constatado em mercadoria sob sua custódia, em momento posterior ao referido no inciso I. (Incluído pela Lei nº 12.350, de 2010)
> 
> § 3º Fica dispensado o lançamento de ofício de que trata o § 1º na hipótese de o importador ou de o responsável assumir espontaneamente o pagamento dos tributos. (Incluído pela Lei nº 12.350/2010)

Na interpretação desse dispositivo, cumpre considerar que, nos termos do art. 664 do Regulamento Aduaneiro (Decreto nº 6.759/2009), a responsabilidade poderá ser excluída nas hipóteses de caso fortuito ou de força maior.[112] Essa previsão é compatível com a regra de responsabilidade objetiva prevista no art. 136 do Código Tributário Nacional,[113] uma vez que, nessas hipóteses, há exclusão do nexo causal.[114]

O Código Civil não diferencia o caso fortuito ou a força maior, limitando-se a prever que "o caso fortuito ou de força maior verifica-se no fato necessário, cujos efeitos não era possível evitar ou impedir" (art. 393, parágrafo único). Por outro lado, de acordo com o Ato Declaratório Interpretativo SRF nº 12, de 31 de março de 2004, o furto e o roubo não são considerados excludentes da responsabilidade:

---

[110] Ver Cap. II, item 2.3.3.1.

[111] "Art. 41. Para efeitos fiscais, os transportadores respondem pelo conteúdo dos volumes, quando:
I – ficar apurado ter havido, após o embarque, substituição de mercadoria;
II – houver falta de mercadoria em volume descarregado com indícios de violação;
III – o volume for descarregado com peso ou dimensão inferior ao manifesto ou documento de efeito equivalente, ou ainda do conhecimento de carga."

[112] "Art. 664. A responsabilidade a que se refere o art. 660 pode ser excluída nas hipóteses de caso fortuito ou força maior."

[113] "Art. 136. Salvo disposição de lei em contrário, a responsabilidade por infrações da legislação tributária independe da intenção do agente ou do responsável e da efetividade, natureza e extensão dos efeitos do ato."

[114] RODRIGUES, Silvio. *Direito civil*: responsabilidade civil. 16. ed. São Paulo: Saraiva, v. 4, 1998, p. 174-175.

Artigo único. O roubo ou o furto de mercadoria importada não se caracteriza como evento de caso fortuito ou de força maior, para efeito de exclusão de responsabilidade, nos termos do art. 595 do Decreto nº 4.543, de 26 de dezembro de 2002 – Regulamento Aduaneiro, com as alterações do Decreto nº 4.765, de 24 de junho de 2003, tendo em vista não atender, cumulativamente, as condições de ausência de imputabilidade, de inevitabilidade e de irresistibilidade.

O ADI SRF nº 12/2004 parte da premissa de que o roubo e o furto são eventos evitáveis pelo sujeito passivo. Trata-se uma interpretação adequada sob a perspectiva do depositário, já que este, como titular do estabelecimento, deve zelar pela segurança de seu ambiente interno. Em julgados envolvendo responsabilidade civil, mas que podem ser aplicados em matéria aduaneira, a Jurisprudência do STJ entende que:

> [...] A orientação jurisprudencial deste Tribunal firmou-se no sentido de que é dever dos estabelecimentos comerciais, como *shoppings centers* e hipermercados, zelarem pela segurança de seu ambiente, não havendo que falar em caso fortuito ou força maior, com intuito de afastar a responsabilidade civil decorrente dos atos violentos praticados no interior de suas dependências, inclusive na área de estacionamento (AgRg no REsp 1.487.443/PR, Rel. Min. Moura Ribeiro, 3ª T., *DJe* 31.08.2016; AgInt no AREsp 790.302/RJ, Rel. Min. Raul Araújo, 4ª T., *DJe* 06.03.2017; AgRg no AREsp 386.277/RJ, Rel. Min. Maria Isabel Gallotti, 4ª T., *DJe* 21.03.2016; e REsp 419.059/SP, Rel. Min. Nancy Andrighi, 3ª T., *DJ* 29.11.2004).[115]

Porém, o mesmo não vale para o transportador, uma vez que este não pode ser responsabilizado pela segurança em áreas e estradas públicas. Nos casos de carga roubada, a subtração da coisa resulta de grave ameaça, violência à pessoa ou impossibilidade de resistência. Não se trata de um evento que se poderia razoavelmente evitar ou impedir, especialmente se não houve desvio de rota e foram adotados todos os cuidados que são esperados por parte de quem exerce a atividade de transporte. Já no tocante ao furto, é necessário analisar as particularidades do caso concreto, porque o transportador pode ter agido culposamente, faltando com o dever de cuidado imposto pelas circunstâncias.

Deve-se ressaltar que não é válida a exigência do imposto quando o extravio se dá no trânsito aduaneiro clássico ou de "passagem". Nesse regime aduaneiro especial, o ingresso do produto estrangeiro é admitido temporariamente, apenas para deslocamento até o território de outro país. Inexiste intenção integradora por parte de quem promove o ingresso da mercadoria no território nacional, o que é essencial para a caracterização do critério material do imposto de importação. O regime destina-se apenas ao controle da não incidência dos tributos aduaneiros, visando a impedir o desvio de finalidade. Logo, ocorrendo o extravio da mercadoria com destino a outro país, não há o menor fundamento para a exigência do imposto.

Nesse sentido, tem decidido a jurisprudência do STJ:

> [...] É pacífico o entendimento nesta Corte de que, no caso de importação de mercadoria despachada para consumo, o fato gerador para o imposto de importação consuma-se na data do registro da Declaração de Importação. 2. Verificada a falta de mercadoria impor-

---

[115] Voto do Relator. STJ. REsp 1.732.398/RJ. Rel. Min. Marco Aurélio Bellizze. *DJe* 14.06.2018.

tada com destino ao Paraguai em trânsito no território nacional, é indevida a cobrança do imposto de importação. Precedentes.[116]

A exigência do crédito tributário no extravio ou na perda apenas será devida no trânsito de entrada ou de importação quando a mercadoria é transportada para ser submetida a despacho para consumo. Isso porque, nesses casos, já há uma intenção integradora na transposição da fronteira. O legislador poderia, desde logo, tornar devido e exigíveis os tributos incidentes na importação. Porém, por decisão política, estabelece uma isenção com prazo de duração e que tem como requisito legal a realização do transporte da mercadoria, com zelo, para outro recinto ou local alfandegado no peso, volume ou quantidade iniciais. Dessa forma, se a mercadoria não chega ao local ou chega com avarias ou perdas, não é cumprido um dos requisitos legais essenciais da isenção, tornando devido o crédito tributário desde o ingresso no território nacional e registro da declaração aduaneira.

### 3.5 Extinção, descumprimento e penalidades

A extinção tempestiva do regime ocorre com a conclusão do trânsito, quando se dá a "baixa" do termo de responsabilidade e a liberação das mercadorias para novo despacho dentro do prazo legal. Durante a sua vigência, o beneficiário deve cumprir todos os seus requisitos legais, que, por sua vez, estabelecem obrigações e deveres instrumentais no interesse do controle aduaneiro. As principais obrigações são não desviar a finalidade concessória e promover o transporte da mercadoria, com zelo, para o destino, no peso, no volume e na quantidade iniciais.

Após o desembaraço para trânsito, o beneficiário deve realizar o transporte, a eventual mudança de modal, a manipulação de carga, a interrupção e o redirecionamento de acordo com as regras aplicáveis ao regime, mantendo a integridade dos dispositivos de segurança, da unidade de carga e do veículo. A violação desses e de outros deveres configuram infrações penalizadas na forma do Decreto-Lei nº 37/1966:

a) desvio de rota, sem motivo justificado: pena de perdimento do veículo e da mercadoria (art. 104, VI);

b) comprovação, fora do prazo, da chegada da mercadoria ao local de destino, no caso de trânsito aduaneiro: 10% do valor do crédito tributário do imposto de importação (art. 106, VI, c);

c) não localização de contêiner ou veículo contendo mercadoria, inclusive a granel: R$ 15.000,00 por unidade ou veículo (art. 107, II);

d) violação de dispositivo de segurança, unidade de carga ou veículo sob controle aduaneiro: R$ 2.000,00 (art. 107, VI);

e) substituição de veículo transportador, sem autorização prévia: R$ 1.000,00 (art. 107, VII, c);

f) não localização de volume no veículo transportador: R$ 300,00 por volume, limitado a R$ 15.000,00 (art. 107, IX);

---

[116] STJ. 2º T. REsp 1.139.922/SP. Rel. Min. Eliana Calmon. DJe 04.02.2011. No mesmo sentido, cf: 2ª T. REsp 1.759.174/SP. Rel. Min. Herman Benjamin. DJe 28.11.2018; 1ª T. REsp 1.101.814/SP. Rel. Min. Arnaldo Esteves Lima. DJe 29.05.2012; do mesmo relator: AgRg no REsp 1.090.518/RJ. DJe 24.08.2011; 2ª T. REsp 942.010/SP. Rel. Min. Mauro Campbell Marques. DJe 24.02.2011.

g) não localização de carga a granel no veículo transportador: R$ 200,00 por tonelada, até o limite de R$ 15.000,00 (art. 107, X, *a*);

h) veículo chegado ao destino fora do prazo estabelecido, sem motivo justificado: R$ 500,00 por dia de atraso ou fração (art. 107, VIII, *c*).

O desvio imotivado de rota, tipificado no Decreto-Lei nº 37/1966, implica a pena de perdimento do veículo e da mercadoria (art. 104, VI). Não há incidência de tributos, salvo se a mercadoria já tiver sido revendida, consumida ou não puder ser localizada (art. 1º, § 4º, III[117]). Além disso, o perdimento é convertido em multa equivalente a 100% do valor aduaneiro dos produtos importados (Decreto-Lei nº 1.455/1976, art. 23, § 3º[118]).[119]

Nas infrações do art. 107, o § 2º estabelece que as penalidades nele previstas "não prejudicam a exigência dos impostos incidentes, a aplicação de outras penalidades cabíveis e a representação fiscal para fins penais, quando for o caso". Nesse dispositivo, a palavra "incidentes" está empregada no sentido técnico. Portanto, a exigência dos tributos não pode ser interpretada como uma consequência direta do simples descumprimento das "condições" (*conditio iuris*), dos requisitos ou dos prazos do regime aduaneiro especial. É necessário demonstrar que, além do descumprimento, encontram-se presentes os pressupostos de incidência dos tributos aduaneiros.[120]

## 4 DRAWBACK

### 4.1 Importância

O *drawback* constitui um dos mais importantes instrumentos de desenvolvimento econômico, o que foi ressaltado já no Século XVIII, por Adam Smith, na obra *Uma investigação sobre a natureza e as causas da riqueza das nações*.[121] No direito comparado, seu equivalente é

---

[117] "Art. 1º [...] § 4º O imposto não incide sobre mercadoria estrangeira: (Incluído pela Lei nº 10.833, de 29.12.2003) [...] III – que tenha sido objeto de pena de perdimento, exceto na hipótese em que não seja localizada, tenha sido consumida ou revendida. (Incluído pela Lei nº 10.833, de 29.12.2003)".

[118] "Art. 23. [...] § 3º As infrações previstas no *caput* serão punidas com multa equivalente ao valor aduaneiro da mercadoria, na importação, ou ao preço constante da respectiva nota fiscal ou documento equivalente, na exportação, quando a mercadoria não for localizada, ou tiver sido consumida ou revendida, observados o rito e as competências estabelecidos no Decreto nº 70.235, de 6 de março de 1972. (Redação dada pela Lei nº 12.350, de 2010)".

[119] Ver Cap. VII, item 3.2.

[120] Como ressaltado na parte geral, para a caracterização do inadimplemento, a não prestação das obrigações de fazer e de não fazer do regime aduaneiro deve ser substancial. Já no cumprimento inexato ou imperfeito, o beneficiário cumpre as obrigações de fazer e de não fazer no tempo, no lugar ou no modo, mas sem observar os deveres instrumentais impostos pela legislação. Não há exigência de tributos, incidindo apenas as penalidades do Decreto-Lei nº 37/1966, quando a não observância dos deveres for tipificada como infração.

[121] BASALDÚA, Ricardo Xavier. La aduana: concepto y funciones esenciales y contingentes. *Revista de Estudios Aduaneros* nº 18, primer semestre de 2007. Buenos Aires: Instituto Argentino de Estudios Aduaneros, p. 47; ARAÚJO, Ana Clarissa Masuko dos Santos; SARTORI, Angela. *Drawback* e o comércio exterior: visão jurídica e operacional. São Paulo: Aduaneiras, 2003, p. 354. Sobre o tema, cf. ainda: SARTORI, Angela. *Drawback* e a questão polêmica de tributar ou não as exportações amparadas por este regime. In: SARTORI, Angela (Coord.). *Questões atuais de direito aduaneiro e tributário à luz da jurisprudência dos Tribunais*. São Paulo: IOB-Sage, 2017, p. 199-226; MEIRA, Liziane Angelotti. *Regimes aduaneiros especiais*. São Paulo: IOB, 2002, p. 161 e ss.; BARBIERI, Luís Eduardo Garrossino. A natureza jurídica do regime aduaneiro *drawback*. In: PEIXOTO, Marcelo Magalhães; SARTORI, Angela; DOMINGO, Luiz Roberto (Coord.). *Tributação aduaneira à luz da jurisprudência do CARF – Conselho Administrativo*

a admissão temporária para aperfeiçoamento ativo[122], igualmente prevista entre nós, porém, com amplitude mais restrita. De uma forma geral, o regime aduaneiro visa a incentivar a exportação de produtos industrializados, mediante desoneração da aquisição de insumos no exterior ou a restituição de tributos aduaneiros. Em cada país, porém, o regime tem contornos próprios. Nos Estados Unidos da América do Norte, por exemplo, o *drawback* foi introduzido no ano de 1789[123]. Desde então, por meio de sucessivos atos normativos, foi autorizada a sua aplicação na importação de insumos para posterior exportação sem alteração do estado, a permutabilidade com bens adquiridos no mercado local[124] e, em determinadas operações[125], também a restituição de tributos federais internos[126]. No Brasil, o *drawback* foi instituído inicialmente no ano de 1934, com a edição do Decreto-Lei nº 994. Porém, sua utilização só foi intensificada a partir de 1992.[127] Também aqui o regime tem especificidades, sendo permitida a aquisição desonerada no mercado doméstico (Lei nº 8.402/1992) e a fungibilidade com insumos locais (Lei nº 11.774/2008). Atualmente, após um período exitoso, o regime vem perdendo prestígio. Cada vez mais as empresas do segmento industrial estão optando pelo entreposto industrial (Recof Sistema e Recof Sped), que constitui um regime aduaneiro moderno, com legislação transparente e mecanismos de controle racionais.

---

*de Recursos Fiscais*. São Paulo: APET-MP, 2013, p. 174 e ss.; BARBIERI, Luís Eduardo Garrossino. O novo *drawback* "flex". In: SARTORI, Angela (Coord.). Questões atuais de direito aduaneiro e tributário à luz da jurisprudência dos Tribunais. São Paulo: IOB-Sage, 2017, p. 181-198; BARROS, José Floriano de; CARLUCCI, José Lence. *Regimes aduaneiros especiais*. Guarulhos: Comepe, 1976; CALDERARO, Francisco R.S. *Incentivos fiscais à exportação*. São Paulo: Resenha Tributária, 1973; FOLLONI, André Parmo. *Tributação sobre o comércio exterior*. São Paulo: Dialética, 2005, p. 140 e ss.; LOPES FILHO, Osiris de Azevedo. *Regimes aduaneiros especiais*. São Paulo: RT, 1984, p. 84 e ss.; MELO, Ruy de; REIS, *Manual do imposto de importação e regime cambial correlato*. São Paulo: RT, 1970, p. 45 e ss.; PERES, Sergio de Almeida Cid. *Regimes aduaneiros especiais e os atípicos*. Salto: Schoba, 2014, p. 43 e ss.; XAVIER, Alberto. Do prazo de decadência em matéria de "*drawback*" – suspensão. In: SCHOUERI, Luís Eduardo (Coord.). Direito tributário. São Paulo: Quartier Latin, v. I, 2003, p. 530 e ss.; *Autorização para importação de regime de entreposto aduaneiro*. São Paulo: Resenha Tributária, 1978; RIOS, Francisco José Barroso. A decadência e a prescrição no regime aduaneiro especial de *drawback*. *Revista Dialética de Direito Tributário*. São Paulo: Dialética, n. 158, p. 31-44, nov. 2008; SANTOS, José Augusto Lara dos. *O signo "importação" e sua influência na natureza jurídica dos regimes aduaneiros especiais*. Dissertação (Mestrado em Direito). Pontifícia Universidade Católica de São Paulo. São Paulo, 2011, p. 164 e 171; SOSA, Roosevelt Baldomir. *A aduana e o comércio exterior*. São Paulo: Aduaneiras, 1995, p. 135 e ss.

[122] ARAÚJO, Ana Clarissa Masuko dos Santos; SARTORI, Angela. *Drawback e o comércio exterior: visão jurídica e operacional*. São Paulo: Aduaneiras, 2003, p. 44.

[123] Section 3 of the Second Act of Congress, the Act of July 4, 1789.

[124] A substituição abrange produtos da mesma "*kind and quality*", independentemente da classificação fiscal Os autores citam ainda a "Treasury Decision ("T.D.") 82-36, 16 Cust. B. & Dec. 97, 97–98 (1982)", que assim dispõe: "Same kind and quality does not of course depend on the tariff schedules and never has. Often items classified under the same tariff provision and subject to the same duty are not the same kind and quality and vice versa" (PIKE, Damon V.; FRIEDMAN, Lawrence M. *Customs Law*. Durham: Carolina Academic Press, 2012, p. 10591, p. 10375).

[125] *Drawback on Tax-Paid Alcohol*. Section 1313(d) (19 USC 1313(d)).

[126] PIKE, Damon V.; FRIEDMAN, Lawrence M. *Customs law*. Durham: Carolina Academic Press, versão "Kindle", 2012, p. 10591, nota 2: "Customs regulations define a *drawback* as a "refund or remission, in whole or in part, of a customs duty, internal revenue tax, or fee lawfully assessed or collected because of a particular use made of the merchandise on which the duty, tax, or fee was assessed or collected".

[127] ARAÚJO, Ana Clarissa Masuko dos Santos; SARTORI, Angela. *Drawback e o comércio exterior: visão jurídica e operacional*. São Paulo: Aduaneiras, 2003, p. 53.

Não obstante, o *drawback* ainda é responsável direto por mais de 20% das exportações brasileiras.[128] O ocaso do regime deve-se, em parte, à falta de unidade e de clareza dos atos de regulamentação. Ainda não se teve a capacidade de reunir, em texto único e atualizado, a disciplina desse importante regime aduaneiro especial. Há uma hipertrofia normativa sem ordenação, o que dificulta, até mesmo, saber quais regras estão em vigor. Tudo é tão confuso que a própria Receita Federal, ao disponibilizar orientações aos contribuintes acerca das modalidades do *drawback* no ano de 2023,[129] ainda fazia referência às regras do Comunicado Decex nº 21/1997, ato normativo revogado há anos pela Portaria Secex nº 11/2014.[130]

De outro lado, aspectos essenciais do regime aduaneiro ainda não encontraram um encaminhamento regulatório apropriado. É o caso, por exemplo, da fungibilidade entre insumos nacionais e importados, instituída pela Lei nº 11.774/2008, mas que recebeu uma regulamentação inadequada, criada, ao que parece, para tornar inviável a sua aplicação. Não é diferente o que se tem em relação aos efeitos jurídicos do descumprimento de requisitos formais do regime, do cumprimento parcial, da exportação intempestiva e das penalidades aplicáveis. Na falta de regras, essas e outras questões ficam dependentes de interpretações administrativas inconstantes e desarrazoadas,[131] criando um clima de insegurança jurídica que desestimula o uso desse regime em diversos segmentos. A impressão é que o *drawback* – que no idioma inglês também significa "desvantagem" – cada vez mais vem se tornando exatamente isso para as empresas brasileiras. Parafraseando Assis Chateaubriand, em artigo publicado no *Correio da Manhã* no ano de 1919, é de se lamentar que "todo mundo lá fora faz proeza com o gato, levanta lebres ariscas. Nós aqui, tendo o cão, não sabemos caçar com ele"[132]. Já é passada a hora, portanto, de uma reforma ampla na legislação do regime.

## 4.2 Modalidades e natureza jurídica

O *drawback* tem sua matriz legal na Lei Complementar nº 214/2025 (art. 90[133] e 434, § 4º[134]) e no Decreto-Lei nº 37/1966 (art. 78), com alterações introduzidas pelas Leis nº 10.833/2003

---

[128] De acordo com relatório do Ministério da Economia (atual Ministério da Fazenda), em março de 2020, "nos últimos 12 meses, as exportações com *drawback* atingiram US$ 46,9 bilhões, representando 21% do total exportado". Disponível em: http://www.siscomex.gov.br/wp-content/uploads/2020/07/202003.pdf. Acesso em: 14 ago. 2020.

[129] Disponível em: https://www.gov.br/receitafederal/pt-br/assuntos/aduana-e-comercio-exterior/regimes-e-controles-especiais/regimes-aduaneiros-especiais/drawback. Acesso em: 15 ago. 2023. Nessa página, na época da consulta, a RFB afirma que: "O Comunicado Decex nº 21/1997, alterado pelo Comunicado DECEX nº 2 (da atual Secretaria de Comércio Exterior – Secex), estende o benefício a algumas operações especiais. Assim, a modalidade suspensão é aplicada às seguintes operações: [...]".

[130] "Art. 4º Ficam revogadas as Portarias Secex e Comunicados Decex a seguir indicados: [...] II – Comunicados Decex nº: 21, de junho de 1997, publicado no DOU de 12 de junho de 1997 [...]".

[131] Cf., nesse sentido: *Estudo da FGV/SP sobre a Jurisprudência do CARF* (Tema 1). Coord. Luíz Eduardo G. Barbieri. Autores: Gustavo Froner Minatel; Susy Gomes Hoffmann; Winderley Morais Pereira (*Repertório analítico da jurisprudência do CARF*. São Paulo: Max Limonad, 2016).

[132] CHATEAUBRIAND, Assis. De Venceslau Brás ao Dr. I. C. White. *Correio da Manhã*. Rio de Janeiro, edição de 17 de junho de 1919. *Apud* BELOLLI, Mário; QUADROS, Joice; GUIDI, Ayser. *A história do carvão em Santa Catarina*. Criciúma: Imprensa Oficial do Estado de Santa Catarina, p. 116.

[133] "Art. 90. Fica suspenso o pagamento do IBS e da CBS incidentes na importação enquanto os bens materiais estiverem submetidos a regime aduaneiro especial de aperfeiçoamento, observada a disciplina estabelecida na legislação aduaneira."

[134] "Art. 434. [...] § 4º Fica suspenso o pagamento do Imposto Seletivo incidente na importação de bens materiais quando admitidos nos regimes a que se referem os Capítulos I e II do Título II do Livro I, observada a disciplina estabelecida na legislação aduaneira."

(art. 59, § 1º), nº 10.893/2004 (art. 14, V, *c*), 11.774/2008 (art. 17), nº 11.945/2009 (arts. 12 a 14) e nº 12.350/2010 (arts. 31 a 33). A regulamentação do regime aduaneiro é encontrada no Decreto nº 6.759/2009 (arts. 383 a 403), nas Instruções Normativas SRF nº 30/1972,[135] nº 81/1998,[136] nº 168/2002[137] e RFB nº 845/2008,[138] na Portaria Conjunta Secint/RFB nº 76/2022[139] e nas Portarias Secex nº 23/2011[140] e nº 44/2020.[141]

Ao dispor sobre as modalidades do regime, o Regulamento Aduaneiro (Decreto nº 6.759/2009, art. 383) prevê apenas o *drawback* suspensão, isenção e restituição. Já as Portarias Conjuntas RFB/Secex nº 03/2010 e nº 467/2010, revogadas pela Portaria Conjunta Secint/RFB nº 76/2022, faziam referência ao *drawback* integrado, intermediário e "verde-amarelo", criando a impressão de que existiriam outras modalidades e que, ademais, o *drawback* suspensão e isenção seriam divididos nas submodalidades não integrado, integrado e integrado intermediário. Como se já não bastasse, a Portaria Secex nº 23/2011 faz ainda referência ao que seria um "*drawback* genérico"[142] e um "*drawback* sem expectativa de pagamento".[143] Felizmente, a maior parte dessas categorizações foi eliminada pela legislação mais recente.[144]

A Portaria Conjunta Secint/RFB nº 76/2022 manteve apenas as designações "*Drawback* Integrado Isenção" e "*Drawback* Intermediário Suspensão", mas que são totalmente desnecessárias. O *drawback* intermediário constitui apenas uma autorização de aplicação do regime aduaneiro em benefício de fabricantes fornecedores de insumos para empresas industriais-exportadoras. Não há divisão entre regimes integrados e não integrados. Todas as modalidades são integradas, tornando despiciendo operar com essa confusa terminologia. Espera-se que, em algum momento, se interrompa o recurso a essa inicia-

---

[135] "Estabelece Normas de Restituição do Valor dos Tributos, sob a Forma de Crédito Fiscal Aplicável às Importações Amparadas pelo Regime de *Drawback*."
[136] "Dispõe sobre a utilização de crédito fiscal decorrente de *drawback* restituição."
[137] "Dispõe sobre os requisitos necessários aos laudos técnicos emitidos para a concessão do benefício do *drawback* a matérias-primas e outros produtos necessários ao cultivo de produtos agrícolas ou à criação de animais a serem exportados, e estabelece obrigações acessórias para as empresas beneficiárias."
[138] "Disciplina as aquisições de matérias-primas, produtos intermediários e materiais de embalagem, no mercado interno, por beneficiário do regime aduaneiro especial de *drawback* com suspensão do pagamento dos tributos incidentes."
[139] "Disciplina os Regimes Aduaneiros Especiais de *Drawback* Suspensão e Isenção."
[140] "Dispõe sobre operações de comércio exterior."
[141] "Dispõe sobre o regime aduaneiro especial de *drawback* e altera a Portaria Secex nº 23, de 14 de julho de 2011, que dispõe sobre operações de comércio exterior."
[142] "Art. 101. O *drawback* genérico é operação especial concedida apenas na modalidade suspensão – seja integrado, fornecimento ao mercado interno ou embarcação –, em que é admitida a discriminação genérica da mercadoria e o seu respectivo valor, dispensadas a classificação na NCM e a quantidade."
[143] "Art. 106. Operação especial, concedida exclusivamente na modalidade suspensão – seja integrado, fornecimento ao mercado interno ou embarcação –, que se caracteriza pela não expectativa de pagamento, parcial ou total, da importação."
[144] Na verdade, os *drawbacks* "genérico" e "sem expectativa de pagamento" são apenas regras aplicáveis à modalidade suspensão, que a portaria poderia ter apenas enunciado, pura e simplesmente, sem a atribuição dessas curiosas denominações. Contudo, por razões que se desconhece, o gênio criativo não se conteve. Assim, aquilo que talvez se tenha concebido como recurso de facilitação, acabou gerando o efeito contrário. Já o *drawback* "verde-amarelo", revogado pela Portaria Conjunta RFB/Secex nº 467/2010, nunca foi uma modalidade, mas somente uma regra introduzida pelo art. 3º da Lei nº 8.402/1992 que autoriza a aquisição desonerada de insumos no mercado nacional.

tiva errática de atribuição de uma denominação para cada regra, digna de um verdadeiro "Conselheiro Acácio" da contemporaneidade.

Assim, em primeiro lugar, quem se dispõe a realizar um estudo desse regime aduaneiro especial sob uma perspectiva científica e jurídica deve ter presente que, a rigor, são três – e apenas três – as modalidades: suspensão; isenção; e restituição.

O *drawback*-restituição é a modalidade que mais se aproxima da conformação desse regime aduaneiro no âmbito internacional. No plano pragmático, porém, mostra-se a menos utilizada. Nela o legislador prevê a restituição dos tributos federais pagos no ingresso de bens estrangeiros utilizados como insumo na fabricação de produto nacional exportado. Isso ocorre mediante o reconhecimento de um crédito utilizado para pagamento de débitos tributários devidos em operações de importação. Esse é transferido mediante ordem bancária para a conta-corrente do importador habilitada para o débito, no registro da DI, dos tributos incidentes na importação.

Não se tem, como nos demais regimes, uma isenção ou não incidência, mas uma subvenção governamental econômica, isto é, uma transmissão de direitos patrimoniais não sinalagmática do Poder Público em favor do exportador.[145] Apesar do *nomen iuris*, não se está diante de restituição, que, para ser configurada, pressupõe a ocorrência de um pagamento indevido.[146] Os tributos que foram pagos na aquisição dos insumos resultaram de uma importação. Ao ingressar com o produto de origem estrangeira no território aduaneiro, o fabricante o fez com intenção integradora, sem vinculá-lo a uma exportação futura. Do contrário, ao invés da modalidade menos vantajosa financeiramente e mais demorada em termos de realização, teria optado, desde logo, pelo *drawback*-suspensão.

O mesmo se observa no *drawback*-isenção. Neste, contudo, a legislação aduaneira permite a compra de insumos no mercado interno e o ingresso de insumos importados no território aduaneiro, com isenção de tributos federais, para a reposição do estoque de bens nacionais ou de origem estrangeira utilizados ou consumidos na industrialização de produto exportado. O reconhecimento do direito na operação subsequente se dá em função de outra que a antecedeu, que define a sua extensão. Assim, a desoneração tem aplicabilidade restrita à aquisição de insumos na quantidade e na qualidade equivalentes à da operação anterior. Também é possível a aquisição isenta para reposição de estoques de insumos utilizados no reparo, criação, cultivo ou extrativista, na industrialização de embarcações para venda no mercado interno e na fabricação de produtos intermediários.

No *drawback*-suspensão, o ingresso de produtos estrangeiros no território aduaneiro é autorizado – sem o pagamento de tributos – para fins de utilização como insumo na fabricação de produto nacional a ser exportado, de forma combinada ou não com outros insumos nacionais igualmente desonerados. Após a Lei nº 14.440/2022, foi autorizada a contratação

---

[145] Sobre a subvenção governamental, ver o regime do entreposto na exportação.
[146] Inclusive à luz do art. 165 do Código Tributário Nacional: "Art. 165. O sujeito passivo tem direito, independentemente de prévio protesto, à restituição total ou parcial do tributo, seja qual for a modalidade do seu pagamento, ressalvado o disposto no § 4º do artigo 162, nos seguintes casos:
I – cobrança ou pagamento espontâneo de tributo indevido ou maior que o devido em face da legislação tributária aplicável, ou da natureza ou circunstâncias materiais do fato gerador efetivamente ocorrido;
II – erro na edificação do sujeito passivo, na determinação da alíquota aplicável, no cálculo do montante do débito ou na elaboração ou conferência de qualquer documento relativo ao pagamento;
III – reforma, anulação, revogação ou rescisão de decisão condenatória."

desonerada de serviços direta e exclusivamente vinculados à exportação, o que foi repetido pela Lei Complementar nº 214/2025 em relação ao IBS, à CBS e ao IS.[147] O regime é mais vantajoso financeiramente, porque, além de abranger os serviços, proporciona um alívio de caixa, alcançando os tributos federais (II, IPI, PIS – Cofins e AFRMM), o ICMS,[148] o IBS, a CBS e o IS.[149]

A modalidade pode ser empregada ainda no reparo, na criação, cultivo ou atividade extrativista, na industrialização de embarcações para venda para o mercado interno (exportação ficta), na fabricação de produto intermediário fornecido diretamente à empresa industrial-exportadora e no fornecimento interno, nos termos do art. 5º da Lei nº 8.032/1990, de máquinas e equipamentos em decorrência de licitação internacional.

No *drawback*-suspensão, o agente introduz o insumo no território aduaneiro sem a intenção de incorporá-lo ao mercado doméstico. O *animus* da transposição da fronteira, desde o primeiro momento, é a exportação do produto final no prazo definido no ato concessório do *drawback*. É como em uma admissão temporária, com a diferença de que a saída do produto do território nacional, nos termos do art. 78, I, do Decreto-Lei nº 37/1966, ocorre após ter submetida a um "[...] beneficiamento, ou utilizada na fabricação, complementação ou acondicionamento de outra exportada". Dessa forma, no tocante aos tributos sobre a importação, o regime aduaneiro visa ao controle da não incidência.

Essa conclusão não é alterada pelo fato de o ingresso da mercadoria estar sujeito, por previsão em instrução normativa da Receita Federal, ao despacho para consumo nem, muito menos, ao fato de a saída do produto final ser denominada exportação, ao invés de reexportação. No direito, as palavras não determinam a substância, o que se reflete na máxima latina *verba non mutant substantiam rei*. Assim, a natureza jurídica dos institutos não pode ser determinada em função do *nomen iuris*. Logo, se o ingresso no território nacional não se subsume ao conceito jurídico de importação, é indiferente a denominação atribuída da regulamentação administrativa.[150]

O regime aduaneiro permite ainda a aquisição desonerada de insumos no mercado interno. Sob a perspectiva econômica, como a legislação já prevê a manutenção dos créditos

---

[147] Lei Complementar nº 214/2025: "Art. 90 [...] § 3º O regulamento estabelecerá os requisitos e as condições para a admissão de bens materiais e serviços no regime aduaneiro especial de *drawback*, na modalidade de suspensão". Essa previsão também é aplicável ao IS (art. 434, § 4º).

[148] Convênio Confaz nº 27/1990.

[149] Lei Complementar nº 214/2025, arts. 90 e 434, § 4º, transcritos acima.

[150] GORDILLO, Agustín. *Princípios gerais de direito público*. São Paulo: RT, 1977, p. 2. O autor cita John Hospers, como também consta em: GORDILLO, Agustín. *Tratado de derecho administrativo*, t. 1: parte general. 8. ed. Buenos Aires: F.D.A., 2003, p. I-14: "[...] as palavras não são mais que rótulos nas coisas: colocamos rótulos nas coisas para que possamos falar delas e, daí por diante as palavras não têm mais relação com as coisas, do que as que têm rótulos de garrafas com as próprias garrafas. Qualquer rótulo é conveniente à medida que nos ponhamos de acordo com ele e o usemos de maneira consequente. A garrafa conterá exatamente a mesma substância, ainda que coloquemos nela um rótulo distinto, assim como a coisa seria a mesma ainda que usássemos uma palavra diferente para designá-la".

decorrentes da não cumulatividade do ICMS,[151] do IPI[152] e do PIS/Pasep,[153] da Cofins,[154] do IBS, da CBS e do IS,[155] o regime aduaneiro gera um efeito de ganho de fluxo de caixa. Porém, juridicamente, como há incidência tributária na venda desses insumos, a desoneração tem natureza jurídica de isenção.

Dessa forma, na modalidade suspensão, a desoneração tem fundamento jurídico híbrido: não incidência na aquisição de insumos de origem estrangeira; e, na compra de insumos no mercado nacional, constitui uma isenção com aplicabilidade vinculada aos requisitos legais do regime. O regime aduaneiro, assim, constitui um procedimento especial de controle aduaneiro que visa, por um lado, à adequada aplicação de isenções tributárias e de não incidência (objeto mediato). De outro, busca promover o desenvolvimento econômico nacional e o incentivo das exportações, gerando emprego e renda, ingresso de divisas e equilíbrio da balança de pagamentos (objetivo imediato).

### 4.3 *Drawback*-suspensão

#### 4.3.1 *Competência, beneficiários, prazo e procedimentos*

A aquisição desonerada de produtos sob o regime do *drawback* depende de um ato administrativo ("ato concessório") de competência da Secex (Secretaria de Comércio Exterior), por meio do Departamento de Operações de Comércio Exterior (Decex), órgão vinculado à Secretaria de Comércio Exterior (Secex), que está inserida no Ministério do Desenvolvimento, Indústria, Comércio e Serviços (Mdic).[156]

O seu deferimento pode ser pleiteado pelo industrial-exportador ou pelo fabricante-intermediário, isto é, aquele que fabrica um produto intermediário fornecido diretamente

---

[151] CF, art. 155: "§ 2º O imposto previsto no inciso II atenderá ao seguinte: [...] X – não incidirá: [...] a) sobre operações que destinem mercadorias para o exterior, nem sobre serviços prestados a destinatários no exterior, assegurada a manutenção e o aproveitamento do montante do imposto cobrado nas operações e prestações anteriores;" (Redação dada pela Emenda Constitucional nº 42, de 19.12.2003).

[152] Decreto-Lei nº 491/1969: "Art. 5º É assegurada a manutenção e utilização do crédito do IPI relativo às matérias-primas, produtos intermediários e material de embalagem efetivamente utilizados na industrialização dos produtos exportados".

[153] Lei nº 10.637/2002: "Art. 5º A contribuição para o PIS/Pasep não incidirá sobre as receitas decorrentes das operações de:
I – exportação de mercadorias para o exterior;
[...]
III – vendas a empresa comercial exportadora com o fim específico de exportação.
§ 1º Na hipótese deste artigo, a pessoa jurídica vendedora poderá utilizar o crédito apurado na forma do art. 3º para fins de:
I – dedução do valor da contribuição a recolher, decorrente das demais operações no mercado interno;
II – compensação com débitos próprios, vencidos ou vincendos, relativos a tributos e contribuições administrados pela Secretaria da Receita Federal, observada a legislação específica aplicável à matéria".

[154] Lei nº 10.833/2003, art. 6º, que tem a mesma redação do art. 5º da Lei nº 10.637/2002, acima transcrito. ou, no caso de regime cumulativo, crédito presumido de IPI como ressarcimento do PIS-Cofins. Lei nº 9.363/1996: "Art. 1º A empresa produtora e exportadora de mercadorias nacionais fará jus a crédito presumido do Imposto sobre Produtos Industrializados, como ressarcimento das contribuições de que tratam as Leis Complementares nºs 7, de 7 de setembro de 1970, 8, de 3 de dezembro de 1970, e 70, de 30 de dezembro de 1991, incidentes sobre as respectivas aquisições, no mercado interno, de matérias-primas, produtos intermediários e material de embalagem, para utilização no processo produtivo".

[155] Lei Complementar nº 214/2025, art. 90, § 1º, e art. 434, § 4º, transcritos acima.

[156] Portaria Secex nº 44/2020, art. 9º, na redação da Portaria Secex nº 295/2024.

à empresa industrial-exportadora.[157] A legislação permite ainda o deferimento em favor de optantes do Simples Nacional, em relação às importações, e de empresas que atuam no cultivo de produtos agrícolas ou na criação de animais a serem exportados, na industrialização de embarcações para venda para o mercado interno e na produção de máquinas e equipamentos em decorrência de licitação internacional para fornecimento interno.[158]

O requerimento deve ser realizado por meio de formulário eletrônico disponível em módulo específico do Siscomex, por empresa previamente habilitada a operar em comércio exterior perante a Receita Federal,[159] instruído com:

> (a) a classificação fiscal, a descrição, o valor e a quantidade dos produtos que serão adquiridos no exterior ou no mercado interno, bem como daqueles que serão exportados;
> (b) o valor previsto de subprodutos e de resíduos do processo industrial que não serão exportados ao final;
> (c) previsão dos gastos com seguro e do frete;
> (d) percentual da comissão de agente na exportação;
> (e) indicação do CNPJ das empresas industriais-exportadoras, quando o regime for pleiteado por fabricante de produto intermediário;
> (f) o CNPJ do importador por conta e ordem, caso se pretenda promover o ingresso das mercadorias procedentes do exterior nesse regime; e
> (g) aceite do termo de responsabilidade disponibilizado no Siscomex.[160]

A especificação dos produtos é dispensada nos casos de solicitação mediante discriminação genérica, previstos no art. 12 da Portaria Secex nº 44/2020:

> Art. 12. A solicitação do regime de *drawback* suspensão poderá ser feita com base na discriminação genérica de mercadorias a serem importadas ou adquiridas no mercado interno, dispensadas a especificação de suas classificações na NCM e quantidades, quando o bem a exportar tenha especificações técnicas singulares e seja produzido sob encomenda, ou quando houver previsão de emprego de mais de 900 (novecentos) insumos no processo produtivo.
> § 1º A discriminação genérica é obrigatória para atos concessórios com mais de 900 (novecentos) itens de mercadoria a importar ou adquirir no mercado interno.
> § 2º A solicitação do *drawback* suspensão com base na discriminação genérica de mercadorias não dispensa a informação do valor estimado das importações e aquisições no mercado interno, bem como das informações previstas nos incisos II a VI do art. 11.

A Subsecretaria de Operações de Comércio Exterior deve analisar o pedido no prazo de 30 dias, considerando a expectativa de agregação de valor, a compatibilidade e a relação quantitativa entre os insumos e o processo produtivo. O órgão pode exigir a apresentação de laudo técnico do processo produtivo ou intimar o requerente para esclarecimentos, apresentação de documentos ou retificação de informações. No *drawback* vinculado ao cultivo

---

[157] Essa última hipótese, prevista no inciso IV do § 1º do art. 4º, é denominada *Drawback Intermediário Suspensão* pela Portaria Conjunta Secint/RFB nº 76/2022, art. 4º, §§ 1º a 3º.
[158] Portaria Secex nº 44/2020, art. 2º, parágrafo único, III, e art. 5º, II.
[159] RA, art. 383, § 3º; Portaria Secex nº 44/2020, art. 11, *caput*.
[160] Portaria Secex nº 44/2020, art. 11, I a VI.

agrícola ou à criação de animais para exportação, pode ser exigida a apresentação de laudos agropecuários justificando os limites quantitativos e qualitativos de matérias-primas e outros produtos utilizados pelo beneficiário.[161]

O prazo de vigência do *drawback* é de um ano, admitida uma única prorrogação por igual período, salvo quando o regime aduaneiro for concedido para a produção de bens de capital de longo ciclo de fabricação,[162] que podem ser prorrogados até cinco anos, contados do ato concessório do regime aduaneiro especial.[163]

Nas aquisições no mercado interno, as operações são comprovadas mediante a respectiva nota fiscal, que deverá especificar o número do ato concessório, bem como observar o disposto no art. 3º da IN RFB nº 845/2008:

> Art. 3º As mercadorias remetidas ao estabelecimento autorizado a operar o regime sairão do estabelecimento do fornecedor nacional com suspensão do Imposto sobre Produtos Industrializados (IPI), da Contribuição para o PIS/Pasep e da Contribuição para o Financiamento da Seguridade Social (Cofins), devendo constar do documento de saída, além da referência a esta Instrução Normativa, a expressão: "Saída com suspensão do IPI, da Contribuição para o PIS/Pasep e da Cofins, para estabelecimento habilitado ao Regime Aduaneiro Especial de *Drawback* – Ato Concessório *Drawback* no xxx, de xx/xx/xxxx".

No caso de mercadorias de procedência estrangeira, ao realizar o ingresso no território nacional, o beneficiário deve realizar a vinculação da licença de importação (LI) de *drawback* à correspondente adição de declaração de importação (DI).[164]

### 4.3.2 Requisitos de habilitação e regularidade fiscal na liberação

As empresas interessadas em operar o *drawback* devem atender aos seguintes pressupostos previstos no art. 10 da Portaria Secex nº 44/2020, na redação da Portaria Secex nº 216/2022:

> a) Regularidade fiscal perante a Fazenda Nacional;
> b) Não apresentar, como sócio majoritário, pessoa condenada por improbidade administrativa;[165]
> c) Não estar inscrita no Cadastro Informativo de Créditos não Quitados do Setor Público Federal (Cadin);[166]
> d) Regularidade perante o Fundo de Garantia pelo Tempo de Serviço (FGTS);[167]

---

[161] Portaria Secex nº 44/2020, arts. 13 a 16; IN RFB nº 168/2002, art. 1º.

[162] Portaria Secex nº 44/2020: "Art. 20. [...] § 2º Para fins desse artigo, são considerados:
I – bens de longo ciclo de fabricação aqueles cujo ciclo produtivo for superior a 1 (um) ano; e
II – bens de capital, aqueles listados no Universo de Bens de Capital da Tarifa Externa Comum – TEC, conforme ato da autoridade competente, ou na Classificação por Grandes Categorias Econômicas – CGCE, nível 1, código 2, do Instituto Brasileiro de Geografia e Estatística – IBGE".

[163] RA, art. 388; Portaria Conjunta Secint/RFB nº 76/2022, art. 11.

[164] De acordo com o art. 7º da Portaria Secex nº 44/2020: "Art. 7º As importações cursadas ao amparo do regime de *drawback* suspensão não estão sujeitas ao exame de similaridade". Ademais, nos termos do art. 26: "Art. 26. As mercadorias importadas ao amparo do regime de drawback suspensão estão sujeitas a licenciamento automático, na forma do art. 3º da Portaria Secex nº 249, de 4 de julho de 2023".

[165] Lei nº 8.429/1992, art. 12, I a III.

[166] Lei nº 10.522/2002, art. 6º.

[167] Lei nº 8.036/1990, art. 27.

e) Não estar inscrita no Cadastro Nacional de Empresas Punidas (CNEP) derivados da prática de atos lesivos à administração pública, nacional ou estrangeira;[168]

f) Habilitação a operar no comércio exterior.

Já houve grande controvérsia em torno da necessidade de comprovação da regularidade fiscal por parte do beneficiário. O art. 60 da Lei nº 9.069/1995 exige a apresentação de certidão negativa de débitos – ou positiva com efeito de negativa – como requisito para "a concessão ou reconhecimento de qualquer incentivo ou benefício fiscal, relativos a tributos e contribuições administrados pela Secretaria da Receita Federal". Durante algum tempo, exigiu-se a comprovação da regularidade fiscal em cada despacho aduaneiro de produtos vinculados ao regime aduaneiro. Dentre as diversas indagações suscitadas pelo regime, felizmente, essa restou pacificada no Judiciário brasileiro. Depois de anos de relutância da Fazenda Nacional, foi necessária uma decisão final do STJ, que, em 2009, definiu a controvérsia com a aprovação da Súmula nº 569: "Na importação, é indevida a exigência de nova certidão negativa de débito no desembaraço aduaneiro, se já apresentada a comprovação da quitação de tributos federais quando da concessão do benefício relativo ao regime de *drawback*".[169]

### 4.3.3 Vedações e aquisições abrangidas pela desoneração

O *drawback*-suspensão, de acordo com o *caput* do art. 12 da Lei nº 11.945/2009, aplica-se na aquisição de "mercadoria para emprego ou consumo na industrialização", o que pode ocorrer no exterior ou no mercado interno:

> Art. 12. A aquisição no mercado interno ou a importação, de forma combinada ou não, de mercadoria para emprego ou consumo na industrialização de produto a ser exportado poderá ser realizada com suspensão do Imposto de Importação, do Imposto sobre Produtos Industrializados – IPI, da Contribuição para o PIS/Pasep e da Cofins, da Contribuição para o PIS/Pasep-Importação e da Cofins-Importação.
> § 1º As suspensões de que trata o *caput* deste artigo:
> I – aplicam-se também à aquisição no mercado interno ou à importação de mercadorias para emprego em reparo, criação, cultivo ou atividade extrativista de produto a ser exportado;
> [...]
> III – aplicam-se também às aquisições no mercado interno ou importações de empresas denominadas fabricantes-intermediários, para industrialização de produto intermediário a ser diretamente fornecido a empresas industriais-exportadoras, para emprego ou consumo na industrialização de produto final destinado à exportação. (Incluído pela Lei nº 12.058, de 2009)

O inciso I do § 1º do art. 12 faz com que o *drawback* – originalmente concebido como incentivo ao setor industrial – também se aplique ao reparo, criação, cultivo ou atividade extrativista de produto a ser exportado, o que visa a incentivar o segmento do agronegócio. Assim, os bens utilizados no cultivo de produtos agrícolas ou na criação de animais podem ser beneficiados pelas desonerações controladas no regime especial.

---

[168] Lei nº 12.846/2013, art. 19, IV.

[169] STJ. 1ª S. REsp 1.041.237/SP. Rel. Min. Luiz Fux. *DJe* 19.11.2009, submetido ao regime do art. 543-C do CPC, e da Resolução STJ nº 08/2008.

Já o inciso III do § 1º do art. 12 permite a aquisição desonerada de produtos empregados ou consumidos no processo industrial por fabricantes de produtos intermediários, o que, dentro da terminologia da Portaria Conjunta Secint/RFB nº 76/2022, é denominado "*Drawback* Intermediário Suspensão". Dessa forma, o incentivo compreende não apenas a compra do produto intermediário pelo exportador, mas a aquisição dos bens empregados ou consumidos por quem os industrializa (fabricantes-intermediários).

O *caput* do art. 12 não define o que se entende por "emprego ou consumo na industrialização". Tampouco o fazem os atos normativos secundários de regulamentação do *drawback*. Esses, contudo, definem "industrialização" (Portaria Secex nº 44/2020, art. 3º) mediante reprodução *ipsis litteris* do conceito de produto industrializado do art. 4º do Decreto nº 7.212/2010, prevendo também a aplicação dos arts. 5º e 6º. Daí resulta um efeito remissivo indireto, que pressupõe a inclusão dos insumos industriais no âmbito de abrangência das aquisições desoneradas, isto é, do material de embalagem, das matérias-primas e dos produtos intermediários, tal como definidos, em seu sentido amplo, pela legislação do IPI.[170]

O Regulamento do IPI (Decreto nº 7.212/2010) oferece uma definição *lato sensu* de matéria-prima e de produto intermediário, que abrange todos os bens consumidos no processo de industrialização, salvo os integrantes do ativo imobilizado:

> Art. 226. Os estabelecimentos industriais e os que lhes são equiparados poderão creditar-se (Lei nº 4.502, de 1964, art. 25):
> I – do imposto relativo à matéria-prima, produto intermediário e material de embalagem, adquiridos para emprego na industrialização de produtos tributados, incluindo-se, entre as matérias-primas e os produtos intermediários, aqueles que, embora não se integrando ao novo produto, forem consumidos no processo de industrialização, salvo se compreendidos entre os bens do ativo permanente;

Esse aspecto é ressaltado no Parecer Normativo CST nº 65, de 31 de outubro de 1979, que esclarece o conteúdo jurídico do antigo art. 66 do Regulamento do IPI,[171] vigente na época, com redação quase idêntica ao art. 226, I, do Decreto nº 7.212/2010:

> [...]
> 4. Note-se que o dispositivo está subdividido em duas partes, a primeira referindo-se às matérias-primas, aos produtos intermediários e ao material de embalagem; a segunda relacionada às matérias-primas e aos produtos intermediários que, embora não se integrando ao novo produto, sejam consumidos no processo de industrialização.
> 4.1 Observe-se, ainda, que enquanto na primeira parte da norma "matérias-primas" e "produtos intermediários" são empregados "stricto-sensu", a segunda usa tais expressões em seu sentido lato: quaisquer bens que, embora não se integrando ao produto em fabricação se consumam na operação de industrialização.

---

[170] IN RFB nº 845/2008, art. 1º.
[171] "Art. 66. Os estabelecimentos industriais e os que lhes são equiparados, poderão creditar-se (Lei nº 4.502/64, arts. 25 a 30 e Decreto-Lei nº 3.466, art. 2º, alt. 8ª):
I – do imposto relativo a matérias-primas, produtos intermediários e material de embalagem, adquiridos para emprego na industrialização de produtos tributados, incluindo-se, entre as matérias-primas e os produtos intermediários, aqueles que, embora não se integrando no novo produto, forem consumidos no processo de industrialização, salvo se compreendidos entre os bens do ativo permanente".

As matérias-primas são os bens necessários à fabricação de um novo produto, que o integram e, por isso mesmo, influenciam diretamente a sua qualidade e características. Podem ser de origem animal, vegetal ou mineral, apresentando-se em qualquer estado físico (sólido, líquido e gasoso). Já os produtos intermediários, são bens resultantes de uma fase primária de processamento. É o caso, *v.g.*, dos semiacabados de aço ou produtos longos em aços carbono (perfis, vergalhões, fio-máquina, barras, tubos, trefilados) produzidos pela indústria siderúrgica para uso na indústria de transformação automotiva ou de eletrodomésticos, dentre outras.

Os produtos intermediários podem integrar o produto final no mesmo estado em que são adquiridos, conservando a sua individualidade e características, como é o caso do motor, do pneu e da roda no carro fabricado. Mas também o são os produtos utilizados no processo industrial que não integram o produto final ou, quando integram, o fazem de forma acidental, não identificável senão por meio de análises técnicas de composição físico-químicas. São bens que se exaurem no processo ou sofrem desgaste substancial – progressivo ou imediato – em suas propriedades, devido ao contato físico com a matéria-prima ou com o produto durante o processo de fabricação. Excluem-se do conceito os bens duráveis utilizados nas atividades da empresa, vale dizer, os bens do ativo imobilizado, notadamente as máquinas e os equipamentos, suas partes e peças.[172]

Deve-se ter presente que, muitas vezes, os produtos intermediários de consumo progressivo podem ser confundidos com partes e peças de máquinas e equipamentos que sofrem desgastes no processo industrial. Por isso, inicialmente, o art. 32, I, do Decreto nº 70.162/1972, revogado pelo Decreto nº 83.263/1979, restringiu o conceito aos bens "consumidos, imediata e integralmente, no processo de industrialização":

> Art. 32. Os estabelecimentos industriais e os que lhes são equiparados poderão creditar-se do imposto;
> 
> I – Relativo a matérias-primas, produtos intermediários e material de embalagem, importados ou de fabricação nacional, recebidos para emprego na industrialização de produtos tributados, por estabelecimento industrial ou pelo estabelecimento a que se refere o inciso III do § 1º do artigo 3º, compreendidos, entre as matérias-primas e produtos intermediários, aqueles que, embora não se integrando no novo produto, forem consumidos, imediata e integralmente, no processo de industrialização;

Essa restrição foi abandonada pelo Decreto nº 83.263/1979 e pelo art. 226, I, do Regulamento do IPI atual (Decreto nº 7.212/2010).[173] Esse, ao invés de exigir o consumo *imediato e integral*, adotou uma solução mais apropriada, que foi a exclusão dos "bens do ativo permanente".

Ademais, para ser considerado matéria-prima ou produto intermediário, mesmo em sentido lato, o consumo deve guardar relação direta com o processo industrial. Dessa maneira, não se enquadram no conceito os bens de consumo do estabelecimento, tais como material de expediente, de manutenção, conservação ou limpeza.[174]

O art. 12, § 1º, II, da Lei nº 11.945/2009, o art. 7º do Decreto-Lei nº 1.435/1975, e a Lei Complementar nº 123/2006, em dispositivos consolidados no art. 5º da Portaria Secex nº 44/2020, vedam a aplicação do *drawback* nas seguintes situações:

---

[172] Lei nº 6.404/1976, art. 179, I; Decreto-Lei nº 1.598/1977, art. 15.
[173] Transcrito acima.
[174] MATTOS, Aroldo Gomes de. *ICMS*: comentários à legislação nacional. São Paulo: Dialética, 2006, p. 293.

(a) Mercadorias adquiridas para industrialização de produto destinado ao consumo na Zona Franca de Manaus e em áreas de livre comércio;

(b) Microempresas e empresas de pequeno porte optantes pelo Simples Nacional;

(c) Aluguéis de prédios, máquinas e equipamentos, pagos a pessoa jurídica, utilizados nas atividades da empresa;

(d) Contraprestações de operações de arrendamento mercantil de pessoa jurídica;

(e) Máquinas, equipamentos e outros bens incorporados ao ativo imobilizado, adquiridos ou fabricados para locação a terceiros ou para utilização na produção de bens destinados à venda ou na prestação de serviços;

(f) Edificações e benfeitorias em imóveis de terceiros, quando o custo, inclusive de mão de obra, tenha sido suportado pela locatária;

(g) Bens recebidos em devolução;

(h) Energia elétrica e energia térmica, inclusive sob a forma de vapor, consumidas nos estabelecimentos da pessoa jurídica;

(i) Armazenagem de mercadoria e frete na operação de venda, quando o ônus for suportado pelo vendedor;

(j) aquisições no mercado interno de optantes do Simples Nacional.

Apesar de o regime aduaneiro também permitir a desoneração do PIS-Cofins, é descabida a aplicação ao *drawback* do conceito de insumo ampliado da não cumulatividade dessas contribuições. Esse, consoante definido pela 1ª Seção do STJ no REsp nº 1.221.170-PR, abrange "[...] deve ser aferido à luz dos critérios de essencialidade ou relevância, ou seja, considerando-se a imprescindibilidade ou a importância de determinado item – bem ou serviço – para o desenvolvimento da atividade econômica desempenhada pelo Contribuinte".[175] Assim, devem ser considerados insumos os bens e os serviços essenciais ou relevantes para o desenvolvimento da atividade econômica do sujeito passivo, vale dizer, aqueles que não podem ser suprimidos sem impossibilitar a atividade da empresa (critério da essencialidade) ou implicar a perda substancial da qualidade do produto ou do serviço (critério da relevância).[176]

Nesse julgamento também foi declarada a ilegalidade das Instruções Normativas SRF nº 247/2002 e nº 404/2002, que, na linha do que estabelece a legislação do IPI, restringiam o conceito de insumo às matéria-prima, produto intermediário e material de embalagem. Contudo, isso ocorreu por uma razão específica, que não pode ser replicada para fins da interpretação da abrangência do *drawback*. No PIS-Cofins, a construção de um conceito ampliado de insumo teve como premissa a abrangência da incidência dessas contribuições no regime não cumulativo, que compreende a totalidade da receita bruta do contribuinte. Dito de outro modo, diferentemente do IPI, a tributação não se restringe às operações que tenham por objeto produtos industrializados. A materialidade da exação é mais ampla e alcança todos os atos de acréscimos ao patrimônio líquido do contribuinte (receita bruta). Desse modo, a aplicação do conceito de insumo da legislação do IPI ao PIS-Cofins acaba limitando a não cumulatividade da contribuição a uma parcela dos fatos tributados, mantendo a cumulatividade em relação às demais receitas auferidas pelo contribuinte. Uma restrição dessa natureza somente poderia ser prevista em lei formal, ou seja, diretamente na Lei nº 10.833/2003.[177]

---

[175] STJ. 1ª S. REsp 1.221.170/PR. Rel. Min. Napoleão Nunes Maia Filho. DJe 24.04.2018.
[176] Ver Cap. II, item 4.2.4.3.1.
[177] Sobre o tema, cf.: SEHN, Solon. *PIS-Cofins*: não cumulatividades e regimes de incidência. São Paulo: Noeses, 2019, p. 246 e ss.

Nada disso está presente no *drawback*. Para fins de aplicabilidade desse regime aduaneiro, interessa saber se os produtos adquiridos são empregados ou consumidos na "industrialização de produto a ser exportado". É essa atividade específica que constitui a razão de sua existência jurídica, ainda que o objeto da empresa tenha uma abrangência maior. Daí a inadequação de se pretender realizar uma ampliação do conceito, aplicando-se ao *drawback* a tese firmada pelo STJ no REsp nº 1.221.170-PR.

### 4.3.4 Fungibilidade e vinculação física

As desonerações controladas no regime do *drawback* são destinadas às empresas que necessitam de insumos de procedência estrangeira para a fabricação de produto para exportação. Isso pode resultar de diversas razões econômicas, tais como um custo menor do insumo importado ou mesmo da indisponibilidade no mercado doméstico. O fato é que, independente do motivo, a aquisição está atrelada ao objetivo imediato do regime, ou seja, a exportação após a industrialização. Em circunstâncias normais, portanto, sempre é possível identificar uma vinculação física entre o insumo e o produto final. Não é por outro motivo que o art. 78, II, do Decreto-Lei nº 37/1966, ao dispor sobre o regime, prevê a aquisição desonerada de *mercadoria a ser exportada após beneficiamento, ou destinada à fabricação, complementação ou acondicionamento*.[178]

A Receita Federal, no entanto, fez dessa consequência esperada e normal uma "condição" do regime aduaneiro. Em razão disso, passou a exigir a demonstração da estrita vinculação física do insumo e o produto final. Isso criou uma série de dificuldades, porque os insumos são bens que, por sua própria natureza, apresentam um caráter fungível, isto é, podem ser substituídos por outros da mesma espécie, qualidade e quantidade. Por isso, muitos empresários mantinham um estoque único para os insumos vinculados ao regime e os utilizados na produção de bens comercializados no País. Em alguns casos, como a soda cáustica utilizada na produção de papel e celulose, não era fisicamente viável a segregação dos insumos na mesma planta industrial. Não demorou para o tema ser objeto de autuações e de recursos no contencioso administrativo fiscal.

A Jurisprudência do Carf dividiu-se em relação a essa polêmica, com acórdãos nos dois sentidos,[179] inclusive no âmbito da CSRF.[180] O STJ, por sua vez, alinhou-se pela fungibilidade, como se verifica a partir de julgado relatado pelo Min. Herman Benjamin:

---

[178] "Art. 78. Poderá ser concedida, nos termos e condições estabelecidas no regulamento:
[...]
II – suspensão do pagamento dos tributos sobre a importação de mercadoria a ser exportada após beneficiamento, ou destinada à fabricação, complementação ou acondicionamento de outra a ser exportada;"

[179] Exigindo a vinculação física, destaca-se o Acórdão nº 3102-002.220: "O cumprimento do princípio da vinculação física é requisito essencial para o adimplemento do compromisso de exportação assumido no ato concessório do regime *drawback* suspensão" (Carf. 3ª S. 1ª C. 2ª T.O. S. de 27.05.2014). Em sentido contrário, o Acórdão nº 3403-003.162: "O regime aduaneiro especial de *drawback*, em sua modalidade suspensão, impõe que haja vinculação física entre os insumos importados com suspensão de tributos e os produtos exportados. Contudo, havendo equivalência entre o insumo importado e o nacional, fungíveis, há que se admitir a comprovação do regime de *drawback* havendo comprovação de utilização do insumo no produto exportado de forma quantitativa e qualitativa. Precedentes do Superior Tribunal de Justiça" (Carf. 3ª S. 4ª C. 3ª T.O. S. de 20.08.2014).

[180] Carf. CSRF. 3ª T. Ac. 9303-00.210. S. de 13.11.2007: "PRINCÍPIO DA IDENTIDADE. Necessária a vinculação física entre as mercadorias importadas com o benefício da suspensão de tributos e a mercadoria exportada. Mesmo que assim não fosse, o princípio da fungibilidade não poderia ser aplicado ao caso, em que a empresa destinou os solados a outros fabricantes de calçados no mercado nacional e não restou comprovado que os calçados foram exportados".

> TRIBUTÁRIO. IMPORTAÇÃO. *DRAWBACK*. MODALIDADE SUSPENSÃO. SODA CÁUSTICA IMPORTADA. CELULOSE EXPORTADA. AUSÊNCIA DE IDENTIDADE FÍSICA. DESNECESSIDADE. EQUIVALÊNCIA
>
> 1. Hipótese em que a contribuinte importou soda cáustica para ser utilizada como insumo na produção de celulose a ser posteriormente exportada, no regime de *drawback*, modalidade suspensão.
>
> 2. A empresa adquiriu a soda cáustica também no mercado interno e, por questões de segurança e custo, utilizou indistintamente o produto importado e o nacional na produção da celulose exportada.
>
> 3. É incontroverso que a contribuinte cumpriu o compromisso de exportação firmado com a Cacex. Assim, a quantidade de soda cáustica importada foi efetivamente empregada na celulose exportada.
>
> 4. Seria desarrazoado exigir que a fábrica mantivesse dois estoques de soda cáustica, um com o produto importado e outro com conteúdo idêntico, porém de procedência nacional, apenas para atender à exigência de identidade física exigida pelo fisco.
>
> 5. O objetivo da legislação relativa ao *drawback*, qual seja a desoneração das exportações e o fomento da balança comercial, independe da identidade física entre o produto fungível importado e aquele empregado no bem exportado. É suficiente a equivalência, o que ocorreu *in casu*, sem que se cogite de fraude ou má-fé.
>
> 6. Precedente da Primeira Turma.
>
> 7. Recurso Especial não provido.[181]

Em meio a essa controvérsia, foi promulgada a Lei nº 11.774/2008, que, em seu art. 17, na redação da Lei nº 12.350/2010, prevê expressamente a fungibilidade:

> Art. 17. Para efeitos de adimplemento do compromisso de exportação nos regimes aduaneiros suspensivos, destinados à industrialização para exportação, os produtos importados ou adquiridos no mercado interno com suspensão do pagamento dos tributos incidentes podem ser substituídos por outros produtos, nacionais ou importados, da mesma espécie, qualidade e quantidade, importados ou adquiridos no mercado interno sem suspensão do pagamento dos tributos incidentes, nos termos, limites e condições estabelecidos pelo Poder Executivo. (Redação dada pela Lei nº 12.350/2010)
>
> § 1º O disposto no *caput* aplica-se também ao regime aduaneiro de isenção e alíquota zero, nos termos, limites e condições estabelecidos pelo Poder Executivo. (Renumerado do parágrafo único pela Lei nº 12.350/2010)
>
> § 2º A Secretaria da Receita Federal do Brasil e a Secretaria de Comércio Exterior disciplinarão em ato conjunto o disposto neste artigo. (Incluído pela Lei nº 12.350/2010)

Os "termos, limites e condições" da fungibilidade encontram-se previstos no art. 15 da Portaria Conjunta Secint/RFB nº 76/2022:

> Art. 15. [....]

---

[181] STJ. 2ª T. REsp 341.285/RS. Rel. Min. Herman Benjamin. *DJe* 25.05.2009. No mesmo sentido: 1ª T. REsp 413.564/RS. Rel. Min. Denise Arruda. Rel. p/ Acórdão Min. José Delgado. *DJ* 05.10.2006, p. 236: "É desnecessária a identidade física entre a mercadoria importada e a posteriormente exportada no produto final, para fins de fruição do benefício de *drawback*, não havendo nenhum óbice a que o contribuinte dê outra destinação às matérias-primas importadas quando utilizado similar nacional para a exportação".

§ 1º Poderão ser reconhecidas como equivalentes, em espécie e qualidade, as mercadorias que, cumulativamente:

I – sejam classificadas sob o mesmo código da Nomenclatura Comum do Mercosul – NCM;

II – tenham as mesmas funções ou utilidades;

III – sejam obtidas a partir dos mesmos materiais;

IV – sejam comercializadas a preços equivalentes; e

V – possuam as mesmas especificações (dimensões, características e propriedades físicas, entre outras especificações), que as tornem aptas ao emprego ou consumo na industrialização de produto final exportado informado.[182]

[...]

§ 3º Ficam dispensados, para fins de verificação de adimplemento do compromisso de exportação, controles segregados de estoque das mercadorias fungíveis referidas no *caput*, sem prejuízo dos controles contábeis e fiscais previstos na legislação específica.

Portanto, de acordo com esse dispositivo, as mercadorias devem atender aos seguintes requisitos:

(a) classificadas no mesmo código da NCM;

(b) com as mesmas funções;

(c) obtidas a partir dos mesmos materiais;

(d) com as mesmas especificações (dimensões, características e propriedades físicas, entre outras), que as tornem aptas ao emprego ou consumo na industrialização de produto final exportado; e

(e) comercializadas a preços equivalentes.

A exigência de comercialização a preços equivalentes não se aplica aos produtos idênticos, assim definidos no § 5º do art. 15:

Art. 15. [....]

§ 5º Não se aplica o disposto no inciso IV do § 1º às mercadorias idênticas, assim consideradas aquelas iguais em tudo, inclusive nas características físicas e qualidade, admitidas pequenas diferenças na aparência.

Houve, nesse ponto, um "empréstimo" do conceito de mercadorias idênticas estabelecido no art. 15.2(a) do Acordo de Valoração Aduaneira:[183]

[...]

2. (a) Neste Acordo entende-se por "mercadorias idênticas" as mercadorias que são iguais em tudo, inclusive nas características físicas, qualidade e reputação comercial.

---

[182] "§ 2º O disposto no *caput*:

I – não alcança a hipótese de empréstimo de mercadorias com suspensão do pagamento dos tributos incidentes entre pessoas jurídicas distintas;

II – admite-se também nos casos de sucessão legal, nos termos da legislação pertinente;

III – poderá ocorrer, total ou parcialmente, até o limite da quantidade admitida sob o amparo do Drawback Suspensão, apurada de acordo com a unidade de medida estatística da NCM prevista para cada mercadoria."

[183] Ver Cap. IV, item 3.1.2.

Pequenas diferenças na aparência não impedirão que sejam consideradas idênticas mercadorias que em tudo o mais se enquadram na definição.

Por outro lado, não sendo idênticas, o § 4º do art. 15 da Portaria Conjunta Secint/RFB nº 76/2022 considera equivalentes as mercadorias comercializadas com uma diferença de preços até 5%, descontada a variação cambial:

> Art. 15 [....]
> § 4º A apuração da equivalência de preços mencionada no inciso IV do § 1º será efetuada descontando-se a variação cambial, podendo ainda ser acatadas alterações no preço da mercadoria de até 5% (cinco por cento) em relação ao valor das mercadorias originalmente adquiridas no mercado interno ou importadas.[184]

Contudo, a equivalência de preços não parece uma exigência válida. Bens fungíveis são aqueles que, de acordo com o art. 85 do Código Civil, podem ser substituídos por outros da mesma espécie, qualidade e quantidade.[185] Apresentam uma permutabilidade em função do número, do peso ou da medida, independentemente da variação entre o valor de aquisição e de comercialização (*Res quae ponderae, numero, mensura consistunt*). O ouro comprado por valor menor há mais de dez anos, por exemplo, não deixa de ser fungível com metal da mesma espécie, qualidade e quantidade, adquirido recentemente por um preço superior. Da mesma forma, o petróleo em período de baixa no mercado internacional continua fungível com o comercializado na alta. Isso ocorre porque os bens dessa natureza, como ensina a doutrina, são homogêneos, indiferentes e equivalentes, o que torna juridicamente irrelevante a substituição de um pelo outro.[186]

É por esse motivo que a legislação dos armazéns gerais – o Decreto nº 1.102/1903, em vigor há mais de 115 anos – permite, *v.g.*, que bens dessa natureza sejam guardados misturados, ainda que pertencentes a proprietários diversos. Além disso, estabelece que o depositário não é obrigado a restituir a própria mercadoria recebida, podendo entregar outras da mesma qualidade, independentemente da variação de preços. Essa, portanto, é normal e esperada nesse tipo de transação, que envolve *commodities* (café, sofá, algodão, carvão, petróleo, minérios, entre outros) com preços variáveis diariamente.[187]

Dessa forma, mostra-se irrealista a equivalência de preços exigida pela Portaria Conjunta Secint/RFB nº 76/2022, que, nesse ponto, repete a Portaria Conjunta RFB/Secex nº 467/2010. Afastar a natureza fungível em função desse fator, que é inerente aos bens dessa natureza, acaba inviabilizando o exercício do direito previsto no art. 17 da Lei nº 11.774/2008. Trata-se de medida que só seria válida à luz de um interesse público maior que a justificasse, o que não parece ser o caso.

---

[184] "§ 6º Não será considerada a equivalência de mercadorias nas operações em que for constatada a ocorrência de fraude ou prática de preços artificiais, sem prejuízo da aplicação das penalidades cabíveis."

[185] Código Civil: "Art. 85. São fungíveis os móveis que podem substituir-se por outros da mesma espécie, qualidade e quantidade."

[186] GOMES, Orlando. *Introdução ao direito civil*. 12. ed. Rio de Janeiro: Forense, 1996, p. 221; VENOSA, Sílvio de Salvo. *Direito civil*: parte geral. 5. ed. São Paulo: Atlas, v. 1, 2005, p. 339; RODRIGUES, Silvia. *Direito civil*: parte geral. 27. ed. São Paulo: Saraiva, v. 1, 1997, p. 122-123.

[187] A armazenagem tem como uma de suas vantagens permitir a obtenção de ganhos com a comercialização na entressafra ou em momentos de menor oferta, quando o preço de venda do produto armazenado será superior.

Segundo ensina Celso Antônio Bandeira de Mello, "ninguém deve estar obrigado a suportar constrições em sua liberdade ou propriedade que não sejam indispensáveis à satisfação do interesse público", relevando-se "apenas um agravo inútil aos direitos de cada qual".[188] Logo, o poder regulamentar deve ser exercido com a estrita observância do devido processo legal em sua dimensão material de proibição de excesso, também conhecido como princípio da razoabilidade ou da proporcionalidade. Dele resultam, como requisitos de validade para toda ação estatal, os postulados da *adequação,* da *necessidade* ou *exigibilidade* e da *proporcionalidade em sentido estrito.*[189] A primeira exige que a medida adotada se mostre apropriada ou apta à realização do interesse público que a justificou. A necessidade obriga a demonstração de que a medida adotada é a que representa o meio menos oneroso para o cidadão. Já a proporcionalidade requer a ponderação e o sopesamento do custo-benefício da medida, para determinar se o resultado justifica a carga coativa da intervenção estatal na esfera jurídica dos cidadãos.[190]

Nesse sentido, deve-se ter presente que o *drawback* constitui um instrumento de desenvolvimento econômico nacional, essencial para o incentivo das exportações e, por conseguinte, para a geração de emprego e renda, para o ingresso de divisas e equilíbrio da balança de pagamentos. Por isso, todas as restrições regulamentares a esse importante instituto não apenas devem ser justificadas por uma razão objetiva de interesse público, mas devem ser sopesadas em termos de custo-benefício. A variação de preços é inerente aos bens fungíveis. Se os produtos são da mesma espécie, qualidade e quantidade, é irrelevante a substituição de um pelo outro. Não há nenhuma justificativa razoável para vedar a substituição de um insumo importado por outro nacional em função da diferença natural que existe entre os preços de aquisição. Trata-se de um agravo inútil, que não milita em favor de nada nem de ninguém. Por isso, não é compatível com o princípio do devido processo legal em sua dimensão material de proibição de excesso.

---

[188] MELLO, Celso Antônio Bandeira de. *Curso de direito administrativo.* 18. ed. São Paulo: Malheiros, 2005, p. 68.

[189] Sobre o tema, cf.: BONAVIDES, Paulo. *Curso de direito constitucional.* 6 ed. São Paulo: Malheiros, 1996, p. 367; BARROSO, Luís Roberto. *Interpretação e aplicação da Constituição*: fundamentos de uma dogmática constitucional transformadora. São Paulo: Saraiva, 1996, p. 204; CANOTILHO, José Joaquim Gomes. *Direito constitucional.* 7. ed. Coimbra: Almedina, 2003, p. 382-384; MELLO, Celso Antônio Bandeira de. *Curso de direito administrativo.* 11. ed. São Paulo: Malheiros, 1999, p. 68; GUERRA FILHO, Willis Santiago. Sobre princípios constitucionais gerais: isonomia e proporcionalidade. *Revista dos Tribunais* nº 719, set. 1995, p. 60; BARROS, Suzana de Toledo. *O princípio da proporcionalidade e o controle de constitucionalidade das leis restritivas de direitos fundamentais.* Brasília: Brasília Jurídica, 1996; STUMM, Raquel Denize. *Princípio da proporcionalidade no direito constitucional brasileiro.* Porto Alegre: Livraria do Advogado, 1995. No STF, o Ministro Celso de Mello, relator da ADIn 1.158-8, sintetizou o entendimento da Corte acerca do princípio da proporcionalidade: "[...] Todos sabemos que a cláusula do devido processo legal – objeto de expressa proclamação pelo art. 5º, LIV, da Constituição – deve ser entendida, *na abrangência de sua noção conceitual,* não só no aspecto meramente formal, que impõe restrições de caráter ritual à atuação do Poder Público, mas, sobretudo, em sua *dimensão material,* que atua como decisivo obstáculo à edição de atos legislativos de conteúdo arbitrário ou *irrazoável* [...] A essência do *substantive due process of law* reside na necessidade de proteger os direitos e as liberdades das pessoas contra *qualquer* modalidade de legislação que se revele opressiva ou, *como no caso, destituída do necessário coeficiente de razoabilidade*".

[190] BARROSO, Luís Roberto. *Interpretação e aplicação da Constituição*: fundamentos de uma dogmática constitucional transformadora. São Paulo: Saraiva, 1996, p. 209; CANOTILHO, José Joaquim Gomes. *Direito constitucional.* 7. ed. Coimbra: Almedina, 2003, p. 384.

## 4.3.5 Serviços

A Lei nº 14.440/2022 acrescentou um art. 12-A na Lei nº 11.945/2009, que passou a prever a aplicação do *drawback*-suspensão na contração dos seguintes serviços:

> Art. 22. A Lei nº 11.945, de 4 de junho de 2009, passa a vigorar acrescida do seguinte art. 12-A:
>
> "Art. 12-A. A partir de 1º de janeiro de 2023, a aquisição no mercado interno ou a importação, de forma combinada ou não, de serviço direta e exclusivamente vinculado à exportação ou entrega no exterior de produto resultante da utilização do regime de que trata o art. 12 desta Lei poderão ser realizadas com suspensão da Contribuição para o PIS/Pasep, da Cofins, da Contribuição para o PIS/Pasep-Importação e da Cofins-Importação.
>
> § 1º O disposto no *caput* deste artigo aplica-se aos seguintes serviços:
>
> I – serviços de intermediação na distribuição de mercadorias no exterior (comissão de agente);
>
> II – serviços de seguro de cargas;
>
> III – serviços de despacho aduaneiro;
>
> IV – serviços de armazenagem de mercadorias;
>
> V – serviços de transporte rodoviário, ferroviário, aéreo, aquaviário ou multimodal de cargas;
>
> VI – serviços de manuseio de cargas;
>
> VII – serviços de manuseio de contêineres;
>
> VIII – serviços de unitização ou desunitização de cargas;
>
> IX – serviços de consolidação ou desconsolidação documental de cargas;
>
> X – serviços de agenciamento de transporte de cargas;
>
> XI – serviços de remessas expressas;
>
> XII – serviços de pesagem e medição de cargas;
>
> XIII – serviços de refrigeração de cargas;
>
> XIV – arrendamento mercantil operacional ou locação de contêineres;
>
> XV – serviços de instalação e montagem de mercadorias exportadas; e
>
> XVI – serviços de treinamento para uso de mercadorias exportadas.
>
> § 2º Apenas a pessoa jurídica habilitada pela Secretaria Especial de Comércio Exterior e Assuntos Internacionais do Ministério da Economia poderá efetuar aquisições ou importações com suspensão na forma deste artigo.
>
> § 3º A Secretaria Especial de Comércio Exterior e Assuntos Internacionais e a Secretaria Especial da Receita Federal do Brasil do Ministério da Economia disciplinarão em ato conjunto o disposto neste artigo.
>
> § 4º O Poder Executivo poderá dispor sobre a aplicação do disposto no *caput* deste artigo a outros serviços associados a produtos exportados.

A desoneração, como se vê, abrange apenas o PIS/Pasep e a Cofins incidentes nos serviços prestados por empresas brasileiras ou importados, previstos nos incisos I a XVI do § 1º do art. 12-A. Esses, ademais, devem constituir um insumo direta e exclusivamente vinculado à exportação ou entrega no exterior de uma mercadoria industrializada por empresa habilitada no *drawback-suspensão*.

Em relação ao IBS e à CBS, por sua vez, o § 3º do art. 90 da Lei Complementar nº 214/2025 estabelece que: "§ 3º O regulamento estabelecerá os requisitos e as condições para a admissão de bens materiais e serviços no regime aduaneiro especial de *drawback*, na modalidade de suspensão". Essa previsão, nos termos do § 4º do art. 434, também é aplicável ao IS. Com isso, foi autorizada uma ampliação considerável da desoneração dos serviços, o que contribuirá para o incremento das exportações incentivadas por meio do *drawback* suspensão.

### 4.3.6 Industrialização

Inicialmente, consoante já examinado, vale ressaltar que, o inciso I do § 1º do art. 12 da Lei nº 11.945/2009 estende as desonerações controladas no *drawback* – regime originalmente concebido como incentivo ao setor industrial – para o reparo, a criação, o cultivo ou a atividade extrativista de produto a ser exportado. Essa previsão visa ao incentivo do segmento do agronegócio, permitindo que a aquisição desonerada de bens utilizados no cultivo de produtos agrícolas ou na criação de animais. Ressalvada essa exceção, o regime especial continua restrito aos produtos manufaturados, o que demanda a compreensão do que se entende por "industrialização" à luz da legislação aduaneira.

A legislação do *drawback* não define "industrialização",[191] tarefa que ficou a cargo dos atos normativos secundários que o regulamentam. Esses, por sua vez, reproduzem *ipsis litteris* o art. 4º do Regulamento do IPI (Decreto nº 7.212/2010), consoante se depreende do exame dos enunciados das Portarias Conjuntas RFB/Secex nº 03/2010 e nº 467/2010, consolidados no art. 3º da Portaria Secex nº 44/2020:

> Art. 3º Para fins do *drawback* suspensão, caracteriza-se como industrialização qualquer operação que modifique a natureza, o funcionamento, o acabamento, a apresentação ou a finalidade do produto, ou o aperfeiçoe para consumo, tal como a que:
> 
> I – exercida sobre matérias-primas ou produtos intermediários, importe na obtenção de espécie nova (transformação);
> 
> II – importe em modificar, aperfeiçoar ou, de qualquer forma, alterar o funcionamento, a utilização, o acabamento ou a aparência do produto (beneficiamento);
> 
> III – consista na reunião de produtos, peças ou partes e de que resulte um novo produto ou unidade autônoma, ainda que sob a mesma classificação fiscal (montagem);
> 
> IV – exercida sobre produto usado ou parte remanescente de produto deteriorado ou inutilizado, renove ou restaure o produto para utilização (renovação ou recondicionamento); ou
> 
> V – importe em alterar a apresentação do produto, pela colocação da embalagem, ainda que em substituição da original, salvo quando a embalagem colocada se destine precipuamente ao transporte da mercadoria (acondicionamento ou reacondicionamento).
> 
> [...]
> 
> § 2º Aplica-se ainda, para fins de definição de processo de industrialização, o disposto nos arts. 5º a 7º do Decreto nº 7.212, de 15 de junho de 2010.
> 
> Art. 4º É admitida a industrialização sob encomenda, na qual a empresa industrial ou comercial beneficiária do regime remete as mercadorias importadas ou adquiridas no mercado interno ao amparo do ato concessório para industrialização por terceiros,

---

[191] Decreto-Lei nº 37/1966, art. 78; Lei nº 10.833/2003, art. 59, § 1º; Lei nº 10.893/2004, art. 14, V, *c*; Lei nº 11.774/2008, art. 17; Lei nº 11.945/2009, arts. 12 a 14; e Lei nº 12.350/2010, arts. 31 a 33.

devendo o produto industrializado ser devolvido à beneficiária para exportação por esta, nos termos da legislação pertinente.

Esse dispositivo tem o mesmo conteúdo do art. 4º do Decreto nº 7.212/2010, já analisado anteriormente, por ocasião do estudo do IPI incidente na importação.[192] Como ressaltado na oportunidade, todas as hipóteses previstas no art. 4º do Decreto nº 7.212/2010 podem configurar industrialização, desde que impliquem o aperfeiçoamento para consumo ou a modificação da natureza ou finalidade. Aplicando essas lições ao *drawback*, tem-se que, quando em série, mecânica e padronizada, operações previstas no art. 3º da Portaria Secex nº 44/2020 podem caracterizar *industrialização*, desde que, não tendo caráter artesanal, extrativo ou artístico, impliquem o aperfeiçoamento do produto final para consumo, a alteração de sua finalidade ou natureza.

### 4.3.7 Fornecimento interno em decorrência de licitação internacional

A Lei nº 8.032/1990 permite a aplicação das desonerações do *drawback* na aquisição de matérias-primas, produtos intermediários e componentes procedentes do exterior para a fabricação de máquinas e de equipamentos para fornecimento no mercado interno em decorrência de licitação internacional:

> Art. 5º O regime aduaneiro especial de que trata o inciso II do art. 78 do Decreto-Lei nº 37, de 18 de novembro de 1966, poderá ser aplicado à importação de matérias-primas, produtos intermediários e componentes destinados à fabricação, no País, de máquinas e equipamentos a serem fornecidos no mercado interno, em decorrência de licitação internacional, contra pagamento em moeda conversível proveniente de financiamento concedido por instituição financeira internacional, da qual o Brasil participe, ou por entidade governamental estrangeira ou, ainda, pelo Banco Nacional de Desenvolvimento Econômico e Social – BNDES, com recursos captados no exterior. (Redação dada pela Lei nº 10.184, de 2001).

Por outro lado, de acordo com o art. 3º da Lei nº 11.732/2008, considera-se licitação internacional as promovidas por pessoas jurídicas de direito público e privado:

> Art. 3º Para efeito de interpretação do art. 5º da Lei nº 8.032, de 12 de abril de 1990, licitação internacional é aquela promovida tanto por pessoas jurídicas de direito público como por pessoas jurídicas de direito privado do setor público e do setor privado.[193]

---

[192] Ver Cap. II, Item 4.1.2.1.1.
[193] O § 5º do art. 3º da Lei nº 11.732/2008 prevê a edição de regulamentação administrativa acerca das licitações internacionais promovidas por pessoas jurídicas de direito privado. Por outro lado, de acordo com a Portaria Secex nº 44/2020, art. 81: "Parágrafo único. Para fins do disposto nesta seção, considera-se licitação internacional, o procedimento promovido por pessoas jurídicas de direito público e por pessoas jurídicas de direito privado do setor público e do setor privado, destinado à seleção da proposta mais vantajosa à contratante, observados os princípios da isonomia, da impessoalidade, da publicidade, da probidade, da vinculação ao instrumento convocatório, da ampla competição e do julgamento objetivo, e realizado de acordo com o disposto no Decreto nº 6.702, de 18 de dezembro de 2008".

Essa previsão, nos termos do art. 10, aplica-se retroativamente:

> Art. 10. Esta Lei entra em vigor na data de sua publicação, observado, quanto ao *caput* do art. 3º desta Lei, o disposto no inciso I do *caput* do art. 106 da Lei nº 5.172, de 25 de outubro de 1966 – Código Tributário Nacional.[194]

Por fim, essa modalidade não é aplicável na aquisição de insumos desonerados no mercado interno. O deferimento do ato concessório deve ser pleiteado perante a Suext, mediante apresentação do edital de licitação e, dentre outros documentos previstos no art. 82 da Portaria Secex nº 44/2020, a cópia dos contratos do fornecimento e de financiamento. Também é autorizado o deferimento em favor de empresas industriais subcontratadas, desde que prevista na proposta ou no contrato de fornecimento. O prazo de validade é definido em função da data-limite para a efetivação do fornecimento vinculado, iniciando com o registro da primeira declaração de importação vinculada.

### 4.3.8 Drawback *para a industrialização de embarcações*

O *drawback* suspensão, como ressaltado anteriormente, também é aplicável na aquisição de insumos no exterior e no mercado interno para a produção de embarcações, inclusive por fabricantes intermediários. Não é necessária a venda no mercado externo dos produtos finais, que são considerados *como se exportadas fossem*.[195]

O deferimento do ato concessório é de competência da Suext, mediante requerimento em módulo próprio do Siscomex. O interessado deve instruir o pedido com a cópia de construção da embarcação, bem como, para fins de comprovação do regime, apresentar a nota fiscal de venda. O prazo de vigência é de um ano, prorrogável por igual período ou, no caso de aquisição de produtos no exterior, até o limite de sete anos.[196]

### 4.3.9 *Encerramento do ato concessório perante a Secex*

O beneficiário do regime aduaneiro, no prazo de 60 dias do fim de sua vigência, deve requerer à Secex o encerramento do ato concessório. Se a providência não for pleiteada nesse prazo, deve ser realizada de ofício.[197] O encerramento, por outro lado, é classificado em regular, regular com incidentes, ou irregular.

O *encerramento regular* ocorre com a exportação do produto final pela fabricante, nas quantidades e nos valores previstos no ato concessório.[198] A exportação pode ser direta ou indireta, isto

---

[194] "Art. 106. A lei aplica-se a ato ou fato pretérito:
I – em qualquer caso, quando seja expressamente interpretativa, excluída a aplicação de penalidade à infração dos dispositivos interpretados;"

[195] Portaria Secex nº 44/2020, art. 76.

[196] Portaria Secex nº 44/2020, arts. 77-80.

[197] Portaria Secex nº 44/2020: "Art. 40. A beneficiária do regime deverá solicitar o encerramento do ato concessório de *drawback* suspensão tão logo estejam concluídas as operações previstas e os eventuais incidentes.
Parágrafo único. Na hipótese de a beneficiária não solicitar o encerramento do ato concessório de *drawback* suspensão em até 60 (sessenta) dias após esgotada sua vigência, a solicitação de encerramento será feita de ofício, no estado em que se encontrar o ato".

[198] Portaria Secex nº 44/2020: "Art. 43. [...] § 1º O encerramento do ato concessório será considerado regular inclusive nas seguintes condições:

é, mediante venda com fim específico de exportação para empresa comercial exportadora constituída na forma do Decreto-Lei nº 1.248/1972. Também é possível a venda para empresa comercial não constituída nesses termos. Porém, nesse caso, exige-se a exportação efetiva pela adquirente.[199]

A comprovação da exportação ocorre por meio da observância de deveres instrumentais de controles específicos:

> (a) na exportação direta pelo fabricante-exportador, exige-se a prestação das informações do ato concessório (vinculação) na Declaração Única de Exportação (DU-E);
> (b) no *drawback* concedido ao fabricante-intermediário, é necessário o cadastro da nota fiscal de venda do produto intermediário ao fabricante-exportador no ato concessório e da vinculação desse na DU-E;
> (c) na exportação indireta por meio de comercial exportadora, deve-se realizar o cadastro da nota fiscal de venda com fim específico de exportação no ato concessório do regime aduaneiro especial; e, adicionalmente, na hipótese de exportadora não constituída na forma do Decreto-Lei nº 1.248/1972, a vinculação da nota fiscal de venda na DU-E.[200]

---

I – as exportações vinculadas ao ato concessório excederem em até 20% (vinte por cento) as quantidades previstas;
II – houver realização parcial das importações, aquisições no mercado interno e exportações previstas, desde que mantida, nas operações realizadas, a mesma proporção entre as quantidades de mercadorias adquiridas e de produtos exportados; ou
III – os valores das importações, aquisições no mercado interno ou exportações realizadas forem diferentes dos valores previstos, desde que tenha havido agregação de valor no conjunto das operações.
§ 2º Na hipótese de não ser constatada a agregação de valor do conjunto das operações, o encerramento regular estará condicionado à apresentação de justificativa pelo beneficiário acerca dessa ocorrência, podendo ser exigidos os seguintes documentos comprobatórios dos preços praticados nas operações:
I – cotações de bolsas internacionais de mercadorias;
II – publicações especializadas;
III – listas de preços de fabricantes; e
IV – faturas comerciais".

[199] Portaria Secex nº 44/2020: "Art. 32. Entende-se cumprido o compromisso de exportação com:
I – a destinação ao exterior do produto a exportar pela beneficiária do regime;
II – a destinação ao exterior de produto final pela empresa industrial exportadora, no caso de ato concessório de fabricante intermediário de que trata o art. 2º, parágrafo único, inciso I;
III – a venda do produto a exportar a empresa comercial exportadora constituída na forma do Decreto-Lei nº 1.248, de 1972, com fim específico de exportação; ou
IV – a venda do produto a exportar para empresa de fins comerciais habilitada a operar em comércio exterior. (Redação dada pela Portaria Secex nº 216, de 2022)
V – efetivação de exportação sem exigência de saída do produto do território nacional. (Incluído pela Portaria Secex nº 216, de 2022)".

[200] "Art. 32. [...]
§ 1º As operações descritas no *caput* comprovam-se das seguintes formas:
I – nos incisos I e V, por meio da prestação das informações do ato concessório de drawback suspensão no item da Declaração Única de Exportação – DUE; (Redação dada pela Portaria Secex nº 216, de 2022)
II – no inciso II, por meio do cadastro da nota fiscal de venda do produto intermediário no ato concessório de *drawback* e pela prestação das informações, por parte da exportadora, do ato concessório de *drawback* suspensão do fabricante intermediário no item da DUE correspondente ao produto final exportado;
III – nos incisos III e IV, por meio do cadastro da nota fiscal de venda com fim específico de exportação no ato concessório de *drawback*, sendo que a referida nota deverá conter, além dos requisitos exigidos pela legislação tributária, a indicação do Código Fiscal de Operações e Prestações (CFOP) específico para a operação de remessa com o fim específico de exportação. (Redação dada pela Portaria Secex nº 208, de 2022)".

O encerramento regular com incidentes ocorre quando a obrigação de exportação não é integralmente cumprida, caso em que o beneficiário, dentro do prazo de 30 dias[201] contados do fim da vigência, deve adotar uma das seguintes providências alternativas:

(a) pagar os tributos suspensos nas operações de aquisição de insumos dentro do território nacional, com os acréscimos legais[202]; e

(b) em relação aos insumos adquiridos no exterior:

(i) devolução ao exterior[203];

(ii) destruição, sob controle aduaneiro, às expensas do interessado[204];

(iii) destinação para consumo das mercadorias remanescentes, com o pagamento dos tributos suspensos e dos acréscimos legais[205];

(iv) entrega à Fazenda Nacional, livres de quaisquer despesas e ônus, desde esta concorde em recebê-las; ou

(v) transferência para outro regime aduaneiro especial.

Essas mesmas providências devem ser adotadas na renúncia ao regime aduaneiro especial,[206] bem como em relação aos insumos que, por qualquer razão, não tenham sido empregados ou consumidos no processo produtivo, mesmo que integralmente cumprida a obrigação de exportar prevista no ato concessório.[207]

Vale ressaltar que, nos casos de encerramento regular, mediante solicitação à Suext, o beneficiário pode alterar documentos vinculados ao ato concessório para retificação de informações incorretas, modificando o tipo do encerramento.[208]

Por fim, de acordo com a Portaria Secex nº 44/2020, o encerramento será considerado total ou parcialmente irregular nas seguintes hipóteses:

---

[201] Portaria Secex nº 44/2020, art. 39; RA, art. 390, I.

[202] "Art. 37. [...] § 1º No caso de pagamento de tributos de mercadoria adquirida no mercado interno, a beneficiária deverá selecionar a nota fiscal correspondente no ato concessório registrado no Siscomex, informar a quantidade e o valor da mercadoria objeto do pagamento de tributos, bem como justificar sua não utilização no processo produtivo."

[203] "Art. 37. [...] § 4º No caso de devolução ao exterior de mercadoria importada, deverá ser emitida DUE com enquadramento específico, na qual deverão ser prestadas as informações relativas ao ato concessório."

[204] "Art. 37. [...] § 3º No caso de destruição de mercadoria importada, a beneficiária deverá apresentar o protocolo da solicitação de destruição perante a Subsecretaria-Geral da Receita Federal do Brasil, ficando o encerramento do ato condicionado à apresentação do Termo de Verificação e Destruição da Mercadoria, o qual deverá ser apresentado no prazo de 30 (trinta) dias contados de sua emissão."

[205] "Art. 37. [...] § 2º No caso de destinação para consumo com recolhimento dos tributos de mercadoria importada ou de destruição sob controle aduaneiro, a beneficiária deverá selecionar a DI correspondente no ato concessório registrado no Siscomex, informar a quantidade e o valor da mercadoria objeto do incidente, bem como justificar sua não utilização no processo produtivo."

[206] Na renúncia, nos termos do inciso II do art. 390 do RA, não é possível a transferência para outro regime aduaneiro especial.

[207] Portaria Secex nº 44/2020, art. 38.

[208] "Art. 46. A beneficiária do regime poderá alterar documentos vinculados a ato concessório de *drawback* encerrado para retificação de informações incorretas mediante solicitação à Suext.
Parágrafo único. A alteração de documento vinculado a ato concessório encerrado:
I – somente será admitida nos casos em que o ato concessório tenha sido encerrado de forma regular, nos termos dos arts. 43 ou 44 desta Portaria;
II – poderá modificar o tipo de encerramento do ato concessório."

Art. 45. O ato concessório de *drawback* suspensão será encerrado de forma irregular nos casos em que:

I – não tenham sido atendidas as condições para o encerramento regular dispostas nos arts. 43 e 44;

II – não tenha sido atendida integralmente exigência formulada à beneficiária do ato; ou

III – houver descumprimento das demais regras previstas nesta Portaria.

Parágrafo único. O encerramento do ato concessório de *drawback* suspensão será considerado:

I – totalmente irregular, quando não houver nenhuma exportação vinculada ao ato; ou

II – parcialmente irregular, quando houver exportação vinculada ao ato que comprove o cumprimento de parte do compromisso de exportação.

Portanto, o *encerramento irregular* ocorre quando o inadimplemento da obrigação de exportar é desacompanhado da adoção, no prazo de 30 dias, de quaisquer das providências alternativas previstas no art. 390, I, do Decreto nº 6.759/2009 e no art. 37 da Portaria Secex nº 44/2020. Também recebe essa qualificação o encerramento ocorrido sem que os insumos não utilizados na fabricação tenham recebido o mesmo encaminhamento previsto nesses dispositivos (devolução ao exterior, destruição, despacho para consumo, entrega à Fazenda Nacional ou transferência para outro regime aduaneiro). Além disso, a irregularidade pode resultar do não atendimento de exigência formulada ao beneficiário ou quando descumpridas quaisquer das disposições da Portaria Secex nº 44/2020. Em qualquer dessas hipóteses, não tendo ocorrido a exportação de um produto final, o encerramento será considerado como *totalmente irregular*. Por outro lado, se a exportação ocorreu sem a observância das quantidades e dos valores previstos no ato concessório, o encerramento será *parcialmente irregular*.

### 4.3.10 Inadimplemento e cumprimento inexato

### 4.3.10.1 Fiscalização da extinção pela RFB

Após o encerramento do ato concessório pela Secex, esse fica disponível no Siscomex para acesso e fiscalização de outros órgãos competentes.[209] Durante algum tempo, foi discutida se nesse momento a Receita Federal poderia verificar novamente o cumprimento dos requisitos legais do regime. Isso acabou sendo admitido pela jurisprudência do Carf, em interpretação consolidada na Súmula nº 100:

> Súmula nº 100. O Auditor-Fiscal da Receita Federal do Brasil tem competência para fiscalizar o cumprimento dos requisitos do regime de *drawback* na modalidade suspensão, aí compreendidos o lançamento do crédito tributário, sua exclusão em razão do reconhecimento de benefício, e a verificação, a qualquer tempo, da regular observação, pela importadora, das condições fixadas na legislação pertinente.

Destarte, não apenas é possível a fiscalização, como a Receita Federal não está vinculada à qualificação do tipo de encerramento da recebido daquele órgão. A Secex não tem competência para auditar empresas para fins fiscais. Dessa forma, é perfeitamente possível

---

[209] Portaria Secex nº 44/2020: "Art. 47. Os atos concessórios de *drawback* suspensão ficarão disponíveis, no Siscomex, para acesso e fiscalização pelos órgãos competentes".

considerar inadimplido um regime encerrado regularmente sem incidentes, desde que em ato administrativo devidamente fundado.

### 4.3.10.2 Divergência jurisprudencial sobre o adimplemento

A Receita Federal, assim como nos demais regimes aduaneiros especiais, interpreta os requisitos legais do *drawback* como "condições" da desoneração fiscal. Assim, em qualquer caso de descumprimento, inclusive de deveres instrumentais, tem exigido o crédito tributário que entende devido, acrescido de multa e de juros, desde a data do registro da primeira declaração aduaneira.

As decisões da CSRF do Carf têm seguido essa interpretação, mantendo a validade da exigência do crédito tributário, consoante se depreende do seguinte julgado:

> ASSUNTO: IMPOSTO SOBRE A IMPORTAÇÃO – II
> Período de apuração: 16.01.1995 a 27.03.1998
> *DRAWBACK*. MODALIDADE SUSPENSÃO. INADIMPLEMENTO. FALTA DE COMPROVAÇÃO DAS EXPORTAÇÕES.
> A concessão do regime condiciona-se ao cumprimento dos termos e condições estabelecidos no seu regulamento (art. 78 do Decreto-Lei nº 37/1966). O descumprimento das exigências estabelecidas em Ato Concessório e na legislação de regência enseja a cobrança de tributos suspensos relativos às mercadorias importadas sob esse regime aduaneiro especial, acrescidos dos encargos legais.
> Recurso Especial do Procurador Provido.[210]

Mesmo no Carf, contudo, há decisões divergentes que afastam a caracterização do descumprimento diante das simples preterições de formalidades:

> ASSUNTO: IMPOSTO SOBRE A IMPORTAÇÃO II
> Ano-calendário: 2004
> *DRAWBACK* SUSPENSÃO. COMPROVAÇÃO DO REGIME.
> Considera-se cumprido o compromisso de exportação quando efetivamente há exportação de produtos na quantidade, qualidade e no prazo pactuado, sendo irrelevantes eventuais falhas e omissões cometidas pelo contribuinte no preenchimento dos registros de exportação.
> Recurso voluntário provido.[211]

Para uma melhor compreensão da decisão, destaca-se a seguinte passagem do Voto do Conselheiro Antonio Carlos Atulim, relator do recurso voluntário:

> Não existe nenhum dispositivo na lei ou no decreto que diga que a não vinculação do RE ao ato concessório é causa de inadimplemento do regime. Essa falta de vinculação fez

---

[210] Carf. CSRF. 3ª T. Ac. 9303-002.174, S. de 18.10.2012. No mesmo sentido: CSRF. 3ª T. Ac. nº 9303-002869, S. 19.02.2014; Carf. 3ª S. 2ª C. 2ª T.O. Ac. nº 3202-000.878, S. de 21.08.2013 CSRF. 3ª T. Ac. nº 9303-003.062, S. de 25.09.2014: "[...] as exigências contidas no regulamento muito mais do que 'meras obrigações acessórias', são sim condições para fruição do benefício; logo, seu descumprimento tem como consequência inexorável a perda do benefício por descumprimento de suas condições".

[211] Carf. 3ª S. 4ª C. 3ª T.O. Ac. nº 3403-003.362. S. de 16.10.2014.

com que a Secex presumisse o inadimplemento do regime, pois sem a indicação dos atos concessórios nos RE não foi possível fazer a conferência pelo Siscomex. Mas presumir o inadimplemento por uma omissão do contribuinte ao preencher os formulários no sistema, não significa que as exportações não ocorreram dentro do prazo. E essa verificação, no sentido da aferição das exportações, das quantidades exportadas e do prazo em que foram exportadas, pode ser feita pela fiscalização aduaneira, pois se trata de matéria da sua competência.

Esse acórdão alinha-se ao entendimento já adotado em acórdãos mais antigos da CSRF e da época em que o Carf era denominado Conselho de Contribuintes.[212] Porém, acabou sendo reformado pela mais recente composição da CSRF, evidenciando o quanto é polêmica a matéria no contencioso administrativo fiscal:

ASSUNTO: REGIMES ADUANEIROS
Ano-calendário: 2004
*DRAWBACK*. FALTA DE COMPROVAÇÃO DO ADIMPLEMENTO.
Somente serão aceitos para comprovação do adimplemento da condição resolutiva do Regime Aduaneiro Especial de *Drawback* registros de exportação devidamente vinculados ao respectivo ato concessório e que contenham o código de operação próprio do Regime.[213]

No Judiciário, a maioria das decisões dos TRFs também interpreta os requisitos legais do *drawback* enquanto condições resolutivas, a exemplo do seguinte aresto:

TRIBUTÁRIO. MANDADO DE SEGURANÇA. INCLUSÃO. TOTALIDADE DOS DÉBITOS. PARCELAMENTO. LEI Nº 11.941/2009. DRAWBACK. MODALIDADE SUSPENSÃO.
No regime especial de *drawback*, na modalidade suspensiva, ocorre o fato gerador dos tributos (importação) com o desembaraço aduaneiro. No entanto, a exigibilidade do tributo fica suspensa com a concessão do benefício. Apenas quando não há o implemento da condição resolutiva (exportação) no prazo concedido pela legislação aduaneira, surge a obrigação tributária. Comprovado o não atendimento das condições assumidas no termo de responsabilidade, quais sejam, a exportação de uma quantidade de produtos específicos mínimos e/ou de valores mínimos, deve incidir o imposto questionado, em face da não implementação da condição suspensiva. [...].[214]

Não obstante, desde que demonstrada a efetiva exportação do produto, alguns julgados têm afastado a configuração do descumprimento diante da não observância de requisitos

---

[212] "[...] *DRAWBACK* SUSPENSÃO.
A essencialidade para fruição do Regime Aduaneiro Especial de *Drawback* Suspensão está no cumprimento do compromisso de exportação, e, uma vez cumprido tal compromisso, faz jus o contribuinte ao direito de não pagar os tributos incidentes na importação dos insumos com benefício fiscal" (Carf. CSRF. 3ª T. Ac. nº 9303¬00.276. S. de 22.10.2009). No mesmo sentido: Carf. 3ª S. 2ª C. 1ª T.O. Ac. nº 3201-000.990. S. de 23.05.2012; Carf. 3ª S. 2ª C. 1ª T.O. Ac. nº 3201-001.777. S. de 29.01.2013; 3ª CC. 1ª C. Ac. nº 301-32.779. S. de 24.05.2006.

[213] Carf. CSRF. Ac. 9303-005.864. S. de 18.10.2017.

[214] TRF4. 1ª Turma. Apelreex 5010690-84.2011.4.04.7205. Rel. Des. Luiz Antonio Bonat. Data de publicação: 09.11.2016.

formais. Destaca-se, nesse sentido, um acórdão do TRF da 3ª Região, em que, apesar de ter ocorrido a industrialização e a exportação do produto final, a Receita Federal considerou descumprido o regime em função de um erro na classificação fiscal:

> TRIBUTÁRIO. IMPORTAÇÃO. CLASSIFICAÇÃO FISCAL. NCM. ERRO MATERIAL. AUTO DE INFRAÇÃO. REGIME ADUANEIRO DE *DRAWBACK*. CRÉDITO DESCONSTITUÍDO. AUSÊNCIA DE MÁ-FÉ DO CONTRIBUINTE E PREJUÍZO AO FISCO.
>
> 1. Apelação em face de sentença proferida pelo Juízo da 1ª Vara Federal de Vitória/ES, que julgou procedentes os pedidos desta Ação Ordinária, para declarar a insubsistência do Auto de Infração MPF 727600.000987/08 e determinar o cancelamento das CDAs nº 72 3 09 000029-75, nº 72 4 09 000120-80 e nº 72 6 09 000374-60.
>
> 2. A controvérsia remanescente restringe-se à descaracterização ou não do regime de *Drawback* suspensão, pela incorreta classificação dos produtos pelo contribuinte, no caso concreto.
>
> 3. A inexistência de diferenciação no tratamento tributário e aduaneiro entre as duas classificações (a perpetrada pelo contribuinte e aquela indicada como correta pela autoridade fiscal) comprova tanto a ausência de má-fé ou intenção de fraude por parte da autora, quanto a inexistência de prejuízo à Administração.
>
> 4. A correta classificação das resinas importadas, no NCM indicado pela autoridade fiscal, foi definida após análise técnica dos produtos, o que comprova que o erro cometido pelo contribuinte não foi grosseiro ou derivado de desídia, mas escusável, na medida em que demandou perícia para sua aferição.
>
> 5. Para o gozo do benefício do *Drawback* o essencial é a utilização, direta ou indireta, dos produtos importados, no processo produtivo de produto exportado, requisito sobre o qual não há controvérsia nos autos.
>
> 6. Apelação a que se nega provimento.[215]

Nessa mesma linha, decisões dos TRFs da 3ª e 5ª Região têm afastado o descumprimento diante de simples erro de preenchimento de informações nos atos de exportação do produto final:

> PROCESSUAL CIVIL. MANDADO DE SEGURANÇA. SISCOMEX. *DRAWBACK*. REGISTROS DE EXPORTAÇÃO. EQUÍVOCO NO PREENCHIMENTO. ALTERAÇÃO. POSSIBILIDADE.
>
> 1. Pretende a autora a anulação dos débitos constituídos através do Procedimento Administrativo 10314.002426/99-21, sob a fundamentação de que houve o cumprimento das condições determinantes do regime de *Drawback*, tendo havido apenas erro quando da formalização dos registros de exportação.
>
> 2. A eventual irregularidade no preenchimento dos códigos da guia de exportação constitui mero erro material, incapaz de desnaturar a substância do regime denominado *drawback*, considerando desnecessária a absoluta identidade física entre os insumos importados e o produto beneficiado a ser exportado, desde que cumprido o compromisso

---

[215] TRF2. 3ª T. Especializada. Acórdão 0008096-29.2009.4.02.5001. Rel. Des. Erico Teixeira Vinhosa Pinto. Data de publicação: 12.04.2018.

de exportação firmado. Precedentes deste Tribunal Regional Federal da 3ª Região e de outras Cortes Regionais.

[...]

4. Apelação e remessa oficial parcialmente providas.[216]

TRIBUTÁRIO E ADUANEIRO. *DRAWBACK*. ATOS CONCESSÓRIOS CONSIDERADOS INADIMPLENTES. PERÍCIA JUDICIAL. CUMPRIMENTO DAS EXIGÊNCIAS RELATIVAS À EXPORTAÇÃO. ANULAÇÃO DO ATO. POSSIBILIDADE.

1. Apelação interposta por pessoa jurídica de direito privado em face de sentença que julgou improcedente a ação ajuizada com o fito de obter a anulação da decisão administrativa que decidiu pela sua qualificação de inadimplente quanto às operações relativas a ACs (Atos Concessórios de *Drawback*).

2. *Drawback* é um Regime Aduaneiro Especial que acarreta a desoneração fiscal dos insumos empregados em mercadorias a serem exportadas, com a finalidade de tornar a mercadoria nacional mais competitiva no mercado internacional.

3. Trata-se de incentivo fiscal sujeito ao cumprimento dos requisitos previstos na legislação de regência, especialmente a demonstração da efetiva exportação das mercadorias beneficiadas, sob pena de recolhimento de todos os tributos suspensos no decorrer da operação.

4. A empresa recorrente sustenta que os registros de exportação não teriam sido reconhecidos pelos sistemas da Receita pelo fato de que o CNPJ constante dos Atos Concessórios era o anterior à cisão da empresa principal, enquanto os registros de exportação já faziam referência ao seu CNPJ.

5. Laudo Pericial a demonstrar o registro das exportações, a existência de notas fiscais vinculadas a esses registros, a correspondência entre as quantidades e valores apresentados nos Registros de Exportação e os compromissos de exportação firmados nos Atos Concessórios, a integral utilização dos produtos importados no processo produtivo do couro a ser exportado, bem assim que as comprovações de exportação (REs) relativas aos Atos Concessórios foram envidadas dentro do prazo estabelecido por lei, contrariando a informação fiscal de que inexistiria a exportação correspondente.

6. Laudo Pericial Complementar demonstrando, ainda, que a cisão parcial da empresa não teve o condão de alterar o processo de industrialização das mercadorias envolvidas no *Drawback*, porquanto ocorreu uma "sucessão empresarial" na qual não houve circulação física de bens, sendo possível a vinculação dos Atos Concessórios à empresa oriunda da cisão.

7. O ato administrativo é dotado de presunção de legitimidade e veracidade relativas, podendo ser ilidida mediante prova em contrário. Anulação da decisão administrativa que declarou como inadimplentes as operações relativas aos ACs apontados nos autos.

8. Apelação provida. Inversão do ônus da sucumbência. Honorários fixados em 10% sobre o valor da condenação, nos termos do art. 20, § 4º, do CPC/1973, aplicável à espécie.[217]

Registre-se ainda, no mesmo sentido, a recente decisão da 1ª Turma do STJ, que afastou o descumprimento do *drawback* apenas em razão da falta de vinculação do ato concessório na declaração de exportação:

---

[216] TRF3. 3ª T. Apreenec 1.614.996/SP. Rel. Des. Antonio Cedenho. Data de publicação: 28.10.2016.
[217] TRF5. 3ª Turma. AC 00134145320114058100. Rel. Des. Alcides Saldanha. Data de publicação: 02.08.2016.

TRIBUTÁRIO. REGIME FISCAL. *DRAWBACK*. DESCUMPRIMENTO DE OBRIGAÇÃO ACESSÓRIA (REGISTRO DE EXPORTAÇÃO). COMPROVAÇÃO, EM JUÍZO, DAS CONDIÇÕES NECESSÁRIAS AO RECONHECIMENTO DO DIREITO. POSSIBILIDADE.

1. O descumprimento de obrigação acessória (Registro de Exportação), que serve à comprovação das importações e exportações vinculadas ao incentivo fiscal com o fim de oportunizar a fiscalização de tributos, não impede que a parte interessada possa ingressar em juízo para comprovar o cumprimento, à época própria, das condições para a fruição do regime de *drawback*.

2. O direito ao regime de *drawback* se dá com a comprovação das exportações vinculadas ao incentivo fiscal no período correlato, e não só com o cumprimento da obrigação acessória.

3. Hipótese em que o Tribunal Regional Federal da 4ª Região, com apoio em exame probatório, decidiu pela comprovação do direito ao regime de *drawback* suspensão, embora não apresentada pela sociedade empresária o Registro de Exportação no tempo próprio.

4. Recurso especial não provido.[218]

Nota-se, assim, uma tendência formalista no âmbito administrativo, ainda mantida pela maioria das decisões judiciais, mas que, mais recentemente, vem sendo afastada quando, a despeito da não observância de deveres instrumentais, é demonstrado o emprego do insumo na fabricação do produto final e efetivada a sua exportação.

Como analisado na parte geral do presente capítulo, a orientação formalista é uma consequência do equívoco doutrinário que considera os requisitos legais como "condições" dos regimes aduaneiros, não sujeitas ao cumprimento parcial, mas ao implemento dentro de uma lógica do *all or nothing*.[219] Quem ainda vê os requisitos legais como "condição", critica a inclinação jurisprudencial que considera adimplido o regime diante do descumprimento de deveres instrumentais. Entende-se que haveria uma flexibilização ou afastamento equitativo do descumprimento dos requisitos legais do *drawback*, incompatível com o art. 111, I, do Código Tributário Nacional.[220] Porém, essas "condições" são, na realidade, condições impróprias (*conditio iuris*). Não estão sujeitas ao implemento, mas ao cumprimento. Daí que as consequências jurídicas da não observância das obrigações e deveres instrumentais do regime devem ser analisadas a partir da teoria geral do inadimplemento, vale dizer, diferenciando o descumprimento absoluto e o relativo, bem como o cumprimento defeituoso ou imperfeito.

Na verdade, repisando o que já foi ressaltado na parte geral, o curioso é que, mesmo sem saber, as autoridades aduaneiras já aplicam essa diferenciação no aspecto quantitativo. Assim, apesar de ainda considerarem os requisitos como condição, não se exige a totalidade do crédito tributário nos casos de não "implemento" parcial. Dessa maneira, se o sujeito passivo se comprometeu a exportar dez unidades de um produto industrializado no *drawback* suspensão, mas só conseguiu cumprir essa obrigação em relação a oito deles, o crédito tributário é cobrado considerando apenas a diferença. Esse encaminhamento, amplamente adotado pela Receita Federal no plano pragmático, só seria lícito diante de condições impróprias, uma vez

---

[218] STJ. 1ª T. REsp 1.486.953/SC. Rel. Min. Gurgel de Faria. *DJe* 09.08.2019.
[219] Com efeito, consoante demonstrado na parte geral, as condições são cláusulas acessórias que subordinam os efeitos de um negócio jurídico à ocorrência de um evento futuro e incerto. Não estão sujeitas ao cumprimento, total ou parcial, mas ao implemento: o evento ocorre ou não ocorre.
[220] "Art. 111. Interpreta-se literalmente a legislação tributária que disponha sobre:
I – suspensão ou exclusão do crédito tributário;"

que as verdadeiras condições não são passíveis de implemento parcial: ou evento futuro e incerto se realiza, ou não se realiza. Resta apenas avançar nessa prática e o que se propõe, no presente estudo, é que isso ocorra sob o roteiro seguro da teoria geral do inadimplemento[221].

### 4.3.10.3 Diferenciação entre as formas de inadimplemento

A diferenciação e os pressupostos de caracterização do inadimplemento e cumprimento inexato já foram analisados na parte geral do estudo dos regimes aduaneiros especiais. Nesse momento, portanto, cabe apenas a sua revisão.[222]

Assim, deve-se ter presente que, para a caracterização do inadimplemento, a não prestação das obrigações de fazer e de não fazer que decorrem dos requisitos legais do regime aduaneiro sempre deve ser substancial. Não há inadimplemento nos casos em que o descumprimento parcial é inexpressivo ou de escassa importância, sob os aspectos qualitativo ou quantitativo. É o que se tem, *v.g.*, quando a exportação ocorre poucos dias após o encerramento do prazo, de sorte que, diante das particularidades do caso concreto, mostra-se razoável considerar a prestação substancialmente adimplida.

Não obstante, o interessado deve demonstrar que foi diligente e envidou os esforços esperados para cumprir a prestação no lugar, no modo e no prazo devidos. Além disso, é essencial que a finalidade imediata do regime aduaneiro tenha sido atingida no caso concreto, isto é, os insumos devem ter sido empregados no processo industrial e o produto final deve ter sido exportado. Afinal, antes de um fim em si mesmo, o *drawback* tem natureza instrumental e visa precipuamente ao desenvolvimento econômico nacional e ao incentivo das exportações, com geração de emprego e renda, ingresso de divisas e equilíbrio da balança de pagamentos.

O Código Aduaneiro do Mercosul (CAM), quando dispõe sobre a admissão temporária para aperfeiçoamento ativo, que é o regime aduaneiro especial equivalente ao *drawback*[223] (Artigo 56[224]), corrobora a diferenciação preconizada neste estudo, reservando a exigência dos tributos e a cominação de penalidades apenas para os casos de "descumprimento de obrigações substanciais do regime":

> **Artigo 61 – Descumprimento de obrigações substanciais do regime**
> 1. Verificado o descumprimento de obrigações substanciais impostas como condição para concessão do regime, a mercadoria submetida ao regime de admissão temporária para aperfeiçoamento ativo será considerada importada definitivamente.

Por fim, não se pode confundir o inadimplemento com o cumprimento inexato ou imperfeito. Neste, o beneficiário cumpre as obrigações de fazer e de não fazer no lugar, no

---

[221] Como ressaltado acima, esse caminho não constitui uma opção discricionária do intérprete. Ao contrário, trata-se de uma exigência dogmática inafastável decorrente da natureza jurídica das "condições", vale dizer, da compreensão de que, a rigor, estas nada mais são do que requisitos legais.

[222] Ver item 1.7.

[223] BARBIERI, Luís Eduardo Garrossino. O novo *drawback* "flex". *In*: SARTORI, Angela (Coord.). *Questões atuais de direito aduaneiro e tributário à luz da jurisprudência dos Tribunais*. São Paulo: IOB-Sage, 2017, p. 190.

[224] "**Artigo 56 – Definição**
A admissão temporária para aperfeiçoamento ativo é o regime pelo qual a mercadoria é importada sem pagamento dos tributos aduaneiros, com exceção das taxas, para ser destinada a determinada operação de transformação, elaboração, reparo ou outra autorizada e à posterior reexportação sob a forma de produto resultante, em prazo determinado."

modo e no prazo devidos, mas sem observar os deveres instrumentais impostos pela legislação aduaneira. A hipótese abrange a maior parte dos casos em que o Judiciário tem afastado, com absoluto acerto, a configuração do inadimplemento.

Foi o que ocorreu, por exemplo, no julgado pelo TRF da 3ª Região, transcrito anteriormente, em que houve industrialização e exportação tempestiva do produto final, mas o beneficiário incorreu em erro na indicação da classificação fiscal da mercadoria.[225] Da mesma forma, os acórdãos dos TRFs da 3ª e da 5ª Região, que afastaram o descumprimento diante de simples erro de preenchimento das declarações de exportação do produto final.[226] Por fim, a decisão da 1ª Turma do STJ, também transcrita acima, que entendeu cumpridos os requisitos da desoneração vinculada ao regime diante da simples omissão da vinculação do ato concessório na declaração de exportação.[227]

Esses casos permitem compreender de forma mais nítida a diferença entre o inadimplemento e o cumprimento imperfeito ou inexato. Neles não houve descumprimento absoluto nem relativo, porque o interesse na prestação é perfeitamente atingido: não houve desvio de finalidade durante a vigência do ato concessório e, após o emprego do insumo na fabricação, o produto final foi exportação. Tudo dentro do modo, do lugar e do tempo exigidos pela legislação. O beneficiário cumpriu a prestação a que estava vinculado. Contudo, não foram observados os deveres instrumentais no interesse da fiscalização, o que caracteriza um cumprimento inexato ou imperfeito. Em situações dessa natureza, não podem ser imputadas ao sujeito passivo as consequências jurídicas do descumprimento da prestação principal. Porém, estará sujeito à penalização, desde que a não observância dos deveres instrumentais configure uma infração aduaneira tipificada na fiscalização.[228]

### 4.3.11 *Juros e multa de mora*

Quando a obrigação de exportar não é cumprida, total ou parcialmente, o beneficiário deve adotar, dentro do prazo de 30 dias contados do fim da vigência do ato concessório, uma das providências alternativas previstas no art. 37 da Portaria Secex nº 44/2020 e no art. 390, I, do Regulamento Aduaneiro (Decreto nº 6.759/2009), já analisadas acima. Dentre elas, a que causa mais controvérsia é a destinação para consumo das mercadorias remanescentes adquiridas no exterior, mais precisamente em razão do termo inicial dos juros e do cabimento da multa moratória.

O STJ tem entendido que, nessas situações, os juros de mora e a multa moratória incidem apenas depois de esgotado o prazo de 30 dias previsto para adoção da medida. Recentemente, inclusive, em setembro de 2021, a questão foi pacificada pela Primeira Seção da Corte:

> TRIBUTÁRIO. EMBARGOS DE DIVERGÊNCIA. REGIME ESPECIAL DE IMPORTAÇÃO. *DRAWBACK* SUSPENSÃO. CAUSA DE EXCLUSÃO DE CRÉDITO TRIBUTÁRIO. MULTA MORATÓRIA. INCIDÊNCIA A PARTIR DO TRIGÉSIMO PRIMEIRO DIA DO INADIMPLEMENTO DO COMPROMISSO DE EXPORTAR.

---

[225] TRF2. 3ª T. Especializada. Acórdão 0008096-29.2009.4.02.5001. Rel. Des. Erico Teixeira Vinhosa Pinto. Data de publicação: 12.04.2018.
[226] TRF3. 3ª T. Apreenec 1.614.996/SP. Rel. Des. Antonio Cedenho. Data de publicação: 28.10.2016; TRF5. 3ª T. Apelação Cível 00134145320114058100. Rel. Des. Alcides Saldanha. Data de publicação: 02.08.2016.
[227] STJ. 1ª T. REsp 1.486.953/SC. Rel. Min. Gurgel de Faria. *DJe* 09.08.2019.
[228] Sobre a aplicabilidade da multa do art. 107, VII, *e*, do Decreto-Lei nº 37/1966, ver Cap. VII.

1. O *drawback* é uma espécie de regime aduaneiro especial, consistente em um incentivo à exportação, visto que as operações por ele contempladas são aquelas em que se importam insumos, para emprego na fabricação ou no aperfeiçoamento de produtos a serem depois exportados.

2. O fato gerador dos tributos aduaneiros, no *drawback* suspensão, ocorre na data do registro da declaração de importação na repartição aduaneira; o pagamento das respectivas exações é que fica, em princípio, postergado para o prazo de um ano após esse momento, e apenas se não houver o implemento de sua condição resolutiva, que se consuma com o ato mesmo da exportação. Assim, escorreita a compreensão de que, inadimplida a condição estabelecida para a fruição do incentivo (ausência da exportação), os consectários ligados ao tributo, a saber, juros e correção monetária, devem fluir a contar do fato gerador dos tributos suspensos, ou seja, a partir do respectivo registro da declaração de importação na repartição aduaneira.

3. Diferente, no entanto, desponta o viés temporal ligado à aplicação da questionada multa moratória. Tal penalidade, tendo como pressuposto o descumprimento da obrigação de exportar, só poderá atuar após escoado o prazo de 30 dias, cujos alicerces vinham descritos nos arts. 340 e 342 do revogado Decreto nº 4.543/2002 (hoje sucedido pelo Decreto nº 6.759/2009).

4. Caso concreto em que a parte contribuinte recolheu os tributos e consectários legais dentro do prazo de trinta dias.

5. Embargos de divergência providos para reconhecer a não incidência da multa moratória.[229]

Essa exegese mostra-se acertada. Ao nacionalizar os insumos remanescentes, o crédito tributário deve ser calculado considerando a data do registro da respectiva declaração para consumo. É nesse momento em que se manifesta a intenção integradora. Ademais, não há que se falar em mora, já que a regulamentação do *drawback* autoriza a adoção dessa providência em até 30 dias contados do término da vigência.

Deve-se observar, contudo, que a destinação para o consumo é aplicável apenas às mercadorias remanescentes do processo industrial. O beneficiário, portanto, deve realizar a industrialização e exportar os produtos fabricados no País. Apenas quando não consegue fazê-lo integralmente é que a legislação autoriza a destinação ao consumo. Além disso, nos termos do § 2º do art. 37 da Portaria Secex nº 44/2020, o sujeito passivo deve "justificar sua não utilização no processo produtivo".

Por fim, o entendimento do STJ não se aplica aos casos de descumprimento pelo desvio de finalidade. Nessa hipótese, o crédito tributário deve ser calculado considerando a data do registro da primeira declaração aduaneira de ingresso no território nacional. Isso porque o sujeito passivo – desde o momento em que promoveu a transposição da fronteira – já tinha a intenção de integrar a mercadoria na economia nacional. Porém, ao invés de nacionalizar o produto, declarou falsamente o contrário e, sem cumprir a finalidade concessória do *drawback*, comercializou o bem indevidamente no mercado interno.

---

[229] STJ. 1ª S. EREsp 1.578.425/RS, Rel. Min. Sérgio Kukina. J. 16.09.2021, *DJe* 23.09.2021.

## 4.3.12 Prescrição e decadência

No deferimento do ato concessório, o interessado deve formalizar um termo de responsabilidade por meio do qual serão constituídos os créditos tributários que incidiriam se a operação fosse tributada.[230] Esses serão exigidos em caso de inadimplemento dos requisitos legais, com a intimação prévia do interessado para manifestação, caso a operação realize a hipótese de incidência dos tributos aduaneiros.[231] Não há, assim, lavratura de auto de lançamento, de sorte que, em caso de não pagamento voluntário, deve ocorrer a inscrição em dívida ativa e cobrança pela Procuradoria da Fazenda Nacional,[232] mediante ajuizamento de execução fiscal dentro do prazo de decadência de 5 anos previsto no art. 174 do CTN.

Embora o crédito tributário tenha sido constituído por ocasião do deferimento do regime aduaneiro, pelo princípio da *actio nata*, o termo inicial do prazo prescricional é a data em que ocorre a lesão ao direito subjetivo da Fazenda Nacional, vale dizer, após o esgotamento do prazo de 30 dias para o pagamento voluntário pelo devedor. Por conseguinte, não há que se falar em decadência, mas em prescrição do crédito tributário.

Não obstante, há situações em que o crédito tributário deve necessariamente ser constituído por meio de lançamento de ofício. Isso ocorre, nos termos do art. 766 do Decreto nº 6.759/2009 (Regulamento Aduaneiro), quando a exigência do crédito tributário for apurada em procedimento posterior à apresentação do termo de responsabilidade, em decorrência de aplicação de penalidade ou de ajuste no cálculo de tributo devido:

> Art. 766. A exigência de crédito tributário apurado em procedimento posterior à apresentação do termo de responsabilidade, em decorrência de aplicação de penalidade ou de ajuste no cálculo de tributo devido, será formalizada em auto de infração, lavrado por Auditor-Fiscal da Receita Federal do Brasil, observado o disposto no Decreto nº 70.235, de 1972.

Dessa maneira, nos casos em que é obrigatório o lançamento de ofício, já não há que se falar em prescrição, mas em decadência do crédito tributário. Deve-se considerar, ademais, que não há pagamento parcial do crédito tributário no descumprimento. Assim, o termo inicial submete-se ao disposto no art. 173, I, do CTN, de sorte que o crédito tributário deve

---

[230] Decreto-Lei nº 37/1966, art. 72.
[231] RA/2009: "Art. 761. A exigência do crédito tributário constituído em termo de responsabilidade deve ser precedida de:
I – intimação do responsável para, no prazo de dez dias, manifestar-se sobre o descumprimento, total ou parcial, do compromisso assumido; e
II – revisão do processo vinculado ao termo de responsabilidade, à vista da manifestação do interessado, para fins de ratificação ou liquidação do crédito.
§ 1º A exigência do crédito, depois de notificada a sua ratificação ou liquidação ao responsável, deverá ser efetuada mediante:
I – conversão do depósito em renda da União, na hipótese de prestação de garantia sob a forma de depósito em dinheiro; ou
II – intimação do responsável para efetuar o pagamento, no prazo de trinta dias, na hipótese de dispensa de garantia, ou da prestação de garantia sob a forma de fiança idônea ou de seguro aduaneiro.
§ 2º Quando a exigência for efetuada na forma prevista no inciso II do § 1º, será intimado também o fiador ou a seguradora".
[232] RA/2009: "Art. 763. Não efetuado o pagamento do crédito tributário exigido, o termo será encaminhado à Procuradoria da Fazenda Nacional, para cobrança".

ser constituído no prazo de cinco anos contados do primeiro dia útil do exercício seguinte ao que o lançamento poderia ter sido efetuado.[233]

Logo, no *drawback* suspensão, o prazo decadencial tem início no primeiro dia do ano seguinte ao término do prazo de 30 dias para a adoção das providências alternativas à exportação. Isso porque, antes disso, ainda não é possível a realização do lançamento de ofício, porquanto a legislação faculta ao sujeito passivo a devolução ao exterior, a destruição, o despacho para consumo, a entrega à Fazenda Nacional ou a transferência para outro regime aduaneiro especial.

Destaque-se, a propósito, a doutrina de Francisco José Barroso Rios:

> [...] a exigência fiscal decorrente do descumprimento dos compromissos assumidos no *drawback* suspensão, ou da constatação de irregularidades no *drawback* isenção, deverá ser formalizada de ofício, sujeita, portanto, a decadência. Em quaisquer casos, a contagem do prazo decadencial seguirá a regra do art. 173, inciso I, do CTN. No caso do *drawback* suspensão, a contagem do prazo decadencial será estabelecida a partir do trigésimo dia subsequente ao do vencimento do prazo estabelecido no respectivo ato concessório para o adimplemento das obrigações firmadas pelo beneficiário do regime.[234]

Esse entendimento, após amplo acolhimento pela Turmas Julgadoras da 3ª Seção e pela CSRF,[235] foi consolidado na Súmula Carf nº 156:

> No regime de *drawback*, modalidade suspensão, o termo inicial para contagem do prazo quinquenal de decadência do direito de lançar os tributos suspensos é o primeiro dia do exercício seguinte ao encerramento do prazo de trinta dias posteriores à data limite para a realização das exportações compromissadas, nos termos do art. 173, I, do CTN.

O problema é que, mesmo podendo encaminhar o termo de responsabilidade para inscrição em dívida ativa, muitas vezes a autoridade aduaneira, por equívoco, lavra um lançamento de ofício. Nesses casos, o novo lançamento será nulo de pleno direito, porque não é cabível o duplo lançamento de crédito tributário em relação ao mesmo fato jurídico. Por outro lado, essa lavratura equivocada não suspende nem interrompe o prazo prescricional. Assim, se a nulidade demorar mais de cinco anos para ser reconhecida, a mesma decisão que a declara deve, desde logo, reconhecer a prescrição.

---

[233] RA/2009: "Art. 763. Não efetuado o pagamento do crédito tributário exigido, o termo será encaminhado à Procuradoria da Fazenda Nacional, para cobrança".

[234] RIOS, Francisco José Barroso. A decadência e a prescrição no regime aduaneiro especial de *drawback*. Revista Dialética de Direito Tributário nº 158, p. 31-44.

[235] Acórdão 03-04978. CSRF. S. de 21.08.2006; Acórdão 3202-00.150. 3ª S. 2ª C. 2ª TO. S. de 29.07.2010; Acórdão 3101-00.493. 3ª S. 1ª C. 1ª TO. S. de 26.08.2010; Acórdão 3101-00.447. 3ª S. 1ª C. 1ª TO. S. de 30.07.2010; Acórdão 3101-00.300. 3ª S. 1ª C. 1ª TO. S. de 17.11.2009; Acórdão 3101-00.295. 3ª S. 1ª C. 1ª TO. S. de 17.11.2009; Acórdão 3101-00.289. 3ª S. 1ª C. 1ª TO. S. de 16.11.2009; Acórdão 3102-00.699. 3ª S. 1ª C. 2ª TO. S. de 01.07.2010.

## 4.4 *Drawback*-isenção

No *drawback*-isenção, a legislação aduaneira permite a aquisição desonerada[236] no mercado interno e no exterior de insumos equivalentes aos utilizados ou consumidos na industrialização de produto exportado. O conceito de industrialização e as vedações de aplicação do regime são as mesmas do *drawback*-suspensão.[237] De acordo com o art. 52 da Portaria Secex nº 44/2020, são considerados equivalentes os produtos da mesma espécie, qualidade e quantidade dos anteriormente adquiridos no mercado interno ou no exterior. O regime, ademais, pode ser pleiteado pelo industrial-exportador, pelo fabricante-intermediário ou por empresas que promovam o cultivo de produtos agrícolas ou a criação de animais.

A competência para o deferimento do ato concessório é da Secex (Secretaria de Comércio Exterior), por meio do Departamento de Operações de Comércio Exterior (Decex),[238] que, a exemplo do *drawback* suspensão, pode exigir a apresentação de laudo técnico do processo produtivo ou intimar o requerente para esclarecimentos, apresentação de documentos ou retificação de informações.[239]

O pedido deve ser analisado no prazo de até 30 dias, considerando a existência de agregação de valor, a compatibilidade e a relação quantitativa entre os insumos e o processo produtivo, a relação de equivalência entre os produtos originalmente importados ou adquiridos no mercado interno e aqueles destinados à reposição do estoque, inclusive eventual oscilação de preços.[240]

A operacionalização ocorre mediante vinculação da licença de importação (LI) de *drawback* à correspondente adição de declaração de importação (DI).[241] Já nas aquisições no mercado interno, as operações são comprovadas com a respectiva nota fiscal, que deverá especificar o número do ato concessório. O beneficiário, ademais, deve informar os dados da nota no ato concessório do regime aduaneiro.[242]

Por fim, o encerramento ocorre com o término da vigência do ato concessório, que pode ser concedido por um ano, admitida uma prorrogação por igual período.[243]

## 4.5 *Drawback*-restituição

No *drawback*-restituição, o legislador prevê a concessão de um crédito fiscal correspondente ao valor dos tributos federais[244] pagos na importação de insumos utilizados na fabricação de produto nacional exportado. Esse crédito, consignado no Certificado de Crédito Fiscal à Importação, pode ser utilizado apenas para compensação com os tributos devidos em importações posteriores.

Diferentemente das demais modalidades, a competência para o seu deferimento é da Receita Federal, por meio da unidade aduaneira que jurisdiciona o estabelecimento produ-

---

[236] Lei Complementar nº 214/2025: "Art. 91. Não se aplicam ao IBS e à CBS as modalidades de isenção e de restituição do regime aduaneiro especial de *drawback*".
[237] Portaria Secex nº 44/2020, arts. 49 e 51.
[238] Portaria Secex nº 44/2020, art. 57, na redação da Portaria Secex nº 295/2024.
[239] Arts. 62-65.
[240] Art. 60.
[241] Art. 73.
[242] Art. 74.
[243] Art. 70.
[244] Lei Complementar nº 214/2025: "Art. 91. Não se aplicam ao IBS e à CBS as modalidades de isenção e de restituição do regime aduaneiro especial de *drawback*".

tor.[245] O requerimento de habilitação no regime deve ser apresentado no prazo de 90 dias após a exportação, acompanhado do extrato da declaração de importação do insumo, de demonstrativo do plano de produção e de comprovante da exportação. Após a confirmação do pagamento dos tributos, será determinado o valor do crédito a ser utilizado, que, por sua vez, será processado na mesma conta-corrente bancária indicada para o débito automático do valor dos tributos incidentes na importação.

O prazo de habilitação, de acordo com os itens 2.2. e 2.2.1 da Instrução Normativa SRF nº 30/1972, teria natureza decadencial, podendo, no entanto, ser prorrogado uma única vez por igual período:

> 2.2. A habilitação deverá ser feita num prazo de até (90) noventa dias, a partir da efetiva exportação da mercadoria, ao fim do qual decairá o direito do beneficiário.
> 
> 2.2.1. O prazo estabelecido poderá ser prorrogado, uma única vez, por igual período, a pedido justificado, do interessado.

Trata-se, contudo, de um atecnia do ato regulamentar, uma vez que a restituição não é um direito protestativo do sujeito passivo. Logo, o que se tem, a rigor, é um prazo prescricional. Tanto é assim que pode ser *prorrogado a pedido justificado do interessado.*[246]

Não se aplica, na hipótese, o prazo do art. 168 do CTN para a restituição de tributos. É que, apesar do *nomen iuris*, não se está diante de restituição, porque o reconhecimento do crédito não decorre de um pagamento indevido. O *drawback*-restituição tem natureza jurídica de uma subvenção governamental econômica, que constitui uma liberalidade em favor do exportador, assemelhada à doação modal. Por essa razão, é perfeitamente lícito que, ao conceder a liberalidade, o Poder Público também defina o prazo para que venha a ser reclamada pelo beneficiário.

## 5 ENTREPOSTO ADUANEIRO

### 5.1 Conceito, modalidades e natureza jurídica

O entreposto aduaneiro encontra-se previsto no Decreto-Lei nº 1.455/1976, na redação da Medida Provisória nº 2.158-35/2001 (arts. 9º, 10, 16, 18 a 20), na Lei nº 10.833/2003 (arts. 62 a 64), na Lei Complementar nº 214/2025 (arts. 85, 90 e 434, § 4º), com regulamentação no Decreto nº 6.759/2009 (arts. 404 a 419) e nas Instruções Normativas SRF nº 241/2002[247] e SRF nº 513/2005.[248] Trata-se de um regime aduaneiro especial voltado ao controle do ingresso e da armazenagem de mercadoria estrangeira em recinto alfandegado de uso público ou em instalação portuária de uso privativo misto, autorizado sem o pagamento do imposto de importação (*entreposto aduaneiro na importação*), do IPI, do PIS-Cofins, do AFRMM, do

---

[245] RA, art. 399; IN SRF nº 81/1998, art. 2º.

[246] Sobre a diferença entre prescrição e decadência, cf: AMORIM FILHO, Agnelo. Critério científico para distinguir a prescrição da decadência e para identificar as ações imprescritíveis. *Revista dos Tribunais*, nº 300, p. 07 e ss.

[247] "Dispõe sobre o regime especial de entreposto aduaneiro na importação e na exportação."

[248] "Dispõe sobre a aplicação do regime aduaneiro especial de entreposto aduaneiro de bens destinados à pesquisa e lavra de jazidas de petróleo e gás natural em construção ou conversão no País, contratadas por empresas sediadas no exterior."

ICMS[249] e, com a reforma tributária, do IBS, da CBS e do IS. As mercadorias também podem ser submetidas à exposição, demonstração e teste de funcionamento, manutenção, reparo ou industrialização.[250]

No setor de petróleo e gás natural, é autorizada ainda a aquisição desonerada de insumos (materiais, partes, peças e componentes), inclusive de fornecedores estabelecidos no País, para construção ou para conversão de bens destinados à pesquisa e lavra, contratadas por empresas sediadas no exterior, vinculada à obrigação de exportação.

Na exportação, o regime é um instrumento de controle aduaneiro da armazenagem de produto brasileiro em recinto alfandegado de uso público ou em instalação portuária de uso privativo misto (*entreposto aduaneiro na exportação*), com suspensão dos tributos eventualmente devidos[251] (*regime comum*), ou em local não alfandegado, de uso privativo, com direito à utilização dos benefícios fiscais da exportação mesmo antes do efetivo embarque ao exterior (*regime extraordinário*).

A doutrina diverge acerca da natureza do entreposto. Alguns entendem que se trata de isenção condicionada[252] e outros, de suspensão da exigibilidade[253] ou de "suspenção da possibilidade de constituição do crédito tributário pela Fazenda Pública".[254] Todavia, cumpre considerar que, salvo no setor de petróleo e gás natural,[255] não há formalização de termo de responsabilidade no entreposto.[256] Logo, não se tem um crédito tributário constituído que poderia ser suspenso. Por outro lado, não parece apropriado se falar em "suspensão da possibilidade de constituição". A expressão não é das melhores. O lançamento constitui um ato administrativo vinculado, de sorte que, presentes os pressupostos de fato e de direito exigidos para a prática do ato, a constituição do crédito tributário não só pode como deve ser realizada pela fiscalização. É certo que, na vigência do regime aduaneiro especial, enquanto seus requisitos estiverem sendo cumpridos pelo beneficiário, o crédito tributário não pode

---

[249] RA/2009, art. 404; Lei nº 10.893/2004, art. 14, V, *c*, e 15; Decreto-Lei nº 1.455/1976, art. 9º; Convênio ICMS-Confaz nº 10/1981, cláusula quinta, II.

[250] IN SRF nº 241/2002: "Art. 5º As mercadorias admitidas no regime, conforme referido nos arts. 3º e 4º, poderão ser submetidas, ainda, às seguintes operações, nos termos e condições estabelecidos nesta Instrução Normativa:
I – exposição, demonstração e teste de funcionamento;
II – industrialização; e
III – manutenção ou reparo".

[251] Como examinado anteriormente, não há cobrança de imposto de exportação, ressalvados produtos especiais como cigarros, armas, munições, quando exportados para países específicos. Ver Cap. II, Item 3.

[252] MEIRA, Liziane Angelotti. *Regimes aduaneiros especiais*. São Paulo: IOB, 2002, p. 324; HOLANDA, Flávia. *Aspectos tributários do entreposto aduaneiro*: regimes especiais e o setor do óleo e gás. São Paulo: IOB Sage, 2016. p. 215.

[253] LOPES FILHO, Osiris de Azevedo. *Regimes aduaneiros especiais*. São Paulo: RT, 1984, p. 84.

[254] FOLLONI, André Parmo. *Tributação sobre o comércio exterior*. São Paulo: Dialética, 2005, p. 206.

[255] IN SRF nº 513/2005: "Art. 5º É beneficiário do regime a pessoa jurídica estabelecida no País, previamente habilitada pela Secretaria da Receita Federal do Brasil (RFB), contratada por empresa sediada no exterior, para a construção ou conversão dos bens referidos no art. 1º. (Redação dada pela Instrução Normativa RFB nº 1.410, de 13 de novembro de 2013)
Parágrafo único. O beneficiário responde pelas obrigações tributárias com exigibilidade suspensa na importação, em decorrência da admissão de mercadoria no regime, devendo os correspondentes créditos tributários ser constituídos em termo de responsabilidade (TR), dispensada a prestação de garantia".

[256] IN SRF nº 241/2002: "Art. 28. A suspensão do pagamento dos impostos, decorrente da aplicação do regime de entreposto aduaneiro, dispensa a formalização de termo de responsabilidade e a prestação de garantia".

ser constituído. Isso, contudo, não resulta de uma suspensão da possibilidade de lançamento tributário, mas apenas porque não se encontram presentes os pressupostos autorizadores.

Na importação, o entreposto normalmente é empregado para a formação de um estoque de produtos estrangeiros no território nacional destinados à comercialização local. Não seria irrazoável, assim, tê-lo como uma isenção tributária ou, mais propriamente, um instrumento de controle aduaneiro dos pressupostos de aplicabilidade da isenção. Isso porque já há intenção integradora no momento do ingresso no território nacional. Ocorre que o regime também é aplicável na armazenagem de produtos que serão exportados. No setor de petróleo e gás natural, inclusive, a exportação do produto industrializado é obrigatória. Dessa maneira, o que se observa é que, a rigor, o legislador aduaneiro conferiu um caráter neutro ao entreposto. Dito de outro modo, há uma abertura para usos econômicos diversos (comercialização local ou exportação), que é proporcionada pela finalidade legal do regime aduaneiro especial (formação de estoque de produtos estrangeiros). Isso faz com que a desoneração tributária controlada no entreposto, a despeito de seus possíveis usos econômicos, resulte de uma não incidência pura e simples, dado que a finalidade imediata é apenas a armazenagem local.[257]

Não obstante, no entreposto aplicado ao setor de petróleo e gás natural, exige-se a prévia constituição do crédito tributário em termo de responsabilidade. Esse, contudo, nada mais é do que um requisito legal, dentre outros que devem ser cumpridos pelo beneficiário. Ao final, como já examinado na parte geral, esse crédito poderá ser anulado, revisado ou confirmado, dependendo da presença dos pressupostos de incidência da regra-matriz dos tributos aduaneiros.[258]

Já no entreposto na exportação, cumpre considerar que as receitas de exportação são imunes às contribuições sociais e de intervenção no domínio econômico (CF, art. 149, § 2º, I).[259] Também há imunidade do ICMS (CF, art. 155, § 2º, X, $a$[260]) e do IPI (CF, art. 153, § 3º,

---

[257] É por essa razão, inclusive, que Lopes Filho o denomina "entreposto de estocagem", para "precisar melhor individualidade do regime, em função das suas características e de sua destinação" (LOPES FILHO, Osiris de Azevedo. *Regimes aduaneiros especiais*. São Paulo: RT, 1984, p. 115). Não obstante, o autor entende que a natureza jurídica do regime é de suspensão da exigibilidade do crédito tributário.

[258] Ver Cap. IV, Item 1.4.

[259] "Art. 149. Compete exclusivamente à União instituir contribuições sociais, de intervenção no domínio econômico e de interesse das categorias profissionais ou econômicas, como instrumento de sua atuação nas respectivas áreas, observado o disposto nos arts. 146, III, e 150, I e III, e sem prejuízo do previsto no art. 195, § 6º, relativamente às contribuições a que alude o dispositivo.
[...]
§ 2º As contribuições sociais e de intervenção no domínio econômico de que trata o *caput* deste artigo: (Incluído pela Emenda Constitucional nº 33/2001)
I – não incidirão sobre as receitas decorrentes de exportação; (Incluído pela Emenda Constitucional nº 33/2001)".

[260] "Art. 155. Compete aos Estados e ao Distrito Federal instituir impostos sobre: (Redação dada pela Emenda Constitucional nº 3/1993)
[...]
II – operações relativas à circulação de mercadorias e sobre prestações de serviços de transporte interestadual e intermunicipal e de comunicação, ainda que as operações e as prestações se iniciem no exterior; (Redação dada pela Emenda Constitucional nº 3/1993)
[...]
§ 2º O imposto previsto no inciso II atenderá ao seguinte:
[...]
X – não incidirá:
[...]

III).²⁶¹ Ordinariamente, tampouco há incidência do imposto de exportação, salvo em relação a produtos especiais.²⁶² Por outro lado, ainda que se tenha uma operação tributada, a incidência na exportação demanda a saída do produto do território nacional, o que ainda não ocorre nas circunstâncias controladas pelo regime. Nem mesmo se poderia cogitar da incidência de tributos internos nesse momento, porquanto ainda não houve uma transferência do domínio nem a obtenção de receita, que são pressupostos para a imposição do ICMS, do IPI e do PIS-Cofins. Assim, independentemente do regime, já não seria possível a exigência de crédito tributário de nenhuma natureza. Logo, não há que se falar em suspensão nem isenção.

O depósito da mercadoria no recinto alfandegado pode interessar ao exportador por motivos diversos, desde razões comerciais (emissão de títulos negociáveis, como conhecimento de depósito e *warrant*), até logísticas e relacionadas ao ganho de escala com a formação de lotes na região portuária. Nenhuma delas, contudo, depende do regime aduaneiro especial. Por isso, no regime comum, o entreposto é de escassa relevância. Trata-se apenas de um regime voltado ao controle da remessa e do depósito de mercadoria nacional em recinto credenciado antes do embarque ao exterior, o que pode simplificar o trâmite do despacho aduaneiro de exportação.

O mesmo ocorre no regime extraordinário, com a diferença de que este tem um importante efeito fiscal: a antecipação dos critérios temporal e espacial das regras matrizes dos benefícios fiscais relativos à exportação. Em razão disso, os direitos creditórios dela decorrentes surgem antes da efetiva exportação, de sorte que, na verdade, não se trata de regime voltado ao controle de não incidência ou de isenção, mas dos requisitos legais de uma subvenção governamental econômica.

Dependendo do benefício fiscal antecipado, a subvenção pode ser para custeio ou para investimentos. Ambas resultam de negócios jurídicos unilaterais (não sinalagmáticos), por meio do qual o Poder Público, independente de contraprestação, promove a transmissão de direitos patrimoniais em favor de um determinado sujeito de direitos. Contudo, na subvenção para investimento, o beneficiário deve aplicar o valor da liberalidade recebida no aumento de capital de giro ou em qualquer elemento do ativo.²⁶³

A subvenção tem natureza de transferência de capital, assemelhando-se a uma *doação modal*, uma vez que o beneficiário recebe um valor decorrente de liberalidade, sem assumir qualquer dívida ou obrigação como contrapartida. Isso se dá porque, tal qual a doação modal, a subvenção para investimento, sem perder o caráter de liberalidade, pode ser vinculada à assunção de encargos por parte do beneficiário, como a geração de um determinado volume

---

a) sobre operações que destinem mercadorias para o exterior, nem sobre serviços prestados a destinatários no exterior, assegurada a manutenção e o aproveitamento do montante do imposto cobrado nas operações e prestações anteriores; (Redação dada pela Emenda Constitucional nº 42/2003)."

261  "Art. 153. Compete à União instituir impostos sobre:
[...]
IV – produtos industrializados;
[...]
§ 3º O imposto previsto no inciso IV:
[...]
III – não incidirá sobre produtos industrializados destinados ao exterior."

262  Ver Cap. II, Item 3.

263  De acordo com o art. 12, § 6º, da Lei nº 4.320/1964, "§ 6º São Transferências de Capital as dotações para investimentos ou inversões financeiras que outras pessoas de direito público ou privado devam realizar, independentemente de contraprestação direta em bens ou serviços, constituindo essas transferências auxílios ou contribuições, segundo derivem diretamente da Lei de Orçamento ou de lei especialmente anterior, bem como as dotações para amortização da dívida pública".

de empregos, a manutenção de um faturamento ou de um patamar mínimo de arrecadação.[264] Na legislação brasileira também podem ser concedidas mediante garantia de manutenção de regularidade de obrigações tributárias ou até mesmo a construção de uma unidade industrial. Tais encargos, entretanto, não configuram contraprestação exigível, apresentando relevância jurídica apenas à medida que, não sendo cumpridos, podem dar ensejo à revogação do incentivo.[265] É o caso, *v.g.*, do crédito presumido do IPI previsto na Lei nº 9.826/1999, vinculado à instalação de novos empreendimentos industriais nas áreas de atuação da Superintendência do Desenvolvimento da Amazônia (Sudam) da Superintendência do Desenvolvimento do Nordeste (Sudene) e na região Centro-Oeste, exceto no Distrito Federal.[266]

As subvenções de *custeio*, por sua vez, visam a fazer frente, total ou parcialmente, às despesas operacionais do sujeito contemplado. A sua concessão busca viabilizar economicamente uma atividade de interesse público exercida pelo particular, que, sem a subvenção, não a exerceria ou o faria mediante cobrança de um preço ou tarifa inacessível para a maior parte da população. Isso ocorre em função da composição de custos e de despesas da atividade, que podem torná-la deficitária ou excessivamente onerosa para o particular. Encontram-se previstas no art. 12, § 3º, da Lei nº 4.320/1964, que as subdivide em *subvenções sociais* – destinadas a instituições públicas ou privadas de caráter assistencial ou cultural, sem finalidade

---

[264] Sobre o tema, cf.: PEDREIRA, José Bulhões. *Imposto sobre a renda*: pessoas jurídicas. Rio de Janeiro: Adcoas-Justec, v. I, 1979, p. 680; MINATEL, José Antonio. Subvenções públicas: registros contábeis e reflexos tributários a partir da Lei nº 11.638/07. *Revista Dialética de Direito Tributário* n. 159, p. 43 e ss.; MOREIRA JUNIOR, Gilberto de Castro. Subvenções concedidas pelo Poder Público às Leis 11.638/07 e 11.941/09. In: FERNANDES, Edison Carlos; PEIXOTO, Marcelo Magalhães (Coord.). *Aspectos tributários da nova lei contábil*. São Paulo: MP-Apet, 2010, p. 291 e ss.; COÊLHO, Sacha Calmon Navarro; COELHO, Eduardo Junqueira; LOBATO, Valter de Souza. Subvenções para investimentos à luz das Leis 11.638/2007 e 11.941/2009. In: ROCHA, Sergio Andre (Coord.). *Direito tributário, societário e a reforma da Lei das S.A.* São Paulo: Quartier Latin, v. II, 2010, p. 530 e ss.; GALHARDO, Luciana Rosanova; ROCHA, Felipe Barboza. As alterações introduzidas na lei das sociedades por ações e suas implicações no âmbito tributário: análise detida do novo tratamento conferido às subvenções para investimento. In: ROCHA, Sergio Andre (Coord.). *Direito tributário, societário e a reforma da Lei das S.A.* São Paulo: Quartier Latin, v. I, 2010, p. 234 e ss.; UTUMI, Ana Cláudia Akie. Lei nº 11.638/2007 e implicações tributárias das subvenções para investimento. In: ROCHA, Sergio Andre (Coord.). *Direito tributário, societário e a reforma da Lei das S.A.* São Paulo: Quartier Latin, v. I, 2010, p. 18 e ss.; BARRETO, Gileno G. Controvérsias jurídico-contábeis acerca da incidência da contribuição ao PIS e da Cofins sobre as subvenções econômicas. PIS e Cofins à luz da jurisprudência do Carf. São Paulo: MP, 2011, p. 263; FILHO JUSTEN, Marçal. *Teoria geral das concessões de serviço público*. São Paulo: Dialética, 2003, p. 334 e ss.

[265] Essa característica afasta do conceito de subvenções os pagamentos realizados a título indenizatório, isto é, que não decorrem de liberalidade, mas das regras de responsabilidade civil extracontratual ou contratual do Estado. Da mesma forma, à medida que não configuram liberalidade, os pagamentos realizados a título de contraprestação por serviços ou bens prestados ou transferidos do particular ao Poder Público, bem como os repasses de recursos. Estes porque configuram mera movimentação financeira, isto é, valores recebidos pelo particular – notadamente nos contratos de concessão de serviços públicos – por meio do Estado, mas originários de uma fonte alheia à estrutura estatal. A diferença é exposta por Marçal Justen Filho, que exemplifica citando o repasse da cobrança das tarifas de colega de lixo residencial. FILHO JUSTEN, Marçal. *Teoria geral das concessões de serviço público*. São Paulo: Dialética, 2003, p. 336-337.

[266] "Art. 1º Os empreendimentos industriais instalados nas áreas de atuação da Superintendência do Desenvolvimento da Amazônia – SUDAM e Superintendência do Desenvolvimento do Nordeste – SUDENE farão jus ao crédito presumido do Imposto sobre Produtos Industrializados – IPI, a ser deduzido na apuração deste imposto, incidente nas saídas de produtos classificados nas posições 8702 a 8704 da Tabela de Incidência do Imposto sobre Produtos Industrializados – TIPI, aprovada pelo Decreto nº 2.092, de 10 de dezembro de 1996." (Regulamentado pelo Decreto nº 7.422, de 31 de dezembro de 2010).

lucrativa – e *subvenções econômicas*, quando concedidas a empresas públicas ou privadas de natureza industrial, comercial, agrícola ou pastoril.[267]

## 5.2 Aplicabilidade, prazos e requisitos legais

### 5.2.1 Entreposto aduaneiro na importação

No *entreposto aduaneiro na importação*, o ingresso desonerado de mercadorias estrangeiras no território nacional, com ou sem cobertura cambial, é permitido para fins de armazenagem em recinto alfandegado de uso público credenciado para o exercício dessa atividade em ato declaratório executivo da Superintendência Regional da Receita Federal.

O entreposto pode ser operado ainda nos seguintes locais:

a) Instalações portuárias de uso privativo misto, localizadas dentro ou fora da área de portos organizados e utilizadas em movimentação de passageiros, em movimentação ou armazenagem de mercadorias, destinadas ou provenientes de transporte aquaviário;[268]

b) Recinto de uso privativo, alfandegado em caráter temporário para realização de eventos desportivos internacionais[269] ou para exposição em feira, congressos, mostras ou eventos semelhantes;[270]

c) Plataformas de pesquisa e lavra de jazidas de petróleo e gás natural em construção ou em conversão, contratadas por empresas sediadas no exterior[271];

---

[267] "Art. 12. [...] § 3º Consideram-se subvenções, para os efeitos desta lei, as transferências destinadas a cobrir despesas de custeio das entidades beneficiadas, distinguindo-se como:
I – subvenções sociais, as que se destinem a instituições públicas ou privadas de caráter assistencial ou cultural, sem finalidade lucrativa;
II – subvenções econômicas, as que se destinem a empresas públicas ou privadas de caráter industrial, comercial, agrícola ou pastoril."

[268] Lei nº 10.833/2003: "Art. 62. O regime de entreposto aduaneiro de que tratam os arts. 9º e 10 do Decreto-Lei nº 1.455, de 7 de abril de 1976, com a redação dada pelo art. 69 da Medida Provisória nº 2.158-35, de 24 de agosto de 2001, poderá, mediante autorização da Secretaria da Receita Federal, observados os requisitos e condições estabelecidos na legislação específica, ser também operado em:
I – instalações portuárias previstas no inciso III do art. 2º da Lei nº 12.815, de 5 de junho de 2013;" (Redação dada pela Lei nº 12.844/2013).

[269] IN SRF nº 241/2002: "Art. 6º [...] § 1º O regime poderá ser operado, ainda, em: I – recinto de uso privativo, alfandegado em caráter temporário para realização de eventos desportivos internacionais ou para exposição de mercadorias importadas em feira, congresso, mostra ou evento semelhante, inclusive os recintos destinados a instalação de centro de mídia, concedido ao correspondente promotor do evento; e" (Redação dada pela Instrução Normativa RFB nº 1.444, de 12 de fevereiro de 2014).

[270] Decreto-Lei nº 1.455/1976: "Art. 16. O regime especial de entreposto aduaneiro na importação permite, ainda, a armazenagem de mercadoria estrangeira destinada a exposição em feira, congresso, mostra ou evento semelhante, realizado em recinto de uso privativo, previamente alfandegado pela Secretaria da Receita Federal para esse fim, a título temporário". (Redação dada pela Medida Provisória nº 2.158-35/2001).

[271] Lei nº 10.833/2003: "Art. 62. [...] II – bens destinados à pesquisa e lavra de jazidas de petróleo e gás natural em construção ou conversão no País, contratados por empresas sediadas no exterior e relacionados em ato do Poder Executivo. (Redação dada pela Lei nº 12.844, de 2013)".

d) Estaleiros navais ou em outras instalações industriais localizadas à beira-mar, destinadas à construção de estruturas marítimas, plataformas de petróleo e módulos para plataformas.[272]

Além de armazenadas, as mercadorias podem ser submetidas à manutenção ou reparo, exposição, demonstração e teste de funcionamento ou industrialização.[273] Nesse último caso, o recinto alfandegado – conforme sua localização – receberá a denominação "aeroporto industrial", "plataforma portuária industrial" ou "porto seco industrial".

O entreposto aduaneiro pressupõe, como obrigação principal, a manutenção do produto no local de aplicação pelo prazo autorizado, além da obrigação de não desviar a finalidade concessória, notadamente nos casos de movimentação ou de retirada para manutenção, reparo, exposição, demonstração, teste ou industrialização.

Essa matéria encontra-se disciplinada no art. 34 da IN SRF nº 241/2002, que autoriza a retirada da mercadoria e do recinto alfandegado nas seguintes situações:

> Art. 34. As mercadorias submetidas ao regime poderão ser retiradas do recinto alfandegado, para fins de:
> I – exposição em feira ou evento semelhante; (Redação dada pela Instrução Normativa RFB nº 1.444, de 12 de fevereiro de 2014)
> II – recondicionamento, realizado no exterior, no caso de partes, peças e outros materiais utilizados na manutenção ou reparo de embarcações ou aeronaves e de equipamentos e instrumentos de uso náutico e aeronáutico; ou (Redação dada pela Instrução Normativa RFB nº 1.444, de 12 de fevereiro de 2014)
> III – industrialização, inclusive sob encomenda: (Redação dada pela Instrução Normativa RFB nº 1.444, de 12 de fevereiro de 2014)
> a) de partes, peças e componentes destinados à construção ou conversão de plataformas de petróleo, estruturas marítimas ou seus módulos, de que trata o inciso II e o parágrafo único do art. 62 da Lei nº 10.833, de 29 de dezembro de 2003; ou (Incluída pela Instrução Normativa RFB nº 1.444, de 12 de fevereiro de 2014)
> b) das mercadorias de que trata o item 2 da alínea *e* do inciso III do art. 18. (Incluída pela Instrução Normativa RFB nº 1.444, de 12 de fevereiro de 2014)

O depositário tem obrigação de guarda das mercadorias, devendo apresentá-las para verificação a qualquer tempo, sempre que assim for determinado pela autoridade aduaneira. Deve, ademais, exercer essa função com zelo, diligenciando pela preservação da integralidade do produto, até que o depositante o reclame, quando deverá restituí-lo em gênero, qualidade e quantidade.

No setor de petróleo e gás natural, o regime é aplicável aos materiais, partes, peças e componentes adquiridos no País ou originários do exterior utilizados na construção ou na conversão de bens destinados à pesquisa e lavra, contratados por empresas sediadas no

---

[272] Lei nº 10.833/2003: "Art. 62. [...] Parágrafo único. No caso do inciso II, o beneficiário do regime será o contratado pela empresa sediada no exterior e o regime poderá ser operado também em estaleiros navais ou em outras instalações industriais, destinadas à construção dos bens de que trata aquele inciso. (Redação dada pela Lei nº 12.844, de 2013)".

[273] IN SRF nº 241/2002, art. 5º.

exterior.[274] Pode ser operado no próprio bem em construção ou em conversão, em estaleiro naval, em instalações industriais ou portuárias de uso privativo misto, localizadas dentro ou fora da área de portos organizados.[275]

O art. 62, II, da Lei nº 10.833/2003, na redação da Lei nº 12.844/2013, limita a aplicabilidade do entreposto aduaneiro do petróleo e gás aos bens "relacionados em ato do Poder Executivo". Atualmente, a matéria encontra-se disciplinada pelo Decreto nº 8.138/2013, que, em seu Anexo, autoriza a aplicação do regime para os seguintes bens: unidade modular para plataforma de petróleo e gás;[276] navio aliviador;[277] barcos de apoio;[278] unidade (plataforma) flutuante de produção, armazenamento e transferência (FPSO);[279] unidade (plataforma) de

---

[274] IN SRF nº 513/2005: "Art. 3º O regime de entreposto aduaneiro operado nos locais previstos no *caput* do art. 2º poderá ser aplicado aos materiais, partes, peças e componentes a serem utilizados na construção ou conversão dos bens referidos no art. 1º, com suspensão do pagamento ou da exigibilidade, conforme o caso:
I – dos impostos incidentes na importação e das contribuições referidas na Lei nº 10.865, de 30 de abril de 2004, alteradas pelas Leis nºˢ 10.925, de 23 de julho de 2004, e 11.051, de 29 de dezembro de 2004, na hipótese de aplicação do regime de entreposto aduaneiro na importação; e
II – do Imposto sobre Produtos Industrializados e das contribuições referidas na Lei nº 10.865, de 30 de abril de 2004, alteradas pelas Leis nºˢ 10.925, de 23 de julho de 2004, e 11.051, de 29 de dezembro de 2004, na aquisição de mercadoria nacional pelo beneficiário para ser incorporada ao produto a ser exportado".

[275] IN SRF nº 513/2005, art. 2º.

[276] "Descrição 1 – sistema modular de compressão de $CO_2$ composto por: oito compressores montados em dois skids, que comprimem o gás da pressão inicial de 400kPa abs., até a pressão máxima de injeção de $CO_2$ de aproximadamente 25.110kPa abs.; oito trocadores de calor tipo circuito impresso; e oito vasos separadores de líquido.
descrição 2 – sistema modular de compressão de gás de exportação composto por: seis compressores montados em três skids, que comprimem o gás da pressão inicial de 5.322kPa abs., até a pressão máxima de descarga do trem de compressão de 25.110kPa abs; seis trocadores de calor tipo circuito impresso; e seis vasos separadores de líquido.
descrição 3 – sistema modular de compressão de gás principal composto por: três compressores montados em três skids, que comprimem o gás da pressão inicial de 1.950kPa abs., até a pressão máxima de descarga do trem de compressão de 8.196kPa abs.; três trocadores de calor tipo circuito impresso; seis vasos separadores de líquido; uma unidade de recuperação de valor – VRU; um trocador de calor tipo casco e tubo; e um vaso de segurança.
descrição 4 – sistema modular de compressão de gás de injeção composto por: quatro compressores montados em dois skids, que comprimem o gás da pressão inicial de 25.050kPa abs., até a pressão máxima de descarga do trem de compressão de 55.000kPa abs.; oito trocadores de calor tipo circuito impresso; dois vasos separadores de líquido; um tanque de óleo diesel; e uma bomba alternativa de óleo diesel.
descrição 5 – sistema modular de redução do teor de sulfato da água do mar através de filtração por membranas para eliminar a fixação em tubulações dos poços."

[277] "embarcação designada Sistema Aliviador, destinada ao transbordo e transporte de petróleo armazenado nas unidades Floating Production Storage and Offloading – FPSO, equipada com mangotes para transbordo de petróleo em alto-mar, sistemas de bombeamento de petróleo e sistemas de posicionamento dinâmico."

[278] "Embarcações destinadas à estocagem e ao apoio e estocagem às atividades de pesquisa e produção das jazidas de petróleo ou gás. Caracterizam-se pela grande área de convés para transporte dos equipamentos, além de líquidos tais como: água potável, óleo diesel, água industrial, lamas e granéis sólidos, cimento, baritina, bentonita."

[279] "Unidade (plataforma) flutuante, autopropelida ou não, destinada à produção, estocagem e transferência de petróleo e gás natural, incluindo seus cascos."

perfuração, produção, pesquisa e exploração de petróleo e gás;[280] navio-sonda;[281] navio lançador de dutos;[282] navio de pesquisa sísmica;[283] navio lançador de cabos;[284] navio de intervenção de poços;[285] navio de suporte de mergulhos;[286] navio-guindaste;[287] "*pipelay support vessel*" (PLS-V);[288] unidade (plataforma) flutuante de armazenamento e transferência (FSO);[289] e jaquetas.[290]

Além de não desviar a finalidade concessória, o beneficiário habilitado tem como obrigação a exportação do produto final. A esta se relacionam dois deveres instrumentais de controle aduaneiro exigidos na transmissão da Declaração Única de Exportação (DU-E): (a) a indicação da classificação fiscal do produto resultante da industrialização; e (b) a vinculação dos números de registro das notas fiscais de aquisição de insumos nacionais e das declarações de admissão das mercadorias em campo específico.[291]

---

[280] "Unidade (plataforma) flutuante não propelida, composta de módulos específicos, variando para cada uma das funções a serem exercidas, destinada à perfuração, produção, pesquisa, estocagem e transferência de petróleo e gás natural, incluindo seus cascos."

[281] "Descrição 1 – embarcação própria para perfuração de poços submarinos de petróleo e gás em áreas marítimas profundas e ultraprofundas, com torre de perfuração localizada na parte central e abertura no casco para permitir a passagem da coluna de perfuração, comercialmente denominado navio-sonda ou navio de perfuração.
descrição 2 – unidade flutuante monocasco, autopropelida ou não, destinada a servir de plataforma para operação de instalações de perfuração de poços no mar."

[282] "Descrição 1 – embarcação dotada de equipamentos para lançamento e instalação de linhas flexíveis ou rígidas (dutos), com seus devidos equipamentos nos poços de petróleo localizados no fundo do mar.
descrição 2 – unidade flutuante com um ou mais cascos, autopropelida ou não, destinada a servir de plataforma para instalações de fabricação, lançamento e ou reparo de linhas flexíveis ou rígidas de gasodutos e/ou oleodutos submarinos."

[283] "Descrição 1 – embarcação dotada de grandes cabos com canhões de ar comprimido e sensores sísmicos destinada a buscar informações sobre as formações rochosas que estão no subsolo do fundo do mar, para encontrar e analisar os locais que possuem poços de petróleo.
descrição 2 – unidade flutuante com um ou mais cascos, autopropelida, destinada a servir de plataforma para instalações de pesquisa sísmica no subsolo do fundo do mar."

[284] "Descrição 1 – embarcação que lança e recolhe cabos no mar, utilizados para conectar as plataformas a sistemas de produção de petróleo e gás natural.
descrição 2 – unidade flutuante com um ou mais cascos, autopropelida ou não, destinada a servir de plataforma para instalações de lançamento e ou reparo de cabos elétricos submarinos."

[285] "Unidade flutuante com um ou mais cascos, autopropelida ou dotada de 'plantas' para aplicação de injeção de agentes químicos, visando a monitorar e a melhorar a produtividade dos poços e linhas em operação."

[286] "Embarcação de apoio às operações de mergulho de 'superfície' ou saturado, dotada de vários equipamentos especiais (sino de mergulho, câmaras de saturação, guinchos especiais etc.) para suporte às atividades de mergulho acessórias à exploração e à produção de petróleo e gás."

[287] "Unidade flutuante com um ou mais cascos, autopropelida ou não, dotada de guindaste para içamento de equipamentos e partes empregadas nas atividades de pesquisa, exploração e produção de petróleo e gás."

[288] "Navio usado na prestação de serviços referentes a instalações de tubulações submarinas."

[289] "Navio de armazenamento e descarga de petróleo e/ou gás natural."

[290] "Estruturas modulares de aço para suporte de uma plataforma fixa que vai desde a fundação até acima do nível do mar e sobre a qual são instalados o convés e/ou módulos onde se localiza a unidade de processo e utilidades."

[291] IN SRF nº 513/2005, art. 17.

A desoneração aplicável ao entreposto aduaneiro na importação – quando não for automática[292] – é pleiteada por meio da declaração de admissão no Siscomex. É dispensada a formalização de termo de responsabilidade e a prestação de garantia. A admissão das mercadorias, por sua vez, ocorre com o desembaraço aduaneiro.[293] No setor de petróleo e gás, as mercadorias são admitidas com declaração específica de admissão do Siscomex. Exige-se, contudo, o termo de responsabilidade e a prestação de garantia.[294]

No caso de mercadorias nacionais, a admissão se dá mediante a emissão de nota fiscal pelo fornecedor, que deve especificar em campo próprio o número do ato declaratório executivo do beneficiário, descrevendo que se trata de saída com suspensão de PIS/Pasep, Cofins e IPI com destino a estabelecimento habilitado no regime aduaneiro.[295]

O prazo de vigência é de um ano, contado da data do desembaraço aduaneiro de admissão. Pode ser prorrogado em situações especiais e justificadas, até o limite de três anos.[296] No entreposto do petróleo e gás, a vigência é a mesma do contrato dá ensejo à sua concessão. Em caso de rescisão ou de não prorrogação por motivos alheios ao beneficiário, a permanência é autorizada por mais dois anos, tempo em que se permite a formalização de um novo contrato com a mesma ou outra empresa, a substituição do beneficiário ou a adoção de uma das hipóteses extintivas alternativas à exportação, isto é, o despacho para consumo, a reexportação, a retorno ao mercado nacional de insumo adquirido localmente, a transferência para outro regime aduaneiro ou a destruição.[297]

Por fim, o beneficiário do entreposto aduaneiro é o consignatário da mercadoria indicado pelo embarcador (*shipper*) como destinatário, qualificado no conhecimento de embarque (*B/L* ou *Bill of Lading*).[298] Quando o regime especial for vinculado à realização de eventos, o

---

[292] IN SRF nº 241/2002: "Art. 22. A concessão do regime poderá ser automática na hipótese de importação de:
I – partes, peças e outros materiais de reposição, manutenção ou reparo de embarcações e aeronaves, bem assim de equipamentos e seus componentes de uso náutico ou aeronáutico;
II – bens destinados à manutenção, substituição ou reparo de cabos submarinos de comunicação; e
III – bens destinados a provisões de bordo de aeronaves e embarcações".
Ver também o art. 16.

[293] IN SRF nº 241/2002, art. 21. Esse dispositivo, em seu § 2º, estabelece que: "No caso de indeferimento da aplicação do regime, o interessado poderá apresentar recurso ao titular da unidade da RFB responsável pela análise fiscal da declaração, no prazo de 10 (dez) dias, contado da data da ciência". (Redação dada pela Instrução Normativa RFB nº 1.841, de 24 de outubro de 2018)

[294] IN SRF nº 513/2005: "Art. 5º É beneficiário do regime a pessoa jurídica estabelecida no País, previamente habilitada pela Secretaria da Receita Federal do Brasil (RFB), contratada por empresa sediada no exterior, para a construção ou conversão dos bens referidos no art. 1º. (Redação dada pela Instrução Normativa RFB nº 1.410, de 13 de novembro de 2013)
Parágrafo único. O beneficiário responde pelas obrigações tributárias com exigibilidade suspensa na importação, em decorrência da admissão de mercadoria no regime, devendo os correspondentes créditos tributários ser constituídos em termo de responsabilidade (TR), dispensada a prestação de garantia".

[295] IN SRF nº 513/2005, art. 16.

[296] IN SRF nº 241/2002: "Art. 27. O prazo de permanência no regime de mercadoria armazenada em recinto alfandegado de uso público poderá ser sucessivamente prorrogado em situações especiais, mediante solicitação justificada do beneficiário dirigida ao titular da unidade da SRF jurisdicionante, respeitado o limite máximo de três anos".

[297] IN SRF nº 513/2005, art. 18.

[298] De acordo com a IN SRF nº 241/2002: "Art. 19. É beneficiário do regime de entreposto aduaneiro na importação o consignatário da mercadoria a ser entrepostada, pessoa jurídica estabelecida no País.
§ 1º O beneficiário do regime operado em porto seco poderá ser pessoa física desde que investido da condição de agente de venda do exportador".

beneficiário será o respectivo promotor e, no entreposto do setor de petróleo e gás, a pessoa jurídica habilitada contratada pela empresa estrangeira.[299]

### 5.2.2 Entreposto aduaneiro na exportação

O *entreposto aduaneiro na exportação* abrange duas submodalidades: o *comum*, operado em recinto alfandegado de uso público ou em instalação portuária de uso privativo misto; e o *extraordinário*, com armazenagem em local não alfandegado, de uso privativo, para depósito de mercadoria destinada a embarque direto para o exterior por empresa comercial exportadora autorizada em ato declaratório executivo da Receita Federal[300].

As comerciais exportadoras são empresas que não têm produção própria, concentrando sua atuação na compra da produção de terceiros no mercado nacional e na revenda no comércio internacional. Para os fins do regime extraordinário, devem ser constituídas na forma de sociedade por ações e, nos termos do Decreto-Lei nº 1.248/1972, apresentar Certificado de Registro Especial (CRE).[301]

Além disso, de acordo com o art. 14 da IN SRF nº 241, devem apresentar:

> a) Capital social integralizado igual ou superior a R$ 3.000.000,00 (três milhões de reais);
> b) Volume de exportações em montante igual ou superior a US$ 30,000,000.00 (trinta milhões de dólares americanos), ou equivalente em outra moeda, no ano anterior ou nos doze meses anteriores ao da apresentação do pedido;
> c) Certidão Negativa de Débitos de Tributos e de Contribuições Federais administrados pela SRF;
> d) Título de propriedade ou contrato que garanta o direito de uso do recinto; e
> e) Termo de fiel depositário das mercadorias.

A concessão é automática e, no regime comum, ocorre a partir da entrada no recinto, acompanhada da respectiva nota fiscal. No extraordinário, com a saída do estabelecimento do produtor-vendedor com destino à empresa comercial exportadora. É dispensada a formalização de termo de responsabilidade e a prestação de garantia.

No regime comum, o beneficiário é a pessoa jurídica depositante da mercadoria no recinto credenciado e, no extraordinário, a empresa comercial exportadora constituída na forma do Decreto-Lei nº 1.248/1972. No primeiro, a validade é de um ano, prorrogável em situações especiais e justificadas, até o limite de três anos.[302] No extraordinário, o prazo é de 180 dias sem prorrogação.[303] É autorizada, porém, a admissão posterior no regime comum. Dentro desses prazos, o beneficiário deve cumprir a obrigação principal a que se vincula a instrumentalidade do regime aduaneiro em ambas as modalidades, que é a exportação do produto nacional armazenado.

---

[299] A habilitação ocorre, mediante requerimento, em ato declaratório executivo do titular da unidade da Receita Federal competente territorial. Ver arts. 6º e ss. da IN SRF nº 513/2005.
[300] Ela deve ser constituída na forma do Decreto-Lei nº 1.248/ 1972.
[301] Ver Cap. II, Item 3.2.1.3.
[302] IN SRF nº 241/2002, art. 27, transcrito acima.
[303] Decreto nº 6.759/2009, art. 414, II.

## 5.3 Extinção

No entreposto aduaneiro na importação, a extinção do regime pode ocorrer de cinco formas alternativas: despacho para consumo;[304] transferência ou admissão em outro regime aduaneiro especial; reexportação; exportação; e entrega à Fazenda Nacional, livres de quaisquer despesas e desde que ela a aceite. Tais providências devem ser iniciadas antes do vencimento do prazo de vigência.

No despacho para consumo, o cálculo dos tributos aduaneiros considera a data do registro da declaração de nacionalização do entreposto.[305] Ademais, de acordo com o art. 38 da IN SRF nº 241/2002:

> (a) na falta de cobertura cambial, o adquirente somente poderá efetuar o despacho para consumo quando a negociação das mercadorias entrepostadas for efetuada diretamente com proprietário no exterior;
> (b) havendo cobertura, somente o beneficiário do regime poderá efetuar o despacho para consumo;
> (c) antes da extinção pela exportação ou pelo despacho para consumo, as mercadorias admitidas no regime sem cobertura cambial devem ser previamente nacionalizadas.

Nos casos de reexportação, a Nota/Coana/Copad/Dicom nº 188/2015 entende que a saída pode ser com destino a local diverso da origem:

> [...]
> 5. É de se observar que nem o Regulamento Aduaneiro nem a Instrução Normativa estabelecem o destino e o destinatário para os quais a mercadoria deva ser enviada no caso de a extinção do regime se concretizar por meio da reexportação da mercadoria entrepostada. O Manual Aduaneiro de Exportação define a reexportação como sendo "o procedimento administrativo pelo qual se autoriza o retorno ao exterior de mercadoria importada a título não definitivo, vale dizer não nacionalizada, já submetida a despacho ou não", mas, igualmente, não limita o destino da operação de reexportação.
> 6. Isso posto, entende-se que a saída das mercadorias para local distinto da sua origem não desconfiguraria a extinção do regime por meio da reexportação das mesmas, dado que a exigência é de que se promova seu retorno ao exterior, não necessariamente à sua origem.

É vedada a extinção por meio da exportação[306] e pela entrega do bem à Fazenda Nacional no entreposto vinculado a eventos. Permite-se, contudo, a destruição do material utilizado

---

[304] De acordo com o art. 38, §§ 1º e 3º, da IN SRF nº 241/2002: (a) na falta de cobertura cambial, o adquirente somente poderá efetuar o despacho para consumo quando a negociação das mercadorias entrepostadas for efetuada diretamente com proprietário no exterior; (b) havendo cobertura, somente o beneficiário do regime poderá efetuar o despacho para consumo. Além disso, antes da extinção pela exportação ou pelo despacho para consumo, as mercadorias admitidas no regime sem cobertura cambial devem ser previamente nacionalizadas (§ 4º). O despacho para consumo de admissão com cobertura cambial, por sua vez, deve ocorrer por meio do registro de DI sem cobertura cambial (§ 5º), informando-se em campo "Documento Vinculado", o número da declaração de admissão no regime (§ 6º).
[305] Decreto nº 6.759, art. 73, I, parágrafo único.
[306] Decreto nº 6.759/2009, art. 409, § 3º.

na montagem e decoração dos estandes, desde que previamente autorizada pela autoridade aduaneira.[307]

No entreposto vinculado ao recondicionamento, à manutenção ou reparo, os bens admitidos devem obrigatoriamente ser submetidos a despacho aduaneiro de exportação ou de reexportação.[308]

No setor de petróleo e gás natural, a exportação do produto final é a modalidade regular e esperada de extinção inerente ao regime. A essa obrigação principal relacionam-se dois deveres instrumentais de controle: a indicação da classificação fiscal do produto resultante da industrialização; e a informação do ato concessório e dos números de registro das notas fiscais de aquisição de insumos nacionais em campo específico da DU-E.[309] Por isso, a possibilidade de despacho para consumo, embora não configure um descumprimento, é forma alternativa e não preferencial de extinção. O seu cabimento tem lugar apenas no tocante aos insumos não utilizados na industrialização, isto é, no estado em que admitidos no regime.[310] O mesmo se aplica aos insumos adquiridos no País, que podem retornar ao mercado interno sem alteração do estado.

Não é permitida a extinção mediante entrega à Fazenda Nacional. A eventual destruição de insumo admitido com cobertura cambial, apesar de autorizada, não dispensa o pagamento dos tributos, a teor do § 7º do art. 17 da IN SRF nº 513/2005:

> Art. 17. A aplicação do regime se extingue com a adoção, pelo beneficiário, de uma das seguintes providências: (Redação dada pela Instrução Normativa RFB nº 564, de 24 de agosto de 2005)
> [...]
> VI – destruição, às expensas do interessado e sob controle aduaneiro. (Redação dada pela Instrução Normativa RFB nº 564, de 24 de agosto de 2005).
> [...]

---

[307] IN SRF nº 241/2002, art. 43, § 3º: "O material estrangeiro utilizado na montagem e decoração dos estandes poderá ser destruído às expensas do interessado, mediante prévia autorização da unidade da SRF jurisdicionante do recinto alfandegado".

[308] IN SRF nº 241/2002, art. 41, § 3º.

[309] IN SRF nº 513/2005, art. 17.

[310] Também devem ser observados os deveres instrumentais do art. 11-A da IN SRF nº 513/2005:
"Art. 11-A. As mercadorias poderão ser importadas com ou sem cobertura cambial. (Incluído pela Instrução Normativa RFB nº 564, de 24 de agosto de 2005)
§ 1º Na hipótese de importação com cobertura cambial, o beneficiário deverá, dentro do prazo de aplicação do regime, registrar uma DI para efeitos cambiais. (Incluído pela Instrução Normativa RFB nº 564, de 24 de agosto de 2005)
§ 2º Na data do registro da DI para efeitos cambiais, o beneficiário deverá solicitar a retificação da declaração de admissão no regime, para incluir seu número no campo destinado a informações complementares. (Incluído pela Instrução Normativa RFB nº 564, de 24 de agosto de 2025)
§ 3º A correspondente declaração de exportação deverá ser registrada no prazo de aplicação do regime. (Incluído pela Instrução Normativa RFB nº 564, de 24 de agosto de 2005)
§ 4º O eventual despacho para consumo de mercadoria importada com cobertura cambial, na forma prevista no art. 17, inciso IV, será realizado mediante registro, no Siscomex, de uma declaração de importação, sem cobertura cambial, após autorização obtida em processo administrativo, informando-se na ficha Básicas, no campo Processo Vinculado, que se trata de Declaração Preliminar, e indicando-se o número do processo administrativo correspondente e o pagamento dos impostos suspensos, sujeitos aos acréscimos moratórios, calculados na data de registro da correspondente DI para efeitos cambiais. (Incluído pela Instrução Normativa RFB nº 564, de 24 de agosto de 2025)."

§ 7º A destruição de mercadoria admitida no regime com cobertura cambial somente será autorizada mediante o prévio pagamento dos correspondentes tributos com pagamento suspenso. (Incluído pela Instrução Normativa RFB nº 564, de 24 de agosto de 2005).

Nesse aspecto, entretanto, a IN SRF nº 513/2005 vai além de suas possibilidades jurídicas. É certo que, no momento da admissão, o termo de responsabilidade e a prestação de garantia são exigidos.[311] Contudo, nesse momento, não há intenção integradora por parte do beneficiário habilitado. Esse não pretende vender as mercadorias no mercado nacional: a aquisição do insumo é vinculada à exportação do produto industrializado, objeto do contrato que autoriza a concessão do regime. Assim, o ingresso da mercadoria não se subsome ao conceito de importação. Justamente por isso, o crédito constituído no termo de responsabilidade só é devido em caso de desvio de finalidade ou de descumprimento das obrigações de fazer e não fazer controladas pelo regime. No pedido de destruição, não há qualquer intenção integradora. O que se pretende, dito de outro modo, não é incorporar o produto estrangeiro ao mercado nacional, mas apenas a inutilização e o descarte de bens inservíveis. Não há subsunção do ato ao conceito jurídico de importação, de sorte que, a rigor, a providência determinada no § 7º do art. 17 da IN SRF nº 513/2005 mostra-se absolutamente indevida.

É de se ressaltar que, nos termos do 4º do art. 17 da IN SRF nº 513/2005, a aplicação de mercadoria importada para a execução de outro contrato de mesma natureza dispensa uma nova admissão. Porém, a operação deve ser registrada nos controles informatizados do regime e previamente autorizada pela Receita Federal. Não é interrompido o prazo originário de vigência.

No entreposto aduaneiro na exportação, a extinção ocorre com o início do despacho aduaneiro de exportação. Alternativamente, no regime comum, pode se dar mediante: (i) reintegração da mercadoria ao estabelecimento de origem, devidamente autorizada pela autoridade aduaneira; ou (ii) pagamento dos tributos que deixaram de ser recolhidos. No regime extraordinário, não tendo ocorrido a exportação no prazo legal, a empresa comercial exportadora deve recolher os impostos que deixaram de ser pagos pelo produtor-vendedor em decorrência dos benefícios fiscais antecipados.[312]

## 5.4 Descumprimento e penalidades

As hipóteses de descumprimento podem ser agrupadas em três: o abandono da mercadoria; a não exportação; e o desvio de finalidade.

O abandono da mercadoria é configurado quando o beneficiário não adota as providências extintivas do entreposto, mantendo-a no local de aplicação por mais de 45 dias após o fim da vigência.[313] Nessas hipóteses, a autoridade aduaneira aplicará pena de perdimento do bem. Antes, porém, deve assegurar uma nova oportunidade para regularização do interessado,

---

[311] IN SRF nº 513/2005: "Art. 5º É beneficiário do regime a pessoa jurídica estabelecida no País, previamente habilitada pela Secretaria da Receita Federal do Brasil (RFB), contratada por empresa sediada no exterior, para a construção ou conversão dos bens referidos no art. 1º. (Redação dada pela Instrução Normativa RFB nº 1.410, de 13 de novembro de 2013)

Parágrafo único. O beneficiário responde pelas obrigações tributárias com exigibilidade suspensa na importação, em decorrência da admissão de mercadoria no regime, devendo os correspondentes créditos tributários ser constituídos em termo de responsabilidade (TR), dispensada a prestação de garantia".

[312] IN SRF nº 241/2002, art. 39.

[313] Decreto-Lei nº 1.455/1976, art. 23, II, *d*.

mediante início do despacho aduaneiro e recolhimento dos tributos incidentes, acrescidos de juros, multa e das despesas de armazenamento no recinto alfandegado.[314]

Por outro lado, como já examinado, a não exportação implica a obrigação de pagamento dos eventuais tributos que deixaram de ser recolhidos em decorrência do regime comum do entreposto na exportação. Já no regime extraordinário, a comercial exportadora deve recolher os impostos que deixaram de ser pagos pelo produtor-vendedor em decorrência dos benefícios fiscais antecipados.

No setor de petróleo e gás natural, caso não exportado o produto final nem adotada qualquer forma de extinção alternativa (art. 17), a IN SRF nº 513/2005 estabelece que o beneficiário deverá recolher os tributos que deixaram de ser pagos em decorrência do regime aduaneiro, sob pena de cobrança do termo de responsabilidade (art. 23):

> Art. 23. Expirado o prazo de permanência das mercadorias no regime, e não tendo sido adotada nenhuma das providências indicadas nos arts. 17 ou 21,[315] serão exigidos os tributos constituídos em TR, bem como os acréscimos legais e penalidades cabíveis, na forma estabelecida na legislação específica.

O desvio de finalidade ocorre quando o beneficiário do regime aduaneiro especial, a despeito de ter declarado não ter intenção integradora, incorpora indevidamente o produto após tê-lo movimentado para fins de manutenção, de reparo, exposição, demonstração, teste de funcionamento ou industrialização. Nessas situações, não ocorrendo uma destinação aduaneira válida para a mercadoria,[316] o art. 47 da IN SRF nº 241/2002 estabelece que o crédito tributário deverá ser recolhido pelo beneficiário.[317]

Na falta de pagamento, como não há termo de responsabilidade, o crédito deve ser constituído pela autoridade aduaneira por meio de lançamento de ofício, acrescido de juros e de multa do art. 44, I, da Lei nº 9.430/1996, inclusive com possível qualificação.[318] O critério temporal será a data do registro da falsa declaração de admissão, sendo certo que o infrator

---

[314] Ver Cap. VII, item 3.3.4.

[315] "Art. 21. Findo o prazo estabelecido para a vigência do regime, os tributos com exigibilidade suspensa, incidentes na importação, correspondentes ao estoque, deverão ser recolhidos com o acréscimo de juros e multa de mora, calculados a partir da data do registro da admissão das mercadorias no regime."

[316] "Art. 41. As mercadorias importadas submetidas às operações previstas nos incisos III e IV do art. 18, estarão sujeitas a despacho aduaneiro de:
I – importação para consumo;
II – exportação; ou
III – reexportação, na hipótese de bem de propriedade estrangeira admitido no regime para fins de recondicionamento, manutenção ou reparo."

[317] IN SRF nº 241/2002: "Art. 47. O beneficiário do regime deverá recolher os impostos suspensos em decorrência da admissão das mercadorias que não retornem ao recinto alfandegado, no prazo estipulado, sem que tenham recebido outra destinação aduaneira, conforme previsto no art. 41, nas hipóteses a que se referem os arts. 33 e 34".

[318] "Art. 44. Nos casos de lançamento de ofício, serão aplicadas as seguintes multas:
I – de 75% (setenta e cinco por cento) sobre a totalidade ou diferença de imposto ou contribuição nos casos de falta de pagamento ou recolhimento, de falta de declaração e nos de declaração inexata;
[...]
§ 1º O percentual de multa de que trata o inciso I do *caput* deste artigo será duplicado nos casos previstos nos arts. 71, 72 e 73 da Lei nº 4.502, de 30 de novembro de 1964, independentemente de outras penalidades administrativas ou criminais cabíveis."

estará sujeito ainda à multa específica de 100% do valor do imposto de importação, cominada na forma do art. 106, I, *d*, do Decreto-Lei nº 37/1966:

> Art. 106. Aplicam-se as seguintes multas, proporcionais ao valor do imposto incidente sobre a importação da mercadoria ou o que incidiria se não houvesse isenção ou redução:
> I – de 100% (cem por cento):
> [...]
> d) pela não apresentação de mercadoria depositada em entreposto aduaneiro;

Essa multa pode ser aplicada ao depositário, desde que, evidentemente, o desaparecimento ocorra no momento em que a mercadoria estava sob sua custódia. O depositário tem obrigação de guarda, devendo apresentar as mercadorias para verificação a qualquer tempo, sempre que instado pela autoridade aduaneira. Deve exercer essa função com zelo, diligenciando pela preservação da integralidade do produto, até que o depositante o reclame, quando deverá restitui-la em gênero, qualidade e quantidade. Daí que, em caso de extravio ou avaria, responde pelo pagamento do crédito tributário correspondente (Decreto-Lei nº 1.455/1976, art. 18) sem prejuízo da multa de R$ 1.000,00 por volume não localizado (Decreto-Lei nº 37/1966, art. 107, VII, *a*, e § 2º):

> Art. 18. A autoridade fiscal poderá exigir, a qualquer tempo, a apresentação da mercadoria submetida ao regime de entreposto aduaneiro, bem assim proceder aos inventários que entender necessários. (Redação dada pela Medida Provisória nº 2.158-35/2001)
> Parágrafo único. Ocorrendo falta ou avaria de mercadoria submetida ao regime, o depositário responde pelo pagamento: (Redação dada pela Medida Provisória nº 2.158-35/2001)
> I – dos impostos suspensos, bem assim da multa, de mora ou de ofício, e demais acréscimos legais cabíveis, quando se tratar de mercadoria submetida ao regime de entreposto aduaneiro na importação ou na exportação, na modalidade de regime comum; (Redação dada pela Medida Provisória nº 2.158-35/2001)
> II – dos impostos que deixaram de ser pagos e dos benefícios fiscais de qualquer natureza acaso auferidos, bem assim da multa, de mora ou de ofício, e demais acréscimos legais cabíveis, no caso de mercadoria submetida ao regime de entreposto aduaneiro na exportação, na modalidade de regime extraordinário. (Redação dada pela Medida Provisória nº 2.158-35/2001)
> Art. 107. Aplicam-se ainda as seguintes multas:
> [...]
> VII – de R$ 1.000,00 (mil reais): (Redação dada pela Lei nº 10.833/2003)
> a) por volume depositado em local ou recinto sob controle aduaneiro, que não seja localizado;
> [...]
> § 2º As multas previstas neste artigo não prejudicam a exigência dos impostos incidentes, a aplicação de outras penalidades cabíveis e a representação fiscal para fins penais, quando for o caso. (Incluído pela Lei nº 10.833/2003)

Por fim, vale ressaltar que a previsão do art. 18, parágrafo único, II, do Decreto-Lei nº 1.455/1976, justifica-se porque, no regime extraordinário do entreposto da exportação, a beneficiária do regime (a comercial exportadora) também é depositária das mercadorias.

## 5.5 Submodalidades

As diferentes submodalidades de entreposto aduaneiro – o depósito especial, a loja franca, o depósito afiançado, o depósito alfandegado certificado e o depósito franco – têm em comum a neutralidade, ou seja, apresentam uma abertura para usos econômicos diversos (comercialização local, reexportação ou exportação). Isso é proporcionado pela finalidade legal imediata dos regimes, que é formação de estoque de produtos estrangeiros no território nacional.

### 5.5.1 Loja franca

A loja franca é uma submodalidade de entreposto aduaneiro prevista nos arts. 87, 434, §§ 4º e 5º, da Lei Complementar nº 214/2025, nos arts. 15 e 15-A do Decreto-Lei nº 1.455/1976, na redação das Lei nº 11.371/2006 e nº 12.723/2012, regulamentado pelo Decreto nº 6.759/2009 (arts. 476 a 479), pelas Portarias MF nº 112/2008[319] e nº 307/2014[320] e pela Instrução Normativa RFB nº 1.799/2018. O regime é caracterizado por permitir a venda isenta de mercadoria nacional ou estrangeira, previamente estocadas em depósito alfandegado, para passageiros em viagem internacional por estabelecimento comercial instalado em zona primária de porto, de aeroporto ou em "cidade-gêmea" de município estrangeiro na linha de fronteira do país, dentro dos limites qualitativos e quantitativos definidos pelo Poder Executivo.

### 5.5.2 Depósito especial

#### 5.5.2.1 Aplicabilidade, prazos e requisitos legais

Outra submodalidade de entreposto, o depósito especial, foi regulamentada pelo Decreto nº 6.759/2009 (arts. 480 a 487) e pela Instrução Normativa SRF nº 386/2004,[321] editados com base na previsão geral do art. 93 do Decreto-Lei nº 37/1966 e no art. 14 da Lei nº 10.865/2004. O regime volta-se ao controle aduaneiro da entrada e da estocagem no território nacional, sem o pagamento de tributos devidos na importação (II, IPI, PIS-Cofins, IBS, CBS e do IS[322]), de partes, peças, componentes e materiais de reposição ou de manutenção de produtos empregados nas seguintes atividades definidas em ato do Ministro da Fazenda:[323]

a) transporte:
i. aeronaves, motores e reatores para aeronaves, simuladores de voo, ferramentas de uso exclusivo em aeronaves, equipamentos para carga e descarga de aeronaves (*loaders*) e tratores-rebocadores de aeronaves;

---

[319] "Dispõe sobre o regime aduaneiro especial de loja franca em portos e aeroportos alfandegados."
[320] "Dispõe sobre a aplicação do regime aduaneiro especial de loja franca em fronteira terrestre e altera a Portaria MF nº 440, de 30 de julho de 2010, que dispõe sobre o tratamento tributário relativo a bens de viajante."
[321] "Dispõe sobre o regime aduaneiro de depósito especial."
[322] A desoneração do IBS e da CBS é prevista no art. 85 da Lei Complementar nº 214/2025: "Art. 85. Fica suspenso o pagamento do IBS e CBS incidentes na importação enquanto os bens materiais estiverem submetidos a regime aduaneiro especial de depósito, observada a disciplina estabelecida na legislação aduaneira". Esse dispositivo, previsto na Seção II (Dos Regimes de Depósito), aplica-se a todas as submodalidades de entreposto previstas na legislação aduaneira (loja franca, depósito especial, depósito afiançado, depósito franco), com exceção do depósito certificado. A desoneração do IS, por sua vez, é estabelecida pelos §§ 4º e 5º do art. 434.
[323] Portaria MF nº 284/2003, art. 1º.

ii. embarcações;

iii. locomotivas, vagões e equipamentos ferroviários; e

iv. unidades de carga;

b) apoio à produção agrícola: tratores, máquinas, equipamentos e implementos;

c) construção e manutenção de rodovias, ferrovias, portos, aeroportos, barragens e serviços afins;

d) pesquisa, prospecção e exploração de recursos minerais;

e) geração e transmissão de som e imagem;

f) diagnose, cirurgia, terapia e pesquisa médicas, realizadas pelos hospitais, clínicas de saúde e laboratórios;

g) geração, transmissão e distribuição de energia elétrica;

h) laboratórios, de análise e de pesquisa científica;

i) defesa nacional:

i. aeronaves militares, inclusive seus motores e reatores;

ii. navios e embarcações militares;

iii. veículos militares blindados ou não;

iv. equipamentos ópticos, eletrônicos, optrônicos, de comunicações e similares, integrantes de sistemas de armas ou de comando e controle;

v. ferramental, equipamentos e instrumentos especializados para manutenção;

vi. simuladores e outros dispositivos de treinamento;

vii. armamento de uso privativo das forças armadas; e

viii. mísseis e foguetes.

A aplicação do regime aduaneiro depende de prévia habilitação da pessoa jurídica interessada perante a Receita Federal, que, por sua vez, está sujeita aos seguintes requisitos: (a) regularidade fiscal; (b) instalação de um sistema informatizado de controle de entrada, permanência e saída de mercadorias, de registro e apuração de créditos tributários devidos, que atenda aos requisitos técnicos do Ato Declaratório Executivo Coana/Cotec nº 01/2004;[324] e (c) exercício de uma das atividades passíveis de aplicação do regime; ou (d) na condição de subsidiária ou representante do fabricante estrangeiro, importar em consignação partes, peças, componentes e materiais de reposição ou manutenção para máquinas, equipamentos, aparelhos e instrumentos, estrangeiros, nacionalizados ou não, empregados em tais atividades.[325]

A admissão das mercadorias tem por base declaração de importação específica registrada no Siscomex. O prazo de permanência é de até cinco anos contados do despacho para admissão.[326] Dentro desse período, o beneficiário pode adotar uma das seguintes medidas para fins de extinção do regime: reexportação; exportação, inclusive quando as mercadorias forem aplicadas em serviços de reparo ou manutenção de veículos, máquinas, aparelhos e equipamentos estrangeiros, de passagem pelo País; transferência para outro regime aduaneiro

---

[324] "Especifica os requisitos técnicos e formais para implantação de sistema de controle informatizado em estabelecimentos habilitados a operar com os regimes aduaneiros especiais de Depósito Afiançado e de Depósito Especial."

[325] IN SRF nº 386/2004, art. 5º.

[326] IN SRF nº 386/2004, art. 19; RA, art. 484.

especial ou aplicado em áreas especiais; despacho para consumo;[327] ou destruição, mediante autorização do consignante e sob controle aduaneiro.

Após o esgotamento do prazo de vigência, o art. 22 da IN SRF n° 386/2004 estabelece que os tributos relativos aos estoques devem ser recolhidos acrescidos de juros e multa de mora, considerando a data da admissão.[328] Não sendo adotadas quaisquer providências extintivas, o art. 24 prevê a cominação da pena de perdimento da mercadoria, com fundamento no art. 618, X, do Decreto n° 4.543/2002,[329] já revogado, mas que apenas repete o art. 105, X, do Decreto-Lei n° 37/1966, ainda em vigor ("Art. 105. Aplica-se a pena de perda da mercadoria: [...] X – estrangeira, exposta à venda, depositada ou em circulação comercial no país, se não for feita prova de sua importação regular").

Por fim, em caso de descumprimento de norma operacional ou dos requisitos para operar o regime, o infrator estará sujeito às sanções administrativas tipificadas no art. 76 da Lei n° 10.833/2003 e do art. 107, VII, *e*, do Decreto-Lei n° 37/1966, desde que presentes os pressupostos específicos de configuração da infração.[330]

### 5.5.2.2 Saída temporária e a Solução de Consulta Cosit n° 121/2020

Em determinados segmentos, antes da instalação da peça ou do componente, o técnico deve se deslocar até o estabelecimento do cliente para realizar testes de adequação, como, por exemplo, na manutenção de equipamentos e aparelhos da área médica e de diagnósticos.

Devido às dimensões físicas dos equipamentos, uma vez identificado um possível defeito ou problema de funcionamento, não é o cliente que translada o produto até a assistência. É o especialista que se dirige à clínica, ao hospital ou ao laboratório onde está instalado o aparelho. Nesse momento, o profissional leva as peças potencialmente aptas ao conserto, porque, sem a realização de testes para a identificação do defeito *in loco*, não é possível saber quais devem ser trocadas.

---

[327] IN SRF n° 386/2004: "Art. 21. O despacho para consumo de mercadoria admitida no regime deverá ser efetivado até o dia 10 do mês seguinte ao da saída das mercadorias do estoque, com observância das exigências legais e regulamentares, inclusive as relativas ao controle administrativo das importações, mediante o registro de DI na unidade da SRF que jurisdicione o estabelecimento onde seja operado o regime".

[328] "Art. 22. Findo o prazo estabelecido para a permanência das mercadorias no regime, os impostos suspensos incidentes na importação, correspondentes ao estoque, deverão ser recolhidos pelo beneficiário, com o acréscimo de juros e multa de mora, calculados a partir da data de registro da correspondente declaração de admissão no regime.

§ 1° Na hipótese prevista no *caput*, para efeitos de cálculo do imposto devido, as mercadorias constantes do estoque serão relacionadas às declarações de admissão no regime, com base no critério contábil Primeiro que Entra Primeiro que Sai (PEPS).

§ 2° O pagamento dos impostos e respectivos acréscimos legais não dispensa o registro da DI referente aos bens e o cumprimento das demais exigências regulamentares para a permanência definitiva das mercadorias no País.

§ 3° O disposto neste artigo aplica-se também no caso de cancelamento da habilitação, quando não observado o cumprimento do prazo estabelecido no inciso II do art. 14."

[329] "Art. 24. Expirado o prazo de permanência das mercadorias no regime, e não tendo sido adotada nenhuma das providências indicadas nos arts. 20 ou 22, as mercadorias estarão sujeitas à aplicação da pena de perdimento referida no art. 618, inciso X, do Decreto n° 4.543, de 26 de dezembro de 2002."

[330] Ver Cap. VII, item 5.

Muitas vezes, o reparo ocorre sem qualquer substituição. Em outros casos, apenas uma ou outra peça é empregada no serviço. Em qualquer caso, só ocorre o despacho para consumo das peças efetivamente instaladas. Aquelas que não são utilizadas retornam ao depósito especial, sendo objeto de novas remessas para atendimento de outros clientes. Toda vez que uma peça é empregada no reparo de algum equipamento ocorre o despacho para consumo.

Entretanto, a Coordenação-Geral de Tributação da Receita Federal, por meio da Solução de Consulta (SC) Cosit nº 121, de 28 de setembro de 2020, entendeu que essa movimentação não seria compatível com as regras do depósito especial. Portanto, desde a primeira saída, a empresa deveria promover a nacionalização de todas as peças remetidas para o atendimento, ainda que não utilizadas:

> **ASSUNTO: REGIMES ADUANEIROS**
> DEPÓSITO ESPECIAL. SAÍDA TEMPORÁRIA DO ESTABELECIMENTO DO BENEFICIÁRIO. PARTES E/OU PEÇAS. IMPOSSIBILIDADE
> Não há previsão de saída temporária do estabelecimento do beneficiário de partes e/ou peças admitidas no regime aduaneiro de Depósito Especial.
> Para proceder-se ao despacho para consumo de mercadoria objeto de Depósito Especial devem ser observados os prazos estabelecidos na legislação disciplinadora do regime.
> O descumprimento de norma operacional, ou de requisito ou condição para operar o regime, ensejará a aplicação das sanções administrativas correspondentes.
> Dispositivos Legais: Art. 71 do Decreto-Lei nº 37, de 18 de novembro de 1966, alterado pelo Decreto-Lei nº 2.472, de 1º de setembro de 1988; art. 111, I, da Lei nº 5.172, de 25 de outubro de 1966 (Código Tributário Nacional); arts. 480 a 487, do Decreto nº 6.759, de 05 de fevereiro de 2009 (RA/2009); e Instrução Normativa SRF nº 386, de 14 de janeiro de 2004.

Trata-se, porém, de uma interpretação questionável. Isso porque, sob os aspectos contábil e jurídico, não há uma saída de estoque em situações dessa natureza, o que afasta a obrigatoriedade do despacho para consumo, de acordo com o art. 486 do RA/2009 e o art. 21 da IN SRF nº 386/2004:

> Art. 486. O despacho para consumo de mercadoria admitida no regime será efetuado pelo beneficiário até o dia dez do mês seguinte ao da saída das mercadorias do estoque, com observância das exigências legais e regulamentares, inclusive as relativas ao controle administrativo das importações.
> Art. 21. O despacho para consumo de mercadoria admitida no regime deverá ser efetivado até o dia 10 do mês seguinte ao da saída das mercadorias do estoque, com observância das exigências legais e regulamentares, inclusive as relativas ao controle administrativo das importações, mediante o registro de DI na unidade da SRF que jurisdicione o estabelecimento onde seja operado o regime.
> § 1º O despacho para consumo poderá ser feito pelo adquirente de mercadoria admitida no regime, quando for beneficiário de isenção ou de redução de tributos vinculada à qualidade do importador ou à destinação das mercadorias.
> [...]
> § 3º Na hipótese de exigência de controle administrativo por parte de outros órgãos anuentes, o despacho para consumo de mercadoria admitida no regime deverá ser

efetivado até o último dia do mês seguinte ao da saída das mercadorias do estoque. (Incluído pela Instrução Normativa RFB nº 1.320, de 15 de janeiro de 2013).[331]

No depósito especial, as peças são recebidas em consignação pela beneficiária, sem cobertura cambial. Nessa modalidade contratual, segundo ensina Flavio Tartuce, "o consignante, transfere ao consignatário bens móveis, para que o último os venda, pagando um *preço de estima*; ou devolva os bens findo o contrato, dentro do prazo ajustado (art. 534 do CC)".[332] Portanto, a remessa dos produtos para testes de adequação no estabelecimento do cliente não altera a titularidade do bem. O proprietário, para todos os efeitos legais, continua sendo o consignante, até que se concretize a venda por parte do consignatário. Tanto é assim que o consignatário conserva o direito de requerer a restituição do bem (CC, art. 535[333]), que, mesmo quando em poder de terceiros, não pode ser objeto de penhora ou de sequestro por credores do consignatário (CC, art. 536[334]).

Portanto, a rigor, não há perda do *controle do recurso*, que constitui o fator determinante, segundo ensinam Ernesto Rubens Gelbecke, Ariovaldo dos Santos, Sérgio de Iudícibus e Eliseu Martins, para a caracterização de uma saída do estoque: "[...] na determinação de quais itens integram ou não a conta de estoque, o importante não é sua posse física, mas seu controle. Assim, deve ser feita uma análise caso a caso, visando identificar potenciais eventos onde haja transferência de controle".[335]

A transferência do controle do recurso, de acordo com a Norma Brasileira de Contabilidade, NBC TSP Estrutura Conceitual, de 23 de setembro de 2016, deve ser determinada considerando os seguintes elementos:

> Controlado no presente pela entidade
> 5.11 A entidade deve ter o controle do recurso. O controle do recurso envolve a capacidade da entidade em utilizar o recurso (ou controlar terceiros na sua utilização) de modo que haja a geração do potencial de serviços ou dos benefícios econômicos originados do recurso para o cumprimento dos seus objetivos de prestação de serviços, entre outros.
> 5.12 Para avaliar se a entidade controla o recurso no presente, deve ser observada a existência dos seguintes indicadores de controle:
> (a) propriedade legal;
> (b) acesso ao recurso ou a capacidade de negar ou restringir o acesso a esses;
> (c) meios que assegurem que o recurso seja utilizado para alcançar os seus objetivos; ou
> (d) a existência de direito legítimo ao potencial de serviços ou à capacidade para gerar os benefícios econômicos advindos do recurso.

---

[331] Essa regra não se aplica ao depósito especial vinculado a fins de defesa nacional, previsto no art. 2º, IV: "Art. 21. [...] § 2º Na hipótese prevista no inciso IX do art. 2º, o despacho para consumo de mercadoria admitida no regime deverá ser efetivado em até 3 (três) meses da saída das mercadorias do estoque. (Incluído pela Instrução Normativa RFB nº 1.096, de 13 de dezembro de 2010)"

[332] TARTUCE, Flávio. *Direito civil*: Teoria geral dos contratos e contratos em espécie, v. 3. 16. ed. E-book. Disponível em: https://grupogen.vitalsource.com/books/9788 530993832. Grupo GEN, 2021, p. 408.

[333] "Art. 535. O consignatário não se exonera da obrigação de pagar o preço, se a restituição da coisa, em sua integridade, se tornar impossível, ainda que por fato a ele não imputável."

[334] "Art. 536. A coisa consignada não pode ser objeto de penhora ou sequestro pelos credores do consignatário, enquanto não pago integralmente o preço."

[335] GELBECKE, Ernesto Rubens; SANTOS, Ariovaldo dos; IUDÍCIBUS, Sérgio de; MARTINS, Eliseu. *Manual de contabilidade societária*: aplicável a todas as sociedades de acordo com as normas internacionais e do CPC. 3. ed. São Paulo: Atlas, 2018, p. 61-62.

Embora esses indicadores não sejam determinantes conclusivos acerca da existência do controle, sua identificação e análise podem subsidiar essa decisão.

Ao levar as peças potencialmente aptas ao reparo do equipamento até o local onde será realizado o conserto, o técnico não realiza a transferência da propriedade ou mesmo da posse do produto. O cliente, aliás, certamente até ignora quais são as peças trazidas pelo especialista da empresa. Por isso, não adquire o acesso ao recurso; não tem capacidade para negar ou para restringir o acesso; nem tem direito legítimo ao potencial de serviços ou à capacidade para gerar os benefícios econômicos advindos do recurso. Enfim, por qualquer dos ângulos analisados, não há uma saída do estoque.

Ademais, o depósito especial constituiu um regime aduaneiro neutro, de sorte que, durante o prazo de vigência, o beneficiário pode optar livremente por uma das seguintes alternativas: (a) exportar as peças sem a necessidade de prévia nacionalização; (b) vendê-las no mercado local; (c) reexportar para a origem; (c) transferir para outro regime; (d) requerer a destruição. A autoridade aduaneira – que tem o dever constitucional de proporcionar um marco normativo apropriado para os agentes econômicos – não pode quebrar a neutralidade do regime, valendo-se de uma regulamentação inadequada para impor a antecipação do despacho para consumo. Este só deve ser realizado quando a mercadoria for vendida no mercado local. A própria IN SRF nº 386/2004, aliás, pressupõe essa circunstância, ao prever, nas hipóteses do § 1º do art. 21, que o despacho para consumo pode ser realizado pelo beneficiário do regime ou diretamente pelo adquirente do produto.

### 5.5.3 Depósito afiançado

O depósito afiançado constitui uma submodalidade de entreposto aduaneiro disciplinada pela Lei Complementar nº 214/2025, pelo Decreto nº 6.759/2009 (arts. 488 a 491) e pela Instrução Normativa SRF nº 409/2004,[336] editados com base na previsão geral do art. 93 do Decreto-Lei nº 37/1966 e no art. 14 da Lei nº 10.865/2004. O regime volta-se ao controle aduaneiro da entrada e da estocagem no território nacional, sem o pagamento de tributos devidos na importação (II, IPI, PIS-Cofins, IBS, CBS e do IS[337]), de materiais importados sem cobertura cambial, destinados à manutenção e ao reparo de embarcação ou de aeronave de empresa autorizada a operar no transporte comercial internacional, e utilizadas nessa atividade.

A aplicação do regime aduaneiro depende de prévia habilitação da empresa interessada perante a Receita Federal, mediante observância dos seguintes requisitos:[338] (a) atuação na prestação de serviço de transporte aéreo internacional regular; e (b) instalação de um sistema informatizado de controle de entrada, permanência e saída de mercadorias, de registro e apu-

---

[336] "Dispõe sobre o regime aduaneiro especial de depósito afiançado operado por empresa de transporte aéreo internacional."

[337] A desoneração do IBS e da CBS é prevista no art. 85 da Lei Complementar nº 214/2025: "Art. 85. Fica suspenso o pagamento do IBS e da CBS incidentes na importação enquanto os bens materiais estiverem submetidos a regime aduaneiro especial de depósito, observada a disciplina estabelecida na legislação aduaneira". Esse dispositivo, previsto na Seção II (Dos Regimes de Depósito), aplica-se a todas as submodalidades de entreposto previstas na legislação aduaneira (loja franca, depósito especial, depósito afiançado, depósito franco), com exceção do depósito certificado. A desoneração do IS, por sua vez, é estabelecida pelos §§ 4º e 5º do art. 434.

[338] IN SRF nº 409/2004, arts. 3º e 4º.

ração de créditos tributários devidos, que atenda aos requisitos técnicos do Ato Declaratório Executivo Coana/Cotec nº 01/2004.[339]

A admissão das mercadorias tem por base declaração de importação específica registrada no Siscomex, instruída com via original do conhecimento de carga ou documento equivalente e da fatura *proforma*, sem prejuízo dos demais documentos previstos na legislação aduaneira.[340]

A permanência das mercadorias no regime é limitada a cinco anos, contados do desembaraço para admissão, prazo dentro do qual deverão ser adotadas uma das seguintes medidas extintivas: reexportação; destruição, mediante autorização do consignante e sob controle aduaneiro; entrega das mercadorias à Fazenda Nacional, livre de despesas, desde que o chefe da unidade da Receita Federal as aceite.

Em caso de descumprimento de norma operacional ou dos requisitos para operar o regime, o infrator estará sujeito às sanções administrativas tipificadas no art. 76 da Lei nº 10.833/2003 e do art. 107, VII, *e*, do Decreto-Lei nº 37/1966, desde que presentes os pressupostos específicos de configuração da infração.[341]

### 5.5.4 Depósito alfandegado certificado

O depósito alfandegado certificado (DAC), submodalidade de entreposto aduaneiro, é previsto nos arts. 85 e 434, § 4º, da Lei Complementar nº 214/2025, no art. 6º do Decreto-Lei nº 2.472/1988, no art. 93 do Decreto-Lei nº 37/1966 e no art. 14 da Lei nº 10.865/2004, sendo regulamentado pelo Decreto nº 6.759/2009 (arts. 493 a 498) e pela Instrução Normativa SRF nº 266/2002.[342] O regime volta-se ao controle aduaneiro de operação que considera exportada, para todos os efeitos fiscais, creditícios e cambiais, a mercadoria nacional depositada em recinto alfandegado, vendida à pessoa sediada no exterior, mediante contrato de entrega no território nacional e à ordem do adquirente.

O DAC pode ser operado em recinto alfandegado de uso público ou em instalação portuária de uso privativo misto, mediante autorização do Superintendente da Receita Federal, atendidos os requisitos da IN SRF nº 266/2002. A admissão das mercadorias ocorre com a emissão do conhecimento de depósito alfandegado pelo depositário.[343] A data desse docu-

---

[339] "Especifica os requisitos técnicos e formais para implantação de sistema de controle informatizado em estabelecimentos habilitados a operar com os regimes aduaneiros especiais de Depósito Afiançado e de Depósito Especial."
[340] IN SRF nº 409/2004, art. 12.
[341] Ver Cap. V, Item 5.
[342] "Dispõe sobre o regime de Depósito Alfandegado Certificado."
[343] "Art. 5º [...]
§ 3º O conhecimento de depósito emitido para mercadoria a ser admitida no regime, denominado Conhecimento de Depósito Alfandegado (CDA), será emitido eletronicamente e obedecerá às formalidades estabelecidas na legislação comercial, devendo conter, sem prejuízo de outros estabelecidos naquela legislação, os seguintes dados:
I – número, local e data de emissão ou de sua substituição, conforme o caso;
II – nome, número de inscrição no Cadastro Nacional de Pessoas Jurídicas (CNPJ) e endereço do depositário;
III – nome, número de inscrição no Cadastro Nacional de Pessoas Jurídicas (CNPJ) ou no Cadastro de Pessoas Físicas (CPF) e endereço, do vendedor e do mandatário;
IV – nome e endereço do comprador;
V – número da DDE e das Notas Fiscais referentes à exportação;
VI – peso líquido, peso bruto, e valor da mercadoria na condição de venda;

mento será considerada como sendo a do embarque ou de transposição de fronteira para fins fiscais, creditícios e cambiais.

O prazo de permanência não poderá ser superior a um ano, contado da emissão do conhecimento. O regime é extinto por meio de uma das seguintes providências: (**i**) a comprovação do efetivo embarque ou transposição da fronteira; (**ii**) despacho para consumo; ou (**iii**) a transferência para os regimes aduaneiros de *drawback*, de admissão temporária, inclusive para as atividades de pesquisa e exploração de petróleo e seus derivados (Repetro), de loja franca, de entreposto aduaneiro ou industrial (Recof).

### 5.5.5 Depósito franco

O depósito franco encontra-se previsto nos arts. 499 a 503 do Decreto nº 6.759/2009 e na Instrução Normativa SRF nº 38/2001,[344] editados com fundamento na previsão geral do art. 93 do Decreto-Lei nº 37/1966. Com a reforma tributária, o depósito franco também fica submetido aos arts. 85 e 434, §§ 4º e 5º, da Lei Complementar nº 214/2025, que preveem a desoneração do IBS, da CBS e do IBS. O regime volta-se ao controle aduaneiro da entrada, saída e armazenagem em recinto alfandegado, sem o pagamento de tributos aduaneiros, de mercadoria estrangeira destinada ao atendimento de fluxo comercial de países limítrofes com terceiros países.

## 6 ENTREPOSTO INDUSTRIAL (RECOF)

### 6.1 Conceito, modalidades e natureza jurídica

O regime aduaneiro especial de entreposto industrial sob controle aduaneiro informatizado (Recof) tem sua matriz normativa no Decreto-Lei nº 37/1966 (art. 89 a 91) e na Lei nº 10.833/2003 (arts. 59 e 63), com regulamentação no Decreto nº 6.759/2009 (arts. 420 a 426), na Portaria Coana nº 114/2022[345] e na Instrução Normativa RFB nº 2.126/2022.[346] Após a reforma tributária, também são aplicáveis algumas das disposições gerais da Seção IV (Dos Regimes de Aperfeiçoamento) da Lei Complementar nº 214/2025. O regime assemelha-se ao *drawback*-suspensão, com a diferença de que se restringe ao setor industrial e permite a comercialização de parte da produção no mercado doméstico. Outra característica é sua transparência e modernidade regulatória, inclusive no tocante às hipóteses de descumprimento. *De lege ferenda*, seria um regime que, com poucas adaptações, poderia ser ampliado para substituir por completo o *drawback*, com ganhos para o setor produtivo e para o Poder Público.

Em linhas gerais, o entreposto industrial constitui um procedimento de controle aduaneiro do ingresso de produtos estrangeiros no território nacional, com ou sem cobertura cambial, para utilização como insumo na fabricação de produto a ser exportado ou comercializado no mercado interno, sem o pagamento do II, IPI, PIS-Cofins, AFRMM e, em alguns Estados,

---

VII – data de vencimento; e

VIII – número do CDA original e CNPJ do respectivo emissor, em caso de substituição."

[344] "Dispõe sobre o controle e o trânsito aduaneiro de passagem pelo território nacional de mercadoria destinada a país limítrofe ou dele procedente."

[345] "Dispõe sobre os procedimentos para habilitação e fruição do Regime Aduaneiro Especial de Entreposto Industrial sob Controle Informatizado (Recof) e dá outras providências."

[346] "Dispõe sobre o Regime Aduaneiro Especial de Entreposto Industrial sob Controle Informatizado (Recof)."

do ICMS.[347] Também é possível a aquisição de insumos nacionais com isenção de IPI e do PIS-Cofins. Com a reforma tributária, a desoneração controlada no regime passou a abranger o IBS, a CBS e o IS, inclusive nas aquisições no mercado interno de bens e de serviços.[348]

Duas são as modalidades do regime aduaneiro especial, que variam em função do tipo de sistema de controle: o Recof Sistema e o Recof Sped. No primeiro, o beneficiário deve apresentar um sistema informatizado próprio, desenvolvido de acordo com as especificações da Secretaria da Receita Federal. No segundo, os controles aduaneiros da entrada, da saída e do estoque são realizados na escrituração fiscal digital do ICMS e do IPI (EFD-ICMS/IPI), na escrituração contábil digital (ECD), nas NF-e e no Siscomex.

O entreposto industrial constitui um procedimento de controle aduaneiro que visa à promoção do desenvolvimento nacional. Contudo, no momento da admissão, conserva a mesma neutralidade do entreposto aduaneiro clássico, permitindo uma abertura para usos econômicos diversos: a exportação ou a comercialização local, com ou sem alteração do estado. A desoneração fiscal ocorre a título de isenção nas aquisições domésticas e de não incidência nos insumos de procedência estrangeira. Isso porque, ao promover a sua introdução no território aduaneiro, o beneficiário do Recof o faz sem intenção de incorporá-lo ao mercado nacional. É certo que parte das mercadorias pode ser comercializada internamente. Mas isso ocorre em relação a uma parcela menor dos produtos e, ainda assim, devido a uma manifestação de vontade posterior. Tanto é que, se a venda interna ocorrer durante a vigência do regime, os tributos são devidos a partir do registro da declaração para consumo.

Por conseguinte, o regime constitui um procedimento especial de controle aduaneiro que visa à adequada aplicação de uma isenção e de uma não incidência pura e simples (finalidade mediata) e à promoção do desenvolvimento econômico nacional, mediante incentivo ao segmento industrial e à exportação, com geração de emprego e renda, ingresso de divisas e equilíbrio da balança de pagamentos (finalidade imediata).

## 6.2 Habilitação, prazos e requisitos legais

A autorização para operar o regime é de competência da Secretaria da Receita Federal. O interessado deve requerer a habilitação, mediante observância dos requisitos formais e materiais da Portaria Coana nº 114/2022 e da IN RFB nº 2.126/2002, que também devem ser mantidos durante a vigência:[349]

a) Regularidade fiscal perante a Fazenda Nacional;
b) Não apresentar, como sócio majoritário, pessoa condenada por improbidade administrativa;[350]
c) Não estar inscrita no Cadastro Informativo de Créditos não Quitados do Setor Público Federal (Cadin);[351]
d) Regularidade perante o Fundo de Garantia pelo Tempo de Serviço (FGTS);[352]

---

[347] Convênio ICMS nº 88/2012; RICMS/PR (Decreto nº 1.980/2007, arts. 468-A e ss.); RICMS/SP (Decreto nº 45.490/2000, arts. 450-A e ss.).
[348] Lei Complementar nº 214/2025, art. 90, § 2º, art. 434, § 4º.
[349] IN RFB nº 2.126/2022, art. 5º, § 2º.
[350] Lei nº 8.429/1992, art. 12, I a III.
[351] Lei nº 10.522/2002, art. 6º.
[352] Lei nº 8.036/1990, art. 27.

e) Não estar inscrita no Cadastro Nacional de Empresas Punidas (CNEP) derivados da prática de atos lesivos à administração pública, nacional ou estrangeira;[353]

f) Autorização para o exercício da atividade, expedida pela autoridade aeronáutica competente, se for o caso;

g) Não ter sido submetido ao regime especial de fiscalização nos últimos três anos;[354]

h) Habilitação a operar no comércio exterior em modalidade expressa ou ilimitada;

i) Opção pelo Domicílio Tributário Eletrônico (DTE).

No Recof Sistema, o interessado deve dispor de um sistema de controle informatizado de entrada, estoque e saída de mercadorias, com registro e apuração de créditos tributários devidos, extintos ou com pagamento suspenso.[355] Esse deve ser integrado aos sistemas corporativos da empresa no País, além de permitir o acesso livre e permanente pela Receita Federal.[356]

Esse sistema não é exigido no Recof-Sped.[357] O beneficiário, porém, deve estar adimplente com os deveres instrumentais de entrega da Escrituração Fiscal Digital do ICMS e do IPI (EFD-ICMS/IPI), mantendo o registro segregado das operações promovidas pelos estabelecimentos autorizados e o Livro de Registro de Controle da Produção e do Estoque integrante da EFD-ICMS/IPI.[358]

O regime é aplicável aos insumos utilizados na industrialização de mercadorias[359] destinadas à exportação ou à venda no mercado interno, que podem ser adquiridas no País ou

---

[353] Lei nº 12.846/2013, art. 19, IV.

[354] Lei nº 9.430/1996, art. 33.

[355] IN RFB nº 2.126/2022: "Art. 25. [...] § 2º O sistema de controle informatizado do beneficiário habilitado no Recof Sistema deverá conter ainda:
I – o registro de dados relativos à importação de mercadoria para admissão em outros regimes aduaneiros especiais e à aquisição no mercado interno de partes e peças utilizadas na industrialização de produto ou aplicadas nas operações de renovação ou recondicionamento e nos serviços de manutenção ou reparo;
II – o controle dos valores dos tributos suspensos, relacionados às entradas ou às transferências de mercadorias admitidas em outros regimes, efetuado com base em seus documentos de origem, bem como das formas de extinção das correspondentes obrigações tributárias;
III – a demonstração do cálculo dos tributos relativos às mercadorias admitidas no regime e incorporadas a produtos transferidos para outros beneficiários, vendidos no mercado interno ou exportados;
IV – o registro de dados sobre as autorizações de importação concedidas a fornecedor direto, até a entrada no seu estabelecimento;
V – registro de acessos ao sistema;
VI – histórico de alterações de registros;
VII – registros de comunicação entre o beneficiário e a RFB;
VIII – balanços, demonstrativos contábeis e planos de contas;
IX – relação de produtos industrializados e seus insumos;
X – documentação técnica do próprio sistema e histórico de alterações; e
XI – registro de aplicação de sanções administrativas".

[356] IN RFB nº 2.126/2002, art. 5º, § 1º, I.

[357] Sobre o Recof-Sped na doutrina, cf.: HOLANDA GAETA, Flávia. Recof-Sped. In: SEHN, Solon; PEIXOTO, Marcelo Magalhães (Coord.). *Direito aduaneiro e tributação do comércio exterior*. São Paulo: MP, p. 151-164, 2023.

[358] IN RFB nº 2.126/2002, art. 5º, § 1º, II.

[359] De acordo com o § 4º do art. 2º da IN RFB nº 2.126/2022:
"§ 4º Poderão também ser admitidas no regime:
I – mercadorias, inclusive usadas, para serem:
a) submetidas a testes de desempenho, resistência ou funcionamento;

no exterior,[360] com ou sem cobertura cambial.[361] O beneficiário pode optar por vender os produtos no mercado interno, com alteração ou no mesmo estado em que foram admitidos. No caso de empresa industrial, exige-se uma receita mínima anual de exportações equivalente a 25% (no primeiro ano)[362] e 50% (nos demais) do valor total das mercadorias admitidas no mesmo período.[363] Além disso, ao menos 70% dos produtos e insumos adquiridos devem ser aplicados anualmente na industrialização do produto final exportado.[364]

Essas obrigações são consideradas requisitos de manutenção da habilitação e, até o trigésimo dia do mês subsequente ao final de cada período anual de apuração, devem ter o seu adimplemento comprovado por meio de relatório apresentado para a unidade da Receita Federal competente[365].

Nas duas modalidades, a industrialização abrange a montagem, transformação, beneficiamento, acondicionamento e reacondicionamento, a renovação ou recondicionamento,[366] conceitos que já foram analisados por ocasião do estudo do *drawback*-suspensão, aos quais nos reportamos.[367]

O prazo de vigência é de um ano, prorrogável automaticamente por igual período, contados da data da liberação. Admite-se a prorrogação por até cinco anos, quando o regime aduaneiro for vinculado à produção de bens de capital de longo ciclo de fabricação. A prorrogação pode ocorrer por período superior, nas hipóteses de bens utilizados no desenvolvimento de outros produtos.[368]

Ao realizar o ingresso da mercadoria estrangeira no território nacional, para ter a dispensa do recolhimento dos tributos, o beneficiário deve registrar a declaração de importação do tipo "Consumo", selecionando a opção do regime tributário "suspensão".[369] As aquisições e vendas no mercado interno, por sua vez, devem identificadas com a indicação do CFOP (Código Fiscal de Operações e Prestações) específico para cada operação.[370]

No mercado interno, a admissão no regime ocorre de forma automática, por meio da emissão da nota fiscal pelo fornecedor. Essa deve especificar o CFOP e, no campo das infor-

---

b) utilizadas no desenvolvimento de produtos; ou
c) submetidas a operações de manutenção ou reparo; e
II – matérias-primas, produtos intermediários e materiais de embalagem a serem utilizados nas operações descritas no inciso I".

[360] O § 6º do art. 2º da IN RFB nº 2.126/2022 estabelece a seguinte restrição: "§ 6º As operações de importação com suspensão de tributos poderão ser realizadas por conta e ordem de terceiro, em consonância com a Instrução Normativa RFB nº 1.861, de 27 de dezembro de 2018, vedada a importação por encomenda".

[361] IN RFB nº 2.126/2022, art. 3º.

[362] IN RFB nº 2.126/2022, art. 13, § 2º, I. Para empresa que realize exclusivamente operações de manutenção ou reparo de aeronaves ou de equipamentos e instrumentos de uso aeronáutico, a receita mínima anual exigida é de US$ 2.500.000,00 (primeiro ano) e US$ 5.000.000,00 nos demais (inciso II).

[363] IN RFB nº 2.126/2022, art. 13, I.

[364] IN RFB nº 2.126/2022, art. 13, II.

[365] IN RFB nº 2.126/2022, art. 13, § 4º.

[366] IN RFB nº 2.126/2022, art. 2º: "§ 3º As operações de transformação, beneficiamento e montagem de partes e peças utilizadas na montagem de produtos poderão ser realizadas total ou parcialmente por encomenda do beneficiário a terceiro, habilitado ou não ao regime".

[367] Ver Cap. IV, Item 4.3.5.

[368] IN RFB nº 2.126/2022, art. 14.

[369] Portaria Coana nº 114/2022, art. 7º. Esse dispositivo faz referência ao II, IPI, PIS-Cofins. Mas, com a reforma tributária, deverá ser adaptado para também prever a desoneração do IBS e da CBS.

[370] Portaria Coana nº 114/2022, art. 8º.

mações adicionais, a expressão "Saída com suspensão do IPI, da Contribuição para o PIS/Pasep e da Cofins, para estabelecimento habilitado ao Recof (ADE DRF nº ....., de ../../....)". Nas saídas em transferência, por sua vez, deve ser descrito: "Saída com suspensão do Imposto de Importação, do IPI, da Contribuição para o PIS/Pasep e da Cofins em razão da transferência de mercadoria entre estabelecimentos habilitados ao Recof (ADE DRF nº ......., de ../../.... e ADE DRF nº ......., de ../../....)".[371] Com a regulamentação da reforma tributária, esse dever formal deverá ser alterado, para prever a indicação da desoneração do IBS e da CBS no documento fiscal.[372]

## 6.3 Destinações e extinção

Nas duas modalidades do Recof, a extinção pode ocorrer por uma das seguintes destinações, que devem ser efetuadas antes do vencimento do prazo de vigência:

> (i) exportação do produto industrializado final ou do insumo sem alteração do estado em que foi admitido, adquirido no exterior ou no mercado interno;
> (ii) reexportação do insumo estrangeiro admitido sem cobertura cambial;
> (iii) despacho para consumo do produto industrializado final ou do insumo estrangeiro no mesmo estado em que foi admitido no regime;
> (iv) destruição, sem o recolhimento de tributos, às expensas do interessado e sob controle aduaneiro, na hipótese de mercadoria importada sem cobertura cambial;
> (v) retorno ao mercado interno do insumo nacional sem alteração do estado ou após a incorporação a produto acabado, com recolhimento dos tributos suspensos e dos acréscimos legais, na qualidade de responsável tributário;
> (vi) venda direta a empresas comerciais exportadoras com fim específico de exportação.[373]

Nos casos de resíduos do processo produtivo (aparas, sobras, fragmentos e semelhantes decorrentes da industrialização), é possível a exportação, a destruição ou o despacho para consumo.[374] A destruição ocorre sem o pagamento de tributos nos casos de mercadorias admitidas sem cobertura cambial. Do contrário, o beneficiário deve realizar o despacho para consumo, com o recolhimento dos créditos tributários.

O mesmo é exigido em relação às perdas inerentes ao processo produtivo, nos termos dos arts. 31, § 1º, II, e 37 da IN RFB nº 2.126/2022:

> Art. 31. No caso de destinação para o mercado interno, o recolhimento dos tributos suspensos, correspondentes às mercadorias importadas e alienadas no mesmo estado, incorporadas ao produto resultante do processo de industrialização ou aplicadas em serviço de recondicionamento, manutenção ou reparo, deverá ser efetuado até o 15º (décimo quinto) dia do mês subsequente ao da destinação, mediante registro de declaração de importação na unidade da RFB que jurisdiciona o estabelecimento do beneficiário autorizado a operar sob as condições do Recof.

---

[371] Portaria Coana nº 114/2022, art. 8º, §§ 1º e 2º.
[372] De acordo com a Lei Complementar nº 214/2025: "Art. 90. [...] § 2º A suspensão de que trata o *caput* deste artigo poderá alcançar bens materiais importados e aqueles adquiridos no mercado interno".
[373] IN RFB nº 2.126/2022, art. 28.
[374] IN RFB nº 2.126/2022, art. 30.

§ 1º Aplica-se o disposto no *caput* ao recolhimento dos tributos devidos quando se tratar da destruição:

I – de mercadoria importada com cobertura cambial; e

II – das perdas inerentes ao processo produtivo, nos termos do art. 37, na hipótese de excederem o percentual de exclusão nele referido.

[...]

Art. 37. Para a exclusão da responsabilidade tributária, será aceito o percentual de perda do processo produtivo declarado pelo beneficiário do regime.

§ 1º Entende-se por perda ou quebra normal o percentual relativo à parte do insumo não incorporado a produto resultante, em decorrência da eficiência do processo produtivo do beneficiário, não incluídos os fatos como inundações, perecimento por expiração de validade, deterioração e quaisquer situações que impliquem a diminuição da quantidade em estoque sem relação com o processo produtivo.

§ 2º Para fins do disposto neste artigo, as perdas:

I – deverão ser fisicamente separadas, enquanto permanecerem no estabelecimento, e submetidas à destruição ou alienadas como sucata;

II – serão apuradas trimestralmente, tendo por base a quantidade total de mercadorias aplicadas no processo produtivo, classificadas de acordo com a NCM; e

III – deverão ser objeto de apuração e de pagamento dos correspondentes tributos suspensos, caso excedam o percentual de tolerância declarado pelo beneficiário do regime.

§ 3º Os percentuais relativos às perdas serão os declarados pela empresa em relação anexada ao processo administrativo de habilitação ao regime e poderão ser alterados pelo titular da unidade responsável pela habilitação, com base em solicitação fundamentada do interessado e, se for o caso, em laudo emitido por órgão, instituição ou entidade técnica ou por engenheiro credenciado pela RFB. (Redação dada pela Instrução Normativa RFB nº 2.131, de 1º de fevereiro de 2023).

§ 4º A ausência das informações referidas no § 3º implica a presunção de perda equivalente a zero.

§ 5º Caso haja perdas excedentes ao limite informado no momento da habilitação ou na EFD ICMS/IPI, o beneficiário do regime deverá apresentar à unidade da RFB responsável pela habilitação, até o 30º (trigésimo) dia do mês subsequente ao trimestre de apuração, relatório de perdas excedentes por *part number*, acompanhado do comprovante de pagamento dos tributos devidos. (Redação dada pela Instrução Normativa RFB nº 2.131, de 1º de fevereiro de 2023) [...].

Contudo, obrigar o beneficiário a recolher os tributos nessas situações nem sempre é compatível com o conceito de importação, núcleo da materialidade da hipótese de incidência dos tributos aduaneiros. Só há importação, destarte, quando a transposição da fronteira é qualificada pela finalidade integradora, isto é, pela intenção de incorporar o produto estrangeiro no mercado nacional. Não é esse o caso de quem pretende destruí-lo após o encerramento do regime aduaneiro especial, o que normalmente ocorre com os bens inservíveis ou sem valor comercial suficiente para justificar os custos da reexportação. Tampouco há intenção integradora na perda inerente ao processo produtivo, salvo se o insumo inutilizado ou imprestável for comercializado internamente.

Por outro lado, no despacho para consumo, o pagamento do crédito tributário dos tributos aduaneiros deverá ser efetuado até o 15º dia do mês subsequente ao da destinação, mediante registro de declaração de importação na unidade da RFB que jurisdiciona o estabelecimento do beneficiário autorizado a operar o regime.[375]

## 6.4 Renúncia

O beneficiário pode formalizar a renúncia, mediante requerimento direcionado à mesma unidade da Receita Federal competente para apreciar a habilitação.[376] Na mesma oportunidade, deve ser apresentada prova do adimplemento das obrigações de obtenção de receita mínima de exportação e de aplicação dos insumos na industrialização relativas ao último período de apuração concluído e ao período em curso.

A renúncia é formalizada por meio de ADE (Ato Declaratório Executivo) emitido pelo titular da unidade da Receita Federal. Depois disso, não é mais possível a admissão de mercadorias no regime. O beneficiário deve dar às mercadorias uma das destinações extintivas no prazo de 30 dias contados da publicação do ADE no *Diário Oficial da União*. Do contrário, os tributos devem ser recolhidos com os acréscimos legais devidos, calculados a partir da data de admissão das mercadorias no regime.[377]

## 6.5 Mercadorias em estoque após o encerramento da vigência

O beneficiário pode conferir destinações econômicas diversas aos produtos admitidos, desde a exportação até a comercialização local, com ou sem alteração do estado. Após o término da vigência, não ocorrendo uma das destinações previstas no art. 28 da IN RFB nº 2.126/2022, o art. 34 estabelece que os tributos relativos ao estoque remanescente *deverão ser recolhidos com os acréscimos de juros e multa de mora, calculados a partir da data do registro da admissão das mercadorias no regime*:

> Art. 34. Finalizado o prazo estabelecido para a vigência do Recof, os tributos suspensos incidentes na importação, correspondentes ao estoque, deverão ser recolhidos com os acréscimos de juros e multa de mora, calculados a partir da data do registro da admissão das mercadorias no regime, mediante registro de declaração de importação, observadas as demais exigências regulamentares para a permanência definitiva das mercadorias no País.
> 
> § 1º Para fins de cálculo dos tributos devidos, as mercadorias constantes do estoque serão relacionadas às declarações de admissão no regime ou às correspondentes notas fiscais de aquisição no mercado interno, inclusive de transferência entre beneficiários, com base no critério contábil PEPS, observada a ordem de prioridade prevista nos §§ 2º e 3º do art. 27, se for o caso.
> 
> § 2º Para fins do disposto no *caput*, o beneficiário do regime deverá requerer autorização para o registro da declaração de importação em processo administrativo, instruído com o relatório de apuração dos tributos devidos, na forma estabelecida pelo ato mencionado no inciso II do *caput* do art. 45.
> 
> § 3º A autorização a que se refere o § 2º compete ao titular da unidade da RFB com jurisdição sobre o estabelecimento da empresa ou ao Auditor-Fiscal da Receita Federal do Brasil por ele designado.
> 
> § 4º O disposto neste artigo aplica-se também no caso de renúncia da habilitação.

---

[375] IN RFB nº 2.126/2022, art. 31.
[376] IN RFB nº 2.126/2022, art. 11.
[377] IN RFB nº 2.126/2022, art. 12.

Essa previsão, contudo, não é compatível com a natureza de entreposto industrial. Este constitui um instrumento de desenvolvimento nacional que apresenta uma abertura para usos econômicos diversos. Ao promover a introdução do insumo estrangeiro no território aduaneiro, o beneficiário o faz sem intenção de incorporá-lo ao mercado nacional. Quando decide comercializá-lo internamente, no mesmo estado ou após a industrialização, isso ocorre em razão de uma manifestação de vontade posterior. O beneficiário apenas pode ser considerado em mora após o esgotamento do prazo de vigência, caso não tenha promovido uma das providências do art. 28 da IN RFB nº 2.126/2022. Portanto, os *acréscimos legais são cabíveis apenas a partir dessa data.*

Essa conclusão não é alterada por quem sustenta a natureza suspensiva do entreposto industrial. Ao contrário, até a reforça, uma vez que, nos termos do art. 73, I e parágrafo único, do Decreto nº 6.759/2009, para efeitos de cálculo do crédito tributário, o evento imponível deve ser considerado ocorrido na data do registro da DI no despacho para consumo, inclusive no regime suspensivo de tributação:

> Art. 73. Para efeito de cálculo do imposto, considera-se ocorrido o fato gerador (Decreto-Lei nº 37, de 1966, art. 23, *caput* e parágrafo único, este com a redação dada pela Lei nº 12.350, de 2010, art. 40): (Redação dada pelo Decreto nº 8.010, de 2013)
> I – na data do registro da declaração de importação de mercadoria submetida a despacho para consumo;
> [...]
> Parágrafo único. O disposto no inciso I aplica-se, inclusive, no caso de despacho para consumo de mercadoria sob regime suspensivo de tributação, e de mercadoria contida em remessa postal internacional ou conduzida por viajante, sujeita ao regime de importação comum.

Por fim, não adotadas as providências extintivas no prazo legal nem recolhidos os créditos tributários devidos voluntariamente na forma do art. 34 da IN RFB nº 2.126/2002, a fiscalização deverá realizar o lançamento de ofício, acrescido de juros e da multa do art. 44, I, da Lei nº 9.430/1996,[378] sem prejuízo de outras penalidades previstas em lei.[379]

## 6.6 Descumprimento e penalidades

Inicialmente, vale ressaltar que, consoante examinado na parte geral dos regimes aduaneiros, para a caracterização do inadimplemento, a não prestação das obrigações de fazer e de não fazer que decorrem dos requisitos legais do regime aduaneiro sempre deve ser substancial. Não há inadimplemento nos casos em que o descumprimento parcial é inexpressivo ou de escassa importância, sob os aspectos qualitativo ou quantitativo. É o que se tem, *v.g.*, quando o beneficiário, apesar de não atingir o percentual mínimo de exportação, aufere um valor bastante próximo, a ponto de permitir considerar a prestação substancialmente adimplida diante das particularidades do caso concreto[380].

---

[378] "Art. 44. Nos casos de lançamento de ofício, serão aplicadas as seguintes multas:
I – de 75% (setenta e cinco por cento) sobre a totalidade ou diferença de imposto ou contribuição nos casos de falta de pagamento ou recolhimento, de falta de declaração e nos de declaração inexata;"
[379] IN RFB nº .2126/2002, art. 36.
[380] Ver Item 1.7.

O interessado, contudo, deve demonstrar que foi diligente e envidou os esforços esperados para cumprir a prestação no lugar, no modo e no prazo devidos. Além disso, é essencial que a finalidade imediata do regime aduaneiro tenha sido atingida. Esse, afinal, não é um fim em si mesmo. Ao contrário, tem natureza instrumental e visa precipuamente ao desenvolvimento econômico nacional e o incentivo das exportações, com geração de emprego e renda, ingresso de divisas e equilíbrio da balança de pagamentos.

Por outro lado, não se pode confundir o inadimplemento com o cumprimento inexato ou imperfeito. Neste, o beneficiário cumpre as obrigações de fazer e de não fazer no lugar, no modo e no prazo devidos, mas sem observar os deveres instrumentais previstos na legislação do entreposto. Assim, devem ser cominadas as penalidades para a sua não observância previstas no art. 39 da IN RFB nº 2.126/2022, que remete ao regime sancionatório do art. 76 da Lei nº 10.833/2003.[381]

As sanções administrativas da Lei nº 10.833/2002 são aplicáveis aos intervenientes em operações de comércio exterior, no que se incluem os beneficiários de regimes aduaneiros especiais.[382] Esse dispositivo estabelece as seguintes infrações e penalidades passíveis de aplicação ao entreposto industrial:

(a) pena: advertência; infrações:

(a.1) prática de ato que prejudique a identificação ou quantificação de mercadoria sob controle aduaneiro;

(a.2) descumprimento de requisito, condição ou norma operacional para habilitar-se ou utilizar regime aduaneiro especial;

(a.3) descumprimento de determinação legal ou de outras obrigações relativas ao controle aduaneiro previstas em ato normativo;

(b) pena: suspensão pelo prazo de até 12 meses da habilitação para utilização de regime aduaneiro; infrações:

(b.1) reincidência em conduta já sancionada com advertência;

(b.2) atuação em nome de pessoa que esteja cumprindo suspensão, ou no interesse desta;

(b.3) delegação de atribuição privativa a pessoa não credenciada ou habilitada;

(b.4) prática de qualquer outra conduta sancionada com suspensão de registro, licença, autorização, credenciamento ou habilitação, nos termos de legislação específica; ou

(b.5) agressão ou desacato à autoridade aduaneira no exercício da função.

(c) pena: cancelamento ou cassação da habilitação para utilização de regime aduaneiro; infrações:

(c.1) acúmulo, em período de três anos, de suspensão com prazo total superior a 12 meses;

---

[381] Ver Cap. VII, Item 5.

[382] Isso está previsto expressamente no art. 16 da IN RFB nº 1.291/2012 e no art. 11 da IN RFB nº 1.612/2016. Mas essas previsões são desnecessárias, uma vez que, de acordo com o art. 76, § 2º, da Lei nº 10.833/2003: "§ 2º Para os efeitos do disposto neste artigo, consideram-se intervenientes o importador, o exportador, o beneficiário de regime aduaneiro ou de procedimento simplificado, o despachante aduaneiro e seus ajudantes, o transportador, o agente de carga, o operador de transporte multimodal, o operador portuário, o depositário, o administrador de recinto alfandegado, o perito ou qualquer outra pessoa que tenha relação. direta ou indireta, com a operação de comércio exterior". (Redação dada pela Lei nº 13.043, de 2014)

(c.2) atuação em nome de pessoa cujo registro, licença, autorização, credenciamento ou habilitação tenha sido objeto de cancelamento ou cassação, ou no interesse desta;

(c.3) exercício, por pessoa credenciada ou habilitada, de atividade ou cargo vedados na legislação específica;

(c.4) prática de ato que embarace, dificulte ou impeça a ação da fiscalização aduaneira, para benefício próprio ou de terceiros;

(c.5) sentença condenatória, transitada em julgado, por participação, direta ou indireta, na prática de crime contra a administração pública ou contra a ordem tributária;

(c.6) ação ou omissão dolosa tendente a subtrair ao controle aduaneiro, ou dele ocultar, a importação ou a exportação de bens ou de mercadorias; ou

(c.7) prática de qualquer outra conduta sancionada com cancelamento ou cassação de registro, licença, autorização, credenciamento ou habilitação, nos termos de legislação específica.

A regulamentação administrativa das consequências do descumprimento do Recof Sistema e do Recof Sped, aliada à aplicação do sistema sancionatório da Lei nº 10.833/2003, é a melhor dentre todos os regimes aduaneiros especiais. As sanções são progressivas e a penalização pode ser graduada no caso concreto. A autoridade aduaneira pode sopesar a natureza e a gravidade da infração, os danos, os antecedentes do infrator, considerando a proporção das irregularidades no conjunto das operações realizadas e eventuais esforços de *compliance* aduaneira, dentro do que é esperado de um bom sistema normativo sancionatório.

Nesse sentido, vale ressaltar que os requisitos para a habilitação estão previstos no art. 5º da IN RFB nº 2.126/2022. As "condições" (*conditio iuris*) de manutenção da habilitação, por sua vez, são requisitos para a utilização e compreendem as obrigações de obtenção de receita mínima de exportação, de aplicação do percentual de insumos na industrialização e, no Recof Sped, o cumprimento do dever instrumental de regularidade da EFD-ICMS/IPI.

A não observância de qualquer dessas exigências configura um "descumprimento de requisito, condição ou norma operacional para habilitar-se ou utilizar regime aduaneiro especial", enquadrando-se no tipo infracional do art. 76. Por isso, pode ser penalizada com a advertência, a suspensão ou a cassação da habilitação, dentro da gradação e do procedimento estabelecidos na Lei nº 10.833/2003.

Além disso, incide a multa do art. 107, VII, *e*, do Decreto-Lei nº 37/1966, até a regularização da pendência, extinção ou renúncia ao regime:[383]

> Art. 107. Aplicam-se ainda as seguintes multas: (Redação dada pela Lei nº 10.833, de 29.12.2003)
>
> [...]
>
> VII – de R$ 1.000,00 (mil reais): (Redação dada pela Lei nº 10.833, de 29.12.2003)
>
> [...]
>
> e) por dia, pelo descumprimento de requisito, condição ou norma operacional para habilitar-se ou utilizar regime aduaneiro especial ou aplicado em áreas especiais, ou para habilitar-se ou manter recintos nos quais tais regimes sejam aplicados;

---

[383] Portanto, sempre que constatar que não reúne meios de cumprir os requisitos para a habilitação ou de manutenção da habilitação no Recof Sistema ou no Recof Sped, o sujeito passivo deve, desde logo, renunciar ao regime.

De acordo com o art. 39, § 1º, I, da IN RFB nº 2.126/2022, essa multa deve ser aplicada nos casos de descumprimento de obrigações a prazo ou termo certo neles previstas ou em atos executivos:

> Art. 39. O beneficiário do regime sujeita-se às sanções administrativas previstas no art. 76 da Lei nº 10.833, de 29 de dezembro de 2003.
> § 1º A aplicação das sanções a que se refere o *caput*:
> I – não dispensa a aplicação da multa prevista na alínea *e* do inciso VII do *caput* do art. 107 do Decreto-Lei nº 37, de 1966, nas hipóteses de obrigações a prazo ou termo certo, previstas nesta Instrução Normativa ou em atos executivos;

Esse dispositivo deve ser adequadamente compreendido. Afinal, as instruções normativas não podem inovar na ordem jurídica, restringindo ou ampliando o tipo infracional previsto em um decreto-lei. Assim, a autoridade aduaneira não está restrita ao texto do art. 39, § 1º, I, da IN RFB nº 2.126/2022. Dito de outro modo, deve aplicar a penalidade não apenas nas situações neles previstas, mas sempre que constatar a ocorrência de uma conduta ilícita que se enquadre no tipo infracional do art. 107, VII, *e*, do Decreto-Lei nº 37/1966. Por outro lado, ao contrário do que sugere a leitura apressada das instruções normativas, a multa de R$ 1.000,00 não incide em todos os casos de descumprimento de obrigações a prazo ou termo certo. É necessário que essas obrigações também constituam um requisito, condição ou norma operacional para habilitar-se ou utilizar regime aduaneiro especial.

Outro aspecto relevante é que, ao dispor sobre as sanções aplicáveis ao Recof, o § 2º do art. 39 da IN RFB nº 2.126/2022 veda de novas admissões, enquanto não regularizada a pendência ou interposto recurso administrativo, na hipótese de descumprimento dos requisitos previstos nos arts. 5º e 13:

> Art. 39. [...]
> § 2º Na hipótese de descumprimento dos requisitos previstos nos arts. 5º e 13, fica vedada a admissão de novas mercadorias no regime pelo beneficiário, diretamente ou por intermédio de seus estabelecimentos autorizados, enquanto não for comprovada a adoção das providências necessárias à regularização ou a apresentação de recurso administrativo.

Ocorre que a vedação da admissão de novas mercadorias nada mais é do que a suspensão da habilitação. Essa consequência jurídica deve ser compatibilizada com o sistema sancionatório do art. 76 da Lei nº 10.833/2003. Nele o descumprimento de requisito de habilitação deve ser penalizado com a advertência. A suspensão só é cabível em caso de reincidência, desde que presentes os demais pressupostos legais.

Destarte, mostra-se ilegal a sanção administrativa de vedação da admissão de novas mercadorias. O descumprimento de requisitos de habilitação deve ser penalizado com a advertência e com a multa diária de R$ 1.000,00, prevista no art. 107, VII, *e*, do Decreto-Lei nº 37/1966, o que é suficiente para levar o beneficiário a regularizar a pendência ou, não sendo possível, requerer a renúncia ao regime aduaneiro especial.

É de se ressaltar, contudo, que a Lei nº 10.833/2003 autoriza a cassação direta, sem prévia advertência ou suspensão. Isso é possível quando o interveniente: "embarace, dificulte ou impeça a ação da fiscalização aduaneira, para benefício próprio ou de terceiros" (Lei nº 10.833/2003, art. 76, III, *d*); ou pratique uma conduta que configure uma "ação ou omissão dolosa tendente a subtrair ao controle aduaneiro, ou dele ocultar, a importação ou a exportação de bens ou de mercadorias (art. 76, III, *g*). Tem potencial para gerar esses efeitos a não observância dos requisitos do § 1º do art. 5º da IN RFB nº 2.126/2022 (ausência de sistema informatizado exigido para a habilitação no Recof Sistema e a inadimplência das obrigações de entrega da EFD-ICMS/IPI no Recof Sped). Nessas hipóteses, a autoridade aduaneira pode decidir entre a cassação direta ou a advertência prévia combinada a multa diária de R$ 1.000,00.

Os parâmetros para essa decisão encontram-se previstos no § 4º do art. 76 da Lei nº 10.833/2003. Esse dispositivo prevê que, na aplicação da sanção da advertência, devem ser considerados: (a) a natureza e a gravidade da infração; (b) os danos decorrentes; e (c) os antecedentes do infrator, inclusive quanto à proporção das irregularidades no conjunto das operações realizadas e seus esforços para melhorar a conformidade à legislação.

Esses mesmos critérios devem nortear a avaliação da penalidade aplicável em caso de violação das "condições" (*conditio iuris*) de manutenção da habilitação (requisitos para a utilização), que compreendem as obrigações de obtenção de receita mínima de exportação, de aplicação do percentual de insumos na industrialização e, no Recof Sped, o cumprimento do dever instrumental de regularidade da EFD-ICMS/IPI.

Por fim, a sanção de cancelamento ou de cassação da habilitação deve ser formalizada por meio de ADE e implica a vedação das admissões de novas mercadorias no regime e a proibição de pleitear nova habilitação pelo prazo de dois anos. Por outro lado, implica para o sujeito passivo a obrigação de pagamento dos tributos em relação ao estoque, acrescidos de juros e de multa de mora desde a data da admissão.[384]

## 7 EXPORTAÇÃO TEMPORÁRIA

### 7.1 Conceito e natureza jurídica

O regime aduaneiro da exportação temporária encontra-se previsto nos arts. 88 e 434, § 4º, da Lei Complementar nº 214/2025 e no art. 92 do Decreto-Lei nº 37/1966, com regulamentação no Decreto nº 6.759/2009 (arts. 431 a 488) e na Instrução Normativa RFB nº 1.600/2015. Nele é controlada a saída temporária e o retorno ao País, sem o pagamento de tributos, inclusive do IBS, da CBS e do IS, de mercadoria nacional ou nacionalizada sem alteração de seu estado, para participação em eventos, promoção comercial, entre outras finalidades previstas na legislação aduaneira.

No RE nº 104.306/SP, o STF declarou a inconstitucionalidade da incidência do imposto no retorno de mercadoria nacional remetida ao exterior sem a observância das regras de exportação temporária (Decreto-Lei nº 37/1966, art. 93):[385]

> Imposto de Importação.
> Ao considerar estrangeira, para efeito de incidência do tributo, a mercadoria nacional reimportada, o art. 93 do Decreto-lei nº 37/1966 criou ficção incompatível com a Constituição de 1946 (Emenda nº 18, art. 7º, I), no dispositivo correspondente ao art. 21, *i*, da Carta em vigor.

---

[384] IN RFB nº 2.126/2002, art. 41, § 1º, II.
[385] "Art. 93. Considerar-se-á estrangeira, para efeito de incidência do imposto, a mercadoria nacional ou nacionalizada reimportada, quando houver sido exportada sem observância das condições deste artigo. (Execução suspensa pela RSF nº 436, de 1987)."

Recurso extraordinário provido, para concessão da segurança e para a declaração de inconstitucionalidade do citado art. 93 do Decreto-lei nº 37/1966[386].

Essa decisão justifica-se, porque, a rigor, a exportação temporária tem natureza jurídica de não incidência. A saída ocorre sem a desnacionalização do produto, de sorte que, ao ser encaminhado temporariamente ao exterior, permanece integrado ao mercado local. Pela mesma razão, não há uma importação em seu retorno.[387]

## 7.2 Aplicabilidade, prazos e requisitos legais

A concessão da desoneração controlada pelo regime – quando não é *automática*, como na hipótese dos veículos de transporte comercial de carga ou de passageiro (IN nº RFB 1.600/2015, art. 92[388]) – ocorre com o desembaraço aduaneiro. O interessado, antes do registro da declaração de exportação, deve apresentar um dossiê digital de atendimento (DDA) dirigido à unidade da RFB onde será efetuado o despacho aduaneiro de admissão.[389]

Nesse momento, deve-se demonstrar a presença dos seguintes requisitos (IN RFB 1.600/2015, art. 94):

a) "Exportação" em caráter temporário;

b) Ausência de cobertura cambial;

c) Adequação dos bens e do prazo de permanência a uma das finalidades concessórias definidas em ato normativo da SRF; e

d) Identificação dos bens (descrição completa, com todas as características necessárias à sua classificação fiscal, espécie, marca comercial, modelo, nome comercial ou científico e outros atributos).[390]

As finalidades concessórias, por sua vez, encontram-se descritas no art. 91 da IN RFB nº 1.600/2015:

1) Participação em eventos científicos, técnicos, educacionais, religiosos, artísticos culturais, esportivos, políticos, comerciais ou industriais;

2) Atividades de pesquisa científica e desenvolvimento tecnológico aprovadas pelo CNPq ou pela Finep;

3) Pastoreio, adestramento, cobertura e cuidados da medicina veterinária;

4) Promoção comercial, inclusive amostras sem destinação comercial e mostruários de representantes comerciais, representantes legais, colaboradores ou prepostos das empresas solicitantes do regime;

5) Eventos ou operações militares;

6) Assistência e salvamento em situações de calamidade ou de acidentes de que decorra dano ou ameaça de dano à coletividade ou ao meio ambiente;

---

[386] STF. T. Pleno. RE 104.306. Rel. Min. Octavio Gallotti. *DJ* 18.04.1986.
[387] Ver Cap. II, item 2.2.1.4.
[388] IN RFB nº 1.600/2015, art. 92.
[389] IN RFB nº 1.600/2015, arts. 98 a 101.
[390] IN RFB nº 1.600/2015, art. 94: "Parágrafo único. Quando se tratar de bens com exportação sujeita à prévia manifestação de outros órgãos da administração pública, a concessão do regime dependerá da satisfação desse requisito ou da obtenção do registro de exportação correspondente".

7) Prestação de assistência técnica a produtos exportados, em virtude de garantia;

8) Substituição de outro bem, ou suas partes e peças, anteriormente exportado definitivamente, que deva retornar ao país para reparo ou substituição, em virtude de defeito técnico que exija sua devolução;

9) Homologação, ensaios, perícia, testes de funcionamento ou resistência, ou ainda a serem utilizados no desenvolvimento de produtos ou protótipos;

10) Execução de contrato de arrendamento operacional, de aluguel, de empréstimo ou de prestação de serviços, no exterior;

11) Atividades relacionadas com a intercomparação de padrões metrológicos, aprovadas pelo Inmetro;

12) Veículos terrestres ou embarcações de esporte e recreio, inclusive motos aquáticas, destinadas ao uso de seu proprietário ou possuidor, transportados ao amparo de conhecimento de carga;

13) Bens integrantes de bagagem desacompanhada de residente;

14) Equipamentos, partes, peças, ferramentas e acessórios a serem utilizados no conserto, na manutenção ou no reparo de aeronaves, ou substituição em decorrência de garantia, reparo, revisão, manutenção, renovação ou recondicionamento (*exchange*);

15) Equipamentos utilizados por empresa aeronáutica para remoção de aeronaves imobilizadas em consequência de avarias sofridas (*recovery kit*).

Não há necessidade de formalização de termo de responsabilidade, salvo quando a mercadoria estiver submetida ao imposto de exportação. O regime aduaneiro pode ser pleiteado por pessoas físicas ou jurídicas pelo prazo de 12 meses, prorrogável automaticamente por igual período. Em casos excepcionais e justificados, pode ser prorrogado por até cinco anos pelo titular da unidade da Receita Federal ou por prazo superior, a critério do Superintendente do órgão. Quando a exportação temporária for vinculada a uma prestação de serviço por prazo certo, arrendamento operacional, aluguel ou empréstimo, o prazo de vigência será o previsto no contrato.[391]

## 7.3 Extinção, descumprimento e penalidades

A extinção do regime de exportação temporária pode ocorrer de duas formas: o retorno do bem ao território nacional (reimportação); ou a exportação. Em caso de descumprimento, o beneficiário estará sujeito a uma multa isolada de cinco por cento do preço normal da mercadoria, prevista no art. 72, II, da Lei nº 10.833/2003:

Art. 72. Aplica-se a multa de:
[...]
II – 5% (cinco por cento) do preço normal da mercadoria submetida ao regime aduaneiro especial de exportação temporária, ou de exportação temporária para aperfeiçoamento passivo, pelo descumprimento de condições, requisitos ou prazos estabelecidos para aplicação do regime.
§ 1º O valor da multa prevista neste artigo será de R$ 500,00 (quinhentos reais), quando do seu cálculo resultar valor inferior.

---

[391] IN RFB nº 1.600/2015, art. 96.

§ 2º A multa aplicada na forma deste artigo não prejudica a exigência dos impostos incidentes, a aplicação de outras penalidades cabíveis e a representação fiscal para fins penais, quando for o caso.

Apesar do disposto no § 2º do art. 72, deve-se ter presente que, a rigor, a saída do território aduaneiro ocorre sem a desnacionalização do produto, de sorte que não há uma importação em seu retorno. Por isso, não há incidência tributária quando a mercadoria volta ao País, ainda que descumprido o regime. A incidência do imposto de importação nessas circunstâncias já chegou a ser prevista no art. 93 do Decreto-Lei nº 37/1966.[392] Este, porém, após ter sido declarado inconstitucional pelo STF no RE 104.306/SP, teve a sua execução suspensa pela Resolução nº 436/1987, do Senado Federal:

> Artigo único. É suspensa, por inconstitucionalidade, nos termos da decisão definitiva proferida pelo Supremo Tribunal Federal, nos autos do Recurso Extraordinário nº 104.306-7, do Estado de São Paulo, a execução do art. 93 do Decreto-Lei nº 37, de 18 de novembro de 1966.[393]

Atualmente, os arts. 74, II, e 238, § 2º, II, do Decreto nº 6.759/2009, regulamentando o art. 92, § 4º, do Decreto-Lei nº 37/1966,[394] estabelecem que não há incidência do imposto de importação nem de IPI na entrada "de mercadoria à qual tenha sido aplicado o regime de exportação temporária, ainda que descumprido o regime". No PIS-Cofins, o art. 2º, VI, da Lei nº 10.865/2004 prevê a não incidência em relação aos "bens aos quais tenha sido aplicado o regime de exportação temporária", sem nada dizer acerca das consequências do descumprimento. Não obstante, as mesmas razões que levaram a Receita Federal a excluir a incidência do imposto de importação e do IPI na regulamentação dessa matéria são inteiramente aplicáveis ao PIS-Cofins. Logo, também não há que se falar em incidência dessas contribuições nas hipóteses de descumprimento.

## 8 ADMISSÃO TEMPORÁRIA PARA UTILIZAÇÃO ECONÔMICA

### 8.1 Conceito e natureza jurídica

O direito brasileiro – em consonância com regras internacionais previstas na Convenção de Istambul[395] – prevê o regime de admissão temporária para utilização econômica. Nele, de acordo com o art. 79 da Lei nº 9.430/1996 e arts. 89 e 434, § 6º, da Lei Complementar nº 214/2025, os tributos incidentes na importação (II, IPI, PIS-Cofins, ICMS[396] e, com a reforma

---

[392] "Art. 93. Considerar-se-á estrangeira, para efeito de incidência do imposto, a mercadoria nacional ou nacionalizada reimportada, quando houver sido exportada sem observância das condições deste artigo. (Execução suspensa pela RSF nº 436, de 1987)".

[393] Ver Cap. II, Item 2.2.1.1.3.

[394] "Art. 92. [...] § 4º A reimportação de mercadoria exportada na forma deste artigo não constitui fato gerador do imposto." (Parágrafo único renumerado para § 4º pelo Decreto-Lei nº 2.472, de 01.09.1988)

[395] A incorporação dessa convenção no direito brasileiro ocorreu por meio do Decreto Legislativo nº 563/2010 e pelo Decreto nº 7.545/2011. Sobre o tema, cf.: MEIRA, Liziane Angelotti; TREVISAN, Rosaldo. Convenção de Istambul sobre admissão temporária: sua aplicação no Brasil. *Revista do Mestrado em Direito*. Brasília: Universidade Católica de Brasília, v. 6, n. 1, p. 22-46, jan.-jun. 2012.

[396] Convênio Confaz ICMS nº 58/1999: "Cláusula segunda. Em relação a mercadoria ou bem importado sob o amparo de Regime Especial Aduaneiro de Admissão Temporária, quando houver cobrança pro-

tributária, o IBS, a CBS e o IS) são devidos proporcionalmente[397] ao tempo de permanência no território nacional:

> Art. 79. Os bens admitidos temporariamente no País, para utilização econômica, ficam sujeitos ao pagamento dos impostos incidentes na importação proporcionalmente ao tempo de sua permanência em território nacional, nos termos e condições estabelecidos em regulamento.
> Parágrafo único. O Poder Executivo poderá excepcionar, em caráter temporário, a aplicação do disposto neste artigo em relação a determinados bens. (Incluído pela Medida Provisória nº 2.189-49, de 2001)

A admissão temporária para utilização econômica é regulamentada pelo Decreto nº 6.759/2009 (arts. 373 a 379) e pela Instrução Normativa RFB nº 1.600/2015 (arts. 56 a 77). A desoneração controlada pelo regime aplica-se aos bens introduzidos no território nacional para emprego na prestação de serviços ou na produção de outros bens destinados à venda. A proporcionalidade da cobrança do crédito tributário ocorre na razão de 1% por mês ou fração de vigência do ato concessório, sendo de 0,033% no IBS, na CBS e no IS.[398] Também há previsão de desoneração total em algumas situações, a exemplo de determinados bens destinados às atividades de pesquisa e de lavra das jazidas de petróleo e de gás natural.

Para compreender a que título ocorre essa desoneração, deve-se ter presente que o conceito de importação compreende a introdução de um produto qualquer no território aduaneiro nacional, por meio da transposição física da fronteira geográfica qualificada pela finalidade integradora. Essa, por sua vez, não é sinônimo de ingresso *ad aeternun*. Também há integração no mercado nacional quando o importador promove o ingresso do bem para permanência por tempo indeterminado, ou pelo prazo de esgotamento da vida útil ou de perda expressiva de seu valor. Dessa forma, quando o ingresso da mercadoria é vinculado a uma obrigação de restituir, devem ser verificados o prazo de permanência e as características do produto. Haverá intenção integradora se, ao final do período de utilização previsto no contrato, o produto já estiver totalmente depreciado, obsoleto ou com a vida útil esgotada. É exatamente o que ocorre nas hipóteses de admissão temporária para utilização econômica, porquanto o produto tem o seu ingresso no território nacional vinculado a um contrato de longo prazo, para emprego na prestação de serviços ou na produção de outros bens destinados à venda.[399]

Dessa forma, na admissão temporária para utilização econômica, a desoneração controlada pelo regime constitui uma isenção tributária, mediante afastamento ou mutilação parcial

---

porcional, pela União, dos impostos federais, poderão as unidades federadas reduzir a base de cálculo do ICMS, de tal forma que a carga tributária seja equivalente àquela cobrança proporcional".

[397] RA/2009: "Art. 373. § 2º A proporcionalidade a que se refere o *caput* será obtida pela aplicação do percentual de um por cento, relativamente a cada mês compreendido no prazo de concessão do regime, sobre o montante dos tributos originariamente devidos". Anteriormente, o pagamento do tributo era proporcional à vida útil do bem, o que não eliminava todos os problemas decorrentes dessa modalidade de ingresso "temporário".

[398] Lei Complementar nº 214/2025: "Art. 89. [...] § 1º A proporcionalidade a que se refere o *caput* deste artigo será obtida pela aplicação do percentual de 0,033% (trinta e três milésimos por cento), relativamente a cada dia compreendido no prazo de concessão do regime, sobre o montante do IBS e da CBS originalmente devidos". Esse dispositivo, conforme estabelece o art. 434, § 6º, também se aplica ao IS.

[399] Ver Cap. II, item 2.2.1.1.5.

dos critérios material (IN RFB nº 1.600/2015, art. 56, § 4º, II, *a* e *b*)[400] e espacial (art. 56, § 4º, III).[401] Já no pagamento proporcional, há uma isenção parcial,[402] na linha do que prevê o Artigo I, *b*, do Anexo E da Convenção de Istambul, incorporada ao direito interno por meio do Decreto Legislativo nº 563/2010, promulgado pelo Decreto nº 7.545/2011.[403] É por isso que, em caso de extinção antecipada, o Regulamento Aduaneiro considera indevido o pagamento relativo ao período não fruído (art. 110, *caput* e § 2º), assegurando ao beneficiário o direito à restituição proporcional dos tributos pagos no registro da declaração de importação.[404]

Trata-se, assim, de um procedimento especial de controle aduaneiro dos pressupostos de aplicabilidade de uma isenção fiscal (finalidade mediata) vinculada à realização dos fins de interesse público previstos na legislação e que decorrem da Convenção de Istambul (finalidade imediata).

## 8.2 Aplicabilidade, prazos e requisitos legais

A concessão da desoneração controlada pelo regime ocorre com o desembaraço aduaneiro. O interessado, antes do registro da declaração de importação no Siscomex, deve apresentar um dossiê digital de atendimento (DDA) e um Requerimento de Admissão Temporária (RAT) dirigido à unidade da RFB onde será efetuado o despacho aduaneiro de admissão.[405]

Deve ser demonstrada a presença dos seguintes requisitos (IN RFB nº 1.600/2015, arts. 6º, 56, 59 e 60):

---

[400] IN RFB nº 1.600/2015: "Art. 56. [...] § 4º [...] II – até 31 de dezembro de 2020, quando:
a) destinados às atividades de pesquisa e de lavra das jazidas de petróleo e de gás natural, nos termos da norma específica que disciplina o regime aduaneiro especial de exportação e de importação de bens destinados às atividades de pesquisa e de lavra das jazidas de petróleo e de gás natural (Repetro); ou
b) tratar-se de máquinas, equipamentos, aparelhos, instrumentos e ferramentas, inclusive sobressalentes, destinados às atividades de transporte, movimentação, transferência, armazenamento ou regaseificação de gás natural liquefeito; e".

[401] IN RFB nº 1.600/2015: "Art. 56. [...] § 4º [...] III – até 4 de outubro de 2023, quando destinados à utilização econômica por empresa que se enquadre nas disposições do Decreto-Lei nº 288, de 28 de fevereiro de 1967, durante o período de sua permanência na Zona Franca de Manaus".

[402] No mesmo sentido, em relação ao Repetro, cf.: HOLANDA, Flávia. *Aspectos tributários do entreposto aduaneiro*: regimes especiais e o setor do óleo e gás. São Paulo: IOB Sage, 2016. p. 177. Registre-se ainda que, para Liziane Meira (MEIRA, Liziane Angelotti. *Regimes aduaneiros especiais*. São Paulo: IOB, 2002, p. 325), o regime tem natureza de "redução tributária condicional".

[403] "b) Isenção parcial: a isenção de uma parte do montante dos direitos e encargos de importação que teriam sido cobrados se as mercadorias tivessem sido introduzidas no consumo à data em que foram sujeitas ao regime de admissão temporária."

[404] RA: "Art. 110. Caberá restituição total ou parcial do imposto pago indevidamente, nos seguintes casos: [...] § 2º Caberá, ainda, restituição do imposto pago, relativamente ao período em que o regime de admissão temporária para utilização econômica, referido no art. 373, houver sido concedido e não gozado, em razão do retorno antecipado dos bens (Lei nº 5.172, de 1966, art. 165, inciso I; e Lei nº 9.430, de 1996, art. 79, *caput*). No mesmo sentido, IN RFB nº 1.600/2015: "Art. 72. Caberá restituição dos tributos pagos, relativamente ao período em que o regime houver sido concedido e não gozado, em razão de sua extinção antecipada".

[405] IN RFB nº 1.600/2015, art. 61. Além disso, de acordo com o § 2º, o requerimento deve ser instruído com: "I – contrato de arrendamento operacional, de aluguel ou de empréstimo que ampara a importação, celebrado entre o importador e a pessoa estrangeira;
II – contrato de prestação de serviços, celebrado entre o importador e o tomador de serviços, caso aplicável;
III – documento comprobatório da garantia prestada, quando exigível; e
IV – demais documentos previstos nos §§ 2º e 3º do art. 14, no que couber".

1) Natureza não definitiva da permanência no território aduaneiro nacional;

2) Ausência de cobertura cambial;

3) Identificação dos bens (descrição completa, com todas as características necessárias à sua classificação fiscal, espécie, marca comercial, modelo, nome comercial ou científico e outros atributos);

4) Adequação dos bens e do prazo de permanência a uma das seguintes finalidades concessórias:

a) No pagamento proporcional dos tributos: o uso na prestação de serviços a terceiros ou à produção de outros bens destinados à venda, inclusive bens destinados a servir de modelo industrial, sob a forma de moldes, matrizes ou chapas e às ferramentas industriais;

b) Na desoneração total:

(i) o uso em projetos específicos decorrentes de acordos internacionais firmados pelo Brasil;

(ii) destinação às atividades de pesquisa e de lavra das jazidas de petróleo e de gás natural, nos termos da norma específica que disciplina o regime aduaneiro especial de exportação e de importação de bens destinados às atividades de pesquisa e de lavra das jazidas de petróleo e de gás natural (Repetro), até 31 de dezembro de 2040;

(iii) máquinas, equipamentos, aparelhos, instrumentos e ferramentas, inclusive sobressalentes, destinados às atividades de transporte, movimentação, transferência, armazenamento ou regaseificação de gás natural liquefeito, até 31 de dezembro de 2040; e

(iv) utilização econômica por empresa que se enquadre nas disposições do Decreto-Lei nº 288, de 28 de fevereiro de 1967, durante o período de sua permanência na Zona Franca de Manaus, até 4 de outubro de 2073.

Os bens admitidos, inclusive suas partes e peças, podem ser submetidos à manutenção, reparo, teste, demonstração ou exposição no país, sem alteração do enquadramento e sem suspensão ou interrupção da contagem do prazo de vigência. Também é possível a remessa ao exterior – sem suspensão ou interrupção da contagem do prazo de vigência – para manutenção, reparo, testes ou demonstração ou prestação de serviços, inclusive no caso de aeronaves.[406]

Em relação ao IBS, à CBS e ao IS, a Lei Complementar nº 214/2025 estabelece que:

> Art. 89. No caso de bens admitidos temporariamente no País para utilização econômica, a suspensão do pagamento do IBS e da CBS será parcial, devendo ser pagos o IBS e a CBS proporcionalmente ao tempo de permanência dos bens no País.
> [...]
> § 3º O disposto no *caput* deste artigo não se aplica:
> I – até 31 de dezembro de 2040:
> a) aos bens destinados às atividades de exploração, de desenvolvimento e de produção de petróleo e de gás natural, cuja permanência no País seja de natureza temporária, constantes de relação especificada no regulamento; e
> b) aos bens destinados às atividades de transporte, de movimentação, de transferência, de armazenamento ou de regaseificação de gás natural liquefeito, constantes de relação especificada no regulamento; e

---

[406] IN RFB nº 1.600/2015, arts. 67 e 68.

II – até a data estabelecida pelo art. 92-A do Ato das Disposições Constitucionais Transitórias, aos bens importados temporariamente e para utilização econômica por empresas que se enquadrem nas disposições do Decreto-Lei nº 288, de 28 de fevereiro de 1967, durante o período de sua permanência na Zona Franca de Manaus, os quais serão submetidos ao regime de admissão temporária com suspensão total do pagamento dos tributos.
[...]

Art. 434. Aplica-se ao Imposto Seletivo, na importação de bens materiais, o disposto:
[...]
§ 6º No caso de bens admitidos temporariamente no País para utilização econômica, a suspensão do pagamento do Imposto Seletivo será parcial, devendo ser pago proporcionalmente ao tempo de permanência dos bens no País, nos termos do art. 89 desta Lei Complementar.

O beneficiário deve aceitar o termo de responsabilidade constituído na declaração de importação. Também é necessário prestar uma garantia em valor equivalente ao dos tributos exigíveis em caso de descumprimento, mediante depósito em dinheiro, fiança idônea ou seguro aduaneiro.[407]

A admissão temporária para uso econômico pode ser pleiteada por pessoas físicas ou jurídicas.[408] Admite-se a substituição do beneficiário durante o prazo de vigência.[409] Este, por sua vez, é o mesmo do contrato de arrendamento operacional, de aluguel ou de empréstimo que ensejou a concessão. O prazo máximo de vigência, salvo no âmbito do Repetro,[410] é de 100 meses, inclusive com prorrogações.[411]

---

[407] A garantia é dispensada nas situações definidas no § 4º do art. 60 da IN RFB nº 1.600/2015: (a) o montante dos tributos for inferior a R$ 120.000,00 (cento e vinte mil reais); (b) importação realizada por órgão ou entidade da administração pública direta, autárquica ou fundacional, da União, dos Estados, do Distrito Federal ou dos Municípios; (c) importação realizada por missão diplomática, repartição consular de caráter permanente ou representação de organismo internacional de que o Brasil seja membro; (d) importação realizada por empresa certificada como Operador Econômico Autorizado (OEA), nos termos da legislação específica; (e) importação de embarcações ou plataformas; (f) bem admitido com base em contrato de prestação de serviços por empreitada global, assim considerado aquele em que os valores pagos pelo tomador de serviços sejam exclusiva e integralmente decorrentes de prestação de serviços, sem qualquer outra parcela contratual relativa a locação, cessão, disponibilização ou arrendamento de bens. Além disso, de acordo com a IN RFB nº 1.985/2020: "Art. 12. São benefícios específicos para o interveniente certificado na modalidade OEA-C Nível 1 ou na modalidade OEA-C Nível 2: [...] II – dispensa de apresentação de garantia para o importador certificado como OEA na concessão do regime aduaneiro especial de admissão temporária, na modalidade de utilização econômica; e".

[408] IN RFB nº 1.600/2015, art. 57.

[409] IN RFB nº 1.600/2015: "Art. 69. Na vigência do regime, poderá ser autorizada a substituição do beneficiário, observados os procedimentos estabelecidos no art. 42.
§ 1º No caso em que o regime tenha sido concedido com prestação de garantia, caberá ao novo beneficiário apresentar nova garantia.
§ 2º O tributo eventualmente recolhido será aproveitado pelo novo beneficiário.
Art. 70. Aos bens submetidos ao regime de admissão temporária para utilização econômica aplicam-se também os procedimentos estabelecidos no art. 43".

[410] RA, art. 374, § 3º.

[411] IN RFB nº 1.600/2015, arts. 57 e 63.

## 8.3 Extinção

A extinção do regime de admissão temporária para utilização econômica pode ocorrer por meio de cinco providências alternativas: reexportação; transferência para outro regime aduaneiro especial, inclusive nova admissão temporária;[412] despacho para consumo; entrega à Receita Federal, livres de quaisquer despesas, desde que o titular da unidade concorde em recebê-los; ou destruição sob controle aduaneiro, às expensas do beneficiário.[413] Tais medidas podem ser adotadas combinadas ou parceladamente, sendo que, em caso de extinção antecipada, o beneficiário tem direito à restituição proporcional dos tributos pagos por ocasião do registro da declaração de importação.[414]

A aferição da tempestividade da reexportação não exige que se completem os procedimentos do despacho aduaneiro. Basta que o beneficiário registre a declaração correspondente e adote uma das providências:[415] (a) promover a entrada dos bens no recinto alfandegado; (b) os apresentar à unidade da Receita Federal com jurisdição sobre o local da saída; ou (c) solicitar a conferência no local em que se encontra o bem, em situações de comprovada impossibilidade de sua armazenagem em local alfandegado ou ainda, em outros casos justificados, tendo em vista a natureza dos bens ou circunstâncias específicas da operação.[416]

Na adoção de providências alternativas à reexportação, dentro do prazo de vigência, o beneficiário deve: (a) requerer a entrega do bem à Receita Federal ou a destruição, indicando a respectiva localização; (b) registrar no Siscomex a declaração correspondente ao novo regime que se pretende transferir o bem; (c) registrar a declaração de despacho para consumo, quando a importação for dispensada de licenciamento ou, do contrário, registrar o pedido de licença. Após o deferimento da licença, a DI deve ser registrada em até dez dias ou, não sendo deferida, o interessado deve optar por uma das outras modalidades de extinção, inclusive reexportação.[417]

## 8.4 Juros de mora na prorrogação e no despacho para consumo

O art. 64 da IN RFB nº 1.600/2015 estabelece que, em caso de prorrogação, os tributos correspondentes ao período adicional de permanência devem ser calculados acrescidos de juros de mora calculados a partir da data do "fato gerador":

> Art. 64. Os tributos correspondentes ao período adicional de permanência do bem no País serão calculados na forma do art. 56, acrescidos de juros de mora calculados a partir da data da ocorrência do fato gerador até a data do efetivo pagamento. (Redação dada pela Instrução Normativa RFB nº 1.989, de 10 de novembro de 2020) (*Vide* Instrução Normativa RFB nº 1.989, de 10 de novembro de 2020)

---

[412] RA, art. 374: "§ 2º Antes do término do prazo estipulado no § 1º, o beneficiário deverá providenciar a extinção do regime, conforme previsto no art. 367, sendo facultada a transferência para outro regime aduaneiro especial, inclusive a concessão de nova admissão temporária, que poderá ocorrer sem a necessidade de saída física dos bens do território nacional". (Incluído pelo Decreto nº 8.187, de 2014).

[413] IN RFB nº 1.600/2015: "Art. 74. Para fins de extinção do regime, deverão ser observados os demais procedimentos estabelecidos nos arts. 44 a 50, no que couber".

[414] "Art. 72. Caberá restituição dos tributos pagos, relativamente ao período em que o regime houver sido concedido e não gozado, em razão de sua extinção antecipada."

[415] IN RFB nº 1.600/2015, art. 50.

[416] IN RFB nº 1.600/2015, art. 45, I.

[417] IN RFB nº 1.600/2015, arts. 45, II a IV, e 47.

§ 1º O recolhimento insuficiente dos tributos implicará cobrança da multa de 75% (setenta e cinco por cento) sobre a totalidade ou diferença de imposto ou contribuição, prevista no inciso I do art. 44 da Lei nº 9.430, de 1996.

O mesmo é previsto nos casos de despacho para consumo:

> Art. 73. No caso de extinção da aplicação do regime mediante despacho para consumo, os tributos originalmente devidos, deduzido o montante já pago, deverão ser recolhidos com acréscimo de juros de mora, calculados a partir da data da ocorrência do fato gerador até a data do efetivo pagamento. (Redação dada pela Instrução Normativa RFB nº 1.989, de 10 de novembro de 2020) (*Vide* Instrução Normativa RFB nº 1.989, de 10 de novembro de 2020)

Esses dispositivos, além de exorbitarem o poder regulamentar, são incompatíveis com a natureza jurídica da admissão temporária para utilização econômica. Esse regime, como previsto no Artigo I, *b*, do Anexo E da Convenção de Istambul (Decreto Legislativo nº 563/2010, promulgado pelo Decreto nº 7.545/2011), visa ao controle aduaneiro de uma isenção tributária (art. 56, § 4º, II, *a e b*, e III), inclusive nas hipóteses de pagamento parcial (art. 56, § 2º). Tanto é assim que o Regulamento Aduaneiro considera indevido o pagamento relativo ao período não fruído (art. 110, *caput* e § 2º), assegurando ao beneficiário o direito à restituição proporcional dos tributos pagos no registro da DI.[418] Daí que, com a admissão do produto no regime especial, não há incidência da regra-matriz dos tributos aduaneiros na desoneração total. Já no pagamento proporcional, a incidência ocorre com um estreitamento da amplitude original do critério quantitativo da regra-matriz. Nesse caso, porém, tudo o que era devido pelo sujeito passivo já foi pago no registro da declaração de importação. Ademais, se o tributo não foi pago ou se o pagamento foi reduzido no desembaraço, isso ocorre justamente em razão da admissão no regime aduaneiro especial. Logo, o beneficiário não pode ser considerado em mora desde o registro da declaração de importação, porque não há descumprimento da prestação.

Ainda que se considere o regime como hipótese de suspensão da exigibilidade do crédito tributário, essa solução tampouco seria válida. É que, na admissão temporária para uso econômico, o Decreto nº 6.759/2009 estabelece que o fato jurídico tributário deve ser considerado ocorrido na data do registro da declaração de admissão (art. 73, IV). É nesse momento que, na modalidade de cobrança proporcional, ocorre o pagamento mediante débito em conta do beneficiário. Porém, em relação ao crédito abrangido pelo "regime suspensivo de tributação", o inciso I e o parágrafo único do art. 73 estabelecem que o fato jurídico tributário ocorre na data do registro da DI no despacho para consumo:

> Art. 73. Para efeito de cálculo do imposto, considera-se ocorrido o fato gerador (Decreto-Lei nº 37, de 1966, art. 23, *caput* e parágrafo único, este com a redação dada pela Lei nº 12.350, de 2010, art. 40): (Redação dada pelo Decreto nº 8.010, de 2013)

---

[418] RA: "Art. 110. Caberá restituição total ou parcial do imposto pago indevidamente, nos seguintes casos: [...] § 2º Caberá, ainda, restituição do imposto pago, relativamente ao período em que o regime de admissão temporária para utilização econômica, referido no art. 373, houver sido concedido e não gozado, em razão do retorno antecipado dos bens (Lei nº 5.172, de 1966, art. 165, inciso I; e Lei nº 9.430, de 1996, art. 79, *caput*). No mesmo sentido, IN RFB nº 1.600/2015: "Art. 72. Caberá restituição dos tributos pagos, relativamente ao período em que o regime houver sido concedido e não gozado, em razão de sua extinção antecipada".

I – na data do registro da declaração de importação de mercadoria submetida a despacho para consumo;

[...]

IV – na data do registro da declaração de admissão temporária para utilização econômica (Lei nº 9.430, de 1996, art. 79, *caput*). (Incluído pelo Decreto nº 7.213, de 2010).

Parágrafo único. O disposto no inciso I aplica-se, inclusive, no caso de despacho para consumo de mercadoria sob regime suspensivo de tributação, e de mercadoria contida em remessa postal internacional ou conduzida por viajante, sujeita ao regime de importação comum.

No Judiciário, acórdãos dos TRFs da 2ª, 3ª e 4ª Regiões têm afastado o cabimento dos juros de mora, ressaltando ainda a ausência de previsão específica para essa exigência no Decreto nº 6.759/2009 (art. 375):[419]

TRIBUTÁRIO. IMPOSTO DE IMPORTAÇÃO. REGIME DE ADMISSÃO TEMPORÁRIA. REGULAMENTO ADUANEIRO (DECRETO Nº 6.759/2009). IN 1.600/2015. JUROS DE MORA. AUSÊNCIA DE PREVISÃO NO REGULAMENTO ADUANEIRO. OFENSA AO PRINCÍPIO DA LEGALIDADE. APELAÇÃO E REMESSA NECESSÁRIA DESPROVIDAS.

[...]

2. O art. 73 da IN 1.600/2015 da RFB determinou que: "No caso de extinção da aplicação do regime mediante despacho para consumo, os tributos originalmente devidos, deduzido o montante já pago, deverão ser recolhidos com acréscimo de juros de mora". No entanto, o art. 375 do Regulamento Aduaneiro (Decreto nº 6.759/2009) não prevê o acréscimo de juros de mora no caso de extinção do regime de admissão temporária para fins de despacho para consumo, sendo devidos somente os tributos, com a dedução do montante já pago.

3. A incidência dos juros de mora na extinção do regime de admissão temporária é ilegal em face da inexistência de previsão no regulamento aduaneiro. A Instrução Normativa da Receita Federal transbordou seus limites e inovou no mundo jurídico, em grave ofensa ao princípio da legalidade. Precedente do TRF da 3ª Região (Apelação e Remessa Necessária 0011466-28.2016.4.03.6105/SP – Rel. Juiz Federal Convocado Paulo Sarno. *DJe* 09.02.2018).

4. O detalhamento da proporcionalidade e demais regras procedimentais, como prazo e condições de Admissão Temporária para Utilização Econômica, estão previstas no Regulamente aduaneiro, a partir do art. 373. Conforme dispõe o parágrafo terceiro do aludido artigo, o ingresso temporário dá ensejo à cobrança de "percentual de um por cento, relativamente a cada mês compreendido no prazo de concessão do regime, sobre o montante dos tributos originalmente devidos".

5. A incidência de juros de mora, para o caso de prorrogação e extinção do regime, não encontra amparo no CTN, que em seu art. 161 dispõe que o encargo é acrescido ao "crédito não integralmente pago no vencimento".

6. Como consignado pelo Juízo *a quo*: "Destarte, a alteração do entendimento fiscal, no que toca à cobrança de juros para os casos de prorrogação do regime de admissão

---

[419] "Art. 375. No caso de extinção da aplicação do regime mediante despacho para consumo, os tributos originalmente devidos deverão ser recolhidos deduzido o montante já pago."

temporária, estampada no art. 64 da IN RFB 1.600/2015, representa autêntica mudança de critério jurídico, não podendo apanhar importações (e seus pedidos de renovação) realizadas anteriormente, sob pena de evidente ofensa à previsão superior do art. 146 do CTN, que contém norma salutar e afinada com os ideais de segurança jurídica e de tutela da confiança legítima, induvidosamente homenageados pelo texto constitucional. Assim, parece razoável conceber-se que a inovadora interpretação trazida, no particular, pelo citado instrumento normativo da Receita Federal do Brasil só deva alcançar as importações (e respectivas prorrogações) realizadas já na sua vigência. Além da elevada probabilidade de ilegalidade quanto à aplicação retroativa do disposto no art. 64 da IN RFB 1.600/2015, também há elevada probabilidade de ilegalidade no que tange ao acréscimo de juros de moratório no cálculo dos tributos correspondentes ao período adicional de permanência em caso de prorrogação do regime de admissão temporária para utilização econômica."

7. Apelação e remessa necessária desprovidas.[420]

TRIBUTÁRIO. REGIME ESPECIAL DE ADMISSÃO TEMPORÁRIA. PEDIDO DE PRORROGAÇÃO TEMPESTIVO. JUROS DE MORA SOBRE OS TRIBUTOS INCIDENTES. IN 1.600/2015. AUSÊNCIA DE PREVISÃO NO REGULAMENTO ADUANEIRO. OFENSA AO PRINCÍPIO DA LEGALIDADE.

1. Cinge-se a controvérsia sobre a incidência de juros de mora sobre os tributos incidentes na prorrogação, tempestivamente requerida, do regime de admissão temporária deferido na vigência de instrução normativa mais favorável.

2. A IN RFB 285/2003, vigente à época da concessão do RAT, e a IN RFB 1.361/2013, que revogou a IN anterior, não previam o acréscimo de juros aos tributos correspondentes ao período adicional de permanência do bem no País.

3. Posteriormente, a IN RFB 1.600, de 14 de dezembro de 2015, determinou, em seu art. 64, o acréscimo de juros de mora.

4. O Regulamento Aduaneiro, Decreto nº 6.759 de 05.02.2009, não prevê o acréscimo de juros de mora no caso de pedido de prorrogação do regime de admissão temporária para utilização econômica, sendo devidos somente os tributos, no percentual correspondente.

5. A incidência dos juros de mora sobre os tributos incidentes na prorrogação do regime de admissão temporária é ilegal, em face da inexistência de previsão no regulamento aduaneiro. A instrução normativa da Receita Federal transbordou seus limites e inovou no mundo jurídico, em grave ofensa ao princípio da legalidade. Precedentes jurisprudenciais.

6. Diante dos procedimentos para a prorrogação do RAT, são devidos os tributos sobre a importação, sem a incidência de juros de mora.

7. Remessa necessária improvida.[421]

REGIME DE ADMISSÃO TEMPORÁRIA. PEDIDO DE PRORROGAÇÃO. extinção mediante despacho dos bens para consumo. IN 1.600, DE 2015. COBRANÇA DE JUROS MORATÓRIOS. ILEGALIDADE.

A Instrução Normativa RFB nº 1.600, de 2015, incidiu em ilegalidade ao prever a incidência dos juros de mora sobre os tributos incidentes na prorrogação do regime de

---

[420] TRF2. 4ª T. Especializada. Ac. 0503970-20.2016.4.02.5101. Rel. Des. Ferreira Neves. J. 11.08.2018, data de publicação: 15.08.2018.
[421] TRF3. 6ª T. Ac. Reenec 367362/SP – 0004155-68.2016.4.03.6110. Rel. Des. Consuelo Yoshida. J. 08.06.2017, data de publicação: 20.06.2017.

admissão temporária (art. 63) e na extinção do regime mediante despacho dos bens para consumo (art. 74).[422]

Em relação aos juros de mora no despacho para consumo, uma primeira decisão da 2ª Turma Ordinária da 1ª Câmara da 3ª Seção do Carf entendeu pela aplicação da legislação vigente na data da nacionalização:

> Assunto: Imposto sobre a Importação II
> Data do fato gerador: 07.02.2006
> ADMISSÃO TEMPORÁRIA PARA UTILIZAÇÃO ECONÔMICA. DESPACHO PARA CONSUMO. UTILIZAÇÃO DOS PROCEDIMENTOS DE VALORAÇÃO ADUANEIRA NA BASE DE CÁLCULO DO TRIBUTO.
> No despacho para consumo de bens admitidos temporariamente com uso econômico. O valor da mercadoria será aquele apurado nos termos do procedimento de valoração aduaneira aprovado pelo Decreto Legislativo nº 30/1994 e promulgado pelo Decreto nº 1.355/1994.
> ADMISSÃO TEMPORÁRIA PARA UTILIZAÇÃO ECONÔMICA. DESPACHO PARA CONSUMO. UTILIZAÇÃO DA LEGISLAÇÃO VIGENTE NA DATA DO REGISTRO DA DECLARAÇÃO DE IMPORTAÇÃO QUE FORMALIZAR O DESPACHO PARA CONSUMO.
> No despacho para consumo de bens admitidos temporariamente com uso econômico. A legislação a ser utilizada para regular o despacho aduaneiro é aquela vigente na data do registro da Declaração de Importação utilizada para despacho a consumo do bem.[423]

Esse acórdão, no entanto, foi reformado pela CSRF:

> ASSUNTO: IMPOSTO SOBRE A IMPORTAÇÃO (II)
> Data do fato gerador: 07.02.2006
> NACIONALIZAÇÃO DE MERCADORIA ANTERIORMENTE DESEMBARAÇADA SOBRE O REGIME DE ADMISSÃO TEMPORÁRIA. VALOR DA TRANSAÇÃO COMERCIAL. DATA DA ENTRADA DO PRODUTO ESTRANGEIRO EM TERRITÓRIO NACIONAL.
> Para que se possa quantificar a incidência dos tributos ocorridos na importação, sob o Regime de Admissão Temporária, considera-se como ocorrida a entrada do produto estrangeiro em território Nacional, a data do registro da declaração de admissão temporária para utilização econômica, utilizando-se como base de cálculo o valor aduaneiro declarado.[424]

Essa última decisão é criticável na parte relativa ao momento da ocorrência do fato jurídico tributário, pelas razões anteriormente examinadas. Contudo, não demanda objeções no tocante à valoração aduaneira. Esta independe do valor do produto na data do registro

---

[422] TRF4. 2ª T. Apelação/Remessa Necessária 5008328-35.2017.4.04.7000. Rel. Des. Rômulo Pizzolatti. J. 06.03.2018, data de publicação: 06.03.2018.
[423] Carf. 3ª S. 1ª C. 2ª T. O. Ac. 3102-01.412. S. de 21.03.2012.
[424] Carf. CSRF. 3ª T. Ac. 9303-010.094. S. de 23.01.2020.

da declaração de importação.[425] São irrelevantes as eventuais depreciações ou acréscimos, porque, para fins de valoração, o fator determinante é o preço efetivamente pago ou a pagar pelas mercadorias, bem como dos demais pressupostos de aplicabilidade do método do valor da transação e de seus critérios substitutivos.[426]

## 8.5 Descumprimento e penalidades

Os arts. 76 e 77 da IN RFB nº 1.600/2015 remetem aos procedimentos dos arts. 51 a 55, aplicáveis à admissão temporária. Assim, nos casos de descumprimento, o beneficiário deve ser intimado para manifestar-se no prazo de dez dias, nas seguintes hipóteses:

(a) Não adoção de uma das providências de extinção tempestiva (reexportação, entrega à Receita Federal, destruição sob controle aduaneiro, transferência para outro regime aduaneiro ou despacho para consumo):

(a.1) após o vencimento do prazo de vigência sem a apresentação de pedido de prorrogação;

(a.2) em até 30 dias após o indeferimento:

(i) de pedido de prorrogação, salvo se o prazo de vigência remanescente for superior; ou

(ii) de requerimento de modalidade de extinção sem a reexportação ou requerida modalidade de extinção diversa da anterior.

(b) Não efetivação de medida extintiva requerida e autorizada pela Receita Federal ou em prazo determinado pela autoridade aduaneira;

(c) Apresentação, para fins de adoção das providências extintivas, de bens diversos dos admitidos no regime;

(d) Utilização dos bens em finalidade diversa da que justificou a concessão do regime (desvio de finalidade);

(e) Destruição ou perecimento dos bens, por culpa ou dolo do beneficiário.

Vencido o prazo de 10 dias, deve ocorrer outra intimação, nos termos do § 1º do art. 51 da IN RFB nº 1.600/2015, com abertura de novos 30 dias para que o beneficiário promova a reexportação ou despacho para consumo:

> Art. 51. [...]
> § 1º Vencido o prazo de 10 (dez) dias estabelecido no *caput*, sem atendimento da intimação ou a comprovação do cumprimento do regime, o beneficiário será intimado a promover, no prazo de 30 (trinta) dias, a reexportação ou o despacho para consumo do bem admitido.

Na hipótese de despacho para consumo, o art. 52 da IN RFB nº 1.600/2015 prevê a incidência de juros de mora desde a declaração de admissão, a exemplo do que também estabelece o art. 73, já analisado anteriormente:

> Art. 52. Na hipótese prevista no § 1º do art. 51, o beneficiário que optar pelo despacho para consumo deverá registrar a declaração de importação, mediante o pagamento dos

---

[425] Ver, acima, o capítulo dos tributos aduaneiros. Em sentido contrário, HOLANDA, Flávia. *Aspectos tributários do entreposto aduaneiro*: regimes especiais e o setor do óleo e gás. São Paulo: IOB Sage, 2016. p. 190 e ss.

[426] Ver Cap. IV, Item 1.6.

tributos, acrescidos de juros de mora, contados a partir da data do registro da declaração que serviu de base para a concessão do regime, e da multa prevista no § 2º do art. 51. (Redação dada pela Instrução Normativa RFB nº 1.989, de 10 de novembro de 2020) (*Vide* Instrução Normativa RFB nº 1.989, de 10 de novembro de 2020)

Como examinado, essa previsão não apenas exorbita o poder regulamentar, como também é incompatível com a natureza jurídica da admissão temporária para utilização econômica. Não há que se falar em mora desde a admissão do bem no regime, porque o fato jurídico tributário ocorre apenas com o registro da declaração de consumo.

Por fim, o art. 51, § 2º, estabelece que, "comprovado o descumprimento, é exigível o recolhimento da multa de dez por cento do valor aduaneiro da mercadoria, prevista no inciso I do *caput* do art. 72 da Lei nº 10.833, de 29 de dezembro de 2003". Esse dispositivo, nos termos do art. 77 da IN RFB nº 1.600/2015, é aplicável à admissão temporária para utilização econômica apenas "*no que couber*", o que não é o caso da multa prevista no art. 72, I, da Lei nº 10.833/2003:

> Art. 72. Aplica-se a multa de:
> I – 10% (dez por cento) do valor aduaneiro da mercadoria submetida ao regime aduaneiro especial de admissão temporária, ou de admissão temporária para aperfeiçoamento ativo, pelo descumprimento de condições, requisitos ou prazos estabelecidos para aplicação do regime; e

Com efeito, a referência ao "regime especial da admissão temporária" abrange a "*admissão temporária para reexportação no mesmo estado*". Nela não está compreendida a admissão temporária para utilização econômica. Do contrário, o legislador não teria feito referência à modalidade especial da "admissão temporária para aperfeiçoamento ativo" na segunda parte do preceito legal.

Por fim, se o beneficiário continuar inerte, mesmo após a derradeira intimação prevista no § 1º do art. 51 da IN RFB nº 1.600/2015, a autoridade aduaneira deverá executar a garantia, mediante conversão em renda do depósito em favor da União ou, dependendo da modalidade, intimação do fiador ou da seguradora para realizar o pagamento. Por outro lado, não tendo sido prestada a garantia, o termo de responsabilidade deverá ser encaminhado para inscrição em dívida ativa e ajuizamento de execução fiscal.

## 9 ADMISSÃO TEMPORÁRIA PARA APERFEIÇOAMENTO ATIVO

### 9.1 Conceito e natureza jurídica

A admissão temporária para aperfeiçoamento ativo encontra-se prevista no art. 75 do Decreto-Lei nº 37/1966, com regulamentação no Decreto nº 6.759/2009 (arts. 380 a 381) e na IN RFB nº 1.600/2015.[427] Após a reforma tributária, também são aplicáveis algumas das disposições gerais da Seção IV (Dos Regimes de Aperfeiçoamento) da Lei Complementar nº 214/2025. Trata-se de um regime aduaneiro que controla o ingresso de produtos de origem estrangeira no território nacional, sem o pagamento do imposto de importação, IPI, PIS-Co-

---

[427] Essas disposições devem ser harmonizadas com o Código Aduaneiro do Mercosul (arts. 53 a 55), tão logo iniciada a sua vigência.

fins, Cide-Combustíveis, AFRMM, ICMS,[428] do IBS, da CBS e do IS,[429] em caráter temporário, para fins de beneficiamento, montagem, renovação, recondicionamento, acondicionamento ou reacondicionamento, conserto, reparo ou manutenção.[430] Não há cobertura cambial, sendo a admissão vinculada à finalidade concessória e à obrigação de reexportação ao final de um determinado prazo. A desoneração decorre de uma não incidência pura e simples, uma vez que o ingresso do produto no território aduaneiro ocorre sem a intenção integradora.

### 9.2 Prazos, requisitos, extinção e descumprimento

A submissão a esse regime aduaneiro pode ser requerida apenas por pessoas jurídicas. Os bens devem ser propriedade de empresa sediada no exterior. Ademais, deve ter por base um contrato de prestação de serviços, que serve de parâmetro para o prazo de vigência.[431] Esse contrato deve instruir a declaração de importação, assim como a descrição do processo industrial, a quantificação e qualificação do produto final.[432]

Os demais aspectos, relacionados aos procedimentos concessão, garantia, termo de responsabilidade, extinção tempestiva e descumprimento, seguem as mesmas regras da admissão temporária, analisadas anteriormente.[433]

O Código Aduaneiro do Mercosul, tal como ocorre na admissão temporária para exportação no mesmo estado, reserva a exigência de tributos e aplicações de sanções apenas para os casos de "descumprimento de obrigações substanciais do regime":

> Artigo 56 – Definição
> A admissão temporária para aperfeiçoamento ativo é o regime pelo qual a mercadoria é importada sem pagamento dos tributos aduaneiros, com exceção das taxas, para ser destinada a determinada operação de transformação, elaboração, reparo ou outra autorizada e à posterior reexportação sob a forma de produto resultante, em prazo determinado.
> Artigo 61 – Descumprimento de obrigações substanciais do regime
> 1. Verificado o descumprimento de obrigações substanciais impostas como condição para concessão do regime, a mercadoria submetida ao regime de admissão temporária para aperfeiçoamento ativo será considerada importada definitivamente.
> 2. Se o descumprimento ocorrer com relação a mercadoria cuja importação definitiva não seja permitida, será efetuada sua apreensão.
> 3. O disposto nos parágrafos 1 e 2 será aplicado sem prejuízo das sanções cabíveis.

---

[428] IN RFB nº 1.600/2015, art. 2º, I a VI; Lei nº 10.893/2004, art. 14, V, *c*, e 15; Convênio ICMS-Confaz nº 58/1999, cláusula primeira.
[429] Lei Complementar nº 214/2025, art. 90 e art. 434, § 4º.
[430] Vale ressaltar que, segundo esclarecido na Solução de Consulta Cosit nº 113, de 29.06.2021: "[...] o Regime Especial de Admissão Temporária para Aperfeiçoamento Ativo é aplicado ao produto estrangeiro que é remetido pelo proprietário, residente e domiciliado no estrangeiro, para o Brasil, com a finalidade de serviço de *beneficiamento, montagem, renovação, recondicionamento, acondicionamento ou reacondicionamento; ou, ainda, conserto, reparo ou manutenção, e depois de executado o serviço, o produto retorna para o estrangeiro na modalidade de reexportação*. Nessa hipótese, a pessoa física ou jurídica que irá executar o serviço no produto estrangeiro, aqui no Brasil, faz o desembaraço aduaneiro sujeitando-se às exigências do regime especial, inclusive apresentando a Declaração de Importação e apresentando a documentação exigida, como o contrato de prestação de serviço, para fins de controle do tempo de permanência do produto estrangeiro no Brasil".
[431] IN SRF nº 1.600/2015, arts. 79 e 80.
[432] Art. 82, § 1º.
[433] Ver Cap. IV, Item 2.

Todas as observações relativas à admissão temporária são aplicáveis ao regime de aperfeiçoamento ativo. Assim, nas hipóteses de descumprimento dos requisitos legais, o beneficiário estará sujeito a uma multa isolada de 10% do valor aduaneiro da mercadoria (Lei nº 10.833/2003, art. 72, I). Além disso, a exigência dos tributos somente será cabível no inadimplemento absoluto do regime aduaneiro.[434]

## 10 RECOM

O regime aduaneiro especial de importação de insumos destinados a industrialização por encomenda de produtos classificados nas posições 8701 a 8705 da Nomenclatura Comum do Mercosul (Recom) encontra-se previsto no art. 17 da Medida Provisória nº 2.189-49/2001, com regulamentação no Decreto nº 6.759/2009 (arts. 427 a 430) e na Instrução Normativa SRF nº 17/2000.[435] O Recom é aplicável a determinados insumos (chassis, as carroçarias, as partes e peças, inclusive motores, os componentes e os acessórios[436]) e vincula-se à industrialização por encomenda, para fins de exportação ou de venda interna, dos seguintes produtos:

a) Tratores, exceto os carros-tratores da posição 87.09 da NCM;[437]

b) Veículos automóveis para transporte de dez pessoas ou mais, incluindo o motorista;[438]

c) Automóveis de passageiros e outros veículos automóveis principalmente concebidos para transporte de pessoas, exceto os da posição 87.02, incluindo os veículos de uso misto ("*station wagons*") e os automóveis de corrida;[439]

d) Veículos automóveis para transporte de mercadorias;[440]

e) Veículos automóveis para usos especiais (por exemplo, autosocorros, caminhões-guindastes, veículos de combate a incêndio, caminhões-betoneiras, veículos para varrer, veículos para espalhar, veículos-oficinas, veículos radiológicos), exceto os concebidos principalmente para transporte de pessoas ou de mercadorias.[441]

A legislação do regime prevê a suspensão do IPI nas compras no mercado interno e, no tocante às aquisições no exterior sem cobertura cambial, a desoneração do IPI e do PIS-Cofins[442] quando o produto resultante for destinado ao exterior. Nessa hipótese, o beneficiário terá direito ao recebimento da devolução do valor do imposto de importação pago no desembaraço, observadas as regras do *drawback* restituição. Nas vendas internas, a saída deverá ocorrer por conta e ordem da encomendante, com suspensão do IPI e do PIS-Cofins, destinada a empresa comercial atacadista por ela controlada, direta ou indi-

---

[434] Ver Cap. IV, Item 2.4. e Item 1.7.
[435] "Dispõe sobre a aplicação do regime aduaneiro especial de importação de insumos destinados à industrialização por encomenda dos produtos classificados nas posições 8701 a 8705 da TIPI RECOM."
[436] IN SRF nº 17/2000, art. 1º, parágrafo único.
[437] NCM 8701.
[438] NCM 8702.
[439] NCM 8703.
[440] NCM 8704.
[441] NCM 8705.
[442] Lei nº 10.865/2004, art. 14.

retamente.[443] A exigibilidade fica suspensa pelo prazo improrrogável de um ano, contado da saída do estabelecimento executor.[444] Também poderá ser prevista em regulamento, nos termos do § 1º do art. 90 da Lei Complementar nº 214/2025, a inclusão do Recom como espécie de regime aduaneiro especial de aperfeiçoamento, o que permitirá a desoneração do IBS, da CBS[445] e do IS[446].

Trata-se, destarte, de uma desoneração de natureza híbrida: na aquisição de insumos de origem estrangeira há uma não incidência, quando a operação é vinculada à exportação do produto resultante; e de isenção quando ocorre a venda interna; e na compra de insumos no mercado nacional, constitui uma isenção nas duas hipóteses.

O Recom aplica-se apenas às operações realizadas por conta e ordem de pessoa jurídica encomendante domiciliada no exterior. A habilitação ocorre por meio de ADE, podendo ser requerida pelos interessados com inscrição "ativa regular" ou "ativa não regular" no Cadastro Nacional da Pessoa Jurídica (CNPJ) que apresentem capital social integralizado mínimo de R$ 5.000.000,00.[447]

A fabricação e destinação final do produto (exportação ou venda interna) deve ocorrer no prazo de até um ano, contado do desembaraço aduaneiro dos insumos, sendo que, trimestralmente, o estabelecimento executor habilitado deverá encaminhar à Receita Federal um relatório demonstrando a observância dos requisitos legais do regime.[448]

O beneficiário, em caso de descumprimento dos requisitos de habilitação, está sujeito às sanções previstas no art. 76 da Lei nº 10.833/2003.[449] Em caso de destinação diversa ou descumpridos os requisitos do regime, o estabelecimento executor e da empresa comercial atacadista devem pagar os tributos desonerados, solidariamente, com os respectivos acréscimos legais.

## 11 EXPORTAÇÃO TEMPORÁRIA PARA APERFEIÇOAMENTO PASSIVO

A exportação temporária para aperfeiçoamento passivo encontra-se regulamentada no Decreto nº 6.759/2009 (arts. 449 a 457) e na Instrução Normativa RFB nº 1.600/2015, editados com base na previsão geral do art. 93 do Decreto-Lei nº 37/1966. O regime controla a saída temporária, sem o pagamento de tributos, inclusive IBS, CBS e IS,[450] de mercadoria nacional ou nacionalizada para ser submetida a operação de transformação, elaboração,

---

[443] Além disso, a atacadista também deverá apresentar inscrição "ativa regular" ou "ativa não regular" no Cadastro Nacional da Pessoa Jurídica (CNPJ) e capital social integralizado mínimo de R$ 5.000.000,00 (IN SRF nº 17/2000, art. 5º, I e II).

[444] IN SRF nº 17/2000: "Art. 5º [...] § 2º A suspensão do IPI a que se refere o inciso II do *caput* dar-se-á pelo prazo improrrogável de um ano, contado da data da saída do produto do estabelecimento executor, findo o qual, se não recolhido o imposto, o estabelecimento comercial atacadista responderá pelo pagamento do IPI devido, com os acréscimos legais".

[445] "Art. 90. Fica suspenso o pagamento do IBS e da CBS incidentes na importação enquanto os bens materiais estiverem submetidos a regime aduaneiro especial de aperfeiçoamento, observada a disciplina estabelecida na legislação aduaneira.
§ 1º O regulamento discriminará as espécies de regimes aduaneiros especiais de aperfeiçoamento."

[446] Art. 434, § 4º, transcrito acima.

[447] IN SRF nº 17/2000, arts. 2º e 11; RA, art. 429.

[448] IN SRF nº 17/2000: "Art. 13. O estabelecimento executor habilitado encaminhará, trimestralmente, em meio magnético, à unidade da Secretaria da Receita Federal de sua jurisdição, relatório circunstanciado onde esteja explicitada a utilização, por tipo de produto, de insumos recebidos do exterior, em produtos finais destinados ao exterior e ao mercado interno".

[449] Ver Cap. VII, item 5.

[450] Lei Complementar nº 214/2025, art. 88 e art. 434, § 4º.

beneficiamento ou montagem, no exterior, e a posterior importação, sob a forma do produto resultante, com pagamento dos tributos sobre o valor agregado.

A regulamentação do regime confunde a agregação de valor no exterior com a importação, que são fatos jurídicos distintos. A importação pressupõe a introdução de um produto no território aduaneiro com a intenção de incorporá-lo ao mercado local. Se a mercadoria já é nacional ou nacionalizada e a sua saída ocorre temporariamente, não há a perda desse *status* jurídico. Logo, o retorno ao País não pode ser considerado uma importação. Dito de outro modo, apesar de enviado ao exterior para aperfeiçoamento ativo, o produto permaneceu integrado ao mercado local.[451]

Por outro lado, se houve agregação de valor no exterior, isso constitui um outro fato jurídico, que, dependendo das circunstâncias, deverá ser tributado no momento do pagamento do serviço que o gerou, desde que presentes os demais pressupostos de incidência do PIS-Cofins sobre a prestação de serviços,[452] do IRRF (imposto de renda retido na fonte) sobre pagamentos a pessoa física ou jurídica residente no exterior[453] e, eventualmente, a Cide prevista na Lei nº 10.168/2000.

Quanto aos demais aspectos de aplicabilidade, prazos, termo de responsabilidade, concessão, prorrogação e de extinção, aplicam-se as regras da exportação temporária.[454]

## 12 REPETRO

### 12.1 Conceito, modalidades e natureza jurídica

O "Repetro" constitui uma combinação de outros regimes aduaneiros especiais aplicável ao segmento de exploração de petróleo e de gás natural, definido nas Leis nº 9.478/1997, nº 12.276/2010 e nº 12.351/2010,[455] com regulamentação nos Decretos nº 6.759/2009 (arts. 458 a 462) e nº 9.537/2018, e nas Instruções Normativas RFB nº 1.781/2017[456] e nº 1.901/2019.[457] A partir de 31 de dezembro de 2018, com a interrupção das habilitações da IN RFB nº 1.415/2013,[458] apresenta duas modalidades: "Repetro-Sped" e "Repetro-Industrialização".

---

[451] Aplica-se aqui o mesmo entendimento consolidado pelo STF no RE nº 104.306/SP em relação à exportação temporária.
[452] Lei nº 10.865/2004, art. 1º, § 1º.
[453] Decreto-Lei nº 5.844/1943, art. 100; Decreto nº 9.580/2018, art. 744.
[454] Ver Item 7.
[455] RA, art. 458: "§ 6º O regime também se aplica às atividades de pesquisa e lavra de que trata a Lei nº 12.276, de 2010, e às atividades de exploração, avaliação, desenvolvimento e produção de que trata a Lei nº 12.351, de 2010 (Lei nº 12.276, de 2010, art. 6º; e Lei nº 12.351, de 2010, art. 61). (Incluído pelo Decreto nº 8.010, de 2013)".
[456] "Dispõe sobre o regime tributário e aduaneiro especial de utilização econômica de bens destinados às atividades de exploração, desenvolvimento e produção das jazidas de petróleo e de gás natural (Repetro--Sped) e altera as Instruções Normativas RFB nºs 1.415, de 4 de dezembro de 2013, e 1.600, de 14 de dezembro de 2015."
[457] "Dispõe sobre o regime especial de industrialização de bens destinados às atividades de exploração, de desenvolvimento e de produção de petróleo, de gás natural e de outros hidrocarbonetos fluidos (Repetro--Industrialização)."
[458] Em 31 de dezembro de 2018, foram interrompidas as habilitações na modalidade da IN RFB nº 1.415/2013, que permitia também a aquisição desonerada, no regime de *drawback* suspensão, de matérias-primas, de produtos semielaborados ou acabados e de partes ou peças para utilização na fabricação de produtos para exportação. Contudo, para as empresas já habilitadas, é possível a admissão de bens até 31 de dezembro de 2020 (IN RFB nº 1.781/2017, art. 39).

Após a reforma tributária, o regime foi categorizado pelo art. 93 da Lei Complementar nº 214/2025 em "Repetro-Temporário", "GNL-Temporário", "Repetro-Permanente", "Repetro-Industrialização", "Repetro-Nacional" e "Repetro-Entreposto", todos com previsão de desoneração do pagamento do IBS, da CBS e do IS,[459] até 31 de dezembro de 2040:[460]

> Art. 93. Observada a disciplina estabelecida na legislação aduaneira, fica suspenso o pagamento do IBS e da CBS nas seguintes operações:
> I – importação de bens destinados às atividades de exploração, de desenvolvimento e de produção de petróleo, de gás natural e de outros hidrocarbonetos fluidos previstas na legislação específica, cuja permanência no País seja de natureza temporária, constantes de relação especificada no regulamento (Repetro-Temporário);
> II – importação de bens destinados às atividades de transporte, movimentação, transferência, armazenamento ou regaseificação de gás natural liquefeito constantes de relação especificada no regulamento (GNL-Temporário);
> III – importação de bens constantes de relação especificada no regulamento cuja permanência no País seja definitiva e que sejam destinados às atividades a que se refere o inciso I deste *caput* (Repetro-Permanente);
> IV – importação ou aquisição no mercado interno de matérias-primas, produtos intermediários e materiais de embalagem para ser utilizados integralmente no processo produtivo de produto final a ser fornecido a empresa que o destine às atividades a que se refere o inciso I deste *caput* (Repetro-Industrialização);
> V – aquisição de produto final a que se refere o inciso IV deste *caput* (Repetro-Nacional); e
> VI – importação ou aquisição no mercado interno de bens constantes de relação especificada no regulamento, para conversão ou construção de outros bens no País, contratada por empresa sediada no exterior, cujo produto final deverá ser destinado às atividades a que se refere o inciso I deste *caput* (Repetro-Entreposto).

No "Repetro-Sped", até 31 de dezembro de 2040, é controlada a importação para consumo com isenção de tributos aduaneiros (II, IPI, PIS-Cofins,[461] ICMS,[462] IBS, CBS e IS) e a admissão temporária para utilização econômica, com ou sem cobrança proporcional ao tempo

---

[459] Lei Complementar nº 214/2025, art. 434, § 4º.
[460] Lei Complementar nº 214/2025, art. 93, § 8º.
[461] Lei nº 13.586/2017, art. 5º. De acordo com esse dispositivo, após cinco anos do registro da DI, a suspensão do pagamento dos tributos converte-se em isenção do IPI e do II e alíquota zero de PIS-Cofins. Esta, contudo, tem natureza de isenção pelo critério quantitativo da regra-matriz.
[462] Convênio ICMS nº 03/2018: "Cláusula primeira. Ficam os Estados e o Distrito Federal autorizados a reduzir a base de cálculo do ICMS incidente na importação ou nas operações de aquisição no mercado interno de bens ou mercadorias permanentes aplicados nas atividades de exploração e produção de petróleo e gás natural definidas pela Lei nº 9.478, de 06 de agosto de 1997, sob o amparo das normas federais específicas que regulamentam o Regime Aduaneiro Especial de Exportação e de Importação de Bens Destinados às Atividades de Pesquisa e de Lavra das Jazidas de Petróleo e de Gás Natural – Repetro-Sped, disciplinada pela Lei nº 13.586, de 28 de dezembro de 2017, de forma que a carga tributária seja equivalente a 3% (três por cento), sem apropriação do crédito correspondente."; "Ficam os Estados e o Distrito Federal autorizados a isentar o ICMS incidente na importação de bens ou mercadorias temporários para aplicação nas atividades de exploração e produção de petróleo e gás natural definidas pela Lei nº 9.478/1997, sob amparo das normas federais específicas que regulamentam o Regime Aduaneiro Especial de Exportação e de Importação de Bens Destinados às Atividades de Pesquisa e de Lavra das Jazidas de Petróleo e de Gás Natural – Repetro-Sped".

de permanência.⁴⁶³ Estas podem ter por objeto produtos de procedência estrangeira ou de fabricação nacional, inclusive partes e peças, previamente exportados sem saída efetiva do território aduaneiro,⁴⁶⁴ com pagamento em moeda estrangeira de livre conversibilidade.⁴⁶⁵ A legislação permite ainda a aquisição desonerada no mercado interno de produto industrializado no âmbito do "Repetro-Industrialização".

Já no "Repetro-Industrialização", há o controle aduaneiro de uma venda desonerada (IPI, PIS-Cofins,⁴⁶⁶ ICMS,⁴⁶⁷ IBS, CBS e IS) de produtos finais destinados às atividades de exploração, de desenvolvimento e de produção de petróleo, de gás natural e de outros hidrocarbonetos fluidos, definidas nas Leis nº 9.478/1997, nº 12.276/2010 e nº 12.351/2010; e a importação ou a aquisição desoneradas no mercado interno de matérias-primas, de produtos intermediários e de materiais de embalagem. A exemplo do *drawback*-suspensão, o regime também é aplicável aos fabricantes-intermediários.

## 12.2 Repetro-Sped

### 12.2.1 Aplicabilidade e vedações

A aplicabilidade dos tratamentos tributários e aduaneiros diferenciados do "Repetro--Sped" demanda a vinculação com as atividades de exploração, desenvolvimento e produção de petróleo e gás natural.⁴⁶⁸ Os bens admitidos devem ser destinados exclusivamente nos blocos de exploração ou nos campos de produção indicados nos contratos de concessão,

---

[463] Lei nº 9.430/1996, art. 79.
[464] O benefício aplica-se apenas aos bens constantes de relação elaborada pela Secretaria da Receita Federal do Brasil (IN RFB nº 1.781/2017, art. 3º).
[465] IN RFB nº 1.781/2017, art. 2º, § 2º.
[466] Lei nº 13.586/2017, art. 6º; e Decreto nº 9.537/2018.
[467] Convênio ICMS nº 03/2018: "Cláusula primeira – A. Ficam os Estados autorizados a:
I – diferir ou suspender o ICMS incidente sobre as operações internas realizadas por fabricante de bens finais, devidamente habilitado no Repetro de que trata este convênio, com bens e mercadorias destinados às atividades de exploração, desenvolvimento e produção de petróleo e gás natural;
II – isentar o ICMS incidente sobre as operações interestaduais realizadas por fabricante de bens finais, devidamente habilitado no Repetro de que trata este convênio, com bens e mercadorias destinados às atividades de exploração, desenvolvimento e produção de petróleo e gás natural;
III – diferir ou suspender o ICMS incidente sobre as operações internas realizadas pelo fabricante intermediário, devidamente habilitado no Repetro de que trata este convênio, com bens e mercadorias a serem diretamente fornecidos à pessoa jurídica de que trata o inciso I desta cláusula, para a finalidade nele prevista;
IV – isentar o ICMS incidente sobre as operações interestaduais realizadas pelo fabricante intermediário, devidamente habilitado no Repetro de que trata este convênio, com bens e mercadorias a serem diretamente fornecidos à pessoa jurídica de que trata o inciso I desta cláusula, para a finalidade nele prevista."
[468] "Art. 1º O regime tributário e aduaneiro especial de utilização econômica de bens destinados às atividades de exploração, desenvolvimento e produção de petróleo e de gás natural (Repetro-Sped), será aplicado com observância do disposto nesta Instrução Normativa. (Redação dada pela Instrução Normativa RFB nº 1.880, de 03 de abril de 2019).
§ 1º O Repetro-Sped aplica-se também aos bens destinados às atividades de pesquisa e lavra de que trata a Lei nº 12.276, de 30 de junho de 2010, e nas atividades de exploração, avaliação, desenvolvimento e produção de que trata a Lei nº 12.351, de 22 de dezembro de 2010. (Redação dada pela Instrução Normativa RFB nº 1.880, de 03 de abril de 2019).
§ 2º Para fins do disposto nesta Instrução Normativa, considera-se destinação de bens a instalação ou a disponibilização dos bens nos locais indicados nos contratos de concessão, autorização, cessão ou de

autorização, cessão ou de partilha de produção, incluídas as jazidas unitizadas ou os campos que compartilham o mesmo ativo.[469]

Não obstante, há regras especiais que devem ser observadas. De acordo com o § 3º do art. 5º da Lei nº 13.586/2017, a importação para consumo com isenção aplica-se somente aos bens constantes de relação específica elaborada pela Secretaria da Receita Federal,[470] quando a operação implicar a transferência do domínio do bem ao beneficiário no Brasil.[471] Atualmente, essa matéria é disciplinada pela IN RFB nº 1.781/2017, que restringe esse tratamento diferenciado aos bens descritos em seus Anexos I e II com valor aduaneiro unitário igual ou superior a USD 25.000,00 (vinte e cinco mil dólares americanos).[472] O mesmo vale para a admissão temporária para utilização econômica sem a cobrança de tributos, com a diferença de que essa abrange somente os bens relacionados no Anexo II.[473] Nos dois casos, os incentivos também compreendem as ferramentas de manutenção, os aparelhos, as partes e peças incorporados ou destinados garantir a operacionalidade dos bens principais desonerados.[474]

A admissão temporária para utilização econômica sem a cobrança de tributos pode ser aplicada às plataformas de produção e às unidades flutuantes de produção e estocagem de petróleo e gás natural e de outros hidrocarbonetos fluidos, classificadas nos códigos 8905.20.00 ou 8905.90.00 da NCM, relacionadas no Anexo I da IN RFB nº 1.781/2017. Além do atendimento dos demais pressupostos desse tratamento diferenciado, exige-se comprovação de ao menos um dos seguintes requisitos:

a) Coligação entre o contrato de serviço de operação da plataforma ou unidade flutuante e o contrato de afretamento, de locação, de cessão, de disponibilização ou de

---

partilha de produção ou a utilização dos bens nas atividades a que se refere este artigo. (Incluído pela Instrução Normativa RFB nº 1.880, de 03 de abril de 2019).

[469] É vedada a aplicação do "Repetro-Sped" aos tubos destinados ao transporte da produção (IN RFB nº 1.781/2017, art. 3º, § 1º, II). De acordo com o art. 6º, VII, da Lei nº 9.478/1997, "transporte" compreende a "movimentação de petróleo, seus derivados, biocombustíveis ou gás natural em meio ou percurso considerado de interesse geral".

[470] "Art. 5º Fica instituído o regime especial de importação com suspensão do pagamento dos tributos federais de bens cuja permanência no País seja definitiva e que sejam destinados às atividades de exploração, de desenvolvimento e de produção de petróleo, de gás natural e de outros hidrocarbonetos fluidos, previstas nas Leis nºs 9.478, de 6 de agosto de 1997, 12.276, de 30 de junho de 2010 , e 12.351, de 22 de dezembro de 2010.

§ 1º A suspensão de que trata o *caput* deste artigo aplica-se aos seguintes tributos:
I – Imposto sobre Importação (II);
II – Imposto sobre Produtos Industrializados (IPI);
III – Contribuição para o PIS/Pasep-Importação; e
IV – Cofins-Importação.
[...]
§ 3º O disposto no *caput* deste artigo aplica-se somente aos bens constantes de relação específica elaborada pela Secretaria da Receita Federal do Brasil."

[471] IN RFB nº 1.781/2017, art. 3º, § 7º.
[472] Esse limite de valor, nos termos do art. 3º, § 2º, não se aplica aos tubos previstos nos Anexo I e II.
[473] "Art. 3º. [...] § 6º A admissão temporária para utilização econômica com pagamento dos tributos federais proporcionalmente ao tempo de permanência dos bens no território aduaneiro não está sujeita à limitação relativa ao valor ou à lista de bens relacionados nos Anexos I e II desta Instrução Normativa."
[474] IN RFB nº 1.781/2017, art. 3º, I, II, III e V.

arrendamento, desde que inexista vinculação entre a contratante e as empresas fretadora e prestadora de serviços;[475] ou

b) Destinação do bem à utilização temporária em testes de produção ou em sistemas de produção antecipada, em campo de produção ou bloco de exploração, caso em que o prazo de concessão será de quatro anos, sem prorrogação.

A admissão temporária está sujeita às vedações do art. 3º, § 4º, inclusive no caso de plataformas de produção, unidades flutuantes:[476]

> Art. 3º [...]
> § 4º Não se aplica o regime de admissão temporária para utilização econômica, com ou sem dispensa do pagamento dos tributos federais proporcionalmente ao tempo de permanência dos bens no território aduaneiro, nas seguintes hipóteses:
> I – quando o valor total das contraprestações decorrentes do contrato de afretamento a casco nu, de locação, de cessão, de disponibilização ou de arrendamento, ajustados a valor presente pela taxa *London Interbank Offered Rate* (Libor) vigente na data de assinatura do contrato, pelo prazo de 12 (doze) meses, seja superior ao valor dos bens vinculados ao respectivo contrato, inclusive quando se tratar de empresas pertencentes ao mesmo grupo econômico;[477]
> II – quando constar a opção de compra de bens no contrato apresentado para instrução da concessão do regime;
> III – quando os contratos de locação, de cessão, de disponibilização ou de arrendamento não contemplarem a individualização completa dos bens e o valor unitário de locação, cessão, disponibilização ou arrendamento para cada bem individualmente; ou (Redação dada pela Instrução Normativa RFB nº .1880, de 03 de abril de 2019)
> IV – quando os bens objeto de contratos de execução simultânea não forem importados diretamente pela pessoa jurídica contratualmente responsável pelo pagamento das parcelas relativas à locação, cessão, disponibilização, arrendamento ou afretamento a casco nu.[478]

---

[475] IN RFB nº 1.781/2017, art. 3º: "§ 9º Para efeitos do disposto no inciso I do § 8º, consideram-se vinculadas as pessoas jurídicas que se enquadrarem em alguma das hipóteses previstas no § 7º do art. 1º da Lei nº 9.481, de 13 de agosto de 1997".

[476] "Art. 3º. [...] § 12. As vedações previstas no § 4º não se aplicam no caso de bem admitido com base em contrato de prestação de serviços por empreitada global, assim considerado aquele em que os valores pagos pela operadora sejam exclusiva e integralmente decorrentes de prestação de serviços, sem qualquer outra parcela contratual relativa à locação, cessão, disponibilização ou arrendamento de bens. (Incluído pela Instrução Normativa RFB nº 1.880, de 03 de abril de 2019)."

[477] "Art. 3º [...] § 15. No caso previsto no inciso I do § 4º, o prazo temporal para o cálculo de enquadramento na hipótese será o período em que o bem permanecer em utilização econômica no território aduaneiro, incluídas eventuais prorrogações do prazo de vigência, ou o prazo de 5 (cinco) anos, o que for menor. (Incluído pela Instrução Normativa RFB nº 1.880, de 03 de abril de 2019)".

[478] "Art. 3º [...] § 5º Na ocorrência de uma das hipóteses previstas no § 4º, o interessado poderá optar, conforme o caso, pela:
I – devolução do bem ao exterior, nos termos da legislação específica;
II – adoção do regime comum de importação; ou
III – extinção da aplicação do regime."

Por fim, não podem ser objeto do tratamento diferenciado da admissão temporária, os bens destinados a permanecer em definitivo no país ou que, por sua natureza, venham a ser consumidos ou inutilizados pelo uso durante a vigência do regime.[479]

### 12.2.2 Habilitação

No "Repetro-Sped", a importação para consumo com isenção, a admissão temporária para utilização econômica sem a cobrança proporcional e a aquisição desonerada de produto industrializado no âmbito do "Repetro-Industrialização" dependem de habilitação prévia perante a Receita Federal.[480]

Podem pleitear a habilitação as operadoras (concessionárias, autorizatárias, cessionárias ou contratadas sob o regime de partilha de produção) e, quando indicadas pela interessada, as pessoas jurídicas com sede no País contratadas pela operadora ou subcontratadas, em afretamento por tempo ou para a prestação de serviços.[481]

A habilitação está sujeita aos seguintes requisitos, que também devem ser mantidos durante a vigência do regime:[482]

a) Regularidade fiscal perante a Fazenda Nacional e o FGTS;

b) Não ter sido submetido ao regime especial de fiscalização nos últimos três anos (Lei nº 9.430/1996, art. 33[483]);

c) Habilitação a operar no comércio exterior em modalidade diversa da expressa e da limitada em US$ 50.000,00 a cada seis meses;

d) Opção pelo Domicílio Tributário Eletrônico (DTE);

---

[479] IN RFB nº 1.781/2017, art. 3º, § 1º, III, *a* e *b*. Na hipótese de contratos com previsão de fornecimento de bens para serem consumidos durante a prestação de serviços, estes devem ser relacionados separadamente e despachados para consumo (IN RFB nº 1.781/2017, art. 3º, §§ 13 e 14).

[480] IN RFB nº 1.781/2017, art. 4º, *caput* e § 1º.

[481] IN RFB nº 1.781, art. 5º: "§ 5º Será admitida a habilitação de consórcio constituído na forma prevista nos arts. 278 e 279 da Lei nº 6.404, de 15 de dezembro de 1976, desde que sejam observadas as disposições da Instrução Normativa RFB nº 1.199, de 14 de outubro de 2011".

[482] IN RFB nº 1.781/2017, art. 5º, *caput* e § 3º.

[483] "Art. 33. A Secretaria da Receita Federal pode determinar regime especial para cumprimento de obrigações, pelo sujeito passivo, nas seguintes hipóteses:
I – embaraço à fiscalização, caracterizado pela negativa não justificada de exibição de livros e documentos em que se assente a escrituração das atividades do sujeito passivo, bem como pelo não fornecimento de informações sobre bens, movimentação financeira, negócio ou atividade, próprios ou de terceiros, quando intimado, e demais hipóteses que autorizam a requisição do auxílio da força pública, nos termos do art. 200 da Lei nº 5.172, de 25 de outubro de 1966;
II – resistência à fiscalização, caracterizada pela negativa de acesso ao estabelecimento, ao domicílio fiscal ou a qualquer outro local onde se desenvolvam as atividades do sujeito passivo, ou se encontrem bens de sua posse ou propriedade;
III – evidências de que a pessoa jurídica esteja constituída por interpostas pessoas que não sejam os verdadeiros sócios ou acionistas, ou o titular, no caso de firma individual;
IV – realização de operações sujeitas à incidência tributária, sem a devida inscrição no cadastro de contribuintes apropriado;
V – prática reiterada de infração da legislação tributária;
VI – comercialização de mercadorias com evidências de contrabando ou descaminho;
VII – incidência em conduta que enseje representação criminal, nos termos da legislação que rege os crimes contra a ordem tributária."

e) Comprovação de que a operação é contratada pela União Federal nos regimes de concessão, autorização, cessão ou partilha de produção, inclusive na hipótese de habilitação de contratadas por operadora ou subcontratada;

f) Relacionar cada estabelecimento por seu número de inscrição no Cadastro Nacional da Pessoa Jurídica (CNPJ), inclusive de plataforma de produção e armazenamento de petróleo e gás natural, e do depósito não alfandegado do próprio beneficiário para armazenamento de bens pelo prazo necessário para o início de sua destinação (art. 39);[484]

g) Não ser optante do Simples Nacional nem tributado, no imposto de renda, pelos regimes do lucro presumido ou arbitrado; e

h) Adimplência do dever instrumental de entrega da EFD-ICMS/IPI, inclusive quando não obrigada pela legislação especial, e emissão de nota fiscal eletrônica ou nota fiscal avulsa eletrônica na movimentação de bens entre estabelecimentos, depósitos e os locais de utilização, na hipótese da habilitada optar por industrializar bens na modalidade do "Repetro-Industrialização" ou importar bens para consumo com isenção de tributos aduaneiros.

Uma vez instruída, a habilitação ocorre em até 30 dias, contados do protocolo, por meio de Ato Declaratório Executivo com validade em todo o território nacional. Se o pedido não for analisado dentro desse prazo, a habilitação deve ser concedida pelo ofício pelo chefe da unidade com jurisdição sobre o estabelecimento matriz.[485]

## 12.2.3 Habilitação, requisitos e termo de responsabilidade

Após a habilitação ou diretamente, quando essa não é exigida, o interessado deve requerer o deferimento do regime aduaneiro especial perante a unidade da Receita Federal responsável pelo desembaraço aduaneiro.

Devem ser observados os requisitos previstos no art. 7º da IN RFB nº 1.781/2017:

a) Ausência de cobertura cambial e comprovação, por qualquer meio idôneo, da natureza temporária do ingresso do produto no território aduaneiro, salvo na importação para consumo com isenção;

b) Adequação à finalidade concessória;

c) Utilização exclusiva nas atividades de pesquisa e produção de petróleo ou gás natural;

d) Identificação dos produtos; e

e) Manifestação prévia de outros órgãos da administração pública, quando exigível.

Antes do registro da declaração de importação, o interessado deve solicitar a formação de um procedimento administrativo de controle do regime para cada bem principal. Uma vez aberto o procedimento, nele deve ser apresentando um Requerimento de Concessão do Regime (RCR),[486] instruído com os seguintes documentos e informações:

---

[484] "Art. 5º [...] § 6º A obrigatoriedade de inscrição a que se refere o inciso IX do art. 5º somente se aplica para plataforma de produção e armazenamento que permaneça em utilização econômica, de forma ininterrupta ou não, no território aduaneiro por período superior a 12 (doze) meses. (Incluído pela Instrução Normativa RFB nº 1.880, de 03 de abril de 2019)."

[485] IN RFB nº 1.781/2017, art. 6º.

[486] IN RFB nº 1.781/2017, art. 13. De acordo com o parágrafo único, "quando se tratar de 2 (dois) ou mais bens principais idênticos, o importador poderá utilizar-se de um único processo administrativo de controle do regime. (Incluído pela Instrução Normativa RFB nº 1.880, de 03 de abril de 2019)".

i. Na admissão temporária para utilização econômica com pagamento proporcional ao tempo de permanência:

a) conhecimento de carga ou documento equivalente, exceto quando se tratar de mercadoria transportada para o país em modal aquaviário e acobertada por Conhecimento Eletrônico (CE);

b) romaneio de carga ("*packing list*"), quando aplicável;

c) NF-e de venda, quando se tratar de bens de fabricação nacional;

d) contrato de importação, celebrado entre o importador e a pessoa estrangeira, nas modalidades de afretamento a casco nu, arrendamento operacional, locação, cessão, disponibilização ou comodato;[487]

e) contrato de prestação de serviços e, quando houver, contrato de afretamento por tempo;

f) planilha de consolidação de contratos e de bens admitidos ao amparo do Repetro--Sped.[488]

ii. Na admissão temporária para utilização econômica sem pagamento de tributos:

a) o conhecimento de carga ou documento equivalente, exceto quando se tratar de mercadoria transportada para o país em modal aquaviário e acobertada por Conhecimento Eletrônico (CE);

b) romaneio de carga (*packing list*), quando aplicável;

c) número do processo de habilitação;

d) contrato de compra e venda ou fatura comercial.

iii. Na importação para consumo com isenção, informar se os bens serão:

a) inicialmente armazenados, atracados ou fundeados na forma dos arts. 32[489] ou 33[490] da IN RFB nº 1.781/2017; ou

b) imediatamente destinados às atividades próprias do regime.[491]

O número do procedimento administrativo de controle deve ser informado no registro da declaração de importação. A desoneração é deferida com o desembaraço aduaneiro do produto, após a análise da conformidade pela unidade da Receita Federal competente ou au-

---

[487] Na hipótese de comodato entre empresas controladora e controlada ou subsidiária, o contrato pode ser substituído por fatura *pro forma* (IN RFB nº 1.781/2017, art. 14, § 5º).

[488] IN RFB nº 1.781/2017, art. 14, § 1º.

[489] "Art. 32. Os bens submetidos ao Repetro-Sped, quando não estiverem sendo destinados nas atividades referidas no art. 1º, poderão permanecer armazenados, pelo prazo necessário para o início de sua destinação na atividade ou seu retorno a ela ou para a extinção da aplicação do regime, em: (Redação dada pela Instrução Normativa RFB nº 1.880, de 03 de abril de 2019)
I – depósito não alfandegado do próprio beneficiário, desde que o CNPJ do depósito esteja incluído no ADE de habilitação ao Repetro-Sped; ou (Incluído pela Instrução Normativa RFB nº 1.880, de 03 de abril de 2019)
II – estaleiro ou oficina de teste, conserto, reparo ou manutenção dos bens, desde que seja emitida nota fiscal de serviço da referida prestação de serviços. (Incluído pela Instrução Normativa RFB nº 1.880, de 03 de abril de 2019)".

[490] "Art. 33. As embarcações ou plataformas, antes da concessão do regime ou após a extinção de sua aplicação, poderão permanecer atracadas ou fundeadas em local não alfandegado, nos termos do § 2º do art. 3º da Instrução Normativa RFB nº 1.600, de 2015."

[491] IN RFB nº 1.781/2017, art. 15. De acordo com o § 2º: "Não descaracteriza a destinação de que trata o inciso II a instalação dos bens em bloco de exploração ou campo de produção antes do início de sua utilização nas referidas atividades".

tomaticamente, nos casos de DI parametrizada para o canal verde de conferência aduaneira, a hipótese ficará sujeita à posterior revisão.[492]

Na importação para consumo, o art. 5º da Lei nº 13.586/2017 estabelece que, no desembaraço aduaneiro, o pagamento dos tributos aduaneiros fica suspenso e, após cinco anos, a suspensão converte-se em isenção:[493]

> Art. 5º Fica instituído o regime especial de importação com suspensão do pagamento dos tributos federais de bens cuja permanência no País seja definitiva e que sejam destinados às atividades de exploração, de desenvolvimento e de produção de petróleo, de gás natural e de outros hidrocarbonetos fluidos, previstas nas Leis nºs 9.478, de 6 de agosto de 1997, 12.276, de 30 de junho de 2010, e 12.351, de 22 de dezembro de 2010.
> § 1º A suspensão de que trata o *caput* deste artigo aplica-se aos seguintes tributos:
> I – Imposto sobre Importação (II);
> II – Imposto sobre Produtos Industrializados (IPI);
> III – Contribuição para o PIS/Pasep-Importação; e
> IV – Cofins-Importação.
> [...]
> § 4º A suspensão do pagamento do Imposto sobre Importação e do Imposto sobre Produtos Industrializados de que trata este artigo converte-se em isenção após decorridos cinco anos, contados da data de registro da declaração de importação.
> § 5º A suspensão do pagamento da Contribuição para o PIS/Pasep-Importação e da Cofins-Importação de que trata este artigo converte-se em alíquota de 0% (zero por cento) após decorridos cinco anos, contados da data de registro da declaração de importação.

Por isso, na importação para consumo, o Repetro-Sped pode ser concedido pelo prazo de cinco anos, contados da data do registro da DI. Ao longo desse prazo, a autoridade aduaneira poderá fiscalizar a observância dos requisitos legais do tratamento diferenciado, sendo que, na ausência de procedimento fiscal, o benefício é homologado tacitamente.[494]

Na admissão temporária para utilização econômica, o prazo será o do contrato que serve de base para a sua concessão, podendo ser prorrogado na mesma medida desse, tendo como limite a validade do ADE da habilitação.[495] Já na hipótese de permanência e armazenagem pelo prazo necessário ao início da destinação, quando essa não tiver local definido, o regime pode ser concedido por três anos contados da data do registro DI.[496]

Antes da concessão do Repetro-Sped ou após a sua extinção, as embarcações ou plataformas atracadas ou fundeadas em local não alfandegado podem ser admitidas em regime de admissão temporária pelo prazo de seis meses, prorrogáveis por igual período. Se essas não forem registradas no Registro Especial Brasileiro (REB), o prazo fica reduzido a 30 dias, prorrogáveis automaticamente pelo mesmo tempo.[497] Em qualquer caso, a unidade da Receita

---

[492] IN RFB nº 1.781/2017, art. 19.
[493] A lei faz referência à alíquota zero de PIS-Cofins. Esta, porém, como analisado anteriormente, tem natureza jurídica de isenção.
[494] IN RFB nº 1.781/2017, art. 18, parágrafo único.
[495] Art. 8º, § 3º.
[496] Art. 8º.
[497] Art. 8º; IN RFB nº 1.600/2015, art. 3º, § 2º.

Federal responsável pelo desembaraço aduaneiro será competente para o controle do prazo de vigência.[498]

No Repetro-Sped, há dispensa de prestação de garantia. Contudo, nas hipóteses de concessão de admissão temporária para utilização econômica, com ou sem pagamento proporcional dos tributos, o beneficiário deve formalizar um termo de responsabilidade, conforme o modelo do Anexo III da IN RFB nº 1.781/2017.[499]

## 12.2.4 Extinção

No Repetro-Sped, a extinção do tratamento diferenciado da importação para consumo com isenção de tributos ocorre de forma automática após cinco anos do registro da DI,[500] quando, a partir de então, o bem fica sujeito à livre disposição do interessado.[501]

Na admissão temporária para utilização econômica, com ou sem o pagamento proporcional dos tributos aduaneiros, a extinção pode ocorrer por meio de cinco providências alternativas: reexportação, inclusive parceladamente, mesmo nos casos de bens de fabricação nacional objetos de prévia exportação ficta; entrega à Receita Federal, livres de quaisquer despesas, desde que o titular da unidade concorde em recebê-los; destruição sob controle aduaneiro, às expensas do beneficiário; transferência para outro regime aduaneiro especial; e despacho para consumo. O regime extingue-se ainda nos casos de reversão dos bens em favor da União Federal após o término de vigência dos contratos de concessão ou de partilha de produção.[502]

A apresentação dos bens é dispensada na extinção mediante transferência para outro regime aduaneiro especial ou no despacho para consumo. Nos casos de destruição, se a retirada do local de sua destinação for inviável por questões regulatórias ou ambientais, o pedido deverá

---

[498] Art. 18.
[499] Arts. 9º e 10.
[500] "Art. 27-A. A extinção da aplicação do regime na modalidade de importação definitiva com suspensão total do pagamento de tributos é automática após o decurso do prazo de 5 (cinco) anos, contado da data do registro da DI a que se refere o art. 16. (Incluído pela Instrução Normativa RFB nº 1.880, de 03 de abril de 2019)
§ 1º As modalidades de extinção da aplicação do regime elencadas no art. 27 e os procedimentos aduaneiros previstos nos arts. 28 a 31 não se aplicam ao regime tributário especial a que se refere o *caput*. (Incluído pela Instrução Normativa RFB nº 1.880, de 03 de abril de 2019)."
[501] "Art. 27-A. [...] § 2º Depois da destinação do bem, antes ou depois do transcurso do prazo previsto no *caput*, caso haja desativação das instalações de exploração e produção, abandono de campo de produção ou bloco de exploração ou seja impossível sua utilização por determinação de órgão da União, o bem poderá: (Incluído pela Instrução Normativa RFB nº 1.880, de 03 de abril de 2019)
I – ser alocado em outro campo ou bloco do mesmo beneficiário para destinação nas atividades previstas no art. 1º; (Incluído pela Instrução Normativa RFB nº 1.880, de 03 de abril de 2019)
II – ter sua propriedade transferida para outro beneficiário habilitado no Repetro-Sped, nos termos do art. 24-A, para destinação nas atividades previstas no art. 1º; (Incluído pela Instrução Normativa RFB nº 1.880, de 03 de abril de 2019)
III – permanecer instalado no campo ou bloco caso sua utilização seja inviável por questões regulatórias ou ambientais; ou (Incluído pela Instrução Normativa RFB nº 1.880, de 03 de abril de 2019)
IV – ser revertido para a União, nos termos da legislação específica. (Incluído pela Instrução Normativa RFB nº 1.880, de 03 de abril de 2019)."
[502] IN RFB nº 1.781/2017: "Art. 27. [...] § 3º A aplicação do regime extingue-se, ainda, na hipótese de reversão dos bens em favor da União, em decorrência de contrato de concessão ou de partilha de produção, nos termos do § 1º do art. 28 e do inciso VI do *caput* do art. 43 da Lei nº 9.478, de 1997, e do inciso XV do *caput* do art. 29 e do § 2º do art. 32 da Lei nº 12.351, de 2010".

ser acompanhado de documento que comprove essa condição e de laudo técnico emitido por profissional ou empresa independente que ateste a inutilização dos bens pelo beneficiário.[503]

Antes do termo final, pode ser requerido prazo adicional de desmobilização para o cumprimento dos trâmites para a extinção do regime. Esse poderá ser deferido por seis meses, prorrogáveis automaticamente por igual período. Porém, excepcionalmente é possível a obtenção de um prazo superior, mediante apresentação de relatório técnico de justificação emitido por profissional ou empresa independente, acompanhado de um cronograma para retirada dos bens.[504]

A extinção deve ser requerida e atestada pela unidade da Receita Federal onde ocorrer o despacho de reexportação ou, na hipótese de despacho para consumo, pela repartição encarregada do controle do prazo de vigência. Nos demais casos, a competência será da unidade com jurisdição sobre o local onde se encontram os bens.[505]

No tratamento diferenciado da importação para consumo com isenção dos tributos aduaneiros, o valor aduaneiro dos bens pode ser reduzido na mesma proporção do prejuízo, nas hipóteses de perda, de inutilização ou de consumo durante a utilização nas destinações concessórias ou quando danificados por incêndio, abalroamento, naufrágio, maremoto ou por qualquer outro sinistro.[506]

Na admissão temporária para utilização econômica, com ou sem pagamento dos tributos,[507] a redução proporcional é possível apenas diante de danos decorrentes de incêndio, abalroamento, naufrágio, maremoto ou por qualquer outro sinistro ocorrido durante a utilização nas destinações concessórias, quando não decorrentes de culpa ou do dolo do usuário.[508]

Nesses casos, para habilitar-se à redução ou à exoneração, o interessado deve requerer a apresentação de laudo pericial na forma da IN SRF nº 1.800/2018 à unidade da Receita Federal responsável pelo controle do prazo de vigência, acompanhado de relatório técnico circunstanciado emitido por engenheiro ou técnico responsável pela operação do bem sinistrado. Esse deve ter base no boletim diário, elaborado de acordo com as regras da *International Association of Drilling Contractors* (IADC), ou outro documento adotado pelas partes contratantes para essa finalidade, acompanhado das provas de que o sinistro não ocorreu por culpa ou dolo do usuário dos bens. Também é exigida a prova de eventual recebimento de indenização do sinistro, bem como o comprovante de recolhimento do ICMS ou de sua exoneração.[509]

---

[503] IN RFB nº 1.781/2017, art. 27, § 4º. Além disso, nos termos do art. 28, deve ser apresentada a licença ambiental ou com o documento que ateste a sua dispensa e comprovado o recolhimento do ICMS (ou comprovante de exoneração do pagamento do imposto). Por outro lado, nos termos do parágrafo único: "O resíduo ou a parte subsistente do bem destruído, se economicamente utilizável, deverá ser reexportado ou despachado para consumo, mediante DI, como se tivesse sido importado no estado em que se encontre, sem cobertura cambial".

[504] Art. 27.

[505] Art. 27, § 5º.

[506] IN RFB nº 1.781/2017, art. 27-B.

[507] "Art. 27-E. No caso de perda de bens durante a utilização nas atividades de que trata o art. 1º, na hipótese de bem admitido no Repetro-Sped nas modalidades de admissão temporária para utilização econômica, com ou sem dispensa do pagamento dos tributos federais proporcionalmente ao tempo de permanência dos bens no território aduaneiro, aplica-se o disposto no inciso III do art. 369 do Decreto nº 6.759, de 2009. (Incluído pela Instrução Normativa RFB nº 1.880, de 03 de abril de 2019)."

[508] IN RFB nº 1.781/2017, art. 27-C.

[509] Art. 27-D.

Em caso de extinção antecipada da admissão temporária para utilização econômica, o beneficiário tem direito à restituição do crédito tributário pago em relação ao período não utilizado, acrescido de juros de mora.[510]

Por fim, de acordo com o art. 30, II, da IN RFB nº 1.781/2017, no despacho para consumo dos bens admitidos para utilização econômica os juros de mora são devidos sobre os valores originais dos tributos, descontado o montante já recolhido:

> Art. 30. São devidos juros moratórios, que incidirão sobre os valores originais dos tributos, nas hipóteses de:
> [...]
> II – extinção da aplicação do regime mediante despacho para consumo quando se tratar de Repetro-Sped na modalidade admissão temporária para utilização econômica, com ou sem dispensa do pagamento dos tributos federais proporcionalmente ao tempo de permanência dos bens no território aduaneiro, deduzido o montante já pago.

Esse dispositivo repete a previsão do art. 73 da IN RFB nº 1.600/2015, já analisado por ocasião do estudo da admissão temporária para utilização econômica. Remete-se, assim, às observações realizadas anteriormente acerca da impossibilidade de cobrança de juros de mora sobre os valores originais.

## 12.2.5 Nova admissão

Antes do esgotamento do prazo de cinco anos do registro da DI, os bens objeto do tratamento diferenciado da importação para consumo com isenção podem ser objeto de nova admissão para fins de substituição do beneficiário. Há dispensa da saída do território aduaneiro, da verificação física do produto e do registro de uma nova declaração. Quando exigível pela legislação local, o interessado deve obter o deferimento do órgão anuente, bem como comprovar o atendimento dos requisitos exigidos para a concessão do regime perante a unidade responsável pelo controle do prazo de vigência.[511]

A nova admissão para substituição do beneficiário é permitida ainda na admissão temporária para utilização econômica, com ou sem o pagamento de tributos.[512] Também há dispensa de saída do território aduaneiro, de verificação física e de registro de uma nova declaração de importação.[513] O novo beneficiário deve obter o deferimento do órgão anuente se o produto estiver sujeito a tratamento administrativo, além de formalizar um termo de responsabilidade relativo aos tributos eventualmente devidos.[514]

A concessão sujeita-se ao mesmo procedimento do pedido de prorrogação.[515] O interessado deve solicitar a juntada do RPR no processo administrativo de controle acompanhando do aditivo ou do novo contrato de importação, do novo contrato de prestação de serviços e, quando houver, do novo contrato de afretamento por tempo. É exigida a apresentação de uma

---

[510] Art. 30, I.
[511] IN RFB nº 1.781/2017, art. 24-A.
[512] IN RFB nº 1.781/2017, art. 24: "§ 4º O deferimento da substituição do beneficiário extingue a responsabilidade do beneficiário anterior, em relação à aplicação do regime, ressalvados os casos de fraude ou simulação".
[513] Art. 24, I.
[514] Art. 24, § 2º.
[515] Art. 21.

planilha de consolidação de contratos e de bens admitidos. Se a nova admissão for relativa à admissão temporária para utilização econômica sem o pagamento de tributos, deve ser informado o número do processo de habilitação. Na admissão com pagamento proporcional, é necessário o recolhimento dos tributos relativos ao período adicional de permanência.[516]

No tratamento diferenciado da admissão temporária para utilização econômica, com ou sem o pagamento de tributos, é possível o deferimento de uma nova admissão após o vencimento do prazo de permanência.[517] A nova admissão deve observar o mesmo procedimento para a concessão do regime, inclusive no tocante aos requisitos legais, formalização de termo de responsabilidade.

É necessário, ademais, o registro de uma nova declaração de importação[518] e a realização dos pagamentos previstos no § 5º do art. 24 da IN RFB nº 1.781/2017:

> Art. 24. [...]
> § 5º A concessão de nova admissão, na hipótese prevista no inciso II do *caput*, condiciona-se ao recolhimento:
> I – dos tributos proporcionais relativos ao período compreendido entre o primeiro dia depois de vencido o prazo de vigência do regime anterior e a data efetiva do pedido de nova admissão, acrescidos de juros moratórios, contados a partir da data do registro da declaração que serviu de base para a admissão anterior dos bens no regime;
> II – de multa de mora calculada a partir da data do registro da declaração que serviu de base para a admissão anterior dos bens no regime, quando se tratar de recolhimento espontâneo; e
> III – da multa de 10% (dez por cento) por descumprimento de prazo, prevista no inciso I do art. 72 da Lei nº 10.833, de 2003.
> § 6º Nos casos de falta de pagamento ou recolhimento, além dos créditos tributários previstos nos incisos I e III do § 5º, caberá o lançamento de ofício da multa de 75% (setenta e cinco por cento) prevista no inciso I do art. 44 da Lei nº 9.430, de 1996, sobre a totalidade ou diferença de imposto ou contribuição, quando o beneficiário for intimado pela RFB antes de providência que configure denúncia espontânea.

Esse dispositivo repete o art. 52 da IN RFB nº 1.600/2015, que, na admissão temporária para utilização econômica, prevê a incidência de juros de mora desde a declaração de admissão, bem como da multa prevista no art. 72, I, da Lei nº 10.833/2003. Contudo, tal como já examinado anteriormente, essa previsão não apenas exorbita o poder regulamentar, como também é incompatível com a natureza jurídica da admissão temporária para utilização econômica. Não há que se falar em mora desde a admissão do bem, porque o fato jurídico tributário ocorre apenas com o registro da declaração de consumo. Ademais, a multa de dez por cento só é aplicável à admissão temporária para reexportação no mesmo estado e para aperfeiçoamento ativo. É ilegal, portanto, a previsão do art. 24, II, da IN RFB nº 1.781/2017.[519]

---

[516] Esses devem ser recolhidos nos termos dos arts. 64 e 65 da IN RFB nº 1.600/2015.
[517] IN RFB nº 1.781/2017, art. 24, II.
[518] Art. 24, § 3º.
[519] Ver Item 8.5.

## 12.2.6 Não conhecimento, descumprimento e penalidades

O não conhecimento do pedido tem lugar sempre que o interessado – após intimado para regularização no prazo de cinco dias – não apresenta (ou o faz com incorreção) quaisquer dos documentos exigidos na revisão de pedido de concessão, na nova admissão, na permanência em local não alfandegado ou de extinção do regime.[520]

No pedido de extinção, o não conhecimento implica a vedação da modalidade extintiva requerida. O beneficiário, salvo se o prazo remanescente for maior, pode optar por uma forma de extinção alternativa no prazo 30 dias após a ciência da decisão.[521] Além disso, de acordo com o art. 34, § 2º, da IN RFB nº 1.781/2017, deve recolher os "tributos devidos" na proporção do tempo de permanência sem amparo no regime:

> Art. 34. [...]
> § 1º Na falta de saneamento nos termos do *caput*, o beneficiário deverá adotar providência diversa das anteriormente solicitadas para extinção da aplicação do regime no prazo de 30 (trinta) dias, contado da data da ciência da decisão definitiva, salvo se o período restante fixado para a permanência dos bens no País for superior a esse prazo.
> § 2º A providência a que se refere o § 1º não prejudica a cobrança dos tributos devidos, proporcionalmente ao período em que o bem tenha permanecido no País sem estar amparado pelo regime, nos termos do § 2º do art. 20.
> Art. 20. [...]
> § 2º Na hipótese de não atendimento de requisito para a aplicação do regime na modalidade referida no inciso IV do art. 2º, ou de ser desfavorável ao importador a revisão a que se refere o § 2º do art. 19, serão devidos os tributos proporcionais previstos no art. 373 do Decreto nº 6.759, de 2009, acrescidos de juros e multa de mora, contados a partir: (Redação dada pela Instrução Normativa RFB nº 1.880, de 03 de abril de 2019)
> I – da data do registro da declaração, quando se tratar de indeferimento de concessão no Repetro-Sped na modalidade referida no inciso IV do art. 2º; ou
> II – do primeiro dia depois de vencido o prazo de vigência do regime, quando se tratar de indeferimento de solicitação de prorrogação no Repetro-Sped na modalidade referida no inciso IV do art. 2º.

O § 2º do art. 34 remete ao § 2º do art. 20, sem especificar o inciso. Porém, cumpre considerar que o § 1º do art. 34 diz respeito ao não conhecimento de pedido de extinção e ao pagamento devido pela permanência de bem *sem estar amparado pelo regime*. Dessa forma, deve ser aplicado o inciso II, que prevê a incidência de juros e multa de mora a partir do primeiro dia depois de vencido o prazo de vigência. Afinal, só a partir desse momento ocorre a cessação do amparo no regime. Nem poderia ser diferente. Afinal, se o Recof ainda está vigente, o beneficiário não pode ser considerado em mora desde o registro da declaração.

---

[520] IN RFB nº 1.781/2017, art. 34: "§ 3º O disposto no *caput* não se aplica aos casos em que um dos contratos apresentados seja incompatível com o regime ou que um dos contratos apresentados para instrução do regime esteja em desconformidade com a legislação ou contenha vícios que o tornem inválido, hipótese em que o beneficiário deverá providenciar a extinção da aplicação do regime no prazo de 30 (trinta) dias, contado da data da ciência da decisão definitiva". (Redação dada pela Instrução Normativa RFB nº 1.880, de 03 de abril de 2019)

[521] IN RFB nº 1.781/2017, art. 34, § 1º.

De acordo com o art. 34, § 4º, o prazo de cinco dias para regularização não se aplica nas hipóteses de concessão automática com base em DI selecionada para o canal verde ou prorrogado automaticamente:

> Art. 34. [...]
> § 4º O prazo previsto no *caput* não se aplica quando se tratar de regime concedido automaticamente com base em DI selecionada para o canal verde ou prorrogado automaticamente na forma prevista no inciso II do § 1º do art. 21, hipótese que caracteriza o descumprimento de requisito, condição ou norma operacional para utilizar o regime. (Incluído pela Instrução Normativa RFB nº 1.880, de 03 de abril de 2019)

No entanto, é questionável a validade da parte final desse dispositivo. Em primeiro lugar, porque nem toda falta ou incorreção documental configura descumprimento de requisito, condição ou norma operacional. Por outro lado, cumpre considerar que a concessão automática se dá quando a declaração de importação é parametrizada para o canal verde de conferência aduaneira. No controle aduaneiro, isso não ocorre de forma aleatória, mas em função de um gerenciamento de riscos, segundo critérios estabelecidos no *§ 1º do art. 21 da IN SRF nº 680/2006*.[522] O canal verde, assim, aplica-se aos importadores com um maior grau de *compliance* aduaneira. Justamente por isso, não é razoável que a instrução normativa lhes atribua um tratamento menos favorável ao aplicável àqueles que não apresentam o mesmo histórico de lisura na atuação no comércio internacional. O importador não pode ser prejudicado em função de sua retidão. Por isso, antes de dar por configurado o descumprimento, a autoridade fiscal deve intimar o beneficiário para regularização no prazo de cinco dias, sob pena de nulidade.

Não regularizada a pendência documental e presentes os demais pressupostos do art. 76 da Lei nº 10.833/2003, o beneficiário ficará sujeito às penas de advertência, de suspensão ou de cassação, dentro da gradação e do procedimento estabelecidos na Lei nº 10.833/2003. Além disso, também pode ser cominada a multa diária do art. 107, VII, *e*, do Decreto-Lei nº 37/1966, até a regularização da pendência documental.[523]

Quanto ao inadimplemento do Recof-Sped, o art. 35 da IN RFB nº 1.781/2017 estabelece que, se este for relativo ao tratamento diferenciado da admissão temporária para utilização econômica, aplicam-se as consequências jurídicas previstas nos arts. 51 a 55 da IN RFB nº 1.600/2015, já analisadas anteriormente.[524]

Aplicam-se aqui, ademais, as observações acerca dos pressupostos de caracterização do inadimplemento, do adimplemento substancial e do cumprimento inexato, apresentadas na parte geral dos regimes aduaneiros.[525]

Por fim, de acordo com o art. 36 da IN RFB nº 1.781/2017, no descumprimento dos requisitos legais da importação para consumo com isenção, o sujeito passivo deve recolher os tributos nos seguintes termos:

> Art. 36. No caso de descumprimento do Repetro-Sped na modalidade de importação para permanência definitiva com suspensão total do pagamento de tributos o beneficiário deverá providenciar o recolhimento:

---

[522] Ver Cap. III, item 1.2.1.1.
[523] Ver Cap. VII, item 4.5.3.5 e 5.
[524] Ver Item 8.4.
[525] Ver Item 1.7.

I – dos tributos com pagamento suspenso, acrescidos de juros moratórios, calculados a partir da data de ocorrência dos respectivos fatos geradores; e

II – da multa de mora, calculada a partir da data de ocorrência dos respectivos fatos geradores, quando se tratar de recolhimento espontâneo.

Parágrafo único. Verificada a hipótese prevista no *caput*, se o beneficiário não providenciar o recolhimento dos tributos devidos, será efetuado lançamento de ofício do montante a que se refere o inciso I do *caput*, acrescido da multa de 75% (setenta e cinco por cento) prevista no inciso I do art. 44 da Lei nº 9.430, de 1996, calculada sobre a totalidade ou diferença de imposto ou contribuição, quando o beneficiário for intimado pela RFB antes de providência que configure denúncia espontânea.

Art. 37. As penalidades tributárias previstas nos arts. 35 e 36 não prejudicam a aplicação da sanção administrativa por descumprimento do regime, prevista no art. 76 da Lei nº 10.833, de 2003, e de outras penalidades cabíveis, inclusive representação fiscal para fins penais, quando for o caso.

Assim, como se trata de isenção, o descumprimento dos requisitos legais para essa desoneração tributária implica o seu afastamento, de sorte que o crédito tributário e os seus acréscimos legais são devidos desde o registro da declaração de importação, quando ocorre o critério temporal da regra-matriz de incidência dos tributos aduaneiros. Não havendo pagamento espontâneo, o crédito tributário deve ser lançado de ofício, acrescido da multa de 75% prevista no art. 44, I, da Lei nº 9.430/1996.

No pagamento espontâneo, entendido como tal aquele ocorrido antes do início de qualquer procedimento fiscal e no valor integral do crédito tributário devido, o art. 36, II, da IN RFB nº 1.781/2017, prevê a incidência de multa de mora. Essa previsão, porém, não é compatível com o art. 138 do Código Tributário Nacional,[526] que, segundo reconhece a Jurisprudência do STJ, afasta a incidência da multa moratória.[527] Esse entendimento, inclusive, já foi acolhido pelos Pareceres PGFN/CRJ nº 2.113/2011 e nº 2.124/2011, que, no âmbito administrativo, reafirmaram a "inexistência de distinção entre multa moratória e multa punitiva, visto que ambas são excluídas em caso de configuração da denúncia espontânea. Inteligência do art. 138 do Código Tributário Nacional".[528]

## 12.3 Repetro-Industrialização

### 12.3.1 *Habilitação, aplicabilidade e prazos*

O "Repetro-Industrialização" pode ser operado por fabricantes intermediários ou finais dos produtos definidos no Anexo II da IN RFB nº 1.781/2017, que são os mesmos a que se

---

[526] "Art. 138. A responsabilidade é excluída pela denúncia espontânea da infração, acompanhada, se for o caso, do pagamento do tributo devido e dos juros de mora, ou do depósito da importância arbitrada pela autoridade administrativa, quando o montante do tributo dependa de apuração.
Parágrafo único. Não se considera espontânea a denúncia apresentada após o início de qualquer procedimento administrativo ou medida de fiscalização, relacionados com a infração."

[527] 1ª S. REsp 1.149.022/SP. *DJe* 24.06.2010.

[528] Aprovados, respectivamente, pelos Atos Declaratórios nº 04/2011 e nº 08/2011 e por Despachos do Ministro da Fazenda publicado no *DOU* de 15.12.2011. Ver Cap. VII, item 2.2.6.

aplica o tratamento diferenciado da admissão temporária para utilização econômica, sem saída do território aduaneiro.[529]

Ressalta-se que, de acordo com a Solução de Consulta Cosit nº 82/2021:

> Assunto: Normas Gerais de Direito Tributário
> REPETRO-INDUSTRIALIZAÇÃO. FABRICAÇÃO DE PRODUTOS FINAIS. PRESTAÇÃO DE SERVIÇOS. REQUISITOS PARA A FRUIÇÃO DO BENEFÍCIO. EXTINÇÃO DO REGIME.
> A empresa fabricante de produtos finais de que trata o § 8º do art. 458 do Decreto nº 6.759, de 5 de fevereiro de 2009, habilitada no Repetro-Industrialização, nos moldes do art. 6º da Lei nº 13.586, de 28 de dezembro de 2017, que utilizar os produtos finais por ela produzidos diretamente nas atividades de exploração, de desenvolvimento e de produção de petróleo, de gás natural e de outros hidrocarbonetos fluidos, tal como definido nas Leis nº 9.478, de 6 de agosto de 1997, nº 12.276, de 30 de junho de 2010, e nº 12.351, de 22 de dezembro de 2010, seja em operações próprias ou na prestação de serviços a terceiros habilitados no Repetro-Sped, possui o requisito legal para pleitear o aproveitamento do benefício de suspensão de impostos e contribuições federais do sobredito regime especial nas aquisições de matérias-primas, produtos intermediários e materiais de embalagem empregados no processo produtivo.
> O emprego dos aludidos produtos finais nas atividades de pesquisa e de lavra das jazidas de petróleo, de gás natural e de outros hidrocarbonetos fluidos por parte da fabricante, seja em operações próprias ou na prestação de serviços a terceiros habilitados no Repetro-Sped, enseja a extinção do regime, convertendo a suspensão em alíquota de 0% (zero por cento), quanto à Contribuição para o PIS/Pasep, à COFINS, à Contribuição para o PIS/Pasep-Importação e à Cofins-Importação e isenção quanto ao Imposto de Importação (II) e ao Imposto sobre Produtos Industrializados (IPI), desde que obedecidos aos prazos e às demais regras estabelecidos na legislação.
> Dispositivos Legais: Lei nº 13.586, de 28 de dezembro de 2017, arts. 5º e 6º; Decreto nº 9.537, de 24 de outubro de 2018, arts. 2º, 5º e 8º; Instrução Normativa RFB nº 1.781, de 29 de dezembro de 2017, arts. 1º e 4º; Instrução Normativa RFB nº 1.901, de 17 de julho de 2019, arts. 2º, 26 e 27.

Os interessados, inclusive por meio de empresa líder de consórcio,[530] devem solicitar previamente a abertura de um dossiê digital de atendimento ou processo digital perante qualquer unidade da Receita Federal. Nele deve ser juntado o formulário-padrão do Anexo Único da IN RFB nº 1.901/2019, por meio do qual é requerida a habilitação.[531]

A habilitação está sujeita à observância dos requisitos previstos no art. 4º, que, por sua vez, devem ser mantidos durante a vigência:

---

[529] IN RFB nº 1.901/2019, art. 2º, parágrafo único, I; Decreto nº 9.537/2018, art. 2º, § 1º, cumulado com o § 8º do art. 458 do Decreto nº 6.759/2009 e art. 3º, II, da IN RFB nº 1.781/2017.

[530] IN RFB nº 1.901/2019, art. 4º: "§ 6º Será admitida a habilitação da empresa líder de consórcio constituído na forma prevista nos arts. 278 e 279 da Lei nº 6.404, de 15 de dezembro de 1976, desde que sejam observadas as disposições da Instrução Normativa RFB nº 1.199, de 14 de outubro de 2011".

[531] IN RFB nº 1.901/2019, art. 5º.

a) Comprovar a condição de fabricante, mediante apresentação de contrato com uma ou mais empresas habilitadas no Repetro-Sped; ou, no caso de fabricante intermediário, com empresa habilitada no Repetro-Industrialização;[532]

b) Regularidade fiscal perante a Fazenda Nacional e o FGTS;

c) Adimplência do dever instrumental de entrega da EFD-ICMS/IPI e EFD-Contribuições;

d) Emitir Nota Fiscal Eletrônica (NF-e) na movimentação de bens entre estabelecimentos, depósitos e os locais de utilização, nos termos da legislação específica;

e) Não ter sido submetido ao regime especial de fiscalização nos últimos três anos (Lei nº 9.430/1996, art. 33);

f) Opção pelo Domicílio Tributário Eletrônico (DTE);

g) Não ser optante do Simples Nacional nem tributado, no imposto de renda, pelos regimes do lucro presumido ou arbitrado; e

h) Habilitação a operar no comércio exterior em modalidade ilimitada, na hipótese de fabricante que pretenda aplicar o regime na aquisição de insumos importados.[533]

Além disso, para fruir regularmente os benefícios do regime, a empresa habilitada deverá cumprir os requisitos do art. 11 da IN RFB nº 1.901/2019:

a) Manter de forma segregada a escrituração fiscal das operações promovidas pelos estabelecimentos que operam no regime;

b) Escriturar a EFD-Contribuições e o Livro de Registro de Controle da Produção e do Estoque integrante da EFD-ICMS/IPI;

c) Emitir NF-e para toda entrada ou saída de produtos de seu estabelecimento, nos termos da legislação específica; e

d) Manter vínculo contratual com pelo menos um beneficiário do Repetro-Sped ou do Repetro-Industrialização, na hipótese de fabricante-intermediário.

O regime é aplicável na venda do produto final e na aquisição no mercado interno de matérias-primas, de produtos intermediários e de materiais de embalagem para utilização na fabricação,[534] inclusive por parte de fabricantes-intermediários, de produtos finais fornecidos para empresas habilitadas no Repetro-Sped.[535] Também é autorizada a importação desonerada desses mesmos insumos, na hipótese de fabricante final.

Na fiscalização da efetiva industrialização, a autoridade aduaneira deve adotar o critério contábil de ordem "primeiro que entra, primeiro que sai" (PEPS). As pessoas jurídicas habilitadas devem manter o controle de entrada, estoque e saída de mercadorias, de registro

---

[532] IN RFB nº 1.901/2019, art. 4º: "§ 2º Na hipótese de a matriz da pessoa jurídica interessada não ser fabricante de produto final ou intermediário, deve ser apresentado vínculo contratual de outro estabelecimento da pessoa jurídica que atenda o disposto no parágrafo único do art. 2º".

[533] Esse requisito, de acordo com o art. 4º, § 4º, da IN RFB nº 1.901/2019, não se aplica ao fabricante intermediário.

[534] Os conceitos de fabricação, de matéria-prima, produto intermediário e material de embalagem já foram analisados por ocasião do estudo do *drawback* suspensão. Remete-se, assim, ao que foi escrito na oportunidade. Ver Itens 4.3.3. e 4.3.5.

[535] E também no Repetro, enquanto ainda vigente e durante o período de transição.

e apuração dos tributos devidos, extintos ou desonerados, caso em que será dispensado o controle segregado de estoques.[536]

Os benefícios fiscais aplicáveis no âmbito federal estão relacionados nos arts. 9º e 10 da IN RFB nº 1.901/2019, podendo ser assim sintetizados:

> i. PIS-Cofins e do IPI nas aquisições internas: isenção do crédito tributário devido pelo fornecedor de matérias-primas, de produtos intermediários e de materiais de embalagem, em decorrência da receita bruta auferida com essas operações;
>
> ii. II, IPI e PIS-Cofins na importação: isenção na importação direta[537] de matérias-primas, de produtos intermediários e de materiais de embalagem;
>
> iii. PIS-Cofins e do IPI nas vendas de fabricantes-intermediários para fabricantes finais: isenção da receita bruta auferida com a venda dos produtos; e
>
> iv. PIS-Cofins e do IPI nas vendas de fabricantes finais para empresas habilitadas no Repetro-Sped: isenção da receita bruta auferida com a venda dos produtos.

Nesse ponto, cumpre esclarecer que, de acordo com o art. 6º, § 2º, da Lei nº 13.586/2017, a desoneração tributária nas operações internas ocorria a título de suspensão, que, após a destinação final, seria convertida em isenção do IPI e em alíquota zero de PIS-Cofins:

> Art. 6º [...] § 2º Na importação ou na aquisição de bens no mercado interno por empresas denominadas fabricantes intermediários para a industrialização de produto intermediário a ser diretamente fornecido a empresas que os utilizem no processo produtivo de que trata o *caput* deste artigo, fica, conforme o caso, suspenso o pagamento:
>
> I – dos tributos federais incidentes na importação a que se referem os incisos I, II, III e IV do § 1º deste artigo; ou
>
> II – dos tributos federais a que se referem os incisos II, V e VI do § 1º deste artigo.
>
> § 3º Efetivada a destinação do produto final, a suspensão de que trata o *caput* e o § 2º deste artigo converte-se em:
>
> I – alíquota de 0% (zero por cento), quanto à Contribuição para o PIS/Pasep, à Cofins, à Contribuição para o PIS/Pasep-Importação e à Cofins-Importação; e
>
> II – isenção, quanto ao Imposto sobre Importação e ao Imposto sobre Produtos Industrializados [...].

No entanto, a alíquota zero também tem natureza jurídica de isenção.[538] Por outro lado, como ensina Paulo de Barros Carvalho, "se o fato é isento, sobre ele não se opera a incidência e, portanto, não há que se falar em fato jurídico tributário, tampouco em obrigação tributária".[539] Na suspensão, diferentemente, há incidência da norma jurídica tributária. Por isso, salvo para quem ainda vê a isenção como dispensa do pagamento de tributo devido,[540] a suspensão não

---

[536] IN RFB nº 1.901/2019, arts. 23 e 24.
[537] "Art. 9º [...] § 2º O disposto no *caput* não se aplica à importação por conta e ordem de terceiros ou à importação por encomenda."
[538] Ver Cap. II, item 2.4.
[539] CARVALHO, Paulo de Barros. *Direito tributário, linguagem e método*. 6. ed. São Paulo: Noeses, 2015, p. 521.
[540] Como ensina Luciano Amaro: "Dispensa legal de tributo devido é conceito que calharia bem para a *remissão* (ou perdão) de tributo, nunca para isenção. Aplicado à isenção, ele suporia que o fato isento fosse tributado, para que, *no mesmo instante*, o tributo fosse dispensado pela lei. Esse raciocínio ilógico

pode ser convertida em isenção, porque o fato jurídico já foi tributado. Nesse momento, em tese o que se poderia ter é uma remissão.

Não há, porém, uma remissão no § 2º e no § 3º do art. 6º da Lei nº 13.586/2017, mas isenção da venda do insumo para o fabricante. Essa, não obstante, está sujeita ao cumprimento do requisito legal da destinação do produto final por parte do adquirente.[541] Não ocorrendo a destinação, cessa a eficácia da regra isentiva, de sorte que, nos termos do art. 9º, § 4º, da IN RFB nº 1.901/2019, o crédito tributário deve ser recolhido pelo adquirente, na condição de responsável tributário, com os acréscimos legais calculados a partir da data ocorrência do evento imponível do IPI e do PIS-Cofins.

O mesmo se aplica à "suspensão" dos tributos na venda do produto final para adquirente habilitado no Repetro-Sped. Há uma isenção vinculada à destinação do produto no prazo de três anos, contados da data da operação especificada na NF-e. Do contrário, a pessoa jurídica habilitada que adquiriu o produto final fica obrigada a recolher, na condição de responsável, os tributos não pagos pelo fornecedor, com acréscimos legais devidos desde a data da ocorrência dos respectivos fatos jurídicos tributários.[542]

Os produtos importados são admitidos no regime com base em declaração de importação específica registrada no Siscomex.[543] Após a admissão, os insumos podem ser movimentados para armazenagem em recinto alfandegado de zona secundária, em armazém-geral, pátio externo ou depósito fechado do próprio beneficiário.[544]

Os insumos adquiridos no país, por sua vez, são admitidos no regime com base na nota fiscal eletrônica emitida pelo fornecedor. Nela deverá constar o Código Fiscal de Operações e Prestação (CFOP) específico do regime e, no campo destinado às informações adicionais de interesse do Fisco, a expressão: "Saída com suspensão do pagamento do IPI, da Contribuição para o PIS/Pasep e da Cofins, para estabelecimento habilitado ao Repetro-Industrialização (ADE DRF nº ....., de ../../....)". O mesmo se aplica na transferência de propriedade de mercadoria admitida no regime para outro beneficiário habilitado. Já no caso de produto final remetido ao estabelecimento autorizado a operar no Repetro-Sped, além do CFOP específico, deve constar na nota fiscal a expressão: "Saída com suspensão do pagamento do IPI, da Contribuição para o PIS/Pasep e da Cofins, para estabelecimento habilitado ao (Repetro ou Repetro-Sped)(ADE DRF nº ....., de ../../....)".[545]

O prazo de vigência do regime será de um ano, prorrogável automaticamente por igual período, contado da data do desembaraço aduaneiro ou, conforme o caso, da emissão da nota

---

ofende o princípio da não contraditoriedade das normas jurídicas: um fato não pode ser, *ao mesmo tempo*, tributado e não tributado. Flávio Baurer Novelli registrou que a citação da obra de A. D. Giannini, único autor que Rubens invocara para sustentar o conceito de isenção como dispensa do pagamento do tributo devido, seria equivocada, já que, na lição de Giannini, o que se dá na isenção é que *não surge o débito do imposto*" (AMARO, Luciano. Direito tributário brasileiro. 20. ed. São Paulo: Saraiva, 2014, p. 283-284).

[541] "Isenções *condicionadas* são as que dependem do cumprimento de certos requisitos por quem a elas se queira habilitar; por exemplo: instalar em certo local uma indústria que empregue determinado número de pessoas. Esse tipo de isenção geralmente é concedida por prazo certo, o que as qualifica como isenções *temporárias*" (AMARO, Luciano. *Direito tributário brasileiro*. 20. ed. São Paulo: Saraiva, 2014, p. 289).

[542] IN RFB nº 1.901/2019, art. 10. De acordo com o § 2º: "§ 2º A unidade da RFB a que se refere o *caput* do art. 5º poderá prorrogar, por até 12 (doze) meses, o prazo de que trata o § 1º, em casos excepcionais, devidamente justificados".

[543] IN RFB nº 1.901/2019: "Art. 12. [...] Parágrafo único. Poderão ser admitidas no regime mercadorias transferidas de outros regimes aduaneiros ou tributários especiais".

[544] O mesmo aplica-se aos produtos finais industrializados (IN RFB nº 1.901/2019, arts. 13, § 1º, e 14).

[545] IN RFB nº 1.901/2019, arts. 17 e 18.

fiscal. Em se tratando de bens de longo ciclo, o prazo de vigência será concedido por período compatível com a fabricação, até o limite de cinco anos, prorrogável em casos excepcionais e devidamente justificados, alheios à vontade do beneficiário. Esse pedido deve ser apresentado ao chefe da unidade da Receita Federal competente para a habilitação, instruído com documentos comprobatórios e cronograma de execução.[546]

## 12.3.2 Extinção

A extinção do "Repetro-Industrialização" pode ocorrer por meio de uma das seguintes providências alternativas, que devem ser adotadas dentro do prazo de vigência do regime, de forma combinada ou não:

(a) produtos finais industrializados: venda para pessoa jurídica habilitada ao Repetro-Sped;

(b) produto intermediário: venda pela fabricante intermediária para fabricante final habilitada ao Repetro-Industrialização;

(c) estoque remanescente de matérias-primas, produtos intermediários e materiais de embalagem:[547] exportação;[548] transferência para outro regime aduaneiro especial; destruição, sob controle aduaneiro, às expensas do interessado; ou destinação para o mercado interno, com o pagamento dos tributos e acréscimos legais;

(d) resíduos do processo produzido, entendido como tal as aparas, sobras, fragmentos e semelhantes que resultem da industrialização, não passíveis de reutilização no mesmo processo: exportação; destruição, sob controle aduaneiro, às expensas do interessado, com pagamento dos tributos relativos às perdas que superarem o percentual declarado na EFD-ICMS/IPI; ou venda no mercado interno, com o pagamento dos tributos devidos.[549]

Na venda para o mercado interno ou na hipótese de perdas em percentual superior aos declarados na EFD-ICMS/IPI, os tributos devem ser recolhidos até o 15º dia subsequente ao da destinação. Após esse prazo, de acordo com o art. 31 da IN RFB nº 1.901/2019, há acréscimo de juros e de multa de mora, calculados a partir da data de ocorrência dos respectivos eventos imponíveis:

> Art. 31. Findo o prazo estabelecido para a destinação do bem, os tributos suspensos deverão ser recolhidos com os respectivos acréscimos de juros e multa de mora, calculados a partir da data de ocorrência dos respectivos fatos geradores.
> Parágrafo único. Na hipótese prevista neste artigo, para efeito de cálculo dos tributos devidos, as mercadorias constantes do estoque serão vinculadas às respectivas Declarações de Importação ou às correspondentes notas fiscais de aquisição no mercado interno, com base no critério contábil "primeiro que entra, primeiro que sai" (PEPS).

---

[546] IN RFB nº 1.901/2019, arts. 20 e 21.
[547] O art. 26, III, faz referência às seguintes hipóteses: "matérias-primas, produtos intermediários e materiais de embalagem que, no todo ou em parte, deixarem de ser empregados no processo produtivo dos produtos finais resultantes do processo de industrialização no regime, ou que forem empregados em desacordo com o referido processo [...]".
[548] "Art. 26. [...] Parágrafo único. O despacho de exportação, na hipótese prevista na alínea *a* do inciso III do *caput*, será processado no Portal Siscomex com base em declaração de exportação."
[549] IN RFB nº 1.901/2019, art. 28.

Contudo, como analisado por ocasião do estudo do Repetro-Sped, essa previsão deve ser compatibilizada com o art. 138 do CTN. Assim, presentes os pressupostos de caracterização da denúncia espontânea, deve ser afastada a multa de mora, na linha admitida pela Jurisprudência do STJ e pelos Pareceres PGFN/CRJ nº 2.113/2011 e nº 2.124/2011.[550]

Por outro lado, não sendo adotadas nenhuma das providências extintivas, o beneficiário ficará sujeito a lançamento de ofício do correspondente crédito tributário, com acréscimos moratórios e aplicação das penalidades pecuniárias previstas na legislação.

### 12.3.3 Descumprimento e penalidades

Em caso de descumprimento[551] dos requisitos legais de habilitação, que devem ser mantidos durante a vigência do regime, o beneficiário ficará sujeito às penas de advertência, suspensão ou cassação, dentro da gradação e do procedimento estabelecidos no art. 76 da Lei nº 10.833/2003. Além disso, também pode ser cominada a multa diária do art. 107, VII, e, do Decreto-Lei nº 37/1966, até a regularização.[552]

Por fim, como já analisado, não ocorrendo a destinação do produto final, cessa a eficácia da regra isentiva, de sorte que, nos termos do art. 9º, § 4º, da IN RFB nº 1.901/2019, o crédito tributário deve ser recolhido pelo adquirente, na condição de responsável tributário, com os acréscimos legais calculados a partir da data da ocorrência do evento imponível do IPI e do PIS-Cofins. O mesmo se aplica à "suspensão" dos tributos na venda do produto final para adquirente habilitado no Repetro-Sped. Assim, não ocorrendo a destinação no prazo de três anos, a pessoa jurídica habilitada que adquiriu o produto final fica obrigada a recolher, na condição de responsável, os tributos não pagos pelo fornecedor, com acréscimos legais devidos desde a ocorrência dos respectivos fatos jurídicos tributários.[553]

## 13 REPEX

O regime aduaneiro especial de importação de petróleo bruto e seus derivados (Repex) foi instituído com fundamento na previsão geral art. 93 do Decreto-Lei nº 37/1966, que autoriza o Poder Executivo a criar outros regimes aduaneiros especiais destinados a atender a situações econômicas peculiares. Nele é controlado o ingresso de petróleo bruto e derivados no território aduaneiro, sem o pagamento de impostos federais[554] e do PIS-Cofins, para ser posterior exportação no mesmo estado. Trata-se, assim, de uma desoneração a título de não

---

[550] Ver Cap. VII, Item 2.2.6.

[551] Aplicam-se aqui as observações realizadas na parte geral em relação aos pressupostos de caracterização do inadimplemento, ao cumprimento substancial e ao cumprimento inexato. Ver Item 1.7. e Cap. VII, item 5.

[552] "Art. 107. Aplicam-se ainda as seguintes multas: (Redação dada pela Lei nº 10.833, de 29.12.2003)
[...]
VII – de R$ 1.000,00 (mil reais): (Redação dada pela Lei nº 10.833, de 29.12.2003)
[...]
e) por dia, pelo descumprimento de requisito, condição ou norma operacional para habilitar-se ou utilizar regime aduaneiro especial ou aplicado em áreas especiais, ou para habilitar-se ou manter recintos nos quais tais regimes sejam aplicados;"

[553] IN RFB nº 1.901/2019, art. 10. De acordo com o § 2º, "§ 2º A unidade da RFB a que se refere o *caput* do art. 5º poderá prorrogar, por até 12 (doze) meses, o prazo de que trata o § 1º, em casos excepcionais, devidamente justificados".

[554] Os derivados de petróleo são imunes ao IPI *ex vi* do art. 155, § 3º, da Constituição Federal.

incidência, uma vez que o ingresso do produto no território aduaneiro ocorre sem a intenção de integrá-lo ao mercado nacional.

O Repex é regulamentado pelo Decreto nº 6.759/2009 (arts. 463 a 470) e pela Instrução Normativa RFB nº 05/2001. O controle aduaneiro é realizado a partir de um sistema informatizado da empresa habilitada, que deve atender às exigências do Ato Declaratório Coana/Cotec nº 63/2000.[555] A empresa interessada, ademais, deve formalizar um termo de responsabilidade, dispensada a prestação de garantia.[556]

Esse regime não está previsto na Lei Complementar nº 214/2025. Entretanto, com fundamento nos parágrafos únicos do art. 86 e do art. 88, o regulamento pode prever a desoneração do IBS, da CBS e do IS,[557] mediante enquadramento no Repex dentre os "regimes de depósito"[558] ou dos "regimes de permanência temporária".[559]

Podem habilitar-se a operar o regime apenas as empresas autorizadas pela Agência Nacional do Petróleo, Gás Natural e Biocombustíveis para atuar na importação e na exportação dos produtos passíveis de admissão. Esses, por sua vez, são relacionados no Anexo Único da IN SRF nº 05/2001, na redação da IN RFB nº 1.078/2010. Atualmente, estão relacionados nesse ato normativo os óleos brutos de petróleo (NCM 2709.00.10), gasolina automotiva (NCM 2710.11.59), querosene de aviação (NCM 2710.19.11), "gasóleo" – óleo diesel (NCM 2710.19.21), "fuel-oil" – óleo combustível (NCM 2710.19.22), outros óleos combustíveis (NCM 2710.19.29) e o gás liquefeito de petróleo – GLP (NCM 2711.19.10). A admissão dessas mercadorias no regime ocorre por meio do registro da DI no Siscomex.

O prazo de vigência é de 90 dias, contados no desembaraço aduaneiro. É possível uma única prorrogação por igual período.[560] Antes do término da vigência, o regime deve ser extinto por meio da exportação.[561] Em razão da fungibilidade inerente aos produtos passíveis de admissão no regime, é indiferente a exportação do mesmo produto ou de outro de origem nacional, em igual quantidade e idêntica classificação fiscal.[562]

Em caso de não exportação dentro da vigência, o art. 11 da IN SRF nº 05/2001 estabelece que o crédito tributário será exigido considerando a data do registro da declaração de admissão, por meio da execução do termo de responsabilidade. Se o crédito não for pago,

---

[555] "Dispõe sobre o sistema informatizado a ser utilizado para o controle aduaneiro especial para a importação de petróleo bruto e seus derivados para fins de exportação no mesmo estado em que foram importados – Repex."

[556] IN RFB nº 05/2001, art. 7º, parágrafo único.

[557] Lei Complementar nº 214/2025, art. 434, § 4º.

[558] "Art. 85. Fica suspenso o pagamento do IBS e da CBS incidentes na importação enquanto os bens materiais estiverem submetidos a regime aduaneiro especial de depósito, observada a disciplina estabelecida na legislação aduaneira.
Parágrafo único. O regulamento discriminará as espécies de regimes aduaneiros especiais de depósito."

[559] "Art. 88. Fica suspenso o pagamento do IBS e da CBS incidentes na importação enquanto os bens materiais estiverem submetidos a regime aduaneiro especial de permanência temporária no País ou de saída temporária do País, observada a disciplina estabelecida na legislação aduaneira.
Parágrafo único. O regulamento discriminará as espécies de regimes aduaneiros especiais de permanência temporária."

[560] IN RFB nº 05/2001, art. 8º.

[561] "Art. 10. […] § 1º Considera-se exportado, para os fins de que trata este artigo, o produto cujo despacho de exportação for averbado, no Siscomex, no prazo de 30 dias corridos, contados do registro da declaração de exportação, nos termos e condições estabelecidos na norma específica que disciplina o despacho aduaneiro de exportação."

[562] IN RFB nº 05/2001, art. 10.

a habilitação deverá ser cancelada. Essas consequências jurídicas, contudo, pressupõem o desvio de finalidade ou o descumprimento absoluto da obrigação. Se o inadimplemento não for substancial, não cabe a exigência do crédito tributário.[563]

## 14 REPORTO

O regime tributário para incentivo à modernização e à ampliação da estrutura Portuária (Reporto) foi instituído pela Lei nº 11.033/2004 (arts. 13 a 16), com regulamentação no Decreto nº 6.759/2009 (arts. 471 a 475) e na Instrução Normativa RFB nº 1.370/2013. Nele é controlada a aquisição isenta no mercado interno (IPI, PIS-Cofins, IBS e CBS) e a importação sem similar nacional (II, IPI, PIS-Cofins, IBS e CBS) de máquinas, equipamentos, peças de reposição e outros bens destinados ao ativo imobilizado da beneficiária, até 31 de dezembro de 2028.[564] Esses devem ser utilizados na execução de serviços portuários relacionados no Anexo I do Decreto nº 6.582/2008 e de transporte de mercadorias em ferrovias e aos trilhos e demais elementos de vias férreas, previsto no Anexo II.[565]

Podem habilitar-se ao Reporto: (**i**) o operador portuário; (**ii**) a concessionária de porto organizado; (**iii**) o arrendatário de instalação portuária de uso público; (**iv**) a pessoa jurídica autorizada a explorar instalação portuária de uso privativo misto ou exclusivo, inclusive aquelas que operam com embarcações de *offshore*; (**v**) as empresas de dragagem, definidas na Lei nº 12.815/2013; (**vi**) os concessionários ou permissionários de recintos alfandegados de zona secundária; (**vii**) o concessionário de transporte ferroviário; e (viii) os centros responsáveis pela formação profissional e pelo treinamento multifuncional previstos nas alíneas *a* e *b* do inciso II do art. 33 da Lei nº 12.815/2013.

O art. 14, §§ 1º e 2º, da Lei nº 11.033/2004 estabelece que, após cinco anos, a "suspensão" dos tributos converte-se em isenção de IPI e em alíquota zero de PIS-Cofins:

> Art. 14. [...]
> § 1º A suspensão do Imposto de Importação e do IPI converte-se em isenção após o decurso do prazo de 5 (cinco) anos, contado da data da ocorrência do respectivo fato gerador.
> § 2º A suspensão da contribuição para o PIS/Pasep e da Cofins converte-se em operação, inclusive de importação, sujeita a alíquota 0 (zero) após o decurso do prazo de 5 (cinco) anos, contado da data da ocorrência do respectivo fato gerador.

No IBS e na CBS, a conversão da suspensão em alíquota zero é prevista no § 2º do art. 105 da Lei Complementar nº 214/2025: "§ 2º A suspensão do pagamento do IBS e da CBS prevista no *caput* deste artigo converte-se em alíquota zero após decorridos 5 (cinco) anos contados da data de ocorrência dos respectivos fatos geradores".

Contudo, conforme examinado no estudo do Repetro-Industrialização, a suspensão não pode ser convertida em isenção. A rigor, os §§ 2º e 3º do art. 14 da Lei nº 11.033/2004 e o § 2º do art. 105 da Lei Complementar nº 214/2025 estabelecem verdadeira uma isenção condicionada (*conditio iuris*), com efeitos subordinados ao cumprimento do requisito legal da destinação do produto às finalidades concessória. Não ocorrendo a destinação, cessa a

---

[563] Ver Item 1.7.
[564] Lei nº 14.787/2023, art. 1º; Lei Complementar nº 214/2025, art. 105, § 7º.
[565] Decreto nº 6.759/2009, art. 471, *caput* e § 1º.

eficácia da regra isentiva, devendo o crédito tributário ser recolhido pelo beneficiário desde a ocorrência do evento imponível.

A transferência, a qualquer título, da propriedade dos bens admitidos no regime apenas pode ocorrer na forma prevista na IN RFB nº 1.370/2013. Em caso de desvio de finalidade, o habilitado ou o coabilitado fica sujeito a uma multa de 50% do valor de aquisição do bem no mercado interno ou do valor aduaneiro do bem importado. Também devem ser recolhidos os tributos suspensos, com os acréscimos legais calculados a partir da data de aquisição ou de registro da DI, sem prejuízo de outras penalidades.

A mesma multa é aplicável nas hipóteses de não incorporação do bem ao ativo imobilizado e de falta de identificação visual externa de eventuais veículos adquiridos ou admitidos, na forma definida pela Secretaria Especial de Portos.[566]

## 15 ÁREAS DE LIVRE COMÉRCIO

As áreas de livre comércio ou zonas francas são regimes aduaneiros aplicados em áreas especiais nas quais não são devidos tributos aduaneiros. Entre nós, têm essa natureza a *Zona Franca de Manaus*,[567] a *Área de Livre Comércio de Tabatinga* (Lei nº 7.965/1989), de *Guarajá-Mirim* (Lei nº 8.210/1991 e Decreto nº 843/1993), de *Paracaima e Bonfim* (Lei nº 8.256/1991), de *Macapá e Santana* (Lei nº 8.387/1991, art. 11; Decreto nº 517/1992), *Brasileia e Cruzeiro do Sul* (Lei nº 8.857/1994 e Decreto nº 1.357/1994) e a *Amazônia Ocidental* (Decreto-Lei nº 356/1968).[568]

Parte da doutrina sustenta que seriam áreas do território nacional excluídas do território aduaneiro.[569] Nada impede que assim ocorra, desde que previsto na legislação de cada país. Todavia, no direito brasileiro, as áreas de livre comércio, inclusive a Zona Franca de Manaus, estão compreendidas no território aduaneiro, porque a legislação nacional aplica-se plenamente,[570] sendo devidos os tributos aduaneiros na importação de produtos como armas e munições, fumo, bebidas alcoólicas, automóveis de passageiros, entre outros previstos no Decreto-Lei nº 288/1967.[571]

## 16 ZONAS DE PROCESSAMENTO DE EXPORTAÇÃO

A zona de processamento de exportação (ZPE) constituiu um regime aduaneiro aplicado em área especial de livre comércio de importação e de exportação criado pela Lei nº 11.508/2007 e ampliado pela Lei Complementar nº 214/2025, com regulamentação nos Decretos nº 6.759/2009 (arts. 534 a 541), nº 6.814/2009 e na Instrução Normativa RFB nº 952/2009. Nele

---

[566] IN RFB nº 1.370/2013, art. 21.
[567] Lei Complementar nº 214/2025, arts. 439 e ss. Sobre a Zona Franca de Manaus, ver Cap. II, item 3.2.1.4.
[568] Lei Complementar nº 214/2025, arts. 439 e ss.
[569] De acordo com Hilú Neto, o critério especial corresponde ao território aduaneiro tributário, que compreenderia "[...] no Brasil, a todo o território nacional menos a área correspondente à Zona Franca de Manaus, criada pela Lei nº 3.173, de 06 de junho de 1957, mantida pela CF/1988 (art. 40 do ADCT) e regulamentada pelo Decreto-Lei nº 288/1976, com suas alterações posteriores" (HILÚ NETO, Miguel. *Imposto sobre importações e imposto sobre exportações*. São Paulo: Quartier Latin, 2003. p. 142). Na mesma linha, BARROS, José Floriano de; CARLUCCI, José Lence. *Regimes aduaneiros especiais*. Guarulhos: Comepe, 1976, p. 343.
[570] MEIRA, Liziane Angelotti. *Regimes aduaneiros especiais*. São Paulo: IOB, 2002, p. 347; LIMA, Sebastião de Oliveira. *O fato gerador do imposto de importação na legislação brasileira*. São Paulo: Resenha Tributária, 1981. p. 171-172.
[571] Lei Complementar nº 214/2025, art. 441.

é controlada a não incidência de tributos federais (II, IPI, PIS-Cofins, ARFMM, IBS e CBS[572]) devidos na importação ou na aquisição no mercado interno de insumos (matéria-prima, produto intermediário e material de embalagem) e de bens do ativo imobilizado (máquinas, aparelhos, instrumentos e equipamentos) por empresas instaladas na ZPE. Ela é qualificada pela legislação aduaneira como área de livre comércio, voltada à instalação de indústrias exportadoras, prestadores de serviços dessas empresas ou de serviços destinados ao exterior.

O regime aduaneiro destina-se ao controle dessa não incidência, mas tem como objetivo imediato desenvolver a cultura exportadora, fortalecer o balanço de pagamentos e promover a difusão tecnológica, a redução de desequilíbrios regionais e os desenvolvimentos econômico e social do País.[573]

Os requisitos para administrar e se instalar em uma ZPE são disciplinados pela IN RFB nº 952/2009, que também dispõe sobre o controle aduaneiro dos bens admitidos, sobre a comercialização das mercadorias produzidas no local e extinção do regime.

---

[572] Lei Complementar nº 214/2025, arts. 99 e ss.
[573] Lei nº 11.508/2007, art. 1º, na redação da Lei nº 14.184/2021.

*Capítulo VII*
# INFRAÇÕES E PENALIDADES

## 1 INFRAÇÕES

### 1.1 Conceito

O Direito, ao regular as condutas humanas em suas relações intersubjetivas, o faz por meio de um dos modais deônticos: *obrigatório (O), proibido (V)* ou *permitido (P)*. Um *ato ilícito*, assim, é caracterizado sempre que alguém realiza um comportamento definido em lei como *proibido* ou deixa de fazer algo *obrigatório*.[1] Na maioria das vezes, a ilicitude tem como consequência as nulidades absoluta ou relativa do ato, o que é designado pela doutrina como *sanção de nulidade*. Porém, há casos em que a sanção tem o caráter de retribuição e de punição, constituindo uma manifestação do *ius puniendi* do Estado no âmbito administrativo. Isso ocorre quando, para tutelar um bem jurídico relevante, o ato ilícito – a omissão da conduta obrigatória ou a realização da conduta proibida – é tipificado como *infração* pelo legislador. Daí que toda infração sempre constitui ato ilícito, mas a recíproca não é verdadeira. Não é qualquer inobservância de norma aduaneira que configura uma infração. Exige-se a tipificação prévia em lei formal.[2] Apenas as condutas que realizam um evento típico podem caracterizar uma infração, desde que – não amparadas por causa de justificação que as tornem lícitas à luz da ordem jurídica (*antijuridicidade*)[3] – apresentem um caráter reprovável ao autor (*culpabilidade*).[4]

---

[1] Recorde-se que, como se sabe, os modais deônticos são interdefiníveis. Assim, dizer que uma conduta é proibida equivale a afirmar que não é permitida ou que a sua não realização é obrigatória. Da mesma forma, uma conduta obrigatória pode ser definida como aquela que não é proibida ou que não é permitida omitir. Sobre o tema, cf.: CARVALHO, Aurora Tomazini de. *Curso de teoria geral do direito*: o construtivismo lógico-semântico. 5. ed. São Paulo: Noeses, 2016, p. 221-222. Cf. ainda: VILANOVA, Lourival. *As estruturas lógicas e o sistema do direito positivo*. São Paulo: Max Limonad, 1997, p. 79; CARVALHO, Paulo de Barros. *Direito tributário*: fundamentos jurídicos da incidência. 2. ed. São Paulo: Saraiva, 1999, p. 130 e ss.; CARVALHO, Paulo de Barros. *Direito tributário, linguagem e método*. 2. ed. São Paulo: Noeses, 2008, p. 83; ENCHAVE, Delia Teresa; URQUIJO, María Eugenia; GUIBOURG, Ricardo A. *Lógica, proposición y norma*. Buenos Aires: Astrea, 1995, p. 107-144.

[2] A tipicidade, como ensina Marçal Justen Filho, também visa a conferir legitimação democrática à penalização (JUSTEN FILHO, Marçal. *Curso de direito administrativo*. 13. ed. São Paulo: RT, 2018, *p. 398*).

[3] No direito aduaneiro, o art. 101 do Decreto-Lei nº 37/1966 prevê excludentes de ilicitude específicas. Há outras, contudo, que decorrem de princípios e outras regras especiais previstas na legislação. Sobre o tema, ver Item 2.2.5.

[4] Conduta reprovável é aquela em "[...] que o autor tenha tido a possibilidade exigível de atuar de outra maneira" (ZAFFARONI, Eugênio Raul; PIERANGELI, José Henrique. *Manual de direito penal brasileiro*: parte geral. São Paulo: RT, 1997, p. 392).

O Decreto-Lei nº 37/1966 (art. 94) oferece uma definição bastante ampla de infração aduaneira, que acaba a confundindo com simples atos ilícitos: "*Constitui infração toda ação ou omissão, voluntária ou involuntária, que importe inobservância, por parte da pessoa natural ou jurídica, de norma estabelecida neste Decreto-Lei, no seu regulamento ou em ato administrativo de caráter normativo destinado a completá-los*".

Essa previsão – editada em período totalitário da história nacional – já não mais se compatibiliza com o Estado Democrático de Direito. Em primeiro lugar, porque as infrações aduaneiras devem ser definidas em lei formal. É inconstitucional a tipificação em regulamento ou em ato administrativo de caráter normativo. Em segundo lugar, porque não há delito nem infração sem uma conduta humana (*nullum crimen sine conducta*). Portanto, ao contrário do que estabelece o art. 94, as ações e as omissões involuntárias (*v.g.*, movimentos reflexos, em estado de inconsciência e coação física irresistível) jamais podem configurar uma infração, simplesmente porque nelas não há uma conduta.[5] Por fim, não é qualquer ilícito aduaneiro que constitui uma infração, mas apenas as condutas típicas, antijurídicas e culpáveis.

## 1.2 Infrações omissivas e dever de agir

As infrações omissivas pressupõem uma segunda regra jurídica estabelecendo o caráter obrigatório do comportamento não realizado pelo infrator. Isso é exigido porque a omissão, no direito, pressupõe uma norma jurídica definidora do dever de agir.

Destarte, conforme ensinado pela teoria geral do delito, sob o aspecto jurídico, "[...] 'omitir' não é um puro 'não fazer': *'omitir' é apenas 'não fazer' o que se deve fazer*";[6] "a omissão transgride um imperativo, uma ordem ou comando de atuar";[7] "a omissão, por si mesma, não tem relevância jurídica. O que lhe dá esse atributo é a norma, que impõe um determinado comportamento";[8] "a relevância da omissão, como violação do dever de agir, é que assinala, assim, a sua própria existência. Pertence ela àquela categoria dos *objetos dependentes*, de que fala **Husserl**. Não possui existência real, por si mesma, senão quando associada a outro elemento, representado por um dever".[9]

Outro aspecto relevante é que a infração omissiva – caracterizada em função do dever jurídico de agir – pode resultar da inércia absoluta (o sujeito não faz a conduta devida nem nenhuma outra), do agir irrelevante (o agente faz algo diverso do que era exigido) ou da ação

---

[5] ZAFFARONI, Eugênio Raul; PIERANGELI, José Henrique. *Manual de direito penal brasileiro*: parte geral. São Paulo: RT, 1997, p. 438 e ss.; PRADO, Luiz Regis. *Bem jurídico-penal e Constituição*. 8. ed. Rio de Janeiro: Forense, 2019, p. 265 e ss.; ALAIS, Horacio Félix. *Régimen infraccional aduanero*. Buenos Aires: Marcial Pons, 2011, p. 54; PEREIRA, Cláudio Augusto Gonçalves. Infrações aduaneiras e seus elementos de configuração. In: ARAÚJO, Renata Alcione de Faria Villela de; LEÃO, Gustavo Junqueira Carneiro. *Direito aduaneiro e tributação aduaneira em homenagem a José Lence Carluci*. Rio de Janeiro: Lumen Juris, 2017, p. 517 e ss. Sobre as infrações tributárias, cf.: CARVALHO, *Direito..., op. cit.*, p. 760 e ss.; PADILHA, Maria Ângela Lopes Paulino. *As sanções no direito tributário*. São Paulo: Noeses, 2015, p. 21 e ss.; AMARO, Luciano. *Direito tributário brasileiro*. 20. ed. São Paulo: Saraiva, 2014, p. 432. No direito administrativo: MELLO, Celso Antônio Bandeira de. *Curso de direito administrativo*. 18. ed. São Paulo: Malheiros, 2005, p. 777 e ss.; JUSTEN FILHO, Marçal. *Curso de direito administrativo*. São Paulo: Saraiva, 2005, p. 397 e ss.

[6] ZAFFARONI, Eugênio Raul; PIERANGELI, José Henrique. *Manual de direito penal brasileiro*: parte geral. São Paulo: RT, 1997, p. 539.

[7] PRADO, Luiz Regis. *Curso de direito penal brasileiro*: parte geral. 3. ed. São Paulo: RT, v. 1, 2002, p. 261.

[8] JESUS, Damásio Evangelista de. *Direito penal*: parte geral. 25. ed. São Paulo: Saraiva, v. 1, 2002, p. 238.

[9] TAVARES, Juarez. Alguns aspectos da estrutura dos crimes omissivos. *Revista do Ministério Público do Estado do Rio de Janeiro*. Rio de Janeiro, v. 1, n. 1., jan./jun. 2005, p. 1450.

ineficaz (o sujeito age após já consumada a violação do dever). Assim, também há omissão quando o sujeito pratica uma ação diversa daquela exigida ou após o momento pressuposto pela norma, quando já consumado o delito.

### 1.3 Espécies de infrações

Em função da participação subjetiva do agente, as infrações podem ser classificadas em *objetivas* ou *subjetivas*.[10] As primeiras caracterizam-se pela não prestação, pura e simples, da obrigação ou do dever, independentemente da intenção do agente. Nas segundas, por sua vez, é necessário que a não prestação tenha resultado de dolo ou de culpa do infrator.

Paralelamente, dentro de uma segunda proposta classificatória bastante comum no direito tributário, as infrações podem ser divididas em formais e materiais.[11] Nas *infrações formais* a conduta omissiva ou comissiva do agente substancia a não prestação de um dever instrumental, ao passo que, nas *infrações materiais*, de uma obrigação tributária.

Os *deveres instrumentais ou formais*, denominados *obrigações acessórias* pelo CTN (art. 113[12]), diferenciam-se das *obrigações principais*, porque, ao contrário destas, são prestações sem expressão econômica instituídas no interesse da arrecadação ou da fiscalização de tributos.[13] Ambas também são presentes no direito aduaneiro. Porém, em sua maioria, as prestações que decorrem da relação jurídica aduaneira constituem deveres do sujeito passivo, sem caráter obrigacional.

### 1.4 Natureza objetiva das infrações aduaneiras

O § 2º do art. 94 do Decreto-Lei nº 37/1966 estabelece a natureza objetiva da responsabilidade por infrações aduaneiras: "§ 2º Salvo disposição expressa em contrário, a responsabilidade por infração independe da intenção do agente ou do responsável e da efetividade, natureza e extensão dos efeitos do ato".

Esse e outros dispositivos (*v.g.* CTN, art. 136;[14] Decreto nº 6.759/2009, art. 673, parágrafo único[15]) fazem com que, nessa matéria, as empresas e os cidadãos ainda se vejam submetidos a um direito repressivo "pré-beccariano". Nada justifica, entretanto, a inaplicabilidade dos princípios e das garantias penais ao direito administrativo sancionatório. Ambos são mani-

---

[10] CARVALHO, Paulo de Barros. *Curso de direito tributário*. 26. ed. São Paulo: Saraiva, 2014. p. 760 e ss.

[11] COSTA JUNIOR, Paulo José da; DENARI, Zelmo. *Infrações tributárias e delitos fiscais*. 3. ed. São Paulo: Saraiva, 1998, p. 12.

[12] "Art. 113. A obrigação tributária é principal ou acessória.

§ 1º A obrigação principal surge com a ocorrência do fato gerador, tem por objeto o pagamento de tributo ou penalidade pecuniária e extingue-se juntamente com o crédito dela decorrente.

§ 2º A obrigação acessória decorre da legislação tributária e tem por objeto as prestações, positivas ou negativas, nela previstas no interesse da arrecadação ou da fiscalização dos tributos.

§ 3º A obrigação acessória, pelo simples fato da sua inobservância, converte-se em obrigação principal relativamente à penalidade pecuniária."

[13] CARVALHO, Aurora Tomazini de. *Curso de teoria geral do direito*: o construtivismo lógico-semântico. 5. ed. São Paulo: Noeses, 2016, p. 277-349.

[14] "Art. 136. Salvo disposição de lei em contrário, a responsabilidade por infrações da legislação tributária independe da intenção do agente ou do responsável e da efetividade, natureza e extensão dos efeitos do ato."

[15] "Art. 673. [...] Parágrafo único. Salvo disposição expressa em contrário, a responsabilidade por infração independe da intenção do agente ou do responsável e da efetividade, da natureza e da extensão dos efeitos do ato (Decreto-Lei nº 37, de 1966, art. 94, § 2º)."

festações do mesmo *ius puniendi* do Estado. Não há diferença ontológica entre as sanções penais e as administrativas. Por outro lado, não raro a gravidade destas supera a daquelas.[16] As diferenças são apenas relativas ao órgão de aplicação e ao aspecto processual.

Não é por outra razão que, segundo ensinam Eduardo Garcia de Enterría e Tomás-Ramón Fernandes, "todos os esforços por dotar as sanções administrativas de alguma justificativa teórica e de uma consistência própria fracassaram".[17] Nessa mesma linha, Horacio Félix Alais – após ampla pesquisa, considerando as doutrinas de Garrido Falla, de Ranelletti e Girolla, García de Enterría e Fernández, Sáinz de Bujanda, entre outros – afirma que, atualmente, "se reconhece que o denominado Direito administrativo sancionador (que envolve as infrações) deve acatar os princípios da tipicidade, legalidade, culpabilidade – o que exclui a responsabilidade objetiva – personalidade das sanções, princípio do fato, e outros mais que inspiram o Direito penal".[18]

Entre nós, cumpre destacar o estudo de Fabio Brun Goldschmidt, evidenciando a identidade ontológica do ilícito penal e do ilícito administrativo,[19] bem como de Hugo de Brito Machado, para quem "a rigor não existe nenhuma diferença ontológica entre a pena criminal e a pena administrativa, embora as sanções que atingem a liberdade de ir e vir somente possam ser aplicadas pela autoridade judiciária".[20]

A responsabilização objetiva também é incompatível com a Norma 3.39 do Anexo Específico J da Convenção de Quioto Revisada (Decreto Legislativo nº 56/2019; Decreto nº 10.276/2020), que afasta a cominação de penalidades excessivas em caso de erros, se ficar

---

[16] "*Direito repressivo 'pré-beccariano*'" é uma paráfrase de crítica similar encontrada na obra de Eduardo García de Enterría e Tomás-Ramón Fernandes acerca do *direito administrativo sancionador* (ENTERRÍA, Eduardo Garcia de; FERNÁNDEZ, Tomás-Ramón. *Curso de direito administrativo*, 2. Revisor técnico Carlos Ari Sundfeld. Trad. José Alberto Froes Cal. São Paulo: RT, 2014, p. 190).

[17] ENTERRÍA, Eduardo Garcia de; FERNÁNDEZ, Tomás-Ramón. *Curso de direito administrativo*, 2. Revisor técnico Carlos Ari Sundfeld. Trad. José Alberto Froes Cal. São Paulo: RT, 2014, p. 190.

[18] "[...] se reconoce que el denominado Derecho administrativo sancionador (que involucra a las infracciones) debe acatar los principios de tipicidad, legalidad, culpabilidad – lo que excluye el principio de la responsabilidad objetiva – personalidad de las sanciones, principio del hecho, y outros más que inspiran en el Derecho penal, siendo ademáis una opinión común que esto efectivamente así tiene que ser, precisamente en salvaguarda de los intereses de los administrados. Igualmente se han reconocido los principios de legalidad, irretroactividad de las leyes, saldo la posterior más favorable, la exigencia de tipicidad de las infracciones y sanciones, y la prohibición de analogía" (ALAIS, Horacio Félix, *Régimen infraccional aduanero*. Buenos Aires: Marcial Pons, 2011, p. 20). O autor afirma também que, na Argentina, "[...] la Corte Suprema de Justicia de La Nación reconoció la naturaleza penal de las infracciones aduaneras, consagrando de esta manera la aplicación, de los principios generales del Derecho penal a este tipo de transgresiones" (ALAIS, Horacio Félix, *Régimen infraccional aduanero*. Buenos Aires: Marcial Pons, 2011, p. 49). Na mesma linha, Juan Patricio Cotter ressalta que essa concepção foi acolhida pela Suprema Corte daquele país, porque, entre outros fundamentos, "[...] la finalidad de la sanción es castigar al infractor y no reparar un perjuicio o constituir un ingreso al erario" (COTTER, Juan Patricio. *Las infracciones aduaneras*. 2. ed. Buenos Aires: Abeledo Perrot, 2013, p. 100).

[19] GOLDSCHIMDT, Fabio Brun. *Teoria da proibição de bis in idem no direito tributário e sancionador tributário*. São Paulo: Noeses, 2014, p. 351 e ss.

[20] MACHADO, Hugo de Brito. Teoria das sanções tributárias. In: MACHADO, Hugo de Brito [Coord.]. *Sanções administrativas tributárias*. São Paulo: Dialética, 2004, p. 164. No mesmo sentido, cf.: COSTA JUNIOR, Paulo José; DENARI, Zelmo. *Infrações tributárias e delitos fiscais*. 3. ed. São Paulo: Saraiva, 1998, p. 13-17. Nesse capítulo, escrito por Zelmo Denari, o autor reconhece a inexistência de diferença ontológica. Contudo, operando com a diferenciação entre Direito Penal Tributário e Direito Tributário Penal, entende que a infração tributária se submete a um regime jurídico diferenciado do direito penal. Sobre o tema, cf. ainda: COIMBRA, Paulo Roberto. *Direito tributário sancionador*. São Paulo: Quartier Latin, 2007.

comprovado que eles foram cometidos de boa-fé, sem intenção fraudulenta nem negligência grosseira:

> Erros
>
> 3.39. Norma
>
> As Administrações Aduaneiras não aplicarão penalidades excessivas em caso de erros, se ficar comprovado que tais erros foram cometidos de boa-fé, sem intenção fraudulenta nem negligência grosseira. Quando as Administrações Aduaneiras considerarem necessário desencorajar a repetição desses erros, poderão impor uma penalidade que não deverá, contudo, ser excessiva relativamente ao efeito pretendido.

Lamentavelmente, ao lado de países como Iêmen, Filipinas, Paquistão e Cazaquistão, o Estado brasileiro não aderiu ao Anexo Específico H da Convenção, que, na Norma 23, prevê a necessidade de graduação da *severidade* e do *valor* das *penalidades* em função *da gravidade ou da importância da infração aduaneira cometida e do histórico da pessoa em questão em suas relações com a Aduana*.[21] Isso poderia indicar que, *a contrario sensu*, o legislador pretendeu reafirmar o regime de responsabilização objetiva do Decreto-Lei nº 37/1966, reforçando a convicção de quem não vê problemas no sistema punitivo exacerbado que vigora entre nós.

Todavia, essa não é a melhor interpretação. O Acordo sobre a Facilitação do Comércio, em seu art. 3.3., vincula a penalização aduaneira aos *fatos e circunstâncias do caso*, exigindo ainda a compatibilidade entre a sanção e *o grau e gravidade da infração*.[22] Daí resulta não apenas a indispensabilidade do exame dos aspectos subjetivos da conduta, mas da proporcionalidade e da gradação das penalidades, considerando todos os possíveis aspectos atenuantes e agravantes.[23]

O mesmo é previsto no *Protocolo ao Acordo de Comércio e Cooperação Econômica entre o Governo da República Federativa do Brasil e o Governo dos Estados Unidos da América Relacionado a Regras Comerciais e de Transparência*, igualmente conhecido como Acordo de Comércio e Cooperação Econômica ou *ATEC – Agreement on Trade and Economic Cooperation*.[24] Este, apesar de ser um acordo bilateral, estabelece um regime sancionatório privilegiado que, em razão da cláusula da nação mais favorecida (Artigo I do Gatt 1994), deve ser automaticamente estendido aos demais países da OMC.[25] Dentre as regras previstas nesse acordo, destacam-se os Artigos 15:2 e 15:3:

---

[21] "23. Norma
A severidade e o valor de quaisquer penalidades aplicadas em uma resolução administrativa de uma infração aduaneira dependerão da gravidade ou da importância da infração aduaneira cometida e do histórico da pessoa em questão em suas relações com a Aduana". Traduzimos do original: "The severity or the amount of any penalties applied in an administrative settlement of a Customs offence shall depend upon the seriousness or importance of the Customs offence committed and the record of the person concerned in his dealings with the Customs."

[22] De acordo com o art. 3.3 do Acordo de Facilitação, que foi incorporado ao direito interno pelo Decreto Legislativo nº 01/2016, promulgado pelo Decreto nº 9.326/2018: "A penalidade imposta dependerá dos fatos e circunstâncias do caso e serão compatíveis com o grau e gravidade da infração".

[23] Como ensina Regis Prado, "a exigência de responsabilidade subjetiva quer dizer que, em havendo delito doloso ou culposo, a consequência jurídica deve ser proporcional ou adequada à gravidade do desvalor da ação representado pelo dolo ou culpa, que integra, na verdade, o tipo do injusto e não a culpabilidade" (PRADO, Luiz Regis Prado. *Bem jurídico-penal e Constituição*. 8. ed. Rio de Janeiro: Forense, 2019, p. 105).

[24] Aprovado pelo Decreto Legislativo nº 34/2021, promulgado pelo Decreto nº 11.092/2022.

[25] Ver Cap. II, item 2.1.4.2.

Artigo 15: Penalidades

[...]

2. Cada Parte deverá assegurar que uma penalidade imposta por sua administração aduaneira pela violação de suas leis aduaneiras, regulamentos ou requerimentos procedimentais seja imposta apenas à pessoa legalmente responsável pela violação.

3. Cada Parte deverá assegurar que qualquer penalidade imposta por sua administração aduaneira pela violação de suas leis aduaneiras, regulamentos ou requerimentos procedimentais dependa dos fatos e circunstâncias do caso, incluindo eventuais violações anteriores pela pessoa que recebe a penalidade, e seja proporcional ao grau e severidade da violação.

Ademais, independentemente desses acordos internacionais, o fato que é todos os preceitos infraconstitucionais devem ser interpretados à luz dos direitos e das garantias consagradas na Lei Maior. A responsabilidade objetiva em matéria sancionatória não é compatível com o princípio da culpabilidade, que decorre dos arts. 1º, III, 4º, II, 5º, *caput* e XLVI, da Constituição Federal de 1988.[26] A fórmula vazia da separação de instâncias não justifica uma menor proteção na seara administrativa. Ninguém pode ser penalizado, no direito aduaneiro ou em qualquer outro ramo, sem a demonstração de culpa ou de dolo. Portanto, deve ser realizada uma *filtragem constitucional*[27] do § 2º do art. 94 do Decreto-Lei nº 37/1966, interpretando todas as infrações aduaneiras como infrações subjetivas.[28]

Cumpre destacar, a esse propósito, as seguintes observações do Ministro Luís Roberto Barroso no Agravo Regimental no Agravo de Instrumento nº 727.872/RS, proferidas em caso que não envolveu infração aduaneiras, mas que se aplica inteiramente à hipótese:

> [...] não se está aqui a tratar de direito penal, mas de todo modo estamos no âmbito do direito sancionador. Genericamente, sempre que o antecedente de uma norma for um comportamento reprovável e o consequente uma punição, é absolutamente indispensável fazer uma análise do elemento subjetivo da conduta. [...] É evidente que o intento malicioso e preordenadamente voltado a promover locupletamento indevido não pode receber o mesmo tratamento de um equívoco praticado por um cidadão que cometeu um erro ao operar a complexa legislação tributária. O ardil sempre será merecedor de maior repriminenda.[29]

Em outros tribunais, observa-se uma tendência gradativa de releitura humanista e constitucional do § 2º do art. 94 do Decreto-Lei nº 37/1966. A 1ª Turma do TRF da 4ª Região, por exemplo, já afastou a multa por classificação aduaneira indevida quando demonstrado que

---

[26] PRADO, Luiz Regis. *Bem jurídico-penal e Constituição*. 8. ed. Rio de Janeiro: Forense, 2019, p. 104.

[27] SCHIER, Paulo Ricardo. *Filtragem constitucional*: construindo uma nova dogmática jurídica. Porto Alegre: Safe, 1999.

[28] Essa proposta – apresentada inicialmente em palestra no *IX Congresso Nacional de Direito Marítimo, Portuário e Aduaneiro da OAB*, ocorrido em Florianópolis, no ano de 2021, e incorporada à 2ª edição do *Curso de Direito Aduaneiro* – vem sendo acolhida e desenvolvida pela doutrina. Destaca-se, nesse sentido, o estudo de PEREIRA, Cláudio Augusto Gonçalves. Breves apontamentos sobre a filtragem constitucional aplicada no sistema jurídico aduaneiro. In: PEREIRA, Cláudio Augusto Gonçalves; REIS, Raquel Segalla (Org.). *Ensaios de direito aduaneiro II*. São Paulo: Tirant lo Blanch, p. 202-217, 2023.

[29] STF. Agravo Regimental no Agravo de Instrumento 727.872/RS. *DJe*-091, de 18.05.2015. G.n.

*o autor não agiu com dolo ou má-fé, ocorrendo tão somente um equívoco*.[30] No STJ, por sua vez, há julgados que, para fins de aplicação da pena de perdimento de veículo, exigem a demonstração "[...] não apenas a proporção entre o seu valor e o da mercadoria apreendida, mas também a gravidade do caso, a reiteração da conduta ilícita ou a boa-fé da parte envolvida".[31]

Nessa mesma linha, em acórdão do ano de 2020, da lavra do Desembargador Federal Nelton Agnaldo Moraes dos Santos, a 3ª Turma do TRF da 3ª Região afastou a caracterização de infração aduaneira pela ausência de dolo ou de má-fé do sujeito passivo:

> DIREITO TRIBUTÁRIO. ADUANEIRO. LIBERAÇÃO DE VEÍCULO. VEÍCULO ALUGADO A TERCEIRO. AUSÊNCIA DE DOLO OU MÁ-FÉ DO PROPRIETÁRIO. APELAÇÃO E REMESSA NECESSÁRIA NÃO PROVIDAS.
> 1. Não há na legislação aduaneira (Decreto nº 6.759/2009 e Decreto-Lei nº 37/1966) possibilidade de aplicação da pena de perdimento a mercadorias, a menos que se constate a efetiva ocorrência de dolo, fraude, sonegação ou conluio com o fito de prejudicar o Erário. Precedentes.
> 2. Tampouco foi atestada a reiteração da conduta ilícita, haja vista que a impetrada não juntou aos autos nenhum documento que demonstrasse o cometimento, pela impetrante, de infração aduaneira em data anterior à do caso em tela.
> 3. O ordenamento jurídico pátrio não admite a responsabilidade objetiva de quem não tenha praticado ou concorrido com a infração aduaneira, de modo que incumbiria ao Fisco demonstrar a má-fé da impetrante ou a ciência do cometimento do ilícito, nos termos do disposto no art. 373 do CPC. Precedentes.
> 4. Apelação e remessa necessária não providas.[32]

Da mesma forma, entre as construções doutrinárias mais recentes, já se observa o início do reconhecimento de que, diante dos acordos internacionais (AFC, CQR e ATEC) e da ordem constitucional brasileira, não é mais juridicamente possível a **responsabilização objetiva sancionatória em matéria aduaneira**.[33] Espera-se que, nos próximos anos, essa exegese se consolide na doutrina e na jurisprudência.

---

[30] TRF4. 1ª T. AC nº 2004.71.01.004451-4/RS. 1ª T. Rel. Des. Federal Álvaro Junqueira. Publicado em 17.12.2008.

[31] STJ. 2ª T. REsp 1.797.442/PR. Rel. Min. Herman Benjamin. *DJe* 30.05.2019: "[...] 4. Conforme a jurisprudência do STJ, no momento do exame da pena de perdimento do veículo, deve-se observar não apenas a proporção entre o seu valor e o da mercadoria apreendida, mas também a gravidade do caso, a reiteração da conduta ilícita ou a boa-fé da parte envolvida".

[32] TRF3. 3ª T. ApReeNec 5000282-62.2017.4.03.6005. Rel. Des. Fed. Nelton Agnaldo Moraes dos Santos. Publicado em 24.01.2020.

[33] Destaca-se, nesse sentido: LEONARDO, Fernando Pieri. Direito aduaneiro sancionador à luz do AFC/OMC, da CQR/OMA e do ATEC. In: PEREIRA, Cláudio Augusto Gonçalves; REIS, Raquel Segalla (Org.). *Ensaios de direito aduaneiro II*. São Paulo: Tirant lo Blanch, p. 164-186, 2023. Da mesma forma, no direito comparado, a obra de autoria coletiva organizada por CARRERO, Germán Pardo (dir.). *Ilícitos aduaneiros y sanciones*. Bogotá: Tirant lo Blanch, 2022. Dentre os artigos publicados, têm relevância específica para a temática em análise: LACOSTE, Juan José. El nuevo papel de las aduanas. La nueva filosofía y las sanciones en materia aduanera. *In*: CARRERO, Germán Pardo (dir.). *Ilícitos aduaneiros y sanciones*. Bogotá: Tirant lo Blanch, p. 127-162, 2022; PRECIADO, Angélica Peña. Las infracciones aduaneiras y las sanciones a luz de la Organización Mundial de Aduanas. In: CARRERO, Germán Pardo (dir.). *Ilícitos aduaneiros y sanciones*. Bogotá: Tirant lo Blanch, p. 162-235, 2022; RUIZ, José Francisco Mafla. Las sanciones aduaneiras a luz del Acuerdo sobre Facilitación del Comercio de la Organización Mundial del Comercio. In: CARRERO, Germán Pardo (dir.). *Ilícitos aduaneiros y sanciones*. Bogotá:

## 1.5 Culpabilidade: culpa e dolo

O dolo é a forma mais acentuada de culpabilidade. Nele o sujeito ativo tem o conhecimento e a vontade de realizar o tipo objetivo.[34] Pode ser direto, quando o resultado é deliberadamente pretendido como fim ou como consequência necessária do meio escolhido; ou eventual – a forma "mais fraca" de dolo[35] –, caracterizada sempre que o sujeito, diante da representação mental do resultado, aceita com indiferença a sua possível ou provável ocorrência.[36]

Por sua vez, na culpa há um resultado delitivo previsível que – embora não pretendido pelo agente – resulta de uma conduta violadora do dever de cautela imposto pelas circunstâncias.[37] Pode ser decorrente de *imprudência* (agir perigosamente ou sem a cautela), de *negligência* (inércia por indiferença ou por desatenção) ou de *imperícia* (falta de conhecimentos técnicos). Compreende a culpa inconsciente – o autor não prevê o possível resultado – e a culpa consciente, quando prevê o resultado, mas não o toma como aceitável, porque confia em um bom desfecho.[38]

## 1.6 Responsabilidade por infrações

### 1.6.1 Princípio da pessoalidade

A Constituição Federal de 1988, em seu art. 5º, XLV, assegura a garantia individual da responsabilidade pessoal pelas infrações, também chamado princípio da intranscendência, o que impede a penalização do agente por fato de terceiros.[39] Esse preceito aplica-se às infrações aduaneiras, inclusive em razão de previsão específica no Acordo de Facilitação de Comércio: "*3.2. Cada Membro assegurará que as penalidades em caso de violação de uma lei, regulamen-*

---

Tirant lo Blanch, p. 237-252, 2022. COTTER, Juan Patricio. Las infracciones aduaneiras. En torno a la responsabilid, la culpa y el error exclusable. In: CARRERO, Germán Pardo (dir.). *Ilícitos aduaneiros y sanciones*. Bogotá: Tirant lo Blanch, p. 255-279, 2022; PARDO, Gabriel Ibarra. La responsabilidade, la culpa y el error excusable en las infracciones aduaneras. In: CARRERO, Germán Pardo (dir.). *Ilícitos aduaneiros y sanciones*. Bogotá: Tirant lo Blanch, p. 281-310, 2022.

[34] SCHÜNEMANN, Bernd. Do conceito filosófico ao conceito tipológico de dolo. Trad. Luís Greco e Ana Cláudia Grossi. *In*: GRECO, Luís. *Estudos de direito penal, direito processual penal e filosofia do direito*. São Paulo: Marcia Pons, 2013, p. 129. No mesmo sentido: PRADO, Luiz Regis. *Bem jurídico-penal e Constituição*. 8. ed. Rio de Janeiro: Forense, 2019, p. 295; e ZAFFARONI, Eugênio Raul; PIERANGELI, José Henrique. *Manual de direito penal brasileiro*: parte geral. São Paulo: RT, 1997, p. 483. Estes destacam que o dolo compreende dois aspectos: "o aspecto de conhecimento *ou aspecto cognoscitivo do dolo*" e "o aspecto do querer ou *aspecto volitivo do dolo*". Cf. ainda: JESUS, Damásio E. de. *Direito penal*. 25. ed. São Paulo: Saraiva, 2002. v. 1. p. 289 (*momento intelectual* e *momento volitivo* do dolo).

[35] SCHÜNEMANN, Bernd. Do conceito filosófico ao conceito tipológico de dolo. Trad. Luís Greco e Ana Cláudia Grossi. *In*: GRECO, Luís. *Estudos de direito penal, direito processual penal e filosofia do direito*. São Paulo: Marcia Pons, 2013, p. 128.

[36] ZAFFARONI, Eugênio Raul; PIERANGELI, José Henrique. *Manual de direito penal brasileiro*: parte geral. São Paulo: RT, 1997, p. 502.

[37] Segundo ressalta PRADO, "os elementos do tipo de injusto culposo são: a) inobservância do cuidado objetivamente devido; b) produção de um resultado e nexo causal; c) previsibilidade objetiva do resultado; d) conexão interna entre desvalor da ação e desvalor do resultado" (PRADO, Luiz Regis. *Curso de direito penal brasileiro*: parte geral. 3. ed. São Paulo: RT, 2002. p. 304).

[38] PRADO, Luiz Regis. *Curso de direito penal brasileiro*: parte geral. 3. ed. São Paulo: RT, 2002. p. 305-306; SCHÜNEMANN, Bernd. Do conceito filosófico ao conceito tipológico de dolo. Trad. Luís Greco e Ana Cláudia Grossi. *In*: GRECO, Luís. *Estudos de direito penal, direito processual penal e filosofia do direito*. São Paulo: Marcia Pons, 2013, p. 138.

[39] "Art. 5º [...] XLV – nenhuma pena passará da pessoa do condenado, podendo a obrigação de reparar o dano e a decretação do perdimento de bens ser, nos termos da lei, estendidas aos sucessores e contra eles executadas, até o limite do valor do patrimônio transferido;"

to ou ato normativo procedimental de caráter aduaneiro sejam impostas unicamente sobre os responsáveis pela infração em conformidade com a legislação do Membro". Dessa forma, como ressalta Sara Armella, a legislação dos Estados-Membros "deve necessariamente prever que o autor da violação e o destinatário da sanção coincidam".[40] O responsável pela infração sempre deve ter sido o seu autor, coautor ou partícipe.

### 1.6.2 Coautoria e participação

A responsabilidade no concurso de agentes ou de pessoas encontra-se prevista na primeira parte do art. 95, inciso I, do Decreto-Lei nº 37/1966:

> Art. 95. Respondem pela infração:
> I – conjunta ou isoladamente, quem quer que, de qualquer forma, concorra para sua prática, ou dela se beneficie;[41]

Essa regra diverge das hipóteses de responsabilidade por infrações previstas no CTN (arts. 137 a 138). Contudo, não há ilegalidade nem inconstitucionalidade nessa discrepância. Primeiro, porque o art. 95 do Decreto-Lei nº 37/1966 aplica-se a infrações administrativas de natureza aduaneira. Segundo, porque, na época de sua edição, o Código Tributário Nacional não apresentava eficácia de lei complementar (Lei nº 5.171/1966). Isso só ocorreu com o art. 19, § 1º, da Constituição de 1967. Foi esse dispositivo, renumerado para art. 18º, § 1º, pela Emenda nº 01/1969, que submeteu ao legislador complementar a competência para estabelecer normas gerais de direito tributário. Daí resulta que, até 15 de março de 1967, data do início da vigência da Constituição de 1967, o decreto-lei poderia revogar ou estabelecer disposições especiais em relação às normas gerais do CTN.[42]

O concurso de pessoas (*concursus delinquentium*) abrange a atuação dos agentes que concorrem para a prática da infração, o que abrange a coautoria e a participação. *Partícipe* é todo aquele que auxilia ou contribui dolosamente em delito praticado por terceiro. Diferencia-se do *coautor*, porque não tem o *domínio do fato* (*domínio funcional do fato*), isto é, não contribui na divisão de trabalhos que realiza a conduta típica. Tem uma atuação acessória, mediante colaboração material (cumplicidade) ou moral, pela criação (induzimento) ou pelo reforço (instigação) do propósito delitivo daquele que executa a conduta típica.[43] Nas infrações aduaneiras tipificadas no Decreto-Lei nº 37/1966, ambos são solidariamente responsáveis ("conjunta ou isoladamente"). Já o partícipe, ao contrário do direito penal (CP, art. 29[44]), responde por igual, independentemente do grau de culpabilidade.

---

[40] Traduzimos do original: "Ne deriva che la normativa dei singoli stati – per essere conforme ai parametri giuridici previsti dal TFA – deve necessariamente prevedere che autore della violazione e destinatario della sanzione coincidano [...]" (ARMELLA, Sara. *Diritto doganale dell'Unione europea*. Milão: Egea, 2017. p. 360).

[41] De acordo com o Regulamento Aduaneiro (Decreto nº 6.759/2009): "Art. 685. A circunstância de uma pessoa constar como destinatária de remessa postal internacional, com infração às normas estabelecidas neste Decreto, não configura, por si só, o concurso para a sua prática ou o intuito de beneficiar-se dela".

[42] Ver Cap. I, item 2.2.4.

[43] PRADO, Luiz Regis. *Curso de direito penal brasileiro*: parte geral. 3. ed. São Paulo: RT, 2002. p. 399; COSTA JUNIOR, Paulo José da. *Comentários ao Código Penal*. 7. ed. São Paulo: Saraiva, 2002, p. 129 e ss.; JESUS, Damásio E. de. *Direito penal*. 25. ed. São Paulo: Saraiva, 2002. v. 1. p. 425 e ss.; ZAFFARONI, Eugênio Raul; PIERANGELI, José Henrique. *Manual de direito penal brasileiro*: parte geral. São Paulo: RT, 1997, p. 685 e ss.; CAGLIARI, José Francisco. Do concurso de pessoas. *Justitia*. São Paulo, 61 (185/188), jan./dez. 1999, p. 50 e ss.

[44] "Art. 29. Quem, de qualquer modo, concorre para o crime incide nas penas a este cominadas, na medida de sua culpabilidade. (Redação dada pela Lei nº 7.209, de 11.07.1984)"

Tal como ocorre com o concurso de agentes na teoria geral do delito, é problemática a aplicação do art. 95, inciso I, do Decreto-Lei nº 37/1966, às infrações omissivas. Isso se dá porque, nos delitos omissivos, não há *domínio do fato*, que é o critério definidor da autoria.[45] Além disso, os comportamentos negativos não comportam a divisão de trabalho. Por isso, modernamente, parte da doutrina tem entendido não ser possível a coautoria nem a participação em crimes omissivos, na linha defendida por Hans Welzel e Armin Kaufmann. Essa concepção, entre nós, é adotada por Luiz Regis Prado,[46] Nilo Batista[47] e Juarez Tavares.[48]

Para esses autores, o delito omissivo somente pode ser praticado pelo sujeito vinculado ao dever jurídico: "não é concebível que alguém omita uma parte, enquanto outros omitam o restante, pois o dever de atuar a que está adstrito o autor é pessoal, individual, e, portanto, indecomponível (não tem sentido falar em divisão do trabalho por falta de resolução comum para o fato)".[49] Assim, todo aquele que – sendo vinculado ao dever de agir – deixa de atuar da forma preconizada pela ordem jurídica praticará um delito autônomo, no que seria uma forma especial de autoria colateral. Juarez Tavares, cita o exemplo de Armin Kaufmann: "*Se 50 nadadores assistem impassíveis ao afogamento de uma criança, todos terão se omitido de prestar-lhe salvamento, mas não comunitariamente. Cada um será autor do fato omissivo, ou melhor, autor colateral de omissão*".[50] No caso da participação, por sua vez, ressalta Tavares:

> [...] deve-se seguir nesse contexto a ponderação de Roxin, ao estipular como pressuposto de qualquer concurso de agentes que todos os participantes estejam subordinados aos mesmos critérios de imputação, o que não se dá quando se trata de delitos comissivos e omissivos, em face da própria estrutura da norma. Cada qual – agente e omitente – serão igualmente autores do fato, o primeiro, de crime comissivo e o outro, de crime omissivo.[51]

---

§ 1º Se a participação for de menor importância, a pena pode ser diminuída de um sexto a um terço. (Redação dada pela Lei nº 7.209, de 11.07.1984)

§ 2º Se algum dos concorrentes quis participar de crime menos grave, ser-lhe-á aplicada a pena deste; essa pena será aumentada até metade, na hipótese de ter sido previsível o resultado mais grave. (Redação dada pela Lei nº 7.209, de 11.07.1984)".

[45] Como ressalta Nilo Batista, "Os crimes omissivos são crimes de dever; a base da responsabilidade não alcança qualquer omitente, e sim aquele que está comprometido por um concreto dever de atuação. O critério do domínio do fato deverá, então, ser abandonado aqui em favor da preponderância da violação do dever. De resto, como o próprio Roxin lembra, é impossível falar-se em domínio do fato frente à estrutura dos delitos omissivos" (BATISTA, Nilo. *Concurso de agentes*: uma investigação sobre os problemas da autoria e da participação no direito penal brasileiro. 3. ed. Rio de Janeiro: Lumen Juris, 2005, p. 84-85).

[46] PRADO, Luiz Regis. *Curso de direito penal brasileiro*: parte geral. 3. ed. São Paulo: RT, 2002. p. 398.

[47] BATISTA, Nilo. *Concurso de agentes*: uma investigação sobre os problemas da autoria e da participação no direito penal brasileiro. 3. ed. Rio de Janeiro: Lumen Juris, 2005, p. 85 e ss.

[48] TAVARES, Juarez. *Teoria dos crimes omissivos*. São Paulo: Marcial Pons, 2012.

[49] PRADO, Luiz Regis. *Curso de direito penal brasileiro*: parte geral. 3. ed. São Paulo: RT, 2002. p. 398.

[50] TAVARES, Juarez. *Teoria dos crimes omissivos*. São Paulo: Marcial Pons, 2012, p. 406. O mesmo pode ser encontrado em TAVARES, Juarez. Alguns aspectos da estrutura dos crimes omissivos. *Revista do Ministério Público do Estado do Rio de Janeiro*. Rio de Janeiro, v. 1, n. 1., jan.-jun. 2005, p. 1470.

[51] TAVARES, Juarez. *Teoria dos crimes omissivos*. São Paulo: Marcial Pons, 2012, p. 407. O autor ressalta ainda que: "Se, por qualquer motivo, for impossível a incriminação do instigador por delito comissivo, por não preencher alguma condição do tipo legal, como se dá, por exemplo, com o particular que instiga um funcionário a não realizar um ato de ofício que lhe incumbia (prevaricação – art. 319), tal fato só pode ser solucionado por via legislativa através de uma previsão típica expressa acerca dessa forma de atividade. Esta solução, algumas vezes, pode parecer injusta, mas é a única admissível dentro de um direito penal de garantia".

Na doutrina brasileira, ainda é bastante encontrada a concepção que, mesmo no exemplo de Kaufmann, entende configurada a coautoria, desde que todos os omitentes se mostrem vinculados ao dever jurídico.[52] A maioria dos autores, ademais, admite a participação em delitos omissivos por meio de atos comissivos (por *ação*). Essa ocorreria sempre que um terceiro, não vinculado ao dever jurídico, instiga dolosamente – ou melhor, dissuade – o omitente a não cumprir o seu dever jurídico.[53]

Há, por fim, uma teoria intermediária – que afasta a coautoria, mas admite a participação – defendida, entre outros, por Claus Roxin[54] e por Damásio de Jesus.[55] Essa parece ser a proposta mais apropriada para explicar o concurso de pessoas nos delitos dessa natureza. Isso porque o dever jurídico que vincula o sujeito ativo tem caráter pessoal. Não é possível a divisão de condutas negativas, de sorte que cada omitente será autor colateral. A participação, contudo, deve ser admitida porque um terceiro, mesmo não sendo subordinado ao dever jurídico, pode perfeitamente dissuadir o sujeito vinculado a omitir a conduta obrigatória.

O debate doutrinário em torno do concurso de agentes nos delitos omissivos, em seus aspectos convergentes, permite a delimitação de importantes parâmetros para adequada aplicação do inciso I do art. 95, a saber: (i) ninguém que não seja vinculado ao dever jurídico violado, pressuposto de caracterização da infração, pode ser coautor nem tampouco autor colateral; (ii) como o dever jurídico vincula o agente em caráter pessoal, a autoria será apenas do omitente, inclusive porque não é possível a divisão de tarefas em condutas negativas; (iii) o partícipe pode ser responsabilizado apenas quando demonstrado que dissuadiu o omitente a não cumprir o dever jurídico, o que pressupõe a coalescência dos seguintes requisitos: (a) a prova da prática de atos comissivos de dissuasão (não há participação por omissão em delitos omissivos), isto é, uma ação que neutraliza a conduta devida pelo omitente; (b) a demonstração do dolo (toda participação é dolosa, o que também decorre do próprio sentido do verbo "concorrer", de "ter a mesma pretensão de outrem");[56] e (c) a existência de uma acessoriedade com a infração praticada pelo autor.

### 1.6.3 Beneficiários da infração

A responsabilidade dos beneficiários da infração decorre da segunda parte do art. 95, inciso I, do Decreto-Lei nº 37/1966 ("*... ou dela se beneficie*"). Essa previsão deve ser compatibilizada com a garantia individual da responsabilidade pessoal pelas infrações (princípio

---

[52] GRECO, Rogério. *Curso de direito penal*: parte geral. 4. ed. Rio de Janeiro: Impetus, 2004, p. 524; BITENCOURT, Cezar Roberto. *Tratado de direito penal*: parte geral. 8. ed. São Paulo: Saraiva, v. 1, 2003, p. 398.

[53] Como destaca Damásio de Jesus, "não há participação por *omissão* nos delitos omissivos próprios. [...] É admissível participação por *ação* no crime omissivo próprio com autor omitente qualificado (ex.: induzimento). Na hipótese do crime do art. 269 do CP, suponha-se que um leigo (*extraneus*) induza o médico a omitir-se: há participação. Não por omissão, que não é admissível, mas por ação" (JESUS, Damásio E. de. *Direito penal*. 25. ed. São Paulo: Saraiva, v. 1, 2002, p. 435).

[54] ROXIN, Claus. *Strafrecht*, AT, II, 2003, p. 667 e 681. *Apud* TAVARES, Juarez. Teoria *dos crimes omissivos*. São Paulo: Marcial Pons, 2012, p. 405.

[55] JESUS, Damásio E. de. *Direito penal*. 25. ed. São Paulo: Saraiva, v. 1, 2002, p. 435.

[56] JESUS, Damásio E. de. *Direito penal*. 25. ed. São Paulo: Saraiva, v. 1, 2002, p. 425: "*Concorrer* significa convergir para o mesmo ponto, cooperar, contribuir, ajudar e ter a mesma pretensão de outrem. O verbo expressa claramente a figura do concurso – ato de se dirigirem muitas pessoas ao mesmo lugar ou fim, segundo os léxicos".

da intranscendência), que é consagrada pela Constituição Federal de 1988 (art. 5º, XLV[57]) e pelo Acordo sobre a Facilitação do Comércio (Artigo 6: 3.2[58]). Portanto, só cabe a responsabilização pela infração do beneficiário que tenha sido autor, coautor ou partícipe da infração.

### 1.6.4 Proprietário e consignatário de veículos

A responsabilidade do proprietário e do consignatário de veículos encontra-se prevista no inciso II do art. 95 do Decreto-Lei nº 37/1966:

> Art. 95. Respondem pela infração:
> [...]
> II – conjunta ou isoladamente, o proprietário e o consignatário do veículo, quanto à que decorrer do exercício de atividade própria do veículo, ou de ação ou omissão de seus tripulantes;

Trata-se, como se vê, de hipótese de responsabilidade solidária, mas que apenas se aplica quando a infração decorrer do exercício de atividade própria do veículo ou de conduta (ação ou omissão) de seus tripulantes.

### 1.6.5 Comandante ou condutor

O comandante ou condutor também é responsável pela infração aduaneira, na forma do inciso III do art. 95 do Decreto-Lei nº 37/1966:

> Art. 95. Respondem pela infração:
> [...]
> III – o comandante ou condutor de veículo nos casos do inciso anterior, quando o veículo proceder do exterior sem estar consignada a pessoa natural ou jurídica estabelecida no ponto de destino;

A responsabilidade do comandante ou condutor aplica-se apenas quando a infração decorrer do exercício de atividade própria do veículo ou de conduta de seus tripulantes. Ademais, a responsabilização restringe-se aos casos em que o veículo for procedente do exterior sem estar consignada a pessoa no ponto de destino.

### 1.6.6 Despachantes aduaneiros

A responsabilidade dos despachantes aduaneiros está prevista no inciso IV do art. 95 do Decreto-Lei nº 37/1966:

> Art. 95 – Respondem pela infração:
> [...]

---

[57] "Art. 5º [...] XLV – nenhuma pena passará da pessoa do condenado, podendo a obrigação de reparar o dano e a decretação do perdimento de bens ser, nos termos da lei, estendidas aos sucessores e contra eles executadas, até o limite do valor do patrimônio transferido;"

[58] "3.2. Cada Membro assegurará que as penalidades em caso de violação de uma lei, regulamento ou ato normativo procedimental de caráter aduaneiro sejam impostas unicamente sobre os responsáveis pela infração em conformidade com a legislação do Membro".

IV – a pessoa natural ou jurídica, em razão do despacho que promover, de qualquer mercadoria.

O dispositivo é despiciendo. O despachante aduaneiro exerce uma atividade profissional lícita. Logo, só pode ser responsabilizado se for autor, coautor, partícipe da infração aduaneira. Para responder por eventuais infrações em qualquer dessas hipóteses, não é necessária a previsão específica do inciso IV.

### 1.6.7 Importador por conta e ordem ou por encomenda

A Medida Provisória nº 2.158-35/2001 acrescentou dois incisos no art. 95 do Decreto-Lei nº 37/1966 para prever a responsabilidade solidária dos importadores por encomenda e por conta e ordem:

> Art. 95. Respondem pela infração:
> [...]
> V – conjunta ou isoladamente, o adquirente de mercadoria de procedência estrangeira, no caso da importação realizada por sua conta e ordem, por intermédio de pessoa jurídica importadora. (Incluído pela Medida Provisória nº 2.158-35, de 2001)
> VI – conjunta ou isoladamente, o encomendante predeterminado que adquire mercadoria de procedência estrangeira de pessoa jurídica importadora. (Incluído pela Lei nº 11.281, de 2006)

Os incisos V e VI do art. 95 estabelecem a responsabilidade solidária do importador, do adquirente e do encomendante nos regimes de importação por conta e ordem e por encomenda.[59] Esses dispositivos devem ser compatibilizados com a garantia individual da responsabilidade pessoal pelas infrações (princípio da intranscendência), que é consagrado pela Constituição Federal de 1988 (art. 5º, XLV[60]) e pelo Acordo sobre a Facilitação do Comércio (Artigo 6: 3.2[61]). Portanto, para serem responsabilizados validamente, o encomendante ou o real adquirente devem ter sido coautores ou partícipes da infração cometida pelo importador. Isso é aplicável não apenas às tipificadas no Decreto-Lei nº 37/1966, mas a todas as infrações, desde as decorrentes do descumprimento de deveres formais aduaneiros, até às infrações da legislação de tributos aduaneiros.[62]

---

[59] Na interpretação desses incisos, é relevante a diferenciação entre importação direta, por encomenda e importação por conta e ordem, já analisada no Cap. II, item 2.3.2.2.

[60] "Art. 5º [...] XLV – nenhuma pena passará da pessoa do condenado, podendo a obrigação de reparar o dano e a decretação do perdimento de bens ser, nos termos da lei, estendidas aos sucessores e contra eles executadas, até o limite do valor do patrimônio transferido;"

[61] "3.2. Cada Membro assegurará que as penalidades em caso de violação de uma lei, regulamento ou ato normativo procedimental de caráter aduaneiro sejam impostas unicamente sobre os responsáveis pela infração em conformidade com a legislação do Membro."

[62] Em edições anteriores, sustentou-se a institucionalidade da Medida Provisória nº 2.158-35/2001 e da Lei nº 11.281/2006, que incluíram os incisos V e VI no art. 95 do Decreto-Lei nº 37/1966. Entretanto, é possível interpretar esses dispositivos conforme a Constituição, restringindo a sua aplicabilidade aos casos em que o encomendante e o real adquirente são coautores ou partícipes da infração cometida pelo importador.

## 2 PENALIDADES

### 2.1 Conceito e espécies

As penalidades aduaneiras, de acordo com o Decreto nº 6.759/2009, são divididas em cinco espécies:

> Art. 675. As infrações estão sujeitas às seguintes penalidades, aplicáveis separada ou cumulativamente (Decreto-Lei nº 37, de 1966, art. 96; Decreto-Lei nº 1.455, de 1976, arts. 23, § 1º, com a redação dada pela Lei nº 10.637, de 2002, art. 59, e 24; Lei nº 9.069, de 1995, art. 65, § 3º; e Lei nº 10.833, de 2003, art. 76):
> 
> I – perdimento do veículo;
> 
> II – perdimento da mercadoria;
> 
> III – perdimento de moeda;
> 
> IV – multa; e
> 
> V – sanção administrativa.

Trata-se de uma divisão pouco rigorosa, assentada na literalidade das designações de penalidades encontradas no Decreto-Lei nº 37/1966 (art. 96) e nas Leis nº 9.069/1995 (art. 65) e nº 10.833/2003 (art. 76), que são consolidadas no art. 675 do Decreto nº 6.759/2009. Na realidade, todas essas espécies de penalidades são sanções administrativas.[63]

Por outro lado, as cinco espécies de penalidades do art. 675 podem ser reduzidas a três: o perdimento, multa e sanção administrativa. O perdimento é a expropriação de um bem material, sem contrapartida indenizatória, decorrente da prática de uma ação ou omissão tipificada como infração pela legislação. A multa constitui uma prestação de conteúdo pecuniário. Já as "sanções administrativas", são penas restritivas de direitos aplicáveis aos intervenientes nas operações de comércio exterior (suspensão ou cancelamento de registros, habilitações, dentre outros atos relacionados no art. 76 da Lei nº 10.833/2003).[64]

Por fim, é de se ressaltar que não há diferença ontológica entre sanções tributárias e aduaneiras. Ambas são sanções administrativas, diferenciando-se apenas pela especialidade de seu objeto e, em alguns casos, pelo procedimento de aplicação.[65]

---

[63] Em sentido estrito, sanção constitui a imposição coativa de uma pretensão insatisfeita, no consequente de uma norma individual e concreta, por parte do Estado-Juiz (sujeito passivo), mediante postulação do titular da prestação descumprida (sujeito ativo), no âmbito de uma relação jurídica de natureza jurisdicional. Não se confunde com a sanção administrativa. Esta, embora veiculada visando ao aumento da eficácia dos deveres jurídicos previstos em outras normas primárias, por meio de multas ou outras penalidades, tem natureza extrajudicial, constituindo uma *norma primária sancionatória*. Sobre o tema, cf.: CARVALHO, Paulo de Barros. *Direito tributário*: fundamentos jurídicos da incidência. 10. ed. São Paulo: Saraiva, 2015, p. 760 e ss.; FÉLIX, Talita Pimenta. Da infração à sanção tributária. In: CARVALHO, Paulo de Barros (Coord.). *Congresso Nacional de Estudos Tributário*: derivação e positivação no direito tributário. São Paulo: Noeses, 2011, p. 1097; PADILHA, Maria Ângela Lopes Paulino. *As sanções no direito tributário*. São Paulo: Noeses, 2015, p. 28.

[64] Lei nº 10.833/2003: "Art. 76. [...] § 2º Para os efeitos do disposto neste artigo, consideram-se intervenientes o importador, o exportador, o beneficiário de regime aduaneiro ou de procedimento simplificado, o despachante aduaneiro e seus ajudantes, o transportador, o agente de carga, o operador de transporte multimodal, o operador portuário, o depositário, o administrador de recinto alfandegado, o perito ou qualquer outra pessoa que tenha relação, direta ou indireta, com a operação de comércio exterior. (Redação dada pela Lei nº 13.043, de 2014)".

[65] Todas, inclusive as sanções tributárias, como destacam Eduardo Garcia de Enterría e Tomás-Ramón Fernández, "são sanções administrativas sem outra especialidade que as próprias do seu objeto e seu

## 2.2 Aplicação

### 2.2.1 Competência

O art. 676 do Regulamento Aduaneiro estabelece que a aplicação das penalidades será proposta por Auditor-Fiscal da Receita Federal:

> Art. 676. A aplicação das penalidades a que se refere o art. 675 será proposta por Auditor-Fiscal da Receita Federal do Brasil. (Redação dada pelo Decreto nº 7.213, de 2010).

Esse dispositivo repete o equívoco do art. 142 do CTN[66]. Isso porque, a rigor, o Auditor-Fiscal da Receita Federal não se limita a "propor" a aplicação da penalidade, mas a aplica diretamente por meio de auto de infração.

Essa regra só é afastada em situações expressamente previstas na legislação. Esse é o caso das sanções administrativas, que competem, conforme o tipo de penalidade, ao titular da unidade (advertência ou suspensão) ou à autoridade competente para habilitar ou para autorizar (cancelamento ou cassação).[67]

### 2.2.2 Gradação

O Decreto-Lei nº 37/1966 estabelece que a gradação das multas em faixa variável de quantidade deve ocorrer da seguinte forma:

> Art. 98. Quando a pena de multa for expressa em faixa variável de quantidade, o chefe da repartição aduaneira imporá a pena mínima prevista para a infração, só a majorando em razão de circunstância que demonstre a existência de artifício doloso na prática da

---

processo" (ENTERRÍA, Eduardo García de; FERNÁNDEZ, Tomás-Ramón. *Curso de direito administrativo*, 2. Revisor técnico Carlos Ari Sundfeld. Trad. José Alberto Froes Cal. São Paulo: RT, 2014, p. 197).

[66] "Art. 142. Compete privativamente à autoridade administrativa constituir o crédito tributário pelo lançamento, assim entendido o procedimento administrativo tendente a verificar a ocorrência do fato gerador da obrigação correspondente, determinar a matéria tributável, calcular o montante do tributo devido, identificar o sujeito passivo e, sendo caso, propor a aplicação da penalidade cabível."

[67] Lei nº 10.833/2003, art. 76, § 8º, I e II. O art. 27, § 4º, do Decreto-Lei nº 1.455/1976, estabelecia que, na pena de perdimento, a competência era do Ministro do Estado da Fazenda, que a delegava ao Delegado da Receita Federal. Esse dispositivo foi revogado pela Lei nº 14.651/2023, que também alterou o *caput* do art. 27, tornando o Auditor-Fiscal competente para a penalização: "Art. 27. As penalidades decorrentes das infrações de que tratam os arts. 23, 24 e 26 deste Decreto-Lei serão aplicadas por Auditor-Fiscal da Receita Federal do Brasil e formalizadas por meio de auto de infração acompanhado de termo de apreensão e, se for o caso, de termo de guarda, o qual deverá estar instruído com os termos, os depoimentos, os laudos e os demais elementos de prova indispensáveis à comprovação do ilícito. (Redação dada pela Lei nº 14.651, de 2023)". Ressalte-se que, no regime anterior, já se entendia que a competência para aplicar a pena de perdimento não é extensível à multa substitutiva. A propósito, cf. o Acórdão Carf nº 3802-00.925, de nossa relatoria: "AUDITOR-FISCAL. LAVRATURA DE AUTO DE INFRAÇÃO. INTERPOSIÇÃO FRAUDULENTA. MULTA SUBSTITUTIVA DA PENA DE PERDIMENTO. PRELIMINAR DE INCOMPETÊNCIA. O Auditor-Fiscal da Receita Federal é competente para lavrar auto de infração voltado à exigência da multa substitutiva à pena de perdimento (Lei nº 10.833/2003, art. 73, § 2º; Lei nº 10.593/2002, art. 6º, I, a; Decreto nº 7.574/2011, art. 31, I)." (2º T.E. S. de 24.04.2012. Sobre o tema, cf.: FERNANDES, Rodrigo Mineiro. Infrações e penalidades aduaneiras: aspectos gerais do regime infracional aduaneiro brasileiro. In: SEHN, Solon; PEIXOTO, Marcelo Magalhães (Coord.). *Direito aduaneiro e tributação do comércio exterior*. São Paulo: MP, 2023, p. 173 e ss.; MICHELS, Gilson Wessler. Contencioso administrativo aduaneiro. In: SEHN, Solon; PEIXOTO, Marcelo Magalhães (Coord.). *Direito aduaneiro e tributação do comércio exterior*. São Paulo: MP, 2023, p. 210 e ss.

infração, ou que importe agravar suas consequências ou retardar seu conhecimento pela autoridade fazendária.

Contudo, as multas com essas características foram suprimidas do Decreto-Lei nº 37/1966, o que, atualmente, implica a ineficácia técnica do preceito.

### 2.2.3 Penalização do concurso de infrações e da continuidade delitiva

A penalização do concurso de infrações e da continuidade delitiva encontra-se disciplinada pelo art. 99 do Decreto-Lei nº 37/1966:

> Art. 99. Apurando-se, no mesmo processo, a prática de duas ou mais infrações pela mesma pessoa natural ou jurídica, aplicam-se cumulativamente, no grau correspondente, quando for o caso, as penas a elas cominadas, se as infrações não forem idênticas.
> § 1º Quando se tratar de infração continuada em relação à qual tenham sido lavrados diversos autos ou representações, serão eles reunidos em um só processo, para imposição da pena.
> § 2º Não se considera infração continuada a repetição de falta já arrolada em processo fiscal de cuja instauração o infrator tenha sido intimado.

Ao contrário do direito penal, o art. 99 não diferencia as modalidades de concurso de infrações. Tampouco foi acolhido o sistema da absorção, que determina a aplicação apenas da penalidade mais grave.[68] Portanto, para fins aduaneiros, o agente pode praticar duas ou mais infrações, por meio de mais de uma conduta (*concurso real ou material*) ou de uma única ação ou omissão (*concurso formal ou ideal*). Também é irrelevante a continuidade delitiva. O § 1º do art. 99 prevê apenas a reunião dos diversos autos e representações em um único procedimento administrativo, o que visa a evitar decisões conflitantes. Em qualquer caso, aplicam-se cumulativamente tantas sanções quanto as infrações cometidas.[69]

### 2.2.4 Concurso aparente

Não se pode confundir o concurso de infrações com o concurso aparente de tipos. Neste, há duas ou mais normas potencialmente incidentes, sendo que, após um exame mais detido, apenas uma efetivamente será aplicada no caso concreto.[70] Há uma unidade de fato e uma

---

[68] O sistema da absorção foi sugerido no modelo de Código Tributário OEA/BID: "Art. 74. Cuando un fato configura más de una infracción se aplicará a sanción más grave".

[69] Sobre o tema no direito penal, cf.: PRADO, Luiz Regis. *Curso de direito penal brasileiro*: parte geral. 3. ed. São Paulo: RT, 2002, p. 409 e ss.; COSTA JUNIOR, Paulo José. *Comentários ao Código Penal*. 7. ed. São Paulo: Saraiva, 2002, p. 234 e ss.; ZAFFARONI, Eugênio Raul; PIERANGELI, José Henrique. *Manual de direito penal brasileiro*: parte geral. São Paulo: RT, 1997, p. 716 e ss.; JESUS, Damásio E. de. *Direito penal*. 25. ed. São Paulo: Saraiva, v. 1, 2002, p. 597 e ss. No direito aduaneiro, cf.: NASCIMENTO, José Fernandes do. Cumulação de penalidades aduaneiras: pena de perdimento, multa por subfaturamento e multa de ofício qualificada. *In*: SARTORI, Angela (Coord.). *Questões atuais de direito aduaneiro e tributário à luz da jurisprudência dos tribunais*. São Paulo: IOB-Sage, 2017, p. 284 e ss.

[70] Como destaca Paulo José da Costa Junior, "*Prima facie*, todas as normas se aplicam ao mesmo fato – num sentido aparente e provisório, contudo, pois um exame mais acurado irá demonstrar ao depois que uma das normas prevalece sobre as outras, na disputa da regulamentação da espécie fática" (COSTA JUNIOR, Paulo José. *Comentários ao Código Penal*. 7. ed. São Paulo: Saraiva, 2002, p. 236).

pluralidade de tipos concorrentes de aparente aplicabilidade.[71] O afastamento de um dos tipos infracionais decorre da existência de coerência sistemática do direito e da impossibilidade de dupla punição do mesmo fato.[72] A norma incidente será determinada a partir de três critérios ou princípios lógicos: o da especialidade, da consunção e da subsidiariedade.[73]

O critério da especialidade estabelece que, havendo mais de um tipo infracional com elementos em comum, aplica-se aquele com o maior número de atributos especializantes. É o caso das alíneas *c* e *e* do inciso IV do art. 107 do Decreto-Lei nº 37/1966. A omissão na prestação de informações pode caracterizar um embaraço à fiscalização. Porém, os atributos particularizantes da alínea *e* evidenciam a presença de uma diferença específica que afasta a incidência da alínea *c*. Não há que se cogitar da exigência cumulativa das penalidades, porque o art. 99 do Decreto-Lei nº 37/1966 não se aplica ao concurso aparente de tipos infracionais. Isso, inclusive, já foi reconhecido na Solução de Consulta Interna Cosit nº 08, de 14 de fevereiro de 2008:

> [...] a Lei nº 10.833, de 2003, trouxe uma definição de infração mais específica aplicável ao caso em questão, prejudicando assim o disposto no art. 44 da IN nº 28, de 1994, o qual sujeitava o infrator ao pagamento da multa por embaraço à fiscalização prevista no art. 107 do Decreto-Lei nº 37, de 1966, com a redação do art. 5º do Decreto-Lei nº 751, de 10 de agosto de 1969.

Pelo critério da subsidiariedade, diante de estágios distintos de violação de um mesmo bem jurídico protegido por mais de um tipo infracional, a ofensa maior absorve a menor. Normalmente, a própria lei prevê a exclusão, como no § 2º do art. 703-A do RA: "§ 2º Na ocorrência de mais de uma das condutas infracionais passíveis de enquadramento no mesmo inciso ou em diferentes incisos deste artigo e do art. 704-A, aplica-se somente a multa de maior valor".

O critério da consunção ou da absorção aplica-se aos casos em que a conduta do agente se desenvolve no tempo, violando uma pluralidade de tipos infracionais contidos uns nos outros. Isso ocorre quando uma infração é etapa de realização de outra ou uma forma regular de transição para o delito final. Há uma relação meio-fim, de sorte que a aplicação do tipo infracional meio (norma consumida) é afastada pela incidência do tipo fim (norma consuntiva).[74] É o que ocorre na falsificação da fatura (infração-meio) em relação ao subfaturamento

---

[71] PRADO, Luiz Regis. *Curso de direito penal brasileiro*: parte geral. 3. ed. São Paulo: RT, 2002, p. 185 e ss.

[72] Como destaca Juan Patricio Cotter: "Suele invocarse aquí como fundamento el principio *non bis in idem*, pero lo que interesa evitar no es que se castigue a alguien dos veces por el delito que cometió, sino que se lo castigue por dos delitos cuando sólo ha cometido uno, es decir que se constituya una pluralidad delictiva lo que es una unidad criminal" (COTTER, Juan Patricio. *Las infracciones aduaneras*. 2. ed. Buenos Aires: Abeledo Perrot, 2013, p. 173).

[73] ZAFFARONI, Eugênio Raul; PIERANGELI, José Henrique. *Manual de direito penal brasileiro*: parte geral. São Paulo: RT, 1997, p. 737: "Os princípios que regulam o concurso aparente surgem da racional interpretação dos tipos penais, e não se faz necessário que estejam expressamente escritos em lei. A maioria dos códigos não apresenta o enunciado expresso destes princípios, por considerá-los desnecessário".

[74] PRADO, Luiz Regis. *Curso de direito penal brasileiro*: parte geral. 3. ed. São Paulo: RT, 2002, p. 189-190. Discorrendo sobre a aplicação desse princípio às infrações fiscais, Galderise Fernandes Teles sustenta que "[...] sempre que para a caracterização do ilícito relacionado à obrigação tributária for necessário o descumprimento de um dever instrumental, deve-se realizar recortes metodológicos necessários à verificação da unidade da conduta, ou seja, apenas a falta de pagamento do imposto, sendo que o mero descumprimento de dever instrumental – conduta meio – deve ser absorvido, deixando de, sobre ele, incidir qualquer penalidade". Nesse estudo são citados diversos julgados do Tribunal de Impostos de Taxas do Estado de São Paulo (TIT) em que o critério da consunção foi aplicado (Ac. 4.063.722, 3.027.767,

(infração-fim). Nesses casos, deve ser aplicada apenas a sanção decorrente da infração-fim (parágrafo único do art. 88 da Medida Provisória nº 2.158-35/2001), sem cumulação com a penalidade da infração-meio (art. 105, IV, do Decreto-Lei nº 37/1966).

## 2.2.5 Vedações à penalização

O art. 101 do Decreto-Lei nº 37/1966 estabelece hipóteses em que há vedação para a aplicação de penalidades, que, a rigor, são verdadeiras excludentes de ilicitude:

> Art. 101. Não será aplicada penalidade – enquanto prevalecer o entendimento – a quem proceder ou pagar o imposto:
> I – de acordo com interpretação fiscal constante de decisão irrecorrível de última instância administrativa, proferida em processo fiscal inclusive de consulta, seja o interessado parte ou não;
> II – de acordo com interpretação fiscal constante de decisão de primeira instância proferida em processo fiscal, inclusive de consulta, em que o interessado for parte;
> III – de acordo com interpretação fiscal constante de circular, instrução, portaria, ordem de serviço e outros atos interpretativos baixados pela autoridade fazendária competente.

Os incisos I e II vedam a penalização daquele que age em consonância com interpretação constante de solução de consulta ou em processo fiscal. Esse dispositivo protege o sujeito passivo que orienta sua conduta de acordo com a interpretação da administração aduaneira, inclusive quando essa for resultante de acórdão do Carf, da DRJ ou em auto de infração. O inciso III, por sua vez, aplica-se às interpretações encontradas em atos administrativos normativos.[75]

---

3.157.993, 2.160.424, 4.029.481 3 4.064.606). Convém destacar o Acórdão nº 3.027.767, no qual a Câmara Superior do TIT, segundo ressaltado pelo autor, entendeu que "[...] a falta de escrituração de notas fiscais de entrada revestir-se-ia da característica de ilícito preparatório para a prática do ilícito mais gravoso, qual seja, a de falta de pagamento do imposto, de modo que caberia a aplicação da teoria da consunção ao caso"; e, por fim, o Acórdão nº 4.063.722, da 5ª Câmara Julgadora, que reflete o seguinte entendimento: "[...] o recebimento de mercadoria desacompanhada de nota fiscal idônea (descumprimento de obrigação acessória) configuraria conduta meio para a consecução da conduta em [sic] (apropriação de crédito indevido lastreado em tais documentos fiscais), devendo ser absorvido pela conduta mais gravosa, a fim de evitar a duplicidade da responsabilização do sujeito passivo pelo mesmo fato". TELES, Galderise Fernandes. A aplicação da consunção no processo administrativo tributário. In: CARVALHO, Paulo de Barros (Coord.); SOUZA, Priscila (Org.). *30 anos da Constituição e o sistema tributário brasileiro*. São Paulo: Noeses, 2018, p. 498 e 499.

[75] Esse dispositivo torna ilegal o Parecer Normativo Cosit nº 05/1994, que estabelece o caráter retroativo dos pareceres normativos e atos declaratórios normativos da Receita Federal: "[...] 16. Por não se caracterizarem, pois, como atos constitutivos, o Parecer Normativo e o Ato Declaratório Normativo, por via de consequência, possuem natureza declaratória – não sendo demasiado lembrar que é da essência dos atos declaratórios a produção de efeitos retroativos –, salientando-se, por oportuno, que sua normatividade, por tal razão, tem por fundamento não o poder de criar norma, que não possuem, mas, sim, o poder vinculante do entendimento interpretativo neles expresso, o qual, aliás, é próprio dos atos praticados pela autoridade administrativa no uso de suas atribuições legais.
17. À vista do exposto, resulta, em síntese, que:
a) o Parecer Normativo e o Ato Declaratório Normativo não possuem natureza constitutiva;
b) como atos interpretativos que são, não têm o poder de instituir normas, limitando-se a explicitar o sentido e o alcance das normas integrantes dos atos constitutivos que interpretam;
c) por possuírem natureza declaratória, sua eficácia retroage ao momento em que a norma por eles interpretada começou a produzir efeitos;

Esse dispositivo, editado no ano de 1967, mesmo hoje, tem caráter inovador, já que visa a realizar o princípio constitucional da proteção da confiança. Como examinado anteriormente, por ocasião do estudo das limitações constitucionais à revisão aduaneira, não é apenas a infração e a penalidade que devem ser afastadas, mas o próprio crédito tributário. Isso se aplica nas hipóteses dos incisos I e II, ou em qualquer outra situação na qual o sujeito passivo, de boa-fé, orienta sua conduta e planeja seus negócios com base em interpretação consolidada do Poder Público. A mudança de orientação não pode ser aplicada retroativamente, salvo em benefício do sujeito passivo.[76]

## 2.2.6 Denúncia espontânea

Tal como a desistência voluntária e o arrependimento eficaz (CP, art. 15),[77] a denúncia espontânea constitui uma "ponte de ouro" (Von Listz) que permite o regresso ao campo da licitude. Deve ser realizada antes de qualquer procedimento fiscal, acompanhada do pagamento do tributo devido e dos juros de mora, ou do depósito do valor arbitrado pela autoridade administrativa, na forma do art. 138 do CTN:

> Art. 138. A responsabilidade é excluída pela denúncia espontânea da infração, acompanhada, se for o caso, do pagamento do tributo devido e dos juros de mora, ou do depósito da importância arbitrada pela autoridade administrativa, quando o montante do tributo dependa de apuração.
>
> Parágrafo único. Não se considera espontânea a denúncia apresentada após o início de qualquer procedimento administrativo ou medida de fiscalização, relacionados com a infração.

A denúncia espontânea, de acordo com a jurisprudência do Superior Tribunal de Justiça: (i) é aplicável aos tributos sujeitos ao lançamento por homologação, desde que o pagamento ocorra antes da apresentação ou retificação da DCTF, da GIA/ICMS ou de outro documento equivalente que tenha o efeito constitutivo do crédito tributário (1ª S. REsp 886.462/RS. *DJe* 28.10.2008);[78] (ii) afasta a incidência de qualquer modalidade de multa, inclusive as de natureza moratória (1ª S. REsp 1.149.022/SP. *DJe* 24.06.2010);[79] (iii) pressupõe o pagamento integral,

---

d) sua normatividade funda-se no poder vinculante do entendimento neles expresso em relação aos órgãos da administração tributária e aos sujeitos passivos alcançados pela orientação que propiciam."

[76] Ver Cap. V, item 8.4.

[77] BALEEIRO, Aliomar. *Direito tributário brasileiro*. 13. ed. Atual. Misabel Abreu Machado Derzi. Rio de Janeiro: Forense, 2015, p. 764; COSTA JUNIOR, Paulo José; DENARI, Zelmo. *Infrações tributárias e delitos fiscais*. 3. ed. São Paulo: Saraiva, 1998, p. 100. Sobre a denúncia espontânea no direito aduaneiro, cf.: FERNANDES, Rodrigo Mineiro. Infrações e penalidades aduaneiras: aspectos gerais do regime infracional aduaneiro brasileiro. In: SEHN, Solon; PEIXOTO, Marcelo Magalhães (Coord.). *Direito aduaneiro e tributação do comércio exterior*. São Paulo: MP, p. 165-188, 2023.

[78] No âmbito administrativo, essa interpretação foi acolhida no Parecer PGFN/CRJ nº 2.124/2011, aprovado pelo Ato Declaratório nº 08/2011 e por Despacho do Ministro da Fazenda publicado no *DOU* de 15.12.2011: "A denúncia espontânea resta configurada na hipótese em que o contribuinte, após efetuar a declaração parcial do débito tributário (sujeito a lançamento por homologação) acompanhado do respectivo pagamento integral, retifica-a (antes de qualquer procedimento da Administração Tributária), notificando a existência de diferença a maior, cuja quitação se dá concomitantemente".

[79] Esse entendimento jurisprudencial também foi adotado no âmbito administrativo pelo Parecer PGFN/CRJ nº 2.113/2011, aprovado pelo Ato Declaratório nº 04/2011 e por Despacho do Ministro da Fazenda publicado no *DOU* de 15.12.2011: "Denúncia espontânea. Exclusão da multa moratória. Inexistência de

sendo inaplicável aos casos de parcelamento do crédito tributário (1ª S. REsp 1.102.577/SP. DJe 18.05.2009).

Discute-se a aplicabilidade da denúncia espontânea a outras modalidades de extinção do crédito tributário. Há julgados do TRF da 4ª Região[80] e do STJ[81] que já admitiram a denúncia espontânea mediante compensação realizada nos termos da Lei nº 9.430/1996 (pela transmissão de PER/Dcomp). No Carf, essa questão tem dividido a CSRF. De um lado, a 1ª Turma reconhece que "a regular compensação realizada pelo contribuinte é meio hábil para a caracterização de denúncia espontânea, nos termos do art. 138 do CTN, cuja eficácia normativa não se restringe ao adimplemento em dinheiro do débito tributário".[82] De outro, no sentido oposto, a 3ª Turma entende ser indispensável o "pagamento, *stricto sensu*".[83]

Não obstante, o art. 138 do CTN aplica-se a todas as modalidades extintivas, ressalvado o parcelamento, porque nesse há previsão legal expressa afastando a caracterização da denúncia espontânea (Lei Complementar nº 104/2001, art. 1º, que acrescentou o art. 155-A, § 1º).[84] Assim, na falta de vedação equivalente aplicável à compensação, parece mais apropriado admitir a caracterização da denúncia com a transmissão do PER/Dcomp. O fato de a extinção do crédito tributário estar sujeita à posterior homologação em nada prejudica essa conclusão, porque o mesmo também ocorre com o pagamento *stricto sensu*.

Parte da doutrina – na linha de Hugo de Brito Machado,[85] Luciano Amaro[86] e Sacha Calmon Navarro Coêlho[87] – sustenta a aplicabilidade da denúncia espontânea às "obrigações acessórias", com base na expressão "se for o caso" encontrada no *caput* do art. 138 do CTN. Essa exegese não foi acolhida pelo Carf (Súmula nº 49[88]) nem pela Jurisprudência do STJ.[89] Contudo, em matéria aduaneira, após a Lei nº 12.350/2010, resultante da conversão da Medida Provisória nº 497/2010, foi permitida a denúncia espontânea de determinadas infrações formais.

---

distinção entre multa moratória e multa punitiva, visto que ambas são excluídas em caso de configuração da denúncia espontânea. Inteligência do art. 138 do Código Tributário Nacional".

[80] TRF-4ª R. 1ª T. AC nº 200970000000996. Rel. Des. Federal Joel Ilan Paciornik. *D.E.* 01.06.2010.
[81] STJ. 1ª T. AgRg no REsp 1.136.372/RS, Rel. Min. Hamilton Carvalhido, *DJe* 18.05.2010.
[82] Carf. CSRF. 1ª T. Ac. 9101-003.687. Rel. Cons. Luiz Flavio Neto. S. de 07.08.2018.
[83] Carf. CSRF. 3ª T. Ac. 9103-006.011. Rel. Cons. Rodrigo Possas. S. de 29.11.2017: "A compensação é forma distinta da extinção do crédito tributário pelo pagamento, cuja não homologação somente pode atingir a parcela que deixou de ser paga (art. 150, § 6º, do CTN), enquanto, na primeira, a extinção se dá sob condição resolutória de homologação do valor compensado. Como o instituto da denúncia espontânea do art. 138 do CTN e a jurisprudência vinculante do STJ demandam o pagamento, *stricto sensu* – ainda anterior ou concomitantemente à confissão da dívida (condição imposta somente por força de decisão judicial) –, cabe a cobrança da multa de mora sobre o valor compensado em atraso".
[84] "Art. 155-A. [...] § 1º Salvo disposição de lei em contrário, o parcelamento do crédito tributário não exclui a incidência de juros e multas."
[85] MACHADO, Hugo de Brito. *Curso de direito tributário*. 27. ed. São Paulo: Malheiros, 2006, p. 182 e ss.
[86] AMARO, Luciano. *Direito tributário brasileiro*. 10. ed. São Paulo: Saraiva, 2004, p. 437.
[87] COÊLHO, Sacha Calmon Navarro. *Teoria e prática das multas tributárias*. 2. ed. Rio de Janeiro: Forense, 1995, p. 105-106.
[88] Súmula CARF nº 49: "A denúncia espontânea (art. 138 do Código Tributário Nacional) não alcança a penalidade decorrente do atraso na entrega de declaração".
[89] STJ. EREsp 246.295/RS. Rel. Min. José Delgado. *DJ* 20.08.2001. STJ. 2ª T. AgRg nos EDcl no AREsp 209.663/BA. Rel. Min. Herman Benjamin. *DJe* 10.05.2013; STJ. 1ª T. AgRg no REsp 884.939/MG. Rel. Min. Luiz Fux. *DJe* 19.02.2009.

O art. 102 do Decreto-Lei nº 37/1966 tem conteúdo similar ao do art. 138 do CTN:

> Art. 102. A denúncia espontânea da infração, acompanhada, se for o caso, do pagamento do imposto e dos acréscimos, excluirá a imposição da correspondente penalidade. (Redação dada pelo Decreto-Lei nº 2.472, de 01.09.1988)
>
> § 1º Não se considera espontânea a denúncia apresentada: (Incluído pelo Decreto-Lei nº 2.472, de 01.09.1988)
>
> a) no curso do despacho aduaneiro, até o desembaraço da mercadoria; (Incluído pelo Decreto-Lei nº 2.472, de 01.09.1988)
>
> b) após o início de qualquer outro procedimento fiscal, mediante ato de ofício, escrito, praticado por servidor competente, tendente a apurar a infração. (Incluído pelo Decreto-Lei nº 2.472, de 01.09.1988)
>
> § 2º A denúncia espontânea exclui a aplicação de penalidades de natureza tributária ou administrativa, com exceção das penalidades aplicáveis na hipótese de mercadoria sujeita a pena de perdimento. (Redação dada pela Lei nº 12.350, de 2010)

A Lei nº 12.350/2010 alterou o § 2º do art. 102 para, de acordo com a exposição de motivos da Medida Provisória nº 497/2010, tornar clara a sua aplicabilidade a todas as penalidades pecuniárias, inclusive multas pelo descumprimento de "obrigação acessória":

> [...]
> 45. No caso específico, o que se tem verificado é que, durante o processo de auditoria, as empresas têm constatado reiterados erros em declarações de importação registradas e desembaraçadas no canal verde de conferência e, como forma de sanear a irregularidade para cumprimento do programa, apresentado a relação desses erros na unidade de jurisdição e adotado as respectivas providências para a retificação das declarações aduaneiras.
> 46. Todavia, ao adotar essa providência, mesmo que a empresa não tenha que recolher quaisquer tributos, ela pode estar sujeita à imposição da referida multa de um por cento sobre o valor aduaneiro da mercadoria (multa isolada), disciplinada no art. 711 do Regulamento Aduaneiro, ainda que espontaneamente tenha apurado tais erros e adotado as providências para a sua regularização, o que onera por demais o processo de adesão à Linha Azul.
> 47. A proposta de alteração objetiva deixa claro que o instituto da denúncia espontânea alcança todas as penalidades pecuniárias, aí incluídas as chamadas multas isoladas, pois nos parece incoerente haver a possibilidade de se aplicar o instituto da denúncia espontânea para penalidades vinculadas ao não pagamento de tributo, que é a obrigação principal, e não haver essa possibilidade para multas isoladas, vinculadas ao descumprimento de obrigação acessória.[90]

Apesar disso, como ressalta Geraldo Ataliba, na interpretação de exposições de motivos, deve considerar que "a intenção da lei está conforme à do sistema e não com quem a fez. Feita a lei ela entra no mundo jurídico, é cortado o cordão umbilical e o legislador perde, inteiramente, o domínio sobre ela. A lei passa a viver vida própria dentro do sistema, ou seja, a ter vida própria dentro dele".[91]

---

[90] EMI nº 111/MF/MP/ME/MCT/MDIC/MT.
[91] ATALIBA, Geraldo (Coord.). *Elementos de direito tributário*: notas taquigráficas do III Curso de Especialização em Direito Tributário, realizado na Pontifícia Universidade Católica de São Paulo. São Paulo: RT, 1978, p. 244.

Dessa maneira, na aplicação do art. 102, § 2º, deve ser avaliado o conteúdo da "obrigação acessória" violada. Isso porque, embora a exposição de motivos tenha pretendido alcançar todas as infrações, o fato é que algumas delas não são compatíveis com a denúncia espontânea. É o caso, precisamente, das infrações formais caracterizadas por um não fazer ou fazer extemporâneo do sujeito passivo. Um exemplo é o dever instrumental de prestar informações relativas às cargas transportadas, na forma e no prazo definidos pela Receita Federal, previsto no art. 37 do Decreto-Lei nº 37/1966, na redação da Lei nº 10.833/2003.[92] A consumação da infração ocorre com a conduta omissiva do agente vinculado ao dever de agir. Logo, quando descumprido o prazo definido pela legislação, o ilícito já está configurado, sendo impossível a reversão do curso causal.

Essa matéria foi amplamente debatida no Carf. Houve julgados em sentido contrário[93] e outros que admitiram a caracterização.[94] A primeira interpretação foi a que prevaleceu na CSRF:

> PENALIDADE ADMINISTRATIVA. ATRASO NA ENTREGA DE DECLARAÇÃO OU PRESTAÇÃO DE INFORMAÇÕES. DENÚNCIA ESPONTÂNEA. INAPLICABILIDADE.
> A denúncia espontânea não alcança as penalidades infligidas pelo descumprimento de deveres instrumentais, como os decorrentes da inobservância dos prazos fixados pela Secretaria da Receita Federal do Brasil para prestação de informações à administração aduaneira, mesmo após o advento da nova redação do art. 102 do Decreto-Lei nº 37/1966, dada pelo art. 40 da Lei nº 12.350, de 2010.
> Recurso Especial do Procurador Provido em Parte.[95]

Após essa decisão, foi editada a Súmula Carf nº 126, com o seguinte teor:

> Súmula nº 126. A denúncia espontânea não alcança as penalidades infligidas pelo descumprimento dos deveres instrumentais decorrentes da inobservância dos prazos fixados pela Secretaria da Receita Federal do Brasil para prestação de informações à administração aduaneira, mesmo após o advento da nova redação do art. 102 do Decreto-Lei nº 37, de 1966, dada pelo art. 40 da Lei nº 12.350, de 2010.

Por fim, deve-se ter presente que essa interpretação é aplicável apenas às infrações decorrentes da não observância de prazos. A súmula é bastante específica: descumprimento de prazos para a prestação de informações à administração aduaneira. A denúncia espontânea não é excluída se o dever instrumental tiver outro conteúdo, como, *v.g.*, promover a correta classificação aduaneira da mercadoria na declaração de importação. Nesses casos, se o sujeito

---

[92] "Art. 37. O transportador deve prestar à Secretaria da Receita Federal, na forma e no prazo por ela estabelecidos, as informações sobre as cargas transportadas, bem como sobre a chegada de veículo procedente do exterior ou a ele destinado."
[93] Carf. 3ª S. 1ª C. 2ª T.O. Acórdão nº 3102-001.988. S. 22.08.2013. Carf. 3ª S. 4ª C. 3ª T.O. Acórdão nº 3403-003.250. Rel. Conselheiro Luiz Rogério Sawaya Batista, S. de 16.09.2014.
[94] Carf. 3ª S. 1ª C. 1ª T.O. Acórdão nº 3101-001.194. S. de 13.12.2012. Carf. 3ª S. 2ª C. 1ª T.O. Acórdão nº 3201-001.214. Rel. Conselheiro Daniel Mariz Gudiño, s. de 23.02.2013; Carf. 3ª S. 3ª T.E. Acórdão nº 3802-006.066. Rel. Conselheiro João Alfredo Eduão Ferreira, S. de 23.04.2014.
[95] 3ª T. CSRF. Ac. 9303-003.551. S. de 26.04.2016.

passivo retificar a declaração de importação antes de qualquer providência fiscalizatória, ficará afastada a penalidade pela classificação indevida.[96]

### 2.2.7 Penalização e cobrança dos tributos

A aplicação da penalidade, de acordo com a primeira parte do art. 103 do Decreto-Lei nº 37/1966, não afasta o pagamento dos tributos devidos:

> Art. 103. A aplicação da penalidade fiscal, e seu cumprimento, não elidem, em caso algum, o pagamento dos tributos devidos e a regularização cambial nem prejudicam a aplicação das penas cominadas para o mesmo fato pela legislação criminal e especial.

Esse dispositivo não se aplica às hipóteses de perdimento de bens, porque, de acordo com o art. 1º, § 4º, III, do Decreto-Lei nº 37/1966, não há incidência tributária.[97] São excetuados dessa regra, contudo, os casos de não localização, consumo ou revenda, quando a pena de perdimento é convertida em multa equivalente ao valor aduaneiro,[98] e os tributos são regularmente devidos.

## 3 PENA DE PERDIMENTO

### 3.1 Natureza jurídica da pena

#### 3.1.1 Não recepção pela Constituição Federal de 1988

A Constituição de 1967, na redação original do § 11 do art. 150, previa que: "A lei disporá sobre o perdimento de bens por danos causados ao erário ou no caso de enriquecimento ilícito no exercício da função pública". Por isso, em estudo anterior à Constituição Federal de 1988, Hamilton Dias de Souza, na mesma linha de Manoel Gonçalves Ferreira Filho, de Sampaio Dória e de Fábio Fanucchi, ressaltava que a constitucionalidade da pena de perdimento dependeria de três requisitos: "a) existência de efetivo dano ao Erário; b) que o produto do ilícito (dano ao Erário) tenha causado benefício patrimonial ao agente e c) que o ato determinante do perdimento seja um ato criminoso".[99] Contudo, na tipificação das infrações sujeitas a essa penalidade, os Decretos-Lei nº 37/1966 e nº 1.455/1976 nunca observaram essas exigências.

Enquanto a discussão sobre a constitucionalidade da pena e dos pressupostos para sua aplicação evoluíam na doutrina e na jurisprudência, sobreveio a Constituição Federal de

---

[96] Na verdade, do exame dos parágrafos 45 e 46 da Exposição de Motivos nº 111, nota-se que o objetivo do legislador foi justamente contemplar essas modalidades de infrações. Porém, ao usar o termo "todas", acabou dizendo mais do que pretendia (*plus scripsit quam voluit*). Ver Cap. VI, item 4.1.7.2.

[97] Decreto-Lei nº 37/1966: "Art. 1º [...] § 4º O imposto não incide sobre mercadoria estrangeira: [...] III – que tenha sido objeto de pena de perdimento, exceto na hipótese em que não seja localizada, tenha sido consumida ou revendida." (Incluído pela Lei nº 10.833, de 29.12.2003).

[98] Decreto-Lei nº 1.455/1976: "Art. 23. [...] § 3º As infrações previstas no *caput* serão punidas com multa equivalente ao valor aduaneiro da mercadoria, na importação, ou ao preço constante da respectiva nota fiscal ou documento equivalente, na exportação, quando a mercadoria não for localizada, ou tiver sido consumida ou revendida, observados o rito e as competências estabelecidos no Decreto nº 70.235, de 6 de março de 1972". (Redação dada pela Lei nº 12.350, de 2010).

[99] SOUZA, Hamilton Dias de. *Estrutura do imposto de importação no Código Tributário Nacional*. São Paulo: Resenha Tributária, 1980, p. 124-125.

1988. Esta, ressalvados os casos excepcionais do art. 243,[100] parece ter autorizado a perda de bens apenas nas hipóteses dos incisos XLV e XLVI do art. 5º, isto é, daqueles utilizados como instrumentos para prática de crimes e o produto de ações delituosas, enquanto efeito genérico da condenação penal (CP, art. 91).[101] O mesmo modelo, portanto, previsto em países da Europa,[102] o que levou parte da doutrina a sustentar a não recepção da pena de perdimento pela Constituição Federal de 1988.[103] Porém, a jurisprudência consolidou-se no sentido contrário.[104]

### 3.1.2 Infração de aptidão

No âmbito administrativo, o dano ao erário punido com o perdimento é considerado uma infração de natureza formal, isto é, que se configura independentemente do resultado lesivo. Essa concepção parte da premissa de que seria imprópria a discussão sobre a efetiva existência de resultado lesivo, porquanto a legislação já estabelece que as infrações constituem dano ao erário. A pena de perdimento, assim, é cominada mesmo quando não há um dano efetivo, sendo suficiente a simples realização da conduta típica, como reconhece a Súmula nº 160, do Conselho Administrativo de Recursos Fiscais (Carf): "A aplicação da multa substitutiva do perdimento a que se refere o § 3º do art. 23 do Decreto-Lei nº 1.455, de 1976 independe da comprovação de prejuízo ao recolhimento de tributos ou contribuições".

Nesse sentido, destaca-se ainda a seguinte decisão da CSRF:

[...]
ASSUNTO: OBRIGAÇÕES ACESSÓRIAS
Período de apuração: 08.01.2007 a 27.06.2007
PENA DE PERDIMENTO. CONVERSÃO EM MULTA. DANO AO ERÁRIO. PREJUÍZO EFETIVO. INTENÇÃO DO AGENTE. DEMONSTRAÇÃO. DESNECESSIDADE. INFRAÇÃO DE CONDUTA.
Constitui infração por dano ao Erário a ocultação do sujeito passivo, do real vendedor, comprador ou do responsável pela operação. A conduta é apenada com o perdimento

---

[100] "Art. 243. As propriedades rurais e urbanas de qualquer região do País onde forem localizadas culturas ilegais de plantas psicotrópicas ou a exploração de trabalho escravo na forma da lei serão expropriadas e destinadas à reforma agrária e a programas de habitação popular, sem qualquer indenização ao proprietário e sem prejuízo de outras sanções previstas em lei, observado, no que couber, o disposto no art. 5º." (Redação dada pela Emenda Constitucional nº 81, de 2014).

[101] COSTA JUNIOR, Paulo José. Comentários ao Código Penal. 7. ed. São Paulo: Saraiva, 2002, p. 288.

[102] ARMELLA, Sara. Diritto doganale dell'Unione europea. Milão: Egea, 2017, p. 382-383.

[103] Zelmo Denari sustenta que "em nosso país, o perdimento de bens encontra-se previsto em legislação esparsa federal para sancionar tipos penais tributários, dentre os quais o contrabando, o descaminho e a apropriação indébita, todos da mais alta nocividade social. Trata-se, portanto, de modalidade de sanção ínsita ao nosso sistema penal tributário e que, por seu caráter confiscatório, não pode ser utilizada para reprimir infrações tributárias" (COSTA JUNIOR, Paulo José; DENARI, Zelmo. Infrações tributárias e delitos fiscais. 3. ed. São Paulo: Saraiva, 1998, p. 94. A inconstitucionalidade da pena de perdimento também é reconhecida nos seguintes estudos: MELO, José Eduardo Soares de. Sanções tributárias. In: MACHADO, Hugo de Brito (Coord.). Sanções Administrativas Tributárias. São Paulo: Dialética, 2004, p. 263-264; DENARI, Zelmo. Infrações tributárias e delitos fiscais. São Paulo: Saraiva, 1995, p. 86; CINTRA, Carlos César Sousa. Reflexões em torno das Sanções Administrativas Tributárias. In: MACHADO, Hugo de Brito (Coord.). Sanções Administrativas Tributárias. São Paulo: Dialética, 2004, p. 80.

[104] TRF 4ª Região. 2ª Turma. APREEX 0004829-12.2009.404.7000/PR. Rel. Des. Fed. Vânia Hack de Almeida. D.E. 17.06.2010. O STF, por sua vez, não tem conhecido recursos extraordinários acerca dessa matéria (STF. 1ª T. ARE 662.564-Agr. Rel. Min. Dias Toffoli. DJe 03.08.2012).

das mercadorias, convertido em multa equivalente ao seu valor aduaneiro, caso elas não sejam localizadas ou tenham sido consumidas.

A penalidade decorrente da infração por interposição fraudulenta coíbe a conduta do administrado; não depende da efetividade, natureza e extensão dos efeitos do ato nem da demonstração, pelo Fisco, da presença do elemento volitivo nos atos praticados.[105]

Essa exegese, no entanto, tem sido flexibilizada pelo STJ, que, em alguns casos, tem descaracterizado a ocorrência da infração quando demonstrada a ausência de efetivo dano ao erário ou prejuízo à fiscalização aduaneira:

> TRIBUTÁRIO. RECURSO ESPECIAL. MERCADORIA IMPORTADA. DANO AO ERÁRIO INEXISTENTE. PENA DE PERDIMENTO. INAPLICABILIDADE. PROPORCIONALIDADE.
> 1. Ausente a comprovação do dano ao erário, deve-se flexibilizar a aplicação da pena de perda de mercadoria estrangeira prevista no art. 23 do Decreto-Lei nº 1.455/76.
> 2. Recurso especial improvido.[106]
> ADMINISTRATIVO. EXPORTAÇÃO. DESEMBARAÇO ADUANEIRO. DESCARREGAMENTO DE MERCADORIA DO VEÍCULO TRANSPORTADOR. AUTORIZAÇÃO. AUSÊNCIA. INFRAÇÃO ADMINISTRATIVA. INTENÇÃO DE PREJUDICAR A FISCALIZAÇÃO OU DE OCASIONAR DANO AO ERÁRIO. INEXISTÊNCIA. PENA DE PERDIMENTO. DESPROPORCIONALIDADE.
> [...]
> 4. As hipóteses previstas no art. 23 do DL nº 1.455/1976 e no art. 105 do DL nº 37/1966, que permitem a aplicação da pena de perdimento, veiculam presunção de ocorrência de prejuízo à fiscalização e/ou de dano ao erário, a qual pode ser ilidida pelo investigado no decorrer do processo administrativo fiscal.
> 5. À luz do art. 5º, incisos LIV e LV, da Constituição Federal e dos comandos insertos nos incisos do art. 2º da Lei nº 9.784/1999, sem a constatação de prejuízo a fiscalização aduaneira e/ou de dano ao erário, é desproporcional a aplicação da pena de perdimento, "em operação de carga ou já carregada, em qualquer veículo ou dele descarregada ou em descarga, sem ordem, despacho ou licença, por escrito da autoridade aduaneira ou não cumprimento de outra formalidade especial estabelecida em texto normativo" (art. 105, I, do DL nº 37/1966), não se devendo falar, no caso, em responsabilidade objetiva.
> 6. Agravo conhecido. Recurso especial não provido.[107]

Destarte, deve ser afastada a interpretação que vê o perdimento como infração de natureza formal. A pena não é um fim em si mesmo. Tem como pressuposto a prática de uma conduta valorada negativamente pela ordem jurídica. O legislador não pode definir ou presumir como danosas ações ou omissões que, na realidade, não o são. O princípio constitucional da ofensividade impede a penalização de condutas não lesivas ou sem perigo de lesão ao bem jurídico protegido.[108] Contudo, isso não autoriza transformar o tipo infracional em delito de

---

[105] Carf. CSRF. 3ª T. Ac. 9303-007.454, S. de 20.09.2018.
[106] STJ. 2ª T. REsp 639.252/PR. Rel. Min. João Otávio de Noronha. *DJ* 06.02.2007, p. 286.
[107] STJ. 1ª T. AREsp 600.655/MT. Rel. Min. Gurgel de Faria. *DJe* 17.02.2017.
[108] Como ensina Luiz Regis Prado: "Por influência, sobretudo, da doutrina italiana, esse aspecto (ofensa ou lesão) costuma ser autonomamente denominado princípio da *ofensividade* ou da *lesividade*. Não obstante, convém frisar que o princípio da exclusiva proteção de bens jurídicos opera nas fases *legislativa*

resultado, exigindo a prova do dano ao erário em todas as situações. Parece mais adequada aos ditames constitucionais uma exegese intermediária que a considere como infração de perigo abstrato-concreto ou delito de aptidão. Assim, não se exige o efetivo dano ao erário para a configuração da infração, mas a conduta deve ao menos apresentar idoneidade ou possibilidade séria de lesionar o bem jurídico tutelado.[109]

## 3.2 Perdimento do veículo

### 3.2.1 Veículo em situação ilegal

O perdimento de veículo em situação ilegal encontra-se tipificado no art. 104, I, do Decreto-Lei nº 37/1966:

> Art. 104. Aplica-se a pena de perda do veículo nos seguintes casos:
> I – quando o veículo transportador estiver em situação ilegal, quanto às normas que o habilitem a exercer a navegação ou o transporte internacional correspondente à sua espécie;

Essa penalização não é compatível com o princípio constitucional da liberdade de locomoção, previsto no art. 5º, XV, da Constituição, que considera "livre a locomoção no território nacional em tempo de paz, podendo qualquer pessoa, nos termos da lei, nele entrar, permanecer ou dele sair com seus bens". Trata-se de princípio também consagrado no Artigo V do Gatt 1994 e no art. 11 do Acordo sobre a Facilitação do Comércio. Assim, embora se mostre justificável o estabelecimento de regras para o tráfego de veículos estrangeiros no território nacional, não parece proporcional penalizar eventuais transgressões com o confisco do veículo.

### 3.2.2 Carga ou descarga em local não habilitado

Aplica-se a pena de perdimento de veículo em operação de carga ou de descarga em local não habilitado, na forma do art. 104, II, do Decreto-Lei nº 37/1966:

> Art. 104. Aplica-se a pena de perda do veículo nos seguintes casos:
> [...]
> II – quando o veículo transportador efetuar operação de descarga de mercadoria estrangeira ou a carga de mercadoria nacional ou nacionalizada fora do porto, aeroporto ou outro local para isso habilitado;

---

(ou de criação do tipo de injusto) e *judicial* (ou de aplicação da lei penal). O que significa o agasalho da exigência de que tanto a figura delitiva quanto a conduta concreta do agente envolvam uma lesão ou perigo de lesão ao bem jurídico protegido" (PRADO, Luiz Regis. *Bem jurídico-penal e Constituição*. 8. ed. Rio de Janeiro: Forense, 2019, p. 107).

[109] Sobre o crime tributário como delito de aptidão, cf.: DIAS, Augusto Silva. O novo direito penal fiscal não aduaneiro (Decreto-Lei nº 20-A/90, de 15 de janeiro): considerações dogmáticas e político-criminais. *In*: *Direito penal econômico e europeu*: textos doutrinários. Coimbra: Coimbra, v. II, 1999, p. 269: "Para que o facto esteja consumado não é necessária a ocorrência efectiva de uma diminuição de receitas fiscais ou da obtenção de um benefício fiscal, bastando a comprovação de que as condutas comportam um risco típico, uma possibilidade séria, de produção de tais eventos". Cf. ainda: SCHÜNEMANN, Bernd. O direito penal é a *ultima ratio* da proteção dos bens jurídicos? – sobre os limites invioláveis do direito penal de um estado de direito liberal. Trad. Luís Greco. *In*: GRECO, Rogério. *Curso de direito penal*: parte geral. 4. ed. Rio de Janeiro, Impetus, 2004, p. 69 e ss.; PRADO, Luiz Regis. *Bem jurídico-penal e Constituição*. 8. ed. Rio de Janeiro: Forense, 2019, p. 104 e ss.

[...]

Parágrafo único. Aplicam-se cumulativamente: (Redação dada pela Lei nº 10.833, de 2003)

I – no caso do inciso II do *caput*, a pena de perdimento da mercadoria; (Incluído pela Lei nº 10.833, de 2003)

O perdimento também abrange as mercadorias transportadas. Contudo, nos termos do art. 113 do Decreto-Lei nº 37/1966, deve-se demonstrar que o veículo procede ou é destinado ao exterior.[110]

### 3.2.3 Atracação e proximidade com risco de transbordo em zona primária

Esse tipo infracional encontra-se previsto no inciso III do art. 104 do Decreto-Lei nº 37/1966, que assim dispõe:

Art. 104. Aplica-se a pena de perda do veículo nos seguintes casos:

[...]

III – quando a embarcação atracar a navio ou quando qualquer veículo, na zona primária, se colocar nas proximidades de outro, vindo um deles do exterior ou a eles destinado, de modo a tornar possível o transbordo de pessoa ou carga, sem observância das normas legais e regulamentares;

[...]

Parágrafo único. Aplicam-se cumulativamente: (Redação dada pela Lei nº 10.833, de 2003)

[...]

II – no caso do inciso III do *caput*, a multa de R$ 200,00 (duzentos reais) por passageiro ou tripulante conduzido pelo veículo que efetuar a operação proibida, além do perdimento da mercadoria que transportar.

Para a compreensão desse dispositivo, deve-se ter presente que a legislação brasileira estabelece uma divisão própria do território nacional em zonas primária e secundária, nos termos do art. 33 e parágrafo único do Decreto-Lei nº 37/1966:

Art. 33. A jurisdição dos serviços aduaneiros se estende por todo o território aduaneiro, e abrange:

I – zona primária – compreendendo as faixas internas de portos e aeroportos, recintos alfandegados e locais habilitados nas fronteiras terrestres, bem como outras áreas nos quais se efetuem operações de carga e descarga de mercadoria, ou embarque e desembarque de passageiros, procedentes do exterior ou a ele destinados;

II – zona secundária – compreendendo a parte restante do território nacional, nela incluídos as águas territoriais e o espaço aéreo correspondente.

Parágrafo único. Para efeito de adoção de medidas de controle fiscal, poderão ser demarcadas, na orla marítima e na faixa de fronteira, zonas de vigilância aduaneira,

---

[110] "Art. 113. No que couber, aplicam-se as disposições deste Capítulo a qualquer meio de transporte vindo do exterior ou a ele destinado, bem como a seu proprietário, condutor ou responsável, documentação, carga, tripulantes e passageiros". Ver ainda art. 687 do RA.

nas quais a existência e a circulação de mercadoria estarão sujeitas às cautelas fiscais, proibições e restrições que forem prescritas no regulamento.

Portanto, além de gerar um risco potencial de transbordo indevido, a operação deve ocorrer na zona primária, isto é, em área demarcada pela autoridade aduaneira nos portos, aeroportos ou pontos de fronteira alfandegados. A infração, ademais, é penalizada cumulativamente com o perdimento das mercadorias e multa de R$ 200,00 por passageiro ou tripulante conduzido pelo veículo que efetuar a operação proibida.

### 3.2.4 Embarcação sem nome de registro destacado e visível

De acordo com o inciso IV do art. 104 do Decreto-Lei nº 37/1966:

> Art. 104. Aplica-se a pena de perda do veículo nos seguintes casos:
> [...]
> IV – quando a embarcação navegar dentro do porto, sem trazer escrito, em tipo destacado e em local visível do casco, seu nome de registro;

Para a aplicação da penalidade com fundamento no inciso IV, deve ser demonstrado, na forma do art. 113 do Decreto-Lei nº 37/1966, que a embarcação procede ou é destinada ao exterior. Além disso, assim como nas demais hipóteses sujeitas ao perdimento, a conduta do agente deve apresentar idoneidade ou possibilidade séria de lesionar o erário.

### 3.2.5 Transporte de mercadoria sujeita ao perdimento

O inciso V do art. 104 do Decreto-Lei nº 37/1966 prevê a hipótese mais recorrente de perdimento de veículo no plano pragmático:

> Art. 104. Aplica-se a pena de perda do veículo nos seguintes casos:
> [...]
> V – quando o veículo conduzir mercadoria sujeita à pena de perda, se pertencente ao responsável por infração punível com aquela sanção;

Inicialmente, cumpre considerar que, na interpretação desse dispositivo, "a jurisprudência do Superior Tribunal de Justiça é dominante no sentido de permitir a aplicação da sanção de perdimento de veículo automotor objeto de alienação fiduciária ou arrendamento mercantil (*leasing*), independentemente da valoração sobre a boa-fé do credor fiduciário ou arrendante".[111] Já no caso de locação de veículos, há precedentes afastando a penalização, sempre que "[...] o delineamento fático-probatório contido no acórdão recorrido não induz à conclusão de exercício irregular da atividade de locação, de participação da pessoa jurídica no ato ilícito, nem de algum potencial proveito econômico da locadora com as mercadorias internalizadas".[112]

---

[111] "Precedentes: (REsp 1.648.142/MS, Rel. Min. Francisco Falcão, Segunda Turma. J. 06.06.2017, *DJe* 13.06.2017; REsp 1.572.680/SP, Rel. Min. Mauro Campbell Marques, 2ª T. J. 18.02.2016, *DJe* 29.02.2016; AgRg no AgRg no AREsp 178.271/PR, Rel. Min. Assusete Magalhães, 2ª T. J. 01.10.2015, *DJe* 09.10.2015" (STJ. 2ª T. REsp 1.628.038/SP. Rel. Min. Francisco Falcão. *DJe* 18.11.2019).

[112] STJ. 1ª T. REsp 1.817.179/RS. Rel. Min. Gurgel de Faria. *DJe* 02.10.2019: "3. A pessoa jurídica, proprietária do veículo, que exerce a regular atividade de locação, com fim lucrativo, não pode sofrer a pena de perdimento em razão de ilícito praticado pelo condutor-locatário, salvo se tiver participação no ato

Por outro lado, de acordo com o entendimento pacificado há anos pela Corte, o perdimento pressupõe a existência de uma proporcionalidade entre o seu valor e o das mercadorias apreendidas: "Esta Corte Superior de Justiça pacificou o entendimento segundo o qual é 'inadmissível a aplicação da pena de perdimento do veículo, quando evidente a desproporção entre o seu valor e o da mercadoria de procedência estrangeira apreendida' (REsp 109.710/PR, Rel. Min. Hélio Mosimann, *DJ* 22.04.1997)".[113] Assim, por exemplo, não é possível aplicar a pena de perdimento de um avião comercial em viagem internacional apenas porque, em seu interior, alguns passageiros portavam clandestinamente mercadorias sujeitas à pena de perdimento.

Não há, evidentemente, um número absoluto a partir do qual o valor das mercadorias compatibiliza-se com o perdimento do veículo. A apreciação deve ser realizada no caso concreto, considerando, como ressaltado em julgados mais recentes, outros elementos "[...] como por exemplo a gravidade do caso, a reiteração da conduta ilícita ou a boa-fé da parte envolvida".[114]

Ademais, de acordo com o § 2º do art. 688 do Decreto nº 6.759/2009:

> Art. 688. [...]
> § 2º Para efeitos de aplicação do perdimento do veículo, na hipótese do inciso V, deverá ser demonstrada, em procedimento regular, a responsabilidade do proprietário do veículo na prática do ilícito.

O § 2º do art. 688 reflete exigências previstas na Súmula TFR nº 138: "A pena de perdimento de veículo, utilizado em contrabando ou descaminho, somente se justifica se demonstrada, em procedimento regular, a responsabilidade do seu proprietário na prática do ilícito". É necessário ressaltar, contudo, que não se trata de um pressuposto autônomo, mas cumulativo para a penalização. Portanto, na forma do inciso V, também é necessário que os bens transportados estejam sujeitos à pena de perdimento e pertençam ao proprietário do veículo transportador. Dito de outro modo, três são os requisitos cumulativos para a aplicação da pena de perdimento do veículo: (i) os bens transportados devem estar sujeitos à pena de perdimento; (ii) devem pertencer ao proprietário do veículo transportador; e (iii) o proprietário do veículo deve ser responsável na prática do ilícito.

Por outro lado, nos termos do art. 74 da Lei nº 10.833/2003, o transportador de passageiros em viagem internacional ou em trânsito por zona de vigilância aduaneira tem o dever de identificar as bagagens e seus respectivos proprietários. Se não o fizer, será considerado proprietário por presunção:

> Art. 74. O transportador de passageiros, em viagem internacional, ou que transite por zona de vigilância aduaneira, fica obrigado a identificar os volumes transportados como bagagem em compartimento isolado dos viajantes, e seus respectivos proprietários.

---

ilícito para internalização de mercadoria própria, exceção que, à míngua de previsão legal, não pode ser equiparada à não investigação dos 'antecedentes' do cliente. [...] 4. Hipótese em que o delineamento fático-probatório contido no acórdão recorrido não induz à conclusão de exercício irregular da atividade de locação, de participação da pessoa jurídica no ato ilícito, nem de algum potencial proveito econômico da locadora com as mercadorias internalizadas."

[113] STJ. 2ª T. REsp 508.322/PR. Rel. Min. Franciulli Netto. DJ 19.12.2003, p. 423.
[114] STJ. 2ª T. REsp 1.843.912/SC. Rel. Min. Herman Benjamin. *DJe* 27.02.2020: "1. Por ocasião do exame da pena de perdimento do veículo, deve-se observar a proporção entre o seu valor e o da mercadoria apreendida. Porém, outros elementos podem compor o juízo valorativo sobre a sanção, como por exemplo a gravidade do caso, a reiteração da conduta ilícita ou a boa-fé da parte envolvida".

§ 1º No caso de transporte terrestre de passageiros, a identificação referida no *caput* também se aplica aos volumes portados pelos passageiros no interior do veículo.

§ 2º As mercadorias transportadas no compartimento comum de bagagens ou de carga do veículo, que não constituam bagagem identificada dos passageiros, devem estar acompanhadas do respectivo conhecimento de transporte.

§ 3º Presume-se de propriedade do transportador, para efeitos fiscais, a mercadoria transportada sem a identificação do respectivo proprietário, na forma estabelecida no *caput* ou nos §§ 1º e 2º deste artigo.

Contudo, alguns julgados do STJ têm admitido a aplicação do perdimento mesmo quando o dono do veículo não é o proprietário das mercadorias transportadas, bastando a demonstração de sua responsabilidade pela prática do ilícito:

TRIBUTÁRIO. PROCESSUAL CIVIL. PENA DE PERDIMENTO. RESPONSABILI-DADE DO DONO DO VEÍCULO. SÚMULAS 83 DO STJ E 283 DO STF.
1. O STJ entende que, comprovada a responsabilidade do proprietário, deve ser aplicada a pena de perdimento de veículo utilizado em contrabando ou descaminho, independentemente de não ser o proprietário o dono das mercadorias apreendidas. O acórdão recorrido está em sintonia com o atual entendimento deste Tribunal Superior, razão pela qual não merece prosperar a irresignação. Incidência da Súmula 83 do STJ.
[...]
3. Agravo Interno não provido.[115]

Ocorre que o art. 75 da Lei nº 10.833/2003 estabeleceu uma multa de R$ 15.000,00 para o transportador de mercadoria sujeita à pena de perdimento, que pode ser aumentada para R$ 30.000,00 nas seguintes hipóteses:

Art. 75. Aplica-se a multa de R$ 15.000,00 (quinze mil reais) ao transportador, de passageiros ou de carga, em viagem doméstica ou internacional que transportar mercadoria sujeita a pena de perdimento:
I – sem identificação do proprietário ou possuidor; ou
II – ainda que identificado o proprietário ou possuidor, as características ou a quantidade dos volumes transportados evidenciarem tratar-se de mercadoria sujeita à referida pena.
[...]
§ 4º Decorrido o prazo de 45 (quarenta e cinco) dias da aplicação da multa, ou da ciência do indeferimento do recurso, e não recolhida a multa prevista, o veículo será considerado abandonado, caracterizando dano ao Erário e ensejando a aplicação da pena de perdimento, observado o rito estabelecido no Decreto-Lei nº 1.455, de 7 de abril de 1976.
[...]
§ 5º A multa a ser aplicada será de R$ 30.000,00 (trinta mil reais) na hipótese de:
I – reincidência da infração prevista no *caput*, envolvendo o mesmo veículo transportador; ou
II – modificações da estrutura ou das características do veículo, com a finalidade de efetuar o transporte de mercadorias ou permitir a sua ocultação.[116]

---
[115] STJ. 2ª T. AgInt no REsp 1.604.493/MG. Rel. Min. Herman Benjamin. *DJe* 06.03.2017.
[116] Ver item 4.3.3.6.

Após a Lei nº 10.833/2003, o STJ passou a entender que o perdimento do veículo ficou restrito às hipóteses do § 4º do art. 75 e do inciso V do art. 104 do Decreto-Lei nº 37/1966:

> [...]
> 2. Após as alterações promovidas pela Lei nº 10.883/2003, no que se refere especificamente ao veículo terrestre de transporte de passageiros, até mesmo quando constatada a má-fé do transportador ou de seus prepostos/empregados, não há hipótese legal para a aplicação da pena de perdimento do veículo, a qual está restrita às hipóteses previstas no § 4º do art. 75 da Lei nº 10.833/2003 (abandono do veículo) e no inciso V do art. 104 do Decreto-Lei nº 37 (veículo pertencente ao proprietário das mercadorias sujeitas à pena de perda).
> 3. A má-fé do transportador de passageiros, que qualifica a hipótese do inciso V do art. 688 do Decreto nº 6.759/2009 e aquela do inciso V do art. 104 do Decreto-Lei nº 37/1966, refere-se à internalização de sua própria mercadoria em veículo terrestre de passageiros de sua propriedade, não bastando que tenha conhecimento de que, eventualmente, determinados passageiros se encontram na posse de mercadorias sujeitas à pena de perdimento, ou, até mesmo, quando facilita a prática do descaminho, por reiteradamente locar seu veículo aos reais "importadores" ou nele faça modificações para facilitar o ilícito.
> 4. Recurso especial provido.[117]

O problema é que, de acordo com § 6º, as multas do art. 75 não são aplicáveis "[...] nas hipóteses em que o veículo estiver sujeito à pena de perdimento prevista no inciso V do art. 104 do Decreto-Lei nº 37, de 18 de novembro de 1966, nem prejudica a aplicação de outras penalidades estabelecidas". Isso gerou uma aparente contradição entre os dispositivos, uma vez que, até então, a Jurisprudência do STJ vinha aplicando equivocadamente o art. 104, V, isto é, entendendo que a mercadoria não precisaria pertencer ao proprietário do veículo transportador.

No REsp nº 1.818.587/DF, representativo de controvérsia, foi determinado o sobrestamento de todos os processos acerca dessa matéria no território nacional, até que a Primeira Seção do STJ defina a seguintes questões:

> Delimitação da tese: Definir se o transportador (proprietário ou possuidor) está sujeito à pena de perdimento de veículo de transporte de passageiros ou de carga em razão de ilícitos praticados por cidadãos que transportam mercadorias sujeitas à pena de perdimento, nos termos dos Decretos-Leis nº 37/1966 e nº 1.455/1976. Definir se o transportador, de passageiros ou de carga, em viagem doméstica ou internacional que transportar mercadoria sujeita a pena de perdimento sem identificação do proprietário ou possuidor; ou ainda que identificado o proprietário ou possuidor, as características ou a quantidade dos volumes transportados evidenciarem tratar-se de mercadoria sujeita à referida pena, está sujeito à multa de R$ 15.000,00 (quinze mil reais) prevista no art. 75 da Lei nº 10.833/2003, ou à retenção do veículo até o recolhimento da multa, nos termos do parágrafo 1º do mesmo artigo.[118]

---

[117] STJ. 1ª T. REsp 1.498.871/PR. Rel. Min. Benedito Gonçalves. *DJe* 23.02.2015.
[118] STJ. 1ª S. ProAfR no REsp 1.818.587/DF. Rel. Min. Napoleão Nunes Maia Filho. *DJe* 17.12.2019.

Entretanto, inexiste qualquer contradição em esses dispositivos. Nunca foi juridicamente possível a aplicação da pena de perdimento do veículo quando o transportador também não era proprietário das mercadorias. Isso está bastante nítido no art. 104, V, do Decreto-Lei nº 37/1966, como, de resto, foi evidenciado após a Lei nº 10.833/2003. Assim, presentes os demais requisitos previstos nos incisos I e II do art. 75 e em seu § 5º, as multas de R$ 15.000,00 e R$ 30.000,00 incidem quando o transportador não é dono da mercadoria. Porém, sendo proprietário do veículo e dos produtos transportados, inclusive em decorrência da presunção do § 3º do art. 74, será aplicável a pena de perdimento.

### 3.2.6 Desvio de rota no trânsito aduaneiro

O perdimento é cominado diante de desvio de rota de veículo terrestre utilizado no trânsito aduaneiro, nos termos do art. 104, VI, do Decreto-Lei nº 37/1966:

> Art. 104. Aplica-se a pena de perda do veículo nos seguintes casos:
> [...]
> VI – quando o veículo terrestre utilizado no trânsito de mercadoria estrangeira desviar-se de sua rota legal, sem motivo justificado.

Não é necessário que o veículo tenha origem ou destino no exterior. Em tal hipótese, nos termos do art. 105, XVII, também é aplicável o perdimento das mercadorias transportadas.[119] Exige-se, contudo, que o desvio tenha uma aptidão ou inidoneidade séria de causar uma lesão ao erário.

### 3.2.7 Abandono de veículo

O veículo será considerado abandonado quando, após ter sido cominada a multa do art. 75 da Lei nº 10.833/2003, o seu proprietário não a paga no prazo de 45 dias contados da intimação ou da ciência da decisão final que julgar a impugnação:

> Art. 75. Aplica-se a multa de R$ 15.000,00 (quinze mil reais) ao transportador, de passageiros ou de carga, em viagem doméstica ou internacional que transportar mercadoria sujeita a pena de perdimento:
> I – sem identificação do proprietário ou possuidor; ou
> II – ainda que identificado o proprietário ou possuidor, as características ou a quantidade dos volumes transportados evidenciarem tratar-se de mercadoria sujeita à referida pena.
> [...]
> § 4º Decorrido o prazo de 45 (quarenta e cinco) dias da aplicação da multa, ou da ciência do indeferimento do recurso, e não recolhida a multa prevista, o veículo será considerado abandonado, caracterizando dano ao Erário e ensejando a aplicação da pena de perdimento, observado o rito estabelecido no Decreto-Lei nº 1.455, de 7 de abril de 1976.

A caracterização do abandono ocorre com a inadimplência do devedor, o que pressupõe a exigibilidade do crédito. Afinal, ninguém pode ser considerado devedor de uma obrigação

---

[119] De acordo com o Regulamento Aduaneiro: "Art. 688. [...] § 3º A não chegada do veículo ao local de destino configura desvio de rota legal e extravio, para fins de aplicação das penalidades referidas no inciso VI deste artigo e no inciso XVII do art. 689."

inexigível. Logo, em qualquer das hipóteses do art. 151 do CTN (moratória, depósito, recurso, liminar ou parcelamento), enquanto a exigibilidade da multa estiver suspensa, não cabe o perdimento do veículo.

### 3.3 Perdimento da mercadoria

*3.3.1 Aplicabilidade em relação aos bens do ativo imobilizado*

A pena de perdimento não se aplica aos bens importados para fins de integração ao ativo imobilizado. Não sendo destinados à revenda, tais bens não se enquadram no conceito de mercadoria, pressuposto para a cominação da sanção. Mercadoria, destarte, caracteriza-se por se tratar de bem adquirido para fins de *revenda lucrativa*, o que afasta de seu âmbito conceitual todos os bens destinados ao uso ou consumo pessoal do comprador, por falta de qualquer intuito especulativo. A compra feita para *uso pessoal*, aliás, é a própria antítese do contrato de compra e venda mercantil.[120]

*3.3.2 Tipos infracionais*

As infrações sujeitas ao perdimento da mercadoria encontram-se tipificadas no art. 105 do Decreto-Lei nº 37/1966:

> Art. 105. Aplica-se a pena de perda da mercadoria:
> I – em operação de carga ou já carregada, em qualquer veículo ou dele descarregada ou em descarga, sem ordem, despacho ou licença, por escrito da autoridade aduaneira ou não cumprimento de outra formalidade especial estabelecida em texto normativo;
> II – incluída em listas de sobressalentes e previsões de bordo quando em desacordo, quantitativo ou qualificativo, com as necessidades do serviço e do custeio do veículo e da manutenção de sua tripulação e passageiros;
> III – oculta, a bordo do veículo ou na zona primária, qualquer que seja o processo utilizado;
> IV – existente a bordo do veículo, sem registro um manifesto, em documento de efeito equivalente ou em outras declarações;
> V – nacional ou nacionalizada em grande quantidade ou de vultoso valor, encontrada na zona de vigilância aduaneira, em circunstâncias que tornem evidente destinar-se a exportação clandestina;
> VI – estrangeira ou nacional, na importação ou na exportação, se qualquer documento necessário ao seu embarque ou desembaraço tiver sido falsificado ou adulterado;
> VII – nas condições do inciso anterior possuída a qualquer título ou para qualquer fim;
> VIII – estrangeira que apresente característica essencial falsificada ou adulterada, que impeça ou dificulte sua identificação, ainda que a falsificação ou a adulteração não influa no seu tratamento tributário ou cambial;

---

[120] Sobre o tema, cf.: CARRAZZA, Roque Antonio. *ICMS*. 17. ed. São Paulo: Malheiros, 2015, p. 39; CARVALHO, Paulo de Barros. Hipótese de incidência e base de cálculo do ICM. São Paulo: PUC. Tese de Livre Docência, p. 331; CARVALHO, Paulo de Barros. *Direito tributário*: fundamentos jurídicos da incidência. 10. ed. São Paulo: Saraiva, 2015, p. 648; MACHADO, Hugo de Brito. *ICMS Problemas Jurídicos*. São Paulo, 1996, p. 91.

IX – estrangeira, encontrada ao abandono, desacompanhada de prova de pagamento dos tributos aduaneiros, salvo as do art. 58;

X – estrangeira, exposta à venda, depositada ou em circulação comercial no país, se não for feita prova de sua importação regular;

XI – estrangeira, já desembaraçada e cujos tributos aduaneiros tenham sido pagos apenas em parte, mediante artifício doloso;

XII – estrangeira, chegada ao país com falsa declaração de conteúdo;

XIII – transferida a terceiro, sem o pagamento dos tributos aduaneiros e outros gravames, quando desembaraçada nos termos do inciso III do art. 13;

XIV – encontrada em poder de pessoa natural ou jurídica não habilitada, tratando-se de papel com linha ou marca d'água, inclusive aparas;

XV – constante de remessa postal internacional com falsa declaração de conteúdo;

XVI – fracionada em duas ou mais remessas postais ou encomendas aéreas internacionais visando a elidir, no todo ou em parte, o pagamento dos tributos aduaneiros ou quaisquer normas estabelecidas para o controle das importações ou, ainda, a beneficiar-se de regime de tributação simplificada; (Redação dada pelo Decreto-Lei nº 1.804, de 03.09.1980)

XVII – estrangeira, em trânsito no território aduaneiro, quando o veículo terrestre que a conduzir, desviar-se de sua rota legal, sem motivo justificado;

XVIII – estrangeira, acondicionada sob fundo falso, ou de qualquer modo oculta;

XIX – estrangeira, atentatória à moral, aos bons costumes, à saúde ou ordem públicas.

Também há tipificações no art. 23 do Decreto-Lei nº 1.455/1976:

Art. 23. Consideram-se dano ao Erário as infrações relativas às mercadorias:

I – importadas, ao desamparo de guia de importação ou documento de efeito equivalente, quando a sua emissão estiver vedada ou suspensa na forma da legislação específica em vigor;

II – importadas e que forem consideradas abandonadas pelo decurso do prazo de permanência em recintos alfandegados nas seguintes condições:

a) 90 (noventa) dias após a descarga, sem que tenha sido iniciado o seu despacho; ou

b) 60 (sessenta) dias da data da interrupção do despacho por ação ou omissão do importador ou seu representante; ou

c) 60 (sessenta) dias da data da notificação a que se refere o artigo 56 do Decreto-Lei número 37, de 18 de novembro de 1966, nos casos previstos no artigo 55 do mesmo Decreto-Lei; ou

d) 45 (quarenta e cinco) dias após esgotar-se o prazo fixado para permanência em entreposto aduaneiro ou recinto alfandegado situado na zona secundária.

III – trazidas do exterior como bagagem, acompanhada ou desacompanhada e que permanecerem nos recintos alfandegados por prazo superior a 45 (quarenta e cinco) dias, sem que o passageiro inicie a promoção, do seu desembaraço;

IV – enquadradas nas hipóteses previstas nas alíneas *a* e *b* do parágrafo único do art. 104 e nos incisos I a XIX do art. 105, do Decreto-Lei número 37, de 18 de novembro de 1966.

V – estrangeiras ou nacionais, na importação ou na exportação, na hipótese de ocultação do sujeito passivo, do real vendedor, comprador ou de responsável pela operação, mediante fraude ou simulação, inclusive a interposição fraudulenta de terceiros. (Incluído pela Lei nº 10.637, de 30.12.2002)

§ 1º O dano ao erário decorrente das infrações previstas no *caput* deste artigo será punido com a pena de perdimento das mercadorias. (Incluído pela Lei nº 10.637, de 30.12.2002)

§ 2º Presume-se interposição fraudulenta na operação de comércio exterior a não comprovação da origem, disponibilidade e transferência dos recursos empregados. (Incluído pela Lei nº 10.637, de 30.12.2002)

§ 3º As infrações previstas no *caput* serão punidas com multa equivalente ao valor aduaneiro da mercadoria, na importação, ou ao preço constante da respectiva nota fiscal ou documento equivalente, na exportação, quando a mercadoria não for localizada, ou tiver sido consumida ou revendida, observados o rito e as competências estabelecidos no Decreto nº 70.235, de 6 de março de 1972. (Redação dada pela Lei nº 12.350, de 2010)

§ 4º O disposto no § 3º não impede a apreensão da mercadoria nos casos previstos no inciso I ou quando for proibida sua importação, consumo ou circulação no território nacional. (Incluído pela Lei nº 10.637, de 30.12.2002)

Dentre essas diversas tipificações, serão examinados em tópicos separados as de maior relevo, que têm gerado controvérsia na doutrina e na jurisprudência.

### 3.3.3 Falsificação de documento de instrução obrigatória

#### 3.3.3.1 Pressupostos de caracterização da infração

Nas operações de importação, o § 3º-B do art. 689 do Decreto nº 6.759/2009[121] estabelece uma relação taxativa dos documentos (incisos I a III do art. 553) que, quando falsificados, podem levar à caracterização da infração aduaneira tipificada no inciso VI do art. 105 do Decreto-Lei nº 37/1966:[122] (**a**) o original do conhecimento de carga; (**b**) a fatura comercial assinada pelo exportador; e (**c**) o comprovante de pagamento dos tributos, quando exigível:

> Art. 553. A declaração de importação será obrigatoriamente instruída com (Decreto-Lei nº 37, de 1966, art. 46, *caput*, com a redação dada pelo Decreto-Lei nº 2.472, de 1988, art. 2º): (Redação dada pelo Decreto nº 8.010, de 2013)
> I – a via original do conhecimento de carga ou documento de efeito equivalente;
> II – a via original da fatura comercial, assinada pelo exportador; e
> III – o comprovante de pagamento dos tributos, se exigível.
> Parágrafo único. Poderão ser exigidos outros documentos instrutivos da declaração aduaneira em decorrência de acordos internacionais ou por força de lei, de regulamento ou de outro ato normativo. (Incluído pelo Decreto nº 8.010, de 2013).[123]

---

[121] "Art. 689. [...] § 3º-B. Para os efeitos do inciso VI do *caput*, são necessários ao desembaraço aduaneiro, na importação, os documentos relacionados nos incisos I a III do *caput* do art. 553." (Incluído pelo Decreto nº 8.010, de 2013).

[122] "Art. 105. [...] "VI – estrangeira ou nacional, na importação ou na exportação, se qualquer documento necessário ao seu embarque ou desembaraço tiver sido falsificado ou adulterado".

[123] Além disso, o inciso III do art. 18 da Instrução Normativa SRF nº 680/2006 exige a apresentação do romaneio de carga (*packing list*) e outros documentos previstos em acordos internacionais e legislação específica, dispensando o conhecimento de carga e a fatura comercial em situações especiais nela previstas.

Na exportação, diferentemente, a infração pode ser configurada diante da falsificação de qualquer dos documentos de instrução previstos no art. 588 do Decreto nº 6.759/2009 ou nos arts. 15, 16 e 17 da Instrução Normativa RFB nº 1.702/2017:

> Art. 588. A declaração de exportação será instruída com:
> I – a primeira via da nota fiscal;
> II – a via original do conhecimento e do manifesto internacional de carga, nas exportações por via terrestre, fluvial ou lacustre; e
> III – outros documentos exigidos na legislação específica.
> Parágrafo único. Os documentos instrutivos da declaração de exportação serão entregues à autoridade aduaneira, na forma, no prazo e nas condições estabelecidos pela Secretaria da Receita Federal do Brasil.
> Art. 15. A DU-E poderá ser instruída com uma ou mais notas fiscais, desde que se refiram a exportações para um mesmo importador.
> § 1º A DU-E poderá ser instruída com notas fiscais emitidas por 2 (dois) ou mais exportadores diferentes, desde que se trate de exportação consorciada.
> § 2º A exportação realizada por 2 (dois) ou mais estabelecimentos de uma mesma empresa não caracteriza uma exportação consorciada.
> § 3º Uma nota fiscal de exportação só poderá instruir uma única DU-E.
> § 4º A cada item de cada nota fiscal que instruir uma DU-E corresponderá um item dessa mesma DU-E.
> Art. 16. Não será permitida na formulação de uma mesma DU-E:
> I – a sua instrução com notas fiscais eletrônicas e notas fiscais em papel; e
> II – a indicação de bens amparados por nota fiscal e de bens sem amparo de nota fiscal.
> Art. 17. Nas exportações por via terrestre, fluvial ou lacustre, a DU-E será instruída com a via original do conhecimento de carga e do manifesto internacional de carga, além dos documentos de instrução exigidos no art. 15.
> Parágrafo único. No caso de exportação para país signatário do Acordo sobre Transporte Internacional Terrestre (ATIT), o manifesto internacional de carga a que se refere o *caput* será substituído, conforme o caso, pelo: (Redação dada pela Instrução Normativa RFB nº 1.818, de 24.07. 2018)
> I – Manifesto Internacional de Carga/Declaração de Trânsito Aduaneiro (MIC/DTA); ou
> II – Conhecimento-Carta de Porte Internacional/Declaração de Trânsito Aduaneiro (TIF/DTA).

Portanto, na exportação, os documentos de instrução obrigatória são a nota fiscal emitida pelo exportador e, nas exportações por vias terrestre, fluvial ou lacustre, do conhecimento de carga e do manifesto internacional de carga. Esse último, por sua vez, é substituído nas exportações para país signatário do ATIT (Argentina, Bolívia, Chile, Paraguai, Peru e Uruguai[124]) pelo MIC/DTA ou, conforme o caso, pelo TIF/DTA.

Conforme examinado anteriormente,[125] os casos de falsidade da fatura comercial configuram a chamada fraude de valor, também denominada subfaturamento. Essa infração, após a Medida Provisória nº 2.158-35/2001, não é punível com a pena de perdimento. Incide

---
[124] Decreto nº 99.074/1990.
[125] Ver Cap. IV, item 2.3.1.2.

apenas a multa específica de 100% da diferença entre o preço declarado e o efetivamente pago ou arbitrado (art. 88, parágrafo único).

### 3.3.3.2 Diferenciação entre falsidade e irregularidade

A falsidade pode ser ideológica ou material. Nesta, o infrator forja um documento falso ou adultera o documento original. Naquela, o documento é verdadeiro, mas não o seu conteúdo. Ademais, não é qualquer irregularidade ou discrepância que pode configurar uma falsidade. O falso deve ser relativo a fato juridicamente relevante, ou seja, recair sobre elemento substancial ou essencial do documento, e não sobre inserção inócua e indiferente.[126] A autoridade aduaneira não pode concluir pela falsidade material apenas porque constatou divergências, por exemplo, no logotipo do exportador, decorrentes da comparação entre o documento e o *site* da empresa. Tampouco pode afirmar a falsidade em face da ausência de indicação do cargo, da função do signatário ou mesmo da numeração do CNPJ do importador. Esses elementos não constituem requisitos da fatura, de modo que eventuais discrepâncias são destituídas de qualquer relevância jurídica. Podem servir apenas de indício para um aprofundamento da auditoria fiscal, sem implicar a falsidade documental.

Assim, v.g., uma falsidade de fatura apenas pode ser caracterizada quando recair sobre um dos requisitos essenciais do documento previstos no art. 557 do Decreto nº 6.759/2009:

> Art. 557. A fatura comercial deverá conter as seguintes indicações:
>
> I – nome e endereço, completos, do exportador;
>
> II – nome e endereço, completos, do importador e, se for caso, do adquirente ou do encomendante predeterminado;
>
> III – especificação das mercadorias em português ou em idioma oficial do Acordo Geral sobre Tarifas e Comércio, ou, se em outro idioma, acompanhada de tradução em língua portuguesa, a critério da autoridade aduaneira, contendo as denominações próprias e comerciais, com a indicação dos elementos indispensáveis a sua perfeita identificação;
>
> IV – marca, numeração e, se houver, número de referência dos volumes;
>
> V – quantidade e espécie dos volumes;
>
> VI – peso bruto dos volumes; (Redação dada pelo Decreto nº 10.550, de 2020)
>
> VII – peso líquido dos volumes; (Redação dada pelo Decreto nº 10.550, de 2020)
>
> VIII – país de origem, como tal entendido aquele onde houver sido produzida a mercadoria ou onde tiver ocorrido a última transformação substancial;

---

[126] REALE JUNIOR, Miguel. Parecer. Revista dos Tribunais, v. 667, p. 5 da versão online – Thomson Reuters, publicado nas páginas 248-252 da versão impressa de maio de 1991. É o que também assinalam Celso Delmanto *et al.*, citando lição de Magalhães Noronha: "Em qualquer das modalidades, é indispensável que a falsidade seja capaz de enganar, **e tenha por objeto *fato juridicamente relevante*, ou seja, 'é mister que a declaração falsa constitua *elemento substancial* do ato ou documento'**, pois 'uma simples mentira, mera irregularidade, simples preterição de formalidade etc., não constituirão' (MAGALHÃES NORONHA, *Direito penal*, 1995, v. IV, p. 163)". (DELMANTO, Celso; DELMANTO, Roberto; DELMANTO JUNIOR, Roberto; DELMANTO, Fabio M. de Almeida. *Código penal comentado*. 6. ed. Rio de Janeiro: Renovar, 2002, p. 594-595, g.n.) No mesmo sentido, cf. COSTA JUNIOR, Paulo José. *Comentários ao Código Penal*. 7. ed. São Paulo: Saraiva, 2002, p. 926-927: "[...] a preterição de formalidade ou uma irregularidade qualquer não configuram o delito, pois a norma exige expressamente que a falsidade seja praticada em relação a fato juridicamente relevante".

IX – país de aquisição, assim considerado aquele do qual a mercadoria foi adquirida para ser exportada para o Brasil, independentemente do país de origem da mercadoria ou de seus insumos;

X – país de procedência, assim considerado aquele onde se encontrava a mercadoria no momento de sua aquisição;

XI – preço unitário e total de cada espécie de mercadoria e, se houver, o montante e a natureza das reduções e dos descontos concedidos;

XII – custo de transporte a que se refere o inciso I do art. 77 e demais despesas relativas às mercadorias especificadas na fatura;

XIII – condições e moeda de pagamento; e

XIV – termo da condição de venda (Incoterm).

Parágrafo único. As emendas, ressalvas ou entrelinhas feitas na fatura deverão ser autenticadas pelo exportador.

Portanto, discrepâncias relacionadas a outros aspectos não essenciais do documento configuram simples irregularidade ou preterição de formalidade não essencial, insuficientes para a caracterização de uma falsidade.

### 3.3.4 Abandono e retomada do despacho

As mercadorias não podem ficar indefinidamente no recinto alfandegado sem que a parte interessada promova o início do despacho de importação. Isso deve ocorrer dentro dos prazos do inciso II do art. 23 do Decreto-Lei nº 1.455/1976.[127] Porém, de acordo com os arts. 18 e 19 da Lei nº 9.779/1999:

> Art. 18. O importador, antes de aplicada a pena de perdimento da mercadoria na hipótese a que se refere o inciso II do art. 23 do Decreto-Lei nº 1.455, de 7 de abril de 1976, poderá iniciar o respectivo despacho aduaneiro, mediante o cumprimento das formalidades exigidas e o pagamento dos tributos incidentes na importação, acrescidos dos juros e da multa de que trata o art. 61 da Lei nº 9.430, de 27 de dezembro de 1996, e das despesas decorrentes da permanência da mercadoria em recinto alfandegado.
>
> Parágrafo único. Para efeito do disposto neste artigo, considera-se ocorrido o fato gerador, e devidos os tributos incidentes na importação, na data do vencimento do prazo de permanência da mercadoria no recinto alfandegado.
>
> Art. 19. A pena de perdimento, aplicada na hipótese a que se refere o *caput* do artigo anterior, poderá ser convertida, a requerimento do importador, antes de ocorrida a destinação, em multa equivalente ao valor aduaneiro da mercadoria.

---

[127] "Art. 23. [...]

II – importadas e que forem consideradas abandonadas pelo decurso do prazo de permanência em recintos alfandegados nas seguintes condições:

a) 90 (noventa) dias após a descarga, sem que tenha sido iniciado o seu despacho; ou

b) 60 (sessenta) dias da data da interrupção do despacho por ação ou omissão do importador ou seu representante; ou

c) 60 (sessenta) dias da data da notificação a que se refere o artigo 56 do Decreto-Lei número 37, de 18 de novembro de 1966, nos casos previstos no artigo 55 do mesmo Decreto-Lei; ou

d) 45 (quarenta e cinco) dias após esgotar-se o prazo fixado para permanência em entreposto aduaneiro ou recinto alfandegado situado na zona secundária."

Parágrafo único. A entrega da mercadoria ao importador, em conformidade com o disposto neste artigo, fica condicionada à comprovação do pagamento da multa e ao atendimento das normas de controle administrativo.

Nota-se, portanto, que o art. 18 assegura ao importador uma nova oportunidade para regularização da mercadoria, mediante início do despacho aduaneiro e recolhimento dos tributos incidentes, acrescidos de juros, multa e das despesas de armazenamento no recinto alfandegado. Além disso, nos termos do art. 19, a pedido do importador, é possível a conversão do perdimento em multa equivalente ao valor aduaneiro dos bens.

### 3.3.5 *Interposição fraudulenta*

#### 3.3.5.1 Considerações iniciais

O inciso V do art. 23 do Decreto-Lei nº 1.455/1976 foi incluído pela Medida Provisória nº 66/2002, convertida na Lei nº 10.637/2002. Esse dispositivo tipifica a infração aduaneira conhecida na prática forense como "interposição fraudulenta":[128]

> Art. 23. Consideram-se dano ao Erário as infrações relativas às mercadorias:
> [...]
> V – estrangeiras ou nacionais, na importação ou na exportação, na hipótese de ocultação do sujeito passivo, do real vendedor, comprador ou de responsável pela operação, mediante fraude ou simulação, inclusive a interposição fraudulenta de terceiros. (Incluído pela Lei nº 10.637, de 30.12.2002)

A interposição fraudulenta em operações de comércio exterior está sujeita à penalidade administrativa mais gravosa do direito brasileiro: *o perdimento de bens*, que pode ser substituído por uma multa equivalente ao valor aduaneiro das mercadorias, caso essas não sejam localizadas, tenham sido consumidas ou revendidas.[129] Trata-se de uma infração aduaneira que, sob o aspecto punitivo, está sujeita à mesma consequência sancionatória que o texto constitucional (CF, art. 243, parágrafo único) reserva a condutas absolutamente reprováveis, como a exploração de trabalho escravo, o cultivo ilegal de plantas psicotrópicas e o tráfico de drogas[130].

---

[128] Como assinala Rosaldo Trevisan, "o que se convencionou denominar de 'interposição fraudulenta' (expressão que sequer necessitaria estar no texto legal) é uma das formas de ocultação mediante fraude ou simulação – daí a palavra 'inclusive' ao final do citado inciso V, que mais pareceu um nome 'comercial', ou de fantasia, para melhor divulgar o programa denominado pela própria Receita Federal de 'combate à interposição fraudulenta'" (TREVISAN, Rosaldo. A "interposição fraudulenta" na jurisprudência do Carf. In: GOMES, Marcus Lívio; OLIVEIRA, Francisco Marconi de; PINTO, Alexandre Evaristo. *Estudos tributários e aduaneiros do V Seminário Carf*. Brasília: Carf, 2020, p. 202).

[129] A conversão em multa, como será analisado, encontra-se prevista no § 3º do art. 23 do Decreto-Lei nº 1.455/1976. Nessa hipótese, a penalização geralmente ocorre em procedimento de revisão aduaneira (auditoria pós-despacho), podendo alcançar os últimos cinco anos. Em razão disso, o valor da multa pode adquirir uma dimensão de tal ordem que, fatalmente, acaba levando à inviabilização da atividade empresarial do infrator.

[130] "Art. 243. As propriedades rurais e urbanas de qualquer região do País onde forem localizadas culturas ilegais de plantas psicotrópicas ou a exploração de trabalho escravo na forma da lei serão expropriadas e destinadas à reforma agrária e a programas de habitação popular, sem qualquer indenização ao proprietário e sem prejuízo de outras sanções previstas em lei, observado, no que couber, o disposto no art. 5º. (Redação dada pela Emenda Constitucional nº 81, de 2014)

Esse tratamento normativo pode parecer excessivo, mas justifica-se perfeitamente. A ocultação das partes da operação de comércio exterior constitui um veículo para a prática de uma série de ilícitos, especialmente a lavagem de dinheiro ou o branqueamento de capitais. Por meio do uso de testas de ferro e de sucessivas importações e exportações superfaturadas e subfaturadas, dinheiro ilícito pode ser retirado de um país (fase de colocação), desligado de sua origem (fase de cobertura ou de mascaramento) e retornar, tempo depois, com uma origem lícita aparente (fase de integração). Essas práticas são consideradas a forma mais perniciosa e desafiadora de lavagem de dinheiro, segundo o Departamento de Tesouro Americano.[131] No plano internacional, são conhecidas como *TBML – Trade-Based Money Laundering* ou *BMPE Scheme*, em alusão ao *The Black Market Peso Exchange* da década de 1980, que, por meio de presta-nomes ou laranjas, "lavou" mais de USD 4 bilhões nos Estados Unidos para narcotraficantes colombianos.[132]

O enfrentamento de ilícitos dessa natureza insere-se em um contexto de mudança das funções tradicionais da aduana. Nos dias de hoje, o controle aduaneiro não constitui uma simples manifestação setorial do poder de polícia administrativa ou da fiscalização tributária. A aduana moderna apresenta funções mais abrangentes, que também compreendem a fiscalização de medidas não tarifárias (quotas de importação, proibições de ingresso ou de saída de produtos, o licenciamento, exigências técnicas, sanitárias e fitossanitárias) e a cobrança de direitos *antidumping* ou compensatórios. Outro papel relevante é o enfrentamento da pirataria, do tráfico de drogas, de animais, plantas e bens do patrimônio histórico-cultural e da própria lavagem de dinheiro, o que ocorre de forma colaborativa com as autoridades policiais e com outros órgãos intervenientes da administração pública (v.g., Ibama, Mapa, Inmetro e Iphan).[133]

O problema é que nem sempre há proporcionalidade entre essa penalização extrema e o desvalor jurídico da conduta do agente. Além disso, a abertura do tipo faz com que a maioria dos casos acabe inserida em uma zona cinzenta em que não há segurança sobre a efetiva caracterização da infração. Não são poucas as vezes em que, no plano pragmático, situações de mera aplicação equivocada dos regimes de importação são consideradas interposição fraudulenta.[134]

---

Parágrafo único. Todo e qualquer bem de valor econômico apreendido em decorrência do tráfico ilícito de entorpecentes e drogas afins e da exploração de trabalho escravo será confiscado e reverterá a fundo especial com destinação específica, na forma da lei." (Redação dada pela Emenda Constitucional nº 81, de 2014)".

[131] Contudo, nem toda interposição fraudulenta configura lavagem. Esse delito, para ser caracterizado, requer a presença de requisitos objetivos e subjetivos específicos previstos na legislação penal, dentre os quais a demonstração da prática de uma infração penal antecedente, também denominada crime remetido. A interposição é apenas um fato indiciário do qual decorre o dever funcional de representação para a autoridade competente, inclusive ao Ministério Público Federal.

[132] A complexidade desses esquemas pode ser de tal ordem, que o Departamento de Tesouro Americano os considera a forma mais perniciosa e desafiadora de lavagem de dinheiro. Sobre o tema, cf.: MILLER, Rena S.; ROSEN, Liana W.; JACKSON, James K. *Trade-based money laundering*: overview and policy issues. CRS Report. Washington: Congressional Research Service, June 2016. Disponível em: https://fas.org/sgp/crs/misc/R44541.pdf. Acesso em: 25 maio 2024.

[133] Ver Cap. I, item 1.2.

[134] Sobre o tema, cf: SEHN, Solon. *Comentários ao regulamento aduaneiro*: infrações e penalidades. São Paulo: Aduaneiras, 2019, p. 101 e ss.; SARTORI, Angela; DOMINGO, Luiz Roberto. Dano ao erário pela ocultação mediante fraude – a interposição fraudulenta de terceiros nas operações de comércio exterior. *In*: PEIXOTO, Marcelo Magalhães; SARTORI, Angela; DOMINGO, Luiz Roberto (Coord.). *Tributação aduaneira à luz da jurisprudência do Carf – Conselho Administrativo de Recursos Fiscais*. São Paulo: MP-Apet, 2013, p. 53 e ss.; BARBIERI, Luís Eduardo G. A prova da interposição fraudulenta de pessoas no processo tributário. In: PEREIRA, Cláudio Augusto Gonçalves; REIS, Raquel Segalla (Coord.). *Ensaios de direito aduaneiro*. São Paulo: Intelecto, 2015. p. 376-395; NASCIMENTO, José Fernandes do.

### 3.3.5.2   Objetividade jurídica do tipo infracional

A redução da abertura semântica do tipo infracional demanda a compreensão de sua objetividade jurídica, ou seja, do bem jurídico tutelado pela norma. Assim, antes de tudo, deve-se ter presente que o art. 23, V, do Decreto-Lei nº 1.455/1976 foi introduzido na ordem jurídica para tutelar a regularidade do controle aduaneiro e tem como *ratio essendi* a identificação das partes da operação de comércio exterior. Portanto, o referencial teleológico para a aplicação da norma sempre deve ser o **controle aduaneiro**, e não a percepção de receitas tributárias. Por essa razão é que se dispensa a prova do efetivo dano ao erário para a caracterização da infração[135], bastando, como ocorre nos *delitos de aptidão*, que a conduta típica apresente idoneidade ou possibilidade séria de lesionar o bem jurídico tutelado. Não há como se compreender o sentido da infração desvinculado desse bem jurídico. Sem isso, perde-se o referencial teleológico, dificultando a diferenciação entre a interposição fraudulenta e os simples casos de preterição de formalidades ou de aplicação equivocada dos regimes de importação.[136]

### 3.3.5.3   Simulação como instrumento de fraude à lei

A parte final do dispositivo – "inclusive a interposição fraudulenta de terceiros" – mostra-se desnecessária e redundante. Na simulação, as partes agem em conluio para emitir uma declaração de vontade enganosa no intuito de produzir efeitos jurídicos diversos dos ostensivamente indicados. A interposição de pessoas nada mais é do que uma simulação subjetiva, que é marcada pela presença de um *testa de ferro* – denominado *presta-nome, homem de palha* ou, em linguagem mais atual, *laranja* – que adquire, extingue ou modifica direitos para um terceiro oculto. Logo, toda ocultação do real importador ou exportador *mediante simulação* será sempre uma simulação subjetiva. Trata-se do mesmo vício que a doutrina denomina

---

As formas de comprovação da interposição fraudulenta na importação. In: GONÇALVES; SEGALLA, *op. cit.*, p. 396-424; BATISTA, Luiz Rogério Sawaya. Anotações sobre a interposição fraudulenta para reflexão. In: GONÇALVES; SEGALLA, *op. cit.*, p. 425-438; TREVISAN, Rosaldo. A "interposição fraudulenta" na jurisprudência do Carf. In: GOMES, Marcus Lívio; OLIVEIRA, Francisco Marconi de; PINTO, Alexandre Evaristo. *Estudos tributários e aduaneiros do V Seminário Carf*. Brasília: Carf, 2020; FERNANDES, Rodrigo Mineiro. Ocultação do sujeito passivo na importação e o controle aduaneiro: aspectos probatórios e novas discussões. In: BATISTA JÚNIOR, Onofre Alves; SILVA, Paulo Roberto Coimbra (Coord.). *Direito aduaneiro e direito tributário aduaneiro*. Belo Horizonte: Letramento, 2022; DEIAB JUNIOR, Remy. Ocultação do real sujeito passivo na importação e a quebra da cadeia de recolhimento do IPI. *Revista de Direito Tributário da APET*, v. 7, n. 26, 2010; STEFANO, Marcelle Silbiger de. *Fraude no comércio exterior*: a interposição fraudulenta de terceiros. São Paulo: Almedina, 2020.

[135] De acordo com a Súmula nº 160 do Conselho Administrativo de Recursos Fiscais (Carf): "A aplicação da multa substitutiva do perdimento a que se refere o § 3º do art. 23 do Decreto-Lei nº 1.455, de 1976, independe da comprovação de prejuízo ao recolhimento de tributos ou contribuições".

[136] Como destaca Bernd Schünemann, "o esclarecimento de qual seja o bem jurídico típico é não só uma das mais importantes questões interpretativas nos comentários da parte especial, devendo ser resolvida antes de qualquer outra, como é de observar que a ideia de bem jurídico deu provas de sua fecundidade e mesmo de sua indispensabilidade também nas mais significativas monografias modernas sobre a estrutura do delito" (SCHÜNEMANN, Bernd. O princípio da proteção de bens jurídicos como ponto de fuga dos limites constitucionais e da interpretação de tipos. Trad. Luís Greco. In: GRECO, Luís. *Estudos de direito penal, direito processual penal e filosofia do direito*. São Paulo: Marcia Pons, 2013. p. 40). Sobre a importância da objetividade jurídica ou bem jurídico tutelado na compreensão do alcance e do sentido dos delitos, cf ainda: ZAFFARONI, Eugênio Raul; PIERANGELI, José Henrique. *Manual de direito penal brasileiro*: parte geral. São Paulo: RT, 1997, p. 464; JESUS, Damásio E. de. *Direito penal*. 25. ed. São Paulo: Saraiva, v. 1, 2002, p. 179; SOUSA, Susana Aires de. *Os crimes fiscais*: análise dogmática e reflexão sobre a legitimidade do discurso criminalizador. Coimbra: Coimbra, 2009, p. 67 e ss.

*simulação por interposição de pessoas, interposição fraudulenta de terceiros* ou *interposição fictícia de pessoas*. É isso que torna redundante e desnecessária a parte final do inciso V, porque, a rigor, *interposição fraudulenta de terceiros* constitui uma designação equivalente e alterativa da *simulação subjetiva*, ou seja, do mesmo vício já previsto no dispositivo legal.[137]

Em estudo anterior, foi ressaltado que, na *fraude*, não há ocultação: o negócio jurídico é real e querido pelas partes. Estas efetivamente pretendem o que declararam, cumprindo a lei em sua literalidade, porém, violando-a finalisticamente.[138] Dessa maneira, o termo *fraude* encontrado nesse dispositivo deveria ser interpretado no sentido de *simulação fraudulenta*, o que faria com que a infração, em qualquer caso, compreendesse apenas a ocultação mediante simulação.[139] Por conseguinte, como no Código Civil de 2002 – ao contrário do Código Civil de 1916 (art. 104[140]) – não há mais a categoria da *simulação* para infringir preceito de lei, sustentou-se que a infração somente se materializaria quando as partes agissem com a intenção de lesar o erário.

Um exame mais aprofundado indica a necessidade de revisão desse entendimento. Em primeiro lugar, porque – como assinala Humberto Theodoro Junior – o Código de 2002 adotou o sistema alemão de caracterização da simulação. Não há mais diferença entre simulação maliciosa e inocente.[141] Exige-se apenas o propósito de enganar (*animus decipiendi*), não sendo necessário o intuito de prejudicar terceiros (*animus nocendi*).[142] Em segundo lugar, porque a

---

[137] "Como o erro, a simulação traduz uma inverdade. Ela caracteriza-se pelo intencional desacordo entre a vontade interna e a declarada, no sentido de criar, aparentemente, um ato jurídico que, de fato, não existe, ou então oculta, sob determinada aparência, o ato realmente querido. Como diz CLÓVIS, em forma lapidar, é a declaração enganosa da vontade, visando a produzir efeito diverso do ostensivamente indicado" (MONTEIRO, Washington de Barros. *Curso de direito civil*: parte geral. 31. ed. São Paulo: Saraiva, v. 1, 1993, p. 207). Na mesma linha, cf.: VENOSA, Sílvio de Salvo. *Direito civil*: parte geral. 5. ed. São Paulo: Atlas, v. 1, 2005, p. 547 e ss.; RODRIGUES, Silvio. *Direito civil*: parte geral. 27. ed. São Paulo: Saraiva, v. 1, 1997, p. 220; DINIZ, Maria Helena. *Curso de direito civil brasileiro*: teoria geral do direito civil. 14. ed. São Paulo: Saraiva, v. 1, 1998, p. 288; TELLES, Inocêncio Galvão. *Manual dos contratos em geral*. 4. ed. Coimbra: Coimbra, 2002, p. 165 e ss.; XAVIER, Alberto. *Tipicidade da tributação, simulação e norma antielisiva*. São Paulo: Dialética, 2001, p. 55.

[138] RODRIGUES, Silvio. *Direito civil*: parte geral. 27. ed. São Paulo: Saraiva, v. 1, 1997, p. 226; VENOSA, Sílvio de Salvo. *Direito civil*: parte geral. 5. ed. São Paulo: Atlas, v. 1, 2005, p. 559.

[139] SEHN, Solon. Interposição fraudulenta em operações de importação. In: SARTORI, Angela. (Org.). *Questões atuais de direito aduaneiro e tributário à luz da jurisprudência dos Tribunais*. São Paulo: IOB SAGE, 2017, p. 266.

[140] "Art. 104. Tendo havido intuito de prejudicar a terceiros, ou infringir preceito de lei, nada poderão alegar, ou requerer os contraentes em juízo quanto à simulação do ato, em litígio de um contra o outro, ou contra terceiros."

[141] THEODORO JÚNIOR, Humberto. *Comentários ao novo Código Civil*: livro III – Dos fatos jurídicos: do negócio jurídico. 4. ed. Rio de Janeiro: Forense, 2008, p. 471 e ss. O autor ressalta ainda que: "Não é necessariamente pelo prejuízo de outrem que se dá a simulação, mas pela versão enganosa com que terceiros são iludidos diante de uma convenção que só tem aparência". No mesmo sentido, o Enunciado nº 152, da III Jornada de Direito Civil do CJF (Conselho da Justiça Federal): "Toda simulação, inclusive a inocente, é invalidante". Destaca-se ainda: STJ. 3ª T. REsp 441.903/SP. Rel. Min. Nancy Andrighi. DJ 15.03.2004; 4ª T. REsp nº 776.304/MG. Rel. Min. Honildo Amaral de Mello Castro, Desembargador Convocado do TJAP. DJe 16.11.2009. Segundo o Relator, na página 8 do voto: "Sucede que não subsiste atualmente no direito brasileiro, após o advento do novo Código Civil, a distinção entre simulação inocente e a maliciosa (fraudulenta). O novel Código Civil imputa como nulo o negócio jurídico simulado, mas subsistirá o que se dissimulou, se válido for na substância e na forma (art. 167, CC/2002). A lei moderna, como se observa, visa preservar os efeitos do negócio jurídico tido como viciado".

[142] TELLES, Inocêncio Galvão. *Manual dos contratos em geral*. 4. ed. Coimbra: Coimbra, 2002, p. 166: "As simulações são bastante frequentes, e se, por vezes, se fazem só com o *intuito de enganar* (*animus decipiendi*), em regra domina-as o *propósito de prejudicar* (*animus nocendi*). O intuito de enganar é o mínimo imprescindível; mas na grande maioria dos casos a intenção dos simuladores apresenta coloração ou

simulação também pode ser empregada como instrumento de fraude à lei.[143] Nesses casos, ocorre uma espécie de "amálgama" entre essas duas categorias e a simulação, na linha do que já era defendido por Serpa Lopes ao tempo do Código de 1916, é absorvida pela fraude à lei.[144]

Nessa ordem de ideias, a conclusão que se impõe é que o art. 23, V, do Decreto-Lei nº 1.455/1976 também abrange a *fraude à lei*. Trata-se, sob o aspecto pragmático, de uma solução salutar (adotada, talvez por acaso, pelo legislador aduaneiro), já que nem sempre é clara a distinção entre a fraude e a simulação. Ambas apresentam uma proximidade conceitual de tal ordem que, para importantes autores – como Ángel Carrasco Perera, em seu *Tratado del Abuso de Derecho y del Fraude de Ley* – não haveria fraude sem simulação.[145]

Essa dificuldade é ainda maior nos casos de interposição de pessoas, notadamente quando a legislação veda a prática de determinado ato em função das características subjetivas de uma das partes. Para não incorrer na proibição, o infrator recorre a uma pessoa interposta e – por meio de uma conjugação de negócios jurídicos – elide a aplicabilidade de preceito legal proibitivo. É o caso da aquisição de bem penhorado por servidor público ou qualquer outra pessoa que incorra nas vedações do art. 890 do Código de Processo Civil.[146] Não podendo fazê-lo diretamente, o servidor, por exemplo, articula-se com um terceiro para que este ofereça o lance. Em seguida, o bem é vendido para o primeiro, contornando a vedação legal. Em

---

intensidade bem mais forte, porque os anima o objectivo de causar a alguém um dano ilícito, sendo para produzir esse dano que forjam a *ficção de um contrato*, por eles na realidade não desejado. A simulação que visa apenas *enganar* diz-se *inocente*; a que visa *prejudicar* diz-se *fraudulenta*".

[143] NOVOA, César García. *La cláusula antielusiva en la nueva ley general tributaria*. Madrid: Marcial Pons, 2004. p. 66: "[...] en ciertas ocasiones los resultados puedan coincidir porque el negocio simulado pudiera ser utilizado como instrumento de fraude". Nota 186. "Según FERRARA, F., 'es hoy doctrina dominante y casi unánime la que, aun distinguiendo las dos formas de simulación y fraude, admite, sin embargo, que la primera pueda servir de medio al segundo y que el negocio simulado puede ser fraudulento' (*La simulación de los negocios jurídicos, op. cit.*, p. 78)".

[144] "[...] toda vez que a simulação atue como um meio fraudatório à lei, visando à vulneração de uma norma cogente, deve desaparecer para dar lugar à preponderância da fraude à lei, pela violação da norma de ordem pública" (LOPES, Miguel Maria de Serpa. *Curso de direito civil*. 6. ed. Rio de Janeiro: Freitas Bastos, v. I, 1988, p. 405. *Apud* NOBRE JUNIOR, Edilson Pereira. Fraude à lei. *Revista da AJURIS*, v. 41, n. 136, Dez-2014, p. 129).

[145] PERERA, Ángel Carrasco. *Tratado del abuso de derecho y del fraude de ley*. Navarra: Aranzadi-Civitas--Thompson Reuters, 2016, p. 362-363: "[...] sólo existe fraude de ley (abuso institucional de derecho) cuando la conducta que es realizada por el sujeto *simula* la realización del supuesto de hecho de la cobertura y persigue con ello eludir la norma naturalmente aplicable. Si el sujeto no simula el supuesto, pero lo realiza *para* escapar de la norma em outro caso aplicable, no habrá fraude de ley".

[146] "Art. 890. Pode oferecer lance quem estiver na livre administração de seus bens, com exceção:
I – dos tutores, dos curadores, dos testamenteiros, dos administradores ou dos liquidantes, quanto aos bens confiados à sua guarda e à sua responsabilidade;
II – dos mandatários, quanto aos bens de cuja administração ou alienação estejam encarregados;
III – do juiz, do membro do Ministério Público e da Defensoria Pública, do escrivão, do chefe de secretaria e dos demais servidores e auxiliares da justiça, em relação aos bens e direitos objeto de alienação na localidade onde servirem ou a que se estender a sua autoridade;
IV – dos servidores públicos em geral, quanto aos bens ou aos direitos da pessoa jurídica a que servirem ou que estejam sob sua administração direta ou indireta;
V – dos leiloeiros e seus prepostos, quanto aos bens de cuja venda estejam encarregados;
VI – dos advogados de qualquer das partes."

tais casos, segundo Moreira Alves,[147] Pontes de Miranda[148] e Humberto Theodoro Júnior,[149] haveria fraude à lei, ao passo que, para Carlos Alberto da Mota Pinto[150] e Inocêncio Galvão Telles,[151] a hipótese seria de simulação relativa por interposição de pessoas. A previsão final do art. 23, V, evita essa discussão, abrangendo a simulação e a fraude à lei.

Portanto, no inciso V do art. 23 do Decreto-Lei nº 1.455/1976, o termo *"fraude"* deve ser interpretado no sentido de *fraude à lei aduaneira*, e não de *fraude fiscal*. Isso é necessário para manter a fidelidade e a coerência com a objetividade jurídica do tipo (o *controle aduaneiro*), afastando interpretações fiscalistas incompatíveis com o papel da aduana no Estado contemporâneo. Trata-se de resultado hermenêutico mais condizente com as funções da aduana moderna, bastante próximo, aliás, da definição de *fraude aduaneira* da Convenção Internacional de Assistência Mútua Administrativa para a Prevenção, Investigação e Repressão de Ofensas Aduaneiras (*Convenção de Nairóbi*), não ratificada pelo Brasil, mas que corresponde ao conceito internacionalmente aceito:[152]

> O termo "fraude aduaneira" significa uma infração aduaneira pela qual uma pessoa engana a aduana e assim evita, total ou parcialmente, o pagamento de direitos e tributos na

---

[147] "Por vezes, há necessidade de uma conjugação de atos. Temos, por exemplo, o caso de pessoas interpostas para o fim de fraudar à lei. Funcionário público não pode comprar em leilão bem público, então um amigo dele compra em leilão não para ficar com ele, mas com a finalidade posterior de revender esse bem para aquele funcionário público. Consequentemente, as palavras da lei foram observadas: ele não comprou em leilão, e sim, de terceiro, mas o espírito da lei foi violado. Assim, temos aqui um complexo de negócios jurídicos que em si mesmos são válidos, mas pela sua reunião passa a ser em fraude à lei. Observam os *verba legis*, mas ferem a *mens legis* ou a *sententia legis*" (ALVES, José Carlos Moreira. As figuras correlatas da elisão fiscal. Belo Horizontes: Fórum, 2003, p. 17 e ss.).

[148] "Se o ascendente vendeu ao descendente, usando, para evitar a incidência do art. 1.132, de interposta pessoa, e o adquirente transferiu ao descendente, o negócio jurídico, *in fraudem legis*, é nulo" (PONTES DE MIRANDA, Francisco Cavalcanti. *Tratado de direito privado*, v. IV, § 473, nº 1, 1955. Apud STF. RE 30.184/PB. Rel. Min. Orozimbo Nonato. DJ 06.07.1956.

[149] THEODORO JÚNIOR, Humberto. *Comentários ao novo Código Civil*: livro III – Dos fatos jurídicos: do negócio jurídico. 4. ed. Rio de Janeiro: Forense, 2008, p. 443: "É o que comumente se faz por meio de interposta pessoa: o tutor, que não pode comprar o bem do pupilo, promove a venda a um terceiro que, em seguida, lhe repassa referido bem; o cônjuge adúltero que não pode doar à concubina, simula uma compra e venda etc.".

[150] PINTO, Carlos Alberto da Mora. *Teoria geral do direito civil*. 3. ed. Coimbra: Coimbra, 1994, p. 475: "A, pretendendo dar um prédio a B, finge doar a C para este posteriormente doar a B, intervindo um conluio entre os três. Pode recorrer-se a tal interposição fictícia com o intuito de contornar uma norma legal que proíba a doação de A a B, como sucede, p.ex., com os artigos 953º e 2196º".

[151] TELLES, Inocêncio Galvão. *Manual dos contratos em geral*. 4. ed. Coimbra: Coimbra, 2002, p. 169-170: "Por exemplo, a lei proíbe a venda, e duma maneira geral a cessão, de *direitos litigiosos* a juízes, magistrados do Ministério Público, funcionários de justiça ou mandatários que exerçam habitualmente a sua atividade ou profissão na área em que o processo decorrer, bem como a peritos ou outros auxiliares de justiça que neste intervenham (Cód. Civil, art. 579º); no intuito de iludir essa proibição, o titular de um direito litigioso vende-o a indivíduo diverso de qualquer das pessoas indicadas, a fim de ele o transmitir depois a uma destas pessoas, como destinatário final".

[152] Sobre o tema, cf.: FAZOLO, Diogo Bianchi. *Fraude aduaneira*: um estudo em homenagem aos 100 anos do Curso de História Tributária do Brasil de Augusto Olympio Viveiros de Castro. *Revista Direito Tributário Atual*, S. l., n. 33, p. 108-126, 2015. Ressalte-se que, na visão de Bianchi Fazolo, com a qual concordamos inteiramente, *fraude aduaneira*: "[...] pode ser definida como qualquer ato pelo qual uma pessoa engana ou tenta enganar a administração aduaneira e, com isso, ilude o pagamento de direitos e impostos de importação ou exportação, no todo ou em parte, ou obtém qualquer vantagem infringindo disposições legais ou regulamentares expedidas pela administração aduaneira".

importação ou na exportação, ou a aplicação de proibições ou de restrições estabelecidas pela legislação aduaneira, ou obtém qualquer vantagem a ela contrária.[153]

Por outro lado, não é apropriado interpretar o inciso V do art. 23 do Decreto-Lei nº 1.455/1976 a partir da definição de *fraude fiscal* do art. 72 da Lei nº 4.502/1964:

> Art. 72. Fraude é toda ação ou omissão dolosa tendente a impedir ou retardar, total ou parcialmente, a ocorrência do fato gerador da obrigação tributária principal, ou a excluir ou modificar as suas características essenciais, de modo a reduzir o montante do imposto devido a evitar ou diferir o seu pagamento."

Como ressalta Alberto Xavier, "o impedimento ou retardamento a que o art. 72 da Lei nº 4.502/64 se refere não pode, pois, ser imputável a fato real e verdadeiro, referindo-se antes a situações em que, por simulação, a ocorrência ou o momento da ocorrência do fato gerador é ocultado sob o manto de ato enganoso".[154] Dessa maneira, interpretar o inciso V do art. 23 do Decreto-Lei nº 1.455/1976 a partir da definição de *fraude fiscal* faria com que a interposição fraudulenta só fosse caracterizada quando a ocultação visa à redução, ao diferimento ou à redução de tributos.[155]

Essa interpretação não se mostra compatível com a objetividade jurídica do tipo infracional, que é o controle aduaneiro, e não a percepção de receitas tributárias. Ademais, dela resulta um conceito limitado de interposição fraudulenta, que não abrange as ocultações realizadas para violar a legislação aduaneira, como as exigências de licenciamento não automático, de habilitação prévia para operar no comércio exterior, entre outras restrições e vedações estabelecidas em lei imperativa.

Um exemplo ilustra a inadequação da interpretação fiscalista do conceito de *fraude* no direito aduaneiro. A Portaria Secex nº 249/2023, como se sabe, estabelece um procedimento de *combate à fraude de valor nas importações* exercido pelo Grupo de Inteligência de Comércio Exterior (GI-CEX) do Departamento de Operações de Comércio Exterior (Decex). Nele é previsto que, em casos de indícios de subfaturamento, o Decex pode sujeitar ao regime de licenciamento não automático todas as importações da empresa suspeita de ter cometido a infração.[156] Em tais hipóteses, a aplicação do art. 72 da Lei nº 4.502/1964 seria manifestamente

---

[153] Traduzimos: "The term 'Customs fraud' means a Customs offence by which a person deceives the Customs and thus evades, wholly or partly, the payment of import or export duties and taxes or the application of prohibitions or restrictions laid down by Customs law or obtains any advantage contrary to customs law". Disponível em: https://www.wcoomd.org//media/ wco/public/global/pdf/about-us/legal-instruments/conventions-and-agreements/nairobi/nai reng1.pdf?la=en. Acesso em: 12 maio 2024.

[154] XAVIER, Alberto. *Tipicidade da tributação, simulação e norma antielisiva*. São Paulo: Dialética, 2001, p. 79.

[155] Na doutrina, a inadequação da aplicação do art. 72 da Lei nº 4.502/1964 na interpretação do inciso V do art. 23 também é ressaltada por Trevisan: "[...] a menção à fraude presente no inciso V do art. 23 do Decreto-Lei nº 1.455/1976 está ladeada por situações (incisos I a IV) que são mormente alheias à esfera tributária (v.g., importação de mercadorias sem licença do órgão competente, abandono de mercadorias em recinto alfandegado, e hipóteses preexistentes de perdimento de mercadorias e veículos), não havendo qualquer sentido lógico em atribuir somente ao inciso V caráter tributário" (TREVISAN, Rosaldo. A "interposição fraudulenta" na jurisprudência do Carf. In: GOMES, Marcus Lívio; OLIVEIRA, Francisco Marconi de; PINTO, Alexandre Evaristo. *Estudos tributários e aduaneiros do V Seminário Carf*. Brasília: Carf, 2020, p. 217).

[156] "Art. 43. Em casos de indícios de infração à legislação de comércio exterior vinculados a condições comerciais declaradas no processo de importação, o Decex poderá, no uso da competência prevista

inapropriada, porque restringiria a fraude ao aspecto fiscal. Assim, não seria possível qualificar como *interposição fraudulenta* a ocultação do investigado que, para contornar a exigência de licenciamento, deixa de importar diretamente, recorrendo a um *testa de ferro* não submetido à mesma restrição.

### 3.3.5.4 Pressupostos de caracterização da infração na importação

À luz das considerações anteriores, pode-se afirmar que o art. 23, V, tipifica como infração a conduta comissiva de ocultação do sujeito passivo, do real vendedor, do comprador ou do responsável pela operação de importação, por meio de simulação subjetiva ou de fraude à lei. A sua caracterização pressupõe a coalescência dos seguintes elementos: (i) ocultação subjetiva; (ii) conluio entre as partes; (iii) o negócio aparente ou simulado (a importação declarada) e o negócio oculto ou dissimulado (a importação oculta); e (iv) o propósito específico de enganar a aduana ou afastar a incidência de preceito legal proibitivo.[157]

#### 3.3.5.4.1 Primeiro pressuposto: ocultação subjetiva

O primeiro pressuposto para a caracterização da interposição fraudulenta é a ocultação pessoal ou subjetiva, que pode recair sobre o *sujeito passivo, real vendedor, comprador* ou de *responsável pela operação*. Trata-se de previsão que compreende não só o importador, mas qualquer outra parte ou responsável pela operação de comércio exterior. É o caso do *encomendante predeterminado* na importação por encomenda ou o *real adquirente* em importação realizada por sua conta e ordem, que devem constar na DI[158] e na Duimp.[159] Se o encobrimento for de pessoa que não deveria, por imposição de lei, constar obrigatoriamente na declaração ou que não poderia materialmente,[160] a conduta será atípica.

#### 3.3.5.4.2 Segundo pressuposto: o conluio

Ninguém pratica uma interposição fraudulenta unilateralmente. Esta pressupõe o conluio ou o acordo simulatório (ajuste doloso) entre as partes para emitir uma declaração de vontade enganosa. A comprovação do *conluio* pode ocorrer de diferentes maneiras. O ideal, certamente, seria um ato de formalização do ajuste doloso, o que é de difícil obtenção, quando existente. Por isso, são admitidas provas indiretas ou circunstanciais, isto é, relativas *a um fato diferente a partir do qual se pode extrair uma conclusão acerca de um fato principal*.[161] Tem essa

---

no inciso III do art. 21 do Anexo I ao Decreto nº 11.427, de 2 de março de 2023, mediante denúncia apresentada ou de ofício, sujeitar a regime de licenciamento não automático importações determinadas ou todas as importações a serem realizadas por importador suspeito de ter cometido a infração."

[157] Nessa edição, foi realizada uma reordenação dos pressupostos de caracterização, para facilitar a compreensão. Os requisitos, entretanto, continuam rigorosamente os mesmos.

[158] Anexo I da IN SRF nº 680/2006, itens 3, 4 e 5.

[159] Anexo III da IN SRF nº 680/2006, item 4.1.1.

[160] Como "ninguém é obrigado ao impossível" (*"ad impossibilia nemo tenetur"*), não há que se falar em ocultação quando inexistente, por exemplo, campo próprio para esse fim na declaração aduaneira. Essa, na realidade, também é uma exigência lógico-jurídica, porque, segundo ensina Aurora Tomazini de Carvalho, "caracteriza-se como um sem-sentido deôntico prescrever um comportamento como obrigatório, proibido ou permitido quando, por força das circunstâncias, o destinatário estiver impedido de realizar conduta diversa" (CARVALHO, Aurora Tomazini de. *Curso de teoria geral do direito*: o construtivismo lógico-semântico. 5. ed. São Paulo: Noeses, 2016, p. 315).

[161] TARUFFO, Michele. *A prova*. São Paulo: Marcial-Pons, 2014, p. 58.

natureza qualquer fato formador ou constitutivo da cadeia de artifícios astuciosos dos quais se possa inferir razoavelmente a ocorrência de um estratagema (plano, esquema ou manobra) para atingir o objetivo de ocultar o negócio jurídico real.

### 3.3.5.4.3 Terceiro pressuposto: o negócio simulado e negócio dissimulado

Na interposição fraudulenta, há dois negócios jurídicos: o negócio jurídico aparente ou simulado; e o negócio jurídico oculto ou dissimulado. O primeiro é a importação formalmente declarada às autoridades aduaneiras, criando a ilusão de que o *testa de ferro* é o efetivo importador, quando, na realidade, apenas encobre um terceiro oculto. O segundo é a operação de comércio exterior efetivamente ocorrida que as partes pretenderam esconder ou ocultar. É por meio dele que se descortina o motivo simulatório ou *causa simulandi*, vale dizer, a razão determinante da declaração enganosa de vontade. Essa geralmente constitui algo contrário aos interesses do sujeito oculto, tal como uma restrição (limitação formal ou material) de caráter pessoal a ele aplicável, ou então um requisito de eficácia ou de validade de um ato jurídico que não pode ser atendido diretamente pela pessoa encoberta pelo *testa de ferro*.

O negócio jurídico declarado ou *simulado* não existe de fato, de modo que, na realidade, o que as partes cumprem e executam é apenas o negócio jurídico oculto ou *dissimulado*. Por isso, para determinar a ocorrência de uma interposição fraudulenta, sempre devem ser examinados os *eventos de atuação* desse segundo contrato (do negócio jurídico real).

É importante, assim, a análise dos documentos da transação comercial, algo que todo importador, exportador ou adquirente na importação por conta e ordem têm o dever jurídico de manter em boa guarda e ordem pelo prazo decadencial, conforme exige o art. 70 da Lei nº 10.833/2003:

> Art. 70. O descumprimento pelo importador, exportador ou adquirente de mercadoria importada por sua conta e ordem, da obrigação de manter, em boa guarda e ordem, os documentos relativos às transações que realizarem, pelo prazo decadencial estabelecido na legislação tributária a que estão submetidos, ou da obrigação de os apresentar à fiscalização aduaneira quando exigidos, implicará:
> 
> I – se relativo aos documentos comprobatórios da transação comercial ou os respectivos registros contábeis:
> 
> a) a apuração do valor aduaneiro com base em método substitutivo ao valor de transação, caso exista dúvida quanto ao valor aduaneiro declarado; e
> 
> b) o não reconhecimento de tratamento mais benéfico de natureza tarifária, tributária ou aduaneira eventualmente concedido, com efeitos retroativos à data do fato gerador, caso não sejam apresentadas provas do regular cumprimento das condições previstas na legislação específica para obtê-lo;
> 
> [...]
> 
> § 1º Os documentos de que trata o *caput* compreendem os documentos de instrução das declarações aduaneiras, a correspondência comercial, incluídos os documentos de negociação e cotação de preços, os instrumentos de contrato comercial, financeiro e cambial, de transporte e seguro das mercadorias, os registros contábeis e os correspondentes documentos fiscais, bem como outros que a Secretaria da Receita Federal venha a exigir em ato normativo [...].

É por meio da correspondência comercial, dos e-mails enviados e recebidos do exportador, da cotação de preços, do pedido de compra e da fatura *pró-forma* que pode ser identificado quem efetivamente negociou com o fornecedor estrangeiro. A prova da natureza *aparente* do negócio jurídico simulado será a presença da *pessoa* omitida na declaração de mercadorias em meio a essas tratativas.[162]

Outro evento de atuação contratual relevante é o adimplemento da obrigação perante o exportador estrangeiro e das despesas de nacionalização da mercadoria. Deve ser avaliado quem forneceu os recursos financeiros necessários ao fechamento de câmbio, ao pagamento dos tributos aduaneiros e das demais despesas do despacho de importação (despachantes aduaneiros, armazenagem, entre outros serviços portuários). Se for alguém diferente daquele que consta como importador na declaração de mercadorias, há uma possível simulação, porque, na realidade, isso mostra que o contrato cumprido e executado pelas partes é outro, distinto daquele declarado para as autoridades aduaneiras.

Os eventos de atuação do contrato real também devem ser buscados em meio às relações mantidas entre o importador ostensivo e o importador oculto. Assim, deve-se avaliar, dentro da terminologia encontrada na obra de Luís Felipe Pires de Sousa, a presença dos indícios de **subfortuna, pretium vilis** e **movimento bancário**. O primeiro é a prova da "incapacidade financeira ou desproporcionalidade entre os meios económicos do adquirente e os encargos que o mesmo assume nos termos declarados no negócio simulado". O segundo é a prática de "preço irrisório ou abaixo dos valores de mercado". O **movimento bancário**, por sua vez, "assume frequentemente um papel decisivo para a prova da simulação", porque "o normal é que o pagamento e movimento de dinheiro deixe um rastro documental e bancário, sendo fácil ao titular de uma conta bancária fazer a prova dos movimentos da mesma".[163]

Por exemplo, considere-se uma *simulação de importação direta* dissimulando *importação por conta e ordem* de terceiros, que é a hipótese mais recorrente de interposição fraudulenta no pragmático. Nesses casos, o importador ostensivo declara estar realizando uma importação própria, quando, na realidade, apenas presta serviços ao importador oculto, sem assumir os riscos do negócio jurídico internacional. Muitas vezes, sequer tem capacidades econômica e operacional compatíveis com a operação, além de apresentar relações familiares, de amizade, profissionais ou de dependência com importador oculto. É esse que, por sua vez, financia a importação, disponibilizando os recursos necessários ao fechamento de câmbio, ao pagamento dos tributos aduaneiros e de outras despesas do despacho. O importador ostensivo não aufere a lucratividade que seria esperada em uma importação direta. Como o que se executa é o negócio jurídico oculto, a remuneração será correspondente ao efetivo papel do ocultante nessa relação camuflada. Assim, o resultado auferido pelo *testa de ferro* acaba constituindo uma simples remuneração proporcional pela cessão de nome ou um valor fixo por declaração registrada.[164]

---

[162] Esses documentos podem deixar de ser apresentados diante das circunstâncias previstas no § 2º do art. 70 da Lei nº 10.833/2003: "Art. 70. [...] § 2º Nas hipóteses de incêndio, furto, roubo, extravio ou qualquer outro sinistro que provoque a perda ou deterioração dos documentos a que se refere o § 1º, deverá ser feita comunicação, por escrito, no prazo de 48 (quarenta e oito) horas do sinistro, à unidade de fiscalização aduaneira da Secretaria da Receita Federal que jurisdicione o domicílio matriz do sujeito passivo".

[163] SOUSA, Luís Filipe Pires de. *Prova por presunção no direito civil*. 4. ed. Coimbra: Almedina, 2023, p. 292-293.

[164] Esse aspecto relevante não passou despercebido no voto do Conselheiro Tarasio Campelo Borges, ao ressaltar que o simples recebimento de comissão denota que o importador ostensivo foi contratado por terceiro (o real importador): "Ora, se apenas auferiu comissão é porque não adquiriu mercadorias para importação e revenda. Significa que a ora recorrente foi contratada por terceiro, o real importador, para cuidar dessa importação por conta e ordem do contratante e o fez sem revelar esse fato nos documentos necessários para o desembaraço aduaneiro. Ao se apresentar como real importador, o confesso prestador

Esses elementos relacionam-se a outro evento relevante de execução do contrato real encoberto, que consiste na entrega da mercadoria ao importador oculto. O preço incompatível com os riscos do negócio mostra que, na realidade, a compra e venda apenas instrumentaliza a transferência da titularidade da mercadoria *para o seu verdadeiro proprietário,* depois de cumpridas as funções do *testa de ferro.*

Dessa forma, na avaliação da materialidade da infração, também devem ser analisados os fluxos financeiros que resultam dos eventos de execução do contrato real encoberto[165]. Assim, ainda no exemplo acima, será identificado o seguinte:

> **Fluxo de pagamento antes da nacionalização**: a análise dos extratos bancários indicará a presença, em datas próximas ao vencimento, de transferências de recursos financeiros do importador oculto (ou de pessoa relacionada, física ou jurídica) para o importador ostensivo, que, por sua vez, faz uso dessas disponibilidades para o pagamento do exportador (fechamento do câmbio), das despesas de nacionalização (pagamento do despachante, armazenagem e outros serviços portuários) e dos tributos aduaneiros; também podem ser identificados pagamentos diretos de algumas dessas despesas pelo importador oculto;
>
> **Fluxo de recebimentos após a nacionalização**: (i) pagamentos de títulos ou transferências bancárias do importador oculto em favor do importador ostensivo realizados *formalmente* para a compra das mercadorias, mas que, devido ao seu caráter irrisório ou manifestamente abaixo do valor de mercado, *materialmente* remuneram a cessão de nome; e (ii) recebimento pelo importador oculto de pagamentos de terceiros pela venda das mercadorias por preços normais, gerando elevadas margens de lucro.

Por outro lado, não sendo uma *interposição fraudulenta,* os eventos de execução contratual e a movimentação bancária indicariam os seguintes fluxos:

> **Fluxo de pagamento antes da nacionalização**: recursos de titularidade do próprio importador são destinados ao pagamento do exportador (fechamento do câmbio), das despesas de nacionalização (despachante, armazenagem e outras serviços portuários) e dos tributos aduaneiros; e
>
> **Fluxo de recebimentos após a nacionalização**: após a nacionalização, o importador vende os produtos no mercado interno por preços normais, auferindo margem de lucro compatível com os riscos do negócio.

O fluxo financeiro decorre de um dos eventos de atuação contratual mais relevantes desse contrato velado, que é subtraído do conhecimento da autoridade aduaneira pelas partes:

---

de serviços de comércio exterior simulou a inexistente operação mercantil declarada às autoridades aduaneiras, em conluio com o real importador" (Carf. 3ª S. 1ª C. 1ª T.O. Ac. 31014100.521, fls. 10).

[165] Essa, aliás, é uma das provas mais relevantes, como ressalta Rodrigo Mineiro Fernandes: "Quanto ao financiamento da importação, trata-se de uma das provas mais valorizadas pelos julgadores, desde que se demonstrem inequivocamente a origem do recurso e sua vinculação com a importação e o sujeito oculto. Trata-se de identificar o efetivo provedor ou remetente dos recursos financeiros para a aquisição da mercadoria importada, e/ou o responsável por seu pagamento, no processo denominado de 'follow the money' no pagamento da mercadoria ou dos tributos incidentes". FERNANDES, Rodrigo Mineiro. Ocultação do sujeito passivo na importação e o controle aduaneiro: aspectos probatórios e novas discussões. In: BATISTA JÚNIOR, Onofre Alves; SILVA, Paulo Roberto Coimbra (Coord.). *Direito aduaneiro e direito tributário aduaneiro*. Belo Horizonte: Letramento, 2022, p. 287-288.

o adimplemento da prestação do comprador. É por meio dele que se evidencia a dissociação entre declaração e realidade que lesiona o bem jurídico tutelado (o controle aduaneiro). Em outras palavras, é o fluxo financeiro que expressa a materialidade da infração: se apresentar uma correspondência ou compatibilidade com o negócio jurídico declarado, a conduta é lícita; se indicar uma discrepância indicativa de que o contrato em execução é outro (o contrato encoberto), pode-se estar diante da infração, desde que presentes os demais pressupostos caracterizadores.

### 3.3.5.4.4 Quarto pressuposto: o intuito de enganar o fisco ou de afastar a incidência de preceito legal

Não é necessária a demonstração do intuito de prejudicar (*animus nocendi*), já que, no Código Civil de 2002, não há mais a distinção entre simulação inocente e fraudulenta. Basta a presença do propósito específico de enganar (*animus decipiendi*).[166] Esse, por sua vez, deve ser avaliado em consonância com a objetividade jurídica do tipo infracional, que é o controle aduaneiro das partes da operação de comércio exterior. O que se pretende alcançar, portanto, são as operações inexistentes de fato, declaradas apenas para ludibriar e para subtrair das autoridades aduaneiras o conhecimento daquele que efetivamente está promovendo a importação ou a exportação. O *animus* das partes deve estar direcionado a criar a ilusão de que o *testa de ferro* é o efetivo importador ou exportador da mercadoria, ou seja, de induzir a aduana em erro sobre a pessoa (*error in persona*) que efetivamente está promovendo a operação de comércio exterior, gerando um risco ou uma possibilidade séria de lesionar o bem jurídico tutelado (o controle aduaneiro).

Não há *animus decipiendi* se a ocultação é justificada por outro motivo lícito que não o propósito específico de ludibriar as autoridades aduaneiras; ou então, como bem lembrado por Rodrigo Fernandes Mineiro, quando a ocultação resulta "de mero erro, plenamente comprovado nos autos".[167] Em situações dessa natureza, aliás, a punição seria incompatível com a Norma 3.39 do Anexo Geral da Convenção de Quioto Revisada. Esse ato normativo de direito internacional, incorporado ao direito brasileiro pelo Decreto Legislativo nº 56/2019 e promulgado pelo Decreto nº 10.276/2020, impede a penalização de erros cometidos de boa-fé e sem intenção fraudulenta:

> Erros
>
> 3.39. Norma
>
> As Administrações Aduaneiras não aplicarão penalidades excessivas em caso de erros, se ficar comprovado que tais erros foram cometidos de boa-fé, sem intenção fraudulenta nem negligência grosseira. Quando as Administrações Aduaneiras considerarem

---

[166] TELLES, Inocêncio Galvão. *Manual dos contratos em geral*. 4. ed. Coimbra: Coimbra, 2002, p. 166: "As simulações são bastante frequentes, e se, por vezes, se fazem só com o *intuito de enganar* (*animus decipiendi*), em regra domina-as o *propósito de prejudicar* (*animus nocendi*). O intuito de enganar é o mínimo imprescindível; mas na grande maioria dos casos a intenção dos simuladores apresenta coloração ou intensidade bem mais forte, porque os anima o objectivo de causar a alguém um dano ilícito, sendo para produzir esse dano que forjam a *ficção de um contrato*, por eles na realidade não desejado. A simulação que visa apenas *enganar* diz-se *inocente*; a que visa *prejudicar* diz-se *fraudulenta*".

[167] FERNANDES, Rodrigo Mineiro. Ocultação do sujeito passivo na importação e o controle aduaneiro: aspectos probatórios e novas discussões. In: BATISTA JÚNIOR, Onofre Alves; SILVA, Paulo Roberto Coimbra (Coord.). *Direito aduaneiro e direito tributário aduaneiro*. Belo Horizonte: Letramento, 2022, p. 284.

necessário desencorajar a repetição desses erros, poderão impor uma penalidade que não deverá, contudo, ser excessiva relativamente ao efeito pretendido.

Como ressaltado anteriormente, diversas podem ser as razões que levam a uma interposição fraudulenta, desde a prática de lavagem de dinheiro, até a sonegação de tributos. Não raro, o motivo simulatório ou *causa simulandi* pode ser simplesmente algo contrário aos interesses do sujeito oculto, tal como uma restrição ou limitação de caráter pessoal a ele aplicável, ou então um requisito de eficácia ou de validade de um ato jurídico que não pode ser atendido diretamente pela pessoa encoberta pelo *testa de ferro*.

Veja-se, por exemplo, o caso de importações entre partes relacionadas. Nelas, como analisado no Capítulo IV, a aceitabilidade do valor da transação depende da demonstração da aceitabilidade do preço pago ou pagar na operação de comércio exterior. Isso desencadeia uma série de verificações adicionais que podem levar ao afastamento do valor declarado e a aplicação de métodos subjetivos de valoração.[168] A *causa simulandi*, portanto, poderia ser enganar a aduana em relação à existência de vinculação com o exportador, afastando a necessidade de observância dessas limitações.

A ocultação pode servir ainda como veículo para práticas ilícitas menos sofisticadas, como a simulação de importação por entidade isenta ou a chamada "quebra" da cadeia do IPI. Esta ocorre quando o real destinatário da mercadoria, mediante inserção de uma segunda empresa, simula uma operação de importação, deslocando a margem de lucro para a venda subsequente no mercado interno. Com isso, o crédito tributário – devido por equiparação a estabelecimento industrial na primeira operação[169] – tem a sua base de cálculo diluída, gerando uma redução do valor devido.[170]

A determinação do motivo simulatório é relevante diante de situações indiciárias, em que se tem apenas uma ocultação aparente do real destinatário da mercadoria. É o que ocorre, por exemplo, quando o importador estabelece um vínculo de regularidade com um ou mais adquirentes, tornando-se um fornecedor frequente de uma linha de produtos; ou quando a mercadoria é encaminhada diretamente do recinto alfandegado ao estabelecimento do comprador. Tais fatos podem ser indícios de ocultação. Todavia, mostram-se insuficientes para – isoladamente – caracterizar uma interposição fraudulenta. O importador não precisa necessariamente promover a venda difusa ou "pulverizada" no mercado nacional. Nada impede a venda no atacado. Por outro lado, a rapidez do giro de estoques, além de não ser uma atividade ilícita, constitui um fator de eficiência empresarial. Nesses casos difíceis, situados em uma zona cinzenta, a identificação do motivo simulatório servirá de referencial para a identificação de importações legítimas e diferenciá-las das fraudulentas.

### 3.3.5.5 A questão do dano ao erário

Como analisado anteriormente,[171] o princípio constitucional da ofensividade impede a penalização de condutas não lesivas ou sem perigo de lesão ao bem jurídico protegido. Por isso, a interposição fraudulenta em operações de comércio exterior deve ser considerada uma *infração de aptidão*. Assim, considerando que a objetividade jurídica da norma é o **controle**

---

[168] Ver Cap. IV, item 2.3.5.
[169] Regulamento do IPI, Decreto nº 7.212/2010, art. 9º, I, II e IX; art. 4º, I e II, da Lei nº 4.502/1964, art. 79 da Medida Provisória nº 2.158-35/2001; e art. 13 da Lei nº 11.281/2006.
[170] Ver Cap. II, item 4.1.2.1.2.
[171] Ver item 3.1.2.

**aduaneiro** – e não a percepção de receitas tributárias –, o dano ao erário não é pressuposto para a caracterização da infração. Basta que a conduta típica apresente idoneidade ou possibilidade séria de lesionar o bem jurídico tutelado.

Por outro lado, como se viu, a interposição fraudulenta também se materializa quando a simulação é empregada pelas partes como um meio de fraude à lei. Nessas hipóteses, não se cogita de dano ao erário, porque o objetivo das partes é contornar uma vedação estabelecida pela legislação aduaneira.

Contudo, se o prejuízo ao erário for o motivo determinante da autuação, esse deve ser demonstrado e provado pela autoridade competente no procedimento administrativo fiscal. Assim, se o relatório fiscal afirma ter ocorrido um dano ao erário que não foi verdadeiro ou não ocorreu, o ato administrativo será inválido.

### 3.3.5.6 Aspecto subjetivo da conduta (dolo)

A doutrina civilista entende que a intenção das partes perde relevância quando a simulação é empregada como meio de fraude, porque – segundo ensinam Pontes de Miranda e Humberto Theodoro Junior – fraude é sempre objetiva.[172] Assim, qualquer que tenha sido o motivo, como também assinalam Manuel Atienza e Juan Ruiz Manero, "o elemento dominante não é mais o do engano, mas sim o do dano".[173]

Contudo, essa exegese não é aplicável em matéria sancionatória. O princípio da culpabilidade, que decorre dos arts. 1º, III, 4º, II, 5º, *caput* e XLVI, da Constituição Federal de 1988, impede que alguém possa ser penalizado, no direito aduaneiro ou em qualquer outro ramo, sem a demonstração de culpa ou de dolo. Todas as infrações aduaneiras devem ser interpretadas como infrações subjetivas.

Não se desconhece que a matéria está longe de ser pacífica no Carf. Alguns julgados, inclusive da 3ª Turma da Câmara Superior de Recursos Fiscais (CRSF), já entenderam que a interposição fraudulenta não depende "da demonstração, pelo fisco, da presença do elemento volitivo nos atos praticados".[174] Contudo, há acórdãos mais recentes que – resgatando a interpretação adotada nos primeiros precedentes do Carf acerca dessa matéria – exigem a demonstração do dolo por parte da fiscalização.[175]

---

[172] THEODORO JÚNIOR, Humberto. *Comentários ao novo Código Civil*: livro III – Dos fatos jurídicos: do negócio jurídico. 4. ed. Rio de Janeiro: Forense, 2008, p. 443; PONTES DE MIRANDA, Francisco Cavalcanti. *Tratado de direito privado*: parte geral. 2. ed. Campinas: Bookseller, 2000, p. 91. Sobre o tema, cf. ainda: NOBRE JUNIOR, Edilson Pereira. Fraude à lei. *Revista da AJURIS*, v. 41, n. 136, dez. 2014, p. 135 e ss.. No direito comparado, destacam Manuel Atienza e Juan Ruiz Manero que: "O problema fundamental que estabeleceu historicamente parece haver sido o de se a fraude à lei se define objetivamente (como a oposição da conduta contida na norma – da norma defraudada) ou subjetivamente (em cujo caso se requer também a intenção do agente de evitar a aplicação da norma defraudada). Pois bem, a evolução do conceito de fraude parece haver sido no sentido de uma progressiva objetivação, isto é, migrou de uma concepção subjetiva a uma objetiva, o que, de certo modo, vem significar uma inversão do que – como víamos – ocorreu no mundo romano: para nós, o elemento dominante não é mais o do engano, mas sim o do dano" (ATIENZA, Manuel; MANERO, Juan Ruiz. *Ilícitos atípicos*: sobre o abuso de direito, fraude à lei e desvio de poder. Trad. Janaina Roland Matida. São Paulo: Parcial Pons, 2014, p. 59). Em sentido contrário: PERERA, Ángel Carrasco. *Tratado del abuso de derecho y del fraude de ley*. Navarra: Aranzadi-Civitas-Thompson Reuters, 2016, p. 362 e ss.

[173] ATIENZA, Manuel; MANERO, Juan Ruiz. *Ilícitos atípicos*: sobre o abuso de direito, fraude à lei e desvio de poder. Trad. Janaina Roland Matida. São Paulo: Parcial Pons, 2014, p. 59.

[174] Carf. CSRF. 3ª T. Ac. 9303-007.454, S. 20.09.2018.

[175] Carf. 3ª S. 4ª C. 1ª T.O. Ac. 3401-012.373, S. 24.09.2023.

Destaca-se, nesse sentido, o Acórdão nº 3401-012.373, da 1ª Turma Ordinária da 4ª Câmara da 3ª Seção:

> [...] INFRAÇÃO. OCULTAÇÃO MEDIANTE FRAUDE OU SIMULAÇÃO. CARACTERIZAÇÃO. DOLO. A infração prevista no art. 23, V, do Decreto-Lei nº 1.455/1976 não é a mera ocultação do sujeito passivo nas operações de comércio exterior, mas a ocultação realizada "mediante fraude ou simulação, inclusive a interposição fraudulenta de terceiros", de modo que, para caracterização da infração, deve ser identificado o dolo, restando configurada uma infração grave em substância e não uma infração meramente formal.[176]

Essa, sem dúvida, é a interpretação mais acertada. Primeiro, porque o princípio da culpabilidade impede que alguém possa ser penalizado com abstração do aspecto subjetivo de sua conduta. Segundo, porque a interposição fraudulenta pressupõe o *conluio* entre o *testa de ferro* e a pessoa acobertada. Esse *acordo simulatório* nada mais é do que um *ajuste doloso* para a emissão de uma declaração de vontade enganosa. Não há como realizar uma combinação dessa natureza de modo não intencional ou culposo. A infração necessariamente exige o dolo para a sua caracterização, em razão do direcionamento da conduta ilícita ao propósito específico de enganar ou de ludibriar terceiros.[177]

A supressão ou dispensa do elemento subjetivo da conduta permitiria que toda e qualquer ocultação fosse considerada uma interposição fraudulenta. Trata-se de uma interpretação que esvazia o sentido do inciso V do art. 23 do Decreto-Lei nº 1.455/1976, que não tipifica a *ocultação* pura e simples, mas a *ocultação qualificada* pela *fraude* ou *simulação*.

O § 2º do art. 94 do Decreto-Lei nº 37/1966 não é incompatível com essa interpretação. Esse preceito estabelece o caráter objetivo da responsabilidade por infrações aduaneiras, mas admite disposição em contrário: "*§ 2º – Salvo disposição expressa em contrário, a responsabilidade por infração independe da intenção do agente ou do responsável e da efetividade, natureza e extensão dos efeitos do ato*". Além disso, sua aplicabilidade é restrita às infrações definidas no próprio Decreto-Lei nº 37/1996, o que não é o caso da interposição fraudulenta, tipificada

---

[176] Carf. 3ª S. 3ª C. 1ª T.O. Ac. 3301-002.636, S. 24.09.2015. No mesmo sentido: Carf. 3ª S. 2ª C. 1ª T.O. Ac. 3201-003.648, S. 19.04.2018; Carf. 3ª S. 2ª C. 1ª T.O. Ac. 3201-005.473, S. 19.06.2019; Carf. 3ª S. 4ª C. 1ª T.O. Ac. 3401-006.220, S. 23.05.2019; Carf. 3ª S. 4ª C. 1ª T.O. Ac. 3401-006.746, S. 20.08.2019.

[177] Na doutrina, o tema foi enfrentado por Luís Eduardo G. Barbieri, para quem a prova da infração aduaneira "deve ser feita demonstrando-se a existência de *conduta dolosa* – fraude ou simulação – na ocultação do sujeito passivo, do real vendedor, do real comprador ou de responsável pela operação". BARBIERI, Luís Eduardo G. A prova da interposição fraudulenta de pessoas no processo tributário. In: PEREIRA, Cláudio Augusto Gonçalves; REIS, Raquel Segala (Org.). *Ensaios de direito aduaneiro*. São Paulo: Intelecto, 2015, p. 392. No mesmo sentido, cf.: NASCIMENTO, José Fernandes do. Despacho aduaneiro de importação. In: PEIXOTO, Marcelo Magalhães; SARTORI, Angela; DOMINGO, Luiz Roberto (Coord.). *Tributação aduaneira na jurisprudência do Carf – Conselho Administrativo de Recursos Fiscais*. São Paulo: MP-APET, 2013, p. 411; DEIAB JUNIOR, Remy. Ocultação do real sujeito passivo na importação e a quebra da cadeia de recolhimento do IPI. *Revista de Direito Tributário da APET*, v. 7, nº 26 (2010), p. 73; STEFANO, Marcelle Silbiger de. *Fraude no comércio exterior*: a interposição fraudulenta de terceiros. São Paulo: Almedina, 2020: p. 62; SARTORI, Angela; DOMINGO, Luiz Roberto. Dano ao erário pela ocultação mediante fraude – a interposição fraudulenta de terceiros nas operações de comércio exterior. *In*: PEIXOTO, Marcelo Magalhães; SARTORI, Angela; DOMINGO, Luiz Roberto (Coord.). *Tributação aduaneira à luz da jurisprudência do CARF – Conselho Administrativo de Recursos Fiscais*. São Paulo: MP-APET, 2013, p. 62; BATISTA, Luiz Rogério Sawaya. Anotações sobre a interposição fraudulenta para reflexão. *In*: PEREIRA, Cláudio Augusto Gonçalves; REIS, Raquel Segala (Org.). *Ensaios de direito aduaneiro*. São Paulo: Intelecto, p. 425-438, 2015, p. 437.

no Decreto-Lei nº 1.455/1976.[178] Tampouco há incompatibilidade com o art. 136 do CTN, que, aliás, sequer seria aplicável à hipótese, já que a interposição fraudulenta tem natureza de infração aduaneira.[179]

Logo, para a caracterização da interposição fraudulenta, sempre deve ser demonstrado que os coautores (v.g., o importador ostensivo e o importador oculto) tinham o conhecimento e a vontade de realizar o tipo objetivo, ou seja, que o resultado foi deliberadamente pretendido como fim ou como consequência necessária do meio escolhido.

### 3.3.5.7 Natureza do dispositivo violado na fraude à lei

Não é qualquer preceito legal que pode ser objeto de fraude à lei. O Código Civil (art. 166, VI) exige que se trate de *lei imperativa*.[180] Essa, como se sabe, opõe-se às leis ou preceitos dispositivos, ou seja, destituídos de caráter cogente, como é o caso das normas supletivas ou das que estabelecem uma permissão ao particular.[181] Na fraude, segundo destaca César García Novoa, as partes sempre perseguem um resultado contrário ou proibido pelo ordenamento jurídico. A sua caracterização, por isso mesmo, pressupõe a identificação de uma norma susceptível de ser transgredida, que tanto pode estabelecer uma proibição ou uma ordem. Nesse último caso, entretanto, o conteúdo da norma deve prever a obrigação de atuar de uma maneira para se alcançar um determinando fim, proibindo – direta ou indiretamente – toda conduta em sentido contrário.[182]

Essas observações são relevantes porque os operadores deônticos – proibido (*V*), obrigatório (*O*) e permitido (*P*) – são interdefiníveis.[183] Assim, dizer que uma conduta é proibida,

---

[178] Nesse sentido, cf.: DEIAB JUNIOR, Remy. Ocultação do real sujeito passivo na importação e a quebra da cadeia de recolhimento do IPI. *Revista de Direito Tributário da APET*, v. 7, n. 26 2010, p. 73; NASCIMENTO, José Fernandes do. Despacho aduaneiro de importação. In: PEIXOTO, Marcelo Magalhães; SARTORI, Angela; DOMINGO, Luiz Roberto (Coord.). *Tributação aduaneira na jurisprudência do CARF – Conselho Administrativo de Recursos Fiscais*. São Paulo: MP-APET, 2013, p. 411.

[179] Conforme ensina Rodrigo Mineiro Fernandes: "[...] não se trata de infração de natureza tributária, cujo bem jurídico tutelado seria a arrecadação. Aqui, importa-nos verificar se o ato violou as medidas de controle e segurança dos atos aduaneiros praticados, dentro do poder/dever da Aduana, com base na determinação constitucional do devido controle aduaneiro. [...] A ocultação do sujeito passivo impacta de forma direta no controle aduaneiro, visto que as medidas impostas para se identificar o real interveniente nas operações de comércio exterior são violadas" (FERNANDES, Rodrigo Mineiro. *Introdução ao direito aduaneiro*. São Paulo: Intelecto, 2018, p. 161.

[180] "Art. 166. É nulo o negócio jurídico quando: [...] VI – tiver por objetivo fraudar lei imperativa;"

[181] NOVOA, César García. *La cláusula antielusiva en la nueva ley general tributaria*. Madrid: Marcial Pons, 2004, p. 41; NOBRE JUNIOR, Edilson Pereira. Fraude à lei. *Revista da AJURIS*, v. 41, n. 136, dez. 2014, p. 128: "[...] somente uma regra cogente pode ser objeto de uma fraude à lei, uma vez que aquelas pertencentes ao direito dispositivo, por estarem submetidas à autonomia privada, podem ter os seus comandos afastados pela atuação das partes interessadas".

[182] NOVOA, César García. *La cláusula antielusiva en la nueva ley general tributaria*. Madrid: Marcial Pons, 2004, p. 43-44: "En cualquier caso, estas normas de conducta que imponen mandatos u obligaciones son normas que establecen la obligación de obrar de cierta manera para conseguir un determinado fin u objetivo, prohibiendo al mismo tiempo, expresa o implícitamente, toda conducta diferente a la impuesta. En estas normas es posible localizar un "resultado prohibido", que será el resultado típico o "institucional" que se deriva de las conductas excluidas y las ventajas que de la misma pueden desprender-se a favor del particular". É por isso que, para Alberto Xavier, a distinção entre estes dois tipos de normas afigura-se essencialmente redacional ("[...] tanto faz proibir um resultado por qualquer meio, como proibir meios diversos dos exigidos na lei para atingir o resultado") (XAVIER, Alberto. *Tipicidade da tributação, simulação e norma antielisiva*. São Paulo: Dialética, 2001. p. 63 e nota 65).

[183] CARVALHO, Aurora Tomazini de. *Curso de teoria geral do direito*: o construtivismo lógico-semântico. 5. ed. São Paulo: Noeses, 2016, p. 221-222. Cf. ainda: VILANOVA, Lourival. *As estruturas lógicas e o*

equivale a afirmar que não é permitida ou que a sua não realização é obrigatória. Da mesma forma, uma conduta obrigatória pode ser definida como aquela que não é proibida ou que não é permitida omitir. Ao assinalar a necessidade de se considerar o resultado proibido pelo ordenamento jurídico, evita-se que atos legítimos sejam indevidamente interpretados como fraude à lei. Independentemente do enunciado, deve-se considerar que o *bypass* de uma norma jurídica somente faz sentido quando se busca contornar um resultado proibido. Não há que se falar em fraude diante de condutas permitidas ou facultadas (permissão bilateral), até porque, em tais hipóteses, é duvidoso imaginar algum interesse das partes em engendrar esforços para contornar a disposição legal. Tampouco há infração quando o preceito legal estabelece um ônus para o sujeito passivo. Nesse a lei prevê um comportamento facultativo que necessita ser realizado por um determinando sujeito para fins de tutela de seu próprio interesse. A não realização da conduta esperada acarreta, para o onerado, apenas a perda de um benefício ou o risco de um prejuízo.[184]

### 3.3.5.8 Implicações decorrentes da natureza das regras de controle aduaneiro: proporcionalidade e ponderação

A possibilidade de caracterização da infração nos casos de fraude à lei, aliada à natureza das normas aplicáveis ao controle aduaneiro, faz com que o tipo infracional adquira contornos bastante amplos. É que nesse campo, como ninguém desconhece, mostra-se particularmente expressivo o volume de deveres instrumentais no interesse da fiscalização. Esses podem apresentar os conteúdos mais variados, desde a prévia habilitação no Siscomex, a vinculação do encomendante ao importador em requerimento específico perante a Receita Federal, apresentação de prova de capacidade econômica e financeira compatível com o volume das operações, entre inúmeras outras que poderiam ser elencadas. Em meio a essa realidade do sistema brasileiro, qualquer um que se dedique ao exame do conteúdo dessas "obrigações acessórias" rapidamente poderá perceber que nem todas apresentam o mesmo grau de peso ou de relevância para o controle aduaneiro. Isso pode fazer com que se considere viciado um ato de mera aplicação equivocada dos regimes de importação ou a simples preterição de formalidades, sem potencial lesivo ao erário ou ao controle aduaneiro. Nessas circunstâncias pode ocorrer um desequilíbrio entre a gravidade da lesão ao bem jurídico e a sanção correspondente. Esse é um problema imanente ao tipo infracional que precisa ser devidamente enfrentado pelos operadores do direito.

A abertura do tipo infracional deve ser reduzida por meio da ponderação dos valores envolvidos. A Constituição Federal, de um lado, reconhece a importância do controle aduaneiro, enunciando – em seu art. 237 – que a fiscalização sobre o comércio exterior é essencial à defesa dos interesses fazendários nacionais. Porém, também consagra o direito de propriedade (art. 5º, XXII), a livre-iniciativa (art. 170, *caput*), a liberdade de exercício de atividades econômicas (art. 170, parágrafo único) e a vedação ao confisco (art. 150, IV), garantindo que ninguém será privado de seus bens sem o devido processo legal, inclusive em sua dimensão material de proibição de excesso (art. 5º, LIV). Tais princípios apresentam a mesma relevância normativa. A aplicação de um não pode ocorrer em prejuízo do outro. O texto constitucional

---

*sistema do direito positivo*. São Paulo: Max Limonad, 1997, p. 79; CARVALHO, Paulo de Barros. *Direito tributário*: fundamentos jurídicos da incidência. 2. ed. São Paulo: Saraiva, 1999, p. 130 e ss.; CARVALHO, Paulo de Barros. *Direito tributário, linguagem e método*. 2. ed. São Paulo: Noeses, 2008, p. 83; ENCHAVE, Delia Teresa; URQUIJO, María Eugenia; GUIBOURG, Ricardo A. *Lógica, proposición y norma*. Buenos Aires: Astrea, 1995, p. 107-144.

[184] GOMES, Orlando. *Obrigações*. 12. ed. Rio de Janeiro: Forense, 1998, p. 6 e 7.

deve ser interpretado de forma global, ponderando-se os diversos valores e interesses consagrados, de modo a minimizar tensões e contradições.[185] Dito de outro modo, o intérprete sempre deve realizar, como ressalta a doutrina constitucionalista, uma *síntese globalizante* (Jorge Miranda),[186] mediante a *ponderação* de todos os valores e dos princípios envolvidos (Robert Alexy),[187] sem o sacrifício total de uns em detrimento de outros (J. J. Gomes Canotilho).[188] Portanto, não há que se falar em interposição fraudulenta quando a conduta do agente não apresenta um potencial efetivo ou possibilidade séria de lesionar o fisco ou de frustrar o controle aduaneiro.[189] Além disso, deve-se aferir – sempre considerando a bússola norteadora da objetividade jurídica do tipo infracional – se o dever instrumental é relevante a ponto de justificar concretamente a carga coativa que decorre da cominação da pena de perdimento, buscando eliminar a punição desmedida e desproporcional.[190]

Assim, o que se propõe, em primeiro lugar, é a identificação da presença, no caso concreto, dos quatro elementos necessários à configuração da uma interposição fraudulenta, vale dizer: (i) ocultação subjetiva; (ii) conluio entre as partes; (iii) o negócio aparente ou simulado e o negócio oculto ou dissimulado; e (iv) o propósito específico de enganar a aduana ou de afastar a incidência de preceito legal proibitivo. Em segundo lugar, se o objetivo da ação foi enganar o fisco, deve ser identificado o motivo ou causa simulatória, que pode ser a aplicação indevida de uma isenção subjetiva, a "quebra" da cadeia do IPI ou a ocultação da condição de parte relacionada visando à modulação ilícita do valor aduaneiro. Nesse último caso, deve-se verificar se a conduta teve potencial ou aptidão para gerar a redução indevida da base de cálculo dos tributos aduaneiros ou, no caso de superfaturamento, dos tributos incidentes sobre o lucro (CSLL e IRPJ). Essas são as principais hipóteses em que a ocultação evidencia uma verdadeira intenção de enganar o fisco. Outras, porém, não podem ser afastadas, já que a mente delitiva não tem limites criativos. Na riqueza dos fatos concretos, situações inovadoras podem surgir. Seja como for, em qualquer caso, mesmo que não tenha ocorrido um dano efetivo ao erário, haverá uma interposição fraudulenta, porque a conduta tem aptidão para causá-lo.

Mais problemática é a configuração da infração praticada com a intenção de afastar a incidência de preceito legal proibitivo. Nesses casos, como o leque de possibilidades torna-se

---

[185] BARROSO, Luís Roberto. *Interpretação e aplicação da Constituição*: fundamentos de uma dogmática constitucional transformadora. São Paulo: Saraiva, 1996, p. 181-198.

[186] MIRANDA, Jorge. *Manual de direito constitucional*: constituição e inconstitucionalidade. 3. ed. Coimbra: Coimbra Editora, t. II, 1996, p. 258.

[187] ALEXY, Robert. *Teoria de los derechos fundamentales*. Madrid: Centro de Estudios Constitucionales, 1993, p. 86.

[188] CANOTILHO, José Joaquim Gomes. *Direito constitucional*. 6. ed. Coimbra: Almedina, 1996, p. 228.

[189] Sobre o crime tributário como delito de perigo concreto, cf.: DIAS, Augusto Silva. O novo direito penal fiscal não aduaneiro (Decreto-Lei nº 20-A/90, de 15 de janeiro): considerações dogmáticas e político-criminais. In: *Direito penal económico e europeu*: textos doutrinários. Coimbra: Coimbra, v. II, 1999, p. 269: "Para que o facto esteja consumado não é necessária a ocorrência efectiva de uma diminuição de receitas fiscais ou da obtenção de um benefício fiscal, bastando a comprovação de que as condutas comportam um risco típico, uma possibilidade séria, de produção de tais eventos".

[190] Alguns julgados do STJ já têm aplicado essa diretiva, como é o caso do Ag no REsp 600.655/MT. Nesse recurso, embora a questão de fundo não trate especificamente da interposição fraudulenta, se entendeu que "à luz do art. 5º, incisos LIV e LV, da Constituição Federal e dos comandos insertos nos incisos do art. 2º da Lei nº 9.784/1999, sem a constatação de prejuízo a fiscalização aduaneira e/ou de dano ao erário, é desproporcional a aplicação da pena de perdimento [...]" (1ª T. *DJe* 17.02.2017). Na mesma linha, o REsp 639.252/PR, relatado pelo Ministro João Otávio de Noronha: "Ausente a comprovação do dano ao erário, deve-se flexibilizar a aplicação da pena de perda de mercadoria estrangeira prevista no art. 23 do Decreto-Lei nº 1.455/1976" (2ª T. *DJ* 06.02.2007).

maior, o juízo de proporcionalidade e de ponderação pressupõe o exame das particularidades de cada caso concreto. Assim, o intérprete-aplicador deve identificar qual foi a regra que as partes buscaram contornar. Em seguida, verificar se esse preceito legal tem aptidão para lesar o bem jurídico tutelado, isto é, para frustrar a regularidade do controle aduaneiro por meio da adequada identificação de partes relacionadas. Se a proibição não tem potencial de lesionar a *ratio essendi* do tipo infracional, a conduta será atípica. Aplicam-se apenas as consequências jurídicas prescritas para a violação do preceito proibitivo que se pretendeu contornar com a simulação ou, eventualmente, a multa por embaraço à fiscalização.[191] Mas não a pena de perdimento, porque, sem o potencial de lesão ao bem jurídico, a interposição fraudulenta não se configura juridicamente. Por outro lado, se há uma aptidão de lesão ao bem jurídico, então o intérprete deve comparar a carga coativa e o grau de lesão. Havendo desproporcionalidade, a pena também deve ser afastada. Afinal, como adverte Schünemann, "a utilização do poder estatal não se legitima apenas por um objetivo final elogiável, devendo ser idônea e necessária para alcançar esse objetivo, não podendo, ademais, ser desproporcional".[192]

### 3.3.5.9 Interposição fraudulenta presumida

O § 2º do art. 23 do Decreto-Lei nº 1.455/1976 estabelece uma presunção de interposição, aplicável nas hipóteses de "não comprovação da origem, disponibilidade e transferência dos recursos empregados" na operação de comércio exterior. Com base nesse dispositivo, alguns julgados do Carf têm operado com a diferenciação entre *interposição fraudulenta comprovada* e *interposição fraudulenta presumida*.[193] Não há, entretanto, duas modalidades de interposição. O § 2º estabelece apenas uma regra de presunção relativa, que constitui uma técnica de inversão do ônus da prova e não implica qualquer consequência no regime jurídico do instituto. A infração continua rigorosamente a mesma, diferenciando-se apenas em razão da regra de presunção.

Não obstante, um aspecto que não tem sido considerado pela doutrina e pela jurisprudência é a compatibilidade entre o § 2º e o direito fundamental que decorre dos arts. 5º, LXIII,[194] LIV[195] e LV[196] da Constituição Federal. Esses preceitos garantem aos cidadãos o direito de não autoincriminação, assegurando – como corolário do direito de ampla defesa – a prerrogativa de permanecerem em silêncio e, principalmente, de não serem compelidos a fornecer elementos de prova que os prejudiquem.[197] Ora, não parece que a presunção seja compatível com esse direito fundamental. O importador ostensivo não pode ser sancionado com a presunção da prática de um delito nessas situações. Toda penalização, no Estado Democrático de Direito, somente é válida quando tem como pressuposto a prática de uma conduta valorada negativamente pela ordem jurídica. Por outro lado, não pode ser considerada ilícita a conduta de uma pessoa que permanece silente para fins não autoincriminatórios.

---

[191] Decreto-Lei nº 37/1966, art. 107, IV, *c*.
[192] SCHÜNEMANN, Bernd. Do conceito filosófico ao conceito tipológico de dolo. Trad. Luís Greco e Ana Cláudia Grossi. *In*: GRECO, Luís. *Estudos de direito penal, direito processual penal e filosofia do direito*. São Paulo: Marcia Pons, 2013. p. 77.
[193] Cf. nesse sentido, Acórdãos nº 3102-00.582 e nº 3102-00.589 – 3ª S. 1ª C. 2ª TO.
[194] "Art. 5º. [...] LXIII – o preso será informado de seus direitos, entre os quais o de permanecer calado, sendo-lhe assegurada a assistência da família e de advogado;"
[195] "LIV – ninguém será privado da liberdade ou de seus bens sem o devido processo legal;"
[196] "LV – aos litigantes, em processo judicial ou administrativo, e aos acusados em geral são assegurados o contraditório e ampla defesa, com os meios e recursos a ela inerentes;"
[197] MACHADO, Hugo de Brito. *Normas gerais de direito tributário*. São Paulo: Malheiros, 2018, p. 352 e ss.

De qualquer sorte, ainda que superada essa questão, deve-se ter presente que a aplicação do § 2º é excepcional e subsidiária. Deve ser provado que o importador ostensivo não colaborou com a fiscalização, se abstendo de fornecer os elementos necessários à identificação do adquirente – importador oculto – pela autoridade aduaneira. Não se pode escolher discricionariamente entre a aplicação do inciso V e a do § 2º do art. 23, optando pelo caminho mais fácil da inversão do ônus da prova. Sendo identificado o adquirente, não cabe a aplicação da regra de presunção. Do contrário, há um desvirtuamento da natureza vinculada do lançamento, com redução do âmbito subjetivo da penalidade, mediante exoneração indevida da responsabilidade dos coautores da infração.

### 3.3.5.10 Interposição fraudulenta na exportação

Na interposição fraudulenta em operações de exportação. há dois negócios jurídicos distintos: (*i*) o negócio jurídico aparente ou simulado; e (*ii*) o negócio jurídico oculto ou dissimulado. O primeiro é a exportação formalmente declarada às autoridades aduaneiras, criando a ilusão de que o *testa de ferro* é o efetivo exportador, quando, na realidade, apenas encobre um terceiro (o exportador oculto). O segundo é a operação de comércio exterior efetivamente ocorrida que as partes pretenderam esconder ou ocultar.

Sob o aspecto do fluxo financeiro, para constatar uma possível interposição fraudulenta na exportação, sempre deve ser avaliado quem forneceu os recursos financeiros utilizados para a aquisição ou a produção da mercadoria exportada, para pagamento das despesas do despacho de exportação (despachantes aduaneiros, armazenagem, entre outros serviços portuários), assim como de eventuais tributos incidentes na operação.[198] Caso seja alguém diferente daquele que consta como exportador na declaração de mercadorias, isso mostra que, na realidade, o contrato cumprido e executado pelas partes é outro, distinto daquele declarado para as autoridades aduaneiras. Por outro lado, se esses elementos apresentarem uma correspondência ou compatibilidade com o negócio declarado, a conduta será lícita.

Ressalte-se que é a ocultação do *real exportador no território brasileiro* que caracteriza a infração. A eventual ocultação do importador estrangeiro por outra empresa, ambos situados em outros países e sob jurisdição das respectivas autoridades aduaneiras locais, é uma conduta que não está sujeita ao controle aduaneiro brasileiro. Se a interposição fraudulenta na exportação pudesse ser configurada diante da ocultação do *importador final*, também seria possível a sua caracterização na modalidade **presumida**, prevista no § 2º do art. 23 do Decreto-Lei nº 1.455/1976. A Receita Federal do Brasil, portanto, poderia encaminhar intimações fiscais para adquirentes no exterior, presumindo a interposição fraudulenta na exportação na falta de comprovação da *origem, disponibilidade e transferência dos recursos empregados na operação* (ou mesmo na ausência de resposta à intimação). Evidentemente que nenhuma dessas hipóteses mostra-se juridicamente possível.

É por isso que, no § 2º do art. 23, a não comprovação da *origem,* da *disponibilidade* e da *transferência* não se refere aos valores empregados pelo **importador estrangeiro**, mas sim, como esclarece Rosaldo Trevisan, aos *recursos empregados* pelo **exportador brasileiro** na aquisição ou na produção da mercadoria exportada:

> [...] a empresa que alega ser a efetiva exportadora deveria demonstrar que possui recursos para adquirir (ou mesmo capacidade operacional para produzir) a mercadoria

---

[198] Não há cobrança de imposto de exportação no Brasil, ressalvados produtos especiais como cigarros, armas, munições, quando exportados para países específicos. Sobre o tema, cf.: Cap. II, item 3.

que está a exportar, ou demonstrar, de alguma forma, está simplesmente operando em consignação, ou coisa do gênero. E seguir entendimento contrário acabaria por esvaziar o conteúdo da multa, na exportação, negando a possibilidade legalmente prevista. Ademais, soaria absurdo exigir que uma empresa comprove que tem recursos para realizar uma operação pela qual receberá, ao invés de pagar (tanto do ponto de vista da compra e venda, quanto do ponto de vista tributário, por haver créditos decorrentes de exportação).

Assim, entendo pela possibilidade de aplicação da penalidade na exportação, por ausência de comprovação dos recursos empregados na compra da mercadoria a ser exportada, o que redunda na própria possibilidade de ser o exportador o efetivo proprietário da mercadoria que está a exportar. Em ambas as concepções, haverá simulação, pois é cediço que ninguém vende o que sequer possui, ou no que não comprova possuir.[199]

Essas observações são necessárias para que não se qualifique indevidamente como interposição fraudulenta as exportações na modalidade *back-to-back*, algo que tem ocorrido com recorrência preocupante nos últimos anos. Nessas operações, também conhecidas como *exportações triangulares* ou *em cadeia*, a mercadoria nacional ou nacionalizada é adquirida por uma empresa estrangeira e revendida a um terceiro em outro país, sem ingressar no território aduaneiro do primeiro comprador. O bem é remetido diretamente para o último comprador por conta e ordem da empresa adquirente ou terceiro operador.

No comércio internacional, o *back-to-back* é uma operação normal e lícita. Há diversas soluções de consulta da Coordenação-Geral de Tributação (Cosit) que dispõem sobre o tratamento fiscal aplicável a essas transações,[200] além de regras do Banco Central do Brasil sobre o fechamento de câmbio.[201] Também os acordos internacionais acerca de certificação de origem firmados pelo Brasil e outros países, inclusive os relativos ao Regime de Origem do Mercosul, preveem o *back-to-back*, dispondo sobre a inclusão em campos específicos dos dados da "primeira fatura" emitida pelo exportador do país de origem do produto e da "última fatura" por parte de terceiros operadores.[202]

Uma operação lícita não pode ser considerada uma infração aduaneira, sobretudo porque não há qualquer risco de lesão ao bem jurídico tutelado. Com efeito, não há instauração de relação jurídica aduaneira nas exportações triangulares ou em cadeia realizadas por empre-

---

[199] Carf. 3ª S., 4ª C., 1ª TO. Ac. 3401003.244. Rel. Cons. Rosaldo Trevisan. S. 27.09.2016.

[200] Solução de Consulta Cosit nº 306/2017 (DOU 27.07.2017), que a define como "a compra e a venda de produtos estrangeiros, realizada no exterior por empresa estabelecida no Brasil, sem que a mercadoria transite fisicamente pelo território brasileiro". A Solução de Consulta Cosit nº 02/2009 (DOU 11.07.2011), por sua vez, estabelece a necessidade de observância das regras de preços de transferência nessas operações: "A transação descrita pela interessada como 'back to back credits', deverá sujeitar-se à legislação de preço de transferência prevista pela Lei nº 9.430, de 1996. Como a transação envolve duas operações de compra e de venda, ambas com empresas vinculadas, a interessada deverá demonstrar, utilizando-se a legislação de preço de transferência, uma margem de lucro de toda a transação que não divirja da margem que seria praticada se as operações houvessem sido realizadas com empresas independentes, para isso a interessada deverá apurar dois preços parâmetros, uma para a operação de compra e outro para a de venda, observando as restrições legais quanto ao uso de cada método de apuração".

[201] Circular Bacen nº 3.691/2013.

[202] 77º Protocolo Adicional ao ACE-18 (Decreto nº 8.454/2015): "j) [...] 4) O Campo 7 (Fatura Comercial) do Certificado de Origem MERCOSUL poderá ser completado em uma das seguintes formas: [...] i) com o número e a data da fatura comercial emitida pelo exportador do país de origem do produto (primeira fatura). [...] ii) com o número e a data da fatura comercial emitida pelo terceiro operador ao importador do país de destino final do produto (última fatura)".

sas brasileiras (*back-to-back ativo*), isto é, nas operações em que a empresa nacional adquire uma mercadoria de um fornecedor estrangeiro e esse a remete diretamente a um comprador final situado em outro país. Como não há transposição física da fronteira (entrada ou saída de mercadorias), a empresa local que promove exportações triangulares ativas não tem o dever legal de promover o despacho aduaneiro, seja o de importação[203] ou o de exportação.[204] O interesse do Estado brasileiro sobre tais operações restringe-se ao âmbito tributário.[205] Já nas exportações triangulares passivas – quando a empresa brasileira exporta um produto e o remete diretamente para quem o adquire do importador estrangeiro –, o controle aduaneiro é exercido apenas sobre a saída da mercadoria do território nacional. A empresa tem o dever legal de promover o despacho aduaneiro de importação, registrando a Declaração Única de Exportação (DU-E), mas não é requerida a prestação de informações relativas à cadeia de aquisições ou ao importador final.

As informações necessárias ao controle aduaneiro estão previstas na Instrução Normativa (IN) RFB nº 1.702/2017, que dispõe sobre o despacho aduaneiro de exportação. Nela é exigida apenas a indicação do primeiro adquirente, ou seja, daquele que promoverá o pagamento do valor indicado na nota fiscal de exportação. Isso denota que, desde a perspectiva da regulamentação local e das informações exigidas para fins de controle pela aduana brasileira, não há interesse jurídico em conhecer as pessoas envolvidas na cadeia de aquisições subsequentes ou o mesmo importador final.

Dessa forma, dito de um outro modo, na relação jurídica aduaneira instaurada em operações de *back-to-back* passivo, a empresa nacional tem o dever legal de submeter a mercadoria ao *despacho aduaneiro* de exportação, mas o conteúdo da conduta juridicamente exigível para fins de controle aduaneiro pelo Estado brasileiro não abrange a indicação da cadeia de aquisições ou do importador final. Essas informações podem ter relevância para fins de apuração do IRPJ e da CSLL, mas não para o controle aduaneiro, até porque, do contrário, a própria Secretaria da Receita Federal as teria exigido na regulamentação do despacho aduaneiro de exportação.

Por outro lado, na interposição fraudulenta, a objetividade jurídica do tipo infracional é o controle aduaneiro, e não a percepção de receitas tributárias. Para ser caracterizada, a infração pressupõe o propósito específico de enganar a aduana (*animus decipiendi*), ou seja, de induzi-la em erro sobre a pessoa que efetivamente está promovendo a exportação, gerando um risco ou uma possibilidade séria de lesionar o bem jurídico tutelado (o controle aduaneiro). Não há qualquer risco dessa natureza quando o suposto encobrimento diz respeito a um interveniente que não deveria nem poderia ter constado na *declaração de mercadorias*.

Ressalte-se que, em recurso voluntário julgado no ano de 2019, a 1ª Turma Ordinária da 2ª Câmara da 3ª Seção do Carf já afastou a caracterização da interposição fraudulenta em exportações triangulares com suposta ocultação do importador final:

---

[203] Decreto nº 6.759/2009: "Art. 543. Toda mercadoria procedente do exterior, importada a título definitivo ou não, sujeita ou não ao pagamento do imposto de importação, deverá ser submetida a despacho de importação, que será realizado com base em declaração apresentada à unidade aduaneira sob cujo controle estiver a mercadoria (Decreto-Lei nº 37, de 1966, art. 44, com a redação dada pelo Decreto-Lei nº 2.472, de 1988, art. 2º)".

[204] Decreto nº 6.759/2009: "Art. 581. Toda mercadoria destinada ao exterior, inclusive a reexportada, está sujeita a despacho de exportação, com as exceções estabelecidas na legislação específica".

[205] Solução de Consulta Cosit nº 306/2017 (*DOU* 27.07.2017) e Solução de Consulta Cosit nº 02/2009 (*DOU* 11.07.2011), transcritas acima.

Os registros de exportação não comportam campo para "reais compradores", tal como os registros de importação os têm. Até hoje, os registros de identificação do importador no exterior são o nome e endereço do importador, país do importador e país de destino final. Desde que a existência de filial formal no exterior seja lícita, como intermediária nas operações, é mesmo seu nome que deve constar como compradora.

Se a estrutura é lícita, os controles de exportação deveriam prever campo para a informação de "clientes finais", ou "cliente da depois empresa ligada no exterior", caso tal controle seja de interesse do fisco. Todavia, não o há, como há na importação. Se não havia campo para a informação de cliente posterior, e se intimada, a empresa disponibilizou os dados dos clientes, então cumpriu o[sic.] obrigação de transparência (se prontamente ou depois de titubear, tal fato não altera o resultado).[206]

Portanto, não há que se falar em propósito específico de enganar da aduana (*animus decipiendi*). As exportações triangulares passivas, o conteúdo da conduta juridicamente exigível para fins de controle aduaneiro pelo Estado brasileiro não abrangem a indicação da cadeia de aquisições ou do importador final. Se o controle aduaneiro não depende dessas informações, porque não há exigência legal para a sua prestação nem campo próprio para esse fim na DU-E, não há qualquer potencial lesivo ao bem jurídico tutelado (o controle aduaneiro).

### 3.3.5.11 Aspectos procedimentais

A fiscalização aduaneira está submetida ao princípio da verdade real ou material, do qual decorrem duas exigências fundamentais: (***i***) o *dever de investigação*, independentemente da complexidade e dos custos envolvidos;[207] e (***ii***) o *dever de decidir com base em fatos reais*.[208] Dessa forma, a cominação de uma penalidade aduaneira sempre deve ser antecedida de uma investigação aprofundada da autoria e da materialidade da infração. Essa não pode ser caracterizada com base em simples narrativas ou em versões unilaterais. Na interposição fraudulenta, devido às consequências sancionatórias gravosas que decorrem de sua caracterização, o substrato fático-probatório deve ser ainda mais robusto e consistente, não permitindo a existência de dúvidas.

Há diversos acórdãos no Carf reconhecendo que "as infrações baseadas na ocultação do real adquirente ou importador de mercadorias, assim como na interposição fraudulenta de terceiros, devem encontrar respaldo em provas inequívocas".[209] Ademais, ainda de acordo

---

[206] Carf. 3º S., 2ª C., 1ª TO., Ac. 3201005.152. Rel. Cons. Pedro Rinaldi de Oliveira Lima. S. 26.03.2019. As razões de decidir desta Turma de julgamento, acompanhadas pela maioria, são as constantes na declaração de voto do conselheiro Marcelo Giovani Vieira.

[207] XAVIER, Alberto. *Do lançamento no direito tributário brasileiro*. 3. ed. Rio de Janeiro: Forense, 2005. p. 152: "A força de tais princípios é tanta que o dever de investigação do Fisco só cessa na medida e a partir do limite em que o seu exercício se tornou impossível, em virtude do não exercício ou do exercício deficiente do dever de colaboração do particular [...]. Enquanto essa possibilidade subsiste, deve o Fisco prosseguir no cumprimento de seu dever, seja qual for a complexidade e o custo de tal investigação".

[208] MEDAUAR, Odete. *A processualidade do direito administrativo*. 2. ed. São Paulo: RT, 2008. p. 131: "O princípio da verdade material ou real, vinculado ao princípio da oficialidade, exprime que a Administração deve tomar as decisões com base nos fatos tais como se apresentam na realidade, não se satisfazendo com a versão oferecida pelos sujeitos".

[209] Carf. 3ª S. 2ª C. 1ª T.O. Ac. 3201-000.496, s. 01.07.2010. No mesmo sentido: Carf. 3ª S. 4ª C. 2ª T.O. Ac. 3401-001.984. Carf. 3ª S. 1ª C. 1ª TO. Ac. 3101-001.702, S. 17.09.2014; Carf. 3ª S. 3ª T.E. Ac. 3003-002.212, S. 30.11.2022: "Para que seja configurada a interposição fraudulenta de terceiros na importação é necessária a comprovação de que a operação se deu mediante fraude para ocultar o real adquirente.

com precedentes do Conselho, "nas autuações referentes ocultação comprovada (que não se alicerçam na presunção estabelecida no § 2º do art. 23 Decreto-Lei nº 1.455/1976), o ônus probatório da ocorrência de fraude ou simulação (inclusive interposição fraudulenta) é do fisco, que deve carrear aos autos elementos que atestem a ocorrência da conduta tal qual tipificada em lei"[210].

A única exceção é a modalidade **presumida**, prevista no § 2º do art. 23 do Decreto-Lei nº 1.455/1976, que estabelece a presunção de *interposição fraudulenta* quando não comprovada a origem, disponibilidade e transferência dos recursos empregados na operação de comércio exterior. Ressalvada essa hipótese subsidiária e excepcional, sempre devem ser apresentadas, em cada caso concreto, provas contundentes e inequívocas da autoria e da materialidade da infração.

### 3.3.5.12 Multa de dez por cento do art. 33 da Lei nº 11.488/2007

A pena de perdimento tem como sujeito passivo o importador oculto. Esse, na condição de proprietário da mercadoria, é o destinatário legal da sanção, vale dizer, quem deve sofrer os efeitos patrimoniais negativos previstos pela ordem jurídica. O importador ostensivo – como parte hipossuficiente cooptada para a prática do ilícito pelo economicamente mais forte – é penalizado com uma multa mais branda, prevista no art. 33 da Lei nº 11.488/2007:

> Art. 33. A pessoa jurídica que ceder seu nome, inclusive mediante a disponibilização de documentos próprios, para a realização de operações de comércio exterior de terceiros com vistas no acobertamento de seus reais intervenientes ou beneficiários fica sujeita a multa de 10% (dez por cento) do valor da operação acobertada, não podendo ser inferior a R$ 5.000,00 (cinco mil reais).
>
> Parágrafo único. À hipótese prevista no *caput* deste artigo não se aplica o disposto no art. 81 da Lei nº 9.430, de 27 de dezembro de 1996.[211]

Ocorre que, de acordo com o § 3º do art. 23 do Decreto-Lei nº 1.455/1976, em caso de não localização, de revenda ou de consumo do produto, a pena de perdimento é convertida em multa equivalente ao valor aduaneiro da mercadoria importada. Essa sanção substitutiva também tem como sujeito passivo o importador oculto, tal qual ocorre com a pena substituída (perdimento). Não obstante, as autoridades aduaneiras têm responsabilizado solidariamente o importador ostensivo com fundamento no art. 95, I, do Decreto-Lei nº 37/1966. Entende-se que, ao servir de "presta-nome" para o real destinatário, este concorre para a prática da infração. Em termos práticos, portanto, apesar de não ser o destinatário legal da pena, com a sua conversão em multa, o importador ostensivo acaba respondendo pela sanção.

---

Não pode prosperar o lançamento que careça de elementos probatórios que indiquem ocorrência de fraude para ocultar o real adquirente na importação".

[210] Carf. 3ª S. 4ª C. 3ª T.O. Ac. 3403002.842, S. 25.03.2014. No mesmo sentido: Carf. 3ª S. 1ª T.E. Ac. 3001-002.516, S. 12.04.2024; Carf. 3ª S. 1ª T.E. Ac. 3001-002.519, S. 12.04.2024: "Nas autuações referentes à ocultação de terceiros que não se alicerçam na presunção estabelecida no § 2º do art. 23 Decreto-Lei nº 1.455/1976, é do Fisco o ônus probatório da ocorrência de fraude ou simulação (inclusive a interposição fraudulenta). Não tendo sido carreados nos autos elementos suficientes à demonstração da infração, a autuação deverá ser cancelada".

[211] "Art. 81. Poderá ser declarada inapta, nos termos e condições definidos pela Secretaria da Receita Federal do Brasil, a inscrição no CNPJ da pessoa jurídica que, estando obrigada, deixar de apresentar declarações e demonstrativos em 2 (dois) exercícios consecutivos. (Redação dada pela Lei nº 11.941, de 2009)".

Essa cumulação é controversa na jurisprudência. No final do ano de 2017, dirimindo divergência entre Turmas de Julgamento[212], a Câmara Superior de Recursos Fiscais do Carf admitiu a validade da aplicação simultânea dessas sanções:

> DANO AO ERÁRIO. INFRAÇÃO. PENA DE PERDIMENTO. CONVERSÃO EM MULTA. VALOR DA MERCADORIA. LEI Nº 10.637/2002. CESSÃO DE NOME. INFRAÇÃO. MULTA. DEZ POR CENTO DO VALOR DA OPERAÇÃO. LEI Nº 11.488/2007. RETROATIVIDADE BENIGNA. IMPOSSIBILIDADE.
>
> Na hipótese de aplicação da multa de dez por cento do valor da operação, pela cessão do nome, nos termos do art. 33 da Lei nº 11.488/2007, não será declarada a inaptidão da pessoa jurídica prevista no art. 81 da Lei 9.430/1996. A imposição da multa não prejudica a aplicação da multa equivalente ao valor aduaneiro das mercadorias, pela conversão da pena de perdimento dos bens, prevista no art. 23, inciso V, do Decreto-Lei nº 1.455/1976.
>
> Descartada hipótese de aplicação do instituto da retroatividade benigna para penalidades distintas.[213]

No ano de 2019, por sua vez, foi aprovada a Súmula Carf nº 155, admitindo a cumulação: "A multa prevista no art. 33 da Lei nº 11.488/2007 não se confunde com a pena de perdimento do art. 23, inciso V, do Decreto Lei nº 1.455/1976, o que afasta a aplicação da retroatividade benigna definida no art. 106, II, *c*, do Código Tributário Nacional".

Em sentido contrário, a 2ª Turma do STJ reconheceu que o importador oculto deve responder apenas pela pena do art. 33 da Lei nº 11.488/2007:

> TRIBUTÁRIO. RECURSO ESPECIAL. IMPORTAÇÃO MEDIANTE INTERPOSIÇÃO FRAUDULENTA DE TERCEIROS. CONVERSÃO DA PENA DE PERDIMENTO DE BENS NA MULTA PREVISTA NO ART. 23, V E § 3º, DO DECRETO-LEI Nº 1.455/1976. PENALIDADE APLICÁVEL APENAS AO IMPORTADOR OCULTO. INTERPRETAÇÃO SISTEMÁTICA COM O ART. 33 DA LEI Nº 11.488/2007.
>
> 1. A controvérsia veiculada nos presentes autos diz respeito à aplicação, em caráter solidário, da multa prevista no § 3º do art. 23 do Decreto-Lei nº 1.455/1976 ao importador ostensivo na hipótese de importação mediante interposição fraudulenta de terceiros efetiva (art. 23, V, do Decreto-Lei nº 1.455/1976) e presumida (§ 2º do Decreto-Lei nº 1.455/1976 e art. 33 da Lei nº 11.488/2007), quando da impossibilidade da aplicação da pena de perdimento prevista no § 1º de referido decreto.
>
> 2. A interpretação sistemática de referidos dispositivos denota que os casos de importação mediante interposição fraudulenta de terceiro – irrelevante seja ela efetiva ou presumida – admite a aplicação primeira da pena de perdimento de bens e, na sua impossibilidade, consequente aplicação da multa correspondente ao valor da operação ao importador oculto (§ 3º do Decreto-Lei nº 1.455/1976), bem como a aplicação da multa de 10% do valor da operação ao importador ostensivo (art. 33 da Lei nº 11.488/2007).
>
> 3. A lógica adotada pelo Tribunal de origem faz todo o sentido, uma vez que, com a pena de perdimento da mercadoria decorrente da interposição fraudulenta – seja ela efetiva

---

212   3ª S. 1ª C. 2ª TO. Acórdão nº 3102-00.662. S. 24.05.2010; e 3ª S. 4ª C. 2ª TO. Acórdão nº 3402-002.362. S. 23.04.2014.
213   Carf. CSRF. 3ª T. Acórdão nº 9303-006.000. S. 29.11.2017.

ou presumida –, o patrimônio que realmente se busca atingir pertence ao importador oculto. Ora, se a própria pena de perdimento decorre justamente da conclusão de que houve interposição fraudulenta, ou seja, de que a importação que se realiza foi custeada por outra pessoa em desacordo com a legislação de regência, é forçoso concluir que a finalidade da norma, no seu conjunto, é atingir o patrimônio do real importador.

4. Tem-se que não foi por outra razão que o legislador, buscando também submeter o importador ostensivo a uma sanção, estipulou a multa de 10% do valor da operação quando ceder seu nome, inclusive mediante a disponibilização de documentos próprios, para a realização de operações de comércio exterior de terceiros com vistas ao acobertamento de seus reais intervenientes ou beneficiários (art. 33 da Lei nº 11.488/2007).

5. Registre-se, por fim, que não procede a alegativa fazendária de que a multa prevista no § 3º do Decreto-Lei nº 1.455/1976 seria aplicada somente quando houver cessão de nome pelo sócio ostensivo, pois a compreensão é que em toda e qualquer importação mediante interposição fraudulenta o importador se vale do seu nome para a realização das operações de comércio exterior de terceiros.

6. Recurso especial a que se nega provimento.[214]

Na esteira desse precedente, destaca-se a liminar deferida pelo TRF da 1ª Região. De acordo com a exegese adotada pelo Relator, o art. 33 da Lei nº 11.488/2007 estabeleceu pena mais branda para a interposição fraudulenta de terceiros, sem ressalvar a possibilidade de aplicação concomitante de outras penalidades já previstas em lei:

PROCESSUAL CIVIL. AGRAVO DE INSTRUMENTO. AÇÃO ORDINÁRIA. OPERAÇÕES DE IMPORTAÇÃO. AUTO DE INFRAÇÃO. INTERPOSIÇÃO FRAUDULENTA. DECRETO-LEI Nº 1.455/1976, ART. 23. APLICAÇÃO DE PENALIDADE MAIS BRANDA. LEI Nº 11.488/2007, ART. 33. SUSPENSÃO DA EXIGIBILIDADE DO CRÉDITO SUPERIOR A DEZ POR CENTO DO VALOR DA OPERAÇÃO ACOBERTADA. POSSIBILIDADE. AGRAVO DE INSTRUMENTO PROVIDO.

1. "O art. 33 da Lei nº 11.488/2007 estabeleceu pena mais branda (multa) para a interposição fraudulenta de terceiros, sem ressalvar a possibilidade de aplicação concomitante de outras penas já previstas em lei. Assim sendo, não se justifica mais a decretação do perdimento do bem unicamente com base nesse fundamento [AP 0015301-26.2008.4.01.3400/DF, Rel. Des. Fed. Maria do Carmo Cardoso, Oitava Turma, e-DJF1 p. 1190 de 28.03.2014; REsp 1.144.751/DF, Rel. Min. Mauro Campbell Marques, 2ª T. J. 01.03.2011, DJe 15.03.2011]" (AC 0027296-02.2009.4.01.3400/DF, TRF1, 7ª T., Rel. Des. Fed. Reynaldo Fonseca, e-DJF1 de 22.08.2014, p. 514).

2. Na espécie, a pretensão da agravante é de que seja determinada a suspensão da exigibilidade de 90% (noventa por cento) da totalidade do crédito tributário resultante do PAF nº 12466.723650/2011-08. O Juízo de origem deferiu parcialmente o pedido de antecipação dos efeitos da tutela, tendo sido determinada a suspensão da exigibilidade de 90% (noventa por cento) do crédito tributário discutido, decorrente de infração à norma do art. 23, V, do Decreto-Lei nº 1.455/1976, relativamente à importação de mercadorias no período compreendido entre 09.02.2007 e 27.07.2010, embora no auto de infração impugnado no feito principal aquele período se estenda até 15.02.2011.

---

[214] STJ. 2ª T. REsp 1.632.509/SP. Rel. Min. Og Fernandes. DJe 26.06.2018.

3. No Tribunal, o pedido de antecipação dos efeitos da tutela recursal foi deferido "para determinar a suspensão da exigibilidade do valor correspondente a 90% crédito tributário originado do PAF nº 12466.723650/2011-08", tendo o Relator asseverado que "se efetivamente ocorrida a infração, a sanção a que a agravante estaria sujeita corresponderia a multa de 10% (dez por cento) do valor da operação acobertada. Convicção que autoriza concluir, ainda que neste juízo de preambular exame da pretensão ajuizada, que há fortes indícios de que é ilegal a sanção no valor em que aplicada, para todo o período em que a infração foi identificada. Hipótese que evidencia a ocorrência de plausibilidade jurídica necessária e suficiente para autorizar a suspensão da exigibilidade do crédito constituído, relativamente ao valor que exceder ao percentual de 10% (dez por cento), sobre o valor da operação de importação".

4. Agravo de instrumento provido.[215]

Mais recentemente, a 1ª Turma do TRF da 4ª Região, antes contrária a essa interpretação,[216] também decidiu que o importador ostensivo responde apenas pela multa do art. 33 da Lei nº 11.488/2007:

TRIBUTÁRIO. ADUANEIRO. OCULTACÃO DO REAL ADQUIRENTE. DANO AO ERÁRIO. PENA DE PERDIMENTO. MULTA SUBSTITUTIVA. IMPORTADOR OCULTO E IMPORTADOR OSTENSIVO. ART. 23, V, E § 3º DO DL Nº 1.455/1976. ART. 33 DA LEI Nº 11.488/2007.

1. Caracteriza dano ao erário a ocultação do verdadeiro adquirente da mercadoria importada, cuja pena de perdimento ou multa substitutiva deve ser atribuída ao importador oculto.

2. A multa de 10% do valor da operação acobertada, prevista no art. 33 da Lei nº 11.488/2007, e para a pessoa jurídica que cedeu o seu nome para realizar a importação, ou seja, e direcionada ao importador ostensivo e não aquele que foi acobertado na operação.

3. Sancionado o importador ostensivo com a multa capitulada no art. 33 da Lei nº 11.488/2007, e incabível a exigência da multa de 100% do valor aduaneiro da mercadoria.

4. Apelação provida para anular a multa.[217]

Nas primeiras reflexões voltadas ao tema, entendemos que seria possível a aplicação cumulativa. Um exame mais aprofundado, entretanto, leva a uma conclusão distinta. Isso porque, ao servir como "*testa de ferro*", o importador ostensivo é coautor da mesma infração praticada pelo importador oculto. A cessão de nome não é uma ação autônoma, mas parte integrante e indissociável da conduta vedada e sancionada pelo ordenamento jurídico. Logo, não há que se cogitar de concurso formal. O que se tem é uma unidade de fato e uma pluralidade de tipos infracionais concorrentes de aparente aplicabilidade: o § 3º do art. 23, V, do Decreto-Lei nº 1.455/1976 e o art. 33 da Lei nº 11.488/2007. O concurso aparente é afastado por meio do critério lógico da especialidade. Esse, como se sabe, estabelece que – havendo mais de um tipo infracional com elementos em comum – aplica-se aquele com o maior número de atributos especializantes. O art. 33 afasta a incidência do § 3º do art. 23, V, porque descreve

---

[215] TRF-1ª R. 8ª T. AG 0008663-45.2015.4.01.0000. Rel. Des. Fed. Marcos Augusto de Sousa. e-DJF1 24.02.2017.
[216] TRF4. 1ª T. Ac 5015668-94.2017.4.04.7205. Rel. Des. Roger Raupp Rios. Publicado em 21.11.2018.
[217] TRF4. 1ª T. Ac 5009448-83.2017.4.04.7204. Rel. Juiz Fed. Conv. Alexandre Rossato da Silva Ávila. J. 13.09.2023.

especificamente a conduta do importador ostensivo que cede o seu nome para acobertamento da operação de comércio exterior praticada por terceiros. A Lei nº 11.488/2007 – em função da dimensão reduzida do benefício auferido pelo importador ostensivo e da hipossuficiência econômica própria de quem se presta ao papel de *testa de ferro* – estabeleceu uma sanção específica, proporcional à gravidade de sua atuação, valorada objetivamente em dez por cento.

Ademais, como bem demonstrado no estudo pioneiro de Angela Sartori e Luiz Roberto Domingo, a pena de perdimento – transformada em multa substitutiva – não pode resultar em uma consequência jurídica mais gravosa para o sujeito passivo.[218] A responsabilidade pelo perdimento cabe ao importador oculto. Esse, na condição de proprietário da mercadoria, é o destinatário legal da sanção, vale dizer, quem deve sofrer os efeitos patrimoniais negativos previstos pela ordem jurídica. A conversão – que nada mais é do que uma hipótese de inaplicabilidade por perda do objeto da pena de perdimento – não pode alterar essa realidade normativa, fazendo com que o importador ostensivo responda cumulatividade por ambas as sanções. A esse – antes e após a conversão – cabe apenas a multa de dez por cento do art. 33 da Lei nº 11.488/2007. Do contrário, para a mesma infração, a pena substitutiva apresentaria uma dimensão maior que a pena substituída.

### 3.3.6 Perdimento de diamantes brutos

A Lei nº 10.743/2003, resultante da conversão da Medida Provisória nº 125/2003, estabelece uma hipótese específica de perdimento de mercadorias:

> Art. 9º Aplica-se a pena de perdimento da mercadoria:
> I – submetida a procedimento de despacho aduaneiro, sem amparo do Certificado do Processo de Kimberley; e
> II – na posse de qualquer pessoa, em zona primária de portos, aeroportos e pontos de fronteira alfandegados, sem amparo do Certificado do Processo de Kimberley.

O Certificado de Processo Kimberley é emitido pelo DNPM (Departamento Nacional de Produção Mineral), na forma da Lei nº 10.743/2003, para efeitos de comprovação no comércio internacional de que os diamantes têm origem lícita e desvinculada do financiamento de conflitos armados. Essa certificação é exigida na importação e na exportação de diamantes brutos no território nacional, assim considerados os "diamantes não selecionados" (7102.10), "diamantes industriais em bruto ou simplesmente serrados, clivados ou desbastados" (7102.21)

---

[218] Como destacam Angela Sartori e Luiz Roberto Domingo, a conversão do perdimento em multa não constitui uma forma originária da penalização: "Desta forma, a pena de perdimento da mercadoria, tecnicamente, não lhe atingiria, uma vez que o ocultado seria, a princípio, o proprietário. A conversão da penalidade em multa pecuniária não é forma originária da pena, mas modo alternativo que somente surge com a prova da impossibilidade da apreensão das mercadorias, de modo que a relação de pertinência entre o tipo e a sanção deve ter como pressuposto a pena de perdimento" (SARTORI, Angela; DOMINGO, Luiz Roberto. Dano ao erário pela ocultação mediante fraude – a interposição fraudulenta de terceiros nas operações de comércio exterior. *In*: PEIXOTO, Marcelo Magalhães; SARTORI, Angela; DOMINGO, Luiz Roberto (Coord.). *Tributação aduaneira à luz da jurisprudência do CARF – Conselho Administrativo de Recursos Fiscais*. São Paulo: MP-APET, 2013, p. 64). Sobre o tema, cf. ainda: ULIANA JUNIOR, Laércio Cruz; VIEIRA, Amanda Caroline Goularte. Da aplicação da pena de perdimento de bens na ocultação do real adquirente ou aplicação da multa de 10% (dez por cento) do art. 33 da Lei nº 11.488/2007. *Revista de Direito Tributário Atual*. São Paulo: IBDT, nº 42, p. 313-334, 2º sem. 2019.

e "diamantes não industriais em bruto ou simplesmente serrados, clivados ou desbastados" (7102.31)[219].

### 3.3.7  Multa substitutiva do perdimento

A multa substitutiva, prevista § 3º do art. 23 do Decreto-Lei nº 1.455/1976, aplica-se nos casos de não localização, revenda ou consumo da mercadoria sujeita ao perdimento. Há, portanto, uma conversão do perdimento em multa equivalente ao valor aduaneiro da mercadoria importada, que, por sua vez, nos termos do § 4º, "não impede a apreensão da mercadoria nos casos previstos no inciso I ou quando for proibida sua importação, consumo ou circulação no território nacional".

A hipótese, evidentemente, refere-se à localização superveniente, já que, do contrário, a multa substitutiva sequer seria aplicável. Se isso ocorrer, a multa substitutiva deve ser cancelada de ofício (Súmula STF nº 346[220]), não apenas para evitar a dupla penalização, mas porque a própria autoridade aduaneira terá constatado a ausência de um de seus pressupostos, que é justamente a não localização da mercadoria.

## 3.4  Perdimento de moeda

A Lei nº 14.286/2021 estabelece que o ingresso e a saída de moeda nacional ou estrangeira no País somente pode ocorrer por meio de instituição autorizada a operar no mercado de câmbio:

> Art. 14. O ingresso no País e a saída do País de moeda nacional e estrangeira devem ser realizados exclusivamente por meio de instituição autorizada a operar no mercado de câmbio, à qual caberá a identificação do cliente e do destinatário ou do remetente.
> § 1º O disposto no *caput* deste artigo não se aplica ao porte, em espécie, de valores:
> I – até US$ 10.000,00 (dez mil dólares dos Estados Unidos da América) ou seu equivalente em outras moedas; e
> II – cuja entrada no País ou saída do País seja comprovada na forma do regulamento de que trata o § 4º deste artigo.
> [...]
> § 3º O descumprimento do disposto neste artigo acarretará, após o devido processo legal, o perdimento do valor excedente aos limites referidos no § 1º deste artigo em favor do Tesouro Nacional, além das sanções penais previstas na legislação específica.
> § 4º Compete à Secretaria Especial da Receita Federal do Brasil do Ministério da Fazenda regulamentar o disposto no § 1º deste artigo.

Assim, para não sofrer uma penalização, o viajante que ingressar ou sair do país portando valores superiores ao limite de US$ 10.000,00 deve declará-los à Receita Federal, nos termos da Instrução Normativa RFB nº 1.385/2013 (art. 7º), mediante registro de Declaração Eletrônica de Bens de Viajante (e-DBV). Além disso, deve apresentar-se espontaneamente à fiscalização aduaneira para fins de verificação (art. 8º), com os documentos previstos no § 2º do art. 9º:

---

[219] Lei nº 10.743/2003, art. 2º, parágrafo único.
[220] Súmula 346/STF: "A Administração Pública pode declarar a nulidade dos seus próprios atos".

a) comprovante de aquisição da moeda estrangeira em banco ou instituição autorizada a operar câmbio no país; ou, no caso de apresentação da declaração em formulário impresso substitutivo do e-DBV, quando da entrada no território nacional; e

b) prova do recebimento, por ordem de pagamento em moeda estrangeira em seu favor, ou de saque mediante a utilização de cartão de crédito internacional, na hipótese de estrangeiro ou brasileiro residente no exterior em trânsito.

Dessa forma, ressalvados títulos de crédito e cheques de viagem, a pena de perdimento será cominada sempre que ocorrer o ingresso ou a saída do território aduaneiro – não autorizados pela legislação específica ou sem declaração prévia em "e-DBV" – de papel-moeda em montante superior a US$ 10.000,00. A pena também pode ser aplicada quando a moeda é encontrada em zona secundária, desde que, diante do caso concreto, fique caracterizada a tentativa de saída ou o ingresso da moeda no país.[221]

## 4 MULTAS

### 4.1 Multas na importação

#### 4.1.1 Tipos de infrações e penalidades

A tipificação das infrações e as multas proporcionais ao imposto de importação encontram-se previstas no art. 106 do Decreto-Lei nº 37/1966:

> Art. 106. Aplicam-se as seguintes multas, proporcionais ao valor do imposto incidente sobre a importação da mercadoria ou o que incidiria se não houvesse isenção ou redução:
>
> I – de 100% (cem por cento):
>
> a) pelo não emprego dos bens de qualquer natureza nos fins ou atividades para que foram importados com isenção de tributos;
>
> b) pelo desvio, por qualquer forma, dos bens importados com isenção ou redução de tributos;
>
> c) pelo uso de falsidade nas provas exigidas para obtenção dos benefícios e estímulos previstos neste Decreto;
>
> d) pela não apresentação de mercadoria depositada em entreposto aduaneiro;
>
> II – de 50% (cinquenta por cento):
>
> a) pela transferência, a terceiro, a qualquer título, dos bens importados com isenção de tributos, sem prévia autorização da repartição aduaneira, ressalvado o caso previsto no inciso XIII do art. 105;
>
> b) pelo não retorno ao exterior, no prazo fixado, dos bens importados sob regime de admissão temporária;[222]
>
> c) [revogado]

---

[221] A Medida Provisória nº 2.158-35/2001 estabelece um procedimento especial para o perdimento de moedas, consolidado nos arts. 777 a 780 do Regulamento Aduaneiro.

[222] Ato Declaratório Interpretativo SRF nº 04/2004: "Art. 2º A alínea *b* do inciso II do art. 106 do Decreto--Lei nº 37, de 1966, ficou tacitamente revogada a partir de 31 de outubro de 2003, data da vigência da Medida Provisória nº 135, de 30 de outubro de 2003, convertida na Lei nº 10.833, de 2003". Por isso, essa multa sequer consta do art. 702 do Regulamento Aduaneiro, que relaciona as infrações e multas proporcionais ao valor do imposto de importação.

d) pelo extravio ou falta de mercadoria, inclusive apurado em ato de vistoria aduaneira;

III – de 20% (vinte por cento):

a) [revogado]

b) pela chegada ao país de bagagem e bens de passageiro fora dos prazos regulamentares, quando se tratar de mercadoria sujeita a tributação;

IV – de 10% (dez por cento):

a) [revogado]

b) pela apresentação de fatura comercial sem o visto consular, quando exige essa formalidade;

c) pela comprovação, fora do prazo, da chegada da mercadoria no destino, nos casos de reexportação e trânsito;

V – [revogado]

§ 1º No caso de papel com linhas ou marcas d'água, as multas previstas nos incisos I e II serão de 150% e 75%, respectivamente, adotando-se, para calculá-las, a maior alíquota do imposto taxada para papel, similar, destinado a impressão, sem aquelas características. (Incluído pelo Decreto-Lei nº 751, de 1969)

§ 2º Aplicam-se as multas, calculadas pela forma referida no parágrafo anterior, de 75% e 20%, respectivamente, também nos seguintes casos: (Incluído pelo Decreto-Lei nº 751, de 1969)

a) venda não faturada de sobra de papel não impresso (mantas, aparas de bobinas e restos de bobinas); (Incluída pelo Decreto-Lei nº 751, de 1969)

b) venda de sobra de papel não impresso, mantas, aparas de bobinas e restos de bobinas, salvo a editoras ou, como matéria-prima a fábricas. (Incluída pelo Decreto-Lei nº 751, de 1969)

Dentre essas tipificações, serão examinadas em tópicos separados as que têm gerado controvérsia na doutrina e na jurisprudência.

### 4.1.2 Multa no extravio

O art. 60, II, do Decreto-Lei nº 37/1966 considera *extravio* "toda e qualquer falta de mercadoria, ressalvados os casos de erro inequívoco ou comprovado de expedição". A multa pelo extravio pressupõe a culpa ou o dolo do sujeito passivo. Além disso, de acordo com o art. 664 do Regulamento Aduaneiro (Decreto nº 6.759/2009), a responsabilidade pela infração é excluída diante do caso fortuito ou de força maior:

> Art. 664. A responsabilidade a que se refere o art. 660[223] pode ser excluída nas hipóteses de caso fortuito ou força maior. (Redação dada pelo Decreto nº 8.010, de 2013)
>
> Parágrafo único. Para os fins de que trata o *caput*, os protestos formados a bordo de navio ou de aeronave somente produzirão efeito se ratificados pela autoridade judiciária competente. (Incluído pelo Decreto nº 8.010, de 2013)

---

[223] "Art. 660. Os créditos relativos aos tributos e direitos correspondentes às mercadorias extraviadas na importação, inclusive multas, serão exigidos do responsável por meio de lançamento de ofício, formalizado em auto de infração, observado o disposto no Decreto nº 70.235, de 1972 (Decreto-Lei nº 37, de 1966, art. 60, § 1º, com a redação dada pela Lei nº 12.350, de 2010, art. 40). (Redação dada pelo Decreto nº 8.010, de 2013)".

Essa previsão é compatível com a regra de responsabilidade objetiva prevista no art. 136 do CTN,[224] uma vez que, nessas hipóteses, há exclusão do nexo causal.[225]

Por fim, quanto à configuração do caso fortuito e de força maior à luz do Ato Declaratório Interpretativo SRF nº 12/2004 e demais aspectos relacionados ao extravio, reporta-se às considerações apresentadas por ocasião do estudo da regra-matriz de incidência do imposto de importação e do descumprimento do trânsito aduaneiro.[226]

### 4.1.3 Multa pelo subfaturamento

#### 4.1.3.1 Caracterização da infração: falsidade material e ideológica

Como examinado anteriormente, no subfaturamento ou fraude de valor, a parte declara um preço diverso daquele efetivamente pago ou a pagar pelo produto importado, visando à redução indevida da base de cálculo dos tributos. A infração é consumada por meio da falsificação da fatura comercial, que pode ser de natureza ideológica ou material. Nessa há uma adulteração da fatura emitida pelo exportador ou a apresentação de uma versão não verdadeira substitutiva da fatura original. Já na falsidade ideológica, o exportador – em decorrência de conluio com o importador – emite uma fatura genuína, mas com conteúdo enganoso, que não reflete o preço pago pelo produto importado.[227]

#### 4.1.3.2 Prova da falsidade

A prova da falsidade material decorre do exame direto da fatura comercial, devendo ser evidenciada mediante perícia técnica que ateste o caráter não verdadeiro ou a adulteração de qualquer de seus requisitos formais e materiais. Diferente é a caracterização da falsidade ideológica. Nessa o documento é genuíno, porém, o seu conteúdo não se mostra verdadeiro. Daí a necessidade de demonstração de que o preço efetivamente pago pelo produto foi diverso do que consta na fatura comercial. Portanto, deve ter ocorrido uma transferência de recursos em paralelo, ocultada da fiscalização.

A discrepância pode ser demonstrada por meio de algum comprovante – formal ou informal – de pagamento "por fora", que é a evidência cabal do ilícito. Contudo, podem ser adotadas outras provas, tais como ordens de compra, faturas *proforma*, documentos financeiros, comprovantes de operações bancárias ou registros internos de pagamentos[228].

---

[224] "Art. 136. Salvo disposição de lei em contrário, a responsabilidade por infrações da legislação tributária independe da intenção do agente ou do responsável e da efetividade, natureza e extensão dos efeitos do ato."

[225] RODRIGUES, Silvio. *Direito Civil*: responsabilidade civil. 16. ed. São Paulo: Saraiva, v. 4, 1998, p. 174-175.

[226] Ver Cap. II, item 2.2.1.3.3 e Cap. IV, item 3.4.

[227] Ver Cap. IV, item 2.3.1.3.

[228] Sobre o tema, cf.: FERNANDES, Rodrigo Mineiro. Valoração aduaneira e subfaturamento. *In*: PEIXOTO, Marcelo Magalhães; SARTORI, Angela; DOMINGO, Luiz Roberto (Coord.). *Tributação aduaneira na Jurisprudência do CARF – Conselho Administrativo de Recursos Fiscais*. São Paulo: MP-APET, 2013, p. 263: "[...] o subfaturamento mediante fraude documental deverá ser provado, direta ou indiretamente, e demonstrado nos autos de forma clara e inequívoca. O elemento de prova principal para caracterizar a falsidade documental é a identificação pela Autoridade Aduaneira das duas faturas (a fatura verdadeira, oculta, e a fatura falsa, apresentada à fiscalização aduaneira). Mas nem sempre é possível localizar a fatura original. Nesses casos, para a comprovação da falsidade documental, a Fiscalização Aduaneira poderá lançar mão de outros elementos de prova que apontem o preço efetivamente praticado na operação

Nesse sentido, destaca-se o seguinte precedente do Carf:

> [...] A comprovação dos pagamentos "por fora" é apenas um dos modos de o fisco comprovar o subfaturamento, mas não o único. Comprovam o subfaturamento a existência de faturas comerciais, faturas proforma e declarações de importação, onde se encontram preços divergentes para a mesma mercadoria, assim como a indicação dos percentuais e dos valores dos pagamentos "por fora" registrados em planilhas de controle paralelo encontradas nos computadores do contribuinte.[229]

Também já foram aceitos como prova em julgamentos no Carf: (a) a comparação com o valor declarado na Aduana do país de origem conhecida por meio de compartilhamento de dados;[230] (b) os registros de transações de remessa ilegal de recursos ao exterior obtida em busca e apreensão em casas de câmbio na apuração de crimes contra o sistema financeiro nacional;[231] e (c) planilhas internas com a indicação dos valores reais das mercadorias, mensagens trocadas com os exportadores estrangeiros e faturas "proforma" e prova pericial realizada pela Polícia Federal.[232] Todos esses elementos são absolutamente idôneos para comprovar o subfaturamento, porque demonstram a ocorrência de um pagamento diverso (verdadeiro) daquele que consta na fatura comercial (falso).

### 4.1.3.3  Aplicabilidade do perdimento

O parágrafo único do art. 88 da Medida Provisória nº 2.158-35/2001 estabelece uma sanção específica de 100% da diferença entre o preço declarado e o efetivamente praticado ou arbitrado:

> Art. 88. No caso de fraude, sonegação ou conluio, em que não seja possível a apuração do preço efetivamente praticado na importação, a base de cálculo dos tributos e demais direitos incidentes será determinada mediante arbitramento do preço da mercadoria, em conformidade com um dos seguintes critérios, observada a ordem sequencial:
> [...]
> Parágrafo único. Aplica-se a multa administrativa de cem por cento sobre a diferença entre o preço declarado e o preço efetivamente praticado na importação ou entre o preço declarado e o preço arbitrado, sem prejuízo da exigência dos impostos, da multa de ofício prevista no art. 44 da Lei nº 9.430, de 1996, e dos acréscimos legais cabíveis.

Portanto, não é mais cabível a cominação da pena de perdimento nem a multa substitutiva. Tampouco se deve cogitar da aplicação cumulativa dessas sanções. O subfaturamento (infração-fim) sempre ocorre mediante falsificação da fatura comercial (infração-meio). Há uma unidade fática e de desígnios, porque a falsificação é uma etapa necessária de realização da fraude de valor (subfaturamento) ou, dito de outro modo, uma forma regular de transição para o delito final. Assim, em consonância com o critério lógico da consunção, para não configurar uma dupla

---

comercial internacional, como, por exemplo, as ordens de compra, as faturas pró-forma e as cotações de preços, conjugados ou não com documentos financeiros".

[229] Carf. 3ª S. 4ª C. 3ª T. Ac. nº 3403-002.864, S. de 26.03.2014.
[230] Carf. 3ª S. 4ª C. 2ª T.O. Ac. nº 3402-005.613, S. de 27.09.2018.
[231] Carf. 3ª S. 3ª C. 2ª T.O. Ac. nº 3302-005.534, S. de 24.05.2018.
[232] Carf. 3ª S. 4ª C. 1ª T.O. Ac. nº 3401-004.023, S. de 25.10.2017.

penalização do mesmo ilícito, a sanção correspondente ao tipo-meio (norma consumida) deve ser afastada, incidindo apenas a pena relativa ao tipo-fim (norma consuntiva).

Não obstante, de acordo com o § 1º-A do art. 703 do Regulamento Aduaneiro, incluído pelo Decreto nº 8.010/2013, "§ 1º-A. Verificando-se que a conduta praticada enseja a aplicação tanto de multa referida neste artigo quanto da pena de perdimento da mercadoria, aplica-se somente a pena de perdimento".

Assim, ao invés da consunção, o Regulamento Aduaneiro estabelece que o conflito aparente deve ser afastado de acordo com o princípio ou critério da subsidiariedade. Dessa maneira, no lugar da sanção do tipo-fim, incide a do tipo-meio. Porém, é questionável a validade dessa previsão. Em primeiro lugar, porque, no princípio da subsidiariedade, a absorção da ofensa menor pela maior justifica-se pelo fato de ambas configurarem estágios distintos de violação de um mesmo bem jurídico. Não é o que ocorre entre o parágrafo único do art. 88 da Medida Provisória nº 2.158-35/2001 e o art. 105, VIII, do Decreto-Lei nº 37/1966. Neste a objetividade jurídica é a veracidade probatória.[233] Naquele, a regular percepção da receita tributária.[234] Diante dessa disparidade de bens jurídicos, não é aplicável a subsidiariedade. Em segundo lugar, o subfaturamento somente se configura com a falsificação da fatura, ou seja, um não existe sem o outro. Logo, em todos os casos de subfaturamento a pena de perdimento sempre seria aplicável. O § 1º-A torna sem efeito a sanção do parágrafo único do art. 88. Isso equivale à própria revogação da multa, o que demandaria a edição de uma lei formal.

Cumpre acrescentar que, segundo a jurisprudência dos Tribunais Regionais Federais e do Superior Tribunal de Justiça, a multa do parágrafo único do art. 88 seria aplicável apenas nos casos de falsidade ideológica e a pena de perdimento, no subfaturamento resultante de falsidade material:

> TRIBUTÁRIO. MANDADO DE SEGURANÇA SUBFATURAMENTO PRATICADO MEDIANTE TÃO SOMENTE FALSIDADE IDEOLÓGICA. AUSÊNCIA DE FALSIDADE MATERIAL. POSSIBILIDADE APENAS DE APLICAÇÃO DE MULTA. No caso do subfaturamento ser praticado unicamente mediante falsidade ideológica, incorre o contribuinte na multa de 100% sobre a diferença entre o preço declarado e o preço efetivamente praticado na operação de importação (parágrafo único do art. 108 do Decreto-Lei nº 37/1966 e parágrafo único do art. 88 da MP nº 2.158-35/2001). Já quando o subfaturamento é praticado não tão somente por falsidade ideológica, mas também mediante falsidade material, deve ser imposta a pena de perdimento, incidindo o inciso VI do art. 105 do Decreto-Lei nº 37/1966. Interpretação em consonância com o critério da especialidade.[235]

---

[233] COSTA JUNIOR, Paulo José; DENARI, Zelmo. *Infrações tributárias e delitos fiscais*. 3. ed. São Paulo: Saraiva, 1998, p. 890 e ss.

[234] Há, como ressalta Susana Aires de Sousa, diversas propostas teóricas acerca do bem jurídico tutelado nos crimes fiscais: os modelos patrimonialistas e funcionalistas (crime fiscal como ofensa à função tributária, crime fiscal como ofensa ao poder tributário, crime fiscal como ofensa ao sistema econômico, crime fiscal como ofensa ao sistema fiscal); e outros modelos (crime fiscal como ofensa ao dever de colaboração, de verdade e de transparência; crime fiscal como crime contra a função social dos impostos, o crime fiscal como crime de desobediência). A autora, em posição que nos parece a mais adequada, entende que o bem jurídico-penal protegido pelos crimes fiscais coincide com a obtenção das receitas fiscais (SOUSA, Susana Aires de. *Os crimes fiscais*: análise dogmática e reflexão sobre a legitimidade do discurso criminalizador. Coimbra: Coimbra, 2009. p. 266-301). Entre nós, prevalece a concepção funcionalista, de crime fiscal como ofensa ao sistema fiscal (ordem tributária). Sobre essa discussão, cf.: MACHADO, Hugo de Brito. *Crimes contra a ordem tributária*. 2. ed. São Paulo: Atlas, 2009, p. 329 e ss.

[235] TRF4. 2ª T. AC 2008.70.08.000405-3. Rel. Juiz Federal convocado Artur César de Souza. *DE* 30.09.2009.

Essa exegese não parece a mais adequada. O parágrafo único do art. 88 não faz qualquer distinção. O subfaturamento resultante da falsidade ideológica não é mais nem menos grave do que o levado a efeito mediante falsificação material da fatura comercial. O tipo de falsidade não acarreta qualquer consequência na penalidade aplicável. O subfaturamento (infração-fim) absorve a falsificação da fatura comercial (infração-meio). Por conseguinte, a sanção correspondente ao tipo-meio (norma consumida) deve ser afastada pela incidência da pena do tipo-fim (norma consuntiva). A absorção da ofensa menor pela maior – que, em última análise, é o que propõe com essa interpretação – apenas seria possível se a falsificação e o subfaturamento fossem estágios distintos de violação de um mesmo bem jurídico. Entretanto, não é o que ocorre, já que, no primeiro, o bem jurídico tutelado consiste na veracidade probatória, enquanto, no segundo, na regular percepção da receita tributária.

Por fim, registre-se que o Procurador-Geral da Fazenda Nacional, por meio do Ato Declaratório PGFN nº 04, de 09 de maio de 2018, autorizou a dispensa de apresentação de contestação e de interposição de recursos, bem como a desistência dos já interpostos, desde que inexista outro fundamento relevante, nas ações judiciais que visem a afastar a aplicação da pena de perdimento nas hipóteses de falsidade ideológica:

> Ato Declaratório PGFN Nº 4, DE 09 DE MAIO DE 2018:
> O PROCURADOR-GERAL DA FAZENDA NACIONAL, no uso da competência legal que lhe foi conferida, nos termos do inciso II do art. 19 da Lei nº 10.522, de 19 de julho de 2002, e do art. 5º do Decreto nº 2.346, de 10 de outubro de 1997, tendo em vista a aprovação do Parecer PGFN/CRJ/nº 1.690/2016, desta Procuradoria-Geral da Fazenda Nacional, pelo Senhor Ministro de Estado da Fazenda, conforme despacho publicado no *DOU* de 07 de maio de 2018, DECLARA que fica autorizada a dispensa de apresentação de contestação e de interposição de recursos, bem como a desistência dos já interpostos, desde que inexista outro fundamento relevante:
> "nas ações judiciais que visem afastar a aplicação da pena de perdimento nas hipóteses de falsidade ideológica consistente no subfaturamento do valor da mercadoria na declaração de importação, aplicando-se apenas a pena de multa".
> Jurisprudência: AgRg no REsp 1.341.312/PR, REsp 1.242.532/RS, REsp 1.240.005/RS, REsp 1.217.708/PR, REsp 1.218.798/PR.

Dessa forma, apesar de não ser a melhor interpretação, essa foi a exegese que restou pacificada, tendo sido, inclusive, incorporada ao Regulamento Aduaneiro (Decreto nº 6.759/2009, art. 689, § 3º-A), pelo Decreto nº 10.550/2020.[236] Assim, a multa do parágrafo único do art. 88 Medida Provisória nº 2.158-35/2001 deve ser cominada nos casos de subfaturamento mediante falsidade ideológica e a pena de perdimento, ao subfaturamento resultante de falsidade material.

### 4.1.4 Multas administrativas ao controle das importações

#### 4.1.4.1 Tipicidade, percentuais e limites

O Decreto-Lei nº 37/1966 adota uma terminologia imprópria para as "infrações administrativas ao controle das importações". Afinal, todas as infrações têm natureza administra-

---

[236] "§ 3º-A. O disposto no inciso VI do *caput* inclui os casos de falsidade material ou ideológica, exceto o caso de falsidade ideológica referente exclusivamente ao preço, que implique subfaturamento na importação, sem prejuízo da aplicação da pena de multa nesta hipótese. (Redação dada pelo Decreto nº 10.550, de 2020)".

tiva. Além disso, ressalvadas aquelas aplicáveis especificamente à exportação, referem-se ao controle aduaneiro das importações. Mais apropriado seria designá-las "infrações relativas ao licenciamento da importação".

Essas infrações e as respectivas multas encontram-se previstas no art. 169 do Decreto-Lei nº 37/1966. Esse dispositivo, contudo, faz referências a documentos que não são mais adotados no controle aduaneiro das importações, como é o caso da Guia de Importação. Apesar disso, a eficácia do preceito não foi comprometida, porque o tipo infracional também abrange os documentos equivalentes.

O art. 706 do Decreto nº 6.759/2009, por sua vez, já atualizou as referências a esses documentos equivalentes, de sorte que, nesse particular, é oportuna a compreensão da tipicidade das infrações ao controle das importações a partir desse dispositivo:

> Art. 706. Aplicam-se, na ocorrência das hipóteses abaixo tipificadas, por constituírem infrações administrativas ao controle das importações, as seguintes multas (Decreto-Lei nº 37, de 1966, art. 169, *caput* e § 6º, com a redação dada pela Lei nº 6.562, de 1978, art. 2º):
> 
> I – de trinta por cento sobre o valor aduaneiro:
> 
> a) pela importação de mercadoria sem licença de importação ou documento de efeito equivalente, inclusive no caso de remessa postal internacional e de bens conduzidos por viajante, desembaraçados no regime comum de importação (Decreto-Lei nº 37, de 1966, art. 169, inciso I, alínea *b*, e § 6º, com a redação dada pela Lei nº 6.562, de 1978, art. 2º); e
> 
> b) pelo embarque de mercadoria antes de emitida a licença de importação ou documento de efeito equivalente (Decreto-Lei nº 37, de 1966, art. 169, inciso III, alínea *b*, e § 6º, com a redação dada pela Lei nº 6.562, de 1978, art. 2º);
> 
> II – de vinte por cento sobre o valor aduaneiro pelo embarque da mercadoria depois de vencido o prazo de validade da licença de importação respectiva ou documento de efeito equivalente, de mais de vinte até quarenta dias (Decreto-Lei nº 37, de 1966, art. 169, inciso III, alínea *a*, item 2, e § 6º, com a redação dada pela Lei nº 6.562, de 1978, art. 2º); e
> 
> III – de dez por cento sobre o valor aduaneiro, pelo embarque da mercadoria, depois de vencido o prazo de validade da licença de importação respectiva ou documento de efeito equivalente, até vinte dias (Decreto-Lei nº 37, de 1966, art. 169, inciso III, alínea *a*, item 1, e § 6º, com a redação dada pela Lei nº 6.562, de 1978, art. 2º).
> 
> § 1º Considera-se importada sem licença de importação ou documento de efeito equivalente, a mercadoria cujo embarque tenha se efetivado depois de decorridos mais de quarenta dias do respectivo prazo de validade (Decreto-Lei nº 37, de 1966, art. 169, § 1º, com a redação dada pela Lei nº 6.562, de 1978, art. 2º).
> 
> § 2º As multas referidas neste artigo não poderão ser (Decreto-Lei nº 37, de 1966, art. 169, § 2º, com a redação dada pela Lei nº 10.833, de 2003, art. 77):
> 
> I – inferiores a R$ 500,00 (quinhentos reais); e
> 
> II – superiores a R$ 5.000,00 (cinco mil reais) nos casos referidos na alínea *b* do inciso I e nos incisos II e III do *caput*.
> 
> § 3º Na ocorrência simultânea de mais de uma infração, será punida apenas aquela a que for cominada a penalidade mais grave (Decreto-Lei nº 37, de 1966, art. 169, § 4º, com a redação dada pela Lei nº 6.562, de 1978, art. 2º).
> 
> § 4º A aplicação das penas referidas neste artigo (Decreto-Lei nº 37, de 1966, art. 169, § 5º, com a redação dada pela Lei nº 6.562, de 1978, art. 2º):

I – não exclui o pagamento dos tributos devidos, nem a imposição de outras penas, inclusive criminais, previstas em legislação específica; e

II – não prejudica a isenção de tributos de que goze a importação, salvo disposição expressa em contrário.

§ 5º Não constituem infrações, para os efeitos deste artigo (Decreto-Lei nº 37, de 1966, art. 169, § 7º, com a redação dada pela Lei nº 6.562, de 1978, art. 2º):

I – a diferença, para mais ou para menos, por embarque, não superior a dez por cento quanto ao preço, e a cinco por cento quanto à quantidade ou ao peso, desde que não ocorram concomitantemente;

II – os casos referidos na alínea *b* do inciso I, e nos incisos II e III do *caput*, se alterados pelo órgão competente os dados constantes da licença de importação ou documento de efeito equivalente; e

III – a importação de máquinas e de equipamentos declarados como originários de determinado país, que constituam um todo integrado, embora contenham partes ou componentes produzidos em outros países que não o indicado na licença de importação ou documento de efeito equivalente.[237]

Em síntese, portanto, as penalidades são: (*i*) *multa de 30%* do valor aduaneiro, nas hipóteses de importação de mercadoria: (*i.1*) sem licença de importação (LI) ou documento equivalente (inciso I, *a*); (*i.2*) com LI vencida há mais de 45 dias (§ 1º c/c inciso I, *a*); (*i.3*) para o embarque de mercadoria antes de emitida a LI (inciso I, *b*); (*ii*) *multa de 20%* para o embarque de mercadoria com LI vencida entre 20 e 45 dias (inciso II); e (*iii*) *multa de 10%* para o embarque com LI vencida entre 1 e 19 dias (inciso III), considerando-se ocorrido o embarque na data da emissão do conhecimento de carga (art. 708).[238]

A Secretaria da Receita Federal apresenta alguns atos interpretativos acerca da infração e da penalidade. Destacam-se, primeiramente, os Atos Declaratórios Normativos Cosit nº 04/1997 e nº 12/1997, que afastam a caracterização da infração nas seguintes hipóteses:

**Ato Declaratório Normativo Cosit nº 04/1997**

O COORDENADOR-GERAL DO SISTEMA DE TRIBUTAÇÃO, no uso das atribuições que lhe confere o item II da Instrução Normativa SRF nº 34, de 18 de setembro de 1974, e tendo em vista o que dispõe o art. 526, § 7º, inciso II, do Regulamento Aduaneiro,

---

[237] "Art. 707. As infrações de que trata o art. 706 (Lei nº 6.562, de 1978, art. 3º):
I – não excluem aquelas definidas como dano ao Erário, sujeitas à pena de perdimento; e
II – serão apuradas mediante processo administrativo fiscal, em conformidade com o disposto no art. 768.
Parágrafo único. Para os efeitos do inciso I, as multas relativas às infrações administrativas ao controle das importações somente poderão ser lançadas antes da aplicação da pena de perdimento da mercadoria."

[238] "Art. 554. O conhecimento de carga original, ou documento de efeito equivalente, constitui prova de posse ou de propriedade da mercadoria (Decreto-Lei nº 37, de 1966, art. 46, *caput*, com a redação dada pelo Decreto-Lei nº 2.472, de 1988, art. 2º).
Parágrafo único. A Secretaria da Receita Federal do Brasil poderá dispor sobre hipóteses de não exigência do conhecimento de carga para instrução da declaração de importação.
Art. 555. A cada conhecimento de carga deverá corresponder uma única declaração de importação, salvo exceções estabelecidas pela Secretaria da Receita Federal do Brasil.
Art. 556. Os requisitos formais e intrínsecos, a transmissibilidade e outros aspectos atinentes aos conhecimentos de carga devem regular-se pelos dispositivos da legislação comercial e civil, sem prejuízo da aplicação das normas tributárias quanto aos respectivos efeitos fiscais."

aprovado pelo Decreto n° 91.030, de 5 de março de 1995, declara, em caráter normativo, às Superintendências Regionais da Receita Federal, às Delegacias da Receita Federal de Julgamento e aos demais interessados, que, nos casos previstos nos incisos IV a IX do supracitado art. 526, a alteração dos dados constantes da Guia de Importação ou documento equivalente, pelo órgão competente, não constitui infração administrativa, ainda que o Aditivo à referida Guia seja emitido e apresentado após o registro da Declaração de Importação, porém, antes do desembaraço aduaneiro.

**Ato Declaratório Normativo Cosit n° 12/1997**
O COORDENADOR-GERAL DO SISTEMA DE TRIBUTAÇÃO, no uso das atribuições que lhe confere o item II da Instrução Normativa n° 34, de 18 de setembro de 1974, e tendo em vista o disposto no inciso II do art. 526 do Regulamento Aduaneiro aprovado pelo Decreto n° 91.030, de 5 de março de 1985, e no art. 112, inciso IV, do Código Tributário Nacional – Lei n° 5.172, de 25 de outubro de 1966, declara, em caráter normativo, as Superintendências Regionais da Receita Federal, às Delegacias da Receita Federal de Julgamento e aos demais interessados, que não constitui infração administrativa ao controle das importações, nos termos do inciso II do art. 526 do Regulamento Aduaneiro a declaração de importação de mercadoria objeto de licenciamento no Sistema Integrado de Comércio Exterior – Siscomex, cuja classificação tarifária errônea ou indicação indevida de destaque "ex" exija novo licenciamento, automático ou não, desde que o produto esteja corretamente descrito, com todos os elementos necessários à sua identificação e ao enquadramento tarifário pleiteado, e que não se constate, em qualquer dos casos, intuito doloso ou má-fé por parte do declarante.

O Ato Declaratório Normativo Cosit n° 65/1994, por sua vez, estabelece a inaplicabilidade da pena no regime de tributação simplificada:

O COORDENADOR-GERAL DO SISTEMA DE TRIBUTAÇÃO, no uso das atribuições que lhe confere o item II da Instrução Normativa SRF n° 34, de 18 de setembro de 1974, e Considerando a revogação, pela Medida Provisória n° 722, de 18 de novembro de 1994, do § 3° do art. 1° do Decreto-Lei n° 1.804, de 3 de setembro de 1980, com a redação dada pelo art. 93 da Lei n° 8.383, de 30 de dezembro de 1991, e o disposto na Portaria MF n° 609, de 21 de novembro de 1994,

Declara, em caráter normativo, às Superintendências Regionais da Receita Federal e aos demais interessados, que, conquanto tenha deixado de existir limite de valor, o regime de tributação simplificada, de que tratam o Decreto-Lei n° 1.804, de 3 de setembro de 1980, alterado pela Lei n° 8.383, de 3 de setembro de 1991, e pela Medida Provisória n° 722, de 18 de novembro de 1994, e a Portaria MF n° 609, de 21 de novembro de 1994, não está sujeito à apresentação de guia de importação ou documento de efeito equivalente, não sendo aplicável, por conseguinte, no referido regime, a multa prevista no art. 169, inciso I, alínea *b*, do Decreto-Lei n° 37, de 18 de novembro de 1966, com a redação dada pela Lei n° 6.562, de 20 de setembro de 1978 – art. 526, inciso II, do Regulamento Aduaneiro aprovado pelo Decreto n° 91.030, de 5 de março de 1985.

Na retificação de DI na importação de bens usados, a aplicação da penalidade deve observar o disposto no Ato Declaratório Normativo Cosit n° 16/1999:

O COORDENADOR-GERAL DO SISTEMA DE TRIBUTAÇÃO, no uso das atribuições que lhe confere o art. 32 do Regimento Interno da Secretaria da Receita Federal, aprovado pela Portaria MF nº 227, de 3 de setembro de 1998, e tendo em vista o disposto no art. 6º do Decreto nº 660, de 25 de setembro de 1992, no Regulamento Aduaneiro, aprovado pelo Decreto nº 91.030, de 5 de março de 1985, e no art. 22 da Portaria Decex nº 8, de 13 de maio de 1991,

Declara, em caráter normativo, às Superintendências Regionais da Receita Federal, às Delegacias da Receita Federal de Julgamento e aos demais interessados que:

1. O prosseguimento do despacho aduaneiro de bens de capital usados, importados em desacordo com a legislação específica, em qualquer caso, fica condicionado à apresentação da respectiva Licença de Importação deferida pela Secretaria de Comércio Exterior do Ministério do Desenvolvimento, Indústria e Comércio.

2. A autoridade fiscal deverá formalizar exigência para cumprimento do disposto no item anterior, nos termos disciplinados nos arts. 45 e 46 da Instrução Normativa SRF nº 69, de 10 de dezembro de 1996.

3. No caso de a documentação de instrução do despacho aduaneiro acobertar a importação de um bem declarado como sendo novo e for constatado tratar-se de um bem usado, após o cumprimento da exigência de que trata o item anterior, aplica-se a multa por importação de mercadoria ao desamparo de Guia de Importação ou documento equivalente (art. 526, inciso II, do Regulamento Aduaneiro – RA).

4. Não se aplica a multa prevista no item anterior, se apresentada, para o prosseguimento do despacho aduaneiro, a retificação da Declaração de Importação acompanhada da Licença de Importação Substitutiva.

5. Indeferida a Licença de Importação, em qualquer caso, aplica-se a pena de perdimento do bem, por importação de mercadoria ao desamparo de Guia de Importação ou documento de efeito equivalente, por estar sua emissão vedada na forma da legislação específica (art. 516, inciso I, do RA).

6. Quando não atendida tempestivamente a exigência de que trata o item 2, em qualquer caso, aplica-se a pena de perdimento do bem, por decurso do prazo de permanência em recinto alfandegado (art. 516, inciso II, do RA).

Por fim, devem ser observados os limites mínimo de R$ 500,00 e máximo de R$ 5.000,00. Esse, entretanto, não se aplica nos casos de falta de LI ou de licença vencida há mais de 45 dias (art. 706, § 2º, I e II). Não há infração nas situações previstas no § 5º. Além disso, de acordo com os §§ 3º e 4º, se a conduta configurar mais de uma infração, incidirá apenas a multa de maior valor, sem prejuízo da aplicação de eventuais isenções ou, quando for o caso, da exigência dos tributos devidos na operação e outras penalidades.

### 4.1.4.2 Aplicabilidade no licenciamento automático

O licenciamento de importações é dividido em duas modalidades: automático e não automático.[239] Essa mesma divisão é encontrada no Acordo sobre Procedimentos para o Licenciamento de Importações (APLI), incorporado ao direito brasileiro por meio do Decreto Legislativo nº 30/1994, promulgado pelo Decreto nº 1.355/1994.

---

[239] Portaria Secex nº 249/2023.

De acordo com a interpretação adotada pela CSRF do Carf, o "licenciamento automático, na verdade, alcança as hipóteses em que a mercadoria não está sujeita a licenciamento" (Acórdão nº 9303-01.567). Isso foi reafirmado no Acórdão nº 9303-006.506:

> IMPORTAÇÃO. LICENCIAMENTO AUTOMÁTICO. ERRO DE CLASSIFICAÇÃO. INFRAÇÃO POR IMPORTAR MERCADORIA SEM LICENÇA DE IMPORTAÇÃO. INOCORRÊNCIA.
>
> O simples erro de enquadramento tarifário da mercadoria, nos casos em que a importação esteja sujeita ao procedimento de licenciamento automático, não constitui, por si só, infração ao controle administrativo das importações, por importar mercadoria sem licença de importação ou documento equivalente.[240]

De fato, ao contrário do que sugere essa nomenclatura, só há licenciamento nas hipóteses de "licenciamento não automático". Portanto, a penalização não é cabível nas "importações sujeitas ao licenciamento automático".

### 4.1.5 Descumprimento dos requisitos legais da admissão temporária, da admissão temporária para aperfeiçoamento ativo e da exportação temporária

O art. 72 da Lei nº 10.833/2003 estabelece multas específicas de 10% e de 5% do valor aduaneiro para os casos de descumprimento dos regimes especiais de admissão temporária e de exportação temporária:

> Art. 72. Aplica-se a multa de:
>
> I – 10% (dez por cento) do valor aduaneiro da mercadoria submetida ao regime aduaneiro especial de admissão temporária, ou de admissão temporária para aperfeiçoamento ativo, pelo descumprimento de condições, requisitos ou prazos estabelecidos para aplicação do regime; e
>
> II – 5% (cinco por cento) do preço normal da mercadoria submetida ao regime aduaneiro especial de exportação temporária, ou de exportação temporária para aperfeiçoamento passivo, pelo descumprimento de condições, requisitos ou prazos estabelecidos para aplicação do regime.
>
> § 1º O valor da multa prevista neste artigo será de R$ 500,00 (quinhentos reais), quando do seu cálculo resultar valor inferior.
>
> § 2º A multa aplicada na forma deste artigo não prejudica a exigência dos impostos incidentes, a aplicação de outras penalidades cabíveis e a representação fiscal para fins penais, quando for o caso.

Como já examinado anteriormente,[241] a multa do art. 72, I, de acordo com o § 2º, não "prejudica a exigência dos impostos incidentes". Contudo, é evidente que a lei disse menos do que pretendia (*lex minus scripsit, plus voluit*). Não há justificativa para cobrar o imposto de importação, o IPI e o ICMS, exonerando o beneficiário inadimplente do PIS-Cofins, da Cide-Combustíveis e do AFRMM. Logo, são exigíveis todos os tributos aduaneiros incidentes que deixaram de ser cobrados em razão do deferimento do regime aduaneiro especial.

---

[240] CSRF. 3ª T. Ac. 9303-006.506, S. de 14.03.2018.
[241] Ver Cap. VI, Itens 1.7, 9.2 e 11.

Ademais, nesse dispositivo, a palavra "incidentes" denota que a exigência dos tributos não é uma consequência direta do descumprimento dos requisitos legais do regime aduaneiro especial. Isso porque, na admissão temporária, o ingresso da mercadoria no território nacional ocorre a título temporário, isto é, sem intenção integradora. Assim, quando cumpridos os requisitos legais, a operação não se subsome ao conceito de importação, núcleo da hipótese de incidência dos tributos aduaneiros. O não pagamento dos tributos na admissão resulta dessa não incidência e, entre outras finalidades, o regime aduaneiro visa a assegurar a presença dos pressupostos necessários à sua configuração. O descumprimento dos requisitos legais do regime não é fato imponível dos tributos aduaneiros. Por isso, nem sempre implica a exigência do crédito tributário constituído no termo de responsabilidade. É necessário demonstrar que houve subsunção aos critérios da regra-matriz de incidência dos tributos sobre o comércio exterior, inclusive ao conceito de importação.

### 4.1.6 Registro especial em operações de importação de papel imune

O art. 1º, I e II, da Lei nº 11.945/2009 estabelece o dever de manter registro especial perante a Receita Federal, exigível das pessoas jurídicas que atuem na comercialização, na aquisição e na importação de papel imune.[242] Tais empresas devem comprovar a correta destinação do papel dentro da forma e da periodicidade exigida pela autoridade aduaneira, sob pena de incidência das seguintes penalidades pecuniárias:

> Art. 1º. [...]
> § 3º Fica atribuída à Secretaria da Receita Federal do Brasil competência para:
> [...]
> II – estabelecer a periodicidade e a forma de comprovação da correta destinação do papel beneficiado com imunidade, inclusive mediante a instituição de obrigação acessória destinada ao controle da sua comercialização e importação.
> § 4º O não cumprimento da obrigação prevista no inciso II do § 3º deste artigo sujeitará a pessoa jurídica às seguintes penalidades:
> I – 5% (cinco por cento), não inferior a R$ 100,00 (cem reais) e não superior a R$ 5.000,00 (cinco mil reais), do valor das operações com papel imune omitidas ou apresentadas de forma inexata ou incompleta; e
> II – de R$ 2.500,00 (dois mil e quinhentos reais) para micro e pequenas empresas e de R$ 5.000,00 (cinco mil reais) para as demais, independentemente da sanção prevista no inciso I deste artigo, se as informações não forem apresentadas no prazo estabelecido.

Tais dispositivos poderiam ter a constitucionalidade questionada, uma vez que, de acordo com o art. 146, II, da Constituição, a regulamentação de imunidades tributárias – enquanto limitações constitucionais ao poder de tributar *ex vi* do art. 150, VI, *d* – está submetida à reserva de lei complementar. Não obstante, conforme ressaltado anteriormente, a Jurisprudência do STF reconhece a existência da reserva de lei complementar nessa matéria

---

[242] "Art. 1º Deve manter o Registro Especial na Secretaria da Receita Federal do Brasil a pessoa jurídica que:
I – exercer as atividades de comercialização e importação de papel destinado à impressão de livros, jornais e periódicos, a que se refere a alínea *d* do inciso VI do art. 150 da Constituição Federal; e
II – adquirir o papel a que se refere a alínea *d* do inciso VI do art. 150 da Constituição Federal para a utilização na impressão de livros, jornais e periódicos."

(RE 636.941, Tema 432;[243] e RE 566.622, Tema 32[244]). Porém, também admite um espaço de regulação por lei ordinária, que, consoante definido no julgamento da ADI 1.802, poderia definir os aspectos procedimentais necessários à verificação do atendimento das finalidades constitucionais.[245] Nessa linha, considerando que o dever de manter registro especial está ligado ao controle administrativo da imunidade, o art. 1º da Lei nº 11.945/2009 é compatível com o texto constitucional.[246]

### 4.1.7 Multa por erro no preenchimento da DI, inclusive classificação fiscal indevida de mercadorias

#### 4.1.7.1 Erro sem culpa ou dolo

A multa por erro no preenchimento da DI encontra-se prevista no art. 84 da Medida Provisória nº 2.158-35/2001 e no art. 69 da Lei nº 10.833/2003.

> Art. 84. Aplica-se a multa de um por cento sobre o valor aduaneiro da mercadoria:
> I – classificada incorretamente na Nomenclatura Comum do Mercosul, nas nomenclaturas complementares ou em outros detalhamentos instituídos para a identificação da mercadoria; ou
> II – quantificada incorretamente na unidade de medida estatística estabelecida.
> § 1º O valor da multa prevista neste artigo será de R$ 500,00 (quinhentos reais), quando do seu cálculo resultar valor inferior.
> § 2º A aplicação da multa prevista neste artigo não prejudica a exigência dos impostos, da multa por declaração inexata prevista no art. 44 da Lei nº 9.430, de 1996, e de outras penalidades administrativas, bem assim dos acréscimos legais cabíveis.

> Lei nº 10.833/2003:
> Art. 69. A multa prevista no art. 84 da Medida Provisória nº 2.158-35, de 24 de agosto de 2001, não poderá ser superior a 10% (dez por cento) do valor total das mercadorias constantes da declaração de importação.
> § 1º A multa a que se refere o caput aplica-se também ao importador, exportador ou beneficiário de regime aduaneiro que omitir ou prestar de forma inexata ou incompleta

---

[243] "A Suprema Corte, guardiã da CF, indicia que somente se exige lei complementar para a definição dos seus limites objetivos (materiais), e não para a fixação das normas de constituição e de funcionamento das entidades imunes (aspectos formais ou subjetivos), os quais podem ser veiculados por lei ordinária, como sói ocorrer com o art. 55 da Lei nº 8.212/1991, que pode estabelecer requisitos formais para o gozo da imunidade sem caracterizar ofensa ao art. 146, II, da CF, ex vi dos incisos I e II" (STF. T. Pleno. RE 636.941. Rel. Min. Luiz Fux. DJe 04.04.2014, Tema 432).

[244] "[...] o art. 55 da Lei nº 8.212, de 1991, prevê requisitos para o exercício da imunidade tributária, versada no § 7º do art. 195 da Carta da República, que revelam verdadeiras condições prévias ao aludido direito e, por isso, deve ser reconhecida a inconstitucionalidade formal desse dispositivo no que extrapola o definido no art. 14 do CTN, por violação ao art. 146, II, da CF. Os requisitos legais exigidos na parte final do mencionado § 7º, enquanto não editada nova lei complementar sobre a matéria, são somente aqueles do aludido art. 14 do Código" (STF. T. Pleno. RE 566.622. Rel. Min. Marco Aurélio. DJe 01.03.2017, Tema 32).

[245] STF. T. Pleno. ADI 1.802. Rel. Min. Dias Toffoli. DJe 03.05.2018.

[246] Ver Cap. II, itens 2.4.5.4. e 2.4.6.4.

informação de natureza administrativo-tributária, cambial ou comercial necessária à determinação do procedimento de controle aduaneiro apropriado.

§ 2º As informações referidas no § 1º, sem prejuízo de outras que venham a ser estabelecidas em ato normativo da Secretaria da Receita Federal, compreendem a descrição detalhada da operação, incluindo:

I – identificação completa e endereço das pessoas envolvidas na transação: importador/ exportador; adquirente (comprador)/fornecedor (vendedor), fabricante, agente de compra ou de venda e representante comercial;

II – destinação da mercadoria importada: industrialização ou consumo, incorporação ao ativo, revenda ou outra finalidade;

III – descrição completa da mercadoria: todas as características necessárias à classificação fiscal, espécie, marca comercial, modelo, nome comercial ou científico e outros atributos estabelecidos pela Secretaria da Receita Federal que confiram sua identidade comercial;

IV – países de origem, de procedência e de aquisição; e

V – portos de embarque e de desembarque.

§ 3º Quando aplicada sobre a exportação, a multa prevista neste artigo incidirá sobre o preço normal definido no art. 2º do Decreto-Lei nº 1.578, de 11 de outubro de 1977. (Incluído pela Lei nº 13.043, de 2014)

De acordo com a Solução de Consulta Interna Cosit nº 26/2013, as informações previstas nesse dispositivo são apenas exemplificativas, podendo a penalidade ser cominada na falta na omissão ou na prestação inexata dos dados previstos no Anexo Único da Instrução Normativa SRF nº 680/2006:

ASSUNTO: NORMAS DE ADMINISTRAÇÃO TRIBUTÁRIA

OBRIGAÇÃO ACESSÓRIA. NORMA SECUNDÁRIA SANCIONATÓRIA MULTA DO INCISO III DO ART. 711 DO REGULAMENTO ADUANEIRO. ASPECTO MATERIAL. RESPONSABILIDADE OBJETIVA. VEDAÇÃO À ATUAÇÃO CONTRADITÓRIA DA ADMINISTRAÇÃO PÚBLICA.

A hipótese de incidência abstrata de multa é norma sancionatória secundária subjacente à norma primária que regula a conduta requerida.

O aspecto material da multa do inciso III do art. 711 do Regulamento Aduaneiro é omitir ou prestar de forma inexata informação de natureza administrativo-tributária, cambial ou comercial.

As informações descritas nos incisos do § 1º do art. 711 do Regulamento Aduaneiro são exemplificativas. Qualquer informação constante do anexo único da IN SRF nº 680, de 2006, pode ocasionar a aplicação da referida multa.

Inexiste obrigatoriedade de se comprovar a ocorrência de dano ao controle aduaneiro, pois tal restrição é estranha à regra-matriz de incidência da multa. A responsabilidade aduaneira-tributária é objetiva, não tendo de se comprovar culpa ou dolo.

A inexistência de conduta contrária ao ordenamento jurídico impede a aplicação da multa contida na norma secundária.

Dispositivos legais: art. 237 da Constituição da República; arts. 113, 115 e 136 do CTN; art. 84 da MP nº 2.158-35, de 2001; art. 69 da Lei nº 10.833, de 2003; art. 711 do Regulamento Aduaneiro.

Trata-se, assim, de penalidade aplicável nas seguintes hipóteses: (**a**) erro de classificação aduaneira da mercadoria na NCM; (**b**) quantificação incorreta na unidade de medida estatística; e (**c**) omissão ou prestação de forma inexata ou incompleta de informação de natureza administrativo-tributária, cambial ou comercial, nas situações previstas nos §§ 1º e 2º do art. 69 da Lei nº 10.833/2003. A multa tem como limite mínimo o valor de R$ 500,00 e máximo, o equivalente a 10% do valor aduaneiro total das mercadorias objeto da DI. Além disso, aplica-se uma única vez, nos casos de mais de um erro relativo a mesma mercadoria ou distintas, mas com igual NCM.

Por outro lado, apesar de o art. 94, § 2º, do Decreto-Lei nº 37/1966 estabelecer a responsabilidade objetiva em matéria sancionatória, esse dispositivo não abrange infrações tipificadas em outros atos normativos. Trata-se, dito de um outro modo, de preceito específico para as infrações previstas no próprio decreto-lei, que não pode ser estendido para o art. 84 da Medida Provisória nº 2.158-35/2001 e o art. 69 da Lei nº 10.833/2003.

Ademais, a responsabilização objetiva em matéria aduaneira viola o Acordo sobre a Facilitação do Comércio (Decreto Legislativo nº 01/2016; Decreto nº 9.326/2018), que vincula a penalização aos *fatos e circunstâncias do caso*, exigindo ainda a existência de compatibilidade da sanção e *o grau e gravidade da infração*.[247] Tampouco há compatibilidade com o Anexo Geral (Apêndice II) da Convenção de Quioto Revisada (Decreto Legislativo nº 56/2019, promulgado pelo Decreto nº 10.276/2020), que veda a penalização de erros cometidos de boa-fé, sem intenção fraudulenta nem negligência grosseira:

> Erros
>
> 3.39. Norma
>
> As Administrações Aduaneiras não aplicarão penalidades excessivas em caso de erros, se ficar comprovado que tais erros foram cometidos de boa-fé, sem intenção fraudulenta nem negligência grosseira. Quando as Administrações Aduaneiras considerarem necessário desencorajar a repetição desses erros, poderão impor uma penalidade que não deverá, contudo, ser excessiva relativamente ao efeito pretendido.

Já há decisões judiciais que, assentadas em fundamentos constitucionais, têm afastado a penalização diante da ausência de culpa ou dolo. Destaca-se, nesse sentido, o seguinte acórdão do TRF da 5ª Região:[248]

> **TRIBUTÁRIO E ADUANEIRO. PENA DE MULTA DE 1% SOBRE O VALOR ADUANEIRO. ERRO NO PREENCHIMENTO DA DECLARAÇÃO DE IMPORTAÇÃO (DI). ERRO FORMAL ESCUSÁVEL. MULTA PASSÍVEL DE RELEVAÇÃO. DECRETO-LEI Nº 4.543/2002, ARTS. 654 E 655. DECRETO-LEI Nº 6.759/2009, ARTS. 736 E 737. AUSÊNCIA DE PREJUÍZO AO ERÁRIO. PRINCÍPIOS DA RAZOABILIDADE E PROPORCIONALIDADE.**

---

[247] Como ressaltado acima, de acordo com o art. 3.3 do Acordo de Facilitação: "A penalidade imposta dependerá dos fatos e circunstâncias do caso e serão compatíveis com o grau e gravidade da infração".

[248] Esse acórdão foi mantido pelo STJ no AREsp 1.746.136. Decisão monocrática. Rel. Min. Sérgio Kukina. *DJe* 04.08.2023. A decisão, entretanto, não ingressou no mérito, limitando-se a negar provimento ao agravo com fundamento na Súmula 126 do STJ: "*É inadmissível recurso especial, quando o acórdão recorrido assenta em fundamentos constitucional e infraconstitucional, qualquer deles suficiente, por si só, para mantê-lo, e a parte vencida não manifesta recurso extraordinário*".

**1.** Apelação interposta pela Fazenda Nacional em face de sentença que julgou procedente a ação ajuizada com o fito de anular a multa de 1% (um por cento) sobre o valor aduaneiro da mercadoria importada, aplicada em decorrência de erro no preenchimento da Declaração de Importação.

**2.** O erro no preenchimento da DI pela parte autora envolveu mero erro formal que não prejudicou o processo de importação, tampouco acarretou dano ao erário. Multa passível de relevação. Decreto-Lei nº 4.543/02, arts. 654 e 655 e Decreto-Lei nº 6.759/2009, arts. 736 e 737.

**3.** Inobstante a Autora tenha se equivocado no preenchimento da sua Declaração de Importação, quanto ao peso e à classificação da mercadoria, ela descreveu corretamente o objeto da sua importação bem assim o seu valor aduaneiro, o que afasta qualquer indício de conduta dolosa para a irregular minoração de tributos e demais encargos legais no desembaraço aduaneiro.

**4.** Correta a sentença que reconheceu a inexigibilidade da multa aplicada, que se mostra desproporcional à infração cometida, ferindo o princípio da razoabilidade, que deve nortear a atividade da fiscalização aduaneira, sobretudo diante da constatada ausência de prejuízo.

**5.** Apelação e Remessa Necessária improvidas. A título de honorários recursais, fica majorado em 1% o percentual aplicado na sentença, nos termos do art. 85, §11, do CPC.[249]

Registre-se, contudo, que a 2ª Turma do STJ tem precedente entendendo que a ausência de má-fé da contribuinte e de dano ao Erário é irrelevante para a tipificação da conduta e para a exigibilidade da penalidade:

> TRIBUTÁRIO. ILÍCITO. DECLARAÇÃO INCORRETA DE MERCADORIA IMPORTADA. MULTA. INEXISTÊNCIA DE LACUNA LEGISLATIVA, DÚVIDA, EXAGERO OU TERATOLOGIA. EXCLUSÃO PELO JUDICIÁRIO. IMPOSSIBILIDADE.
>
> 1. Hipótese em que a contribuinte classificou incorretamente a mercadoria importada na Nomenclatura Comum do Mercosul – NCM (fato incontroverso).
>
> 2. Também não há divergência quanto ao conteúdo da legislação que fixa a penalidade: "aplica-se a multa de um por cento sobre o valor aduaneiro da mercadoria (...) classificada incorretamente na Nomenclatura Comum do Mercosul" (art. 636, I, do Decreto nº 4.543/2002).
>
> 3. O Tribunal de origem, entretanto, afastou a penalidade prevista legalmente, por entender que não houve má-fé, nem prejuízo para o Erário, aplicando o disposto no art. 112 do CTN (interpretação mais favorável ao acusado).
>
> 4. A solução integral da controvérsia, com fundamento suficiente, não caracteriza ofensa ao art. 535 do CPC.

---

[249] TRF5. 3ª T. Ac. Rel. Des. Fed. Leonardo Coutinho. J. 25.07.2019. No mesmo sentido: TRF4. 1ª T. AC nº 2004.71.01.004451-4/RS. 1ª T. Rel. Des. Federal Álvaro Junqueira. Publicado em 17.12.2008: "TRIBUTÁRIO. EQUÍVOCO NA CLASSIFICAÇÃO DO PRODUTO. AUSÊNCIA DE DOLO OU MÁ-FÉ INEXISTÊNCIA DE PREJUÍZO AO ERÁRIO. 1. O autor não agiu com dolo ou má-fé, ocorrendo tão somente um equívoco na classificação do produto, sem que tal fato tenha alterado a classificação do mesmo na NCM. Incabível, desta forma, a aplicação de multa, até porque a Fazenda Nacional não restou prejudicada. 2. Remessa oficial e apelação improvidas".

5. No mérito, não há "dúvida quanto à natureza ou às circunstâncias materiais do fato, ou à natureza ou extensões de seus efeitos e quanto à autoria, imputabilidade, ou punibilidade" (art. 112 do CTN), sendo inaplicável a interpretação mais favorável ao acusado.

6. O Judiciário não pode excluir a multa tributária ao arrepio da lei. A ausência de má-fé da contribuinte e de dano ao Erário é irrelevante para a tipificação da conduta e para a exigibilidade da penalidade (art. 136 do CTN).

7. A reprovabilidade da conduta da contribuinte é avaliada pelo legislador, ao quantificar a penalidade prevista na lei. É por essa razão que às situações em que há redução do imposto ou que envolvem fraude ou má-fé são fixadas multas muito mais gravosas que o 1% previsto para o simples erro na classificação da mercadoria importada.

8. Caberia intervenção do Judiciário se houvesse exagero ou inconsistência teratológica, como na hipótese de multa mais onerosa que aquela prevista para conduta mais reprovável, o que não ocorre, no caso.

9. A Segunda Turma entende que o indeferimento do pedido recursal relativo ao art. 535 do CPC, ainda que subsidiário, implica provimento apenas parcial do Recurso, em caso de acolhimento do pleito principal.

10. Recurso Especial parcialmente provido.[250]

Espera-se a revisão dessa interpretação por parte da Corte. A responsabilidade objetiva não é compatível com a Convenção de Quioto Revisada (Anexo Geral, Apêndice II), com o Acordo sobre a Facilitação do Comércio (art. 3.3) e com o princípio constitucional da culpabilidade, que decorre dos arts. 1º, III, 4º, II, 5º, *caput* e XLVI, da Lei Maior. Ninguém pode ser penalizado, no direito aduaneiro ou em qualquer outro ramo, sem a demonstração de culpa ou de dolo. Não é possível a penalização desproporcional e desmedida, sem o exame dos aspectos subjetivos da conduta do agente. O simples erro não configura infração, sobretudo quando foi incorrido de boa-fé, sem intenção fraudulenta nem negligência grosseira. A penalização necessariamente pressupõe a existência de culpa ou dolo.[251]

### 4.1.7.2 Intimação para prévia regularização

Nas operações de exportação, o art. 65 da Lei nº 5.025/1966 estabelece que, antes de qualquer penalização, o interessado deve ser previamente alertado e orientado sobre a forma correta de proceder pela fiscalização aduaneira:

---

[250] STJ. 2ª T. REsp 1.251.664/PR. Rel. Min. Herman Benjamin. *DJe* 08.09.2011.

[251] Nessa mesma linha, Ana Clarissa Masuko dos Santos Araujo sustenta que: "Os casos de erro de classificação fiscal deverão ser analisados à luz da especificidade de cada um dos casos concretos que se apresentem, não se podendo lhes afastar o dado subjetivo, pois esta é a exegese que se legitima a partir das normas jurídicas que estão nas dobras do sistema jurídico brasileiro, a despeito de a orientação da regra administrativa caminhar em sentido oposto.

Nesse contexto, se da documentação produzida no âmbito do despacho de importação ou dos autos do processo administrativo fiscal federal, verificar-se que houve descrição detalhada e completa da mercadoria importada de modo que seja possível identificá-la sem margem de dúvidas, ainda que não se ajuste perfeitamente aos termos empregados na Tarifa Externa Comum, deve ser considerada a boa-fé do contribuinte e, por conseguinte, o afastamento das respectivas sanções" (ARAÚJO, Ana Clarissa Masuko dos Santos. O princípio da boa-fé e as multas por erro de classificação fiscal de mercadorias na importação. *In*: PEIXOTO, Marcelo Magalhães; SARTORI, Angela; DOMINGO, Luiz Roberto (Coord.). *Tributação aduaneira à luz da jurisprudência do CARF – Conselho Administrativo de Recursos Fiscais*. São Paulo: MP-APET, 2013, p. 25.

Art. 65. Quando ocorrerem, na exportação, erros ou omissões caracteristicamente sem a intenção de fraude e que possam ser de imediato corrigidos, a autoridade responsável pela fiscalização alertará o exportador e o orientará sobre a maneira correta de proceder.

Essa disposição deve ser estendida a todos os cidadãos e empresas brasileiras atuantes no comércio internacional. Os princípios republicano e da isonomia impedem o tratamento desigual entre contribuintes que se encontrem em situação equivalente, proibida qualquer distinção em razão de ocupação profissional ou função por eles exercida. Na tributação do comércio exterior, a isonomia também é um compromisso internacional. O Estado brasileiro, com o membro da OMC e signatário do Gatt 1994, comprometeu-se internacionalmente a eliminar tratamentos anti-isonômicos.[252]

Portanto, antes de qualquer penalização, ao constatar a ocorrência de erros sem caráter fraudulento, a autoridade aduaneira deve previamente alertar e orientar o cidadão e a empresa atuante no comércio exterior sobre a forma correta de proceder. Só depois disso, caso o interessado não concorde com a orientação, é que poderá ser cominada a multa de um por cento do valor aduaneiro.

O mesmo é previsto no *Protocolo ao Acordo de Comércio e Cooperação Econômica entre o Governo da República Federativa do Brasil e o Governo dos Estados Unidos da América Relacionado a Regras Comerciais e de Transparência*, igualmente conhecido como Acordo de Comércio e Cooperação Econômica ou *ATEC – Agreement on Trade and Economic Cooperation*.[253] Esse, apesar de ser um acordo bilateral, estabelece um regime sancionatório privilegiado que, em razão da cláusula da nação mais favorecida (Artigo I do Gatt 1994), deve ser automaticamente estendido aos demais países da OMC.[254] Aplica-se, assim, o disposto no Artigo 15:4:

Artigo 15: Penalidades
[...]
4. Cada Parte deverá assegurar que um erro menor em uma transação aduaneira, conforme definido em suas leis, regulamentos ou procedimentos, publicados em conformidade com o Artigo 1 (Publicação pela Internet), **poderá ser corrigido sem a determinação de uma penalidade, a menos que o erro seja parte de um padrão consistente de erros por aquela pessoa.**

Portanto, nos termos do Artigo 15:4 do *ATEC*, salvo em caso de erros reiterados por parte do mesmo declarante, a multa não poderá ser cominada diretamente, sem que antes se oportunize a prévia regularização por parte do interessado.

### 4.1.7.3 Multa por classificação aduaneira indevida

#### 4.1.7.3.1 Pressuposto específico da demonstração do erro

A configuração da infração requer a demonstração do equívoco do contribuinte, o que, por sua vez, pressupõe a especificação da classificação fiscal correta pela autoridade aduaneira.

---

[252] Gatt 1994, Artigos I e II. Sobre o tema, ver o item "Isonomia e não discriminação da tributação aduaneira" no Capítulo do Imposto de Importação.
[253] Aprovado pelo Decreto Legislativo nº 34, de 18 de novembro de 2021, que aguarda promulgação.
[254] Ver Cap. II, item 2.1.4.2.

Ocorre que, muitas vezes, o próprio Auditor-Fiscal também se equivoca ao indicar a NCM supostamente aplicável.

Nesses casos, alguns julgados do Carf decidiam pelo cancelamento da multa:

> ASSUNTO: CLASSIFICAÇÃO DE MERCADORIAS
> Período de apuração: 01.01.2007 a 30.09.2007
> CLASSIFICAÇÃO FISCAL. FUNDAMENTAÇÃO DO LANÇAMENTO. TERCEIRA HIPÓTESE DE CLASSIFICAÇÃO FISCAL. IMPROCEDÊNCIA. Verificado que a classificação fiscal das mercadorias, objeto da lide, diz respeito a um código NCM diverso, tanto daquele utilizado pela impugnante, bem como daquele que a fiscalização entendeu ser o correto, o lançamento deverá ser julgado improcedente por erro na sua fundamentação.[255]
>
> ASSUNTO: CLASSIFICAÇÃO DE MERCADORIAS
> Período de apuração: 01.01.2009 a 31.12.2011
> CLASSIFICAÇÃO FISCAL. FUNDAMENTAÇÃO DO LANÇAMENTO. TERCEIRA HIPÓTESE DE CLASSIFICAÇÃO FISCAL. IMPROCEDÊNCIA.
> Verificado que a classificação fiscal das mercadorias, objeto da lide, diz respeito a um código NCM diverso, tanto daquele utilizado pela empresa, bem como daquele que a fiscalização entendeu ser a correta, o lançamento deverá ser julgado improcedente por erro na sua fundamentação.
> Sendo improcedente a classificação do Fisco, igualmente serão improcedentes as respectivas multas.[256]

Contudo, mesmo nessas hipóteses, um acórdão recente da CSRF entendeu que a multa deveria ser mantida por ausência de previsão legal para sua exclusão:

> ASSUNTO: CLASSIFICAÇÃO DE MERCADORIAS
> Data do fato gerador: 19.04.1999, 12.11.1999, 02.12.1999, 22.08.2000, 16.05.2000, 24.01.2001, 20.06.2001, 12.07.2002, 28.08.2003, 04.11.2003, 13.07.2004
> LANÇAMENTO POR ERRO DE CLASSIFICAÇÃO. CONTENCIOSO. DECISÃO ADMINISTRATIVA. ENQUADRAMENTO EM CÓDIGO NOVO. IMPORTADOR. INFRAÇÃO POR CLASSIFICAÇÃO INDEVIDA. IMPUTAÇÃO. POSSIBILIDADE.
> Inexiste previsão legal para exclusão ou relevação da pena de multa de 1% (um por cento) do valor aduaneiro da mercadoria nos casos em que a contribuinte classifica incorretamente o produto, mesmo que o enquadramento determinado pela Fiscalização Federal no auto de infração revele-se igualmente indevido.
> Se a autuação expõe os fundamentos para rejeição da classificação escolhida pelo importador e a ele foi concedido direito a ampla defesa, também não há que se falar em vício na formalização da exigência.[257]

Na sequência, foi editada a Súmula Carf nº 161, no seguinte sentido:

> Súmula nº 161. O erro de indicação, na Declaração de Importação (DI), da classificação da mercadoria na Nomenclatura Comum do Mercosul (NCM), por si só, enseja a

---

[255] Carf. 3ª S. 3ª C. 2ª T.O. Ac. 3302-005.696. S. 26.07.2018. No mesmo sentido: Ac. 3301-003.646 e 3301-003.147.
[256] Carf. 3ª S. 3ª C. 1ª T.O. Ac. 3301-003.646. S. 24.03.2017.
[257] Carf. CSRF. 3ª T. Ac. 9303-006.474. S. de 14.03.2018.

aplicação da multa de 1%, prevista no art. 84, I, da MP 2.158-35/2001, ainda que órgão julgador conclua que a classificação indicada no lançamento de ofício seria igualmente incorreta.

Essa intepretação não parece a mais adequada. O erro sempre resulta do contraste com o correto. Assim, a indicação da classificação fiscal aplicável é inerente ao dever de motivação dos atos administrativos. Se o Auditor-Fiscal indica uma NCM igualmente equivocada, o ato de infração é nulo por falta de fundamentação adequada.[258]

#### 4.1.7.3.2 Penalização em sede de revisão aduaneira

As maiores indagações relacionadas à classificação aduaneira ocorrem quando esta é realizada em sede de revisão aduaneira, sobretudo quando a NCM foi aplicada pelo sujeito passivo seguindo orientação da própria autoridade aduaneira ou sem quaisquer questionamentos ao longo de diversos anos de operações com o mesmo produto.[259]

### 4.1.8 Multa pelo descumprimento do dever instrumental de conservação dos documentos de instrução obrigatória da DI

O art. 70 da Lei nº 10.833/2003 estabelece o dever instrumental de conservação – em boa guarda e ordem – dos documentos de instrução obrigatória da DI até o esgotamento do prazo decadencial para a constituição do crédito tributário. A violação dessa exigência implica o arbitramento da base de cálculo nos termos do art. 88 da Medida Provisória nº 2.158-35/2001,[260] sem prejuízo das seguintes penalidades:

> Art. 70. O descumprimento pelo importador, exportador ou adquirente de mercadoria importada por sua conta e ordem, da obrigação de manter, em boa guarda e ordem, os documentos relativos às transações que realizarem, pelo prazo decadencial estabelecido na legislação tributária a que estão submetidos, ou da obrigação de os apresentar à fiscalização aduaneira quando exigidos, implicará:
> [...]
> II – se relativo aos documentos obrigatórios de instrução das declarações aduaneiras:
> [...]
> b) a aplicação cumulativa das multas de:
> 1. 5% (cinco por cento) do valor aduaneiro das mercadorias importadas; e
> 2. 100% (cem por cento) sobre a diferença entre o preço declarado e o preço efetivamente praticado na importação ou entre o preço declarado e o preço arbitrado.
> [...]

---

[258] Destaca-se, nesse sentido, a doutrina do eminente Professor Bruno Curi, ao ressaltar que: "Nos casos em que a autoridade administrativa se equivoque ao indicar o código NCM de certa mercadoria, e tal seja percebido no curso do processo revisional do auto de infração, a consequência imediata é a caracterização de nulidade do lançamento por vício material" (CURI, Bruno M. M. Da inviabilidade de retificação do lançamento em virtude de erro na classificação fiscal de mercadorias. In: PEREIRA, Cláudio Augusto Gonçalves; REIS, Raquel Segalla (Coord.). *Ensaios de direito aduaneiro*. São Paulo: Intelecto, 2015. p. 56).

[259] Essa matéria já foi examinada anteriormente, no capítulo relativo à classificação aduaneira. Reportamos às observações apresentada naquela oportunidade. Ver Cap. VI, item 8.

[260] Lei nº 10.833/2003, art. 70, II, *a*.

§ 2º Nas hipóteses de incêndio, furto, roubo, extravio ou qualquer outro sinistro que provoque a perda ou deterioração dos documentos a que se refere o § 1º, deverá ser feita comunicação, por escrito, no prazo de 48 (quarenta e oito) horas do sinistro, à unidade de fiscalização aduaneira da Secretaria da Receita Federal que jurisdicione o domicílio matriz do sujeito passivo.

§ 3º As multas previstas no inciso II do *caput* não se aplicam no caso de regular comunicação da ocorrência de um dos eventos previstos no § 2º.

Essas multas não são aplicáveis nos casos de incêndio, furto, roubo, extravio ou qualquer outro sinistro que provoque a perda ou deterioração dos documentos, desde que, em 48 horas, o sujeito passivo comunique por escrito a Receita Federal da ocorrência. A multa de cinco por cento, por fim, incide apenas em sede de revisão aduaneira.[261]

## 4.2 Multas na exportação

As infrações e as multas aplicáveis na exportação encontram-se previstas nos arts. 66, 67 e 68 da Lei nº 5.025/1966:[262]

> Art. 66. As fraudes na exportação, caracterizadas de forma inequívoca, relativas a preços, pesos, medidas, classificação e qualidade, sujeitam o exportador, isolada ou cumulativamente, a:
> a) multa de 20 (vinte) a 50% (cinquenta por cento) do valor da mercadoria;
> b) proibição de exportar por 6 (seis) a 12 (doze) meses.
> [...]
> Art. 67. Ocorrendo reincidência, genérica ou específica, nos casos a que se refere o art. 66, serão aplicadas, isolada ou cumulativamente, ao exportador, as seguintes penalidades:
> a) multa de 60 (sessenta) a 100% (cem por cento) do valor das mercadorias;
> b) proibição de realizar operações de crédito, de qualquer natureza com entidades públicas, autárquicas e estabelecimentos de crédito de que seja acionista o Governo Federal, pelo prazo de 12 (doze) a 24 (vinte e quatro) meses.
> Parágrafo único. Quando ocorrerem reincidências que caracterizem a má-fé do exportador, a CACEX poderá determinar a cassação do seu registro.
> Art. 68. Na exportação ou na tentativa de exportação de mercadorias de saída proibida do território nacional, considerando-se como tais aquelas que assim forem previstas em lei, tratados ou convenções internacionais firmados pelo Brasil, o exportador será punido, cumulativamente, com a multa disposta no art. 66, com o confisco da mercadoria e com a proibição de exportar pelo prazo de 24 (vinte e quatro) a 60 (sessenta) meses.
> Parágrafo único. Ocorrendo reincidência, será cassado definitivamente o registro do exportador.

Apesar da superveniência da multa de um por cento do art. 84 da Medida Provisória nº 2.158-35/2001 e do art. 69 da Lei nº 10.833/2003, as penalidades dos arts. 66 e 67 da Lei

---

[261] RA: "Art. 710. [...] § 1º-A A multa referida no *caput* não se aplica no curso do despacho aduaneiro, até o desembaraço da mercadoria."

[262] "Art. 69. As sanções previstas na alínea *b* do art. 66, na alínea *b* e parágrafo único do art. 67 e no art. 68 desta Lei, estendem-se a todos os diretores, sócios, gerentes ou procuradores responsáveis pela firma exportadora."

nº 5.025/1966 continuam vigentes. Isso porque constituem sanções especialmente aplicáveis nos casos em que as divergências de preços, pesos, medidas, classificação ou qualidade são veículos de fraude fiscal. Ademais, nem todas essas condutas estão compreendidas no tipo infracional da multa superveniente.

Por outro lado, nos termos do art. 72, II, da Lei nº 10.833/2003, conforme já analisado no capítulo próprio, aplica-se multa de cinco por cento do preço normal na hipótese de descumprimento dos requisitos legais dos regimes aduaneiros especiais de exportação temporária e de exportação temporária para aperfeiçoamento passivo.[263]

## 4.3 Multas comuns à importação e à exportação

### 4.3.1 Multa de ofício

#### 4.3.1.1 Tipicidade e qualificação

A multa no lançamento de ofício do crédito tributário encontra-se prevista no inciso I do art. 44 da Lei nº 9.430/1996, na redação da Lei nº 11.488/2007:

> Art. 44. Nos casos de lançamento de ofício, serão aplicadas as seguintes multas:
> I – de 75% (setenta e cinco por cento) sobre a totalidade ou diferença de imposto ou contribuição nos casos de falta de pagamento ou recolhimento, de falta de declaração e nos de declaração inexata;

O Ato Declaratório Interpretativo RFB nº 06, de 24 de dezembro de 2018, com fundamento no art. 121 do RA e no art. 155 do CTN, estabelece que a multa do art. 44, I, da Lei nº 9.430/1996 não é aplicável nas seguintes situações:

> Art. 1º Não constitui infração punível com a multa prevista no art. 44 da Lei nº 9.430, de 27 de dezembro de 1996, a solicitação, feita no despacho de importação, de reconhecimento de imunidade tributária, isenção ou redução de tributos incidentes na importação e preferência percentual negociada em acordo internacional, quando incabíveis, bem assim a indicação indevida de destaque ex, desde que o produto esteja corretamente descrito, com todos os elementos necessários à sua identificação e ao enquadramento tarifário pleiteado, e que não se constate, em qualquer dos casos, intuito doloso ou má fé por parte do declarante.
> Art. 2º Fica revogado o Ato Declaratório Interpretativo SRF nº 13, de 10 de setembro de 2002.
> Art. 3º Ficam modificadas as conclusões em contrário constantes em Soluções de Consulta ou em Soluções de Divergência emitidas antes da publicação deste ato, independentemente de comunicação aos consulentes.

O texto desse ADI praticamente repete o do Ato Declaratório Cosit nº 13/2002, que, no entanto, fazia referência apenas ao imposto de importação:

> Art. 1º Não constitui infração punível com a multa prevista no art. 44 da Lei nº 9.430, de 27 de dezembro de 1996, a solicitação, feita no despacho de importação, de reconhecimento de imunidade tributária, isenção ou redução do imposto de importação e preferência

---

[263] Ver Cap. VI, item 7.3.

percentual negociada em acordo internacional, quando incabíveis, bem assim a indicação indevida de destaque *ex*, desde que o produto esteja corretamente descrito, com todos os elementos necessários à sua identificação e ao enquadramento tarifário pleiteado, e que não se constate, em qualquer dos casos, intuito doloso ou má-fé por parte do declarante.

Na Solução de Consulta Interna nº 09, de 21 de junho de 2018, a Cosit entendeu que, mesmo antes do ADI nº 06/2018, o afastamento da multa de ofício seria aplicável a todos os tributos incidentes na importação:

> ASSUNTO: NORMAS GERAIS DE DIREITO TRIBUTÁRIO
> MULTA DE OFÍCIO. ART. 44 DA LEI Nº 9.430, DE 1996. INEXIGIBILIDADE.
> A inexigibilidade da multa prevista no art. 44 da Lei nº 9.430, de 1996, quando o despacho de importação contém a correta descrição do produto, com todos os elementos necessários à sua identificação e ao enquadramento tarifário pleiteado, é aplicável a todos os tributos incidentes na importação desde que não seja identificado intuito doloso, simulação, ou má-fé, nos casos enumerados no Ato Declaratório Interpretativo SRF nº 13, de 10 de setembro de 2002.
> Dispositivos legais: arts. 155 e 179, da Lei nº 5.172, de 1966 – Código Tributário Nacional; art. 121 do Decreto nº 6.759, de 2009 – Regulamento Aduaneiro; ADI SRF nº 13, de 2002.

Até recentemente, nos termos do § 1º do art. 44, a multa de ofício era aplicada em dobro nos casos de sonegação, de fraude ou de conluio, definidos nos arts. 71 a 73 da Lei nº 4.502/1964:

> Art. 44. [...]
> § 1º O percentual de multa de que trata o inciso I do *caput* deste artigo será duplicado nos casos previstos nos arts. 71, 72 e 73 da Lei nº 4.502, de 30 de novembro de 1964, independentemente de outras penalidades administrativas ou criminais cabíveis. (Redação dada pela Lei nº 11.488, de 2007).
> Art. 71. Sonegação é toda ação ou omissão dolosa tendente a impedir ou retardar, total ou parcialmente, o conhecimento por parte da autoridade fazendária:
> I – da ocorrência do fato gerador da obrigação tributária principal, sua natureza ou circunstâncias materiais;
> II – das condições pessoais de contribuinte, suscetíveis de afetar a obrigação tributária principal ou o crédito tributário correspondente.
> Art. 72. Fraude é toda ação ou omissão dolosa tendente a impedir ou retardar, total ou parcialmente, a ocorrência do fato gerador da obrigação tributária principal, ou a excluir ou modificar as suas características essenciais, de modo a reduzir o montante do imposto devido ou a evitar ou diferir o seu pagamento.
> Art. 73. Conluio é o ajuste doloso entre duas ou mais pessoas naturais ou jurídicas, visando qualquer dos efeitos referidos nos arts. 71 e 72.

Esse dispositivo teve sua redação alterada pela Lei nº 14.689/2023, que estabeleceu um regime sancionatório diferenciado, mais benéfico para quem não for reincidente:

> Art. 44. [...]
> § 1º O percentual de multa de que trata o inciso I do *caput* deste artigo será majorado nos casos previstos nos arts. 71, 72 e 73 da Lei nº 4.502, de 30 de novembro de 1964,

independentemente de outras penalidades administrativas ou criminais cabíveis, e passará a ser de: (Redação dada pela Lei nº 14.689, de 2023)

[...]

VI – 100% (cem por cento) sobre a totalidade ou a diferença de imposto ou de contribuição objeto do lançamento de ofício; (Incluído pela Lei nº 14.689, de 2023)

VII – 150% (cento e cinquenta por cento) sobre a totalidade ou a diferença de imposto ou de contribuição objeto do lançamento de ofício, nos casos em que verificada a reincidência do sujeito passivo. (Incluído pela Lei nº 14.689, de 2023)

§ 1º-A. Verifica-se a reincidência prevista no inciso VII do § 1º deste artigo quando, no prazo de 2 (dois) anos, contado do ato de lançamento em que tiver sido imputada a ação ou omissão tipificada nos arts. 71, 72 e 73 da Lei nº 4.502, de 30 de novembro de 1964, ficar comprovado que o sujeito passivo incorreu novamente em qualquer uma dessas ações ou omissões. (Incluído pela Lei nº 14.689, de 2023)

[...]

§ 1º-C. A qualificação da multa prevista no § 1º deste artigo não se aplica quando: (Incluído pela Lei nº 14.689, de 2023)

I – não restar configurada, individualizada e comprovada a conduta dolosa a que se referem os arts. 71, 72 e 73 da Lei nº 4.502, de 30 de novembro de 1964; (Incluído pela Lei nº 14.689, de 2023)

II – houver sentença penal de absolvição com apreciação de mérito em processo do qual decorra imputação criminal do sujeito passivo; e (Incluído pela Lei nº 14.689, de 2023)

Portanto, a partir da Lei nº 14.689/2023, a multa de ofício qualificada foi reduzida para 100%. O percentual de 150% restringe-se aos casos de reincidência no prazo de dois anos, o que também se aplica retroativamente aos casos ainda não definitivamente julgados *ex vi* da regra de retroatividade benigna do art. 106 do CTN.[264]

Ressalte-se que a jurisprudência do Carf tem interpretado que a qualificação da penalidade exige a prova de dolo específico do sujeito passivo:

MULTA QUALIFICADA. NECESSIDADE DE PROVA INEQUÍVOCA QUANTO AO DOLO ESPECÍFICO DO SUJEITO PASSIVO. Para que possa ser aplicada a penalidade qualificada prevista no art. 44, II, da Lei nº 9.430/1996, a autoridade lançadora deve coligir aos autos elementos comprobatórios de que a conduta do sujeito passivo está inserida nos conceitos de sonegação, fraude ou conluio, tal qual descrito nos arts. 71, 72 e 73 da Lei nº 4.502/1964. O evidente intuito de fraude não se presume e deve ser exaustivamente demonstrado pela fiscalização.[265]

MULTA QUALIFICADA. EVIDENTE INTUITO DE FRAUDE. NÃO CARACTERIZAÇÃO. Correta a decisão recorrida que afasta a qualificação da penalidade, se não

---

[264] "Art. 106. A lei aplica-se a ato ou fato pretérito:
[...]
II – tratando-se de ato não definitivamente julgado:
[...]
c) quando lhe comine penalidade menos severa que a prevista na lei vigente ao tempo da sua prática."

[265] Carf. 2º S. 2ª T.E. Ac. 2802-002.442. S. de 13.08.2013.

há qualquer prova da intenção de fraudar e o lançamento está fundamentado, apenas, na falta de comprovação de valores contabilizados [...].[266]

Nem poderia ser diferente. Afinal, todas as infrações descritas nos arts. 71 a 73 da Lei nº 4.502/1964 têm natureza dolosa. Assim, para a qualificação da multa de ofício, a autoridade aduaneira deve demonstrar que o sujeito passivo, com ou sem conluio com terceiros, teve a intenção de sonegar ou de fraudar, isto é, agiu deliberadamente para alcançar um desses resultados ou os atingiu como consequência necessária do meio escolhido.[267]

### 4.3.1.2 Agravamento nos casos de não atendimento de intimação fiscal

A multa de ofício deve ser aumentada pela metade nas situações descritas nos incisos I a III do § 2º do art. 44 da Lei nº 9.430/1996:

> Art. 44. [...]
>
> § 2º Os percentuais de multa a que se referem o inciso I do *caput* e o § 1º deste artigo serão aumentados de metade, nos casos de não atendimento pela [*sic.*] sujeito passivo, no prazo marcado, de intimação para: (Redação dada pela Lei nº 11.488, de 2007)
>
> I – prestar esclarecimentos; (Redação dada pela Lei nº 11.488, de 2007)
>
> II – apresentar os arquivos ou sistemas de que tratam os arts. 11 a 13 da Lei nº 8.218, de 29 de agosto de 1991;[268] (Redação dada pela Lei nº 11.488, de 2007)
>
> III – apresentar a documentação técnica de que trata o art. 38 desta Lei.[269] (Redação dada pela Lei nº 11.488, de 2007)
>
> [...]
>
> § 4º As disposições deste artigo aplicam-se, inclusive, aos contribuintes que derem causa a ressarcimento indevido de tributo ou contribuição decorrente de qualquer incentivo ou benefício fiscal.

Portanto, há o agravamento da multa de ofício nas hipóteses em que o sujeito passivo não atende intimação para prestar esclarecimentos ou para apresentar a documentação téc-

---

[266] Carf. 1ª S. 1ª C. 1ª T.O. Ac. 1101-000.622. S. de 24.11.2011.
[267] SCHÜNEMANN, Bernd. Do conceito filosófico ao conceito tipológico de dolo. Trad. Luís Greco e Ana Cláudia Grossi. *In*: GRECO, Luís. *Estudos de direito penal, direito processual penal e filosofia do direito*. São Paulo: Marcia Pons, 2013, p. 129. No mesmo sentido: PRADO, Luiz Regis. *Curso de direito penal brasileiro*: parte geral. 3. ed. São Paulo: RT, 2002, p. 295; e ZAFFARONI, Eugênio Raul; PIERANGELI, José Henrique. *Manual de direito penal brasileiro*: parte geral. São Paulo: RT, 1997, p. 483. Estes destacam que o dolo compreende dois aspectos: "o aspecto de conhecimento *ou aspecto cognoscitivo do dolo*" e "o aspecto do querer ou *aspecto volitivo do dolo*". Cf. ainda: JESUS, Damásio E. de. *Direito penal*. 25. ed. São Paulo: Saraiva, 2002. v. 1. p. 289 (*momento intelectual* e *momento volitivo* do dolo).
[268] Destes dispositivos, permanecem em vigor os arts. 11 e 12. Porém, na redação atual, apenas o primeiro tem relevância para fins de agravamento da penalidade: "Art. 11. As pessoas jurídicas que utilizarem sistemas de processamento eletrônico de dados para registrar negócios e atividades econômicas ou financeiras, escriturar livros ou elaborar documentos de natureza contábil ou fiscal, ficam obrigadas a manter, à disposição da Secretaria da Receita Federal, os respectivos arquivos digitais e sistemas, pelo prazo decadencial previsto na legislação tributária (Redação dada pela Medida Provisória nº 2.158-35, de 2001)".
[269] "Art. 38. O sujeito passivo usuário de sistema de processamento de dados deverá manter documentação técnica completa e atualizada do sistema, suficiente para possibilitar a sua auditoria, facultada a manutenção em meio magnético, sem prejuízo da sua emissão gráfica, quando solicitada."

nica, os arquivos e os sistemas previstos na Lei nº 8.218/1991, regulamentados nos §§ *1º e 2º do art. 19* do Decreto nº 6.759/2009:

> Art. 19. As pessoas físicas ou jurídicas exibirão aos Auditores-Fiscais da Receita Federal do Brasil, sempre que exigidos, as mercadorias, livros das escritas fiscal e geral, documentos mantidos em arquivos magnéticos ou assemelhados, e todos os documentos, em uso ou já arquivados, que forem julgados necessários à fiscalização, e lhes franquearão os seus estabelecimentos, depósitos e dependências, bem assim veículos, cofres e outros móveis, a qualquer hora do dia, ou da noite, se à noite os estabelecimentos estiverem funcionando (Lei nº 4.502, de 30 de novembro de 1964, art. 94 e parágrafo único; e Lei nº 9.430, de 27 de dezembro de 1996, art. 34).
>
> § 1º As pessoas físicas ou jurídicas, usuárias de sistema de processamento de dados, deverão manter documentação técnica completa e atualizada do sistema, suficiente para possibilitar a sua auditoria, facultada a manutenção em meio magnético, sem prejuízo da sua emissão gráfica, quando solicitada (Lei nº 9.430, de 1996, art. 38).
>
> § 2º As pessoas jurídicas que utilizarem sistemas de processamento eletrônico de dados para registrar negócios e atividades econômicas ou financeiras, escriturar livros ou elaborar documentos de natureza contábil ou fiscal ficam obrigadas a manter, à disposição da Secretaria da Receita Federal do Brasil, os respectivos arquivos digitais e sistemas, pelo prazo decadencial previsto na legislação tributária (Lei nº 8.218, de 29 de agosto de 1991, art. 11, *caput*, com a redação dada pela Medida Provisória nº 2.158-35, de 24 de agosto de 2001, art. 72).

Contudo, o § 2º do art. 44 da Lei nº 9.430/1966 não é constitucional. O sujeito passivo não pode sofrer o agravamento de uma penalidade em razão do exercício de um direito fundamental que decorre do art. 5º, LXIII,[270] LIV[271] e LV[272] da Constituição Federal. Esses preceitos garantem aos cidadãos o direito de não autoincriminação, assegurando – como corolário do direito de ampla defesa – a prerrogativa de permanecerem em silêncio e, principalmente, de não serem compelidos a fornecer elementos de prova que os prejudiquem.[273] Trata-se, portanto, de um dispositivo incompatível com a ordem constitucional, porque a penalização, no Estado Democrático de Direito, somente é válida quando tem como pressuposto a prática de uma conduta valorada negativamente pela ordem jurídica. O legislador não é livre para penalizar cidadãos e empresas pelo seu modo de ser ou de pensar nem para definir como danosas ações ou omissões que, na realidade, não o são. O princípio constitucional da ofensividade impede a penalização de condutas não lesivas de um bem jurídico. Pela mesma razão, as multas devem variar em função da gravidade do ilícito, e não em decorrência de um ato lícito ou do exercício de um direito.

---

[270] "Art. 5º […] LXIII – o preso será informado de seus direitos, entre os quais o de permanecer calado, sendo-lhe assegurada a assistência da família e de advogado;"
[271] "LIV – ninguém será privado da liberdade ou de seus bens sem o devido processo legal;"
[272] "LV – aos litigantes, em processo judicial ou administrativo, e aos acusados em geral são assegurados o contraditório e ampla defesa, com os meios e recursos a ela inerentes;"
[273] MACHADO, Hugo de Brito. *Normas gerais de direito tributário*. São Paulo: Malheiros, 2018, p. 352 e ss.

### 4.3.1.3 Multa de ofício qualificada e confisco

A Constituição Federal, em seu art. 150, IV, veda o uso de tributos com efeito de confisco.[274] Em diversos julgados, a Jurisprudência do STF tem aplicado esse princípio para limitar o percentual das penalidades pecuniárias ao valor do crédito tributário.[275] No julgamento do RE 736.090, a Corte fixou a seguinte tese de repercussão geral: "Até que seja editada lei complementar federal sobre a matéria, a multa tributária qualificada em razão de sonegação, fraude ou conluio limita-se a 100% (cem por cento) do débito tributário, podendo ser de até 150% (cento e cinquenta por cento) do débito tributário caso se verifique a reincidência definida no art. 44, § 1º-A, da Lei nº 9.430/1996, incluído pela Lei nº 14.689/2023, observando-se, ainda, o disposto no § 1º-C do citado artigo" (Tema 863).[276] Esse julgado reporta-se às alterações da Lei nº 14.689/2023, que limitou a multa qualificada do § 2º do art. 44 da Lei nº 9.430/1996 ao percentual de 100%, desde que não caracterizada a reincidência no prazo de dois anos.[277] Esse novo percentual, nos termos do art. 106, II, *c*, do CTN, aplica-se aos casos ainda não definitivamente julgados.[278]

### 4.3.1.4 Multa de ofício no lançamento para prevenir decadência

Não cabe a exigência de multa de ofício nos lançamentos efetuados para prevenir a decadência, quando a exigibilidade estiver suspensa na forma dos incisos IV ou V do art. 151 do CTN, isto é, em razão de liminar em mandado de segurança ou de tutela provisória.

---

[274] "Art. 150. Sem prejuízo de outras garantias asseguradas ao contribuinte, é vedado à União, aos Estados, ao Distrito Federal e aos Municípios: [...] IV - utilizar tributo com efeito de confisco;".

[275] "Quanto ao valor máximo das multas punitivas, esta Corte tem entendido que são confiscatórias aquelas que ultrapassam o percentual de 100% (cem por cento) do valor do tributo devido" (STF. 1ª T. ARE 1.058.987 AgR. Rel. Min. Roberto Barroso. *DJe* 15.12.2017. No mesmo sentido: "TRIBUTÁRIO. MULTA. VALOR SUPERIOR AO DO TRIBUTO. CONFISCO. ART. 150, IV, DA CARTA DA REPÚBLICA. Surge inconstitucional multa cujo valor é superior ao do tributo devido. Precedentes: Ação Direta de Inconstitucionalidade nº 551/RJ – Pleno, Rel. Min. Ilmar Galvão. Recurso Extraordinário nº 582.461/SP – Pleno, Rel. Min. Gilmar Mendes, Repercussão Geral" (STF. 1ª T. RE 833.106 AgR. Rel. Min. Marco Aurélio. *DJe* 12.12.2014).

[276] STF. T. Pleno. RE 736.090. Rel. Min. Dias Toffoli. *DJe* 10.10.2024 (publicação da ata de julgamento).

[277] "Art. 44. [...]
§ 1º O percentual de multa de que trata o inciso I do *caput* deste artigo será majorado nos casos previstos nos arts. 71, 72 e 73 da Lei nº 4.502, de 30 de novembro de 1964, independentemente de outras penalidades administrativas ou criminais cabíveis, e passará a ser de: (Redação dada pela Lei nº 14.689, de 2023).
VI – 100% (cem por cento) sobre a totalidade ou a diferença de imposto ou de contribuição objeto do lançamento de ofício; (Incluído pela Lei nº 14.689, de 2023)
VII – 150% (cento e cinquenta por cento) sobre a totalidade ou a diferença de imposto ou de contribuição objeto do lançamento de ofício, nos casos em que verificada a reincidência do sujeito passivo. (Incluído pela Lei nº 14.689, de 2023)
§ 1º-A. Verifica-se a reincidência prevista no inciso VII do § 1º deste artigo quando, no prazo de 2 (dois) anos, contado do ato de lançamento em que tiver sido imputada a ação ou omissão tipificada nos arts. 71, 72 e 73 da Lei nº 4.502, de 30 de novembro de 1964, ficar comprovado que o sujeito passivo incorreu novamente em qualquer uma dessas ações ou omissões. (Incluído pela Lei nº 14.689, de 2023)."

[278] "Art. 106. A lei aplica-se a ato ou fato pretérito:
[...]
II – tratando-se de ato não definitivamente julgado:
[...]
c) quando lhe comine penalidade menos severa que a prevista na lei vigente ao tempo da sua prática."

É necessário, contudo, que a suspensão do débito tenha ocorrido antes do início de qualquer procedimento de ofício, conforme enunciado na Súmula Carf nº 17:

> Súmula Carf nº 17: Não cabe a exigência de multa de ofício nos lançamentos efetuados para prevenir a decadência, quando a exigibilidade estiver suspensa na forma dos incisos IV ou V do art. 151 do CTN e a suspensão do débito tenha ocorrido antes do início de qualquer procedimento de ofício a ele relativo.

Por outro lado, no despacho de importação, de acordo com o Ato Declaratório Interpretativo SRF nº 18/2004, não há espontaneidade após registro da DI no Siscomex, sendo cabível a multa de ofício, salvo se deferida medida liminar em caráter preventivo:

> Ato Declaratório Interpretativo SRF nº 18/2004:
> Artigo único. O disposto no art. 63 da Lei nº 9.430, de 27 de dezembro de 1996,[279] não se aplica na hipótese de suspensão da exigibilidade do crédito tributário decorrente da concessão de medida liminar em mandado de segurança impetrado contra exigência formulada no curso do despacho aduaneiro de importação, tendo em vista a exclusão da espontaneidade do importador em consequência do início do despacho aduaneiro por meio do registro da Declaração de Importação (DI) pela Secretaria da Receita Federal, no Sistema Integrado de Comércio Exterior (Siscomex).
> Parágrafo único. Na hipótese de a medida liminar ser concedida preventivamente, antes do início do despacho aduaneiro de importação, não caberá lançamento de multa de ofício na constituição de crédito tributário destinado a prevenir a decadência.

Nas ações em que se discute a validade do tributo sujeito a lançamento por homologação, o depósito passa a ser o veículo de constituição do crédito tributário. Em razão disso, não cabe o lançamento de ofício para prevenir a decadência, consoante reconhece a Jurisprudência do STJ:

> TRIBUTÁRIO. PROCESSUAL CIVIL. DEPÓSITO DO MONTANTE INTEGRAL DA DÍVIDA. SUSPENSÃO DA EXIGIBILIDADE DO CRÉDITO TRIBUTÁRIO. ART. 151, II, DO CTN. PRAZO DECADENCIAL PARA CONSTITUIÇÃO DO CRÉDITO. TERMO INICIAL. DISPENSA DO ATO FORMAL DE LANÇAMENTO. DECADÊNCIA NÃO CONFIGURADA. SÚMULA 83/STJ.
> 1. Tribunal *a quo* julgou improcedente a apelação e não reconheceu a decadência quanto aos depósitos efetuados para discutir a exigibilidade de tributo relativo ao período anterior a 23.04.2007.
> 2. É pacífica a jurisprudência do STJ no sentido de que, nos casos de tributos sujeitos a lançamento por homologação, o contribuinte, ao realizar o depósito judicial com o objetivo de suspender a exigibilidade do crédito tributário, promove a constituição deste; como resultado, torna-se desnecessário o ato formal de lançamento pela autoridade administrativa no que se refere aos valores depositados.
> 3. O acórdão recorrido está em sintonia com o atual entendimento deste Tribunal Superior, razão pela qual não merece prosperar a irresignação. Incide, in casu, o princípio

---

[279] "Art. 63. Na constituição de crédito tributário destinada a prevenir a decadência, relativo a tributo de competência da União, cuja exigibilidade houver sido suspensa na forma dos incisos IV e V do art. 151 da Lei nº 5.172, de 25 de outubro de 1966, não caberá lançamento de multa de ofício."

estabelecido na Súmula 83/STJ: "Não se conhece do Recurso Especial pela divergência, quando a orientação do Tribunal se firmou no mesmo sentido da decisão recorrida."
4. Recurso especial não provido.[280]

Por fim, cabe destacar que, para a suspensão da exigibilidade do crédito tributário, o depósito judicial deve ser integral.[281] Trata-se, ademais, de um direito subjetivo do contribuinte que não depende de autorização judicial,[282] que impede a adoção de atos de cobrança administrativa e o ajuizamento de execução fiscal. Assim, caso essa tenha sido proposta após a ciência do depósito suspensivo, deve ser extinta sem julgamento do mérito, porque a exigibilidade do título é pressuposto da execução.[283]

### 4.3.1.5 Multa de ofício isolada nos regimes aduaneiros especiais

Como ressaltado no Capítulo dos Regimes Aduaneiros Especiais, quando o crédito tributário foi constituído por meio de termo de responsabilidade, não é cabível a cominação de multa de ofício isolada[284].

### 4.3.2 Multa no comércio de diamantes brutos

Além da pena de perdimento, já analisada acima, a Lei nº 10.743/2003 (art. 10) prevê a incidência de uma pena pecuniária de 100% do valor da mercadoria incidente nas hipóteses de comércio internacional de diamantes brutos sem o Certificado do Processo de Kimberley. A multa aplica-se ainda nos casos de prática de artifício visando à sua obtenção perante o DNPM (Departamento Nacional de Produção Mineral).

Por fim, como ressaltado anteriormente, entende-se por "diamantes brutos" os "diamantes não selecionados" (7102.10), "diamantes industriais em bruto ou simplesmente serrados, clivados ou desbastados" (7102.21) e "diamantes não industriais em bruto ou simplesmente serrados, clivados ou desbastados" (7102.31).[285]

### 4.3.3 Multas aduaneiras fixas

#### 4.3.3.1 Tipificação e valores

As multas aduaneiras fixas encontram-se previstas nos arts. 104 e 107, I a VI, VII, *a* e *c* a *g*, VIII, IX, X, *a* e *b*, e XI do Decreto-Lei nº 37/1966, art. 28 da Lei nº 10.637/2002, art. 75 da

---

[280] STJ. 2ª T. REsp 1.637.092/RS. Rel. Min. Herman Benjamin. DJe 19.12.2016.
[281] CTN, art. 151, I; Súmula STJ nº 112: "O depósito somente suspende a exigibilidade do crédito tributário se for integral e em dinheiro".
[282] STJ. 2ª T. AgRg no REsp 835.067/SP. Rel. Min. Eliana Calmon. DJe 12.06.2008.
[283] Não cabe a simples suspensão, conforme definido pelo STJ no regime do art. 543-C do CPC (STJ. 1ª S. REsp 1.140.956/SP. Rel. Min. Luiz Fux. DJe 03.12.2010: "O depósito do montante integral do débito, nos termos do art. 151, II, do CTN, suspende a exigibilidade do crédito tributário, impedindo o ajuizamento da execução fiscal por parte da Fazenda Pública [...] 9. Destarte, ante a ocorrência do depósito do montante integral do débito exequendo, no bojo de ação antiexacional proposta em momento anterior ao ajuizamento da execução, a extinção do executivo fiscal é medida que se impõe, porquanto suspensa a exigibilidade do referido crédito tributário").
[284] Ver Cap. VI, item 1.5.
[285] Lei nº 10.743/2003, art. 2º, parágrafo único.

Lei nº 10.833/2003 e art. 38 da Lei 12.350/2010, que, por sua vez, são consolidados nos arts. 728 a 731 do Decreto nº 6.759/2009.

As infrações e penalidades podem ser assim sintetizadas:

(a) R$ 50.000,00: *"por contêiner ou qualquer veículo contendo mercadoria, inclusive a granel, ingressado em local ou recinto sob controle aduaneiro, que não seja localizado"* (Decreto-Lei nº 37/1966, art. 107, I; RA, art. 728, I) ;[286]

(b) R$ 15.000,00, *"por contêiner ou veículo contendo mercadoria, inclusive a granel, no regime de trânsito aduaneiro, que não seja localizado"* (Decreto-Lei nº 37/1966, art. 107, II; RA, art. 728, II);

(c) R$ 10.000,00:

(c.1) *"por desacato à autoridade aduaneira"* (Decreto-Lei nº 37/1966, art. 107, III; RA, art. 728, III, a); ou

(c.2) *"por dia, pelo descumprimento de requisito estabelecido no art. 34*[287] *ou pelo seu cumprimento fora do prazo fixado com base no art. 36"*[288] (Lei 12.350/2010, art. 38; RA, art. 728, III, b).[289]

(d) R$ 5.000,00:

(d.1) *"por ponto percentual que ultrapasse a margem de 5% (cinco por cento), na diferença de peso apurada em relação ao manifesto de carga a granel apresentado pelo transportador marítimo, fluvial ou lacustre"* (Decreto-Lei nº 37/1966, art. 107, IV, a; RA, art. 728, IV, a);

(d.2) *"por mês-calendário, a quem não apresentar à fiscalização os documentos relativos à operação que realizar ou em que intervier, bem como outros documentos exigidos pela Secretaria da Receita Federal, ou não mantiver os correspondentes arquivos em boa guarda e ordem"*; (Decreto-Lei nº 37/1966, art. 107, IV, b; RA, art. 728, IV, b);

(d.3) *"a quem, por qualquer meio ou forma, omissiva ou comissiva, embaraçar, dificultar ou impedir ação de fiscalização aduaneira, inclusive no caso de não apresentação de res-*

---

[286] De acordo com o RA: "Art. 728. [...]

§ 5º Nas hipóteses referidas nos incisos I e II, na alínea a do inciso VII, na alínea b do inciso VIII, no inciso IX e na alínea a do inciso X, do caput, o responsável será intimado a informar a localização do contêiner, veículo, volume ou mercadoria.

§ 6º A informação a que se refere o § 5º deverá ser prestada:

I – no prazo de cinco dias da ciência da intimação, nas hipóteses referidas no inciso I, na alínea a do inciso VII e na alínea b do inciso VIII, do caput; e

II – no prazo de um dia, nos demais casos.

§ 7º Não prestada a informação de que trata o § 5º nos prazos fixados no § 6º, aplica-se a multa pela não localização, prevista neste artigo, e a multa constante da alínea c do inciso III do caput do art. 702. (Redação dada pelo Decreto nº 8.010, de 2013)".

[287] "Art. 34. Compete à Secretaria da Receita Federal do Brasil definir os requisitos técnicos e operacionais para o alfandegamento dos locais e recintos onde ocorram, sob controle aduaneiro, movimentação, armazenagem e despacho aduaneiro de mercadorias procedentes do exterior, ou a ele destinadas, inclusive sob regime aduaneiro especial, bagagem de viajantes procedentes do exterior, ou a ele destinados, e remessas postais internacionais."

[288] "Art. 36. O disposto nos arts. 34 e 35 aplica-se também aos atuais responsáveis pela administração de locais e recintos alfandegados."

[289] Essa penalidade é aplicada em razão do descumprimento dos requisitos técnicos e operacionais para o alfandegamento estabelecidos pela Receita Federal, inclusive para quem já exerça a administração de locais ou de recintos alfandegados em 21 de dezembro de 2010.

*posta, no prazo estipulado, a intimação em procedimento fiscal"* (Decreto-Lei nº 37/1966, art. 107, IV, *c*; RA, art. 728, IV, *c*);

(d.4) *"a quem promover a saída de veículo de local ou recinto sob controle aduaneiro, sem autorização prévia da autoridade aduaneira"* (Decreto-Lei nº 37/1966, art. 107, IV, *d*; RA, art. 728, IV, *d*);

(d.5) *"por deixar de prestar informação sobre veículo ou carga nele transportada, ou sobre as operações que execute, na forma e no prazo estabelecidos pela Secretaria da Receita Federal, aplicada à empresa de transporte internacional, inclusive a prestadora de serviços de transporte internacional expresso porta a porta, ou ao agente de carga"* (Decreto-Lei nº 37/1966, art. 107, IV, *e*; RA, art. 728, IV, *e*); e

(d.6) *"por deixar de prestar informação sobre carga armazenada, ou sob sua responsabilidade, ou sobre as operações que execute, na forma e no prazo estabelecidos pela Secretaria da Receita Federal, aplicada ao depositário ou ao operador portuário"* (Decreto-Lei nº 37/1966, art. 107, IV, *f*; RA, art. 728, IV, *f*);

(e) R$ 3.000,00: *"ao transportador de carga ou de passageiro, pelo descumprimento de exigência estabelecida para a circulação de veículos e mercadorias em zona de vigilância aduaneira"* (Decreto-Lei nº 37/1966, art. 107, V; RA, art. 728, V);[290]

(f) R$ 2.000,00: *"no caso de violação de volume ou unidade de carga que contenha mercadoria sob controle aduaneiro, ou de dispositivo de segurança"* (Decreto-Lei nº 37/1966, art. 107, VI; RA, art. 728, VI);

(g) R$ 1.000,00:

(g.1) *"por volume depositado em local ou recinto sob controle aduaneiro, que não seja localizado"* (Decreto-Lei nº 37/1966, art. 107, VII, *a*; RA, art. 728, VII, *a*);

(g.2) *"pela importação de mercadoria estrangeira atentatória à moral, aos bons costumes, à saúde ou à ordem pública, sem prejuízo da aplicação da pena prevista no inciso XIX do art. 105 [pena de perdimento]"* (Decreto-Lei nº 37/1966, art. 107, VII, *b*; RA, art. 714);

(g.3) *"pela substituição do veículo transportador, em operação de trânsito aduaneiro, sem autorização prévia da autoridade aduaneira"* (Decreto-Lei nº 37/1966, art. 107, VII, *c*; RA, art. 728, VII, *b*);

(g.4) *"por dia, pelo descumprimento de condição estabelecida pela administração aduaneira para a prestação de serviços relacionados com o despacho aduaneiro"* (Decreto-Lei nº 37/1966, art. 107, VII, *d*; RA, art. 728, VII, *c*);

(g.5) *"por dia, pelo descumprimento de requisito, condição ou norma operacional para habilitar-se ou utilizar regime aduaneiro especial ou aplicado em áreas especiais, ou para habilitar-se ou manter recintos nos quais tais regimes sejam aplicados"* (Decreto-Lei nº 37/1966, art. 107, VII, *e*; RA, art. 728, VII, *d*);[291]

(g.6) *"por dia, pelo descumprimento de requisito, condição ou norma operacional para executar atividades de movimentação e armazenagem de mercadorias sob controle aduaneiro, e serviços conexos"* (Decreto-Lei nº 37/1966, art. 107, VII, *f*; RA, art. 728, VII, *e*);[292]

---

[290] Essa multa não se aplica quando incidir a multa de R$ 15.000,00 do art. 75 da Lei nº 10.833/2003 (RA, art. 728, § 1º).

[291] Salvo os requisitos técnicos e operacionais referidos no art. 34 da Lei nº 12.350/2010, reproduzido acima (RA, art. 728, VII, *e*).

[292] Salvo os requisitos técnicos e operacionais referidos no art. 34 da Lei nº 12.350/2010, reproduzido acima (RA, art. 728, VII, *e*).

(g.7) *"por dia, pelo descumprimento de condição estabelecida para utilização de procedimento aduaneiro simplificado"* (Decreto-Lei nº 37/1966, art. 107, VII, g; RA, art. 728, VII, f);

(h) R$ 500,00:

(h.1) *"por ingresso de pessoa em local ou recinto sob controle aduaneiro sem a regular autorização, aplicada ao administrador do local ou recinto"* (Decreto-Lei nº 37/1966, art. 107, VIII, a; RA, art. 728, VIII, a);

(h.2) *"por tonelada de carga a granel depositada em local ou recinto sob controle aduaneiro, que não seja localizada"* (Decreto-Lei nº 37/1966, art. 107, VIII, b; RA, art. 728, VIII, b);

(h.3) *"por dia de atraso ou fração, no caso de veículo que, em operação de trânsito aduaneiro, chegar ao destino fora do prazo estabelecido, sem motivo justificado"* (Decreto-Lei nº 37/1966, art. 107, VIII, c; RA, art. 728, VIII, c);

(h.4) *"por erro ou omissão de informação em declaração relativa ao controle de papel imune"* (Decreto-Lei nº 37/1966, art. 107, VIII, d; RA, art. 728, VIII, d[293]); e

(h.5) *"pela não apresentação do romaneio de carga (packing-list) nos documentos de instrução da declaração aduaneira"* (Decreto-Lei nº 37/1966, art. 107, VIII, e; RA, art. 728, VIII, e);

(i) R$ 300,00: *"por volume de mercadoria, em regime de trânsito aduaneiro, que não seja localizado no veículo transportador, limitada a R$ 15.000,00 (quinze mil reais)"* (Decreto-Lei nº 37/1966, art. 107, IX; RA, art. 728, IX);

(j) R$ 200,00:

(j.1) *"por tonelada de carga a granel em regime de trânsito aduaneiro que não seja localizada no veículo transportador, limitada ao valor de R$ 15.000,00 (quinze mil reais)"* (Decreto-Lei nº 37/1966, art. 107, X, a; RA, art. 728, X, a);

(j.2) *"para a pessoa que ingressar em local ou recinto sob controle aduaneiro sem a regular autorização"* (Decreto-Lei nº 37/1966, art. 107, X, b; RA, art. 728, X, b);

(j.3) *"pela apresentação de fatura comercial em desacordo com uma ou mais de uma das indicações estabelecidas no regulamento"* (Decreto-Lei nº 37/1966, art. 107, X, c; RA, art. 715[294]);

(k) R$ 100,00:

(k.1) *"por volume de carga não manifestada pelo transportador, sem prejuízo da aplicação da pena prevista no inciso IV do art. 105* [pena de perdimento]*"* (Decreto-Lei nº 37/1966, art. 107, XI, a; RA, art. 728, XI, a);

(k.2) *"por ponto percentual que ultrapasse a margem de 5% (cinco por cento), na diferença de peso apurada em relação ao manifesto de carga a granel apresentado pelo transportador rodoviário ou ferroviário"* (Decreto-Lei nº 37/1966, art. 107, XI, b; RA, art. 728, XI, b).

---

[293] Essa multa não se aplica quando a infração estiver sujeita às penalidades previstas no art. 1º, § 4º, da Lei nº 11.945/2009 (RA, art. 710-A), já analisadas anteriormente (RA, art. 728, § 1º-A).

[294] "Art. 715. Aplica-se a multa de R$ 200,00 (duzentos reais), pela apresentação de fatura comercial em desacordo com uma ou mais das indicações estabelecidas no art. 557 (Decreto-Lei nº 37, de 1966, art. 107, inciso X, alínea c, com a redação dada pela Lei nº 10.833, de 2003, art. 77).

§ 1º Simples enganos ou omissões na emissão da fatura comercial, corrigidos ou corretamente supridos na declaração de importação, não acarretarão a aplicação da penalidade referida no *caput*."

Já em relação aos transportadores, as infrações e multas são as seguintes:

(a) R$ 15.000,00: ao transportador, de passageiros ou de carga, em viagem doméstica ou internacional que transportar mercadoria sujeita a pena de perdimento, nas hipóteses de não identificação do proprietário ou possuidor, ou – ainda que identificados – as características ou a quantidade dos volumes transportados evidenciarem tratar-se de mercadoria sujeita à referida pena (Lei nº 10.833/2003, art. 75, I e II; RA, art. 731, I e II); e R$ 30.000,00, em caso de reincidência ou de modificações da estrutura ou das características do veículo, com a finalidade de efetuar o transporte de mercadorias ou permitir a sua ocultação (Lei nº 10.833/2003, art. 75, § 5º, I e II; RA, art. 731, § 1º, I e II);[295]

(b) R$ 5.000,00: por veículo pelo descumprimento do dever instrumental de prestar informações sobre tripulantes e passageiros, aplicável à empresa de transporte internacional que opere em linha regular, por via aérea ou marítima (Lei nº 10.637/2002, art. 28, parágrafo único, I; RA, art. 729, I); ou R$ 200,00 por informação omitida, limitada ao valor de R$ 5.000,00 por veículo (Lei nº 10.637/2002, art. 28, parágrafo único, II; RA, art. 729, II);

Art. 28. As empresas de transporte internacional que operem em linha regular, por via aérea ou marítima, deverão prestar informações sobre tripulantes e passageiros, na forma e no prazo estabelecidos pela Secretaria da Receita Federal.

Parágrafo único. O descumprimento do disposto neste artigo ensejará a aplicação de multa no valor de:

I – R$ 5.000,00 (cinco mil reais) por veículo cujas informações não sejam prestadas;

II – R$ 200,00 (duzentos reais) por informação omitida, limitado ao valor de R$ 5.000,00 (cinco mil reais) por veículo.

(c) R$ 200,00: "*por passageiro ou tripulante conduzido pelo veículo que efetuar a operação proibida, além do perdimento da mercadoria que transportar*", quando este se colocar nas proximidades de outro na zona primária, um deles procedente do exterior ou a ele destinado, de modo a tornar possível o transbordo de pessoa ou de carga, sem observância das normas legais e regulamentares, cumulativamente ao perdimento do veículo e da mercadoria (Decreto-Lei nº 37/1966, art. 104, parágrafo único, II; RA, art. 730 c/c art. 688, III).

Nos itens subsequentes, serão examinadas as infrações mais polêmicas e de maior relevância no plano pragmático.

### 4.3.3.2 Desacato à autoridade aduaneira

O desacato à autoridade aduaneira encontra-se tipificado no art. 107, III, do Decreto-Lei nº 37/1966, na redação da Lei nº 10.833/2003, que também prevê uma multa no valor fixo de R$ 10.000,00:

Art. 107. Aplicam-se ainda as seguintes multas:
[...]
III – de R$ 10.000,00 (dez mil reais), por desacato à autoridade aduaneira;

A infração tem natureza dolosa e pode ser caracterizada por meio da agressão física ou verbal a servidor público no exercício de suas funções. O desacato não deve ser confundido

---

[295] O art. 75 da Lei nº 10.833/2003 é transcrito abaixo, no item em que são analisadas essas infrações.

com a crítica contundente nem com o exercício do direito de questionamento dos fundamentos legais da ação fiscal por parte do cidadão. Tampouco há desacato diante de reações decorrentes de susceptibilidade excessiva ou da vaidade exacerbada.[296] A sua configuração pressupõe o emprego de palavras injuriosas, caluniosas e difamatórias na presença do servidor público ou, como já decidiu o Carf, em julgado de nossa relatoria, "a prática de atos de desprestígio ao servidor público no exercício regular de suas funções, mediante conduta desmedida e incompatível com os atos do convívio social, inclusive com emprego de palavras injuriosas, ameaças e gritos agudos".[297]

### 4.3.3.3 Embaraço à fiscalização

A tipificação do embaraço à fiscalização e a multa correspondente encontram-se previstos no art. 107, IV, c, do Decreto-Lei nº 37/1966, na redação da Lei nº 10.833/2003:

> Art. 107. Aplicam-se ainda as seguintes multas:
> [...]
> IV - de R$ 5.000,00 (cinco mil reais):
> [...]
> c) a quem, por qualquer meio ou forma, omissiva ou comissiva, embaraçar, dificultar ou impedir ação de fiscalização aduaneira, inclusive no caso de não apresentação de resposta, no prazo estipulado, a intimação em procedimento fiscal;

Trata-se de infração que visa à garantia da efetividade e do bom andamento da ação de fiscalização aduaneira, que, por sua vez, não se confunde com os atos de cobrança. Por isso, uma vez constituído o crédito tributário ou imposta a penalidade, já não é mais possível a caracterização do embaraço.

Nesse sentido, já decidiu o Carf, em precedente de nossa relatoria, afastando a multa no descumprimento de intimação para o pagamento do crédito tributário:

> MULTA. INTIMAÇÃO PARA PAGAMENTO DO CRÉDITO TRIBUTÁRIO. NÃO ATENDIMENTO. EMBARAÇO À AÇÃO DE FISCALIZAÇÃO ADUANEIRA. NÃO CARACTERIZAÇÃO. DIFERENCIAÇÃO ENTRE FISCALIZAÇÃO E COBRANÇA.
> A sanção prevista no art. 107, IV, c, do DecretoLei nº 37/1966, visa à efetividade e ao bom andamento da ação de fiscalização aduaneira. Uma vez constituído o crédito tributário ou imposta a penalidade, encerrase o procedimento fiscal. Assim, como fiscalização não se confunde com cobrança, se a intimação descumprida pelo contribuinte teve por objeto a exigência do crédito tributário, não cabe a imposição da penalidade do art. 107, IV, c, do DecretoLei nº 37/1966. O não atendimento da intimação, quando muito, poderia caracterizar inadimplência do crédito tributário, mas jamais embaraço à ação de fiscalização aduaneira, porque a autoridade administrativa fiscal já havia formado seu convencimento em relação ao descumprimento da legislação tributária".[298]

Assim, a parte final do art. 107, IV, c, ("[...] *no caso de não apresentação de resposta, no prazo estipulado, a intimação em procedimento fiscal*") não se aplica aos atos de cobrança do

---

[296] COSTA JUNIOR, Paulo José. *Comentários ao Código Penal*. 7. ed. São Paulo: Saraiva, 2002, p. 1054-1055.
[297] Carf. 3ª S. 2ª T.E. Ac. 3802-003.877. S. de 11.11.2014.
[298] Carf. 3ª S. 2ª T.E. Ac. 3802-00.642. S. de 10.08.2011..

crédito tributário, inclusive os constituídos em termo de responsabilidade, quando exigíveis pela legislação dos regimes aduaneiros especiais.

#### 4.3.3.4 Deixar de prestar informações

##### 4.3.3.4.1 Natureza omissiva da infração

De acordo com o art. 107, IV, *e*, do Decreto-Lei nº 37/1966, na redação da Lei nº 10.833/2003:

> Art. 107. Aplicam-se ainda as seguintes multas:
> [...]
> IV – de R$ 5.000,00 (cinco mil reais):
> [...]
> e) por deixar de prestar informação sobre veículo ou carga nele transportada, ou sobre as operações que execute, na forma e no prazo estabelecidos pela Secretaria da Receita Federal, aplicada à empresa de transporte internacional, inclusive a prestadora de serviços de transporte internacional expresso porta a porta, ou ao agente de carga; e

Essa infração de natureza omissiva. Assim, a caracterização da infração se dá em função de uma segunda regra jurídica: o art. 37 do Decreto-Lei nº 37/1966, que estabelece o dever jurídico de prestar as informações relativas às cargas transportadas e à chegada de veículo procedente ou destinado ao exterior:

> Art. 37. O transportador deve prestar à Secretaria da Receita Federal, na forma e no prazo por ela estabelecidos, as informações sobre as cargas transportadas, bem como sobre a chegada de veículo procedente do exterior ou a ele destinado. (Redação dada pela Lei nº 10.833, de 29.12.2003)
> § 1º O agente de carga, assim considerada qualquer pessoa que, em nome do importador ou do exportador, contrate o transporte de mercadoria, consolide ou desconsolide cargas e preste serviços conexos, e o operador portuário, também devem prestar as informações sobre as operações que executem e respectivas cargas. (Redação dada pela Lei nº 10.833, de 29.12.2003)

A materialização da infração pode resultar da inércia absoluta (o sujeito não faz a conduta devida nem nenhuma outra), do agir irrelevante (o agente faz algo diverso do que era exigido) ou da ação ineficaz (o sujeito age após já consumada a violação do dever). Isso ocorre porque, nos tipos omissivos, a infração também se configura quando o sujeito pratica uma ação diversa daquela exigida ou após o momento pressuposto pela norma que estabelece o dever jurídico, quando já consumado o delito.

Outra particularidade na caracterização dessa infração é que, segundo ensinam Zaffaroni e Pierangeli, "*o tipo objetivo omissivo requer que a conduta devida seja fisicamente possível*, o que encontra fundamento no princípio geral do direito que impede que este ordene o impossível".[299] Destarte, ao regular a conduta humana, o legislador não pode ultrapassar os limites ontológicos do possível. Sob o aspecto lógico-jurídico, segundo ensina Aurora Tomazini de

---

[299] ZAFFARONI, Eugenio Raúl; PIERANGELI, José Henrique. *Manual de direito penal brasileiro*: parte geral. São Paulo: RT, 1997, p. 540-541.

Carvalho, "caracteriza-se como um sem-sentido deôntico prescrever um comportamento como obrigatório, proibido ou permitido quando, por força das circunstâncias, o destinatário estiver impedido de realizar conduta diversa".[300]

Portanto, a infração tipificada no art. 107, IV, *e*, do Decreto-Lei nº 37/1966, deve ser enunciada da seguinte maneira: *deixar de prestar, podendo fazê-lo em face das circunstâncias, informação sobre veículo ou carga nele transportada, ou sobre as operações que execute, na forma e no prazo estabelecidos pela Secretaria da Receita Federal.*

### 4.3.3.4.2 Sujeição passiva: transportador e agente de cargas

Os arts. 37 e art. 107, IV, *e*, do Decreto-Lei nº 37/1966, evidenciam que dois são os sujeitos juridicamente vinculados ao cumprimento do dever instrumental – o **transportador** e o **agente de carga** –, que, por outro lado, também são os sujeitos passíveis de penalização. Nem poderia ser diferente, porque toda infração omissiva pressupõe uma segunda regra jurídica estabelecendo o caráter obrigatório do comportamento não realizado pelo infrator.

Como já examinado por ocasião do estudo da responsabilidade tributária aplicável ao imposto de importação,[301] convém ressaltar que o agente de cargas não se confunde com o agente marítimo, também conhecido na doutrina como *agente do navio* (*shipping agent*).[302] O agente marítimo é mandatário do armador, representando os seus interesses como auxiliar na logística e na gestão do navio durante a sua estada no porto em decorrência de vínculo contratual (representante). Suas funções são amplamente reconhecidas no direito marítimo

---

[300] CARVALHO, Aurora Tomazini de. *Curso de teoria geral do direito*: o construtivismo lógico-semântico. 5. ed. São Paulo: Noeses, 2016, p. 315. No mesmo sentido: CARVALHO, Paulo de Barros. *Direito tributário*: fundamentos jurídicos da incidência. 2. ed. São Paulo: Saraiva, 1999, p. 30: "Careceria de sentido deôntico obrigar alguém a ficar na sala de aula, proibido de sair, se a sala estivesse trancada, de modo que a saída fosse impossível. Também cairia em solo estéril permitir, nessas condições que a pessoa lá permanecesse. Ao disciplinar as condutas intersubjetivas, o legislador procede no pressuposto da possibilidade. Ali onde houver duas ou mais condutas possíveis, existirá sentido em proibir, permitir ou obrigar certo comportamento perante outrem". Dessa premissa lógica, segundo ensina Regina Helena Costa, decorre o princípio da praticabilidade ou praticidade, que "[...] pode ser apresentado com a seguinte formulação: *as leis tributárias devem ser exequíveis, propiciando o atingimento dos fins de interesse público por elas objetivado, quais sejam, o adequado cumprimento de seus comandos pelos administrados, de maneira simples e eficiente, bem como a devida arrecadação dos tributos*" (COSTA, Regina Helena. *Curso de direito tributário*: Constituição e Código Tributário Nacional. São Paulo: Saraiva, 2009, p. 70).

[301] Ver Cap. II, item 2.3.3.1.7. Essa parte do livro, comparada à primeira edição, demandou uma série de complementações, para afastar a impressão de que não havia diferenças entre agente de cargas, transportador, armador e NVOCC. Sobre o tema na doutrina, cf.: ANJOS, J. Haroldo dos; GOMES, Carlos Rubens Caminha. *Curso de direito marítimo*. Rio de Janeiro: Renovar, 1992, p. 120 e ss.; GIBERTONI, Carla Adriana Comitre. *Teoria e prática do direito marítimo*. Rio de Janeiro: Renovar, 1998, p. 110 e ss.; CREMONEZE, Paulo Henrique. *Prática de direito marítimo*: o contrato de transporte marítimo e a responsabilidade civil do transportador. 2. ed. São Paulo: Quartier Latin, 2012, p. 52 e ss.; ENE, Marcelo Machado. *Os agentes marítimos*. Belo Horizonte: Arraes, 2020, p. 9 e ss.; MARTINS, Eliane M. Octaviano. Curso de direito marítimo, volume I: teoria geral. 4. ed. Barueri: Manole, 2013, p. 302 e ss.; SILVA, Filipe Carvalho de Morais; SILVA, Francisco Carlos de Morais. *Agenciamento marítimo*: atribuições e responsabilidades. Vitória: Novacom, 2015.

[302] No plano pragmático, há agentes de navios temporários que, a rigor, deveriam ser designados *comissários* ou *consignatários*. Isso porque, como ensina Eliane M. Octaviano Martins: "Os comissários ou consignatários são mandatários temporários do armador e geralmente são nomeados por empresas armadoras que atuam no mercado *tramp* ou *spot*, empresas que usualmente julgam inconveniente manter agentes e preferem, alternativamente, nomear consignatários. As empresas que atuam na navegação *liner*, modalidade notadamente ininterrupta, optam por atuar por meio de agentes marítimos" (MARTINS, *op. cit.*, p. 325).

internacional, conforme enunciado no Anexo da Convenção sobre a Facilitação do Tráfego Marítimo Internacional,[303] na redação da Resolução FAL nº 12(40):

> Agente marítimo. A parte que representa o proprietário do navio e/ou afretador (o Mandante) no porto. Se assim for instruído, o agente é responsável perante o Mandante por providenciar, junto com o porto, um berço de atracação, todos os serviços portuários e auxiliares relevantes, tratando das necessidades do capitão e da tripulação, o despacho do navio com o porto e outras autoridades (incluindo preparação e apresentação de documentação apropriada), em conjunto com a liberação ou recebimento de carga em nome do mandante.[304]

Já o agente de cargas, na definição do art. 37, § 1º, do Decreto-Lei nº 37/1967, na redação da Lei nº 10.833/2003, compreende "[...] qualquer pessoa que, em nome do importador ou do exportador, contrate o transporte de mercadoria, consolide ou desconsolide cargas e preste serviços conexos, e o operador portuário, também devem prestar as informações sobre as operações que executem e respectivas cargas". Esse dispositivo amplia o conceito corrente de agente de cargas, porque abrange não apenas agente transitário (*freight forwarder* ou *ocean freight forwarder*), mas também o transportador comum não operador de navio ou *NVOCC* (*Non Vessel Operating Common Carrier*) e o representante deste no território nacional (agente desconsolidador).[305] Todavia, como ensina Eliane Octaviano Martins, deve-se ter presente que, "embora semelhantes em certos aspectos, a atividade do NVOCC se diferencia da atuação de um *freight forwarders*. Trata-se de funções complementares dentro do segmento de transportes de cargas, mas, como em outros setores, existe uma linha divisória".[306]

O *freight forwarder* – agente de cargas ou agente transitário – é um mandatário do exportador ou do importador, que contrata em nome desses o serviço de transporte de uma mercadoria do Brasil ao exterior ou, nas operações de importação, de outro país com destino ao território nacional.[307] Por outro lado, o transportador comum não operador de navio ou

---

[303] Essa Convenção foi incorporada ao direito interno por meio do Decreto Legislativo nº 73/1977, promulgado pelo Decreto nº 80.672/1977.

[304] Tradução nossa. "Ship agent. The party representing the ship's owner and/or charterer (the Principal) in port. If so instructed, the agent is responsible to the Principal for arranging, together with the port, a berth, all relevant port and husbandry services, tending to the requirements of the master and crew, clearing the ship with the port and other authorities (including preparation and submission of appropriate documentation) along with releasing or receiving cargo on behalf of the Principal". Efeitos a partir de 1º de janeiro de 2018. A única particularidade, em relação ao direito brasileiro, é que a movimentação de cargas nos portos nacionais somente pode ser realizada por empresa especializada – o operador portuário – que, no regime da Lei dos Portos (Lei nº 12.815/2013), é definido como a "pessoa jurídica pré-qualificada para exercer as atividades de movimentação de passageiros ou movimentação e armazenagem de mercadorias, destinadas ou provenientes de transporte aquaviário, dentro da área do porto organizado". Dessa forma, entre nós, o agente do navio não pode receber ou manipular cargas em nome do mandante ou de qualquer outra pessoa.

[305] O agente desconsolidador é o representante convencional (mandatário) do consolidador estrangeiro (*NVOCC*), mediante carta de apontamento. Sobre o tema, cf.: MOROMIZATO JUNIOR, Fernando; MILLER, Thiago Testini de Mello; FERREIRA, Rafael Silva; STIVALETTI, Marcel Nicolau; SILVA, Aline Bayer da. *Agente de cargas*. São Paulo: All Print, 2016, p. 35 e ss.

[306] MARTINS, Eliane M. Octaviano. *Curso de direito marítimo*: teoria geral. 4. ed. Barueri: Manole, v. I, 2013, p. 335.

[307] Como ensina Andrés Ponce Rohde, "os agentes de cargas, que são conhecidos como transitários ou *freight forwarders*, são empresas que atuam, geralmente, como intermediárias entre os usuários e os transportadores e o fazem por conta desses, de quem cobram comissões por seus serviços, mas não

*NVOCC*, como ensina Alfredo Antonini em seu *Corso di diritto dei trasporti*, "[...] consolida mercadorias de diferentes embarcadores em um único *container* (*groupage*) e emite para cada um deles um conhecimento de embarque em seu próprio nome, não em representação ou por conta do armador do navio no qual o *container* está carregado; e recebe outro conhecimento de embarque do armador ou *charterer* desse navio, figurando nele como embarcador".[308]

Para a compreensão do papel do *NVOCC*, deve-se ter presente que o transporte internacional marítimo de mercadorias em sentido estrito ou comercial é realizado por meio de uma embarcação, que, por sua vez, tem a sua gestão náutica, preparação e aparelhamento para fins comerciais sob a responsabilidade de uma pessoa – jurídica ou física – denominada *armador*.[309] Não obstante, o serviço de transporte pode ser prestado pelo próprio armador ou por empresas conhecidas como *NVOCC*. Esses, por assim dizer, "transportadores sem navios" ou "transportadores não armadores" celebram um contrato com o armador e outro com o proprietário da carga, assumindo perante este a condição de transportador contratual, sem relação de representação com o armador.[310]

Tais relações contratuais são retratadas no conhecimento marítimo (*B/L* ou *Bill of Lading*). Esse título de crédito ("*nota promissória do mar*") – que é o instrumento do contrato de transporte e comprovante do recebimento da carga – somente pode ser emitido pelo transportador.[311] Assim, quando o armador for emitente do *B/L*, fica evidenciada a sua atuação como transportador. Por outro lado, quando o negócio jurídico envolve um "transportador sem navio", o armador emite um *B/L Master* (*Master Bill of Lading*) contra o *NVOCC* na condição de embarcador (*shipper*); e este, um *B/L House* (*House Bill of Lading*), tendo como *shipper* o titular de cada lote de carga.[312]

Note-se que, a despeito da equiparação entre agente transitário e *NVOCC* realizada pelo art. 33, § 1º, do Decreto-Lei nº 37/1967, na redação da Lei nº 10.833/2003, uma coisa é certa: nenhum deles se confunde com o agente marítimo.

A Resolução Normativa nº 62/2021, da ANTAQ, dentro dos melhores parâmetros técnicos do direito marítimo internacional, categoriza o *agente transitário*, o *NVOCC* e o *agente marítimo* como espécies do gênero *agente intermediário*, porém, os diferencia nos seguintes termos:

---

estão autorizados a emitir seus próprios conhecimentos de embarque, guias aéreas ou cartas de porte [notas de remessa]". PONCE, Andrés Rohde. *Derecho aduanero mexicano*: fundamentos y regulaciones de la actividad aduanera. México: Tirant Lo Blanch, tomo I, 2000, p. 336. Traduzidos do original: "Los agentes de carga, que son conocidos como transitarios o *freight forwarders*, son empresas que actúan, generalmente, como intermediarias entre los usuarios e los transportistas y lo hacen por cuenta de cualquiera de ellos al cual cobran comisiones por sus servicios, pero que no están autorizados para emitir sus propios conocimientos embarque, guías aéreas o cartas de porte". Ainda segundo o autor mexicano, também há agentes de carga que emitem seus conhecimentos de carga, exercendo a função de NVOCC.

[308] Tradução nossa. "[...] consolida merci di differente caricatori in un unico container (c.d. groupage) e rilascia a ciascuno di esse la polizza di carico a nome proprio, non in rappresentanza o per conto dell'armatore della nave su cui il container viene caricato; e riceve altra polizza di carico da parte *dell'armatore o del charterer di tale nave, figurando in essa quale caricatore*" (ANTONINI, Alfredo. *Corso di diritto dei trasporti*. 3. ed. Milão: Giuffrè, 2015, *p. 130*).

[309] De acordo com o art. 2º, III, da Lei nº 9.537/1997: "Art. 2º Para os efeitos desta Lei, ficam estabelecidos os seguintes conceitos e definições: [...] III – Armador – pessoa física ou jurídica que, em seu nome e sob sua responsabilidade, apresta a embarcação com fins comerciais, pondo-a ou não a navegar por sua conta;"

[310] ANTONINI, Alfredo. *Corso di diritto dei trasporti*. 3. ed. Milão: Giuffrè, 2015, p. 150 e ss.

[311] CREMONEZE, Paulo Henrique. *Prática de direito marítimo*: o contrato de transporte marítimo e a responsabilidade civil do transportador. 2. ed. São Paulo: Quartier Latin, 2012, p. 54 e ss.

[312] ANTONINI, Alfredo. *Corso di diritto dei trasporti*. 3. ed. Milão: Giuffrè, 2015, p. 151.

Art. 2º Para os efeitos desta Resolução são estabelecidas as seguintes definições:

[...]

II – agente intermediário: todo aquele que intermedeia a operação de transporte entre o usuário e o transportador marítimo ou que representa o transportador marítimo efetivo, podendo ser:

a) agente transitário: todo aquele que coordena e organiza o transporte de cargas de terceiros, atuando por conta e ordem do usuário no sentido de executar ou providenciar a execução das operações anteriores ou posteriores ao transporte marítimo propriamente dito, sem ser responsável por emitir **Bill of Lading** (BL);

b) agente marítimo: todo aquele que, representando o transportador marítimo efetivo, contrata, em nome deste, serviços e facilidades portuárias ou age em nome daquele perante as autoridades competentes ou perante os usuários; ou

c) transportador marítimo não operador de navios: a pessoa jurídica, conhecida como **Non-Vessel Operating Common Carrier** (NVOCC), que não sendo o armador ou proprietário de embarcação responsabiliza-se perante o usuário pela prestação do serviço de transporte, emitindo o BL, agregado, *house*, filhote ou sub-master, e subcontratando um transportador marítimo efetivo.

Dessa maneira, a sujeição passiva do dever instrumental do art. 37 do Decreto-Lei nº 37/1966 abrange apenas o armador-transportador, o *NVOCC, o representante local do NVOCC estrangeiro (agente desconsolidador)* e o agente transitário, que a legislação designa como agente de cargas. O agente marítimo não é vinculado a esse dever e, por conseguinte, não pode sofrer as consequências do descumprimento, inclusive porque não é definido como sujeito passivo da multa correspondente. Logo, a penalidade do art. 107, IV, *e*, não pode ser dirigida ao agente marítimo.

4.3.3.4.3 Responsabilização do agente marítimo na jurisprudência

A Jurisprudência do Carf tem confundido as figuras do *agente marítimo* e do *agente de cargas*. Destaca-se, nesse sentido, um recente precedente da CSRF:

> ASSUNTO: OBRIGAÇÕES ACESSÓRIAS
> Data do fato gerador: 14.09.2009
> AGENTE MARÍTIMO. LEGITIMIDADE PASSIVA.
> Por expressa determinação legal, o agente marítimo, representante do transportador estrangeiro no País, é responsável solidário com este em relação à exigência de tributos e penalidades decorrentes da prática de infração à legislação tributária. O agente marítimo é, portanto, parte legítima para figurar no polo passivo do auto de infração. Recurso especial do Contribuinte negado.[313]

É interessante observar que, na fundamentação do acórdão, a responsabilização do agente marítimo é assentada no art. 32, parágrafo único, II, do Decreto-Lei nº 37/1966, na redação do Decreto-Lei nº 2.472/1988 e da Medida Provisória nº 2.158-35/2001:

---

[313] Carf. CSRF. 3ª S. Ac. 9303-007.649. S. 21.11.2018.

Ocorre que embora não sendo sujeito passivo o recorrente é contribuinte por se tratar de responsável, nos termos do art. 121, I, do CTN, combinado com o art. 128, do mesmo Digesto Tributário. Assim, se houver lei que determine a responsabilidade solidária, de modo expresso pelo crédito tributário a terceira pessoa vinculada ao fato gerador, a ela poderá o Fisco dirigir a cobrança por eventual crédito tributário lançado. E o art. 32 do DL nº 37/1966, estatui tal responsabilidade. Veja-se:

*Art. 32. É responsável pelo imposto: (Redação dada pelo Decreto-Lei nº 2.472, de 01.09.1988.*

*I – o transportador, quando transportar mercadoria procedente do exterior ou sob controle aduaneiro, inclusive em percurso interno; (Incluído pelo Decreto-Lei nº 2.472, de 01.09.1988)*

*[...]*

*Parágrafo único. É responsável solidário: (Redação dada pela Medida Provisória nº 2.158-35, de 2001)*

*[...]*

*II – o representante, no País, do transportador estrangeiro; (Redação dada pela Medida Provisória nº 2.158-35, de 2001)*

Essa exegese levou à aprovação, em Sessão do dia 06.08.2021, da Súmula Carf nº 185 pela 3ª Turma da CSRF: "*O Agente Marítimo, enquanto representante do transportador estrangeiro no País, é sujeito passivo da multa descrita no art. 107, inciso IV, alínea e, do Decreto-Lei nº 37/1966*".

Trata-se, não obstante, de interpretação equivocada. Em primeiro lugar, porque o art. 32, parágrafo único, II, do Decreto-Lei nº 37/1966, aplica-se especificamente ao imposto de importação. Portanto, não pode ser estendido – senão por meio de analogia *in malam partem* – para ampliar de maneira indevida o âmbito de sujeição passiva da multa do art. 107, IV, *e*. Por outro lado, mesmo no tocante ao imposto de importação, a Súmula nº 192 do TFR reconhece há tempo que: "O agente marítimo, quando no uso exclusivo das atribuições próprias, não é considerável responsável tributário, nem se equipara ao transportador para efeitos do Decreto-Lei nº 37, de 1996"[314].

Ademais, como se viu, a sujeição passiva do dever instrumental do art. 37 do Decreto-Lei nº 37/1966 abrange apenas o armador-transportador, o *NVOCC, o representante local do NVOCC estrangeiro (agente desconsolidador)* e o agente transitário. O agente marítimo não é vinculado a esse dever e, por conseguinte, não pode sofrer as consequências do descumprimento, inclusive porque não é definido pelo art. 107, IV, *e*, como sujeito passivo da multa correspondente.

A diferença entre o agente marítimo e o agente de cargas já vem sendo reconhecida pela melhor jurisprudência. Nesse sentido, destaca-se o acórdão do TRF da 2ª Região, da relatoria do Desembargador Federal Luiz Antonio Soares:

---

[314] Essa súmula continua sendo aplicável, porque o *caput*, o inciso I, o parágrafo único e inciso II do art. 32 do Decreto-Lei nº 37/1966, são formalmente inconstitucionais. Esses dispositivos foram introduzidos pelo Decreto-Lei nº 2.472/1988 e pela Medida Provisória nº 2.158-35/2001, que são formalmente inconstitucionais. Isso porque, conforme examinado nos Comentários ao art. 674, após 15 de março de 1967, não é mais possível, salvo por meio de lei complementar, o estabelecimento de regras especiais derrogatórias das normas gerais de direito tributário do CTN, no que se incluem as regras de responsabilidade tributária e por infrações.

TRIBUTÁRIO. CONTROLE ADUANEIRO. IMPOSIÇÃO DE MULTA. DESCUMPRIMENTO DE OBRIGAÇÃO ACESSÓRIA. ATRASO NA PRESTAÇÃO DE INFORMAÇÕES SOBRE A EMBARCAÇÃO À RECEITA FEDERAL. RESPONSABILIDADE DO AGENTE MARÍTIMO. CONTRATO DE MANDATO. AUSÊNCIA DE PREVISÃO LEGAL. ART. 37, § 1º, DL Nº 37/1966. OMISSÃO INTENCIONAL. ILEGALIDADE DA IMPOSIÇÃO DO ART. 12 DA IN/SRF 800/2007. OFENSA AOS PRINCÍPIOS DA SEPARAÇÃO DOS PODERES E LEGALIDADE. SOLIDARIEDADE TRIBUTÁRIA NÃO AUTORIZA A IMPOSIÇÃO DE PENALIDADE ADMINISTRATIVA. PRECEDENTES DO STJ.

1 – O Decreto-Lei nº 37/1966, em seu art. 37, *caput* e § 1º, atribui apenas ao transportador, ao agente de carga e ao operador portuário a responsabilidade pela prestação de informações à Receita Federal.

2 – Verifica-se que a lei impõe o dever de prestar informações às figuras que, em sua atuação portuária, guardam estreita relação com atos de logística afeta às mercadorias e cargas da embarcação. Tal é a situação do agente de cargas, que lida com a consolidação e desconsolidação das cargas, e por isso foi alçado à qualidade de responsável solidário ao transportador. Diferentemente, o agente marítimo só atende às necessidades da empresa de navegação quanto à embarcação, e não quanto às mercadorias, não exercendo sobre elas qualquer ingerência.

3 – É do transportador marítimo, do armador, a responsabilidade legal pelo navio, que é quem tem a obrigação de prestar informações acerca da embarcação à Receita Federal. O agente marítimo possui com o transportador contrato privado, com natureza de mandato profissional (art. 658 do Código Civil), o qual exclui a hipótese de transmissibilidade de eventual sanção administrativa. Nesse caso, a responsabilidade do mandatário (agente marítimo) se dá em relação ao mandante (transportador), que poderá se valer de eventual demanda própria para se ressarcir da multa cobrada, caso se entenda lesado pela atuação do agente marítimo perante a Receita Federal.

4 – De maneira alguma poderá o agente marítimo ser responsabilizado por sanção administrativa (como é o caso da multa pelo atraso na prestação de informações à Receita Federal) sem previsão legal expressa, e tal previsão está contida apenas no art. 12 da IN/SRF nº 800/2007 que, por se tratar de norma administrativa, estabelece ilegal inovação legislativa, ofendendo também o princípio constitucional da separação dos poderes.

5 – "Não é possível atribuir, por semelhança ou interpretação analógica, obrigação a sujeito passivo não previsto em norma competente e que não atua direta e pessoalmente sobre o objeto previsto".

6 – O art. 32 do DL nº 37/66 não autoriza a cobrança de multa em face do agente marítimo. Tal dispositivo legal trata exclusivamente da responsabilidade tributária solidária do representante do transportador estrangeiro no País, quanto ao recolhimento do tributo, e não de obrigações acessórias. Já que, na incidência do imposto de importação, a lei previu expressamente a solidariedade do agente marítimo, não o fazendo com relação à obrigação de prestar informações no controle aduaneiro, tudo leva a crer que a omissão do art. 37 foi intencional, diante da ausência de correlação da atividade do agente marítimo à logística das mercadorias.

7 – O fato de existir regra de solidariedade tributária não significa que o responsável estará também vinculado a todas as obrigações acessórias, já que, como já dito, o princípio da legalidade exige que haja previsão legal expressa para a imposição de penalidade administrativa.

8 – Apelação desprovida.[315]

No mesmo sentido, diferenciando o agente de cargas e o agente marítimo, o seguinte julgado da 2ª Turma do TRF da 4ª Região:

ADUANEIRO. MULTA. AGENTE MARÍTIMO.

A multa prevista no art. 107, IV, e, do Decreto-Lei nº 37/66 não se aplica ao agente marítimo.

Voto do Relator:

[...]

As atribuições do agente marítimo são distintas do agente de carga. Sua relação é com o transportador – e não com o importador/exportador –, e tem a incumbência de representar o transportador nas *relações comerciais* no porto (cf. art. 4º da IN RFB 800, de 2007), sem se envolver com a documentação aduaneira.

Por outro lado, ainda que se considere o agente marítimo como espécie de agente de carga, isso não autorizaria a extensão da penalidade prevista no referido art. 107, IV, e, do Decreto-Lei nº 37, de 1966, a qual é estabelecida tendo em conta a inobservância de específicas obrigações exclusivas do agente de carga, não compartilhadas com o agente marítimo.[316]

Em 25 de março de 2020, o Min. Benedito Gonçalves proferiu decisão monocrática negando seguimento a recurso especial da Fazenda Nacional assentada na distinção entre agente marítimo e agente de carga:

[...]

No caso dos autos, percebe-se que a multa administrativa foi imposta com base no art. 107, inc. IV, alínea e, do Decreto-Lei nº 37/1966, o qual atribui ao agente de carga o dever de prestar informações das mercadorias que transporta.

Considerada a distinção entre as funções exercidas pelo agente marítimo e o agente de carga, deveria a parte recorrente ter indicado qual dispositivo legal estaria impondo ao mandatário do dono do navio a obrigação de fornecer as informações de responsabilidade do agente responsável pelo auxílio no transporte da carga.

Então, tem-se por não impugnado o fundamento do acórdão recorrido, ao tempo em que a pretensão fazendária vem desacompanhada de amparo legal.[317]

Logo, se as informações não forem prestadas na forma e no prazo regulamentar, a penalidade deverá ser cominada em face do armador-transportador, que é o efetivo destinatário legal do dever instrumental e da sanção correspondente ao seu descumprimento. Na hipótese de armador estrangeiro sem filial no País, o auto de infração será encaminhado para pagamento ou impugnação no endereço do agente marítimo. O mesmo deverá ocorrer no caso de eventual citação em execução fiscal. Não cabe – como se faz atualmente – exonerar o armador (mandante) e, em seu lugar, responsabilizar o agente marítimo (mandatário). Esse, não estando vinculado ao dever, não está obrigado a cumpri-lo. Tampouco pode sofrer

---

[315] TRF-2ª Região. T. Espec. II – Tributário. Apelação Cível-Reexame Necessário nº 0115724-67.2015.4.02.5001. Rel. Des. Fed. Luiz Antonio Soares. e-DJF2R de 26.06.2018, p. 406 e ss.

[316] TRF4. 2ª T. AI nº 5027170-09.2020.4.04.0000. Rel. Des. Fed. Alexandre Rossato da Silva Ávila. Juntado aos autos em 26.08.2020.

[317] STJ. Decisão monocrática. RE nº 1.865.208/SP. Rel. Min. Benedito Gonçalves. *DJe* nº 2.877, de 26.03.2020.

as consequências do descumprimento, porque não há uma modalização jurídica anterior, pressuposto da ilicitude do fato.

#### 4.3.3.4.4 Conteúdo do dever jurídico de prestar informações

A. *Instrução Normativa SRF nº 28/1994*

A Secretaria da Receita Federal, nos termos do art. 37 da IN SRF nº 28/1994, na redação da IN RFB nº 1.096/2010, estabelece o dever de prestar informações relativas ao embarque de mercadorias exportadas, por meio do Siscomex, no prazo de sete dias:

> Art. 37. O transportador deverá registrar, no Siscomex, os dados pertinentes ao embarque da mercadoria, com base nos documentos por ele emitidos, no prazo de 7 (sete) dias, contados da data da realização do embarque.

Inicialmente, esse prazo era de apenas 24 horas (Notícia Siscomex nº 105/1994), passando a sete dias no embarque marítimo e dois dias nos outros modais (IN RFB nº 510/2005), até ser definido em sete dias para todos os tipos de embarque pela IN RFB nº 1.096/2010:

> Redação originária do art. 37 (IN SRF nº 28/1994):
> Art. 37. Imediatamente após realizado o embarque da mercadoria, o transportador registrará os dados pertinentes, no Siscomex, com base nos documentos por ele emitidos.
> Notícia Siscomex nº 105/1994:
> [...]
> 2. POR OPORTUNO, ESCLARECEMOS QUE O TERMO "IMEDIATAMENTE"; CONTIDO NO ART. 37 DA IN 28/1994, DEVE SER INTERPRETADO COMO "EM ATÉ 24 HORAS DA DATA DO EFETIVO EMBARQUE DA MERCADORIA O TRANSPORTADOR REGISTRARÁ OS DADOS PERTINENTES, NO SISCOMEX, COM BASE NOS DOCUMENTOS POR ELE EMITIDOS".
> Redação da IN RFB nº 510/2005:
> Art. 37. O transportador deverá registrar, no Siscomex, os dados pertinentes ao embarque da mercadoria, com base nos documentos por ele emitidos, no prazo de dois dias, contado da data da realização do embarque.
> [...]
> § 2º Na hipótese de embarque marítimo, o transportador terá o prazo de sete dias para o registro no sistema dos dados mencionados no *caput* deste artigo.

Em decorrência do art. 106, II, *a* e *b*, do CTN,[318] nos casos sem trânsito em julgado, essas sucessivas ampliações de prazo aplicam-se retroativamente, em benefício dos sujeitos passivos que tenham sido penalizados. Isso foi reconhecido pela Coordenação Geral de Tributação da Secretaria da Receita Federal, por meio da Solução de Consulta Interna Cosit nº 08/2008, assim ementada:

---

[318] "Art. 106. A lei aplica-se a ato ou fato pretérito: [...]
II – tratando-se de ato não definitivamente julgado:
a) quando deixe de defini-lo como infração;
b) quando deixe de tratá-lo como contrário a qualquer exigência de ação ou omissão, desde que não tenha sido fraudulento e não tenha implicado em falta de pagamento de tributo;"

Solução de Consulta Interna Cosit nº 08/2008:

Assunto: Obrigações Acessórias

DESPACHO DE EXPORTAÇÃO. MULTA POR EMBARAÇO À FISCALIZAÇÃO. REGISTRO NO SISCOMEX DOS DADOS APÓS O PRAZO.

Aplica-se a retroatividade benigna prevista na alínea *b* do inciso II do art. 106 do CTN, pelo não registro no Siscomex dos dados pertinentes ao embarque da mercadoria no prazo previsto no art. 37 da IN SRF nº 28, de 1994, em face da nova redação dada a este dispositivo pela IN SRF nº 510, de 2005.

Para as infrações cometidas a partir de 31 de dezembro de 2003, a multa a ser aplicada na hipótese de o transportador não informar, no Siscomex, os dados relativos aos embarques de exportação na forma e nos prazos estabelecidos no art. 37 da IN SRF nº 28, de 1994, é a que se refere à alínea *e* do inciso IV do art. 107 do Decreto-Lei nº 37, de 1966, com a redação dada pela Lei nº 10.833, de 2003.

Deve ser aplicada ao transportador uma única multa de R$ 5.000,00, por se tratar de uma única infração.

Essa solução de consulta – em função da data em que foi elaborada – considerou apenas o novo prazo da IN RFB nº 510/2005. Porém, suas conclusões são inteiramente aplicáveis à IN RFB nº 1.096/2010. Logo, somente será considerada contrária à exigência de ação do art. 37 a conduta omissiva de quem, independentemente do modal de transporte, deixou de prestar as informações fora do prazo de sete dias contados do embarque.

Outra importante alteração realizada pela IN RFB nº 1.096/2010 – e que também se aplica retroativamente *ex vi* do art. 106, II, *a* e *b*, do CTN – diz respeito ao termo inicial do prazo nas hipóteses do art. 52:

Redação originária da IN RFB nº 1.096/2010:

Art. 37. [...]

§ 2º Na hipótese de o registro da declaração para despacho aduaneiro de exportação ser efetuado depois do embarque da mercadoria ou de sua saída do território nacional, nos termos do art. 52, o prazo a que se refere o *caput* será contado da data do registro da declaração.

Redação atual da IN RFB nº 1.742/2017:

Art. 37. [...]

§ 2º Na hipótese de o registro da declaração para despacho aduaneiro de exportação ser efetuado depois do embarque da mercadoria ou de sua saída do território nacional, nos termos do art. 52, o prazo a que se refere o *caput* será contado da data do registro da declaração, ressalvada a hipótese de despacho aduaneiro de exportação por meio de DE Web com embarque antecipado, na forma prevista no § 2º do art. 52, na qual o prazo será contado da data da conclusão do embarque.[319]

---

[319] "Art. 52. [...] § 2º Nas hipóteses tratadas no § 1º, quando o despacho de exportação for processado por meio de DE Web, esta deverá ser registrada antes do embarque das mercadorias, o que implicará a geração automática, no Siscomex Exportação Web, de uma solicitação de embarque antecipado." (Incluído pela Instrução Normativa RFB nº 1742, de 22 de setembro de 2017)

O art. 52 da IN, por sua vez, compreende as seguintes operações:

(**a**) o fornecimento de combustíveis e lubrificantes, alimentos e outros produtos, para uso e consumo de bordo em aeronave ou embarcação de bandeira estrangeira ou brasileira, em tráfego internacional;

(**b**) a venda no mercado interno, a não residente no País, em moeda estrangeira, de pedras preciosas e semipreciosas, suas obras e artefatos de joalharia, relacionados pela Secretaria de Comércio Exterior (Secex);

(**c**) a venda em loja franca, a passageiros com destino ao exterior, em moeda estrangeira, cheque de viagem ou cartão de crédito, de pedras preciosas e semipreciosas nacionais, suas obras e artefatos de joalharia, relacionados pela Secex;

(**d**) a reexportação de mercadorias admitidas no regime aduaneiro especial de depósito afiançado (DAF);

(**e**) a venda de energia elétrica para o exterior;

(**f**) a permanência no exterior de mercadoria saída do País com base em Autorização de Movimentação de Bens Submetidos ao Recof (Ambra);

(**g**) a exportação realizada por microempresas e empresas de pequeno porte optantes do Simples Nacional; e

(**h**) quando autorizado pelo chefe da unidade local da SRF:

(*h.1*) granéis, inclusive petróleo bruto e seus derivados;

(*h.2*) de produtos da indústria metalúrgica e de mineração;

(*h.3*) de produtos agroindustriais acondicionados em fardos ou sacaria;

(*h.4*) de pastas químicas de madeira, cruas, semibranqueadas ou branqueadas, embaladas em fardos ou briquetes;

(*h.5*) de veículos novos;

(*h.6*) realizada por via rodoviária, fluvial ou lacustre, por estabelecimento localizado em município de fronteira sede de unidade da SRF;

(*h.7*) de mercadorias cujas características intrínsecas ou extrínsecas ou de seus processos de produção, transporte, manuseio ou comércio impliquem variação de peso decorrente de alteração na umidade relativa do ar;

(*h.8*) de mercadorias cujas características intrínsecas ou extrínsecas ou de seus processos de produção, transporte, manuseio ou comércio exijam operações de embarque parcelado e de longa duração; e

(*h.9*) de produtos perecíveis e papel em bobinas.

Essa nova regra corrige uma incongruência existente entre o prazo do art. 37 e o disposto no art. 56, III, da IN SRF nº 28/1994, que permite o registro da declaração de exportação em até dez dias após o embarque da mercadoria ou de sua saída do território nacional:

> Art. 56. A declaração para despacho aduaneiro de exportação nas situações indicadas no art. 52 deverá ser registrada na forma estabelecida nos arts. 3º a 9º, no que couber: (Redação dada pela Instrução Normativa RFB nº 1.742, de 22 de setembro de 2017)[320]
> [...]

---

[320] "Art. 56. A declaração para despacho aduaneiro de exportação nas situações indicadas no art. 52, deverá ser apresentada, na forma estabelecida nos arts. 3º a 9º, no que couber:"

III – pelo exportador, nas hipóteses indicadas nos incisos do § 1º do art. 52, até o 10º (décimo) dia após a conclusão do embarque ou da transposição de fronteira, à unidade da RFB que jurisdiciona o local do embarque das mercadorias, exceto petróleo bruto e seus derivados, gás natural e seus derivados e biocombustíveis; (Redação dada pela Instrução Normativa RFB nº 1.742, de 22 de setembro de 2017)[321]

A aplicação do art. 56, III, tornava inviável o cumprimento do dever instrumental dentro do prazo do art. 37, porque o número da declaração de exportação – um dos dados que devem ser informados no Siscomex – somente seria gerado em até dez dias após o embarque da mercadoria ou de sua saída do território nacional. Isso foi corrigido pela IN RFB nº 1.096/2010, que deslocou o termo inicial para a data do registro da declaração.

Porém, mesmo antes dessa alteração, o transportador já não poderia ser penalizado. Afinal, ninguém pode ser validamente obrigado a cumprir um dever que a própria legislação, de forma contraditória, torna impossível. O legislador não pode ultrapassar os limites ontológicos do possível.

Dessa forma, a conduta omissiva do transportador não pode – nem nunca pôde – ser considerada uma infração, antes ou após a IN RFB nº 1.096/2010. Toda exigência legal impraticável é carecedora de sentido deôntico. Não há ilicitude quando – no momento em que a informação deveria ser prestada – for impossível o acesso aos dados necessários. É o que ocorre, por exemplo, quando o navio permanece no porto por mais de sete dias após a conclusão do embarque das mercadorias de um determinado exportador, porque aguarda o embarque de produtos de outros exportadores. Nessas situações, uma das informações exigidas – a data do manifesto – somente será conhecida após a saída do navio. Outro caso de impossibilidade se dá quando há o cancelamento da declaração de exportação após o esgotamento do prazo de sete dias do art. 37. O transportador fica impossibilitado de realizar um segundo registro das informações no Siscomex dentro do prazo regulamentar, porque esse já havia expirado por ocasião da geração da nova declaração de exportação.

Por fim, na Solução de Consulta nº 08/2008, a Cosit também se manifestou sobre o número de infrações configuradas em função das declarações de exportação:

[...]
15. Como se pode perceber, o art. 99 do Decreto-Lei nº 37, de 1966, trata da cumulatividade de infrações, quando praticadas pela mesma pessoa. No presente caso, não temos duas infrações e sim e tão somente uma única infração: não prestar informação sobre veículo ou carga nele transportada, ou sobre as operações que execute, na forma e no prazo estabelecidos pela Secretaria da Receita Federal do Brasil.

---

[321] "III – pelo exportador, nas hipóteses indicadas nos incisos I, II, IV e V do parágrafo único, até o décimo dia corrido após a conclusão do embarque ou de transposição de fronteira, à unidade da SRF que jurisdiciona o local do embarque das mercadorias; e

III – pelo exportador, em todas as hipóteses indicadas no parágrafo único do art. 52, exceto petróleo bruto e seus derivados, até o décimo dia corrido após a conclusão do embarque ou da transposição de fronteira, à unidade da SRF que jurisdiciona o local do embarque das mercadorias; e (Redação dada pela Instrução Normativa SRF nº 510, de 14 de fevereiro de 2005)

III – pelo exportador, em todas as hipóteses indicadas no parágrafo único do art. 52, exceto petróleo bruto e seus derivados, até o 10º (décimo) dia após a conclusão do embarque ou da transposição de fronteira, à unidade da RFB que jurisdiciona o local do embarque das mercadorias; (Redação dada pela Instrução Normativa RFB nº 1.676, de 02 de dezembro de 2016)".

15.1. Assim, não cabe a aplicação do art. 99 do Decreto-Lei nº 37, de 1966, para sanar a dúvida apresentada.

16. Restaria, assim, a dúvida se a cada informação não prestada, sobre cada uma das declarações de exportação, geraria uma multa de R$ 5.000,00 ou se a multa seria pelo descumprimento de obrigação acessória de deixar o transportador de informar os dados sobre a carga, como um todo, transportada. Ora, o transportador que deixou de informar os dados de embarque de uma declaração de exportação e o que deixou de informar os dados de embarque sobre todas as declarações de exportação cometeram a mesma infração, ou seja, deixaram de cumprir a obrigação acessória de informar os dados de embarque. Nestes termos, a multa deve ser aplicada uma única vez por veículo transportador, pela omissão de não prestar as informações exigidas na forma e no prazo estipulados.

Mais uma vez, a interpretação não comporta objeções. O que se tem, nesses casos, é uma verdadeira unidade de fato. O conteúdo do dever instrumental abrange a conduta comissiva de registrar no Siscomex "os dados pertinentes ao embarque" no prazo regulamentar. Logo, a infração se configura independentemente do número de informações omitidas.

### B. Instrução Normativa RFB nº 800/2007

Com base no art. 37 do Decreto-Lei nº 37/1966 (RA, art. 31), a Secretaria da Receita Federal também editou a Instrução Normativa RFB nº 800/2007, dispondo sobre a prestação de informações relativas ao veículo (Seção I), à carga transportada (Seção II), ao manifesto eletrônico (Seção III), à vinculação ou à desvinculação do manifesto às escalas (Seção IV), ao conhecimento eletrônico – CE (Seção V), à desconsolidação de cargas (Seção VI), da associação do CE ao novo manifesto eletrônico nos casos de transbordo ou baldeação de carga (Seção VII), da transferência do CE de um manifesto a outro pelo transportador (Seção VII-A).

Essas informações são prestadas por meio do Sistema de Controle da Arrecadação do Adicional ao Frete para Renovação da Marinha Mercante (Sistema Mercante), nos seguintes prazos definidos no art. 22 da IN RFB nº 800/2007:

(i) informações sobre o veículo e suas escalas: cinco dias antes da chegada da embarcação no porto (art. 22, I);[322]

(ii) informações relativas ao manifesto e seus CE, associação de CE a manifesto e de manifesto a escala:

(ii.1) manifestos de cargas estrangeiras com carregamento em porto nacional: 18 horas da saída da embarcação (art. 22, II, a) ou – quando a integralidade da carga for de granel – cinco horas (art. 22, II, b);

(ii.2) manifestos de cargas estrangeiras com descarregamento em porto nacional ou que permaneçam a bordo: 48 horas antes da chegada da embarcação (art. 22, II, d);[323]

(iii) informações sobre a conclusão da desconsolidação: 48 horas, antes da chegada da embarcação no porto de destino do conhecimento genérico (art. 22, III).

---

[322] De acordo com o § 4º do art. 22: "§ 4º O prazo previsto no inciso I do *caput* reduz-se a cinco horas, no caso de embarcação que não esteja transportando mercadoria sujeita a manifesto ou arribada". (Redação dada pela Instrução Normativa RFB nº 1.473, de 02 de junho de 2014)

[323] De acordo com o § 6º do art. 22, "para os manifestos de cargas nacionais, as informações a que se refere o inciso II do *caput* devem ser prestadas antes da solicitação do passe de saída". (Incluído pela Instrução Normativa RFB nº 1.621, de 24 de fevereiro de 2016)

A Cosit, por meio da Solução de Consulta Interna nº 02/2016, interpreta que a multa deve ser exigida para cada informação que se tenha deixado de apresentar na forma e no prazo estabelecidos na IN RFB 800/2007:

> ASSUNTO: NORMAS GERAIS DE DIREITO TRIBUTÁRIO. IMPOSTO DE IMPORTAÇÃO. CONTROLE ADUANEIRO DAS IMPORTAÇÕES. INFRAÇÃO. MULTA DE NATUREZA ADMINISTRATIVO-TRIBUTÁRIA.
> A multa estabelecida no art. 107, inciso IV, alíneas *e* e *f* do Decreto-Lei nº 37, de 18 de novembro de 1966, com a redação dada pela Lei nº 10.833, de 29 de dezembro de 2003, é aplicável para cada informação não prestada ou prestada em desacordo com a forma ou prazo estabelecidos na Instrução Normativa RFB nº 800, de 27 de dezembro de 2007.
> As alterações ou retificações[324] das informações já prestadas anteriormente pelos intervenientes não configuram prestação de informação fora do prazo, não sendo cabível, portanto, a aplicação da citada multa.
> Dispositivos legais: Decreto-Lei nº 37, de 18 de novembro de 1966; Instrução Normativa RFB nº 800, de 27 de dezembro de 2007.

A Cosit parece ter pretendido seguir o critério do bem jurídico tutelado pelo tipo infracional. É o que se infere da fundamentação adotada para justificar a múltipla penalização: "Deve-se ponderar que cada informação que se deixa de prestar na forma e no prazo estabelecido torna mais vulnerável o controle aduaneiro". Porém, a cumulação de sanções somente é possível, nos termos do art. 679 do RA, quando forem praticadas duas ou mais infrações diferentes. O tipo infracional do art. 728, IV, *e*, tem natureza omissiva. A caracterização da infração se dá em função de uma segunda regra jurídica: o art. 31, que estabelece o dever de prestar as informações regulamentadas pela IN RFB nº 800/2007. Portanto, a materialização do ilícito pode ocorrer de três formas, quando o agente: (*i*) não presta qualquer das informações exigidas (*inércia absoluta*); (*ii*) presta informações incompletas ou diferentes das prescritas no ato normativo (*agir irrelevante*); ou (*iii*) presta as informações após o prazo, quando já consumada a violação do dever (*ação ineficaz*). Essas são três formas distintas do cometimento do mesmo ilícito. Para todas elas, o legislador estabeleceu a mesma penalidade. Logo, aplicar a multa para cada informação omitida, implica a múltipla penalização do mesmo ilícito, sem que se tenha uma pluralidade delitiva.

### 4.3.3.5  Multa diária no *drawback* suspensão

No *drawback* – ao contrário da admissão temporária e na exportação temporária – não há previsão de penalidades específicas para o descumprimento dos requisitos legais. Logo, em caso de descumprimento, o crédito tributário deve ser exigido acrescido de juros de mora e da multa de ofício de 75% ou, nas hipóteses de evidente intuito de fraude, sonegação ou conluio, de 150% (Lei nº 9.430/1996, art. 44, I, e § 1º). Não obstante, as autoridades aduaneiras têm entendido que, nos casos de descumprimento da obrigação de exportar, o agente estaria sujeito à penalidade prevista no art. 107, inciso VII, *e*, do Decreto-Lei nº 37/1966, na redação do art. 77 da Lei nº 10.833/2003:

---

[324] Em relação à retificação de informações, cumpre destacar que, em Sessão de 06.08.2021, a 3ª Turma da CSRF aprovou a Súmula Carf nº 186: "A retificação de informações tempestivamente prestadas não configura a infração descrita no art. 107, inciso IV, alínea *e*, do Decreto-Lei nº 37/1966".

Art. 107. Aplicam-se ainda as seguintes multas:
[...]
VII – de R$ 1.000,00 (mil reais):
[...]
e) por dia, pelo descumprimento de requisito, condição ou norma operacional para habilitar-se ou utilizar regime aduaneiro especial ou aplicado em áreas especiais, ou para habilitar-se ou manter recintos nos quais tais regimes sejam aplicados;

Recentemente, dirimindo divergência entre as turmas da Terceira Seção de Julgamento,[325] a CSRF entendeu incabível a aplicação da penalidade:

ASSUNTO: REGIMES ADUANEIROS
Data do fato gerador: 27.02.2004
*DRAWBACK*. MULTA DIÁRIA. DESCUMPRIMENTO DE REQUISITO PARA HABILITAÇÃO E UTILIZAÇÃO DO REGIME.
A tipificação da conduta ensejadora da aplicação da multa diária lançada, restringe-se, no âmbito dos regimes aduaneiros especiais, essencialmente a duas hipóteses: descumprimento de requisito, condição ou norma operacional para habilitação ou utilização do regime aduaneiro especial. O descumprimento do regime de *Drawback*, que somente se configura findo o prazo concedido para sua utilização, não pode ser confundido com o descumprimento de requisito atinente à utilização do regime, durante sua vigência.[326]

Trata-se de interpretação absolutamente acertada. Afinal, o tipo do art. 107, VII, *e*, do Decreto-Lei nº 37/1966, descreve como conduta infracional o descumprimento de requisito, condição ou norma operacional para habilitar-se ou utilizar regime. No *drawback*, diferente do entreposto industrial (Recof e Recof-Sped), não há habilitação prévia para operar o regime. A obrigação de exportar no *drawback*-suspensão, por sua vez, não constitui um requisito, condição ou norma operacional para utilizar o regime, mas uma forma de extinção pelo seu adimplemento.

### 4.3.3.6 Multa específica do art. 75 da Lei nº 10.833/2003

O art. 75, I e II, da Lei nº 10.833/2003 estabeleceu uma multa específica aplicável a quem transportar mercadorias sujeitas à pena de perdimento:

Art. 75. Aplica-se a multa de R$ 15.000,00 (quinze mil reais) ao transportador, de passageiros ou de carga, em viagem doméstica ou internacional que transportar mercadoria sujeita a pena de perdimento:
I – sem identificação do proprietário ou possuidor; ou
II – ainda que identificado o proprietário ou possuidor, as características ou a quantidade dos volumes transportados evidenciarem tratar-se de mercadoria sujeita à referida pena.
[...]
§ 5º A multa a ser aplicada será de R$ 30.000,00 (trinta mil reais) na hipótese de:

---

[325] Cf. Ac. nº 3302003.378, nº 3401-003.071 e nº 3402003.201.
[326] Carf. CSRF. 3ª T. Ac. nº 9303-005.872. S. de 18.10.2017.

I – reincidência da infração prevista no *caput*, envolvendo o mesmo veículo transportador; ou

II – modificações da estrutura ou das características do veículo, com a finalidade de efetuar o transporte de mercadorias ou permitir a sua ocultação.

§ 6º O disposto neste artigo não se aplica nas hipóteses em que o veículo estiver sujeito à pena de perdimento prevista no inciso V do art. 104 do Decreto-Lei nº 37, de 18 de novembro de 1966, nem prejudica a aplicação de outras penalidades estabelecidas.

§ 7º Enquanto não consumada a destinação do veículo, a pena de perdimento prevista no § 4º poderá ser relevada à vista de requerimento do interessado, desde que haja o recolhimento de 2 (duas) vezes o valor da multa aplicada.

§ 8º A Secretaria da Receita Federal deverá representar o transportador que incorrer na infração prevista no *caput* ou que seja submetido à aplicação da pena de perdimento de veículo à autoridade competente para fiscalizar o transporte terrestre.

§ 9º Na hipótese do § 8º, as correspondentes autorizações de viagens internacionais ou por zonas de vigilância aduaneira do transportador representado serão canceladas, ficando vedada a expedição de novas autorizações pelo prazo de 2 (dois) anos.

O inciso II do art. 75 deve ser aplicado com cautela e com razoabilidade. Os transportadores não têm os mesmos meios técnicos nem o conhecimento especializado das autoridades fiscais para saber se o produto transportado poderia estar sujeito à pena de perdimento. Mais do que isso: não dispõem de poder de polícia para exigir a abertura das bagagens dos passageiros, entre outras verificações que apenas podem ser realizadas por agentes de aduana.

Como ressaltado anteriormente, o alcance desse dispositivo deverá ser definido pelo STJ no REsp nº 1.818.587/DF, estando sobrestados todos os processos acerca dessa matéria no território nacional.[327]

## 4.4 Redução das multas

O art. 6º da Lei nº 8.218/1991 estabelece as seguintes hipóteses de redução progressiva das multas de ofício:

(a) 50%: pagamento ou compensação no prazo de 30 dias, contados da data em que o sujeito passivo foi notificado do lançamento;

(b) 40%: parcelamento no prazo de 30 dias, contados da data em que foi notificado do lançamento;

(c) 30%: pagamento ou compensação no prazo de 30 dias, contados da data da notificação da decisão administrativa de primeira instância, inclusive no caso de provimento a recurso de ofício interposto por autoridade julgadora de primeira instância; e

(d) 20%: parcelamento no prazo de 30 dias, contados da data da notificação da decisão administrativa de primeira instância, inclusive no caso de provimento a recurso de ofício interposto por autoridade julgadora de primeira instância.[328]

---

[327] Item 3.2.5.
[328] Lei nº 8.218/1991: "Art. 6º [...] § 2º A rescisão do parcelamento, motivada pela [*sic*.] descumprimento das normas que o regulam, implicará restabelecimento do montante da multa proporcionalmente ao valor da receita não satisfeita e que exceder o valor obtido com a garantia apresentada". (Incluído pela Lei nº 11.941, de 2009)

Essas reduções não são aplicáveis às seguintes penalidades pecuniárias: (i) multa de ofício imposta pelo não pagamento de multa de mora e pela falta de recolhimento de direitos *antidumping* ou de direitos compensatórios; (ii) multa equivalente ao valor aduaneiro aplicada em substituição à pena de perdimento; (iii) multa pelo subfaturamento (Medida Provisória nº 2.158-35/2001, art. 88, parágrafo único); (iv) multa de 100% no regime de tributação unificada (Lei nº 11.898/2009, art. 14); (v) multa residual equivalente ao valor comercial das mercadorias consumidas objeto de importação clandestina (Lei nº 4.502/1964, art. 83, I); (vi) multa pelo descumprimento dos requisitos legais da admissão temporária e da admissão temporária para aperfeiçoamento ativo (Lei nº 10.833/2003, art. 72, I); (vii) multa pelo descumprimento do dever instrumental de conservação dos documentos de instrução da DI (Lei nº 10.833/2003, art. 70, II, *b*, item 1); (viii) multa de um por cento por erro no preenchimento da DI (Medida Provisória nº 2.158-35/ 2001, art. 84; e Lei nº 10.833/ 2003, art. 69, § 1º); (ix) multa de um por cento por relevação da pena de perdimento (Medida Provisória nº 2.158-35/2001, art. 67, *caput* e parágrafo único); e (x) multas aduaneiras fixas (Decreto-Lei nº 37/1966, art. 107, e Lei nº 10.833/2003, art. 75).

## 5 SANÇÕES ADMINISTRATIVAS

### 5.1 Sujeição passiva: intervenientes em operações de comércio exterior

As sanções administrativas aplicam-se aos intervenientes em operações de comércio exterior, que, por sua vez, são definidos pelo § 2º do art. 76 da Lei nº 10.833/2003: o importador, o exportador, o beneficiário de regime aduaneiro ou de procedimento simplificado, o despachante aduaneiro e seus ajudantes, o transportador, o agente de carga, o operador de transporte multimodal, o operador portuário, o depositário, o administrador de recinto alfandegado, o perito ou qualquer outra pessoa que tenha relação, direta ou indireta, com a operação de comércio exterior[329].

### 5.2 Tipificações e penalidades

Os tipos e penalidades aplicáveis aos intervenientes encontram-se previstos no art. 76 da Lei nº 10.833/2003, podendo ser assim sintetizados:

(a) *Advertência*, na hipótese de:
(a.1) "*atraso, de forma contumaz,*[330] *na chegada ao destino de veículo conduzindo mercadoria submetida ao regime de trânsito aduaneiro*" (Art. 76, I, *c*);
(a.2) "*emissão de documento de identificação ou quantificação de mercadoria sob controle aduaneiro em desacordo com o previsto em ato normativo, relativamente a sua efetiva qualidade ou quantidade*" (Art. 76, I, *d*);
(a.3) "*prática de ato que prejudique a identificação ou quantificação de mercadoria sob controle aduaneiro*" (Art. 76, I, *e*);

---

[329] Redação dada pela Lei nº 13.043/2014.
[330] "Art. 76. [...] § 3º Para efeito do disposto na alínea *c* do inciso I do *caput*, considera-se contumaz o atraso sem motivo justificado ocorrido em mais de 20% (vinte por cento) das operações de trânsito aduaneiro realizadas no mês, se superior a 5 (cinco) o número total de operações."

(a.4) *"consolidação ou desconsolidação de carga efetuada em desacordo com disposição estabelecida em ato normativo e que altere o tratamento tributário ou aduaneiro da mercadoria"* (Art. 76, I, *g*);

(a.5) *"atraso, por mais de 3 (três) vezes, em um mesmo mês, na prestação de informações sobre carga e descarga de veículos, ou movimentação e armazenagem de mercadorias sob controle aduaneiro"* (Art. 76, I, *h*);

(a.6) *"descumprimento de requisito, condição ou norma operacional para habilitar-se ou utilizar regime aduaneiro especial ou aplicado em áreas especiais, ou para habilitar-se ou manter recintos nos quais tais regimes sejam aplicados"* (Art. 76, I, *i*);

(a.7) *"descumprimento de obrigação de apresentar à fiscalização, em boa ordem, os documentos relativos à operação em que realizar ou em que intervier, bem como outros documentos exigidos pela Secretaria da Receita Federal do Brasil"* (Art. 76, I, *j*);

(a.8) *"descumprimento de determinação legal ou de outras obrigações relativas ao controle aduaneiro previstas em ato normativo não referidas às alíneas c a j;"* (Art. 76, I, *k*);

(b) *Suspensão*, pelo prazo de até 12 meses, do registro, licença, autorização, credenciamento ou habilitação para utilização de regime aduaneiro ou de procedimento simplificado, exercício de atividades relacionadas com o despacho aduaneiro, ou com a movimentação e armazenagem de mercadorias sob controle aduaneiro, e serviços conexos, na hipótese de:

(b.1) *"reincidência em conduta já sancionada com advertência"* (Art. 76, II, *a*);[331]

(b.2) *"atuação em nome de pessoa que esteja cumprindo suspensão, ou no interesse desta"* (Art. 76, II, *b*);

(b.3) *"delegação de atribuição privativa a pessoa não credenciada ou habilitada"* (Art. 76, II, *d*);

(b.4) *"prática de qualquer outra conduta sancionada com suspensão de registro, licença, autorização, credenciamento ou habilitação, nos termos de legislação específica"* (Art. 76, II, *e*);

(b.5) *"agressão ou desacato à autoridade aduaneira no exercício da função"* (Art. 76, II, *f*);

(c) *Cancelamento* ou *cassação* do registro, licença, autorização, credenciamento ou habilitação para utilização de regime aduaneiro ou de procedimento simplificado, exercício de atividades relacionadas com o despacho aduaneiro, ou com a movimentação e armazenagem de mercadorias sob controle aduaneiro, e serviços conexos,[332] na hipótese de:

---

[331] "Art. 76. […] § 5º Para os fins do disposto na alínea *a* do inciso II do *caput* deste artigo, será considerado reincidente o infrator que: (Redação dada pela Lei nº 13.043, de 2014)
I – cometer nova infração pela mesma conduta já sancionada com advertência, no período de 365 (trezentos e sessenta e cinco) dias, contado da data da aplicação da sanção; ou (Incluído pela Lei nº 13.043, de 2014)
II – não sanar a irregularidade que ensejou a aplicação da advertência, depois de um mês de sua aplicação, quando se tratar de conduta passível de regularização. (Incluído pela Lei nº 13.043, de 2014).
§ 5º-A. Para os efeitos do § 5º, no caso de operadores que realizam grande quantidade de operações, poderá ser observada a proporção de erros e omissões em razão da quantidade de documentos, declarações e informações a serem prestadas, nos termos, limites e condições disciplinados pelo Poder Executivo. (Incluído pela Lei nº 13.043, de 2014)."

[332] "Art. 76. […]
§ 6º Na hipótese de cassação ou cancelamento, a reinscrição para a atividade que exerce ou a inscrição para exercer outra atividade sujeita a controle aduaneiro só poderá ser solicitada depois de transcorridos

(c.1) *"acúmulo, em período de 3 (três) anos, de suspensão cujo prazo total supere 12 (doze) meses"* (Art. 76, III, *a*);

(c.2) *"atuação em nome de pessoa cujo registro, licença, autorização, credenciamento ou habilitação tenha sido objeto de cancelamento ou cassação, ou no interesse desta;"* (Art. 76, III, *b*);

(c.3) *"exercício, por pessoa credenciada ou habilitada, de atividade ou cargo vedados na legislação específica"* (Art. 76, III, *c*);

(c.4) *"prática de ato que embarace, dificulte ou impeça a ação da fiscalização aduaneira, para benefício próprio ou de terceiros"* (Art. 76, III, *d*);

(c.5) *"sentença condenatória, transitada em julgado, por participação, direta ou indireta, na prática de crime contra a administração pública ou contra a ordem tributária"* (Art. 76, III, *f*);

(c.6) *"ação ou omissão dolosa tendente a subtrair ao controle aduaneiro, ou dele ocultar, a importação ou a exportação de bens ou de mercadorias"* (Art. 76, III, *g*);

(c.7) *"prática de qualquer outra conduta sancionada com cancelamento ou cassação de registro, licença, autorização, credenciamento ou habilitação, nos termos de legislação específica"* (Art. 76, III, *h*).

## 5.3 Ilegalidade da sanção do desalfandegamento

Não há, dentre as sanções previstas no art. 76 da Lei nº 10.833/2003, a previsão do desalfandegamento de recinto alfandegado. A legislação prevê apenas a pena de advertência e – em caso de reincidência – a suspensão das atividades de movimentação, armazenagem e despacho aduaneiro de mercadorias sob controle aduaneiro. Essas sanções, por outro lado, são cominadas apenas diante do descumprimento de requisito técnico ou operacional. Apesar disso, algumas Superintendências Regionais da Receita Federal do Brasil têm promovido o desalfandegamento como sanção para a falta de apresentação periódica de certidão negativa ou positiva com efeitos de negativa. Alega-se, na fundamentação dessa medida extrema, que o alfandegamento seria um ato administrativo editado sob a cláusula resolutiva da manutenção da regularidade fiscal.

Trata-se, porém, de uma interpretação equivocada. Isso porque, em primeiro lugar, a Portaria RFB nº 3.518/2011 estabelece que o desalfandegamento não pode ser empregado como medida punitiva:

> Art. 30. Entende-se por desalfandegamento a extinção do alfandegamento por decurso do prazo de sua vigência ou, a qualquer tempo, em virtude de requerimento da administradora do local ou recinto alfandegado ou de decisão de ofício da RFB, fundamentada em conveniência operacional ou administrativa, e não decorrente de imposição de sanção administrativa. (Redação dada pela Portaria RFB nº 113, de 31 de janeiro de 2013).

Essa mesma portaria prevê ainda que a regularidade fiscal é requisito para o deferimento do ato de alfandegamento:

---

2 (dois) anos da data de aplicação da sanção, devendo ser cumpridas todas as exigências e formalidades previstas para a inscrição.

§ 7º Ao sancionado com suspensão, cassação ou cancelamento, enquanto perdurarem os efeito da sanção, é vedado o ingresso em local sob controle aduaneiro, sem autorização do titular da unidade jurisdicionante."

Art. 24. A Comissão de Alfandegamento procederá ao exame da documentação protocolizada e verificará a situação fiscal do interessado, relativamente aos impostos e contribuições administrados pela RFB, salvo no caso da solicitação de alfandegamento encontrar-se instruída com Certidão Conjunta Negativa de Débitos relativos a Tributos Federais e à Dívida Ativa da União ou com Certidão Conjunta Positiva com Efeitos de Negativa de Débitos relativos a Tributos Federais e à Dívida Ativa da União, observando-se as disposições do Decreto nº 6.106, de 30 de abril de 2007.

§ 1º A comissão deverá concluir as verificações a que se refere o *caput* no prazo de 15 (quinze) dias contados da protocolização, com exceção daquelas relativas aos documentos de que trata o inciso X do art. 23.

§ 2º Verificada qualquer irregularidade na documentação ou relativa à situação fiscal, a comissão intimará o interessado a saneá-la no prazo de 30 (trinta) dias, prorrogável em situações justificadas.

§ 3º Suspende-se o prazo previsto no § 1º até que o interessado atenda às intimações descritas no § 2º.

§ 4º Vencido o prazo a que se refere o § 2º sem que o interessado atenda às intimações feitas, o processo será encaminhado ao titular da unidade de despacho jurisdicionante para arquivamento, nos termos do art. 40 da Lei nº 9.784, de 29 de janeiro de 1999. (Redação dada pela Portaria RFB nº 113, de 31 de janeiro de 2013).

Portanto, a falta de certidão negativa ou positiva com efeitos de negativa pode dar ensejo apenas ao arquivamento do pedido de alfandegamento (art. 24, § 4º). Não há previsão legal nem regulamentar para a realização de uma verificação contínua da regularidade fiscal. Por outro lado, mesmo restrita ao requerimento inicial, a exigência é de legalidade duvidosa, uma vez que, segundo já decidiu o STJ, "o alfandegamento de locais e recintos para movimentação e armazenagem de mercadorias importadas ou despachadas para exportação e a prestação de serviços conexos à concessão não se trata de benefício fiscal, razão pela qual não deve ser exigida a comprovação de regularidade tributária perante o Fisco, nos termos do art. 60 da Lei nº 9.069/1995".[333]

Registre-se que, ainda segundo esse precedente do STJ, o desalfandegamento "culmina por constranger o administrado ao pagamento de débitos (sanção política), contrariando a linha de entendimento seguida pelo Colendo Supremo Tribunal Federal, sumulada nos verbetes 547 e 323".

Por fim, a cláusula *rebus sic stantibus* tem aplicabilidade restrita aos contratos administrativos; e, ainda assim, "de forma restritiva e não extensiva".[334] Logo, na medida em que o alfandegamento constitui um ato administrativo – e não um contrato –, não é cabível a aplicação extensiva dessa cláusula para fins de desalfandegamento.

### 5.4 Competência e gradação das penalidades

As sanções de suspensão e de advertência são de competência do titular da unidade da Receita Federal responsável pela apuração da infração. Já nos casos de cancelamento ou de cassação, a penalização cabe à mesma autoridade competente para habilitar ou autorizar (Lei nº 10.833/2003, art. 76, § 8º, I e II).

---

[333] STJ. Ag nº 1.363.216/CE. Rel. Min. Castro Meira. *DJ* 07.12.2010.
[334] CUNHA, Thadeu Andrade. A teoria da imprevisão e os contratos administrativos. *RDA* nº 201:43, que, por sua vez, cita Gaston Jése.

No regime sancionatório do art. 76 da Lei nº 10.833/2003, as sanções devem ser graduadas em função dos seguintes critérios:

> Art. 76. [...]
> § 4º Na aplicação da sanção prevista no inciso I do *caput* e na determinação do prazo para a aplicação das sanções previstas no inciso II do *caput* serão considerados: (Redação dada pela Lei nº 13.043, de 2014)
> I – a natureza e a gravidade da infração cometida; (Incluído pela Lei nº 13.043, de 2014)
> II – os danos que dela provierem; e (Incluído pela Lei nº 13.043, de 2014)
> III – os antecedentes do infrator, inclusive quanto à proporção das irregularidades no conjunto das operações por ele realizadas e seus esforços para melhorar a conformidade à legislação, segundo os critérios estabelecidos pela Secretaria da Receita Federal do Brasil. (Incluído pela Lei nº 13.043, de 2014)

Esse dispositivo faz com que o regime sancionatório do art. 76 mostre-se o mais adequado aos ditames do Acordo sobre a Facilitação do Comércio (Decreto Legislativo nº 01/2016; Decreto nº 9.326/2018), que, em seu art. 3.3., estabelece que a penalização "dependerá dos fatos e circunstâncias do caso e serão compatíveis com o grau e gravidade da infração" (art. 3.3). É, sem dúvida, o primeiro passo para a superação do direito repressivo draconiano que ainda vigora entre nós nos âmbitos tributário e aduaneiro (*v.g.* CTN, art. 136;[335] Decreto nº 6.759/2009, art. 673, parágrafo único[336]).

Outro aspecto relevante é a previsão do inciso III do § 4º, que, na avaliação dos antecedentes, determina que se considere a proporção das irregularidades no conjunto das operações realizadas pelo infrator. No direito comparado, a doutrina tem chamado a atenção para a necessidade de se ponderar a exposição maior de quem realiza um grande volume de operações.[337] O inciso III oferece uma resposta apropriada para essas situações.

Faltou apenas a previsão de atipicidade das condutas praticadas sem dolo ou culpa, o que, não obstante, já decorre dos arts. 1º, III, 4º, II, 5º, *caput* e XLVI, da Constituição Federal. À luz desses dispositivos, ninguém pode ser penalizado, no direito aduaneiro ou em qualquer outro ramo, sem a demonstração de culpa ou de dolo. Todas as infrações aduaneiras devem ser interpretadas como infrações subjetivas.[338]

---

[335] "Art. 136. Salvo disposição de lei em contrário, a responsabilidade por infrações da legislação tributária independe da intenção do agente ou do responsável e da efetividade, natureza e extensão dos efeitos do ato."

[336] "Art. 673. [...] Parágrafo único. Salvo disposição expressa em contrário, a responsabilidade por infração independe da intenção do agente ou do responsável e da efetividade, da natureza e da extensão dos efeitos do ato (Decreto-Lei nº 37, de 1966, art. 94, § 2º)."

[337] Como destaca Cotter: "Es cierto que el tema no es sencillo, dado que se podrá también sostener que, a mayor actividad empresaria y mayor volumen de operaciones, claramente se le deberá exigir al administrado mayor compromiso con la excelencia. Sin embargo, la experiencia indica que muchos de los grandes operadores tienen varios antecedentes infracciónales, y ello *per se* podría justificar la aplicación de sanciones por encima del mínimo legal para todos ellos. La gran cantidad de operaciones que realizan todos los días estos grandes, los exponen indudablemente a los errores. No sería razonable que en los hechos, y teniendo en cuenta esta realidad antes descripta, a mayor actividad o mayor antigüedad, los operadores se vean cada vez más expuestos a la aplicación de penas mayores." (COTTER, Juan Patricio. *Las infracciones aduaneiras*. En torno a la responsabilid, la culpa y el error exclusable. In: CARRERO, Germán Pardo (dir.). *Ilícitos aduaneiros y sanciones*. Bogotá: Tirant lo Blanch, 2022, p. 180).

[338] Cumpre destacar as seguintes observações do Ministro Luís Roberto Barroso no Agravo Regimental no Agravo de Instrumento nº 727.872/RS: "[...] não se está aqui a tratar de direito penal, mas de todo modo

## 6 RELEVAÇÃO DE PENALIDADES

O art. 4º do Decreto-Lei nº 1.042/1969 autoriza a relevação de penalidades por parte do Ministério da Fazenda, de acordo com os seguintes critérios:

> Art. 4º O Ministro da Fazenda, em despacho fundamentado, poderá relevar penalidades relativas a infrações de que não tenha resultado falta ou insuficiência no recolhimento de tributos federais atendendo:
> I – A erro ou ignorância escusável do infrator, quanto a matéria de fato;
> II – A equidade, em relação às características pessoais ou materiais do caso, inclusive ausência de intuito doloso.
> § 1º A relevação da penalidade pode ser condicionada à correção prévia das irregularidades que tenham dado origem ao processo fiscal.
> § 2º O Ministro da Fazenda poderá delegar a competência que este artigo lhe atribui.

O art. 67 da Medida Provisória nº 2.158-35/2001, por sua vez, autoriza a relevação também na hipótese de pena de perdimento:

> Art. 67. Aplica-se a multa correspondente a um por cento do valor aduaneiro da mercadoria, na hipótese de relevação de pena de perdimento decorrente de infração de que não tenha resultado falta ou insuficiência de recolhimento de tributos federais, com base no art. 4º do Decreto-Lei nº 1.042, de 21 de outubro de 1969.
> Parágrafo único. A multa de que trata este artigo será devida pelo importador.

No caso do perdimento, portanto, a pena relevada é substituída por uma multa de um por cento. Além disso, o art. 737 do Decreto nº 6.759/2009 estabelece que:

> Art. 737. A pena de perdimento decorrente de infração de que não tenha resultado falta ou insuficiência de recolhimento de tributos federais poderá ser relevada com base no disposto no art. 736, mediante a aplicação da multa referida no art. 712 (Medida Provisória nº 2.158-35, de 2001, art. 67).
> § 1º A relevação não poderá ser deferida:
> I – mais de uma vez para a mesma mercadoria; e
> II – depois da destinação da respectiva mercadoria.
> § 2º A aplicação da multa a que se refere este artigo não prejudica:
> I – a exigência dos tributos, de outras penalidades e dos acréscimos legais cabíveis para a regularização da mercadoria no País; ou
> II – a exigência da multa a que se refere o art. 709, para a reexportação de mercadoria submetida ao regime de admissão temporária, quando sujeita a licença de importação vedada ou suspensa.

---

estamos no âmbito do direito sancionador. Genericamente, sempre que o antecedente de uma norma for um comportamento reprovável e o consequente uma punição, é absolutamente indispensável fazer uma análise do elemento subjetivo da conduta. [...] É evidente que o intento malicioso e preordenadamente voltado a promover locupletamento indevido não pode receber o mesmo tratamento de um equívoco praticado por um cidadão que cometeu um erro ao operar a complexa legislação tributária. O ardil sempre será merecedor de maior reprimenda" (*DJe*-091, de 18.05.2015).

§ 3º A entrega da mercadoria ao importador, na hipótese deste artigo, está condicionada à comprovação do pagamento da multa e ao cumprimento das formalidades exigidas para o respectivo despacho de importação, sem prejuízo do atendimento das normas de controle administrativo.

As restrições do inciso I do § 1º não têm respaldo legal, uma vez que o art. 67 da Medida Provisória nº 2.158-35/2001 não veda a relevação após a destinação. Por outro lado, a exigência do inciso I do § 2º é carecedora de sentido, uma vez que, aplicada a pena de perdimento, não há incidência de tributos aduaneiros na operação.

## 7 INFRAÇÕES PRATICADAS PELOS ÓRGÃOS DA ADMINISTRAÇÃO PÚBLICA

O art. 34 do Decreto-Lei nº 1.455/1976 estabelece uma infração específica aplicável aos chefes de órgãos da administração direta ou indireta:

> Art. 34. Constitui falta grave praticada pelos chefes de órgãos da Administração Direta ou Indireta, promover importação ao desamparo de guia de importação ou documento de efeito equivalente, quando exigível na forma da legislação em vigor.
> 
> 1º A apuração da irregularidade de que trata o *caput* deste artigo será efetuada mediante inquérito determinado pela autoridade competente.
> 
> 2º O prosseguimento do despacho aduaneiro dos bens importados nas condições do *caput* deste artigo, ficará condicionado à conclusão do inquérito a que se refere o parágrafo anterior.
> 
> 3º O Ministro da Fazenda disciplinará os procedimentos fiscais a serem adotados pelas repartições da Secretaria da Receita Federal, na ocorrência de infrações na importação que envolvam órgãos da Administração Pública.

Aplicam-se a essa infração as mesmas observações realizadas em relação à multa do art. 169 do Decreto-Lei nº 37/1966, às quais nos reportamos.

## 8 DECADÊNCIA

O art. 139 do Decreto-Lei nº 37/1966 estabelece um prazo decadencial de cinco anos para a extinção do direito de impor penalidades aduaneiras, que, por sua vez, é contado da data da ocorrência da infração: "*Art. 139. No mesmo prazo do artigo anterior se extingue o direito de impor penalidade, a contar da data da infração*". No AgInt no REsp nº 1.871.567/RN, foi questionada a constitucionalidade formal desse dispositivo, o que implicaria a incidência do art. 173, I, do CTN. A 1ª Turma do STJ, entretanto, entendeu que a reserva de lei complementar se aplica apenas em matéria tributária, de sorte que, em relação às multas aduaneiras, deve incidir a regra da legislação especial:

> PROCESSUAL CIVIL. AGRAVO INTERNO NO RECURSO ESPECIAL. DECADÊNCIA. TEMPESTIVIDADE DA APURAÇÃO DA INFRAÇÃO E DA NOTIFICAÇÃO AO CONTRIBUINTE. REVISÃO. IMPOSSIBILIDADE. SÚMULA 7/STJ. *DIES A QUO* DO PRAZO DECADENCIAL. ART. 139 DO DECRETO-LEI Nº 37/1966. LEI ESPECIAL. MULTA DE OFÍCIO DECORRENTE DA CONVERSÃO DE PENA DE

PERDIMENTO. PENALIDADE. COBRANÇA QUE NÃO SE CONFUNDE COM TRIBUTO.

1. A revisão da conclusão a que chegou a Corte de origem acerca da tempestividade da apuração da infração e da notificação a contribuinte da penalidade imposta demanda o reexame dos fatos e provas constantes nos autos, o que é vedado no âmbito do recurso especial, a teor da Súmula 7/STJ.

2. Quanto ao tema "decadência", o crédito executado decorre da imposição de multa de ofício, a qual, por sua vez, decorre da conversão de pena de perdimento. Considerando que o art. 139 do Decreto-Lei nº 37/1966 – lei especial – traz normativa diversa do CTN – lei geral – em relação à decadência, tem-se que aquele é aplicável ao caso concreto.

3. Na forma da jurisprudência do STJ: "Tanto no regime constitucional atual (CF/1988, art. 146, III, *b*) quanto no regime constitucional anterior (art. 18, § 1º, da EC nº 01/1969), as normas sobre prescrição e decadência *de crédito tributário* estão sob reserva de lei complementar" (AI no Ag 1.037.765/SP, Rel. Min. Teori Albino Zavascki, Corte Especial, *DJe* de 17.10.2011, grifa-se). Todavia, na hipótese, não se discute decadência de cobrança tributária, mas de cobrança de multa decorrente de sanção, situação diversa, que não exige regulamentação por lei complementar.

4. Agravo interno não provido.[339]

Essa matéria já foi objeto de exame da Câmara Superior de Recursos Fiscais do Carf, que, em um primeiro momento, decidiu pela aplicação do prazo decadencial do inciso I do art. 173 do CTN às infrações aduaneiras não tipificadas no Decreto-Lei nº 37/1966:

Assunto: Normas Gerais de Direito Tributário
Período de apuração: 07.03.2005 a 20.06.2005
DECADÊNCIA – PENA DE PERDIMENTO
A decadência a que alude o art. 139 do DL nº 37/1966 só se aplica em relação às infrações nele previstas, conforme jurisprudência do STJ. A pena de perdimento é tratada em norma própria, o Decreto-Lei nº 1.455/1976, pelo que, seja a pena de perdimento seja sua conversão em multa equivalente ao valor da mercadoria, a ela se aplica a norma decadencial inserta no art. 173, I.
Recurso do Procurador provido.[340]

Posteriormente, em sessão de 06.08.2021, houve um alinhamento aos precedentes do STJ, com a aprovação a Súmula Carf nº 184: "**O prazo decadencial para aplicação de penalidade por infração aduaneira é de 5 (cinco) anos contados da data da infração, nos termos dos arts. 138 e 139, ambos do Decreto-Lei nº 37/1966 e do art. 753 do Decreto nº 6.759/2009**". Esta, nos termos da Portaria ME nº 12.975/2021, tem efeito vinculante para a administração

---

[339] STJ. 1ª T. AgInt no REsp nº 1.871.567/RN. Rel. Min. Benedito Gonçalves. *DJe* 11/02/2021. Os grifos são no original. No mesmo sentido, no REsp nº 643.185, 1ª Turma do STJ negou provimento a um recurso especial no qual a Fazenda Nacional pretendia limitar a aplicabilidade do art. 139 do Decreto-Lei nº 37/1966 aos casos de "cobrança de tributos e não pena de perdimento". A alegação foi afastada porque: "Nos termos dos artigos 138 e 139 do Decreto-Lei nº 37/66, é de cinco anos o prazo decadencial para a imposição das penalidades nele previstas" (STJ. 1ª T. REsp nº 643.185. Rel. Min. Teori Albino Zavascki. DJ 29/3/2007).

[340] Carf. CSRF. 3ª T. Ac. 9303-007.667. S. de 28/11/2018.

tributária federal,[341] devendo ser observada pela Receita Federal do Brasil. Nessa linha, portanto, todas as infrações aduaneiras estão submetidas ao prazo do art. 139 do Decreto-Lei nº 37/1966, ainda que tipificadas em outros atos normativos.[342]

## 9 PRESCRIÇÃO

### 9.1 Fase judicial

Nas infrações punidas com penalidades pecuniárias, em caso de não impugnação ou após o julgamento definitivo na esfera administrativa, a multa deve ser inscrita em dívida ativa e cobrada mediante execução fiscal. Esta, por sua vez, deve ser proposta no prazo prescricional de cinco anos, contados da data da constituição definitiva.[343]

Uma vez ajuizada a execução fiscal, o art. 40 da Lei nº 6.830/1980 estabelece a *prescrição intercorrente* em cinco anos após a suspensão do feito pela não localização de bens penhoráveis, já analisada anteriormente.[344]

### 9.2 Fase administrativa

Na fase do contencioso administrativo, o § 1º do art. 1º da Lei nº 9.873/1999 estabelece que incide a prescrição intercorrente se o procedimento ficar paralisado por mais de três anos, pendente de julgamento ou de despacho:[345]

---

[341] "Art. 1º Fica atribuído efeito vinculante, em relação à administração tributária federal, às sumulas do Conselho Administrativo de Recursos Fiscais – CARF relacionadas no Anexo."

[342] Registre-se que, segundo parte da doutrina, o art. 139 deveria ser aplicado apenas às infrações tipificadas no Decreto-Lei nº 37/1966, ficando as demais submetidas ao art. 1º da Lei nº 9.873/1999: "Art. 1º Prescreve em cinco anos a ação punitiva da Administração Pública Federal, direta e indireta, no exercício do poder de polícia, objetivando apurar infração à legislação em vigor, contados da data da prática do ato ou, no caso de infração permanente ou continuada, do dia em que tiver cessado" (DANIEL NETO, Carlos Augusto. A loucura como método – uma perspectiva hamletiana da responsabilidade solidária na interposição fraudulenta de terceiros. *Revista Direito Tributário Atual*, (51), p. 152-173. Disponível em: https://doi.org/10.46801/2595-6280.51.6.2022.2166. Acesso: 04 mar. 2023). Essa exegese, em alguns casos, pode ser menos favorável ao acusado do que a interpretação pacificada pelo STJ e pelo Carf. É que, nos termos do § 2º do art. 1º, "quando o fato objeto da ação punitiva da Administração também constituir crime, a prescrição reger-se-á pelo prazo previsto na lei penal". Assim, dependendo da pena máxima prevista em lei, os prazos poderiam chegar a 20 anos.

[343] Decreto-Lei nº 37/1966: "Art. 141. O prazo a que se refere o artigo anterior não corre: (Redação dada pelo Decreto-Lei nº 2.472, de 01.09.1988)
I – enquanto o processo de cobrança depender de exigência a ser satisfeita pelo contribuinte; (Redação dada pelo Decreto-Lei nº 2.472, de 01.09.1988)
II – até que a autoridade aduaneira seja diretamente informada pelo Juízo de Direito, Tribunal ou órgão do Ministério Público, da revogação de ordem ou decisão judicial que haja suspenso, anulado ou modificado exigência, inclusive no caso de sobrestamento do processo". (Redação dada pelo Decreto-Lei nº 2.472, de 01.09.1988)

[344] Cap. III, item 2.

[345] A "prescrição administrativa intercorrente", para parte dos autores, seria uma espécie de preclusão intercorrente, porque não se poderia falar em decadência se o procedimento administrativo já foi instaurado. Seus efeitos, entretanto, assemelham-se à decadência, porque também há perda do direito vinculado à conclusão do procedimento administrativo. Sobre o tema, cf.: JUSTEN FILHO, Marçal. *Curso de direito administrativo*. 13. ed. São Paulo: RT, 2018, p. 1347; MARINONI, Luiz Guilherme; ARENHART, Sérgio Cruz; MITIDIERO, Daniel. *Novo curso de processo civil: tutela dos direitos mediante procedimento comum*. São Paulo: RT, v. 2, 2015, p. 809.

Art. 1º Prescreve em cinco anos a ação punitiva da Administração Pública Federal, direta e indireta, no exercício do poder de polícia, objetivando apurar infração à legislação em vigor, contados da data da prática do ato ou, no caso de infração permanente ou continuada, do dia em que tiver cessado.

§ 1º Incide a prescrição no procedimento administrativo paralisado por mais de três anos, pendente de julgamento ou despacho, cujos autos serão arquivados de ofício ou mediante requerimento da parte interessada, sem prejuízo da apuração da responsabilidade funcional decorrente da paralisação, se for o caso.

[...]

Art. 5º O disposto nesta Lei não se aplica às infrações de natureza funcional e aos processos e procedimentos de natureza tributária.

A Jurisprudência do Carf, diante do disposto no art. 5º, entende que: *"Não se aplica a prescrição intercorrente no processo administrativo fiscal"* (*Súmula CARF nº 11*). Essa exegese, no entanto, foi fixada a partir dos precedentes relacionados na Portaria nº 52/2010, relativos ao imposto de renda, à contribuição social sobre o lucro, ao extinto imposto único sobre minerais, ao Finsocial, ao IPI e ao ITR.[346] Em razão disso, algumas decisões têm apontado a necessidade de uma distinção (*distinguishing*) para reconhecer a prescrição intercorrente nas infrações e penalidades de natureza aduaneira.

No Poder Judiciário, há julgados que aplicam o § 1º do art. 1º da Lei nº 9.873/1999 em matéria aduaneira. Destaca-se, nesse sentido, o seguinte acórdão do TRF da 4ª Região:

> TRIBUTÁRIO. EXECUÇÃO FISCAL. EXCEÇÃO DE PRÉ-EXECUTIVIDADE. AUTO DE INFRAÇÃO. MULTA POR EMBARAÇO À FISCALIZAÇÃO ADUANEIRA. PRESCRIÇÃO INTERCORRENTE. OCORRÊNCIA. EXTINÇÃO DO FEITO. HONORÁRIOS ADVOCATÍCIOS. CONDENAÇÃO DA FAZENDA PÚBLICA. ART. 85 DO CPC. READEQUAÇÃO.
>
> 1. A Lei nº 9.873/1999 cuida da sistemática da prescrição da pretensão punitiva e da pretensão executória referidas ao poder de polícia sancionador da Administração Pública Federal.
>
> 2. Incide a prescrição prevista no art. 1º, § 1º, da lei no procedimento administrativo paralisado por mais de três anos, pendente de julgamento ou despacho que deliberem a respeito de providências voltadas à apuração dos fatos. Meros despachos ordinatórios de encaminhamento ou impulso do processo administrativo não configuram causa interruptiva do prazo prescricional.
>
> 3. O valor da verba sucumbencial devida pela União deve ser fixado de acordo com as regras do art. 85, §§ 2º a 5º, do NCPC.[347]

---

[346] Acórdão nº 103-21113, de 05.12.2002 (*relativo a crédito tributário de* IPRJ); Acórdão nº 104-19410, de 12.06.2003 (*crédito tributário de* IRPF); Acórdão nº 104-19980, de 13.05.2004 (IRPF); Acórdão nº 105-15025, de 13.04.2005 (IRPJ); Acórdão nº 107-07733, de 11.08.2004 (IRPJ e CSLL); Acórdão nº 202-07929, de 22.08.1995 (IUM – Imposto Único sobre Minerais); Acórdão nº 203-02815, de 23.10.1996 (IPI); Acórdão nº 203-04404, de 11.10.1997 (Finsocial); Acórdão nº 201-73615, de 24.02.2000 (ITR); Acórdão nº 201-76985, de 11.06.2003 (IPI).

[347] TRF4. 1ª T. APL 5002013-95.2016.4.04.7203. Rel. Des. Fed. Francisco Donizete Gomes. D. 28.08.2019. Na mesma linha: TRF-1ª Região. 8ª T. AC 1019799-65.2019.4.01.3400. Rel. Juíza Fed. Rosimayre Gonçalves de Carvalho. D. 17.10.2023.

Também há acórdãos que, com fundamento no art. 5º da Lei nº 9.873/1999, afastam a prescrição intercorrente nas infrações aduaneiras submetidas ao rito do *procedimento administrativo fiscal* do Decreto nº 70.235/1972:

> TRIBUTÁRIO. MANDADO DE SEGURANÇA. INAPTIDÃO DO CNPJ. PROCEDIMENTO ADMINISTRATIVO CONEXO.
>
> Caso em exame em que o andamento de Representação Fiscal para inaptidão do CNPJ restou alargado em razão da pendência de outro procedimento administrativo no qual se discutia, no âmbito do CARF, a caracterização de operações irregulares de comércio exterior.
>
> Não há falar em prescrição intercorrente, uma vez que havia óbice à prática de qualquer ato na Representação Fiscal enquanto pendente o julgamento definitivo do PAF.
>
> A inaptidão para o CNPJ é necessariamente objeto de processo administrativo fiscal, na forma do Decreto nº 70.235/1972, que não estabelece, em suas disposições, prazos de prescrição intercorrente.[348]

No ano de 2023, a 1ª Turma do STJ reconheceu a ocorrência de prescrição intercorrente em procedimento administrativo relativo à cominação da multa aduaneira do art. 107, IV, *e*, do Decreto-Lei nº 37/1966:

> PROCESSUAL CIVIL. ADUANEIRO E TRIBUTÁRIO. RECURSO ESPECIAL. ALEGAÇÃO GENÉRICA DE OFENSA AOS ARTS. 489, § 1º, IV, E 1.022 DO CÓDIGO DE PROCESSO CIVIL DE 2015. DEFICIÊNCIA DE FUNDAMENTAÇÃO. INCIDÊNCIA, POR ANALOGIA, DA SÚMULA Nº 284/STF. ARTS. 37 DO DECRETO-LEI Nº 37/1966 E 37 DA INSTRUÇÃO NORMATIVA SRF Nº 28/1994. NATUREZA JURÍDICA DO DEVER DE PRESTAR INFORMAÇÕES SOBRE MERCADORIAS EMBARCADAS AO EXTERIOR POR EMPRESAS DE TRANSPORTE INTERNACIONAL. OBRIGAÇÃO QUE NÃO DETÉM ÍNDOLE TRIBUTÁRIA. EXEGESE DO ART. 113, § 2º, DO CÓDIGO TRIBUTÁRIO NACIONAL. APLICABILIDADE DA PRESCRIÇÃO INTERCORRENTE AO PROCESSO ADMINISTRATIVO DE APURAÇÃO DA PENALIDADE PREVISTA NO ART. 107, IV, *E*, DO DECRETO-LEI Nº 37/1996. INTELIGÊNCIA DO ART. 1º, § 1º, DA LEI Nº 9.873/1999. RECURSO ESPECIAL PARCIALMENTE CONHECIDO E, NESSA EXTENSÃO, IMPROVIDO.
>
> [...]
>
> III – Não obstante o cumprimento de exigências pelos exportadores e transportadores durante o despacho aduaneiro tenha por finalidade verificar o atendimento às normas relativas ao comércio exterior – detendo, portanto, cariz eminentemente administrativo –, a observância de parte dessas regras facilita, de maneira mediata, a fiscalização do recolhimento dos tributos, razão pela qual o exame do escopo das obrigações fixadas pela legislação consiste em elemento essencial para esquadrinhar sua natureza jurídica.
>
> IV – Deflui do § 2º do art. 113 do Código Tributário Nacional que a obrigação acessória decorre da legislação tributária, reservando, desse modo, o caráter fiscal às normas imediatamente instituídas no interesse da arrecadação ou da fiscalização dos tributos e

---

[348] TRF4. 1ª T. AC 5003208-17.2022.4.04.7200. Rel. Des. Fed. Leandro Paulsen. J. 21.09.2022. No mesmo sentido: TRF4. 1ª T. AC 5003519-07.2019.4.04.7008. Rel. Des. Leandro Paulsen. J. 13.07.2022.

afastando, por conseguinte, a atribuição de semelhante qualificação a regras cuja incidência, apenas a título reflexo, atinjam as finalidades previstas no dispositivo em exame.

V – O dever de registrar informações a respeito das mercadorias embarcadas no Siscomex, atribuído às empresas de transporte internacional pelos arts. 37 do Decreto-Lei nº 37/1966 e 37 da Instrução Normativa SRF nº 28/1994, não possui perfil tributário, porquanto, a par de posterior ao desembaraço aduaneiro, a confirmação do recolhimento do Imposto de Exportação antecede a autorização de embarque, razão pela qual a penalidade prevista no art. 107, IV, *e*, do Decreto-Lei nº 37/1966, decorrente de seu descumprimento, não guarda relação imediata com a fiscalização ou a arrecadação de tributos incidentes na operação de exportação, mas, sim, com o controle da saída de bens econômicos do território nacional.

VI – As Turmas integrantes da 1ª Seção desta Corte firmaram orientação segundo a qual incide a prescrição intercorrente prevista no art. 1º, § 1º, da Lei nº 9.873/1999 quando paralisado o processo administrativo de apuração de infrações de índole não tributária por mais de 03 (três) anos e ausente a prática de atos de impulsionamento do procedimento punitivo. Precedentes.

VII – Recurso Especial parcialmente conhecido e, nessa extensão, improvido.[349]

Em outro julgado, a 2ª Turma adotou a mesma interpretação, reconhecendo a prescrição intercorrente nos procedimentos administrativos fiscais relativos a penalidades aduaneiras administrativas:

> PROCESSO ADMINISTRATIVO FISCAL. ADUANEIRO. MULTA POR IMPORTAÇÃO IRREGULAR DE CIGARROS. NATUREZA ADMINISTRATIVA DA MULTA APLICADA. RITO DO DECRETO Nº 70.235/1972. PRESCRIÇÃO INTERCORRENTE. LEI Nº 9.873/1999. APLICABILIDADE. NÃO INCIDÊNCIA DOS ARTS. 33 DO DECRETO Nº 70.235/1972 E 129 DO DECRETO-LEI Nº 37/1966. RESTABELECIDA A SENTENÇA E OS HONORÁRIOS ADVOCATÍCIOS. RECUSO ESPECIAL CONHECIDO E PROVIDO.
>
> 1. Reconhecida, pelo Colegiado, a natureza administrativa da multa aplicada na hipótese.
>
> 2. As penalidades aplicadas no âmbito do processo administrativo fiscal, como é o caso das penalidades aduaneiras, podem ostentar natureza jurídica tributária ou não tributária, de modo que a definição da legislação aplicável em relação à prescrição será determinada pela natureza do crédito perseguido.
>
> 3. A legislação específica da prescrição intercorrente discutida nos presentes autos, ou seja, a Lei nº 9.873/1999, dispõe em seu art. 1º, § 1º, que "incide a prescrição no procedimento administrativo paralisado por mais de três anos, pendente de julgamento ou despacho". O art. 5º da lei excepciona sua aplicação em relação às infrações de natureza

---

[349] STJ. REsp 1.999.532. Rel. Min. Regina Helena Costa. *DJe* 15.05.2023. STJ. Decisão monocrática. REsp nº 2.048.597. Min. Herman Benjamin. *DJe* 17.02.2023: "A multa de que trata o art. 107, inc. IV, alínea *e*, do Decreto-Lei nº 37, de 1966, é aplicada no exercício do poder de polícia da Administração Aduaneira, possuindo natureza administrativa e não tributária. Incidem no caso, portanto, as normas da Lei nº 9.873, de 1999, que estabelece prazo de prescrição para o exercício de ação punitiva por parte da Administração Pública Federal. Nessa senda, considerando que o processo administrativo nº 10907.720606/2013-38 ficou paralisado por mais de quatro anos, entre a apresentação da impugnação (29.04.2013) e o seu julgamento (21.12.2017), resta configurada a prescrição intercorrente, nos termos do art. 1º, § 1º, da Lei nº 9.873, de 1999, devendo ser mantida a sentença que concedeu o mandado de segurança, anulando a multa".

funcional e aos processos e procedimentos de natureza tributária. Caso o crédito objeto do processo administrativo fiscal pendente de julgamento ou despacho não possua natureza tributária (ou funcional), ocorrerá a prescrição intercorrente se ficar paralisado por mais de três anos, nos termos do § 1º do art. 1º da Lei nº 9.873/1999.

4. Não há interrupção do prazo prescricional intercorrente previsto no § 1º do art. 1º da Lei nº 9.873/1999, a não ser nas hipóteses ali previstas, quais sejam, a prolação de julgamento ou de despacho. Em se tratando de prescrição intercorrente no âmbito de prazo para a constituição do crédito não tributário, não há falar em incidência das normas relativas à suspensão da prescrição para a cobrança do crédito (arts. 33 do Decreto nº 70.235/1972 e 129 do Decreto-Lei nº 37/1966), visto que a fase de cobrança sequer foi inaugurada na pendência da constituição definitiva do crédito não tributário, que só ocorre após o término regular do processo administrativo, nos termos do art. 1º-A da Lei nº 9.873/1999.

5. Restabelecida a sentença de primeiro grau que reconheceu a ocorrência da prescrição intercorrente, certo de que a própria exequente reconhece que "de fato protocolada a impugnação em 19.06.2008, a mesma só foi encaminhada para julgamento à DRJ/Ribeirão Preto/SP, em 26.04.2013" (evento 58), e que não houve qualquer ato instrutório para apuração dos fatos ou qualquer outra causa apta a interromper a prescrição intercorrente, tendo o processo administrativo fiscal ficado paralisado por mais de 3 (três) anos.

6. Na hipótese em análise, a prescrição intercorrente ocorreu no âmbito do processo administrativo de apuração da penalidade que ficou paralisado por mais de três anos (§ 1º do art. 1º da Lei nº 9.873/1999), de modo que a extinção da pretensão punitiva ocorreu já na seara administrativa, antes do ajuizamento da execução fiscal, razão pela qual, sem necessidade de revolvimento de matéria fático-probatória (o que afasta o óbice da Súmula nº 7 desta Corte), é possível atribuir à exequente a causa do ajuizamento da execução de crédito não tributário já fulminado pela prescrição intercorrente, devendo ser restabelecidos, em favor do executado, os honorários advocatícios fixados pela sentença nos percentuais mínimos do art. 85, § 3º, do CPC (sentença exarada na égide do CPC/2015), sobre o valor atualizado da execução, que representava, à data do ajuizamento, o valor de R$ 339.478,11 (trezentos e trinta e nove mil quatrocentos e setenta e oito reais e onze centavos).

7. Recurso especial provido para reconhecer a prescrição intercorrente no âmbito do processo administrativo fiscal relativo à penalidade aduaneira administrativa, não tributária.[350]

Dificilmente, sem uma decisão com efeito vinculante, a administração aduaneira acolherá a mesma interpretação da 1ª Turma do STJ. Acredita-se que a questão só será pacificada após julgamento de recurso repetitivo pela 1ª Seção (CPC, arts. 1.036 e ss.).

A controvérsia não é simples e exige uma interpretação mais aprofundada. Os julgados que não reconhecem a prescrição partem do art. 5º da Lei nº 9.873/1999: "*Art. 5º O disposto nesta Lei não se aplica às infrações de natureza funcional e aos processos e procedimentos de natureza tributária*". Entendem, assim, que não há prescrição intercorrente diante de infrações aduaneiras sujeitas ao rito do Decreto nº 70.235/1972. Outros, por sua vez, interpretam que os deveres aduaneiros típicos (tais como, v.g., promover o despacho de importação, classificar

---

[350] STJ. 2ª T. REsp n. 1.942.072/RS. Rel. Min. Mauro Campbell Marques. *DJe* 22.10.2024.

os produtos na NCM ou prestar informações sobre cargas transportadas, entre outros mais) seriam *obrigações acessórias* dos tributos incidentes sobre o comércio exterior, estabelecidas pela legislação tributária no interesse de sua arrecadação ou fiscalização[351]. Teriam, portanto, natureza tributária *ex vi* do § 3º do art. 113 do CTN: "*§ 3º A obrigação acessória, pelo simples fato da sua inobservância, converte-se em obrigação principal relativamente à penalidade pecuniária*".

Essas objeções não parecem procedentes. Em primeiro lugar, porque a natureza jurídica de um procedimento administrativo não decorre do *nomen iuris* do rito.[352] O fator determinante, para esse fim, é o direito material aplicado.[353] Assim, deve-se ter presente que, nos procedimentos administrativos de infrações aduaneiras, não ocorre um controle de legalidade de autos de lançamento de crédito tributário nem de autos de infração de multas de ofício decorrentes do não pagamento de tributos. Não há, enfim, aplicação do direito material tributário. Neles, são julgados os atos administrativos de cominação de penalidades com características distintas, que decorrem da prática de condutas infracionais que têm o controle aduaneiro como *bem jurídico tutelado*. Essas infrações não resultam da violação de

---

[351] Art. 113. [...] "§ 2º A obrigação acessória decorre da legislação tributária e tem por objeto as prestações, positivas ou negativas, nela previstas no interesse da arrecadação ou da fiscalização dos tributos".

[352] Convém recordar que a noção de processo compreende a de procedimento, porque, assim como este, também corresponde a uma sequência de atos tendentes a um fim. Não há, contudo, identidade entre os conceitos, porquanto o processo constitui uma relação jurídica que tem por objeto a aplicação, pelo Estado-Juiz, das normas jurídicas de direito material ("atuação da vontade concreta da lei"), na composição definitiva de uma lide (conflito de interesses qualificado por uma pretensão resistida), com imparcialidade e em caráter substitutivo à vontade das partes. Trata-se, assim, de relação que se distingue a partir de seus sujeitos (autor e réu, como partes interessadas; e Estado-juiz, parte imparcial) e por seu objeto, que corresponde à prestação jurisdicional. Portanto, em sentido estrito, processo é apenas aquele que tem por objeto o exercício da Jurisdição, tipicamente pelo Poder Judiciário e atipicamente pelos demais Poderes, como, por exemplo, no julgamento, pelo Poder Legislativo, do Presidente da República no crime de responsabilidade (CINTRA, Antônio Carlos de Araújo; GRINOVER, Ada Pellegrini; DINAMARCO, Cândido Rangel. *Teoria geral do processo*. 13. ed. São Paulo: Malheiros, 1997, p. 279 e ss.). Os "processos" administrativos não têm essa natureza, porque neles a aplicação do direito material ocorre para fins de controle interno de legalidade de atos administrativos. No procedimento administrativo fiscal, não se tem uma *lide* no sentido técnico, porquanto o crédito tributário, ainda não está vencido, mas com exigibilidade suspensa (CTN, art. 151, III). Não há pretensão nem tampouco pretensão resistida, pressuposto para a caracterização da lide, porque o direito subjetivo somente transforma-se em pretensão com o vencimento do crédito e a partir do momento em que o credor pode exigi-lo (SILVA, Ovídio Baptista da. *Curso de processo civil*: processo de conhecimento. 3. ed. Porto Alegre: Fabris, 1996, p. 59-90). Logo, embora a impugnação e o recurso denotem a irresignação do devedor em relação à cobrança, ainda não é possível falar em pretensão resistida. Ademais, sequer seria possível falar em conflito de interesses, porque o credor, na fase do procedimento administrativo fiscal, não visa à realização do crédito, mas apenas o controle interno de legalidade do lançamento.

[353] ALVIM, Arruda. Processo tributário referente às áreas de direito tributário e direito processual civil. *Revista do Ministério Público*. Rio de Janeiro: Ministério Público do Estado do Rio de Janeiro, nº comemorativo, 1995, p. 81. Cf. ainda: ALVIM, Teresa Arruda; MARINS, James. Processo tributário. In: ALVIM, Teresa Arruda (Coord.). *Repertório de jurisprudência e doutrina sobre processo tributário*. São Paulo: RT, 1994, p. 8-9. Discorrendo especificamente sobre a *natureza jurídica do processo administrativo fiscal*, Allan Fallet ensina que: "Dessa forma, o processo administrativo fiscal é o conjunto de relações jurídicas, de natureza administrativa, que se combinam e se materializam por meio do procedimento, sendo uma espécie de processo administrativo destinada a determinação e exigência do crédito tributário em razão de apresentar peculiaridades específicas na aplicação da legislação pela Administração Tributária, ao mesmo tempo em que obedece a regras de direito público [...]" (FALLET, Allan. Dissertação (Mestrado em Direito) – Programa de Estudos Pós-Graduados em Direito, Pontifícia Universidade Católica de São Paulo, São Paulo, 2018, p. 100, também publicado em FALLET, Allan. *A natureza jurídica do processo administrativo fiscal*. São Paulo: Noeses, 2019).

deveres instrumentais de obrigações tributárias, mas do descumprimento de prestações que expressam o próprio conteúdo da *relação jurídica aduaneira*.

Como ressaltado no Capítulo I do Curso, até recentemente, o direito aduaneiro foi negligenciado pela doutrina nacional, o que já foi observado por autores de outros países, a exemplo do professor argentino Ricardo Xavier Basaldúa, ao lamentar que, no Brasil, "a matéria aduaneira não atraiu até um passado recente o interesse que despertaram outros ramos jurídicos"[354]. Isso faz com que parte dos tributaristas ainda tenha certa dificuldade em compreender a autonomia da relação jurídica aduaneira em face da obrigação tributária.

A redução da relação jurídica aduaneira à obrigação de pagar tributos é uma concepção superada, que foi sustentada pelas *teorias fiscalistas* no final do Século XIX e início do Século XX.[355] Não há mais espaço para essa visão diante das funções da aduana moderna. Nos dias de hoje, o controle aduaneiro não pode mais ser considerado uma simples manifestação setorial do poder de polícia administrativa ou da fiscalização tributária. A aduana apresenta funções mais abrangentes, que também compreendem a fiscalização de medidas não tarifárias (quotas de importação, proibições de ingresso ou de saída de produtos, o licenciamento, exigências técnicas, sanitárias e fitossanitárias) e a cobrança de direitos *antidumping* ou compensatórios em operações de importação. Outro papel relevante é o enfrentamento do terrorismo, da lavagem de dinheiro, pirataria, tráfico de drogas, de animais, de plantas ou de bens do patrimônio histórico-cultural, o que ocorre de forma colaborativa com as autoridades policiais e com outros órgãos da administração pública intervenientes no comércio exterior (v.g., Ibama, Mapa, Inmetro, Iphan). Também cabe ao controle aduaneiro – como consagram os princípios e as regras do Acordo sobre a Facilitação do Comércio – a facilitação e a tutela do comércio internacional legítimo.[356]

Essa ampliação das funções da aduana moderna e do controle aduaneiro levou à autonomização da relação jurídica aduaneira. Foi percebido pela doutrina que, sob o aspecto jurídico, quando alguém promove o ingresso ou a saída de uma mercadoria do território de um país, nem sempre surge a obrigação de pagar tributos. De fato, como ninguém desconhece, há inúmeros atos de transposição de fronteira que não são tributados. Porém, ainda assim, esses atos implicam o surgimento de um vínculo jurídico relevante entre aquele que os realiza e o Estado para a verificação da observância, v.g., de medidas não tarifárias da mais absoluta relevância ou mesmo de defesa comercial.

A autonomia da relação jurídica aduaneira pode não ser compreendida com facilidade quando se pensa em uma importação, já que os tributos aduaneiros incidem na maior parte dessas operações. Porém, fica nítida em uma exportação, que, como se sabe, não é tributada, salvo em situações especiais. Nela, a saída do produto do território nacional não implica o surgimento de uma obrigação tributária, mas, independentemente disso, sempre existirá uma relação jurídica aduaneira. Dito de um outro modo, em qualquer caso haverá a instauração de um vínculo jurídico autônomo que garante ao Estado-aduana, mesmo sem qualquer repercussão fiscal efetiva ou potencial, o direito de exigir do particular uma série de prestações

---

[354] BASALDÚA, Ricardo Xavier. Reflexiones sobre el Codigo Aduanero del Mercosur. *Revista del Instituto Argentino de Estudios Aduaneros*, Buenos Aires, n. 10, p. 119, 2. sem. 1996-1. sem. 1997. Disponível em: http://www.iaea.org.ar. Original: "En Brasil, en cambio, es de lamentar que la materia aduanera no haya concitado hasta un pasado reciente el interés que despertaron otras ramas jurídicas, como es el caso del Derecho Civil y el Comercial, donde descollaran tantos juristas, empezando por el recordado Freitas, una luz que iluminó a Vélez Sarsfield".

[355] Sobre esse tema, ver Cap. I, item 2.1.

[356] Sobre esse tema, ver Cap. I, item 1.2.1.

necessárias ao controle aduaneiro da operação, inclusive para evitar, v.g., a exportação de mercadorias proibidas, a prática de ilícitos, como o tráfico internacional de drogas ou mesmo retirada de produtos de flora, fauna ou de valor histórico-cultural ao País.[357]

Mesmo em um cenário hipotético em que não exista mais cobrança de tributos sobre o comércio exterior, os deveres que exprimem o conteúdo da relação jurídica aduaneira continuarão necessários e exigíveis toda vez que ocorrer um ato de transposição da fronteira. Isso evidencia, como assinala Enrique Barreira, que esses deveres realmente não são acessórios das obrigações tributárias:

> Se a importação ou a exportação não fossem tributadas, esses deveres seriam igualmente mantidos para permitir o controle do cumprimento, tanto de outras restrições de caráter econômico e de caráter não econômico, como dos regimes econômicos de incentivo ao comércio, o que demonstra que, em qualquer caso, não são acessórios à obrigação tributária aduaneira, deixando claro que a relação jurídica "tributária" aduaneira não é o fim primordial buscado pelo direito aduaneiro.[358]

Nessa ordem de ideias, não se mostra apropriada a compreensão dos deveres aduaneiros típicos como *obrigações acessórias* dos tributos incidentes sobre o comércio exterior. Esses deveres são prestações exigíveis pelo Estado-aduana de todos que promovem a entrada ou a saída de produtos do território aduaneiro, não para fins arrecadatórios, mas no interesse do controle aduaneiro das operações de comércio exterior. Exprimem o conteúdo de uma relação jurídica aduaneira, que é autônoma em relação à obrigação tributária. Por conseguinte, as infrações que decorrem do seu descumprimento têm natureza aduaneira e não estão sujeitas aos §§ 2º e 3º do art. 113 do CTN. Assim, a despeito do *nomen iuris* do rito, os procedimentos administrativos em que se realiza o controle interno de legalidade dos autos de infração e de penalidades aduaneiras estão sujeitos às regras de prescrição intercorrente da Lei nº 9.873/1999.

---

[357] Ver Cap. I, item 3. Destaca-se, no mesmo sentido, o estudo de Daniela Floriano e Onofre Batista Júnior: "[...] não cabe aos agentes aduaneiros tão somente cobrar tributos. Existem, a título de ilustração, verificações que são de competência exclusiva dos Auditores- Fiscais que atuam na Aduana e que não guardam relação com os tributos, a exemplo da fiscalização para verificação de produtos de importação proibida (que possam, por exemplo, afetar a salubridade pública ou o meio ambiente, como no caso de pneus usados). Nessa atuação de "*polícia aduaneira*", não cabe falar nem em Direito Tributário, nem em Direito Administrativo Tributário" (FLORIANO, Daniela; BATISTA JÚNIOR, Onofre Alves. Reflexões sobre autonomia do direito aduaneiro e seus princípios informadores. In: BATISTA JÚNIOR, Onofre Alves; SILVA, Paulo Roberto Coimbra (Coord.). *Direito aduaneiro e direito tributário aduaneiro*. Belo Horizonte: Letramento, 2022, p. 27).

[358] BARREIRA, Enrique C. La relación jurídica tributaria y relación jurídica aduanera. *Revista de Estudios Aduaneros* nº 18. Buenos Aires: Instituto Argentino de Estudios Aduaneros, p. 69. *Traduzimos*, do original: "Si la importación y exportación no estuvieran gravadas con tributos, estos deberes igualmente se mantendrían para permitir que se controle el cumplimiento, tanto de otras restricciones de carácter económico y de carácter no económico, como de los regímenes económicos de aliento al comercio, lo que demuestra que, en todo caso, no son accesorias de la obligación tributaria aduanera, quedando en claro que la relación jurídica 'tributaria' aduanera no es el fin primordial buscado por el derecho aduanero".

# REFERÊNCIAS

AGUIAR, Maruska (Org.). *Discussões sobre regras de origem*. São Paulo: Aduaneiras, 2007.

ALAIS, Horacio Félix. Los impuestos aduaneros argentinos. *In:* UCKMAR, Victor; ALTAMIRANO, Alejandro C.; TÔRRES, Heleno Taveira (Coord.). *Impuestos sobre el comercio internacional*. 2. ed. Madrid-Barcelona-Buenos Aires: Marcial-Pons, 2008.

ALAIS, Horacio Félix. *Los principios del derecho aduanero*. Buenos Aires: Marcial Pons Argentina, 2008.

ALAIS, Horacio Félix. *Régimen infraccional aduanero*. Buenos Aires: Marcial Pons, 2011.

ALCHOURRÓN, Carlos; BULYGIN, Eugenio. *Introducción a la metodología de las ciencias jurídicas y sociales*. Buenos Aires: Editorial Astrea, 1987.

ALEXY, Robert. *Teoria de los derechos fundamentales*. Madrid: Centro de Estúdios Constitucionales, 1997.

ALMEIDA, Fernanda Dias Menezes de. *Competências na Constituição de 1988*. São Paulo: Atlas, 1991.

ALMEIDA, Roberto Caparroz de. *A tributação do comércio internacional*: uma visão aduaneira. Tese (Doutorado em Direito). Pontifícia Universidade Católica de São Paulo. São Paulo, 2007.

ALMEIDA, Roberto Caparroz de. Do imposto sobre produtos industrializados vinculado às importações. *In:* TÔRRES, Heleno Taveira (Coord.). *Comércio internacional e tributação*. São Paulo: Quartier Latin, 2005.

ALVES, José Carlos Moreira. *As figuras correlatas da elisão fiscal*. Belo Horizontes: Fórum, 2003.

ALVIM, Arruda. Processo tributário referente às áreas de direito tributário e direito processual civil. *Revista do Ministério Público*. Rio de Janeiro: Ministério Público do Estado do Rio de Janeiro, n. comemorativo, p. 417–435, 2015.

ALVIM, Teresa Arruda; MARINS, James. Processo tributário. In: ALVIM, Teresa Arruda (Coord.) *Repertório de jurisprudência e doutrina sobre processo tributário*. São Paulo: RT, 1994.

AMARAL, Antonio Carlos Rodrigues do. A organização mundial do comércio – OMC e o acordo geral sobre o comércio de serviços. *In:* TÔRRES, Heleno Taveira (Coord.) *Comércio internacional e tributação*. São Paulo: Quartier Latin, 2005.

AMARO, Luciano. *Direito tributário brasileiro*. 20. ed. São Paulo: Saraiva, 2014.

AMORIM FILHO, Agnelo. Critério científico para distinguir a prescrição da decadência e para identificar as ações imprescritíveis. *Revista dos Tribunais*, v. 49, n. 300, p. 7-37, 1960

ANDRADE, José Maria Arruda de. *Imposto seletivo e pecado*: juízos críticos sobre tributação saudável. São Paulo: IBDT, 2024.

ANDRADE, José Maria Arruda de; PEIXOTO, Marcelo Magalhães; BRANCO, Leonardo Ogassawara de Araújo. *Imposto seletivo na reforma tributária*. São Paulo: MP Editora, 2024.

ANDRADE, Manuel A. Domingues de. *Teoria geral da relação jurídica*: facto jurídico, em especial negócio jurídico. Coimbra: Almedina, v. II, 1992.

ANDRADE, Thális. *Curso de direito aduaneiro*: jurisdição e tributos em espécie. Belo Horizonte: Dialética, 2021.

ANDRADE FILHO, Edmar Oliveira de. *Infrações e sanções* tributárias. São Paulo: Dialética, 2003.

ANJOS, J. Haroldo dos; GOMES, Carlos Rubens Caminha. *Curso de direito marítimo*. Rio de Janeiro: Renovar, 1992.

ANTONINI, Alfredo. *Corso di diritto dei trasporti*. 3. ed. Milão: Giuffrè, 2015.

ARAÚJO, Ana Clarissa Masuko dos Santos. A alteração dos conceitos e definições jurídicos e seus reflexos para o conceito de "mercadoria" na importação – a prescrição do art. 110 do Código Tributário Nacional. *In:* TREVISAN, Rosaldo (Org.). *Temas atuais de direito aduaneiro*. São Paulo: Lex, p. 137-170, 2013.

ARAÚJO, Ana Clarissa Masuko dos Santos. *Princípio do destino no comércio exterior de serviços*. Rio de Janeiro: Lumen Juris, 2021.

ARAÚJO, Ana Clarissa Masuko dos Santos. O princípio da boa-fé e as multas por erro de classificação fiscal de mercadorias na importação. *In:* PEIXOTO, Marcelo Magalhães; SARTORI, Angela; DOMINGO, Luiz Roberto (Coord.). *Tributação aduaneira à luz da jurisprudência do CARF – Conselho Administrativo de Recursos Fiscais*. São Paulo: MP-APET, 2013.

ARAÚJO, Ana Clarissa Masuko dos Santos. Regimes aduaneiros especiais. In: SEHN, Solon; PEIXOTO, Marcelo Magalhães (Coord.). *Direito aduaneiro e tributação do comércio exterior*. São Paulo: MP, 2023.

ARAÚJO, Ana Clarissa Masuko dos Santos; SARTORI, Angela. *Drawback e o comércio exterior: visão jurídica e operacional*. São Paulo: Aduaneiras, 2003.

ARAUJO, Luiz Alberto David; NUNES JUNIOR, Vidal Serrano. *Curso de direito constitucional*. 6. ed. São Paulo: Saraiva, 2002.

ARAÚJO, Renata Alcione de Faria Villela de; LEÃO, Gustavo Junqueira Carneiro. *Direito aduaneiro e tributação aduaneira em homenagem a José Lence Carluci*. Rio de Janeiro: Lumen Juris, 2017.

ARMELLA, Sara. *Diritto doganale dell'Unione europea*. Milão: Egea, 2017.

ARMELLA, Sara. Los impuestos aduaneros. Unión Europea. *In:* UCKMAR, Victor; ALTAMIRANO, Alejandro C.; TÔRRES, Heleno Taveira (Coord.). *Impuestos sobre el comercio internacional*. 2. ed. Madrid-Barcelona-Buenos Aires: Marcial-Pons, 2008.

ASSIS, Araken de. *Resolução do contrato por inadimplemento*. 6. ed. São Paulo: RT, 2020.

ASSIS JUNIOR, Milton Carmo de. *Classificação fiscal de mercadorias*: NCM/SH: seus reflexos no direito tributário. São Paulo: Quartier Latin, 2015.

ATALIBA, Geraldo (Coord.). *Elementos de direito tributário*: notas taquigráficas do III Curso de Especialização em Direito Tributário, realizado na Pontifícia Universidade Católica de São Paulo. São Paulo: RT, 1978.

ATALIBA, Geraldo. *Hipótese de incidência tributária*. 6. ed. São Paulo: Malheiros, 2004.

ATALIBA, Geraldo. ICMS. Incorporação ao ativo – empresa que loca, oferece em "leasing" seus produtos – descabimento do ICMS. *Revista de Direito Tributário*. São Paulo: RT, v. 52.

ATALIBA, Geraldo. Lei complementar em matéria tributária. *Revista de Direito Tributário*. São Paulo: RT, n. 48, p. 84-106, abr./jun. 1989.

ATALIBA, Geraldo. Lei complementar tributária e alcance das disposições do Código Tributário Nacional. *In: VI Curso de Especialização em Direito Tributário*. São Paulo: Resenha Tributária, 1978, p. 775-792.

ATALIBA, Geraldo. Normas gerais de direito financeiro e tributário e autonomia dos Estados e Municípios: limites à norma geral – Código Tributário Nacional. *Revista de Direito Público*. São Paulo: RT, n. 10, p. 45-80, out./dez. 1969.

ATALIBA, Geraldo. *O decreto-lei na Constituição de 1967*. São Paulo: RT, 1967.

ATALIBA, Geraldo. *Sistema constitucional tributário*. São Paulo: RT, 1968.

ATALIBA, Geraldo; GIARDINO, Cleber. Núcleo da definição constitucional do ICM. *Revista de Direito Tributário*. São Paulo: RT, v. 25/26.

ATALIBA, Geraldo; GONÇALVES, José Artur Lima. Carga tributária e prazo de recolhimento de tributos. *Revista de Direito Tributário*. São Paulo: RT, nº 45, p. 24-31, jul./set. 1988.

ATIENZA, Manuel; MANERO, Juan Ruiz. *Ilícitos atípicos*: sobre o abuso de direito, fraude à lei e desvio de poder. Trad. Janaina Roland Matida. São Paulo: Parcial Pons, 2014.

ÁVILA, Humberto. Limites Constitucionais à Instituição do IBS e da CBS. *Revista Direito Tributário Atual*, v. 56. ano 42. p. 701-730. São Paulo: IBDT, p. 701-730, 1º quadrimestre 2024.

ÁVILA, Humberto. *Medida provisória na Constituição de 1988*. Porto Alegre: Fabris, 1997.

ÁVILA, Humberto. *Segurança jurídica*: entre permanência, mudança e realização no direito tributário. 2. ed. São Paulo: Malheiros, 2012.

ÁVILA, Humberto. *Sistema constitucional tributário brasileiro*. 5. ed. São Paulo: Saraiva, 2019.

ÁVILA, Humberto. *Teoria da igualdade tributária*. 3. ed. São Paulo: Malheiros, 2015.

ÁVILA, Humberto. *Teoria da segurança jurídica*. 5. ed. São Paulo: Malheiros, 2019.

AVOLIO, Diego; DE ANGELIS, Enrico. *Transfer princing* e valore in dogana: analisi comparata ed esperienze a confronto. *In:* MAYR, Siegfried; SANTACROCE (a cura di). *Valore in dogana e transfer princing*. Milão: Wolter Kluwer, versão "E-Book, Apple", 2014.

BALEEIRO, Aliomar. *Direito tributário brasileiro*. 13. ed. Atual. Misabel Abreu Machado Derzi. Rio de Janeiro: Forense, 2015.

BALEEIRO, Aliomar. *Limitações constitucionais ao poder de tributar*. 8. ed. Rio de Janeiro: Forense, 2010.

BALEEIRO, Aliomar. *Uma introdução à ciência das finanças*. Atual. Dejalma de Campos. 15. ed. Rio de Janeiro: Forense, 1998.

BALZANI, Francesca. El *transfer pricing*. *In*: UCKMAR, Victor; ALTAMIRANO, Alejandro C.; TÔRRES, Heleno Taveira (Coord.). *Impuestos sobre el comercio internacional*. 2. ed. Madrid-Barcelona-Buenos Aires: Marcial-Pons, 2008.

BARACHO, José Alfredo de Oliveira. *Teoria geral do federalismo*. Belo Horizonte: FUMAR/UCMG, 1982.

BARBIERI, Luís Eduardo Garrossino. A natureza jurídica do regime aduaneiro *drawback*. *In:* PEIXOTO, Marcelo Magalhães; SARTORI, Angela; DOMINGO, Luiz Roberto (Coord.). *Tributação aduaneira à luz da jurisprudência do CARF – Conselho Administrativo de Recursos Fiscais*. São Paulo: APET-MP, 2013.

BARBIERI, Luís Eduardo Garrossino. A prova da interposição fraudulenta de pessoas no processo tributário. *In:* PEREIRA, Cláudio Augusto Gonçalves; REIS, Raquel Segalla (Coord.). *Ensaios de direito aduaneiro*. São Paulo: Intelecto, 2015.

BARBIERI, Luís Eduardo Garrossino. O novo *drawback* "flex". *In:* SARTORI, Angela (Coord.). *Questões atuais de direito aduaneiro e tributário à luz da jurisprudência dos Tribunais*. São Paulo: IOB-Sage, 2017.

BARRAL, Welber. *Dumping e comércio internacional: a regulamentação antidumping após a Rodada Uruguai*. Rio de Janeiro: Forense, 2000.

BARRAL, Welber; BROGINI, Gilvan. *Manual prática de defesa comercial*. São Paulo: Lex-Aduaneiras, 2007.

BARREIRA, Enrique C. Ensayo metodológico para um ordenamento aduaneiro com especial referencia a las infracciones aduaneiras. In: CARRERO, Germán Pardo (dir.). *Ilícitos aduaneiros y sanciones*. Bogotá: Tirant lo Blanch, 2022.

BARREIRA, Enrique C. El "valor en aduana" y los "precios de transferencia" en las transacciones internacionales entre empresas vinculadas: dos enfoques ante un mismo fenómeno. *Revista de Estudios Aduaneros* nº 15, segundo semestre de 2001 – primeiro e segundo semestre de 2002. Buenos Aires: Instituto Argentino de Estudios Aduaneros, p. 113-124.

BARREIRA, Enrique C. Función y estrutura normativa del derecho antidumping. *In:* CARRERO, Germán Pardo (dir.); MARSILLA, Santiago Ibáñez; YEBRA, Felipe Moreno (codir.). *Derecho aduanero*. Bogotá: Universidad del Rosario; Tirant lo Blanch, t. II, 2020.

BARREIRA, Enrique C. La obligación tributaria aduanera y el hecho gravado por los derechos de importación. *Revista de Estudios Aduaneros* nº 12, primer y segundo semestre de 1998. Buenos Aires: Instituto Argentino de Estudios Aduaneros, p. 87-128.

BARREIRA, Enrique C. La relación jurídica tributaria y relación jurídica aduanera. *Revista de Estudios Aduaneros* nº 18. Buenos Aires: Instituto Argentino de Estudios Aduaneros, p. 55-74.

BARREIRA, Enrique C. Los "precios de transferencia" en las transacciones internacionales entre empresas vinculadas: dos enfoques ante un mismo fenómeno. *Revista de Estudios Aduaneros* nº 15. Buenos Aires: Instituto Argentino de Estudios Aduaneros, p. 113-124, 2º sem. 2001 - 1º-2º sem. 2002.

BARREIRA, Enrique C. Valoración aduanera para las importación de plantas industriales "llave em mano". *In*: CARRERO, Germán Pardo (dir.). *Relevancia tributaria del valor en aduana de la mercancia importada*. Bogotá: Instituto Colombiano de Derecho Tributário, p. 337-355, 2015.

BARRETO, Aires. *Base de cálculo, alíquota e princípios constitucionais*. 2. ed. São Paulo: Max Limonad, 1998.

BARRETO, Gileno G. *Controvérsias jurídico-contábeis acerca da incidência da contribuição ao PIS e da Cofins sobre as subvenções econômicas. PIS e Cofins à luz da jurisprudência do Carf*. São Paulo: MP, 2011.

BARRETO, Paulo Ayres. *Imposto sobre a renda e preços de transferência*. São Paulo: Dialética, 2001.

BARROS, José Floriano de; CARLUCCI, José Lence. *Regimes aduaneiros especiais*. Guarulhos: Comepe, 1976.

BARROSO, Luís Roberto. Dez anos da Constituição de 1988 (foi bom pra você também?). *In: A Constituição democrática brasileira e o Poder Judiciário*. Coleção Debates. São Paulo: Fundação Konrad-Adenauer-Stiftung, nº 20, 1999.

BARROSO, Luís Roberto. *Interpretação e aplicação da Constituição*: fundamentos de uma dogmática constitucional transformadora. São Paulo: Saraiva, 1996.

BASALDÚA, Ricardo Xavier. Autonomía del derecho aduanero. *In*: CARRERO, Germán Pardo (dir.); MARSILLA, Santiago Ibáñez; YEBRA, Felipe Moreno (codir.). *Derecho aduanero*. Bogotá: Universidad del Rosario; Tirant lo Blanch, t. I, 2019.

BASALDÚA, Ricardo Xavier. *Derecho aduanero*: parte general - sujetos. Buenos Aires: Abeledo-Perrot, 1992.

BASALDÚA, Ricardo Xavier. *Introducción al derecho aduanero*: concepto y contenido. Buenos Aires. Abeledo-Perrot, 1988.

BASALDÚA, Ricardo Xavier. La aduana: concepto y funciones esenciales y contingentes. *Revista de Estudios Aduaneros* nº 18, primer semestre de 2007. Buenos Aires: Instituto Argentino de Estudios Aduaneros, p. 37-54.

BASALDÚA, Ricardo Xavier. La territorialidad en los impuestos aduaneros. *In*: UCKMAR, Victor; ALTAMIRANO, Alejandro C.; TÔRRES, Heleno Taveira (Coord.). *Impuestos sobre el comercio internacional*. 2. ed. Madrid-Barcelona-Buenos Aires: Marcial-Pons, 2008, p. 131-146.

BASALDÚA, Ricardo Xavier. Origen o conformación del derecho aduanero. *In*: CARRERO, Germán Pardo (dir.); MARSILLA, Santiago Ibáñez; YEBRA, Felipe Moreno (codir.). *Derecho aduanero*. Bogotá: Universidad del Rosario; Tirant lo Blanch, t. I, 2019.

BASALDÚA, Ricardo Xavier. Principios generales del derecho aduanero. *In*: CARRERO, Germán Pardo (dir.); MARSILLA, Santiago Ibáñez; YEBRA, Felipe Moreno (codir.). *Derecho aduanero*. Bogotá: Tirant lo Blanch; Universidad del Rosario, t. I, 2019.

BASALDÚA, Ricardo Xavier. Reflexiones sobre el Codigo Aduanero del Mercosur. *Revista de Estudios Aduaneros* nº 10, segundo semestre de 1996 – primer semestre de 1998. Buenos Aires: Instituto Argentino de Estudios Aduaneros, p. 115-129.

BASALDÚA, Ricardo Xavier. *Tributos al comercio exterior*. Buenos Aires: Abeledo-Perrot, 2011.

BASTOS, Celso Ribeiro. *Curso de direito constitucional*. 22. ed. São Paulo: Malheiros, 2010.

BASTOS, Celso Ribeiro. *Hermenêutica e interpretação constitucional*. 4. ed. São Paulo: Malheiros, 2014.

BATISTA, Luiz Rogério Sawaya. Anotações sobre a interposição fraudulenta para reflexão. *In*: PEREIRA, Cláudio Augusto Gonçalves; REIS, Raquel Segala (Org.). *Ensaios de direito aduaneiro*. São Paulo: Intelecto, p. 425-438, 2015.

BATISTA, Nilo. *Concurso de agentes*: uma investigação sobre os problemas da autoria e da participação no direito penal brasileiro. 3. ed. Rio de Janeiro: Lumen Juris, 2005.

BATISTA JUNIOR, Onofre Alves. *Manual de direito tributário*. Belo Horizonte: Casa do Direito, 2023.

BATISTA JÚNIOR, Onofre Alves; SILVA, Paulo Roberto Coimbra (Coord.). *Direito aduaneiro e direito tributário aduaneiro*. Belo Horizonte: Letramento, 2022.

BAUER, Harmut. ¿Transformación radical en la doctrina del Derecho administrativo? Las formas y las relaciones jurídicas como elementos de una dogmática jurídico-administrativa actual. Documentación administrativa, nº 234, p. 133-160, abr.-jun. 1993.

BECHO, Renato Lopes. *Responsabilidade tributária de terceiros*: CTN, arts. 134 e 135. São Paulo: Saraiva, 2014.

BECHO, Renato Lopes. *Sujeição passiva e responsabilidade tributária*. São Paulo: Dialética, 2000.

BECKER, Alfredo Augusto. *Teoria geral do direito tributário*. 3. ed. São Paulo: Lejus, 1998.

BELLANTE, Piero. *Il sistema doganale*. Torino: Giappichelli, 2020.

BENDA, Ernest; MAIHOFER, Werner; VOGEL, Hans-Jochen; HESSE, Konrad; HEYDE, Wolfgang. *Manual de derecho constitucional*. Trad. Antonio López Pina. 2. ed. Madrid-Barcelona: Marcial Pons, 2001.

BENKE, Rafael Tiago Juk. Ensaio sobre a valoração aduaneira no Brasil. *In*: TÔRRES, Heleno Taveira (Coord.). *Direito tributário internacional aplicado*. São Paulo: Quartier Latin, 2003.

BIANCHI, Pablo Gonzáles. Algunas reflexiones sobre el valor de transacción. *In*: CARRERO, Germán Pardo (dir.). *Relevancia tributaria del valor en aduana de la mercancia importada*. Bogotá: Instituto Colombiano de Derecho Tributário, 2015.

BIRK, Dieter. *Diritto tributario Tedesco*. Trad. Enrico de Mita. Milano: Giuffrè, 2006.

BITENCOURT, Cezar Roberto. *Tratado de direito penal*: parte geral. 8. ed. São Paulo: Saraiva, v. 1, 2003.

BIZELLI, João dos Santos. *Classificação fiscal de mercadorias*. 2. ed. São Paulo: Aduaneiras, 2020.

BIZELLI, João dos Santos. *Importação*: sistemática administrativa, cambial e fiscal. São Paulo: Aduaneiras-Lex, 2009.

BOBBIO, Norberto. *Teoria do ordenamento jurídico*. Brasília: Polis, 1991.

BOBBIO, Norberto. *Teoría general del derecho*. Trad. Eduardo Rozo Acuña. Madrid: Debate, 1999.

BONAVIDES, Paulo. *Curso de direito constitucional*. 30. ed. São Paulo: Malheiros, 2015.

BONETTA, Francesco. *L'addifamento nel diritto amministrativo dei tributi*. Milano: Wloters Kluwer--Cedam, 2021.

BORGES, José Souto Maior. Isenções em tratados internacionais de impostos dos Estados-Membros e Municípios. *In*: MELLO, Celso Antônio Bandeira de (Org.). *Estudos em homenagem a Geraldo Ataliba*. São Paulo: Malheiros, 1997.

BORGES, José Souto Maior. *Introdução ao direito financeiro*. São Paulo: Max Limonad, 1998.

BORGES, José Souto Maior. *Lei complementar tributária*. São Paulo: RT, 1975.

BORGES, José Souto Maior. Limitações temporais da medida provisória: a anterioridade tributária. *Revista de Direito Tributário* nº 64.

BORGES, José Souto Maior. *Teoria geral da isenção tributária*. 3. ed. São Paulo: Malheiros, 2001.

BOTTALLO, Eduardo. *IPI*: princípios e estrutura. São Paulo: Dialética, 2009.

BOZZI, Giuseppe. Comportamento del debitore a attuazione del raporto obbligatorio. In: ZOPPINI, Andrea (Coord.). *Diritto civile*: il rapporto obbligatorio. Milano: Giùffre, 2009.

BRANCO, Leonardo. Imposto de importação. In: SEHN, Solon; PEIXOTO, Marcelo Magalhães (Coord.). *Direito aduaneiro e tributação do comércio exterior*. São Paulo: MP, 2023.

BRANCO, Leonardo. *Normas tributárias niveladoras: concreção da não discriminação por meio de ajustes tributários sobre o comércio internacional*. 2023. Tese de doutorado – Faculdade de Direito, Universidade de São Paulo, São Paulo, 2023

BRITTO, Demes. A problemática de conflito entre o direito interno e o direito internacional em matéria tributária. *In:* BRITTO, Demes; CASEIRO, Marcos Paulo (Coord.). *Direito tributário internacional*: teoria e prática. São Paulo: RT, 2014.

BRITTO, Lucas Galvão de. *Tributar na era da técnica*: como as definições feitas pelas agências reguladoras vêm interpretando as normas tributárias. São Paulo: Noeses, 2018.

BRITTO, Lucas Galvão de; CASEIRO, Marcos Paulo (Coord.). *Direito tributário internacional*: teoria e prática. São Paulo: RT, 2014.

CÁCERES NIETO, Enrique. *Lenguaje y derecho: las normas jurídicas como sistema de enunciados*. México: UNAM, 2000.

CAGLIARI, José Francisco. Do concurso de pessoas. *Justitia*. São Paulo, 61 (185/188), jan./dez. 1999.

CANARIS, Claus Wilhelm. *Pensamento sistemático e conceito de sistema na ciência do direito*. Lisboa: Fundação Calouste Gulbenkian, 1989.

CANAZARO, Fábio. *Lei complementar tributária na Constituição de 1988*: normas gerais em matéria de legislação tributária e autonomia federativa. Porto Alegre: Livraria do Advogado, 2005.

CANOTILHO, José Joaquim Gomes. *Constituição dirigente e vinculação do legislador*: contributo para a compreensão das normas constitucionais programáticas. Coimbra: Coimbra, 1994.

CANOTILHO, José Joaquim Gomes. *Direito constitucional*. 6. ed. Coimbra: Almedina, 1996.

CANOTILHO, José Joaquim Gomes. *Direito constitucional*. 7. ed. Coimbra: Almedina, 2003.

CANOTILHO, J. J. Gomes; VITAL MOREIRA. *Fundamentos da Constituição*. Coimbra: Coimbra, 1991.

CARABAJO, Fernanda Inga; LANDÁZURI, Pablo Villegas. *Infracciones y sanciones aduaneras en el derecho ecuatoriano*. In: CARRERO, Germán Pardo (dir.). *Ilícitos aduaneiros y sanciones*. Bogotá: Tirant lo Blanch, 2022.

CARLUCCI, Jose Lence. *Uma introdução ao sistema aduaneiro*. São Paulo: Aduaneiras, 1996.

CARRAZZA, Elizabeth Nazar; JESUS, Isabela Bonfá de. (Org.). *Atualidades do Sistema Tributário Nacional*. São Paulo: Quartier Latin, v. 1, 2015.

CARRAZZA, Roque Antonio. *Curso de direito constitucional tributário*. 16. ed. São Paulo: Malheiros, 2001.

CARRAZZA, Roque Antonio. *Curso de direito constitucional tributário*. 19. ed. São Paulo: Malheiros, 2004.

CARRAZZA, Roque Antonio. *Curso de direito constitucional tributário*. 30. ed. São Paulo: Malheiros, 2015.

CARRAZZA, Roque Antonio. *ICMS*. 6. ed. São Paulo: Malheiros, 2000.

CARRAZZA, Roque Antonio. *ICMS*. 10. ed. São Paulo: Malheiros, 2005.

CARRAZZA, Roque Antonio. *ICMS*. 17. ed. São Paulo: Malheiros, 2015.

CARRAZZA, Roque Antonio. *O regulamento no direito brasileiro*. São Paulo: RT, 1981.

CARRERO, Germán Pardo. El derecho aduanero, razón de ser y relación con el derecho tributario. La aduana y sus funciones. *In*: CARRERO, Germán Pardo (dir.); MARSILLA, Santiago Ibáñez; YEBRA, Felipe Moreno (codir.). *Derecho aduanero*. Bogotá: Universidad del Rosario; Tirant lo Blanch, t. I, 2019.

CARRERO, Germán Pardo (dir.). *Ilícitos aduaneiros y sanciones*. Bogotá: Tirant lo Blanch, 2022.

CARRERO, Germán Pardo. *Compliance* en el ámbito aduanero. El Estado frente as *compliance*. In: CARRERO, Germán Pardo (dir.). *Ilícitos aduaneiros y sanciones*. Bogotá: Tirant lo Blanch, 2022.

CARRERO, Germán Pardo. La valoración en aduanas y los precios de transferencias: la cuestionable compatibilidade. *In*: CARRERO, Germán Pardo (dir.). *Relevancia tributaria del valor en aduana de la mercancia importada*. Bogotá: Instituto Colombiano de Derecho Tributário, 2015.

CARRERO, Germán Pardo (dir.). *Relevancia tributaria del valor en aduana de la mercancia importada*. Bogotá: Instituto Colombiano de Derecho Tributário, 2015.

CARRERO, Germán Pardo (dir.); MARSILLA, Santiago Ibáñez; YEBRA, Felipe Moreno (codir.). Derecho aduanero. Bogotá: Universidad del Rosario; Tirant lo Blanch, t. I, 2019.

CARRÍO, Genaro. *Notas sobre derecho e lenguaje*. Buenos Aires; Abeledo-Perrot, 1972.

CARSTEN, Weerth. Basic principles of customs classification under the Harmonized System. *Global Trade and Customs Journal*. Alphen aan den Rijn: Wolters Kluwer International, v. 3, Iss. 2, p. 61-67, 2008. Disponível em: http:hdl.handle.net/10419/183147. Acesso em: 18 set. 2021.

CARVALHO, Aurora Tomazini de. *Curso de teoria geral do direito*: o construtivismo lógico-semântico. 5. ed. São Paulo: Noeses, 2016.

CARVALHO, Aurora Tomazini de (Org.). *Decadência e prescrição em direito tributário*. 2. ed. São Paulo: MP, 2010.

CARVALHO, Aurora Tomazini de. O construtivismo lógico-semântico como método de trabalho na elaboração jurídica. *In*: CARVALHO, Paulo de Barros (Coord.); CARVALHO, Aurora Tomazini de (Org.). *Construtivismo lógico-semântico*. São Paulo: Noeses, v. I, 2014.

CARVALHO, Aurora Tomazini de. *Teoria geral do direito*: o construtivismo lógico-semântico. 4. ed. São Paulo: Noeses, 2014.

CARVALHO, Jeferson Moreira de. *Leis complementares*. São Paulo: Themis, 2000.

CARVALHO, Marcelo Pimentel de. *Valor aduaneiro*: princípios, métodos e fraude. São Paulo: Aduaneiras, 2007.

CARVALHO, Paulo de Barros. Algo sobre o construtivismo lógico-semântico. *In*: CARVALHO, Paulo de Barros (Coord.); CARVALHO, Aurora Tomazini de (Org.). *Construtivismo lógico-semântico*. São Paulo: Noeses, v. I, 2014.

CARVALHO, Paulo de Barros. *A regra-matriz do ICM*. Tese de Livre Docência em Direito Tributário. São Paulo: PUC/SP, 1981.

CARVALHO, Paulo de Barros. *Curso de direito tributário*. 26. ed. São Paulo: Saraiva, 2014.

CARVALHO, Paulo de Barros. *Derivação e positivação no direito tributário*. São Paulo: Noeses, v. 1, 2011.

CARVALHO, Paulo de Barros. *Derivação e positivação no direito tributário*. São Paulo: Noeses, v. 2, 2013.

CARVALHO, Paulo de Barros. *Direito tributário*: fundamentos jurídicos da incidência. 10. ed. São Paulo: Saraiva, 2015.

CARVALHO, Paulo de Barros. *Direito tributário, linguagem e método*. 6. ed. São Paulo: Noeses, 2015.

CARVALHO, Paulo de Barros. IPI – Comentários sobre as regras gerais de interpretação da tabela NBM/SH (TIPI/TAB). *Revista Dialética de Direito Tributário*. São Paulo: Dialética, nº 12, p. 42-60, nov. 1996.

CARVALHO, Paulo de Barros. Preços de transferência no direito tributário brasileiro. *In*: UCKMAR, Victor; ALTAMIRANO, Alejandro C.; TÔRRES, Heleno Taveira (Coord..) *Impuestos sobre el comercio internacional*. 2. ed. Madrid-Barcelona-Buenos Aires: Marcial-Pons, 2008, p. 679-692.

CARVALHO, Paulo de Barros. Regra-matriz de incidência do imposto sobre importação de produtos estrangeiros. *Revista da Receita Federal*: estudos tributários e aduaneiros. Brasília, v. 01, n. 01, ago./dez. 2014, p. 61-77.

CARVALHO, Paulo de Barros. *Teoria da norma tributária*. 4. ed. São Paulo: Max Limonad, 2002.

CARVALHO, Paulo de Barros. *Teoria da norma tributária*. 5. ed. São Paulo: Quartier Latin, 2009.

CASTRO JUNIOR, Osvaldo Agripino. *Constituição, tributação e aduana no transporte marítimo e na atividade portuária*. Belo Horizonte: Fórum, 2020.

CASTRO JUNIOR, Osvaldo Agripino. *Direito marítimo made in Brasil*. São Paulo: Lex, 2007.

CASTRO JUNIOR, Osvaldo Agripino. *Direito regulatório e inovação nos transportes e portos nos Estados Unidos e Brasil*. Florianópolis: Conceito Editorial, 2009.

CATALAN, Marcos Jorge. *Descumprimento contratual*: modalidades, consequências e hipóteses de exclusão do dever de indenizar. Curitiba: Juruá, 2012.

CECILIA, Mora-Donatto. *El valor de la Constitución normativa*. México: UNAM, 2002.

CERIONI, Fabrizio. Gli elementi caractteristici dello'bbligazione doganale. In: SCUFFI, Massimo; ALBENZIO, Giuseppe; MICCINESI, Marco. *Diritto doganale, dele accise e di tributi ambientali*. Milão: Ipsoa, versão "E-Book, Apple", 2014.

CINTRA, Antônio Carlos de Araújo; GRINOVER, Ada Pellegrini; DINAMARCO, Cândido Rangel. *Teoria geral do processo*. 13. ed. São Paulo, Malheiros, 1997.

CLÈVE, Clèmerson Merlin. *Medidas provisórias*. 2. ed. São Paulo: Max Limonad, 1999.

CLÈVE, Clèmerson Merlin. *Temas de direito constitucional*. São Paulo: Acadêmica, 1993.

COÊLHO, Sacha Calmon Navarro. *Curso de direito tributário brasileiro*. 14. ed. Rio de Janeiro: Forense, 2015.

COÊLHO, Sacha Calmon Navarro. *Teoria geral do tributo, da interpretação e da exoneração tributária*. 3. ed. São Paulo: Dialética, 2003.

COÊLHO, Sacha Calmon Navarro; COELHO, Eduardo Junqueira; LOBATO, Valter de Souza. Subvenções para investimentos à luz das Leis 11.638/2007 e 11.941/2009. In: ROCHA, Sergio Andre (Coord.). *Direito tributário, societário e a reforma das Leis da S.A*. São Paulo: Quartier Latin, v. II, 2010.

COÊLHO, Sacha Calmon Navarro; DERZI, Misabel de Abreu Machado; *Do imposto sobre a propriedade predial e territorial urbana*. São Paulo: Saraiva, 1982.

COIMBRA, Paulo Roberto. *Direito tributário sancionador*. São Paulo: Quartier Latin, 2007.

COLLURA, Giorgio. *Importanza dell'inadempimento e teoria del contratto*. Milano: Giùffre, 1992.

COMELA, Víctor Ferreres, *Justicia constitucional y democracia*. Madrid, Centro de Estudios Polícitos y Constitucionales, 1997.

CONTRERAS, Juan José Pérez Cotapos. Breve descripción de las infracciones reglamentarias aduaneras en Chile y propuesta de sistematización y/o uniformidad con base en las denominadas obligaciones aduaneras. In: CARRERO, Germán Pardo (dir.). *Ilícitos aduaneiros y sanciones*. Bogotá: Tirant lo Blanch, 2022.

CONTRERAS, Máximo Carvajal. *Derecho aduanero*. 15. ed. México: Porrúa, 2009.

COPI, Irving M. *Introdução à lógica*. 2. ed. São Paulo: Mestre Jou, 1978.

CORRÊA, Luciane Amaral. A cláusula do tratamento nacional em matéria tributária do GATT/94 e o Brasil: validade e responsabilidade internacional em face do artigo 151, III, da Constituição Federal de 1988. *Revista de Informação Legislativa*. Brasília: Senado Federal, v. 38, n. 153, jan./mar. 2002.

CORREIA NETO, Celso de Barros. *O avesso do tributo*: incentivos e renúncias. 2. ed. São Paulo: Almedina, 2016.

COSSIO, Carlos. *La teoría egológica del derecho*: su problema y sus problemas. Buenos Aires: Abeledo-Perrot, 1963.

COSTA, Mário Júlio de Almeida. *Direito das obrigações*. 7. ed. Coimbra: Almedina, 1998.

COSTA, Ramón Valdés. *Instituciones de derecho tributario*. 2. ed. Buenos Aires: Depalma, 2004.

COSTA, Regina Helena. *Curso de direito tributário*: Constituição e Código Tributário Nacional. São Paulo: Saraiva, 2009.

COSTA, Regina Helena. Notas sobre a existência de um direito aduaneiro. *In*: FREITAS, Vladmir Passas de. *Importação e exportação no direito brasileiro*. São Paulo: RT, 2004.

COSTA, Regina Helena. *Princípio da capacidade contributiva*. 2. ed. São Paulo: Malheiros, 1996.

COSTA JUNIOR, Paulo José. *Comentários ao Código Penal*. 7. ed. São Paulo: Saraiva, 2002.

COSTA JUNIOR, Paulo José; DENARI, Zelmo. *Infrações tributárias e delitos fiscais*. 3. ed. São Paulo: Saraiva, 1998.

COTTER, Juan Patricio. *Derecho aduanero*. Buenos Aires, Abeledo Perrot, t. I, 2014.

COTTER, Juan Patricio. *Derecho aduanero*. Buenos Aires, Abeledo Perrot, t. II, 2014.

COTTER, Juan Patricio. *Derecho aduanero*. Buenos Aires, Abeledo Perrot, t. III, 2014.

COTTER, Juan Patricio. *Las infracciones aduaneras*. 2. ed. Buenos Aires: Abeledo Perrot, 2013.

COTTER, Juan Patricio. *Las infracciones aduaneiras*. En torno a la responsabilid, la culpa y el error exclusable. In: CARRERO, Germán Pardo (dir.). *Ilícitos aduaneiros y sanciones*. Bogotá: Tirant lo Blanch, p. 255-279, 2022.

COUTO E SILVA, Clóvis V. do. *A obrigação como processo*. Rio de Janeiro: FGV, 2006.

CREMONEZE, Paulo Henrique. *Prática de direito marítimo*: o contrato de transporte marítimo e a responsabilidade civil do transportador. 2. ed. São Paulo: Quartier Latin, 2012.

CURI, Bruno M. M. Da inviabilidade de retificação do lançamento em virtude de erro na classificação fiscal de mercadorias. *In*: PEREIRA, Cláudio Augusto Gonçalves; REIS, Raquel Segalla (Coord.). *Ensaios de direito aduaneiro*. São Paulo: Intelecto, 2015.

CUTRERA, Achille. *Principii di diritto e politica doganale*. 2. ed. Padova: Cedam, 1941.

DALSTON, Cesar Olivier. *Classificando alimentos, bebidas, tabaco, minerais e combustíveis na Nomenclatura do Mercosul*. São Paulo: Lex, 2006.

DALSTON, Cesar Olivier. *Classificando mercadorias:* uma abordagem didática da ciência da classificação de mercadorias. 2. ed. São Paulo: Aduaneiras, 2014.

DAMORIN, Mércia Helena Trajano. O instituto da decadência no comércio exterior. *In*: SARTORI, Angela (Coord.). *Questões atuais de direito aduaneiro e tributário à luz da jurisprudência dos Tribunais*. São Paulo: IOB-Sage, p. 19-35, 2017.

DANIEL NETO, Carlos Augusto. A loucura como método – uma perspectiva hamletiana da responsabilidade solidária na interposição fraudulenta de terceiros. *Revista Direito Tributário Atual*, (51), 152–173. Disponível em: https://doi.org/10.46801/2595-6280.51.6.2022.2166.

DATEY, V.S. *Customs law*: practice & procedures – as amended by Finance (Nº 2) Act 2019. New Delhi: Taxmann, 2019.

D'EÇA, Fernando L. Lobo. O controle do valor aduaneiro na importação. *In*: SARTORI, Angela (Coord.). *Questões atuais de direito aduaneiro e tributário à luz da jurisprudência dos Tribunais*. São Paulo: IOB-Sage, 2017.

DE DEO, Vincenzo. Valore in dogana delle merci. *In*: MARRELLA, Fabrizio; MAROTTA, Pasquale. *Codice doganale dell'Unione Europea commentato*. Milão: Giuffrè, 2019.

DEIAB JUNIOR, Remy. Ocultação do real sujeito passivo na importação e a quebra da cadeia de recolhimento do IPI. *Revista de Direito Tributário da APET*, v. 7, n. 26, 2010.

DELMANTO, Celso; DELMANTO, Roberto; DELMANTO JUNIOR, Roberto; DELMANTO, Fabio M. de Almeida. *Código penal comentado*. 6. ed. Rio de Janeiro: Renovar, 2002.

DE MITA, Enrico. *Interesse fiscale e tutela del contribuente*: le garanzie costituzionali. 4. ed. Milano: Giuffrè, 2000.

DERZI, Misabel Abreu Machado. *Modificações da jurisprudência no direito tributário*. São Paulo: Noeses, 2009.

DI SENA JÚNIOR, Roberto; PIZZOL, Scheron Dal. *Dumping* e comércio internacional: uma perspectiva em prol do multilateralismo. In: CASTRO JUNIOR, Osvaldo Agripino de (Org.). *Temas atuais de direito do comércio internacional*. Florianópolis: Editora OAB/SC, 2005.

DINIZ, Maria Helena. *Lei de introdução às normas do direito brasileiro interpretada*. 17. ed. São Paulo: Saraiva, 2012.

DOMINGO, Luiz Roberto. Direito aduaneiro e direito tributário – regimes jurídicos distintos. In: PEIXOTO, Marcelo Magalhães; SARTORI, Angela; DOMINGO, Luiz Roberto (Coord.). *Tributação aduaneira à luz da jurisprudência do Carf – Conselho Administrativo de Recursos Fiscais*. São Paulo: MP-Apet, 2013.

DWORKIN, Ronald. *Uma questão de princípio*. São Paulo: Martins Fontes, 2000.

DWORKIN, Ronald. *Los derechos en serio*. Barcelona: Ariel, 1995.

DWORKIN, Ronald. *Taking rights seriously*. 16. ed. Massachusetts: Harvard University Press, 1997.

ENCHAVE, Delia Teresa; URQUIJO, María Eugenia; GUIBOURG, Ricardo A. *Lógica, proposición y norma*. Buenos Aires: Astrea, 1995.

ENE, Marcelo Machado. *Os agentes marítimos*. Belo Horizonte: Arraes, 2020.

ENTERRÍA, Eduardo García de. *Reflexiones sobre la Ley y los principios generales del Derecho*. Madrid: Civitas, 1986.

ENTERRÍA, Eduardo García de; FERNÁNDEZ, Tomás-Ramón. *Curso de direito administrativo*, 2. Revisor técnico Carlos Ari Sundfeld. Trad. José Alberto Froes Cal. São Paulo: RT, 2014.

ESTEBBING, Susan L. *Introducción moderna a la lógica*. México: UNAM, 1965.

FALCÃO, Amílcar de Araújo. *Fato gerador da obrigação tributária*. 6. ed. Rio de Janeiro: Forense, 1999.

FALCÃO, Amílcar de Araújo. *Sistema financeiro tributário*. Rio de Janeiro: Financeiras, 1965.

FALLET, Allan. *A natureza jurídica do processo administrativo fiscal*. São Paulo: Noeses, 2019.

FALSITTA, Gaspare. *Corso istituzionale di diritto tributario*. 8. ed. Milano: Cedam, 2022.

FALSITTA, Gaspare. *Manuale di diritto tributario – parte speciale*: il sistema delle imposte in Italia. 30 ed. Milano: Wolters Kluwer Italia, 2021.

FANUCCHI, Fábio. *Curso de direito tributário brasileiro*. 4. ed. São Paulo: Resenha Tributária, v. I, 1983.

FARIA, Luiz Alberto Gurgel de. Tributos sobre o comércio exterior. In: FREITAS, Vladmir Passas de. *Importação e exportação no direito brasileiro*. São Paulo: RT, p. 38-75, 2004.

FAZOLO, Diogo Bianchi. *Fraude aduaneira*: um estudo em homenagem aos 100 anos do curso de história tributária do Brasil de Augusto Olympio Viveiros de Castro. *Revista Direito Tributário Atual*, S. l., n. 33, p. 108–126, 2015.

FAZOLO, Diogo Bianchi. *Infrações aduaneiras à luz do direito aduaneiro internacional*. São Paulo: NSM-*Caput* Libris, 2024.

FÉLIX, Talita Pimenta. Da infração à sanção tributária. In: CARVALHO, Paulo de Barros (Coord.). *Congresso Nacional de Estudos Tributário*: derivação e positivação no direito tributário. São Paulo: Noeses, 2011.

FERNANDES, Edison Carlos. Convergência contábil como demonstração das transações *arm's length*. In: SCHOUERI, Luís Eduardo (Coord.). *Tributos e preços de transferência*. São Paulo: Dialética, v. 4, 2013.

FERNANDES, Rodrigo Mineiro. Infrações e penalidades aduaneiras: aspectos gerais do regime infracional aduaneiro brasileiro. In: SEHN, Solon; PEIXOTO, Marcelo Magalhães (Coord.). *Direito aduaneiro e tributação do comércio exterior*. São Paulo: MP, 2023.

FERNANDES, Rodrigo Mineiro. *Introdução ao direito aduaneiro*. São Paulo: Intelecto, 2018.

FERNANDES, Rodrigo Mineiro. Ocultação do sujeito passivo na importação e o controle aduaneiro: aspectos probatórios e novas discussões. In: BATISTA JÚNIOR, Onofre Alves; SILVA, Paulo

Roberto Coimbra (Coord.). *Direito aduaneiro e direito tributário aduaneiro*. Belo Horizonte: Letramento, 2022.

FERNANDES, Rodrigo Mineiro. *Revisão aduaneira e segurança jurídica*. São Paulo: Intelecto, 2016.

FERNANDES, Rodrigo Mineiro. Valoração aduaneira e subfaturamento. *In:* PEIXOTO, Marcelo Magalhães; SARTORI, Angela; DOMINGO, Luiz Roberto (Coord.). *Tributação aduaneira na Jurisprudência do CARF – Conselho Administrativo de Recursos Fiscais*. São Paulo: MP-APET, 2013.

FERRAZ JÚNIOR, Tercio Sampaio. ICMS: não cumulatividade e suas exceções constitucionais. *Revista de Direito Tributário*, n. 48, p. 19, abr./jul. 1989.

FERREIRA FILHO, Manoel Gonçalves. *Comentários à Constituição brasileira de 1988*: arts. 44 a 103. São Paulo: Saraiva, v. 2, 1992.

FERREIRA FILHO, Manoel Gonçalves. *Do processo legislativo*. 3. ed. São Paulo: Saraiva, 1995.

FERREIRA, Rony. Perdimento de bens. *In:* FREITAS, Vladmir Passos de (Coord.). *Importação e exportação no direito brasileiro*. São Paulo: RT, 2004.

FERRONI, Bruno. Transfer pricing e valore doganale. *In:* SCUFFI, Massimo; ALBENZIO, Giuseppe; MICCINESI, Marco. Diritto doganale, dele accise e di tributi ambientali. Milão: Ipsoa, versão "E-Book, Apple", p. 807-860, 2014.

FERRONI, Bruno; MAYR, Siegfried; SANTACROCE, Benedetto. Le valorizzazione delle merci: problematiche e soluzioni. *In:* MAYR, Siegfried; SANTACROCE (a cura di). *Valore in dogana e transfer princing*. Milão: Wolter Kluwer, versão "E-Book, Apple", p. 16-36, 2014.

FIGUEIREDO, Flavia; VARELA, Andrés. *Los despachantes de aduana y las infracciones y sanciones aduaneras*. In: CARRERO, Germán Pardo (dir.). *Ilícitos aduaneiros y sanciones*. Bogotá: Tirant lo Blanch, 2022.

FIORILLO, Celso Antonio Pacheco; FIORILLO, João Antonio Ferreira Pacheco. *Os impostos do pecado*: a reforma tributária no Brasil e os impostos sobre produção, extração, comercialização ou importação de bens e serviços prejudiciais à saúde ou ao meio ambiente em face do direito ambiental constitucional. Rio de Janeiro: Lumen Juris, 2024.

FISCHER, Octavio Campos. *A contribuição ao PIS*. São Paulo: Dialética, 1999.

FLORIANO, Daniela. A atividade de classificar mercadorias. In: SEHN, Solon; PEIXOTO, Marcelo Magalhães (Coord.). *Direito aduaneiro e tributação do comércio exterior*. São Paulo: MP, 2023.

FLORIANO, Daniela; BATISTA JÚNIOR, Onofre Alves. Reflexões sobre autonomia do direito aduaneiro e seus princípios informadores. In: BATISTA JÚNIOR, Onofre Alves; SILVA, Paulo Roberto Coimbra (Coord.). *Direito aduaneiro e direito tributário aduaneiro*. Belo Horizonte: Letramento, 2022.

FOLLONI, André Parmo. *Tributação sobre o comércio exterior*. São Paulo: Dialética, 2005.

FONROUGE, Carlos M. Giuliani. *Derecho financiero*. 2. ed. Buenos Aires: Depalma, v. 2, 1970.

FREITAS, Daniele S. Ribeiro de. A influência da evolução do comércio exterior na função fiscal e extrafiscal do imposto de importação. *In:* MOREIRA JUNIOR, Gilberto de Castro; PEIXOTO, Marcelo Magalhães (Orgs.). *Direito tributário internacional*. São Paulo: MP, 2006.

FREITAS, Vladmir Passos de (Coord.). *Importação e exportação no direito brasileiro*. São Paulo: RT, 2004.

GALVAN, Gemma Sala. *Los precios de transferência internacionales*: su tratamiento tributario. Valencia: Tirant Lo Blanch, 2003.

GANBARDELLA, Maurizio; ROVETTA, Davide. *Manuale di rimborsi e sgravi in materia doganale*. Milão: Ipsoa, versão "E-Book, Apple", 2012.

GARCÍA, Arturo Oropeza (Coord.). *El comercio exterior y la gestión aduanal en el siglo XXI*. México: UNAM, 2009.

GARCIA JUNIOR, Armando Alvares. *Tributos no comércio internacional*. 2. ed. São Paulo: Aduaneiras--Lex, 2005.

GAFFURI, Gianfranco. *Diritto tributario*: parte generale e parte speciale. 9. ed. Milano: Cedam, 2019.

GIANNINI, Achille Donato. *Istituzioni di diritto tributario*. 8. ed. Milano: Giuffrè, 1960.

GIBERTONI, Carla Adriana Comitre. *Teoria e prática do direito marítimo*. Rio de Janeiro: Renovar, 1998.

GIULIANI, Giuseppe. *Diritto tributario*. 3. ed. Milano: Giuffrè, 2002.

GOLDSCHIMIDT, Fabio Brun. *O princípio do não confisco no direito tributário*. São Paulo: RT, 2003.

GOLDSCHIMIDT, Fabio Brun. *Teoria da proibição de bis in idem no direito tributário e sancionador tributário*. São Paulo: Noeses, 2014.

GOMES, Luiz Flávio. A questão da obrigatoriedade dos tratados e convenções no Brasil: particular enfoque da Convenção Americana sobre Direitos Humanos, *Revista dos Tribunais*, v. 83, n. 710, p. 30, dez. 1994.

GOMES, Marcelle de Sousa Gonçalves. Conceitos e definições relacionados às regras de origem. In: AGUIAR, Marusk (Org.). *Discussões sobre regras de origem*. São Paulo: Aduaneiras, 2007.

GOMES, Orlando. *Introdução ao estudo do direito civil*. 13. ed. Rio de Janeiro, Forense, 1996.

GOMES, Orlando. *Obrigações*. 12. ed. Rio de Janeiro: Forense, 1998.

GOMES, Orlando. *Obrigações*. 17. ed. Rio de Janeiro: Forense, 2009.

GONÇALVES, José Artur Lima. *Isonomia na norma tributária*. São Paulo: Malheiros, 1993.

GONZÁLES, Ildefonso Sánches. *Historia general aduaneira de España*: edades antigua y media. Madrid: Instituto de Estudios Fiscales, 2014.

GORDILLO, Agustín. *Princípios gerais de direito público*. São Paulo: RT, 1977.

GORDILLO, Agustín. *Tratado de derecho administrativo*, t. 1: parte general. 8. ed. Buenos Aires: F.D.A., 2003.

GOULART, Paula Jacques. Revisão aduaneira e reclassificação fiscal de mercadorias. In: PEREIRA, Cláudio Augusto Gonçalves; REIS, Raquel Segalla (Coord.). *Ensaios de direito aduaneiro*. São Paulo: Intelecto, 2015.

GRECO, Luís. *Estudos de direito penal, direito processual penal e filosofia do direito*. São Paulo: Marcia Pons, 2013.

GRECO, Marco Aurélio. *Contribuições*: uma figura "sui generis". São Paulo: Dialética, 2000.

GRECO, Marco Aurélio. *Medidas Provisórias*. São Paulo: RT, 1991.

GRECO, Rogério. *Curso de direito penal*: parte geral. 4. ed. Rio de Janeiro, Impetus, 2004.

GROSCLAUDE, Jacques; MARCHESSOU, Philippe. *Diritto tributario francese*: le imposte – le procedure. Trad. Enrico de Mita. Milano: Giuffre, 2006.

GRUPENMACHER, Betina Treiger. *Tratados internacionais em matéria tributária e a ordem interna*. São Paulo: Dialética, 1999.

GRYTZ, Vera Kanas; KRAUSZ, Felipe de Andrade. Artigo 1. In: THORSTENSEN, Vera; OLIVEIRA, Luciana Maria de (Coord.); BADIN, Michelle Ratton Sanchez (Org.). *Releitura dos acordos da OMC como interpretados pelo órgão de apelação*: efeitos na aplicação das regras de comércio internacional – Acordo Geral sobre Tarifas e Comércio 1994 – GATT 1994. São Paulo: Escola de Economia de São Paulo da Fundação Getulio Vargas-Centro do Comércio Global de Investimento, 2013.

GUASTINI, Ricardo. *Estudios de teoría constitucional*. México: UNAM, 2001.

GUASTINI, Ricardo. Sobre el concepto de constitución. Cuestiones constitucionales. *Revista Mexicana de Derecho Constitucional* nº 1, jul.-dic. 1999.

HENSEL, Albert. *Derecho tributario*. Trad. Andrés Báez Moreno, María Luisa Gonzáles-Cuéllar Serrano y Enrique Ortiz Calle. Madrid-Barcelona: Marcial Pons, 2005.

HERBAIN, Charlène Adline. *VAT neutrality*. Éditions Larcier, Kindle Edition, 2015.

HERNÁNDEZ, Francisco Clavijo. Impuestos Aduaneros. In: HERNÁNDEZ, Francisco Clavijo; LAPATZA, José Juan Ferrero; QUERALT, Juan Martín; LÓPES, José Manuel Tejerizo; ROYO, Fernando

Pérez. *Curso de derecho tributario: parte especial: sistema tributario: los tributos em particular*. 19. ed. Madrid-Barcelona, 2003.

HERNÁNDEZ, Francisco Clavijo; LAPATZA, José Juan Ferrero; QUERALT, Juan Martín; LÓPES, José Manuel Tejerizo; ROYO, Fernando Pérez. *Curso de derecho tributario: parte especial: sistema tributario: los tributos em particular*. 19. ed. Madrid-Barcelona, 2003.

HESSE, Konrad. *Elementos de direito constitucional da república federal da Alemanha*. Porto Alegre: Fabris, 1998.

HILÚ NETO, Miguel. *Imposto sobre importações e imposto sobre exportações*. São Paulo: Quartier Latin, 2003.

HILÚ NETO, Miguel. O elo jurídico entre a valoração aduaneira e os preços de transferência. *In*: FERNANDES, Edison Carlos (Coord.). *Preços de transferência*. São Paulo: Quartier Latin, 2007.

HILÚ NETO, Miguel. Preços de transferência e valor aduaneiro: a questão da vinculação à luz dos princípios tributários. *In*: SCHOUERI, Luís Eduardo; ROCHA, Valdir de Oliveira (Coords.). *Tributos e preços de transferência*. São Paulo: Dialética, v. 2, 1999.

HOLANDA, Flávia. *Aspectos tributários do entreposto aduaneiro*: regimes especiais e o setor do óleo e gás. São Paulo: IOB Sage, 2016.

HOLANDA GAETA, Flávia. Recof-Sped. In: SEHN, Solon; PEIXOTO, Marcelo Magalhães (Coord.). *Direito aduaneiro e tributação do comércio exterior*. São Paulo: MP, 2023.

HORTA, Raul Machado. *Estudos de direito constitucional*. Belo Horizonte: Del Rey, 1995.

HORTA, Raul Machado. Repartição de competências na Constituição Federal de 1988. *Revista Trimestral de Direito Público* nº 02.

HORVATH, Estevão. *O princípio do não confisco no direito tributário*. São Paulo: Dialética, 2002.

IORO, Giovanni. *Ritardo nell'adempimento e risoluzione del contratto*. Milano: Giùffre, 2012.

ITURRALADE, María Gabriela Uquillas. Los delitos aduaneros en la Comunidad Andina. In: CARRERO, Germán Pardo (dir.). *Ilícitos aduaneiros y sanciones*. Bogotá: Tirant lo Blanch, 2022.

IZURIETA Y SEA, Pilar. Posible repetición por el pago de tributos efectuados por el importador ante el hecho gravado por el faltante a la descarga. *Revista de Estudios Aduaneros* nº 13, primer y segundo semestre de 1999. Buenos Aires: Instituto Argentino de Estudios Aduaneros.

JARA, Edgar Fernando Costo. Sistema de infracciones y sanciones aduaneras en el Perú: una nueva legislación en una nueva normalidad. In: CARRERO, Germán Pardo (dir.). *Ilícitos aduaneiros y sanciones*. Bogotá: Tirant lo Blanch, 2022.

JARACH, Dino. *Finanzas públicas y derecho tributario*. 3. ed. Buenos Aires: Abeledo-Perrot, 1996.

JARACH, Dino. *O fato imponível*: teoria geral do direito tributário substantivo. 2. ed. São Paulo: RT, 2004.

JARDIM, Eduardo Marcial Ferreira. *Manual de direito financeiro e tributário*. 3. ed. São Paulo: Saraiva, 1996.

JEZÈ, Gaston. O fato gerador do imposto (contribuição à teoria do crédito de imposto). *Revista de Direito Administrativo*. Rio de Janeiro, nº 2, p. 50-63, jul. 1945.

JESUS, Avelino de. *Despacho aduaneiro de importação*. São Paulo: Aduaneiras, 2014.

JESUS, Damásio E. de. *Direito penal*. 25. ed. São Paulo: Saraiva, 2002. v. 1.

JESUS, Fernando Bonfá de. Importação para industrialização por encomenda. *In*: BRITTO, Demes (Coord.). *Questões controvertidas do direito aduaneiro*. São Paulo: IOB Folhamatic EBS-SAGE, 2014.

JESUS, Fernando Bonfá de; JESUS, Isabela Bonfá de. Tratados internacionais e os efeitos da lei do preço de transferência. *In*: CARRAZZA, Elizabeth Nazar; JESUS, Isabela Bonfá de. (Org.). *Atualidades do sistema tributário nacional*. São Paulo: Quartier Latin, 2015, v. 1.

JUSTEN FILHO, Marçal. *Curso de direito administrativo*. São Paulo: Saraiva, 2005.

JUSTEN FILHO, Marçal. *Curso de direito administrativo*. 13. ed. São Paulo: RT, 2018.

JUSTEN FILHO, Marçal. *O imposto sobre serviços na Constituição*. São Paulo: RT, 1985.

JUSTEN FILHO, Marçal. *Sujeição passiva tributária*. Belém: CEJUP, 1986.

JUSTEN FILHO, Marçal. *Teoria geral das concessões de serviço público.* São Paulo: Dialética, 2003.

KELSEN, Hans. *La garantia jurisdiccional de la Constitución*: la justicia constitucional. Trad. Rolando Tamayo y Salmorán. México: UNAM, 2001.

KELSEN, Hans. *Teoria geral das normas*. Porto Alegre: Fabris, 1986.

KELSEN, Hans. *Teoría general del derecho y del Estado*. México: Unam, 1959.

KELSEN, Hans. *Teoria geral do direito e do estado*. 3. ed. São Paulo: Martins Fontes, 1998.

KELSEN, Hans. *Teoria pura do direito*. 6. ed. São Paulo: Martins Fontes, 1998.

KERAMIDAS, Fabiola Cassiano. A zona franca de Manaus e a isenção de PIS e Cofins. *In:* SARTORI, Angela (Coord.). *Questões atuais de direito aduaneiro e tributário à luz da jurisprudência dos Tribunais*. São Paulo: IOB-Sage, 2017.

KRAKOWIAK, Leo; KRAKOWIAK, Ricardo. Os impostos de importação e exportação. *In:* MARTINS, Ives Gandra da Silva (Coord.). *Curso de direito tributário*. 7. ed. São Paulo: Saraiva, 2000.

LABANDERA, Pablo. El sistema harmonizado y la nomenclatura arancelaria. Análisis jurídico y práctico. *In:* CARRERO, Germán Pardo (dir.); MARSILLA, Santiago Ibáñez; YEBRA, Felipe Moreno (codir.). Derecho aduanero. Bogotá: Universidad del Rosario; Tirant lo Blanch, t. I, 2019.

LABANDERA, Pablo. *Las sanciones aduaneiras en el derecho uruguayo*. In: CARRERO, Germán Pardo (dir.). *Ilícitos aduaneiros y sanciones*. Bogotá: Tirant lo Blanch, 2022.

LACOMBE, Américo Lourenço Masset. *Imposto de importação*. São Paulo: RT, 1979.

LACOMBE, Américo Lourenço Masset. *Princípios constitucionais tributários*. São Paulo: Malheiros, 1996.

LACOMBE, Américo Lourenço Masset. *Teoria do imposto de importação*. Tese (Doutorado em Direito). Pontifícia Universidade Católica de São Paulo. São Paulo, 1978.

LACOSTE, Juan José. El nuevo papel de las aduanas. La nueva filosofía y las sanciones en materia aduanera. In: CARRERO, Germán Pardo (dir.). *Ilícitos aduaneiros y sanciones*. Bogotá: Tirant lo Blanch, 2022.

LAPATZA, José Juan Ferrero. *Curso de derecho financiero español*: derecho tributario (parte especial. Sistema tributario. Los tributos en particular). 22. ed. Madrid-Barcelona, v. III, 2000.

LAPATZA, José Juan Ferrero; HERNÁNDEZ, Francisco Clavijo; QUERALT, Juan Martín; ROYO, Fernando Pérez; LÓPES, José Manuel Tejerizo. *Curso de derecho financiero español*: derecho tributario (parte especial. Sistema tributario. Los tributos em particular). 22. ed. Madrid-Barcelona, v. III, 2000.

LA PERGOLA, Antonio. *Los nuevos senderos del federalismo*. Madrid: Centro de Estudios Constitucionales, 1994.

LEAL, Victor Nunes. Leis complementares da Constituição. *Revista de Direito Administrativo*. São Paulo: FGV, n. 7, p. 379-394, jan./mar. 1947.

LEONARDO, Fernando Pieri. Direito aduaneiro sancionador à luz do AFC/OMC, da CQR/OMA e do ATEC. In: PEREIRA, Cláudio Augusto Gonçalves; REIS, Raquel Segalla (Org.). *Ensaios de direito aduaneiro II*. São Paulo: Tirant lo Blanch, 2023.

LIMA, Mônica Elisa de. Infrações e penalidades aduaneiras. *In:* PEIXOTO, Marcelo Magalhães; SARTORI, Angela; DOMINGO, Luiz Roberto (Coord.). *Tributação aduaneira à luz da jurisprudência do Carf – Conselho Administrativo de Recursos Fiscais*. São Paulo: MP-APET, 2013.

LIMA, Sebastião de Oliveira. *O fato gerador do imposto de importação na legislação brasileira*. São Paulo: Resenha Tributária, 1981.

LOEWENSTEIN, Karl. *Teoría de la Constitución*. Barcelona : Ariel, 1986.

LONGO, Erik. *La legge precária*: le trasformazioni della funzione legislativa nell'età dell'accelerazione. Torino: G. Giappichelli, 2017.

LOPES FILHO, Osiris de Azevedo. *Regimes aduaneiros especiais*. São Paulo: RT, 1984.

LUCA, Gianni de. *Compendio di diritto tributario*. 13. ed. Napoli: Esselibri-Simone, 2005.

LUNARDELLI, Pedro Guilherme Accorsi. PIS/COFINS na importação: demarcação dos limites básicos de incidência. In: SANTI, Eurico Marcos Diniz de; CANADO, Vanessa Rahal. (Coords.). *Direito tributário*: tributação do setor industrial. São Paulo: Saraiva, 2013.

LUNARDELLI, Pedro Guilherme Accorsi. Tributação na internet. *Revista Dialética de Direito Tributário*, v. 59, p. 75-94, ago. 2000.

LUPI, Raffaello. *Diritto tributario*: parte speciali: i sistemi dei singoli tributi. 8. ed. Milano: Giuffrè, 2005.

LUQUI, Juan Carlo. O projeto de Código Tributário Nacional do Brasil. *Revista de Direito Administrativo*, v. 44, 1956, p. 540-547.

LYONS, Timothy. *EC Customs law*. 2. ed. Nova York: Oxford University Press, 2010.

MACEDO, Leonardo Correia Lima. *Direito tributário no comércio exterior*: acordos e convenções internacionais – OMC, CCA/OMA, Aladi e Mercosul. São Paulo: Lex-Aduaneiras, 2005.

MACHADO, Hugo de Brito. *Crimes contra a ordem tributária*. 2. ed. São Paulo: Atlas, 2009.

MACHADO, Hugo de Brito. *Curso de direito tributário*. 36. ed. São Paulo: Malheiros, 2015.

MACHADO, Hugo de Brito. *Normas gerais de direito tributário*. São Paulo: Malheiros, 2018.

MACHADO, Hugo de Brito. Posição hierárquica da Lei Complementar. *Revista Dialética de Direito Tributário*. São Paulo: Dialética, n° 14.

MACHADO, Hugo de Brito. Teoria das sanções tributárias. In: MACHADO, Hugo de Brito (Coord.). *Sanções administrativas tributárias*. São Paulo: Dialética, 2004.

MANFRINATO, Paulino. *Imposto de importação*: uma análise do lançamento e fundamentos. São Paulo: Aduaneiras, 2002.

MARINONI, Luiz Guilherme. *Precedentes obrigatórios*. 6. ed. São Paulo: RT, 2019.

MARINONI, Luiz Guilherme; ARENHART, Sérgio Cruz; MITIDIERO, Daniel. *Novo Código de Processo Civil comentado*. 3. ed. São Paulo: RT, 2007.

MARINONI, Luiz Guilherme; ARENHART, Sérgio Cruz; MITIDIERO, Daniel. *Novo curso processo civil*: tutela dos direitos mediante procedimento comum. São Paulo: RT, v. 2, 2015.

MARIÑO, Juan David Barbosa. Efectos de la valoración aduaneira en materia tributaria. *In*: CARRERO, Germán Pardo (dir.). *Relevancia tributaria del valor en aduana de la mercancia importada*. Bogotá: Instituto Colombiano de Derecho Tributário, 2015.

MARIÑO, Juan David Barbosa. El arancel de aduanas (la nomenclatura arancelaria). *In*: CARRERO, Germán Pardo (dir.); MARSILLA, Santiago Ibáñez; YEBRA, Felipe Moreno (codir.). *Derecho aduanero*. Bogotá: Universidad del Rosario; Tirant lo Blanch, t. I, 2019.

MARRELLA, Fabrizio; MAROTTA, Pasquale. *Codice doganale dell'Unione Europea commentato*. Milão: Giuffrè, 2019.

MARSILLA, Santiago Ibánez. El precio pactado como base de la valoración. . *In*: CARRERO, Germán Pardo (dir.). *Relevancia tributaria del valor en aduana de la mercancia importada*. Bogotá: Instituto Colombiano de Derecho Tributário, 2015.

MARSILLA, Santiago Ibánez. Régimen sancionador en materia aduanera en España. In: CARRERO, Germán Pardo (dir.). *Ilícitos aduaneiros y sanciones*. Bogotá: Tirant lo Blanch, 2022.

MARSILLA, Santiago Ibánez. Valor en aduana. *In*: MARSILLA, Santiago Ibáñez; YEBRA, Felipe Moreno. *Derecho aduanero*, t. II. Bogotá: Universidad del Rosario-Tirant lo Blanch, 2020.

MARTINEZ, Pedro Romano. *Cumprimento defeituoso*: em especial na compra e venda e na empreitada. Coimbra: Almedina, 1994.

MARTINS, Eliane M. Octaviano. *Curso de direito marítimo*: teoria geral. 4. ed. Barueri: Manole, *v. I*, 2013.

MARTINS, Eliane M. Octaviano. *Curso de direito marítimo*: vendas marítimas. 4. ed. Barueri: Manole, v. II, 2013.

MARTINS, Eliane M. Octaviano. *Curso de direito marítimo*: contratos e processos. 4. ed. Barueri: Manole, v. III, 2013.

MARTINS, Fran. *Curso de direito comercial*. 22. ed. Rio de Janeiro: Forense, 1996.

MARTINS, Ives Gandra. *Comentários à Constituição do Brasil*. São Paulo: Saraiva, v. 4, t. I, 1995.

MARTINS, Ives Gandra (Coord.). *Tributação na internet*. São Paulo: CEU-RT, 2001.

MARTINS, Marcelo Guerra. Tratados internacionais em matéria tributária em um ambiente de economia globalizada. *In*: BRITTO, Demes; CASEIRO, Marcos Paulo (Coord.) *Direito tributário internacional*: teoria e prática. São Paulo: RT, 2014.

MARTINS-COSTA, Judith. *A boa-fé no direito privado*: critérios para sua aplicação. 2. ed. São Paulo: Saraiva, 2018.

MASSIMO, Fabio. Il valore della merce in dogana. *In*: SCUFFI, Massimo; ALBENZIO, Giuseppe; MICCINESI, Marco. *Diritto doganale, dele accise e di tributi ambientali*. Milão: Ipsoa, versão "E-Book, Apple", p. 771-806, 2014.

MAURER, Hartmut. *Derecho administrativo*: parte general. Trad. Coord. por Gabriel Deménech Pascual. Madrid-Barcelona-Buenos Aires: Marcial-Pons, 2011.

MAXIMILIANO, Carlos. *Hermenêutica e aplicação do direito*. 18. ed. Rio de Janeiro: Forense, 2000.

MAYER, Otto. *Derecho administrativo Alemán*. Trad. Horacio Heredia e Ernesto Krotoschin. Buenos Aires: Depalma, t. II, 1982.

MAYR, Siegfried; SANTACROCE (a cura di). *Valore in dogana e transfer princing*. Milão: Wolter Kluwer, versão "E-Book, Apple", 2014.

MEIRA, Liziane Angelotti. *Regimes aduaneiros especiais*. São Paulo: IOB, 2002.

MEIRA, Liziane. Tributos incidentes na importação. In: SEHN, Solon; PEIXOTO, Marcelo Magalhães (Coord.). *Direito aduaneiro e tributação do comércio exterior*. São Paulo: MP, 2023.

MEIRA, Liziane Angelotti. *Tributos sobre o comércio exterior*. São Paulo: Saraiva, 2012.

MEIRA, Liziane Angelotti; TREVISAN, Rosaldo. Convenção de Istambul sobre admissão temporária: sua aplicação no Brasil. *Revista do Mestrado em Direito*. Brasília: Universidade Católica de Brasília, v. 6, n. 1, p. 22-46, jan.-jun. 2012.

MELLO, Celso Antônio Bandeira de. *Curso de direito administrativo*. 18. ed. São Paulo: Malheiros, 2005.

MELO, José Eduardo Soares de. *A importação no direito tributário*: impostos, taxas, contribuições. São Paulo: RT, 2003.

MELO, José Eduardo Soares de. *Importação e exportação no direito tributário*. 3. ed. São Paulo: RT-Fiscosoft, 2014.

MELO, José Eduardo Soares de. *IPI*: teoria e prática. São Paulo: Malheiros, 2009.

MELO, Ruy de; REIS, Raul. *Manual do imposto de importação e regime cambial correlato*. São Paulo: RT, 1970.

MENCARELLI, Silvia; SCALESSE, Rosa Rita; TINELLI, Giuseppe. *Introduzione allo studio giuridico dell'imposta sul valore aggiunto*. 2. ed. Torino : G. Giappichelli Editore, 2018.

MENDES, Gilmar Ferreira. *Jurisdição constitucional*. 3. ed. São Paulo: Saraiva, 1999.

MENDONÇA, Jean Cleuter Simões. Isenções tributárias no pacto federalista- Zona Franca de Manaus. *In*: PEIXOTO, Marcelo Magalhães; SARTORI, Angela; DOMINGO, Luiz Roberto (Coord.). *Tributação aduaneira à luz da jurisprudência do CARF – Conselho Administrativo de Recursos Fiscais*. São Paulo: MP-APET, 2013.

MENDONÇA, José Xavier Carvalho. *Tratado de direito comercial brasileiro*. Atual. Ricardo Negrão. Campinas: Bookseller, v. I, 2000.

MENÉNDEZ, Ignácio Villaverde. *La inconstitucionalidad por omisión*. Madrid: McGraw-Hill, 1997.

MERUSI, Fabio. *Buona fede e affidamento nel diritto pubblico*: dagli anni "trenta" all'"alternanza". Milano: Giuffrè, 2001.

MESSINEO, Alejandro E. Diretivas OCDE y normativas nacionales en precios de transferencia. In: UCKMAR, Victor; ALTAMIRANO, Alejandro C.; TÔRRES, Heleno Taveira (Coord.). *Impuestos sobre el comercio internacional*. 2. ed. Madrid-Barcelona-Buenos Aires: Marcial-Pons, 2008.

MICHELS, Gilson Wessler. Contencioso administrative aduaneiro. In: SEHN, Solon; PEIXOTO, Marcelo Magalhães (Coord.). *Direito aduaneiro e tributação do comércio exterior*. São Paulo: MP, 2023.

MIGUEL, Luciano Garcia. *Incidência do ICMS nas operações de importação*. São Paulo: Noeses, 2013.

MINATEL, José Antonio. Subvenções públicas: registros contábeis e reflexos tributários a partir da Lei nº 11.638/07. *Revista Dialética de Direito Tributário*, n. 159.

MIRANDA, Custódio da Piedade Ubaldino. *A simulação no direito civil brasileiro*: um estudo comparativo entre os sistemas do revogado Código Civil de 1916 e o Código Civil em vigor de 2002. São Paulo: Marcial-Pons, 2020.

MIRANDA, Jorge. *Curso de direito internacional público*: uma visão sistemática do direito internacional dos nossos dias. 4. ed. Rio de Janeiro: Forense, 2009.

MIRANDA, Jorge. *Manual de direito constitucional*: constituição e inconstitucionalidade. 3. ed. Coimbra: Coimbra Editora, t. II, 1996.

MIRANDA, Jorge. *Teoria do estado e da Constituição*. Rio de Janeiro: Forense, 2002.

MITA, Enrico de. *Interesse fiscale e tutela del contribuente*: le garantie costituzionali. 4. ed. Milano: Giuffrè, 2000.

MOLINA, Pedro M. Herrera. *Capacidad económica y sistema fiscal*: análisis del ordenamento español a luz del Derecho alemán. Madrid: Marcial Pons, 1998.

MORAES, Bernardo Ribeiro. O imposto sobre circulação de mercadorias no sistema tributário nacional. In: MARTINS, Ives Gandra (Org.). *O fato gerador do I.C.M*. São Paulo: Resenha Tributária-Centro de Estudos de Extensão Universitária, 1978.

MORAES, Luciano Lopes de Almeida. Da interpretação dada pelo Conselho Administrativo de Recursos Fiscais à penalidade prevista no art. 572 do Regulamento do Imposto sobre Produtos Industrializados In: PEIXOTO, Marcelo Magalhães; SARTORI, Angela; DOMINGO, Luiz Roberto (Coord.). *Tributação aduaneira à luz da jurisprudência do CARF – Conselho Administrativo de Recursos Fiscais*. São Paulo: MP-APET, 2013.

MORCHON, Gregório Robles. *As regras do direito e as regras dos jogos*: ensaio sobre a teoria analítica do direito. Trad. Pollyana Mayer. São Paulo: Noeses, 2011.

MORCHON, Gregório Robles. *Teoria del derecho*: fundamentos de teoria comunicacional del derecho. Madrid: Civitas, v. I, 1998.

MOREIRA JUNIOR, Gilberto de Castro; PEIXOTO, Marcelo Magalhães (Orgs.). *Direito tributário internacional*. São Paulo: MP-APET, 2006.

MOREIRA JUNIOR, Gilberto de Castro. Subvenções concedidas pelo Poder Público às Leis 11.638/07 e 11.941/09. In: FERNANDES, Edison Carlos; PEIXOTO, Marcelo Magalhães (Coord.). *Aspectos tributários da nova lei contábil*. São Paulo: MP-Apet, 2010.

MOREIRA NETO, Diogo Figueiredo. Competência concorrente limitada. *Revista de Informação Legislativa do Senado Federal*. Brasília: Impresa Oficial, nº 100, out.-dez. 1998.

MOROMIZATO JUNIOR, Fernando; MILLER, Thiago Testini de Mello; FERREIRA, Rafael Silva; STIVALETTI, Marcel Nicolau; SILVA, Aline Bayer da. *Agente de cargas*. São Paulo: All Print, 2016.

MOUSSALLEM, Tárek Moysés. *Revogação em matéria tributária*. São Paulo: Noeses, 2005.

MÜLLER, Friedrich. *Métodos de trabalho do direito constitucional*. 2. ed. São Paulo: Max Limonad, 2000.

MÜLLER, Friedrich. *Direito, linguagem e violência*: elementos de uma teoria constitucional, I. Porto Alegre: Fabris, 1995.

NAGIB, Luiza. *O sistema tributário brasileiro e o imposto sobre importação*. Dissertação (Mestrado em Direito). Pontifícia Universidade Católica de São Paulo. São Paulo, 1998.

NASCIMENTO, José Fernandes do. As formas de comprovação da interposição fraudulenta na importação. In: PEREIRA, Cláudio Augusto Gonçalves; REIS, Raquel Segala (Org.). *Ensaios de direito aduaneiro*. São Paulo: Intelecto, 2015.

NASCIMENTO, José Fernandes do. Cumulação de penalidades aduaneiras: pena de perdimento, multa por subfaturamento e multa de ofício qualificada. In: SARTORI, Angela (Coord.) *Questões atuais de direito aduaneiro e tributário à luz da jurisprudência dos tribunais*. São Paulo: IOB-Sage, 2017.

NASCIMENTO, José Fernandes do. Despacho aduaneiro de importação. In: PEIXOTO, Marcelo Magalhães; SARTORI, Angela; DOMINGO, Luiz Roberto (Coord.). *Tributação aduaneira na jurisprudência do CARF* – Conselho Administrativo de Recursos Fiscais. São Paulo: MP-APET, 2013.

NETTO, André L. Borges. Imposto de importação: abusividade da elevação da sua alíquota (inconstitucionalidade do Decreto 1.427/1995). In: MARTINS, Ives Gandra da Silva; BRITO, Edvaldo (Org.). *Doutrinas essenciais de direito tributário*: impostos federais. São Paulo: RT, v. III, 2011.

NEVES, José Roberto de Castro. *Direito das obrigações*. 7. ed. Rio de Janeiro: LMJ Mundo Jurídico, 2017.

NINO, Carlos Santiago. *Fundamentos de derecho constitucional*. Buenos Aires: Atrea, 1992.

NOBRE JUNIOR, Edilson Pereira. Fraude à lei. *Revista da AJURIS*, v. 41, n. 136, dez. 2014.

NOVOA, César García. *El concepto de tributo*. Buenos Aires: Marcial Pons, 2012.

NOVOA, César García. El IVA y el comercio internacional. Especial referencia a la problemática de la Unión Europea. In: TÔRRES, Heleno Taveira (Coord.) *Comércio internacional e tributação*. São Paulo: Quartier Latin, 2005.

NOVOA, César García. *El principio de seguridad jurídica en materia tributaria*. Madrid-Barcelona: Marcial-Pons, 2000.

NOVOA, César García. *La cláusula antielusiva en la nueva ley general tributaria*. Madrid: Marcial Pons, 2004.

NOVOA, César García. Los derechos de aduana y su naturaliza jurídica. In: CARRERO, Germán Pardo (dir.); MARSILLA, Santiago Ibáñez; YEBRA, Felipe Moreno (codir.). *Derecho aduanero*. Bogotá: Universidad del Rosario; Tirant lo Blanch, t. II, 2020.

O., Pedro O. Mojica. *Las infracciones aduaneras en Venezuela*. In: CARRERO, Germán Pardo (dir.). *Ilícitos aduaneiros y sanciones*. Bogotá: Tirant lo Blanch, 2022.

OSORIO C. H., Marco Antonio. El sistema armonizado de designación y codificación de mercancías. In: CARRERO, Germán Pardo (dir.); MARSILLA, Santiago Ibáñez; YEBRA, Felipe Moreno (codir.). *Derecho aduanero*. Bogotá: Universidad del Rosario; Tirant lo Blanch, t. I, 2019.

OTTO, Ignacio de. *Derecho constitucional*: sistema de fuentes. Barcelona: Ariel, 1998.

PADILHA, Maria Ângela Lopes Paulino. *As sanções no direito tributário*. São Paulo: Noeses, 2015.

PAGTER, Henk de; RAAN, Richard Van. *The valuations of goods for customs purposes*. Nova York: Springer Science-Business Media, 1981.

PARDO, Gabriel Ibarra. Las medidas de defensa comercial. In: CARRERO, Germán Pardo (dir.); MARSILLA, Santiago Ibáñez; YEBRA, Felipe Moreno (codir.). *Derecho aduanero*. Bogotá: Universidad del Rosario; Tirant lo Blanch, t. II, 2020.

PARDO, Gabriel Ibarra. *La responsabilidade, la culpa y el error excusable em las infracciones aduaneras*. In: CARRERO, Germán Pardo (dir.). *Ilícitos aduaneiros y sanciones*. Bogotá: Tirant lo Blanch, 2022.

PAULSEN, Leandro. *Responsabilidade e substituição tributárias*. 2. ed. Porto Alegre: Livraria do Advogado, 2014.

PAULSEN, Leandro; MELO, José Eduardo Soares de. *Impostos federais, estaduais e municipais*. 2. ed. Porto Alegre: Lael, 2006.

PEDREIRA, José Bulhões. *Imposto sobre a renda*: pessoas jurídicas. Rio de Janeiro: Adcoas-Justec, v. I, 1979.

PEIXOTO, Marcelo Magalhães; SARTORI, Angela; DOMINGO, Luiz Roberto (Coord.) *Tributação aduaneira à luz da jurisprudência do CARF – Conselho Administrativo de Recursos Fiscais*. São Paulo: MP-APET, 2013.

PERERA, Ángel Carrasco. *Tratado del abuso de derecho y del fraude de ley*. Navarra: Aranzadi-Civitas--Thompson Reuters, 2016.

PEREIRA, Cláudio Augusto Gonçalves. Breves apontamentos sobre a filtragem constitucional aplicada no sistema jurídico aduaneiro. In: PEREIRA, Cláudio Augusto Gonçalves; REIS, Raquel Segalla (Org.). *Ensaios de direito aduaneiro II*. São Paulo: Tirant lo Blanch, 2023.

PEREIRA, Cláudio Augusto Gonçalves. Infrações aduaneiras e seus elementos de configuração. *In*: ARAÚJO, Renata Alcione de Faria Villela de; LEÃO, Gustavo Junqueira Carneiro. *Direito aduaneiro e tributação aduaneira em homenagem a José Lence Carluci*. Rio de Janeiro: Lumen Juris, 2017.

PEREIRA, Cláudio Augusto Gonçalves. O imposto sobre serviços de qualquer natureza nas importações de serviços. *In*: SARTORI, Angela (Coord.). *Questões atuais de direito aduaneiro e tributário à luz da jurisprudência dos Tribunais*. São Paulo: IOB-Sage, 2017.

PEREIRA, Cláudio Augusto Gonçalves. Questões controvertidas de direito aduaneiro no Carf e no Judiciário. In: SEHN, Solon; PEIXOTO, Marcelo Magalhães (Coord.). *Direito aduaneiro e tributação do comércio exterior*. São Paulo: MP, 2023.

PEREIRA, Cláudio Augusto Gonçalves. Subfaturamento e subvaloração no comércio exterior: algumas considerações conceituais. *Revista de Direito Aduaneiro, Marítimo e Portuário*, v. 10, nº 59. São Paulo: IOB-Síntese, p. 86-95, nov.-dez. 2020.

PEREIRA, Cláudio Augusto Gonçalves; REIS, Raquel Segala (Org.). *Ensaios de direito aduaneiro*. São Paulo: Intelecto, 2015.

PEREIRA, Tânia Carvalhais. *Direito aduaneiro europeu*: vertente tributária. Lisboa: Universidade Católica Editora, 2020.

PERES, Sergio de Almeida Cid. *Regimes aduaneiros especiais e os atípicos*. Salto: Choba, 2014.

PIKE, Damon V.; FRIEDMAN, Lawrence M. *Customs law*. Durham: Carolina Academic Press, versão "Kindle", 2012.

PINTO, Carlos Alberto da Mora. *Teoria geral do direito civil*. 3. ed. Coimbra: Coimbra, 1994.

PIOVESAN, Flávia. *Direitos humanos e o direito constitucional internacional*. 2. ed. São Paulo: Max Limonad, 1997.

PIRES, Adilson Rodrigues. A valoração aduaneira no Brasil e suas vicissitudes. *In*: UCKMAR, Victor; ALTAMIRANO, Alejandro C.; TÔRRES, Heleno Taveira (Coord.). *Impuestos sobre el comercio internacional*. 2. ed. Madrid-Barcelona-Buenos Aires: Marcial-Pons, 2008.

PIRES, Adilson Rodrigues. Controle do preço de transferência e as operações de comércio exterior. *In*: SCHOUERI, Luís Eduardo; ROCHA, Valdir de Oliveira (Coords.). *Tributos e preços de transferência*. São Paulo: Dialética, v. 2, 1999.

PONCE, Andrés Rohde. *Derecho aduanero mexicano*: fundamentos y regulaciones de la activdad aduanera. México: Tirant Lo Blanch, t. I, 2000.

PONTES DE MIRANDA, Francisco Cavalcanti. Comentários à Constituição de 1946, t. VIII. Rio de Janeiro: Borsoi, 1962.

PONTES DE MIRANDA, Francisco Cavalcanti. *Comentários à Constituição de 1967*. São Paulo: RT, t. II, 1967.

PONTES DE MIRANDA, Francisco Cavalcanti. *Comentários à Constituição de 1967 com a Emenda nº 1 de 1969*. 2. ed. São Paulo: RT, t. III, 1970.

PONTES DE MIRANDA, Francisco Cavalcanti. *Tratado de direito privado*. Campinas: Bookseller, t. XXIII, 2003.

PONTES DE MIRANDA, Francisco Cavalcanti. *Tratado de direito privado*. Atual. Ruy Rosado de Aguiar Júnior e Nelson Nery Jr. São Paulo: RT, t. XXVI, 2012.

PONTES DE MIRANDA, Francisco Cavalcanti. *Tratado de direito privado*: parte geral. 2. ed. Campinas: Bookseller, 2000.

PONCE, Andrés Rohde. Los elementos fundamentales del derecho aduanero. *In*: CARRERO, Germán Pardo (dir.); MARSILLA, Santiago Ibáñez; YEBRA, Felipe Moreno (codir.). *Derecho aduanero*. Bogotá: Universidad del Rosario; Tirant lo Blanch, t. I, 2019.

PONCIANO, Vera Lúcia Feil. Sanção aplicável ao subfaturamento na importação: pena de perdimento ou pena de multa? *In*: TREVISAN, Rosaldo (Org.). *Temas atuais de direito aduaneiro*. São Paulo: Lex, 2013.

PRADO, Luiz Regis. *Bem jurídico-penal e Constituição*. 8. ed. Rio de Janeiro: Forense, 2019.

PRADO, Luiz Regis. *Curso de direito penal brasileiro*: parte geral. 3. ed. São Paulo: RT, 2002.

PRECIADO, Angélica Peña. Las infracciones aduaneiras y las sanciones a luz de la Organización Mundial de Aduanas. In: CARRERO, Germán Pardo (dir.). *Ilícitos aduaneiros y sanciones*. Bogotá: Tirant lo Blanch, 2022.

QUERALT, Juan Martín; SERRANO, Carmelo Lozano; OLLERO, Gabriel Casado; LÓPES, José M. Tejerizo. *Curso de derecho financiero y tributario*. 9. ed. Madrid: Tecnos, 1998.

RAFFAELLI, Paulo Cesar Pimentel Raffaelli. Dos aspectos tributários das operações mercantis internacionais. *In*: MARTINS, Ives Gandra da Silva; BRITO, Edvaldo (Org.). *Doutrinas essenciais de direito tributário*: impostos federais. São Paulo: RT, v. III, 2011, p. 127-134. Publicado originariamente em *Revista Tributária e de Finanças Públicas*. São Paulo: RT, n. 70/214, set.-out.-2006.

RAYA, Francisco José Carrera. *Manual de derecho financeiro*. Madrid: Tecnos, v. I, 1994.

REALE, Miguel. *Lições preliminares de direito*. 27. ed. São Paulo: Saraiva, 2010.

REALE, Miguel. *Parlamentarismo brasileiro*. São Paulo: Saraiva, 1962.

REALE JUNIOR, Miguel. Parecer. *Revista dos Tribunais*. v. 667. São Paulo: RT, p. 248-252. maio 1991.

REQUIÃO, Rubens. *Curso de direito comercial*. 25. ed. São Paulo: Saraiva, v. 1, 2003.

REZEK, José Francisco. *Direito internacional público*: curso elementar. 17. ed. São Paulo: Saraiva, 2018.

RIJO, José. *Direito aduaneiro da União Europeia*: notas de enquadramento normativo, doutrinário e jurisprudencial. Coimbra: Almedina, 2020.

RIJO, José; RIJO, Nino. Infracciones aduaneras en el ordenamiento jurídico Portugués. In: CARRERO, Germán Pardo (dir.). *Ilícitos aduaneiros y sanciones*. Bogotá: Tirant lo Blanch, 2022.

RIOS, Francisco José Barroso. A decadência e a prescrição no regime aduaneiro especial de *drawback*. *Revista Dialética de Direito Tributário*. São Paulo: Dialética, n. 158, p. 31-44, nov. 2008.

RIQUELME, Balam Lammoglia. Facultades de comprobación, infracciones, sanciones y delitos en la legislación aduanera mexicana. In: CARRERO, Germán Pardo (dir.). *Ilícitos aduaneiros y sanciones*. Bogotá: Tirant lo Blanch, 2022.

RIZZARDO, Arnaldo. *Contratos*. 2. ed. Rio de Janeiro: Forense, 2001.

RODRIGUES, Silvio. *Direito civil*: responsabilidade civil. 16. ed. São Paulo: Saraiva, v. 4, 1998.

ROSENOW, Sheri; O'SHEA, Brian J. *A handbook on the WTO Customs Valuation Agreement*. Cambridge: Cambridge University Press, versão "Kindle", 2010.

ROVIRA, Enoch Alberti. *Federalismo y Cooperacion en La Republica Federal Alemana*. Madrid: Centro de Estudios Constitucionales, 1986.

RUIZ, José Francisco Mafla. Las sanciones aduaneiras a luz del Acuerdo sobre Facilitación del Comercio de la Organización Mundial del Comercio. In: CARRERO, Germán Pardo (dir.). *Ilícitos aduaneiros y sanciones*. Bogotá: Tirant lo Blanch, 2022.

RUSSO, Pasquale; FRANSONI, Guglielmo; CASTALDI, Laura. *Istituzioni di diritto tributario*. 2. ed. Milano: Giuffrè, 2016.

SAINZ DE BUJANDA, Fernando. Análisis jurídico el hecho imponible. *Hacienda y Derecho*, v. IV, 1966.

SALOMÃO, Marcelo Viana. *ICMS na importação*. 2. ed. São Paulo: Atlas, 2001.

SANNA, Silvia. Il Gatt 1994 e gli accordi in materia doganale. *In*: VENTURINI, Gabriella (a cura di). *L'Organizzazione Mondiale del Commercio*. 3. ed. Milano: Giuffré, 2015.

SANTI, Eurico Marcos Diniz de. *Lançamento tributário*. São Paulo: Max Limonad, 1996.

SANTI, Eurico Marcos Diniz de; CANADO, Vanessa Rahal. (Coords.). *Direito tributário*: tributação do setor industrial. São Paulo: Saraiva, 2013.

SANTOS, José Augusto Lara dos. *O signo "importação" e sua influência na natureza jurídica dos regimes aduaneiros especiais*. Dissertação (Mestrado em Direito). Pontifícia Universidade Católica de São Paulo. São Paulo, 2011.

SARTORI, Angela. *Drawback* e a questão polêmica de tributar ou não as exportações amparadas por este regime. *In*: SARTORI, Angela (Coord.). *Questões atuais de direito aduaneiro e tributário à luz da jurisprudência dos Tribunais*. São Paulo: IOB-Sage, p. 199-226, 2017.

SARTORI, Angela (Coord.) *Questões atuais de direito aduaneiro e tributário à luz da jurisprudência dos tribunais*. São Paulo: IOB-Sage, 2017.

SARTORI, Angela; DOMINGO, Luiz Roberto. Dano ao erário pela ocultação mediante fraude – a interposição fraudulenta de terceiros nas operações de comércio exterior. *In*: PEIXOTO, Marcelo Magalhães; SARTORI, Angela; DOMINGO, Luiz Roberto (Coord.). *Tributação aduaneira à luz da jurisprudência do CARF – Conselho Administrativo de Recursos Fiscais*. São Paulo: MP-APET, 2013.

SATO, Nathalie Tiba. Artigo III. *In*: THORSTENSEN, Vera; OLIVEIRA, Luciana Maria de (Coord..; BADIN, Michelle Ratton Sanchez (Org.). *Releitura dos acordos da OMC como interpretados pelo órgão de apelação*: efeitos na aplicação das regras de comércio internacional – Acordo Geral sobre Tarifas e Comércio 1994 – GATT 1994. São Paulo: Escola de Economia de São Paulo da Fundação Getulio Vargas-Centro do Comércio Global de Investimento, 2013.

SBANDI, Ettore. La valorizzazione delle merce in dogana. FERRONI, Bruno; MAYR, Siegfried; SANTACROCE, Benedetto. Le valorizzazione delle merci: problematiche e soluzioni. *In*: MAYR, Siegfried; SANTACROCE (a cura di). *Valore in dogana e transfer princing*. Milão: Wolter Kluwer, versão "E-Book, Apple", p. 233-370, 2014.

SCHIER, Paulo Ricardo. *Filtragem constitucional*: construindo uma nova dogmática jurídica. Porto Alegre: Safe, 1999.

SCHOUERI, Luís Eduardo (Coord.). *Direito tributário*. São Paulo: Quartier Latin, v. I, 2003.

SCHOUERI, Luís Eduardo. *Preços de transferência no direito tributário brasileiro*. 3. ed. São Paulo: Dialética, 2013.

SCHOUERI, Luís Eduardo (Coord.). *Tributos e preços de transferência*. São Paulo: Dialética, v. 4, 2013.

SCHOUERI, Luís Eduardo; ROCHA, Valdir de Oliveira (Coords.). *Tributos e preços de transferência*. São Paulo: Dialética, v. 2, 1999.

SCHRECKENBERGER, Waldemar. *Semiótica del discurso jurídico*. México: UNAM, 1987.

SCHÜNEMANN, Bernd. Do conceito filosófico ao conceito tipológico de dolo. Trad. Luís Greco e Ana Cláudia Grossi. *In*: GRECO, Luís. *Estudos de direito penal, direito processual penal e filosofia do direito*. São Paulo: Marcia Pons, 2013.

SCHÜNEMANN, Bernd. O princípio da proteção de bens jurídicos como ponto de fuga dos limites constitucionais e da interpretação de tipos. Trad. Luís Greco. *In*: GRECO, Luís. *Estudos de direito penal, direito processual penal e filosofia do direito*. São Paulo: Marcia Pons, 2013.

SCUFFI, Massimo; ALBENZIO, Giuseppe; MICCINESI, Marco. *Diritto doganale, dele accise e di tributi ambientali*. Milão: Ipsoa, versão "E-Book, Apple", 2014.

SEHN, Solon. *Comentários ao regulamento aduaneiro*: infrações e penalidades. São Paulo: Aduaneiras, 2019.

SEHN, Solon. Considerações acerca da pena de perdimento de bens no direito tributário e aduaneiro". *In*: CASTRO JUNIOR, Osvaldo Agripino de (Org.). *Temais atuais de direito do comércio internacional*. Florianópolis: Editora OAB/SC, v. I, 2004.

SEHN, Solon. *Curso de direito tributário*. Rio de Janeiro: Forense, 2024.

SEHN, Solon. Do subfaturamento na importação. *Revista Direito Aduaneiro, Marítimo e Portuário*, v. 7, p. 9-22, 2017.

SEHN, Solon. Efeitos jurídicos do descumprimento do *drawback* – tributos e penalidades. *In*: CARVALHO, Paulo de Barros (Coord.); SOUZA, Priscila de (Org.). *50 anos do Código Tributário Nacional*. São Paulo: Noeses, 2016.

SEHN, Solon. *Imposto de importação*. São Paulo: Noeses, 2016.

SEHN, Solon. Interposição fraudulenta em operações de importação. In: SARTORI, Angela. (Org.). *Questões atuais de direito aduaneiro e tributário à luz da jurisprudência dos Tribunais*. São Paulo: IOB SAGE, p. 259-280, 2017.

SEHN, Solon. Lei complementar e normas gerais de direito tributário. *In:* VALLE, Mauricio Dalri Timm do; VALADÃO, Alexsander Roberto Alves; DALLAZEM, Dalton Luiz (Coord.). *Ensaios em homenagem ao Professor José Roberto Vieira*. São Paulo: Noeses, 2017.

SEHN, Solon. Materialidade da hipótese de incidência das contribuições ao PIS/Pasep e Cofins incidentes na importação. *Revista de Direito Internacional, Econômico e Tributário*. Brasília: Universidade Católica de Brasília, v. 6, p. 213-232, 2011.

SEHN, Solon. *PIS-Cofins*: não cumulatividade e regimes de incidência. 2. ed. São Paulo: Noeses, 2019.

SEHN, Solon. Regime de incidência do imposto de importação. *In*: PEIXOTO, Marcelo Magalhães; SARTORI, Angela; DOMINGO, Luiz Roberto (Coord.). *Tributação aduaneira à luz da jurisprudência do CARF – Conselho Administrativo de Recursos Fiscais*. São Paulo: MP-APET, p. 17-35, 2013.

SEHN, Solon. Tributação da importação de serviços no direito brasileiro. *In*: PEREIRA, Cláudio Augusto Gonçalves; REIS, Raquel Segala (Org.). *Ensaios de direito aduaneiro*. São Paulo: Intelecto, 2015.

SEHN, Solon. Valoração aduaneira. In: SEHN, Solon; PEIXOTO, Marcelo Magalhães (Coord.). *Direito aduaneiro e tributação do comércio exterior*. São Paulo: MP, 2023.

SEIXAS FILHO, Aurélio Pitanga. Imposto de importação – incidência – "vacatio legis". *Revista Dialética de Direito Tributário* nº 63. São Paulo: Dialética, p. 20-28, dez. 2000.

SHERMAN, Saul L.; GLASHOFF, Hinrich. *Customs valuation*: commentary on the Gatt Customs Valuation Code. Paris-New York: ICC Publications, 1980.

SICHES, Recaséns. *Introducción al estudio del derecho*. México: Porrua, 1970.

SIMÕES, Argos Campos Ribeiro. *ICMS – Importação*: proposta de reclassificação e suas aplicações. São Paulo: Noeses, 2014.

SILVA, Filipe Carvalho de Morais; SILVA, Francisco Carlos de Morais. *Agenciamento marítimo*: atribuições e responsabilidades. Vitória: Novacom, 2015.

SILVA, Francisco Carlos de Morais. *Manual de direito portuário*. 2. ed. São Paulo: Intelecto, 2017.

SILVA, José Afonso da Silva. *Aplicabilidade das normas constitucionais*. 3. ed. São Paulo: Malheiros, 1998.

SILVA, José Afonso da Silva. *Curso de direito constitucional positivo*. 15. ed. São Paulo: Malheiros, 1998.

SILVA, Ovídio Baptista da. *Curso de processo civil:* processo de conhecimento. 3. ed. Porto Alegre: Fabris, 1996.

SILVA, Reginaldo da. *A regra-matriz de incidência do imposto de importação*. Tese (Doutorado em Direito). Pontifícia Universidade Católica de São Paulo. São Paulo, 2003.

SOSA, Roosevelt Baldomir. *A aduana e o comércio exterior*. São Paulo: Aduaneiras, 1995.

SOSA, Roosevelt Baldomir. *Comentários à lei aduaneira*: do artigo 1º ao artigo 248 do Decreto nº 91.030/85. São Paulo: Aduaneiras, v. I, 1992.

SOSA, Roosevelt Baldomir. *Comentários à lei aduaneira*: do artigo 249 ao artigo 410 do Decreto nº 91.030/85. São Paulo: Aduaneiras, v. II, 1993.

SOSA, Roosevelt Baldomir. *Temas aduaneiros*: estudos sobre problemas aduaneiros contemporâneos. São Paulo: Aduaneiras, 1999.

SOUSA, Luís Filipe Pires de. *Prova por presunção no direito civil*. Coimbra: Almedina, 2012.

SOUSA, Rubens Gomes de. *Estudos de direito tributário*. São Paulo: Saraiva, 1950.

SOUSA, Rubens Gomes de. Parecer sobre o imposto de indústrias e profissões. *In: Imposto de indústrias e profissões*: razões e pareceres. Porto Alegre: Globo, 1957.

SOUSA, Susana Aires de. *Os crimes fiscais*: análise dogmática e reflexão sobre a legitimidade do discurso criminalizador. Coimbra: Coimbra, 2009.

SOUZA, Hamilton Dias de. *Estrutura do imposto de importação no Código Tributário Nacional*. São Paulo: Resenha Tributária, 1980.

SOUZA, Hamilton Dias de. Normas gerais de direito tributário. *In: Direito Tributário*. São Paulo: José Bushatsky Editor, v. 2, p. 19-46, 1973.

STEFANO, Marcelle Silbiger de. *Fraude no comércio exterior*: a interposição fraudulenta de terceiros. São Paulo: Almedina, 2020.

STEINER, Renata C. *Descumprimento contratual*: boa-fé e violação positiva do contrato. São Paulo: Quartier Latin, 2014.

STOLL, Heinrich; FAVALE, Rocco; FEOLA, Maria; DI LAURO, Antonino Procida Mirabelli. *L'obbligazione come rapporto complesso*. Torino: G. Giappichelli Editore, 2016.

TÁCITO, Caio. O direito à espera da lei. *Revista de Direito Administrativo* nº 181-182, p. 38-45, também publicado em *Temas de direito público*: estudos e pareceres, v. 1. Rio de Janeiro: Renovar, 1997.

TARTUCE, Flávio. *Manual de direito civil*. 10. ed. São Paulo: Método, 2020.

TARUFFO, Michele. *A prova*. São Paulo: Marcial-Pons, 2014.

TAVARES, Juarez. Alguns aspectos da estrutura dos crimes omissivos. *Revista do Ministério Público do Estado do Rio de Janeiro*. Rio de Janeiro, v. 1, n. 1., jan.-jun. 2005.

TAVARES, Juarez. *Teoria dos crimes omissivos*. São Paulo: Marcial Pons, 2012.

TELLES, Inocêncio Galvão. *Manual dos contratos em geral*. 4. ed. Coimbra: Coimbra, 2002.

TEPEDINO, Gustavo; SCHREIBER, Anderson. *Fundamentos do direito civil*: obrigações. Rio de Janeiro: Forense, v. 2, 2020.

TEMER, Michel. *Elementos de direito constitucional*. 15. ed. São Paulo: Malheiros, 1999.

THEODORO JÚNIOR, Humberto. *Comentários ao novo Código Civil*: livro III – Dos fatos jurídicos: do negócio jurídico. 4. ed. Rio de Janeiro: Forense, 2008.

THEODORO JÚNIOR, Humberto. *Prescrição e decadência*. 2. ed. Rio de Janeiro: Forense, 2020.

TIPKE, Klaus. *Moral tributaria del Estado y de los contribuyentes*. Madrid: Marcial Pons, 2002.

TIPKE, Klaus; LANG, Joachim. *Direito tributário*. Trad. Elisete Antoniuk. Porto Alegre: Sergio Antonio Fabris Editor, 2013.

TOMÉ, Fabiana Del Padre. Teoria do fato jurídico e a importância das provas. *In*: CARVALHO, Paulo de Barros (Coord.); CARVALHO, Aurora Tomazini de (Org.). *Construtivismo lógico-semântico*. São Paulo: Noeses, v. I, 2014.

TÔRRES, Heleno Taveira. Autonomia privada nas importações e sanções tributárias. In: TREVISAN, Rosaldo (Org.). *Temas atuais de direito aduaneiro*. São Paulo: Lex, 2008.

TÔRRES, Heleno Taveira. Base de cálculo do imposto de importação e o acordo de valoração aduaneira. *In*: TÔRRES, Heleno Taveira (Coord.). *Comércio internacional e tributação*. São Paulo: Quartier Latin, 2005.

TORRES, Heleno Taveira. *Direito constitucional tributário e segurança jurídica*: metódica da segurança jurídica do sistema constitucional tributário. 3. ed. São Paulo: RT, 2019.

TÔRRES, Heleno Taveira (Coord.). *Direito tributário internacional aplicado*. São Paulo: Quartier Latin, 2003.

TÔRRES, Heleno Taveira (Coord.). *Comércio internacional e tributação*. São Paulo: Quartier Latin, 2005.

TORRES, Ricardo Lobo. *Curso de direito financeiro e tributário*. 7. ed. Rio de Janeiro-São Paulo: Renovar, 2000.

TREVISAN, Rosaldo. *A atuação estatal no comércio exterior, em seus aspectos tributário e aduaneiro*. Dissertação (Mestrado em Direito). Pontifícia Universidade Católica do Paraná, 2008.

TREVISAN, Rosaldo. A "interposição fraudulenta" na jurisprudência do Carf. In: GOMES, Marcus Lívio; OLIVEIRA, Francisco Marconi de; PINTO, Alexandre Evaristo. *Estudos tributários e aduaneiros do V Seminário Carf*. Brasília: Carf, 2020.

TREVISAN, Rosaldo. A revisão aduaneira de classificação de mercadorias na importação e a segurança jurídica: uma análise sistemática. *In*: BRANCO, Paulo Gonet; MEIRA, Liziane Angelotti; CORREITA NETO, Celso de Barros (Org.). *Tributação e direitos fundamentais*. São Paulo: Saraiva, 2012.

TREVISAN, Rosaldo. Despacho aduaneiro. In: SEHN, Solon; PEIXOTO, Marcelo Magalhães (Coord.). *Direito aduaneiro e tributação do comércio exterior*. São Paulo: MP, 2023.

TREVISAN, Rosaldo. Direito aduaneiro e direito tributário. *In*: TREVISAN, Rosaldo (Org.). *Temais atuais de direito aduaneiro*. São Paulo: Lex, 2013.

TREVISAN, Rosaldo. *Las sanciones aduaneiras en Brasil*. In: CARRERO, Germán Pardo (dir.). *Ilícitos aduaneiros y sanciones*. Bogotá: Tirant lo Blanch, 2022.

TREVISAN, Rosaldo. *O imposto de importação e o direito aduaneiro internacional*. São Paulo: Aduaneiras, 2018.

TREVISAN, Rosaldo (Org.). *Temas atuais de direito aduaneiro*. São Paulo: Lex, 2013.

TREVISAN, Rosaldo. Tratados internacionais e o direito brasileiro. *In*: BRITTO, Demes; CASEIRO, Marcos Paulo (Coord.) *Direito tributário internacional*: teoria e prática. São Paulo: RT, 2014.

TREVISAN, Rosaldo; VALLE, Maurício Dalri Timm do. Impostos sobre o comércio exterior. *In*: GRILLO, Fabio Artigas; SILVA, Roque Sérgio D'Andrea Ribeira da (Coord.). *Código Tributário Nacional anotado*. Curitiba: OAB/PR, 2014.

TREVISAN, Rosaldo. Medidas de defesa comercial. *In*: CARRERO, Germán Pardo (dir.); MARSILLA, Santiago Ibáñez; YEBRA, Felipe Moreno (codir.). *Derecho aduanero*. Bogotá: Universidad del Rosario; Tirant lo Blanch, t. II, 2020.

TREVISAN NETO, Antenori. *Aplicação do acordo sobre valoração aduaneira no Brasil*. São Paulo: Aduaneiras, 2010.

UCKMAR, Victor. *Princípios comuns do direito constitucional tributário*. 2. ed. São Paulo: Malheiros, 1999.

UCKMAR, Victor; ALTAMIRANO, Alejandro C.; TÔRRES, Heleno Taveira (Coord..) *Impuestos sobre el comercio internacional*. 2. ed. Madrid-Barcelona-Buenos Aires: Marcial-Pons, 2008.

ULIANA JUNIOR, Laércio Cruz; VIEIRA, Amanda Caroline Goularte. Da aplicação da pena de perdimento de bens na ocultação do real adquirente ou aplicação da multa de 10% (dez por cento) do art. 33 da Lei nº 11.488/2007. *Revista de Direito Tributário Atual*. São Paulo: IBDT, nº 42, p. 313-334, 2º sem. 2019.

UTUMI, Ana Cláudia Akie. Precios de transferencia. Principios de la OCDE y la realidad de la aplicación en Brasil. *In*: UCKMAR, Victor; ALTAMIRANO, Alejandro C.; TÔRRES, Heleno Taveira (Coord.). *Impuestos sobre el comercio internacional*. 2. ed. Madrid-Barcelona-Buenos Aires: Marcial-Pons, 2008.

VARELLA, Antunes. *Das obrigações em geral*. 10. ed. Coimbra: Almedina, v. I, 2003.

VALADÃO, Marcos Aurélio Pereira. Regras de origem no âmbito da ALADI e as operações de triangulação na jurisprudência do CARF. *In*: PEIXOTO, Marcelo Magalhães; SARTORI, Angela; DOMINGO, Luiz Roberto (Coord.) *Tributação aduaneira à luz da jurisprudência do CARF – Conselho Administrativo de Recursos Fiscais*. São Paulo: MP-APET, 2013.

VALLE, Maurício Dalri Timm do. *Princípios constitucionais e regras-matrizes de incidência do imposto sobre produtos industrializados – IPI*. São Paulo: Noeses, 2016.

VARELLA, Antunes. *Das obrigações em geral*. 10. ed. Coimbra: Almedina, v. I, 2003.

VAZ, Manuel Afonso. *Lei e reserva de lei*: a causa da lei na Constituição Portuguesa de 1976. Porto: Universidade Católica Lusitana, 1992.

VENOSA, Sílvio de Salvo. *Direito civil*. 5. ed. São Paulo: Atlas, v. 1, 2005.

VENOSA, Sílvio de Salvo. *Direito civil*: teoria geral das obrigações e teoria geral dos contratos. 5. ed. São Paulo: Atlas, 2005. v. 2.

VIEIRA, Aquiles. *Importação*: práticas, rotinas e procedimentos. 2. ed. São Paulo: Aduaneiras, 2007.

VIEIRA, José Roberto. *A regra-matriz de incidência do IPI*: texto e contexto. Curitiba: Juruá, 1993.

VILANOVA, Lourival. *As estruturas lógicas e o sistema do direito positivo*. São Paulo: Max Limonad, 1997.

VILANOVA, Lourival. *Escritos jurídicos e filosóficos*. São Paulo: Axis Mundi-IBET, 2003. v. 1 e 2.

VILANOVA, Lourival. *Causalidade e relação no direito*. 4. ed. São Paulo: RT, 2000.

VILLARREAL, Gabriel Hernan Facal; CREUZ, Luís Rodolfo Cruz e. Aspectos tributários da importação mediante *leasing*. *In*: MARTINS, Ives Gandra da Silva; BRITO, Edvaldo (Orgs.). *Doutrinas essenciais de direito tributário*: impostos federais. São Paulo: RT, v. III, 2011, p. 85-111. Publicado originariamente em *Revista Tributária e de Finanças Públicas*. São Paulo: RT, n. 65/78, nov.-dez. 2005.

VILLEGAS, Héctor B. *Curso de finanzas, derecho financiero y tributario*. 7. ed. Buenos Aires: Depalma, 2001.

VILLEGAS, Héctor B. *Manual de finanzas públicas*: la economína juridicamente regulada del sector público en el mundo globalizado. Buenos Aires: Depalma, 2000.

VISMARA, Fabrizio. *Corso di diritto doganale*: diritto dell'Unione europea e diritto interno. Torino: Giappichelli, 2018.

VISMARA, Fabrizio. *L'Obbligazione doganale nel diritto dell'Unione europea*. Torino: Giappichelli, 2019.

VITA, Jonathan Barros. *Valoração aduaneira*. São Paulo: RT-Fiscosoft, 2014.

VITA, Jonathan Barros. *Valoração aduaneira e preços de transferencia: pontos de conexão e distinções sistémico-aplicáveis*. Tese (Doutorado em Direito). Pontifícia Universidade Católica de São Paulo. São Paulo, 2010.

VITAL MOREIRA. O futuro da Constituição. *In*: GRAU, Eros Roberto; GUERRA FILHO, Willis Santiago (Orgs.). *Direito constitucional*: estudos em homenagem a Paulo Bonavides. São Paulo: Malheiros, 2001.

WALSH, James T. Customs valuation. *In*: KEEN, Michael (ed.). *Changing customs*: challenges and strategies for the reform of customs administration". Washington, D.C. : International Monetary Fund, 2003.

WARAT, Luiz Alberto. *O Direito e sua linguagem*. 2. ed. Porto Alegre: Fabris, 1995.

WITKER, Jorge. *Derecho tributario aduanero*. 2. ed. México: UNAM, 1999.

WITKER, Jorge. *Introducción a la valoración aduaneira de las mercancias*. México: McGraw-Hill, 1998.

XAVIER, Alberto. *Autorização para importação de regime de entreposto aduaneiro*. São Paulo: Resenha Tributária, 1978.

XAVIER, Alberto. *Direito tributário internacional no Brasil*: tributação das operações internacionais. 5. ed. Rio de Janeiro: Forense, 2002.

XAVIER, Alberto. *Do lançamento no direito tributário brasileiro*. 3. ed. Rio de Janeiro: Forense, 2005.

XAVIER, Alberto. Do prazo de decadência em matéria de "*drawback*" – suspensão. *In:* SCHOUERI, Luís Eduardo (Coord.). *Direito tributário*. São Paulo: Quartier Latin, 2003. v. I.

XAVIER, Alberto. *Os princípios da legalidade e da tipicidade da tributação*. São Paulo: RT, 1977.

XAVIER, Alberto. *Tipicidade da tributação, simulação e norma antielisiva*. São Paulo: Dialética, 2001.

YEBRA, Felipe Moreno; MEDRANO, Salvador Francisco Ruíz; DELGADILLO, Vicente Torre. El principio de proporcionalidad en las sanciones aduaneras. In: CARRERO, Germán Pardo (dir.). *Ilícitos aduaneiros y sanciones*. Bogotá: Tirant lo Blanch, 2022.

ZAFFARONI, Eugênio Raul; PIERANGELI, José Henrique. *Manual de direito penal brasileiro*: parte geral. São Paulo: RT, 1997.

ZOLEZZI, Daniel. Casos especiales de valoración. *In:* CARRERO, Germán Pardo (dir.). *Relevancia tributaria del valor en aduana de la mercancia importada*. Bogotá: Instituto Colombiano de Derecho Tributário, 2015.

ZOLEZZI, Daniel. *Valor en aduana*: código universal de la O.M.C.. Buenos Aires: La Ley, 2003.

ZOLEZZI, Daniel. Valores en aduana. Dudas, garantías y procedimientos. *Revista de Estudios Aduaneros* nº 14, primer y segundo semestre de 2000. Buenos Aires: Instituto Argentino de Estudios Aduaneros, p. 91-95.

ZOLEZZI, Daniel. Las empresas vinculadas y el valor en aduana. *Revista de Estudios Aduaneros* nº 09, primer semestre de 1996. Buenos Aires: Instituto Argentino de Estudios Aduaneros, p. 73-76.

ZOPPINI, Andrea (Coord.). *Diritto civile*: il rapporto obbligatorio. Milano: Giùffre, 2009.

ZOZAYA, Francisco Pelechá. *Fiscalidad sobre el comercio exterior*: el derecho aduanero tributario. Madrid: Marcial Pons, 2009.

ZUNINO, Cora; SARLI, Jorge Celso. Régimen aduanero de importación temporaria para perfeccionamento activo. *Revista de Estudios Aduaneros* nº 05, primer y segundo semestre de 1993. Buenos Aires: Instituto Argentino de Estudios Aduaneros, p. 35-54.